ISBN 978-0-666-84432-3
PIBN 10658625

BIOGRAPHIE NATIONALE

PUBLIÉE PAR

L'ACADÉMIE ROYALE

DES SCIENCES, DES LETTRES ET DES BEAUX-ARTS

DE BELGIQUE.

TOME VINGTIÈME.

ROND — RYTHOVIUS.

Table générale des Collaborateurs des vingt premiers volumes.

BRUXELLES,

ÉTABLISSEMENTS ÉMILE BRUYLANT,

Société anonyme d'éditions juridiques et scientifiques,

67, RUE DE LA RÉGENCE, 67.

1908-1910.

LISTE DES MEMBRES

DE LA COMMISSION ACADÉMIQUE CHARGÉE DE LA PUBLICATION DE LA BIOGRAPHIE NATIONALE.

(30 JUIN 1910).

MM[rs] **H. Hymans**, délégué de la classe des beaux-arts, *président.*

G. Vander Mensbrugghe, délégué de la classe des sciences, *vice-président.*

Ferd. Vander Haeghen, délégué de la classe des lettres, *secrétaire.*

C. Le Paige, délégué de la classe des sciences.

P. Mansion, délégué de la classe des sciences.

Chev. **Edm. Marchal**, délégué de la classe des sciences.

. . . , délégué de la classe des sciences.

St. Bormans, délégué de la classe des lettres.

E. Gossart, délégué de la classe des lettres.

H. Lonchay, délégué de la classe des lettres.

H. Pirenne, délégué de la classe des lettres.

J. Robie, délégué de la classe des beaux-arts.

M. Rooses, délégué de la classe des beaux-arts.

Solvay, délégué de la classe des beaux-arts.

. . . , délégué de la classe des beaux-arts.

—

Secrétaire adjoint : **Paul Bergmans**, docteur en philosophie et lettres.

LISTE DES COLLABORATEURS

DU VINGTIÈME VOLUME DE LA BIOGRAPHIE NATIONALE.

(Les noms précédés d'un astérisque sont ceux des collaborateurs décédés.)

Alvin (Frédéric), conservateur à la Bibliothèque royale, à Bruxelles.

J. vander Rosen. — J. van Rossem. — F. de Rougemont.

Arenbergh (Émile van), juge de paix, à Ixelles.

Z. Rotz. — P. van Royen. — Ruquelot.

Balau (Sylvain), curé, à Pepinster.

R. Rorive. — C.-Fr. Rossius de Liboy. — H. Russelius.

Bambeke (Charles van), membre de l'Académie royale, à Gand.

J.-J. van Roosbroeck. — J.-C. van Rotterdam.

Bergmans (Paul), sous-bibliothécaire de l'Université, à Gand.

B. Ronsse. — G. Rooman. — J. de Roovere. — H. Rosa. — J.-F. Rosart. — J.-M. Rousseau. — D. van Roy. — P. Ruimonte. — A. de Rycke. — P.-J.-M.-C. de Ryckere. — M.-H. de Rydt. — J. Ryspoort. — H. vander Ryst.

Béthune (baron **Joseph de),** bibliothécaire de la ville, à Courtrai.

E. Ronse. — G.-L. de Roose. — L.-F.-J. Rosseeuw. — J. Ruweel.

Bigwood (Georges), avocat, à Bruxelles.

P.-J. de Rongé. — A.-A. Roussel.

Borchgrave (baron **Émile de),** membre de l'Académie royale, à Bruxelles.

P. Roose. — B.-E.-A. Rottiers.

Brassinne (Joseph), sous-bibliothécaire de l'Université, à Liége.

D. de Ronvaulx.

Brouwers (D.-D.), archiviste de l'État, à Namur.

C.-P. de Rose. — A.-P. Royer. — A.-N.-M. Royer de Behr.

Caloen (P. Vincent van), dominicain, à Bruxelles.

P. Rosa. — F. Ruffelaert. — J. Ryder. — P. Rystius.

Cauchie (chanoine **Alfred**), professeur à l'Université, à Louvain.

Rupert de Saint-Laurent.

Chauvin (Victor), professeur à l'Université, à Liége.

G. de Ruysbroeck.

Closson (Ernest), conservateur adjoint du Musée instrumental du Conservatoire royal de musique, à Bruxelles.

J.-B. Rongé. — J.-B.-B. Roquefort-Flamericourt. — Ch. Royer. — A. Ruckers le Vieux. — A. Ruckers le Jeune. — J. Ruckers le Vieux. — J. Ruckers le Jeune. — Famille Ruckers.

Coninckx (Henri), professeur à l'Académie des beaux-arts, à Malines.

G. de Roose. — G. van Roost. — J. de Rooster. — L. Royer. — G. Rutz. — J.-B. Rymenans.

Counson (Albert), chargé de cours à l'Université, à Gand.

F. Rouveroy.

Cruyplants (Eugène), à Bruxelles.

A.-L.-J. Rosolani. — F. Rousseau d'Hériamont.

Cuvelier (Joseph), sous-chef de section aux Archives générales du royaume, à Bruxelles.

P. Roose.

***Deffernez** (Dr **Edmond**).

J. Rousseau. — J.-L. Rousseau de Rimogne. — F.-A. Rul-Ogez.

Defrecheux (Joseph), sous-bibliothécaire de l'Université, à Liége.

L.-F.-O.-A. Ronge. — L.-J.-B.-E. Rongé. — C. de Rouillon. — J.-P. Rousseaux.

***Devillers (Léopold).**

J. Rosier. — J. Rougenon. — J.-F. Roulez. — P.-J. Rousseau. — H.-J. Rousseaux. — C.-E. Rousselle. — A.-E. Rouvez — A. Ruteau. — B. Ruteau.

Donnet (Fernand), administrateur de l'Académie des beaux-arts, à Anvers.

J.-F. de Ruelles. — C. Ruthard. — A. Ruthards. — L. van Rynsberge. — Rysbregts.

Duchesne (Eugène), professeur à l'Athénée royal, à Liége.

J.-A. de Roquelaure.

***Duyse (Florimond van).**

A. de Ronghe. — C. de Rore. — J.-B. Roucourt. — J. de Ruyter.

Freson (Armand), avocat, à Liége.

C.-A.-C. de Rossius-Orban.

Fris (Victor), professeur à l'Athénée royal, à Gand.

G. Rond. — N.-J. Rouppe. — J.-B. Rybens. — B. Rym. — C. Rym. — Gérard Rym, magistrat. — Gérard Rym, abbé. — Goswin et S. Rym. — Guil. Rym. — G. Rypegherste.

Goemans (Léon), inspecteur de l'Enseignement moyen, à Bruxelles.

L.-J.-N.-M. Rutgeerts.

Gossart (Ernest), membre de l'Académie royale, à La Hulpe.

J.-J. van Roey, dit van Roy.

Haeghen (Victor vander), archiviste de la ville, à Gand.

E. de Rudder. — D. Rutaert. — D. Rutaert I. — D. Rutaert II. — J. Ryckaert. — P. Ryckaert. — J. Rycquaert. — D. de Ryke. — J. Rym.

Hocquet (Adolphe), bibliothécaire-archiviste de la ville, à Tournai.

J. de Rosut. — B. Rys.

Hulin (Georges), membre de l'Académie royale, à Gand.

P. de Royalme. — C. Rycx. — A. Rynghele.

Hymans (Henri), membre de l'Académie royale, à Bruxelles.

J. de Roore. — J. Roos. — M. de Rossvood. — J. Rost. — J.-B. Rousseau. — N. Rousseel. — R. Rovere. — J.-B. de Roy. — G. Rucholle. — R. Rucholle. — Rudolphe van Antwerpen. — J.-B. Ruel. — C.-L. Ruelens. — J.-M. Ruyten. — Ryckaert Aertszone. — N. Ryckemans. — G. vander Rye. — J.-M. Rysbrack. — P. Rysbrack.

Iseghem (Charles van), à Ostende.

J. Ryckam.

Jacques (Dr **Victor),** professeur à l'Université, à Bruxelles.

I.-H. Rossignol. — A.-C.-J. van Rossum.

Jordens (Ernest), avocat, à Bruxelles.

A.-N. Roos. — C.-J. de Nozières d'Envezin, comte de Rosières.

Linden (Herman vander), professeur à l'Université, à Liége.

J.-B. van Roo. — L.-F.-E. van Roo. — M. van Rossum. — J. de Ruyssche. — J.-G. van Ryckel.

Marchal (chevalier **Edmond),** secrétaire perpétuel de l'Académie royale, à Bruxelles.

A. van Ronse. — B. van Roy. — Rubbens. — C. Rulquin. — J. Ruthy. — H.-J. Ruxthiel.

Masoin (Fritz), professeur à l'Athénée royal, à Ixelles.

C. Rouchet. — L.-P. Rouillé. — Madame E.-M.-L. Ruelens. — Madame L.-J.-C. Ruelens. — J.-C. Rykers.

Matthieu (Ernest), avocat, à Enghien.

J.-B.-C.-F.-J. de Ronquier. — J.-B.-H. Rosier. — F.-J. de Royer. — A.-J.-J. baron de Royer de Dour. — C.-L.-J. baron de Royer de Dour.

Mensbrugghe (Gustave vander), membre de l'Académie royale, à Gand.

J.-B. Rosselt. — F. van Rysselberghe.

Micheels (Henri), docteur en sciences, à Liége.

F.-A. Roucel.

***Monchamp (Georges).**

J. van Ryssingen.

Naveau (Léon), docteur en droit, à Bommershoven.

R. de Lexhy, dit de Rouveroy. — E. vanden Rye.

Nolf (Jules), avocat, à Courtrai.

C. Ryckewaert. — C. Ryckewaert fils.

Ortroy (Fernand van), professeur à l'Université, à Gand.

A. Roothaese. — J.-A.-C. Rotthier.

Pauw (Napoléon de), procureur général honoraire, à Gand.

L. de Ryckman.

Pirenne (Henri), membre de l'Académie royale, à Gand.

J. de Rosimbos. — Rothard. — G. de Ryckel.

Poncelet (Alfred), S. J., bollandiste, à Bruxelles.

H. Rosweyde.

Ridder (Alfred de), chef de division au Ministère des affaires étrangères, à Bruxelles.

M. Routart. — A. de Rubempré. — J. de Rubempré. — P. comte de Rubempré. — Bâtard de Rubempré. — S. de Rue. — M.-F.-E.-J. Ruzette.

Roersch (Alphonse), professeur à l'Université, à Gand.

J. Rotarius. — A. de Roulers. — J. Roulez. — G. Royen. — G. de Rycke.

Rombaut (Eugène), inspecteur général de l'Enseignement industriel et professionnel, à Bruxelles.

A.-H. Ronnberg.

Rooses (Max.), membre de l'Académie royale, à Anvers.

J. Ronsse. — A.-F. Rubbens. — A. Rubens. — P. Rubens. — P.-P. Rubens. — D. Ryckaert. — D. Ryckaert II. — D. Ryckaert III. — M. Ryckaert. — J. van Ryswyck. — J.-T. van Ryswyck. — L. van Ryswyck.

Sabbe (Maurice), professeur à l'Athénée royal, à Malines.

P. van Rouvroy.

Saintenoy (Paul), professeur à l'Académie des beaux-arts, à Bruxelles.

A.-L.-A. Roussel. — Gilles de Ruysbroeck. — Guillaume de Ruysbroeck. — J. de Ruysbroeck. — J. de Ruysbroeck fils. — J.-M. Ryssens Delauw.

Schrevel (chanoine **A.-C. de),** archiprêtre, à Bruges

A.-J. Ryckewaert. — M. Rythovius.

LISTE DES COLLABORATEURS

Simenon (chanoine **Guillaume**), professeur au Séminaire, à Liège.

J. Rosenthal. — P. Rosmer. — T. Rosmer.

Smedt (Charles de), S. J., membre de l'Académie royale, à Bruxelles.

Saint Rombaut. — Sainte Rotrude.

***Stecher (Jean).**

F.-A.-J. Rucloux.

***Tandel (Emile).**

A. Rothermel. — O. Rousseau. — I.-A. Ruth.

Vannérus (Jules), archiviste de l'État, à Anvers.

J.-T. baron de Rouvroy. — J. Russim. — N. Ruter.

Vercoullie (Joseph), membre de l'Académie royale, à Gand.

G.-D. Rons. — J. de Rore. — J. Rosant. — P.-F. Rossaert. — J.-B.-A. van Rotterdam. — G.-G. Rutten. — C. Rycen. — L. de Ryckere. — L. Rysheuvels. — C. van Ryssele.

Vreese (Willem de), chargé de cours à l'Université, à Gand.

G. Rosemondt. — J. van Ruysbroeck.

Warichez (abbé **J.**), archiviste de la Cathédrale et de l'Évêché, à Tournai.

Ronegaire.

Wauters (A.-J.), membre de l'Académie royale, à Bruxelles.

J. van Roome. — L. Ryck Aertzoon.

Willems (Léonard), avocat, à Gand.

G. Rondellus. — J. de Roo. — M. Roobaert. — J. van Rooy. — J. Roucourt. — J. Royaerds. — J.-G. Ruchius.

Zuylen van Nyevelt (baron **A. van**), archiviste de l'État, à Bruges.

J Rycx. — P. Rycx.

ROND (*Gérard*) ou plutôt LE ROND, personnage fabuleux, qui fut boucher à Chièvres et chef de partisans dans le Hainaut au milieu du XIIIe siècle, si l'on en croit Jacques de Guyse. Le chroniqueur de la fin du XIVe siècle raconte qu'il découvrit, *et peu après perdit*, un petit poème en langue vulgaire de deux mille vers environ, intitulé le *Livre de la Société des Ronds du Hainaut* et contenant l'histoire de la lutte de ces partisans des d'Avesnes contre Marguerite de Constantinople. Voici donc, d'après le Franciscain de Valenciennes, le récit des exploits des fils et amis de Gérard Le Rond.

Aussitôt après la mort de Guillaume de Dampierre (6 juin 1251), Marguerite « la Noire » révoqua tous les officiers indigènes du comté de Hainaut, pour les remplacer par 300 séides, Flamands d'origine, chargés d'opprimer les Hennuyers (qui ne lui avaient rien fait). Elle répartit ces brigands dans les terres de Leuze et d'Ath et sur les frontières orientales du comté, les couvrit de sa protection, de sorte qu'ils prirent le nom de Vassaux de Flandre.

Vers la fin d'octobre 1252, ces sicaires enlevèrent un bœuf à Gérard Le Rond, boucher de Chièvres, qui revenait de la foire d'Ath, et comme le boucher résistait, ils le tuèrent. Ses six fils, sur son cadavre exposé au marché de Chièvres, jurèrent de le venger. Comme ils ignoraient les noms des meurtriers de leur père, ils ne purent obtenir justice et décidèrent de livrer une guerre privée aux brigands flamands. Les Ronds s'armèrent avec leurs parents, amis et serviteurs et se réunirent dans le bois de Willecourt; le 10 novembre, ils surprirent une partie des « Vassaux » à Meslin-l'Evêque, puis à Arbres et à Lens, et se retirèrent ensuite à Thuin dans l'évêché de Liége, d'où ils envoyèrent au bailli du Hainaut et aux conseillers de Marguerite une épître pour les informer des motifs de leur conduite et de leur résolution d'exterminer tous les autres séides de la comtesse. Ils pourchassèrent ceux-ci si bien que, favorisés d'ailleurs secrètement par la population, ils en avaient massacré quatre-vingt-quatre vers la mi-décembre; les autres se réfugièrent en Flandre et allèrent se plaindre à la comtesse le jour de la Noël, dans la ville de Gand. Ainsi la querelle privée s'était transformée en un mouvement politique dirigé contre Marguerite.

La comtesse, tout entière à sa guerre contre Florent et Guillaume de Hollande, ne put fournir aux « Vassaux » les secours nécessaires. Mais elle chargea son bailli du Hainaut, Anselme d'Eterpigny, d'écrire à Henri de Gueldre, élu de Liége, afin de faire exécuter les Ronds. Mais l'élu (qui prend dans sa réponse le titre de duc de Bouillon) s'y refusa parce que Marguerite ne lui avait point fait hommage et qu'il reconnaissait d'ailleurs Jean d'Avesnes comme comte de Hainaut. Au carême suivant, les Ronds se mirent au service de Jean d'Avesnes, qui les mena en Hollande au secours de son beau-frère contre les Dampierre; ils s'y conduisirent avec valeur et, chargés des dépouilles des Flamands, ils se retirèrent à Liége, où ils furent reçus avec honneur, et ils y demeurèrent jusqu'à l'arrivée des Français dans le Hainaut. Remarquons qu'au retour de Hollande, leur troupe s'était grossie jusqu'au nombre de cinq cent soixante hommes.

Les Dampierre ayant été fait prisonniers à la bataille de West-Capelle (4 juillet 1253), Marguerite prit une résolution extrême et s'en fut à Paris offrir à Charles d'Anjou, frère de saint Louis, le comté de Hainaut avec la garde de son fief de Flandre; en décembre, celui-ci s'empara de Valenciennes, puis pénétra, en avril 1254, au cœur du comté avec de nouvelles troupes, et occupa Mons, Soignies et Ath. Jean d'Avesnes fit appel à son beau-frère, le roi Guillaume, et s'empara de Grammont; en juillet, Guillaume de Hollande conquit Le Quesnoy.

D'après J. de Guyse, la ville d'Enghien ne put être prise. Marguerite et Charles d'Anjou s'en approchaient lorsque, aux environs de Soignies, leur armée fut assaillie à l'improviste par le seigneur d'Enghien et six cents des Ronds, et défaite complètement. Se détournant de leur chemin, les vaincus étaient allés camper à Silly; les Ronds, renforcés par deux mille autres Enghiennois, les y surprennent une nuit et les mettent de nouveau en déroute.

On sait que le XXe et dernier livre de Jacques de Guyse se termine par ces mots : « *Histoire des Ronds du Hainaut.* « Les Ronds voyant les dangers aux- « quels les exposait la haine de Mar- « guerite, tandis que le roi..... ». Le reste est perdu.

Acceptée par tous nos historiens belges, Kervyn de Lettenhove et E. Leglay entre autres, et en dernier lieu par M[r] Ch. Duvivier, cette histoire fabuleuse des Ronds a été critiquée et rejetée par A. Wauters, qui a montré les erreurs historiques et les contradictions dont elle fourmille.

Pourtant, Mr J. Dewert a essayé de démontrer la véracité du récit parce que l'élément topographique en est parfaitement exact. Il suffira de répondre à son argumentation par ces mots du P. H. Delehaye (*Les Légendes Hagiographiques*, p. 253) : « Tout ce que l'on « peut tirer, en bonne critique, d'un « récit topographiquement exact, c'est « que l'auteur était familiarisé avec les « lieux dans lesquels il fait mouvoir ses « personnages ».

L'histoire des Ronds a inspiré le peintre athois H. Hanneton (tableau à l'hôtel de ville d'Ath) et le romancier A.-H. Roëll.

V. Fris.

Jacques de Guyse, *Annales Hannoniæ*, liv. XX, ch. 133-137 et 142-145, t. XV, p. 110-141 et 173-195. — Kervyn de Lettenhove, *Histoire de Flandre*, t. II, p. 269. — E. Leglay, *Histoire des comtes de Flandre*, t. II, p. 102-130. — Ch Duvivier, *La querelle des d'Avesnes et des Dampierre* (1894), t. I, p. 214-217; t. II, p. 294-297. — A. Wauters, *Henri III duc de Brabant*, dans *Bulletins de l'Acad. roy. de Belgique* (1875), 2e série, t. XXXIX, p. 153-155. — Id., *Sur le peu de créance que méritent quelques-unes de nos sources historiques*, dans *Bulletins* cités (1894), 3e série, t. XXVIII, p. 293-308. — A. Delescluse et D. Brouwers, *Catalogue des actes de Henri de Gueldre* (1900), p. 37-38. — J. Dewert, *Les Ronds du Hainaut*, dans *Wallonia*, t. XIII (1905), p. 73-84. — A.-H. Roëll, *De Vassalen van Vlaanderen en de Ronden van Henegouw*, roman (Gand, 1889). — *XXVIe Exposition des beaux-arts à Gand* (1865), p. 36-37.

RONDELLUS (*Gérard*), théologien, vécut à la fin du XIVe siècle et au commencement du XVe. Il fut docteur en théologie, devint chanoine de la Cathédrale de Liége et fut délégué par l'évêque Jean de Bavière en 1409 au concile de Pise. Du temps de Foppens, on conservait de lui un manuscrit chez les chanoines réguliers de Tongres. Il était intitulé : *Utrum ingressus in religionem approbatam sit alter baptismus.* Nous ne savons ce qu'est devenu ce manuscrit, ni s'il y en a d'autres de ce même traité.

Léonard Willems.

Foppens, *Bibliotheca belgica*, voce *Gerardus Rondellus.*

RONEGAIRE, RANEGAIRE ou RANTGAIRE, occupa les sièges épiscopaux de Tournai et de Noyon réunis, vers 825 et 829. On ne connait presque rien de cet évêque du IXe siècle. Vers 825, il est député comme *missus dominicus* par Louis le Pieux dans les diocèses d'Amiens, de Térouanne, de Cambrai, de Tournai et de Noyon. Les Bollandistes le font assister, en 829, au VIe concile de Paris. D'Achery, dans son *Spicilegium*, rapporte une lettre d'Amalaire adressée à notre personnage, dans laquelle l'archevêque de Trèves répond à une consultation, en exposant sa manière de voir sur le sens de la parole du Christ à la dernière cène : *Hic est calix sanguinis mei, novi et æterni testamenti, mysterium fidei.*

J. Warichez.

J. Warichez, *Les origines de l'Église de Tournai* (Louvain, Ch. Peeters, 1902), p. 77.

RONGÉ (*Jean-Baptiste*), compositeur de musique et critique musical, né à Liége le 1er avril 1825, y décédé le 28 octobre 1882. Il suivit pendant quelque temps les cours de l'Ecole des mines, puis quitta cet établissement et entra au Conservatoire de Liége, alors dirigé par Daussoigne-Méhul, sous la direction duquel il étudia la composition. Rongé obtint, en 1851, le second grand prix de Rome, mais ne se représenta pas l'année suivante. A partir de ce moment, il partagea son temps entre la composition et la littérature musicale. On lui doit deux cantates exécutées au Théâtre royal de Liége, la première à la majorité du duc de Brabant (1853), la seconde lors de l'anniversaire de la naissance de Grétry (1841) ; un opéra de sa composition, la *Comtesse Albany*, fut représenté sur la même scène le 15 janvier 1877. — Les travaux de Rongé dans le domaine de la littérature musicale offrent un intérêt particulier. Ses études sur la prosodie musicale ayant attiré l'attention d'André Van Hasselt ; tous deux s'étaient associés dans une collaboration à laquelle la mort de Van Hasselt seule (1874) mit un terme. Ensemble ils exécutèrent des traductions françaises, rythmées conformément aux originaux, des opéras *Don Juan*, les *Noces de Figaro*, la *Flûte enchantée*, *Fidélio*, *Freyschütz*, *Obéron*, *Euryanthe*, *Preciosa*, *Norma*, le *Barbier de Séville* (édition Litolff) ; on leur doit, en outre, le texte de douze chœurs pour voix d'hommes, la traduction, de l'allemand, d'une série de trois volumes de chants d'école, ainsi que celle de trente mélodies de Schubert, recueil qui conserve une vogue justifiée (édition Litolff). Rongé se signale particulièrement par la part qu'il prit à l'élaboration des *Etudes rythmiques* de Van Hasselt, tendant à assurer au vers quantitatif français les propriétés du vers rythmique, tentative dont on ne semble pas, jusqu'à présent, avoir mesuré toute l'importance au point de vue de l'art lyrique d'expression française, dont la prosodie reste l'objet d'erreurs et de doutes constants. C'est à ce point de vue que la collaboration de Rongé, musicien et littérateur, — volontiers négligée des biographes de Van Hasselt et passée sous silence par Rongé lui-même dans l'étude consacrée par lui aux *Etudes rythmiques* (*Monde musical*, janvier 1863), — cette collaboration fut précieuse au poète. C'est Rongé qui fournit à celui-ci les *nomes* rythmiques sur lesquels s'exerçait Van Hasselt et dont la mort ne lui permit pas d'épuiser toute la série. — Autres ouvrages de Rongé : *Catalogue* de la bibliothèque musicale de la *Société d'Emulation* de Liége (anon., avec Terry) ; *Rapport* sur le concours ouvert en 1862 par la même société pour un livret d'opéra-comique. Collaboration : *Biographie nationale ; Monde musical ; Revue et Gazette musicale ; Guide musical.*

Ernest Closson.

Pougin, *Suppl. à la biogr. univ. de Fétis*, t. II, p. 437. — *Bibliogr. nat.*, t. III, p. 323. — Van Hasselt, *Œuvres* (Brux., 1876), t. III, *Introd.* par Alvin.

RONGÉ (*Louis - Ferdinand - Oscar - Arthur*), ingénieur, né à Liége, le 13 mars 1829, y décédé le 12 janvier 1884, frère cadet de Louis et de Jean-Baptiste (voir ci-dessus). Il obtint à l'université de Liége, en 1853, le diplôme d'ingénieur honoraire des mines, et débuta dans la carrière par un emploi d'ingénieur chimiste à la Société de Sclessin (1854-1855); puis il devint successivement ingénieur à la Société des glaces et verreries de Sainte-Marie d'Oignies (1855-1859), et directeur de l'usine pour la fabrication de l'acier Chenot à Hautmont (1859-1861).

Bientôt après, s'occupant spécialement de l'industrie du fer, il sut acquérir dans cette partie beaucoup de compétence et de notoriété. Il a été attaché de 1861 à 1863, comme directeur, aux laminoirs à tôle du Haut-Pré, et de 1864 à 1866, comme associé, à la fabrique de fer du Val-Benoît, dont il avait créé les installations. A partir de 1866, il fut industriel et s'occupa du commerce des métaux. Rongé était un des membres les plus dévoués de l'Association des ingénieurs sortis de l'Ecole de Liége : il a dirigé pendant dix ans (1863-1873) les publications de cette société; en outre, il a rempli les fonctions de secrétaire de l'Association de 1869 à 1878. Il est l'auteur d'un mémoire intitulé *De la fabrication de la tôle en Belgique comprenant la description des installations récentes pour la production des fers de poids extra*, paru dans la *Revue universelle des mines*, 1863, tome XIII, et dans l'*Annuaire de l'Association des ingénieurs sortis de l'Ecole de Liége*, 1863, t. VI, p. 127-216.

Joseph Defrecheux.

Bulletin de l'Association des ingénieurs sortis de l'école de Liége, 1863-1865, p. 14, et 1884, nouvelle série, t. VIII, p. 66 et 67. — *Annuaire de l'Association des ingénieurs, etc.*, 1873, t. XV, p. 386. — *Bibliographie nationale*, 1897, t. III, p. 323.

RONGÉ (*Louis-Jean-Baptiste-Ferdinand*), publiciste, né à Liége, le 14 avril 1823, y décédé le 18 janvier 1885, fils de Charles-Joseph-Ferdinand, carrossier, et de Marie-Jeanne-Françoise Ghaye. Il fit ses études supérieures à l'université de Liége; reçu docteur en droit le 14 septembre 1849, il exerça longtemps en cette ville la profession d'avocat. Il fut également auditeur militaire suppléant. Vers la fin de sa carrière, il quitta Liége pour aller s'établir à Bruxelles.

Le 1er octobre 1849, Rongé devint, avec Emile Wodon, rédacteur de *L'Ordre, journal quotidien*. Cette feuille s'imprimait à Liége chez J. Ledoux. Elle succédait à *L'Ouvrier, organe des intérêts populaires*, et défendait les opinions du parti libéral modéré. Il était fait, pour les abonnés de Seraing, une édition spéciale de *L'Ordre*, portant comme titre *Le journal de Seraing et du canton, organe des intérêts industriels*. Rongé a, en outre, collaboré à *L'Eclaireur, organe du canton de Fléron* (1865-1867), journal s'imprimant à Liége, et publié aussi, avec quelques changements dans le texte, sous les titres : *Le Libéral liégeois* (6 mai-24 juin 1866) et *Le Libéral*, de juin 1866 au 3 mars 1867, date de la disparition de *L'Eclaireur*.

Enfin il est l'auteur d'une brochure intitulée *Le programme du Congrès libéral de* 1846, par L. R. Liége, Bossy, 1867; in-8o de 77 pages.

Joseph Defrecheux.

Ulysse Capitaine, *Recherches sur les journaux liégeois* (Liége, J. Desoer, 1850), p. 239, 240 et 268. — X. de Theux, *Bibliographie liégeoise*, 2e édit. (Bruges, Desclée, 1885), col. 1050, 1194 et 1207. — *Bibliographie nationale* (Bruxelles, 1897), t. III, p. 324.

RONGÉ (*Pierre-Jean* **DE**), magistrat, né à Bruxelles, le 24 juin 1817, mort dans cette ville, le 21 avril 1889. Il fit ses études moyennes à l'Athénée de Bruxelles, où il obtint le prix d'honneur. Sorti brillamment de l'université le 19 avril 1841, il fut de bonne heure remarqué au barreau. Entré dans la magistrature, il fut attaché successivement comme substitut aux parquets de Malines (11 mai 1847) et de Mons (17 janvier 1848), puis passa à Anvers (13 février 1850), d'où il revint à Bruxelles, en qualité de juge (2 octobre 1853). Appelé à la cour d'appel de Bruxelles, le 26 juillet 1857, il y siégea dix ans et eut à présider à plusieurs reprises les assises du Brabant. Il se distingua particulièrement dans ces délicates fonctions lors du célèbre procès Risk-Allah. En 1867 (14 septembre), il devint conseiller à la cour de cassation, d'où la maladie l'obligea à se retirer avant l'âge (mars 1884). P.-J. de Rongé était un remarquable plaideur; ses discours étaient marqués au coin d'une grande élégance dans la forme et d'une correction absolue.

En dehors de ses fonctions judiciaires, de Rongé fit partie de jurys d'examens universitaires; il fut nommé, le 2 juillet 1861, membre de la commission administrative des musées royaux de peinture et de sculpture et, le 22 novembre suivant, du comité consultatif pour les affaires de fondations. Membre de la commission administrative de la maison de sûreté de Bruxelles, il en devint le président le 28 janvier 1866. Il fut à plusieurs reprises président du Cercle artistique et littéraire de Bruxelles et, en 1882, en fut proclamé président d'honneur. Il fut différentes fois membre des commissions organisatrices des expositions de beaux-arts.

D'une grande aménité et d'une extrême correction dans ses rapports, mais non sans une certaine hauteur, due surtout à un souci constant de sa dignité, de Rongé apparaît comme une figure nettement caractéristique de son époque et de son milieu. A ce titre seul, il mériterait d'être cité dans la *Biographie nationale.*

G. Bigwood.

RONGHE (*Albéric* **DE**), théologien, musicien, né en 1615, mort à Gastel, le 12 septembre 1666. A. de Ronghe prit l'habit de l'ordre de Citeaux à Saint-Bernard, près d'Anvers. Quelques années après avoir prononcé ses vœux (1636), il se rendit à Louvain, à l'effet de s'y perfectionner dans la théologie. Ayant obtenu le grade de bachelier formé — titre accordé à celui qui avait pris tous ses degrés en théologie, après dix années d'études —, il rentra au monastère de Saint-Bernard, où il remplit successivement les emplois de maître des novices et de sous-prieur. Il fut ensuite le directeur des religieuses de son ordre « au monastère de Zwy- » vicque dans la ville de Tenremonde » (Termonde), puis remplit, durant douze années, les fonctions de curé à Gastel (Brabant hollandais).

Tels sont les renseignements fournis par Paquot, qui déclare les tenir de l'abbaye de Saint-Bernard même. Cet auteur fait connaître, d'après la même source, les ouvrages suivants d'A. de Ronghe :

1. *Favus distillatus, sive è S. Bernardi, melliflui Eclesiæ Doctoris, Operibus depromtæ Preces, ad quas accedit diversa Paraphrasis piè concinnata à R. D. Alberico de Ronghe, S. Th. Bacc. formato, Abbatiæ B. M. loci S. Bernardi Religioso ac Pastore in Gastel. Antr., Guil. Lesteenius et Engelb. Gymnicus,* 1657. — 2. *Dulcedo mellis, seu Attributa Divina piis affectibus illustrata, è mellifllui Ecclesiæ Doctoris S. Bernardi alveari collecta. Antv., Jacobus Meesen,* 1661. — 3. *Nardus odorifera, harmonica, dorica, fugata; Opus integrum Musicum pro vocibus et instrumentis. Partes quinque, cum Notis musicalibus. Antv. Heredes Hub. Phalesii,* 1663; in-4°.

A. de Ronghe n'est pas mentionné par l'auteur de la *Biographie universelle des musiciens*, et la publication musicale anversoise de 1663 est demeurée inconnue à Mr Alph. Goovaerts, l'auteur de l'ouvrage intitulé : *Histoire et bibliographie musicale dans les Pays-Bas.*

Florimond van Duyse.

Paquot, *Mémoires*, t. XIV (1768), p. 31.

RONNBERG (*Auguste-Henri*), fonctionnaire, né à Bruxelles le 13 janvier 1813, décédé à Saint-Gilles, le 4 mars 1888. Après avoir terminé ses études humanitaires, il se destinait à la carrière d'ingénieur, lorsque survinrent les événements de 1830; ceux-ci modifièrent ses dispositions premières. Il entra, le 3 février 1831, au ministère de l'intérieur, où il devint successivement chef de bureau (1841), chef de division (1859) et directeur (1868). Le 30 novembre 1874, le gouvernement lui confia les hautes fonctions de directeur général de l'agriculture et de l'industrie, dont il avait fait l'intérim depuis le 2 juillet 1872, et qu'il conserva jusqu'au moment où l'arrêté royal du 21 avril 1887 accepta sa démission, en lui conférant le titre honorifique de ses fonctions.

Au début de sa carrière, ses aptitudes

spéciales et son activité l'avaient fait désigner comme agent comptable extraordinaire pour les beaux-arts; le 12 mars 1835, il fut nommé surveillant du gouvernement et agent comptable à l'école de médecine vétérinaire et d'économie rurale, fonctions qu'il occupa jusqu'au 5 août 1840. Secrétaire de la commission provinciale d'agriculture du Brabant, de la commission de la revision des lois sur la police sanitaire, du conseil supérieur d'agriculture, il présida le comité consultatif pour les affaires relatives aux épizooties et à la police sanitaire. Il fit partie de la commission provinciale de statistique, de la commission directrice des courses de chevaux, instituée en 1847 et en 1848 et de la commission permanente des sociétés de secours mutuels, de la commission du musée royal de l'industrie, de la commission d'organisation du jardin botanique de l'Etat et participa aux travaux de la commission de revision du code rural, ainsi que de la commission chargée d'examiner les questions relatives à l'industrie et au commerce du sucre.

Ronnberg prit une part aussi active qu'intelligente à l'organisation des diverses expositions internationales qui se sont succédé depuis 1851, aux expositions agricoles, horticoles et industrielles de notre pays et notamment à l'exposition nationale de 1880, où il fut au nombre des cinq membres du comité exécutif.

C'est sous sa direction que fut dressée, à l'aide des matériaux du recensement de 1880, la remarquable statistique agricole de la Belgique. Les services éminents qu'il avait rendus à l'agriculture lui valurent des témoignages flatteurs de reconnaissance de la part de nombreuses sociétés belges et étrangères : c'est ainsi qu'il fut nommé membre honoraire du congrès national de médecine vétérinaire de 1880 et du congrès international de 1883, etc. Dans l'ordre de Léopold, il fut promu au grade de commandeur le 7 mars 1881.

D'une grande aménité, d'un caractère loyal et généreux, il ne comptait que des amis.

Eugène Rombaut.

RONNERUS, hagiographe. Voir RAINIER.

RONQUIER (*Jean-Baptiste-Célestin-Félix-Joseph* DE), pédagogue, né à Ath, le 11 janvier 1779, décédé à Mons, le 18 janvier 1856. Il était fils de Philippe-Ignace de Ronquier, avocat, greffier du magistrat d'Ath, promu le 21 avril 1791 aux fonctions de greffier du conseil de Hainaut, et de Catherine Lolivier. Il fit ses humanités au pensionnat de l'Ermitage de Wilhours lez-Ath, puis commença des études de médecine. Amené à émigrer avec ses parents lors de la conquête de nos provinces par la France, il séjourna pendant trente ans en Allemagne, notamment à Hambourg. Revenu dans son pays, il acheta la prévôté de Sirault qu'il habita, puis se refixa à Mons, menant une vie paisible en dehors de toute fonction publique. Son nom ne serait pas sorti de l'oubli sans la publication d'un volume intitulé : *Code de famille ou précis des études d'un père pour servir à l'éducation de ses enfants*, tome premier. Mons, Masquillier et Lamir, 1851; in-16 de 436 pages. Le tome II n'a pas vu le jour. La première partie traite de l'éducation de l'homme, la seconde de la philosophie pratique en général.

Elevé, comme il l'écrit lui-même, par d'excellents professeurs allemands, ayant étudié huit langues, l'auteur s'était adonné à la lecture de l'Ecriture sainte et des ouvrages des pédagogues et des philosophes allemands et français. Son livre, d'un caractère bizarre, est le reflet de ses lectures et du milieu protestant et philosophique où il avait été élevé.

Ernest Matthieu.

C. Rousselle, *Biogr. montoise du XIXe siècle*, p. 71. — E. Matthieu, *Biographie du Hainaut*. — *Bibliographie nationale*, 1830-1880, t. I, p. 517, où l'on donne la date erronée de 1799 pour sa naissance. C.-J. Bertrand, *Ville d'Ath, Catalogue de la bibliothèque publique. Bibliothèque athoise*, p. 81.

RONS (*Gérard D.*), poète flamand du XVIIe siècle. On ne connaît de lui qu'une seule pièce : *Den Bloedigen Nachtloop van Domitius Nero, ende den vraeck-*

suchtighen Macrobius over de ontseyde liefde van Felicia. Blyeyndend Treurspel. Il en existe un exemplaire à la bibliothèque de la Société de littérature néerlandaise à Leyde, et, d'après le *Belgisch Museum*, 1845, p. 286 et 362, aussi à la bibliothèque nationale à Paris. Comme l'ouvrage est imprimé à Bruxelles (chez P. de Dobbeleer, s. d.), l'auteur est probablement Bruxellois.

J. Vercoullie.

Frederiks et Vanden Branden, *Biographisch woordenboek*. — *Belgisch Museum*, 1845.

RONSE (*Adrien* **VAN**), sculpteur d'Anvers, florissait au XVIIe siècle. D'après les comptes de l'église Notre-Dame à Termonde, van Ronse reçut (en 1661-1662) 950 florins de Brabant pour le jubé de cette église. Ce jubé qui avait été construit devant le grand chœur a été placé à la fin du XVIIIe siècle, avec les grandes orgues, au-dessus de l'entrée principale de l'église.

Edmond Marchal.

RONSE (*Edmond*), historien, littérateur, né à Furnes, le 10 décembre 1816, mort dans cette ville, le 7 juin 1881. Né dans l'antique cité de Furnes, où tout évoque le souvenir d'un passé brillant, Edmond Ronse consacra son existence entière à l'histoire de sa ville natale, comme au bien moral et intellectuel de ses concitoyens. Il fut un de ces travailleurs assidus et patients qui, sans souci de renom ou d'avantages personnels, scrutent dans l'obscurité de la retraite les fastes locaux et mettent en lumière ce qui peut faire la gloire de leur cité. Pendant quarante ans, Ronse remplit, à titre honorifique, les fonctions d'archiviste de Furnes. Après avoir péniblement réuni les archives dispersées, il classa le riche dépôt qu'il était ainsi parvenu à former et en rédigea un précieux inventaire; celui-ci malheureusement est demeuré inédit.

La principale œuvre de Ronse est l'édition d'une chronique locale, rédigée, au XVIIe siècle, par Pauwel Heinderycx et qui parut, à partir de 1853, sous le titre de *Jaerboeken van Veurne en Veurnambacht*; elle comprend quatre forts volumes in-4°, — aussi tirée in-8°, — et fait partie des publications de la *Société d'Emulation* de Bruges. L'éditeur accompagna le texte d'Heinderycx de multiples notes, de documents justificatifs et d'un utile glossaire. En collaboration avec MM. Frans de Potter et P. Borre, Ronse rédigea la *Geschiedenis der stad en Kastelnij van Veurne*, Gand, 1873-1875; in-8°; les deux premiers volumes seulement virent le jour. Un chapitre de cet ouvrage fut imprimé à part sous le titre : *Geschiedenis van Sint Sebastiaans gilde van Veurne*, Gand, 1873; in-8°. Ronse livra encore à l'impression, avec M[r] le chanoine Duclos, dans les *Annales de la Société d'Emulation*, l'*Inventaire des joyaux, ornements, etc., de l'église de Saint-Nicolas à Furnes, 16 mars* 1629, Bruges, 1879; in-8°.

A côté de ces publications, il convient de placer divers travaux demeurés inédits; ce sont : 1° *Verzameling van oorkonden en aanteekeningen ter voltrekking der geschiedenis van Veurne en Kastelnij*; 2° *Aanwijzing van straten en bijzondere gebouwen der stad Veurne, in 't jaar* 1452; 3° *Inventaris van onderzochte en aangeteekende archieven bewaard te Veurne... van af anno* 1176; 4° *Alphabetische lijst ter aanduiding van den Archievenschat van Veurne*; 5° *De patriotentijd en de Fransche Revolutie in Veurne en Veurnambacht*; 6° *De arme Weezenschool te Veurne*; 7° *Recueil des inscriptions publiques et particulières qui existaient avant* 1799 *dans les églises et autres lieux publics de la ville et de la châtellenie de Furnes*.

Ronse ne limita pas son activité au soin des archives locales; il voulut, dès avant 1846, y joindre une bibliothèque publique; celle-ci devint bientôt communale. Son fondateur continua à la gérer jusqu'en 1879; il en publia le catalogue : *Kataloog der openbare bibliotheek der stad Veurne*; in-8° de 224 pages. Enfin, il fut le promoteur d'une académie de dessin et, plus tard, d'une école industrielle; il demeura, longtemps, membre du conseil d'administration de ces institutions.

Littérateur flamand distingué, Ronse

collabora à diverses revues thioises; il était surtout poète et fit paraître d'assez nombreuses œuvres poétiques dans : *Muzen album*, années 1846 et 1848; *de Vlaemsche stem*, année 1846 et suivantes; *Nederduitsch letterkundig jaarboekje*, années 1843 à 1848; *Vlaemsch letterbode*, années 1843 et 1844; *Rond den Heerd*, années 1879 et 1881; *Gedenkzuil aan J. F. Willems*, 1848. Ses poésies, souvent couronnées dans les concours de sociétés de rhétorique, dénotent de l'inspiration et de l'observation.

B°° Joseph de Bethune.

Fr. de Potter, dans de *Vlaamsche Wacht*, 1881, p. 202. — *De Veurnaar*, 15 juin 1881. — *Rond den Heerd*, 1881, p. 388. — Frederiks en Vanden Branden, *Biographisch woordenboek der noord- en zuidnederlandsche letterkunde*. — *Bibliographie nationale*, t. III.

RONSSE (*Baudouin*), ou Ronssæus, médecin, né à Gand dans le premier quart du xvie siècle, mort à Gouda en 1596. Paquot le croit à tort originaire de la ville de Renaix (en flamand Ronsse); dans tous ses ouvrages, Ronsse est qualifié expressément de Gantois. Il étudia la médecine à Louvain, où il se fit inscrire en 1541 et où il suivit les cours de Jérémie de Dryvere ou Thriverus. Il exerça d'abord son art à Furnes, puis devint, vers 1560, médecin de la ville de Gouda, où il finit ses jours. Les archives montrent qu'il quitta plusieurs fois Gouda; ces absences, courtes d'ailleurs, coïncident sans doute avec les voyages qu'il fit en Allemagne, en France et en Italie; il fut aussi attaché au service du duc Henri de Brunswick-Lunebourg, fondateur de la branche de Dannenberg (1533-1598). Il paraît avoir joui d'une grande considération à Gouda; son traitement de médecin de la ville fut successivement porté de 10 à 50, 60, 100 et enfin à 200 livres.

Ronsse a laissé quelques ouvrages curieux qui attestent sinon un esprit critique, du moins un lettré très cultivé: tel son poème, la Chasse médicale (*Venatio medica*), où il décrit les remèdes de toutes les maladies. Dans ses épîtres, il traite les sujets les plus divers, et parfois les plus bizarres; c'est ainsi qu'il signale, comme spécifique contre le maléfice dit *ligature*, la corne de pied d'âne, à cause du naturel lascif de l'animal. Dans son traité du scorbut, il identifie cette maladie avec les μεγαλοὶ σπλῆνες d'Hippocrate. Il eut une polémique avec Rembert Dodoens au sujet du *zythum* des anciens; à l'encontre du célèbre botaniste, Ronsse soutenait que ce breuvage était la même chose que la bière flamande. Il s'occupa aussi de chiromancie et d'astrologie.

Voici la liste sommaire de ses ouvrages: 1. *De hominis primordiis hystericisque affectibus centones. De Hippocratis magnis lienibus, Pliniique stomacace seu sceletyrbe epistola*. Louvain, M. Bergaigne, 1559; pet. in-8°, avec figg. Nouvelle édition sous le titre de : *De humanæ vitæ primordiis*. Leyde, Fr. Raphelengius, 1594; pet. in-8°. — 2. *Petr. Tricassi Mantuani Enarratio pulcherrima principorum chyromantiæ... opera B. Ronssei edita cum ejusdem in Chyromanticen brevi isagoge*. Nuremberg, J. Montanus et U. Neuber, 1560; in-4°. — 3. *De magnis Hippocratis lienibus, Pliniique stomacace, ac sceletyrbe, seu vulgo dicto scorbuto libellus*. Anvers, v^e M. Nutius, 1564; in-8°. Deuxième édition : Wittenberg, 1585; in-8°. Troisième et quatrième éditions : dans le *De scorbuto tractatus* de Daniel Sennert (Wittenberg, 1624, et Francfort, 1654). — 4. *Venatio medica, continens remedia ad omnes, a capite ad calcem usque, morbos*. S. l. n. n. n. d. (1581); pet. in-8°. Cette édition contient une lettre à Adrien Junius, datée de 1574, et une dédicace à Guillaume de Brunswick, de Venise, 1581. Deuxième édition: Leyde, Fr. Raphelengius, 1589; pet. in-8°. — 5. *Miscellanea seu epistolæ medicinales*. Leyde, Fr. Raphelengius, 1590; pet. in-8°. Deuxième édition : Amsterdam, P. Van den Berge, 1661; pet. in-8°. — 6. *Aurelii Cornelii Celsi de re medica libri octo. Accessere in primum ejusdem Heremiae Thriveri commentarii doctissimi; in reliquos vero septem Balduiui Ronssei... enarrationes*. Leyde, Fr. Raphelengius, 1592; in-4°.

Otto Heurnius réunit les principales

œuvres de Baudouin Ronsse sous le titre d'*Opuscula medica*. Leyde, J. Maire, 1618; in-8°. Deuxième édition : *Ibidem*, 1644. Ce recueil comprend les *Epistolæ medicinales* (n° 5 de notre liste), le *De morbis muliebribus* (n° 1), la *Venatio medica* (n° 4) et le *De scorbuto* (n° 3).

Les autres publications de Ronsse, mentionnées par les anciens bibliographes, se confondent avec celles que nous avons énumérées, ou ne sont que des parties de celles-ci, citées isolément.

Paul Bergmans.

Les œuvres de Ronsse. — Renseignements fournis par Mr L.-A. Kesper, archiviste de Gouda. — Valère André, *Bibliotheca belgica*, 2e édit. (Louvain, 1643), p. 101, répété dans Sanderus, Sweertius, Foppens. — Chr.-G. Kestner, *Bibliotheca medica* (Iena, 1746). — Paquot, *Mémoires pour servir à l'histoire littéraire des Pays-Bas*, t. III (Louvain, 1764), p. 110-112. — M. Sprengel, *Versuch einer pragmatische Geschichte der Arzneykunde*, 3e Auflage, t. III (Halle, 1827), p. 219. — C. Broeckx, *Essai sur l'histoire de la médecine belge* (Gand, 1837), p. 35, 80, 186, 308. — Les articles des divers dictionnaires de biographie médicale répètent les notices des anciens bibliographes.

RONSSE (*Joseph*), romancier flamand né à Audenarde, le 5 février 1806, mort à Termonde, le 29 avril 1872. Il fit ses classes d'humanités au collège d'Alost, ses études à l'université de Gand où il fut promu docteur en droit. En 1836, il fut nommé juge de paix du canton de Nederbrakel; en 1846, il fut élu membre du conseil provincial de la Flandre orientale; en 1859, il devint juge de paix à Termonde, où il mourut.

Il publia : *Kapitein Blommaert of de Boschgeuzen te Audenaerde* 1566-1572. (Drukkery der Gazette van Audenaerde, 1841; in-8°); *Pietro en Blandina, verhael uit de* XVIe *eeuw*, 1842 (*Ibid.* in-8°); *De Gentsche Mammelokker*, nouvelle couronnée (publiée dans *Bundel der Bekroonde dicht- en prozastukken in den pryskamp uitgeschreven door de Maetschappyen van Rhetorika te Dixmude*, 1842); *Arnold van Schoorisse épisode uit den opstand der Gentenaers*, 1382-1385 (Audenarde, Gommar De Vos, 1845; 4 vol. in-12°). Id. (2e édition, Anvers, J.-W. Marchand et Cie, 1868-1871); *de Geheimzinnige Kluizenaer* (Gand). Il publia avec Louis van Lerberghe, archiviste de la ville d'Audenarde, et avec J. Ketele, archiviste honoraire, de 1845 à 1854, les six volumes des *Audenaerdsche Mengelingen*, un recueil de documents tirés des archives d'Audenarde et des environs, une mine abondante de renseignements historiques sur la ville et les environs. Il collabora au *Nederduitsch letterkundig jaerboekje* de Rens où il publia divers récits historiques : en 1840, de *Boschgeuzen te Audenaerde*; en 1841, *Kapitein Blommaert;* en 1843, *Het Beleg van Audenaerde;* en 1844, *De Slag van Roosebeke.* Il fut un des premiers qui, après le réveil dans la Belgique flamande de l'ardeur enthousiaste pour la langue, la littérature et l'histoire nationales, étudia sérieusement nos annales et en tira les sujets de ses récits écrits en néerlandais. Il débuta à une époque où le roman historique était en pleine vogue dans nos contrées et dans toute l'Europe et, ardent fouilleur d'archives comme il était, il prit tout naturellement place dans les rangs des littérateurs qui cultivaient le genre en faveur. Ses deux premiers romans : *Kapitein Blommaert* et *Pietro en Blandina*, traitent des épisodes de l'histoire d'Audenarde à l'époque si profondément troublée de la seconde moitié du XVIe siècle. Ce sont des récits où le souci de rendre la physionomie des temps et des lieux prédomine; l'invention est faible, le style déclamatoire; le poète fait de vains efforts pour orner et vivifier les faits de l'histoire. Son principal ouvrage est *Arnold van Schoorisse.* Le livre jouit d'une certaine popularité; une seconde édition en fut publiée. L'insurrection de Gand sous Philippe van Artevelde et Frans Ackerman fait le fond du récit; un épisode de l'histoire d'Audenarde s'y mêle. Arnold van Schoorisse, sa fille et les nobles amoureux de celle-ci sont les personnages de la partie romantique du livre. C'est un essai de peindre, à l'imitation de Conscience, un événement important de l'histoire nationale sous forme de roman historique. L'effort est sérieux, mais la réussite médiocre; l'œuvre se compose de fragments d'histoire authentique alternant avec des scènes ultrafantaisistes, mal cousus ensemble; les inventions sont invraisemblables, la narration écrite dans un style boiteux.

Max Rooses.

Article *Ronsse* dans *Biographisch woordenboek der noord- en zuidnederlandsche letterkunde*, door Dr W. J. A. Huberts, W. A. Elberts en F. Jos. P. Vanden Branden. — *Bibliographie nationale*, 1830-1880.

RONVAULX (*Dieudonné* **DE**), écrivain ecclésiastique du XVIIe siècle. Nous ignorons la date de sa naissance; son père portait les prénoms de Jean-Pierre. Dieudonné embrassa l'état ecclésiastique et prit le grade de bachelier en théologie; il reçut la tonsure le 14 avril 1595 des mains d'André Streignart, suffragant de l'évêque de Liége, et fut promu au sous-diaconat par l'évêque de Namur, le 23 septembre 1600. Par la suite Ronvaulx obtint un canonicat dans l'église Sainte-Gertrude à Nivelles. Il céda ce canonicat à Henri Regnier et obtint en échange un canonicat à la collégiale Saint-Martin, de Liége, dont il fut pourvu par l'évêque Ferdinand de Bavière, le 31 mai 1616. Mais dès le 13 octobre de la même année, Ronvaulx avait résigné son canonicat en faveur de maître Guillaume Eygens et avait reçu en échange quatre bénéfices dans les églises de Grand-Jamine, de Jesseren, de Mettecoven et de Hamael. Cette modification ne satisfit sans doute pas encore Ronvaulx : il nous apprend lui-même, en 1640, qu'il avait occupé la cure de la paroisse Saint-Martin en Ile à Liége. Par après, semble-t-il, Ronvaulx passa dans le diocèse de Namur où il obtint la cure de Marchienne-au-Pont. Enfin, dès 1640, nous le trouvons installé comme directeur de la chapelle de Notre-Dame du Petit-Montaigu, près de Charlemont. Il remplissait encore cette fonction en 1647 et c'est sans doute dans cette retraite que la mort vint l'atteindre. C'est là, en tout cas, qu'il composa un ouvrage ayant pour titre : *La maniere pour se bien preparer à la mort*, qu'il dédia à Madame Anne de Ligne et qui parut à Namur, chez J. van Milst, en 1640. Le seul exemplaire de cet ouvrage cité par Doyen, dans sa *Bibliographie namuroise*, appartenait à Mr l'abbé Dromelet, curé d'Hingeon. Nous ignorons ce qu'est devenu ce volume. En 1647, Ronvaulx fit imprimer également chez J. van Milst un placard petit in-folio, ayant pour titre : *Hevreuse apprecation povr l'an* 1648, dont les deux exemplaires connus, provenant de deux tirages différents, reposent à la Bibliothèque de l'université de Liége. Le texte de ce placard est formé d'un mélange de considérations pieuses et d'oraisons.

J. Brassinne.

Liber provisionum Sancti Martini Leodiensis, no 79, aux archives de l'Etat, à Liége. — F.-D. Doyen, *Bibliographie namuroise*, t. I.

ROO (*Jean* **DE**), écrivain ecclésiastique, né à Lovendeghem, le 2 juin 1643, mort à Anvers, le 8 février 1711. Il entra dans l'ordre des jésuites le 28 septembre 1667, enseigna pendant trois ans les humanités, et fut vingt-deux ans prédicateur. Il est l'auteur de deux petits traités en flamand : 1o *Vriendelijcken geloof-strijdt bij maniere van samenspraek...* (Bruges, 1698), et 2o *Den geestelijken strijdt...* (Ypres, J.-B. Moermans, s. d.), qui n'est qu'une traduction du *Combat spirituel*.

Léonard Willems.

Sommervogel, *Bibliothèque de la Compagnie de Jesus*, t. VII, col. 116.

ROO (*Jean-Barthélemi* **VAN**), philanthrope, écrivain ecclésiastique, né à Oost-Dunkerke, village situé à l'ouest de Nieuport, le 24 août 1716, mort à Ypres, le 5 janvier 1798. Il fit ses humanités chez les Oratoriens de Furnes et étudia la philosophie et la théologie à l'université de Douai, où il conquit le grade de licencié en théologie. Ordonné prêtre en 1740, il devint vice-président au séminaire d'Ypres, puis chanoine théologal, official, censeur des livres, trésorier, pénitencier, archiprêtre et vicaire général du diocèse d'Ypres. Il favorisa particulièrement la fondation des écoles pour enfants pauvres, écoles dont le programme comportait non seulement la lecture et l'écriture, mais l'apprentissage d'un métier : il soutint à

Ypres l'école ouverte sous le patronage de Madame Van Zuutpeene-Lamotte ; à Courtrai la congrégation instituée par Mr Van Dale et l'institution de Mademoiselle Amerlinck ; des ateliers d'apprentissage et des écoles à Rumbeke, Passchendaele, Ingelmunster, Beveren près Roulers, Thourout, Langemarck, Merckem, etc. Il écrivit différents ouvrages de piété : 1. *Beweegredenen en oeffeningen van godvruchtigheyd tot het alderheyligste Hert van Jesus en Maria;* 2. *Dagelijksche oeffeningen van het inwendig gebed of meditatie, niet min gemakkelijk als noodzakelijk voor alle slag van menschen* (Cortrijk, 1761); 3. *Meditationes de præcipuis J. C. in Eucharistiâ qualitatibus ante et post sacrum, etc...* Ypres, Walwein, 1781.

Il mourut à Ypres le 5 janvier 1798 et fut enterré au cimetière de Brielen, village situé à quatre kilomètres au N.-O. de cette ville.

Herman Vander Linden.

Piron, *Levensbeschryving.* — Frederiks en Vanden Branden, *Biographisch woordenboek der noord- en zuidnederlandsche letterkunde.* — *Biographie des hommes remarquables de la Flandre occidentale,* t. IV, p. 282.

ROO (*Louis-François-Emmanuel* **VAN**), écrivain, né à Dixmude, en 1785, mort dans la même ville, le 12 novembre 1836. Son père était médecin ; il mourut jeune, laissant une petite fortune. Le jeune Van Roo s'appliqua à acquérir des connaissances variées et, en 1808, fut chargé de remplir les fonctions de secrétaire communal. Quelques années après, il fut aussi nommé syndic de la marine. Le 22 novembre 1816, il devint notaire et dès lors il s'occupa beaucoup d'art et de littérature. Il écrivit une pièce de théâtre (*Clementine en Desormes, Tooneelstuk*), la biographie d'un artiste peintre (*Levensschets van G. A. Senave, vermaerd kunstschilder geboortig van Loo, in West-Vlaanderen*) et rédigea les annales de sa ville natale depuis 1792 (*Jaerboek der stad Dixmude, beginnende met het oogenblik van de verovering der Nederlanden door de Fransche troepen in het jaar* 1792, *door eenen inboorling.* Dixmude, P. Stock et fils). Le 11 novembre 1836, on lui offrit son portrait dans la salle de la chambre de rhétorique à Dixmude, mais pendant la cérémonie il tomba en défaillance et le lendemain il mourut.

Herman Vander Linden.

Frederiks en Vanden Branden, *Biographisch woordenboek der noord- en zuidnederlandsche letterkunde.* — Piron, *Levensbeschrijving.* — *Treurdicht,* L. F. E. van Roo. Dixmude, 1836.

ROOBAERT (*Martin*), prédicateur qui vécut au commencement du XVIe siècle. Il entra dans l'ordre des Augustins, fut reçu au couvent d'Enghien, devint docteur en théologie, probablement à Louvain. En 1509, il enseignait la théologie au couvent de Bruges. En 1519, parurent de lui à Anvers : *Sermones novem de doloribus B. Virginis.* D'après N. de Tombeur, il aurait également laissé des sermons manuscrits : *Sermones de Miraculis B. Mariæ Virginis.* Nous ignorons la date de sa mort.

Léonard Willems.

De Tombeur, *Provincia belgica Ord. Aug.,* p. 133. — Ossinger, *Bibliotheca August.*

ROOMAN (*François*). Voir ROMAIN.

ROOMAN (*Gilles*), imprimeur, né à Gand, mort à Harlem au début du XVIIe siècle. Appartenant à la religion réformée, il dut quitter Gand à la suite de l'entrée d'Alexandre Farnèse, et alla s'établir en 1585 à Harlem, où il ouvrit une officine typographique à l'enseigne de la Presse d'or (*in de gulden Parsse*). Ses impressions sont exécutées avec soin ; parmi les principales, il faut citer de rarissimes chansonniers protestants et une bible in-folio, imprimée en 1592 pour le libraire Laurent Jacobsz, à Amsterdam. Son activité s'étend de 1585 à 1602.

Gilles Rooman fut la souche d'une importante famille d'imprimeurs et libraires établis dans diverses villes des Pays-Bas septentrionaux au XVIIe et au XVIIIe siècle, et qui orthographièrent leur nom ROOMAN ou ROMAN. Le premier fut son fils Adrien, qui continua son officine et reçut le titre d'imprimeur de la ville ; il mourut en 1649. C'est Adrien Rooman qui publia à Harlem, en 1630, une gravure en l'honneur de Laurent Coster, le célèbre prototypographe néerlandais, gravure qui contribua à accréditer la légende costérienne. Citons encore : Zacharie et Michel Rooman, à Middelbourg (1620-1675); Nathanaël Rooman, à Groningue (1629-1641); Gilles et Pierre Rooman, à Utrecht (1637-1662); Jean Rooman, et son fils Jean, à Amsterdam (1707-1768).

La bibliothèque de Gand conserve le manuscrit des œuvres poétiques flamandes d'un Gilles Rooman, qui paraît avoir été le « facteur » de la chambre de rhétorique de Saint-Jean-Baptiste, érigée à Deynze (Flandre orientale) en 1700.

Paul Bergmans.

Bibl. de Gand : impressions des Rooman. — A.-M. Ledeboer, *De boekdrukkers in Noord-Nederland* (Deventer, 1872), *passim*. — A.-M. Ledeboer, *Alfabetische lijst der boekdrukkers in Noord-Nederland* (Utrecht, 1876), p. 144.

ROOME (*Jean* VAN) dit JEAN DE BRUXELLES, peintre de la gouvernante Marguerite d'Autriche, dessinateur de modèles pour sculpteurs et graveurs de sceaux, de patrons pour tapissiers et verriers, né, vraisemblablement, à Bruxelles, où il est cité, dans divers comptes et documents, de 1498 à 1521. On rencontre, au XVe siècle, le nom de Van Roome porté par plusieurs artistes : un Pierre Van Roome, tailleur d'images, et un Guillaume Van Roome, peintre, tous deux de Louvain, furent employés, en 1468, aux travaux de décoration occasionnés par le mariage de Charles le Téméraire avec Marguerite d'York, à Bruges. Jean, qui, par la suite, travailla pour Louvain, est peut-être le fils ou le parent de l'un d'eux.

La plus ancienne mention qui le concerne date de 1498. En cette année, « Jan Van Roome » figure parmi les membres de la chambre de rhétorique, le *Lis*, fondée par Philippe le Beau et Marguerite d'Autriche et qui comptait parmi ses affiliés les principaux artistes bruxellois. Ce document renferme, après l'année 1500, une seconde mention ainsi libellée : *Jan Van Roome, Mgr. syn werdinne*, c'est-à-dire Jean Van Roome et Marguerite, sa femme (sans nom de famille). En 1509, il est au service de la cour, en qualité de peintre de la Gouvernante, à laquelle il fournit les modèles des statues pour les « bailles » de la cour du palais de Bruxelles; les documents l'appellent : *Meesteren Jane Van Roome, alias van Brussel, scildere*. En 1513, la confrérie du Saint-Sacrement, à Louvain, lui commande le modèle d'une tapisserie; *Meester Van Brussel, te Brussel*, dit le document. En 1516, nouveau et important travail pour la Gouvernante, à qui l'artiste livre les modèles des mausolées de l'église de Brou : *Nostre amé maistre Jehan de Bruxelles, paincire demeurant au dit Bruxelles*, ainsi s'exprime Marguerite d'Autriche. En cette même année, on renouvela les sceaux, à l'occasion de l'émancipation de l'archiduc Charles; Van Roome fut chargé d'en dessiner les modèles, ainsi que ceux de divers autres sceaux employés dans les chancelleries de Castille, Aragon, Naples et Sicile. En 1520, il fut payé à « Janne van « Brussel, peintre » les patrons des armoiries des différents personnages représentés sur les colonnes des bailles de la cour. En 1520-1521, l'artiste fournit aux verriers bruxellois le carton d'un vitrail, malheureusement détruit, offert, par Charles-Quint, à l'église Saint-Rombaut à Malines. En 1521, Charles-Quint, qui venait d'être appelé à l'empire, demanda à « Jehan de Bruxelles, « peintre » les modèles des nouveaux sceaux à graver pour ses chancelleries. Enfin, lorsqu'en cette même année, Albert Dürer visita Bruxelles, il fut en rapport avec Van Roome; il n'est pas douteux, pour Pinchart, que c'est à lui que le maître allemand fait allusion lorsqu'il écrit, dans son journal de voyage, qu'avant de quitter Bruxelles pour retourner à Nuremberg, il donna quatre gravures et un sou de gratification « *à* « *l'apprenti de maître Jean* ». Dürer entretint également, au même moment, des relations amicales avec l'orfèvre bruxellois Jean Vanden Perre (*Jan Goldschmidt van Brussel*) qui grava, d'après les dessins de Van Roome, les sceaux et contre-sceaux de Charles-Quint.

Le souvenir de plusieurs des ouvrages que nous venons de citer nous a été conservé. C'est d'abord l'ensemble de l'ornementation des « bailles », c'est-à-dire de la clôture de pierre qui entourait l'esplanade, située devant l'ancien palais de Bruxelles. Divers ouvrages anciens publient des vues de la cour des bailles, montrant les colonnes surmontées de statues. Les documents relatifs à ces bailles nous apprennent qu'ils furent édifiés sur les plans des architectes malinois Antoine Keldermans père et fils; Van Roome fournit les modèles des statues des ducs et duchesses de Brabant et Van Laethem ceux des figures de quadrupèdes et d'oiseaux, qui devaient orner les colonnes et les piédestaux de la balustrade. Le 16 janvier 1510, il reçoit 20 livres pour les dessins de onze statues de ducs et duchesses de Brabant, et, le 25 novembre suivant, 5 livres pour seize autres modèles. Les statues furent sculptées en bois, par Jean Borreman; quatre seulement furent coulées en bronze, par René Van Thienen : celles de Godefroid le Barbu, Godefroid II, Maximilien Ier et Charles-Quint. Les modèles en bois par Borreman furent polychromés et placés dans la grande salle du palais. La cour des bailles subsista jusque vers 1775. Quelques-unes des statues de bronze allèrent alors servir d'ornement aux abords du parc, où elles restèrent jusqu'à la Révolution française, époque où elles furent brisées et converties en monnaie.

Les mausolées de Brou ont eu une meilleur fortune : ils nous sont parvenus presque intacts. Les dessins que fit pour eux Van Roome lui furent demandés par l'architecte de l'église, Louis Van Bodeghem, son confrère à la Chambre de rhétorique du Lis. C'est d'abord un certain nombre de dessins, en blanc et noir, pour le tombeau de feu Philibert de Savoie, époux de Marguerite d'Autriche, à savoir : 1° un patron de la sculpture, sur toile, au petit pied; 2° un autre sur toile, du même mausolée, mais aussi grand que le vif, de 15 pieds de haut sur 15 de large; 3° une « sculpture moderne », c'est-à-dire avec une seconde figure gisante, sur parchemin, au petit pied « bien nettement »; 4° un portrait du défunt, à l'huile, de grandeur naturelle; enfin, 5° quelques autres petits patrons non détaillés. Ce « visage de « Mgr de Savoie, sur un tableau à « l'huile, aussi grand que le vif », était vraisemblablement une copie agrandie, d'après un portrait un peu plus ancien, appartenant au cabinet de la Gouvernante. Cette mention est du plus haut intérêt. Elle nous apprend qu'en 1516 Jean van Roome, peintre en titre de la Gouvernante, peignit pour celle-ci un portrait à l'huile, en buste et « aussi grand que « le vif », de feu Philibert de Savoie. C'est le seul portrait de l'artiste qui soit signalé jusqu'ici. Le renseignement est d'autant plus précieux qu'il nous révèle que Van Roome était portraitiste. Ce n'est vraisemblablement pas le seul portrait qu'il ait peint et nous sommes ainsi amené à nous demander si celui de l'archiduc Charles, que possède le musée de Budapest et qui fut exposé à la Toison d'or, à Bruges, en 1907 (n° 53), ne serait pas également son œuvre? Il a été peint à la même époque, vers 1517-1518, et il tranche sur les autres effigies flamandes du même prince, par ce fait qu'il est, lui aussi, peint sur « un tableau « à l'huile, aussi grand que le vif ». Jusqu'ici il a été indifféremment attribué à Gossart ou à Van Orley. Mais il est plus apparenté, par le style et le port caractéristique de la tête, avec certaines figures des tapisseries de Van Roome. En plus de cet ensemble de dessins et de peintures relatifs au mausolée de Philibert, Van Roome fit deux autres modèles de sculptures, au petit pied, sur parchemin, l'un construit *en feu*, pour Marguerite de Bourbon, mère du défunt, et l'autre, sous un dais, pour la fondatrice elle-même. Ces dessins lui furent payés 150 philippus d'or. Ils furent envoyés à Brou, où l'architecte se mit en devoir d'en faire exécuter, en marbre, les massifs. Dix ans plus tard, Van Bodeghem passa un contrat, à Malines, avec Conrad Meyt, pour l'exécution des trois figures couchées, en costumes d'apparat, qui les surmontent, des groupes de génies qui les accompagnent, ainsi que des deux figures gisantes de Philibert et de Marguerite. L'œuvre était complètement achevée en 1531. Quelle est la part qui revient à Van Roome dans la conception et le dessin de ces trois somptueux monuments funéraires? Dans l'état de nos connaissances, c'est impossible à établir. Mais comme nous savons qu'un travail analogue fut exécuté par lui, pour les statues que Borreman sculpta et pour les sceaux que Vanden Perre grava, nous pouvons en déduire que la création de modèles pour statuaires et graveurs était pour lui une sorte de spécialité et que, dès lors, une participation notable lui appartient dans l'invention des tombeaux et dans l'agencement de leurs figures grandes et petites. Parmi ces dernières, représentant des Saintes et des Vertus, il en est qui sont célèbres, notamment plusieurs de celles qui décorent le tombeau de Philibert. On les rencontre, en moulage, dans la plupart des musées d'art monumental et le commerce les a vulgarisées. Les patrons de sceaux aux nouvelles armes de Charles de Castille, que Van Roome exécuta pour l'empereur, étaient au nombre de 27. Parmi les sceaux appendus aux anciens actes, Pinchart a cherché à distinguer ceux dont les modèles furent faits par Van Roome et dont la gravure fut confiée à Jean Vanden Perre, orfèvre et valet de chambre de Charles-Quint. Il en a reconnu deux que Vredius a publiés dans *Sigilla, Comit.* (édition de 1639, p. 182 et 189).

Enfin, Van Roome a été, au début du XVIe siècle, l'un des plus actifs fournisseurs de cartons pour tapissiers et c'est là ce qui, jusqu'ici, constitue son principal titre de gloire. Les ateliers bruxellois ont tissé, d'après ses compositions, animées de nombreux personnages, des séries importantes de magnifiques tentures de haute-lisse, conservées dans les musées et palais d'Europe. Ses rapports avec les tapissiers furent révélés par Alexandre Pinchart, qui publia, en 1865, des extraits d'un compte de 1513, de la confrérie du Saint-Sacrement de Louvain, relatif à la commande d'une tapisserie représentant la *Communion d'Herkenbald*, qui est parvenue jusqu'à nous et est conservée au musée du Cinquantenaire (no 1231). Le document est capital dans l'histoire de l'artiste. Voici les passages qui l'intéressent : *Item, betaelt meester Jan Van Brussel, te Brussel, van den ontwerpe door ons patroen naghemaekt es*, 2 1/2 *Reinsg. Item noch hem ghegeven twee potten wijn.* 5 *st. Item, betaelt Philips den schilders van dat patroen te maken*, 13 1/2 *reijns. Item, noch Philips ghegeven van dat hij 't patroen bracht en die kercke ghehangen heeft*, 10 *st.* — Traduction : « Item, » payé à maître Jean de Bruxelles, à » Bruxelles, pour l'esquisse d'après » laquelle notre patron a été fait, » 2 1/2 florins de Rhin. Item encore lui » donné, deux pots de vin, 5 sous. » Item, payé à Philippe le peintre, » pour faire le patron 13 1/2 florins. » Item encore donné à Philippe pour » avoir apporté et appendu le patron » dans l'église, 10 sous ». Suivent les détails concernant les sommes payées au tapissier bruxellois « Lyon », pour l'exécution de la tapisserie, et qui se montent à environ 35 florins du Rhin.

Il résulte de ce texte que « maître » Jean de Bruxelles », peintre de la cour, reçut la commande d'une composition, esquisse de patron ou, comme on disait alors, « patron au petit pied »; qu'un peintre nommé Philippe fut chargé d'agrandir ce modèle, probablement sur un canevas qu'il eut à fournir, et de le transporter ensuite, à Louvain, pour le montrer à la confrérie; enfin, que Lyon l'interpréta en tapisserie, et l'encadra d'une bordure. On ignore complètement quel est ce peintre Philippe qui fut chargé de copier et d'agrandir, dans les dimensions voulues, l'esquisse de Van Roome, mais la façon dont celui-ci est appelé « maître », tandis que ce titre n'est pas donné à Philippe, indique la différence notable qui existait dans la situation artistique respective des deux hommes. La confrérie marque, du reste, l'estime particulière qu'elle professe pour Van Roome, en lui offrant en don deux pots de vin, ce qui était, en ce temps, une manière spéciale d'honorer les artistes de talent. C'est donc une erreur de dire, comme le fait Mr Destrée, que dans l'exécution de cette tapisserie le rôle artistique a été assumé par Philippe le peintre et c'en est une autre, que rien n'autorise, que d'enlever l'œuvre à « maître » Jean de Bruxelles, pour la donner à l'artisan obscur que le document louvaniste appelle « Philippe le peintre », mais que l'on baptise pour la circonstance « maître Philippe ». Les constatations de Mr le chanoine Thiery sont venues mettre définitivement Van Roome à l'abri de revendications de ce genre. Tandis qu'un premier groupement de tapisseries, semblables par le style, les types et les attitudes, s'obtenait par comparaison avec la *Communion d'Herkenbald*, Mr Thiéry, par une tout autre voie, achevait de mettre en relief le nom de Van Roome, en produisant une liste importante de tentures renfermant le nom de l'artiste, diversement présenté : soit l'initiale du prénom, soit les initiales du prénom et du nom, soit le prénom seul : *Jan, Ian, Joh, Joanes, Johanes;* soit le nom seul : *Roem, Rom, Raoum, Ron;* soit la signature complète : *Ian van Rom, Jan de Ron, I. Rom, Joh. Raoume, Johanes Romeus.* Quelques-unes des tentures portent, en outre, une date ou l'indication du lieu de provenance : *Brus. Brab.* (Bruxelles en Brabant). Voici cette liste : 1° *La Destruction de Troie*, série de sept pièces aujourd'hui dispersées ou fractionnées : une pièce complète et signée (Victoria et Albert Museum, à Londres), des fragments de six autres pièces, conservés à Issoire (signés), à Montereau et au château de Sully (France), dans l'église de Zamora (Espagne) et dans la collection Schouvaloff; 2° *Scènes de la Passion*, série de sept pièces (ville de Trente); 3° *La Passion*, série de six pièces (dont deux perdues), exécutées avant 1515 (cathédrale d'Angers); 4° *Histoire de David et Betsabée*, série de quatre pièces, datées de 1520 (palais royal de Madrid); 5° *Le siège de Jérusalem*, fragments de trois pièces exécutées vers 1503 (église de Notre-Dame de Nantilly à Saumur); 6° *La Passion*, une pièce (Exp. de Barcelone, 1878); 7° *Le Portement de Croix et la Descente de Croix*, deux pièces, datées 1525 (Palais royal, à Madrid); 8° *La Sybille de Tibur*, une pièce (Musée de Cluny, n° 6321); 9° *Hercule*, une pièce (Musée des Arts décoratifs, à Paris); 10° *Episode de l'histoire de David* (Musée du Cinquantenaire à Bruxelles).

A ces tentures d'après les modèles de Van Roome et authentiquées par un monogramme ou une signature, nous ajouterons, d'abord, la magnifique série de dix tapisseries ayant appartenu au duc d'York, au marquis de Spinola, puis à la famille des Serra, de Gênes, et qui fait actuellement partie des collections du musée de Cluny à Paris (nos 6304 à 6313). Elle est consacrée à l'*Histoire de David et de Betsabée*, sujet souvent interprété par Van Roome. La tenture n° 6305, où l'on voit *Betsabée à la fontaine*, présente cette particularité que son décor architectural est formé par une section de la balustrade, avec colonnes, des bailles de la Cour de Bruxelles. On y voit cinq des statues dont Van Roome fournit les dessins à Marguerite d'Autriche, en 1516; elles alternent avec des lions héraldiques. Nous en avons trouvé le modèle au petit pied, à l'encre de Chine et sépia, appartenant à sir G. Donaldson, à Londres, à l'Exposition d'art ancien bruxellois de 1905 (n° 52). L'ancienne collection de Somzée possédait également trois importantes pièces, d'après Van Roome : deux représentant des épisodes de la *Légende de Mestra*, acquises, à la vente de la collection, par le Musée ancien de peintures à Bruxelles (nos 9 et 10), et une montrant une seconde composition de *Betsabée à la Fontaine*, acquise par la ville de Bruxelles (Hôtel de ville).

L'allégorie de la *Luxure* qui faisait sans doute partie d'une série consacrée aux *Sept péchés capitaux*, et que conserve le Musée national de Munich, mérite également d'être distinguée, tant pour l'importance de la composition et la richesse de la coloration, que pour la beauté de l'exécution, et l'on doit citer au premier rang des autres belles tentures inspirées par les compositions attribuées au maître: l'*Histoire de saint Jean-Baptiste*, quatre pièces, à la couronne d'Espagne, à Madrid, signées *Aelst*, tisseur de Philippe le Beau et de Charles-Quint; *Histoire d'Esther*, une pièce, provenant probablement aussi de l'atelier de Van Aelst, car elle est monogrammée V. A., chez le prince de Wied, à Neuwied (exposition de Dusseldorf, en 1904); *Salomon et la Reine de Saba* et scène de l'*Histoire d'Esther*, deux pièces, au musée du Louvre; épisode de l'*Histoire d'Esther*, une pièce, au Victoria et Albert museum, à South Kensington; la *Cour d'Amour*, une pièce, dans la chapelle du château d'Hampton-Court, nº 1030; l'*Invention de la Croix*, une pièce au musée du Cinquantenaire à Bruxelles; *la Légende du roi Modus et de la reine Ratio*, une pièce, exécutée pour Philippe de Clèves et de Ravestein, dans l'hôtel du duc d'Arenberg à Bruxelles (exposition des primitifs flamands, à Bruges, en 1902, et de Dusseldorf en 1904); l'*Enfant prodigue*, une pièce, à la cathédrale de Burgos (exposition de la Toison d'Or, en 1907); l'*Enfant prodigue*, une pièce dans la collection Nardus (exposition d'Art ancien, à Bruxelles, en 1905); la *Délivrance d'Andromède*, dans la collection de Mme veuve L. Goldschmidt, à Paris; *Scènes de Cour*, deux pièces (Ryksmuseum d'Amsterdam, rez-de-chaussée, nos 163 et 164); autre *Scène de Cour*, une pièce (l'initiale P., probablement celle de Philippe-le-Beau, se répète en différentes parties du costume du personnage principal de la composition), chez Mr Heilbronner à Paris, etc.

Ce premier groupement est, sans doute, très incomplet. D'autres tapisseries viendront s'y ajouter, au fur et à mesure que se feront des observations plus minutieuses et de nouvelles comparaisons. Par contre, il faudra examiner s'il convient de continuer à attribuer au maître l'imposante suite de tentures représentant les *Triomphes de Pétrarque*, dont il y a trois pièces, datées de 1507, au Victoria and Albert museum et trois autres au château d'Hampton-Court, car Van Roome ne semble pas avoir été le seul artiste de talent qui, dans les premières années du XVIe siècle, se soit adonné, d'une manière spéciale, à la composition de patrons pour tapissiers, « ce facteur qui, » comme le dit justement Mr Eugène Muntz, « prime tous les autres dans le » développement de l'industrie de la ta- » pisserie ». Sans nul doute, il a été exercé, à Bruxelles, par plusieurs spécialistes dont les noms, encore inconnus, seront révélés quelque jour et, notamment, par le compositeur magistral que nous appellerons, en attendant la découverte de son nom, le *Maître des Prophètes*, parce qu'il aimait à présenter ses sujets entre deux nobles et graves figures de prophètes, trônant aux extrémités de sa composition. On rencontre de ses œuvres dans plusieurs musées et collections célèbres: *Le Jugement dernier*, au Louvre (salle Napoléon); *L'Histoire de la Vierge* et la *Messe de Saint-Grégoire*, 2 pièces à la Couronne d'Espagne); *Les sept péchés capitaux*, au Victoria and Albert museum et au château d'Hampton-Court; le *Combat des vertus et des vices*, au Ryksmuseum d'Amsterdam et chez MM. Goldsmidt frères à Francfort; l'*Accomplissement des prophéties* et la *Présentation au Temple*, 2 pièces (à la Couronne d'Espagne); *Symbole de la vie* et la *Vierge au donateur*, 2 pièces (musée de Lyon); l'*Accomplissement des prophéties*, 1 pièce (église San Salvador à Sarragosse); la *Présentation au Temple*, dans la collection de Mr Martin-Léroy à Paris; la *Glorification de la Vierge*, dans l'ancienne collection de Somzée, à Bruxelles (nº 528), etc. Est-ce à un troisième spécialiste qu'il faut attribuer cette autre très belle suite, jusqu'ici anonyme, datée de 1518, consacrée à la *Légende de la Vierge du Sablon*, et dont il y a une pièce, au musée du Cinquantenaire? Il n'est pas douteux que les archives, d'une part, les innombrables tapisseries bruxelloises dispersées dans l'Europe entière, d'autre part, n'ont pas dit leur dernier mot sur tant d'intéressants problèmes restant à résoudre.

C'est Schayes qui, le premier, en 1844, signala l'existence du nom de Van Roome et c'est Pinchart qui, vingt et un ans plus tard, lui consacra les premières lignes biographiques. Notre interprétation, en 1904, du document de 1513, retint sur lui l'attention, que les découvertes du chanoine Thiéry, en 1907, fixent définitivement. Le premier groupement de quelques-unes de ses tapisseries avait été entrepris, en 1903, par Mr Destrée, qui commit alors l'erreur de les placer sous la rubrique du faux « maître Philippe ». Le nombre déjà considérable de tentures de haute-lisse placées sous son nom démontre le rôle de premier plan qu'il joua dans l'histoire artistique de Bruxelles au début du XVIe siècle. A lui et au « Maître des « Prophètes », — son contemporain, son aîné de quelques années, peut-être son maître — revient l'honneur de la création de ces vastes compositions dont les sujets, parfois énigmatiques, réunissent vingt, trente, cinquante figures et plus, groupées dans des cadres d'architecture, devant des paysages ou des monuments, sur des pelouses délicieusement fleuries, dans le costume élégant des cours de Philippe le Beau, Marguerite d'Autriche et Charles-Quint jeune. Cette dernière particularité, beaucoup plus sensible dans les œuvres de Van Roome et du « Maître des Prophètes » que dans les tapisseries tissées d'après des cartons attribués à Quentin Metsys, Gossart, Van Orley et Coucke, donne une saveur très particulière à leur œuvre. Peut-être plus qu'aucun autre artiste des Flandres ou du Brabant, ces deux maîtres sont les interprètes gracieux du milieu princier où ils vivaient, auquel Van Roome était attaché en qualité de peintre officiel, et nulles illustrations mieux que les leurs ne conviendraient aux chroniques d'Olivier de La Marche et de Philippe de Commines. Ils sont les interprètes les plus fidèles de leur temps, en même temps qu'ils s'entendent à créer, à l'aide de leurs contemporains, des visions idéales d'êtres immortels. Des groupes expressifs et animés de seigneurs en atours d'apparat, de chevaliers en armures, de bourgeois, de musiciens, surtout de jolies, gracieuses et élégantes jeunes femmes, à robes décolletées, à longue traîne, s'y présentent en une variété infinie. Tous assistent, dans leurs costumes habituels et somptueux, à des scènes empruntées à la vie de Jésus, de la Vierge ou de saint Jean-Baptiste, à l'histoire de Salomon ou à celle d'Esther et Assuérus, aux Métamorphoses d'Ovide, aux triomphes de Pétrarque, à la lutte des Vertus et des Vices, à la représentation des légendes locales. Ils jouent, à Bruxelles, plus complètement que quiconque, le rôle curieux que Gozzoli et Ghirlandajo jouèrent, quelques années auparavant, à Florence. Avec leurs confrères Gérard David, à Bruges, et Quentin Metsys, à Anvers, ils sont les introducteurs, aux Pays-Bas, de ce style nouveau, élégant et mondain, qui n'est plus du gothique, sans être encore tout à fait de la renaissance. Ils le font avec une originalité si réelle, une conviction si tranquille, une aisance si aimable, un accent si personnel de vérité contemporaine, qu'ils méritent de prendre place parmi les inventeurs les plus attrayants et les artistes les plus charmants de l'école.

Van Roome a-t-il visité l'Italie? Rien dans son œuvre, pas plus que dans celles du « Maître des Prophètes », de Metsys ou de Gérard David, ne le fait supposer. Mr Destrée a, néanmoins, émis l'avis que c'est « en souvenir, sans doute, « d'un séjour dans la ville éternelle », que Jean de Bruxelles prit parfois le nom de « Jean de Roome ». Comme il a été dit au début de cette notice, Van Roome était déjà, au milieu du XVe siècle, un nom de famille courant aux Pays-Bas, notamment en Brabant. Cependant, Mr le dr Warburg adopte cette hypothèse et, chose plus grave, supprime du même coup l'individualité de Van Roome, qu'il identifie avec Jean Gossart, lequel, d'après lui, aurait adopté la forme « Jean de Roome », après son voyage, à Rome, en 1508. Les différences notables et multiples qui existent entre l'art de Jean de Bruxelles et celui de Jean de Maubeuge permettent d'écarter *a priori* une telle théorie. Mais, de plus, celle-ci est condamnée par le fait que le maître est déjà désigné sous le nom de Van Roome, dans le registre de la confrérie du Lis, en 1498, c'est-à-dire dix ans avant le voyage de Gossart à Rome.

La date du décès de l'artiste demeure inconnue. On trouve la date de 1525 sur la tapisserie du *Portement de Croix et Sainte Véronique*, à la Couronne d'Espagne. D'autre part, on observe qu'aucune de ses tentures ne porte la marque adoptée par Bruxelles en 1528.

A.-J. Wauters.

A.-J. Wauters, *Un artiste bruxellois oublié, Jean van Roome, peintre de Marguerite d'Autriche* (Journal *La Gazette* de Bruxelles du 21 septembre 1904, et une brochure). — Le registre de la confrérie du Lis (Archives de la ville de Bruxelles. — Schayes, *Analectes* (Anvers, 1857), p. 246-253. — Baux, *Recherches historiques et archéologiques sur l'église de Brou* (1844), p. 91. — Comte de Quinsonas, *Matériaux pour servir à l'histoire de Marguerite d'Autriche* (1860), t. I, p. 376. — Dr V. Hodet, *Les tombeaux de Brou* (Bourg, 1906). — Alex. Pinchart, *Notice sur deux tapisseries de haute-lice du* XVIe *siècle* (*Bull. des Comm. roy. d'art et d'archéologie*, 1865, vol. IV, p. 334). — Le même, *Recherches sur la vie et les travaux des graveurs de médailles, de sceaux et de monnaies des Pays-Bas*, 1858, t. I, p. 445, notes, et *Revue belge de numismatique*, 1857, t. I, p. 410. — Le même, *Notes et additions* à l'ouvrage de Crowe et Cavalcaselle, *les Anciens peintres flamands*, 1863, t. II, p. CCXXIV. — Van Even, *Louvain dans le passé et le présent* (1895), p. 333. — Joseph Destrée, *Maître Philippe* (*Bull. des Musées royaux des arts décoratifs*, 1903, p. 36) et une brochure, octobre 1904. — Dr Wurzbach, *Niederländisches Künstler-Lexikon* (Vienne, 1906), t. II, p. 80. — Chanoine A. Thiéry, *Les tapisseries historiées signées par Jean van Room, alias Jean de Bruxelles* (Publications du Congrès archéologique de Gand, en 1907). — Comte de Valentia de don Juan, *Tapices de la Corona de España*, deux albums de reproductions photographiques, avec texte (Madrid, 1903).

ROOMEN (*Adrien* **VAN**). Voir ROMAIN (*Adrien*).

ROORE (*Cyprien* **DE**). Voir RORE (*Cyprien* DE).

ROORE (*Jacques* **DE**), peintre, né à Anvers le 20 juillet 1686, mort à La Haye, le 17 juillet 1747. Fils d'un marchand de tableaux et de la fille du peintre Théodore Vander Haegen, il manifesta de bonne heure un penchant décidé pour les arts. D'abord apprenti orfèvre, il dut à l'intervention d'Abraham Genoels (voir ce nom) de pouvoir se livrer sans obstacle à l'étude suivie du dessin et de la peinture. A l'académie des beaux-arts, son application lui permit de moissonner des palmes nombreuses. Admis dans l'atelier de Gaspard-Jacques van Opstal (voir ce nom), un peintre réputé, il se fit recevoir franc-maître, en 1707, par la corporation de Saint-Luc. Peu après, l'église Saint-Jacques le chargeait de l'exécution d'une toile destinée à une de ses chapelles. Elle représente des moines trinitaires se vouant au rachat des esclaves. L'œuvre n'est point dénuée de mérite, mais, s'il y avait en de Roore l'étoffe d'un peintre, ni son tempérament ni le milieu ne l'autorisaient à aspirer à une situation brillante par ses pages religieuses. Les églises d'Anvers etaient alors dans la pleine possession des richesses accumulées par le XVIIe siècle, et le sort des artistes de la nouvelle génération ne pouvait être que précaire. De Roore eut l'occasion de se signaler par des compositions allégoriques et d'y faire preuve d'un talent plus qu'ordinaire. Les plafonds dont il décora, à l'hôtel de ville d'Anvers, la salle du conseil, et ceux qu'il peignit pour l'hôtel de ville de Louvain se distinguent par leur ampleur de ligne et leur coloris puissant. Notons, en passant, que le jeune de Roore avait travaillé quelque temps sous Louis van Schoor, peintre habile de patrons de tapisseries, et s'était familiarisé avec les exigences du genre allégorique mis en faveur par Gérard de Lairesse et Rich. van Orley. S'étant fait avantageusement connaître, notre artiste fut appelé en Hollande vers 1720, pour y exécuter des travaux de décoration intérieure, particulièrement à Rotterdam et Amsterdam. Durant cette absence, il perdit sa jeune femme, demeurée à Anvers, et se vit amené, de la sorte, à transférer ses pénates dans les provinces septentrionales. La Haye devint, à dater de 1723, sa résidence. Tour à tour comme peintre, restaurateur de tableaux, expert et marchand, il se fit une notoriété considérable. En 1728, il visita Anvers et y fut reçu avec distinction. De retour en Hollande, il y conclut une association avec Gérard Hoet, praticien de valeur et, comme lui, marchand réputé. Il fut bientôt à la tête d'affaires considérables. Ses apparitions en Belgique devinrent alors très rares. En 1739 il y fut le héros d'une équipée restée fameuse et où les choses faillirent, pour lui et son associé, tourner au tragique. Roore, dont la collection se vendit à Amsterdam en 1747, était, semble-t-il, un marchand avisé. Le catalogue des peintures qu'il avait rassemblées comprend les noms les plus illustres de toutes les écoles. On y relève une soixantaine de Rubens — toiles achevées et esquisses — des Rembrandt, etc., etc. Informés par un correspondant, Hoet et lui engagèrent secrètement des négociations pour acquérir le *Saint-Martin*, la fameuse toile de van Dyck, à Saventhem. Le marché était conclu; il ne restait plus qu'à enlever la marchandise quand les villageois eurent vent de l'affaire. Mille ducatons devaient être payés. Déjà la toile était descendue de l'autel et la caisse destinée à recevoir le chef-d'œuvre avancée, quand, soudainement, armés de fourches, de gourdins et de fléaux, les paysans firent irruption dans l'église. Sous menace de mort, ils sommèrent les spéculateurs de lâcher leur proie, de remettre la peinture sur l'autel. Hoet et de Roore ne durent leur salut qu'à la fuite. La caisse apportée servit à faire un feu de joie. Le catalogue de la vente des œuvres délaissées par de Roore qui, bientôt après l'aventure de Saventhem, se sépara de Hoet, mentionne une réduction du *Saint-Martin*, attribuée à Van Dyck même. On trouve également parmi les toiles livrées aux enchères un nombre considérable de productions du peintre, sujets mythologiques et allégoriques, pour la plupart, destinés à la décoration de cheminées, de lambris et de plafonds d'appartements somptueux. Il est certain que Roore eut, de son vivant, quelque réputation dans ce genre. Son portrait fut plusieurs fois gravé, notamment par Houbraken et par G. Punt. Cette dernière effigie, autotype, — la peinture faisait partie de la célèbre collection Vander Marck, — porte la date de 1736. Elle montre le personnage devant son chevalet et, à la mode du temps, est accompagnée de vers élogieux où l'artiste est réputé l'un des plus fameux interprètes des exploits de l'antiquité. La postérité n'a pas ratifié ces éloges; de Roore est aujourd'hui bien oublié. Dans les collections publiques ses œuvres sont rares. Nul doute qu'en dépit des vicissitudes du goût, nombre de somptueuses demeures de la Hollande n'aient conservé de ses panneaux formant la décoration élégante de leurs salons d'apparat. Mr Ferd. Vander Haeghen, à Gand, possède de notre artiste deux toiles intéressantes : *La mort* et la *Déification de César*. De Roore y apparaît comme influencé par Lairesse.

Henri Hymans.

J. van Gool, *De nieuwe Schouburg der nederlantsche kunstschilders en kunstschilderessen* (La Haye, 1751), t. II, p. 86. — *Nieuwen verlichter der konst-schilders* (Gand, 1777), t. II, p. 314. — F.-J. Vanden Branden, *Geschiedenis der antwerpsche schilderschool* (1883). — Goethals, *Lectures relatives à l'histoire des sciences, etc.*, t. III.

ROORE (*Jacques* DE), mennonite. Voir RORE (*Jacques* DE).

ROOS (*André-Nicolas*), ou ROOSE, homme de guerre, né à Bruxelles, baptisé le 30 avril 1745 en l'église Saint-Nicolas de cette ville, mort à Prague, le 4 février 1814. Il appartenait à une famille de condition modeste et entra, le 1er août 1764, en qualité de fourrier-écrivain dans le corps d'artillerie des Pays-Bas, en garnison à Malines. Devenu artificier le 11 mai 1767, il fut promu sous-lieutenant au corps le 11 avril 1769. Lors de la suppression de celui-ci, par application du plan de réorganisation général de l'artillerie impériale décrété le 21 février 1772, et de son incorporation au 3e régiment d'artillerie de campagne, de nouvelle création, Roose passa dans ce régiment en qualité de lieutenant en 1er (1er mai 1772). Il y fut successivement promu : capitaine-lieutenant le 2 juin 1774, capitaine le

16 août 1777 et major le 21 août 1788. De 1788 à 1790, il prit une part brillante aux campagnes contre les Turcs. Lors d'une sortie tentée par la garnison de Chotym notamment — sortie essayée par elle dans le but d'aller s'établir au village voisin de Rumla — Roose, voyant l'infanterie impériale menacée sur ses deux flancs, n'hésite pas, fait pousser en avant trois pièces de canon et, par l'imprévu de son feu et l'audace de son mouvement, arrête un instant l'assaillant, permet à l'infanterie de se dégager et contraint l'adversaire à rentrer dans la place.

Sous Foschan, il donna de nouvelles preuves de sa valeur, notamment à la prise du couvent fortifié, qui constituait une des défenses principales de la place. A l'affaire de Martinevtje (22 septembre 1789), il disposa si habilement son artillerie et l'employa avec tant d'efficacité que le général commandant lui attribua tout l'honneur du succès. Devant Giurgevo, il rendit des services non moins éclatants : à la première des sorties de la garnison tentées les 2 et 3 juin 1790, il reprit les pièces qui avaient failli un instant être amenées par les Turcs, puis il les installa lui-même aux emplacements d'où elles allaient faire taire le canon de la place.

Sa belle conduite au cours de cette guerre lui mérita en fin de campagne, spécialement au titre du combat de Martinevtje et du siège de Giurgevo, la croix de chevalier de l'ordre de Marie-Thérèse (promotion du 19 décembre 1790), avec collation de noblesse, distinction inhérente à la première. Roos avait été promu lieutenant-colonel le 3 septembre 1789 et affecté, quelques jours plus tard, au 2e régiment d'artillerie de campagne, dont il devint colonel-commandant le 17 avril 1793.

Au cours de la guerre contre la France, il fut employé aux Pays-Bas et se distingua aux sièges de Valenciennes et du Quesnoy (1793). Il devint général-major le 17 mars 1797, pour prendre rang du 4 mai. Employé en Italie, il se distingua à la bataille de Magnano (5 avril 1799); quand la première colonne autrichienne eut été refoulée, ce fut lui qui mit l'artillerie en mouvement et la mena à l'ennemi. Dans cette action, il fut blessé d'une balle à la tête. Après la paix de Lunéville, il fut nommé directeur de l'artillerie dans les Etats vénitiens. Feld-maréchal-lieutenant le 1er septembre 1805, il fit la campagne de cette année en Italie, où il commanda l'artillerie de l'armée austro-hongroise. Il fut employé ensuite en Bohême et fut admis, le 27 avril 1813, à la position de retraite. Son grand âge et ses infirmités ne lui permettaient plus de servir activement en campagne. Le décret impérial qui le pensionnait lui conférait en même temps, à titre honoraire, le grade de feld-zeugmeister.

Roos décéda sans laisser de descendance masculine.

E. Jordens.

K. u. K. Kriegs Archiv à Vienne. — Hirtenfeld, *Der Militar Maria-Theresien Orden*, t. I (Vienne, 1857).

ROOS (*Gérard* **DE**). Voir GÉRARD DE HERENTHALS.

ROOS (*Jean*), plus exactement ROOSEN, peintre, né à Anvers, en 1591, mort à Gênes (Italie), en 1638. Oublié dans son pays d'origine, ce peintre distingué, devenu pour les Italiens et lui-même GIOVANNI ROSA, resta flamand par ses préférences comme par son art. Elève, à Anvers, de Jean de Wael, inscrit comme tel à la gilde Saint-Luc en 1605, il fut ensuite, d'après ses propres déclarations à Soprani, le disciple du grand animalier François Snyders, retour d'Italie, soit postérieurement à 1608. Après quelques années passées sous la direction de ce coloriste éminent, dont il adopta le genre et suivit la manière, il s'en fut rejoindre à Gênes Luc et Corneille de Wael, les fils de son premier maître. Ce dut être en 1614, attendu que, selon Soprani, au moment de son décès vingt-quatre ans s'étaient écoulés depuis le début de son séjour à Gênes. Il s'y était acclimaté au moment de l'arrivée de Van Dyck, et bien que son aîné de huit ans voulût être l'élève du brillant portraitiste. Il fut surtout son collaborateur. S'il existe de « Giovanni Rosa » des portraits et même des sujets religieux, on peut dire que les plus distingués, parmi ses ouvrages, sont les animaux dont Van Dyck, particulièrement durant sa période génoise, accompagna ses effigies de si noble prestance. Roos fut vraiment pour lui un collaborateur précieux. Qu'on se souvienne notamment du perroquet au riche plumage relevant si heureusement le fond sombre du grandiose portrait de Paolo Adorna; les singes, les chiens et les chevaux, toujours admirables, que Van Dyck aime à introduire dans ses toiles gênoises, ils sont de Roos. Notre compatriote avait épousé, le 31 décembre 1622, Benedetta Castagnetto, d'honorable famille ligurienne. Sa valeur comme artiste indépendant se constate par une *Descente de Croix*, peinte pour l'église des saints Cosme et Damien, à Gênes. Plusieurs portraits de donateurs, rassemblés à l'avant-plan, sont traités dans la manière de Van Dyck. Jean Roosen mourut à Gênes en 1638, âgé de quarante-sept ans, épuisé, dit-on, par le travail. Il eut sa sépulture dans l'église de Santa Catarina di Portoria, où il s'était fait élever un tombeau. Les traces de ce monument ont disparu. Deux de ses plus vastes créations appartiennent, selon Mr Mario Menotti, à la galerie de Bolognetti, à Rome, au palais Cenci-Bolognetti et au château de Vicovaro, où a été déposée une partie de la collection. Les œuvres de Jean Roosen sont du reste fort rares, ayant très probablement été confondues avec celles de son homonyme Jean-Henri Roos, mort en 1685. Mr Menotti croit devoir lui attribuer l'impressionnant portrait d'une dame sur sa couche funèbre, exposé depuis peu d'années au Palais blanc, à Gênes, et quelques autres peintures faisant partie de collections locales. Un portrait de Roosen, par lui-même, figure dans la galerie des Offices, à Florence, entre les effigies d'artistes peints par eux-mêmes. Roos s'est représenté devant le chevalet, occupé d'un tableau de nature morte. Nous hésitons, eu égard au costume certainement plus moderne et à l'âge apparent de l'individu, à accepter cette image pour celle de l'artiste qui nous occupe. Il s'agit fort probablement d'un des Roos de souche allemande, plus connus en Italie que notre maitre. Celui-ci, au cours de sa période gênoise, eut pour élève son parent et compatriote Giacomo Legi, peintre de fleurs, de fruits et d'animaux, mort à Milan à un âge peu avancé. Ses œuvres, assure Soprani, étaient peu répandues. L'apparence exotique du nom de Legi fait croire à une traduction. Il nous a été impossible de le rencontrer dans les sources néerlandaises.

Henri Hymans.

Raffaelo Soprani, *Vite de' pittori, scultori ed architetti Genovesi* (Genova, 1768), t. I, p. 461. — Mario Menotti : *Archivio storico dell' arte*, serie seconda, anno III, 1897, p. 360 et sqq. — *Rubens bulletyn*, derde deel (Anvers, 1888) : A. Bertolotti, *Corn. de Wael, Jean Roose, Ant. Van Dyck, peintres anversois.* — *Ibid.* Rooses, *Note sur Giovanni Rosa (Roosen), peintre anversois*, p. 254.

ROOSBROECK (*Jean-Julien* **VAN**), médecin-oculiste, professeur à l'université de Gand, né à Louvain, le 9 janvier 1810, mort à Gand, le 1er juillet 1869. Il fit toutes ses études dans sa ville natale; le 30 mars 1833, il subit l'examen de docteur en médecine et en accouchements *avec la plus grande distinction*. Ce grade lui valut une des bourses de voyage instituées par l'Etat pour permettre aux élèves d'élite d'aller se perfectionner en visitant les universités étrangères. Van Roosbroeck se rendit d'abord à Berlin où il suivit la clinique de Jüngken, puis à Vienne où professait alors Frédéric Jaeger. C'est à l'école de ces deux grands maîtres, grâce auxquels l'ophtalmologie se détachait peu à peu de l'ensemble des sciences chirurgicales pour devenir une branche autonome, que Van Roosbroeck se forma. Le diplôme de *maître-ès-art ophtalmiâtrique* de l'université de Vienne, qu'il reçut le 28 février 1835, témoigne des progrès qu'il avait faits dans sa spécialité. Il se trouvait à Berlin lorsqu'en 1834, sur son conseil, le Gouvernement appela en Belgique le célèbre ophtalmologiste Jüngken, dont l'intervention devait exercer une heureuse influence sur la grave ophtalmie qui sévissait dans l'armée.

De retour dans sa patrie, Van Roosbroeck se fixa à Bruxelles où il organisa un service temporaire pour les maladies des yeux, à l'hospice de Pachéco. Bientôt un champ plus vaste s'ouvrit devant lui : en 1838, le Gouvernement, soucieux des besoins de l'époque, décréta la création d'une chaire d'ophtalmologie à l'université de Gand. Van Roosbroeck en fut nommé titulaire; mais il était en même temps chargé du cours d'hygiène, remplacé plus tard par celui de médecine légale, auquel vint s'ajouter la clinique des maladies des enfants. Toutefois, ceux qui ont suivi les leçons de Van Roosbroeck ont pu se convaincre que l'ophtalmologie était la seule branche de son enseignement à laquelle il consacrait, sans compter, son temps et ses peines. « C'est comme titulaire du « cours théorique et clinique des mala- « dies des yeux, dit le professeur R. Bod- « daert, qu'il exerça pendant plus de « trente ans, une influence incontestée « sur les progrès de la chirurgie oculaire « en Belgique... Son enseignement se « faisait avant tout remarquer par une « grande solidité; dans des conférences « données près des malades, le profes- « seur s'attachait à exercer l'esprit « d'observation et le jugement de ses « auditeurs; il exigeait un diagnostic « précis, nettement raisonné, excluant « toutes les affections susceptibles d'être « confondues avec celle qui faisait l'ob- « jet de l'examen; il insistait sur l'im- « portance qu'il convient d'accorder aux « signes objectifs, et parfois, pour en « mieux comprendre la valeur, il réus- « sissait à reconstruire l'histoire du cas « pathologique sans adresser une ques- « tion au malade émerveillé ». Van Roosbroeck était opérateur habile, et se servait indifféremment de la main gauche comme de la droite pour les opérations les plus délicates. A l'exemple de son vénéré maître, Jüngken, il opérait avec un appareil simple et des moyens restreints ; mais, tout en désapprouvant les exagérations instrumentales, il ne rejetait pas l'emploi des instruments nouveaux quand ceux-ci réalisaient un réel progrès; c'est ainsi qu'il comprit, l'un des premiers, l'immense avenir réservé à la découverte de l'ophtalmoscope, et qu'il s'empressa d'initier ses élèves aux procédés ophtalmoscopiques.

La direction de l'Institut ophtalmique du Brabant étant devenue vacante par la mort de Cunier, et le docteur Joseph Bosch, attaché depuis plusieurs années à cet établissement en qualité de chirurgien-directeur adjoint, déclinant l'offre qui lui fut faite de recueillir la succession de son ancien chef, des propositions furent faites à Van Roosbroeck. Celui-ci accepta « à la triple « condition, rappelle le docteur Warlo- « mont, qu'il ne se rendrait à l'Institut « que deux fois par semaine, que « Mr Bosch consentirait à y rester atta- « ché en qualité de directeur adjoint, « et que son propre acquiescement ne « l'engagerait qu'à titre provisoire. Il « fut donc nommé le 12 mai 1853, » et, ajoute Warlomont, « comme rien n'est « en général plus durable que le provi- « soire, il resta attaché à ce poste jus- « qu'à sa mort, tout en continuant à « résider à Gand ». Il était chirurgien de l'hôpital et des hospices civils de cette ville. Van Roosbroeck fut élu membre correspondant de l'Académie de médecine, le 28 avril 1860, et membre titulaire de cette Académie, le 11 juillet 1863. Il était en même temps membre correspondant ou honoraire de plusieurs sociétés savantes.

En 1841, il reçut le titre de médecin-oculiste de S. M. le Roi des Belges, qui le nomma chevalier de son ordre en 1847. En 1852, ses élèves reconnaissants lui offrirent son portrait. Il était décoré de l'ordre royal de l'Aigle rouge de Prusse (2e classe), de celui de Danebrog et de l'ordre royal de l'Étoile polaire de Suède.

Van Roosbroeck a laissé plusieurs travaux. A sa séance du 8 septembre 1828, la *Bataafsch Genootschap der proefondervindelijke Wijsbegeerte te Rotterdam* mettait au concours la question suivante : *Wat is de oorzaak van den Dauw, enz.*

Van Roosbroeck, encore étudiant en sciences naturelles, adressa, à la société, au commencement de l'année 1830, un mémoire en réponse à cette question. Son travail envoyé, il n'y songea plus, lorsqu'en 1836, par conséquent après un intervalle de sept années, faisant un voyage en Hollande, la pensée lui vint de s'enquérir de son mémoire. Il eut alors la tardive mais agréable surprise d'apprendre que celui-ci avait été couronné et lui avait valu une médaille d'or qui lui fut remise incontinent. Le mémoire écrit en français et portant pour épigraphe *Ardua res est* paraissait la même année, c'est-à-dire en 1836, dans les *Nieuwe Verhandelingen van het Bataafsch Genootschap, etc.*, sous le titre : *Réponse sur la question proposée sous le n^o* 83 *par la Société de physique expérimentale de Rotterdam.* Il comprend 145 pages. Dans son article nécrologique sur J.-J. Van Roosbroeck, le docteur Warlomont, en rappelant les circonstances de ce concours, commet plusieurs erreurs : ainsi, d'après lui, la question, posée non en 1828 mais en 1829, l'aurait été par la Société médicale d'Utrecht, et le mémoire, qu'il dit d'ailleurs n'avoir pu se procurer, aurait été écrit en latin.

En 1841, Van Roosbroeck fit paraître sous ce titre : *Coup-d'œil sur l'opération de la pupille artificielle*, un excellent travail qu'il adressa à la Société des sciences médicales et naturelles de Bruxelles (Louvain, imp. J.-P. Peeters, 1841. In-8°, 109 p. Extrait des *Annales de la Société des sciences médicales et naturelles de Bruxelles*). Son *Précis de l'ophtalmie purulente des nouveau-nés* paru en 1843, avait pour but d'éclairer le public médical sur le danger de cette affection et la nécessité de la combattre énergiquement et de bonne heure. L'œuvre capitale de Van Roosbroeck est son *Cours d'ophtalmologie enseigné à l'Université de Gand* (Gand, imprimerie de I.-S. Van Doosselaere; 2 vol. in-8°, XVI, 754 et 594 p.), dont un compte rendu détaillé a été publié dans les *Annales d'oculistique*, 1854, t. XXX, p. 236, par le docteur Testelin.

A l'époque de son apparition, l'ouvrage fut accueilli avec une grande faveur, et s'il n'a pas eu un succès durable, c'est qu'il précéda de peu la vulgarisation des recherches ophtalmoscopiques qui venaient d'ouvrir de nouveaux horizons et de créer de nouveaux besoins. Les *Considérations sur la myopie* eurent l'honneur de l'insertion dans les mémoires de l'Académie de médecine. Le discours prononcé, à cette académie, lors de la *discussion sur l'ophtalmie dite militaire*, a paru dans le bulletin de l'année 1863. Les *Annales d'oculistique* contiennent, en outre, divers articles dus à la plume du professeur de Gand.

C'est surtout aux efforts persévérants de Van Roosbroeck que la science est redevable d'une méthode neuve et hardie pour le traitement du panus et des granulations palpébrales.

Comme le dit le professeur R. Boddaert, dans son discours prononcé le jour des funérailles, « Van Roosbroeck » a donc dignement servi la cause de » la science; sans doute il eût fait » davantage, si la mort n'était venue le » frapper au moment où il se disposait » à recueillir ce qu'il avait si laborieu- » sement semé. Il était arrivé à une » période de son évolution où, riche » d'une expérience qu'il est donné à » bien peu d'observateurs d'acquérir, il » aurait pu, dans la maturité de son » talent, réunir en un travail d'ensemble » les résultats de sa pratique si éten- » due et si variée, refondre son traité » d'ophtalmologie en le portant au » niveau des découvertes modernes, et » produire ainsi une œuvre qui eût été » en quelque sorte le résumé de sa vie » scientifique ».

Ch. van Bambeke.

R. Boddaert, *Discours prononcé aux funérailles de Van Roosbroeck, au nom de la Faculté de médecine de l'université de Gand* (*Bulletin de la Société de médecine de Gand*, vol. XXXVI, 1869, p. 421). — Dr Tallois, *Discours prononcé au nom de l'Académie de médecine* (*Bulletin de l'Académie royale de médecine*, 3e série, t. III, 1869, p. 724). — Dr Warlomont, *Nécrologie J. van Roosbroeck* (*Annales d'oculistique*, juillet-août 1869, p. 81). — *Bibliographie nationale*, t. IV, 1899.

ROOSE (*André-Nicolas*). Voir Roos

ROOSE (*Arnold* **DE**). Voir DE ROOSE.

ROOSE (*Georges-Louis* **DE**), peintre, né à Courtrai, le 26 avril 1701, mort à Saint-Omer, le 24 septembre 1765. C'est avec le nom de famille et les prénoms ci-dessus que les registres de l'église Saint-Martin à Courtrai renseignent, au 26 avril 1701, le baptême du peintre connu généralement sous la dénomination de Louis Roose. Les mêmes noms lui sont donnés dans les registres de décès de Saint-Omer, qui fixent sa mort au 24 septembre 1765; il y est inscrit comme natif de Courtrai et âgé de soixante-cinq ans; l'identification ne peut donc faire doute. Il était fils de Jean-Baptiste et d'Agnès Mirou.

Suivant l'usage de l'époque, de Roose voyagea d'abord pendant longtemps. Il se fixa ensuite à Bruges où il fit divers portraits; il y peignit aussi, pour l'abbaye de l'Eeckhoutte, quatre tableaux représentant des scènes de la vie de saint Augustin : 1 *La conversion du Saint*; 2° *Sa consécration comme évêque d'Hippone*; 3° *Saint Augustin scrutant le mystère de la Sainte-Trinité*; 4° *Sa sainte mort*. Il ne nous a point été possible de retrouver ces peintures, qui, au dire du critique Ledoulx, étaient d'un bon dessin mais d'un coloris un peu dur.

De Roose quitta Bruges où il avait eu Gaeremyn comme élève, dit-on, pour s'établir à Saint-Omer, en 1749, suivant Ledoulx; cette date semble erronée, car le musée de cette dernière ville possède, de notre peintre, un portrait au millésime : 1744.

G.-L. de Roose eut un frère qui s'adonna à la peinture du paysage; son prénom ne nous est pas connu avec certitude. Les registres baptistaires de Courtrai ne mentionnent que deux frères de G.-L. de Roose : Guillaume, né en 1691 et Josse-François en 1698.

Bon Joseph de Bethune.

De Potter, *Geschiedenis der stad Kortrijk*, t. IV, p. 341. — Ledoulx, *Levens der konstschilders*, etc., ms. aux archives de l'académie de Bruges. — Goethals-Vercruysse, *Verzamelingen van aenteekeningen dienstig tot de historie der stad Cortryk*, t. XIII, p. 5266, ms. à la bibliothèque de Courtrai. — Etats civils de Courtrai et de Saint-Omer.

ROOSE (*Godefroid* **DE**), sculpteur, vécut à Malines vers la fin du XVe et au commencement du XVIe siècle. On ne connaît de lui que le projet et l'exécution d'un tabernacle pour l'église Saint-Sulpice à Diest. L'ancien sanctuaire élevé en 1448-49 ayant été démoli on s'entendit avec de Roose, le 28 mai 1526, pour la construction d'un nouveau tabernacle, d'une élévation de trente-deux pieds au-dessus des marches du perron qui servit de base à l'ancien. L'ouvrage fut terminé le 30 mai de l'année suivante. Toutefois le maître ne toucha pas intégralement la somme pour laquelle il avait été fait accord, sous prétexte que le tabernacle n'avait pas la hauteur voulue et n'était pas conforme au plan approuvé.

H. Coninckx.

Emm. Neeffs, *Histoire de la peinture et de la sculpture à Malines*. — Piron, *Algemeene levensbeschrijving der mannen en vrouwen van Belgie*. — P.-S. Raeymaekers, *Notice historique sur l'église primaire de Saint-Sulpice à Diest* (*Messager des sciences historiques*, 1856-1857).

ROOSE (*Nicolas*), peintre. Voir DE LIEMAECKERE (*Nicolas*).

ROOSE (*Philippe*), écuyer, seigneur de Strazelles ou Strazeele, dans la Flandre gallicante, homme politique du XVIe siècle. Fils de Jean Roose, conseiller au Conseil de Flandre et d'Anna van Loo, il était en 1589 capitaine et grand-bailli de Biervliet. Il inclinait vers les doctrines protestantes; tout au moins était-il lié avec plusieurs familles que l'on vit, plus tard, faire profession de calvinisme. C'est ainsi qu'il fut témoin de mariage de Daniel de Borchgrave (voir ce nom), avocat au conseil de Flandre (1575), plus tard procureur général au dit conseil, nommé par le prince d'Orange, puis secrétaire du conseil d'Etat des Provinces-Unies. Il fut un des signataires de l'Union de Bruxelles. En 1572, le comte du Rœulx, que le duc d'Albe avait commis au gouvernement de la Flandre, chargeait le sieur de Strazelles de demander au Taciturne deux canons et trois demi-canons qui étaient à Flessingue.

Philippe Roose fut échevin des

Parchons en 1574, 1579 et 1580, et de la Keure en 1576. Il était bailli du Vieux-Bourg en 1583, « establi par « provision de ceulx des comptes à Gand « datées du 28 mars 1583 ». Il fut envoyé par eux en mission à Lille cette même année, et, ce qui prouve combien les opinions de beaucoup d'honnêtes gens de cette époque étaient flottantes, il consentit, au cours des négociations entre les Gantois et le prince de Parme, à faire partie des otages à Tournai pour ses concitoyens surpris par les malcontents à Quatrecht; il fut prisonnier pendant quelque temps, puis rendu à la liberté. Il devint ensuite bourgmestre des Parchons en remplacement de François Triest, dit *opt zand.*

Il vivait encore en 1585. Il figure comme témoin dans un acte du 29 octobre de cette année, concernant la famille de Borchgrave. Il avait épousé, en 1569, dame Anne Diericx, veuve de Jean de Bruyn, fils de François, conseiller et procureur général de Flandre, décédé en 1567. Elle trépassa le 11 novembre 1595 et fut inhumée dans le chœur de l'église des Carmes à Gand.

Bon de Borchgrave.

Kempenaere, *Kronyk van de stad Gent.* — De Jonghe, *Gentsche geschied.*, t. II, *passim.* — M.-J.-C. de Jonge, *De Unie van Brussel* (1825), p. 74. — Gachard, *Corr. du Taciturne*, t. III, p. 126. — Sanderus, *Flandria illustrata*, t. I, p. 149. — *Messager des sciences historiques*, 1874, p. 453. — (Bon de Borchgrave), *Daniel de Borchgrave, procureur-général au conseil de Flandre* (Gand, 1898), p. 26, 28, 33, 34, 73, 248.

ROOSE (*Pierre*), magistrat, chef et président du conseil privé, écrivain, né à Anvers en 1585 ou 1586, à l'époque où cette ville venait de retomber aux mains des Espagnols, mort à Bruxelles le 27 février 1673. Son père, Jean Roose, avait quitté la Flandre vers 1573, à l'occasion des troubles religieux, et s'était établi à Anvers dont il devint plusieurs fois bourgmestre. Sa mère, Marie Kinschot, était la fille d'Ambroise Kinschot, receveur des domaines de Marie de Hongrie dans le quartier de Turnhout. La gouvernante des Pays-Bas l'avait tenue sur les fonts baptismaux.

Comme on le voit, Pierre Roose appartenait au patriciat urbain d'une cité qui venait d'atteindre à l'apogée de sa splendeur. Ses parents le destinèrent aux professions libérales et, dans ce but, l'envoyèrent dès sa prime jeunesse à Louvain pour entreprendre ses études d'humanités. A treize ans il fut atteint de la gravelle, et, sur cette pénible maladie, il vint s'en greffer bientôt d'autres qui le forcèrent d'interrompre ses études, ou tout au moins l'empêchèrent de fréquenter assidûment l'école. Mais grâce à son esprit éveillé, à son zèle et à sa ténacité toute flamande, il triompha des obstacles que la nature avait semés sur sa route et il finit par arracher à un de ses professeurs cette phrase que nous retrouvons dans son éloge funèbre : « *Ce Pierre sera un jour la pierre de l'Eglise et de la république* ».

Ses études supérieures furent brillantes. Il devint fiscal et doyen de la faculté de jurisprudence. A l'occasion de la défense de sa thèse pour la licence, Juste Lipse lui adressa les paroles les plus flatteuses et l'invita à sa table. En 1608, alors qu'il venait à peine d'atteindre sa vingt-deuxième année, l'université de Dôle lui présenta une chaire de jurisprudence. Mais il préféra pratiquer comme avocat à Bruxelles, sous la direction de son oncle, Henri Kinschot, le célèbre avocat et arrêtiste. Le 18 mars 1616, Roose fut nommé avocat fiscal et conseiller au conseil de Brabant. Dans ces fonctions délicates, il sut rendre au gouvernement des services signalés et bientôt sa réputation s'établit si solidement que des personnages illustres, entre autres le président Antoine Favre et saint François de Sales, vinrent lui rendre visite. Il défendit avec une grande habileté les droits de l'Archiduc contre les Etats et quelques grandes villes. Il prit notamment une part importante aux délibérations de la junte instituée, en 1619, au sujet de la *guerre du gigot*, et cette même année il intervint, à la demande des archiducs, dans l'apaisement du conflit entre les Nations et l'administration communale bruxelloise.

Il semble que dès ce moment Roose

se soit tracé la ligne de conduite dont il ne devait jamais se départir : servir les intérêts de son souverain légitime, le roi d'Espagne. Persuadé qu'une entente avec les provinces du Nord ne se ferait jamais qu'au grand détriment de son souverain, il combat dès ce moment toute tentative de réconciliation entre le nord protestant et le midi catholique. A défaut des sympathies populaires, ces idées lui valurent la pleine approbation des Archiducs, et avant de mourir Albert recommanda ce fidèle serviteur à son épouse pour un fauteuil au conseil privé.

Il reçut la patente de conseiller et maître aux requêtes ordinaires de ce conseil, le 8 mai 1622. La même année encore il fut commis, un peu malgré lui, aux affaires fiscales près du conseil privé. Ce fut en cette qualité qu'il intervint, en 1624, dans la rédaction de la coutume de Mons, qui avait restreint considérablement les droits du prince. Il fut député par le conseil privé auprès des Etats à Mons pour s'entendre avec eux sur les réformes à introduire dans cette charte. En cette circonstance, Roose défendit les droits du souverain avec tant d'habileté que sa mission fut couronnée de succès, ainsi que le prouve la coutume rédigée en cette occasion et connue sous le nom de « charte préavisée ». Roose défendit avec tout autant de zèle les intérêts du roi dans l'aliénation des terres de Montfort et Stevensweert au profit du comte Henri de Berg, qui était encore, à cette époque, tout puissant à la cour. Enfin, il faut citer encore son heureuse intervention, en 1627, dans la province de Bourgogne, où les salines royales, autrefois si riches, occasionnaient des pertes considérables, à cause des désordres et de la corruption qui s'étaient glissés dans toute l'administration.

Rentré en Belgique, Roose fut envoyé presque aussitôt en Espagne. Ce fut vers l'année 1628 que s'accomplit ce premier voyage. Sans que l'on ait à ce sujet des renseignements certains, il n'est pas interdit de supposer qu'il se rapporte aux intrigues des fédéralistes pour éloigner de la cour et de l'armée le marquis de Spinola, dont les talents les gênaient. Il faut observer cependant que les premiers soupçons sur la fidélité des seigneurs belges, ainsi que le remarqua Roose lui-même, ne datent que de l'année 1629 : cette année-là on perdit la flotte, Wesel et Bois-le-Duc. Pour ce qui regarde la prise de cette dernière ville, la trahison du comte Henri de Berg ne laissait plus subsister le moindre doute.

Convaincu que la Gouvernante avait besoin désormais d'être entourée d'hommes de valeur, sincèrement dévoués à la monarchie espagnole, Philippe IV nomma Pierre Roose conseiller au conseil d'Etat (14 janvier 1630). Cette même année le roi l'appela à Madrid, où il arriva le jour de Noël. Dès ce moment on ne le désigna en Espagne que sous le nom de *flamand sage.* Reçu en audience par le monarque, il fut, quelques jours après, nommé conseiller au conseil d'Etat pour les Pays-Bas et la Bourgogne en Espagne. C'est en cette qualité qu'il fit partie de la junte que le roi convoqua pour déterminer les pouvoirs du successeur présomptif d'Isabelle, dont, dès ce moment, on prévoyait la mort. Inutile de dire qu'en sa qualité de seul Belge faisant partie de la junte, Roose prit une grande part à la rédaction de la consulte adressée au roi et que celui-ci reproduisit dans ses instructions au Cardinal infant, don Ferdinand, son frère, désigné dès lors pour succéder à Isabelle dans le gouvernement des Pays-Bas. Roose s'applique à lui faire prescrire, comme première règle de conduite, le rétablissement des conseils collatéraux dans leurs anciennes prérogatives, seul moyen, pensait-il, de mettre fin au désordre et à l'arbitraire. A la suite de ces services, le roi nomma Roose chef et président du conseil privé, en remplacement d'Englebert Maes (9 avril 1632). A partir de cette époque Roose jouit d'un traitement de 16,700 florins. Aucun de ses prédécesseurs ni de ses successeurs ne fut avantagé à ce point.

Mais, en Belgique, les choses allaient

de mal en pis. Attaqués au nord et au midi, perdant l'une après l'autre les meilleures de leurs places, rongés par un mécontentement qui gagnait tous les jours du terrain à cause du favoritisme révoltant dont on usait envers les Espagnols à l'exclusion des régnicoles, — les Belges, tant la noblesse et le clergé que le peuple, exigeaient impérieusement la convocation des Etats généraux qui auraient pour mission d'aplanir les difficultés avec les Provinces-Unies, voire même de contracter une alliance avec elles. La Gouvernante dut céder à ces exigences et convoquer les Etats généraux. Comme le dit Roose, à son arrivée à Bruxelles, le 24 décembre 1632, le pays était sur un volcan. Les hauts pouvoirs de l'Etat étaient méconnus, l'armée était désorganisée, la division régnait parmi le peuple, le pays était ruiné par la guerre. C'est dans cette situation grave que le chef et président Roose eut à porter la plus lourde part du fardeau des complications politiques qui se produisirent alors, parce qu'il devint l'âme de toute la politique de la cour de Bruxelles. Dès son arrivée, il eut à faire montre de cette énergie qu'il déploya si souvent dans la suite. Le président du conseil privé avait au conseil d'Etat la préséance, ainsi que la semonce et la direction des affaires. A l'avènement de Roose, le chancelier Boisschot, doyen du conseil d'Etat, chercha à contester au chef et président le droit de présider le conseil. Il avait mal choisi son moment, car le nouveau président était décidé, plus que n'importe qui, à faire usage de toutes ses prérogatives. Les délégués des Etats généraux s'en aperçurent eux aussi, le jour où, venant solliciter une autorisation spéciale de la cour, ils trouvèrent Roose en conseil avec le marquis d'Aytona et don Gonzalès de Cordoue. L'archevêque de Malines, Jacques Boonen, ayant demandé de viser les articles convenus avec les Provinces-Unies, le marquis et don Gonzalès, au lieu de répondre immédiatement à cette demande, tinrent quelque temps les yeux fixés sur les députés, puis sur le chef et président qu'ils semblaient désigner comme le moteur de la politique espagnole. Celui-ci rompit le silence en disant qu'il croyait devoir examiner à loisir les pouvoirs du roi d'après lesquels les députés se disaient autorisés à conclure les dits articles.

Dès cette première séance éclate tout ce qui sépare la politique du roi d'Espagne représentée par Roose, de celle de l'archiduchesse. Alors que le président, après une discussion assez vive, avait refusé de donner son visa aux députés, avant d'avoir l'assentiment du roi, l'infante leur donna une promesse provisoire avec laquelle ils partirent pour La Haye. Au fond, la politique du ministre espagnol Olivarès consistait à gagner du temps pour faire arriver en Belgique une armée qui pût défendre le pays et comprimer au besoin le mécontentement populaire. Roose, confident de sa pensée, y conforma sa conduite. Les événements lui vinrent, du reste, en aide. Alors qu'à Maestricht les négociations concernant l'union fédérative de la Belgique et des Provinces-Unies semblaient avoir été conduites de part et d'autre avec un sincère désir d'aboutir, la scène changea du tout au tout à La Haye. Nous venons de voir que, si les délégués belges étaient pleins de bonne volonté, le roi d'Espagne — et par conséquent P. Roose — ne l'était guère et de son côté, Frédéric-Henri, le prince d'Orange, qui ne pouvait maintenir son autorité sans le secours de la guerre, était naturellement opposé à toute trève. Il entretenait des intelligences avec Richelieu et sa grande influence sur les Etats généraux imposait à cette assemblée ses intérêts et ses passions de manière que le projet de pacification, tel qu'il avait été arrêté, ne put être accepté.

D'aucuns, persuadés de la sincérité de Roose parlementant avec les délégués des Etats généraux et demandant un délai afin de connaître la réponse du roi, ont blâmé vertement le ton un peu vif sur lequel s'exprima à cette occasion le duc d'Aerschot. A ceux-là il suffira de mettre sous les yeux un extrait de la lettre, adressée le 15 avril 1633, par Philippe IV au chef et président : « L'idée que vous mettez en avant » *d'introduire la division et la défiance* » *entre les Etats obéissants* manifeste bien » le mauvais état où sont les choses, » puisqu'on est forcé de recourir à un » moyen qui ordinairement cause beau- » coup de mal : mais vu que cela tend » à l'avantage commun de ces provinces, » j'approuve votre plan, me confiant » que dans son exécution, vous vous » serez conduit et vous continuerez de » le faire avec l'adresse que la matière » exige ». Jamais les principes de Machiavel ne trouvèrent plus belle application. Et le même jour le roi écrit à l'infante : « Ce ministre (Roose) » est un homme de bien; il le montre » par ses œuvres : il est donc juste de » l'honorer et de lui donner du crédit » pour qu'il serve encore avec plus de » zèle ».

Inutile de dire que, se voyant approuvé de la sorte, Roose mit tout en œuvre pour faire échouer les négociations. Aussi les Etats généraux nous offrent-ils à ce moment le plus lamentable spectacle d'impuissance qu'il soit possible d'imaginer. Tout le temps se passe à discuter sur des questions de procédure, sur des ordres et des contre-ordres, des instructions de toute espèce à donner aux délégués de La Haye. A peine se trouvent-ils d'accord sur un point que l'inséparable trio imposé par le roi d'Espagne comme une tutelle à l'archiduchesse, P. Roose, le marquis d'Aytona et Gonzalès de Cordoue, trouve une quantité d'objections qui empêchent d'agir suivant les décisions des Etats. Finalement ceux-ci s'impatientent et au moment même où le roi d'Espagne approuvait complètement la politique machiavélique de Roose dans les termes que nous venons de voir, les chefs du mouvement national accusent ouvertement le président du conseil privé d'être opposé à la trève et de mettre des bâtons dans les roues à toute négociation avec les Provinces-Unies. Ils ne se gênent pas pour le déclarer, par la bouche d'un des leurs, le duc d'Aerschot, à l'archiduchesse Isabelle, qui jouissait toujours de leur confiance et de leur vénération.

Roose proteste naturellement de son dévouement à la chose publique et entre-temps il parvient à empêcher l'envoi d'une députation des Etats généraux au roi d'Espagne. L'infante avait donné formellement sa promesse que la chose se ferait, mais Roose est plus puissant que l'infante et défend mieux qu'elle la politique espagnole, ainsi qu'il résulte clairement des lettres de félicitations que lui adresse Philippe IV, à ce sujet, le 4 octobre 1633, en même temps qu'il écrit à Isabelle dans le même sens.

Cependant les délégués des Etats généraux sont retournés à La Haye. Le 14 novembre 1633 ils écrivent à l'Infante qu'ils ont reçu la visite du comte Henri de Berg, très courroucé à cause des mesures de proscription que l'on avait prises contre lui. Il ajoutait qu'il s'était mis en état de défense et qu'il avait réuni des sommes importantes afin que l'on pût, avant ou après sa mort, rendre la pareille à ses ennemis et notamment au président Roose qui avait mis sa tête à prix. En considérant le chef du conseil privé comme son principal ennemi, le comte voyait juste. En 1632, lorsque le roi avait demandé à Roose d'écrire à Henri de Berg, pour qu'il vînt prendre service en Espagne où il pourrait compter sur le grade de général de cavalerie, le président eut vite fait de dissiper les illusions de Philippe IV et de lui démontrer que ce soldat mécontent devait être abandonné sans pitié à toute la rigueur des lois.

La lettre des députés belges concernant Henri de Berg devait être une des dernières que reçut Isabelle. Comme on sentait sa fin prochaine, son entourage n'était nullement rassuré sur les événements qui suivraient sa mort. Le marquis d'Aytona, sachant qu'ordinairement le président était dépositaire des intentions secrètes du roi, vint le trouver pour savoir ce qu'il y aurait lieu de faire immédiatement après le décès de la gouvernante. Roose, qui, dès ce moment, avait, paraît-il, intrigué à

Madrid, par l'intermédiaire d'un capucin, pour être un des gouverneurs provisoires des Pays-Bas, répondit au marquis que, chargé lui-même par intérim du gouvernement général, il devait savoir mieux que personne quelles étaient les intentions royales. C'est alors que le marquis prévint Roose des démarches que faisaient les enfants de la sœur d'Isabelle, Catherine, duchesse de Savoie. En présence de cette révélation qui pouvait avoir pour lui-même les plus fâcheuses conséquences, Roose appela immédiatement l'audiencier et un notaire et partit pour la cour.

Il y présenta un projet de testament à Isabelle mourante et, du consentement de celle-ci, dicta, en son nom, sa dernière volonté, par laquelle elle instituait le roi d'Espagne son unique héritier.

Immédiatement après le décès de l'infante, le 1er décembre 1633, le gouvernement provisoire composé, dès 1630, de sept membres, prit la direction de l'Etat, en attendant l'arrivée du successeur d'Isabelle, le cardinal-infant Ferdinand, frère unique de Philippe IV. Pierre Roose, qui estimait que cette commission comprenait beaucoup de membres, avec lesquels il eût été difficile d'imprimer au gouvernement une direction unique, écrivit au roi qu'il serait préférable de confier l'intérim à une seule personne. Philippe IV en chargea, le 30 décembre 1633, le marquis d'Aytona.

Le gouverneur *ad interim* se trouvait en face de nombreuses difficultés. Suivant P. Roose, il fallait commencer par dissoudre les Etats généraux, continuer par le rétablissement de l'autorité et terminer par la répression de la conspiration de la noblesse. Mais Aytona, pas plus que la défunte gouvernante, n'aimait les rigueurs. Il espérait que les Etats généraux se disperseraient d'eux-mêmes et considérait la conspiration comme avortée.

Ayant appris que les provinces allaient remplacer les députés que la mort avait enlevés ou qui s'étaient absentés, le président en informa la cour de Madrid. A deux reprises différentes le roi envoya l'ordre de dissoudre les Etats généraux. On ne fit usage que de la seconde dépêche envoyée le 18 juin et reçue à Bruxelles le 5 juillet 1634. Ce document, après la lecture duquel les députés se séparèrent, contenait le motif de l'arrestation du duc d'Aerschot à Madrid : la non-révélation du complot des nobles, dont il avait eu connaissance. On sait, aujourd'hui, que les lettres de Roose contribuèrent puissamment à l'arrestation du duc et on comprend ainsi l'irritation de Philippe d'Arenberg contre le président. Dans plus d'une des lettres que du fond de l'Espagne il adressait à ses amis, il parle de la cupidité de Roose, des nombreuses gratifications qu'il se fait octroyer. « Il crie bien « réforme, réforme, » écrit-il, « *per no* « *en mi casa* ».

Quoi qu'il en soit, le roi continua à apprécier les services que lui rendait Roose et il ne négligea aucune occasion pour rappeler au gouverneur toute l'estime en laquelle il tenait le chef et président et le cas qu'il entendait que l'on fît de lui à Bruxelles. Il avait été seul en Belgique à comprendre l'opposition irréductible du roi à une trêve avec les Provinces-Unies et à l'intervention des Etats généraux dans ces questions qui, à son avis, relevaient du roi seul. Douze ans plus tard, on verra le comte de Peñeranda accuser le président Roose d'avoir fait avorter les projets de traités antérieurs. En réalité, les responsabilités étaient plus haut : du trône était parti le mot d'ordre qui avait frappé de stérilité les efforts des Belges. Ici, comme toujours, Roose n'avait été que le fidèle exécuteur des intentions royales. En tout cas, l'heure des tergiversations semblait passée. Les Français se disposaient à une rupture et les Hollandais menaçaient de se loger au cœur du pays, dans l'espoir de le partager entre eux et la France. D'autre part, la conspiration intérieure était loin d'être éteinte, et Roose conseilla de poursuivre tous les suspects avec énergie et fermeté.

Au mois de novembre 1634, le cardinal infant don Ferdinand vint mettre fin à l'intérim du marquis d'Aytona. Se rendant parfaitement compte des difficultés qui allaient surgir et de l'état des finances du pays, Roose conseilla aux villes de ne pas dépenser en arcs de triomphe les sommes qu'on pourrait employer utilement à pousser avec vigueur la guerre contre des ennemis infatigables. Mais il ne fut pas écouté. Des sommes considérables venaient d'être prodiguées par les villes, lorsqu'il fallut recourir aux armes et imposer au pays de nouveaux sacrifices.

A l'ouverture de la campagne contre la France et la Hollande, le gouverneur qui, grâce aux recommandations du comte-duc Olivarès, avait placé toute sa confiance en Roose, invita celui-ci à l'accompagner, comme d'ailleurs les présidents étaient habitués à le faire.

Ferdinand se trouva fort bien de cette présence, car lorsque, après la défaite des Espagnols aux Avins, en mai 1635, le prince d'Orange s'avança dans le Brabant, la terreur fut générale à Bruxelles et beaucoup d'habitants s'enfuirent. La détresse du gouvernement était extrême. L'infant n'avait pas de quoi entretenir sa table. Pierre Roose dut lui avancer une somme d'argent qu'il venait de toucher. Dans ces journées critiques, le président du Conseil privé montra autant de sang-froid que de courage. Il conseilla de défendre Louvain et le canal de Willebroeck et son opinion fut vivement soutenue par André Cantelmo, un des officiers supérieurs italiens les plus distingués de ce temps. La vieille cité brabançonne fut mise en état de défense. Le baron de Grobbendonck s'y enferma avec quatre régiments d'élite et s'empressa de relever les fortifications.

Roose avait vu juste. Les alliés, après leur démonstration vers Bruxelles, se rabattirent sur Louvain, résolus à faire le siège de cette ville, malgré le prince d'Orange qui aurait voulu qu'on forçât l'ennemi dans Bruxelles, espérant que la prise de la capitale déciderait de la campagne. Le siège de Louvain fut levé au bout de dix jours. Ce fut le salut du gouvernement, et le commencement d'une série de succès pour l'armée espagnole. On s'empara d'abord de Diest, où le prince d'Orange avait laissé cependant une forte garnison. Quelques jours après, le 27 juillet 1635, on annonça la prise de Schenk, dont on s'était emparé grâce à la trahison de trois soldats de la garnison de Gueldre, qui, dès 1634, avaient fait des propositions en ce sens à P. Roose. Ce succès répandit la consternation dans l'armée hollandaise. De la guerre défensive les Espagnols étaient donc passés à l'offensive. Depuis lors, don Ferdinand tint sa cour à Goch, au pays de Clèves. Roose était continuellement à ses côtés. A l'approche de l'hiver l'infant vint avec sa suite à Bruxelles, laissant aux garnisons de Gennep et de Schenk les moyens d'entretien et de défense réclamés par la prudence.

Les pertes de la Hollande étaient assez grandes pour faire supposer qu'elle désirait la paix. Le prince d'Orange, Frédéric-Henri, fit semblant de partager ce désir; il réussit à endormir les généraux espagnols et à reprendre le fort de Schenk.

A ce moment, du reste, tous les efforts du cardinal-infant étaient dirigés contre la France, qui perdit en peu de temps ses positions en Artois et en Picardie. Mais les succès ne furent guère durables. Roose nous apprend que les troupes allemandes avaient poussé la violence et l'arbitraire jusqu'à dégarnir les places fortifiées et à enlever aux habitants des villes et de la campagne les armes dont ils n'avaient cessé de se servir contre les Français. Se voyant exposés à toutes sortes de brutalités et de vexations, ils chassèrent les bandes étrangères, pourvurent à leur propre défense et se rapprochèrent des Français. La plupart des seigneurs de la cour, habitués aux désordres, fermaient avec complaisance les yeux sur ce qui se pratiquait. Roose dévoila leur conduite dans un mémoire appelé le *Papier d'Arras*, dans lequel il préconisa une quantité de réformes dans l'administration de la guerre. Mais le prince Thomas de Savoie fit échouer les projets de Roose et on ne fit rien.

Au demeurant, l'influence énorme exercée par le chef-président devait porter ombrage au gouverneur qui aurait voulu s'affranchir de la tutelle et de l'intervention du conseil qu'il présidait. Et si de bons rapports ont continué d'exister de part et d'autre, c'est grâce aux efforts d'Olivarès. Rien n'est plus instructif à cet égard que la lecture de la correspondance échangée entre le gouverneur et le comte-duc. Le 10 décembre 1635, à propos d'un envoi d'argent pour son armée, le ministre espagnol demande au cardinal deux choses à genoux : la première qu'il ne dépense pas un réal sans nécessité ; la seconde que, dans les matières de finances et d'économie, il confère avec Roose qui est intègre et pur et qui certainement s'opposera aux prodigalités et aux gaspillages. « Le président Roose », lui écrit-il le 12 janvier 1636, « est à mon avis la meilleure « et la plus forte tête que Votre Altesse « ait là-bas ! ». Le 14 mars suivant, il lui parle des hommes qui sont appelés à le seconder : « En ce qui concerne Roose, « je comprends les objections de Votre « Altesse pour la partie militaire, car il « n'est pas soldat ; mais son jugement, « son talent sont tels qu'on tient ici très à « propos son vote en tout, non pas quand « il s'agit de choses techniques, mais « lorsqu'il est question des matières « militaires principales. Je voudrais que « Votre Altesse l'eût vu ici avec moi. « Dans le commencement, nous nous « observions l'un et l'autre, mais depuis « il me satisfit tant, ainsi que le Roi, que « S. M. me disait sur toutes choses : « *Avez-vous parlé avec Roose?* Et elle ne « faisait rien sans avoir pris son avis. « Relativement à la trêve, que Votre « Altesse me permette de lui dire que « Roose mérite plus de confiance et « d'estime en cette matière que tout « autre ministre, car lorsque S. M. avait « aux Pays-Bas Mme l'Infante, le mar- « quis (d'Aytona) et don Gonzalo (de « Cordoue), il fut le seul qui défendît la « réputation de la Couronne dont tous « convinrent ensuite... Je supplie Votre « Altesse à genoux d'entendre Roose « toujours dans les matières les plus « ardues ; qu'Elle ne fasse pas pour cela « ce qu'il lui dit, mais qu'Elle y pense « mûrement et fasse ensuite ce qu'Elle « jugera convenable. Je sais que Votre « Altesse trouvera en lui un grand allè- « gement dans les embarras les plus « graves ». Le 10 mai de la même année, il revient sur ce chapitre... « Et quant « à Roose (me tromperais-je !) jamais je « n'ai vu un homme plus éminent et si « Votre Altesse entendait ce qui se dit « à cet égard au Conseil d'Etat, elle en « serait émerveillée. En ce qui touche « les affaires militaires, s'il en parlait « seul, je serais de la même opinion « que Votre Altesse. Sans doute qu'en « cette matière il se trompe plus d'une « fois, mais souvent aussi il frappera « juste, car, seigneur ! la technique, « l'expérience l'enseigne, mais le sub- « stantiel, le grand, le plus difficile, la « tête enfin, elle ne le donne pas et je « ne cesserai de répéter à Votre Altesse « ce que, avant son arrivée, le marquis « d'Aytona accomplit avec de la tête « seulement ».

Toutes ces instances en faveur de Roose prouvent, d'une part, combien en Espagne on jugeait la situation grave et, de l'autre, que le joug du chef-président pesait bien lourd sur les épaules du gouverneur général. Roose, d'ailleurs, n'était pas toujours d'humeur facile, et, par là, il donnait assez souvent des sujets de plainte au frère du roi. Le 17 juin 1636, Olivarès insiste auprès de l'infant pour qu'il continue sa confiance au président du conseil privé, en tolérant de sa part quelques impertinences. « Roose, Mon- « seigneur, est tout à fait comme vous « le dites et il semble que Votre Altesse « l'ait pratiqué toute sa vie. C'est un « sujet de grand mérite et sur lequel « Votre Altesse peut se reposer. Ainsi, « il faut entretenir et animer son zèle « en fermant les yeux sur ses imperti- « nences : car, Monseigneur, il n'y a pas « d'homme ... non, Monseigneur, il n'y « en a pas ; on a beau en chercher, on « n'en trouve point ». Et, le 22 octobre 1638 : « Je suis convaincu que Votre « Altesse souffre infiniment de l'hu- « meur de Roose : Dieu sait la peine que « j'en éprouve et ce que je donnerais « pour que nous puissions nous passer

« de lui! Je le prêche, mais cela ne « suffit pas; maintenant par le moyen « de ce secrétaire Brecht, j'y travail- « lerai davantage si je puis ».

Un homme aussi influent que Roose devait fatalement susciter de multiples jalousies et inimitiés. Aussi ne fut-ce pas sans un malin plaisir qu'en 1638 on répandit dans les salons bruxellois un numéro de la *Gazette de France* à la rédaction duquel Richelieu, qui n'ignorait pas que Roose était à la cour de Bruxelles le plus grand ennemi de la France, ne devait pas être resté étranger. Le sieur Renaudot apprenait donc à ses lecteurs que le président Roose avait fait frapper à son effigie une médaille dont le revers représentait un cube ondé d'où sort un rosier appuyé d'un bâton et portant une rose au-dessus des images. Les vents, représentés par deux figures, soufflent des deux côtés pour pouvoir atteindre la fleur : au bas, il y a des pièces de monnaie, des bagues, des joyaux et la devise : *Inconcussa manet.* Au dire des ennemis du président, il n'y avait pas à s'y tromper : les deux visages représentaient l'infant cardinal et le prince Thomas de Savoie. Malheureusement pour les calomniateurs, la nouvelle de la *Gazette de France* était une vieille nouvelle. En 1635, un graveur bruxellois, Adrien Watreloos, désireux de graver la médaille de Roose, comme cela s'était fait pour les autres chefs et présidents du Conseil privé, le pria de pouvoir travailler d'après son portrait. Mais Roose répondit qu'il n'avait jamais fait faire son portrait. Le graveur eut alors recours à un subterfuge. Pendant quatre ou cinq jours il se rendit à la chapelle de Terarcken où le président entendait chaque jour la messe, et au bout de ce temps, possédant dans son esprit la physionomie de son modèle, il parvint à retracer ses traits sur une médaille. Quant au fameux revers, il fut l'œuvre de Louis Brootman, docteur en droit, qui en donna l'idée au graveur, à l'insu de Roose. Lorsque celui-ci apprit que le travail avait été exécuté malgré lui, il fit, prétend-il, défense à l'artiste de publier son œuvre. Mais, comme toujours, le secret finit par transpirer, et on lui donna d'autant plus de signification qu'il semblait avoir été tramé dans l'ombre et le mystère. Roose, qui avait d'abord considéré la chose pour une plaisanterie, finit, en présence du bruit qu'elle avait causé, par la prendre au tragique. Il écrivit au roi qu'il donnerait sa démission si on ne lui accordait une réparation proportionnée à la grandeur de l'offense. Une lettre du roi, en date du 27 février 1639, lui donna satisfaction et le conseil privé rendit, le 16 avril 1639, une sentence qui lava son chef et président de tout soupçon.

L'attitude de la France vis-à-vis de Roose ne se comprenait que trop. Ne disait-on pas tout haut que le *Mars Gallicus* qui avait paru en 1635 était l'œuvre du président? Or, on sait comment étaient représentés les rois de France dans ce pamphlet célèbre. C'étaient des disciples de Machiavel qui avaient toujours mis la religion et les offices divins et humains au service de leur ambition dans toutes leurs guerres, leurs traités et leurs alliances. A la vérité, si Roose était l'inspirateur de l'œuvre, Armacanus, qui l'avait signée, n'était autre que son ami Corneille Jansenius. Celui-ci avait été assez gravement compromis dans la conspiration de 1632. Pour le tirer de ce mauvais pas, Roose lui communiqua ses notes et obtint de lui qu'il les mît en ordre et en bon latin : c'était la meilleure preuve qu'il pouvait donner de son attachement à l'Espagne et de son aversion pour la France qu'on l'avait accusé de vouloir favoriser dans ses vues sur la Belgique. Le gouvernement espagnol tint compte à Jansenius de sa démarche, et, grâce sans doute à la protection du chef-président, il fut promu quelques mois après l'apparition du *Mars Gallicus* à l'évêché d'Ypres (octobre 1635). Il occupait ce siège depuis deux ans à peine quand il mourut (1638), laissant en manuscrit son *Augustinus.*

A peine publié (1640), ce travail fut vivement attaqué par les jésuites et successivement condamné par un décret de l'inquisition romaine et par une bulle d'Urbain VIII (1642). Maintenant qu'il s'agissait de faire admettre cette condamnation en Belgique, la cour pontificale soutenait qu'une bulle n'avait pas besoin, pour devenir exécutoire, d'une autre publication que de celle même qui avait été faite dans la capitale du monde chrétien. Mais nos jurisconsultes, entre autres Stockmans, prétendaient qu'elle devait au préalable être revêtue d'un *pareatis* délivré au nom du souverain, après un examen du conseil privé. Président de ce conseil et chargé comme tel de veiller à l'exécution des lois constitutionnelles, Roose, qui avait, paraît-il, sur les questions agitées, la même opinion que son ami l'ancien évêque d'Ypres, s'opposa à la publication de la bulle. Cette résistance attira sur lui la colère des adversaires de Jansenius et surtout des jésuites. Ajoutez à cela que sa situation ne s'était guère raffermie depuis la mort de l'infant Ferdinand (novembre 1641). Roose, qui fut un de ses exécuteurs testamentaires, fut également désigné pour faire partie du gouvernement provisoire institué à cette occasion. Il en profita pour faire donner à son neveu Pierre Roose, le 4 février 1642, une patente de conseiller et commis des domaines et finances.

Par ses efforts pour empêcher les désordres et les dilapidations au moyen de l'observation rigoureuse des instructions du cardinal-infant, Roose s'était déjà créé de nombreux ennemis. Leurs clameurs trouvèrent meilleur accueil que précédemment, don Francisco de Melo, le nouveau gouverneur intérimaire, ne se montrant pas disposé à respecter des instructions qui limitaient son pouvoir. Il commença par convoquer moins souvent le conseil privé et les deux autres conseils collatéraux en y suppléant comme autrefois par des jésuites. Il s'agissait en somme de secouer un contrôle incommode.

Son amour-propre aussi était en jeu et il trouvait, au dire de Roose, que ces instructions, convenables pour un jeune homme de l'âge du cardinal infant, ne l'étaient nullement pour un homme d'un âge mûr. Cependant, à l'occasion, il sut reconnaître les services rendus par Roose. C'est ainsi que nous trouvons de chaleureux remerciements adressés par le gouverneur au chef-président en apostille d'une consulte du conseil privé en date du 17 mars 1643, favorable à la tolérance religieuse, question dans laquelle Roose avait eu à vaincre une forte résistance. L'administration de Melo, commencée par la victoire de Honnecourt, se termina un an après par la défaite de Rocroy (mai 1643) qui fut le tombeau de la puissance espagnole. Elle détermina la chute d'Olivarès et Melo fut entraîné dans la disgrâce de son protecteur. Roose n'en souffrit pas moins, car le marquis de Castel-Rodrigo qui fut appelé à continuer l'intérim (avril 1644) adopta ouvertement un système qui n'avait été encore pratiqué que timidement. Toute l'administration fut bouleversée; les affaires ressortissant au conseil privé furent soumises au conseil d'Etat où intervinrent des personnes sans caractère et le plus souvent intéressées dans la discussion. On avait l'habitude de ne répondre à aucune réclamation ; aussi disait-on que la justice était opprimée.

Bientôt les ministres autorisèrent les fonctionnaires tant civils et militaires qu'ecclésiastiques à se passer de leurs supérieurs. Lorsque parut la carte de Van Langeren qui signalait, par des couleurs, les derniers progrès de l'ennemi, on ne daigna ni aux Pays-Bas ni en Espagne, rechercher les moyens de prévenir les malheurs dont on était menacé. Au fait, l'administration était détestable, la vénalité était partout. Ce n'étaient pas les lois, mais les personnes chargées de les faire exécuter qui étaient mauvaises. Roose ne cessa de le répéter et d'insister de toutes ses forces pour que l'on suivît les instructions royales tout en respectant les privilèges et les lois. Ces propos mécontentèrent naturellement les courtisans. Castel-Rodrigo, qui ne l'aimait pas davantage, ne l'invita pas, selon l'usage, à l'accompagner à Namur, où il allait à la rencontre de l'archiduc Léopold. Le marquis avait cherché évidemment à être seul. A son arrivée à Bruxelles (février 1647), le nouveau gouverneur daigna à peine recevoir le président et accepter ses offres de services.

Fils de l'empereur Ferdinand II, Léopold-Guillaume était aussi dévoué aux intérêts de sa maison qu'étranger aux rouages compliqués du gouvernement des Pays-Bas catholiques. Il entra toujours plus avant dans les pratiques du gouvernement irresponsable dont Castel-Rodrigo lui avait donné l'exemple. Elevé par les Jésuites, il laissa ses anciens maîtres exercer une influence prépondérante dans les affaires de l'État. Desservi par eux, Roose, qui déjà déplaisait comme le défenseur des prérogatives du conseil privé et des conseils collatéraux en général, ne tarda pas à être complètement tenu à l'écart. On ne laissa passer aucune occasion de lui être désagréable et de lui montrer que son règne était fini.

Lors de la procession de l'*Ommeganck*, trois chevaliers de l'ordre marchèrent devant le Saint-Sacrement. Suivant la coutume, le président et le conseil privé suivaient de près les chevaliers. Mais Son Altesse lui fit dire, au Cantersteen, en pleine rue et en marche, par le marquis d'Ayseau, qu'il eût à avancer; à quoi le président répondit que « bien qu'il ne lui touchât point de » donner ordres contraires à l'usage » ancien et à la résolution qu'il en avait, » confirmative de Son Altesse, il obéi» rait néanmoins pour éviter le scan» dale! » Le lendemain, il en témoigna son déplaisir à Son Altesse, qui daigna répondre qu'il y serait pourvu une autre fois. Si le crédit de Roose diminuait de jour en jour, il faut l'attribuer en partie à l'arrivée de Routart à la cour. Dynastique et conservateur autant que Roose, Routart n'avait pas autant de désintéressement que lui, et il était sous l'influence de la cour de Rome que le président du conseil privé avait toujours cherché à éviter.

Le débat relatif à la publication de la bulle d'Urbain VIII ne fut évidemment pas étranger à la disgrâce du chef-président. L'archevêque Jacques Boonen venait de publier sa protestation et malgré les injonctions du gouverneur général, les amis de Jansenius, forts de l'appui du conseil privé et du conseil de Brabant, n'étaient pas encore domptés. Ils ne le furent même qu'en 1653, époque où l'archevêque de Malines, l'évêque de Gand et l'université de Louvain furent enfin forcés d'admettre la bulle.

Cependant, les courtisans étaient parvenus à éloigner Roose de Bruxelles. Le 4 décembre 1648, le roi d'Espagne fit savoir au président que sa présence était nécessaire auprès de lui pour deux ou trois mois « afin d'ajuster les » instructions du gouvernement de ses » États ». Suivant le désir exprimé par le roi, Roose demanda à pouvoir partir le plus vite possible. L'archiduc le chargea d'une lettre à la sincérité de laquelle on a quelque peine à ajouter foi, après ce qui venait de se passer. « Le pré» sident, y était-il dit, est parti pour » obéir à Votre Majesté. Il est si informé » des affaires de ses États selon ses » grands talents et expérience *que nous* » *le regretterons ici*; et comme pour son » grand âge et indisposition, il ne serait » bon de le retenir longtemps hors du » repos de sa maison, je supplie Sa » Majesté de le dépêcher le plus tôt, » pour que nous ne soyons privé ici d'une » personne si experte en la direction » des conseils ». Roose partit des Pays-Bas vers le 15 octobre 1649. Arrivé à Ratisbonne, il alla complimenter l'empereur de la part de l'archiduc, au sujet de l'élévation de son fils Ferdinand IV à la dignité de roi des Romains. A Madrid, il se présenta d'abord à don Louis de Haro qui le reçut avec bonté et lui fit avoir audience de Sa Majesté pour le lendemain. Le roi fit tous ses efforts pour le contenter, lui offrant une fois l'ambassade de Rome, une autre fois l'archevêché de Cambrai avec le chapeau de cardinal. Mais Roose avait à cœur de revenir à Bruxelles. Il était tenu au courant des affaires des Pays-Bas, où il avait conservé de nombreux amis parmi lesquels le célèbre Stockmans, qui veillaient à ses intérêts. Mais les intrigues redoublaient, et pendant les trois ans qu'il passa à Madrid, on sent une véritable gêne dans les rapports que la cour eut avec lui. Finalement, grâce surtout à don Louis de Haro, il obtint un passeport pour Bruxelles et les lettres royales dont il était chargé pour l'archiduc étaient des plus flatteuses pour lui.

« Je lui ai commandé », écrivait Philippe IV, « de retourner à ses emplois, « comme il fait; de quoi il m'a paru « nécessaire d'avertir Votre Altesse et « de l'en charger beaucoup, comme je « fais, qu'aux occasions vous l'honoriez « de votre faveur, comme il est juste « et espère de Votre Altesse, d'autant « plus que c'est un ministre de grande « expérience et zèle et que je suis très « content de ses services et que je me « repose sur lui. »

Arrivé à Paris, Roose entendit murmurer, comme s'il était suspect. Un religieux espagnol pria le premier secrétaire du roi de lui désigner la route des Pays-Bas. On lui fit savoir qu'on souhaitait qu'il prît le chemin le plus court, sans aller à Spa. Il prit donc la route de Péronne et Cambrai où il fut reçu aux applaudissements de la foule. Il en fut de même à Bruxelles, où son arrivée le 3 juillet 1653 provoqua, assure-t-il, des démonstrations spontanées de la garde en armes. Mais l'archiduc Léopold avait été monté contre Roose au point de déclarer que si le président rentrait par une porte, il sortirait par l'autre. Au duc de Lorraine, l'archiduc aurait, paraît-il, déclaré que Roose était rentré aux Pays-Bas contre sa volonté et « qu'il convenait de distinguer le maître « du serviteur ». Les ennemis du président avaient insinué que le gouverneur général « ne pourrait jamais com« mander à son plaisir si longtemps « que Roose exercerait la présidence ». Au bout de quelques jours, Roose sollicita une audience de l'archiduc. La veille du jour où elle lui fut accordée, lui parvint une dépêche du prince dans laquelle on lui mandait qu'il eût à se tenir pour démissionné de ses fonctions, *jubilarisé* comme on disait alors. Comme motifs, on alléguait ses infirmités et son grand âge ainsi que l'interruption des affaires pendant sa longue absence. Ce fut sous le coup d'une émotion bien compréhensible que Roose se présenta le lendemain à l'audience de l'archiduc. Il lui dit qu'il venait « par ordre du roi pour lui « obéir et pour servir son poste ». Comme Son Altesse ne répondait pas, il lui remit ses trois lettres, l'une du roi au sujet de son retour, une autre touchant ses dépenses, et enfin une troisième de don Louis de Haro. L'archiduc les prit et s'informa de la santé du roi, de la reine et des infantes ainsi que de son voyage en France. Après avoir répondu sur le tout, Roose supplia Son Altesse de bien vouloir jeter les yeux sur la première lettre et sur celle de don Louis.

L'archiduc lui répondit en latin : « Je « saurai bien rendre raison à Sa Majesté « de mes actions et je connais son inten« tion ». Roose répliqua « qu'il ne vou« lait pas « disputer » mais « obéir » « en ce qui lui était permis ou était de « son devoir, mais qu'il espérait néan« moins que Sa Majesté ne lui refuserait « point de se laisser justifier ». L'archiduc se tut et le congédia.

Le lendemain même de cette audience, Roose envoya au roi une lettre de protestation. Le 20 juillet 1653, il remit un long mémoire de justification au père dominicain Reginald Cools qui se rendait en Espagne, et lui demanda de plaider personnellement sa cause auprès de Philippe IV, ce que celui-ci fit au mois d'octobre. Mais ce fut en vain. Le 23 décembre 1653, son principal adversaire, Charles Hovyne, le remplaça dans la présidence du conseil privé. Roose revient à la charge en 1657, à l'occasion du changement de gouvernement. Il présenta une remontrance au souverain contre la vente des offices qu'on pratiquait alors d'une manière scandaleuse au mépris de toutes les lois du pays.

L'âge ne semblait avoir aucune prise sur la merveilleuse activité de Roose. « Je me porte encore bien aujourd'hui « de corps et d'esprit, écrit-il, je vois et « lis sans lunettes, j'ai l'ouïe claire et

« suis en état de faire 4 à 5 lieues par « jour ». Tout en étant réduit à l'impuissance, il continua à se préoccuper des affaires publiques et politiques du pays qu'il avait conduites pendant tant d'années. De temps à autre encore, le 7 mai 1660, et le même jour l'année suivante, il écrit au roi pour obtenir justice. Ses lettres restant sans réponse, il annonce au souverain, le 8 mars 1662, qu'il a imprimé un mémoire : « *L'épistre préliminaire de l'abrégé de ses* « *écrits* » auquel il dit avoir ajouté un « mémoire sur un advis venu de « Vienne. »

Cette dernière tentative n'ayant pas mieux réussi que les précédentes, Roose mit enfin la dernière main à son testament, au mois de janvier 1663. Entre autres dispositions, il créa pour sa famille du nom de Roose un majorat perpétuel, dont le dernier possesseur, Philippe-François Roose, baron de Leeuw-St-Pierre, écoutête de la province de Malines, mourut le 2 septembre 1751. A partir de ce moment, le mal dont il était tourmenté depuis son enfance semble avoir empiré sensiblement. Les eaux de Spa le soulagèrent quelquefois. Mais enfin il succomba à Bruxelles, le 27 février 1673, à l'âge de 87 ans. Ses obsèques se firent le 14 mars à Sainte-Gudule, avec une grande pompe. L'abbé de Parc officia pontificalement. La messe fut chantée à trois chœurs de musique et le père Lupus, professeur de théologie à Louvain, prononça en latin l'éloge funèbre. Ses restes mortels furent inhumés sous un beau mausolée que son neveu Jean-Charles Roose, baron de Leeuw-Saint-Pierre, conseiller au Grand conseil, fit élever dans la chapelle du Saint-Sacrement. Il est de marbre noir et blanc et décoré du buste de Roose ainsi que de ses armoiries (de gueules à trois roses d'argent, chargé d'un chevron d'argent) entourés de huit quartiers de noblesse. Il avait comme devise : *Nec sumit aut ponit.* Il était seigneur de Froidmont, Han et Jemeppe et pair du comté de Namur.

On verra, dans l'énumération des sources qui ont servi à la rédaction de cette notice, l'énorme quantité de documents manuscrits dus à la plume du chef-président ou de ses correspondants. Comme tous les érudits de la renaissance, Roose possédait à fond les auteurs classiques, et on ne saurait trouver dix lignes de son écriture qui ne soient lardées de quelque citation latine. Aussi, malgré l'aisance avec laquelle il manie les langues latine, espagnole et française, son style est-il diffus et prolixe; il n'est pas toujours facile de saisir le sens exact de sa pensée dans ses phrases démesurément longues.

On nous en voudrait si, après avoir retracé la biographie d'un personnage de cette envergure qui joua un rôle aussi important dans l'histoire de notre pays, nous ne cherchions à résumer nos impressions en formulant un jugement d'ensemble sur cette carrière si féconde en incidents de toute espèce. Il faut distinguer trois phases dans la vie de Roose. La première, qui s'écoule entre 1586 et 1630, nous montre un jeune homme studieux et laborieux, doué supérieurement par la nature sous le rapport de l'intelligence, gravissant successivement tous les échelons de la carrière qu'il a choisie. Il a eu la volonté d'arriver : il est arrivé. Le jour où devenu membre du conseil d'État, il est appelé en Espagne où il ne tarda pas à siéger au conseil suprême d'Etat pour les Pays-Bas et la Bourgogne, il commence à recueillir le fruit de son travail. Dès ce moment il a acquis la pleine confiance d'Olivarès et de Philippe IV. Et lorsque deux ans plus tard il rentre en Belgique en qualité de président du conseil privé, il devient vraiment tout puissant, puisqu'il devient le seul dépositaire de la pensée secrète de Philippe IV, et que nul mieux que lui ne servira la politique du roi d'Espagne aux Pays-Bas.

Pendant la dernière année du gouvernement de l'archiduchesse Isabelle et pendant celui du cardinal infant Ferdinand, Roose est incontestablement l'homme le plus important de la Belgique. C'est lui qui rend stériles les débats des Etats généraux de 1632-1634, lui qui fait sombrer tous les projets du prince d'Orange et de Richelieu, lui qui dirige en un mot la politique tant intérieure qu'extérieure.

Mais la Roche Tarpéienne est près du Capitole. L'emploi de chef-président pour un homme de conscience, de probité et de résolution est souvent exposé, comme le dit Wynants, à des disgrâces des gouverneurs. Il doit, en somme, veiller à ce que ceux-ci ne dérogent pas aux lois organiques des institutions des Pays-Bas, et qu'ils ne se mettent pas au-dessus d'elles. Or, les gouverneurs, le rencontrant constamment sur leur chemin et l'envisageant comme leur censeur, tâchent de le discréditer auprès du prince et de ses ministres. Tant qu'il s'était trouvé en face d'une archiduchesse vieillie ou d'un jeune enfant inexpérimenté, Roose avait facilement franchi les obstacles. Les intérims de Francisco de Melo (1642-1643) et de Castel-Rodrigo (1644-1647), puissamment secondé par le mouvement anti-janséniste, entamèrent fortement sa puissance. Aussi, à partir de 1642, entrons-nous dans la troisième et dernière phase de la vie du chef-président, celle du déclin. Insensiblement son étoile pâlit jusqu'au jour où, sous le gouvernement de Léopold-Guillaume, elle s'éteint complètement.

La carrière de Roose se trouvant ainsi résumée, que faut-il penser de l'homme lui-même? Question délicate et dont la solution définitive, de nature à contenter tout le monde, se fera, nous le craignons, attendre longtemps encore.

Nul homme n'a été aussi diversement apprécié. Alors que de Wynants et Goethals sont d'accord pour l'appeler le plus grand, le plus habile et le plus accrédité ministre qu'on ait eu en plus de cent ans aux Pays-Bas, et « un des plus beaux caractères qu'of« frent nos annales au XVIIe siècle », Mr Waddington trouve que certaines de ses qualités devinrent de véritables défauts : « Sa prudence par exemple « se transforme souvent en irrésolution « et en routine. D'autre part, s'il a « défendu avec sollicitude les intérêts « de l'Espagne, il l'a fait parfois au détri« ment de ceux des Pays-Bas. Il s'est « montré sans cesse partisan de l'auto« rité absolue du roi et adversaire de « toutes nos libertés ». C'est là aussi l'opinion de Mr Lonchay et elle nous paraît entachée de moins de partialité que celle de la comtesse de Villermont qui n'a vu en lui que l'adversaire irréductible des nobles compromis dans la révolte de 1632 qu'elle s'est efforcée de réhabiliter, et pour lesquels Roose se montra, en effet, impitoyable. « Grave, « froid, réfléchi, d'une fermeté de fer, « d'une sensibilité émoussée à jamais « par le spectacle des tortures de la « justice inexorable qu'il doit prati« quer, Pierre Roose, écrit cet auteur, « est un homme tout d'une pièce, « marchant à son but sans se soucier « de ceux qu'il rencontre sur son « chemin. Sous ces dehors de gra« vité austère, il cache un orgueil exces« sif et une ambition sans bornes. Cet « orgueil a été blessé à plaisir par la « haute noblesse, alors que, jeune débu« tant plein d'intelligence, il s'est de « suite fait remarquer comme un homme « capable et entendu. L'infante l'a « favorisé et son amour-propre flatté « s'est alors heurté au dédain imper« tinent des gentilshommes de vieille « roche qui ne font pas plus d'état d'un « robin que d'un valet. Jamais Roose ne « pardonna les affronts reçus. Mais il a « dû attendre le moment de la ven« geance ».

Il y a incontestablement du vrai dans toutes ces opinions. Au moment de sa toute-puissance, c'est-à-dire vers l'âge de 50 ans, Roose, si l'on s'en rapporte aux admirables estampes de Collin et Léonard, gravées entre 1673 et 1687, d'après un portrait du chef-président *attribué* à Van Dyck (collection du marquis de Beauffort à Bruxelles), paraît bien être le magistrat « grave, froid, « réfléchi et d'une fermeté de fer » que nous décrit la comtesse de Villermont. Mais nous croyons que celle-ci a eu tort de mettre sur le compte d'anciennes humiliations et de rancunes personnelles la ténacité de Roose dans la poursuite du duc de Bournonville, du duc d'Aerschot et des autres nobles compromis dans l'affaire de 1632. En agissant comme il le fit, Roose ne fut que le fidèle exécuteur de la politique royale. S'il peut être permis d'exprimer de vains regrets au sujet de la ligne de conduite adoptée par les Belges au commencement du XVIIe siècle, il faut convenir avec Lonchay que « devenus ou « restés catholiques, ils n'avaient aucun « motif religieux de se séparer d'un « souverain sous l'autorité duquel ils « s'étaient pour la plupart volontaire- « ment replacés. Et si la Belgique était « devenue une république, il est douteux « qu'elle eût subsisté longtemps entre une « nation conquérante comme la France et « une nation jalouse comme la Hollande, « plus désireuse encore que la première « de se partager nos dépouilles ».

Cela n'empêche évidemment pas que le président Roose aurait pu se montrer moins impitoyable qu'il ne le fut envers ses compatriotes. Mais il savait qu'il n'était pas sympathique et il ne cherchait du reste pas à le devenir. Comme on l'a dit, il préférait être craint. Et en se rappelant tous les événements de cette époque, on ne peut s'empêcher de faire un parallèle — *mutatis mutandis* — entre Roose et cet autre représentant du roi d'Espagne, qui cinquante ans plus tôt sema la terreur dans les Pays-Bas. Comme le duc d'Albe, Roose est l'exécuteur inflexible et dur des ordres de l'Escurial; comme lui, c'est à la noblesse nationale qu'il doit s'attaquer tout d'abord. Et si, au XVIe siècle, un comte d'Egmont paie de sa tête ses velléités de résistance à l'absolutisme d'un Philippe II, au XVIIe siècle, un de ses descendants n'aura un sort moins malheureux que grâce à la frontière qu'il mettra entre lui et les sbires de Roose. L'exemple donné par le Taciturne avait, au demeurant, porté ses fruits, car la plupart des autres chefs de la noblesse l'imitèrent et durent leur salut à la fuite. Si le président du conseil privé fit tomber moins de têtes que le sinistre Alvarez de Tolède, celui-ci, en Belgique, se trouvait en somme en pays conquis, tandis que Roose était Flamand de naissance et de race et exerçait des mesures de rigueur contre ses propres compatriotes. Enfin, pour terminer ce parallèle peu flatteur pour notre personnage, Roose, après avoir consacré sa vie entière au service de son roi, finit, comme le duc d'Albe, par tomber en disgrâce. Cet homme tout d'une pièce sut-il au moins tomber avec dignité? Le régime espagnol avait trop avili les cœurs pour que l'on pût espérer y rencontrer des héros purs et sans tache. De même que le duc d'Aerschot s'était laissé aller à Madrid aux plus regrettables faiblesses, de même Roose ne sut pas, en face de la mauvaise fortune, faire preuve de cette mâle fierté capable d'arracher l'admiration aux adversaires eux-mêmes. Il ne sut jamais se consoler de sa chute et ses multiples lettres et mémoires à Philippe IV manquent décidément de cette grandeur d'âme qui est la caractéristique des cœurs haut placés; quand ce ne sont pas de pitoyables jérémiades, elles se rapprochent sensiblement des plus vulgaires intrigues.

Pour un homme de valeur, ce fut une fin lamentable. Faut-il voir là, plutôt que dans l'atmosphère d'antipathie dont doit être entouré pour les générations présentes tout défenseur de l'odieux régime espagnol dans ces provinces, le motif qui a fait que l'on s'est si peu soucié, jusqu'ici, de cet homme d'Etat et du rôle si considérable qu'il a joué dans l'histoire de notre pays? Ou peut-être encore est-il une victime de la disgrâce qui a frappé ce triste XVIIe siècle belge dont si peu de nos historiens ont eu, jusqu'à présent, le courage de s'occuper? Toujours est-il qu'en dehors du cercle étroit des spécialistes, le nom de Pierre Roose est peu connu. Par un juste retour des choses d'ici-bas, les historiens espagnols ne se sont guère davantage inquiétés de celui qui rendit à leur patrie des services aussi signalés. Mais Philippe IV ne leur en donna-t-il pas l'exemple?

Joseph Cuvelier

Archives générales du royaume à Bruxelles. Fonds des cartulaires et manuscrits. Registres n°s 456 à 540, comprenant la correspondance de

Pierre Roose avec Philippe IV, le comte-duc Olivarès, le père Réginald Cools, les secrétaires Carnero, Villanueva, Brito, Roças, de la Torre, Coloma, de Galaretta, de Brecht, l'infante Isabelle, le marquis d'Aytona, le cardinal-infant don Ferdinand, don Francisco de Melo, Castel-Rodrigo, l'archiduc Léopold-Guillaume, don Michel de Salamanca, des cardinaux, archevêques, évêques, abbés, le clergé régulier et séculier, les corps administratifs, judiciaires, ecclésiastiques, divers personnages, classés par ordre alphabétique: des requêtes, des consultes des divers conseils, des documents relatifs à la conspiration des nobles, aux Etats généraux, aux négociations pour la paix de Munster, aux aides et subsides, aux armées, forteresses et frais de guerre, aux monnaies, au commerce et enfin à son apologie. — Fonds de la secrétairerie d'état et de guerre : Correspondance de P. Roose avec don F. de Galeretta; rapports adressés par P. Roose au cardinal-infant don Ferdinand; rapports de P. Roose sur les consultes des Conseils d'Etat, privé et des finances. — Papiers d'Etat et de l'audience : Commissions d'instructions des gouverneurs généraux (registres n°s 1223, 1224 et 1225). — Conseil privé : Notices biographiques des chefs et présidents (registre n° 766). — Chambre des Comptes : Acquits de Lille. — A la section des manuscrits de la Bibliothèque royale de Belgique : Manuscrits n°s 16160, Apologie de P. Roose; 3292, Los servicios del senor Jef-presidente Roose presentados a la magestad catholica (28 août 1651); 15401, Testament et codicilles; 16145, Rapport sur les instructions générales de Philippe IV à l'infant-cardinal don Ferdinand; 19707, Instructions morales pour les vice-rois et les lieutenants-généraux; 19715, Observationes politicae et morales ex variis auctoribus collectæ ordine alphabetico; 19716, Loci communes juris universi tam civilis quam pontificii ordine alphabetico dispositi; 21414, Annotata utriusque juris; 11399 et 12353, Liste des chefs-présidents du Conseil privé. — Goethals, *Histoire des lettres, des sciences et des arts*, t. IV, p. 115-173. — Britz, *Ancien droit belgique* [*Mémoires couronnés de l'Académie royale de Belgique*, in-4°, t. XX (1846)]. — *Grand théâtre sacré du Brabant*, t. II, p. 208. — Pinchart, *La médaille de P. Roose* [*Revue de la Numismatique belge*, t. IV (1848)]. — Gachard, *Actes des Etats généraux de 1632* (2 vol. in-4°; 1853-1866). — Idem, *Histoire politique et diplomatique de P.-P. Rubens* (in-8°; 1877). — Idem, *Une visite aux archives et à la bibliothèque royale de Munich* [*Bulletin de la Commission royale d'histoire*, 3e série, t. VI (1864), p. 25-218]. — Th. Juste, *Histoire de la conspiration de la noblesse belge contre l'Espagne de 1632*. — Idem, *Histoire des Etats généraux des Pays-Bas*. — Borgnet, *Vingt-quatre lettres inédites de Stockmans*, 1650-1652 [*Bull. de la Comm. royale d'histoire*, 2e sér., t. X (1857), p. 371-452]. — Alexandre, *Histoire du Conseil privé aux anciens Pays-Bas* [*Mém. cour. et autres mém. publ. par l'Acad. roy. de Belg.*, in-8°, t. LII (1895)]. — H. Lonchay, *La principauté de Liége, la France et les Pays-Bas au* XVIIe *et au* XVIIIe *siècle* [*Mém. cour. et autres mém. publ. par l'Acad. roy. de Belg.*, t. XLIV (1890)]. — Idem, *La rivalité de la France et de l'Espagne aux Pays-Bas* (1635-1700) [*Mém. cour. et autres mém. publ. par l'Acad. roy. de Belg.*, t. LIV (1896)]. — A. Waddington, *La République des Provinces-Unies, la France et les Pays-Bas espagnols de 1630 à 1650* (2 vol. in-8°; 1895-1897). — Comtesse Marie de Villermont, *Grands seigneurs d'autrefois. Le duc et la duchesse de Bournonville et la cour de Bruxelles* (in-8°; 1904). — Au cabinet des estampes de la Bibliothèque royale : les gravures de R. Collin et de J. F. Léonard. — Au cabinet des médailles à la Bibliothèque royale : la médaille de P. Roose, par Watrelos.

ROOSE (*Vincent* DE), jurisconsulte. Voir DE ROOSE.

ROOSEMEERSCH (*Luc-Joseph-Antoine* DE ROOVERE DE). Voir DE ROOVERE.

ROOSEN (*Jean*). Voir Roos.

ROOSEN (*Pepin*). Voir ROSA.

ROOST (*Guillaume* VAN), écrivain ecclésiastique, né à Werchter (Brabant), le 24 juillet 1661, décédé à Eickenduinen, près de La Haye, le 22 février 1746. Il fut un des plus zélés partisans de la doctrine de Jansénius. Propagandiste infatigable, mettant au service de cette cause sa parole et sa plume, Van Roost se vit déféré de ce chef au tribunal ecclésiastique de l'archevêché de Malines. Il est facile de suivre son existence enfiévrée à travers les réquisitoires et les mémoires des officiaux.

Tout en faisant la part des exagérations probables dans l'exposé des faits élaboré pour les besoins de la cause, Van Roost n'en apparaît pas moins sous des dehors peu sympathiques et, comme prêtre, d'une conduite qui n'est pas toujours à l'abri de sévères appréciations.

Bachelier en théologie de l'université de Louvain, Van Roost fut successivement professeur de syntaxe au collège de la Trinité à Louvain, en 1692 curé de Wilte au diocèse de Liége et ensuite curé de l'hôpital à Anvers. Dans ces diverses fonctions il montra sinon ouvertement, au moins par ses préférences en matière de doctrine, des tendances au jansénisme. Aussi, lors de son séjour à Anvers, sa conduite donna-t-elle lieu à une instruction qui fut ouverte contre lui par l'évêque, Mgr Van Beugem. Informé de ce fait, Van Roost quitta précipitamment la ville et vint fixer sa résidence dans une paroisse située entre Saint-Trond et Léau au diocèse de Malines. Cette instruction aboutit à la suspension de l'inculpé. Estimant, non sans raison, que sa présence en ces lieux serait vue d'un œil peu favorable par les habitants, celui-ci crut prudent de se retirer au hameau de Gronckele, à une lieue de Saint-Trond, dans le diocèse de Liége. Là, et sous son toit, il réunit autour de lui un certain nombre de femmes, qui travaillaient pour s'assurer le pain quotidien mais qui lui confiaient leurs intérêts religieux, ceux-ci entendus dans le sens que leur prêtait leur directeur spirituel. Cité devant le consistoire de l'évêché de Liége pour s'expliquer à ce sujet et pour justifier une association qui prêtait le flanc aux commentaires et aux critiques, Van Roost se vit infliger pour ce motif une réprimande sévère. Dans l'intervalle, il avait fait paraître un catéchisme peu orthodoxe qu'il enseignait dans les écoles de Saint-Trond; bientôt, par son prosélytisme incessant, il mérita d'être appelé le « tambour des jansénistes ou « quesnellistes ». L'archevêque de Malines, Humbert de Precipiano, étant venu à mourir, en 1711, le siège archiépiscopal resta vacant jusqu'en l'année 1714. Entre-temps, soit en 1713, parut la bulle *Unigenitus* et, à cette occasion, quelques membres du chapitre métropolitain pressentirent Van Roost sur son attitude éventuelle vis-à-vis des décisions pontificales; on songeait à lui confier la succession du pléban Lambert Baerts qui, suspect d'être partisan des doctrines condamnées, serait, tôt ou tard, obligé de résigner ses fonctions. C'est ainsi, et malgré des antécédents fort sujets à caution, que Van Roost obtint d'être installé, le 8 octobre 1713, comme chanoine pléban de l'église Saint-Rombout à Malines. Cependant le siège archiépiscopal, après être resté inoccupé pendant environ trois ans, reçut un titulaire en 1714, en la personne de Thomas-Philippe d'Alsace de Boussu, qui devint cardinal le 29 novembre 1719. Ce prélat s'empressa de proclamer, le premier d'entre les évêques néerlandais, son entière soumission à la bulle et, peu après, à l'encyclique de Clément XI. La grande majorité de son clergé le suivit dans cette voie; au moins en fût-il ainsi du chapitre métropolitain. Van Roost, seul, et son vicaire, Jean Van Leydecker, refusèrent de s'associer aux déclarations doctrinales de l'archevêque, datées du 17 octobre 1718. Par requête du 3 novembre suivant, l'intéressé estima devoir saisir le Conseil d'Etat de la question; il lui expliqua son attitude tout en sollicitant des autorités civiles de le prémunir contre les conséquences de son action. La bulle, disait-il, n'avait pas été publiée dans les formes d'usage, et était de nature à jeter le trouble dans les esprits, ainsi que cela s'était produit en France. Le lendemain, en assemblée du chapitre, on s'efforça de faire revenir Van Roost à d'autres sentiments; mais il s'obstina dans son refus, la cause, insinua-t-il, étant entre les mains de Sa Majesté. Désespérant de triompher de sa résistance, l'archevêque, à la date du 5 novembre 1718, déclara suspendre Van Roost de ses fonctions aussi longtemps qu'il refuserait de se soumettre à la bulle *Unigenitus* ou qu'il ne serait pas venu en personne se justifier devant ses supérieurs ecclésiastiques. Il le cita donc à comparaître pour le 10 novembre. Van Roost dédaigna d'obtempérer à cette mise en demeure et se contenta de protester, par l'office du notaire Vander Elst, contre les citations itérativement lancées par Thomas Philippe. En fin de compte la cause fut jugée être de la compétence du tribunal ecclésiastique, auquel elle fut déférée le 1er décembre 1718. A charge de l'inculpé était mis le fait d'avoir fait imprimer en deux tomes, en 1702, un livre portant pour titre *Geestelijke zedepunten*, renfermant plusieurs propositions condamnées par la bulle *Unigenitus* et inspiré, comme l'auteur le disait lui-même dans la préface, par l'*Abrégé de la morale de l'évangile*, publié par Quesnel. Toutefois, ce procès fut provisoirement tenu en suspens à la prière du gouverneur, marquis de Prié, à cause des troubles qui sévissaient tant à Malines qu'à Bruxelles. De cette dernière ville Van Roost s'adressa à plusieurs reprises à l'empereur et en appela de la suspension qu'il avait encourue; il ne fut donné suite à aucune de ces requêtes.

La démarche tentée par le chanoine récalcitrant auprès du nonce à Bruxelles n'eut guère plus de succès, ni la demande qu'il adressa à celui-ci, en vue d'obtenir que des juges de son choix pussent donner leur avis sur l'objet du procès.

Van Roost, cependant, ne cessait de propager et d'enseigner des préceptes contraires à ceux admis par l'Église. De même que jadis à Saint-Trond il fut bientôt considéré comme le chef des dissidents, et sa conduite ne laissa pas que de justifier davantage l'accusation dont il avait toujours à répondre devant l'autorité compétente.

Non content de catéchiser dans certaines écoles de la ville et de conférencier ailleurs, mais le plus souvent devant des communautés religieuses de femmes, où il faisait usage d'un livre de prières de sa composition et d'un choix de cantiques du titre de *Nieuw gezang der maagden*, il entretenait des relations publiques et suivies avec nombre de personnes que l'opinion publique accusait d'adhérer au jansénisme. Les pièces de son procès témoignent, en outre, que dans ses relations avec l'autre sexe il n'était pas toujours d'une réserve et d'une retenue à l'abri des commentaires. Par un curieux contraste, cependant, la ville archiépiscopale se montrait, malgré tout, hospitalière vis-à-vis de Van Roost, alors que partout ailleurs on lui était plutôt hostile. A Lierre, entre autres, où il aurait voulu s'établir, les habitants, prévenus par le magistrat, ne voulurent pas consentir à lui louer un immeuble.

L'autorité ecclésiastique jugea enfin devoir intervenir. Dix années s'étaient écoulées depuis que le procès avait été engagé; une nouvelle instruction fut ouverte et elle tourna contre l'inculpé. Cité à comparaître devant ses juges le 26 juin 1728, Van Roost se contenta de faire transmettre des protestations à la date du 26 juin et à celle du 3 juillet. Dans l'une de celles-ci il demanda qu'il fût tenu compte d'un avis émis par deux docteurs de Louvain. Les juges passèrent outre, les faits admis au procès étant suffisants pour leur permettre de se faire une opinion. Aussi le déclarèrent-ils hérétique par les ouvrages suivants : *Geestelijke zedepunten*, parus en 1702; *Den goeden regel van den goetwilligen oefenaar*, paru en 1714; *De Psalmen van David*, publiés en 1725, et, en outre, d'une conduite privée des plus répréhensible.

A la date du 20 août 1728, le cardinal d'Alsace prononça contre lui l'excommunication majeure; de plus, il fut privé de ses bénéfices ecclésiastiques, condamné à la prison, au jeûne et à la confession, « non pas, est-il dit, dans un mémoire de l'official Melchior, « afin qu'il puisse être absous sacramen- « talement de ses péchés, étant lié « d'excommunication, mais pour être « disposé par des bons conseils à un « juste repentir de ses fautes et mériter « ensuite l'absolution de la censure, « avec l'autorité du pape, à qui elle est « réservée ».

Condamné par contumace, Van Roost s'était soustrait par la fuite aux peines prononcees contre lui. Retiré en Hollande, il fit paraître à Amsterdam, sous forme de lettres à un bourgeois de Malines, une réplique à la sentence de ses juges. Il trouva ensuite asile auprès d'un coreligionnaire à Eickenduinen, petit village des environs de La Haye, où il décéda le 22 février 1746.

En fait d'éditions des ouvrages de Van Roost, on connaît les suivantes : 1. *Points spirituels de morale*. Anvers, 1702. 2e éd., Bruxelles, 1702. — 2. *De goeden regel van den goedwilligen oefenaar* ... (La bonne règle de l'exercice volontaire ou le dévôt solitaire). Anvers, 1714. — 3. *De Psalmen van David, met korte bemerkingen op den Historischen, Geestelijken en zedelijhen zin; benevens eenige Lofzangen der H. Schriftuur*. Gand, 1725. — 4. *Brieven van den Eerw Heer Guilielmus Van Roost, canonik ende Plebaen van de metropolitane kerk van Mechelen, aen een Burger der zelfde stad, waer in d'ongeregtigheid van het vonnis teghen hem aldaer uytgespoken door de cardinael den* 20 *Aug.* 1728 *klaerblijkelijk wort aengewezen uit d'Acten zelf in 't vonnis vermeld.* Amsterdam, 1728.

H. Coninckx.

Archives de l'archevêché (dossier du procès). — J.-B. Baeten, *Verzameling van naamrollen betrekkelijk de kerkelijke geschiedenis van het aartsbisdom van Mechelen.* — P. Claessens, *Histoire des archevêques de Malines.* — F.-X. De Feller, *Dictionnaire historique.* — Piron, *Algemeene levensbeschrijving der mannen en vrouwen van Belgie.* — Ferd. Vander Haeghen, *Bibliographie gantoise.*

ROOST (*Jean* **VANDE**). Voir Rost.

ROOSTER (*Jacques* **DE**), peintre de paysages, né à Malines vers le milieu du XVIIe siècle, élève du peintre français Nicolas Poussin, établi en Italie. Le musée de sa ville natale possède de lui une toile de grandes dimensions (2.52 $\times$ 2.35) représentant un paysage classique, dans le genre de ceux qui furent familiers à son illustre maître.

H. Coninckx.

Desailly d'Argenville, *Abrégé de la vie des plus fameux peintres.* — G.-Q. Nagler, *Neues allgemeines Künstler-Lexicon.* — Em. Neeffs, *Histoire de la peinture et de la sculpture à Malines.* — Catalogue du musée de Malines. — Siret, *Dictionnaire historique et raisonné des peintres.*

ROOTHAESE (*Alexandre*), cartographe, vivait au commencement du XIXe siècle. Nous ne trouvons aucun détail biographique sur ce personnage. Comme toute son œuvre est consacrée à décrire la partie flamande du pays, on peut, sans témérité à notre sens, lui assigner la Flandre, et fort probablement la ville de Gand, comme lieu de naissance, ou tout au moins comme habitat. Si les travaux de Roothaese ne sont pas de premier ordre, et si ses cartes notamment sont trop avares de détails topographiques, et d'allure trop simple pour l'époque où elles ont été publiées, ses plans de la ville de Gand, en revanche, témoignent de plus d'esprit d'exactitude.

On doit à Roothaese : *Nouveau plan routier de la ville et faubourgs de Gand,* 1825. Kierdorff scp. et lith. Gand. Avec table alphabétique des rues, marchés, places, bâtiments remarquables, enclos, promenades et remparts. L. 564^{mm}; h. 393^{mm} avec les légendes; l. 415^{mm}; h. 318^{mm} sans ces dernières. Toutes les inscriptions sont en flamand. — *Nouveau plan routier de la ville et faubourgs de Gand,* 1826. Kierdorff lith.; Hipp. Vandekerckhove, imp. lib. éditeur à Gand. Ce plan, où la langue française seule a été employée, est une réduction du précédent. L. 275^{mm}; h. 208^{mm}. Il est reproduit, enrichi de légendes donnant les noms des rues, places, etc., dans Voisin, *Guide du voyageur dans la ville de Gand,* 1826. — *Plan routier de la ville de Gand divisé en* V *sections,* 1829. I. J. Konen, sculpsit. Imp. de Dewasme Pletinckx, ..., rue des Paroissiens, ..., Bruxelles. Avec un tableau des édifices et monuments publics. L. 787^{mm}; h. 618^{mm}. (Deux exemplaires de la bibliothèque de l'université de Gand portent la signature de A. Roothaese.) Il y a de ce plan un *tirage de* 1830. — *Nieuwe kaert van het bisdom van Gend, verdeeld in zijne dekenijen, pastorijen en succursalen.* Opgedragen aen Z. H. Joan. Frans Van de Velde, XXe bisschop van Gend door zijne dienstwilligen en onderdanigen dienaer A. Roothaese, 1830. Const. Onghena sc. L. 475^{mm}; h. 584^{mm}. — *Nieuwe kaert van het bisdom van Brugge,* 1830. Const. Onghena sculp. L. 468^{mm}; h. 572^{mm}.

F. van Ortroy.

Dejardin, *Cartes de la Flandre ancienne et moderne. Plans de la ville de Gand* (Gand, 1867). — Bibl. de l'univ. de Gand, *Atlas topogr. de la ville de Gand.*

ROOTHAESE (*Jean-Liévin* **DE**), historien. Voir De Roothaese.

ROOVER (**DE**), pharmacien. Voir De Roover.

ROOVERE (*Antoine* **DE**), chroniqueur. Voir De Roovere.

ROOVERE (*Jean* **DE**), miniaturiste, vivait à Bruxelles au XVIe siècle. Après avoir été clerc de l'oratoire de Catherine d'Autriche, reine de Portugal, il s'établit à Bruxelles comme « illumineur ». En 1526, il peignit pour Marguerite d'Autriche deux grandes miniatures « pour mectre en tableaux », dont le sujet n'est pas indiqué, et qui lui furent payées dix-huit livres de 40 gros. L'année suivante il reçoit neuf livres pour une « illumineure » commandée par la même princesse « en certaine complaincte « de Quatre Princes mise en tableaux ».

Nous ignorons les liens qui peuvent le rattacher à son contemporain, le scribe bruxellois Jérôme de Roovere. En 1539, celui-ci reçoit, de Philippe de Croy, duc d'Arschot, neuf livres trois sous pour « avoir escript et copié aul- « cunes escriptures »; en 1541, huit livres « pour avoir copié ung grant dé- « nombrement que feu Monseigneur de « Chimay a baillé de sa terre de Lil- « lers ».

Un Jean de Rovere, orfèvre, travaillait à Bruxelles pour le compte des Etats généraux en 1577.

Paul Bergmans.

Pinchart, *Archives des arts*, t. I (Gand, 1860), p. 18 (= *Messager des sciences historiques*, 1854, p. 264), t. II (1863), p. 25-26 (= *Messager des sciences historiques*, 1858, p. 356-357), et t. III (1881), p. 294-295 (= *Messager des sciences historiques*, 1881, p. 77-78). — J.-W. Bradley, *Dictionary of miniaturists*, t. III (Londres, 1889), p. 168.

ROOVERE (*Luc-Joseph-Antoine* **DE**) **DE ROOSEMEERSCH**. Voir De Roovere.

ROOY (*Jérôme* **VAN**), écrivain ecclésiastique, né à Weert (Limbourg hollandais), en 1824, mort à Thielt, en 1880. Il fit ses études au collège de sa ville natale, entra fort jeune dans l'ordre des PP. Récollets à Saint-Trond, et devint successivement lecteur de philosophie et de théologie dogmatique. Nommé ensuite lecteur émérite, il put se consacrer exclusivement à la chaire. Il composa une série d'œuvres d'édification dont la liste détaillée se trouve dans la *Bibliographie des frères mineurs* du P. Dirks (p. 417).

Léonard Willems.

ROQUEFORT-FLAMERICOURT (*Jean-Baptiste-Bonaventure*), philologue, musicologue et compositeur de musique, né à Mons, le 15 octobre 1777, décédé à la Guadeloupe, le 17 juin 1834 (et non en 1833, comme l'écrit Fétis). Il fit ses études au collège de Lyon, se rendit ensuite à Paris (1792) pour s'y engager, rejoignit l'armée de Dumouriez après Jemappes, puis revint secrètement à Paris, où il se consacra à la pédagogie musicale (solfège et piano; 1796-1807) et où il se maria en 1801. S'étant épris de l'histoire musicale, il commença, avec Fétis, la publication d'un journal de musique qui n'eut que quelques numéros (1804), et rassembla un assez grand nombre de documents musicaux : livres anciens, manuscrits, instruments et dessins d'instruments, etc., collection intéressante dont plus tard il se défit petit à petit pour subvenir à ses besoins. Vers 1817, il s'occupa d'une *Histoire générale de la musique*, d'après des documents inédits, en six volumes dont le premier seul fut achevé en partie, et collabora au *Dictionnaire historique des musiciens* de Choron et Fayolle. Cependant, les goûts de Roquefort-Flamericourt s'étaient orientés vers les études philologiques, notamment au point de vue de l'ancienne langue romane. Son ouvrage le plus important dans ce domaine fut un *Glossaire de la langue romane*, justement estimé (1808-1820, trois volumes). On lui doit en outre : *Mémoire sur la nécessité d'un glossaire général de la langue romane*, réimprimé à la suite de l'ouvrage suivant : *De l'état de la poésie française dans le* XIIe *et le* XIIIe *siècle*, mémoire couronné en 1810 par l'Académie (1814), réimprimé à la suite d'une *Dissertation sur la chanson chez tous les peuples* (1821); *Poésies de Marie de France traduites et commentées* (1819); *Dictionnaire historique et descriptif sur les monuments de Paris* (1826); *Dictionnaire étymologique de la langue française* (1829); *Notice sur le roman de Partonopex de Bloys* (dans les *Notices de l'Académie des Inscriptions et Belles-Lettres*). En fait de musique, il ne publia que deux cahiers de danses (potpourris; Paris, Cochet et Momigny). Vers la fin de sa carrrière, Roquefort-Flamericourt avait presque cessé de produire personnellement, mais il n'en continua pas moins à travailler, mettant son talent et sa science au service de divers éditeurs pour la revision et la correction des éditions nouvelles de divers ouvrages de philologie et d'histoire, tels que la *Vie privée des Français* de Legrand d'Aussy (1815) ou en fournissant des introductions ou des notices spéciales à d'autres ouvrages, dont les *Mémoires pour servir à l'histoire de Charles-Jean, roi de Suède*, par Coupé de Saint-Donat (1820) et le *Dictionnaire historique des prédicateurs* de Albert et de Court (1823). Les dernières années de l'écrivain furent malheureuses. Devenu veuf, il tomba, au préjudice de sa santé et de sa fortune, dans des dérèglements de toutes sortes, dont son second mariage (1830) ne put le tirer. Il tenta encore, mais sans succès, de fonder à Paris un cours d'histoire de l'archéologie du Moyen Age et cet échec ne fit qu'aggraver sa situation. Une circonstance dramatique l'acheva. Pendant l'épidémie cholérique de 1832, quelques personnes, dans la rue, se figurèrent tout à coup voir en lui un des propagateurs supposés du fléau. Poursuivi et frappé, il fut dégagé par la police, mais sa raison sombra dans l'aventure et, dès lors, il n'eut plus que quelques moments de lucidité. C'est appelé par des affaires de succession qu'il se rendit avec sa femme à la Guadeloupe, où il décéda prématurément. Roquefort-Flamericourt fut, pendant de longues années, un des membres les plus actifs de la Société des Antiquaires de France. Collaboration : *Mémoires de la Société des Antiquaires; Moniteur universel ; Biographie universelle* de Michaud ; *Magasin encyclopédique* de Millin de Grand-Maison ; *Mercure de France ; Encyclopédie méthodique ; Journal des Arts.*

Ernest Closson.

Mémoires de la Société des Antiquaires de France, t. XVII, p. XXVI, notice par G. de Martonne. — Fétis, *Biogr. univ.*, t. VII, p. 307. — Rabbe, *Biogr. univ. et portat.*, t. IV, p. 1156.

* **ROQUELAURE** (*Jean-Armand* **DE**), BESSUÉJOULS ou BUESVÉJOULS, prélat, d'abord évêque de Senlis, puis archevêque de Malines sous le Consulat et l'Empire, de juillet 1802 à septembre 1808, né au château de Roquelaure en Guyenne, le 24 février 1721, mort à Paris, le 23 avril 1818. Après des études à la Sorbonne, il fut reçu docteur en théologie et nommé vicaire général du diocèse d'Arras, ensuite promu au siège épiscopal de Senlis, poste qu'il occupa sans interruption, pendant plus d'un quart de siècle, de 1754 à 1790.

Grand seigneur, prélat de cour, de Roquelaure fut un personnage de marque dans l'entourage royal de Versailles. C'est lui qui prononce, en 1761, l'oraison funèbre d'Amélie de Saxe, reine d'Espagne et de Naples. Trois ans plus tard, Louis XV en fait son premier aumônier et, après un nouveau triennat, le nomme conseiller d'Etat. En 1770, le prélat tient le poêle au mariage du Dauphin avec Marie-Antoinette, et, l'année suivante, prêche le sermon de profession de la fille du roi, Mme Louise de France, au couvent des Carmélites de Saint-Denis. Le 1er mars 1771, il est élu membre de l'Académie française, distinction que lui valut autant sa situation à la cour que ses succès de prédicateur. Enfin, Louis XVI l'élève, en 1781, à la dignité de commandeur de l'ordre du Saint-Esprit.

Survinrent les événements révolutionnaires. En 1790, l'évêque de Senlis refusa, comme la plupart des prélats de son temps, d'adhérer à la constitution civile du clergé et fut destitué. Se trouvant à Arras, sous la Terreur, il y fut arrêté sur l'ordre de Lebon, traduit devant le tribunal révolutionnaire et condamné à l'échafaud. La chute de Robespierre le sauva : plus heureux que ses seize compagnons de prison, il échappa à la peine portée contre lui.

Retiré dans son ancien diocèse, à Crépy-en-Valois, il y reprit, en secret d'abord, l'administration épiscopale. Il s'enhardit ensuite au point de venir à Senlis officier pontificalement dans la cathédrale le jour de l'Assomption. Mais le coup d'Etat du 18 fructidor l'obligea de nouveau à se cacher pour se soustraire à la peine de la déportation comminée contre les prêtres et les fonctionnaires en général qui refusaient de prêter le serment de haine à la royauté.

En 1801, le Concordat rétablit la paix religieuse. Les dispositions concordataires prescrivaient qu'il serait fait une nouvelle circonscription de diocèses. L'évêque de Senlis se démit en conséquence de son siège épiscopal. Désireux de se l'attacher, le premier Consul le désigna pour le siège archiépiscopal de Malines. Aux yeux de Bonaparte, de Roquelaure réunissait ces deux précieuses qualités, d'être un homme de l'ancien régime et de n'avoir pas émigré. D'ailleurs, la nomination d'un prélat français comme primat de Belgique répondait à une condition que l'abbé Bernier, en soumettant à Talleyrand, avant l'accord définitif, une liste de candidats pour les sièges épiscopaux, formulait ainsi : « J'estime qu'il serait impolitique de placer dans la ci-devant Belgique des hommes de ces contrées ». C'était l'application aux fonctions diocésaines du principe rigoureusement admis pour les hauts postes de l'administration civile.

Le nouveau titulaire succédait au cardinal de Franckenberg qui, lui aussi, aux termes du Concordat, avait remis sa démission au Saint-Siège. Il reçut l'institution canonique le 11 avril 1802 et fut solennellement installé à Saint-Rombaut le 3 juillet suivant.

Il y avait un mois que, le dimanche de la Pentecôte, le 6 juin 1802, on avait célébré dans la plupart des églises de Belgique, le rétablissement du culte et de la concorde religieuse. Néanmoins, le clergé belge restait hostile aux maximes de l'Eglise gallicane et, en adhérant au Concordat, refusait de reconnaître les articles organiques. La situation et la tâche du nouvel archevêque n'en étaient que plus délicates. Il avait alors quatre-vingt et un ans. Dès 1803, Portalis, qui exerçait les fonctions de ministre des cultes, l'appréciait ainsi dans une note confidentielle : « Son caractère est « doux et conciliant. Il a toutes les « formes d'un courtisan de l'ancien « régime. Par ses habitudes, il est toujours prêt à faire ce que le gouverne« ment veut. Il est content de sa place « et on est content de lui ». Au retour d'une mission en Belgique, le conseiller d'Etat Pelet de la Lozère écrivait, la même année : « Ses formes lestes, « ouvertes et entièrement françaises « contrastent singulièrement avec les « formes lourdes et ténébreuses des « prêtres brabançons. Les sentiments « qu'il a inspirés à ses diocésains sont « plutôt ceux qu'on accorde à un grand « seigneur aimable qu'à l'homme qui « affecte une excessive rigidité ».

Se conformant docilement aux intentions du premier Consul, qui voulait qu'il fût réservé partout un certain nombre de postes élevés aux membres du clergé constitutionnel, de Roquelaure nomma vicaire-général Jean-Ghislain Huleu, qui avait prêté le serment de haine à la royauté, et appela un autre prêtre assermenté, Laurent Millé, à la cure de Sainte-Gudule, à Bruxelles.

Résolu d'ailleurs d'en finir avec cette question du serment, il imposa à tous ses prêtres, quelle qu'eût été leur conduite, une formule d'adhésion générale aux récentes décisions du Saint-Siège. Or, son prédécesseur, le cardinal de Franckenberg, avait au contraire proposé peu auparavant aux prêtres ayant prêté le serment de haine une formule de rétractation. Aussi l'attitude de l'archevêque fut-elle généralement considérée comme un blâme indirect à l'adresse du cardinal. Stevens, le chef et le porte-paroles de la *Petite Chapelle*, protesta dans une brochure où il critiquait la formule de M. de Roquelaure, et plusieurs prêtres refusèrent de signer cette formule. On attribua cette opposition aux conseils de l'abbé de Lantsheere, longtemps vicaire-général du cardinal de Franckenberg, puis préposé par lui à la direction du diocèse pendant son exil : l'abbé fut arrêté, conduit d'abord au Temple, à Paris, ensuite interné à la citadelle de Turin. Il ne fut relâché que plus tard, après avoir demandé sa grâce au premier Consul et sans que de Roquelaure semble avoir rompu le silence pour intervenir en sa faveur.

D'après l'article 39 des lois organiques, il ne pouvait y avoir qu'un catéchisme pour toutes les Eglises catholiques de France. De Roquelaure tint également la main à l'exécution de cette disposition et prescrivit l'usage exclusif du nouveau catéchisme publié par ordre du gouvernement. Il alla jusqu'à retirer tous leurs pouvoirs aux prêtres qui continuaient à enseigner la doctrine chrétienne selon l'ancien catéchisme de Malines.

Le prélat se prêta tout entier aux prétentions toujours croissantes de Bonaparte, premier Consul, puis Empereur. C'était l'époque des mandements „ officiels „, nous voulons dire des mandements dont le ministre des cultes Portalis traçait lui-même aux évêques les matières à traiter et qui étaient entièrement consacrés à aduler le restaurateur du culte, à glorifier ou à servir la politique du maître : il en fut ainsi déjà, notamment, à l'occasion des pétitions en faveur du consulat à vie. Jamais l'archevêque de Malines ne se montra rebelle aux exigences du pouvoir civil, pas plus d'ailleurs, sur cette question des mandements comme sur beaucoup d'autres, que les autres prélats de Belgique, MM. Hirn à Tournai, Bexon à Namur, Zaepffel à Liége, Fallot de Beaumont à Gand. On sait, du reste, que le gouvernement, le gouvernement impérial surtout, considérait les évêques comme des préfets „ ecclésiastiques „ qui devaient concourir à l'exécution de ses volontés aussi bien que les préfets civils.

En 1803, conformément à l'article IX du Concordat, de Roquelaure avait publié la nouvelle circonscription des paroisses, cures et succursales de son diocèse. Il rétablit aussi le séminaire de Malines, y nomma professeur le chanoine Hövelman, qui avait prêté le serment de haine, et prescrivit d'y enseigner la Déclaration gallicane de 1682, ainsi que l'exigeait l'article 24 des lois organiques : on prétend toutefois que dans nos diocèses, où le clergé repoussait les quatre articles de l'Eglise gallicane, on se bornait à les dicter, pour la forme et pour échapper aux poursuites (voir la notice Napoléon Ier, dans le tome XV de la *Biographie nationale*).

En cette même année 1803 eut lieu le voyage officiel du premier Consul en Belgique. Joséphine accompagnait son mari. Au milieu des adulations sans nombre dont Bonaparte et sa femme furent l'objet, nous relevons l'hommage que leur rendit de Roquelaure. Il alla les saluer à Anvers, la première ville de son diocèse située sur leur itinéraire. Dans un discours où, nous dit un assistant, „ l'onction s'allie merveilleu„ sement à la galanterie „, il complimenta les augustes époux, allant jusqu'à leur parler des „ nœuds sacrés „ d'une alliance sainte „, alors que leur union était pourtant alors au su de tous purement civile. Bonaparte le récompensa en le nommant membre de l'Institut.

L'année d'après, l'empire fut proclamé et cet événement fournit à l'archevêque l'occasion de brûler beaucoup d'encens pour „ le père des Français, le „ héros que Dieu a choisi dans ses dé„ crets éternels pour l'exécution de ses „ desseins adorables „.

Heureusement, au rebours de tant d'autres, de Roquelaure n'eut point à rabattre des éloges tant de fois prodigués au régime impérial : il touchait à la fin de sa carrière lorsque les rapports se tendirent entre les deux signataires du Concordat, l'empereur et le pape. L'année même où les troupes françaises, sous les ordres du général Miollis, occupèrent Rome, l'archevêque prit prétexte de ses quatre-vingt-sept ans pour adresser au Saint-Siège, le 4 mars 1808, sa démission, qui fut acceptée sans difficulté quelques mois après.

Le 26 septembre, le prélat quitta Malines, pour aller résider à Paris, où un décret napoléonien du 1er mars précédent l'avait nommé chanoine du chapitre de Saint-Denis. Il y vécut encore dix ans et s'éteignit paisiblement, le 23 avril 1818. Son éloge funèbre, comme académicien, fut prononcé par le chanoine Daru. Selon son désir, son corps fut inhumé à Senlis, dans la chapelle de

Saint-Rieul, où l'on peut voir aujourd'hui encore son marbre funéraire.

Eugène Duchesne.

De Lanzac de Laborie, *La domination française en Belgique*, 1795-1814. — Claessens, *La Belgique chrétienne*. D'Haussonville, *l'Eglise romaine et le premier Empire*, 1800-1814. — Sylvain Balau, *La Belgique sous l'Empire et la défaite de Waterloo*, 1804-1815. — De Smedt, *Coup d'œil sur l'histoire ecclésiastique dans les premières années du* XIXe *siècle*.

RORE (*Cyprien* **DE**), musicien, né en 1516, mort en 1565. D'après l'opinion généralement admise, Cyprien de Rore est né à Malines. Toutefois en présence de ce fait que vers l'année 1558 ses parents habitaient Anvers, d'aucuns inclinent à croire qu'il a pu naître en cette dernière ville. Ainsi qu'il résulte du titre de l'ouvrage *Fantasie e ricercari a* 3 *voce... composti de lo eccellentissimo Adriano Willaert e Cipriano Rore suo discipulo* (1549), il fut l'élève de l'illustre fondateur de l'école vénitienne, le maître de chapelle de l'église de Saint-Marc. Il fit partie de la chapelle comme chantre, et on suppose que, dès sa jeunesse, il y entra comme sopraniste. En 1553, il était maître de chapelle du duc de Ferrare, Hercule IV.

Dès 1557, il quittait l'Italie pour rentrer en pays natal et rendre visite à ses parents. Il résulte d'une lettre de de Rore datée d'Anvers, le 24 septembre 1558, adressée au duc de Ferrare, que le musicien, qui s'était vu obligé de consacrer cinq mois à arranger ses propres affaires, était prêt à reprendre le chemin de l'Italie et comptait se trouver à Ferrare à l'époque de la Toussaint. Peut-être les événements politiques empêchèrent-ils de Rore de se mettre en route; toujours est-il que celui-ci, qui semble avoir excédé les limites de son congé, par lettre du 12 novembre 1559, également datée d'Anvers, offrait ses services à Alphonse II, le nouveau duc de Ferrare. Hercule IV était décédé dans l'intervalle. Il n'est pas démontré que l'offre ait été agréée. Ce qui est certain, c'est qu'en l'année 1560 de Rore fut engagé en qualité de chef de chapelle d'Octave Farnèse, duc de Parme, époux de Marguerite de Parme, gouvernante des Pays-Bas. Le traitement annuel du maître était fixé à cent écus d'or, outre l'habitation gratuite. Au mois de mai 1561, le duc fournit les fonds nécessaires au voyage d'Anvers à Parme. Mais, dès l'année 1563, de Rore quittait le service du duc, pour remplacer, en qualité de maître de chapelle de l'église Saint-Marc à Venise, son ancien maître Adrien Willaert, décédé. Les proviseurs de l'église lui allouèrent une pension annuelle de deux cents ducats prenant cours le 1er mai 1563. Au bout d'une année, de Rore quittait l'église de Saint-Marc pour entrer au service du duc Alphonse II, et se réinstaller à la cour de Parme, en qualité de maitre de chapelle. C'est dans l'exercice de ces fonctions qu'il mourut en cette ville. L'épitaphe qui lui est consacrée en la cathédrale de Parme, se termine par ces mots : *Obiit an. M. D. LXV. æt. vero suæ XLIX.* Son portrait existe dans la collection de l'archiduc Ferdinand, au musée impérial de Vienne; il a été reproduit dans le *Jahrbuch der kunsthistorischen Sammlungen des allerhöchsten Kaiserhauses* (t. XV, p. 238).

Les œuvres de ce maître célèbre sont nombreuses. Elles consistent en motets, messes et madrigaux, pour la plupart imprimés et fréquemment réédités. On connaît sept éditions des *Madrigali a cinque voci*, Venise 1542; six éditions de *Il secundo libro de Madrigali*, Venise 1544 ; huit éditions des *Madrigali*, Venise 1548; douze éditions de *Il primo libro de Madrigali a quatro voci*, dont la première édition dut paraitre à Venise en 1542. C'est là une preuve évidente du succès avec lequel les œuvres de C. de Rore furent accueillies par ses contemporains. La liste complète des compositions de notre musicien a été dressée par Robert Eitner.

Ambros constate que C. de Rore a sa physionomie propre et que ses œuvres figurent parmi les meilleures de l'époque. Les doubles chœurs à huit voix, à l'instar de Willaert, les motets à quatre, à cinq et à six voix, un livre de messes à quatre, à cinq et à six voix, deux Passions, des madrigaux en quantité énorme assurent à de Rore une place importante parmi les compositeurs du XVIe siècle. Ce maître, dit Ambros, avait le génie du madrigal ; il affectionnait tout spécialement ce genre. Les éloges qu'Ambros décerne à notre musicien sont cependant tempérés par cette réserve que les essais de composition chromatique auxquels il s'est livré et qui comportent cinq livres de madrigaux, laissent une impression fort peu agréable.

Eitner est d'un tout autre avis. Pour lui, C. de Rore est un novateur de génie, et ce génie se révèle précisément dans ses enchaînements chromatiques. Ses modulations battent en brèche l'ancienne tonalité, qui jusque-là avait évité autant que possible l'emploi des accidents. Il faut donner raison à Eitner. L'extrait par lui publié du madrigal : « Ove 'l silentio « che 'l di fugge » (*Monatshefte*, 1889, « p. 45), prouve péremptoirement que C. de Rore ouvrit à l'art des voies nouvelles.

Ce furent ces harmonies neuves et hardies qui engagèrent le maître à noter les divers accidents auxquels il avait recours. Les compositeurs qui l'avaient précédé avaient laissé au chanteur — dont la tâche n'était pas toujours facile — le soin d'employer les accidents nécessaires.

Eitner (*Monatshefte, Nachtrage* 1871, p. 174) fait connaître cinq œuvres de de Rore, rééditées à l'époque moderne. Il convient d'y ajouter les pièces réimprimées par R.-J. van Maldeghem, *Trésor musical*, musique profane, XI (1875), nos 4-6 ; musique religieuse, XII (1876), no 7.

Florimond van Duyse.

Fétis, *Biographie universelle des musiciens*, t. VII (1875), p. 208. — A.-W. Ambros, *Geschichte der Musik*, 2e édit. (1881), t. III, p. 530. — Edm. Vander Straeten, *La musique aux Pays-Bas*, t. VI (1882), p. 130 et s. — Rob. Eitner, *Monatshefte für Musik-Geschichte*, t. XXI (1889), p. 41 et s. — Id., *Quellen-Lexikon*, t. VII (1903), p. 304 et les autorités indiquées.

RORE (*Jacques* **DE**) ou ROORE, surnommé de Keersma(ec)ker ou de Keersgieter, mennonite brugeois, brûlé vif à Bruges, le 10 juin 1569. On a de lui dixneuf lettres adressées à sa femme, à ses enfants ou à des coreligionnaires, publiées en 1584 à Haarlem, sous le titre *In dit teghenwoordighe boecxken zijn veel schone ende lieflycke brieven van eenen ghenaemt Jacob de Keersmaker die hy wt zijnder gevanckenisse gesonden heeft de welcke tot Brugge levendich is verbrant int jaer* 1569 *den* 10 *Junij*. Cette édition renferme en outre trois chansons de lui, puis « Son dernier adieu », ensuite sa discussion avec le frère (mineur) Cornelis Adriaenssen (*disputatie tusschen Jacob K. ende B. Cornelis*), enfin encore deux chansons probablement aussi de lui. Cette *Disputatie* se retrouve dans le tome II de l'*Historie en sermoenen van B. Cornelis Adriaenssen van Dordrecht*, 1569-1578, une élucubration de Hub. Goltzius. Les lettres seules ont eu trois éditions antérieures ; 1577, 1579, 1581. Quelques-unes de ces lettres, ainsi que la *Disputatie*, ont été reproduites dans différents martyrologes mennonistes, ce qui prouve que leur auteur et ses doctrines jouirent d'un grand prestige.

J. Vercoullie.

Frederiks et Vanden Branden, *Biographisch woordenboek*. — *Bibliotheca belgica* (*Bibliographie des martyrologes protestants*).

RORIVE (*Mathias*), jésuite, professeur, né à Wanze en 1568, mort à Pont-à-Mousson, le 9 janvier 1636. Admis en 1589 dans la Compagnie de Jésus, il fit partie de la province de Germanie inférieure et enseigna dans divers collèges les humanités, la philosophie, les mathématiques, la théologie morale, la scolastique à Molsheim de 1619 à 1630. La guerre le contraignit à se retirer à Pont-à-Mousson. On a signalé, comme conservé à la bibliothèque de la Société archéologique de Namur, un manuscrit du cours de philosophie professé par Rorive, à Trèves, en 1613. Nous avons constaté que cette bibliothèque ne possède aucun manuscrit de l'espèce. Nous ignorons où se trouve actuellement le cours de Rorive.

Sylv. Balau.

Sommervogel, *Bibliothèque de la Compagnie de Jésus*, t. VII, p. 128.

ROSA (*Giovanni*). Voir Roos (*Jean*).

ROSA (*Henri*), professeur, né à Louvain, le 28 décembre 1800, mort dans cette ville, le 28 août 1857. Entré dans la Compagnie de Jésus, le 11 février 1820, il se voua au professorat. Il enseigna successivement la rhétorique au collège de Fribourg en Suisse, la philosophie à celui d'Alost et la théologie à celui de Louvain, où il fut longtemps recteur et bibliothécaire. On lui doit un manuel élémentaire de philosophie, autographié en 1833, pour les élèves du collège d'Alost : *Enchiridion philosophiæ*, et comprenant 130 pages pour la logique, 90 pages pour la métaphysique et 76 pages pour la psychologie. La *Bibliothèque de la Compagnie de Jésus* donne les titres de deux thèses de théologie soutenues à Louvain sous sa présidence, en 1843 et en 1844.

Paul Bergmans.

C. Sommervogel, *Bibliothèque de la Compagnie de Jésus*, t. VII, col. 128.

ROSA (*Pépin*) ou ROOSEN, prédicateur, suffragant de Malines, écrivain ecclésiastique, né à Landen vers 1500, mort à Malines le 7 mars 1569. Ayant achevé ses humanités, vraisemblablement à Louvain, il prit l'habit des dominicains au couvent de cette ville. Il était bachelier en théologie, en 1545, lorsque le chapitre provincial tenu à Bruges, vers le commencement de septembre (le dimanche après la Saint-Augustin), lui permit de prendre le grade de licencié à l'université de Louvain; il devint depuis maître ou docteur en théologie de son ordre. Tandis qu'il gouvernait son couvent de Louvain, en qualité de prieur, il s'appliquait au ministère de la chaire avec le plus grand succès. L'église conventuelle, quoique assez spacieuse, se trouvait souvent trop petite pour contenir le flot des auditeurs qui accouraient à ses sermons; il prêchait alors sur la place publique. Jean de Vandeville, professeur en droit, alla l'entendre à la collégiale Saint-Pierre, de Louvain; ses discours sur Tobie amenèrent ce docteur à mener une vie toute chrétienne et lui inspirèrent d'embrasser l'état ecclésiastique après la mort de son épouse; Vandeville devint dans la suite évêque de Tournai. Le cardinal Perrenot de Granvelle, premier archevêque de Malines, eut connaissance des talents et de la vertu du père Rosa; il le choisit pour son suffragant et pour son vicaire-général *in pontificalibus*. A cet effet, le père Rosa fut créé évêque de Sélimbrie (Salubriensis), par le pape Pie IV, le 18 mars 1562, et sacré à Bruxelles, le 2 novembre suivant, par Granvelle lui-même. Il remplit ces fonctions avec beaucoup de vigilance dans des conjonctures fort critiques et mourut à Malines, le 7 mars 1569. Il fut enterré dans l'église métropolitaine. Le père de Jonghe lui donne pour armoiries : *d'or à trois roses* (apparemment de gueules quoiqu'il les peigne d'argent). On conservait en manuscrit, au couvent de son ordre à Lille, les ouvrages suivants du père Rosa : 1. *Conciones quadragesimales in illud Tobiæ IV : Pauperem quidem vitam gerimus; sed multa bona habebimus, si timuerimus Deum*. — 2. *Conciones quadragesimales super illud Jacobi, V : Elias homo erat similis nobis, passibilis*. — 3. *Passio D. N. Jesu Christi Nazareni, Christianorum regis, juxta contextum quatuor Evangelistarum*.

P. Vincent-M. Van Caloen.

Quétif et Echard, *Scriptores ord. Præd.*, t. II, 206, a. — B. de Jonghe, *Belgium Dominicanum*, p. 155-156. — Paquot, *Mémoires*, t. XII, p. 172-174. — Van Gestel, *Hist. Mechliniensis*, t. I, p. 51. — Foppens, *Chron. sacra episcoporum Belgii*, p. 3.

ROSANT (*Jacques*), poète flamand du XVIIe siècle. Tout ce qu'on sait de lui, c'est qu'il publia un volume de poésies religieuses, intitulé *De Evangelische Triumphwaghen ; bij de welke de treffelijke daden des Koninkx der Glorie, warelijk, klarelijk, en minnelijk van sijn catholijke onderdanen geleesen, gesongen, en gemediteert worden, op alle Evangelien des geheelen jaers. Gemaekt door Jacob Rosant*, Anvers, Hendrik Aertssens, 1654; in-8°. De sa préface nous pouvons conclure qu'il était prêtre, puisqu'il y dit (p. 2) qu'il est au service du Roi de Gloire et (p. 5) que son livre se publie avec l'assentiment de ses révérends supérieurs. Il nous y raconte que dans sa jeunesse il avait songé à composer une Concorde des quatre Evangélistes, mais que ses recherches lui avaient révélé que le travail était fait par Cornelius Janssenius, évêque de Gand. Il s'agit du premier évêque de Gand, mort en 1576, et de sa *Concordia evangelica et ejusdem Concordiæ ratio IV Evangelistarum* (1549), que Rosant appelle *Concordantia evangelica.*

Chose singulière : sur la dernière page du volume on annonce que celui-ci est en vente chez Gijsbrecht van Ommeren, libraire au Rokin, à Amsterdam. Nous pourrions donc avoir affaire à une impression hollandaise. Les errata, dont la liste se trouve page 6 de l'introduction, sont attribués à l'absence de l'auteur et les initiales du *librorum censor* qui donna l'approbation (I. S. S[*anctæ*] T[*heologiæ*] L[*icentiatus*]), restent indéchiffrables.

La préface renvoie pour les mélodies à *Het Paradys der gheestelycke en kerckelycke lofsangen* de *Salomon Theodotus* (Aeg. Haefacker), dont la première édition parut à Bois-le-Duc en 1621.

J. Vercoullie.

ROSART (*Jacques-François*), fondeur de caractères d'imprimerie, né à Namur, le 9 août 1714, mort à Bruxelles, le 26 mai 1777. Il avait établi à Harlem, en 1740, une fonderie de caractères typographiques qui avait pris une certaine extension quand, trois ans plus tard, Isaac et Jean Enschedé reprirent dans la même ville l'officine du fondeur R. Wetstein, et la développèrent considérablement. Sentant que la concurrence était impossible, Rosart entra au service des Enschedé, et grava pour eux beaucoup de types de caractères et de fleurons, en même temps que le graveur J.-M. Fleischmann, de Nuremberg. Parmi les principales matrices de l'artiste namurois, il faut citer des caractères de musique ronds, vraiment remarquables, créés en 1750, et complétés, en 1753, par un caractère imitant l'écriture dite anglaise, et spécialement destiné aux paroles des pièces musicales ; ce dernier est qualifié par l'auteur de « caractère « de finance ».

En 1759, Rosart vint établir à Bruxelles une nouvelle fonderie, sous les auspices du gouverneur général des Pays-Bas, le duc Charles-Alexandre de Lorraine. Il publia le premier catalogue de ses types en 1761 : *Epreuve de caractères, qui se gravent et fondent dans la nouvelle fonderie de Jacques-François Rosart* (Bruxelles, 1761 ; in-8°). Une seconde édition, augmentée, parut en 1768, avec un portrait gravé de Rosart, sous lequel se lit cette inscription, résumant la biographie du fondeur : *Sculpendis typis se dedit, nullo adhibito magistro. Solertiæ ejus primitias habuit Harlemum a°* 1740 : *typos musicos executa* [..] *vix possibiles eo usque creditos, edidit a°* 1749. *Inde ausp. Ser. Ducis Caroli Loth. artium fautoris, primam Bruxellæ typorum fusuram posuit a°* 1759.

Après sa mort, l'établissement fut acquis par la veuve Decellier qui distribua, en 1779, une troisième édition du catalogue des caractères. La préface qualifie Rosart d' « artiste unique », au « nom immortel ». Le fils de Rosart, qui était lui-même habile fondeur, s'associa avec le typographe bruxellois de Boubers, le premier imprimeur de l'Académie royale ; puis, de 1781 à 1787, il fut établi à Amsterdam.

Paul Bergmans.

Les épreuves de caractères de la fonderie Rosart (bibl. de Gand). — *Bulletin du bibliophile belge*, t. XIV (Bruxelles, 1858), p. 106 : note de J.-B. Vincent, traduite dans C.-F.-A. Piron, *Algemeene levensbeschryving der mannen en vrouwen van Belgie* (Malines, 1860), p. 332. — A.-J. Enschedé, préface du *Specimen de caractères typographiques anciens* (Harlem, 1869). — J.-B. Vincent, *Essai sur l'histoire de l'imprimerie en Belgique* (Bruxelles, 1868), p. 103. — A.-M. Ledeboer, *De boekdrukkers in Nederland* (Deventer, 1872), p. 77 et 203. — A.-M. Ledeboer, *Alfabetische lijst van boekdrukkers* (Utrecht, 1876), p. 145. — F.-D. Doyen, *Bibliographie namuroise*, t. I (Namur, 1887), p. 558-560.

ROSE (*Charles-Philippe* **DE**) ou DEROSE, sculpteur, né à Bruxelles en 1670, mort à Namur, le 9 décembre 1737. Il épousa, à Bruxelles, Catherine Gilbert. Dans les dernières années du XVIIe siècle, il vint s'établir à Namur, où il fut reçu bourgeois, le 14 août 1698; il paya de ce chef la somme de 10 florins. Il eut plusieurs enfants, dont cinq filles et deux garçons; un seul de ces derniers lui survécut : Philippe-Quentin, né à Namur, le 1er août 1700, y fut reçu bourgeois le 30 mars 1729, et y mourut le 12 février 1759. Dès l'année de l'installation de Ch.-Ph. de Rose à Namur, nous le trouvons travaillant pour le chapitre de Moustier, qui, le 6 novembre 1699, lui payait une somme de 27 fl. 12 s. pour « avoir sculpté et « doré le pied d'un crucifix ». Les comptes de la ville de Namur le signalent comme maître sculpteur. A deux reprises le magistrat le chargea d'exécuter différents travaux : en 1702, il fit un cadre doré pour le portrait du roi Philippe V, exécuté par le peintre bruxellois J.-B. van Diest, dans le but de décorer la chambre des échevins; un travail analogue lui fut également commandé en 1714 pour le portrait de l'empereur Charles VI, signé du même peintre; ces deux cadres lui furent payés respectivement 56 et 70 florins.

Mais son œuvre principale, dont il existe encore une partie dans l'église de Noville-les-Bois, au nord de Namur, fut celle qu'il exécuta pour le chapitre de la collégiale Notre-Dame de cette ville.

Ce monument, l'un des plus intéressants, sinon le plus curieux du vieux Namur, a été détruit tout au début du XIXe siècle par ordre de l'administration préfectorale. Le mobilier en était très riche, et les stalles en formaient, entre autres objets, un des principaux ornements. Cet ameublement, qui fut fait en 1716 par souscription, coûta la somme de 1,528 fl. 14 s. 12 d. Il était composé de plusieurs panneaux en chêne, qui représentaient, en bas-relief, les principaux faits de l'histoire de la Vierge. Huit de ces tableaux sculptés ornent maintenant l'église de Noville-les-Bois.

Deux sculpteurs namurois, Charles-Philippe de Rose et Godefroid Simon, furent chargés d'exécuter une partie de ce beau travail « d'une composition « heureuse et d'un modèle élégant ». Les dessins et les moules de ces sculptures avaient été fournis par un artiste étranger à la ville, N. Goffinet. Tous les sujets sont traités en bas-reliefs de 2 à 3 centimètres; les figures des personnages, peu nombreux d'ailleurs, ainsi que les fonds qui représentent parfois des motifs d'architecture, sont exécutés avec beaucoup de souplesse et de fermeté.

Les dernières traces de l'activité de notre sculpteur datent de 1734 et de 1735. Le chapitre de Notre-Dame de Namur lui fit faire un tabernacle « en « argent mate et poli », et l'année suivante il était chargé par les chanoinesses d'Andenne de leur fournir pour leur église deux reliquaires argentés et dorés.

D.-D. Brouwers.

Archives des chapitres Notre-Dame, d'Andenne et de Moustier, de la ville de Namur. — *Annales de la Société archéologique de Namur*, t. XIII, p. 55 et suiv. — *Bulletin des Commissions royales d'art et d'archéologie*, t. XXXVIII, p. 101 et suiv. — Marchal, *La sculpture et les chefs-d'œuvre de l'orfèvrerie belges*.

ROSELT (*Jean-Baptiste*), médecin. Voir ROSSELT.

ROSEMONDT (*Godescalc*), théologien, professeur à l'université de Louvain, né vers 1483 (?) à Eindhoven, dans le Brabant septentrional, mort à Louvain, le 5 décembre 1526. Issu d'une bonne famille (*genere non ignobili natus*), il vint étudier à Louvain, où il fit son cours de philosophie au collège du Faucon, et remporta la troisième place à la promotion générale de la faculté des arts en 1502. De là il passa au Grand Collège, pour étudier la théologie sous la direction de Luc Walteri. Peu de temps après, il fut rappelé au Faucon pour y enseigner la philosophie, et, en 1509, il fut admis au conseil de l'université en qualité de régent de la faculté des arts. En 1515, Rosemondt succéda à son maître Luc Walteri, président du grand collège, dans la chaire extraordinaire de théologie, à laquelle étaient attachés les revenus d'une prébende du second rang dans la collégiale de Saint-Pierre. Il fut reçu docteur en 1516. Quatre ans plus tard, il remplaça Antoine Crabbe de Malines à la chaire ordinaire de théologie, en vertu de laquelle il devint chanoine de premier rang. La même année il fut élu recteur semestriel. Lors de la fondation du collège du Pape, en 1524, les exécuteurs testamentaires d'Adrien VI nommèrent Rosemondt président du nouveau collège; mais il n'occupa pas longtemps ce poste important; la mort vint le frapper le 5 décembre 1526 : *Meester Godtschalck Rosemondt ... is overleden anno* 1526, *op sinte Nicolaus avont, voor den noen, een weynich voor thien huren*, dit le registre de l'hôpital de Louvain, dont il avait été le directeur spirituel et où il fut enterré, avec l'épitaphe suivante gravée en bronze :

† SEPULTUS EST HOC LOCO INCOMPARABILIS VIR DOMINUS GODSCALCUS ROSEMONDUS, ENDOVIENSIS, GENERE NON IGNOBILI NATUS : S. THEOL. PROFESSOR, NON TITULO SOLUM, SED VITA, SED LINGUA, SED STILO : LOVANII AD DIVUM PETRUM CANONICUS, ATQUE HUJUS XENODOCHII VIRGINIBUS PRÆPOSITUS : ILLIBATUS OMNIS SANCTIMONIAE FLOS. MORTUUS EST ANNO DÑI MILLESIMO QUINGENTESIMO XXVJ. IX. DECEMBRIS.

Il y avait donc une faute dans cette épitaphe, qui a malheureusement disparu à présent, comme aussi l'inscription suivante qui se lisait sur la muraille à côté du tombeau :

Ne desit cujus virtutem imiteris, et acta,
Quis sit in hoc busto conditus, oro, legas.
Godscalco mihi nomen erat, cognomen habebam
A mundâ, cui par vita pudica, rosâ.
Doctor et Interpres divinae mentis habebar,
Respondique meo sedulus officio.
Non etenim tituli vixi contentus honore :
Sed Christi docui nocte dieque gregem.
Submovique lupos, et per deserta vagantes
Ad caulam duxi pastor amicus oves.
Quodque alios docui, semper prior ipse subivi ;
Virtutem exemplo sic didicere meo.
Sum largitus opes miseris, dum vita maneret,
Atque in eumdem usum cuncta relicta mihi ;
Quæ partim domus hæc, quæ continet ossa sepulcro,
Perpetua infirmæ pabula plebis habet.
Pro quibus officiis merces mihi digna relata est ;
Corpore nam posito spiritus astra tenet.

Il ressort de cet éloge que Rosemondt jouissait de son vivant d'une réputation enviable. Rien d'étonnant qu'Erasme, annonçant son décès à Jean de Lasco, l'appelle *vir melior quam pro vulgari sorte theologorum*. Les vers *submovi lupos*, etc., font sans doute allusion, en général, à ses efforts pour conserver et ramener à l'église les fidèles, mais particulièrement à ses fonctions d'inquisiteur. En 1525, notamment, il fit partie du tribunal, avec Ruard Tapper et Nicolas Coppijn de Montibus, qui fut envoyé à La Haye pour juger Jean Pistorius, le protomartyr de la réforme. Pendant les interrogatoires, Rosemondt traita l'accusé avec une certaine bonhomie, lui conseillant de vivre à son aise et de prendre les choses telles qu'elles sont : *Heer Jan weest wel te vreden, eet ende drinct wel, ende laet alle dinc goet zyn : wat leyt u hier aen, uselven in dit groote perikel te stellen?*

Il fit preuve d'un cœur charitable en faisant des fondations non seulement à l'hôpital qu'il avait dirigé, mais aussi au grand Collège et à celui du Pape.

D'après les vers cités plus haut, Rosemondt aurait joint à ses fonctions professorales le ministère de la chaire, mais rien de ce genre ne nous est parvenu. Ses ouvrages imprimés, dont les exemplaires sont fort rares, sont :

1. *a. Dit boecxken is wt gegheuen bi den eerwaerdigen heere den Commissarius meester Godtscalck Roesmondt. Licenciaet inder godheyt. Ende leert ons hoe dat wij ons vierichlijck sullen oefenen in die seuen bloetstortinghen ons heren ende in die seuen sonderlinghe droefheden van maria ende noch anders.* Anvers, Henri Eckert van Homberch, 1516, 30 juin; pet. in-8°, 20 ff. sign. a ij-c ij. — *b. Idem, le titre suivi d'une xylographie : une rose*, mondt *et un paraphe.* Anvers, Michiel van Hoochstraten, s. d.; pet. in-8°, 20 ff., sign. a ij-c i. — *c. Idem*, Anvers, Michiel van Hoochstraten, 1519; pet. in-8°, 20 ff., sign. A ij-C i. Edition augmentée du *Ghebet voer die arme... sielkens... int Vegeuier* (voir ci-dessous n° 5*b*).

Ce sont des réflexions et exercices pieux, accompagnés de gravures sur bois. Les deux premières éditions ont cinq grandes xylographies et deux plus petites; la troisième n'a que de petites.

La dernière seule est commune aux trois éditions, mais dans la troisième elle est plus fatiguée.

2. *a*. *Dit is een seer profitelic boexken vander Biechten ende van die seuen dootsonden. ghemaect van meester Godschalc Rosemondt van Eyndouen. Doctor inder godtheit. ende leert ons den rechten wech ende maniere wel te leven om salichlijc te sterven ende altijt een vuerich gerust hert te hebben*. Anvers, Henri Eckert van Homberch, 1517, 6 mars; pet. in-8°, 218 ff., sign. a ij-z iiij, aa i-cc v. — *b*. *Id*., *ibid*., 1517, 6 juin; pet. in-8°, 218 ff., sign. a ij-z iiij, aa i-cc v. — *c*. *Id*., *ibid*., 1517, 8 nov.; 218 ff., comme l'édition précédente. — *d*. *Id*., *ibid*., 1518, 18 mars; 218 ff., comme l'édition précédente.

L'ouvrage est divisé en sept « traités », en l'honneur des sept douleurs de la Vierge et des sept effusions de sang du Seigneur, dont Rosemondt se montra sa vie durant un fervent adorateur. La première partie traite de la responsabilité du pécheur (*tconsent*); à ce sujet Rosemondt déclare avoir consulté maître Adrien, évêque de Tortose (*ons eerwaerdighe Cancellier ende deken van Loven, meester Ariaen van Utrecht, biscop van Darthosa*). Le traité doit donc avoir été écrit entre 1515 lorsque maître Adrien devint évêque de Tortose, et le 1er juillet 1517, lorsqu'il fut revêtu de la pourpre cardinalice.

Le deuxième traité, le plus important, constitue la partie essentielle de l'ouvrage : il concerne spécialement la confession, et présente une série de formules innombrables pour pouvoir trouver et formuler toute espèce de péché. C'est précisément par là que l'ouvrage présente un grand intérêt pour la connaissance des mœurs de l'époque, que Rosemondt a excellemment observées, qu'il saisit sur le vif et qu'il décrit non sans une pointe d'humour. Outre maître Adrien, il cite comme autorités Gerson, S. Thomas d'Aquin et quelques autres théologiens du moyen âge, ainsi que l'*evangelie van het spinrocken*. C'est certainement l'ouvrage le plus important de Rosemondt. Riche en conseils pratiques, il est écrit d'un style familier, clair et vigoureux, avant tout à l'usage des laïcs et des clercs ne connaissant pas ou peu le latin : *dit boecxken ende dese maniere van biechten ende reyulen om wel te leven, om salichlijc te sterven, heb ic gheordineert principalick voer die waerlicke menschen, want die gheleerde hebben boeke ende scriften ghenoech, willen si studeren. Maer want men veel gheestelijke personen vint, mans ende vrouwen, inden cloosters ende daerbuten, die geen latijn en verstaen, ende oock god, betert! voer slechte onwetende priesters ende beneficianten, die beter Duits verstaen ende haers moeders tale dan latijn, daerom scrijf ic somwilen in dit boecxken oock van die geestelickheit ende vanden sonden, die onder geestelicke personen regneren ende van allen staet der menschen*. Aussi, n'y trouve-t-on pas les divisions et subdivisions habituelles des traités de ce genre. Rosemondt semble plutôt avoir connu et utilisé pour ce livre la traduction de la *Somme le Roy*, par Jan van Rode.

3. *a*. *Pater Noster*. *Een seer goede leeringhe vanden Pater noster een cort beduytsel ghemaect van meester Godschalc Rosemont van Eyndouen Doctoer inder Godheyt* (xylographie). Anvers, M. van Hoochstraten, s.d. (c. 1517); pet. in-8°, 24 ff., sign. b c. — *b*. *Idem*. Amsterdam, Doen Peterszoon, s. d. (ca. 1520); pet. in-8°, 20 ff. sign. (A 1-8), B-C (1-4). — *c*. *Een schoon leringe ende een goede beduydinge op den Pater noster. gemaect van meester Godscalc rosemondt. doctoer inder godheyt. Ende .xij. articulen des heiligen geloofs met een scoon dagelijcsce biechte* (xylographie et bordures). Anvers, W. Vorsterman, 1529; pet. in-8°, 20 ff. sign. (A 1-8) B-C (1-4). — *d*. *Idem*. Anvers, M. van Hoochstraten, s. d.; pet. in-8°, 20 ff. sign. (A 1-8) B-Ci (-4).

L'opuscule contient, outre l'explication de l'oraison dominicale, sept séries de prières pour se préserver contre les sept péchés capitaux et pour obtenir les sept vertus opposées. Comme les ouvrages précités, Rosemondt le destinait aux « simples », ainsi qu'il le déclare expressément dans son *Confessionale*, ch. XII où il dit, en parlant du pater : *de illa oratione deuota dominica et eius intellectu atque expositione succincta videre poteris in quodam libello, quem pro simplicibus collegi.* De plus, il considérait les trois ouvrages comme se complétant l'un l'autre, et il promet participation à ses prières, à ses messes et à toutes ses œuvres charitables à tous ceux qui les liraient avec dévotion : *Van dese voergenoemde doотlijcke sonden ende remedien dair tseghen ende die maniere om vuerichlijck ende profitelijck te bidden heb ic uwer broederliker liefden wat meer geruert int ander boeck van der biechten, ende in een boecxken van dye vij. bloetstortinghen cristi iesu Ontfanghet in dancke dese drie boecxkens dye ic ghemaect hebbe ter eeren der heyligher dryeuuldicheyt om sielen te winnen verdoelde schaepkens op den rechten wech te brenghen ende om de menschen gherust vuerich ende vrolijc van herten te maken om dat si in tijts wel moghen leren leuen om salichlijc te steruen den tijtlijcken doot ende ontgaen den ewijghen doot. Ende om die allendige bedructe gevanghen in den donckeren diepen kelre des vegeuiers liggende te vertroosten. Alle den genen die in enighe van dese iij. boecxkens lezen ende deuoci hebben verkyese ic voer mijn ghetrouwe broeders ende susters inder sielen broederscap ende in die broederscap van die .vij. bloetstortingen cristi iesu, ende in dye broederscap van die .x. duechden van maria ende maecse deelachtich van al mijn missen, sermonen, studeringe ende duechdelijke wercken die ic by die gracie gods ende doer dye cracht van dat heylighe preciose warm bloet cristi Jhesu (Daer allen mijn betrouwen in staet) mijn leuen lanc hope te doen.*

4. *a. Confessionale Godtscalci Rosemondi. Liber peroptimus. Clero et vulgo deserviens : Cuilibet confessori et recte confiteri volenti admodum utilis ac necessarius. Editus et studiossissime collectus per Godtscalcum Rosemondt de Eyndouia : Artium et sacre Theologie professorem : et verbi dei Concionatorem. De modo rite confitendi : recte viuendi et salubriter moriendi.* Anvers, Michel van Hoochstraten, 1518, 14 avril; pet. in-8o, 296 ff., sign. (A 1-8), Bi-Y, AA-OO et A. — *b. Confessionale siue Libellus modum Confitendi pulcherrime complectens. Necessarius atque utilis, et cuilibet recte confiteri volenti, et ipsis Sacerdotibus, qui aliorum confessiones audire habent. Editus a Celeberrimo academiae Louaniensis Artium et sacrae Theologiae professore, Diuinique verbi declamatore Facundissimo, Magistro Godscalco Rosemondo Endouiensi. Denuo ab eodem recognitus et Castigatus* (vignette sur bois: une rose, le mot *mondt* suivi d'un paraphe). Anvers, Michel Hillen van Hoochstraten, 1519, 1er mars; pet. in-8o, 288 ff., sign. (A 1-8), Bi-Yi et AAi-OOi. — *c. Id. Denuo ab eodem recognitus et castigatus Anno Mil. CCCCC. XIX. Men. Junij. Die. xxvij* (xylographie comme ci-dessus). Anvers, M. H. van Hoochstraten, 1519, 8 juillet; pet. in-8o, 256 ff., sign. (A 1-8), Bi-Yi et AAi-KKi. — *d. Id. Jam tertio ab eodem recognitus et castigatus* Anno M. D. XXV. Men. Feb. (xylographie comme ci-dessus). Anvers, M. H. van Hoochstraten, 1525, 11 mars; pet. in-8o, 288 ff., sign. A 2-Z 5 et Aa 1-Nn 5. — *e. Id. Jam postremo recognitus et castigatus.* Lovanii, Joannes de Winghe, 1554; in-12, 371 ff. (id. citée par Paquot).

Cet ouvrage est écrit d'un style très familier, comme le *Boecxken vander Biechten*, dont il est, en beaucoup d'endroits, la traduction littérale. Il en diffère en ce sens qu'en fait de catéchèse Rosemondt y traite seulement des péchés capitaux. C'est un des premiers ouvrages, sinon le premier, où il ait été fait usage de la *Somme* de Thomas d'Aquin pour résoudre les cas de conscience. Des considérations assez hardies sur les excommunications *latae sententiae* (chap. 20, § 9) attirèrent à l'auteur une réfutation du pape Benoît XIV.

5. *a. Dit boecxken is wt ghegeuen byden Eerweerdighen heere Meester Godscalc Roesmondt Doctoer inder Godheyt. Ende is seer profitelijken ghelesen voor die ellendighe arme gheuanghen sielkens dye hier onder ons ligghen verwachtende troost inden donckeren kercker des Vegheuiers* (xylographie : une rose, le mot *mondt* et un paraphe). Anvers, M. van Hoochstraten, s. d. (ca. 1517); pet. in-8o,

4 ff. sans sign. — *b. Idem*, ajouté à la 3ᵉ édition des *Seven Bloetstortinghen*, Anvers, M. v. Hoochstraten, 1519.

6. *a. Hier na volcht een deuote oeffeninghe ende manyere om te vercrijgen warachtich berou ende om al des viants becoringhe te wederstaen in dye ure des doots Gheordineert by Meester Godtscalck Rosemont Doctoor in der Godheyt.* A la suite de la 1ʳᵉ édition de la *goede leeringhe van den Pater noster.* — *b. Dit is een deuote oeffeninghe en maniere om te vercrigen warachtich berouwe ende om alle des vyants becoringhe te wederstaen in die vre des doots Gheordineert Bij Meester Godtscalck Rosemondt Doctoor inder Godheyt.* Amsterdam, Doen Pictersoon, s. d. (c. 1520); pet. in-8°, 4 ff.

Entre ces deux éditions, il y en a eu probablement d'autres; dans la dernière, on lit ce passage, qui ne se trouve pas dans la première : *Dit zijn... leringhen... om die menschen te verwecken totter liefden goods ende om te hebben warachtich berouwe Daer ic meer aff gheruert hebbe in een ander boec vander biechten int vierde tractaet int tweeste capittel.*

7. *a. Een gheestelijc Auontmael. Hoe alle deuote herten (om deuocie gherusticheit ende vrolicheyt ter herten te crighen)* (xylographie) *Een vrolycke kermisse ende een bly geestelic auontmael bereiden ende houden sullen met cristo Jesu dye weerdt ende huysheere van thuys onser herten. van welc Auontmael ghescreuen staet Apocal'. iij. et Iohannis. xij* (xylographie : rose, le mot *mondt* et un paraphe). Anvers, M. van Hoochstraten, s. d.; pet. in-8°, 20 ff., sign. (A 1-8), Bi-Ci. — *b. Idem, ibidem.*

8. *Een deuoet ghebet voor alle menschen besonder in tijden van druck ende lijden bescreuen meesten deel van sinte pauwels Ad ephesios tercio ende in sommighe ander scrifturen* (xylographie : une rose, le mot *mondt* et un paraphe). Anvers, M. van Hoochstraten, s. d.; pet. in-8°, 8 ff., sans sign.

Willem de Vreese.

[Gnapheus], *Een suuerlicke ende seer schoone disputacie. Welcke gheschiet is in den Haghe in Hollant, tusschen die Kettermeesters ende eenen Christelijcken Priester ghenaemt Jan van Woorden, aldaer ghevanghen ende oock verbrant ...*, s. l. n. d. (ca. 1525). — *Epistolarum* D. Erasmi Roterodami *Lib. XIX, Epist.* 13. « Datum Basileæ XVI. Calend. Junias, anno M.D.XXVII. » — A. Miræi *Elogia illustrium Belgii scriptorum* (Anvers, 1602), p. 57. — Val. André, *Fasti academici studii generalis Lovaniensis* (Louvain, 1650), p. 41, 78, 79, 103, 290, 305, 306. — Le même, *Bibliotheca belgica* (Bruxelles, 1643), p. 295-296. — Is. Le Long, *Historische beschryvinge van de Reformatie der stadt Amsterdam* (Amsterdam, 1729), p. 450. — Le même, *Boekzaal der Nederduytsche Bybels* (Amsterdam, 1732), p. 523. — Paquot, *Mémoires*, t. V, p. 58-62. — J.-G. de Hoop Scheffer, *Geschiedenis der Kerkhervorming in Nederland*, t. I, p. 381. — D.-C. Tinbergen, *Des coninx Summe, inleiding* (Groningen, 1900), p. 156-160, 181 — A. Troelstra, *De toestand der Catechese in Nederland gedurende de vóór-reformatorische eeuw* (Groningen, 1901), p. 14, 82, 83, 97, 101, 102, 213, 214, 217. — E.-W. Moes, *De Amsterdamsche boekdrukkers en uitgevers in de zestiende eeuw*, t. I (Amsterdam, 1900), p. 83-84. — W. Nijhoff, *Bibliographie de la typographie néerlandaise des années* 1500 *à* 1540, feuilles provisoires (La Haye, 1901-1906), nᵒˢ 75, 142*, 405, 464, 543, 559, 560, 573, 929, 946, 952, 979, 1040, 1041, 1042, 1089, 1122, 1202, 1431, 1432.

ROSEN (*Jean* **VANDER**), orfèvre et graveur de sceaux, probablement né à Bruxelles, au commencement du XIVᵉ siècle, ou tout au moins originaire de cette ville. On possède peu de renseignements sur son compte. On sait, toutefois, par des documents de l'époque, qu'il était établi à Paris, dont il se disait bourgeois, sous le règne de Charles V, roi de France (1364-1380). Il devait s'être acquis une brillante réputation, comme orfèvre, et posséder une assez grande fortune, si l'on en juge d'après les mentions que l'on rencontre des nombreuses pièces d'orfèvrerie qu'il livra et des prêts d'argent qu'il fit aux ducs de Brabant, Jeanne et Wenceslas. Son sceau, très probablement gravé par lui-même et reproduit dans le *Messager des sciences historiques* de 1855 (p. 109), atteste son habileté, en tant que graveur sigillaire.

Fréd. Alvin.

Pinchart, *Archives des arts, sciences et lettres*, t. I, p. 154. — *Messager des sciences historiques*, 1855, p. 109 et 170.

ROSENTHAL (*Jean*), écrivain ecclésiastique, né à Herzogenrath (ancien duché de Juliers) en 1612, mort à Rome, le 15 octobre 1655. Il entra dans la Compagnie de Jésus en 1630, et enseigna le latin, le grec, les mathématiques et la philosophie au collège des Trois-Couronnés à Cologne. Il consacra les dernières années de sa vie à l'apostolat et remplit les fonctions de missionnaire dans le diocèse de Trèves. Ernest, landgrave de Hesse-Cassel, qui, en 1632, embrassa la religion catholique, le choisit comme confesseur. En présence de ce prince, le P. Rosenthal soutint, le 7 février 1653, une dispute publique avec le réformé Pierre Haberkorn. Le 1er novembre de la même année il prêcha à Dusseldorf, dans l'église Saint-André, lors de l'abjuration d'Elisabeth-Amélie, fille de George II, landgrave de Hesse-Darmstadt, et femme du comte palatin Frédéric-Guillaume. Ce fut aussi à la demande du landgrave Ernest qu'il écrivit une *Epistola irenica ad studiosam juventutem utriusque Hassiæ de dissensionibus doctorum quos audiunt Marpurgi et Gissæ*. Cologne, Krafft, 1655 ; in-4°.

A propos de certaines discussions théologiques concernant le pouvoir du pape, il eut une polémique avec le capucin Valérien Magni, qui lui adressa quelques satires; mais le père jésuite trouva un défenseur dans la personne du landgrave lui-même, qui, par une lettre en allemand et en latin, vengea la réputation de son confesseur. En 1655, le P. Rosenthal fit avec le landgrave Ernest un voyage à Rome; à peine arrivé dans la ville éternelle, il fut enlevé par la fièvre le 15 octobre.

Outre les ouvrages de polémique indiqués ci-dessus, nous avons de lui : 1. *Gute Zeite in zubringen der Andacht durch Gebett und Gespräch mit Gott*. Cologne, Mylius, 1651 ; in-12° de 592 p. — 2. *Weiden des guten Hirtens Jesu-Christi, das ist, Predigen an den Sonn-und Feyrtägen des Christlichen Jahrs, aus den Sprüchen und Schrifften Gottes und Seiner Heiligen kurtzlich zusammen gefugt*. Cologne, Mylius, 1653-1654 ; in-4°, 2 vol. de 651 et 658 p.

Guillaume Simenon.

C. Sommervogel, *Bibliothèque de la Compagnie de Jésus*, t. VII, p. 139. — Piron, *Levensbeschryving*, p. 332. — Becdelièvre, *Biogr. liégeoise*, t. II, p. 127. — Paquot, *Mémoires*, t. I, p. 266. — Moreri, *Dictionnaire historique*, article *Magni*.

ROSIER (*Jean*), poète, né à Orchies, en 1565, de Michel et d'Anne Bourlet, mort après 1616. Il fit ses premières études dans son lieu natal et eut pour maître Robert Billouet, qui avait étudié à Louvain, et qui mourut en 1581. L'école d'Orchies fut ensuite dirigée par Jean de Renaucourt. En 1583, Rosier partit pour Douai et y poursuivit ses études sous la direction des Jésuites. Quelques années plus tard, il alla enseigner les langues anciennes à Hesdin et obtint un canonicat en cette ville. Il quitta celle-ci, en 1589, et voyagea quelque temps pour étudier l'Ecriture sainte et compléter son instruction. Le 18 octobre 1591, il fut nommé curé de Baisieux, et transféré, le 13 avril 1598, à la cure d'Esplechin, près de Tournai. C'est en cette paroisse que, le 26 juin 1613, il perdit sa mère, âgée de 88 ans. Il était encore curé d'Esplechin en 1616, mais on n'a aucune notion sur la fin de sa carrière.

Rosier a laissé les ouvrages dont voici les titres : 1. *Pia poemata Ioannis Roserii Orchiaceni, parochi Esplechinensis iuxta Tornacum* Tournai, impr. Charles Martin, 1611 ; petit in-8°, VIII-177 p. Ce recueil est dédié à Jean Desrumeaux, abbé de Cisoing. On y trouve les vies de saint Calixte, patron du monastère de Cisoing, de saint Gilles et de saint Hilarion. — 2. *Miscellanea Poematum Ioannis Roserii Orchiaceni, libros sex complectentia*. Tournai , Charles Martin, 1612 ; petit in-8°, titre et prél. 16 p. non cotées et 169 p. de texte. L'ouvrage est dédié à André de Lannoy, seigneur d'Esplechin, Lesdain, etc. A la page 96, on trouve une pièce de douze vers adressée à Pierre Procureur, d'Ath, qui fut recteur du collège de Houdain, à Mons. — 3. *Bouquet spirituel et poétique. Composé de diverses roses et fleurs odoriférantes, cœuillées au beau Iardin des Escritures sainctes et des Histoires sacrées*. Douai, Pierre Avroy, 1613 ; in-8°, 92 p. Ce volume est dédié à Jeanne de la Hovarderie et à Marie, sa sœur, filles d'Antoine du Chastel. — 4. *Poëmes françois contenant plusieurs épithalames, épigrammes, épitaphes, élégies, comédies et autres discours, pleins de Moralité et Piété*. Douai, Pierre

Avroy, 1616; in-8°, 8 feuillets limin. non chiffrés et 327 p. La dédicace à Adrien de Bacquehem, écuyer, est datée d'Esplechin le 6 juin 1616. — 5. *Ioannis Roserii Orchiaceni, Rosetum poeticum*. Douai, 1616; in-8°. Cet ouvrage est mentionné par l'auteur de la *Bibliographie douaisienne*. Un exemplaire en a été vendu à Gand, à la vente du libraire Gilliet, en 1849, n° 1426 du catalogue. — 6. *Abrégé de la vie de quelques saints*. Tournai, Ch. Martin, 1617; in-8°. On trouve la mention de ce volume dans le catalogue de P. Wouters, n° 3990, qui a été publié à Bruxelles en 1794.

Rosier avait pour devise : *Non sans espines Rosier*. C'était un poète fort médiocre. Il est cependant à remarquer que ses poésies latines valent généralement mieux que ses poésies françaises, et que la modestie de l'auteur ne permet guère de se montrer sévère à son égard. Lui-même ne s'exagérait pas son mérite poétique. Cependant il ne manquait ni d'imagination, ni d'une certaine facilité à écrire en vers, et l'on rencontre dans ses œuvres des passages empreints d'une véritable éloquence. Du reste, son unique ambition était de faire aimer la vertu, et il a le mérite d'avoir conservé une foule de particularités historiques.

Léopold Devillers

F.-F.-J. Lecouvet, *Tournay littéraire*, 1re partie, p. 76-90. — *Messager des sciences historiques*, 1859, p. 51; 1861, p. 255. — Brunet, *Manuel du libraire*. — Duthillœul, *Bibliographie douaisienne*. — Desmazières, *Bibliographie tournaisienne*.

ROSIER (*Jean-Baptiste-Hippolyte*), homme politique et magistrat, né à Louvain, en 1762, mort à Mons, le 8 octobre 1824. Son mariage avec Antoinette Caufrier l'amena, après avoir obtenu à l'université de Louvain son diplôme de licencié en droit, à se fixer à Mons, où il fut admis à exercer comme avocat par le conseil souverain de Hainaut, le 27 mars 1787. Nommé, après la conquête des provinces belges par les armées françaises, procureur de la nation près du tribunal supérieur établi à Mons, Rosier avait cherché à se soustraire à cette charge, mais un décret de l'assemblée des représentants du peuple, du 10 janvier 1793, le requit de la remplir. La cause républicaine trouva en lui un partisan ardent; il afficha publiquement ses sentiments au club des amis de la liberté et de l'égalité. Les fonctions d'agent national près de la municipalité de Mons qui lui furent conférées, le 2 juillet 1794, et surtout celles de commissaire du Directoire exécutif près de l'administration municipale de la même ville auxquelles il fut appelé le 21 décembre 1795, lui permirent d'exercer une action énergique près de ce corps, comme en témoigne sa correspondance. On conserve, notamment, un rapport de lui, daté du 24 pluviôse an IV (13 février 1796), adressé au ministre de la police, qui témoigne de son zèle à faire prévaloir les principes révolutionnaires, réclamant la suppression des maisons religieuses et déplorant la circulation, sous le manteau, de journaux antipatriotiques. Il y constate que « le belge, « amant jaloux de la liberté », reste hostile aux mesures rigoureuses. Le 10 germinal (30 mars) suivant, il prononçait à la fête de la jeunesse un discours qui fut imprimé (Mons, A.-J. Lelong, in-8° de 8 p.), qu'il adressait quatre jours après à Bouteville, avec ces mots : « il est simple, j'ai tâché d'y « indiquer les vertus qui forment le « citoyen ... Agréez les élans d'un pa- « triote vrai, enthousiasmé des maximes « sublimes qui ont fondé la Répu- « blique ». Remplacé comme commissaire du Directoire, le 28 octobre 1796, Rosier devint accusateur public près le tribunal criminel du département de Jemappes; à ce titre, il prononça, le 10 messidor an VII, au temple décadaire de la commune de Mons, un discours (imprimé chez A.-J. Lelong; in-8° de 10 p.). Il conserva ses fonctions sous les titres de commissaire accusateur; puis, sous Napoléon Ier, de procureur impérial criminel du département; enfin sous Guillaume, de procureur criminel de la province de Hainaut. Les Etats provinciaux du Hainaut l'élurent, en 1817, membre de la seconde chambre des Etats généraux du royaume des Pays-Bas.

Rosier était revenu, sous l'influence des circonstances, à des sentiments de modération qui le posèrent ensuite, dans la capitale du Hainaut, en magistrat probe et respecté; aussi fut-il honoré de la confiance des gouvernements impérial et hollandais qui lui avaient octroyé la décoration de la Légion d'honneur et de l'Ordre royal du Lion Belgique, et mérita-t-il, au moment où une apoplexie l'enleva, les éloges du *Journal de la province*, attestant qu'il jouissait de la reconnaissance et des suffrages de ses concitoyens.

Ernest Matthieu.

Journal de la province de Hainaut, 12 octobre 1824. — H. Rousselle, *Bibliographie montoise*, n° 1071. — Ch. Rousselle, *Biographie montoise du XIXe siècle*, p. 207. — Archives communales de Mons, reg. n° 1942 de l'Inventaire.

***ROSIÈRES** (*Charles-Joseph* DE NOZIÈRES D'ENVEZIN, comte de), commandant d'armée, né à Nancy (paroisse Saint-Ept), en Lorraine, le 11 juillet 1739, de Joseph-Jean-François-Alexandre et d'Anne-Marguerite du Cordon de Vuidampierre, décédé à Paris, le 8 juin 1808. Il débuta au service dans la compagnie des chevau-légers de la garde ordinaire du roi, dans laquelle il entra en qualité de surnuméraire le 12 avril 1755; puis il passa comme lieutenant réformé à la suite du régiment de Fumel-cavalerie (20e régiment en 1792) le 22 juillet 1758, y fut promu capitaine le 12 juillet 1760 et fit avec ce corps les campagnes de la guerre de Sept-Ans en Allemagne. Réformé le 11 avril 1763, il fut replacé à la tête d'une compagnie le 18 juin 1768, devint capitaine-commandant à la formation du 16 juin 1776, passa en son grade au 4e régiment de chevau-légers le 29 janvier 1779, obtint rang de lieutenant-colonel le 24 juin 1780 et fut remplacé dans le corps le 9 août 1782, étant absent sans congé depuis 1780. Il semblait qu'il dût achever dans l'obscurité une carrière parcourue sans éclat, quand le hasard des événements vint en 1785 orienter sa vie vers des destinées imprévues.

Depuis 1782, les relations qu'entretenaient Joseph II et les Provinces-Unies n'avaient cessé de se tendre pour aboutir à leur rupture au mois de novembre 1784 et les Etats généraux, surpris par l'événement, se trouvèrent n'avoir à opposer éventuellement aux troupes impériales qu'une armée d'effectif exagérément réduit, aux cadres presque vides de soldats et formés en partie d'officiers usés, conservés par économie.

Dans ces conjonctures critiques, la République se tourna vers la France, son alliée depuis la veille, pour obtenir d'elle son appui moral et aussi son appui matériel. Elle n'obtint pleinement que le premier. Cependant le cabinet de Versailles, sollicité de lui donner un officier général d'expérience, qui pût être le conseiller militaire de Guillaume V et en imposer par sa réputation à l'entourage de ce dernier, accorda l'autorisation de passer au service des Provinces-Unies au lieutenant général comte de Maillebois. Rosières était uni à celui-ci par les liens d'une ancienne amitié et il résolut d'aller chercher fortune à ses côtés. Mais il ne le put rejoindre que tardivement et dut se résigner à accepter un emploi de capitaine-commandant aux chasseurs à cheval de la légion qu'organisait Maillebois (rang du 13 décembre 1785). Celle-ci fut licenciée avant même que d'avoir été complétée (15 avril 1786) et Rosières, réduit à la pension de réforme, dut, pour en jouir, fixer sa résidence dans la République. Il demeura donc établi dans sa garnison de Bois-le-Duc et il y vivait tranquillement, quand éclatèrent dans les Pays-Bas septentrionaux les troubles qui amenèrent en 1787 une véritable sécession et un conflit armé entre les provinces de la République, dont les unes avaient pris parti pour le Stathouder et les autres contre lui.

La France jouait un rôle actif dans ces événements, encourageant le parti antistathoudérien de son appui discret et de ses promesses, usant de la plupart des anciens officiers de la légion de Maillebois comme d'autant d'agents de sa politique, en les utilisant sur place pour fournir aux nouvelles levées des provinces sécessionnistes des cadres possédant l'expérience professionnelle, en même temps que la connaissance du pays. Rosières fut du nombre de ceux-là. Le 6 juillet 1787, la province d'Utrecht avait traité avec le Rhingrave de Salm pour la levée et la prise à sa solde d'un corps de uhlans (dits d'Utrecht ou de Salm) formé de trois compagnies et d'un état-major : Rosières y entra aussitôt, avec d'autres officiers de la cavalerie de la légion de Maillebois, acceptant d'y servir, sans traitement, en qualité de lieutenant colonel (ancienneté du 6 juillet 1787), fit dans ses rangs la campagne de septembre 1787 contre l'armée prussienne, passa, avec le corps, à la solde d'Amsterdam (le 20 septembre), participa avec distinction à la défense de cette ville, fut grièvement blessé au cours des opérations, puis, après la capitulation de la place et le désarmement par les Prussiens des troupes de la faction dite patriotique, s'en fut à Hasselt (pays de Liége) s'y mettre à l'abri des représailles immédiates du parti vainqueur et s'y guérir de sa blessure. Bientôt il fut informé qu'il était cassé de son grade au service de la République et destitué du bénéfice de la pension dont il jouissait à sa charge, à raison de la violation de son serment d'obéissance au capitaine-général, contre lequel il avait porté les armes. Il se roidit d'abord contre son malheur, puis il essaya d'en appeler à la générosité du prince d'Orange, en une supplique aussi inexacte dans le fond que dénuée de dignité dans la forme, et qui n'eut d'ailleurs aucun succès. Il continua de vivre à Hasselt, où le retenaient la présence de quelques-uns des officiers français, dont le rôle avait été le plus apparent dans les événements de 1787, la facilité des relations avec leurs amis politiques de Hollande ainsi que la proximité de la place de Maestricht, dans laquelle nombre des officiers pensionnés ensuite du licenciement de 1786 et demeurés en jouissance de leurs traitements avaient fixé leur résidence et où ils constituaient un petit noyau en communauté d'aspirations avec lui et les autres vaincus. Il y demeura inoccupé et se leurrant de l'espoir d'une réaction antistathoudérienne, toujours prophétisée, mais jamais apparue, qui lui rouvrît l'accès à de nouveaux emplois, jusqu'à ce que les troubles des Pays-Bas autrichiens vinssent en 1789 fournir une nouvelle carrière à son besoin d'action et à son activité.

Quelques-uns des mécontents brabançons les plus notoires s'étaient réunis dans la petite cité liégeoise et y avaient organisé le Comité dit de Hasselt. Rosières entra tout naturellement en relations avec eux, puis, sous les auspices et sur la recommandation de Vonck, il fut nommé colonel, — pour commander les troupes brabançonnes en sous-ordre du général Vander Mersch, — par le Comité de Bréda, aux mains duquel il prêta serment le jour même de sa nomination, le 12 novembre 1789.

Le lendemain il était envoyé par Vander Mersch prendre le commandement du corps dirigé sur Gand à travers le pays de Waes; ce corps avait été mis sous les ordres de Philippe Devaux, — alors major dans les troupes insurrectionnelles, — dont Vander Mersch se défiait, et du jeune prince de Ligne (Louis-Eugène-Lamoral), major en second dans Orléans-cavalerie française. Rosières rejoignit sa troupe dans Gand même, où elle avait pénétré le 13, et s'en fit remettre le commandement par le capitaine Davaine. Celui-ci l'exerçait depuis que Devaux et le prince de Ligne avaient abandonné le corps après l'échec de la première attaque sur la ville, — attaque qu'ils avaient engagée imprudemment et sans préparation préalable. Puis après l'évacuation du château par les Autrichiens (nuit du 16 au 17 novembre), Rosières se dirigea avec 300 hommes sur Ostende dans l'espoir d'en enlever la garnison. Mais il ne lui fut pas donné d'accomplir son projet : un exprès envoyé par le Comité-général de Gand le rappelait sur le bruit, controuvé, d'un retour offensif des troupes autrichiennes stationnées dans Alost, et il rentrait le même jour, 18, à 10 heures du soir, dans la ville, dont il était sorti à 2 heures de l'après-midi. Nommé commandant de la place par le Comité général, avec droit de séance dans le sous-comité de guerre constitué au sein de celui-ci, il borna alors l'exercice de son activité au maintien de l'ordre dans la ville et ses environs ainsi qu'à la surveillance de l'organisation de la troupe qu'y levait le Comité.

Le 5 décembre, les Etats de Flandre plaçaient sous ses ordres, — par confirmation, — les troupes improvisées par la province dans la ville de Gand. Le 12, Rosières la quittait avec une colonne d'environ 2,000 hommes et 8 pièces de canon. Il ne la commandait qu'en second, ayant eu la déconvenue de voir le baron de Kleinenberg, précédemment lieutenant-colonel dans la légion de Maillebois, puis colonel des uhlans d'Utrecht, être nommé d'emblée général-major par les Etats de Flandre, auxquels il était venu offrir ses services; la demande de ce grade en faveur de Rosières, adressée aux Etats de Brabant par le Comité-uni de Gand, demeura sans suite. Cette colonne, formée des compagnies brabançonnes, organisées à Bréda, qui avaient pris Gand, et de celles recrutées en cette ville depuis l'expulsion des Autrichiens, devait se porter sur Bruxelles pour y seconder les habitants et les aider à se débarrasser des troupes impériales. Car on ignorait encore, et nécessairement, à Gand, le 12 novembre, la nouvelle de l'évacuation de la capitale du Brabant, abandonnée dans la journée par les soldats de Joseph II; la colonne, mise en marche le 12, à 10 heures du soir, ne fut informée de l'événement qu'à son arrivée à Alost, le 13, à 7 heures du matin. Elle poursuivit néanmoins sa route après un repos de trois heures; entrée dans Bruxelles le même jour, elle y séjournait le 14, en sortait le 15 à midi pour se joindre, par Genappe, à Vander Mersch, qui se dirigeait de Louvain sur Namur à la poursuite des Autrichiens; le 17 elle opérait sa jonction avec les troupes brabançonnes devant cette ville. « Nonobstant tous les rapports avérés « que les troupes impériales se trouvoient encore à Namur le 17 au « nombre de 4,000 hommes, écrivait « Vander Mersch, de Namur, aux Etats « de Brabant le 18, j'ai ordonné au « général de Kleinenberg de marcher « avec sa petite colonne et l'artillerie « vers Namur, tandis que je marchois « d'Incourt avec une partie de mon « corps d'armée également vers Namur. « La marche fut très hardie, mais con« noissant (*sic*) l'importance de la ville « qui, comme la clef du pays, doit nous « rassurer nos quartiers d'hiver. Enfin « l'ennemi a eu la complaisance de se « retirer avec précipitation et une con« fusion la plus complète, vers les dix « heures du matin, en nous abandon« nant trois pièces de canon, quantité « de fusils et une quantité de munitions « de guerre, ainsi qu'une quantité des « provisions de toute espèce... J'ai « donné le commandement de la ville « pendant mon absence à Mr le comte « de Rosières... Je pars ce matin... ».

Rosières conserva à titre définitif ces fonctions, que la situation de la place rendait extrêmement importantes, et continua de les exercer après qu'il eût été promu général-major par le Congrès (4 février 1790), promotion qu'il dut en partie aux actives et pressantes recommandations du secrétaire de Vander Mersch, le chanoine de Brou.

Il joua, nécessairement et par le fait même de son emploi, un rôle prépondérant dans l'insurrection militaire dont Namur fut le théâtre, quand Vander Mersch se fut engagé dans la voie de l'opposition politique, puis de la résistance armée aux ordres du Congrès. Il fut l'un des propagandistes les plus actifs de la célèbre Adresse : « Un seul « vœu nous anime... » (due à la plume d'un autre aventurier français, Brancas, l'un des fils nés de la liaison de Sophie Arnould avec le duc de Brancas-Lauraguais, qui servait alors en qualité de capitaine d'artillerie dans les rangs des troupes belges), adresse dont le texte fut adopté en une assemblée des officiers de la garnison de Namur, tenue dans la soirée du 30 mars. Cette assemblée avait été convoquée et fut présidée par le colonel baron de Haack (c'était un autre Français, sorti du régiment d'infanterie du comte de La Marck, où il était lieutenant-colonel, pour entrer en qualité de colonel inspecteur-général d'infanterie au service des Etats Belgiques, auxquels il avait été en quelque sorte imposé par le duc d'Ursel, alors président du département général de la guerre, et qui remplit en fait, à l'armée et près de Vander Mersch, un rôle d'agent politique). Mais, plus que tout autre et que Haack lui-même, Rosières assuma la responsabilité de la démarche séditieuse des officiers de la garnison de Namur et des événements qui s'ensuivirent, car cette assemblée, — tout comme les conciliabules ultérieurs, — se tenant dans la place dont il avait le commandement et dont par conséquent il exerçait la police, ne put se réunir que de son gré, eût-il même été étranger à sa convocation.

Mr Visbecque, l'un des députés-plénipotentiaires du Congrès envoyés près l'armée, et par décret du 16 mars, pour y prendre sur place toutes les mesures nécessaires à faire cesser les plaintes de Vander Mersch au sujet de l'administration des troupes, fut arrêté, par la garde de la porte de Bruxelles, dans la soirée du 30 mars, au moment où il quittait Namur pour se rendre au Congrès, et il fut dépouillé de ses dépêches par cette garde. Ce fut Rosières, assisté de trois officiers, qui se rendit le lendemain auprès des collègues de Mr Visbecque pour exiger d'eux au nom de la garnison de la place, l'engagement d'honneur de ne point chercher à sortir de la ville ou à se mettre en rapport avec le Congrès, de n'écrire à personne et de ne donner connaissance à qui que ce fût des décisions prises la veille par les officiers, non plus que de celles qu'ils pourraient encore prendre. Ce fut lui qui revint ensuite exiger d'eux qu'ils constatassent par écrit cet engagement, qu'ils avaient dû se résigner à consentir. Ce fut encore lui qui se saisit en fait de leurs personnes, en faisant placer aux issues de l'hôtel de Hollande, où ils étaient descendus, des factionnaires, qui avaient reçu ordre de n'en laisser sortir personne et qui pendant trente-six heures en isolèrent tous les habitants, aussi bien que les députés, de tout contact avec l'extérieur. Ce fut lui de nouveau qui, le 3 avril, essaya d'obtenir d'eux qu'ils parassent au vide de la caisse militaire, — celui-ci faisait redouter à Vander Mersch et à son entourage une débandade de l'armée, — et qu'ils écrivissent à cet effet au Congrès. Ce fut enfin lui qui vint leur notifier qu'ils étaient dégagés de leur serment et rendus à la liberté, quand il eut apparu que ses sollicitations aussi bien que celles essayées à ce sujet par le duc d'Ursel et le comte de La Mark, demeureraient vaines, en présence de l'inébranlable refus d'agir qu'y opposaient les députés, se retranchant, pour le légitimer, derrière l'engagement qu'il avait, lui-même et de force, arraché d'eux. Mais ce ne fut pas seulement au siège de son commandement qu'il se constitua le principal agent du mouvement militaire en préparation : il s'était avisé d'expédier dans plusieurs villes de garnison, — et d'accord avec Vander Mersch à ce qu'il parut, — des émissaires qui devaient y tâter l'opinion et vraisemblablement la préparer au coup d'Etat en gestation. Le 28 mars, le comte Charles Vilain XIIII, qui remplissait près de Rosières les fonctions d'adjudant, sans cependant être revêtu d'un grade dans l'armée ou pourvu d'une commission régulière d'emploi, se faisait arrêter à Anvers, où il se dissimulait sous le nom d'emprunt de Willebeke. Son arrestation était aussitôt portée, par le Comité militaire d'Anvers, à la connaissance du Congrès, qui, par dépêche du 30, priait ses députés près l'armée à inviter immédiatement Rosières à fournir des explications sur l'envoi de Mr Vilain XIIII à Anvers et sur le mystère dont la mission de ce dernier avait été entourée.

Aussi, lorsque le 6 avril Vander Mersch eut déclaré vouloir se soumettre aux ordres du Congrès, après avoir manifesté d'abord la volonté de leur résister à main armée et après avoir mis ses troupes en bataille en face de celles qu'amenaient sous Namur Schoenfeld et la nouvelle députation près l'armée nommée par le Congrès dans sa séance du 4, Rosières fut-il aussitôt relevé de son commandement, mis aux arrêts et détenu par mesure de sûreté d'abord à Namur, puis à Bruxelles, où il avait été mandé par le Congrès (décret du 4 avril) pour expliquer sa conduite et la justifier. Alors, se défendant d'avoir eu des préoccupations politiques quelconques, il prétendit n'avoir été qu'un soldat et l'instrument docile de son supérieur hiérarchique. Et il persista, dans les suppliques qu'il adressa au Congrès, et au département général de la guerre (notamment dans celle du 6 mai à ce département), à se représenter comme une victime d'une compréhension, peut-être trop rigoureuse, des règles de la subordination et du devoir militaires.

La restauration du Gouvernement général aux Pays-Bas vint le rendre à la liberté, car l'instruction ouverte contre Vander Mersch et ses affiliés s'était prolongée et n'était pas encore close quand la République des Etats-Unis Belgiques cessa d'exister (2 décembre 1790).

Rosières repassa aussitôt au pays de Liége, puis en France (novembre 1791), où il gravita dans l'orbe du petit noyau vonckiste qui, depuis l'échec du second complot malheureux du parti, en fin mai 1790, s'était rassemblé à Lille et qui avait eu d'abord son centre près de cette ville, au château de Hem, que Walckiers était allé habiter. Lorsque la création d'armées aux frontières de France, en décembre 1791, eut rendu la guerre moralement certaine et que les individualités les plus notoires du parti démocratique belge, à l'initiative de Walckiers encore, se furent rassemblées à Paris le 17 janvier 1792 à l'effet de concerter avec les Liégeois, — ceux-ci dès le 18 décembre précédent étaient allés offrir leurs services à l'Assemblée nationale, — les bases et les moyens d'exécution d'une action révolutionnaire commune, à exercer aux Pays-Bas et dans la principauté de Liége, à l'effet encore de se constituer ultérieurement en Comité-général-révolutionnaire belge et liégeois, Rosières, demeuré à Lille, se tint en active correspondance avec certaines d'entre elles. Aussi quand la déclaration de guerre entre l'Autriche et la France (20 avril 1792) vint permettre au Comité belge la préparation ouverte d'une action militaire et l'organisation par lui d'une troupe armée, Rosières se trouva-t-il tout naturellement désigné à son choix pour prendre, en attendant la décision de Vander Mersch, la direction et le commandement de cette levée. En fonctions depuis les derniers jours d'avril, il ne vit cependant sa situation devenir définitive qu'après la convention conclue entre le Comité-général et le gouvernement français (24-28 mai 1792) et en suite du refus de Vander Mersch d'accepter les fonctions qu'il exerçait provisoirement : une résolution de la fraction belge, séant à Lille, du Comité le nommait, le 1er juin, général-major commandant en chef de ses troupes, en déterminant ses appointements et émoluments. En même temps le Comité lui donnait pour adjoint à Lille, avec le grade de lieutenant-colonel, l'ancien adjudant de Vander Mersch, Jean-Jacques Leunckens, quoiqu'il n'eût d'autre titre à cet emploi que son court passage aux côtés du vainqueur de Turnhout, n'ayant point de services militaires antérieurs dont il pût se réclamer. Tout le poids de l'organisation de sa troupe retombait donc sur Rosières : cette organisation se fit lentement, entravée qu'elle était par le manque de ressources du Comité.

Néanmoins, quand Lückner, commandant en chef de l'armée du Nord, cédant aux injonctions du ministère qu'illusionnaient l'imagination de Dumouriez et les affirmations du Comité belge-liégeois, exécuta sa marche vers Gand et l'Escaut, marche qui devait être le signal d'une insurrection générale en Flandre, à en croire les assurances du Comité, et qui s'arrêta à Courtrai, faute d'avoir vu réaliser ces promesses, Rosières et la fraction mobilisable, deux cents hommes environ, de la force recrutée par ses soins, furent appelés à former la tête de l'avant-garde de l'armée française. « Le 16 juin, à 2 heures de l'après-dîner, » dit-il lui-même dans son rapport au Comité, « le général de Rosières, commandant les troupes du Comité - général - révolutionnaire belge et liégeois unis, est parti suivant les ordres du maréchal Lückner, de l'abbaye de Looz, pour se rendre à l'abbaye de Marquette où il est arrivé à quatre heures et demie. Là, sa troupe fut passée en revue par le maréchal Lückner, qui donna au général de Rosières les ordres de la marche et le fit accompagner par trente chasseurs à cheval du 6e régiment. Il continua sa marche et arriva vers sept heures au Quesnoy, où, après deux heures de repos, il disposa sa troupe en deux divisions et en fit marcher une sur la droite et l'autre sur la gauche de la Lys. A dix heures, Mr de Rosières passa le Pont-Rouge; à minuit, il se rendit maître du Pont de Warneton, où il laissa un capitaine et cinquante hommes. Puis continuant sa marche, toujours sur terre autrichienne, il s'empara du pont de Commines à deux heures du matin et y retrouva la division qui avait marché par la droite; il poursuivit et arrivé à Werwick à trois heures et demie, il y fit reposer sa troupe, suivant les instructions qu'il avoit reçues.

« Le 17, à neuf heures du matin, le maréchal Lückner, passant à la tête de l'avant-garde, donna ordre à M. de Rosières de se porter en avant et de marcher à la tète de l'avant-garde. A dix heures et un quart, on arrriva devant Menin et M. le maréchal donna l'ordre à M. de Rosières d'attaquer la garnison autrichienne, consistant en soixante hommes [en réalité quarante - trois], qui firent une assez bonne contenance, mais nos braves chasseurs belges et liégeois les pressèrent avec une telle vigueur, qu'ils prirent la fuite et se retirèrent vers Courtrai. »

Le 18, l'armée continua sa marche sur cette ville, en trois colonnes; celle du centre était commandée par le lieutenant général comte de Valence : « Ce fut la colonne de M. de Valence, dit « l'Argus » (no 67), qui a entré la première dans Courtrai. Mr le maréchal avait beaucoup craint pour elle pendant un instant. Et c'est cette même colonne ou, pour mieux dire les chasseurs belges, qui marchaient à la tête en éclaireurs, qui ont pris la pièce que l'ennemi n'a pas eu le tems d'emporter... ». Le même jour, à huit heures du soir, la tête de l'avant-garde, précédée de Rosières et des siens avait pénétré dans la ville et s'était établie au bivouac dans les rues, tandis que le gros allait camper entre Courtrai et Menin. Le Comité révolutionnaire, qui avait été renforcé de membres arrivés le 16 de Paris à Lille et avait rejoint l'armée le 17, s'installa à Menin; il donna aussitôt (18) mandat à Rosières de s'emparer des caisses publiques, mission dont celui-ci s'acquitta à Courtrai d'abord (le 22) et à Menin ensuite, non sans rencontrer des difficultés, tant de la part des comptables et magistrats impériaux que de celle de l'état-major français; quelques semaines plus tard, le 30 juillet, il fut même décrété de prise de corps et ajourné devant le conseil de Flandre par le procureur-général près cette juridiction, avec les membres du Comité révolutionnaire et quelques officiers qui avaient pris part à ces opérations. Rosières et ses Belges, qui reçurent du renfort le 25, restèrent occuper Courtrai du 18 au 29, sans qu'apparût en Flandre le moindre signe précurseur du mouvement populaire escompté par le Comité. Mais depuis le 22 ils eurent à se défendre contre de continuels retours offensifs des Autrichiens et ils essuyèrent même le 27 un échec devant la batterie d'Harlebeke, que Rosières avait voulu enlever.

Le 29, à six heures du soir, il reçut de Jarry l'ordre d'évacuer la ville à dix heures et de former l'extrême arrière-garde de l'armée avec sa troupe, alors qu'elle avait été tenue en alerte toute la nuit précédente par les impériaux (qui avaient essayé une attaque la veille, à cinq heures du soir), qu'elle avait été assaillie de nouveau dès trois heures du matin, à la porte de Gand, et qu'après avoir ramené l'adversaire, elle l'avait finalement refoulé à trois quarts de lieue de la place. En vain fit-il valoir, à l'encontre de l'accomplissement de cet ordre, l'affaiblissement de son corps, diminué de détachements, sa fatigue et le défaut de cartouches; il dut l'exécuter; mais toute sa vigilance ne put empêcher que quelques-uns des siens ne tombassent aux mains des Autrichiens. Rosières, rentré à Lille, y demeura près du Comité et ne prit aucune part aux petits combats que les détachements de la troupe sous ses ordres multiplièrent le long de la frontière d'abord, en avant des camps de Maulde et de Pont-sur-Sambre ensuite. Au reste, la tâche d'organisateur, qu'il avait assumée, était suffisamment malaisée à remplir par elle-même, pour qu'il y donnât tout son effort. Aux difficultés de la mise sur pied d'un corps neuf de toutes pièces, venaient encore s'ajouter le manque d'argent aggravé du défaut d'ordre dans la comptabilité, quasi inexistante, du Comité, et compliqué de concussions (certains de ses auxiliaires durent être déférés à la justice), les rivalités entre dirigeants qui se dénonçaient les uns les autres au ministère, les réclamations d'officiers dont les titres militaires avaient été méconnus au profit d'autres dont les opinions, et surtout l'entregent, s'étaient mieux affirmés, la concurrence de corps nouveaux dont les formations se multipliaient dans tout l'arrondissement de l'armée du Nord.

Cependant Dumouriez remplaçait La Fayette à la tête de l'armée du Nord (21 août), tandis que les Prussiens s'emparaient de Longwy (22 août) et se préparaient à poursuivre leur marche dans la direction de Paris. Dumouriez, décidé à les arrêter en Champagne, aux débouchés des routes qui mènent, à travers la forêt d'Argonne, des Evêchés dans cette province, appela à lui les troupes du camp de Pont-sur-Sambre, commandées par le maréchal de camp Duval, et celles du camp de Maulde, qui se trouvaient placées sous les ordres du lieutenant général Beurnonville, en renforçant celles-ci d'un petit corps aux ordres du maréchal de camp Dampierre. Dumouriez destinait les Belges et Liégeois à former le fond de l'infanterie légère de la colonne principale aux ordres de Beurnonville ; leurs détachements devaient se réunir à Avesnes et ils devaient être commandés, ainsi que l'avant-garde de troupes légères, par Rosières, « si le général Rosières veut venir les « commander sous Mr de Beurnon- « ville » (Dumouriez à Maret : 5 septembre), ou, à son défaut, par le colonel Fyon.

Rosières, qui était nommé maréchal de camp au titre français le 7 septembre, s'empressa d'aller prendre le commandement qui lui était offert, remettant aux soins d'Osten les compagnies en organisation à Lille, qu'elles devaient défendre avec distinction. La colonne de Beurnonville exécuta sa marche dans des conditions fort pénibles... « Je vous sup- « plie d'ordonner », écrivait Beurnonville à Lückner, le 16, en lui annonçant son arrivée à Châlons, « que l'on m'en- « voye bois et paille pour près de onze « mille hommes accablés de fatigue, qui « ont huit jours et trois nuits de marche « sans relâche, par la pluie, par la « boue, par la traverse et qui meurent « de fatigue... ». Beurnonville opéra sa jonction avec Dumouriez à Sainte-Menehould, dans la nuit du 18 au 19; dans la journée son corps était disloqué et Rosières, avec son infanterie légère, passait à l'aile droite de l'armée, qui était mise aux ordres du lieutenant général le Veneur, secondé par Rosières et Duval. Cette aile devait défendre « avec toute l'opiniâtreté possible » le passage du canal de la Biesme et spécialement le flanc droit de la Harazé, ainsi que « la petite partie de la rivière « d'Aisne qui coule entre la section du « canal de la Biesme et Vienne-la-Ville ». Le lendemain, 20, les Prussiens se heurtaient, à Valmy, à l'armée de Kellerman; les troupes sous Rosières, pas plus qu'aucunes autres de celles qui formaient l'armée de Dumouriez, n'eurent de part à la journée. Les jours suivants les Hessois, les émigrés et les Prussiens encore firent des démonstrations contre les positions françaises, qu'ils ne purent entamer et que les Belges et Liégeois de Rosières contribuèrent efficacement à défendre. Enfin, le 29 septembre, les alliés marquèrent nettement leur mouvement de retraite. A cette date Rosières repassa avec sa troupe à l'avant-garde, sur la demande qu'en fit à Dumouriez le lieutenant-général Beurnonville qui la commandait, et son rôle fut des plus actifs dans la poursuite de l'armée de Brunswick.

« L'avant-garde de Beurnonville « s'étend jusqu'à Servan, Bénarville et « Condé-sur-Autry. Les hussards et les « Belges traversent la forêt sur Apre- « mont et ont pris 28 hussards montés « à Fléville, après en avoir tué 12 et le « capitaine », écrivait Dumouriez à Servan, le 1er octobre. « L'ennemi, mon « cher général, file sur deux co- « lonnes ..., mandait Beurnonville à « Dumouriez, le 2. J'ai envoyé 800 chas- « seurs, les Belges et le 14e bataillon « d'infanterie légère à leurs trousses. « Nous prendrons sûrement quelque « chose ... ». « Nos Belges et le 14e ba- « taillon d'infanterie légère », reprenait-il le 4, « sont depuis 7 heures à Autry « avec le 6e de hussards. Depuis midy, « ils ont fouillé les bois de Saint-Lam- « bert, de Loi, des Froids-Fossés, le « petit bois entre Fruce et Montchen- « tin. Je vais les faire partir pour fouil- « ler jusqu'à Mark (Marcq) et Ragne- « court ... ». Puis, le 5 : « Je me suis « arrêté à Condé-lès-Autry, à 8 heures « du soir ... J'ai donné ordre au géné- « ral Rozière de partir à minuit d'Autry « avec la Légion Belgique et Liégeoise « et les volontaires de Cambray, avec « cinq compagnies des volontaires de « Paris, suivis de 600 chevaux des « chasseurs et hussards du 6e régi- « ment ... Cette avant-garde de votre « avant-garde a eu ordre de fouiller les « bois de Marcq, les bois de Négremont, « de se porter sur les hauteurs de Grand- « pré, à votre ancien camp, enfin à « Grandpré même, avec prudence et « précaution. Tout a été effectué. A 7 h., « cette avant-garde étoit en possession « de Grandpré, après avoir tué une « douzaine de chasseurs prussiens et « mis en fuite une cinquantaine de hus- « sards, que l'on avoit laissés en vedette « pour en imposer. Le général a con- « senti à ce que onze, qui avoient été « faits prisonniers, s'enrôlassent dans « les Belges ... ».

Le 9 octobre, Dumouriez remettait à Kellermann, aidé de Dillon, le soin de continuer la poursuite de l'armée prussienne au delà de la frontière, croyant devoir lui-même « courir au secours du « département du Nord et de la ville de « Lille », ainsi qu'il l'écrivait, mais en réalité reprenant l'exécution de ses projets sur la Belgique. Il divisait ses troupes en deux colonnes, l'une aux ordres de Beurnonville, l'autre aux ordres du duc de Chartres, qui devaient se mettre en marche les 11 et 12 pour arriver à Valenciennes et Maubeuge les 19 et 20 octobre. Rosières fut attaché à la première, dont le corps des Belges et Liégeois formait l'avant-garde, avec les 2e et 6e régiments de hussards, 6e de chasseurs et une compagnie d'artillerie légère. Beurnonville, qui, ayant arrêté sa poursuite, était arrivé le 11 au Chêne-Populeux, dut y attendre jusqu'au 13 l'arrivée du reste de sa colonne, et, quoiqu'il eût appris, le 15, à Mézières, la levée du siège de Lille, fit une telle diligence que dès le 19 son avant-garde se trouvait rendue en avant de Valenciennes et Maubeuge.

La légion belge-liégeoise passa quelques jours en cantonnements et y reçut des renforts fournis par le dépôt de Lille. Le 27 octobre l'armée alla occuper le camp de Quiévrechain, s'étendant sur deux lignes de Morchipont à Crespin, où étaient Rosières et la légion.

Le 3 novembre, Dumouriez fit prendre à son avant-garde, — toujours aux ordres de Beurnonville, secondé par Rosières et Dampierre —, une position entre Elouges et Wihéries. L'occupation de cette position nécessitait celle du village de Thulin.

Rosières fut chargé d'aller se rendre maître de celui-ci. Il partit de Crespin à 7 heures du matin avec un bataillon belge, deux bataillons francs et trois cents hommes du 2e hussards (Chamborant), trouva Thulin vide de troupes, poussa son avant-garde sur le moulin placé en avant de Boussu et qui était fortement défendu, la vit entourée par 1.200 à 1.500 hussards ennemis, qui taillèrent en pièces deux compagnies belges; n'osa se compromettre pour la recueillir, vu la disproportion considérable de force entre son détachement et celui que montrait l'ennemi, et la laissa refouler de Thulin; puis, il fut finalement contraint de ramener ses troupes au cantonnement de Crespin, n'étant redevable qu'à la belle conduite de ses hussards de n'avoir pas subi de plus grosses pertes.

Le lendemain, Dumouriez fit renouveler le mouvement sur Thulin et la position de Boussu par l'avant-garde tout entière, dont Rosières conduisait le centre. « Le 4, à 11 heures, » dit Dampierre dans sa relation, « Beurnonville » m'ordonna de protéger l'attaque des » Belges sur le village de Thulin. Les » ennemis étaient postés au moulin de » Boussu ... Thulin fut enlevé par les » Belges. Les ennemis voulurent faire » une résistance longue au moulin de » Boussu ... L'ennemi, voyant cette » audace, prit le parti de la fuite ... » Alors, la compagnie d'artillerie, sou- » tenue par les troupes légères, le pour- » suivit pendant l'espace de deux » lieues ...; je calmai l'ardeur de mes » braves compagnons sur les hauteurs » entre Hornu et Quaregnon ... J'or- » donnai au général Rosières de garder » la tête d'Hornu ... ».

Le 6, à la bataille de Jemappes, Rosières, qui avait été détaché de l'avant-garde avec les bataillons belges et liégeois, combattit à l'aile gauche de l'armée, placée nominalement sous les ordres du duc de Chartres, mais commandée en fait par le vieux général Bécays-Ferrand, qui allait, l'année suivante, conquérir la notoriété par sa belle défense de Valenciennes. Cette aile s'était vu assigner la tâche d'enlever les villages de Quaregnon et de Jemappes. L'honneur de l'accomplir en premier ordre avait été réservé par Dumouriez aux soldats de Rosières. « Dumouriez ... avait donné l'ordre à » Ferrand d'attendre Rosières, qui com- » mandait l'infanterie légère, laquelle » était à une lieue sur les derrières de » l'armée, dit Ferrand lui-même dans » sa note critique des *Mémoires de Du-* » *mouriez* (sur la p. 169, t. III); c'est » vers 10 heures qu'il arrive et que » commence l'attaque du village de » Quaregnon, qui fut emporté de suite, » et sans perdre de temps on marcha » sur Jemappes ... ».

A en croire Ferrand, Rosières n'eut aucune part à la prise de ce dernier village, quoi qu'il en ait écrit : « ... J'avais emporté le village de Je- » mappes, la baïonnette au bout du » fusil, j'avais fait trois cents prison- » niers, pris quatre pièces de canon et » tué beaucoup de monde ... », et que les rapports de Dumouriez comme plus tard ses Mémoires lui en aient attribué l'honneur. Ferrand aurait seul enlevé Jemappes avec six bataillons : à la sortie de Quaregnon, « les autres, aux ordres » des généraux Rosières et Blottefières, » dit encore Ferrand (Mémoires), « au » lieu de prendre à gauche, prirent à » droite et furent se réunir et com- » battre, à ce qu'on m'a dit, au centre » de l'armée ». Quoi qu'il en soit, Rosières et sa troupe méritèrent que Dampierre clôturât sa longue relation de ces journées en rendant un témoignage tout spécial de leur valeur : « Le » brave général Rosières, les bataillons » belges et les corps francs », dit-il en finissant, « se sont parfaitement conduits » pendant ces jours ».

L'armée française se remit en marche le 11 : l'avant-garde, dont Rosières formait de nouveau la tête, atteignit ce jour-là Enghien, et Hal le lendemain.

Le 13 novembre, devant Anderlecht, Rosières, prenant vigoureusement à partie le prince de Wurtemberg et l'arrière-garde autrichienne, soutint un combat opiniâtre, qui se prolongea pendant six heures et qui eut pour résultats la retraite des impériaux et l'évacuation complète de Bruxelles. Avec l'entrée de l'armée française en cette ville se termina pour Rosières sa participation active à la campagne de 1792 aux Pays-Bas.

Le 18 novembre, il figura parmi les représentants provisoires élus par le peuple de Bruxelles, pour être, le 21, nommé membre du Comité militaire, créé ce jour au sein de la nouvelle assemblée, et être choisi pour le présider, distinction pour laquelle l'autorité de son grade l'imposait au reste tout naturellement à ses codéputés. Il commença sur-le-champ ses opérations en faisant déléguer par les représentants provisoires à leur Comité militaire l'exercice du droit de collation des emplois militaires et de promotion, qu'il avait réclamé d'eux pour le comité comme une condition préliminaire essentielle du succès de toute levée de troupes.

Et le même jour encore, il se faisait ou se laissait promouvoir par ses collègues lieutenant général et général en chef des Belges, en même temps que Fyon était nommé par eux général-major.

Rosières pouvait alors se croire à la veille de connaître une haute fortune. Car, affidé de Dumouriez, il n'ignorait pas les vastes plans de celui-ci en ce qui concernait la Belgique et notamment son projet, ouvertement avoué au reste, d'y lever une armée de quarante mille hommes, qui pût, dès le printemps, se joindre à l'armée française. Commandant en chef des troupes équipées par le Comité général révolutionnaire belge et liégeois et mis en évidence par son rôle à leur tête en Champagne et à Jemappes, représentant de Bruxelles et président du Comité militaire de cette ville, il se trouvait mieux placé que tout autre pour prétendre à la direction de cet armement quand les élus du peuple belge viendraient substituer leur action à celle, provisoire, du Comité révolutionnaire, qui était à la veille de se dissoudre. Aussi s'empressa-t-il de chercher à élargir sa sphère d'activité et à s'investir du rôle qu'il entrevoyait, en invitant au nom du comité de Bruxelles, par une circulaire en date du 26 novembre, les corps nouvellement élus à se faire représenter près de celui-ci par des délégués munis de pleins pouvoirs, à l'effet de travailler d'ensemble et d'une impulsion unique à la création d'une armée nationale. Mais son initiative ne rencontra guère de faveur : les assemblées locales se refusèrent à l'envoi de députations, en invoquant des motifs d'opportunité, ou plutôt d'inopportunité, ou en soulevant des questions de procédure, alléguant de ne pouvoir délibérer en commun avec le Comité de Bruxelles, qu'il n'eût au préalable démontré la légitimité des pouvoirs dont il se disait revêtu. En outre cette démarche du comité venait se mettre en travers des vues des représentants provisoires de Flandre, qui aspiraient à voir Gand devenir le siége d'une Convention nationale belge et dont le Comité militaire invitait à son tour, le 10 décembre, celui de Bruxelles à se joindre à lui pour unir leurs efforts.

En attendant de voir les circonstances venir le favoriser, Rosières s'appliqua à remplir de son mieux le rôle plus modeste qui s'offrait immédiatement à son zèle, s'occupant de hâter l'organisation et le recrutement, à Bruxelles et en Brabant, de corps nouveaux, réorganisant (10 décembre) la légion belge et liégeoise dont il avait conservé le commandement supérieur et la direction exclusive depuis la dissolution du Comité révolutionnaire, pressant Dumouriez de prendre une résolution définitive qui fixât le sort des levées commencées en Belgique, s'efforçant d'assurer le payement de la solde et la fourniture de l'équipement et de l'habillement des bataillons belges, tant de ceux de création ancienne que de ceux de création nouvelle. Car le gouvernement français avait cessé de solder les premiers depuis leur entrée en Belgique et réclamait même des administrateurs récemment élus la restitution des sommes payées jusqu'à ce moment à ces bataillons à titre d'avances, remboursables aussitôt après l'organisation du pouvoir révolutionnaire aux Pays-Bas. Mais Rosières se heurta de ce côté à une résistance énergique de la part des administrations provisoires, dont le bouleversement politique tarissait les ressources et qui étaient débordées par les prétentions du vainqueur, prétentions dont celui-ci réclamait impérieusement la satisfaction. Ces difficultés et le caractère peut-être un peu brouillon de son activité, qui s'accommodait mal des circonstances difficiles du moment, multiplièrent les conflits entre l'assemblée des représentants provisoires et son Comité militaire et aigrirent fâcheusement leurs rapports.

Quand la Convention, par ses décrets de décembre 1792, eut définitivement dissipé le mirage d'une République-Belgique autonome, ce fut Rosières, prétendit-on, qui suggéra à cette assemblée le décret du 26 janvier 1793, réunissant aux armées françaises les légions belge et liégeoise. Bientôt après, et quand il semblait que tout espoir en dût être perdu, il fut chargé d'exercer le proconsulat militaire qu'il ambitionnait depuis son entrée aux Pays-Bas.

Un ordre de Thouvenot, au nom de Dumouriez, vint, le 13 février, lui confier la mission de presser le recrutement de tous les corps en formation et, à mesure qu'ils se trouveraient en état de faire la guerre, de les diriger sur Liége, sauf ordres contraires. Trois jour plus tard (16 février) un autre ordre de Dumouriez, à la veille de partir d'Anvers pour tenter la conquête de la Hollande, vint compléter le précédent, faisant de Rosières l'inspecteur général des troupes belges et le substituant en fait dans cet emploi à J. Thouvenot, le chef d'état-major et le confident de Dumouriez, qui en avait bien reçu le titre, mais n'en avait guère exercé les fonctions.

Cette dépêche lui enjoignait « de » se rendre à Gand, Bruges, Mons et » dans toutes les villes où il se trouve » des troupes belges, pour en faire la » revue et pousser le recrutement et » l'habillement et les mettre en état le » plus tôt possible de marcher ». Une instruction du commissaire ordonnateur en chef de l'armée du Nord, Petitjean, pareillement datée du 16, mettait à ses ordres tous les commissaires des guerres en résidence dans ces villes, pour passer ces troupes en revues de rigueur et permettre l'application à celles-ci du décret du 26 janvier, en arrêtant l'état de leur comptabilité au jour de la revue, qui devait être en même temps une revue d'organisation. Cette instruction n'était au reste que la mise à exécution et le commentaire anticipés d'une lettre du ministre de la guerre Beurnonville, du 18, adressée à Rosières, et lui confiant un mandat identique à celui que lui avait donné Dumouriez.

Les circonstances ne lui permirent pas de remplir le détail de cette mission. Mais pour faciliter l'exécution des ordres des 13 et 16, Rosières, dès le 18, renforça son comité d'éléments militaires, en y faisant entrer quelques-uns des officiers supérieurs belges présents à Bruxelles, et imprima ainsi une impulsion nouvelle à ses délibérations. Puis, ensuite de la démarche de Petitjean, qui vint, le 22, lui demander la création d'un Comité militaire central pour faciliter la fusion des troupes belges dans l'armée française, il réitéra le 28 sa tentative de novembre auprès des administrations provisoires et obtint de quelques-unes leur représentation au comité. Sur ces entrefaites il fut chargé d'aller porter à la Convention le vœu de réunion à la France, émis par une partie du peuple de Bruxelles le 15 février, au vote duquel il avait contribué, quoique son rôle politique à Bruxelles n'eût été que secondaire. Son absence, de courte durée, n'arrêta pas les délibérations du comité, si elle les ralentit. Mais les circonstances frappaient d'impuissance les efforts de celui-ci : pour liquider des comptes difficiles comme pour établir et fixer un plan d'organisation, il eût fallu des ressources assurées et la quiétude du lendemain ; or, les caisses publiques étaient vides d'espèces et Cobourg avec Brunswick pressaient et refoulaient les armées françaises vers leurs frontières.

Le 20, le comité, que ses membres militaires, rappelés près de leurs troupes, avaient dû délaisser depuis plusieurs jours déjà, tint sa dernière séance.

Rosières, qui avait été promu lieutenant général au titre français le 7 mars, prit alors le commandement d'une des divisions de l'armée des Ardennes, passée aux ordres de Dittmann, et la ramena au camp de Bruilles (30 mars); puis, le 5 avril, tandis que Dampierre remplaçait Dumouriez à la tête des armées du Nord et des Ardennes réunies, il eut le commandement provisoire de l'armée du Nord, réduite à deux divisions. Il ne le garda pas longtemps : le 15 du même mois il le remettait au lieutenant général La Marche. Le 29 avril, il fut nommé par Dampierre au commandement de l'arrondissement de Douai, qui comprenait les quatre places de Douai, Orchies, Marchiennes et Bouchain et le territoire intermédiaire entre ces places.

Six semaines plus tard, le 15 juin, Rosières, qui n'avait pas été compris sur l'état, arrêté le 15 mai, des officiers généraux employés à l'armée du Nord, vu qu'il n'était pourvu d'aucune lettre de service pour cette armée, fut suspendu de ses fonctions et remplacé, sur ordre exprès de Custine. Il se soumit, mais non sans protester énergiquement, mais respectueusement, contre la mesure dont il était victime, en rappelant ses services en qualité de commandant de l'extrême avant-garde de l'armée du Nord l'année précédente, et ceux, plus récents, qu'il avait rendus pendant les journées critiques de la retraite hors de la Belgique et lors de la crise d'avril. Cette protestation demeura sans effet, tout autant qu'une autre qu'il adressa le 4 août au ministre de la guerre.

Il est permis de croire qu'une note, inspirée par les passions politiques du moment beaucoup plus que par le souci de la vérité ou de l'intérêt public, qui fut adressée le 5 juin au ministre de la guerre, Pache, par Courtois, agent du pouvoir exécutif provisoire près l'armée du Nord, ne fut pas étrangère à la disgrâce de Rosières. Elle le dépeignait ainsi : « Rosières, commandant à Douay, « homme inepte, incapable de suivre les « opérations militaires de cette place « importante en cas de siège. — Accusé d'avoir professé hautement les « opinions de Dumouriez : on nous a « même parlé de la correspondance « trouvée dans les papiers de Dumouriez enlevés dans la Belgique, qui « constatent ce que nous avançons : on « peut y avoir recours ».

Il obtint enfin du Directoire, après presque deux ans d'instances, d'être relevé de sa suspension de grade, en même temps qu'il était autorisé à prendre sa retraite (le 13 février 1795) (25 pluviôse an III). Il ne la demanda pas. Mais il resta cependant tenu à l'écart des emplois par ce régime et celui qui suivit, moins heureux que d'autres amis de Dumouriez, qui s'étaient pourtant ouvertement compromis dans son aventure. Il fut finalement admis à la solde de retraite le 21 mai 1801.

Rosières avait fait les campagnes de 1758, 1759, 1760, 1761 et 1762 en Allemagne; de 1785-1786 en Hollande; de 1789-1790 en Belgique; de 1792-1793 en Champagne, en Belgique et dans le Nord. Il avait été décoré de la croix de chevalier de l'Ordre de Saint-Louis, le 1er mars 1779, avec rang dans l'Ordre du 22 janvier précédent, date de sa nomination.

E. Jordens.

Archives administratives à Paris : dossier Rosières. — Stathouderl. secr. à la Haye : Guillaume V, corr. milit. n° 301. — Raad van State à La Haye: reg. 1541 et l. 1903. — Archives de l'Etat à Utrecht: Etats provinciaux, *passim*. — Archives communales d'Amsterdam : Defensie wezen, *passim*. — Bibl. royale à Bruxelles (man.) : Papiers Vonck et fonds Goethals. — Archives du Roy. à Bruxelles : secret. Etat et de guerre (ancien fonds) l. 505 à 579; Fonds des Man. : papiers Vander Noot; papiers Vander Mersch et papiers d'Yve ; Etats de Brabant, c. 70. — Archives de l'Etat à Gand : Etats de Flandre, Conseil de Flandre et son office fiscal. — Archives de l'Etat à Mons : Etats de Hainaut. — Archives nat. à Paris : papiers Dumouriez (F7 4690-1); AA c. 61; AF1 reg. 1. — Archives du min. des aff. étrang. à Paris : Pays-

Bas et France, *passim*. — Archives histor. de la guerre à Paris : Armées du Nord et des Ardennes. — Archives dép. du Nord, série L (en classement). — *Extraits des registres du comité général révolutionnaire belge et liégeois anc.* (Lille, s. d. [1792]; in-8°). — Gén. Dampierre, *Relation de la conduite des troupes composant l'avant-garde de l'armée de la Belgique les 4, 5, 6 novembre 1792*, s. d. (1792). — Dumouriez, *Mémoires*. — Journaux du temps et imprimés divers.

* **ROSIMBOS** (*Jean* **DE**), seigneur de Fournelles en Bourgogne, vécut au xve siècle. Il fut, avec le seigneur d'Auxi, précepteur de Charles le Téméraire. On comprend qu'il ait été choisi pour ce poste de confiance quand on sait qu'il appartenait à la maison ducale. En 1430, trois ans avant la naissance de Charles, il était, en effet, écuyer tranchant de la duchesse-mère. Le jeune prince lui fut confié dès l'enfance et Rosimbos continua longtemps ses services auprès de lui. Il avait la garde de sa personne et Olivier de La Marche nous le montre, en 1452, assistant Charles, alors âgé de dix-neuf ans, pendant sa première joute, qu'il courut à Bruxelles, sous les yeux de son père. Il était à cette époque le second chambellan de son élève, qu'il accompagna la même année dans la campagne de Philippe le Bon contre les Gantois. Il ne lui fut pas toujours facile de l'empêcher de se livrer aux emportements de sa nature fougueuse. Nous savons qu'il ne parvint qu'à grand'peine à le dissuader d'entreprendre sur Moerbeke une attaque inconsidérée. Néanmoins Charles ne lui sut pas mauvais gré de ses services. Il le fit chevalier à Rupelmonde.

Rosimbos possédait sans doute des talents de diplomate. En 1444, Philippe le Bon l'envoya en mission auprès du duc de Milan. Beaucoup plus tard, en 1467, il reçut de Charles le Téméraire la charge de conduire une ambassade à Louis XI et il s'en tira, paraît-il, à son honneur.

Il nous apparaît comme gouverneur du Quesnoy en 1456, de Béthune en 1465-1466, et il prêta serment comme gouverneur de Douai le 7 avril 1476.

Jean de Rosimbos doit avoir été proche parent d'Antoine de Rosimbos, chambellan du duc en 1469-1470 et capitaine des archers, et de Georges de Rosimbos, écuyer de Charles le Téméraire en 1471 et qui succéda à Antoine le 25 juillet 1475 comme capitaine. Si nous ajoutons que Jean prit part à la fête du faisan en 1454 et y fit vœu de suivre Philippe le Bon à la croisade, nous aurons épuisé tous les renseignements que nous avons pu recueillir sur ce bon serviteur de la maison de Bourgogne. Ils ne nous permettent malheureusement pas d'apprécier son caractère et de discerner l'influence qu'il a pu exercer sur son fameux élève.

H. Pirenne.

Olivier de La Marche, *Mémoires*, éd. Beaune et d'Arbaumont, t. II, p. 215, 268, 278, 416. — Mathieu d'Escouchy, *Mémoires*, éd. Dufresne de Beaucourt, t. II, p. 195, 556. — Jean de Haynin, *Mémoires*, éd. D.-D. Brouwers, t. I, p. 192. — L. Osio, *Documenti diplomatici tratti degli archivi Milanesi*, t. III, p. 308. — *Mémoires pour servir à l'histoire de France et de Bourgogne*, p. 251. — *Inventaire des archives départementales du Nord*, t. IV.

ROSMER (*Paul*), écrivain ecclésiastique, né à Maestricht, le 15 août 1605, décédé à Gratz, en Autriche, le 8 juin 1664. Il entra dans la Compagnie de Jésus et fut reçu au noviciat de Mayence en 1637. Il passa ensuite dans la province d'Autriche, où il enseigna la grammaire, le grec et la philosophie dans les collèges de la Compagnie. Pendant les seize dernières années de sa vie, il enseigna la théologie scolastique à Gratz. A l'université de cette dernière ville, nous le trouvons en 1656, 1659, 1662 et 1663, comme doyen de la faculté de théologie. En cette qualité, il présida la défense de plusieurs thèses qu'énumère le P. Sommervogel.

Parmi les ouvrages de Paul Rosmer, nous citerons : 1. *Libellus de jure et justitia, ac potissimum de contractibus*. Gratz, Widmanstadt, 1649, et Salzbourg, Mayr, 1660 et 1669; in-16 de 490 p. — 2. *Rosa Mariana centum eulogiis magnae Dei Matris explicata*. Gratz, 1657; in-12. — 3. *Quæstiones theologicae in tertiam partem D. Thomae*. Gratz, 1661; in-8°.

Guillaume Simenon.

C. Sommervogel, *Bibliothèque de la Compagnie de Jésus*, t. VII, p. 165. — De Backer, *Bibliothèque des écrivains de la Compagnie de Jésus*, t. IV, p. 644. — Foppens, *Bibl. belg.*, t. I, p. 945.

ROSMER (*Théodore*), écrivain ecclésiastique, né à Maestricht, le 25 décembre 1580, mort à Malines, le 5 novembre 1645. Il entra dans la Compagnie de Jésus le 1er novembre 1601. Après avoir enseigné pendant quelque temps les belles-lettres et la théologie morale, il s'adonna tout entier aux travaux apostoliques. Il accompagna les armées de Spinola pendant la guerre contre Maurice de Nassau et fut supérieur des missions pour les armées de terre et de mer.

Il a laissé, outre une instruction aux curés : *Pastor animas curans seu instructio ad pastores*, la traduction flamande d'un ouvrage espagnol : *Crone van XII schoon glinsterende sterren oft deuchden van de Godtbaerende Maghet Maria door den E. P. Thomas de Villacastin ende verduytst door Th. R. beyde priesters der S. J.* Anvers, J. Cnobbaert, 1633; in-24 de 354 p. Une nouvelle édition parut en 1709, à Anvers, veuve Pierre Jacobs; in-12 de 339 p.

Guillaume Simenon.

C. Sommervogel, *Bibliothèque de la Compagnie de Jésus*, t. VII, p. 166. — De Backer, *Bibliothèque des écrivains de la Compagnie de Jésus*, t. I, p. 645. — Foppens, *Bibl. belg.*, p. 1127.

ROSOLANI (*Ange-Louis-Joseph*), colonel, né à Dinant, le 2 octobre 1789, décédé à Hingene (Anvers), le 29 novembre 1882. Il était fils de Ange-François, originaire de la ville de Sartène en Corse, et de Marie-Louise Devigne, lesquels avaient contracté mariage à Dinant le 20 novembre 1788. Il s'engagea dans l'armée française comme soldat au 1er régiment de ligne le 2 décembre 1808, devint caporal le 12 décembre suivant, et fourrier le 11 juin 1809. Il fit avec son régiment les campagnes de 1809 à l'armée d'Italie, 1810 et 1811 en Calabre et à l'armée du Nord et d'Espagne; il se conduisit vaillamment durant toute la campagne. Dirigé vers la Péninsule ibérique, le 1er de ligne fut chargé de défendre Astorga. Après une série de combats, le fourrier Rosolani fut fait prisonnier; il rentra en France le 23 août 1814 et fut congédié comme étranger, le 21 octobre de la même année. Admis au service des Pays-Bas dans la maréchaussée à pied le 1er mai 1815, il prit part à la campagne de 1815, où il se trouva dans des rangs opposés à ceux de son ancien régiment, le 1er de ligne français, qui faisait partie du 2e corps de Reille et qui éprouva des pertes sérieuses à Ligny et à Waterloo (onze officiers tués, trente-quatre blessés grièvement). Rosolani, adjudant-sous-officier en 1817, fut congédié le 15 février 1821.

Durant l'espace de temps qui s'écoula entre son congé des Pays-Bas et la Révolution belge, Rosolani rentra dans sa ville natale et y exerça le métier d'imprimeur (1825-1830). Il édita entre autres deux journaux auxquels il a quelque peu collaboré : 1° *Le Radoteur Dinantais*, petite feuille satirique qui dura du 1er décembre 1825 jusqu'au mois d'août 1829; 2° *Le Glaneur*, qui justifiait bien son titre et parut en 1830. Il écrivit, en français et en wallon, des romances, chansons, couplets de circonstances. Le journal wallon *La Sauverdia*, qui s'imprimait à Jodoigne (1892-1893), a donné aussi des vers de Rosolani. *La Roche à Bayau*, poème en vingt-trois strophes, rappelle les faits historiques dont La Roche à Bayard fut l'impassible témoin depuis la période gauloise jusqu'à la fondation du royaume. Ce résumé parut sans nom d'auteur, en feuilletons, dans les numéros 15, 16, 17, en date des 9, 16, 23 avril 1871, du journal *le Courrier de Dinant*. L'année suivante (29 septembre au 8 décembre nos 39-49), la même feuille a publié de la même façon : *On drole de mainnaghe*, comédie en un acte, mêlée de couplets, due à la plume de Rosolani, peinture de caractères assez amusante.

Lors de la Révolution, Rosolani entra au service de la Belgique comme sous-lieutenant de corps francs le 2 octobre 1830, devint adjudant-major au 4e bataillon le 21 novembre suivant, capitaine adjudant-major de la 2e brigade le 23 du même mois et passa en cette qualité au 12e régiment de ligne le 12 septembre 1831. Nommé adjudant de place de 1re classe le 5 janvier 1837, il fut, le même jour, désigné pour commander la place de Vilvorde et, le 8 septembre 1840, détaché au ministère de la guerre et employé au cabinet du général Buzen. Il fut promu au grade de major commandant de place de 2e classe le 7 juin 1842, fut successivement désigné pour commander la place de Diest le 9 du même mois, et celle de Lierre le 25 décembre 1846.

Rosolani obtint le grade de lieutenant-colonel commandant de place de 1re classe et fut désigné pour commander la place d'Ostende le 12 mars 1848.

Nommé chevalier de l'ordre de Léopold le 15 décembre 1833, promu officier du même ordre, par faveur exceptionnelle du roi Léopold Ier, le 20 décembre 1853, le colonel Rosolani, pensionné le 4 janvier 1854, vécut pendant vingt-huit années dans une paisible retraite et s'éteignit à l'âge de plus de quatre-vingt-treize ans.

Eugène Cruyplants.

Historique du 1er régiment d'infanterie de la République française. — Note de Mr J. Defrecheux.

ROSSAERT (*Pierre-François*), poète flamand, né à Anvers, le 14 octobre 1738 et y décédé le 22 octobre 1818. De 1761 à 1796, il fut notaire dans sa ville natale; son fils aîné y fut juge de paix. A l'occasion de la visite de Joseph II à Anvers, en 1781, il composa son panégyrique en vers : *Lof-digt van Josephus II, ter oorzaek van zyn komst tot den troon.* Mais, à la révolution brabançonne, ses idées avaient changé, et il exprime des sentiments tout opposés dans son poème : *'t Verlost Brabant opgedraegen aen Hunne Hoogmogende, Myne Heeren de Dry Staeten representerende het Volk van het Hertogdom van Brabant.* Ce poème se termine par un chronogramme simple (1790) et deux chronogrammes triples (5370) qui nous donnent la date de sa composition.

J. Vercoullie

Frederiks et Vanden Branden, *Biographisch woordenboek.*

ROSSELT (1) (*Jean-Baptiste*), dit Rosselt médecin né à Machelen (Flandre orientale), le 14 juin 1749, mort à Gand, le 29 décembre 1805. Il était le fils d'un médecin très distingué, Jean-Albert Rosselt, qui a laissé des observations intéressantes sur diverses questions de médecine et de chirurgie, et qui était chirurgien et accoucheur juré (*gezworen Wondarts en Geboortshelper*) à Machelen, où il mourut en 1780. Ces observations sont consignées dans deux volumes publiés à Gand en 1781 et 1783. Le jeune Rosselt montra de très bonne heure le penchant le plus décidé pour la médecine; en 1770, après avoir terminé ses études à l'université de Louvain, il vint s'établir à Nazareth où il exerça la médecine pendant trois ans avec le plus grand succès; sa réputation grandit à tel point qu'en 1773 il fut appelé à Ostende. La facilité des communications avec l'Angleterre lui permit d'aller rendre visite aux médecins anglais les plus célèbres, dont il se procura les ouvrages et avec lesquels il put discuter sur différents points relatifs à son art. Son talent fut apprécié si hautement en Angleterre qu'il fut élu associé étranger de la Société royale de médecine de Londres et de celle d'Edimbourg.

Rosselt demeura à Ostende pendant trente ans. Son renom y devint si grand et si général qu'on eut recours à ses consultations non seulement dans les départements voisins de la Belgique, mais même à Londres. Malheureusement, les calamités de la guerre faisaient décroître considérablement la population de la ville d'Ostende. Aussi Rosselt alla s'établir à Gand où il était sollicité depuis longtemps et qui était le centre de sa grande clientèle. Unissant ses efforts à ceux du docteur De Brabandt, il propagea avec persévérance l'inoculation de la petite vérole. Dès 1798, il reçut directement du docteur Jenner le virus vaccin, longtemps avant que cette découverte si précieuse eût pénétré en France. Il eut le bonheur de pouvoir attribuer à ses soins de nombreuses guérisons dans des cas parfois désespérés aux yeux de ses confrères. Le docteur Kluyskens, qui comptait Rosselt parmi

(1) Telle est la forme du nom patronymique d'après les anciens registres paroissiaux.

ses collaborateurs, le considérait comme étant le médecin qui avait le mieux étudié les affections chroniques et qui les traitait avec le plus de succès.

A ses profondes connaissances médicales, Rosselt joignait un goût prononcé pour les littératures étrangères. Par ses qualités morales, sa bonté, son caractère jovial, il inspirait à ses malades cette confiance qui constitue un des plus grands bienfaits de la médecine. Inaccessible à l'envie, il pardonnait d'avance tout ce que la haine ou la jalousie pouvait diriger contre lui. Mais la qualité maitresse du docteur Rosselt, c'était son dévouement sans bornes pour la classe indigente; soulager l'homme souffrant et pauvre était pour lui une véritable jouissance. Il avait conservé très longtemps une excellente mémoire qui lui permettait de réciter aisément des séries de vers d'Horace, de Virgile, de Pope, de Milton et d'autres poètes. Mais en 1805, il ressentit les premières atteintes d'une maladie extrêmement singulière et douloureuse, qui intriguait aussi fortement ses confrères que lui-même, et, après onze mois de souffrances, il succomba le 29 décembre de cette année. Le mal qui emporta le savant médecin Rosselt était tellement extraordinaire, tant par sa cause que par ses effets, qu'il a fait l'objet d'un article spécial rédigé par le docteur Kluyskens. L'autopsie montra qu'il s'agissait d'une concrétion osseuse dont une partie était profondément enfoncée dans la substance du cerveau. Rosselt s'était marié en 1773; à sa mort, il laissa une veuve et sept enfants.

G. vander Mensbrugghe.

J.-F. Kluyskens, *Annales de littérature médicale étrangère*, t. II (Gand, 1806); voir p. 384, l'article intitulé : *Histoire de la maladie de feu le docteur Roselt, avec quelques observations sur sa vie.*

***ROSSEM** (*Martin* **VAN**) ou Rossum, homme de guerre, né à Zalt-Bommel (Gueldre), dans la *Nonnenstraat*, en 1478, mort à Charlemont, près de Givet, le 7 juin 1555. Il était le second fils du chevalier Jean van Rossem, dit le Vieux, seigneur de Rossem, Broekhuyzen, Poederoijen, Oijen et Meinerswijck, et de Jeanne van Hemert, dame de Poederoijen et Engelenburg, fille de Pierre van Hemert, seigneur de Poederoijen, et de Jeanne de Herlaer. Les seigneurs de Rossem (Rothem ou Rottem près de Zalt-Bommel) dont la famille remonte au XIe siècle et dont les armes sont *d'argent à trois perroquets de gueule*, se distinguèrent, surtout au xve siècle, par leur attachement à leur suzerain, le duc de Gueldre. Le père de Martin van Rossem mit son château de Rossem à la disposition du duc Charles de Gueldre (1495); ce château avait une grande importance stratégique, car il se trouvait aux confins de la Gueldre, du côté de l'ouest. On n'a pas de renseignements sur la jeunesse de M. van Rossem. Il est mentionné pour la première fois en 1517 lorsque, la ville de Dokkum ayant été prise malgré la trêve par les Gueldrois, il tenta de la ravitailler. En 1518, son suzerain l'envoya comme gouverneur en Frise; les Etats de ce pays le reconnurent en cette qualité à Sneek. Mais l'année suivante déjà, il donna sa démission. Lorsque Charles de Gueldre commença la guerre contre l'évêque d'Utrecht Henri de Bavière (1527), il confia le commandement de son armée à Martin van Rossem, qui fit preuve de brillantes qualités militaires. Après avoir pris Utrecht, pillé et dévasté toute la principauté épiscopale, van Rossem eut à lutter contre les forces de Charles-Quint, à qui l'évêque avait vendu ses droits (15 août 1527). Il réunit à Utrecht 2.000 fantassins et 500 cavaliers; il leur fit prendre la croix de Bourgogne et des enseignes impériales et il passa ainsi devant Montfoort et Woerden, puis sous le canon de Leyde, sans être inquiété, et il parut inopinément devant La Haye, ville ouverte (6 mars). Il y entra presque sans coup férir, livra au pillage les principales habitations et incendia le quartier entourant l'église Saint-Jacques. Le reste de la ville ne fut épargné que grâce au payement d'une contribution de guerre de 25.000 écus d'or. Chargé de butin, van Rossem revint à Utrecht par Bodegraven, pillant ou rançonnant les villages qu'il traversait. Il feignit alors une attaque contre les troupes de Georges Schenk van Nijdeggen, qui causait de grands dommages aux Gueldrois dans l'Overijssel et les avait bloqués dans Hasselt. Mais il rebroussa bientôt chemin pour surprendre Henri de Bavière, qui avait pénétré dans la Betuwe pendant son absence. Une grande partie des troupes épiscopales fut détruite. Mais lorsque van Rossem retourna en Overijssel, il se trouva en présence d'une armée ennemie beaucoup plus nombreuse que la sienne et, malgré toute sa vaillance et son impétuosité, il fut battu et dut rétrograder. Ses lieutenants ne furent pas plus heureux que lui : l'un d'eux, Henri van Wisch, chargé d'une expédition contre Bois-le-Duc, fut attaqué à l'improviste et perdit la plus grande partie de ses troupes. Les Gueldrois durent reculer de plus en plus, et, le 5 octobre 1528, Charles de Gueldre se soumit à Charles-Quint : van Rossem signa avec d'autres nobles gueldrois la paix de Gorcum au nom de son maître. D'après l'une des stipulations de cette paix, le duc dut fournir à l'empereur un corps de cavalerie de 250 hommes dont le commandement appartiendrait à Martin van Rossem. Le duc de Gueldre envoya immédiatement celui-ci auprès de François Ier pour l'instruire des circonstances qui avaient imposé la conclusion de la paix avec Charles-Quint. Après avoir accompli cette mission, van Rossem se rendit à Malines avec d'autres dignitaires ; il y assista à la cérémonie dans laquelle Marie de Hongrie jura l'observation de la paix, et aux fêtes organisées à cette occasion (28 octobre 1528). L'année suivante, il conduisit la troupe fournie par le duc de Gueldre à Charles-Quint, notamment à Bois-le-Duc (11 juillet 1529) et à Vilvorde ; mais au mois d'août il était déjà de retour en Gueldre.

En 1532, il put recommencer ses pillages et ses dévastations dans une expédition contre l'Oost-Friesland, où Charles de Gueldre prétendait étendre son influence ; le manque d'artillerie ne permit pas à van Rossem de s'emparer des places les plus importantes. Le 5 mai 1534, la paix de Loënga mit fin d'ailleurs à la guerre entre la Gueldre et l'Oost-Friesland.

Lorsque, en 1534, Charles de Gueldre conclut une alliance avec le roi de France, van Rossum fut chargé d'occuper pendant un certain temps le château de Lingen (à 5 lieues au N.-E. de Heerenveen), pour tenir en respect ceux de Groningue. Mais dès 1536, le duc dut renoncer à l'alliance française et faire la paix avec Charles-Quint. Sa mort, survenue en 1538, fut le signal de nouvelles complications. Son successeur, Guillaume de Clèves, fils de Jean III, duc de Clèves et de Juliers, ne fut pas reconnu comme duc de Gueldre par Charles-Quint et conclut une alliance avec François Ier. Van Rossem resta fidèle à la politique gueldroise et fit hommage à Guillaume à Doesburg. Il se montra un partisan ardent de l'alliance française et de la guerre contre les Pays-Bas ; le roi de France le créa chevalier et lui alloua en outre de grosses pensions. En 1541, van Rossem poursuivit les affidés de Marie de Hongrie dans la Gueldre, entre autres Bernard van Kettel. Il fit savoir à celui-ci que « où il le trouveroit, il « lui feroit desplaisir ». Au début de l'année 1542, lorsque François Ier, profitant de ce que Charles-Quint était parti pour l'expédition d'Alger, se préparait à attaquer les Pays-Bas de commun accord avec Guillaume de Clèves, le roi de Danemark et d'autres alliés, van Rossem s'employa non seulement à recruter des troupes, mais à se ménager des intelligences dans différentes villes des Pays-Bas comme Gand et Liége ; il put le faire d'autant plus facilement qu'un grand nombre de proscrits ou de mécontents des Pays-Bas s'étaient réfugiés dans les Etats du duc de Clèves. Guillaume de Clèves enjoignit pour la forme à van Rossem, sur les instances de l'ambassadeur de Charles-Quint, de licencier ses troupes. Mais le général répondit qu'avant d'entrer au service du duc, il avait juré à un autre seigneur de le servir envers et contre tous, chaque fois qu'il en serait requis (il s'agissait du serment prêté à François Ier). « Ce « serment, ajouta-t-il, je suis toujours « obligé de le tenir et ne puis en être « empêché par mon nouveau maître; du « reste, j'ignore qu'il soit question « d'attaquer aucun des Etats de l'em- « pereur ». Il continua donc ses préparatifs de guerre et concentra ses bandes au sud de la Gueldre; il racola entre autres « plus de 1.400 hommes, sujets « des Pays-Bas ». Avec les troupes du Danemark et du Holstein et celles de la France (comprenant surtout les 600 gens d'armes du sire de Longueval), son armée présenta bientôt un effectif de 16.000 hommes, dont 7.000 à 8.000 fournis par le duc de Clèves.

Van Rossem se proposa d'abord de marcher sur Gand : au commencement de juin 1542, il pénétra brusquement dans la mairie de Bois-le-Duc et pilla quelques villages; mais, arrêté par les paysans du Peelland et par les milices du quartier de Maastricht, il dut renoncer à cette expédition d'autant plus que les bateaux affrétés pour le passage de l'Escaut faisaient défaut et que le duc d'Orléans, qui avait d'abord voulu attaquer la Flandre, avait obliqué vers le Luxembourg. Il essaya alors de se porter sur Liége. Trouvant la contrée bien gardée, il demanda à l'évêque Corneille de Berghes l'autorisation de traverser ses Etats, sous prétexte qu'il était chargé d'amener la princesse de Navarre à Guillaume de Clèves. Il s'attendait à un refus, car il redescendit aussitôt la Meuse et la franchit sur plusieurs points entre Kessel et Kuik (vers le 20 juillet 1542). Il marcha d'abord sur Bois-le-Duc en brûlant, pillant ou rançonnant les villages de Sint-Oedenrode, Oorschot, Beersen, etc. Ensuite, constatant que Bois-le-Duc était en état de se défendre assez longtemps, et pressé de pénétrer plus avant dans le Brabant, il se dirigea sur Anvers par Tilburg, Gilze, Alfen, Hoogstraten (dont le château se rendit à la première sommation), et Brasschaat, où il attendit le prince d'Orange à la jonction des routes de Bréda et de Hoogstraten. Venant de Bréda avec 3.000 hommes, le prince fut cerné à l'improviste, convaincu, sur les affirmations du traître Nicolas le Borgne, dit Bus, que la route était libre. Ses troupes furent mises en déroute et lui-même n'échappa « qu'à force de sang-froid et « de courage »; il réussit à atteindre Anvers dans la soirée (24 juillet 1542). Van Rossem le suivit de près : le même jour il parut devant Anvers. Il établit son quartier général au château de Vordenstein près de Schooten et fit camper son avant-garde au Pothoek, entre Dambrugge et Borgerhout, non loin de l'église Saint-Wilibrord. Le 25, cette avant-garde se porta sur l'église et occupa quinze moulins à vent situés sur des buttes environnantes. Les Anversois abattirent l'église et sa tour à coups de canon et détruisirent aussi les maisons de plaisance situées à proximité de la ville, qui pouvaient gêner le feu des batteries ou favoriser l'approche de l'ennemi. Van Rossem somma la place au nom des rois de France et de Danemark; le magistrat lui répondit qu'il ne connaissait d'autre souverain que l'empereur.

N'ayant pas assez d'artillerie, van Rossem ne tenta pas même une attaque contre les remparts d'Anvers, qui avaient été achevés et consolidés par les habitants. Le Gueldrois comptait sur les intelligences qu'il avait dans la place pour tenter un coup de main; mais les complots furent déjoués par suite de l'attitude énergique du magistrat qui fit pendre les bourgeois suspects de trahison. Dans ces conditions, van Rossem se décida à lever le siège et à poursuivre sa route pour rejoindre au plus tôt le duc d'Orléans dans le Luxembourg. Le 26 au soir, il dirigea quelques troupes vers la porte Rouge pour dissimuler sa retraite. La canonnade qui partit des remparts mit le feu à un grand nombre de maisons du faubourg de Kipdorp, au couvent des Victorines, situé sur les bords du canal de Herenthals, au Béguinage et au couvent des Chartreux. Pour exciter la haine contre Martin « le Noir », on fit accroire à la population que ces incendies étaient l'œuvre des Gueldrois. D'ailleurs, lorsque le lendemain matin van Rossem leva son camp, il avait fait mettre le feu aux habitations et aux moulins à vent à Dambrugge, à Merxem, à Deurne, à Borgerhout et à Berchem, et ses troupes avaient ravagé les champs.

Il se dirigea vers Lierre, mais cette ville, bien pourvue d'artillerie et défendue par de Boussu, l'accueillit à coups de canon. Il longea alors la Nèthe pour la passer à Duffel. Le pont de bateaux y avait été détruit. Il espérait cependant, en capturant quelques barques, pouvoir rétablir le passage; il ne put en surprendre qu'une seule qu'il utilisa pour transporter le butin, les chariots et les pièces d'artillerie de campagne. Pour passer son infanterie, il fit tendre d'une rive à l'autre les cordes des cloches de l'église et utilisa des cuves en guise d'embarcations; les chevaux franchirent la Nèthe à la nage. Quant aux gros canons, provenant du château de Hoogstraten, ils furent jetés dans la rivière. Les villages de Duffel et de Waalhem furent pillés, puis livrés aux flammes. La riche abbaye de Roosendaal fut saccagée. Laissant sur la droite Malines qui s'était entourée de vastes inondations, van Rossem obliqua vers Schriek et Keerbergen, passa le Démer à Werchter et marcha sur Louvain en répandant la terreur et la désolation à Wespelaar, Haacht (et probablement Aarschot), Thildonk, Rotselaar, Herent et Winxele. Il fixa son quartier général d'abord au couvent de Bethléem, à l'est de l'église de Herent, puis à celui de Ter Bank, sur la route de Louvain à Tervueren. Le 2 août, vers midi, il envoya un héraut au magistrat de Louvain pour le sommer de se rendre au roi de France et lui faire savoir que « si on attendoit « les canons... il n'y auroît point miséricorde ». La ville de Louvain n'était pas en état de soutenir un siège en règle : elle était « si grande et si mal « peuplée qu'aucun capitaine ne vouloit « se charger de sa défense; car, sans « un grand nombre de gens de guerre, « elle n'estoit tenable ». Or, il n'y avait, en fait de garnison, que 500 fantassins et 200 gens d'armes. Aussi le conseil de la ville décida-t-il, d'accord avec les chefs militaires et le recteur de l'université, de négocier immédiatement avec l'ennemi. Il lui fit demander s'il ne voulait pas « entendre à gracieulx « appoinctements ». Le sire de Longueval exigea d'abord la reddition complète de la ville, promettant de « n'en-« dommager la dite ville nullement ni « habitans en corps ni en biens, disant « que ceulx qui ne vouldroient faire « serment au dit roy que l'on les laisse-« roit vuyder hors la dite ville leurs « corps et biens saulves ». Il exigea en même temps une contribution de guerre équivalant au « payement de tout « (son) camp pour trois mois (estimé à « 210.000 écus d'or) à payer en quatre « jours ». Les députés de la ville insistèrent pour obtenir des conditions moins onéreuses : l'indemnité de guerre fut diminuée; la ville ne devrait payer en quatre jours les frais du « camp » que pour un mois, soit environ 70.000 écus d'or, mais fournirait en revanche des victuailles. Les députés rapportèrent au magistrat et aux représentants de l'université uniquement ces dernières propositions sans mentionner les exigences émises au début par l'ennemi, concernant la reddition de la ville et le serment à prêter au roi de France. Les autorités louvanistes décidèrent « par « faulte de secours et des gens de « guerre » de faire « appoinctement et « d'accorder gracieuse somme d'argent » et aussitôt elles envoyèrent à la porte de Tervueren, appelée alors porte de Bruxelles, une charrette de vin. Lorsque les parlementaires retournèrent à la rencontre de van Rossem et de de Longueval, ils les trouvèrent à proximité de cette porte avec un grand nombre de leurs gens. Ceux-ci furent éloignés sur l'ordre de leurs chefs, et alors les négociations furent reprises. Les propositions de la ville (contribution de 50.000 écus, mais à condition que pas un homme du camp n'entrerait à Louvain) provoquèrent la colère de van Rossem et de son compagnon, d'autant plus qu'à ce moment ils virent les remparts de leur côté se garnir d'artillerie. Ils reprochèrent aux parlementaires de tirer les négociations en longueur et exigèrent la reddition de la ville, ajoutant « qu'ilz « ne vouloient entrer en la dite ville au « plaisir de ceulx de la ville, mais au « leur ». Les parlementaires, sauf Damien a Goes qui continua de négocier, revinrent de nouveau en ville pour faire connaitre le résultat de leur mission, mais à peine furent-ils rentrés que l'on tira brusquement des remparts sur l'ennemi qui se retirait. Pendant ce temps, les officiers de la garnison (parmi lesquels le traître Nicolas le Borgne, dit Buuz ou Bussius) s'étaient enfuis, entraînant à leur suite « ceulx de la loy « et de l'université ». Mais des gens du peuple et des étudiants coururent aux remparts et empêchèrent même une partie de la garnison de prendre la fuite. Ce furent eux qui, croyant à une trahison, firent feu sur l'ennemi au moment où la charrette de vin arrivait à la porte de la ville. Les parlementaires, déconcertés par l'attitude de la foule, restèrent en ville sauf le maïeur, Adrien de Blehen, qui, espérant reprendre les négociations, voulut faire cesser le feu et se dirigea seul vers le camp ennemi; mais à peine fut-il sorti que des Gueldrois l'appréhendèrent et le menèrent prisonnier à Ter Bank; il y fut lié bras et jambes à une roue de chariot. Comme van Rossem n'avait pas de grosse artillerie, il ne répondit que faiblement au feu des assiégés qui ne put d'ailleurs durer longtemps, vu l'heure avancée. Le lendemain van Rossem leva le camp et poursuivit sa route, emmenant avec lui trois prisonniers de marque (le maïeur de Blehen, Damien a Goes et un lieutenant du capitaine d'Aimeries) qu'il ne rendit quatre mois plus tard que contre une forte rançon. Il se dirigea par Corbeek-Dyle et le Rafelberg, Neer-Yssche, Rhode-Sainte-Agathe, Florival vers Grez, où il passa deux nuits, ce qui permit à ses hommes d'aller piller l'abbaye de Valduc, au N.-E. de Hamme-Mille. Après avoir saccagé Wavre, il continua ses pillages du côté de Chapelle-Saint-Lambert (dépendance de Piétrebais), Melin et peut-être Jodoigne, puis se dirigea vers Gembloux par Longueville et Sart-lez-Walhain. Il alla s'emparer du château de Corroy après avoir massacré les quatre-vingts paysans qui le défendaient et se hâta alors de franchir la Sambre à Châtelet pour rejoindre le duc d'Orléans à Yvoy. L'arrière-garde de van Rossem fut harcelée (6 août) par les corps de cavalerie que de Boussu avait réunis, et en passant dans le comté de Namur, il perdit beaucoup de ses soldats. Il ne lui restait plus que 10.000 à 12.000 des 16.000 hommes qu'il avait au début de la campagne. Il avait réussi à traverser en peu de temps tout le Brabant, mais n'avait pu s'emparer d'aucune ville; son échec de Louvain fut considéré comme un fait miraculeux, dû à l'intervention de Dieu et de la Vierge; la régente Marie de Hongrie complimenta officiellement les Louvanistes. Pour conserver la mémoire de cet événement, on composa de nombreux poèmes et des chansons, et tous les ans une procession solennelle sortit à Louvain pour célébrer la « victoire merveilleuse et miracu« leuse ».

Van Rossem contribua alors à la prise d'Yvoy (16 août) et aux opérations qui eurent lieu dans le Luxembourg, mais en septembre quelques-unes de ses bandes, « se plaignant beaucoup de la « France », se dispersèrent. Les troupes qui lui restèrent continuèrent de piller en pays ami comme en pays ennemi : « quand elles estoient dix jours en ung « lieu, toute la contrée à l'entour estoit « ruinée ». Elles furent sans doute licenciées au début de l'hiver, et van Rossem retourna en Gueldre pour aller défendre le pays menacé par les armées de Charles-Quint (1543). Il alla se poster aux frontières de l'Overijssel, mais dut bientôt battre en retraite; il se jeta ensuite sur les pays d'Outre-Meuse, où il fit beaucoup de ravages, puis alla investir Heinsberg (10 mai). N'osant compter sur toutes ses troupes, dont une partie s'était mutinée pour avoir reçu du drap en guise de solde, il résolut de brûler la place au lieu d'en faire l'assaut. Mais les assiégés surent l'en empêcher et repoussèrent toutes les attaques. Le 22 juin, ils furent délivrés par le prince d'Orange, qui infligea à van Rossem une défaite complète et lui prit toute son artillerie. Van Rossem se porta alors du côté de la Hollande : il mit à contribution Kuilenburg, Vianen et Heusden, et menaça même Dordrecht. Renforcé par l'arrivée de petits détachements français et par des enrôlements forcés, il se jeta sur le pays d'Utrecht, pilla Heusden et Soest; averti que la garnison d'Amersfoort s'était affaiblie dans une malheureuse tentative sur Nijkerk, il parut à l'improviste devant cette place (4 juillet) et s'en empara malgré la résistance héroïque des bourgeois (9 juillet); cette ville se racheta du pillage par une contribution de 80.000 florins, mais elle n'en fut pas moins mise à sac par les Gueldrois. Van Rossem y laissa une garnison, puis alla ravager de nouveau le nord du Brabant, notamment la baronnie de Bokstel. Le 25 juillet il marche par Vucht sur Bois-le-Duc et, ne pouvant s'en emparer, rentre à Vucht qu'il incendie avec le château de Leeuwenburg. Pendant tout un temps il continue ses ravages aux environs d'Eindhoven dont il s'empare, et de Helmond, puis il se retire à Ruremonde, chargé de butin. Mais il ne put s'opposer à la marche triomphante des armées impériales, qui après avoir pris Düren se portèrent sur Juliers et Ruremonde. Van Rossem se retira vers l'intérieur du pays, et, le 30 août, Ruremonde ouvrait ses portes à Charles-Quint. Le 6 septembre, Guillaume de Clèves se rendait au camp impérial à Venloo pour faire sa soumission. Le 12 septembre, les États de Gueldre et de Zutphen reconnurent Charles-Quint pour souverain; van Rossem signa l'acte de reconnaissance, avec son frère Jean, au nom du quartier de Nimègue. Guillaume de Clèves délia le vieux maréchal de son serment de fidélité, et le « prince des chenapans », ainsi qu'Anna Bijns appelle van Rossem, passa au service de l'empereur. Il prit part à la campagne entreprise la même année (1543) par Charles-Quint dans le Hainaut. Peut-être fut-il envoyé l'année suivante en Piémont, où il se serait distingué à la bataille de Cérisoles.

La paix de Crépy (18 septembre 1544) lui permit de prendre du repos. Il séjourna surtout à Oude Loo, château qu'il avait fait construire en 1538 près d'Apeldoorn, et au Kannenburg près de Vaasen; peut-être passa-t-il quelque temps aussi dans la seigneurie de Meinerswijck dont il acheta la moitié en 1544 d'Anna Ten Wal, ou dans le château de Wadestein qu'il construisit à Herwijnen. En outre, il se fit bâtir à Arnhem une maison luxuense, qui fut appelée plus tard *Duivelshuis* et qui est depuis 1830 l'hôtel-de-ville d'Arnhem. Il se livrait avec passion à la chasse.

En 1551, lorsque éclata le conflit entre Charles-Quint et Henri II, l'empereur fit de nouveau appel à ses services. Van Rossem leva un grand nombre de troupes et fut chargé de surveiller avec d'autres généraux les villes frontières de la Frise et de la Gueldre; mais bientôt, comme on ne prévoyait pas d'attaque de ce côté, il fut envoyé dans le Luxembourg pour renforcer l'armée de Mansfeld. Cette contrée étant « entièrement mangée », il ne fut pas possible d'y rester longtemps. Le 29 mai, les corps mis sous les ordres de Van Rossem rétrogradèrent vers Marche et, au mois d'août, reçurent l'ordre de partir à marches forcées pour l'Artois, menacé par l'ennemi. Le comte de Rœulx, commandant général des troupes, eut fort à se louer des soldats de Van Rossem, notamment près de Saint-Omer et en Picardie. Van Rossem ravagea la Champagne et s'empara d'Esternay, pénétra avec Rœulx dans l'Ile-de-France, où il répandit la terreur par ses pillages et ses incendies, et se rabattit enfin sur l'Artois. Il se distingua tout particulièrement dans la campagne de 1553 : il coopéra à la prise de Hesdin (juillet 1553) qui était tombé au pouvoir des Français l'année précédente. En récompense de ses services il fut nommé gouverneur du Luxembourg en remplacement de Mansfeld. En 1554, il fit preuve encore de grandes qualités militaires, malgré son grand âge : il emporta le château de Douchant, parcourut la frontière méridionale du Luxembourg et s'avança jusqu'aux portes de Metz, « détruisant les forts dont les Français « se servoient au dommage du Luxem-« bourg ». Au mois de juillet, il reçut l'ordre de se porter avec toutes ses forces disponibles vers Grandpré, au delà de la Meuse à 59 km. de Mézières, pour rejoindre l'armée de Megen et il passa ensuite dans le Hainaut. Il pût regagner bientôt le Luxembourg, où il conduisit de nouveau avec énergie les opérations militaires. Il reprit aux Français le château de Villemont qui s'était rendu à l'ennemi sans coup férir, emporta et détruisit l'église fortifiée de Paliseul; d'autre part, pour contenir la garnison de Metz, il éleva entre cette place et Thionville, un fort appelé « la « mauvaise S ». Les Français tentèrent en vain de l'inquiéter.

En 1555, van Rossem fut désigné par Charles-Quint pour commander le corps d'armée destiné à défendre la Meuse et à tenir en respect Mariembourg, tombé au pouvoir des Français. Il dut protéger surtout la construction du fort de Charlemont, près de Givet. Mais il eut beaucoup de peine à maintenir la discipline parmi ses soldats qui se trouvaient « sans argent et en disette « de vivres ». Il lança plusieurs fois ses troupes affamées aux environs de Maubert-Fontaine et de Mézières. Il poussa activement les travaux du fort, mais à la fin de mai, fut atteint par la maladie qui décimait ses soldats. Il tomba dans un tel état de faiblesse qu'il dut remettre le commandement à Berlaymont. Le 2 juin, jour de la Pentecôte, il s'évanouit et ne reprit plus connaissance; il mourut le 7 juin suivant (1555).

Son cadavre fut transporté à Rossem, où il fut placé dans l'église sous un mausolée qui fut plus tard détruit par les iconoclastes. Van Rossem ne laissait pas d'héritiers directs, n'ayant jamais été marié. Il n'avait eu qu'une fille naturelle, Anna, qui était sourde-muette et qui vécut tranquillement dans une maison de campagne près d'Utrecht.

Herman Vander Linden.

J.-D.-W. Pape, *De levensgeschiedenis van Maarten van Rossem* ('s Hertogenbosch, 1847). — A. Henne, *Histoire du règne de Charles-Quint* (Bruxelles, 1858-1860, 10 vol.). — J.-I. Pontanus, *Historiae Gelricae libri XIV* (1639), p. 412. — Pontus Heuterus, *Rerum Austriacarum libri XV*, dans ses *Opera historica omnia* (Louvain, 1651), p. 224. — H. Bomelius, *Bellum Trajectinum* (1525-1528), dans *Werken van het historisch genootschap te Utrecht. Kronieken*, nº 28. — *Chronick van Herbaren van Mynden*, dans *Mededeelingen van het historisch genootschap te Utrecht*, 1888, p. 22 et s. — Chapeaville, *Gesta pontificum leodiensium*, t. III, p. 343-344. — B. Fisen, *Historia ecclesiae leodiensis* (1646), t. XVI, p. 340. — *Récit de la guerre de 1542 par Gérard le Prince* (1515-1562), dans *Messager des sciences histor.*, 1851, p. 229-231. — *Les actes et dernier supplice de Nicolas le Borgne, dict Buz, traistre, rédigé en rime par Josse Lambert, tailleur de lettres, et Robert de la Visscherye*, réédité par F. Vander Haeghen, en 1879, pour la Société des bibliophiles de Belgique. — Van Vloten, *Nederlandsche geschiedzangen*, t. I, p. 217-235. — *Rapport de L. de Praet à Charles-Quint du 24 septembre 1542*, dans K. Lanz, *Korrespondenz des Kaisers Karl V*, t. II, p. 364 à 367. — J. Servilius (J. Knaep), *Geldrogallica conjuratio in totius Belgicæ clarissimam civitatem Antverpiam duce Martino Rosheymio* (Anvers, 1542; publié aussi dans Freher, *Rerum germanicarum scriptores*, t. III). — *Damiani Gois equitis lusitani urbis lovaniensis obsidio* (Lisbonne, 1546; publié aussi dans Schardius, *Rerum germanicarum scriptores*, t. II, p. 1869-1883). — Nannius, *Oratio de obsidione lovaniensi* (1543). — L. Torrentius, *Geldrogallorum grassatio in Lovanienses per M. a Roshem* (Anvers, 1542). — P. Divaeus, *Rerum Lovaniensium libri XIV*, p. 111-112. — Galesloot, *La commune de Louvain, ses troubles et ses émeutes*, p. 1-16. — H. Vander Linden, *Geschiedenis van de stad Leuven* (Louvain, 1899), p. 152-156. — W.-B.-S. Boeles, *Uvo Helt en Severinus Feyta, een Groninger en een Fries, bij de berenning van Leuven door Maarten van Rossum in 1542*, dans *Bijdragen tot de geschiedenis en oudheidkunde van de provincie Groningen*, t. V, p. 37. — M.-J. Dirks, *Severinus Feyta, of Leuven in 1546 door Maarten van Rossem berend*, dans *de Vrije Fries*, t. VII, p. 297. — *Extrait des comptes de Sainte-Gudule* (3 août 1542), dans *Messager des sciences historiques*, 1891, p. 375. — *Relation de l'attaque de Louvain par Martin van Rossem*, dans la *Correspondance de Marie de Hongrie avec Charles-Quint*, 1534-1552, t. I, f. 290 à f. 301 vº, aux archives du royaume). — *Brief van Maria van Hongarije aan Joncker Frans de Mol, meier van Leuven* (16 sept. 1542), dans *Vaderlandsch Museum*, t. II, p. 303. — Ordonnances de Charles-Quint au maieur de Louvain (18 et 21 août 1542), aux archives de la ville de Louvain. — Les chansons composées sur les sièges d'Anvers et de Louvain sont mentionnées dans P. Fredericq, *Onze historische volksliederen van voor de godsdienstige beroerten der 16de eeuw* (Gent, 1894), p. 79-86. — J.-F. Willems, *Merten Luther en Merten van Rossum, satyrisch referein van Anna Bijns*, dans *Belgisch Museum*, t. VII, 1843, p. 73. — J.-A. Nijhoff, *Maarten van Rossem*, dans *Geldersche volksalmanak*, 1861, p. 3. —

J.-A. Nijhoff, *Het huis van Maarten van Rossem*, dans *Bijdragen van vaderlandsche geschiedenis en oudheidkunde*, 2de deel, p. 124. — Vander Aa, *Biographisch woordenboek der Nederlanden*, t. XVI. — *Oirconden betreffende de familie van Isendoorn à Blois* (dans *Maandblad van het genealogisch-heraldiek genootschap De Nederlandsche Leeuw*, 1908, nº 1, col. 8 à 11).

ROSSEEUW (*Léonard-François-Jacques*), homme de loi et législateur, né à Courtrai, le 20 nivôse an XIII (10 janvier 1805), mort dans cette ville, le 6 avril 1889. Il avait à peine atteint vingt-cinq ans, lorsque les électeurs de sa ville natale le choisirent comme député suppléant au Congrès national; il fut appelé à y siéger le 13 avril 1831, en remplacement de l'abbé Verbeke, démissionnaire. Rosseeuw fut un des quatorze membres qui, sous l'impulsion de l'abbé de Haerne, proposèrent, en séance du 3 juin, de placer à la tête du pays « un chef indigène »; cet amendement, visant Surlet de Chokier, ne pouvait aboutir; le régent, on le sait, avait déjà antérieurement décliné la couronne royale. Rosseeuw n'en vota pas moins pour Surlet, dans la mémorable séance du lendemain, où le trône fut offert à Léopold de Saxe-Cobourg. Le député de Courtrai émit aussi un vote négatif sur les XVIII articles, comme sur le premier projet relatif à la garde civique; il appuya la proposition d'établissement du jury. A la suite du Congrès, les électeurs de Courtrai voulurent envoyer L. Rosseeuw à la Chambre; il refusa, de même qu'il déclina, dans la suite, tout mandat, toute fonction publique. Il se consacra entièrement au barreau, où il fit une carrière semi-séculaire.

Il publia, étant étudiant de l'université de Gand, une thèse juridique sur la puissance maritale : *Dissertatio inauguralis juridica de maritali potestate ... in Academia Gandavensi ... die* 8 *novembris* 1828; in-4º, 30 p.

Bon Joseph de Bethune.

Huyttens, *Discussions du Congrès national*, t. III et V. — Notices nécrologiques.

ROSSIGNOL (*Isidore-Hippolyte*), docteur en médecine, né le 15 août 1815, à La Malmaison (France) et mort à Moulin-Battin, près de Longuyon (France), le 9 décembre 1870. Ses parents étaient belges et lui-même avait conservé cette qualité. Il fit ses premières études au collège de Virton, puis ses études de médecine à l'université de Bruxelles. Bien qu'il se livrât, dès la conquête de son dernier diplôme, à la pratique de sa profession, il continua à fréquenter les hôpitaux et il ne tarda pas à être attaché au service du chirurgien Seutin, en qualité d'adjoint. Poursuivant, d'autre part, ses études d'anatomie, il se vit confier, le 22 février 1845, le mandat de prosecteur adjoint à l'amphithéâtre; puis, le 14 février 1848, les fonctions de prosecteur en titre. La préparation de sa thèse d'agrégé date de cette époque; il la défendit l'année suivante devant la faculté avec le plus grand succès. Elle portait sur des *Recherches anatomiques, cliniques et expérimentales sur la nature et les causes de l'emphysème pulmonaire* (*asthme continu des anciens*); mais il n'en parut que la première partie relative à l'anatomie pathologique (avec cinq planches dessinées par A. Larivoire. Bruxelles, Grégoir, 1849; in-8º, 123 p.). Il fut aussitôt après chargé du cours de médecine légale et de la suppléance du cours de médecine opératoire, dont le titulaire était Seutin.

A la mort de ce dernier, il abandonna le cours de médecine légale et remplaça définitivement le défunt comme professeur de médecine opératoire; il fut, en même temps, nommé chef de service à l'hôpital Saint-Jean et chargé de la clinique externe. Le 14 janvier 1850, il avait reçu le titre de professeur extraordinaire, et avait été promu à l'ordinariat le 27 décembre 1855. Les leçons de clinique de Rossignol étaient remarquables par leur clarté et reflétaient la grande science de leur auteur. Son habileté comme chirurgien, basée sur des connaissances approfondies en anatomie et en médecine opératoire, avait porté sa réputation à la hauteur de celle de son maître Seutin. Aussi non seulement les élèves se pressaient-ils nombreux à ses côtés, mais presque quotidiennement des médecins du pays et même de l'étranger venaient écouter sa parole éloquente et simple à la fois. Rossignol dota les sciences chirurgicales de plusieurs innovations utiles, parmi lesquelles l'une des plus importantes est sa méthode de traitement des varices devenue classique.

Rossignol avait été élu membre de la Société des sciences médicales et naturelles de Bruxelles en 1861 et peu après membre correspondant de l'Académie royale de médecine de Belgique. En 1864, il fut même proposé comme membre titulaire de ce corps savant. Le roi Léopold Ier l'avait nommé chevalier de son Ordre.

Nous avons encore à mentionner deux ouvrages importants dus à la plume de Rossignol. C'est d'abord ses *Recherches sur la structure intime du poumon de l'homme et des principaux mammifères*. Bruxelles, Dumortier frères, 1846; in-4° de 70 pages, avec une planche, publiées dans les *Mémoires de l'Académie de médecine*, qui passa pour un modèle de perfection et qui commença à établir sa réputation; puis, sa *Chirurgie pratique*, Bruxelles, 1860, qui résume un grand nombre de ses belles leçons de clinique chirurgicale.

Deux ans avant sa mort, Rossignol fut victime d'un accident : il se fit une blessure au cours d'une opération. L'infection se manifesta par des accidents du côté du foie, puis du côté du cœur. A partir de cette époque sa santé resta fortement altérée; dans l'espoir de la voir se rétablir il alla habiter la campagne, chez l'une de ses sœurs, près de Longuyon. C'est là qu'il mourut malgré les soins dévoués dont l'entourait sa famille.

Le docteur Jeanty, de Virton, l'un de ses anciens élèves, fut donc seul à prononcer quelques mots sur sa tombe; mais il sut le faire en termes élevés, rappelant la haute position que Rossignol avait occupée dans la science et dans la pratique, et exprimant les sentiments de sympathie et d'admiration de tous ceux qui avaient eu le bonheur d'entendre la parole du maître.

Dr Victor Jacques.

L'université de Bruxelles, Notice historique, par L. Vanderkindere (Bruxelles, 1884). — *Journal de médecine, de chirurgie et de pharmacologie*, publié par la Société des sciences médicales et naturelles de Bruxelles, 1870. — *La Presse médicale* (de Bruxelles), 1871, n° 2.

ROSSI (*Jean*), peintre. Voir ROST.

ROSSIUS-ORBAN (*Charles-Abeillard-Conscrit* DE), homme politique, né à Liége le 15 mai 1799, mort dans cette ville, le 26 mai 1870. Il appartenait à une vieille famille noble de la principauté de Liége, mais son père, « patriote », donna à son fils le prénom de *Conscrit* en l'honneur des institutions nouvelles et signa son acte de naissance : « L. Rossius, ex-colonel ».

Charles de Rossius épousa le 9 mai 1827 la fille de Mr Orban, le grand industriel liégeois, et s'occupa d'affaires industrielles importantes. Orangiste en 1830, il se rallia bientôt loyalement au régime nouveau. Il fut depuis la réconciliation des Pays-Bas avec la Belgique, jusqu'à sa mort, consul des Pays-Bas à Liége. Libéral convaincu, il n'entra que tard dans la vie politique active. Elu membre du conseil provincial de Liége en 1844, il coopéra activement à ses travaux, fut nommé vice-président en 1851 et président en 1855. Il présida le conseil provincial jusqu'en 1868, époque à laquelle l'état de sa santé l'obligea à se démettre de ces fonctions.

Charles de Rossius-Orban avait une haute situation dans le monde industriel liégeois. Il fut vice-président de la chambre de commerce de Liége où il défendit toujours les principes du libre-échange, membre du jury des expositions de Bruxelles en 1847, de Londres en 1855, de Paris en 1867. Il aimait les arts et protégeait les artistes. Il fut président de la Société d'Emulation, président de l'Association pour l'encouragement des beaux-arts. Il était lui-même poète délicat et faisait des vers aimables qui se sont malheureusement perdus; nous ne connaissons de lui qu'un poème héroï-comique de 350 vers, édité en 1851 à Liége, chez F. Renard et frères, *La Pile*. Le conseil provincial de Liége avait voté la suppression d'une pile du pont de Huy et la construction d'un pont à Visé. L'auteur fait le récit burlesque et satirique du voyage de la pile du pont de Huy jusqu'à Visé.

Charles de Rossius-Orban était commandeur des ordres de Léopold et de la Couronne du Chêne, chevalier de la Légion d'honneur et du Lion néerlandais.

Armand Freson.

ROSSIUS DE LIBOY (*Charles-François*), chanoine tréfoncier de la cathédrale de Saint-Lambert à Liége, seigneur de Jemeppe, Chavagne, Hargimont, Roy, Liboy, Tahier, Méan, Chardeneux, Croix, Spalbeek; haut voué héréditaire de Nivelle-sur-Meuse, né dans la seconde moitié du XVIIe siècle, mort à Liége, le 25 février 1736. Il était fils de Pierre-Louis Rossius, qui, après avoir été bourgmestre de Liége et s'être marié deux fois, s'engagea dans les ordres et devint lui-même chanoine de Saint-Lambert. Charles-François fit ses études aux universités de Douai et de Cologne et prit son grade de licencié en droit, le 15 octobre 1687, à celle de Pont-à-Mousson. Il fut pourvu d'un canonicat de la collégiale de Saint-Paul à Liége, puis recueillit la prébende de Guillaume de Furstenberg à Saint-Lambert, où il fut reçu le 30 août 1697. Il fit ainsi partie du chapitre cathédral en même temps que son père et trois de ses frères : Pierre-François, qui mourut le 24 novembre 1725; Louis-François, qui devint évêque suffragant et vicaire général, décédé le 25 novembre 1728, et François, prévôt de Saint-Jean, mort le 28 juin 1735. Ses frères étaient tous trois très riches, et Charles-François, leur ayant survécu, réunit en sa possession tous les biens de sa famille. Il habitait une maison lui appartenant dans les cloîtres de la collégiale Saint-Pierre et y mourut le 25 février 1736. Il fut enterré près de sa sœur dans cette église. Il avait fait son testament le 13 septembre 1735 et modifia ses dispositions, par des additions successives, les 15, 16 et 17 février 1736, enfin pardevant notaire, le 24 du même mois, veille de sa mort. Par ces divers codicilles, il léguait l'ensemble de sa considérable fortune au doyen de Saint-Pierre, Jean-François-Joseph de Moraiken, pour en jouir conjointement avec les chanoines de cette collégiale. Ces dispositions testamentaires suscitèrent un double procès : l'un entre le doyen Moraiken et son chapitre; l'autre avec la famille Rossius, représentée tantôt par Rossius de Humain, chanoine de Saint-Paul, tantôt par les chevaliers Octave et Guillaume-Charles Rossius. Ce procès fut porté jusque devant la cour impériale de Wetzlar. La succession de l'opulent chanoine enrichit considérablement l'église de Saint-Pierre, dont les prébendes étaient auparavant peu importantes. Les documents relatifs aux nombreux biens de la famille Rossius ont passé de Saint-Pierre aux Archives de l'Etat à Liége, où elles forment un fonds considérable ne comprenant pas moins de quarante-huit volumes avec une quantité de liasses.

Sylv. Balau.

Saumery, *Les délices du pays de Liége*, t. III, p. 127, 139. — *Recueil héraldique des bourgmestres de la noble cité de Liége*, p. 437-440. — Ernst, *Tableau des suffragants de Liége*, p. 247. — De Theux, *Le chapitre de Saint-Lambert*, t. III, p. 369, et ailleurs. — *Biographie nationale*, t. XII, col. 96, art. Liboy. — Pieces de procédure imprimées, à la bibliothèque de l'université de Liége : *Notes et remarques des preuves à démeller et discerner le véritable testament de feu messire Charles-François Rossius de Liboy ... et la fausseté des feuilles volantes qu'on a fourrées dans le dit testament; Discursus juridicus in causa RR. DD. vice-decani et capituli ... Sancti Petri Leod. cum Rev. adm. domino Moraiken ejusdem ecclesiæ decano; Rescripta cæsarea in causa de Moraiken contra capitulum Sancti Petri.* — Pièces de procédure manuscrites, aux archives de l'Etat à Liége : *Testaments des chanoines de Saint-Lambert*, n° 17; Conseil privé, *Protocollum in causa R. D. Moraiken contra capitulum Sancti Petri; Chambre de Wetzlaer*, liasse 229.

ROSSIUS DE LIBOY (*Louis-François*), évêque suffragant de Liége. Voir LIBOY.

ROSSO (*Giovanni*). Voir ROST.

ROSSUM (*Adrien-Charles-Joseph* **VAN**), médecin, né à Louvain vers 1706, et y décédé le 8 mai 1789. Il appartenait à une famille patricienne de la ville; il fut professeur primaire de médecine à l'université et chargé de l'enseignement de l'anatomie. Lorsque l'impératrice Marie-Thérèse fonda, sous le nom de Société littéraire, l'ancienne Académie en 1769, il fut désigné par la souveraine, avec un autre professeur de l'université de Louvain, le docteur Vounck, pour faire partie de ce corps savant. Mais il y brilla surtout par son absentéisme : dans un rapport que le prince Charles de Lorraine adressa, le 7 avril 1772, à l'impératrice, pour lui rendre compte de l'état de la Société littéraire, le gouverneur des Pays-Pas signale l'indifférence de A. van Rossum pour les affaires de la Société et le parti qu'il prit finalement de ne plus se rendre aux assemblées.

Dr Victor Jacques.

De Ram, *Notice sur les docteurs Van Rossum et Vounck, membres de l'ancienne Académie* (*Annuaire de l'Académie royale des sciences et belles-lettres de Bruxelles*, 1845).

ROSSUM (*Jean* **VAN**), sculpteur flamand. On possède peu de renseignements sur cet artiste. Tout ce qu'on sait de lui positivement, c'est qu'il florissait à Termonde, vers le milieu du XVIIIe siècle, et qu'il orna, en 1763, dans le style rocaille, les panneaux de revêtement de l'église de Lebbeke près de cette ville.

Fréd. Alvin.

Piron, *Levensbeschryving der mannen en vrouwen van Belgie*. — Chevalier Edm. Marchal, *La sculpture et les chefs-d'œuvre de l'orfèvrerie belges*, p. 630.

ROSSVOOD (*Martin* **DE**), graveur d'origine flamande, travaillant à Madrid au XVIIe siècle. Cean Bermudez le mentionne pour ses sujets de dévotion et ses portraits. Parmi les premiers, il cite la figure à mi-corps du B. Juan de Avila, gravée en 1661. Nous n'avons rencontré aucune œuvre du burin de cet artiste dont le nom, de physionomie peu flamande, est sans doute défiguré.

Henri Hymans.

D. Juan Agustin Cean Bermudez, *Diccionario historico de las mas ilustres profesores de las bellas artes* (Madrid, 1800), t. IV, p. 251.

ROST (*Jean*), ROSTEL, *Giovanni* Rosso ou AROSTO, plus probablement VANDER ROOST, hautelicier, né à Bruxelles dans le dernier quart du XVe siècle, mort à Florence après 1560. Ses traces, en Italie, se relèvent vers l'année 1534, à Ferrare, où, sans doute, il fut appelé par des travaux à exécuter pour Hercule II. Alph. Wauters incline à croire qu'il s'expatria pour motifs religieux. En 1534-1535, en effet, parmi les personnes soupçonnées d'hérésie et sommées de comparaître devant les magistrats de Bruxelles, sous peine de mort, on relève les noms de Marguerite Vander Roost et de ses deux filles. C'est dans tous les cas sous les auspices des princes de la maison d'Este que se révèle le « Rost ». Dès le XIVe siècle, ces princes avaient appelé à leur cour des ouvriers flamands en vue de la confection de tapisseries à l'instar de celles qui rendaient célèbre leur pays d'origine. Un des plus fameux fut le Bruxellois « Rinaldo di Gualteri de « la Magna Baesa », c'est-à-dire de Flandre, la basse Allemagne. On ne le connaît que sous le sobriquet de Rinaldo « Boteram », dont il signe les actes où il intervient. Sous Hercule II, dont le règne embrasse les années 1534 à 1559, Nicolas et Jean Karcher, aussi Carchera, probablement Kerckx, de Bruxelles, furent à la tête de l'*Arazzeria estense*. Ils eurent pour compagnon de travail Jean Rost, qu'Eugène Müntz n'hésite pas à désigner comme « le roi « des tapissiers de la Renaissance ». Les cartons de ses tentures étaient tracés par les plus grands artistes du temps. Nous voyons intervenir dans leur confection des peintres tels que Dosso-Dossi et son frère Battista. C'est là sans doute un des secrets de la valeur des travaux de Rost. En 1541 il fut envoyé en Flandre pour y acheter de la laine; en 1543 une gratification lui fut allouée pour services rendus à l'occasion des fêtes données en l'honneur du pape Paul III. Bien qu'il œuvrât jusqu'en 1553 pour Hercule d'Este, nous le voyons fixé à Florence plusieurs années avant cette date. Dès le 20 octobre 1546, il signait un contrat d'engagement avec Francesco Ricci, majordome de Cosme Ier de Médicis, traitant pour le compte de son maître. Jean Roste ou « Rostel de Flandria » et Nicolas Carchera, jouiront au service du grand-duc de Médicis d'un local convenable; ils recevront six cents écus d'or par an et seront payés à part pour tout travail exécuté spécialement pour le souverain, étant autorisés d'ailleurs à travailler pour d'autres. Ils installeront vingt-quatre métiers, dont douze au moins fonctionneront d'une manière continue. Enfin, ils enseigneront leur art aux jeunes gens de Florence. Ce contrat, d'une durée de trois ans, fut renouvelé à son expiration. D'une lettre de Cosme Ier à Francesco de Tolède ressort que le grand-duc voulait faire de sa capitale un centre de production des tapisseries de haute lice lui permettant d'éviter l'importation des tentures de Flandre. Il n'y réussit point tout à fait car, à mainte reprise, il fallut faire tisser aux Pays-Bas des pièces importantes, d'après les cartons de maîtres italiens. Mais à Florence même les Flamands s'imposèrent — sans avantage d'ailleurs — pour l'exécution des modèles livrés à *l'Arazzeria medicea*. Il suffit de rappeler les innombrables sujets traités par le Brugeois Jean Vander Straeten, mieux connu sous le nom de Stradanus. Rost eut, pour sa part, ainsi que Karcher, engagé aux mêmes conditions que lui, le grand avantage de travailler d'après des cartons d'artistes tels que le Bronzino (Angelo Allori), le Bachiacca (Francesco d'Ubertino), mort en 1577, Francesco Salviati, produisant de véritables merveilles. « Si dans leurs cartons les « peintres florentins oublient parfois « trop les convenances décoratives pour « montrer leur science du dessin, pour « s'essayer dans ces tours de force dans « lesquels triomphait Michel Ange, si, « dans *l'Histoire de Joseph*, surtout, ils « rompent avec cette pondération, cette « science de groupement, dont ils sem« blaient devoir se faire les champions, « en revanche Rost et Karcher ont « apporté dans leur travail de traduc« tion une conscience et un goût que « l'on ne saurait assez admirer. Ces « maîtres excellent à reproduire ici la « fierté des profils de Bronzino, ailleurs « la finesse des arabesques de Bachiacca, « et cependant leur coloris ne cesse pas « d'être riche, vibrant, harmonieux : « leurs tapisseries sont aujourd'hui « encore une fête pour les yeux. » (Eugène Müntz, *La Tapisserie*). La tenture de *l'Histoire de Joseph* orne encore la salle des délibérations du conseil municipal au Palais Vieux, à Florence. Elle coûta soixante mille écus d'or. Loué par Vasari, dont les cartons lui servirent plus d'une fois de modèle, Rost fut comblé de faveurs par Cosme de Médicis. Envoyé à Rome en 1558 pour y installer un atelier pour la confection des tapisseries, il fut, de la part du pape Paul IV, l'objet de vives, mais infructueuses instances, à l'effet d'entrer définitivement au service pontifical. Mais déjà atteint par l'âge et les infirmités, il retourna à Florence sa mission accomplie. Il avait, en 1550-1551, confectionné pour les Vénitiens une tenture de l'*Histoire de saint Marc* encore conservée dans les combles de la basilique. Les dessins de cette précieuse et, dit-on, magnifique série de productions avaient pour point de départ les cartons de Sansovino en personne. Rost signait ses productions d'une sorte d'armoirie parlante, un poulet à la broche : *Rosto*, rôti. L'excellent ouvrier connut à la fin de sa carrière de graves revers de fortune. En 1560, hors d'état de travailler, il dut solliciter de son fils, nommé Jean comme lui, et son continuateur, une pension alimentaire. Les arbitres, tous Flamands, dont deux tapissiers de Bruxelles : Arnould van Harlem et Balthazar De Coninck, en fixèrent le taux à quatorze livres par semaine. On apprend à cette occasion qu'il était Bruxellois et fils de Laurent. Jean Rost, le jeune, travaillait encore en 1565. Vasari parle d'un autre fils, Marc, très habile tapissier également.

Henri Hymans.

Georges Vasari, *Vie des peintres, sculpteurs et architectes*, traduction Leclanché (Paris, 1842), t. IX, p. 64 et 114. — L.-N. Citadellà, *Notizie relative a Ferrara* (Ferrare, 1864). — A. Schoy,

Artistes flamands à l'étranger : l'Arazzeria medicea (*Journal des Beaux-Arts*), 1876, p. 1 et suiv. — C. Corell, *Ricerche storiche sull'arte degli Arazzi in Firenze* (1875). — Alph. Wauters, *Les tapisseries bruxelloises. Essai historique sur les tapisseries et les tapissiers de haute et de basse-lice de Bruxelles* (Bruxelles, 1878), p. 164, 168, 169, 170, 436. — Eug. Müntz, *Histoire générale de la tapisserie. Histoire de la tapisserie en Italie, en Allemagne, en Angleterre*, etc. (Paris, 1878-1884), p. 34, 54-57 et 62-66. — Le même, *La tapisserie*, Bibliothèque de l'enseignement des beaux-arts (Paris, Quantin).

ROSTEL (*Jean* **DE**). Voir Rost.

ROSTER (*Jacques* **DE**). Voir Rooster.

ROSUT (*Jean* **DE**), imagier du XVe siècle. Dans leurs *Etudes sur l'art à Tournai et sur les anciens artistes de cette ville*, MMrs de La Grange et Cloquet le disent tournaisien. Cette origine n'est rien moins que certaine, car ne sont point nécessairement tournaisiens les peintres et sculpteurs auxquels la ville de Tournai a eu jadis à payer un salaire pour l'accomplissement d'un travail décoratif. Ce nom de Rosut est inconnu à Tournai durant les XIIIe et XIVe siècles; au XVe siècle, il apparaît une seule fois, et c'est dans le compte d'exécution testamentaire de Sandre de Rosut, veuve d'Arnould de Quinghien, rendu en 1452; enfin, aucun bourgeois de 1425 à 1521 ne porte ce nom. Il n'est donc point hasardeux ni téméraire de dire que Jean de Rosut n'est pas de Tournai; peut-être était-il originaire du Tournaisis, car il se pourrait qu'il eût vu le jour à Rosut, à 6 kilomètres environ de Saint-Amand?

Quoi qu'il en soit de son origine, Jean de Rosut ne peut pas, à mon sens, être qualifié d'artiste; il était un de ces tailleurs d'images, artisans plutôt qu'artistes, dont le magistrat urbain de Tournai, dans la seconde moitié du XVe siècle, employa la verve à sculpter dans le bois de petits objets et à compléter des statues que le temps avait ou décapitées ou endommagées.

On voyait à Tournai, contiguë au Beffroi, une de ces anciennes constructions en bois pittoresques et mouvementées et tout habillées de sculptures dont le moyen âge eut le secret: c'était la *Maison des échoppes de la ville*. Elle était assez ancienne, car on en restaurait la devanture en 1476, *tout selon la facture des viez ouvraiges*. Jehan de Rosut y tailla alors une figure à un des bracons soutenant la saillie des sommiers, en même temps qu'il décora un de ces sommiers de feuilles sculptées (de La Grange et Cloquet, p. 58). A l'extérieur, contre la façade, à l'étage, figurait un Saint-Sauveur; Jean de Rosut lui refit, en 1477, la main qui tenait le globe du monde et celle qui bénissait; à d'autres statues de l'étage et du rez-de-chaussée, il mit « pluiseurs nouvelles « mains, piez, nez et aultres membres ».

Les comptes d'ouvrages des archives de la ville de Tournai ne font plus mention de Jean de Rosut jusqu'en 1499; cette année, il orna de deux figures « de marmousez deux pochardeaux mis et attachiés à la baille de sire Nicolas Desfarvaques ». Il était, en effet, d'usage de placer devant la maison du prévôt de Tournai une barrière derrière laquelle ce magistrat rendait ses arrêts relativement à des délits dont la peine ne pouvait pas être supérieure à une amende de soixante sous tournois. Ce sont les montants de cette barrière que Jean de Rosut décora de deux figures de marmousés.

Le nom de Jean de Rosut cesse alors de paraître dans les documents des archives de Tournai. On ne sait ni où ni quand il mourut.

Ad. Hocquet.

* **ROSWEYDE** (*Héribert*), écrivain ecclésiastique, né à Utrecht, le 21 janvier 1569 (1), mort à Anvers, le 5 octobre 1629. Il est regardé à juste titre comme le père de l'œuvre bollandienne. Le premier, en effet, il conçut et entreprit d'élever le magnifique monument des *Actes des Saints* : c'est son principal titre de gloire. Fils de Maurice Roswey (2), trésorier et commandeur

(1) Telle est la date écrite dans l'*Album novitiorum* par Rosweyde lui-même.

(2) Le nom du célèbre hagiographe se retrouve sous cette forme dans l'*Album novitiorum* et dans les catalogues annuels du personnel de

régional de l'Ordre Teutonique, il reçut, au milieu des troubles religieux du XVIe siècle, une éducation profondément chrétienne. Au cours des premières études qu'il fit dans sa ville natale, il s'était voué à l'état ecclésiastique et avait même reçu la tonsure cléricale. Vers l'âge de dix-huit ans, il se rendit à Douai pour terminer ses humanités au collège des jésuites. L'année suivante, au sortir de la rhétorique, il était admis dans la Compagnie de Jésus par le Père Provincial François Costerus, et entrait au noviciat de Tournai, le 21 mai 1588. Deux ans après, revenu à Douai pour suivre le cours de philosophie, il prononçait ses premiers vœux, le 17 juin 1590; en 1591, il conquit le grade de maître ès arts.

Sa future carrière se dessina au cours de ses études philosophiques. Dès lors, en effet, on vit briller en lui le goût le plus vif et une aptitude merveilleuse pour les recherches historiques et l'étude des antiquités ecclésiastiques. Préludant à cette vie de labeur intense, qui fut la caractéristique de sa carrière littéraire, il employait les jours de congé à visiter les bibliothèques des abbayes du pays environnant. Durant les cinq ans qu'il passa à Douai (1590-1594), comme étudiant d'abord, puis comme professeur d'humanités et de rhétorique, il ne connut pas de meilleur délassement. De 1595 à 1598 il suivit les cours de théologie à Louvain. Ordonné prêtre en 1599 à Douai, où il enseignait alors la logique, il fut enfin autorisé à suivre son penchant pour l'étude des antiquités ecclésiastiques. En 1603, il était alors préfet des études au collège d'Anvers, Rosweyde communiqua à ses supérieurs l'idée qui le travaillait depuis longtemps : publier une hagiologie aussi complète que possible. Son projet était gigantesque. Il ne se proposait pas seulement de passer au crible de la critique les vies des saints publiées par Lipomanus, Surius et d'autres; mais, frappé des richesses hagiographiques que recélaient les bibliothèques des Pays-Bas, il voulait recueillir les vies non encore publiées et les éditer avec des notes critiques et explicatives. D'après ses plans, dix-huit volumes in-folio devaient suffire. Les deux premiers seraient consacrés à la vie de Jésus-Christ et de la sainte Vierge, ainsi qu'aux fêtes établies en leur honneur; le troisième traiterait des solennités des saints, les douze suivants présenteraient les vies des saints d'après l'ordre des mois et des jours (1). Enfin, comme couronnement, il aurait ajouté trois tomes : dans le premier, il se proposait de reproduire les divers Martyrologes, le second serait destiné aux annotations critiques et aux notes explicatives sur les vies des saints, et le dernier à tout un ensemble de tables des matières.

la Province belge jusqu'à l'année 1606. Nous n'avons point les catalogues de 1607 et de 1608, mais, à partir de 1609, il est régulièrement inscrit sous le nom de *Rosweydus*, forme latinisée qu'il a sans doute adoptée en 1607 en publiant son premier ouvrage. Lui-même avait l'habitude de signer ses œuvres sous la forme : *Ros-Weydus*.

Fort des encouragements de ses supérieurs, il allait mettre la main à l'œuvre, quand l'obéissance vint l'arracher à son dessein pour le lancer sur une autre voie. Durant trois ans (1604-1606) nous le voyons occuper avec éclat la chaire de controverses à Saint-Omer et à Anvers. Toutefois sa volonté tenace n'abandonna pas son projet, et tout le temps que les cours lui laissaient était donné aux recherches; partout il avait des correspondants fouillant pour lui les bibliothèques de Belgique. Déchargé du cours de controverses — il était alors dans la pleine maturité de son talent — il reprend ses travaux, précise son plan, et lance, avec les *Fasti Sanctorum* (Anvers, 1607), à la fois un manifeste et un spécimen de l'œuvre projetée. Bien mince était le volume,

(1) Un moment Rosweyde hésita s'il n'adopterait pas l'ordre chronologique de préférence à l'ordre du calendrier ecclésiastique. La première méthode présentait l'incontestable avantage de mettre son œuvre en harmonie avec les Annales de Baronius : ainsi, les deux ouvrages se compléteraient et s'éclaireraient mutuellement (*Mémoire de* 1608, ms. conservé à la bibliothèque des Bollandistes). Malheureusement, il finit par se ranger à la méthode de ses devanciers, et renonça à cette heureuse innovation, qui eût empêché le morcellement de l'œuvre, et aurait singulièrement hâté et simplifié la publication des *Actes des Saints*.

mais il attestait une somme de travail considérable. Le savant hagiographe y dresse le catalogue des treize cents vies de saints qu'il a déjà réunies, indique la méthode qu'il suivra dans la publication, et ajoute comme spécimen les actes de saint Tharacus et de ses compagnons martyrs, *tenuem magnae sylvae ramum*, comme il s'exprime dans une lettre datée du 14 mai 1608.

Hélas! le sort du P. Rosweyde fut vraiment d'être perpétuellement distrait de la grande et noble tâche à laquelle il avait voué sa vie. Les nécessités de la polémique religieuse l'amènent à écrire le *De fide haereticis servanda* (Anvers 1610); ses supérieurs le chargent de la censure et de l'impression d'un grand nombre d'ouvrages; ses relations avec les érudits et les exercices du saint ministère absorbent le plus clair de son temps pendant les trois années qu'il passe encore à Anvers. C'est en vain qu'on l'envoie à Courtrai pour être plus libre: dès les premiers jours de son arrivée, le préfet des écoles tombe malade, et Rosweyde doit le suppléer au collège et dans le ministère des âmes. En résumé de 1603 à 1611, rien pour l'œuvre que les moments perdus. Enfin en 1612, l'hagiographe rentre à Anvers, où il demeurera jusqu'à sa mort. Il adresse à ses supérieurs un quatrième mémoire (publié dans les *Analectes pour servir à l'histoire ecclésiastique de Belgique*, 1868, t. V, p. 261-270). Le Père Provincial Guillaume Veranneman recule devant l'immensité de l'œuvre. Reprenant une idée, émise déjà par le cardinal Bellarmin (lettre du 7 mars 1608), il lui laisse le choix ou bien d'insérer dans une nouvelle édition de Surius, annoncée par un imprimeur de Cologne, les histoires qui ont échappé aux investigations de cet hagiographe, ou bien d'éditer à part la collection des vies non encore publiées. Pour le reste, il poursuivra ses travaux sur l'histoire de l'Église et les antiquités chrétiennes et prêtera l'appui de sa science et de son autorité à l'Académie ecclésiastique, récemment fondée à Anvers (lettre du 8 juillet 1613). Rosweyde ne se déclara pas vaincu; mais il insista avec vigueur, pour être autorisé à poursuivre le plan primitivement approuvé. Quel fut le résultat final? L'autorité de ses supérieurs le força-t-elle à abandonner son dessein, ou, comme Bollandus le lui reproche, se laissa-t-il jusqu'au bout distraire et attarder par d'autres travaux, utiles il est vrai, mais qui l'écartaient de la publication annoncée? La multitude et la diversité des ouvrages sortis de sa plume pendant cette dernière période de sa vie porteraient à croire qu'il avait bel et bien renoncé à son projet. D'autre part pourtant, nous le voyons sans cesse occupé à collectionner le plus grand nombre possible de vies de saints; et peu de temps avant sa mort, à l'âge de soixante ans, il se faisait encore fort de soumettre à la critique et de livrer au public chaque année un volume, c'est-à-dire les actes des saints d'un mois entier.

Quoi qu'il en soit, la mort vint le saisir, sans qu'il eût édifié la moindre partie du monument grandiose, objet des pensées de toute sa vie. Il avait conçu l'idée de ce vaste édifice, en avait dressé le plan, amassé les matériaux, mais il ne sut pas bâtir. Ajoutons pourtant avec Bollandus, et c'est justice, « qu'il faut lui savoir gré au moins de « l'avoir ébauché avec tant de gran- « deur ».

Nous ne pouvons songer à analyser, au cours de cette notice, tous les ouvrages de Rosweyde : on en trouvera la longue énumération dans la *Bibliothèque des écrivains de la Compagnie de Jésus* (De Backer-Sommervogel, t. VII, col. 190-207).

Les *Vitæ Patrum* (Anvers 1615, 1628 et Lyon 1617) sont l'œuvre la plus importante de l'activité littéraire du P. Rosweyde, et de nos jours encore elle conserve une vraie valeur critique. Dédiée à Antoine de Winghe, abbé de Liessies, elle ne compte pas moins de 1044 pages in-folio; ce qui faisait dire à l'auteur, dans l'avertissement adressé à ses confrères chargés de la censure : *Ne terrearis mole libri. Nec enim ea vobis sed mihi devoranda fuit.* Dans les nombreuses annotations et surtout dans vingt-six savants prolégomènes, où sa critique pénétrante dépasse de beaucoup celle de son temps, on voit briller les qualités maîtresses de l'écrivain, qualités que Bollandus résumait en ces quelques mots : *Acer judicio vir, stylo robustus, omnibus disciplinis et doctrinis politus ac perfectus.*

Il avait promis de réunir en un second volume les traités ascétiques des Pères du désert ; ici encore, Rosweyde n'a réalisé que la moitié du plan qu'il s'était tracé. En 1617, il donnait une édition flamande de cet ouvrage, dépouillée de tout son appareil critique et dédiée à Jeanne de Bailliencourt, abbesse de Messines (*T' Vaders Boeck*, Anvers, 1617). A la suite de l'édition plantinienne du Martyrologe Romain annoté par Baronius, Rosweyde ajouta le *Martyrologium Adonis* et le *Vetus Martyrologium romanum* (Anvers 1613). A son avis, ce dernier était le Martyrologe, qui avait servi de guide à Adon, et même celui dont parle saint Grégoire le Grand dans sa lettre à Euloge d'Alexandrie. Cette assertion, reçue d'abord avec grande faveur, donna lieu dans la suite à une vive polémique et, de nos jours, la haute antiquité que revendiquait Rosweyde pour cet écrit est de plus en plus contestée. Signalons encore parmi les ouvrages historiques du P. Rosweyde : *Generale Kerckelijcke Historie* suivie de *Kerckelijcke Historie van Nederlandt* (Anvers, 1623), ainsi que la publication de quelques textes anciens, tels que le *Chronicon canonicorum regularium ordinis S. Augustini Windesemensis* (Anvers, 1621) et quelques opuscules de S. Eucher et de S. Paulin de Nole (Anvers, 1621-1623). L'infatigable travailleur aurait voulu donner toute une série d'éditions critiques des œuvres des Pères; et certes sa vigoureuse intelligence, sa vaste érudition et sa critique affinée le servaient heureusement dans ce genre de travail. Avec le P. Sirmond, il a pris rang parmi les meilleurs éditeurs d'écrits ecclésiastiques anciens; et, dans les éditions qui suivirent, leur texte fut souvent conservé et leurs notes largement mises à profit.

La polémique occupa une grande place dans la vie du P. Rosweyde. Il nous l'apprend lui-même ; souvent elle fut cause que *relictis sanctorum armariis ad sancitorum armentaria me converti.* Citons dans ce genre ses vigoureuses attaques contre Cappel, Scaliger et Casaubon. Au reste, la plupart de ses ouvrages historiques et plusieurs de ses écrits ascétiques respirent un air de combat. Il ne perd jamais de vue la réfutation des erreurs accréditées par les protestants, et maintes fois, dans un cadre historique, il expose et réfute toutes les questions en litige d'une manière plus agréable et peut-être plus utile que dans des écrits proprement polémiques.

Sa plume ne fut pas moins féconde dans le genre ascétique. Signalons en passant une série d'ouvrages d'édification écrits en flamand : *La Vie de la sainte Vierge*, suivie d'un *Traité sur l'état de virginité* (Anvers 1620), *Les Vies des saintes vierges* (Anvers 1626), la traduction du premier volume de la *Perfection chrétienne de Rodriguez* (Anvers 1626), *Les Méditations sur la vie de Notre-Seigneur*, du P. Bourgeois (Anvers 1623), *Les Vies de S. Ignace et de S. Philippe de Néri*, le *Bellum intestinum hominis interioris et exterioris* (Anvers 1626), etc. L'édition de l'*Imitation de Jésus-Christ*, donnée par le P. Rosweyde (Anvers 1617), mérite une mention spéciale, non seulement à cause de ses multiples réimpressions, mais plus encore à cause de l'opuscule qui l'accompagnait : *Vindiciae kempenses.* Cette excellente dissertation détruisait les prétentions élevées par les Bénédictins d'avoir eu dans leur ordre l'auteur de ce célèbre petit livre. Déjà dans une lettre privée adressée à l'abbé Constantin Cajetan, Rosweyde s'était inscrit en faux contre cette assertion. Il revient à la charge dans cet opuscule, et sous forme d'un dialogue entre l'auteur et l'abbé Cajetan, il manie avec habileté les critères tant internes qu'externes, et défend triomphalement une de nos gloires nationales. Aux archives générales du Royaume, on conserve toute une correspondance de Rosweyde relative à ce débat. Enfin les *Generale Legenden der Heiligen* (2 volumes in-folio, Anvers 1619) sont mieux qu'une traduction de la *Fleur des Saints*, du P. Ribadeneyra. Le savant hagiographe, tout en faisant un ouvrage populaire, a su donner à ce livre de piété la trempe de son esprit critique, et le P. de Guilhermy ne craint pas de l'affirmer : « ce recueil depuis près de trois « siècles partage avec l'*Histoire Sainte* « l'honneur de conserver la vie chré- « tienne au sein des populations fla- « mandes ».

Certes, nous ne reprocherons pas au fécond écrivain ses grandes et belles œuvres, telles que les *Vies des Pères*, les *Martyrologes*, l'*Histoire ecclésiastique*. Toutefois, il nous sera permis de regretter avec le P. Bollandus que Rosweyde, au lieu de concentrer toute son activité intellectuelle sur la composition d'une œuvre unique, ait dispersé ses efforts sur trop d'objets et n'ait pas laissé à d'autres le soin de travaux qui, comme ces éditions flamandes, ne requéraient aucunement sa remarquable et haute intelligence. Homme d'une capacité étonnante, il eut le malheur d'être propre à tout, il se laissa distraire de l'exécution de ses projets les mieux conçus par des occupations qui pouvaient, sans inconvénient, être confiées à des talents moins distingués.

C'est à une pensée de zèle qu'il obéissait, et on peut le dire à sa louange : le zèle fut l'âme de sa vie. C'est dans l'exercice de cette vertu qu'il mourut : il avait contracté une fièvre maligne, en maniant des livres d'où s'échappaient des miasmes délétères ; il aggrava son mal en veillant, durant une nuit entière, un moribond atteint d'une maladie contagieuse. Il mourut à Anvers, le 5 octobre 1629, laissant au P. Bollandus les trésors amassés avec tant de peine pour la gloire de Dieu et des saints. Son œuvre devait ainsi lui survivre, et si elle ne porte pas son nom, à lui du moins revient la gloire de l'avoir conçue et préparée.

Alfred Poncelet, S. J.

Acta Sanctorum Januar. t. I, *praefatio generalis*, p. IX, et p. XX, § VI. — *Acta SS.* Octob. t. VII, p. 1 seq. *Prooemium de ratione universa operis*. — *Précis historiques*, 1854, t. V, p. 11-15. Traduction du *Prooemium des Acta*. Octob. t. VII. — Don Pitra, *Études sur la collection des Actes des Saints* (Paris, 1850), p. 9-17. — Feller, *Dictionnaire historique* (1851), t. VII, p. 329. — Goethals, *Lectures relatives à l'histoire des sciences ... en Belgique*, t. III (1838), p. 139-151. — Cordara, *Historia Societatis Jesu*, pars 6ª (Rome, 1849), lib. 14, nº 110, p. 304. — Drews, *Fasti*, p. 389. — De Guilhermy, *Ménologe de la Compagnie de Jésus. Assistance de Germanie* (Paris, 1899), t. II, p. 297-298. — Allegambe, *Bibl. script.* — Sotvellus, *Bibl. script.* — De Backer, *Bibliothèque des écrivains de la Compagnie de Jésus* (1869), art. Rosweyde. — Sommervogel, *Bibliothèque de la Compagnie de Jésus*, item. — Foppens, *Bibl. belgica*. — *Analectes pour servir à l'histoire ecclésiastique de la Belgique*, 1868, t. V, p. 261 seq. *Memoriale P. Rosweydi*. — *Rosweydiana*, ms. conservé à la bibliothèque des Bollandistes.

ROTARIUS (*Jacques*), savant religieux, né à Bochout vers 1398, reçut les ordres sacrés et dirigea pendant plusieurs années une école à Sichem, près de Diest. Il entra ensuite dans l'ordre des Augustins et en devint un des membres les plus éminents. Il habita successivement les maisons de Corsendonck, Tongres et Liége, et y fut élevé à la dignité de sous-prieur et de prieur. Il fut également recteur du monastère de Sainte-Barbe à Tirlemont. Partout, il usa de toute son influence et fit tous ses efforts pour restaurer, dans les communautés religieuses d'hommes et de femmes, la stricte observance de la règle. Il donna lui-même l'exemple de toutes les vertus. Il mourut au couvent de Corsendonck en 1479.

On lui doit un opuscule, jugé fort remarquable, *De religiosa vita bene instituenda*, qu'il adressa à une religieuse de Sainte-Barbe à Tirlemont.

Alphonse Roersch.

Valère André, *Bibl. belg.*, 2e éd., p. 427. — Foppens, *Bibl. belg.*, p. 536. — F.-V. Goethals, *Lectures relatives à l'histoire des sciences*, etc. (Bruxelles, 1837), t. II, p. 55-59.

ROTARIUS (*Jacques*), chanoine de Saint-Denis à Liége, vécut à la fin du XVe siècle. Il écrivit, en 1493, un *Dialogus de actibus novissimis terræ Brabantinae*, dont on conserva, durant longtemps, le manuscrit à Louvain, au monastère du Val-Saint-Martin. L'auteur y faisait le tableau des malheurs qui frappèrent le Brabant après la mort du Téméraire. Nous n'avons pas trouvé cet ouvrage dans le catalogue des manuscrits de la célèbre abbaye louvaniste, donné par Sanderus (*Bibliotheca belgica mss*, 1643, t. II, p. 208).

Alphonse Roersch.

Valère André, *Bibl. belg.*, 2e éd., p. 247. — Sweertius, *Athenæ*, p. 373. — Foppens, *Bibl. belg.*, p. 536. — Devaux, *Mémoires pour servir à l'hist. ecclés. du pays de Liége* (en ms. à la bibliothèque de l'université de Liége), t. IV, p. 775.

ROTARIUS (*Jean*), écrivain. Voir Radermacker.

ROTHARD, évêque de Cambrai de 979-995. Il appartenait à une famille noble, probablement fixée en Lotharingie, et étudia dans sa jeunesse d'abord à l'abbaye de Gorze en Lorraine — où il se lia d'amitié avec son condisciple Adalbéron qui devait devenir plus tard archevêque de Reims — puis aux célèbres écoles de Liége, alors dirigées par l'évêque Notger, dont il sut gagner la faveur. En 979, à la mort de l'évêque de Cambrai, Tetdon, prélat d'origine saxonne, ignorant la langue de ses ouailles et dont l'administration avait été aussi maladroite que malheureuse, les Cambraisiens demandèrent à l'empereur Otton II de lui donner Rothard pour successeur. Notger qui assistait aux fêtes de Noël qu'Otton célébra cette année-là à Poehlde en Saxe, recommanda vivement son ancien élève. La situation troublée de Cambrai, la fidélité chancelante des habitants, doublement dangereuse dans une cité toute voisine de la frontière française et toujours exposée aux entreprises des derniers Carolingiens et des comtes de Flandre et de Vermandois, exigeaient de n'en confier le diocèse, à une époque où les évêques étaient en même temps des gouverneurs impériaux, qu'à un homme sûr et habile. Rothard parut sans doute être l'un et l'autre et reçut sa nomination. Il arriva dans sa ville épiscopale le 1er mars 980 et peu après fut sacré par son ami d'enfance, l'archevêque Adalbéron.

Son premier soin fut de repousser les envahissements du comte Eudes de Vermandois qui, non content de s'être emparé de Gouy et d'avoir rendu tributaire la population avoisinante, construisait un château-fort à Vinchy, à quatre milles seulement de la cité. Rothard fit appel contre lui à Godefroid, comte de Hainaut, et à Arnoul, comte de Valenciennes. Leurs troupes arrivèrent secrètement pendant la nuit et le lendemain matin, grossies des habitants de Cambrai et des paysans des alentours, elles surprirent le château, démolirent ses tours et le rasèrent. La fureur du comte de Vermandois à la nouvelle de ce hardi et adroit coup de main se comprend sans peine. Mais l'évêque, dont les *Gesta episcoporum Cameracensium* vantent la douceur, s'efforça de l'apaiser par des présents et il réussit à éviter une guerre avec ce dangereux voisin. La forteresse de Vinchy ne fut d'ailleurs pas reconstruite et l'évêque montra dans cette affaire qu'il possédait de réelles qualités politiques. Il fut moins heureux vis-à-vis de Gautier, châtelain de Lens, dont il ne parvint point à se débarrasser, et qui opposa à toutes ses tentatives une résistance indomptable.

Pendant les troubles qui éclatèrent en Allemagne à la mort d'Otton II (7 décembre 983), Rothard, comme Notger son protecteur, resta fidèle à l'héritier légitime du trône, le jeune Otton III, tandis qu'une grande partie des princes de l'Empire reconnaissaient les prétentions de Henri, duc de Bavière. Il ne fit pas montre de la même fermeté lors de l'invasion de la Lotharingie par le roi Lothaire de France en 986. Epouvanté, ou peut-être tout simplement pris à l'improviste et hors d'état de résister par la force, il s'humilia devant Lothaire et fit si bien qu'il obtint de lui la permission de ne livrer son évêché qu'après la prise de Liége et la soumission de tous les princes du pays. L'adroit prélat ne voulait que gagner du temps. Il savait bien, sans doute, que Lothaire n'était pas assez puissant pour tenir tête à l'empereur. Et, en effet, son expédition ne fut qu'une promenade militaire suivie d'une prompte retraite.

Nous connaissons mal la participation que Rothard semble avoir prise aux querelles de Hugues Capet et de Charles de France en 990. C'est à lui, à moins que ce ne soit à Radbod de Noyon, que les évêques partisans de Hugues, qui avaient excommunié Arnoul de Reims au concile de Senlis, adressèrent, par la plume de Gerbert, une lettre l'engageant à agir d'accord avec eux.

Rothard conserva jusqu'au bout la faveur de l'empereur qui confirma, en 991, l'immunité de son église, et l'amitié de Notger qui intervint encore le 23 avril 995 auprès d'Otton III dans une donation en faveur de l'église de Cambrai. Il mourut quelques mois plus tard, le 20 septembre.

De son administration nous connaissons peu de chose. Les *Gesta* nous apprennent qu'il éleva un autel à Notre-Dame de Cambrai et qu'il donna des cloches à cette église. Un fragment de loi, établie par lui pour les hommes dépendant de la cathédrale, nous prouve qu'il se préoccupait, en bon économe, de l'organisation matérielle de ses domaines. Malgré le petit nombre de nos renseignements, nous pouvons, en somme, reconnaître en Rothard un type très honorable de ces évêques, tout à la fois hommes de gouvernement et hommes d'église, qui furent les instruments les plus actifs et les plus remarquables du régime imposé par l'Allemagne à la Lotharingie depuis le milieu du xe siècle jusqu'à la fin du xie.

H. Pirenne.

Gesta episcoporum Cameracensium. Mon. Germ. Hist. Script., t. VII, p. 443. — *Lettres de Gerbert*, éd. J. Havet, p. 103, 155, 189. — Wauters, *Libertés communales*. Preuves, p. 1. — Le Glay, *Cameracum christianum*. — Lot, *Les derniers Carolingiens*, p. 63-64, 113-114, 132, 163, 267. — G. Kurth, *Notger de Liége*, p. 65, 66, 71, 81, 94, 173, — K. Uhlirz, *Jahrbücher des Deutschen Reichs unter Otto II und Otto III*, p. 128.

ROTHERMEL (*Augustin*), général, né à Luxembourg, le 31 août 1799, d'Ernest-Joseph et de Jeanne Reuter, mort à Arlon, le 20 mai 1868. En 1815, il s'engagea dans l'armée prussienne, au 8e régiment d'infanterie en garnison dans sa ville natale. Il était sous-officier lorsqu'éclata la guerre qui devait se terminer à Waterloo; il prit alors part à la campagne de France et assista aux sanglantes journées de Ligny et de Waterloo. Le 11 octobre 1815, il obtenait le brevet de Fähnrich (porte-enseigne) et, le 7 août 1816, la médaille de la campagne de 1815 décernée par la Prusse aux combattants de Waterloo. Le 1er novembre 1817, il recevait son congé sur sa demande, parce qu'il appartenait par sa naissance à un pays étranger à la Prusse. En 1821, il prenait du service dans l'armée des Pays-Bas, 11e division d'infanterie, et, le 16 septembre 1823, il était nommé sous-lieutenant.

Lors de la révolution belge, il passa le 13 octobre 1830 au service de la Belgique, après avoir été délié de son serment de fidélité au drapeau hollandais. Il fit la campagne de 1830 à 1833 et il s'y distingua particulièrement, notamment à l'affaire de Bautersem. Rothermel acquit bientôt une brillante réputation; aussi, en 1848, lorsqu'il s'agit de donner un chef à la colonne mobile chargée de défendre la frontière de Hainaut et le village de Quiévrain contre l'attaque des bandes révolutionnaires venues de France, ce fut sur le lieutenant-colonel Rothermel du 8e de ligne que s'arrêta la désignation du lieutenant général Anoul, chef de la 4e division territoriale. La mission confiée à Rothermel fut couronnée d'un plein succès; les excellentes dispositions qu'il avait prises découragèrent les envahisseurs, dont l'entreprise avorta complètement.

A cette occasion, le lieutenant général Anoul lui écrivait : « ... Vous avez, » selon moi, contribué à préserver le » pays, et notamment le Hainaut, de » l'envahissement momentané d'une par- » tie de son territoire et de la dévasta- » tion qui en eût été la suite. Je me » fais un véritable plaisir et un devoir

« de vous témoigner mon entière satisfaction de la manière dont vous vous êtes acquitté de votre mission à la frontière de Quiévrain ». D'autre part, dans une lettre du 16 avril 1848, le général-major Greindl, commandant temporairement la 4e division territoriale, lui disait : « Mr le ministre de la guerre m'a chargé de vous témoigner toute sa satisfaction pour les bons services que vous avez rendus au pays pendant le cours de la mission qui vous avait été confiée sur la frontière ». Le 2 avril 1855, Rothermel était nommé général-major à la section d'activité (2e brigade de la 1re division d'infanterie), puis, le 4 octobre 1857, commandant de la 1re brigade de la 3e division d'infanterie à Liége. Enfin, le 26 décembre 1862, atteint par la limite d'âge, il était admis à la pension de retraite et revenait passer ses dernières années à Arlon, où il avait résidé longtemps en qualité de colonel du 8e régiment de ligne et où il avait conservé de nombreuses relations de famille et d'amitié.

Il était décoré de la médaille de Waterloo, de la décoration militaire belge et commandeur de l'Ordre de Léopold de Belgique.

... « Il alliait les plus nobles sentiments du cœur aux plus brillantes qualités militaires et, seuls, ceux qui l'ont connu dans l'intimité peuvent apprécier ce qu'il y avait de dévouement dans ce cœur d'élite, dans cette forte nature de soldat », a dit le colonel Neyt, du 12e de ligne, dans son discours prononcé aux funérailles du général Rothermel.

Émile Tandel.

Moniteur belge, 1868. — *Livre d'or de Belgique*, 1858, t. II, p. 197 et 198. — *Nécrologe des officiers de l'armée belge*, 1868. — *Echo du Luxembourg*, du 24 mai 1868. — Archives de famille. — Souvenirs personnels.

ROTRUDE (sainte) ne nous est connue que par la mention qu'en a faite, dans sa chronique (1082-1234), l'abbé d'Andres (ancien diocèse de Térouanne) Guillaume (mort en 1234). D'après cet écrivain, le corps de la sainte fut trouvé, en 1084, sur des indications miraculeuses, dans un terrain vague du comté de Guines et transporté, avec accompagnement de nouveaux prodiges, à une chapelle de Saint-Médard, à Andres, que le comte de Guines Baudouin Ier transforma en un monastère richement doté (*Willelmi Chronicon Andrense*, cc. 2-6, éd. J. Heller, dans les *Mon. Germ. Hist.*, *Scr.* t. XXIV, p. 690-692). Guillaume nous rapporte aussi que la vie de sainte Rotrude fut écrite par Pierre, cinquième abbé d'Andres (an. 1161-1195), mais que ce précieux document fut détruit par le comte de Guines Baudouin II, qui craignait que l'abbaye, à laquelle les miracles opérés auprès des reliques de sainte Rotrude attiraient un grand concours de pèlerins et de nombreuses donations, ne finît par englober dans ses propriétés à peu près toute sa seigneurie d'Andres (*Chron. Andr.*, c. 5 : cf. cc. 54, 70). Quoi qu'il faille croire de cet acte de vandalisme du comte Baudouin II et de ce que pouvait être la valeur de l'écrit de l'abbé Pierre, il est certain que nous n'avons d'ailleurs aucun détail sur l'histoire de sainte Rotrude. Nous ne savons rien de son origine ou de sa famille, rien de la date et du lieu de sa naissance, rien de sa nationalité, de sa condition, rien enfin d'un incident quelconque de sa vie ou de sa mort. Guillaume d'Andres prétend savoir qu'elle n'est pas différente de sainte Rictrude, la célèbre fondatrice de l'abbaye de Marchiennes; mais le bollandiste Henschen a clairement montré que cette hypothèse est insoutenable (*Act. SS.*, Maii t. III, p. 80-81, n. 6-8). Il n'y a nul fondement sérieux non plus à celles qui identifient la sainte Rotrude honorée à Andres avec la fille ou avec la nièce de Charlemagne.

Ch. De Smedt, S. J.

God. Henschenius, *De S. Rotrude virgine commentarius historicus* (*Act. SS.*, Jul. t. IV, p. 255-257).

ROTTERDAM (*Arnold* **DE**). Voir GHEILOYEN (*Arnold*).

ROTTERDAM (*Jean-Baptiste-Antoine* **VAN**), nouvelliste et romancier flamand, né à Anvers, le 28 mars 1825, décédé à Malines, le 4 août 1877. Il reçut sa première instruction de son père, Antoine-Jean, qui était instituteur et qui avait eu aussi Conscience parmi ses élèves. Le professeur gantois Jean-Charles Van Rotterdam était de sa famille. Malgré la mort prématurée de son père, en 1832, il continua ses études pour la carrière commerciale et fut placé encore jeune dans une des plus importantes maisons d'Anvers, dont il devint bientôt le voyageur. C'est en cette qualité qu'il séjourna souvent dans les petites villes et les villages de nos côtes, d'où il rapporta le dessein d'écrire des romans dont les sujets seraient empruntés à la vie de nos pêcheurs. C'était une note originale à cette époque (1855-1857), car la *Bella Slock* de Conscience ne date que de 1861. Il devint rédacteur au *Journal d'Anvers*, mais se vit forcé en 1874, à cause du délabrement de sa santé, occasionné sans doute par de grandes pertes d'argent, de renoncer à ses fonctions. Il se retira à Malines, d'où sa mère était originaire, et y mourut après plus de trois ans de maladie.

Encore jeune commis, il se rencontrait souvent avec d'autres débitants en littérature qui se réunissaient pour se faire la lecture de leurs écrits, et il fut, avec Heremans et Ch.-P. Du Mont, parmi les fondateurs de *Taal en Vaderland*. Il était membre de toutes les sociétés littéraires, collaborait à toutes les revues, remporta la palme à plusieurs concours. On l'appelait « le petit ange « du mouvement flamand ». Ce nom lui avait été donné par la femme de Ledeganck, frappée de sa petite taille et de sa vivacité spirituelle, lors de la manifestation du tout Anvers littéraire et artistique en l'honneur du poète des *Drie Zustersleden*, en 1846, dans la maison de Jan De Laet. Ses nouvelles ont toutes paru dans des revues; ses romans en partie en feuilleton, en partie en volume. Quand il débuta, le *Wonderjaer* de Conscience et le *Huis van Wesembeke* de De Laet étaient en pleine vogue. On ne rêvait qu'Espagnols et Gueux. Comme tant d'autres, il prit son premier motif dans l'histoire du XVIe siècle (*De twee Spanjaerden*, 1845); mais il sentit lui-même que ce genre ne lui convenait pas. Il essaya des vers sans plus de succès, pour reconnaître enfin que les sujets empruntés à la vie de tous les jours allaient le mieux à son talent.

Il est incontestablement le plus important de tout le groupe de jeunes littérateurs qui gravitaient autour de Conscience. D'une affabilité humoristique dans ses nouvelles, d'une sentimentalité un peu affectée dans ses romans, il racontait toujours dans un style simple et naturel.

Il publia *De twee Spanjaerden* (Muzenalbum, 1845), *Het Huis van Joostens* (Vlaemsche Letterbode, 1845), *Twee Vrienden* (Taelverbond, 1845), *Klara* (Muzenalbum, 1846), *De oude en de jonge Wolven* (Taelverbond, 1848), des poésies (Taelverbond, Vaderland et Vlaemsche stem), *De reizende Engelschen*, *De Burgemeester is dood* et *Twee Advokaten* (Taelverbond, 1851. Les *Twee Advokaten* en 2e éd. en 1 vol., 1861), *Kinderen en kinderspelen*, *Een onverbeterlyke Dronkaerd*, *Een vreemde Heer in een Hotel* (Vlaemsche School, 1855), *Het steenen Kruis* (Vlaemsche stem, 1855), *Eene onverschrokkene Vrouw*, *De Eyerboer en de Melkboerin*, *Spel en Drank*, *Leopold de Eerste*, *Een drama in eenen Kelder* (Vlaemsche School, 1856. Cette dernière nouvelle est le récit de ses souvenirs du bombardement d'Anvers en 1832), *De gevonden Schat*, *Leven*, *Schoone Martha* (ibid., 1857), *De Jood was de Dief* (ibid., 1860), *De Antwerpsche Ommegang* (ibid., 1861); *Twee brave Kinderen en een boosaerdig Mensch* (1 vol., 1855, couronné au concours de la *Goudbloem*). *De Dochter des Visschers* (1 vol., 1855, couronné au concours de la *Gazette van Gent*), *De Smokkelaers* (1 vol., 1857; d'abord en feuilleton à la *Gazette van Gent*), *Herinneringen* (1 vol., 1857 : surtout des réimpressions de nouvelles), *Broeders en Zusters* (1 vol., 1861; forme, avec ses trois premiers volumes, le cycle de ses récits de la vie des pêcheurs), *Oude Vrienden* (1 vol., 1865, réimpression de nouvelles).

J. Vercoullie.

Ida von Düringsfeld, *Von der Schelde bis zur Maas*, t. III, p. 157-172. — Frederiks et Vanden Branden, *Biogr. Woordenboek*. — Coopman et Scharpé, *Geschiedenis der Vlaamsche Letterkunde*, p. 241-242.

ROTTERDAM (*Jean-Charles* **VAN**), médecin, professeur à l'université de Gand, premier recteur de cette université, né à Anvers, le 15 décembre 1759, mort à Gand, le 5 juillet 1834. Il était fils de Jean-Nicolas et de Gertrude-Henriette de Roode. Il fit ses humanités au collège des PP. Augustins de sa ville natale, et acquit une parfaite connaissance des langues anciennes. Se sentant une vocation décidée pour l'art de guérir, il étudia la médecine à l'université de Louvain, où il fut proclamé *fiscus et decanus*, distinction accordée par les professeurs à l'élève le plus méritant par son zèle et son savoir. Le 16 octobre 1784, il obtint, avec la plus grande distinction, le titre de licencié en médecine, après avoir soutenu, de la manière la plus brillante, une dissertation inaugurale sur la *paralysie : Dissertatio medica de paralysi*. Lovanii, 1784; in-4o. — Idem, Lovanii, J. Michel, 1796; in-8°, 24 p. Son travail sort du cadre ordinaire des dissertations inaugurales. L'auteur y fait preuve d'une grande érudition et résume, en quelque sorte, tout ce que l'on savait alors sur la question. Frappés des succès obtenus par le jeune licencié, les professeurs de Louvain l'autorisèrent à donner des cours privés à la faculté de médecine. Il s'acquitta de ses fonctions à la grande satisfaction des nombreux élèves qui suivirent ses leçons. Sa place parmi ses anciens maîtres paraissait déjà marquée, lorsque l'agitation politique qui faisait de jour en jour des progrès dans les Pays-Bas autrichiens décida Van Rotterdam à renoncer à sa position de professeur agrégé pour s'adonner à la pratique de son art. Il alla s'établir dans la ville de Deynze en Flandre (1793), et il fut tout de suite aux prises avec la terrible dysenterie qui sévissait alors dans cette province. Il obtint, dans le traitement de la maladie, des succès si éclatants que sa réputation s'étendit au loin, et que plusieurs personnes de Gand le prièrent de venir s'établir dans cette ville. Van Rotterdam s'y fixa en 1794, et il s'y vit bientôt entouré de la confiance générale.

En 1803, une commission de santé ayant été instituée pour le département de l'Escaut, Van Rotterdam en fut un des premiers membres. Peu de temps après, le 3 décembre 1804, il fut nommé médecin en chef de l'hôpital civil de Gand, poste qu'il occupa jusqu'à sa mort. En 1806, Faipoult, préfet du département de l'Escaut, dota la ville de Gand d'une école de médecine; Van Rotterdam fut compris parmi les professeurs et chargé du cours de pathologie et de clinique interne. L'autorité n'eut qu'à s'applaudir de ce choix. Comme le rappelle un de ses anciens élèves, le professeur Lados, « c'est alors, comme » il nous l'a dit souvent lui-même, qu'il » recommença de nouveau l'étude des » anciens maîtres. Les œuvres d'Hippo» crate, de Galien, d'Arétée de Cappa» doce, de Celse, Haller, Morgagni, etc., » furent l'objet de ses méditations. Un » de ses grands plaisirs était de faire » voir dans quels cas les conseils de ces » grands hommes devenaient appli» cables; rien n'égalait pour lui la » satisfaction de montrer qu'une prévi» sion, faite conformément aux pré» ceptes de tel ou tel auteur, venait à » se réaliser... Ce qu'il avait alors » surtout à cœur, c'était de prémunir » son auditoire contre l'influence des » systèmes qui ne cessent de se suc» céder ».

A cette époque de la carrière de Van Rotterdam, une polémique naquit entre lui et son collègue Kluyskens au sujet de l'action de la digitale, notamment dans la phtisie pulmonaire, polémique qui malheureusement dégénéra en personnalités, sans profit pour la science. (*Lettre à Monsieur Kluyskens, chirurgien de l'hôpital civil et professeur de chirurgie à l'école de médecine de Gand, au sujet de la digitale pourprée de Linné*. Gand,

De Goesin-Disbecq. In-8°, 20 p. Daté *in fine :* Gand, ce 10 septembre 1806. — *Réponse à la lettre anonyme.* Gand, De Goesin-Disbecq, 1806. In-8°. — *Réfutation d'un libelle : Un mot sur deux pamphlets.* Gand, De Goesin-Disbecq, 1806. In-8°.)

Entre-temps, la réputation de praticien de premier ordre que Van Rotterdam s'était acquise ne fit qu'augmenter, tant par les belles cures qu'il opérait que par son enseignement clinique qui avait doté les Flandres de médecins instruits. Aussi la direction de plusieurs établissements de bienfaisance lui fut-elle confiée. En 1809, il fut nommé médecin de l'hôpital des Riches-Claires, de l'hospice des vieillards et de celui des vieilles femmes.

Lors de la création de l'université de Gand par le roi Guillaume Ier, Van Rotterdam, Kesteloot et Verbeeck furent nommés professeurs ordinaires de la faculté de médecine; Kluyskens obtint le rang de professeur extraordinaire. Van Rotterdam avait dans ses attributions l'enseignement de la pathologie et de la pratique médicale, la clinique interne et le cours de diététique. Bientôt une autre distinction vint lui échoir : par décret royal, en date du 23 septembre 1817, il fut nommé *recteur magnifique* de l'université pour l'année académique 1817-1818. Le 9 octobre 1817, la cérémonie de l'installation de l'université de Gand eut lieu à une heure et demie de relevée, dans la salle du trône de l'hôtel de ville. A cette occasion, Van Rotterdam prononça un discours latin « sur le noble but de « l'institution et sur les heureux ré« sultats que la patrie a droit d'en « espérer si le zèle des professeurs « répond à l'étendue du bienfait » (*Oratio a. d.* IX *octobris publice habita, quum Academiae Gandavensis ordinatione solemniter instituta, Rectoris magnifici magisterium in se reciperet.* Annales Academiae Gandavensis, 1817-1818. In-4°, p. 1-11).

Sous le rectorat de Van Rotterdam, le grade de docteur en droit fut conféré à Hippolyte Metdepenningen, le 13 juin 1818; c'était la première promotion au doctorat. Van Rotterdam insista, dans un discours, sur l'utilité d'entourer ces sortes de cérémonies de toute la publicité et de tout l'éclat possibles (*Prolusio a. d.* XIII *junii* MDCCCXVIII *in curia civitatis gandavensis quam prima solemnitas academica doctoris creandi causâ publice celebranda esset, habita.* Gandavi, Annales Academiae Gandavensis, 1817-1818. In-4°, 7 p.).

A l'université, tout comme à l'école de médecine, Van Rotterdam trouva l'occasion de faire profiter ses auditeurs des trésors de science qu'il avait acquis par l'étude des anciens maîtres; pour lui, celui-là seul est médecin qui possède à fond la science ancienne unie à la science moderne. A l'époque où professait Van Rotterdam, une telle manière de voir avait plus que jamais sa raison d'être : des réformateurs hardis, faisant table rase de toute la médecine antérieure, préconisaient des systèmes dont la durée devait être éphémère, mais qui, exposés avec talent et conviction, trouvaient de nombreux adeptes. Van Rotterdam, en professeur consciencieux, avait suivi le mouvement de l'époque; il s'était aperçu de l'invasion, dans notre pays, des doctrines de Tommasini et de Broussais; ce fut surtout contre la *doctrine physiologique* de Broussais qu'il voulut armer ses élèves. « C'est peut« être à l'initiative prise par le profes« seur de Gand, » dit le docteur Broeckx, « que nous sommes redevables d'avoir « vu les praticiens des Flandres et d'une « grande partie de la Belgique résister « à l'entraînement général ». Van Rotterdam ne se contenta pas d'exposer ses vues dans ses leçons de clinique; il les fit paraître, en 1822, dans les Annales de Belgique, sous le titre de *Remarques sur l'ouvrage de Tommasini, précis de la nouvelle doctrine médicale italienne, etc., extraites des leçons de M. Van Rotterdam, lors de l'ouverture de ses cours pratiques du* 5 *octobre* 1822. Il revit son travail, et le publia en 1823, sous le titre de *Remarques sur les nouvelles doctrines italiennes et françaises.* (Gand, J. N. Houdin, 1823; in-8°, 100 p.). « L'apparition

« du livre de Van Rotterdam », dit encore Broeckx, « produisit une sensation « profonde, non seulement en Belgique, « mais encore à l'étranger. Les véritables praticiens y applaudirent et « considérèrent ses arguments comme « péremptoires ». Lorsque plus tard (1840), les docteurs Buys et De Lahaye, dans un rapport présenté à la Société médico-chirurgicale de Bruges, essayèrent de ravaler le mérite de Van Rotterdam, les professeurs Lados et Burggraeve, à la séance du 6 avril 1841 de la Société de médecine de Gand, protestèrent avec énergie contre une telle conduite. Faisant allusion au travail de son ancien maître, Lados s'exprime comme il suit : « Citer « cette réfutation, c'est répondre suffisamment à l'accusation que lui adressent les médecins de Bruges d'avoir « été l'ennemi de toutes les innovations... Il a été l'ennemi, il est vrai, « de ces nouveaux systèmes, non pas « parce qu'il ne les étudiait point, mais « parce que, dès cette époque, il prévoyait ce qui est arrivé depuis; il était « convaincu que ceux qui les auraient « acceptés avec trop d'enthousiasme « n'auraient pas tardé à revenir de « leurs erreurs ».

Un autre travail de Van Rotterdam mérite qu'on s'y arrête. En 1810, l'ancienne société académique de médecine de Paris mettait au concours la question suivante : *Quels sont les signes qui indiquent ou contre-indiquent la saignée, soit dans les fièvres intermittentes, soit dans les fièvres continues désignées sous le nom de putrides, adynamiques, malignes ou ataxiques?* Quinze concurrents, tous praticiens renommés, se disputèrent la palme. Le mémoire de Van Rotterdam était tellement supérieur aux autres, que non seulement il fut couronné, mais que Bosquillon, président de la commission chargée de l'examen des réponses, en fit le plus bel éloge. (Le mémoire en français, traduit du latin, parut à Gand, chez G. De Busscher et fils, en 1816; in-8°, XLVII-323 p.) Le docteur J. Taylor, de Dublin, membre du collège des chirurgiens de Londres, traduisit le travail en anglais et l'orna d'une préface de vingt-deux pages, dans laquelle il se range à l'opinion de notre compatriote. (London, William Reed, 1818; in-8°, 265 p.)

La dernière publication de Van Rotterdam est sa *Dissertation sur le choléra morbus asiatique, d'après un plan de doctrine méthodique fondée sur les principaux renseignements qui nous sont parvenus, pour l'instruction des élèves en médecine.* Gand, van Ryckegem-Hovaere, 1831; in-8°, VI-124 p.

Les services rendus par Van Rotterdam à la médecine belge en général et à la faculté de médecine de Gand en particulier reçurent leur récompense en 1825. Guillaume Ier, si avare de distinctions à l'égard des savants, lui conféra l'ordre du Lion Belgique. Cette nomination était précédée des considérants les plus flatteurs.

L'homme de science était en même temps un ami éclairé des arts. Après avoir donné ses soins aux malades, c'est au milieu des créations du génie qu'il aimait à charmer ses loisirs. Il avait formé une galerie de tableaux comptant parmi les plus importantes de la ville de Gand. On y remarquait l'*Adoration des Mages*, aujourd'hui au musée de Bruxelles.

Van Rotterdam obtint l'éméritat six mois avant l'invasion de la maladie à laquelle il succomba, le 5 juillet 1834, à l'âge de 74 ans. Les funérailles solennelles eurent lieu le 8 juillet suivant. Les curateurs de l'université, le corps professoral, les élèves et une foule nombreuse de personnes de tous les rangs accompagnèrent le convoi à l'église et au cimetière. Haus, recteur de l'université, prononça un discours sur la tombe. Nous détachons de ce discours les paroles suivantes : « Le nombre considérable d'excellents médecins sortis de « notre école atteste le mérite du maître, « et plusieurs hommes distingués qui, « dans la suite, sont devenus ses collègues, se rappellent avec reconnaissance d'avoir été ses élèves.

« Les savantes leçons qu'il donnait à « l'université ne sont pas les seuls titres « que Van Rotterdam s'est acquis à la

« considération publique. Médecin habile, doué d'un coup d'œil sûr, d'un jugement sain, d'un rare discernement, joignant à une théorie solide les enseignements d'une longue expérience, il exerça, pendant plus d'un demi-siècle et avec un brillant succès, l'art si difficile de guérir ».

Ch. van Bambeke.

Annales Academiæ gandavensis, 1817-1818. — Notice nécrologique sur Mr le professeur Van Rotterdam (*Messager des sciences et des arts de Belgique*, t. II, 1834, p. 210-216). — *Bulletin de la Société de médecine de Gand*, 1841, p. 143-150. — C. Broeckx, *Notice sur Jean-Charles van Rotterdam* (Anvers, J.-E. Buschmann, 1864; in-8o). — Ferd. Vander Haeghen, *Bibliographie gantoise*. — *Bibliographie nationale*, t. IV, 1899.

ROTTHIER (*Jean-André-Jacques*), prêtre, voyageur, né à Beveren (pays de Waes), le 3 avril 1749, décédé à Malines, le 1er décembre 1819. Il était l'un des treize enfants de Josse Rotthier, avocat au Grand Conseil à Malines, et de Marie-Thérèse Van den Steen. A l'âge de dix-sept ans, il interrompit ses études, et s'adonna au dessin, pour lequel il semblait avoir des dispositions spéciales; mais deux ou trois ans plus tard, il se crut appelé vers la carrière ecclésiastique, que sept membres de sa famille au moins avaient déjà embrassée. Désireux d'amener le calme dans son esprit et de sacrifier davantage à ses goûts artistiques, notre compatriote alla séjourner à Paris. Au bout de quelques années, il se fatigua de la vie mondaine et sentit grandir sa vocation religieuse. Sollicités par leur fils, les parents opposèrent leur veto. C'est alors que Rotthier, sous prétexte de cultiver son art favori, mais avec la pensée intime de devenir religieux, demanda et obtint des siens l'autorisation d'accompagner un ami en Italie. Après être revenu au pays natal pour faire ses adieux à sa famille, il se rendit le 17 avril 1775 à Gand, où il rencontra son jeune compagnon de voyage. Ils débarquèrent le 20 avril à Paris, où ils passèrent quelques jours, puis ils se dirigèrent par Lyon, le mont Cénis, Turin, Milan, Parme, Bologne, Florence et Sienne sur Rome. Dès son arrivée dans la ville des Papes, Rotthier dévoila ses projets à son compatriote, fort contrarié de cette décision, et il se mit courageusement à l'étude, sous la direction de deux religieux franciscains, les PP. Van den Houten et De Keyzer. S'il finit par arriver au but tant désiré, ce ne fut pas sans lutte, ni sans sacrifices. Pour avoir raison de la résistance de ses parents, il dut s'engager à ne pas entrer dans les ordres; quant à l'opposition de son évêque diocésain, Mgr Van Eersel, de Gand, qui savait combien sommaires avaient été ses études préparatoires, notre étudiant crut pouvoir en triompher non seulement par son travail, mais aussi par la promesse d'un pèlerinage à Notre Dame de Lorette; il décida même une visite aux Lieux Saints s'il parvenait à la prêtrise. Parti pour Lorette le 21 septembre 1775, en compagnie de ses deux professeurs et d'un troisième religieux, il fut de retour, le 1er novembre, à Rome, où les consentements espérés lui furent remis. Il se remit à l'œuvre d'arrache-pied; dès le 13 janvier 1776 Rotthier fut tonsuré; il reçut le lendemain les quatre ordres mineurs et le 21 du même mois le sous-diaconat; sacré diacre le 23 mars, il fut ordonné prêtre, le 25 mars, par l'évêque de Nefri et Sutri, et il dit sa première messe le 7 avril, jour de Pâques.

En moins d'un an donc, Rotthier, qui avait vécu loin de ses livres pendant plusieurs années, sut préparer et passer les divers examens qui devaient le conduire au sacerdoce. Sans douter de sa science, nous croyons cependant qu'elle n'était pas des plus approfondies. Quoi qu'il en soit, le jeune prêtre, conformément à sa promesse, se mit en route pour la Terre Sainte le 22 mai 1776, avec un frère lai franciscain, et porteur, comme celui-ci, de l'habit des fils de saint François. C'est le récit de ce voyage, au cours duquel il visita la Palestine du 7 août au 23 décembre 1776 au moins, qu'il donne dans le volume signalé plus loin. Rentré à Rome, après avoir été atteint de la peste, et avoir subi une violente tempête dans la Méditerranée, Rotthier se rendit à Naples, visita le Vésuve, avec messire J.-B. Ghislain Versmessen, de Beveren, puis quitta définitivement la Ville Eternelle le 2 mai 1778. Il traversa Bologne, Venise, Padoue, Vérone, Trieste, Insbruck, Augsbourg, Stuttgart, Heidelberg, Mayence, Cologne, Liége, Louvain, où sa mère et ses frères vinrent à sa rencontre, enfin Malines et Anvers, où l'attendait son père; le 29 juin il rentrait à Beveren. Si on se rappelle que Rotthier quitta son village le 1er avril 1775, on reconnaîtra que trois années de son existence ont été particulièrement remplies.

Nommé curé à Melsele, et devenu protonotaire apostolique, notre voyageur signa, le 9 décembre 1780, un contrat avec l'imprimeur P.-J. Parys, établi à Anvers, pour l'impression et la publication du récit de son voyage à Notre Dame de Lorette et en Terre Sainte. L'ouvrage devait être imprimé à frais communs. La situation obérée dans laquelle Parys se trouvait fut l'origine de toutes sortes de tribulations, qui n'étaient pas terminées en 1785, lorsque mourut l'imprimeur. Le récit de Rotthier, qui n'est pas de nature à provoquer grand enthousiasme, parut néanmoins dès 1782, et grâce aux sacrifices financiers de l'auteur, sous le titre de : *Reyse naer het H. Land, gedaen in de jaeren* 1776 *en* 1777, ... *opgeheldert met* 31. *kopere plaeten naer de teekeningen ter plaetse gemaekt. Hier is nog by gevoegt de Pelgrimagie naer Loretten, Mitsgaders alle de Reysen van onsen Heere Jesus Christus, enz.* t' Antwerpen, P. J. Parys, ... Ce volume de 376 pages, tant chiffrées que non chiffrées, est orné, quoi qu'en dise le titre, non de 31, mais bien de 34 et même de 35 gravures sur cuivre, car le portrait de Rotthier figure dans des exemplaires. Le portrait et le plan de Jérusalem seuls sont signés du nom de « J. L. Wauters in Gend »; il semble que cet artiste est aussi l'auteur des autres planches, dont la facture est d'ailleurs médiocre.

On ne possède pas de renseignements sur les trente-cinq dernières années de la carrière de Rotthier.

F. van Ortroy.

Introduction placée par l'auteur à son ouvrage. — Baron de Saint-Genois, *Les voyageurs belges*, 2e partie, p. 197-202. — Chev. de Schoutheete de Tervarent, *Notice sur Jean Rotthier* (*Ann. du Cercle arch. du pays de Waes*, t. II (1866)). — F. Vander Haeghen, etc., *Bibl. belg.*, 2e série, vo *Rotthier*. — Edw. Poffé, *Antwerpen in de* XVIIIe *eeuw*... (Gand, 1895), p. 182-183.

ROTTIERS (*Bernard-Eugène-Antoine*), militaire et archéologue, né à Anvers, le 15 août 1771, mort à Bruxelles, le 6 juillet 1858. Il fit ses études au couvent anglais de Bornhem, très renommé au XVIIIe siècle, puis fréquenta l'université de Louvain où il passa deux ans. Il entra ensuite comme cadet dans le régiment de Clairfayt, passa, comme sous-officier, chez les chasseurs de Leloup, se battit à Jemappes où il fut blessé et se retira en Hollande lors de la réunion de la Belgique à la République française.

A l'époque de l'invasion française en Hollande, Rottiers servit dans l'armée hollandaise avec le rang d'officier et fut au nombre de ceux qui s'embarquèrent, en 1795, à Scheveningue, avec le stadhouder Guillaume V, pour gagner l'Angleterre. Plus tard, il prit part à l'invasion anglaise dans la Hollande septentrionale, servit dans l'armée du général Moore en Espagne, revint en Hollande, puis partit pour la Russie (1808) où, incorporé à l'armée de Géorgie, il rendit d'importants services. Après avoir gagné les épaulettes de colonel, il revint dans sa patrie où Guillaume Ier l'admit dans l'armée néerlandaise avec le même grade.

A la révolution de 1830, Rottiers ne prit point part aux hostilités entre les Pays-Bas du Nord et du Sud. Il passa les dernières années de sa vie à Bruxelles. Il était instruit, écrivait et dessinait également bien et possédait plusieurs langues. Il parlait de préférence le latin et le flamand.

On a dit que l'attaque d'Alger fut effectuée d'après ses plans. En 1825, il fut chargé d'une mission scientifique en Orient. En 1829, il fit paraître un *Itinéraire de Tiflis à Constantinople*. Il releva les antiquités grecques et romaines à Rhodes et publia, en 1830, à Bruxelles : *Description des monuments de Rhodes* (avec un atlas lithographié). L'ouvrage fait autorité. Le colonel Rottiers y rapporte, entre autres, qu'un stratagème imaginé par des chevaliers pour surprendre les Turcs fut représenté sur de magnifiques tapisseries que le grand-maître Pierre d'Aubusson fit exécuter à grands frais en Flandre, sur les dessins de Quentin Metsys. A la prise de Rhodes en 1522, les tapisseries tombèrent aux mains des Turcs et l'on n'en entendit plus parler. Rottiers, lors de son exploration à Rhodes, trouva dans une maison de la rue des Chevaliers une fresque ancienne représentant le fait d'armes de Dieudonné de Gozon, vingt-sixième grand-maître de l'ordre et où le dragon légendaire décrit par Vertot n'est autre chose qu'un simple crocodile.

Baron Émile de Borchgrave.

Piron, *Levensbeschryving, etc.* — Lacroix, *Iles de la Grèce*, 1853, p. 141, 142, 146, 148, 157, 158, 159. — Les archives du département de la guerre à Bruxelles ne contiennent aucun renseignement au sujet du colonel Rottiers qui n'a pas servi dans l'armée belge.

ROTZ (*Zacharie*), écrivain ecclésiastique, né à Caeneghem (Flandre occidentale), en 1552, mort à Lingen en 1605. Il entra dans la Compagnie de Jésus à Trèves en 1572, sortit de l'ordre pour motif de santé et y rentra le 19 octobre 1586, après avoir été pendant dix ans curé de Saint-Nicolas à Gand. On a de lui : *Christelijcke Leeringhe in vier boeken ghedeylt... Uyt-gegeven door het bevel van sijne Keurvorstelijcke genade, den Eerweerdichtsen Bisschop van Luyck voor alle duytsche familien, Scholen, ende Kercken.* Liége, Jan Voes, 1598; in-8o. D'après le catalogue Vande Velde, n° 4470, cet ouvrage aurait paru dès 1597. Il est divisé en quatre parties : elles ont été publiées séparément à Anvers par Joachim Trognaesius, qui a placé sur un certain nombre d'exemplaires le nom du libraire liégeois Jean Voes et, sur d'autres, le nom d'Henri Hovius, probablement, dit X. de Theux, pour donner au livre un débit plus considérable dans la principauté de Liége. Ce recueil parut en français sous le titre de : *Douze leçons catholiques contenant la practique de la doctrine chrestienne, ... mises en lumière par le commandement de Monseigneur le Prince-Electeur, Évesque de Liége, etc.* Liége, Jean Voes, 1598; pet. in-8°. Ce traité est toujours suivi d'« enseignements touchant l'institution « chrestienne comprins en douze chapitres », par le Père Zacharias Rotz. Ces opuscules sont la quatrième partie des *Christelijcke Lessen* et ont été imprimés à Anvers chez I. Trognaesius. X. de Theux émet la supposition que le Père Rotz est l'auteur de l'ouvrage suivant : *Historie van het leven der heyliger Maechden Harlindis ende Relindis, wt de legende int corste ende ghetrouwlijckste overgestelt.* Liége, Chrétien Ouwerx, 1596; in-8o. Cet opuscule parut lors de la vérification des reliques de ces deux saintes à Maeseyck en 1596.

Émile van Arenbergh.

Sommervogel, *Bibl. de la Comp. de Jésus*, t. VII, col. 220. — X. de Theux, *Bibl. liég.*, 2e édit., col. 26, 31. — F. Vander Haeghen, *Bibl. belgica*, H 210.

ROUBAIX (*Robert* DE MELUN, marquis **DE**). Voir MELUN (*Robert* DE).

***ROUCEL** (*François-Antoine*), officier de santé, botaniste, né à Durlach (Duché de Bade) en 1736, décédé à Alost le 8 octobre 1831. Dans la requête qu'il adresse au collège échevinal de la ville d'Alost à l'effet d'être autorisé à exercer sa profession, F.-A. Roucel se réclame d'études, faites notamment à Paris, dont il fournit des attestations, ainsi que de son admission comme chirurgien par le Collège médical de Bruxelles. L'autorisation qu'il sollicitait lui fut accordée le 16 mai 1777. Le 7 janvier 1773, il épousa, à Alost, Barbe-Louise Vander Haeghen, dont il eut un fils, François-Marie, né le 12 septembre 1777, mort célibataire le 13 décembre 1811. Il perdit son épouse le 9 août 1819.

Roucel fut un botaniste de grand mérite. En 1788, l'Académie des sciences et belles-lettres de Belgique avait posé la question suivante : « Quelles sont les « plantes qui croissent spontanément « dans les Pays-Bas autrichiens, dont il « n'a été fait mention par aucun des « auteurs, tant anciens que modernes,

« qui ont écrit sur la botanique des « dites provinces ou des pays voisins? ». En réponse à cette question, Roucel envoya un mémoire : *Adversaria botanica;* ce fut d'ailleurs le seul travail que reçut alors l'Académie. F.-A. Roucel obtint un accessit, mais son manuscrit ne fut pas publié. Quatre années plus tard, en 1792, il fit paraître ce mémoire qu'il intitula : *Traité des plantes les moins fréquentes, qui croissent naturellement dans les environs des villes de Gand, d'Alost, de Termonde et Bruxelles, rapportées sous les dénominations des modernes et des anciens, et arrangées suivant le système de Linnœus; avec une explication des termes de la Nomenclature Botanique, les noms François et Flamands de chaque Plante; les Lieux positifs où elles croissent, et des observations sur leurs usages dans la Médecine, dans les Alimens, dans les Arts et Métiers.* Bruxelles, Lemaire, 1792; in-8°. — J'ai tenu à rapporter ici le titre tout entier de ce livre remarquable, afin de pouvoir en écourter l'analyse. Dans la préface de son *Traité*, l'auteur se demande, naturellement, comment un seul homme pourrait, en l'espace de deux ans (délai fixé par l'Académie), « rechercher dans « l'étendue de dix provinces fertiles, « celles (les plantes) qui par leur rareté « auraient échappé jusqu'alors aux re« cherches de tous nos botanistes »? C'est grâce à vingt années de recherches antérieures au concours ouvert par l'Académie que Roucel peut citer vingt-sept espèces, fournies par les environs d'Alost, de Termonde, de Gand et de Bruxelles, que les auteurs qu'il a « pu « consulter n'ont pas connues ou qu'ils « ont regardé comme étrangères ». Ce sont ces recherches antérieures qui l'ont donc décidé à prendre part au concours, supposant que, dans chaque province, « deux ou trois amateurs en botanique « donneraient aussi les plantes indi« gènes non décrites des environs de « leurs villes respectives ». S'il en avait été ainsi, l'Académie, par l'ensemble de ces mémoires, aurait pu obtenir une réponse plus satisfaisante, mais nous avons déjà vu que sa question n'avait fait surgir que le seul mémoire de Roucel. Notre auteur s'élève, dans ce livre, contre « le goût dominant « chez nos amateurs pour les plantes « étrangères qui fait que la botanique « indigène est si peu cultivée, quoique « nos bois et nos prés nous puissent « fournir des plantes supérieures, tant « pour le beau que pour l'utile, à « nombre d'autres qu'on ne se donne« rait pas seulement la peine de culti« ver, s'ils n'étaient pas exotiques ».

Ce *Traité* est vraisemblablement le premier ouvrage rédigé en Belgique suivant la nomenclature linnéenne, puisqu'il a été écrit pour prendre part au concours académique de 1788. Il est donc antérieur à l'ouvrage que A. Rozin avait fait paraître en 1791 (*Herbier portatif des Plantes qui se trouvent dans les environs de Liége, avec leur description et classification selon le système de Linné*); d'ailleurs Roucel ne semble pas avoir eu connaissance de cet *Herbier* lorsqu'il publia son *Traité*. Le *Traité* de F.-A. Roucel s'occupe de 131 *espèces* dont 115 phanérogames et 16 cryptogames. Pour chaque plante, il donne les noms génerique et spécifique linnéens, la synonymie prise chez les antélinnéens et aussi les noms vulgaires français et flamands. Il décrit ensuite la plante et il indique enfin ses diverses propriétés ainsi que les localités où il l'a récoltée. Ed. Morren a signalé l'importance de cet ouvrage en ce qui concerne les origines de la flore belge.

L'œuvre la plus remarquable de Roucel a été publiée en l'an XI (1803). Elle a pour titre : *Flore du Nord de la France ou description des Plantes indigènes et de celles cultivées dans les Départemens de la Lys, de l'Escaut, de la Dyle et des Deux-Nèthes, y compris les Plantes qui naissent dans les pays limitrophes de ces Départemens; Ouvrage de près de trente ans de soins et de recherches, Dans lequel les plantes sont arrangées suivant le système de Linné, et décrites par Genres et Espèces, avec des Observations de l'auteur. On y a joint les lieux positifs où elles naissent, et leurs Propriétés reconnues dans la Médecine, dans les Alimens et dans les Arts*. Paris, ve Richard, an XI (1802), in-8o, 2 vol. — F.-A. Roucel dédie sa *Flore* « Aux Citoyens Membres « de la Société d'Histoire naturelle et de « celle de Médecine, Chirurgie et Pharmacie de Bruxelles ». On y trouve la description de 480 *genres* de plantes phanérogames et de 36 *genres* de cryptogames, comprenant un nombre considérable d'espèces. Chacune de celles-ci est traitée de la même manière que dans son premier livre. « Lors de la « publication de cette flore », dit B. Du Mortier, dans ses *Commentationes botanicæ*, « nous n'avions aucune notion des « végétaux indigènes et l'on peut assurer qu'il a été pour la Flandre « ce que la flore française a été pour la « France ». D'après le même savant, cet ouvrage de Roucel, « dont les descriptions et la nomenclature sont « empruntées à la flore française de « Lamarck, contribua beaucoup à vulgariser la science, et elle est le point « de départ des flores du Brabant, de la « province d'Anvers et de la Flandre ».

Plus tard, en 1822, en témoignage de son admiration pour l'éminent botaniste d'Alost, il lui dédia le genre *Roucela* qu'il avait formé de deux espèces exotiques détachées du genre *Campanula*. L'une de ces plantes a été dénommée *Roucela Erinus*, l'autre *Roucela Drabaefolia*. Celle-ci a pour habitat la Grèce, celle-là vit dans l'Europe méridionale et le nord de l'Afrique. « M. Roucel, à qui je dédie ce genre, « disait Du Mortier, est le premier, « depuis Linné, qui ait écrit sur les « plantes qui croissent dans les pro- « vinces méridionales du royaume ».

Dans la préface de sa *Flore des environs de Spa*, qui a paru en 1811, le botaniste Lejeune nous apprend que Roucel, depuis la publication de sa *Flore du nord de la France*, avait rassemblé des matériaux pour donner un supplément à son ouvrage. Mais à cause de son grand âge, qui ne lui permettait plus de faire les recherches nécessaires pour achever ce supplément, Roucel remit, en 1809, à Lejeune, la liste des plantes observées en Belgique, depuis l'impression de sa *Flore*, par plusieurs botanistes de Bruxelles et par l'abbé Hocquart, professeur de mathématiques au collège d'Ath. Il engageait le botaniste verviétois à terminer l'œuvre commencée en y faisant entrer les plantes des environs de Spa. Estimant que cette région renfermait assez d'espèces pour mériter une flore particulière, Lejeune renonça à l'entreprise qui lui était offerte. Il se contenta de rédiger sa *Flore* comme supplément à l'ouvrage de Roucel. C'est la raison pour laquelle on rencontre mentionnées dans la *Flore des environs de Spa* des plantes propres aux alentours de Bruxelles, de Chimay, etc.

Il est probable que Roucel a consacré ses loisirs presque exclusivement à la botanique. Le musée communal d'Alost possède cependant un cahier datant de 1789, contenant des descriptions et des dessins d'animaux, faits par ce savant naturaliste.

Henri Micheels.

F. Crépin, *Notice biographique sur B.-C.-J. Du Mortier* (*Bull. de la Soc. roy. de botanique de Belgique*, t. XVIII, p. 40). — B.-C.-J. Du Mortier, *Commentationes botanicæ. Observations botaniques dédiées à la Société d'horticulture de Tournay* (Tournai, 1823). — B.-C.-J. Du Mortier, *Discours sur les services rendus par les Belges à la botanique* (*Bull. de la Soc. roy. de botanique de Belgique*, t. I, p. 27). — A.-F.-S. Lejeune, *Flore des environs de Spa* (Liége, 1811). — Ed. Morren, *Memorandum des travaux de botanique et de physiologie végétale qui ont été publiés par l'Académie royale des sciences, des lettres et des beaux-arts de Belgique pendant le dernier siècle de son existence* (Bruxelles, 1872). — Registres baptismaux de l'église Saint-Martin, — Registres de l'état civil de la ville d'Alost; registres des résolutions du collège échevinal d'Alost (Extraits obligeamment communiqués par Mr Oscar Reyntens, secrétaire communal).

ROUCHET (*Charles*), publiciste, né à Huy, le 3 juin 1769, mort dans cette ville, le 11 mars 1800. Il fut commissaire de police, puis secrétaire en chef de la municipalité. On lui doit une brochure de 15 pages : *Coup d'œil sur la commune de Huy*. [Liége], an VI (1798); in-8o. La *Bibliographie nationale* attribue à tort cette brochure à Joseph Rouchet, né à Huy le 11 novembre 1802, décédé à Ixelles, le 7 septembre 1865. Celui-ci est l'auteur de quelques brochures, parues pour la plupart sous le voile de l'anonyme, et dont on trouvera la liste dans la *Bibliographie nationale*. Parmi elles, le *Mauvais langage corrigé, un vocabulaire des locutions vicieuses les plus répandues* (Bruxelles, 1845), eut les honneurs de la contrefaçon à Paris.

Fritz Masoin.

X. de Theux, *Bibliographie liégeoise*, 2e édit., col. 800. — J. De Le Court, *Essai d'un dictionnaire des ouvrages anonymes et pseudonymes publiés en Belgique* (Bruxelles, 1866). — *Bibliographie nationale*, t. III, p. 330.

ROUCOURT (*Jean*), théologien, né en 1636, mort à Bruxelles, le 25 ou 26 septembre 1676. On le cite également sous le nom de *Raucour*, ou *Raucourt*, mais cette orthographe est fautive. Il fit ses études de théologie à Louvain et devint docteur en théologie. En 1667 il succéda à Dankaerts comme curé pléban de Bruxelles. Peu de temps après il devint en outre *librorum censor*. Chose curieuse, Roucourt ne dissimula pas en cette qualité ses opinions jansénistes. Nous le voyons en 1670 approuver le *Mémoire de la piété chrétienne* par Flore de Sainte-Foi, pseudonyme du père Gerberon. En 1672, Roucourt fit paraître en latin, sans nom d'auteur, un catéchisme de la pénitence : le titre est inconnu. La même année, il fut traduit en français par le père Gerberon : *Le catéchisme de la pénitence, qui conduit les pécheurs à une véritable conversion* (Paris, Hélie Josset, 1672). Gerberon remania et corrigea quelque peu le texte, parait-il; il y joignit aussi deux méditations de saint Anselme. C'est dans la préface de cet ouvrage que le curé de Bruxelles est appelé *Raucour*. Le *Dictionnaire des livres jansénistes* (Anvers, Verdussen, 1755, t. I, 229) dit de ce catéchisme : « Cet ouvrage est très dangereux. Il est « paitri des mêmes erreurs qui ont fait « condamner le *Catéchisme de la grâce* ».

Outre cette œuvre latine, Roucourt composa une série de petits traités de piété en flamand, qui sont également imprégnés de jansénisme. Citons : 1° une *Aenleijding tot het oprecht geloove door de merckteekenen der waerachtige Kercke Christi* door J. R. P. (J. Roucourt priester) qui parut en 1671 à Louvain chez Nempe. Les éditions se succédèrent rapidement, puisque la quatrième vit déjà le jour en 1674 (Louvain, Nempe) ; 2° en 1672, parut une *Aenleijdinghe tot eene christelijcke Hope door het aen-wijsen van 't geene wy hopen moeten en van het gene daer onze hope moet op steunen*, door J. R. P. Une seconde édition vit le jour dès 1673 ; 3o en 1673, parurent successivement une *Aenleydinge tot de deught van penitentie ofte een oprechte bekeeringe des sondaers door J. R. P.* Seconde édition dès 1674 (Louvain, Nempe) et 4o le texte flamand du catéchisme précité : *Catechismus van de penitencie* (Louvain, Nempe). Troisième édition dès 1675. Cet ouvrage fut plusieurs fois réimprimé, entre autres à Gand, Fr. et D. Vander Ween, s. d., où il est dit que c'est une traduction du français.

A la même collection de petits traités pieux appartiennent aussi une *Aenleydinghe tot de Salighe Vreese Gods* (2e édit., Bruxelles, J. Vande Velde), et une *Aenleydinge tot de waeractige* (*sic*) *liefde Godts door de kennisse Godts*, door G. P. Huyghens. [Louvain, Nempe, 1673], livres qui parurent avec une approbation de J. Roucourt.

Léonard Willems.

ROUCOURT (*Jean-Baptiste*), musicien, né à Bruxelles, en 1780, mort dans cette ville, le 1er mai 1849. Roucourt reçut les premières leçons de musique de Van Helmont, maître de chapelle de l'église des Saints Michel et Gudule. Au mois de février 1802, il entra au conservatoire de Paris et y suivit le cours de chant de Garat. Sorti de cette école l'année suivante, il reçut les leçons de Fiocchi. Ainsi qu'il résulte de la dédicace d'une de ses compositions, intitulée *Trois romances*, il fut également l'élève de H.-C. Plantade, sans nul doute Charles-Henri Plantade, chanteur et compositeur (1764-1839). De retour à Bruxelles en 1812, il fut longtemps, dit Fétis, le seul maître de chant en réputation. Il ouvrit, à cette époque, à Bruxelles, à ses risques et périls, une école publique de musique.

Subsidiée par le gouvernement en 1823, cette école prit le nom d'*École royale de musique*. Les événements de 1830 ayant amené la suppression de cette institution, elle fut reconstituée en 1832, dans des proportions plus vastes et Roucourt y fut nommé professeur honoraire.

Roucourt s'est fait connaître également comme compositeur. Il est l'auteur de : *Six romances* avec accompagnement de piano, des *Trois romances* citées plus haut, et d'autres romances détachées. Il a composé une cantate, exécutée à l'hôtel de ville de Bruxelles le 13 juillet 1825, à l'occasion du mariage du prince Frédéric des Pays-Bas. Il a écrit en outre divers morceaux de musique religieuse. Il fut l'un des premiers, à Bruxelles — le fait mérite d'être mentionné — à réclamer une statue en l'honneur de Grétry. Le 25 février 1821, s'adressant au journal *Le monde musical*, il écrivait « Le désir « que, sans aucun doute, partage un « grand nombre d'artistes, m'a fait for- « mer le vœu qu'une souscription ou- « verte à cet effet contribuât sans délai « à l'érection d'un monument si désiré; « en conséquence et pour donner l'éveil « à tous les appréciateurs d'un si rare « génie, j'ose prendre l'initiative et « j'offre à cet effet la somme de 120 frs, « bien convaincu que je n'aurai eu besoin « que d'indiquer à mes compatriotes le « tribut que l'ombre de ce grand homme « semble attendre de leur amour pour « les beaux arts, pour qu'ils s'empres- « sent de concourir à la prompte érec- « tion de ce monument. Je me charge à « cette fin, de recevoir moi-même les « offres de souscription ».

Roucourt s'occupa également de critique d'art. Il fut chargé de la revue musicale au *Journal des Pays-Bas*.

Florimond van Duyse.

Fétis, *Biographie universelle des musiciens*, t. VII (1875), p. 331. — E.-G.-J. Gregoir, *Les artistes musiciens belges* (1882), p. 354. — Id., *Les artistes musiciens belges*, deuxième supplément et complément (Bruxelles, 1890), p. 181.

ROUCOURT (*Pierre* **DE**). Voir ROCOURT.

ROUGEMONT (*François* **DE**), missionnaire, historien, né à Maestricht, le 2 avril 1624, mort à Tchang-Tcheou, province de Kiang-sou (Chine orientale), le 4 ou le 9 novembre 1676. Ayant achevé, dès l'âge de dix-sept ans, et avec beaucoup de succès, ses premières études, il entra, en 1641, dans la Compagnie de Jésus, où, après avoir terminé son noviciat, on l'employa, suivant la coutume, à régenter les humanités. Il professa pendant six ans, mais sentit bientôt que sa vocation l'attirait vers l'apostolat. Aussi lorsqu'il apprit, en 1654, que le P. Martini, célèbre missionnaire, natif de Trente, était revenu de la Chine avec l'intention d'y retourner, il manifesta le désir de l'accompagner.

Ayant obtenu la permission de partir, en 1656, après beaucoup de difficultés et d'instances auprès de ses supérieurs, il s'embarqua pour la Chine, avec les pères Intorcetta (Sicilien), Philippe Couplet (de Malines), Ferdinand Verbiest (de Bruges), et quelques autres religieux. Pendant la traversée, le vaisseau qui les portait fut le jouet des tempêtes, tomba aux mains de pirates, et ce ne fut qu'au bout de trois ans, en 1659, que le P. Rougemont arriva à Macao, sa destination. Il s'arrêta quelque temps dans cette ville pour se reposer de ses fatigues et se préparer aux travaux de sa mission, s'y lia à la Société par la profession des quatre vœux, qu'il prononça la même année, puis alla se fixer dans la province de Nankin, où il fut chargé, pendant quelques années, de la direction de 14 églises et de 22 stations. Son zèle étendit bientôt les lumières de la foi dans cette province; mais une persécution générale contre les chrétiens s'étant élevée en 1664, il fut conduit, chargé de chaînes, avec la plupart de ses confrères, à Pékin, et de là transféré à Canton, où il resta prisonnier jusqu'en 1671. Un édit impérial lui ayant alors rendu la liberté, le P. Rougemont reprit le cours de ses prédications et les continua jusqu'à sa mort.

Ce missionnaire, dit Paquot, était

animé du zèle le plus vif et ses manières douces et persuasives lui avaient concilié l'affection des personnes les plus distinguées de la Chine, sans en excepter les Mandarins.

Pendant sa captivité à Canton, il écrivit : *Historia Tartaro-Sinica, complectens ab anno* 1660 *aulicam bellicamque inter Sinas disciplinam, necnon statum ibi religionis christianæ usque ad annum* 1668. Il envoya cet ouvrage en Europe pour le faire imprimer; mais le P. Sébastien de Magalhaens, ayant eu connaissance de son manuscrit, le traduisit en portugais et publia sa version (Lisbonne, 1672; in-4°). L'original latin ne parut que l'année suivante, à Louvain, chez Martin Hullegarde (in-12, 327 pages). Cette relation paraît écrite avec sincérité et peut passer pour un des meilleurs travaux sur l'histoire de la Chine. Le P. Rougemont avait pris le nom de *Lou-ji-man*, transcription aussi exacte que possible en chinois de son nom de famille, et le surnom de *Kiancheou*. Ces noms se trouvent en tête de deux ouvrages moraux et religieux qu'il composa en langue chinoise; l'un est intitulé *Wen chi pian*, ou Questions sur les mœurs du siècle; et l'autre *Cheng kiao yao li*, ou Abrégé de la doctrine chrétienne (Nouvelle édition, Tsa-ka-wei, 1866).

Mr Cordier (*Essai d'une bibliographie*, p. 24) cite aussi parmi ses ouvrages : *Tien tchou cheng kiao yao li* (Doctrine nécessaire de la Sainte Loi); *Cautiones rusticæ ad pietatem et bonos mores concinnatæ* (En chinois) : *Yao li lou touan* (Prière nécessaire avant le baptême); *Mémoire en faveur du clergé indigène de Chine et des églises nationales;* des lettres, dans : *Le Père Philippe Couplet*, par le P. Ch. Waldach (Louvain, 1872), et d'autres inédits aux archives générales de Belgique. Il eut part également à la paraphrase latine des ouvrages de morale de Confucius, publiée par le P. Couplet, en 1687.

Fréd. Alvin.

Paquot, *Mémoires*, t. VIII, p. 133. — Sommervogel, *Bibl. de la Compagnie de Jésus.* — Van der Aa, *Biographisch woordenboek der Nederlanden*, t. XVI. — Michaud, *Biographie universelle ancienne et moderne*, t. XXXIX. — Didot-Hoefer, *Nouvelle biographie générale*, t. XLII. — *Biographie univ. ou Dictionnaire de tous les hommes qui se sont fait remarquer par leurs écrits, leurs actions, etc.* (Bruxelles, 1846), t. XVII. — Glasius, *Godgeleerde Nederlanders*, etc.

ROUGENON (*Jean*), ou ROUGNON, peintre à Valenciennes, au XVe siècle. Tout ce que l'on sait de cet artiste, c'est qu'en 1468 il travailla à Bruges aux peintures que Charles le Téméraire fit faire pour la tenue de la dix-neuvième fête de l'ordre de la Toison d'or et la solennité de son mariage avec Marguerite d'York.

Léopold Devillers.

Ad. Siret, *Dictionnaire historique et raisonné des peintres de toutes les écoles* (Bruxelles, 1883), t. II, p. 222. — L. de Laborde, *les Ducs de Bourgogne*, t. II, p. 345.

* **ROUILLÉ** (*Louis-Pierre*), professeur et littérateur, né à Versailles, le 20 mars 1757, mort à Liége, le 17 octobre 1844, naturalisé Belge en 1815. Son père appartenait à une ancienne famille de magistrats; sa mère, Marie-Madeleine Gaillard, descendait du célèbre historien de François Ier.

Vers 1779 il fut placé avec Andrieux, qui avait deux ans de moins que lui, chez un procureur qu'ils quittèrent à peu près en même temps. Après avoir montré peu d'aptitude pour cette profession, Rouillé, recommandé par le petit-fils de d'Aguesseau et par Mr de Ségur, entra à l'hôtel des chevau-légers en qualité de secrétaire. Admis dans les salons de la comtesse d'Angivilliers, Rouillé fut mis en relation avec la société intellectuelle de cette époque frivole : Marmontel, Florian, Chamfort, Morellet, Suard, Saint-Ange, Ducis, Thomas. Rouillé s'attacha particulièrement au poète Thomas et celui-ci, voulant développer les connaissances historiques de son jeune ami, lui conseilla de mettre en vers l'histoire de France. Rouillé ne pouvait qu'obéir à un conseil venu de si haut, et il écrivit des distiques du genre de celui-ci :

Louis XII paraît, fait aimer sa puissance,
Et le siècle seizième, après deux ans commence.

vers que Van Hollebeke trouve rimés « non sans bonheur ». Malgré ces amitiés littéraires, Rouillé ne paraît pas avoir été doué de facultés poétiques transcendantes. Ses œuvres de début, comme le *Discours sur l'abolition de la servitude dans les domaines du roi* (1778) semblent plutôt pénibles.

Seules ses relations sociales offrent quelque intérêt. En 1782, il fait la connaissance du célèbre prédicateur, l'abbé de Boismont; en même temps sa liaison avec Saint-Ange devient plus étroite et celui-ci le prie de revoir avec Ducis et Mistelet une de ses comédies; enfin Ducis lui fait hommage de son *Roi Lear* (1783) et plus tard (1786) de son *Epître à l'Amitié*. Les fatigues de sa charge, la culture des lettres et peut-être plus encore les plaisirs d'une société mondaine nuisirent à sa santé. Il fut séquestré du *commerce des Muses* au point qu'on lui défendit même de relire une comédie de sa composition. Il adressa cependant à son oncle, J.-B. Lesbroussart, alors en Belgique, une épître en vers (*Revue de Liége*, II, p. 210); en 1787, il est reçu à l'Académie de Bordeaux sur la demande du même Lesbroussart qui présentait en même temps une pièce du récipiendaire. Cette poésie intitulée *Le Moment*, d'un prosaïsme étourdissant, fut louée sans réserve par l'abbé Sicard. La lettre d'admission fut envoyée à « Mr Rouillé, secrétaire de « l'état-major des gardes de corps du « Roi », titre qu'il conserva jusqu'à la Révolution. Rouillé continua de correspondre avec l'abbé Sicard jusqu'en 1789; il s'excuse de ne plus rien produire à cause de sa santé.

C'est pourtant de cette époque que datent deux petits recueils de poésies légères publiés par des amis de Rouillé. Ils sont devenus rares parce que l'auteur les racheta pour les détruire. Rouillé retira de même du commerce une comédie en trois actes et en vers, *Le Connaisseur* (Paris et Bruxelles, E. Flon, 1789), qu'on avait jouée à Versailles et à Bruxelles. Dans cette œuvre qui rappelait *La Métromanie*, l'auteur s'était inspiré d'un conte de Marmontel.

Aux journées des 5 et 6 octobre 1789, quand Versailles fut envahi par l'émeute et le quartier des gardes pillé, Rouillé, aidé de sa sœur, sauva de l'hôtel la caisse qui contenait 30,000 francs et les plaça en sûreté. Quelques gentilshommes lui durent aussi leur salut et son dévouement fut récompensé plus tard par l'obtention de la croix de Saint-Louis.

Il traversa la tourmente révolutionnaire dans l'étude et le travail. La République le conserva comme employé au ministère de la guerre jusqu'au jour où à la sollicitation de J.-B. Lesbroussart, devenu son beau-frère, il vint le rejoindre en Belgique où il finit par se fixer définivement en l'an V (1797).

Peu après son arrivée à Bruxelles, il fut nommé chef dans les bureaux du commissaire du pouvoir exécutif, le futur ministre Lambrechts. Lorsqu'on réorganisa l'enseignement par la création d'Ecoles centrales, Rouillé fut appelé à celle de la Dyle. Lambrechts aurait voulu voir Rouillé conserver en même temps ses fonctions près de lui; mais celui-ci refusa, préférant se vouer entièrement à l'enseignement. Dans la *Collection des discours prononcés par les professeurs de l'Ecole centrale du département de la Dyle à l'ouverture des leçons le 1er messidor an V*, on peut lire un discours de Rouillé qui sert d'introduction à son cours. Par suite de la désorganisation des études durant les années précédentes, les élèves ne brillaient pas par leurs connaissances. Lesbroussart et Rouillé, professeurs de littérature ancienne et moderne, pour y suppléer, donnèrent en dehors des cours des classes d'humanités. Aussi, en 1802, le préfet, Doulcet de Pontécoulant, fut-il chargé par le ministre Chaptal de témoigner à ces professeurs dévoués l'estime et la reconnaissance du ministre.

En 1799, l'administration départementale tenta une restauration de l'ancienne académie sous le titre de *Société des arts, des sciences et des lettres*. Vingt membres qui devaient s'en adjoindre vingt autres furent choisis par l'administration et parmi eux Rouillé. Il fit également partie de la *Société de littérature* de Bruxelles que venaient de fonder, en janvier 1800, quelques élèves de l'Ecole centrale.

Quand on organisa les lycées, en 1803, la chaire de professeur de troisième et de quatrième échut à Rouillé; en 1808, le ministre Fontanes le désignait comme professeur de littérature latine à la faculté des lettres de l'Académie de Bruxelles qu'on venait de créer. Pour se conformer aux nouveaux règlements, il prit le diplôme de licencié ès lettres en 1810 et celui de docteur en 1811.

Après la chute de l'empire, Rouillé continua de vivre en Belgique, bien qu'il eût un frère à Paris, et qu'il eût pu retrouver dans la capitale de la France Mme d'Angivilliers et la société qui l'avait accueilli autrefois, et malgré l'octroi de la croix de Saint-Louis qui récompensait le dévouement qu'il avait montré à la royauté dans ses mauvais jours. Mais il s'était marié à Bruxelles, sa fille était née en Belgique, son beau-frère était décidé à y rester, et ses amis étaient Belges; il venait encore de recevoir (1814) du chanoine de Bast le brevet de membre de la Société royale des beaux-arts et de la littérature. Il préféra sa nouvelle patrie et obtint ses lettres de grande naturalisation en 1815.

En novembre 1815, le roi Guillaume nomma une commission chargée d'étudier les réformes à introduire dans l'enseignement supérieur. Rouillé fut désigné avec de La Hamaide, de Broeck, de Bast, Sentelet et Lesbroussart père. Quand on eut décidé la création de trois universités à Gand, Louvain et Liége, le commissaire général de l'instruction publique, Repelaer Van Driel, lui offrit de choisir entre ces trois villes. Rouillé opta pour Liége, où un arrêté du 3 juin 1817 le nomma professeur à la faculté de philosophie et lettres. Entre les branches qui s'offraient à son choix, Rouillé préféra enseigner la littérature française, bien que ce cours ne fût pas obligatoire, et pour attirer le public, il ne voulut pas que les appariteurs réclamassent des assistants leur carte d'inscription. De ses années d'enseignement, Rouillé n'a laissé que des cahiers et le souvenir d'un professeur féru de classicisme. Dans son discours pour l'ouverture des cours de littérature française, il se contente de tracer à grands traits une esquisse des littératures grecque, latine et française. « Une raison toujours droite, un goût « toujours sûr, s'exprimaient dans un « langage facile, sans négligence et « d'une éloquente simplicité. C'est l'al- « liance intime de cette bonté morale et « des qualités de l'esprit les plus ex- « quises qui répandait un charme ex- « traordinaire dans ses entretiens et « dans sa correspondance » (Lesbroussart). Aussi ses cours étaient-ils réputés, des dames avaient suivi ses leçons à Bruxelles et sur les mêmes bancs, à côté du vieux père de Rouillé, venaient s'asseoir les La Hamaide, Dotrenge, Gendebien, Tarte et Plasschaert. Malheureusement son enseignement était en retard; comme d'autres de nos professeurs il s'était montré hostile au romantisme naissant, et c'est peut-être à eux qu'il faut attribuer la lenteur que mirent les idées nouvelles à se faire jour parmi la génération confiée à leurs soins.

Au point de vue littéraire il a laissé peu de choses : un recueil d'une douzaine de poésies éditées par son gendre Van Hulst, qui lui a consacré une élogieuse biographie. Rouillé manquait d'imagination et des qualités qui font le poète, ses œuvres sont ternes et sans charme; lui-même d'ailleurs ne recherchait point la gloire des lettres :

Sur ce globe inquiet parcourant ma carrière
Je glisse à petit bruit et sans être aperçu.

Sa modestie lui fit brûler la plupart de ses compositions.

Dans les dernières années de sa vie, il devint encore plus avare de ses écrits, il ne correspondait plus guère en prose et en vers qu'avec Plasschaert. Ce dernier le consultait sur le choix des devises dont il ornait les bustes des grands hommes dans son Elysée de Wespelaer, il lui soumettait ses œuvres, et Rouillé lui adressait ses fables. Parfois l'exilé Arnault venait chez Rouillé pour lui faire lire ses productions nouvelles, car lui-même les lisait fort mal.

Rouillé vieillit à Liége, entouré d'un petit nombre d'amis, lisant et relisant ses auteurs favoris, Horace et Tacite; en 1830, le gouvernement provisoire le promut à l'éméritat. Il parait cependant avoir encore continué à donner son cours de littérature française. Son nom figure en effet parmi ceux des membres de la commission d'examen nommée tout exprès pour les élèves de la faculté libre, le 23 octobre 1831.

Fritz Masoin.

Rouillé, *Poésies légères*, publiées par F. V(an) H(ulst) (Liége, Oudart, 1843). — Van Hulst, *Notice* (*Revue de Liége*, 1844, t. II, p. 625), résumée par Le Roy, *Liber memorialis*, p. 522. — Van Hollebeke, *Poètes belges du commencem. du* XIX*e siècle*, p. 27. — *Journal de la province de Liége* du 21 octobre 1844 (Discours de Lesbroussart et du recteur Fuss); une brève notice dans le numéro du 18 octobre. — Fritz Masoin, *Histoire de la littérature française en Belgique de 1815 à 1830*, p. 120. — *Bibliographie nationale*, t. III.

ROUILLON (*Charles* DE), poète, né selon toute probabilité en 1541, florissait en 1560. On ignore le lieu de sa naissance. En raison du nom que porte notre auteur, Paquot le regarde comme natif du village de Rouillon, dépendant de l'ancienne seigneurie d'Annevoye et Rouillon, situé dans la province de Namur, sur la rive gauche de la Meuse, entre Namur et Dinant. Se basant sur cette hypothèse, Doyen le place dans sa *Bibliographie namuroise*; mais c'est là un titre bien précaire. En effet, Arthur Dinaux, prenant texte de la nomenclature même des œuvres de Charles de Rouillon, dressée par du Verdier et reproduite par Paquot, avait conjecturé, avec plus de vraisemblance, qu'il était originaire d'un autre hameau de Rouillon, près Mortagne, dans l'ancien Tournaisis. Cette localité dépend maintenant, avec celle de Vernes, de la commune de Flines-lez-Mortagne, mais elle a passé plus d'une fois de la France à la Belgique et de la Belgique à la France, suivant les caprices ou les convenances des délimitateurs de frontières. Aujourd'hui, quoique, pour ainsi dire, enclavé en Belgique, ce hameau, sur la rive droite de la Scarpe, est resté à la France et fait partie du canton de Saint-Amand-les-Eaux. D'autre part, dans le sonnet intitulé *L'auteur à son livre*, on lit ces quatre vers par lesquels de Rouillon, se trouvant alors à Anvers, regrette d'être éloigné de la France qu'il semble considérer comme sa patrie :

Mon livre, tu iras (non que je porte envie
A ton voyage heureus) en la France sans moi :
Las ! que ni peut aller ton maistre ainsi que toi,
Sans en païs estrange user sa triste vie !

Enfin Guillaume Colletet (*Vie des poètes françois*) écrit entre autres ce qui suit : « Au reste, j'ai fait tout ce que « j'ai pu pour découvrir sa patrie, mais « comme il ne la déclare en pas un « endroit de ses œuvres, et que je ne « vois aucun auteur qui en ait fait men- « tion, je ne scai qu'en définir au vrai. « Néanmoins, selon mes conjectures, je « croirais qu'il naquit dans la même « province où naquit son contemporain « et intime ami, Guillaume des Autels, « je veux dire dans la province de « Charolais en Bourgogne. Néanmoins, « parce qu'il dit dans une de ses odes « au même des Autels, qu'il n'eut con- « naissance de lui que dans le pays « étranger, cela me persuade aucune- « ment ».

Cependant il est à remarquer que l'abbé Papillon, dans sa *Bibliothèque des auteurs de Bourgogne*, ne fait point de mention spéciale au sujet de Charles de Rouillon. Il le cite incidemment en parlant de Guillaume des Autels.

Le nom de famille de Charles s'est écrit de façons variées : Rouillon, Rouïllon, Rouilon, Rovillon, Rovilon. La première doit être préférée parce qu'il existe en France et en Belgique des villages du nom de Rouillon et pas un qui s'appelle Rovillon. Par une erreur trop facile à commettre, et d'ailleurs corrigée dans la suite, le *Manuel du Libraire* de Brunet (1861, t. II, col. 607) et les *Annales Plantiniennes* (1865, p. 24, n° 8) citent le poète sous la dénomination de Charles de Bouillon. On n'a guère de renseignements sur sa vie; contrairement à l'habitude de ses confrères, il ne parle qu'avec une grande réserve de ses faits et gestes. Une de ses odes à Christophe Plantin, publiée en 1560, nous apprend qu'il avait à cette époque bien près de dix-neuf ans; il doit être né par conséquent en 1541 :

Ja sont dix et neuf années
Retournées,
(Bien peu s'en faut) qu'en naissant
Une divine ou sorcière,
La première
Me print en ses bras disant:
Vien, en'ant, vien en ce monde.

Cette fée, qui préside à la naissance du poète, lui prédit l'avenir et entre autres la fin prématurée de ses parents :

Au bout de dix ans la Parque
Dans sa barque
Où l'on n'entre qu'une fois
Fera devaller ton père,
Puis ta mère
L'ira voir après six mois.

Il resta donc orphelin à l'âge de dix ans, avec un frère du nom de Guillaume, dont un sonnet se trouve parmi ses œuvres. Dès sa tendre jeunesse, Charles préféra l'étude et la poésie aux plaisirs de son âge. Il n'était cependant pas ennemi d'une intelligente distraction, comme le montre son *Ode perdue aus jeus des echez.*

De Rouillon se rendit en Flandre pour se perfectionner dans les mathématiques et principalement pour étudier l'astronomie; il paraît y être arrivé en 1558, car il dit dans l'ode précitée :

En Flandres fus arrêté
Deus yvers et un esté.

Un sonnet que lui adresse Plantin, un sonnet par lequel l'auteur répond à son illustre imprimeur, et deux odes qu'il lui dédie, font supposer que le poète se trouvait à Anvers en 1560, année où ses œuvres sortirent de presse. Elles sont intitulées comme suit : *Le premier livre des odes de Charles de Rovilon* (Anvers, Christ. Plantin, 1560; in-8°, 92 feuillets). Après la dédicace à *Madame Marie de Montmorency, comtesse de Lalain, et Madame Eléonore de Montmorency, dame de Buignicourt*, vient une *Ode aux mêmes Dames*, à la fin de laquelle se trouve la devise : *Amor virtute perennis*, qui se trouve répétée, en traduction, au bout du volume : *Amour éternel par vertu.* Parmi les biographes qui s'occupent de Charles de Rouillon, le plus ancien en date, du moins à notre connaissance, est Antoine Du Verdier. Il en parle dans sa *Bibliothèque*, mais sans avoir vu le livre, semble-t-il. D'abord il n'en cite point le titre; ensuite il énumère une liste de dix-huit odes écrites par Charles de Rouillon. Or, il s'en faut de près de la moitié que ce soit là toute l'œuvre littéraire du jeune homme. Enfin les odes qu'il mentionne ne sont pas même rangées dans l'ordre qu'elles occupent dans le volume. L'ouvrage a été signalé exactement pour la première fois par Brunet (*Manuel du Libraire*, 1863, t. IV, col. 1429 et 1430). Henri Helbig, à qui nous faisons maints emprunts pour écrire cette notice, a décrit très minutieusement *Le premier Livre des Odes* dans le *Messager des sciences historiques* (1869). L'érudit bibliographe en possédait le seul exemplaire connu. Il l'avait acquis à la vente de la jolie bibliothèque de feu Edouard Turquety. Ce précieux volume, très bien conservé, qui avait fait partie des collections de Viollet-Le-Duc, est aujourd'hui la propriété de la Bibliothèque royale de Bruxelles. L'article consacré par Du Verdier à Guillaume des Autels relate que cet auteur a écrit : *Une ode responsive à une autre de Charles de Rouilon avec quelques sonnets.* [*Impr. parmi les odes d'iceluy de Rouilon en Anvers par Plantin* 1560.] Une méprise s'est établie au sujet de ces quelques lignes; alors qu'il s'agit uniquement d'un renvoi, d'un simple renseignement, on les cite souvent comme si elles constituaient le titre d'un ouvrage existant en réalité. La *Bibliographie namuroise*, de Doyen (t. Ier, p. 42), augmente encore le quiproquo en donnant comme date d'impression de ce livre fictif le millésime de 1580 au lieu de 1560. Deux œuvres de Charles de Rouillon ont été rééditées en entier, savoir : 1. *A Charles Utenhove, Gantois. Ode.* Reproduite dans le recueil intitulé *Epitaphium in mortem Herrici* (sic) *Gallorum regis, Christianissimi, ejus nominis secundi, per Carolum Utenhovium Gandavensem, et alios duodecim linguis* (Paris, Robert Estienne, 1560, in-4°) et dans le *Bulletin du bibliophile belge* (1860, t. XVI, p. 298-301). Douze vers de cette ode ont été cités successivement par Du Verdier, par Paquot et par La Croix du Maine, tandis que le baron de Villenfagne n'en donne que six dans ses *Mélanges de littérature et d'histoire* (p. 79). — 2. *L'Auteur à son Livre. Sonnet.* Reproduit dans le *Catalogue des livres composant la bibliothèque poétique de M. Viollet-Le-Duc* (p. 226-227). Quelques fragments d'une *Ode à Christophe Plantin* sont cités par Helbig dans l'article mentionné ci-dessus. Le frontispice du *Premier livre des Odes* est reproduit, sans commentaires, par Max Rooses dans l'ouvrage que ce bibliophile consacre à Christophe Plantin. Les différents auteurs sont d'accord pour juger que Charles de Rouillon avait quelque talent. Seul, Viollet-Le-Duc s'est montré sévère et même injuste à son égard : « Il faut convenir », dit-il, « que son livre » n'était pas fait pour attirer l'attention » sur ce poète froid et verbeux... Il » n'avait ni l'imagination, ni l'enthou» siasme surtout exigés dans la poésie » lyrique ; il eût peut-être réussi dans » un genre moins élevé, car la dernière » pièce de son recueil n'est pas sans » quelque grâce ». Plus équitable, Brunet dit que « ces poésies ne sont dénuées » ni de naïveté ni de grâce ». Paquot avait trouvé que de Rouillon possédait bien la langue française pour le temps. Voici en quels termes Helbig l'apprécie : « Charles de Rouillon, qui n'avait pas » encore atteint ses dix-neuf ans, était » certainement estimé de ses contempo» rains. Guillaume des Autels, poète » alors en plein renom, ne dédaigne pas » de lui adresser un sonnet et plusieurs » odes, dans lesquelles il fait un grand » éloge de son jeune confrère. Et le cé» lèbre Plantin, avec lequel de Rouillon » semble avoir été très lié, lui adresse, » à son tour, les seuls vers français que » l'on connaisse de lui. De Rouillon est » l'un des plus anciens disciples du » *Prince des poètes*, dont il possède la » plupart des qualités, comme la plupart » des défauts. Ronsard venait d'intro» duire l'ode en France, et c'est par ce » genre de poème principalement qu'il » a rendu son nom célèbre. De Rouillon » a donc fait preuve de bon goût en » suivant son modèle dans cette voie. » S'il n'atteint pas à toute la noblesse, » à toute la grandeur qu'on a admirées » dans la plupart des odes de Ronsard, » il ne renchérit pas du moins, comme » la majeure partie de ses élèves l'ont » fait, sur les innovations du maître. Il » y a aussi chez le jeune poète moins » d'affectation de paraître savant et sa » muse, en parlant le français, emploie » bien moins de mots grecs et latins ».

Helbig a écrit ces lignes en 1869 ; il donne en même temps le sonnet de Plantin à son jeune ami. Aujourd'hui, grâce à Max Rooses, on connaît d'autres vers français du fameux éditeur. Mais le sonnet en question doit être ajouté au recueil si complet publié par Max Rooses sous le titre suivant : *Les rimes de Christophe Plantin* (Lisbonne, imprim. nationale, 1890).

On ne connaît ni l'époque ni le lieu du décès de Charles de Rouillon. Toutes traces de son activité disparaissent après la publication de son recueil en 1560. Peut-être aura-t-il quitté pour toujours la Belgique, qui devait être livrée bientôt à tous les malheurs qu'entraînent à leur suite la domination étrangère et les guerres civiles. Peut-être aura-t-il partagé le sort de tant de ses confrères en poésie de tous les temps, et spécialement de cette époque : celui de s'éteindre d'une mort prématurée. Plusieurs allusions à sa santé délicate, et même à une fin précoce, que l'on rencontre par-ci par-là dans ses vers, semblent confirmer cette conjecture.

Joseph Defrecheux.

La bibliothèque d'Antoine Du Verdier (Lyon, Barthelemy Honorat, 1585), p. 158 et 469. — Nicéron, *Memoires pour servir à l'histoire des hommes illustres* (Paris, Briasson, 1734), t. XXX, p. 21. — Goujet, *Bibliothèque françoise* (Paris, 1748), t. XII, p. 349. — Paquot, *Mémoires* (1768), t. I, p. 411; t. II, p. 92 et 93, de l'édition in-folio. — *Les bibliothèques françoises de La Croix du Maine et de Du Verdier*, par M. Rigoley de Juvigny (Paris, Michel Lambert, 1772), t. III, p. 308 et 309 ; t. IV, p. 65. — de Villenfagne, *Mélanges de littérature et d'histoire* (Liége, Desoer, 1788), p. 79. — *Bulletin du bibliophile belge*, 1860, t. XVI, p. 295-303; 1862, t. XVII, p. 22 et 23. — *Catalogue des livres composant la bibliothèque poétique de M. Viollet Le Duc* (Paris, Hachette, 1843), p. 226 et 227. — *Annales de la Société archéologique de Namur*, 1859-1860, t. VI, p. 474 et 475. — *Messager des sciences historiques*, 1860, p. 88; 1869, p. 231-239. — Brunet, *Manuel du libraire*, t. II, col. 607; t. IV, col. 1429 et 1430; *supplément*, t. II, col. 524. — Ruelens et de Backer, *Annales Plantiniennes* (Bruxelles, Heussner, 1865), p. 24, nº 8. — Doyen, *Bibliographie namuroise*, t. I, p. 32, 42 et 541; t. III, p. 382. — Papillon, *Bibliothèque des auteurs de Bourgogne* (Dijon, F. Desventes, 1745), t. I, p. 7. — Graesse, *Trésor des livres rares et précieux* (Dresde, R. Kuntze, 1865), t. VI, 1re part., p. 178. — Max Rooses, *Christophe Plantin* (Anvers, Jos. Maes, 1897), 2e édit., p. 42. — Guillaume Colletet, *Vie des poètes françois*. Manuscrit de la Bibliothèque nationale de Paris, nº 3073 des *Nouvelles acquisitions françaises*, f. 434 et 435.

ROULERS (*Adrien* **DE**) ou ROULERIUS, poète latin, né à Lille, décédé en la même ville en 1597. Il entra dans les ordres et enseigna les humanités au collège annexé à l'abbaye bénédictine de Marchienne à Douai. Plus tard, il se fixa dans sa ville natale et y fut successivement recteur du séminaire de Saint-Pierre et curé de Saint-Sauveur.

Buzelinus nous apprend que A. de Roulers fut un poète fécond. De son œuvre, il ne reste qu'une tragédie, en cinq actes, qui fut représentée, le 13 septembre 1593, par les étudiants du collège de Marchienne : *Stvarta tragœdia sive Cædes Mariæ serenissimæ Scot. Reginæ in Angl. perpetrata,.. Dvaci, ex officina typographica Viduæ Boscardi*, 1593 ; 40 ff. in-4º. Trois exemplaires connus, dont un à la bibliothèque de la ville de Tournai. La pièce a été réimprimée en 1906, à Berlin, par Mr Roman Woerner (*Lateinische Litteraturdenkmaler des* XV. *und* XVI. *Jahrhunderts, herausgegeben von Max Herrmann*, nº 17). Ainsi que le titre l'indique, elle célèbre le « martyre » de Marie Stuart et voue à l'exécration des auditeurs catholiques la perfidie d'Elisabeth.

Nul ne s'étonnera que ce drame en vers latins, composé par un professeur de collège pour de jeunes humanistes, soit de facture toute classique : les chœurs sont empruntés en partie à Horace et à Virgile, et les réminiscences de Sénèque, particulièrement celles de l'Agamemnon et du Thyeste, sont nombreuses. Mais ce qu'il faut remarquer, c'est qu'Adrien de Roulers y mettait sur la scène un fait contemporain, la sanglante tragédie de Fotheringhay, six années après son accomplissement. C'était la première fois qu'apparaissait au théâtre la douce et mélancolique figure qui devait si fréquemment par la suite inspirer les dramaturges. La « Marie Stuart » de Campanella, seconde en date, ne vit le jour qu'en 1598.

La *Stuarta* se recommande par les qualités les plus sérieuses. On l'a dit avec raison (R. Woerner, *op. cit.*, p. IV), la grande scène du troisième acte l'emporte en puissanee dramatique sur tout ce qu'on lit chez les successeurs de l'auteur, Schiller y compris. Le souci d'exactitude historique et l'accent de vérité qui règnent à travers toute l'action sont particulièrement frappants. Mr R. Woerner a prouvé péremptoirement, d'ailleurs, que la pièce repose sur des documents authentiques et que les détails si caractéristiques qu'on y relève sont tirés d'une relation du procès de Marie Stuart publiée à Londres en 1587, et du texte même d'une lettre écrite par la reine à l'archevêque de Glasgow peu de temps avant son exécution.

A. de Roulers dédia son œuvre à son protecteur Antoine de Blondel, baron de Cuinchy, lequel avait établi en 1593, en sa terre de Cuinchy lez-Douai, une académie de littérateurs que l'on nomma le « Banc des Muses ». Dans les liminaires, nous remarquons des vers de Toussaint du Sel (Panagius Salius), Simon Caulier, François de Montmorency, Jean de Vendiville, P. de Croix, M. de Maulde, P. Poullet, Jean le Fel, Grégoire d'Oultreman, tous poètes du nord de la France.

A. de Roulers mourut à Lille, au cours d'une épidémie (*febre pestifera corruptus*, dit son épitaphe) en 1597. Son frère Nicolas lui éleva un monument, en 1623, en l'église Saint-Sauveur.

Alphonse Roersch.

Buzelinus, *Gallo Flandria*, 1625, p. 46. — Valère André, *Bibl. belg.*, 2e éd., p. 17. — Sweertius, *Athenæ*, p. 101. — Foppens, *Bibl. belgica*, p. 19. — Duthillœul, *Bibliographie douaisienne*, p. 67. — Potez, *Qualis floreret apud Duacenses res poetica gallice scripta*, p. 25. — Joh. Bolte, *Die Lateinischen Dramen Frankreichs aus dem*

16. *Jahrh.*, dans *Fest-schrift Joh. Vahlen gewidmet*, p. 597. — R. Woerner, *op. cit.* et *Die älteste Maria-Stuart-Tragödie*, dans *Germanistische Abhandlungen Hermann Paul zum 17. Marz 1902 dargebracht*, p. 259. — K. Kipka, *Maria Stuart im Drama der Weltliteratur* (Leipzig, 1907), p. 94-103 (contient une analyse détaillée de la pièce). — Epigraphie du Nord, dans *Mémoires de la Société d'études de la province de Cambrai*. Lille, août 1903, p. 252.

ROULEZ (*Jean-François*), professeur et orateur sacré, né à Peissant (Hainaut), le 9 janvier 1777, décédé à Tournai, le 26 janvier 1855. Après avoir terminé ses études, Roulez s'adonna à l'enseignement; il ouvrit à Mons, dans une maison de la rue de la Grande-Triperie, des cours de langues anciennes, française et allemande. Au décès de sa femme, Marie-Augustine Leleux, dont il retint une fille, il continua ses études au séminaire de Tournai. Ordonné prêtre le 7 août 1819, il fut choisi, douze jours plus tard, pour prononcer l'oraison funèbre de l'évêque Hirn. Devenu vicaire de la paroisse de Saint-Brice, à Tournai, il fit, le 19 février 1821, l'éloge funèbre du chanoine Michel-François Duquesne, curé-doyen de cette paroisse. Ce discours a été imprimé à Tournai, chez Ch. Casterman (in-8o, 23 p.). En 1822, Roulez fut nommé curé-doyen de Gosselies et, en 1838, curé-doyen de Saint-Brice et chanoine honoraire de la cathédrale de Tournai. C'était un prêtre très estimé et un prédicateur de grand mérite.

Léopold Devillers.

J. Vos, *Les paroisses et les curés du diocèse actuel de Tournai*, t. I, p. 126.

ROULEZ (*Joseph*), professeur à l'université de Gand, archéologue, né à Nivelles, le 6 février 1806, décédé à Gand, le 16 mars 1878. Il fit ses études primaires et moyennes dans sa ville natale, puis suivit les cours de la faculté de philosophie et lettres de l'université de Louvain. Il se plaça bientôt au nombre des meilleurs élèves de Dumbeck et Bekker, savants étrangers qui y enseignaient avec le plus grand succès l'histoire et les lettres anciennes. Dès 1824 et 1825, il donna la mesure de son talent en prenant part au concours universitaire. Les deux mémoires qu'il envoya obtinrent la médaille d'or : le premier était une monographie du philosophe Carnéade (Gand, 1825); le second, un travail fort complet, en 117 pages in-4°, sur Héraclide de Pont (Louvain, 1828).

En 1825, Roulez fut nommé professeur de sixième latine au collège de Mons. Il n'y resta qu'un an et dut se retirer pour motifs de santé. Il profita du loisir que les circonstances lui créèrent pour mettre au jour des observations critiques sur le texte des discours de Thémistius (Louvain, 1828). Il en fit le sujet de sa dissertation inaugurale et les dédia à Creuzer, fondateur du séminaire de philologie classique à l'université de Heidelberg. Ce travail fut fort bien accueilli (Bodius, *Gött. Gelehrt. Anz.*, 1834, p. 246 et suiv.). L'auteur, qui avait procédé surtout par critique conjecturale, sans le secours des manuscrits, eut la satisfaction de voir la plupart de ses corrections confirmées par une collation du *codex ambrosianus* que lui envoya le célèbre Friedrich Jacobs.

Vers le même temps, le jeune docteur partit pour l'Allemagne avec une bourse du gouvernement hollandais. Il séjourna à Goettingue, Heidelberg, Berlin, et y entendit Creuzer, Dissen, Böckh, K.-O. Müller. Il y arrivait au bon moment. Il s'y passionna pour les recherches de mythologie, d'épigraphie, et surtout d'antiquité figurée, qui allaient renouveler de façon si heureuse des parties entières de la science et fournir aux chercheurs l'occasion de si belles découvertes. Roulez revint de l'étranger avec un nouvel ouvrage qu'il avait entrepris sur les conseils de Creuzer : c'était un recueil des fragments des histoires de Ptolémée Héphestion, tirés du lexique de Photius, avec commentaire perpétuel fort étendu. Ce volume parut en 1834, avec une préface du maître qui l'avait inspiré et fut dédié à Bekker.

Quand Roulez rentra en Belgique, il trouva le pays en pleine agitation. On était à la veille de la révolution de 1830 et les préoccupations publiques étaient bien éloignées de tout ce qui intéressait les philologues. Plusieurs savants de grande valeur quittèrent le pays et les facultés de philosophie de Gand et de Louvain furent supprimées. Roulez en fut navré; car il écrivait en février 1832 : *Paucis post reditum diebus erupit rerum belgicarum conversio, fatalis illa cum aliorum tum meis rebus ac studiis.* Toutefois, les événements qui venaient de se passer eurent une influence considérable sur son avenir. En 1832, il fut nommé professeur de grec à l'athénée de Gand et attaché à la faculté libre de philosophie et lettres, fondée par quelques hommes dévoués pour remplacer la faculté de l'Etat... jusqu'en des temps meilleurs. Il fut chargé d'y enseigner l'histoire de la littérature grecque et de la littérature latine, les antiquités romaines et la logique. De part et d'autre, il se distingua et se révéla comme un professeur de race. Toutefois, ses occupations professionnelles n'absorbèrent pas toute son activité. En 1833, il publia un volumineux mémoire posthume de P.-J. Baert *Sur les campagnes de César en Belgique et particulièrement sur la position du camp de Cicéron chez les Nerviens.* Il mit au point cette œuvre qui avait vieilli et l'enrichit d'un grand nombre de notes. De l'enseignement littéraire de Roulez sortirent deux publications qui ont largement contribué à faire connaître au public français les travaux érudits de la philologie allemande. En 1837, le professeur gantois fit paraître à l'usage de ses élèves un abrégé de la grande histoire de la littérature grecque profane de Schoell (1re édition française, Paris, 1823-1828, 8 volumes in-8°; édition allemande, Berlin, 1828-1830). Il fit plus que d'adapter ce livre aux exigences de son public; il le mit au courant des dernières découvertes et en étendit considérablement les notes et la partie bibliographique (Gand, 1837). Il en fit, en somme, un compendium assez sec, mais très complet, témoignant d'une érudition peu commune et d'un outillage scientifique parfait. L'année suivante, il publia un manuel analogue d'histoire de la littérature romaine, traduit de l'ouvrage de Baehr, imprimé à Heidelberg en 1833. Ces deux livres établirent la réputation de Roulez.

Lorsque le gouvernement belge réorganisa notre enseignement supérieur en 1835 et rétablit définitivement la faculté de philosophie de l'université de Gand, Roulez y fut naturellement nommé professeur. Il y fit, de 1835 à 1873, le cours d'antiquités romaines et successivement, à des époques différentes, les cours d'archéologie, de philologie grecque, d'encyclopédie du droit, d'histoire du droit romain, d'histoire moderne. « Le plus travaillé de ses cours », a dit Wagener, « paraît avoir été celui « d'antiquités romaines. C'était incon- « testablement le meilleur qui pendant « de longues années fût donné en Bel- « gique. Lorsque Roulez commença à le « professer, on ne possédait pas encore « cet admirable manuel de Becker, con- « tinué et renouvelé par Marquardt et « Mommsen, qui rend aujourd'hui l'en- « seignement des antiquités romaines « relativement facile. Le jeune profes- « seur fut obligé, pour se tenir au cou- « rant de la science, de dépouiller pa- « tiemment les innombrables brochures « qui suivirent en Allemagne la publi- « cation des ouvrages de Niebuhr et de « Göttling. Il ne recula pas devant cette « tâche laborieuse et c'est ainsi que son « enseignement du droit public et admi- « nistratif de Rome acquit en Belgique « une autorité légitime et incontestée. « Les cahiers de ses bons élèves étaient « très recherchés, et si Roulez avait « publié son cours, il est probable qu'il « eût fait sensation. Il négligea de le « faire en temps opportun, ce qu'il « regretta beaucoup dans la suite ».

Roulez fut recteur à deux reprises différentes : en 1846-1847, et d'une manière presque ininterrompue de 1857 à 1864. De 1864 à 1873, il fut administrateur-inspecteur de l'université de Gand. Il s'acquitta de ces hautes et délicates fonctions de façon magistrale et, dans des circonstances difficiles, défendit avec autant de tact que de fermeté les intérêts de l'université. Ses discours et rapports rectoraux « peuvent être « considérés comme des modèles du

« genre », a dit Wagener. Rappelons ici son remarquable discours de 1858 sur les mœurs électorales de Rome et le début de son rapport de 1857-1858 : « Par des circonstances que vous con- « naissez tous, mon prédécesseur n'a pu « présenter au public un pareil exposé « pour les deux années précédentes. Les « faits graves qui, pendant ce temps, se « sont passés à l'intérieur et au dehors de « l'université, sont tombés dans le do- « maine de l'histoire ; je les abandonne, « en toute confiance, à son impartial « jugement ».

Roulez aimait passionnément la science et était le type du vrai savant. Au cours de sa longue carrière, au milieu des occupations les plus absorbantes et malgré les tracas de la vie administrative, il sut réserver toujours une large part de son temps pour des recherches purement scientifiques. De multiples publications témoignent de son inlassable activité. On en trouvera l'énumération complète dans la *Bibliographie académique* et dans l'*Annuaire de l'Académie royale* (notice par J. de Witte, 1879).

L'année même de sa nomination dans l'enseignement supérieur, il avait été élu correspondant de la classe des lettres de l'Académie royale de Belgique (8 août 1835); il en fut nommé membre titulaire deux ans après. Lorsque la savante compagnie célébra son centenaire, Thonissen rendit hommage au lustre qu'avaient jeté sur elle les travaux de son collaborateur gantois.

Parmi les innombrables notices et mémoires que Roulez fit paraître dans les publications académiques, il faut citer avant tout ses études d'archéologie figurée. Les monuments figurés passèrent au premier rang de ses préoccupations scientifiques après un long voyage qu'il fit en Italie en 1839. Mentionnons spécialement son mémoire sur les peintures d'une coupe de Vulci représentant des exercices gymnastiques, dédié par l'auteur à O. Müller, son maître et son compagnon de voyage ; ses descriptions si complètes et si intéressantes de vases du magasin Basseggio à Rome, destinés à la vente et condamnés fatalement à la dispersion ; ses explications de peintures de vases de la collection Pizzati fournissant, pour la plupart, la représentation de scènes mythologiques, Achille et Ajax jouant aux dés, le départ de Castor, Triptolème, le Jugement de Pâris, la mort d'Antiloque et de Memnon, les noces d'Hercule et d'Hébé, la lutte d'Hercule et de Triton, le combat de Thésée et de l'Amazone Molpadie, les protélies de Bacchus et d'Ariane; ses notices sur des vases, bas-reliefs et objets divers des musées de Naples, Florence, Padoue, Arezzo, du palais Barberini, etc. De toutes les communications qu'il fit à l'Académie et inséra dans les bulletins, Roulez composa des recueils factices qui parurent à Bruxelles de 1838 à 1854 sous le titre de *Mélanges de philologie, d'histoire et d'antiquités* (en tout : sept fascicules). Ils portent témoignage de la variété et de l'étendue de ses connaissances, de la sûreté de sa méthode et de sa perspicacité.

De plus, Roulez donna dans les publications de l'Institut archéologique de Rome une série de notices très remarquables sur diverses trouvailles faites à Ruvo, Cervetri, Chiusi, Vulci, Palestrina, Grumento et décrivit et expliqua magistralement de nombreuses peintures de vases de la collection Campana : combat de Thésée et du Minotaure, départ de Néoptolème pour Troie, naissance de Minerve, Hercule et Nessus, combat d'Hercule contre les Amazones, — cette dernière sur un canthare de Duris, actuellement conservé aux musées royaux à Bruxelles.

L'ouvrage le plus important que Roulez consacra à l'archéologie classique parut à Gand en 1854, sous le titre *Choix de vases peints du Musée d'antiquités de Leide publiés et commentés* (92 p. in-f°). C'est un magnifique volume, admirablement illustré, dédié au roi des Pays-Bas Guillaume III. L'auteur y publiait, avec commentaire très complet, les pièces capitales de la célèbre collection hollandaise : quatre vases rapportés d'un voyage en Grèce par le colonel Rottiers et cédés par lui au gouvernement hollandais en 1823 et seize vases provenant des fouilles de Canino et acquis à Rotterdam en 1839 par Guillaume Ier.

Roulez prit une part fort importante également à notre mouvement d'archéologie nationale. Pendant plus de quarante années, il consigna et décrivit avec le plus grand soin, dans le *Messager des sciences historiques* et surtout dans les *Bulletins* de l'Académie, le résultat des fouilles et les découvertes d'antiquités faites sur tous les points du pays. Lorsqu'en 1842 la classe des lettres décida de publier la carte archéologique de la Belgique, elle fit appel avant tout à la compétence de Roulez, qui se chargea de rédiger un questionnaire, destiné à être adressé à tous les bourgmestres et curés du royaume. De toutes parts, les réponses lui parvinrent et il fut chargé de les coordonner. Les années passèrent toutefois sans que l'on vît rien paraître. En 1845, Reuvens, Leemans et Janssen publièrent à Leiden la carte archéologique des Pays-Bas, la Belgique y comprise; puis, vinrent les travaux de Schayes et de Vandermaelen qui, de même que celui des archéologues hollandais, défloraient l'œuvre préparée par Roulez. Ce dernier renonça dès lors à tirer parti de tous les matériaux qu'il avait recueillis et se contenta de mettre au jour des *Observations sur les voies romaines de la Belgique*. Il offrit cet opuscule à l'université de Bâle à l'occasion du 400e anniversaire de sa fondation (Gand, C. Annoot, 1860).

Roulez s'occupa également avec grand succès de l'histoire ancienne de la Belgique. Son *Mémoire sur les magistrats romains de la Belgique*, très remarquable pour l'époque à laquelle il parut (1844), est demeuré classique, en dépit des dernières découvertes et des progrès de la science. Il lui donna, du reste, un complément nécessaire en 1875, en publiant une importante étude sur *les légats propréteurs et les procurateurs des provinces de Belgique et de la Germanie inférieure*. Il y reprenait toute la première partie du travail précédent, en tenant compte de toutes les inscriptions nouvelles et en envisageant le sujet au point de vue de l'histoire de l'empire romain. Dans le même ordre d'idées, mentionnons également ses recherches sur le contingent fourni par les peuples de la Belgique aux armées de l'empire romain (1852), sur la nature des relations des peuples de l'ancienne Belgique (1837), ses articles de polémique avec Schayes sur les origines belges (1850-1852), ses observations sur le texte de César d'après trois manuscrits de Florence (1840), etc.

Mais le savant professeur ne s'occupa pas exclusivement de l'histoire ancienne de la Belgique, ni d'inscriptions latines pour autant que celles-ci pouvaient fournir des renseignements sur le passé de notre patrie. Il ne se désintéressa jamais des études d'histoire ancienne et d'épigraphie latine *en général*. Dans ces domaines voisins du champ habituel de ses investigations, il ouvrit également des voies nouvelles. Il publia et commenta un grand nombre de textes lapidaires et fournit des éclaircissements utiles sur bien des questions controversées des institutions romaines. En 1845, il publia une *Histoire de la lutte entre les patriciens et les plébéiens à Rome*, mémoire présenté au concours universitaire de 1844 par son élève Arthur Hennebert, de Tournai. Ce jeune homme d'avenir s'était noyé accidentellement dans la Lys, le 5 juillet 1844, à l'âge de vingt et un ans, avant d'avoir pu arriver à la troisième épreuve du concours.

Bien qu'il fût archéologue avant tout, Roulez demeura également fidèle à ses premières études, qui avaient été purement philologiques, au sens étroit du mot. Il connaissait admirablement les auteurs anciens, et excellait à en corriger le texte quand celui-ci était corrompu et à faire la lumière sur les passages les plus obscurs. On lui doit la collation d'un manuscrit de Heidelberg des aventures amoureuses de Parthénius de Nicée (1836), la correction d'un texte de Dion Chrysostome d'après le *vaticanus* 99 et le *laurentianus* 22, un examen d'un manuscrit de l'Escurial renfermant un fragment de Denys d'Halicarnasse, des notes sur un manuscrit d'Aurélius Victor de la bibliothèque royale, etc. En 1863, il fit paraître une édition estimée des livres II, III, XXI, XXII de Tite Live, à l'usage des athénées royaux.

Roulez fut enfin l'un des premiers collaborateurs de la *Biographie nationale*. Il y inséra quarante et une notices sur des philologues et archéologues belges. Elles étaient, comme tout ce qui sortait d'ailleurs de sa plume érudite, marquées au coin de l'exactitude et de la précision. Rappelons aussi que, durant une longue période, Roulez composa le texte de la plupart des inscriptions latines placées sur nos monuments publics, ainsi que celui des légendes gravées sur les médailles frappées par le gouvernement.

Une existence aussi laborieuse n'alla point sans gloire. L'archéologue gantois était en rapports suivis avec les savants les plus éminents du monde et sa réputation était européenne. Il obtint toutes les distinctions honorifiques que peut ambitionner le vrai savant. Commandeur de l'Ordre de Léopold, décoré de plusieurs ordres étrangers, il était membre de l'Institut de France, des académies impériales et royales de Pétersbourg, Munich, Berlin, Amsterdam, Turin, Göttingue, de l'Institut de correspondance archéologique de Rome, etc.

Roulez mourut à Gand, après une courte maladie, le 16 mars 1878. Il avait réuni une fort belle bibliothèque archéologique : acquise par le gouvernement, elle est conservée tout entière à la bibliothèque de l'université de Gand.

Alphonse Roersch.

Discours de Mr le recteur Soupart aux funérailles de Roulez, *Nouvelliste de Gand*, 26 mars 1878. — A. Wagener, notice nécrologique, *Revue de l'instruction publique en Belgique*, t. XXI, 1878, p. 140-144. — J. de Witte, notice sur Joseph Roulez, *Annuaire de l'Académie royale*, 1879.

ROUNERUS, hagiographe. Voir Rainier.

* **ROUPPE** (*Nicolas-Jean*), magistrat, homme politique, né à Rotterdam, le 17 avril 1769, mort à Bruxelles, le 3 août 1838. Tout jeune encore, Rouppe entra au séminaire, devint sous-diacre, mais quitta la cléricature sans doute sous l'influence du mouvement philosophique qui fut l'avant-coureur de la Révolution française.

Il vint s'établir à Bruxelles, se rallia dès la fin de l'année 1794 aux vainqueurs de Fleurus et fut nommé par la Convention commissaire municipal à Louvain; c'est en cette qualité qu'il présida la Fête de la République organisée à Bruxelles en commémoration de la mort de Louis XVI (21 janvier 1795). Sous le Directoire, Rouppe fut créé commissaire du pouvoir exécutif à Bruxelles, et y reçut Bénézech, ministre de l'intérieur en tournée d'inspection (28 janvier 1797). Ce fut lui aussi qui installa, le 4 mai suivant, le nouveau conseil municipal. Rouppe se montra l'adversaire déclaré du commissaire central de la Dyle, Mallarmé; quand celui-ci tomba en disgrâce (14 février 1791), quelques mois avant le coup d'Etat parlementaire du 30 prairial contre les triumvirs du Directoire (Merlin, Treilhard, Lareveillère), ce fut Rouppe qui le remplaça. Le nouveau commissaire dut prendre bientôt des mesures contre les réfractaires. Le 21 juillet 1799, le commissaire Rouppe poursuivit le chef des partisans Jacquemin, dit Charles de Loupoigne, dans la forêt de Soignes; mais il tomba de cheval et dut être transporté chez lui. Le 30, Jacquemin fut tué; sa tête fut portée chez Rouppe, où le lendemain eut lieu la reconnaissance officielle.

Au 18 brumaire, la place de commissaire fut supprimée et Rouppe resta sans fonctions. Voulant lui témoigner leur gratitude pour sa bonne gestion, ses concitoyens lui décernèrent une médaille d'or qui portait cette inscription : « En exécutant les lois, il fut juste et « bon ». Rouppe fut peu après relégué dans le poste de conseiller de préfecture de la Dyle. Mais Bonaparte ayant nommé maire de Bruxelles un certain Arcomati, celui-ci dut démissionner au bout de quelques mois pour motifs de santé et il fut remplacé vers le mois de juillet 1800 par Rouppe. Homme de bien, aussi énergique qu'intègre, Rouppe rendit, en qualité de maire, de grands services à ses concitoyens. Profondément imbu des principes de la Révolution, il eut pourtant le tort de prendre à la lettre leur pompeuse célébration dans les grandiloquents discours que le Consulat avait remis à la mode; il eut bientôt l'occasion de s'apercevoir de l'abîme qui séparait la pratique des théories.

En effet, en l'an x, Fouché, ministre de la police générale, avait ordonné l'incarcération au fort de Ham de plusieurs habitants notables de Bruxelles, prévenus de contrebande. Rouppe demanda la liberté des innocents et protesta, en vertu de l'article 83 de la Constitution de l'an VIII, auprès du Tribunat contre cette mesure illégale (16 décembre 1801). Cette réclamation énergique était une première imprudence; il en commit une seconde en imprimant et distribuant sa protestation, qui contenait en particulier cette phrase typique : « Le peuple français célébrera-t-il le 14 juillet pendant qu'on rétablit la Bastille au fort de Ham? » Il fut révoqué par le ministre Chaptal le 23 janvier 1802; Maret, secrétaire du premier Consul, fit même savoir au ministre que si Bonaparte n'avait pas plus tôt pris des mesures contre Rouppe, c'est qu'il était absent à ce moment. Aussi l'humiliation et la punition de l'honnête administrateur ne tardèrent-elles pas. Appelé à Paris, Rouppe fut arrêté et transféré au Temple sous la prévention de manœuvres contre le gouvernement. Après de sévères admonestations de Chaptal, le prévenu fut rendu à la liberté.

A son retour, ses concitoyens voulant lui donner un gage d'estime, l'élurent juge de paix. Fouché s'opposa à l'installation de Rouppe, l'exila à trente lieues de Bruxelles et le plaça sous la surveillance de la police. Grâce à de nombreux protecteurs, Rouppe sut échapper à toutes ces vexations. Le prince de Ligne, commandant les troupes de Bruxelles, le prit comme adjudant; c'est dans cette condition que Rouppe l'accompagna au-devant du cortège consulaire et assista à la réception de Napoléon à Bruxelles, le 21 juillet 1803. Sous l'empire, Rouppe exerça quelques fonctions secondaires, mais en 1807 il parvint à se faire nommer inspecteur général de la prison de Vilvorde. Il réorganisa cette institution et en fit un modèle d'établissement pénitentiaire, aussi bien au point de vue disciplinaire qu'hygiénique. Grâce à ses soins, la mortalité considérable qui y sévissait à cette époque fut réduite des neuf dixièmes. En 1809, il alla offrir à Utrecht, au roi Louis-Napoléon de Hollande, son livre intitulé : *Tableau statistique de la maison de détention et de refuge de Vilvorde.*

A la chute de l'empire, Rouppe fut destitué. Sous le régime hollandais, il ne remplit pas de charges publiques. Bien au contraire; lié avec Louis de Potter et les chefs du parti libéral, il se joignit aux manifestations de l'opposition, qui devaient aboutir à la révolution belge de 1830.

Le 28 août 1830, il assista à la réunion des notables qui s'installèrent à l'hôtel de ville sous la présidence du baron de Secus, et fut chargé de rédiger, avec Felix de Mérode, S. Vande Weyer, Joseph d'Hooghvorst et Gendebien, une adresse au roi Guillaume empreinte d'une grande franchise.

Mais dans l'entre-temps l'armée du prince Guillaume d'Orange était arrivée à Anvers. Dans la matinée du 31 août, le comte de Cruquenbourg, aide de camp du prince, vint inviter le commandant de la garde bourgeoise à se rendre sans retard au château de Laeken. J. d'Hooghvorst partit sur-le-champ, accompagné, entre autres, de Rouppe et de Vande Weyer, tous deux membres du conseil attaché à l'état-major de la milice urbaine; ils devaient exprimer aux princes Guillaume et Frédéric le désir de les voir entrer en ville sous la seule escorte des députés. La délégation fut mal reçue. Les princes se montrèrent irrités à la vue des couleurs brabançonnes. Rouppe leur répondit que c'étaient là non des emblèmes de rébellion, mais des insignes patriotiques; qu'ils n'avaient pris ces couleurs que comme signe de ralliement et pour éviter qu'on n'arborât partout le drapeau tricolore français.

Les princes prétendirent entrer à Bruxelles à la tête de leurs troupes. Quand les délégués eurent fait afficher cette déclaration, la foule devint menaçante. Une seconde délégation parvint à convaincre Guillaume de renoncer à cette intention; celui-ci entra donc seul dans la ville, mais y courut de grands dangers. Cependant le 1er septembre 1830, le prince d'Orange nomma une commission consultative, à laquelle le lendemain on adjoignit comme délégués de la milice citoyenne, Rouppe et Vande Weyer; en cette qualité, l'ex-maire assista au banquet offert par le prince aux délégués. Le 3, la commission consultative se prononça à l'unanimité pour la séparation du Nord et du Midi. Au soir, d'Hooghvorst, Rouppe et Vande Weyer déclarèrent à Guillaume que, sans troupes ni armée, sa personne courait de graves dangers; de sorte que le prince quitta Bruxelles, après avoir fait signer, à l'hôtel de ville, par Rouppe et ses amis, l'engagement de ne pas souffrir un changement de dynastie durant son absence.

Les patriotes avaient désormais les mains libres. Rouppe assista à toutes les réunions de la garde bourgeoise, qui finit par créer une commission de sûreté publique (9 septembre). Il fut élu en tête de la liste; après avoir refusé avec cinq de ses collègues d'accepter ce poste, « les termes de leur « mandat ayant été dénaturés », il finit par se rendre aux vœux de la réunion, à la suite de quelques modifications aux délibérations du Conseil.

Le nom de Rouppe, non moins que ceux de Gendebien et de Vande Weyer, montraient qu'à l'insurrection allait succéder la révolution. Le 14 septembre, Rouppe invita le procureur général Schuermans à résigner ses fonctions. Le lendemain, le comité convoqua les trente-deux délégues des huit sections de la garde bourgeoise avec quelques notables, et fit rédiger une adresse rappelant les députés belges qui s'étaient rendus aux Etats généraux. Tout cela n'empêcha pas Rouppe et ses collègues d'être bientôt accusés de tiédeur. La commission fut débordée par le Club de la Réunion Centrale que dirigeait Charles Rogier; le 19, les volontaires liégeois et la foule envahirent l'hôtel de ville et la commission de sûreté fut dissoute.

Le 23 septembre 1830, au milieu de l'anarchie qui régnait à Bruxelles, le prince Frédéric pénétra dans la capitale; les chefs de la révolution s'enfuirent. Mais durant les quatre glorieuses journées de septembre, Mellinet, Juan van Halen et Stildorf parviennent à chasser les Hollandais du Parc; puis Charles Rogier institua un gouvernement provisoire. Le 22 octobre 1830, par 497 voix contre 468 données au marquis de Trazegnies, Rouppe fut nommé bourgmestre de Bruxelles. Le 4 novembre, le district de Bruxelles le nomma membre suppléant du Congrès National; mais, comme le comte Cornet de Grez n'accepta pas son mandat, il devint effectif. Le 5 novembre, il s'inscrivit en tête de la liste des organisateurs d'une cérémonie en mémoire de Jenneval. A partir du 10, il prit une part active aux travaux du Congrès.

On a conservé le texte de l'affiche par laquelle le bourgmestre de Bruxelles annonça (4 février 1831) à la population l'élection du duc de Nemours comme roi des Belges sous le nom de Louis Ier. Durant les tribulations de la régence, son attitude énergique sut maintenir l'ordre dans la capitale. Enfin, le 21 juillet 1831, ce fut lui qui complimenta Léopold Ier, lors de son entrée à Bruxelles.

Un arrêté de Rouppe du 30 juillet transforma la place Saint-Michel en place des Martyrs; mais il n'eut pas le bonheur d'assister à l'inauguration du monument des Martyrs qui eut lieu un mois après sa mort, en septembre 1838.

Lorsque, le 6 août 1831, le bourgmestre apprit l'agression inattendue du roi Guillaume et l'envahissement du pays par les troupes hollandaises, il électrisa la population de Bruxelles par une proclamation vibrante. Puis, afin d'assurer le service des ambulances et des hôpitaux, il adressa un chaleureux appel à la charité publique. Durant les heures angoissantes qui suivirent la déroute de Louvain et précédèrent l'arrivée de l'avant-garde du maréchal Gérard, Rouppe ne perdit pas un moment son sang-froid et maintint Bruxelles dans le devoir.

Aux premières élections législatives, Rouppe fut élu député de Bruxelles au second tour (12 septembre 1831). Il fit partie de l'opposition libérale et refusa de voter le traité des vingt-quatre articles, comme étant un acte imposé au peuple belge.

Le 19 août de l'année suivante, le bourgmestre Rouppe reçut solennellement Louise-Marie d'Orléans qui venait d'épouser notre premier roi. C'était l'époque où une terrible épidémie de choléra avait éclaté à Bruxelles : Rouppe se distingua par son attitude courageuse et prit des mesures radicales pour enrayer le fléau. Le roi Léopold le nomma chevalier de son ordre le 1er janvier 1833.

L'année suivante, le bourgmestre dut réprimer une violente émeute. A l'occasion de la vente du haras du prince d'Orange, à Tervueren, le journal orangiste *Le Lynx* ouvrit une souscription publique pour racheter les chevaux. Les journaux orangistes, tels le *Messager de Gand*, tirèrent parti de cet événement pour adopter un langage insultant et provoquant. Aussi le 5 avril 1834, la foule se porta vers les bureaux du *Lynx* et voulut saccager quelques hôtels appartenant à des membres de la noblesse. Le bourgmestre Rouppe, accouru à cheval, parvint à apaiser l'effervescence. Mais il fut moins heureux le jour suivant; il fut menacé lui-même par la populace et ne put empêcher la dévastation presque complète des hôtels du duc d'Ursel et du baron de Béthune. En vain, Rouppe s'était-il multiplié; les pillages s'étaient commis sur quantité de points à la fois avec une rapidité foudroyante.

Cette même année, le bourgmestre reçut solennellement à Bruxelles les membres exilés de l'ancien gouvernement provisoire de Pologne, parmi lesquels Joachim Lelewel.

Rouppe s'occupa activement de la fondation de l'université libre de Bruxelles; le 29 novembre, il prononça un discours à la séance d'installation de cet établissement, et ce fut son ami Baron, professeur de belles-lettres, qui lui répondit au nom du corps académique. En 1835, Rouppe fut décoré de la Croix de fer. L'année suivante, il se retira de la Chambre pour se consacrer tout entier à ses fonctions de bourgmestre.

Presque septuagénaire, Rouppe avait trop présumé de ses forces. L'excès de travail ruina sa santé. Lorsqu'il mourut, il laissa une mémoire universellement honorée, grâce à son désintéressement, son intégrité, son dévouement à la chose publique et ses grandes qualités administratives. On a pu dire de lui qu'il n'eut pas d'ennemis.

Ses funérailles, célébrées le 7 août 1838, eurent le caractère d'un deuil public. L'échevin Van Volxem, au nom du collège, le professeur Baron, au nom de l'université, prononcèrent l'éloge funèbre du défunt.

En vue de perpétuer sa mémoire, la ville de Bruxelles créa, le 17 septembre 1840, une place publique à laquelle elle donna son nom, à l'extrémité sud de la rue du Midi. Une souscription nationale procura les fonds nécessaires pour y élever en 1846 une fontaine de bronze dont les plans furent mis au concours. Poelaert obtint la préférence du jury; le monument fut élevé en 1848. L'inscription placée sur la face antérieure porte ces mots : *A N. J. Rouppe, bourgmestre de Bruxelles de* 1830 *à* 1838.

V. Fris.

A. Henne et A. Wauters, *Histoire de Bruxelles* (Bruxelles, 1843), t. II. — L. Lanzac de Laborie, *La domination française en Belgique* (Paris, 1895), t. I, p. 38 à 387; t. II, p. 40 à 180. — Th. Juste, *La Révolution belge de* 1830 (Bruxelles, 1872), t. II, p. 28 et suiv. — L. Hymans, *Bruxelles à travers les âges* (Bruxelles, s. d.), t. II, p. 304 à 455 ; t. III, p. 12 à 127. — Veldekens, *Le livre d'or de l'Ordre de Léopold* (Bruxelles, 1870), t. I, p. 366-367. — *Bibliographie nationale*, t. III, p. 339. — Cte O. de Kerchove, *Les préliminaires de la Révolution belge*, dans *Revue de Belgique*, 1896, p. 213, 370 à 383. — *L'Observateur*, journal, no du 4 août 1838. — Voir le portrait de Rouppe dans L., H. et P. Hymans, *Bruxelles*, t. III, p. 12.

ROUSSEAU (*Jean-Baptiste*), littérateur et fonctionnaire, né à Marche, le 5 août 1829, mort à Ixelles, le 13 novembre 1891. L'aîné des quatre fils issus du mariage de Jean-Joseph Rousseau, conducteur des travaux publics, mort inspecteur honoraire des bâtiments des prisons, et d'Alexise Michaux; il fit ses humanités à l'Athénée royal de Bruxelles et fréquenta ensuite l'université libre. Mais ses goûts l'entraînaient vers les arts. Entré à l'Académie de Bruxelles, il y fit de la peinture sous Navez, puis à l'atelier indépendant, dit de Saint-Luc. Ce fut toutefois par la critique d'art qu'il devait se révéler. Des « salons » et des revues théâtrales donnés à l'*Etoile belge* firent connaitre en lui un écrivain remarquablement doué. Ayant, en compagnie de Louis Hymans, charpenté un drame historique, l'*Argentier de la cour*, il s'associa bientôt à cet écrivain dans la publication du *Diable à Bruxelles* (Librairie polytechnique Aug. Decq, 1853; 4 vol. in-8°). Le succès de l'ouvrage fut considérable. « Il lançait définitivement Rousseau « dans la littérature », écrit Mr Henry Rousseau dans la notice consacrée à son père. Des chapitres signés J.-B. R. plusieurs sont absolument remarquables. Quelques scènes de mœurs bruxelloises n'offrent plus qu'un intérêt rétrospectif; en revanche, les pages consacrées à l'enseignement des arts, par exemple, ont gardé toute leur actualité. Désireux de se faire une carrière dans les lettres, Rousseau, en 1854, prit le chemin de Paris. D'abord correspondant des journaux belges: l'*Etoile*, l'*Emancipation*, il obtint, au bout de quelque temps, la faveur de collaborer au *Figaro*, alors dirigé par de Villemessant et finit par occuper sur la scène parisienne une situation en vue. Ses chroniques hebdomadaires, plus tard réunies en volumes sous le titre *Paris dansant* (Michel Lévy, 1861) et *Coups d'épée dans l'eau* (id., 1864), sont d'une lecture infiniment agréable et pleines de saveur comme études de mœurs parisiennes traitées dans la manière d'Edmond About.

La verve caustique de Rousseau se donnait volontiers carrière. On vit des artistes s'insurger contre des jugements formulés toujours avec esprit, mais nullement de nature à plaire à ceux que visait sa critique. On parla, dans les cercles bruxellois, d'une satire de Verlat, blessante peut-être plus que spirituelle : *Plus lourd que l'air;* le *Figaro* et son collaborateur n'y étaient pas ménagés. On connut plus tard Rousseau et Verlat en excellents rapports. Rentré en Belgique vers 1864, Rousseau y retrouvait son ancien collaborateur Hymans à la tête de l'*Echo du Parlement*, et bientôt devenait le critique artistique de ce grand quotidien. Jusqu'en 1877, la feuille bruxelloise reçut de lui des articles non moins remarquables par l'indépendance du fond que par la distinction de la forme. Quantité d'artistes leur durent un commencement de réputation, à un moment où, il faut le dire, les initiatives étaient rares et peu encouragées par la presse et le public. Il n'est pas sans intérêt de rappeler en passant que la première nouvelle de la capitulation de Sedan fut apportée du Luxembourg à Bruxelles par Rousseau et propagée par l'*Echo du Parlement* qui fit cette nuit un tirage énorme. Le gouvernement belge, dès avant le retour de Rousseau en Belgique, lui avait confié une mission en Italie. *Le Journal des Beaux-arts*, dont Adolphe Siret (voir ce nom) était le directeur, ouvrit ses colonnes à des études brillantes sur les maîtres flamands dont Rousseau avait relevé les traces dans la Péninsule.

Le contact d'anciens amis de Belgique retrouvés à Rome : le statuaire Fassin, les peintres Modeste Carlier et Eugène Smits, concourut puissamment à fortifier ses convictions artistiques. Quand, en 1865, la mort de Jules Dugniolle rendit vacant le poste de secrétaire de la Commission royale des monuments, Rousseau en devint le titulaire. Il devait donner à ces fonctions une importance dont, jusqu'alors, elles avaient semblé à peine susceptibles.

Plus artiste, au fond, qu'archéologue, Rousseau, par son éloquence, sut entraîner ses collaborateurs, faire attribuer à l'art proprement dit une part d'attention plus grande et plus légitime dans les travaux dévolus à l'examen de la commission. La sculpture fut surtout l'objet de sa sollicitude; il en avait étudié la haute et puissante portée chez les maîtres de la renaissance et rêvait de voir en Belgique grandir son importance dans les travaux subsidiés par l'Etat. On peut dire qu'il vit ses aspirations réalisées. Secrétaire, en 1868, du Congrès de l'enseignement des arts du dessin, dont le gouvernement avait pris l'initiative, et consécutivement rapporteur d'une des sections du jury de l'Exposition des académies et écoles de dessin du royaume, ouverte à cette occasion dans les locaux de la gare du Midi en voie d'achèvement, il rédigea un important rapport sur la *Pratique de l'enseignement*. Son exposé constituait tout un programme. Il s'élevait contre l'emploi du modèle graphique, alors général dans l'enseignement élémentaire et moyen et, tout en se prononçant en faveur de l'étude de la figure antique, jugeait sévèrement la routinière façon de l'interpréter. « Il ne suffit évidemment pas », écrivait-il, « pour initier l'élève aux « beautés d'une figure antique, de la lui « faire copier. Pour que son travail soit « sérieusement profitable, il faudrait « l'y intéresser par des explications « orales aussi complètes que possible. « Il serait utile, par exemple, que les « modèles antiques lui fussent exposés « dans l'ordre historique où ils se sont « produits... Il importerait aussi d'ex- « pliquer à l'élève, de la façon la plus « précise et la plus complète, le sujet « du plâtre qu'on lui donne à copier, « qu'il s'agisse d'un type mytholo- « gique et symbolique comme la *Diane*, « d'un type historique comme le *Ger- « manicus*, ou d'un type social comme « le *Gladiateur* ». Appelé, au lendemain même du congrès (4 août 1869), à professer à l'Académie royale d'Anvers un cours d'esthétique et de littérature générale, il trouva l'occasion de réaliser ce programme, au grand avantage de son enseignement. Appelant à son aide de nombreuses reproductions photographiques, recueillies pendant un nouveau voyage en Italie, et spécialement à Naples, il put les faire servir de thème à d'éloquentes et substantielles démonstrations. Ce cours n'a malheureusement pas été imprimé; il en subsiste un reflet dans l'album intitulé : *Types grecs et types modernes comparés, pour servir à l'étude de l'antique*, mis au jour en 1873. Dans une suite de croquis rapides, l'auteur oppose les principales figures d'origine grecque et romaine à d'autres émanant de statuaires et de peintres d'époques plus récentes, s'attachant à rendre palpable la prééminence de l'art hellénique caractérisé par la noblesse et la simplicité. Il ne devait rester titulaire de son cours que jusqu'en 1877. La mort inopinée de Mr Adolphe van Soust le fit appeler aux fonctions d'inspecteur des beaux-arts, ressortissant alors au ministère de l'intérieur. Il y déploya une activité remarquable. Secrétaire de la commission des fêtes organisées en 1880 pour la célébration du cinquantenaire national, il fut l'ordonnateur des principales manifestations officielles dont la capitale fut alors le théâtre : cérémonie jubilaire le 21 juillet à la plaine devenue depuis le Parc du Cinquantenaire; cortège historique; exposition de l'art belge de 1830 à 1880; celle restée célèbre des anciennes industries d'art. La création subséquente du Musée des arts décoratifs est, pour la majeure partie, l'œuvre de Rousseau; lui-même avait procédé à son arrangement et tracé les grandes lignes de son organisation. Un buste de marbre y perpétue son souvenir. On lui doit également le transfert des plâtres de l'Etat, précédemment déposés au Palais des Académies (voir son article : *Le musée des plâtres au Palais des Académies*, dans le *Bulletin des commissions royales d'art et d'archéologie* de 1882, p. 279), dans les galeries du Cinquantenaire, où ils constituèrent le noyau du Musée des Echanges.

Directeur général de l'administration des sciences, des lettres et des beaux-arts en 1889, Rousseau occupait en outre, au moment de sa mort, les fonctions de secrétaire général de la Commission des monuments, de celle des Echanges internationaux, du Conseil de perfectionnement de l'enseignement des arts du dessin, de membre de la Commission directrice des musées de peinture et de sculpture. Il lui fut donné de prendre, en ces diverses qualités, l'initiative d'un ensemble de mesures dictées par un sentiment très élevé du rôle de l'art dans la vie publique. Sa préoccupation de faire de la sculpture le complément en quelque sorte obligé de tout ensemble monumental se traduit d'une manière heureuse dans la décoration du square du Petit-Sablon, à Bruxelles, ressuscitant en quelque mesure l'ancienne « cour des bailles » du palais des ducs de Brabant. Des figurines de bronze, au nombre de quarante-huit, y personnifient, sur des colonnes introduites dans la rampe, les métiers bruxellois au XVIe siècle. La parure extérieure du Palais des beaux-arts, rue de la Régence; la décoration de la clôture du Palais des Académies, de puissantes figures de lions, dues au ciseau de Félix Bouré; la décoration sculpturale de certaines des portes de la nouvelle enceinte d'Anvers, après la démolition des anciennes portes de Berchem et de Borgerhout (voir ses articles sur ces portes dans le *Bulletin des Commissions royales d'art et d'archéologie*, de 1867) attestent l'heureuse intervention de Rousseau en faveur de la sculpture. Les vingt années de son séjour à Paris, au temps de la période la plus brillante du second Empire, avaient vu s'accomplir dans les arts une évolution féconde à laquelle la Belgique ne pouvait rester indifférente. Il eut et provoqua des initiatives heureuses, comme, par exemple, l'essai de publication, en 1880, de l'*Illustration nationale*, l'unique organe du genre un peu réussi dont on se souvienne dans le pays. Rousseau, en revanche, croyait peu à la gravure au burin comme élément de vulgarisation des œuvres d'art. Il aida donc peu à son développement. Esthète aux vues très modernes, il fut à l'avant-garde du mouvement destiné à donner à l'école belge des sources d'inspiration précédemment négligées et, techniquement, une forme d'expression plus libre. Elu correspondant de l'Académie royale de Belgique en janvier 1887, il en devint titulaire l'année suivante. Sa participation aux travaux de la compagnie fut très active durant la courte période qu'il lui appartint d'y siéger. Le labeur acharné, presque fiévreux qu'il s'imposa à dater de son avènement à la tête du département des beaux-arts, devait avoir trop tôt raison d'une vigueur faite pour promettre un long avenir. Le 13 novembre 1891 il rendait le dernier soupir, après avoir cherché en vain dans un repos trop différé le mieux attendu. Moins de six semaines auparavant, accompagné de ses trois frères, MM. Ernest Rousseau, professeur à l'université et à l'école militaire; Edouard, procureur du roi, à Marche; Omer, colonel du génie (voir sa notice), il suivait, vers l'église où eurent lieu ses propres obsèques, le convoi funèbre de son vieux père. Chevalier de l'Ordre de Léopold en 1877, il avait été promu au grade d'officier à l'occasion des fêtes de 1880.

En Rousseau, le rôle du fonctionnaire ne fut pas sans contrarier celui du littérateur. Brillant styliste, écrivain d'une trempe supérieure, il laisse un œuvre en quelque sorte fragmentaire. En Belgique, ses principales études se trouvent dans le *Bulletin des Commissions royales d'art et d'archéologie*, qu'il dirigea jusqu'en 1888. Ce fut là, notamment, qu'il fit paraître : *Les peintres flamands en Espagne* (1867); *L'Espagne monumentale et quelques architectes flamands* (1870); *les Maîtres flamands au musée de Naples* (1882); *Donatello* (1889). Il avait entrepris, dans le même organe, une histoire de la sculpture flamande du XIe au XIXe siècle. Quelques articles seulement parurent en 1873 et en 1877. Le *Bulletin de l'Académie* publia ses lectures sur *Fra Angelico* (1887), sur *Léonard de Vinci* (1888). La *Patria belgica* eut de lui quelques pages sur les Expositions en Belgique depuis 1830; enfin la collection des *Artistes célèbres* de Rouam, un *Holbein* et un *Corot*. A rappeler la part qu'il prit à la retentissante controverse connue sous le nom de « Question van « de Kerkhove » ou question « Fritz ». Il s'agissait, en l'espèce, du plus ou moins de légitimité de l'attribution à un enfant, mort ignoré en 1873, d'une série de peintures révélées d'abord par Ad. Siret, dans le *Journal des Beaux-arts*. Ces petits panneaux, des paysages, variés de sites et d'effets, furent d'abord montrés par le père de l'enfant, déjà disparu, au directeur du *Journal des Beaux-Arts*. Siret les accepta de bonne foi comme conçus et exécutés entièrement par le jeune Frédéric Vande Kerkhove, mort âgé de 10 ans et quelques mois. Exposées à Bruxelles et ailleurs, les œuvrettes éveillèrent le doute chez de nombreux connaisseurs. A leur gré, l'impression et la technique étaient en contradiction avec la naïveté qu'on devait attendre d'un enfant, nécessairement attiré d'abord par les choses de son ambiance et cherchant à les traduire sans le souci de combinaisons savantes : effet, perspective linéaire, etc. Fils de peintre, le bambin, représenté comme d'intelligence plutôt inférieure, avait pu barbouiller de couleurs de minuscules panneaux. Ces taches informes, une main experte semblait en avoir fait des motifs précis, pourvus des effets de clair-obscur destinés à les élever au rang de tableaux. Deux camps se formèrent; Rousseau fut du côté des douteurs. Ses articles, insérés dans les colonnes de l'*Écho du Parlement*, étaient remarquables par leur verve et leur puissance de polémique. Ils eurent du retentissement et contribuèrent, pour une bonne part, à empêcher l'admission au musée de l'Etat d'une série des peintures litigieuses. L'affaire repose dans l'oubli. Rousseau avait été cruellement éprouvé, en 1878, par la mort d'une fille chérie. En 1893 parurent, sous le titre : *Ma Juliette, souvenirs d'une morte*, des pages que l'auteur n'avait point destinées à la publicité. « C'est, dit Mr Henry « Rousseau, leur éditeur, le cri de sa « douleur poignante, immense, qui « s'exhale dans ces pages que nul père « ne pourra lire sans que ses yeux se « remplissent de larmes; dans ces pages « qui sont comme un monument élevé à « la mémoire de la chère morte, il ense- « velit avec son souvenir toute son âme « et tout le meilleur de lui-même ». *Ma Juliette* est effectivement un morceau de haute puissance littéraire. Un portrait de Rousseau parut, au lendemain de sa mort, dans le *Globe illustré*.

Henri Hymans.

Henri Rousseau, *Jean Rousseau*, notes biographiques (*Bulletin des commissions royales d'art et d'archéologie*, 1892). — Discours prononcés aux funérailles de Jean Rousseau, par Mr J. de Burlet, ministre de l'intérieur, et autres. — Souvenirs personnels.

* **ROUSSEAU** (*Jean-Marie*), maître de chapelle et compositeur de musique, né à Dijon, mort à Tournai (?), non en 1774, comme on le répète à la suite de Fétis, mais après 1781 (1). Enfant de chœur à la cathédrale de sa ville natale, il fit ses études littéraires et musicales dans cette maîtrise. Il fut successivement maître de chapelle des cathédrales d'Arras, de Dijon et Tournai, où il obtint un bénéfice avec le titre de chapelain de la chapelle Sainte-Catherine, dite « des hautes formes ». Le maître de chapelle de Notre-Dame de Tournai habitait avec les enfants de chœur, dans la maison sise au haut de la rue des Choraux. Outre son traitement, il avait le logement, la table, le chauffage, le blanchissage et les soins médicaux.

Fétis dit que Rousseau mourut : « ... avec la réputation de savant musi- « cien et d'homme de génie qu'il ne « méritait pas. Ses messes, particuliè- « rement celle de *Requiem*, passaient « pour chefs-d'œuvre à Tournai; mais « elles sont mal écrites et d'un style plat, « comme toute la musique d'église « qu'on entendait autrefois dans les « cathédrales de France. En 1814, je « fus chargé d'instrumenter la messe de « *Requiem* de Rousseau qu'on voulait « exécuter à Douai pour le service « expiatoire de la mort de Louis XVI; « mais je fus obligé préalablement de « corriger une multitude de fautes « d'harmonie, de mauvaises successions,

(1) Les recherches faites dans les registres des diverses paroisses de Tournai, pour y découvrir son acte de décès, sont restées infructueuses.

« et de mouvements gauches et mala- « droits ». En rapportant ce jugement sévère de Fétis, F. Lecouvet constatait en 1856 que Rousseau avait encore alors à Tournai des partisans, et des partisans enthousiastes : « Oh messieurs, le *Dies « iræ* de Rousseau, disait un jour l'un « d'eux, le *Dies iræ* de Rousseau !! et l'ad- « miration l'empêchait de continuer ! ».

Plusieurs recueils de messes de Rousseau ont été imprimés d'après Fétis; mais cet auteur n'en cite qu'un seul : *Tres missæ quatuor vocibus nobili capitulo antiquissimæ et celeberrimæ ecclesiæ cathedralis Tornacensis dicatæ*. Bruxelles, Van Ipen, s. d.; in-fol. maximo. (Un exemplaire au Conservatoire de Bruxelles; un autre au jubé de l'église de Courtrai, suivant Ed. Vander Straeten; l'ouvrage n'est pas indiqué dans la *Bibliographie* d'A. Goovaerts). Ces messes sont intitulées : 1. *In die lætitiæ meæ; —* 2. *Tristis est anima mea; —* 3. *Sit jucunda decoraque laudatio*. La bibliothèque du Conservatoire de Bruxelles possède deux autres messes de Rousseau en manuscrit : *Lætamini in Domino* et *Nos qui vivimus*.

Nous pouvons mentionner en outre trois cantates de la composition de Rousseau, et dont le livret a été conservé : 1. *Vers lyriques présentés à Son Altesse Monseigneur Guillaume Florentin, évêque de Tournai, ... à l'occasion de son entrée dans sa ville épiscopale* (20 mai 1776)*; mis en musique par Monsieur l'abbé Rousseau, maître de musique de la cathédrale de Tournai, et exécutés à grand chœur et symphonie par Messieurs les musiciens de ladite cathédrale*. Tournai, R. Varlé, 1776; in-4o (Bibl. univ. de Gand). — 2. *Couronnement des Rosiers, vers lyriques pour célébrer le triomphe de ceux qui, en ce jour* (août 1780), *recevront la couronne de la vertu et la récompense de leur application, composés par M. Magrass, professeur de seconde, et mis en musique par M. Rousseau, maître de musique de la cathédrale* (Ed. Vander Straeten, ouvr. cité, t. III, p. 128). Il s'agit de la distribution des prix de 1780 du collège Saint-Paul de Tournai. — 3. *Vers lyriques sur le voïage fait aux Pays-Bas par Sa Maj. l'Empereur Joseph II*. Tournai, R. Varlé, 1781; in-4o, 8 p. (annoncé dans le *Journal historique et littéraire* de X. de Feller; non cité dans la *Bibliographie tournaisienne* de E. Desmazières). Cantate de Rousseau exécutée à l'occasion de l'inauguration solennelle de l'empereur Joseph II à Tournai, en 1781.

Paul Bergmans

Hoverlant de Beauwelaere, *Essai chronologique pour servir à l'histoire de Tournay*, t. IX (Tournai, 1806), p. 263. — F. Lecouvet, *les Enfants de chœur et les maîtres de musique de la cathédrale de Tournay*, dans le *Messager des sciences historiques*, 1856, p. 164-165. — F.-J. Fétis, *Biographie universelle des musiciens*, 2e éd., t. VII (Paris, 1864), p. 333. — E. Vander Straeten, *la Musique aux Pays-Bas avant le XIXe siècle*, t. II (Bruxelles, 1872), p. 110; t III (1875), p. 128. — P. Bergmans, *Variétés musicologiques*, 1re série (Gand, 1891), p. 41-43 (extrait des *Annales de l'Académie d'archéologie de Belgique*, 4e série, t. V). — R. Eitner, *Biographisch-bibliographisches Quellen-Lexikon der Musiker*, t. VIII (Leipzig, 1903), p. 338.

ROUSSEAU (*Joseph*), écrivain ecclésiastique, né probablement à Marchienne-au-Pont, où il mourut le 4 septembre 1740 (1), après avoir été pendant vingt-neuf ans curé de cette localité et avoir joui d'un canonicat à Fosses. Dans le porche de l'ancien temple à droite, se dressait une pierre avec cette épitaphe :

ICI-GIST JOSEPH ROUSSEAU, CURÉ DE MARCHIENNE, DEPUIS L'AN 1711 JUSQU'A L'AN 1740 ET DOYEN DU CONCILE DE CHASTELET. PRIEZ DIEU POUR SON AME.

Il a publié : *La vie de saint Feuillien, évêque et martyr patron de la ville de Fosses, au pays du diocèse de Liége*, Liége Charles Colette, 1739. Dédié à « Messieurs le « très illustre Prévot, les révérends « doyen et chanoines de l'église collé- « giale de Saint Feuillien à Fosses ».

Après avoir rappelé les différents écrivains « qui nous ont transmis la vie « ou les vertus de saint Feuillien », Rousseau prouve l'utilité de la vie de ce saint dont la mémoire doit, dit-il,

(1) Voici son acte de décès : *Quarta septembris* 1740, *consuetis ecclesiæ sacramentis devote petitis et sancte susceptis, in Domino obiit Reverendus dnus Josephus Rousseau, per* 29 *annos ecclesiæ parochialis Marchiniæ ad pontem curatus dignissimus conciliique Castiletensis per* 2 *annos emeritus decanus*.

nous être plus précieuse qu'à tous les autres peuples. Suivent alors sa généalogie et sa biographie, ses travaux et ses missions apostoliques, jusqu'à son assassinat près de Fosses. Le corps du martyr fut retrouvé par sainte Gertrude, à la suite d'une vision et transporté à la collégiale de Nivelles. Bientôt après on remit le corps à l'église de Fosses, et saint Feuillien fut enterré dans l'église de son monastère. Le livre de l'abbé Rousseau est assez bien écrit et est intéressant. Mais il est plutôt l'œuvre d'un hagiographe que d'un historien.

Dr Edmond Deffernez.

ROUSSEAU (*Omer*), colonel du génie, né le 8 juin 1836, à Marche, de Jean-Joseph Rousseau, qui fut ingénieur des prisons, et d'Alexise Michaux, décédé à Anvers, le 29 juin 1892. Il appartenait à une famille dont la plupart des membres se sont distingués; un de ses frères était Jean Rousseau, écrivain et critique d'art (voir plus haut); l'autre est Mr Ernest Rousseau, professeur à l'école militaire et à l'université de Bruxelles.

Le 26 octobre 1854, Omer Rousseau fut admis à l'école militaire; après de brillants examens de sortie, il fut désigné pour l'arme du génie qui comptait alors une remarquable pléiade d'officiers auxquels allait être confiée la direction des travaux de la grande enceinte fortifiée d'Anvers. En 1860, il fut détaché à la brigade topographique du génie, puis, deux ans après, nommé adjoint au commandant du génie au camp retranché sous Anvers.

Doué d'une intelligence remarquable, très instruit, il fut, en 1864, attaché à l'école militaire de Bruxelles en qualité de premier répétiteur du cours de géométrie descriptive; à la mort du titulaire, Mr Vauthier, on lui offrit même la place de professeur; mais il la refusa catégoriquement, croyant avoir eu à se plaindre du commandant de l'école, le général Liagre. Son cours était donné dans la perfection et il y a même introduit des théorèmes nouveaux importants. Déchargé de l'emploi de répétiteur, en novembre 1870, il resta quelque temps à Ostende en qualité de commandant du génie; il fut appelé en 1874 à commander la compagnie de télégraphistes de place et d'artificiers; puis passa une couple d'années au ministère de la guerre comme sous directeur. Parvenu au grade de major, il succéda en qualité de commandant du génie à Bruxelles au commandant N. Devos et il termina la construction de l'hôpital militaire actuel, dont les plans et les études avaient été établis par son prédécesseur. En 1888, étant lieutenant-colonel, il fut nommé commandant du génie de l'enceinte d'Anvers; deux ans après, il était colonel. Mais la maladie le minait; quoiqu'il eût conservé ses belles qualités intellectuelles, sa puissance de travail était considérablement ébranlée et il s'éteignit le 29 juin 1892. Il était officier de l'Ordre de Léopold, etc. C'était une intelligence remarquable, une nature affinée à laquelle il n'a pas été accordé de donner toute sa mesure. En 1865, alors qu'il était encore capitaine, il publia une brochure dont nous n'avons pu retrouver d'exemplaire, probablement parce que le génie a adopté comme instructions sur la matière les idées du major du génie Piron, publiées à peu près à la même époque. Elle avait pour titre : *Mémoire sur un pont roulant pour les communications militaires*. Paris, Ch. Tanera; Bruxelles, Muquardt, 1865; in-8°, 25 pages, 1 pl., 2 f. Quelques années après, pendant qu'il commandait la compagnie des télégraphistes, il publia son travail sur la lumière électrique, travail curieux à lire encore aujourd'hui, surtout pour marquer l'état de la science à cette date et constater les progrès énormes qu'elle a faits depuis lors. Il a pour titre : *Lumière électrique. Extrait de l'Annuaire d'art, de sciences et de technologie militaires. 2e année* (1874). Gand, C. Annoot-Braeckman, 1875; in-12, 13 pages. Cette étude porte principalement sur la recherche théorique de la meilleure disposition à adopter pour la constitution d'une pile hydroélectrique. Faite avec beaucoup de méthode et de précision, elle accuse un travail scientifique sérieux.

Émile Tandel.

Bibliographie nationale, t. III. — *Souvenirs du lieut.-gén. du génie Ch. Dejardin et du général d'artill. A. Rothermel.* — Souvenirs personnels.

ROUSSEAU (*Pierre-Joseph*), pédagogue. On ne possède aucun renseignement sur son état civil, mais tout fait croire qu'il était natif du Hainaut. Ses ouvrages dénotent un instituteur expérimenté. Rousseau a publié : 1. *Histoire de la Belgique, par demandes et par réponses, à l'usage des écoles primaires et moyennes; dédiée à S. A. le prince de Ligne.* Première partie comprenant ce qui s'est passé depuis les premiers temps jusqu'en 1204. Mons, Ad. Piérart, 1840 (in-8° de IV-104 pages). Seconde partie. *Ibid.*, 1841 (in-8° de v-130 pages). Cet ouvrage a eu deux éditions. — 2. *Abécédaire moral ou premier livre de lecture, applicable à toutes les méthodes, par un instituteur.* Mons, Ad. Piérart (in-12). Il a été réimprimé plusieurs fois. — 3. *Second livre de lecture, faisant suite à l'abécédaire moral; par un instituteur.* Mons, Ad. Piérart, 1843 (in-12 de 48 pages).

Léopold Devillers.

Hip. Rousselle, *Bibliographie montoise*, p. 725-727. — *Messager des sciences histor. de Belgique*, 1841, p. 111 et 404. — Jules De Le Court, *Essai d'un dictionnaire des ouvrages anonymes et pseudonymes publiés en Belgique.* — *Bibliographie nationale*, t. III, p. 339-340.

ROUSSEAU D'HÉRIAMONT (*François*), né à Bruxelles. Il était fils de François-Etienne Rousseau, seigneur d'Hériamont, agrégé au lignage patricien de Sweerts, à Bruxelles, surintendant général des monts-de-piété des Pays-Bas, et de Jeanne-Catherine Perremans, morte à Bruxelles, le 6 février 1757. Entré au service impérial et royal d'Autriche dès son jeune âge, il était officier supérieur au 3e régiment national des Pays-Bas (nommé successivement Ligne, Deynse, Kaunitz, Wurtemberg), lorsqu'éclata la révolution brabançonne. Avant les troubles, son régiment tenait garnison à Luxembourg; le colonel baron de Bleckhem et le lieutenant-colonel Vanier ayant été tués dans des engagements contre les patriotes lors des combats livrés aux environs d'Anseremme, Rousseau fut nommé lieutenant-colonel commandant les bataillons de grenadiers Wurtemberg et Murray de 1790 à 1796 et commanda ensuite le régiment de Wurtemberg de 1796 à 1798. Nommé général-major, toujours au service d'Autriche, en 1799, il commandait en second l'importante place de Venise en 1804.

Rousseau était un officier des plus intrépides, et, dans les guerres de l'Autriche contre la République française, il se montra digne de ses collègues, de Vogelsang, de la Marselle, de Spangen, de Renette, Husmans, Vinchant de Gontrœul, de Wolff de Longpret, de Reyniac, de Prouvy, Soudain, tous officiers belges, qui avaient prêté serment de fidélité aux successeurs de Marie-Thérèse et qui restèrent fidèles à leur serment, lorsque les provinces des Pays-Bas autrichiens eurent été annexées définitivement à la France, après la bataille de Fleurus. Il fut cité différentes fois à l'ordre du jour de l'armée, notamment le 2 septembre 1790, par le général baron de Corti, pour la défense de la batterie élevée près de Falmignoul; il se signala à la bataille de Neerwinden en mars 1793 et dans la défense des retranchements du bois de Vicogne, le 10 mai suivant. Les généraux Kray et Alvinzy le mentionnèrent honorablement pour la belle défense du Cateau-Cambrésis (29 mars) et pour l'investissement de Landrecies (17 avril suivant). Fait prisonnier de guerre lors de la capitulation de la place du Quesnoy, le lieutenant-colonel Rousseau fut chargé par le général républicain Schérer d'aller annoncer aux Autrichiens qui s'étaient rendus à Valenciennes, que, malgré l'ordre formel de la Convention de passer les prisonniers au fil de l'épée, Schérer leur faisait grâce de la vie.

En 1799, le colonel Rousseau fut grièvement blessé et mentionné particulièrement par le général autrichien Haddick, pour les opérations contre les Français, menées à bonne fin, dans la basse Engadine, notamment au col de

Scharl, entre la vallée de l'Inn, et le Munster Thal et aux environs de Schuls et de Zernetz.

Nous ignorons la date exacte du décès du général Rousseau d'Hériamont.

Eugène Cruyplants.

Guillaume, *Histoire des régiments nationaux des Pays-Bas au service d'Autriche* (Bruxelles, 1877).

ROUSSEAU DE RIMOGNE (*Jean-Louis*), né dans les Pays-Bas autrichiens en 1720, décédé à Rimogne, le 27 avril 1788. Il était le petit-fils de Pierre Rousseau et descendait ainsi d'une ancienne famille de Bourgogne. Il s'adonna tout particulièrement à l'étude de l'exploitation des mines, et possédait des connaissances spéciales en minéralogie. Il obtint la concession de plusieurs houillères en France, notamment dans la province de Forez. Grâce à ces connaissances sans doute, il eut un privilège pour la recherche du charbon de terre dans le pays de Namur. Rousseau de Rimogne fit certainement faire un pas sérieux à l'industrie de la houille, puisque l'empereur Joseph II, en récompense des services qu'il avait rendus dans cette partie, lui accorda le titre de baron du Saint-Empire.

La grande ardoisière de Rimogne en Champagne étant sur le point d'être abandonnée par suite de la mauvaise gestion de cette société, Rousseau en devint le possesseur en 1779 et la remit complètement sur pied. Cette exploitation, outillée à nouveau, devint une des plus importantes du pays sous sa direction. Comme elle était menacée par les eaux, le nouveau directeur y établit des machines d'exhaure, à l'effet d'empêcher ainsi la submersion dont elle était menacée. Il apporta avec méthode de nombreux perfectionnements de tous genres et bientôt l'ardoisière de Rimogne occupa le premier rang parmi les industries similaires. Aidé de ses fils, Rousseau parvint à creuser dans le roc, particulièrement dur en ces contrées, un canal souterrain de plus de 700 toises de longueur, pour faciliter l'écoulement des eaux, et, pour arriver à extraire l'ardoise, il pratiqua un puits de six cents pieds de profondeur, à l'aide d'une machine à vapeur de son invention.

Dr Edmond Deffernez.

ROUSSEAUX (*Hubert-Joseph*), écrivain militaire, né à Mons, le 20 janvier 1815, décédé à Schaerbeek, le 7 janvier 1890. Entré à l'école militaire le 25 février 1834, Rousseaux fut promu au grade d'élève sous-lieutenant le 1er juillet 1836. Il fut admis dans le génie le 13 janvier 1839, nommé lieutenant le 16 décembre 1841, capitaine en second le 19 juillet 1845, capitaine en premier le 8 juillet 1850, major le 8 mai 1861, lieutenant-colonel le 24 juin 1866 et colonel le 18 décembre 1870. Lors de sa mise à la retraite, le 24 février 1875, il reçut le grade honorifique de général-major. Du 25 janvier 1853 au 15 février 1860, il remplit les fonctions de commandant du génie à Tournai, et du 30 décembre 1866 à la date de son admission à la retraite, celles de commandant de l'enceinte d'Anvers. Nommé chevalier de l'Ordre de Léopold le 26 septembre 1858, il avait été promu au grade d'officier le 11 décembre 1864.

Rousseaux était un militaire des plus distingués, qui se faisait remarquer par ses connaissances étendues. Il a publié : 1. *De la ventilation des casernes, des hôpitaux, des écoles et des ateliers*. Bruxelles, impr. Ch. Lelong, 1851; in-8o, 138 p., 40 fig. (Extrait des *Archives belges de médecine militaire*). — 2. *Notice sur l'application des plans inclinés dans les travaux de terrassement*. Bruxelles, Van Dooren, 1865; in-8o, 47 p., 2 pl. (En collaboration avec Arthur du Roy de Blicquy). — 3. *Note sur la résistance à la rupture des briques, des mortiers, des maçonneries et de la fonte de fer*. Bruxelles, impr. F. Callewaert père, 1878; in-8o, 17 p. (Extrait des *Annales des travaux publics de Belgique*). — 4. *Expériences sur les briques de Burght et de Boom*. Bruxelles, impr. F. Callewaert père, 1878; in-8o, 8 p., 1 pl. (Extrait des mêmes *Annales*).

Léopold Devillers.

Annuaire officiel de l'armée belge. pour l'année 1891, p. 476. — *Bibliographie nationale*, t. III, p. 341.

ROUSSEAUX (*Jean-Paschal*), poète wallon, né à Liége, le 11 avril 1817, y mourut le 18 juillet 1882. D'après ses actes de naissance et de décès, il était fils de Guillaume, vannier de sa profession, et de Elisabeth Babe. Cependant, dans les actes de l'état civil qui la concernent particulièrement, cette personne est dénommée Elisabeth Barbe. La vie de Rousseaux fut simple et modeste. Au sortir de l'école primaire, il dut penser à gagner son pain quotidien. Il choisit le métier d'imprimeur. Comme bon nombre de ses confrères, il se sentit pris du désir de rimer. D'esprit très jovial, il composait pour chanter, et chantait, avec une verve étonnante et non sans talent, pour communiquer sa gaieté ou la faire partager à ses camarades. Bientôt, par une innocente plaisanterie dont il était le premier à rire, ses compagnons d'atelier ne l'appelèrent plus que *Jean-Jacques*, et ces prénoms, illustrés par l'auteur du *Contrat social*, lui restèrent si bien que l'on finit par oublier qu'il se nommait Jean-Paschal. Outre de nombreuses chansons éditées en plaquettes ou en forme de feuilles volantes, on a de Rousseaux les œuvres suivantes : 1. *Paskèye composaye par J.-P. Rousseau*, in-4o; sans lieu ni date d'impression; 16 pages à 2 col. non chiffrées. Ce recueil contient quatorze chansons. — 2. *Chansons wallonnes par J.-P. Rousseau.* 1840; in-4o, sans lieu d'impression; 29 pages à 2 col. non chiffrées, contenant 27 chansons. C'est, en quelque sorte, une seconde édition du volume précédent. Elle est augmentée, mais n'a été ni revue ni corrigée. Ces deux éditions sortent des presses de Latour, à Liége. Et Rousseaux, qui travaillait alors chez ce patron, les a imprimées lui-même. Elles n'ont été tirées qu'à un nombre très restreint d'exemplaires, non mis dans le commerce; ce qui n'est pas à regretter, car l'auteur y fait preuve d'un goût très peu relevé. — 3. *Novelles wallonnâdes* (Liége), J.-G. Carmanne-Claeys; in-16, de 8 p. Anonyme, sans date, contient quatre chansons. — 4. *Li Râskignoû ligeois, par P. Rousseau, ovri typographe.* Lige, J.-G. Carmanne, 1853; in-8o, 96 p. Un certain nombre d'exemplaires portent la mention : 2e édition, mais c'est là une petite supercherie littéraire. Ce recueil est précédé (p. 5 et 6) d'une *Préface* signée *Un ami de l'auteur* due à la plume de l'avocat François Bailleux, plus tard membre fondateur et secrétaire de la *Société liégeoise de Littérature wallonne*, et qui intervint dans les frais de l'édition. « Les chansons de ce recueil, » dit notamment Bailleux, « ne s'attendaient « pas aux honneurs de l'impression. « L'ouvrier qui les improvisait, pour « ainsi dire, en les chantant, souvent « ne songeait même pas à les écrire : il en « avait régalé ses camarades de l'atelier; « on avait ri; son but était atteint. En « les imprimant, il ne fait que céder à « leurs instances. Qu'on ne soit donc « pas trop sévère pour sa muse inculte « et timide : s'il transgresse les lois de « la syntaxe, s'il viole les règles de la « versification, en un mot s'il brise le « frein de la rhétorique, ce n'est pas sa « faute; on ne peut s'astreindre à des « lois, à des règles, à un frein dont on « ignore l'existence ». — 5. *Li Plaisir dè l'Jôness, par P. Rousseau, auteûr dè Râskignoû Ligeois. Dédié à m'camarâd' Antoine Hamaide.* Lige, J. Bossy, 1859; in-18, 32 p. Il est à remarquer que Rousseaux, en signant ses œuvres, omet l'*x* qui doit terminer son nom d'après les registres officiels. — 6. *Li vèritâb ligeois philosophe*, publié en 1857 par J.-G. Carmanne, donne quelques chansons de notre auteur. — 7. Sa pièce la meilleure à tous égards était demeurée inédite quand Charles Gothier, qui avait été compagnon de travail de Rousseaux, eut la bonne fortune de la faire connaître dans l'*Anthologie des poètes wallons.* Elle a pour titre : *Vis è sov'név bin?* C'est un savoureux duo de vieilles qui se rappellent gaiement, sans trop de vanterie, sans trop de méchanceté, leurs faits et gestes d'autrefois; en l'écrivant, Rousseaux s'est révélé poète et a mérité que son nom fût sauvé de l'oubli. — 8. Le journal *Li Spirou* (1895, VIIIe année, nos 29, 39 et 43) reproduit trois chansons de l'ancien imprimeur. La première, *Les canailles, fré Hinri!* qui jouit d'une vogue sans précédent, mit le comble à la popularité de Rousseaux. On la trouvera aussi dans la *Revue wallonne*, 1906, Ire année, p. 70. Les deux autres, *L'ombâde à Mârtin* et *Li vi joweu d'violon*, sont également restées très populaires. — 9. Jean-Paschal est en outre auteur d'une comédie en deux actes et en vers de huit syllabes : *Li pormināde di Cheineie*, qui est restée inédite. Rousseaux passa les vingt-six dernières années de sa vie dans les ateliers de la *Gazette de Liége*. Ses talents sont appréciés en ces termes par Joseph Demarteau, un de ses anciens maîtres : « Nulle fête ne réunit « compagnons et patrons du journal « sans que Rousseaux n'en fît la « gaieté. Il avait eu, lui aussi, à « jeter sa gourme de chansonnier. L'on « n'eût jamais dit, au reste, à le voir « rêveur, un peu perdu à l'ouvrage, « que de ses distractions allaient sor- « tir d'aussi joyeux couplets, la mise « en scène justement observée de « quelque type ou de quelque tableau « bien liégeois. Il savait fixer dans ses « strophes et ses parlés, les traits et « le langage du monde populaire qu'il « voyait s'agiter autour de lui : ivro- « gnes, femmes bavardes, filles co- « quettes, musiciens, charlatan, agent « de police, etc. Il savait conter gaie- « ment une piquante aventure; et l'en- « train, la vivacité, le naturel de son « débit communiquaient aux couplets « du *Raskignoû liégeois* une irrésistible « gaieté ».

Un honneur posthume était réservé à Rousseaux. Dans sa séance du 3 novembre 1890, le conseil communal de la ville de Liége, ayant à procéder à la dénomination de diverses rues, arrêta que l'une d'elles, située dans le quartier de l'Ouest où le poète avait vécu et où il était mort, porterait le nom de Rousseaux.

Joseph Defrecheux.

Bulletin de la Société liégeoise de littérature wallonne, 2e année (Liége, Carmanne, 1859), p. 377, 397 et 398. — André Delchef, *Histoire de la littérature wallonne à Liége*, 1830-1880, dans *Liége, histoire, arts, lettres*, etc. (Liége, Daxhelet, 1881), p. 331 et 348. — X. de Theux, *Bibliographie liégeoise*, 2e édit. (Bruges, Desclée, 1885), col. 1086, 1124 et 1145. — Joseph Demarteau, *Le Wallon, son histoire et sa littérature* (Liége, L. Demarteau, 1889), p. 162. — *Bulletin administratif de la ville de Liége*, 1890 (Liége, G. Thiriart), p. 680 et 681. — Defrecheux et Gothier, *Anthologie des poètes wallons* (Liége, Gothier, 1895), p. 8-12. — Théodore Gobert, *Les rues de Liége* (Liége, L. Demarteau, 1895-1900), t. III, p. 433. — Léon Pirsoul, *Dictionnaire wallon-français* (dialecte namurois) (Malines, Godenne, 1903), t. II, p. 236. — *Bibliographie nationale*, t. III (1897), p. 340.

ROUSSEEL (*Nicaise*), en Angleterre Russel, probablement Roozel, orfèvre, d'origine brugeoise. Il s'établit à Londres vers 1567 et y devint orfèvre et joaillier du roi Jacques Ier. Rousseel s'était expatrié pour motif de religion. Les actes de la communauté hollandaise établie à Austin Friars font connaître qu'au mois d'avril 1590 il contracta mariage, dans cette chapelle, avec Jacquemine Wils, de Messines (*Meesene*), en Flandre. Les quatre enfants issus de cette union furent baptisés dans le même temple. Nicaise « Russel » résidait dans Blackfriars. Il y avait pour voisins Corneille Janszen (Janson van Ceulen, le fameux portraitiste) et Antoine van Dyck. En décembre 1641, il fut parmi ceux qui assistèrent aux funérailles de l'illustre peintre, célébrées à Saint-Paul. Nicaise Rousseel, devenu veuf, convolait en secondes noces le 27 novembre 1604. Il épousait Clara, sœur de Corneille Janssen. Dix enfants naquirent de cette nouvelle union; tous furent présentés au baptême à Austin Friars, comme leurs aînés. Le huitième enfant, Isaac, né en 1616, eut pour parrain le fameux miniaturiste Isaac Oliver; le neuvième Corneille Jansen. Rousseel fit souche d'artistes. Son quatrième fils, Théodore « Russell », né en 1614, fut, en Angleterre, un portraitiste assez réputé, successivement collaborateur de Corneille Jansen van Ceulen, son oncle, et d'Antoine van Dyck. Il mourut en 1689, laissant un fils, Antoine, dont la féconde et brillante carrière de portraitiste ne se termina qu'en 1743. La date de la mort de Nicaise Rousseel est inconnue. On possède de cet artiste une suite fort rare de pièces d'ornement, dans le goût de la renaissance, gravée par Jean Bara. Elle est datée de Londres 1623 et porte pour titre : *De Grotesco perutilis atque omnibus quibus pertinebit valde necessarius Liber : Per Nicasium Rousseel ornatissimo generosissimo atq. variarum artium peritissimo viro : Domino G. Heriot.* Il s'agit ici du fameux orfèvre du roi, le fondateur du splendide hospice portant son nom à Edimbourg, Georges Herriot. La suite d'ornements a été copiée en Hollande, en contre-partie, et publiée par P. de Rans en 1684, mais ne porte pas de nom de graveur. « Seer aerdige Grotissen « dienstlick alle die de Teyckenkunst « hanteren, getekent door Nicasius « Rousseel, gedrukt by J. de Rans. « A° 1684 ».

Henri Hymans.

Lionel Cust, *Foreign artists of the Reformed Religion working in London from about 1560 to 1660* (*Proceedings of the Huguenot Society London*, 1903). — Nagler-Meyer, article *Bara* (*J.*).

ROUSSEL (*Armand-Adolphe*), publiciste, avocat et professeur, né à Anvers, le 29 mai 1809, mort à Bruxelles, le 6 janvier 1875. Roussel se fit connaître en 1829 par deux dissertations latines sur la propriété (*De dominio extra societatis vinculum* et *De Origine dominii*). La Révolution le fit commissaire d'arrondissement et professeur à l'université de Louvain. Docteur en droit le 14 août 1835, il devint le 24 décembre suivant professeur à l'université libre de Bruxelles. Il fut chargé du cours de *Pandectes* qu'il professa pendant trois ans et de celui d'encyclopédie du droit qu'il conserva jusqu'à sa mort. Il enseigna également le droit criminel à partir de 1838. Il fut recteur en 1862 et 1863.

Inscrit au tableau de l'ordre des avocats à la cour d'appel le 12 avril 1838, il plaida de grands procès et s'illustra spécialement aux assises. Il fut membre de la Chambre des représentants pour Bruxelles de 1850 à 1854. Son rôle politique fut effacé.

Ses diverses occupations se retrouvent dans les nombreuses publications qu'on lui doit. En dehors des deux dissertations déjà citées et de trois discours prononcés aux séances académiques de l'université, il faut citer ses manuels destinés aux étudiants (*Encyclopédie du droit*, 1re édition 1843, 2e édition 1871. — *Cours de droit criminel fait à Louvain*, 1831-1834, inachevé), un rapport fait à la Chambre au nom de la commission sur la revision des livres I et II du Code pénal (*Doc. parlem.*, Chambre, 1850, p. 2122) et de nombreuses études sur des questions d'enseignement : *Observations sur le titre III du projet de loi sur l'instruction publique, des universités et des jurys d'examen* publiées en 1835, sous le pseudonyme de Philarète Durosoir. — *De l'abrogation des lois par la désuétude ou le non usage*, 1845. — *Observations sur les jurys d'examen et le projet de loi du 22 mars 1849*, 1849; in-8°. — *De la méthode d'étude dans les matières politiques*, 1850. — *De la tendance des hommes à s'associer*, 1850. — — *Examen impartial du projet de loi sur l'enseignement moyen*, 1850.

Georges Bigwood.

Vanderkindere, *L'université de Bruxelles*, p. 192. — *Bibliographie nationale*, t. III. — *Belgique judiciaire*, t. XXXIII, p. 1599. — *Messager des sciences historiques*, 1875, p. 119.

ROUSSEL (*Armand-Louis-Adolphe*), géomètre et architecte, né à Louvain, le 10 novembre 1834, mort à Bruxelles, le 19 septembre 1889. Fils d'Armand Roussel (voir ce nom), il fut élève de l'Académie des beaux-arts de Bruxelles, où il étudia l'architecture. Il a construit à Saint-Gilles lez-Bruxelles, en 1878, l'Hôtel des monnaies. C'est sa seule œuvre architecturale, toute son activité s'étant portée vers les expertises judiciaires. On lui doit, en collaboration avec François-Joseph de Gronckel, une enquête sur les travaux projetés par la ville de Hal. Dessinateur de talent, Roussel a laissé des lithographies.

Paul Saintenoy.

ROUSSELLE (*Charles - Edouard*), homme politique, né à Mons, le 8 février 1787, y décédé le 9 avril 1867. Son père, Antoine-Laurent-Joseph Rousselle, avait rempli diverses fonctions et notamment celles d'homme de fief du

Hainaut. Après avoir fait d'excellentes études, Charles entra à la préfecture du département de Jemappes et acquit bientôt le grade de sous-chef du bureau des travaux publics. En 1813, il fut appelé aux fonctions de secrétaire de la ville de Mons, qu'il remplit jusqu'en 1832 avec un zèle et un dévouement rares. Il s'occupa ensuite d'affaires industrielles et de l'administration des biens des frères Honnorez. Mais ses concitoyens l'ayant élu conseiller communal, en 1834, il ne cessa de rendre d'excellents services à sa ville natale. Devenu membre du conseil provincial du Hainaut, en 1836, il eut l'honneur d'être élu, en 1843, président de cette assemblée. En 1847, l'arrondissement de Mons l'envoya siéger à la Chambre des représentants, et son mandat de député fut renouvelé en 1848, en 1852 et en 1856. Il n'avait pas tardé à s'y faire remarquer par son activité et par la rectitude de son jugement. En 1855, il fut nommé vice-président de la Chambre et, par arrêté royal du 6 juin 1856, il fut promu au grade d'officier de l'Ordre de Léopold. Cependant les événements de 1857 le poussèrent à se retirer de la vie politique.

Pendant sa longue carrière, Charles Rousselle a rendu d'éminents services à son pays. Chaque fois que les intérêts du Couchant de Mons étaient engagés dans un débat parlementaire, il les défendait vigoureusement. En 1852, les industriels du Borinage lui en exprimèrent publiquement leur profonde reconnaissance, en lui remettant une adresse.

Parmi ses nombreux travaux, nous mentionnerons : ceux qu'il fit en 1814 et en 1815, pendant les grands événements de la fin de l'empire de Napoléon Ier et de la constitution du royaume des Pays-Bas; l'adresse qui fut présentée, en 1830, au roi Guillaume, demandant la séparation administrative de la Belgique et de la Hollande; le rapport qu'il rédigea en 1835 sur la Grande-Aumône de Mons, œuvre considérable, qui est accompagnée de tableaux statistiques. Pendant les dix ans qu'il siégea à la Chambre, il présenta à celle-ci plus de cinquante rapports sur le projet d'emprunt forcé en 1848, sur les denrées alimentaires, sur différents budgets, sur l'administration des travaux publics et des chemins de fer, sur la contribution personnelle, etc.

Son frère aîné, Hippolyte-Joseph Rousselle, né à Mons, le 15 janvier 1785, embrassa la carrière de l'enseignement et mourut vice-recteur de l'université de France, à Paris, le 21 février 1863.

Léopold Devillers.

Le Hainaut, du 12 avril 1867. — Charles Rousselle, *Biographie montoise du XIXe siècle*, p. 210.

ROUSSELLE (*Hippolyte-Antoine-Joachim*), jurisconsulte, littérateur, né à Mons, le 13 octobre 1809, décédé à Paris, le 4 octobre 1868 (1). Après avoir terminé ses études, Hippolyte Rousselle se fit inscrire au tableau des avocats du barreau de Mons et fut appelé, peu de temps après, en remplacement de son père, Charles-Edouard, aux fonctions de secrétaire communal de cette ville qu'il remplit jusqu'en 1836. De 1848 à 1864, il fit partie du conseil provincial et s'y fit remarquer par son activité et ses connaissances administratives. Membre de la Société des sciences, des arts et des lettres du Hainaut dès 1844, il en fut le président de 1858 à 1864.

Hippolyte Rousselle consacrait ses loisirs à la littérature. Il est auteur de poésies, de chansons et de romances qui ont obtenu du succès. En collaboration avec Henri Delmotte et Emile de Puydt, il composa *Le candidat à la Royauté*, pièce qui fut représentée sur le théâtre de Mons, en 1831, et publiée en brochure à Bruxelles (voy. *Biographie nationale*, t. XVIII, col. 356). Ses principales publications sont : 1. *Du danger des nouveaux projets de travaux publics*. Mons, impr. Piérart, 1843; in-4o, 4 p. — 2. *Le chemin de fer de Mons à Manage*. Mons, Piérart, 1845; in-4o, 4 p. — 3. *Appel à l'opinion publique sur la nécessité de modifier l'administration de la ville de Mons*. Mons, Piérart, 1845; in-8o,

(1) Hippolyte Rousselle habitait Paris depuis 1865.

50 p. (Brochure anonyme à laquelle Adolphe Mathieu a collaboré.) — 4. *Premier anniversaire des élections communales du 28 octobre 1845*. Mons, Piérart, 1846; in-8°, 6 p. (Idem.) — 5. *Notice nécrologique sur Léopold-Lambert Doutremer*. Mons, Piérart, 1847; in-8°, 8 p. (Anonyme.) — 6. *Notice sur les palais de justice à Mons, depuis les temps anciens jusqu'à nos jours*. Mons, Emm. Hoyois, octobre 1848; in-8°, 46 p. et 3 pl. — 7. *Nécrologie d'Emmanuël-Joachim-Joseph Claus, bâtonnier de l'ordre des avocats de Mons*. Mons, Piérart, 1848; in-8°, 8 p. — 8. *Bibliographie montoise. Annales de l'imprimerie à Mons depuis* 1580 *jusqu'à nos jours, avec des aperçus historiques et littéraires*. Mons, Emm. Hoyois, 1852; in-8°, 126 p. et table. — 9. *Bibliographie montoise. Annales de l'imprimerie à Mons depuis* 1580 *jusqu'à nos jours*. Mons, Masquillier et Lamir, 1858; in-8°, VIII-771 p. — 10. *Notice nécrologique sur le lieutenant-général baron Louis Du Vivier*. Mons, Ve Piérart, 1853; in-8°, 8 p. — 11. *De la charité à Mons. Discours prononcé à la séance anniversaire de la Société des sciences, des arts et des lettres du Hainaut, le* 17 *avril* 1854. Mons, Masquillier et Lamir, 1854; in-8°, 27 p. — 12. *Souvenirs historiques. Louis XVIII à Mons*. 1791-1815. Mons, Ve Piérart, 1854; in-8°, 15 p. (Extr. du *Constitutionnel*, journal de Mons.) — 13. *Eloge funèbre de M. Pierre-Joseph Delneufcour*. Mons, Masquillier et Lamir, 1855; in-8°, 7 p. — 14. *Les illustrations militaires du Hainaut. Discours prononcé à la séance anniversaire de la Société des sciences, des arts et des lettres du Hainaut, le* 9 *octobre* 1857. Mons, Masquillier et Lamir, 1858; in-8°, 44 p. — 15. *Du mouvement intellectuel en Belgique depuis* 1830. *Discours prononcé, le* 1er *août* 1858, *à l'occasion du XXVe anniversaire de la fondation de la Société des sciences, des arts et des lettres du Hainaut*. Mons, Masquillier et Lamir, 1858; in-8°, 12 p. — 16. *Conseil provincial du Hainaut. Discours prononcé dans la discussion relative à l'érection d'une statue à Baudouin VI, comte de Hainaut, empereur de Constantinople*. Mons, Monjot, 1861; in-8°, 7 p. — 17. *Notice nécrologique sur Antoine-Joseph Manfroy*. Mons, Masquillier et Lamir, 1861; in-8°, 2 p. — 18. *Biographie montoise. Rousselle, Hippolyte-Joseph*. Mons, Ve Piérart, 1863; in-4°, 4 p. Il était le principal collaborateur du journal *Le Constitutionnel*, qui s'imprimait à Mons, chez la veuve Piérart, de 1852 à 1864. Il a donné, dans l'*Iconographie montoise*, des notices sur Scockart, comte de Tirimont; le baron Pattey; N.-F.-J. Eloy; C.-J. de Marbaix; Auguste, Vincent et Louis Du Vivier. Sa riche bibliothèque comprenait un grand nombre d'ouvrages imprimés à Mons.

Léopold Devillers.

Ch. Rousselle, *Biogr. montoise du XIXe siècle*, p. 211. — *Bibliographie nationale*, t. III, p. 342.

ROUSSIN (*Jean*). Voir Russim.

ROUTAERT (*Charles*), peintre. Voir Ruthard (*Charles*).

ROUTART (*Michel*), homme politique, né à Arras vers 1580, décédé à Bruxelles, le 19 octobre 1653. Il obtint à l'université de Louvain le grade de licencié en droit. Quelque temps après avoir terminé ses études, il entra au service des archiducs Albert et Isabelle, qui l'attachèrent à la secrétairerie d'Etat. Une mission qu'il remplit en Espagne au cours de l'année 1623 lui valut, de la part du roi Philippe IV, le titre de secrétaire en Castille. Peu après, rentré aux Pays-Bas, Routart devint secrétaire de Spinola qui le chargea de participer à plusieurs négociations, notamment à celle qui amena, le 29 mai 1625, la capitulation de Breda. Le mois suivant, l'archiduchesse Isabelle éleva Michel Routart aux fonctions de secrétaire ordinaire du conseil privé. Il demeura néanmoins au service de Spinola et suivit le général en Espagne et en Italie. Le 16 janvier 1630, le roi d'Espagne le choisit comma secrétaire pour les lettres italiennes dans le duché de Milan, et l'archiduchesse Isabelle lui conféra, le 22 mai de cette même année, le titre de gouverneur d'Oppenheim dans le Palatinat. Ces diverses fonctions paraissent avoir été plus honorifiques qu'effectives, car Michel Routart resta attaché à Spinola et, après la mort du marquis, survenue le 25 septembre 1630, il rentra à Bruxelles et fut mis, l'année suivante, au service du marquis de Santa-Cruz, alors assiégé dans Bruges. Le 4 novembre 1633, Isabelle nomma Routart trésorier et garde des chartes du comté d'Artois. Après la mort de l'archiduchesse, il continua à exercer ces fonctions et remplit diverses missions sous le cardinal-infant, le comte d'Ossuna, le marquis de Castel-Rodrigo et l'archiduc Léopold.

Michel Routart a publié un ouvrage intitulé *Oculus Historiæ, sive rerum, temporum, scriptorumque ab orbe condito ad nostra tempora designatio*, ouvrage qui, édité une première fois à Louvain en 1628, eut trois éditions, mais que Paquot signale comme étant très superficiel. Routart laissa ausssi une *Relation de la famille du surnom de Routart*, qui resta manuscrite.

Il avait un fils, Richard, pour lequel il obtint la survivance de la charge de secrétaire du conseil privé. Richard Routart se vit confirmer effectivement dans ces fonctions le 2 février 1645. En 1668, il fut nommé conseiller et commis aux causes fiscales du même conseil. Il sortit de celui-ci pour devenir lieutenant civil de la ville et du territoire de Termonde. Richard Routart a publié : *La maison et famille de Routart, prouvée très noble passée plus de* 600 *ans, et alliée aux principales familles des Pays-Bas, d'Espagne, etc.* Bruxelles, Jean Mommart, 1668; in-4º de 88 pages.

Alfred De Ridder.

Paquot, *Mémoires*. — Goethals, *Lectures relatives à l'histoire des sciences*. — Alexandre, *Histoire du conseil privé*.

ROUTTART (*Charles*), peintre. Voir RUTHARD (*Charles*).

ROUVEROY (*Frédéric*), littérateur, né à Liége le 19 septembre 1771, mort dans cette ville, le 4 novembre 1850. Enfant unique du greffier des Etats, il fit ses études au collège de Liége. Il avait dix-huit ans quand éclata la révolution liégeoise (18 août 1789), et il se sentait peu de goût pour l'étude des lois, à laquelle son père l'engageait, voulant faire de lui un avocat. Il songea à devenir médecin, et il allait partir pour étudier à l'étranger, quand les Français approchèrent. Le régime de la terreur inspirant, semble-t-il, autant d'inquiétude aux Wallons d'alors qu'aux Italiens de *la Chartreuse de Parme*, les parents de Frédéric Rouveroy partirent avec leur fils devant l'armée victorieuse, le 21 juillet 1794, et se réfugièrent au delà du Rhin.

Pour le jeune Liégeois comme pour beaucoup d'émigrés, les lettres occupaient et charmaient l'exil. Frédéric rimait des fables malgré les railleries de son père; il les composait la nuit pour éviter la désapprobation paternelle, et il les transcrivait le matin. Songea-t-il à profiter de son séjour en Allemagne pour étudier une littérature alors florissante et un enseignement que remarquaient dans leur exil Degérando et d'autres? Toujours est-il que certaines de ses fables (*Les deux rats*, livre II, fable XI; *Les Enfans*, l. IV, f. VI) sont présentées comme des « traductions libres » de l'allemand de Lichtwer », qu'il lui arrive de citer comme exemple de l' « emploi du temps » le mot d'un professeur de Heidelberg ou de rappeler aux instituteurs, au début de son *Essai de physique*, ce qui se passe dans les bonnes écoles élémentaires de l'Allemagne, comme aussi, d'ailleurs, de la Hollande et de l'Ecosse. Fabuliste et éducateur du peuple par vocation, il eut bientôt l'occasion d'exercer au pays son talent et son zèle.

Le père Rouveroy étant mort, Frédéric quitta l'Allemagne en mai 1795 et alla s'établir avec sa mère à Horion-Hozémont. Il y resta une douzaine d'années, et pendant sept à huit ans il administra cette commune rurale et deux autres communes voisines. Ce sont, apparemment, des souvenirs personnels qu'il utilisait en écrivant *M. Valmore ou le maire de village, ouvrage instructif et amusant, dont la lecture peut être utile à toute personne qui s'intéresse à la bonne éducation des enfans dans les campagnes, et à l'amélioration du sort des ouvriers et des cultivateurs* (Liége, J.-A. Latour, 1826). C'est *le Médecin de campagne* avant Balzac; Rouveroy est à la fois l'auteur et le héros. « On devine sans peine », comme il le note lui-même, où il faut chercher les villages d'Issy et de Bourgivart, et l'on reconnaît le maire zélé qui s'inspire de Pestalozzi (p. 149) : « M. Valmore avait beaucoup lu, surtout depuis sa retraite du service, et il tenait note de ses lectures. Soit par goût, soit par le désir d'être utile, ses études s'étaient principalement dirigées vers l'agriculture, les arts industriels et l'instruction des enfans. Il savait qu'autrefois les peuples de la Grèce n'accoutumaient l'oreille de ceux-ci à l'harmonie des sons, que pour leur faire contracter de bonne heure une douce habitude de l'ordre et de la vertu... Il avait entendu chanter dans les écoles de la Hollande et de l'Allemagne... il fut décidé que la musique vocale ferait partie de l'instruction primaire ». Le maire Rouveroy répandait de son mieux dans son village l'instruction primaire, l'agriculture rationnelle, l'arboriculture (il admire les plantations de Mme Biolley-Champlon, de Verviers), la vaccine et même l'imprimerie. Vers 1804, il fait monter à Horion-Hozémont une presse pour son usage particulier. Il rédige, *compose* et tire lui-même « de petites feuilles volantes, véritables circulaires morales, dirigées contre les croyances superstitieuses, la mauvaise culture, et surtout contre les préjugés dont les campagnes étaient particulièrement imbues à l'égard de la découverte de Jenner ». Les sujets de ces circulaires furent, depuis, repris et amplifiés dans *Le Petit Bossu ou les voyages de mon oncle* (1re et 2e édit., Liége, Latour, 1827; *Le petit libraire forain ou la morale de Jacques le Bossu*, 6e édit., Paris, Hachette, 1843; *Le Petit Bossu*, 7e édit., Liége, Ledoux, 1864, réimprimé par l'administration de Liége pour les écoles communales). Dans ce roman pédagogique qui a eu tant de succès en Belgique et en France, Rouveroy promène de village en village un colporteur de livres bien plus raisonnable que celui de *Sylvestre Bonnard;* Jacques, qu'un bon curé a d'ailleurs sermonné dès le premier voyage, répond vertement aux enfants qui demandent *La vie de Mandrin* ou *Alibaba*, aux vieilles qui veulent *L'Art d'expliquer les songes* ou aux jeunes filles qui demandent à voix basse *le Jardin d'Amour*, le *Secrétaire des amants*. L'auteur veut « arracher quelques pierres au gothique édifice des erreurs populaires »; et s'aidant de Castillon (*Essai sur les erreurs et les superstitions*, 1765), de Salgues (*Des erreurs et préjugés répandus dans les diverses classes de la société*), d'Allent et de quelques autres, il rencontre les opinions des villageois sur les sorciers, les chiens et les chats, la dentition, les noyés, le fait d'être treize à table, les pressentiments, l'intercession des saints, le tison qui roule, l'oreille qui tinte, ou l'éloge du bon vieux temps. Jacques poursuit les préjugés avec un zèle ardent et honnête, car, dit l'épigraphe du livre, « la crédulité des sots est le patrimoine des fripons ».

M. Valmore portait une autre épigraphe, tirée de Delille, le poète le plus admiré de Rouveroy :

Qui fait aimer les champs fait aimer la vertu.

Le maire de Horion dut bientôt quitter les champs de sa Salente hesbignonne pour faire aimer la vertu à Liége; il fut en 1808 nommé adjoint au maire de cette ville. Il apportait de sa solitude des fables et des vers qui n'ont pas tous été publiés. Il avait à la ville des amis avec lesquels il faisait des promenades champêtres et pour qui il a rimé sa *Promenade à la Boverie* (Liége, J.-A. Latour, 1809) : Henkart ayant chanté Quinquempois, et Comhaire ayant célébré Cointe, Rouveroy à son tour dit de la Boverie :

La gaîté dès long-tems y fixa son empire,
Et l'on jouit dans ces aimables lieux,
De ce qu'ailleurs vainement on désire.

Le brave poète croit sérieusement qu'Ogier le Danois s'est établi jadis dans cette banlieue de Liége, que lui-même préfère à Sans-Souci.

Il ne cessait point d'ailleurs de continuer ses bons conseils aux cultivateurs et aux enfants; et dans le temps de Görres, où la presse devient « le quatrième pouvoir », la *Feuille d'Annonces du département de l'Ourte* (9, 12, 24, 30 janvier, 21 février, 10 et 22 mars 1811) publie des articles (signés F. R.) « relatifs à la plantation de toute espèce « d'arbres », et bientôt réunis en un *Abrégé des principes de la plantation*, par Mr Rouveroy, adjoint au maire de Liége (J.-A. Latour, imprimeur de la Préfecture, 1813).

Après 1814, « porté par le conseil « municipal au nombre des candidats « pour la place de bourgmestre, en « remplacement de M. Lesoinne, décédé, « Rouveroy devint l'un des premiers « magistrats de la commune. Lors de « l'organisation des régences, il fut « nommé échevin, et il continua à être « chargé des fonctions d'officier de l'état « civil, qu'il remplit pendant vingt et un « ans ». Quand il fallut à l'université de Liége un collège de « curateurs « choisis parmi les personnes distin- « guées autant par leur amour pour les « lettres et les sciences, que par le rang « qu'elles occupaient dans la société », Fr. Rouveroy fut parmi les curateurs nommés en 1817. Il fut secrétaire très actif de la commission qui était chargée de réorganiser l'instruction primaire et moyenne dans la province de Liége; il adressa des circulaires aux instituteurs, il écrivit des *Lettres à MM. les rédacteurs du* « Courrier de la Meuse » *sur divers articles publiés dans ce journal* (mai 1829); il y défendait la Commission contre quelques imputations de « despotisme », d' « iniquité », d'hostilité à l'égard de prêtres catholiques, etc. Il publiait des articles dans divers journaux et revues, et surtout des manuels : un *Essai de physique élémentaire*, un *Emploi du temps, ou moyen facile de doubler la vie en devenant meilleur et plus heureux* (Liége, 1825), avec un *Biomètre ou mémorial horaire*. Il éditait et rééditait ses *Fables* (1822. *Fables choisies* 1825, 8e édit. 1864). Il fut nommé en 1828 chevalier de l'Ordre du Lion-Belgique. La révolution de 1830 le rendit à la vie privée, à la fabrication de quatrains dans le genre de Pibrac qu'il connaissait si bien, et au développement de l'art dramatique. L'ancien théâtre du Gymnase était sa propriété. Rouveroy est l'auteur anonyme de la *Scénologie de Liége*, ou lettre sur les théâtres et leurs modifications depuis la fin du moyen âge jusqu'à nos jours, notamment en ce qui concerne la ville de Liége sous le rapport de l'art musical et du spectacle (Liége, passage Lemonnier, no 9, 1844).

Dans ses dernières années, il continua à rimer, et à cultiver ses amis : ses *Deux mille quatrains moraux* (Liége 1847) et son *Complément des quatrains moraux* (1848) sont tirés à cinquante exemplaires et non mis dans le commerce. Il les offrait à des hommes comme Ed. Wacken, ou « à monsieur Fuss, « professeur à l'université de Liége, « savant distingué, en souvenir d'an- « ciennes et agréables relations, et « comme rareté bibliographique et lit- « téraire », ou encore « à monsieur « Sainte-Beuve, homme de lettres, etc., « etc., actuellement professeur à l'uni- « versité de Liége, anciens souvenirs « et hommage de l'auteur ». Il fit aussi des *choix* : de ses *Maximes et pensées morales*, ou choix de quatrains dédiés à la jeunesse belge (Liége, Gulikers, 1846) et de ses *Fables* pour les écoles primaires (4e édit., 1827, avec *explication morale* pour chaque pièce).

Dans un domaine où il avait deux cents prédécesseurs, dont un cinquième en vie, il n'a pas la prétention de rénover l'apologue Il s'inspire de La Fontaine et d'Arnault, son grand poète est Delille, et en 1822 les *Fables* de Rouveroy s'efforcent d'atteindre à l'élégance virgilienne du poète de l'Empire. Il lui arrive de se rencontrer en poésie avec Baour-Lormian, puisqu'il a écrit avant le traducteur de la *Jérusalem délivrée* le vers :

Avec peu de désirs on a peu de besoins.

Il s'applique de son mieux à décrire harmonieusement :

D'un beau lac souverain paisible
Un cygne aux pieds d'ébène, au cou long et flexible,
Où respiraient la grâce avec la volupté,
Sur l'onde calme et transparente
Au milieu d'une cour brillante
Naviguait avec majesté.
(Livre III, fable XXV.)

Il est plein de conseils honnêtes et de quatrains bien intentionnés. En morale plus qu'ailleurs l'originalité est dangereuse; aussi le contemporain et l'émule du baron de Stassart s'en tient aux bonnes maximes des honnêtes gens : il recommande la convenance :

Nul n'est tenu d'avoir de vastes connaissances,
Mais de la politesse et de l'urbanité.

Il prêche l'amitié qu'il a si bien pratiquée toute sa vie :

Comme au choix très borné de ces livres exquis
Qu'on vénère à tout âge, et qu'on relit sans cesse,
Mettez les mêmes soins et la même sagesse
A choisir un jour vos amis.

Quand il trouve chez les sages une maxime qui lui paraît juste, il s'empresse de l'adopter; il lui arrive de mettre Bacon en quatrain :

Faible degré d'instruction
De la religion nous éloigne sans peine;
Mais à cette religion
Beaucoup de savoir nous ramène.

Telle était la philosophie que distillait le bon Liégeois dans la forme poétique illustrée par Pibrac, « dont les quatrains « ont été le seul code où nos pères, « français et belges, apprenaient la mo- « rale dans leur enfance ».

Quant à ses *Fables* qui restent son principal titre littéraire, si le fabuliste n'a qu'à puiser dans les contes innombrables et les préceptes de la sagesse des nations, il devra pourtant, pour peu qu'il soit artiste, animer son récit de la poésie de son cœur, le colorer du reflet de la société contemporaine. Rouveroy ne réussit pas à dramatiser ses apologues aussi génialement que La Fontaine. Il a rarement une trouvaille fortunée, comme sa fable *Le Souriceau et sa mère*, que les écoliers belges apprennent encore par cœur. Telle fable se réduit à une simple comparaison : l'homme est ballotté dans la vie comme « ce duvet léger » de la fleur de chardon que le vent détache et que l'enfant poursuit de son haleine. Telle autre s'attarde à la description des accessoires, aux trop longs propos que tiennent les geais et l'oiseleur; ou même l'auteur, ayant « maints témoins » de ses affirmations, en aligne plus d'un, au détriment de l'unité d'action. L'arboriculteur de Horion-Hozémont connaît certes les champs, le jardin du villageois (livre I, fable X),

Les pois, les choux, la laitue et l'oseille.

Il les a plus étudiés que La Fontaine lui-même; mais là n'est sans doute pas le secret de l'art, et le conteur ne doit pas être, ou ne doit pas se montrer botaniste ou peintre animalier. — Quant à sa poésie, dans le temps où les effluves lamartiniens inondaient l'Europe romantique, Rouveroy en reste à la correction classique; se connaissant bien, il salue avec amour ses vrais maîtres :

Delille! inspire-moi des chants harmonieux;
Apprends-moi l'art des vers, ce langage des dieux!
...Viens, Virgile français, viens, ma Muse t'implore,
Et toi, bon La Fontaine, inimitable auteur,
Dont les écrits empreints d'un charme séducteur,
N'offrent que la nature, en qui seul étincelle
Un génie inventeur, irrégulier comme elle,
Laisse-moi prendre en mains ces faciles pipeaux...

Né dans l'ancienne principauté ecclésiastique et féodale, ayant vu passer l'Empire militariste et tyrannique, le régime hollandais soucieux d'instruction, la liberté belge et même « l'insolent « communisme » de 1848 « destructeur « de toute société », le bon bourgeois de Liége que fut Rouveroy a les sentiments de sa classe. La niaiserie vaniteuse du « jeune seigneur » (livre II, fable X) est aussi remarquée, sinon aussi bien rendue, que celle des marquis de Molière ou de la mouche du coche : « le jeune seigneur » voyage sans plus de profit que le pigeon voyageur enfermé dans une cage, et envoyé par les amateurs liégeois à Paris, Londres ou Amsterdam. L'immortel renard du moyen âge, courtisan subtil sous Louis XIV, devient en 1822 un renard de Pretintaille, *Le Renard roturier*, et ses prétentions nobiliaires sont rabrouées :

Il m'importe peu d'où je vienne,
J'aime mieux savoir où je vais.

C'est que tout le monde à Liége n'avait pas cette sagesse de Tiers Etat :

Tel parle à tout propos de sa fraîche noblesse,
De ses titres d'hier, à peine enregistrés ;
Et nous entretient sans cesse
De ses aïeux ignorés !

Quand Rouveroy mourut, son éloge funèbre fut prononcé avec dévotion par Laurent, préfet des études à l'athénée royal de Liége. La Société d'Emulation, où le fabuliste lisait ses *Deux Frères* dès 1810, a mis son éloge au concours ; elle distribue encore régulièrement aujourd'hui le prix Rouveroy. Le nom de Rouveroy a été donné à une rue et à une place de Liége. Il circule encore, au bas de pièces choisies, dans les livres de lecture de nos écoles primaires : et c'est sans doute l'hommage qu'aurait le plus goûté l'éducateur zélé, l'honnête moraliste, le bon bourgeois de Liége; sa mémoire discrète ne pouvait périr dans la petite patrie qu'il avait tant aimée et, en somme, excellemment servie.

Albert Counson.

De Becdelièvre, *Biographie liégeoise*, t. II, (1837), p. 834-837. — A. Leroy, *L'université de Liége* (1869), p. XXXIX, n° 1. — X. de Theux, *Bibliographie liégeoise*, 2e édit., 1885. — U. Capitaine, *Recherches sur l'introduction de l'imprimerie dans les localités dépendant de l'ancienne principauté de Liége* (Bruxelles, 1867), p. 43. — Fritz Masoin, *Histoire de la littérature française en Belgique de 1815 à 1830* (Mémoires couronnés par l'Académie royale, novembre 1902), p. 143-145.

ROUVEROY (*Renard* DE LEXHY dit DE BERTRINHERS et aussi DE), diplomate et homme de guerre liégeois du XVe siècle. Seigneur de Cornesse, de Drolenvaux, d'Odeur, à Lexhy et à Rouveroy, il était fils de Renard, seigneur de Velroux, à Lexhy et à Rouveroy, et de Catherine Le Polain de Hollogne. Son aïeul, Renard de Lexhy, avait pris le nom de Rouveroy, depuis que, par son mariage avec Marie le Veilheit, il était devenu seigneur en partie de cette terre, qu'il habitait en 1376.

Le plus ancien document relatif au petit-fils de Renard de Lexhy que nous aient conservé les archives de cette époque contient l'indication de son mariage : c'est un relief que fait, le 19 mars 1454, devant la cour allodiale de Liége, Renard de Rouveroy, au nom de sa femme, Catherine, fille de Robert de Ferme, écuyer. Ses débuts dans la vie publique datent de 1458. Nommé bourgmestre de Liége à la Saint-Jacques de cette année, il s'engagea par serment à ne pas entrer dans le conseil de l'élu Louis de Bourbon sans le consentement préalable de la cité; la mention de cet engagement est le seul point saillant que les annalistes liégeois nous aient transmis au sujet de sa première magistrature communale.

Six ans plus tard, Liége était en pleine effervescence : l'élu avait quitté sa capitale et les factieux, sous l'inspiration de Raes de La Rivière, sire de Heers, avaient nommé Marc, fils de Jacques marquis de Baden, mambour du pays. Dans ces conjectures le légat du Saint-Siège Pierre Ferriz, résidant pour lors à Trèves, avait lancé l'interdit sur la cité, dans le but d'y faire renaître le calme en intimidant les brouillons. Mais cette mesure extrême ne produisit pas le résultat désiré; tout au contraire, loin d'en prendre peur, le clergé et la bourgeoisie s'empressèrent, d'un commun accord, d'envoyer une députation à Rome pour en appeler au Pape de la sentence de son légat. Cette ambassade, dont Renard de Rouveroy était un des membres les plus en vue, ne fut pas sans obtenir quelques succès auprès de Paul II, car elle revint à Liége (10 avril 1465) avec une bulle suspendant l'interdit, jusqu'au moment où des arbitres, choisis par les Etats du pays, soient parvenus à trouver une base pour rétablir l'accord entre les factions. L'heureuse issue de cette mission n'avait pas laissé de mettre Renard en vedette auprès de ses concitoyens; aussi ne tardèrent-ils pas à recourir de nouveau à ses talents diplomatiques.

Vers le milieu du mois de mai suivant, le jour de l'Ascension, arrivait à Liége une ambassade française ayant à sa tête Louis de Laval, sire de Châtillon. Louis XI, cherchant des alliés contre la *Ligue du bien public*, récemment formée, avait chargé le sire de Châtillon d'attirer à lui les Liégeois et de conclure avec eux une alliance offensive et défensive. La tâche au reste était facile; l'ambassadeur trouva même le terrain si bien préparé que, dès le mois suivant (23 juin), il lui était possible de reprendre la route de Paris, après avoir pleinement réussi dans sa mission. Châtillon rentrait en France accompagné de Renard de Rouveroy, que la cité avait chargé de porter à Louis XI le traité récemment conclu, afin d'en obtenir la ratification.

L'absence de Renard fut courte : dès le 7 août il était de retour à Liége, porteur, cela va sans dire, de la ratification désirée. Il avait été au reste fort bien traité à la cour, où Louis XI, tant pour honorer d'une manière éclatante le mérite de l'ambassadeur liégeois que pour se concilier davantage ses commettants dont le concours pour lors lui était fort utile, n'avait pas manqué de se conformer à un usage du temps, en daignant de sa propre main lui conférer la chevalerie.

A Liége, pourtant, les affaires ne marchaient pas au gré des factieux. Une armée liégeoise avait envahi le duché de Limbourg; mais, au moment d'entreprendre le siège de Fauquemont (4 septembre 1465), le mambour, faussant compagnie à ses alliés, s'était avec ses troupes allemandes retiré dans Cologne, de sorte que les milices de la cité, abandonnées à elles-mêmes, en avaient été réduites à regagner leurs foyers sans pouvoir donner d'autres preuves de leur vaillance. Au printemps suivant, Rouveroy, accompagné d'une délégation des métiers, faisait en vain deux voyages à Cologne pour engager Marc de Baden à venir se remettre à la disposition de ses partisans.

La Saint-Jacques de 1466 ramena messire Renard à la Violette. L'élection s'était faite sous les auspices de Raes de la Rivière, dont le parti était fermement résolu à ne confier les destinées de la cité qu'à des maîtres capables de rendre bientôt inévitable une guerre contre l'évêque et les princes bourguignons.

Les actes de Rouveroy pendant sa seconde magistrature ne paraissent pas avoir justifié les espérances mises en lui par le parti populaire, et, d'ailleurs, le reste de sa carrière devait prouver encore bien davantage que le sire de Heers et la démagogie n'auraient plus désormais à compter sur ses services.

Il occupait depuis un mois tout juste ses fonctions magistrales, quand parvint à Liége (25 août) la nouvelle de la prise et du sac de Dinant. Aussitôt la populace en armes courut à l'hôtel de ville criant à la trahison, et accusant les bourgmestres de n'avoir rien entrepris pour porter secours aux Dinantais assiégés. Rouveroy précisément se trouvait à la Violette. Sa vue ne fit qu'exciter davantage la fureur de cette foule en délire. Une bande d'énergumènes, ayant envahi la « Maison de la « cité », ne tenta rien moins que de le jeter par une fenêtre, tandis que sur la place on s'apprêtait à le recevoir au bout des piques! Renard n'échappa à la mort que grâce à l'intervention énergique d'un juré du bon métier des febvres du nom d'Ameil.

Quelques jours plus tard, Charles le Téméraire, à la tête de son armée victorieuse, quittait Dinant et se préparait à marcher contre Liége. Furieux de la non-exécution du traité qu'il avait conclu avec les Liégeois au mois de décembre 1465, et résolu de plus à châtier les excès commis journellement par les *compagnons de la verte tente*, il s'apprêtait à faire un exemple pour ramener définitivement le calme et l'ordre dans le pays. Devant l'imminence du danger, la fraction des modérés reprit le dessus et, grâce à son influence, on se hâta d'envoyer Renard de Rouveroy au camp bourguignon à Oleye, avec mission d'arrêter l'invasion et de traiter de la paix (8 septembre 1466).

Le péril fut écarté moyennant la livraison immédiate de cinquante otages et l'exécution des clauses du traité de 1465. Quelques jours plus tard, le 12 septembre, Rouveroy et Jean de La Boverie, dit Le Ruytte, furent députés à Louvain pour y négocier une paix définitive avec les délégués des deux princes Philippe et Charles de Bourgogne. Les conférences se continuèrent à Bruxelles, puis à Huy, auprès de l'évêque Louis de Bourbon et finalement en Flandre, où nos deux ambassadeurs, auxquels avait été adjoint Fastré Baré de Surlet, eurent à s'adresser aux deux princes en personne.

Mais le sire de Heers et les chefs de son parti, secrètement soutenus par Louis XI, étaient au fond absolument hostiles à une paix qu'ils savaient ne pouvoir être conclue qu'à leur plus complet désavantage. Les négociateurs purent s'en convaincre dès leur retour à Liége (1er février 1467), car ils trouvèrent le parti populaire au plus mal disposé à leur égard. On reprochait à Rouveroy son ambassade à Paris; on lui faisait un grief du succès de ses conférences avec le Téméraire pendant l'automne précédent, sous le prétexte qu'il eût été alors beaucoup plus avantageux pour les Liégeois d'attaquer les troupes bourguignonnes mal préparées à la continuation de la guerre. On poussa même l'injustice jusqu'à condamner les principaux amis de la paix et les fauteurs des récentes négociations à prêter à la cité des sommes proportionnées à l'importance de leurs biens, et Renard de Rouveroy se trouva de ce chef taxé au chiffre respectable de 11,000 florins.

Voyant que le désordre allait croissant et que ses adversaires avaient le dessus, le comte de Charolais se résolut à marcher contre les Liégeois; au commencement de l'automne son armée envahissait la Hesbaye. Cette fois encore, l'approche du danger eut pour premier résultat de calmer les esprits et de ramener la concorde parmi les factions; il s'agissait désormais de pourvoir à la défense du pays et d'y appeler tous ceux qui en étaient capables.

Le 16 octobre, Renard de Rouveroy, avec un corps de 3,000 hommes, était envoyé à Saint-Trond pour défendre la ville contre une attaque imminente de l'armée bourguignonne. Le 26 octobre, le siège de Saint-Trond était entrepris, et deux jours plus tard la victoire de Brusthem permettait au Téméraire, désormais libre dans ses mouvements, de disposer de toute son armée pour faire tomber la place en son pouvoir. Rouveroy tint encore trois jours; mais, le 1er novembre, l'artillerie ennemie avait si terriblement ruiné les remparts qu'il fallut bien se résoudre à capituler. Dès lors, Renard se consacra à obtenir du vainqueur les conditions les moins rigoureuses. La tâche était ingrate; toutefois il réussit à sauver la vie et les biens des bourgeois qui en furent quittes pour payer une rançon, livrer leurs armes et raser les murs de leur cité.

L'année suivante, Guy de Brimeu sire d'Humbercourt, lieutenant général du duc de Bourgogne dans le pays de Liége, étant obligé de se rendre en Brabant, ce fut à Rouveroy qu'il remit, pour tout le temps de son absence, le commandement supérieur des troupes de l'évêque, avec la mission spéciale d'empêcher à tout prix les bandes de bannis de rentrer à Liége. Renard avait en conséquence à pourvoir à la garde des routes et surtout à la sûreté de cette grande voie naturelle que forme la vallée de la Meuse. Mais bientôt une véritable armée de ces exilés — un chroniqueur contemporain l'évalue à 30,000 hommes —, poussés par la misère et de plus secrètement instigués par le roi de France, mettant à profit l'absence d'Humbercourt pour tenter un coup de main contre Liége avec quelque chance de succès, se présentent à l'improviste aux portes mêmes de la cité. Ils comptaient surprendre dans leurs lits les soldats bourguignons et les passer au fil de l'épée (9 septembre 1468).

A la nouvelle de leur approche, Renard de Rouveroy et le grand mayeur Jacques de Morialmé se portèrent au devant d'eux avec tout ce qu'ils purent réunir de troupes; mais, bientôt convaincus qu'ils n'étaient pas en force pour engager le combat contre une bande de pareille importance, ils n'eurent d'autre ressource que de se replier en hâte sur Maestricht, abandonnant Liége à son sort. Quelques semaines plus tard la ville était détruite.

Pendant la période de domination bourguignonne qui suivit ces événements, nous retrouvons Rouveroy conseiller et lieutenant du sire d'Humbercourt : c'est à Renard que Guy de Brimeu confie la mission de faire exécuter des prisonniers détenus au château d'Aigremont, c'est encore lui qu'il investit de l'une des deux présidences du conseil établi à Liége pour connaitre des procès de confiscation et de toutes les affaires relatives à la guerre qui venait de finir. A en croire Adrien d'Oudenbosch, Rouveroy aurait en outre, et en la même qualité, fait partie d'un grand conseil, institué par le Téméraire, dans un but analogue, à Maestricht, en l'année 1474; mais l'existence simultanée de ces deux juridictions identiques nous paraît tout au moins sujette à caution.

En 1473, Humbercourt étant obligé de quitter momentanément le pays, c'est encore Renard qu'il charge de le remplacer, en lui conférant la lieutenance générale de la vaste province commise à sa garde.

Quelques années plus tard, quand Jean de Hornes eut succédé à Louis de Bourbon sur le trône épiscopal et que la Paix de Tongres (21 mai 1484), en réconcliant momentanément le prince avec les seigneurs de La Marck, eut rendu vacants quatre siéges au tribunal des échevins de Liége, nous trouvons Renard de Rouveroy, commissionné par l'évêque, présenté au chapitre de Saint-Lambert pour occuper une de ces places (13 avril 1485).

On ignore s'il négligea de demander son admission à l'échevinage ou s'il ne put réussir à s'y faire recevoir; mais il est certain qu'il résigna ces fonctions vers 1488, sans avoir jamais pris possession de son siège à la cour suprême de la justice liégeoise.

Sur ces entrefaites, la bonne entente résultant de la Paix de Tongres ayant pris fin par l'exécution de Guillaume de La Marck, le pays s'était retrouvé plongé plus que jamais dans l'anarchie. La capitale, livrée aux mains du grand mayeur Guy Vanden Bosch dit de Canne, avait penché d'abord pour le parti des La Marck, puis, dans une réaction violente dont le souverain mayeur avait été une des premières victimes (29 mars 1486), les Liégeois avaient chassé de leurs murs la soldatesque étrangère et rendu possible le retour de l'évêque. Le jour même de cette révolution, les bourgeois, redevenus maîtres chez eux, se réunirent en armes sur le marché et désignèrent, d'une commune voix, Renard de Rouveroy et quelques autres hommes courageux et expérimentés pour aider les bourgmestres dans la défense de la ville.

L'année suivante, Jean de Hornes, de retour dans la cité, chargea Renard de faire partie, en qualité de membre de l'Etat noble, de la commission des quinze délégués ayant mission d'élaborer la modification et la réforme des lois du pays. Les travaux de ces juristes eurent pour résultat la Paix de Saint-Jacques, qui fut publiée par l'évêque, le 28 avril 1487.

Depuis lors, l'histoire devient muette sur la carrière de Renard de Rouveroy. Un acte du 6 juillet 1486 le mentionne comme ayant sa résidence à Liége. Enfin, le 5 mai 1492, en sa qualité de gentilhomme de l'Etat noble du pays de Liége et comté de Looz, il apposa son sceau au bas du traité connu dans nos annales sous le nom de Paix de Donchéry.

Outre une fille, Jeanne, dame de Cornesse et de Drolenvaux, qui épousa Christian de Ramelot, seigneur de Ramelot, Barse en Condroz et Gosne, gentilhomme de l'Etat noble du pays de Liége et comté de Looz, Renard de Rouveroy laissa un fils nommé comme lui, Renard, qui continua sa descendance masculine.

Sa lignée s'éteignit vers le milieu du XVIIIe siècle, quand la mort de Henri-Joachim Renard baron de Rouveroy et de Pamele, gentilhomme de l'Etat noble du pays de Liége et comté de Looz, fit tomber en quenouille la branche des seigneurs de La Vaux Sainte-Anne.

Léon Naveau.

De Ram, *Documents relatifs aux troubles du pays de Liége sous les princes-évêques Louis de Bourbon et Jean de Hornes.* — Adrien d'Oudenbosch, *Chronique*, édit. de Borman. — Chapeaville, *Chronique de Suffried.* — Daris, *Histoire du diocèse et de la principauté de Liege au* XVe *siècle.* — Le Fort, *Manuscrit généalogique*, 1re partie, t. XX, et 3e partie. — Abry, *Recueil héraldique des bourguemestres de la noble cité de Liége.* — de Borman, *Les échevins de la Souveraine justice de Liége.* — Grand greffe des échevins de Liége, 1487-1493. *Testament de Robert de Ferme.*

ROUVEZ (*Adolphe-Emile*), archéologue et bibliophile, né à Mons, le 1er février 1836, y décédé le 31 mai 1881. Dès sa plus tendre jeunesse, il montra des dispositions particulières pour la littérature et les beaux-arts, et, guidé par des professeurs expérimentés, il acquit des connaissances aussi solides que variées. La musique fut l'objet de sa prédilection; elle eut toujours pour lui le plus vif attrait. Ses goûts de bibliophile étaient non moins prononcés. Il se forma une bibliothèque fort précieuse, dans laquelle la meilleure place fut réservée aux livres à gravures et aux manuscrits à miniatures. Pendant plusieurs années, il remplit les fonctions de bibliothécaire de la Société des sciences, des arts et des lettres du Hainaut, et fut successivement secrétaire et vice-président du Cercle archéologique de Mons. Il a publié : *Rapports sur les travaux du Cercle archéologique de Mons, de* 1866 *à* 1868. (Mons, impr. Dequesne-Masquillier; 2 vol. in-8o.) — *Notice nécrologique sur Adrien-Léopold-Auguste Le Tellier.* (Ibidem, 1868; in-8o) — *Aperçu sur la danse macabre, à propos des ornements sacerdotaux de l'église de Saint-Nicolas-en-Havré, à Mons.* (Ibidem, 1873; in-8o de 32 p. et 4 pl.) — *Visites à la section historique du Musée du Trocadéro à l'Exposition universelle de Paris de* 1878. (Ibidem, 1880; in-8° de 26 p.) Tous ces articles ont paru dans les *Annales du Cercle archéologique*, t. VII, VIII, XI et XVI.

Léopold Devillers.

Annales du Cercle archéologique de Mons, t. XVIII, p. V-XVI. — *Nécrologie de M. Adolphe-Emile Rouvez* (Mons, Dequesne-Masquillier, 1881; in-8o).

ROUVROY (*Jean-Théodore*, baron **DE**), homme de guerre, né le 15 mars 1728 à Luxembourg, d'un officier d'artillerie en garnison dans cette ville, mort à Semlin, le 30 septembre 1789. Son père, étant bientôt rentré en Saxe, d'où il était originaire, y emmena son fils, qui y fit son éducation. Nommé lieutenant du corps des mineurs en 1744 il entra en 1753 avec le grade de capitaine dans l'artillerie autrichienne. Il ne tarda pas à avoir l'occasion, dans la guerre contre la Prusse, de mettre à profit sur le terrain les solides connaissances qu'il s'était acquises : dans les deux combats de Darmstadt et de Holitz, il força les canons ennemis, plus nombreux et plus forts, à se taire. Pendant le blocus du corps de Fouquet près de Landshut, le 23 juin 1760, alors que de Rouvroy était lieutenant-colonel, il agit avec tant d'habileté que Loudon déclara que, sans son aide, il n'aurait vraisemblablement pas pu remporter une victoire aussi complète : cette recommandation de son chef valut à Rouvroy, qui avait déjà obtenu le 4 décembre 1758 la décoration de l'ordre de Marie-Thérèse, la promotion au grade de colonel. Peu après, la prise de Glatz fut encore due aux bonnes dispositions qu'il avait prises, avec le major Bechard. Le 15 août 1760, au combat de Liegnitz, où le corps de Loudon fut forcé de se retirer au delà de la Katzbach, de Rouvroy, couvert par deux bataillons de grenadiers, construisit près de Linowiz une batterie dont le tir bien réglé tint les Prussiens en échec et fut d'un secours efficace pour les troupes autrichiennes. A l'assaut contre Schweidnitz, le 10 octobre 1761, les grenadiers s'élancèrent à la baïonnette et sans tirer un seul coup de fusil dans un des ouvrages extérieurs; de Rouvroy, qui y était entré avec eux, fit tourner les canons contre la forteresse, facilitant ainsi notablement l'attaque.

Nommé baron en 1761, puis général en 1763, il prit une part très active à la nouvelle organisation du corps d'artillerie. Accompagnant constamment Loudon, il l'avait, dans toutes les occasions importantes, secondé efficacement avec l'artillerie. Bientôt il fut désigné pour le grade de lieutenant-général et promu au rang de commandeur dans l'ordre de Marie-Thérèse (15 octobre 1765). En 1772, il obtint un régiment d'artillerie et en 1775 il devint lieutenant-feldmaréchal : l'Autriche lui dut alors la création de son artillerie à cheval.

Si, dans la guerre de la succession de Bavière, l'artillerie dirigée par de Rouvroy eut en général peu à intervenir, il n'en fut pas de même, par contre, dans la guerre contre les Turcs; la direction en était encore confiée à de Rouvroy, qui était, depuis 1787, feldzeugmeister-général et commandant supérieur de tout le corps d'artillerie. C'est en cette qualité qu'il dirigea l'attaque de Schabacz, pris d'assaut sous les yeux de Joseph II : il y fut même blessé à la poitrine. En juin 1789, après la prise de Brebir, Loudon tint à déclarer que ses prudentes manœuvres et la bonne disposition qu'il avait donnée à l'artillerie, avaient grandement contribué à la bonne marche des travaux du siège.

De Rouvroy ne se trouva malheureusement pas en état d'aider au siège de Belgrade : il tomba malade dès les premiers jours des opérations et mourut à Semlin le 30 septembre 1789, avant la chute de la place.

Joseph II, qui lui avait destiné la grand'croix de Marie-Thérèse, ordonna que la pension allouée à ce rang fût servie à sa veuve; il fit, de plus, ériger à Rouvroy, un monument commémoratif à l'arsenal de Vienne. Il rendait ainsi un juste hommage aux mérites supérieurs d'un des premiers généraux d'artillerie de son armée : de Rouvroy appartenait, en effet, à ces hommes d'élite qui embrassent d'un seul coup d'œil toutes les branches de l'art de la guerre et savent mettre au service de l'arme à laquelle ils appartiennent toutes les ressources des autres parties de la stratégie.

J. Vannérus.

Hirtenfeld, *Der militär Maria-Theresien-Orden*, t. I, p. 77 et 207; t. II, p. 1728 et 1731. — Neyen, *Biographie luxembourgeoise*, t. II, p. 97-98.

ROUVROY (*Pierre* **VAN**), poète flamand, originaire d'Anvers, obtint le grade de licencié en théologie dans la première moitié du XVIIe siècle et fut nommé curé de Neuve-Église lez-Ypres. Il avait un frère, H.-A. Van Rouvroy, curé à Bailleul. Nous possédons de lui deux petits recueils de vers didactiques dans le goût et le style du père A. Poirters. Le premier, *Tobias' Galle voor de blinde Weerelt*, parut en 1640 à Ypres chez J. Bellet. L'approbation du « librorum censor » est datée de 1634. Dans ce petit livre Van Rouvroy combat l'aveuglement du monde, ce qui explique l'allusion du titre à la bile du poisson avec laquelle Tobie guérit sa cécité. Le second volume *Tobias' Lever voor de onkuysche Weerelt*, parut également en 1640 à Ypres chez le même éditeur. Ici l'approbation est datée de 1639. L'auteur affirme que le foie du poisson mis sur des charbons ardents dissipe par son âpre fumée les penchants à la luxure. Cette particularité explique le titre bizarre de ce petit volume destiné à combattre l'impudicité. Les deux ouvrages réunis furent réimprimés en 1686 à Anvers chez G. Verhulst. Les approbations sont les mêmes que pour les éditions yproises quoique celle de *Tobias' Galle* porte par erreur la date de 1636 au lieu de 1634.

M. Sabbe.

ROVERE (*Richard?*), peintre, d'origine flamande, fixé à Milan, dans la seconde moitié du XVIe siècle. Il fit souche d'artistes. Sous le nom de « Flamminghino », deux de ses fils, Giovanni-Mauro et Giovanni-Battista, se signalèrent dans la peinture. Le prénom de Richard est donné à notre artiste par J.-B. Picard, auteur d'un *Essai historique et critique sur l'école flamande* (1827), manuscrit appartenant à la Bibliothèque royale. Nous n'avons pu trouver la mention d'aucune œuvre de Rovere.

Henri Hymans.

Nagler, *Allgemeines Künstler-Lexikon*.

ROY (*Daniel* **VAN** ou **DE**), ou VAN ROYE, musicien né à Anvers, vivait dans la seconde moitié du XVIe siècle. A dater de 1577, il fit partie pendant sept ans de la chapelle musicale de Philippe II, à Madrid. A la même époque on rencontre également un Henri van Roye parmi les sopranistes de la chapelle, tandis qu'en 1556, on cite un Noël de Roy comme chapelain de Charles-Quint et de Philippe II jusqu'en 1559, année où il retourne dans les Pays-Bas, puis en 1572, un Jean de Roy, enfant de chœur; les documents espagnols appellent aussi Noël de Roy, Rou ou de Rou.

En 1584, Daniel van Roy fut ramené dans les Pays-Bas, par le chantre Nicolas Houssard, avec cinq autres *cantorcillos*, devenus inaptes à leurs fonctions à raison de leur âge. Les six jeunes gens devaient, en vertu des instructions du souverain, être placés à ses frais dans un collège de l'université de Douai. Daniel van Roy reçut une prébende dans l'église Sainte-Waudru à Mons, qu'il céda, en 1586, à un autre chantre, Henri Wibault. Il se rendit en Allemagne, où il fut musicien de chambre de l'archiduc Ferdinand, comte de Tyrol. En 1589, il entra, en qualité de « dessus » (*Discantist*), à la chapelle du duc de Bavière, à Munich; en 1590, son traitement annuel s'élevait à 120 florins; en 1591, il ne figure plus sur la liste du personnel. En 1598, il paraît être au service de l'archiduc Ferdinand d'Autriche, à Gratz. Désirant retourner dans sa patrie afin de trouver un état à la cour des archiducs Albert et Isabelle, il demande à Ferdinand une lettre de recommandation. Il déclare, dans sa requête rédigée en italien, qu'il recherche un emploi de musicien, en tout autre *servitio honesto*, car il connaît l'espagnol, l'italien, le français, l'allemand et quelques mots d'autres langues. Il fait hommage au prince d'un recueil de monuments divers de la ville de Rome, accompagné d'un texte explicatif. L'archiduc donna suite à cette demande et envoya à Bruxelles, le 8 février 1599, la lettre de Van Roy, avec quelques mots de recommandation. On ne possède pas de détails sur la suite de la carrière du musicien.

Un Simon de Roy, dont on ignore la nationalité, fut chantre de Saint-Etienne à Vienne, au XVIe siècle; on trouve trois motets de lui dans le *Novus thesaurus musicus* de Pierre Joanellus (1568). Un Michel de Roy fut musicien de la chapelle de la cour, à Dusseldorf, en 1636 et en 1638.

Nous ne savons s'il y a lieu de rattacher le musicien Van ou De Roy aux imprimeurs du même nom qui travaillèrent à Anvers au XVIe siècle, notamment Antoine De Roy, employé en 1555 chez Jean Mollyns, et Mathieu van Roye, né à Aerschot, admis dans la gilde de Saint-Luc à Anvers, en 1560, élève de J. van Ghelen, et reçu bourgeois de la ville en 1574; ce dernier imprima pour Henri Wouters.

Paul Bergmans.

A. Pinchart, *Archives des arts, sciences et lettres*, t. III (Gand, 1881), p. 181-182 (= *Messager des sciences historiques*, 1867, p. 120-121). — E. Vander Straeten, *la Musique aux Pays-Bas avant le XIXe siècle*, t. III (Bruxelles, 1875), p. 169-170; t. VIII (Bruxelles, 1888), p. 16, 17, 29, 30, 99, 112 et 519. — R. Eitner, *Biographisch-bibliographisches Quellen-Lexicon der Musiker*, t. VIII (Leipzig, 1903), p. 343. — Sur les imprimeurs Van Roy, voir Fr. Olthoff, *De boekdrukkers, boekverkoopers en uitgevers in Antwerpen* (Anvers, 1891), p. 88-89.

ROY (*Jean-Baptiste* DE), peintre et graveur, né à Bruxelles, le 29 mars 1759, mort dans la même ville, le 8 janvier 1839. Fils d'un marchand de tableaux, il manifesta de bonne heure un penchant décidé pour la peinture et trouva chez ses parents un appui sérieux. Ayant suivi les cours élémentaires de l'Académie de Bruxelles, Jean-Baptiste De Roy ne tarda pas à s'appliquer à la peinture des animaux. Un voyage en Hollande, fait en compagnie de son père, lui avait dévoilé les beautés d'un genre où avaient excellé des maîtres tels que Paul Potter, Nicolas Berghem et Adrien Vande Velde. L'influence de ces artistes devait être très marquée dans ses œuvres ultérieures. Ayant cherché sans succès à se faire admettre parmi les élèves de B.-P. Ommeganck (voir ce nom), il se sentit d'autant plus vivement attiré vers la nature et, sans autre maître, lui demanda des inspirations souvent heureuses. « Il était pour le gros bétail ce

« qu'était Ommeganck pour les moutons « et les chèvres », écrivait de lui J.-B. Picard. « De Roy nous a donné des foires « de bestiaux, des parcs de bœufs, des « combats de taureaux, des hardes dans « des gras pâturages, des incendies, des « coups de vent, des brouillards, là tout « un troupeau qui quitte la ferme pour « se porter vers la prairie ou qui regagne « l'étable, et toujours des sites spacieux « et romantiques ». Si De Roy connut d'honorables succès, il les dut principalement au choix de ses motifs. Sa couleur, point mauvaise, était plus éclatante que riche; sa forme un peu flottante. Ce qui ne l'empêcha pas d'aborder parfois des sujets où les animaux sont représentés de grandeur naturelle. En 1803, il entreprit de rivaliser avec Paul Potter en peignant dans les mêmes proportions que la fameuse toile de La Haye, un *Taureau de grandeur naturelle, debout, au milieu d'une prairie. A l'horizon, le château de Laeken.* Inutile de dire que notre artiste ne fit pas oublier le célèbre prototype dont, comme tant d'autres, il avait eu l'audace de s'inspirer. J.-B. De Roy s'était fait construire aux portes de Bruxelles, à Schaerbeek, un atelier d'où il rayonnait sur les campagnes environnantes et où il prit ses principales sources d'inspiration. Il est fréquent de voir désigner dans les titres de ses œuvres, l'endroit auquel sont empruntés ses fonds. Entouré de nombreux élèves, on peut dire que, dans son genre, il occupait un rang considérable. Henri van Assche, Voordecker, P. Le Roy, Hellemans, P. Cardon, Alexandre Boëns, I. Le Pez, se formèrent sous sa direction, sans parler de nombreux amateurs des deux sexes, Mlle Pansius, et même S. P. d'Argonne, l'ancien commissaire du Directoire exécutif, qui, à chaque salon, se réclamaient de lui. Il fut parmi les participants aux premières expositions belges et y concourut par des envois nombreux. Jusqu'en 1830, il y fit acte de présence. La Société des Beaux-Arts de Bruxelles, reconnaissant à la fois le talent et le zèle qu'il apportait à faire revivre l'ancienne école flamande, lui décerna en 1815 une médaille d'honneur, en même temps qu'à André Lens et au statuaire Godecharle. Trois ans après, la même association lui remettait, ainsi qu'aux deux precédents, le diplôme de membre d'honneur.

De Roy est l'auteur de quelques eaux-fortes traitées avec délicatesse. Bien que toujours consacrées à la représentation des animaux, elles comprennent aussi des personnages d'exécution nullement incorrecte. On trouve la description de ces estampes, au nombre de treize, dans le *Peintre Graveur hollandais et belge* de Hippert et Linnig. Faber a reproduit de ses compositions. J.-B. De Roy mourut célibataire, à l'âge avancé de 80 ans. De son œuvre considérable, les spécimens sont aujourd'hui peu recherchés, après avoir trouvé leur place dans les plus importantes collections. Les biographes de l'artiste assurent que celui-ci est représenté aux musées de Bruxelles, de Gand, de La Haye; mais ses ouvrages ont disparu des catalogues de ces galeries publiques. Picard rencontra des œuvres de J.-B. De Roy à Lille, à Paris, à Londres, à Berlin et à Vienne. Nous avons constaté une confusion assez fréquente chez les auteurs entre *De* Roy et les *Le* Roy, dont l'un, Pierre-Jean-Baptiste (v. ce nom), fut d'ailleurs son élève. Le portrait de J.-B. De Roy figure dans la *Collection des portraits des artistes modernes nés dans le Royaume des Pays-Bas, dessinés d'après nature par J.-J. Eeckhout.* Bruxelles, 1822.

Henri Hymans.

J.-B. Picard, *Essai historique et critique sur l'école flamande considérée dans les arts du dessin* (Bruxelles, 1827; manuscrit appartenant à la Bibliothèque royale). — Immerzeel, *De levens en werken der hollandsche en vlaamsche kunstschilders*, etc. (Amsterdam, 1843), t. III. — Catalogues des expositions. — Hippert et Linnig, *Le peintre graveur hollandais et belge au XIXe siècle.*

ROY (*Jean-Joseph* Van Roey, dit **VAN**), libraire, né à Berlaer, province d'Anvers, le 2 juin 1814, mort à Bruxelles, le 18 octobre 1865. Il a publié une *Vie de Pierre-Paul Rubens, extraite de différents ouvrages, suivie d'une liste, par ordre alphabétique, d'un grand nombre* *de peintres flamands, mentionnant le lieu et la date de leur naissance, le lieu où ils sont décédés* (Bruxelles, J. de Mat, 1840; in-8°, 48 p., avec un portrait lithographié de Rubens). J.-J. Van Roy est également l'auteur des écrits suivants, publiés sous l'anagramme : Yor Nav : *Le philosophe moderne*, ou anecdotes, traits de courage, etc., etc. Bruxelles, Van Roy, 1854; in-16, 96 p. — *Le grand farceur*, contenant la fleur des anecdotes, etc. *Ibid.*, 1854; in-16, 96 p. — *Le drôle de corps*, ou la fleur des jeux de mots, etc. *Ibid.*, 1854; in-16, 96 p. — *Le plaisant*, ou l'art d'amuser, etc. *Ibid.*, 1854; in-16, 96 p. — *Le sphynx*, ou recueil d'énigmes, etc. *Ibid.*, 1854; in-16, 96 p. — *L'homme d'esprit, ami de la gaieté. Ibid.*, 1854; in-16, 96 p. — *Les drôleries judiciaires. Ibid.*, 1855; in-16, 97 p. — *Histoire des revenants, des fantômes*, etc. *Ibid.*, 1855; in-16, 160 p., 1 pl. — *Dictionnaire anecdotique. Ibid.*, 1855; in-32, 544 p.

Ern. Gossart.

Renseignement fourni par l'administration communale de Berlaer. — *Bibliographie nationale*, t. IV, p. 246.

ROY (*Pierre-François-Charles* **DE**). Voir Le Roy (P.-F.-C.).

ROY (*Pierre-Jean-Baptiste* **DE**). Voir Le Roy (P.-J.-B.).

ROYAERDS (*Jean*), écrivain ecclésiastique, né à Audenarde, vers la fin du xve siècle, mort à Bruges, en 1547. Il entra dans l'ordre des Franciscains et se voua entièrement à la prédication, surtout à Anvers. Il acquit une réputation considérable comme prédicateur flamand et devint commissaire général de l'ordre pour l'Ecosse. Il mourut, nous l'avons dit, à Bruges, en 1547, et fut enterré dans l'église des Cordeliers. En 1538, il fit paraître à Anvers, chez J. Steelsius (*typis J. Graphei*), quatre recueils d'homélies : 1. *Homiliæ in omnia Evangelia feriarum Quadragesimæ litterales.* — 2. *Homiliæ in Evangelia Dominicalia juxta literam.* — 3. *Homiliæ in omnes Dominicales Epistolas juxta literam.* — 4. *Homiliæ in Festivitates Sanctorum temporis æstivi.* En 1542, parurent encore à Anvers, chez le même éditeur, deux autres ouvrages : 5. *Homiliæ in omnes Epistolas feriales Quadragesimæ litterales...* — 6. *Enarratio passionis D. N. Jesu Christi...* — En 1546, une année avant sa mort, parut chez Steelsius son dernier ouvrage : 7. *Homiliæ in Epistolas et Evangelia Festorum totius anni...* — La plupart de ces œuvres furent réimprimées plusieurs fois. Disons aussi qu'une *Epistola contra Zelotem* fut publiée après sa mort, en 1554, de même qu'un *Soliloquium, seu Formula Deum predicandi*, à la suite d'une réimpression du n° 1.

Léonard Willems.

Valère André, *Bibliotheca belgica* (1643), p. 554. — Sweertius, *Athenæ belgicæ*, p. 462. — Paquot, *Mémoires*, t. IX, p. 349 s. — *Bulletin du bibliophile belge*, t. XIV, p. 95, 97, 199.

ROYALME (*Pierre* **DE**), peintre bruxellois du xve siècle. Il ne nous est connu que par l'article qui lui est consacré dans le *Dictionnaire des peintres* d'Adolphe Siret, article dont nous avons vainement cherché la source. D'après cette citation, il aurait exécuté des peintures héraldiques à Bruxelles en 1480.

Par contre, le registre du métier des peintres de Tournai nous apprend à connaître un autre peintre du même nom, probablement le fils du précédent ; à la date du 15 février 1483, nous y relevons en effet l'inscription suivante :

« *Jehan de Royaulme* dit *Scarnier*, » paintre, fils de franc mettre en la ville » de Brouxelles, fut receu à le francise » dudit mestier des paintres en faisant » son devoir comme les ordonnances le » contiennent, et laissa son chief deuvre » audit mestier, et paya honnestement » sa bienvenue le jour des Quaresmaux » xve jour de février a°. IIII XX IIII ».

Ce renseignement nous paraît doublement intéressant : non seulement il confirme l'existence d'un peintre de Royaulme à Bruxelles vers 1380, mais de plus le second nom, *Scarnier*, nous oblige à le mettre en relation avec la famille *van Conincxloo alias Scarnier* (*Schernier*) qui constitua à Bruxelles une véritable dynastie d'artistes.

Faudrait-il peut-être voir en *Royaulme* une traduction française approximative de *Conincxloo?*

Georges Hulin.

ROYE (*Barthélemi* **VAN**), sculpteur de Malines, exécuta en 1618, au prix de 625 florins, un panneau où figuraient des sirènes et des tritons, pour l'autel des poissonniers, et, en 1627, un banc de communion dans le transept méridional de l'église de N.-D. au delà de la Dyle. Onze bas-reliefs, figurant des épisodes de la vie de la Vierge, ornent les compartiments de ce banc de communion. Un assez bon sentiment artistique a présidé à la composition et à l'exécution des œuvres de Van Roye.

Edmond Marchal.

ROYE (*Gilles* **DE**). Voir GILLES DE ROYE.

ROYEN (*Gilles*), maître d'école à Liége, vécut au XVIIe siècle. Il a laissé les deux ouvrages suivants dont la bibliothèque de l'université de Liége possède des exemplaires : 1. *Vita S. Aegidii Abbatis Arelatensis In Galliâ Narbonensis et confessoris versibus et odis variis illigata ab Aeg. Royen. Sec. et ult. editio priore multo correctior et auctior. Accesserunt epigrammata aliquot et elegiæ è præcipuis D. Aegidii vitæ capitibus hausta.* Liége, Christ. Ouwerx, 1641; in-8°, 176 p. n. ch. L'ouvrage dédié à Jean de Nollet, abbé de Saint-Gilles à Liége, comprend trois parties : poèmes, vie du saint en prose, office de saint Gilles. Les ff. lim. renferment des vers de Jean Royen, curé d'Aubel, frère de l'auteur. Nous ne savons quand a paru la première édition. — 2. *Diminutiva a Cicerone ceterisque auctoribus classicis tam poeticis quam oratoribus collecta atque édita...* Liége, veuve B. Bronckart et J. Bronckart, 1661; in-8°, 112 p. Ouvrage de classe, fort curieux, comprenant un dictionnaire des diminutifs latins, avec traduction française et reproduction des passages où les diminutifs se rencontrent. L'auteur nous apprend que ce volume est extrait d'un grand ouvrage en langue latine, française et germanique, demeuré inédit. Tel qu'il est, il suppose une érudition peu commune et une somme de travail considérable.

Alphonse Roersch.

X. de Theux, *Bibliographie liégeoise*, col. 147 et 233.

ROYEN (*Pierre* **VAN**), écrivain ecclésiastique, né à Anvers, le 18 mars 1718, mort à Bruges, le 29 avril 1776. Entré dans la Compagnie de Jésus le 27 septembre 1729, il enseigna les humanités et la théologie dans plusieurs collèges de son ordre et se consacra ensuite à la prédication pendant plusieurs années à Bruges. On a de lui : 1. *Prolegomena in S. Scripturam,* etc. Louvain, Jean Jacobs, 1752; in-4°. — 2. *Prolegomena in S. Scripturam,* etc. Gand, Pierre de Goesin, 1754; in-4°. — 3. *Theses theologicæ de Incarnatione verbi et Gratia.* Gand, P. de Goesin, 1757; in-4°. — 4. *Theses theologicæ de Pœnitentia, Extrema unctione, Ordine et matrimonio.* Gand, P. de Goesin, 1759; in-4°. — 5. *Theses theologicæ de Jure et Justicia.* Gand, P. de Goesin, 1761; in-4°. — 6. *Theses theologicæ de Legibus, Peccatis et Religione.* Gand, P. de Goesin, 1763; in-4°. — 7. *Theses theologicæ de Divini Verbi Incarnatione et Gratia.* Gand, P. de Goesin, 1765; in-4°. — 8. *Theses theologicæ de Pœnitentia, Extrema Unctione Ordine et Matrimonio.* Gand, P. de Goesin, 1767; in-4°.

E. van Arenbergh.

Sommervogel, *Bibl. de la Comp. de Jésus,* t. VII, col. 259.

ROYENBERG (*Guillaume III* DE MERODE, seigneur **DE**). Voir MERODE (*Guillaume III* DE).

ROYER (*Auguste-Philippe*), industriel, né à Namur, le 26 janvier 1796, mort dans cette ville, le 1er octobre 1867. Il entra de bonne heure dans les affaires commerciales et industrielles; il fut l'un des premiers organisateurs de plusieurs entreprises importantes, telles que les glaceries de Floreffe et les verreries de Herbatte lez-Namur. En 1848, il fut élu membre du conseil provincial, dont il fit partie jusqu'à sa mort.

Ses goûts pour tout ce qui concernait l'agriculture le firent choisir comme vice-président de la Société forestière et agricole de la province de Namur; il présida la Société d'horticulture; ce fut lui qui fonda et devint président de la Commission royale de pomologie, qu'il dirigea de 1854 à 1865 et dont il organisa les premiers congrès. Les services rendus en cette matière lui valurent en 1858 la croix de chevalier de l'Ordre de Léopold. Les publications qu'il a laissées sont relatives à des questions agricoles. Ce sont des *Recherches sur l'utilité des expositions agricoles*, Namur, 1843; une *Etude sur les vins qui se consomment en Belgique*, Bruxelles, 1852, qui fut rééditée par son fils en 1873; les *Statuts réglementaires pour la Société Van Mons*, Bruxelles, 1854, ainsi que les *douze premiers rapports* de la Commission royale de pomologie (Bruxelles, 1854-1865; 2 vol. in-8°).

D.-D. Brouwers.

Doyen, *Bibliographie namuroise*, t. III, p. 272 et 293. — *Bibliographie nationale*, t. III, p. 346. — Les journaux de Namur, entre autres *L'Ami de l'Ordre* et *L'Organe de Namur*.

ROYER (*Charles*), facteur d'orgues, vivait à Bruxelles au milieu du XVIIe siècle. Le facteur P. Van Peteghem cite dans ses livres de compte deux orgues de Royer, remis en état par lui : *Gronenbille* (*Groenen Briel*), *is eene goede orgel van Royer*, et *Hopital riche*, à Gand, même mention. Royer dut être également appelé à Marseille pour fournir l'orgue de la cathédrale; en démolissant cet édifice, on découvrit dans l'instrument cette inscription : *Carolus Royer Bruxellensis fecit anno* 1657. Nous n'avons rien trouvé concernant ce facteur, qui paraît avoir échappé aux patientes recherches de Vander Straeten.

Ernest Closson.

Fétis, *Biogr. univ.*, t. VII, p. 341. — Grégoir, *Historique de la facture et des facteurs d'orgues*, p. 162.

ROYER (*Florentin-Joseph* **DE**), professeur et écrivain, né à Soignies, le 17 octobre 1817, décédé à Hasselt, le 15 octobre 1860. Il était fils de Jean-Baptiste et de Marie-Thérèse Rousseaux. Un court séjour au séminaire de Bonne-Espérance, à la fin de ses humanités, lui révéla sa vocation de consacrer sa vie à l'enseignement. Ce fut d'abord comme instituteur privé qu'il suivit pendant plusieurs années cette carrière. La mise à exécution de la loi du 1er juin 1850 organisant l'enseignement moyen le poussa à entrer dans le cadre officiel; nommé en octobre 1851, régent à l'école moyenne de Braine-le-Comte pour la section préparatoire, il devint un an plus tard premier régent à l'école moyenne de Houdeng-Aimeries et enfin, le 26 mars 1853, professeur de sciences commerciales à l'Athénée royal de Hasselt. Ses leçons étaient claires et solides; ses aptitudes s'étaient révélées par la publication de traités classiques sur les matières commerciales, dont voici les titres : 1. *Cours de commerce, rédigé d'après les lois en vigueur en Belgique, comprenant : 1° l'exposé des opérations industrielles et commerciales; 2° les meilleures méthodes de tenue des livres; 3° une comptabilité spéciale, etc.* Bruxelles, veuve Wouters, 1849, in-8° de 134 p. 2. *Manuel de la tenue des livres, à l'usage des écoles*. Bruxelles, Decq, 1854, in-8° de 100 p. 3. *Economie à l'usage de tout le monde*. Bruxelles, Van Meenen et Cie, 1860, in-8° de 212 p. En outre il a laissé en manuscrit un Traité d'économie politique.

Ernest Matthieu.

E. Matthieu, *Biographie du Hainaut*, t. I, p. 189. — *Bibliographie nationale*, 1830-1880, t. I, p. 520. — *Le Constitutionnel du Limbourg*, octobre 1860.

ROYER (*Louis*), sculpteur, directeur de l'Académie royale des beaux-arts d'Amsterdam, né à Malines, le 2 août 1793, décédé à Amsterdam, le 5 juin 1868. Fils de Jean Royer, géomètre, et de Barbe Lemaître, il passa son enfance dans un milieu plutôt favorable à l'éclosion et à la culture des qualités natives qui le menèrent à la pratique heureuse du grand art. Les circonstances, en outre, contribuèrent pour une large part à favoriser ces dispositions. L'académie de Malines, fondée par Herreyns, et déjà populaire alors, lui procura un moyen facile de profiter des leçons de maitres de choix. La lignée malinoise des sculpteurs de mérite, en tête de laquelle se place le fameux Fayd'herbe, jetait alors un dernier éclat, et c'est l'exemple de cet artiste qui semble avoir déterminé Royer dans ses préférences pour la branche de l'art dans laquelle il était appelé à exceller.

Elève de François Van Geel, il apprit à son école la pratique de l'art; aussi ses premières œuvres se ressentent-elles de cette influence. Ses progrès furent rapides et ne tardèrent pas à lui faire obtenir d'enviables succès. En 1810, à peine âgé de dix-sept ans, il remporta à l'académie de Malines le premier prix de dessin d'après nature. Au mois d'août de l'année 1816, la société des beaux-arts d'Anvers lui décerna le premier prix de sculpture pour sa statue, actuellement conservée au musée de Malines, qui représente *Hébé versant le nectar à Jupiter*. Cette même année un bas-relief allégorique, symbolisant l'union du prince héritier Guillaume-Frédéric d'Orange avec la princesse Anne-Paulowna de Russie, lui valut la médaille d'or à l'exposition de Malines. L'esquisse de cette œuvre, poussée fort loin, si ce n'est l'œuvre elle-même, malheureusement en morceaux, est aujourd'hui, croyons-nous, la propriété d'un collectionneur malinois. Le sujet représenté par l'artiste est emprunté à la mythologie et reproduit *Didon accueillant Enée* sous les regards approbateurs et bienveillants du maître des dieux.

En 1819 Royer se rendit à Paris et s'y perfectionna dans son art sous la direction d'un concitoyen, le sculpteur J.-B. De Bay, déjà favorablement connu à cette époque.

L'année suivante il participa, à Amsterdam, au concours pour le grand prix de l'académie, dit de Rome. Le résultat cependant ne répondit pas à son attente. Trois ans plus tard il se représenta et cette fois-ci le succès couronna ses efforts. La palme lui fut décernée pour sa statue représentant *Un berger grec fuyant un serpent qui cherche à le mordre au talon*. Cette statue est conservée dans la collection des œuvres couronnées réunies à l'académie royale des beaux-arts d'Amsterdam. A cette occasion le lauréat fut l'objet d'une enthousiaste réception par sa ville natale et par l'académie, qui fêtait en lui un de ses plus brillants anciens élèves.

Entre-temps Royer avait exécuté un *Claudius Civilis*, qu'il exposa à Bruxelles; le grand prix de sculpture fut sa récompense.

La pension annuelle de 1200 florins pendant quatre ans, que lui valut son succès d'Amsterdam, permit à Royer de visiter l'Italie. Prédisposé par l'enseignement de De Bay à subir l'influence du milieu dans lequel il allait faire un séjour de quelque durée, le talent de Royer s'affermit par le contact journalier et par l'étude des chefs-d'œuvre de l'antiquité et de la renaissance.

Le séjour de Royer en Italie dura de 1824 à 1828. A son retour l'artiste préféra se fixer en Hollande et crut devoir rester fidèle, après les événements de 1830, au souverain sous le gouvernement duquel il avait récolté ses premiers lauriers. Il alla donc habiter La Haye et il y contracta mariage avec Caroline Kerst, femme aussi intelligente que bonne, qui, au dire d'un des biographes du sculpteur, « sema de roses « le chemin de sa vie, comme le génie « de l'art sema ces fleurs le long de sa « carrière ».

En 1834 Royer succeda à Godecharle en qualité de sculpteur du roi des Pays-Bas; l'année suivante il devint membre de la 4e classe de l'Institut royal néerlandais et, en 1837, directeur de la section de sculpture de l'académie royale d'Amsterdam. Il reçut successivement l'ordre du Lion néerlandais et l'ordre de la Couronne de chêne, dans lesquels, par la suite, il fut promu aux plus hautes dignités. En 1852 il fut nommé membre correspondant de l'Académie de Belgique (classe des beaux-arts, section de sculpture).

La Hollande n'a guère produit d'artistes de mérite dans le domaine de la sculpture où elle est restée tributaire de ses voisins du sud. Royer qui avait donné des preuves manifestes de talent n'en fut que mieux vu dans sa patrie d'adoption et les commandes officielles ne lui firent point défaut. Elles furent l'origine de la partie principale de son œuvre, à côté de celle, moins en vue et partant moins connue, qui se trouve dispersée dans les collections particulières. Dans la première catégorie se rangent les portraits en buste, en plusieurs répliques, des souverains régnants et des membres de la famille royale; *le Lion colossal* du monument van Speyk au phare d'Egmond s/mer; les statues d'*Erasme* à la bibliothèque royale de La Haye, de l'*amiral de Ruyter* à Flessingue (1841), du *Taciturne*, inaugurée « op 't Plein » à La Haye, le 5 juin 1848, et de *Rembrandt*, au marché au Beurre, à Amsterdam en 1852. Les fêtes données à l'occasion de l'inauguration de cette dernière statue furent nombreuses et belles. La plus originale fut consacrée à l'apothéose du peintre, et eut lieu au théâtre d'Amsterdam. La célèbre « Ronde de nuit » de Rembrandt y fut représentée en personnages vivants. Royer, auteur de la statue, fut amené sur la scène et couronné de lauriers, alors qu'aux applaudissements frénétiques de l'assistance, les personnages du tableau, s'en détachant, vinrent serrer la main du sculpteur.

Royer exécuta ensuite la statue de *Laurent Coster* inaugurée à Harlem, à la Grand'Place, le 5 juillet 1856; celle de l'*Union* qui surmonte le monument commémoratif de la Croix de fer, au Dam, à Amsterdam (1856); le monument *Telders* au cimetière catholique de la même ville (Raampoort); un groupe représentant la *Jurisprudence et la Philosophie*, offert au professeur de l'université de Leyde, Corn.-Jacques Van Assen, par ses anciens élèves en 1858; le buste de *Simon Styl* placé en 1860 dans le vestibule de l'hôtel de ville de Harlingen; la statue de *Vondel* érigée à Amsterdam en 1852; un *Christ* colossal pour le cimetière catholique de La Haye et dix bas-reliefs pour l'église du Krijtberg à Amsterdam.

Parmi les autres œuvres du sculpteur ses biographes citent : au palais du roi Guillaume Ier à La Haye : le buste de *Rembrandt*, un groupe de *Paul et Virginie* et un buste de *Jeune fille grecque*, tous les trois en marbre; au palais de Guillaume II : la *Veuve du soldat* et une *Sainte Cécile* en albâtre, une *Sainte Famille* en marbre exécutée à Rome; au « Paviljoen » près de Harlem : un *Ecce Homo* et le buste du *pape Léon XII*, en marbre également, exécutés à Rome.

Pour les particuliers Royer sculpta des bustes, des petits sujets de genre ou des allégories, entre autres l'*Amitié fidèle*, un marbre qui lui fut commandé pour orner la maison de campagne du collectionneur et amateur d'art S. de Vos.

Pendant longtemps Malines, la ville natale de Royer, ne posséda que peu d'œuvres du sculpteur, et encore celles-ci ne donnaient-elles qu'une idée fort imparfaite de son talent. Le musée communal renferme le buste du *Prince d'Orange*, en plâtre, datant de 1818; la statue d'*Hébé* en terre cuite dont il a été question plus haut et une statue en plâtre, grandeur nature, représentant *Mercure enlevant le jeune Bacchus*. Vers 1860 on conçut le projet de la construction d'un nouvel hôtel de ville dont le vestibule d'entrée serait orné des statues des principales illustrations locales. A cette occasion on se souvint des artistes malinois vivant à l'étranger, et entre autres des sculpteurs Grootaers à Nantes, De Bay à Paris et Royer à La Haye. Au premier on confia l'exécution de la statue du musicien Cyprien de Rore; au second celle du sculpteur Fayd'herbe, et au dernier celle du peintre *Michel Coxcie*. Toutes trois furent exécutées; l'œuvre de Royer fut solennellement inaugurée en présence de l'artiste le 16 décembre 1860.

La famille de l'artiste à Malines ainsi que des amis et des particuliers possèdent quelques-unes de ses œuvres: les bustes en terre cuite des *Parents de Royer*, les portraits en médaillons des *Souverains des Pays-Bas*; des petits sujets mythologiques : le *berger Pâris*, motif de pendule; la *déesse Flore*, etc.;

des sujets religieux, en esquisses pour la plupart, tels : une *Sainte Famille*, un *Saint Antoine*, un bas-relief représentant le *Mariage mystique de Sainte Catherine*, etc.

Royer peut être considéré, dans ses premiers ouvrages, comme le dernier disciple des grands sculpteurs malinois du XVIIIe siècle. Plus tard il subit l'influence de l'école de David, et cette école marqua de son empreinte les productions subséquentes de l'artiste sur lequel la vue et l'étude des chefs-d'œuvre de l'art d'Italie exercèrent une troisième et durable impression. Les œuvres de jeunesse de Royer sont, au point de vue de la forme, d'une correction toute classique, délicates et distinguées; plus tard ces qualités s'altèrent quelque peu; la physionomie de l'œuvre devient plus insignifiante. Faute d'intensité et de ce réalisme qui décèle l'observation et la vie, elle engendre l'indifférence et l'ennui. Il en fut, à cet égard, de Royer comme de la plupart des artistes de son temps; et cependant il peut être considéré comme un des meilleurs parmi ceux qui suivirent les traditions artistiques de la première moitié du XIXe siècle.

H. Coninckx.

De Dietsche Warande, 1889. — P.-E. Delafaille, *Mechelen en zyn stadhuis*. — *De Vlaamsche School*, 1867, 1868. — S. Immerzeel, *De levens en werken der Hollandsche en Vlaamsche kunstschilders, beeldhouwers, graveurs en bouwmeesters van het begin der vijftiende eeuw tot heden.* — Ch. Kramm, *De levens en werken der Hollandsche en Vlaamsche kunstschilders, beeldhouwers, graveurs en bouwmeesters van den vroegsten tot op onzen tijd.* — Schellens, *Mechelsche kronijk* (ms. aux archives de Malines). — *Journal d'Annonces*, 1852. — *Mechelsch nieuwsen aankondigingsblad*, 1868. — S.-K. Nagler, *Neues allgemeines Künstler-Lexicon.* — H. Coninckx, *Mechelsche levensbeschrijvingen.* — Alberdingk-Thym, *De beeldhouwer Louis Royer* (*Volks-almanak voor Nederlandsche katholieken*, 1880). — Dr Vosmaer, *Louis Royer* (*Nederlandsche Spectator*, 1868).

ROYER DE BEHR (*Auguste-Nicolas-Maximilien*), homme politique, fils d'Auguste-Philippe Royer (voir plus haut), né à Namur, le 19 octobre 1824, mort à Anvers, le 4 août 1886. Son père lui avait fait donner une instruction extrêmement complète; il s'occupa d'organiser des concerts musicaux à Namur, entra dans les discussions de politique communale. Son rôle, comme échevin, fut particulièrement important, et entre autres, lors de la véritable création du beau musée de Namur, c'est-à-dire lorsqu'on transporta les collections du palais de justice à l'ancienne Boucherie où elles sont encore — bien à l'étroit, il est vrai — à l'heure actuelle.

Le 14 juin 1859, il fut élu membre de la Chambre des représentants pour l'arrondissement de Namur, dont il défendit les intérêts avec beaucoup d'éloquence et de droiture jusqu'en 1876. De 1860 à 1868 surtout, il intervint d'une façon très active dans les principales discussions qui surgirent au sein du Parlement. C'est ainsi qu'il combattit, à propos de subsides sollicités pour les ateliers d'apprentissage, le principe de l'intervention permanente de l'Etat dans les affaires industrielles; lors de la discussion de la loi monétaire en 1861, il se prononça, par un très savant discours, en faveur du cours légal de l'or. En 1862, il intervint à plusieurs reprises dans le débat suscité par les pétitions d'Anvers au sujet des fortifications et se montra partisan convaincu d'un système complet de travaux, destinés à protéger notre territoire contre l'invasion étrangère. Il combattit le projet de loi, déposé par Mr Tesch, sur les fondations de bourses au profit de l'enseignement public. Aussi en 1863, lorsque Léopold Ier offrit à Mr Dechamps la mission de constituer un cabinet, le chef de la droite offrit à Mr Royer de Behr un portefeuille dans la nouvelle combinaison ministérielle. Mais celle-ci ne devait pas voir le jour; le ministère libéral reprit la direction des affaires avec Rogier, Frère et Bara.

Royer de Behr intervint encore dans les discussions soulevées par l'accise sur le sel, par le projet de réforme électorale, et ce fut à cette occasion qu'il se déclara partisan du suffrage universel, auquel il fallait arriver par degrés (séances des 19 février et 26 mars 1867). Il intervint surtout dans les discussions d'ordre économique; il fut un défenseur très sérieux du libre-échange et de la liberté commerciale la plus complète. A partir de 1870, des questions de santé et d'ordre privé l'éloignèrent de la Chambre; son nom ne figure plus que rarement parmi ceux des orateurs qui intervinrent dans les discussions parlementaires, et en 1876 il refusa le renouvellement de son mandat de député, lequel échut à Mr de Moreau. Il quitta Namur avec sa famille et alla s'établir à Anvers, où il mourut dix ans plus tard. A côté de ses discours, prononcés au parlement belge, il a laissé quelques ouvrages dignes d'être signalés : *Du droit international de réimpression*, Namur, 1847. — *Traité élémentaire d'économie politique*, Namur, 1854; 3e édition, en 1859. — *La liberté commerciale et le traité anglo-belge*, Bruxelles, 1862.

D.-D. Brouwers.

Renseignements dus à l'obligeance de Mr Golenvaux, de Namur. — Doyen, *Bibliographie namuroise*, t. III, p. 203 et 297. — *Bibliographie nationale*, t. III, p. 346. — Les journaux de Namur cités à l'article suivant.

ROYER DE DOUR (*Alexandre-Jean-Joseph*, baron **DE**), homme politique, fils de Jean-Jacques-Joseph baron de Royer, seigneur de Dour, et de Waudru-Eugénie-Thérèse de Behault, né à Mons, baptisé en l'église de Saint-Germain, le 14 mars 1795, et mort à Bruxelles, le 22 avril 1852. Après avoir achevé ses humanités au collège Stanislas à Paris, les exigences militaires du régime napoléonien l'obligèrent à s'engager dès 1813 dans le 2e régiment des gardes d'honneur. Il prit part aux campagnes de Saxe en 1813 et de France en 1814. A la bataille de Hanau, l'escadron dont il faisait partie se distingua par sa brillante conduite. Il assista encore aux combats de Peterwardein et de Wachau. A la bataille de Leipzig, sa division se trouva à la charge mémorable commandée par le général Levêque contre dix mille hommes de la cavalerie ennemie. A Montmirail et à l'affaire de Vitry-le-Français, son régiment enfonça et sabra l'infanterie russe.

La chute de Napoléon Ier permit au baron Alexandre de Royer de rentrer dans son pays, où il épousa à Dour, le 23 novembre 1814, sa cousine germaine Marie-Thérèse-Josèphe-Désirée, baronne de Royer de Woldre. En 1820, le roi Guillaume le nomma membre de l'ordre équestre des Etats provinciaux de Hainaut, puis commandant des gardes communales. L'acquisition qu'il fit en 1822 du château d'Herchies le fixa dans cette localité.

Lors de la révolution nationale, la légion de la garde civique du canton de Lens fut créée et organisée par son initiative; on lui en confia le commandement avec le grade de colonel.

L'arrondissement de Mons l'élut sénateur le 16 mars 1844, en remplacement du comte du Val de Beaulieu, et lui conserva son mandat jusqu'à son décès. De 1848 à 1850, il fut secrétaire de cette assemblée. Excellent orateur, doué d'une grande hauteur de vue et d'un ardent patriotisme, il prit une part prépondérante à l'étude et à la discussion de toutes les grandes questions soumises au Sénat. Bien qu'appartenant au parti libéral, il se montra partisan de la politique unioniste qui avait fondé notre indépendance et préconisa la formation d'une majorité gouvernementale prise dans les éléments modérés. Son appui fut acquis en 1845 au ministère Nothomb pour le projet d'organisation de l'armée présenté par le général Du Pont, ministre de la guerre; le baron de Royer estimait que le chiffre de 80,000 hommes était d'une nécessité indispensable pour garantir notre neutralité et pour assurer le service à l'intérieur. Le projet de loi fut voté.

Moins favorable au ministère de Theux en 1846 et 1847, il soutint en 1858 le ministère Rogier et réclama la revision de la loi sur les pensions ainsi que la refonte complète de notre système financier. Nombreux furent les rapports qu'il présenta à la haute assemblée; ils marquent son activité et sa compétence parlementaire; l'armée et les anciens militaires, les fonctionnaires et les magistrats furent l'objet de sa sollicitude. Il intervint pour faire reconnaître aux fonctionnaires un droit à la pension dès l'âge de 65 ans, travailla à améliorer la situation précaire des maîtres de poste, s'occupa des facteurs ruraux et préconisa l'adoption d'une taxe postale uniforme pour tout le pays. Il usa de son initiative pour faire décider la canalisation de la Dendre, l'amélioration du régime fluvial de l'Escaut, des travaux de construction de voies ferrées, du creusement du canal de Mons à la Sambre, « en vue, disait-il, de donner une compensation au Couchant de Mons et de « rétablir l'équilibre entre tous les « bassins houillers du Hainaut ».

Les questions d'intérêt social furent toujours appuyées par le baron de Royer, notamment en 1850 la loi relative à l'institution d'une caisse de retraite. D'accord avec le baron d'Anethan, il préconisa le remplacement des dépôts de mendicité par des colonies agricoles et réclama des dispositions législatives au sujet des tours pour les enfants abandonnés.

Le baron Alexandre de Royer, après la mort de sa première femme, arrivée au château d'Herchies le 14 septembre 1831, épousa en secondes noces le 27 juin 1833, à Bruxelles, Julie-Victorine de Thysebaut. Il laissa deux fils du premier mariage et un du second. Il était chevalier de la Légion d'honneur.

Ernest Matthieu.

C. Rousselle, *Biogr. montoise du* XIXe *siècle*. — E. Matthieu, *Biographie du Hainaut*.

ROYER DE DOUR (*Charles-Louis-Joseph*, baron **DE**), homme politique, né à Mons, le 6 juin 1796, décédé à Dour, le 25 octobre 1858. Il était frère du baron Alexandre, qui précède. Lors de la révolution nationale, comme colonel de la garde civique mobilisée du canton de Dour, il soutint bravement le feu de l'ennemi aux combats de Waelhem et de Louvain. La croix de chevalier de l'Ordre de Léopold lui fut accordée le 16 décembre 1837 en récompense de sa participation à cette campagne. Le baron Charles de Royer de Dour fut pendant plus de trente ans bourgmestre de la commune de Dour; il siégea, de 1836 à 1848, au conseil provincial du Hainaut, puis de 1848 à 1856 à la Chambre des représentants, élu par l'arrondissement de Mons; il se montra dans cette assemblée l'adversaire du cumul des fonctions publiques et fut chargé à diverses reprises de rapports sur des projets de loi.

Ernest Matthieu.

Le Livre d'or de l'Ordre de Léopold, t. I, p. 317. — Ch. Rousselle, *Biographie montoise du* XIXe *siècle*. — E. Matthieu, *Biographie du Hainaut*.

ROZIN (*A.*), botaniste. Liége, XVIIIe siècle. Voir au *Supplément*.

RUAUS (*François*). Voir De la Rue.

RUBBENS (*Arnaud-François*), peintre de batailles du XVIIIe siècle, né à Anvers, où il fut baptisé le 22 novembre 1687 sous le nom d'Arnold. Lors de sa confirmation, il reçut de plus celui de François et c'est de ce dernier qu'il signa d'ordinaire ses tableaux. Les *Liggeren* de la corporation de Saint-Luc le désignent sous son nom de baptême; Campo Weyerman, qui l'a rencontré, ne lui donne d'autre prénom que la lettre N, indiquant qu'il ne connaît pas le prénom de l'artiste dont il parle. En 1709-1710, il fut reçu comme maître-peintre à la corporation de Saint-Luc; en 1715-1716, un élève, Jacob de Vil, entra dans son atelier. Il se maria le 10 janvier 1710 et fut enterré le 11 juin 1719.

Comme certains de ses contemporains, il se choisit pour genre la peinture des batailles en format restreint. Campo Weyerman loue la peinture et le coloris de ses têtes de soldats et de cavaliers, mais fait de graves restrictions au sujet de sa manière de peindre les chevaux et lui reproche de copier les gravures de (ou d'après) Georges-Philippe Rugendas, le peintre de batailles et graveur allemand (1666-1743). Deux tableaux de lui, représentant tous deux des batailles, parurent dans la vente Geelhand de Labistrate (Anvers, 27 août 1878), et furent acquis par Mr Edmond Geelhand, d'Anvers. Ce sont des œuvres médiocres, sombres, dures de couleur, désagréables d'aspect; elles sont signées : *F. Rubbens fecit* 1714.

Th. von Frimmel signale, dans ses

Blätter für Gemäldekunst (II, 26 et IV, 150), deux combats de cavalerie par A. Rubbens dans la galerie de Hermannstadt, et deux autres, signées de son nom, dans celle de Wisowitz; il qualifie ces tableaux de fort jolis.

La *Description des principaux ouvrages de peinture et sculpture d'Anvers*, publiée par Gérard Berbie en 1768, mentionne dans l'église des RR. Pères Carmes « un beau tableau représentant *Jésus-* « *Christ à la Croix*, par A. Rubens, « 1714 ». Nous ignorons ce que le tableau est devenu, mais le nom de l'auteur et la date qu'il porte nous font présumer qu'il doit être attribué à Arnaud-François Rubbens.

Max Rooses.

Campo Weyerman, *De Levensbeschryvingen*, t. IV. *De Schilderkonst der Nederlanders*, p. 36. — F.-Jos. Vanden Branden, *De Geschiedenis der Antwerpsche Schilderschool.*

RUBBENS (.....), sculpteur bruxellois du XVIIIe siècle. Il fut élève de J.-B. Xavery, un des meilleurs sculpteurs anversois, qui alla s'établir à La Haye, où il mourut en 1742. Rubbens jouit d'une certaine renommée. Il travailla longtemps avec Xavery et exécuta quelques travaux à La Haye, où il fut inscrit comme maître en 1719 dans la *Kamer van Pictura*. Puis il quitta cette ville pour aller travailler dans d'autres localités de la Hollande. On ignore la date de sa mort.

Edmond Marchal.

Chr. Kramm, *De levens en werken der Hollandsche en Vlaamsche kunstschilders, beeldhouwers*, ..., t. V, p. 1395.

RUBEMPRÉ (*Antoine* ou *Charles* **DE**). On ignore le lieu et la date de sa naissance et de son décès. Fils aîné d'Antoine de Rubempré et de Jacqueline de Croy, il fut chambellan de Philippe le Bon. Il était très jeune encore lorsque, sous les ordres du sire de Croy, son oncle, il défendit, en 1430, le comté de Namur contre les incursions des Liégeois. Philippe le Bon l'employa dans sa lutte contre les Gantois. Le sire de Rubempré se distingua notamment dans les combats qui se livrèrent en 1452 aux environs de Nevele, d'Harlebeke, dans le pays des Quatre Métiers et dans le pays de Waes. A l'attaque que le duc de Clèves dirigea au mois de juillet de cette même année contre la ville de Gand, il commanda l'avant-garde et son étendard fut toujours, d'après Chastellain, qui l'appelle « le gentil chevalier de Rubempré », au plus fort de la bataille. L'année suivante, il fut chargé de la défense du Luxembourg avec son frère Jean. Contrairement à ce dernier qui se montra fidèle à Charles le Téméraire, il embrassa le parti de ses oncles de Croy, tout-puissants sur l'esprit de Philippe le Bon et hostiles au comte de Charolais. Ces seigneurs de Croy, dont les tendances favorables à la France sont connues, lui attirèrent les bonnes grâces de Louis XI, au service de qui on le trouve en 1467 comme capitaine du Crotoy. Déjà, le 14 novembre 1459, il avait dû la liberté à l'intervention du dauphin. Accusé de meurtre, il s'était vu emprisonner à Gand à la requête d'un sergent de Charles VII. Louis, qui résidait alors dans les Etats du duc de Bourgogne, se rendit personnellement en Flandre et obtint des échevins la libération du captif. On attribua au sire de Rubempré d'avoir été le principal organisateur du complot dont l'instrument fut son frère naturel, le bâtard de Rubempré, et qui tendait à faire enlever ou assassiner Charles le Téméraire.

Alfred De Ridder.

Chastellain. — Barante, *Histoire des ducs de Bourgogne.*

RUBEMPRÉ (*Jean* **DE**), tué devant Nancy le 5 janvier 1477. Il était fils d'Antoine de Rubempré, premier conseiller, chambellan et sommelier de corps de Philippe le Bon, et de Jacqueline de Croy. Il épousa en premières noces Colle de Bousies et en secondes noces Jeanne ou Catherine de Berneuilles. Il fut sire de Bièvres et se trouve souvent désigné sous ce titre par les chroniqueurs.

Jean de Rubempré commença à se distinguer dans le métier des armes sous Philippe le Bon. En 1453, voyant le duc occupé par les difficultés que lui causaient les Gantois, un parti luxembourgeois, fidèle à la cause du roi de Hongrie, provoqua une sédition dans la ville de Thionville et l'expulsion hors de cette place de tous les Bourguignons. Jean de Rubempré, accompagné de son frère Charles, de cinq cents archers et de soixante lances, fut envoyé dans le duché pour y veiller aux intérêts de son suzerain. Il travailla si bien qu'il empêcha la rébellion de s'étendre. Il intervint dans la lutte contre les Gantois et fut chargé notamment de mettre le feu au gros village de Moerbeke dans le pays de Waes. En 1463, Philippe le Bon le nomma gouverneur général, capitaine et grand bailli du Hainaut et de Valenciennes. Il occupait ces fonctions lorsqu'il contribua à battre les Liégeois à Montenaken le 20 octobre 1465. A cette bataille, écrit Chastellain, il se montra « gentil chevalier et vaillant ».

Lorsque le comte de Charolais eut ceint la couronne ducale, Jean de Rubempré remplit auprès de lui les fonctions que son père avait occupées près du souverain défunt. Charles le Téméraire lui conféra le collier de la Toison d'or le 1er mai 1473 et l'employa en diverses ambassades, notamment près du pape et près de l'empereur. Esprit modéré et habile diplomate, il parvint à réconcilier son irascible maître avec la famille de Croy.

Les nombreuses guerres entreprises par Charles le Téméraire mettent à l'épreuve la vaillance de Jean de Rubempré. Il commande des troupes au siège de Neuss. Il en commande lorsque le duc de Bourgogne entreprend l'envahissement de la Lorraine et lui confie le gouvernement de sa conquête. D'après les ordres mêmes du duc, Rubempré administre avec douceur et bienveillance afin de concilier à son maître les bonnes grâces de ses nouveaux sujets. Après la bataille de Morat, René de Lorraine s'empressa de mettre le siège devant Nancy. Rubempré y avait une garnison de Bourguignons et de trois cents Anglais. Il se défendit avec eux jusqu'à ce que, la famine ayant abattu les courages, les Anglais privés de leur chef, qui avait été tué par un coup de canon, s'étant mutinés, et aucun secours n'étant annoncé, le sire de Bièvres rendit la place en obtenant que la garnison serait sauve de corps et de biens. Commines lui reproche d'avoir en cette circonstance montré de la faiblesse de caractère, de n'avoir pas eu à l'égard des Anglais l'énergie nécessaire pour les amener à tenir bon deux ou trois jours de plus, temps nécessaire au duc de Bourgogne, qui se dirigeait vers Nancy, pour arriver devant cette ville. Mais cette opinion n'est point partagée par d'autres chroniqueurs et historiens qui vantent la valeur éprouvée et la loyauté de Jean de Rubempré.

S'il faut en croire de Barante, lorsque le général bourguignon sortit de Nancy, défilant devant les vainqueurs à la tête de ses troupes, le duc René de Lorraine se serait approché de lui, serait descendu de cheval et, le chapeau à la main, lui aurait dit : « Monsieur mon oncle, je « vous remercie très humblement de ce « que vous avez si courtoisement gou« verné mon duché. Si vous aviez pour « agréable de demeurer avec moi, vous « auriez le même traitement que moi« même ». — « Monsieur, aurait ré« pondu le sire de Bièvres, j'espère que « vous ne m'aurez pas mauvais gré de « cette guerre; j'aurais fort souhaité « que M. de Bourgogne ne l'eût jamais « commencée et je crains beaucoup qu'à « la fin lui et moi nous y demeurions ». Cette conversation, dans laquelle Jean de Rubempré aurait ainsi blâmé publiquement son souverain, paraît peu vraisemblable, mais, écho probablement d'une ancienne légende, elle confirme le renom de douceur que le noble chevalier s'était acquis pendant son court gouvernement de la Lorraine.

Jean de Rubempré fut au nombre des capitaines qui déconseillèrent au Téméraire d'accepter la bataille que lui offrait le duc René devant la capitale lorraine. Mais, une fois la fatale résolution prise, il combattit héroïquement et périt dans la catastrophe. Son corps, retrouvé sur le champ de bataille, fut exposé sur un lit de parade à la gauche de celui du duc de Bourgogne et enseveli près du sien en l'église Saint-Georges de Nancy.

Alfred De Ridder.

Chastellain. — Commines. — Olivier de La Marche. — De Barante, *Histoire des ducs de Bourgogne*. — Maurice, *Le blason des armoiries de tous les chevaliers de l'ordre de la Toison d'Or*. — De Vegiano et Herckenrode, *Nobiliaire des Pays-Bas et du comté de Bourgogne*. — Archives générales du royaume.

RUBEMPRÉ (*Philippe*, comte **DE**), décédé avant 1712. Il fut comte de Vertaing et de Vertigneul, comte de Maltrayant, etc. Dès l'âge de treize ans, il prit part aux guerres contre la France. Il se comporta vaillamment à plusieurs affaires, notamment à Rocroy, à Montdidier, à Roye, à Arras et à Valenciennes. Il marcha au secours de Bouchain, concourut à la défense d'Ypres, prit part à la bataille de Dunkerque. Dans plusieurs de ces rencontres, il fut blessé grièvement. Ses biens situés en pays conquis se trouvèrent confisqués. Philippe de Rubempré remplit les fonctions de mestre de camp de cavalerie, de grand veneur du Brabant, de député de la noblesse aux Etats de ce duché, de commissaire au renouvellement des lois des villes et chatellenies de Flandre. Créé prince de Rubempré et d'Everbergh en 1686 par le roi d'Espagne Charles II, il reçut le collier de l'ordre de la Toison d'or le 13 janvier 1700.

Dernier de sa race, il avait épousé Marie-Anne-Scholastique van den Tympel de Brabant, dont il eut une fille unique, qui s'unit à Philippe-François de Merode, comte de Montfort. Celui-ci reprit le nom et les armes des Rubempré.

Alfred De Ridder.

Archives générales du royaume. — De Vegiano et de Herckenrode, *Nobiliaire des Pays-Bas et du comté de Bourgogne*.

RUBEMPRÉ (le bâtard **DE**). Il était fils naturel d'Antoine de Rubempré et, par conséquent, frère naturel de Jean et de Charles, dont la biographie a été donnée ci-dessus. Les chroniqueurs du XVe siècle le représentent comme un « mauvais garçon ». Sous l'influence de son frère Charles, il embrassa le parti des Croy et se mit au service de Louis XI. Celui-ci, en 1464, lui confia un navire et le chargea de s'emparer du comte de Charolais, alors brouillé avec son père et résidant à Gorcum, en Hollande, ou bien, s'il ne pouvait s'assurer de la personne de ce prince, de l'assassiner. Ayant débarqué à Yarmuiden, le bâtard, par des questions imprudentes faites aux gens du pays, mit en défiance le Téméraire qui le fit saisir et emprisonner. Les réponses embarrassées et contradictoires qu'il donna à l'interrogatoire dont on le pressa, la fuite de ses gens lorsqu'ils apprirent son arrestation confirmèrent les soupçons qu'on avait sur ses intentions envers le comte. Celui-ci s'empressa d'envoyer Olivier de la Marche prévenir le duc de Bourgogne de ce qui s'était passé à Gorcum. Philippe lui manda de mettre le bâtard de Rubempré à la torture et de le faire juger selon les lois et coutumes de la Hollande. Chastellain raconte que Charles se refusa à faire subir la question au prisonnier, ne voulant recevoir de lui aucune révélation arrachée par la souffrance.

Lorsque Louis XI apprit l'arrestation, il feignit d'abord de ne pas connaître le bâtard. Puis, se ravisant, il affirma qu'il l'avait chargé de s'emparer du vice-chancelier de Bretagne, soupçonné avoir été député en Angleterre par François II afin d'y tramer quelque machination contre la France. Si Rubempré s'était rendu à Gorcum, c'est parce qu'on croyait que l'envoyé breton devait y passer pour rendre compte à Charles le Téméraire de sa mission à la cour anglaise. Le roi envoya vers le duc de Bourgogne, alors à Lille, une imposante ambassade, chargée de réclamer qu'on mît le bâtard en liberté et qu'on lui livrât Olivier de la Marche, ainsi que quelques prêtres de Bruges coupables d'avoir accusé le roi de France d'un projet d'enlèvement ou d'assassinat contre le comte de Charolais. Philippe le Bon refusa fièrement de rendre Rubempré, disant qu'il avait été arrêté en Hollande où lui duc n'avait à reconnaître d'autre souverain que Dieu et que le bâtard serait jugé selon les lois du pays.

Rubempré fut gardé en captivité jusqu'à ce que Charles le Téméraire eût succédé à Philippe le Bon. Le nouveau duc fit délivrer alors le prisonnier qui ne lui garda nulle reconnaissance de sa magnanimité, car il s'empressa de rentrer au service de Louis XI et de servir ce monarque dans ses armées contre le Téméraire.

Alfred De Ridder.

Jacques du Clercq. — Le continuateur de Monstrelet. — Commines. — Molinet. — De Barante, *Histoire des ducs de Bourgogne*. — Pirenne, *Histoire de Belgique*, 2e édit., t. II, p. 261.

RUBENS (*Albert*), littérateur et archéologue, fils aîné du célèbre peintre Pierre-Paul Rubens et de sa première femme Isabelle Brant. Il fut baptisé le 5 juin 1614, et naquit donc probablement le jour précédent. Son parrain était Jean de Silva, agissant au nom de l'archiduc Albert. Il fit ses classes latines chez les pères Augustins d'Anvers; nous le savons par un article de l'état du bien de sa mère ainsi conçu : « Payé pour un « verre donné par Albert Rubens aux « Augustins chez lesquels il est allé à « l'école » (*Bulletin Rubens*, IV, 187). Son éducation ultérieure fut dirigée par Gaspar Gevartius, l'ami de son père. Ce dernier, dans une lettre adressée de Madrid au savant philologue et datée du 29 décembre 1628, dit : « Je vous « prie de placer mon petit Albert comme « mon propre portrait, non dans votre « sanctuaire ni parmi vos dieux lares, « mais dans votre cabinet de travail. « J'aime ce garçon et je vous le recommande instamment comme à mon « meilleur ami et au grand-prêtre des « Muses, afin que vous ayiez soin de « lui, en même temps que mon beau-« père et mon beau-frère Brant, durant « ma vie et après ma mort ». Le 15 septembre 1629, Rubens écrit encore à Gevartius à propos de son fils Albert : « J'espère que mon fils héri-« tera au moins de mon dévouement « envers vous, lui qui a tant de part « à vos faveurs et qui doit à vos bons « enseignements ce qu'il y a de meilleur « en lui. Je l'estimerai d'autant plus « qu'il sera plus estimé par vous, dont « le jugement a plus d'importance que « le mien ». Albert Rubens étudia avec ardeur les antiquités romaines et la numismatique, les sciences favorites des intellectuels de l'époque. Il s'appliqua également à la philologie grecque et latine. Le 10 août 1630, Rubens écrivant à Peiresc lui propose l'explication d'un trépied et d'autres antiquités dont son ami lui avait envoyé le dessin et termine sa lettre par les mots : « Voici « quelques passages d'auteurs grecs et « latins que mon fils (Albert) m'a pro-« curés à l'appui de mon opinion. Il « s'applique sérieusement à l'étude des « antiquités et fait d'assez grands pro-« grès dans les lettres grecques ». Suit une page entière de citations relatives aux trépieds, tirées des œuvres d'Isidore, d'Athénée, de Julius Pollux, de Servius, de Pausanias et de Suidas, que le jeune érudit avait fournies à son père. Albert Rubens s'occupa sa vie durant de ce genre d'études, et il écrivit plusieurs dissertations sur des sujets d'antiquités et de numismatique, mais il n'en publia aucune. Il ne signa de son nom qu'une pièce de vers latins qu'il rédigea à l'âge de treize ans. En 1627, Jean Hemelarius publia la deuxième édition des monnaies d'or des empereurs romains qui se trouvaient dans la collection de Charles de Croy, duc d'Aerschot. Albert Rubens mit en tête de l'ouvrage un éloge en vers latins qu'il signa de son nom. Lorsque, en 1654, l'imprimeur Henri Aertssens voulut imprimer une nouvelle édition du livre sur les monnaies du duc d'Aerschot, il demanda à Gevartius s'il ne pouvait rien lui procurer qui rehaussât la valeur de cette réimpression. Gevartius répondit qu'un de ses amis, archéologue distingué, avait écrit une dissertation sur les monnaies des empereurs qui valait la peine d'être insérée dans l'ouvrage. L'imprimeur demanda et obtint la faveur de publier cette dissertation, mais l'auteur fit remarquer qu'elle était écrite depuis plus de vingt ans et qu'il n'avait point le temps de la revoir. Il permit la publication, mais défendit d'y mettre son nom. L'archéologue distingué n'était autre qu'Albert Rubens, comme Gevartius le déclara plus tard à Graevius. Il écrivit encore plusieurs mémoires qu'il ne fit point imprimer. Cependant, dans le cours de sa dernière maladie, il exprima le désir que ses héritiers fissent paraître ces essais qui formaient un paquet de feuillets mal ordonnés. Gevartius les envoya à Jean-Frédéric Gronovius de Leide pour les classer et les publier. Celui-ci à son tour les remit à Jean-Georges Graevius, qui les fit paraître en 1665 chez Moretus, sous le titre de *De Re Vestiaria Veterum, praecipue de Lato Clavo libri duo, et alia ejusdem Opuscula posthuma*. Le plus important de ces essais est consacré aux costumes des Romains; suit la dissertation sur les camées de Tibère et d'Auguste, dont s'était beaucoup occupé Pierre-Paul Rubens et au sujet desquels il avait échangé mainte lettre avec son ami Peiresc; viennent enfin des petits mémoires sur des sujets divers : *De Urbibus Neocoris diatribe; Dissertatio de Nummo Augusti cujus epigraphe : Asia recepta; Dissertatio de Natali die Cæsaris Augusti; Epistolæ tres ad Clarissimum virum Gothifredum Wendelinum*. Plus tard, Graevius réédita ces essais dans le sixième et le onzième volume de son *Thesaurus Antiquitatum Romanarum*. En 1694, Graevius édita encore à Utrecht : *Alberti Petri Pauli F. Rubenii Dissertatio de Vita Flavii Mallii Theodori*. Heinsius et Gronovius ont inséré, dans leurs éditions de Claudien, de Sénèque et de Tite Live, des notes d'Albert Rubens. Heinsius écrivit une élégie en son honneur et Gronovius prodigua des éloges à l'érudition d'Albert Rubens. Le 15 juin 1630, Albert Rubens fut nommé aux fonctions de secrétaire du conseil privé du roi à Bruxelles, emploi dont son père portait le titre et touchait les émoluments sans en remplir les fonctions. Albert devait remplacer son père après la mort de celui-ci ou lorsqu'il viendrait à résigner ses fonctions. Il n'avait que seize ans lors de cette nomination et, suivant les habitudes des jeunes gens de qualité, il fit vers sa vingtième année un voyage en Italie. Le 18 décembre 1634, Rubens écrivit à Peiresc que son fils Albert se trouvait en ce moment à Venise, qu'il avait encore à faire un tour en Italie pendant toute une année et qu'en rentrant il passerait par la Provence et irait saluer Peiresc. Peu de semaines avant sa mort, le 19 avril 1640, Rubens céda sa charge à son fils aîné. Albert Rubens épousa, le 3 janvier 1641, Clara Delmonte, la fille de Raymond Delmonte et de Suzanne Fourment.

Il tenait en grand honneur le souvenir de son illustre père. Il conservait les lettres que Peiresc avait adressées au grand artiste. En envoyant à Gevartius les mémoires sur les deux camées de Tibère et d'Auguste, il dit dans la lettre qui accompagnait cet envoi, et qui est imprimée en tête du mémoire, qu'il possédait les lettres dans lesquelles le savant français expose son avis sur ces gemmes. Il avait donc conservé cette précieuse correspondance que ses héritiers ont malheureusement laissé se perdre. Quand Philippe Rubens, fils de Philippe, envoya à Roger de Piles l'abrégé de la vie de Rubens que de Piles publia, il dit dans sa lettre du 11 février 1676 qu'il a tiré la matière de cet abrégé des mémoires que le fils aîné de Rubens a laissés (*Bulletin Rubens*, II, 163). On peut conclure de cette phrase qu'Albert avait rédigé des notes sur la vie de son père et qu'il en subsiste un résumé dans la *Vita Petri Pauli Rubenii*.

Après son mariage, Albert alla s'établir à Bruxelles où il remplit, non plus d'une manière honoraire, mais d'une manière effective, les fonctions de secrétaire du conseil privé. Lui et sa femme moururent jeunes, lui le 1er octobre 1657, elle le 25 novembre suivant; tous deux furent enterrés à l'église Saint-Jacques, à Anvers, dans la chapelle funéraire construite en l'honneur de Pierre-Paul. Voici comment il raconte lui-même l'accident qui fut cause de sa maladie. Dans une lettre datée du 31 décembre 1656, adressée à Daniel Heinsius, il dit : « Mon fils unique, un » enfant qui donnait les plus belles » espérances, fut légèrement mordu par » un chien à la fin de juin dernier; » cinquante jours après, il fut atteint

« d'hydrophobie suivie de rage; et au « bout de peu d'heures il me fut enlevé. « Ce coup m'a accablé au point que j'ai « peine à revenir à moi ». L'enfant mourut le 11 septembre 1656, le père n'eut plus un jour de santé et le suivit au tombeau un an et quelques jours après. Pierre-Paul Rubens peignit et dessina souvent son fils aîné. Le plus connu de ces portraits est celui où l'on voit Albert Rubens avec son frère Nicolas, que possède la galerie du prince de Liechtenstein à Vienne; une répétition du tableau se trouve au musée de Dresde. L'enfant servit de modèle à son père dans plusieurs tableaux; dans *l'Adoration des Mages* de l'église Saint-Jean, à Malines, et dans trois autres Adorations, dans *le Cortège de Silène*, au musée de Berlin, et dans bien d'autres. Le cabinet de dessins et estampes du musée de l'Ermitage à Saint-Pétersbourg possède deux dessins le représentant; le British Museum de Londres et la collection du comte du Chastel Andelot, à Bruxelles, en possèdent chacun un.

Max Rooses.

J.-F. Foppens, *Bibliotheca belgica*, t. II, p. 1007. — Joh.-Corn. Ger. Boot, *Johannis Frederici Gronovii ad Albertum Rubenium Epistolae X* (Roma, 1877). — Ch. Ruelens et Max Rooses, *Correspondance de Rubens* (*passim*). — Max Rooses, *Petrus Paulus Rubens' leven en werken.*

RUBENS (*Philippe*), archéologue et philologue anversois du XVIe-XVIIe siècle. Il naquit le 27 avril 1574 à Siegen, où ses parents Jean Rubens et Marie Pypelinckx s'étaient établis l'année précédente. Il reçut la première instruction de son père qui lui-même était un homme de savoir étendu. En 1578, Jean Rubens alla, avec sa famille, habiter Cologne, où il mourut le 1er mars 1587. L'année suivante, sa veuve retourna avec ses enfants à Anvers. Philippe y continua ses études. De bonne heure, il se distingua par des aptitudes peu ordinaires et par l'étendue de ses connaissances. Jean Richardot, président du conseil privé, le nomma son secrétaire et lui confia l'éducation de ses fils Guillaume et Antoine. Quand ses élèves eurent atteint l'âge voulu, il se rendit avec eux à Louvain où ils habitèrent dans la maison de Juste Lipse. Le jeune précepteur et un de ses deux disciples suivirent les leçons du professeur, grand entre tous, qui se prit d'une affection toute particulière pour Philippe Rubens. Après un séjour de quatre années à Louvain, en 1599, il retourna à Bruxelles chez Richardot. En 1601, il conduisit le jeune Guillaume Richardot en Italie où lui-même continua ses études de philologie et de droit. Le 13 juin 1603, il obtint à Rome le diplôme de docteur en droit civil et canonique. En 1604, il était de retour dans sa patrie. Il n'y resta pas longtemps; Juste-Lipse cherchant à l'y retenir lui offrit en perspective la succession de sa propre chaire à l'université de Louvain et entama même des pourparlers à ce sujet avec l'archiduc Albert. Mais Philippe Rubens était impatient de revoir l'Italie et y retourna à la fin de 1605 en qualité de bibliothécaire et secrétaire du cardinal Ascanio Colonna. Pendant ce second séjour, Juste-Lipse le chargea d'offrir au pape Paul V un exemplaire du Sénèque qu'il venait de publier et qu'il avait dédié à Sa Sainteté. La réputation de savant de Philippe Rubens s'était si bien répandue et établie en Italie que le cardinal Séraphin Olivier lui offrit une chaire à l'université de Bologne, mais ici encore il refusa par pure modestie. Au cours de son premier et de son second voyage en Italie, il avait eu l'occasion de voir son frère Pierre-Paul. Ils se rencontrèrent la première fois, au mois de juillet 1602, à Vérone, où ils passèrent quelques jours en société de leur ami commun Jean Woverius. Le tableau nommé les *Quatre philosophes* au palais Pitti à Florence, fait quelques années plus tard par Pierre-Paul Rubens, rappelle le souvenir de la rencontre des deux élèves favoris de Juste-Lipse et du grand peintre. Au moment où Philippe Rubens entra en fonctions chez le cardinal Colonna, Pierre-Paul se trouvait à Rome et les deux frères passèrent dix ou onze mois ensemble dans la ville éternelle, temps heureux pour tous les deux, consacré à l'étude et aux travaux communs. Philippe retourna à Anvers au mois de novembre 1606. Au mois de juillet suivant, les Etats du Brabant lui accordèrent des lettres de Brabantisation qui devaient le rendre apte à remplir des charges publiques; le 14 janvier 1609, il fut nommé à un des postes de secrétaire de la ville d'Anvers; le 26 mars suivant, il épousa Marie de Moy, fille d'Henri de Moy, secrétaire de la ville et sœur de Claire de Moy, la mere d'Isabelle Brant, première femme de Pierre-Paul Rubens. Il en eut deux enfants: Claire, baptisée le 4 avril 1610; Philippe, né le 11 septembre 1611. Luimême mourut quatorze jours avant la naissance de ce second enfant, le 28 août 1611, et fut enterré dans l'église de l'abbaye Saint-Michel. Son fils posthume est l'auteur de la *Vita Petri Pauli Rubenii*, source importante de l'histoire de son oncle.

Philippe Rubens est l'auteur de deux ouvrages : *Philippi Rubenii Electorum libri II in quibus antiqui Ritus, Emendationes, Censuræ. Ejusdem ad Justum Lipsium Poëmatia.* Antverpiæ, ex Officina Plantiniana apud Joannem Moretum, 1608; in-4o. Comme le titre l'indique, le livre est un recueil d'études sur de nombreux points d'antiquités romaines et de conjectures sur des passages douteux d'auteurs latins. Il se termine par cinq pièces de vers latins adressées à Juste-Lipse, d'une élégie composée à l'occasion de la mort du professeur, et d'une pièce de vers adressée à son frère Pierre-Paul. Le livre est particulièrement intéressant par les planches dont il est illustré et qui sont gravées par Corneille Galle, le père, d'après les dessins de Pierre-Paul Rubens. Elles sont au nombre de cinq et représentent : 1° la statue de Titus, actuellement au musée du Vatican, servant à montrer comment les anciens Romains se drapaient dans la toge; 2o un bas-relief découvert près de la porte Nomentane, où l'on voit le préteur présidant les jeux du cirque prêt à jeter la mappa; 3o une statue assise de Rome, dans le jardin du cardinal Cesi, et la statue de Flore debout, aujourd'hui au musée de Naples, servant à montrer comment les femmes romaines portaient la double tunique; 4° un casque à pointe et une tête portant une coiffure du même genre, d'après deux marbres antiques, choisis pour montrer la forme de la coiffure des prêtres; 5° un bas-relief provenant du temple de la Concorde où l'on voit le chapeau porté par les prêtres de Jupiter et divers instruments et insignes appartenant aux sacrificateurs. L'article *Iconismus statuæ togatæ* est reproduit avec une copie de la gravure qui s'y rapporte dans *Hieronymi Bosschii de Toga romana commentarius* (Amsterdam, And. Frisius, 1671).

Le second ouvrage dû à Philippe Rubens porte le titre : *S. Asterii Episcopi Amaseæ Homiliæ Græce et Latine nunc primum editæ Philippo Rubenio interprete. Ejusdem Rubenii Carmina, Orationes, et Epistolæ selectiores: itemque Amicorum in vitâ functum Pietas* (Antverpiæ, ex Officina Plantiniana, apud Viduam et Filios Joannis Moreti, 1615). Il fut publié par Jean Brant, le beau-frère de l'auteur. Il renferme cinq homélies de saint Asterius, évêque d'Amase, que Philippe Rubens avait trouvées en manuscrit dans la bibliothèque du cardinal Ascanio Colonna et qu'il avait transcrites et traduites en latin. Après cette partie capitale du livre vient un choix de poésies latines de Philippe Rubens (*Carmina Selectiora*), la plupart des pièces de circonstance faites en l'honneur d'amis, de savants et de protecteurs et un petit nombre d'épigrammes. L'éditeur a imprimé à la suite de ces poésies différents morceaux écrits en prose et en vers à la louange de Philippe Rubens à l'occasion de son décès (*Amicorum in Philippum Rubenium vita functum Pietas solutâ et vinctâ oratione expressa*). En tête de cette partie du livre se trouve le portrait du défunt, gravé par Corneille Galle le père d'après le dessin de Pierre-Paul Rubens, suivi de la pièce la plus intéressante de la série, la vie de Philippe Rubens par J. Brant. Viennent enfin un choix des discours et des lettres du défunt : *Philippi Rubenii orationes et epistolæ selectiores.* A la fin du volume nous trouvons encore une élégie de Justus Ryckius à Marc Velser, d'Augsbourg, le savant auquel la dernière lettre de Philippe Rubens est adressée. Les seules pièces de l'auteur qui pour nous aient conservé de l'intérêt sont les vers que Philippe Rubens a adressés à son frère Pierre-Paul. Il est vrai que, comme les autres morceaux, ce sont des amplifications, mais l'homme auquel elles sont adressées leur communique l'importance qui s'attache à tout document, répandant quelque lumière sur son histoire.

Max Rooses.

Joannes Brant, *Vita Philippi Rubenii* (dans *S. Asterii Homiliae*). — Ch. Ruelens, *Correspondance de Pierre-Paul Rubens*, t. I, p. 9-17 et *passim*. — P. Génard, *P.-P. Rubens* (*passim*). — Max Rooses, *Rubens' leven en werken* (*passim*).

RUBENS (*Pierre-Paul*), peintre, né à Siegen, le 28 juin 1577, mort à Anvers, le 30 mai 1640. La petite ville de Siegen, chef-lieu du comté de ce nom, appartenait à cette époque à la famille de Nassau ; elle fait partie actuellement de la Prusse rhénane. Son père, Jean Rubens, était avocat et fut, de 1562 à 1568, un des échevins de la ville d'Anvers. Il adhéra à la doctrine des Réformés et ne se sentant plus en sûreté dans nos provinces sous le gouvernement du duc d'Albe, il émigra en octobre 1568 et s'établit à Cologne avec Marie Pypelinckx, sa femme, et les deux enfants qu'ils avaient encore à cette époque. L'épouse indigne de Guillaume le Taciturne, Anne de Saxe, qui résidait à Siegen, lui confia en 1570, en même temps qu'à l'avocat Jean Bets de Malines, le soin de ses intérêts. Des relations illicites se nouèrent entre la princesse et le jurisconsulte et, en 1571, une fille, fruit de ces amours adultères, vit le jour. Au mois de mars de cette année, lorsque la famille de Nassau connut la faute commise par Jean Rubens, Jean de Nassau, comte de Siegen, le fit saisir et enfermer au château de Dillenburg. Il échappa à la mort et fut délivré de la prison grâce au dévouement touchant et admirable de sa femme qui obtint, le 10 mai 1573, que son mari pût s'établir avec elle à Siegen. C'est là que leur naquirent encore trois fils : Philippe, Pierre-Paul et Bartholomé. Le père de Pierre-Paul Rubens mourut à Cologne le 1er mars 1587. Sa mère avec les trois enfants qui lui restaient retourna à Anvers en 1588 ou en 1589. Rubens y fréquenta l'école latine de maître Rumold Verdonck jusqu'à l'âge de quinze ans. A Cologne, il avait reçu la première instruction de son père et, vu ses connaissances sérieuses et variées, il est hors de doute qu'il continua ses études longtemps après avoir quitté les bancs de l'école. En effet, outre sa langue maternelle, il en connaissait plusieurs autres : le latin qu'il possédait à fond, l'italien dont il se servait habituellement dans sa correspondance, le français qu'il maniait avec aisance, quoiqu'il s'en défendît, et très probablement l'espagnol. Comme peintre, Rubens prolongea ses études au delà de la mesure ordinaire ; esprit avide de toutes les connaissances, il chercha à en acquérir tant qu'il vécut. Il ne fut pas seulement le plus célèbre des artistes de son siècle, il fut le plus savant de tous nos peintres. Parmi les spécialistes, il s'acquit une haute réputation dans les sciences les plus diverses, et spécialement dans l'archéologie et l'histoire ancienne et moderne. Il se passionna également pour les questions de physique, de politique et de littérature.

Après avoir quitté l'école, Rubens entra comme page dans la maison de Marguerite de Ligne, veuve de Philippe de Lalaing, seigneur du pays d'Escornaix, baron de Wavrin, capitaine général du Hainaut. Il est probable que la noble dame habitait à cette époque Audenarde. Rubens ne resta que peu de temps à son service. Il se sentit attiré vers la peinture et obtint de sa mère l'autorisation de suivre sa vocation. Le premier artiste dont il reçut les leçons fut Tobie Verhaecht, peintre médiocre de paysages, qui n'exerça guère d'influence sur son glorieux élève. Il ne resta point longtemps dans cet atelier et le quitta en 1592 pour entrer dans celui d'Adam van Noort, peintre d'histoire, fort recherché comme professeur par les jeunes artistes, mais dont il nous est impossible d'apprécier le talent, aucun de ses tableaux dûment authentiqué ne nous étant parvenu. A en juger par les dessins que nous possédons de lui et par les gravures exécutées d'après ses peintures, Rubens ne conforma en aucune façon son style à celui de son second maître. Son vrai guide et celui dont les leçons aidèrent puissamment à développer son esprit et son talent fut Otto Venius, dont il fréquenta l'atelier de 1596 à 1600. Longtemps après avoir quitté cette école, ses œuvres portaient encore les traces de l'enseignement qu'il y reçut. Le littérateur à l'esprit développé, le peintre de cour d'une distinction rare qu'était le dernier maître de Rubens imprima à la culture générale de celui-ci autant qu'à sa manière de peindre une impulsion qui se fit sentir d'une manière profonde et durable.

Au moment où Rubens quitta l'atelier d'Otto Venius, il avait vingt-trois ans; nul doute que dès lors son talent ne se fût grandement développé et qu'il n'en eût donné des preuves abondantes. Son plus ancien biographe, son neveu Philippe Rubens, affirme qu'à cette époque sa renommée s'était répandue au point que l'on doutait si son maître l'emportait encore sur lui, et le testament du 18 décembre 1606, par lequel sa mère disposait de ses meubles, s'exprime ainsi : « Je lègue à mes deux fils tous » les tableaux qui se trouvent dans ma » maison et qui m'appartiennent, car » ce ne sont que des portraits; quant » aux autres, qui sont beaux, ils ap» partiennent à Pierre (Pierre-Paul) qui » les a faits ». Quelles sont les œuvres que Marie Pypelinckx admirait? Impossible de le dire. Nous ne connaissons avec certitude aucun tableau de Rubens exécuté avant son départ pour l'Italie. Ceux que l'on peut citer avec le plus de probabilité comme peints à cette époque sont : *l'Annonciation* du musée impérial de Vienne, fait pour la Sodalité des jésuites à Anvers, le *Pausias et Glycère* de la galerie du duc de Westminster à Londres, le *Christ instruisant Nicodème,* offert en 1906 au musée de Bruxelles par Mr Van Parys, et *le Denier du tribut* appartenant à Mr Dufour de Sidney.

Le 8 mai 1600, Rubens se présenta à l'hôtel de ville d'Anvers devant les bourgmestre et échevins pour obtenir d'eux un certificat constatant que nulle maladie contagieuse ne régnait dans la cité et que lui-même était sain de corps. Il avait besoin de ce document pour être admis à séjourner en Italie où il se rendait. Les magistrats accordèrent de la meilleure grâce le certificat demandé par le fils de leur ancien collègue et, le jour suivant, Rubens se mit en route, poussé, dit son biographe, par son désir de voir du pays, d'admirer de près les œuvres des artistes anciens et modernes et de se perfectionner d'après leur exemple dans l'art de la peinture. Il se rendit d'abord à Venise où il rencontra un gentilhomme au service de Vincent de Gonzague, duc de Mantoue, auquel il montra quelques-uns de ses tableaux. Le seigneur mantouan les montra à son tour au duc, grand amateur des arts, qui immédiatement engagea Rubens comme peintre de sa cour et le garda en cette qualité pendant huit ans, c'est-à-dire durant tout le temps que Rubens passa en Italie.

Au service de Vincent de Gonzague, Rubens exécuta sans nul doute des travaux de peinture qui nous sont restés inconnus; nous mentionnerons plus loin le petit nombre dont nous pouvons affirmer qu'ils lui furent commandés par son protecteur. Mais les occupations de sa charge n'étaient pas absorbantes au point de l'empêcher de s'occuper de ses études favorites, et le duc de Mantoue lui laissa une liberté suffisante pour parcourir une bonne partie de l'Italie et pour résider dans diverses villes où il put étudier les œuvres des maîtres anciens et modernes. Il passa à Mantoue la première année de son séjour en Italie, mais une partie du temps fut employée à visiter d'autres villes; au mois de juillet 1601, il partit pour Rome où il fut envoyé par le duc Vincent pour y faire quelques copies et quelques tableaux que nous ne saurions désigner avec certitude. Vers le commencement d'août, il arriva dans la ville de ses rêves et y resta jusqu'au commencement d'avril 1602. L'œuvre principale qu'il y exécuta consiste en trois tableaux que l'archiduc Albert lui avait commandés pour la chapelle de Sainte-Hélène dans l'église de Sainte-Croix-en-Jérusalem, dont le souverain des Pays-Bas, comme cardinal, avait porté le titre. Les trois tableaux représentent : *Sainte Hélène retrouvant la vraie croix*, *le Couronnement d'épines* et *le Crucifiement*. Le premier décora l'autel central, les deux autres les autels latéraux. Ils se trouvent actuellement dans la chapelle de l'hôpital de Grasse, dans le midi de la France.

Revenu en avril 1602 à Mantoue, Rubens y passa environ une année ; au mois de juillet, il rencontra à Vérone son frère Philippe avec l'élève de celui-ci, Guillaume Richardot, et avec leur ami commun Jean Woverius. Il promit à ce dernier de lui dédier la première de ses œuvres qui serait gravée sur cuivre. Cette œuvre représente Judith tranchant la tête d'Holopherne et on peut conclure que ce tableau fut exécuté vers cette époque. L'année suivante, Rubens fut envoyé en Espagne par Vincent de Gonzague, pour convoyer de riches présents et parmi ceux-ci nombre de tableaux que le duc offrait au roi Philippe III et à de hauts dignitaires de sa cour. Vers le milieu du mois de mars 1603, Rubens quitta Mantoue ; par Ferrare et Bologne il gagna Florence ; de là il se rendit à Livourne, où il s'embarqua le 2 avril ; le 22 du même mois, il abordait à Alicante. Pour s'acquitter de sa mission, il dut se rendre à Valladolid et y attendre le roi. Celui-ci n'arriva que le 1er juillet et les envoyés du duc de Mantoue ne furent reçus que dix jours plus tard. Le temps et les chemins avaient été détestables et plusieurs tableaux que Rubens devait offrir étaient gravement détériorés. Pour les remplacer, il peignit un *Héraclite* et un *Démocrite* qui se trouvent au musée de Madrid. Un *Archimède* du même musée et de la même facture fut sans nul doute exécuté à la même époque et dans le même but. Sa mission terminée, Rubens s'attarda encore quelque temps à la cour de Philippe III. Il peignit quelques portraits de femme pour la collection de beautés que formait Vincent de Gonzague, le portrait équestre du duc de Lerme, le ministre tout-puissant du roi, d'autres œuvres encore et parmi celles-ci les *Douze Apôtres avec le Christ* qui se trouvent au palais Rospigliosi à Rome. Au mois de novembre, il quitta l'Espagne ; au commencement de 1604, il était de retour à Mantoue. Il y resta jusqu'à la fin de 1605. Dans cet intervalle, il exécuta pour le duc Vincent deux copies d'après des tableaux du Corrège et trois grands tableaux destinés à orner le chœur de l'église des jésuites à Mantoue. L'un des trois, représentant *la Sainte Trinité adorée par les parents du duc*, fut placé sur le maître-autel ; les deux autres, *le Baptême du Christ* et *la Transfiguration*, occupèrent les parois du chœur. En 1791, les soldats de la République française enlevèrent ces tableaux : le premier fut coupé en morceaux ; les fragments recousus se trouvent actuellement dans la Pinacothèque de Mantoue ; des deux autres tableaux, *le Baptême du Christ* a trouvé place au musée d'Anvers, *la Transfiguration* au musée de Nancy.

Au mois de novembre 1605, Rubens retourna à Rome où il rencontra son frère Philippe, bibliothécaire du cardinal Ascanio Colonna. Il passa le reste du temps que dura son séjour en Italie dans la ville éternelle, à l'exception d'une excursion qu'il fit à Gênes à la suite du duc Vincent en juin 1607. Dans cette dernière ville, il rassembla les matériaux de l'ouvrage qu'il publia en 1622 : *Palazzi di Genova*. Le livre comprend deux parties ; dans la première se trouvent reproduits les plans terriers et les façades de douze palais de Gênes ; dans la seconde ceux de dix-neuf palais et de quatre églises ; le tout fut gravé par Nicolas Ryckmans, d'après des dessins rapportés de Gênes par notre peintre. Dans cette ville, il peignit pour Giovanni Vincenzo Imperiale trois tableaux, *Adonis mort dans les bras de Vénus*, un *Hercule* et une *Iole.*

Revenu à Rome à la fin d'août 1607, Rubens se remit au travail qu'il avait interrompu pour se rendre à Gênes. C'était une œuvre qu'il exécuta pour l'église de l'Oratoire nommée : Santa Maria e San Gregorio in Vallicella ou Chiesa Nuova. Rubens commença par faire un seul tableau représentant le pape saint Grégoire et les saints dont les reliques étaient vénérées dans l'église : sainte Domitille, saints Maur, Papias, Nérée et Achillée honorant l'image miraculeuse de la vierge encastrée dans le maître-autel et ordinairement recouverte par la Madone peinte par Rubens. Quand le tableau fut achevé, il ne répondit pas à l'attente des pères de l'Oratoire et le peintre se vit obligé de le refaire. Dans la seconde exécution, il divisa son sujet en trois parties : la première, *l'Image de la vierge miraculeuse entourée par des anges*, fut placée sur le maître-autel; la seconde, *Saint Grégoire, saint Maur et saint Papias*, à gauche dans le chœur; la troisième, *Sainte Domitille, saint Nérée et saint Achillée*, à droite. Il exécuta ces peintures sur des dalles de pierre; elles se trouvent encore à leur place primitive.

Outre les œuvres importantes exécutées en Italie que nous venons d'énumérer, Rubens en peignit encore bien d'autres; nous mentionnons *l'Ecce Homo* de la galerie du musée des beaux-arts à Saint-Pétersbourg, *le Saint Jérôme* du musée de Dresde, *la Circoncision* du maître-autel de l'église des Jésuites à Gênes, les portraits de la marquise de Grimaldi et de Brigitte Spinola qui portent la date de 1606, *Romulus et Rémus* du musée du Capitole à Rome, *la Mort de Sénèque* de la Pinacothèque de Munich, *Tibère et Agrippine* de la galerie Liechtenstein, *le Coq et la Poule* du musée Suermont à Aix-la-Chapelle, *le Paysage avec les ruines du Palatin* au Louvre, *le Faune riant avec le Satyre buvant* de la Pinacothèque de Munich, *les Quatre Philosophes* du palais Pitti à Florence, représentant Juste Lipse avec deux de ses élèves favoris, Philippe Rubens et Jean Woverius, auxquels le peintre a joint son propre portrait, d'autres encore qui se trouvent dans des collections particulières.

La production de ces tableaux n'absorba qu'une partie du temps que Rubens passa en Italie; une autre partie non moins considérable fut employée par lui à l'étude des grands maîtres italiens et des monuments de l'art antique. Il peignit des copies d'après Raphaël, le Titien, Mantegna, Michel-Ange de Caravage; il fit des dessins d'après Raphaël, le Titien, Léonard de Vinci, Michel-Ange, Paul Véronèse, Pordenone, Jules Romain, Polydore de Caravage. Titien était son maître favori et l'influence que le grand Vénitien et les maîtres italiens du siècle d'or et de l'art contemporain exercèrent sur lui fut considérable et se fit sentir sa vie durant. Il compléta ses qualités de peintre flamand par l'étude des classiques transalpins, et cette synthèse fut la base de son originalité. Ses travaux exécutés en Italie portent profondément l'empreinte de ses études et de son enthousiasme pour les maîtres qu'il venait d'admirer; ses œuvres subséquentes trahissent, surtout dans les premières années après son retour, l'influence subie au delà des Alpes. Rubens n'étudia pas moins passionnément les monuments de l'art antique; il devint non seulement grand archéologue, mais encore, comme peintre, l'interprète le plus éloquent de la vie publique de la Rome ancienne, à tel point que les siècles futurs apprirent à voir par ses yeux la capitale du monde ancien et ses héroïques habitants. Parmi ses dessins faits en Italie se trouvent quantité de copies de médailles et de bustes antiques; il dessina cinq planches d'antiquités pour le livre de son frère Philippe, *Electorum libri II*, qui parut en 1608 à Anvers dans l'imprimerie plantinienne.

Dès les premiers mois de l'année 1608, Rubens était résolu à rentrer dans sa patrie pour aller revoir sa mère âgée et malade. Au mois d'octobre, il reçut de mauvaises nouvelles de la santé de Marie Pypelinckx; sans perdre un jour il monta à cheval et retourna à Anvers. Son départ eut lieu le 28 octobre 1608; malheureusement à cette date sa mère était morte depuis neuf jours. Plus jamais il ne revit l'Italie, quoique, à différentes reprises, il exprimât le désir de la visiter encore En traversant les Alpes, il emporta le tableau sur toile qu'il avait fait pour l'église de l'Oratoire et que, en 1610, il plaça sur le tombeau de sa mère dans la chapelle de l'église de l'abbaye Saint-Michel où elle était enterrée. L'œuvre, remarquable par son mérite et importante comme preuve du talent de Rubens à cette époque et du style particulier qu'il avait adopté en Italie, fut enlevée par les commissaires de la République française en 1794 et donnée par Napoléon Ier, en 1811, au musée de Grenoble.

Lors de son arrivée à Anvers, sa réputation était déjà fortement établie dans sa patrie et les archiducs lui firent présent d'une chaîne avec médaille en or que, le 8 août 1609, ils avaient payée 300 florins; le 23 septembre suivant, ils signèrent le décret qui le nommait leur peintre de cour « à cause de ses » grandes connaissances tant dans la » peinture que dans bien d'autres arts »; ils lui allouèrent un salaire annuel de 500 florins. On ne voit pas qu'il ait dû exécuter quelque œuvre pour avoir droit à cette rémunération; tout au plus peut-on conclure du texte de sa nomination qu'il avait à fournir gratuitement les portraits officiels de leurs Altesses.

Rubens arriva à Anvers avant le 11 décembre 1608; il reprit pour quelques mois la vie commune dans la maison maternelle avec son frère Philippe. Lorsque ce dernier se maria, le 26 mars 1609, Pierre-Paul resta seul dans l'habitation située rue du Couvent, à cette époque une des rues principales de la ville. Bientôt il s'éprit d'une de ses voisines, Isabella Brant, baptisée le 20 octobre 1591, fille de Jean Brant, l'un des secrétaires de la ville, et le 3 octobre 1609 leur mariage fut célébré. Le jeune couple fut recueilli dans la maison de Jean Brant, où notre maître exécuta quelques-uns de ses chefs-d'œuvre. Rubens s'est représenté avec sa bien-aimée dans un charmant tableau que possède la Pinacothèque de Munich. Bien des fois il peignit encore sa première femme : le musée des Uffizi de Florence possède deux exemplaires du portrait d'Isabelle Brant; l'Ermitage de Saint-Pétersbourg, le musée de La Haye, la galerie royale de Windsor Castle, la collection du duc de Norfolk en possèdent un. Dès que Rubens se trouva établi à Anvers, les commandes lui arrivèrent nombreuses et considérables. Une des premières fut celle qui lui fut faite en 1609 par le bourgmestre de la ville, Nicolas Rockox, qui, dès les premiers temps après le retour du peintre, s'était lié avec lui d'une amitié qui dura toute leur vie. C'était une grande toile représentant *l'Adoration des Rois* destinée à orner la salle nouvellement décorée à l'hôtel de ville, dans laquelle devait s'ouvrir cette année même le Congrès de la Trêve. La cité ne garda pas longtemps le seul tableau qu'elle fît jamais exécuter par son artiste le plus illustre; en 1612, elle l'offrit à Rodrigo Calderon, envoyé extraordinaire du roi d'Espagne. Le diplomate l'emporta avec lui à Madrid; quand, en 1621, il tomba en disgrâce et fut condamné à mort, le roi s'appropria l'œuvre précieuse. Elle resta dans les palais royaux jusqu'à son entrée au musée du Prado. Lors de son séjour à Madrid, en 1628, Rubens retoucha et agrandit le tableau. Les principales œuvres du premier temps de notre artiste furent des retables. Il en peignit plusieurs pour les églises de sa ville natale. Tout d'abord *la Dispute du Saint-Sacrement*, pour l'autel du Saint-Sacrement dans l'église des Dominicains, actuellement l'église Saint-Paul. Les documents authentiques, autant que son style étrangement sec et déplaisant, prouvent à l'évidence que le tableau date de son premier temps et a subi la collaboration des plus anciens élèves du maître. Un second retable, beaucoup plus important, que Rubens peignit à cette époque, est le triptyque *l'Erection de la Croix*, exécuté en 1610 pour le maître-autel de l'église Sainte-Walburge, enlevé en 1794 par la France, rendu en 1815 et placé dans la cathédrale, un des grands chefs-d'œuvre du maître, remarquable par la vigueur et la fougue titanesque des bourreaux et par la souffrance infiniment profonde et calme empreinte sur la face du Christ. Cette œuvre colossale est l'une des dernières et certes la plus admirable des œuvres de la première manière du maître. Parmi les tableaux appartenant à cette manière, les plus connus sont *le Christ en Croix* du musée d'Anvers; *la Bataille des Amazones* de la Pinacothèque de Munich, sa composition la plus audacieusement et la plus heureusement mouvementée; *la Défaite de Sennachérib* et *la Conversion de saint Paul*, tous deux encore à la Pinacothèque de Munich et tous deux violemment agités; *le Saint Sébastien* du musée de Berlin, figure noble où se peignent la douleur et le désespoir; *Agar chassée par Sara*, du musée de l'Ermitage; *le Christ à Emaüs* du duc d'Albe à Madrid; *Junon et Argus* du musée de Cologne; *le Christ auquel sa mère retire une épine du front* du musée impérial de Vienne. Bien des œuvres de cette époque se sont perdues : *Samson trahi par Dalila*, peint pour Rockox et gravé par Matham; *Judith coupant la tête d'Holopherne*, gravé par Corneille Galle; *Loth enivré par ses filles*, gravé par Swanenburg; *l'Offrande d'Abraham*, gravé par André Stock; *l'Enlèvement de Proserpine*, détruit dans un incendie au château du duc de Marlborough à Blenheim, en 1861. Le second retable qui compte parmi les chefs-d'œuvre de Rubens est le triptyque de *la Descente de Croix* qui lui fut commandé par son ami Nicolas Rockox, le bourgmestre de la ville d'Anvers, pour l'autel du Serment des Arquebusiers, corporation dont il était le chef-homme. Le panneau du milieu fut exécuté en 1612 et transféré à l'église Notre-Dame où il devait prendre place le 12 septembre de cette même année; en février et en mars 1614, les deux volets furent achevés et allèrent compléter l'œuvre magistrale. Le tout fut payé 2.400 florins; il était stipulé qu'une paire de gants de la valeur de 8 1/2 florins serait offerte à Isabelle Brant. Le sujet représenté sur le panneau du milieu est *la Descente de Croix*, celui du volet de gauche *la Visite de Marie à Elisabeth*, celui du volet de droite *l'Offrande au temple*, celui du revers des volets *Saint Christophe et l'Ermite*. Ce sont quatre épisodes de l'histoire sainte ayant pour sujet commun *le Portement du Christ* suggéré par le nom de saint Christophorus (Porteur du Christ), le patron du Serment des Arquebusiers. Après avoir passé onze années à Paris, le triptyque fut ramené à Anvers en 1815 et placé dans la cathédrale. C'est l'œuvre la plus fameuse du grand peintre. Dans sa partie principale, elle exprime admirablement l'affection la plus tendre, les soins les plus empressés de Marie et des suivants du Christ pour le Sauveur. Elle inaugure la seconde manière du maître. Il abandonne les personnages de vigueur débordante, le coloris ardent; il renonce pour une bonne partie aux doctrines adoptées au delà des Alpes et regagne dans la même mesure son originalité en redevenant le Flamand aux couleurs claires, aux carnations blondes. Dès ce jour sa fertilité ne connaît plus de bornes; il peuple les églises de ses retables et de ses sujets de dévotion; il prodigue les portraits; il peint en abondance les sujets mythologiques et d'autres encore. *La Descente de Croix*, faite pour l'autel des Arquebusiers, dut avoir un énorme succès, car, dans les premières années qui suivirent son exécution, Rubens eut à répéter plusieurs fois le même sujet. En 1612, il en fournit une variante pour le maitre-autel de l'église de Saint-Omer : peu de temps après, une seconde pour l'église des Capucins à Lierre, actuellement au musée de l'Ermitage à Saint-Pétersbourg, avec répétition dans la cathédrale d'Arras; une troisième pour l'église Saint-Jean-Baptiste d'Arras; une quatrième pour l'église des Capucins de Lille, actuellement au musée de la même ville; une cinquième pour l'église Notre-Dame à Valenciennes, actuellement au musée de la ville.

Un retable de la même époque est

l'Histoire de Job, que Rubens exécuta pour l'autel de la corporation des musiciens dans l'église Saint-Nicolas de Bruxelles. Il fut commandé en 1612 et payé de 1613 à 1621. Il périt dans le bombardement de Bruxelles en 1695. C'était un triptyque; dans le panneau central on voyait Job sur le fumier entouré par sa femme et par ses amis; sur l'un des volets, Job tourmenté par les démons; sur l'autre, le saint homme auquel un ange annonce la destruction de ses biens. En 1614, Rubens exécuta un retable avec deux prédelles pour l'église des Carmes déchaussés à Bruxelles, représentant, sur le panneau principal, *Sainte Thérèse agenouillée devant le Christ*, sur les deux petites pièces *la même sainte agenouillée devant le Saint-Esprit* et *l'Enterrement de sainte Catherine*. Nous avons perdu la trace de ces peintures. Il semble que l'une au moins était au couvent des Carmélites de Bruxelles, il y a peu d'années encore. A la même période appartient le triptyque *le Martyre de saint Georges*, peint pour l'autel des Arbalétriers dans l'église Saint-Gommaire à Lierre, dont le panneau principal appartient actuellement au musée de Bordeaux. Avant l'année 1612 fut exécutée pour l'église de Freysing, en Bavière, *la Religion triomphant du Paganisme et du Vice*, actuellement à la Pinacothèque de Munich. De la même époque datent : *le Christ en croix avec Marie, Jean et Madeleine* appartenant au Louvre et provenant de l'église des Jésuites de Bergues-Saint-Winnoc; *le Martyre de saint Laurent* de la Pinacothèque de Munich, fait pour l'église de la Chapelle à Bruxelles; *Saint François d'Assise recevant de la Vierge l'enfant Jésus* du musée de Lille, exécuté pour l'église des Capucins de la même ville; *le Christ entre les deux larrons* du musée de Toulouse, enlevé à l'église des Capucins (actuellement Saint-Antoine), à Anvers.

Rubens peignit durant cette période quelques tableaux destinés à orner des monuments funéraires et des sujets religieux sans destination connue. En 1612, il exécuta, pour le tombeau de Jean Moretus dans la cathédrale d'Anvers, un triptyque représentant sur le panneau principal *la Résurrection du Christ*, sur l'un des panneaux *Saint Jean-Baptiste*, sur l'autre *Sainte Martine*. Le portrait du défunt couronne le monument. En 1613-1615 il peignit le triptyque *l'Incrédulité de saint Thomas*, avec les portraits de Nicolas Rockox et de sa femme Adrienne Perez sur les volets, destiné à orner leur tombe dans l'église des Frères mineurs et actuellement au musée d'Anvers. Vers la même date il fit pour le tombeau du chancelier du Brabant Nicolas Damant, dans l'église Sainte-Gudule à Bruxelles, *le Christ confiant ses brebis à saint Pierre*, actuellement au musée Wallace à Londres; pour le tombeau de Pierre Breughel, *le Christ donnant les clefs à saint Pierre*. Ce tableau, vendu en 1765 par les marguilliers, passa en différentes mains; en 1901 il appartenait à Mr Sedelmeyer, de Paris. Parmi les autres tableaux religieux de cette période, nous citons *la Femme adultère* du musée de Bruxelles, *le Christ avec les quatre pénitents* de la Pinacothèque de Munich, le petit *Christ en croix* du même musée et de celui de Malines, *le Christ en croix avec saint François d'Assise* de la galerie Liechtenstein et un autre exemplaire appartenant à Mr Cels, de Bruxelles, *Saint François d'Assise tenant le crucifix dans les bras*, *le Retour d'Egypte* de Mr Charles Butler, de Londres, *la Vierge au perroquet* du musée d'Anvers et quelques autres madones, *Saint Pierre et saint Paul* en plusieurs exemplaires, l'épisode de *l'Enfant prodigue* du musée d'Anvers, une scène de la vie rustique plutôt que de la Bible.

Rubens peignit divers sujets mythologiques dans cette période de sa vie. Les principaux sont : *Diane revenant de la chasse* dont trois exemplaires nous sont connus : deux au musée de Dresde, dont l'un avec les personnages vus jusqu'aux genoux, l'autre avec les personnages en pied, le troisième où les figures sont vues en entier, au musée de Darmstadt; *Vénus et Adonis* également répété en diverses exécutions : celle de l'Ermitage de Saint-Pétersbourg, celle du musée de La Haye et celle qui en dernier lieu se trouvait dans la collection des ducs de Marlborough. En 1613-1614, il eut la fantaisie de dater quelques-uns de ses tableaux. Il marqua de son nom et du millésime 1613 *Jupiter et Calisto* du musée de Cassel; de l'année 1614, la délicieuse *Fuite en Egypte* du même musée; *Vénus refroidie* du musée d'Anvers; *le Christ mort pleuré par les saintes femmes* du musée impérial de Vienne. Il n'arriva plus souvent à Rubens d'être aussi communicatif; il data, il est vrai, quelques portraits : sur celui de Rockox dans le musée d'Anvers il peignit même deux dates, mais en dehors de ces pièces nous n'avons guère à citer comme portant des millésimes que *Loth quittant Sodome* au Louvre de 1625 et *Saint François recevant l'enfant Jésus*, au musée de Dijon, fait en 1618 pour l'église Saint-Gommaire de Lierre. De 1612 à 1616 Rubens peignit une vingtaine de portraits. Ceux d'Albert et d'Isabelle, tels qu'ils furent gravés par Jean Muller, eurent la qualité de portraits officiels; il les refit avec des variantes. Il peignit encore Pierre Peckius, le chancelier des archiducs, Frédéric de Marselaer, échevin de Bruxelles et diplomate, Alexandre Goubau et sa femme Anna Anthonis, quelques personnages inconnus et dix portraits servant à orner les salons de son ami Baltasar Moretus, comprenant des membres de la famille et d'illustres protecteurs des arts et des lettres.

Le 4 janvier 1611, Rubens acheta, dans la rue qui s'appelait alors « de « Wapper » et actuellement « la rue « Rubens », une grande maison avec un terrain spacieux sis à côté et servant de blanchisserie. Il alla habiter la maison, une bâtisse du XVIe siècle, et se fit construire à côté de celle-ci, dans le goût des palais génois, un édifice où il établit son atelier et des salons. On y travailla longtemps. Rubens alla y habiter en 1615, mais en 1618 il dépensa encore à l'achèvement quelques milliers de florins. Après cette année, il fit ajouter une tour ou panthéon, où il installa ses collections de marbres antiques et de pierres gravées. Une cour séparait les deux parties de son habitation; un portique richement orné donnait passage de cette cour au vaste jardin dans lequel il éleva un pavillon décoré de colonnes et de statues. Il couvrit de peintures à fresque les murs du nouveau bâtiment du côté de la cour. Le portique et le pavillon existent encore. En 1763, le reste de la maison fut, sinon démoli, au moins remanié de façon à rendre méconnaissable la construction première.

De 1612 à 1615, l'art de Rubens subit une crise profonde. Il s'était affranchi de l'influence italienne et, se lançant dans une direction tout opposée, il retourna à la manière de son maître Otto Venius, qui fort probablement fut la sienne avant son départ pour l'Italie. Son *Incrédulité de saint Thomas*, *le Christ confiant ses brebis à saint Pierre* et la plupart des tableaux datés de 1613 et de 1614 sont des preuves de cet obscurcissement temporaire de son génie. Bientôt il se relève et reprend toute sa vigueur et toute son audace, dans des sujets conçus avec une rare hardiesse, exécutés d'une brosse toujours également fertile et dont les effets gagnaient d'année en année en puissance et en splendeur. De 1615 à 1618, il exécuta diverses représentations du *Jugement dernier*. Un exemplaire se trouve au musée d'Aix-la-Chapelle; une composition identique, différente de dimensions, à la Pinacothèque de Munich; une *Chute des Damnés* sous le nom du *Petit Jugement dernier*, une *Ascension des Bienheureux* et un grand retable figurant *le Jugement dernier*, également à la Pinacothèque de Munich. Parmi ces œuvres de valeur diverse, *le Petit Jugement dernier* se distingue par l'unité conservée dans une composition d'éléments si audacieusement entremêlés et par le drame effroyable de ces masses humaines s'effondrant dans l'espace et luttant contre les anges et les démons. De la même époque que *le Jugement dernier* et ses divers épisodes datent les *Chasses*. Le 9 octobre 1616, Rubens avait exécuté une grande *Chasse aux Loups et aux Renards* que l'archiduc Albert refusa d'acheter parce qu'elle était de dimensions trop considérables, mais qui, peu après cette date, fut acquise par le duc d'Aerschot. Une répétition, terminée le 1er octobre 1617, fut acquise par Dudley Carleton et appartient maintenant à lord Methuen; une seconde actuellement en possession de lord Ashburton fut exécutée la même année; une troisième faite dans l'atelier du maître et retouchée par lui appartient à la collection Jussupow à Saint-Pétersbourg. La seconde chasse peinte par Rubens est *la Chasse aux Lions*. Avant le 28 avril 1618, il en avait peint un premier exemplaire ; un second retouché par lui se trouvait en ce moment dans son atelier; en mars 1621, il en envoya un troisième en Angleterre; en septembre de la même année, il en avait terminé un quatrième. Le premier de ceux que nous venons de mentionner fut fait pour l'électeur de Bavière Maximilien et se trouve à la Pinacothèque de Munich; un des trois autres appartient au musée de Dresde. Rubens peignit encore *la Chasse aux Sangliers*, dont le musée de Marseille et celui de Dresde possèdent chacun un exemplaire; *la Chasse au Crocodile et à l'Hippopotame* appartenant au musée d'Augsbourg; une *Chasse de Méléagre et Atalante* dont trois exemplaires sont mentionnés; l'un d'eux appartient au musée impérial de Vienne. Il exécuta à une date plus avancée de sa vie une *Chasse au cerf* dont un exemplaire se trouve au musée de Berlin, un second dans la collection de lord Ashburton à Londres; deux autres ne nous sont connues que par des gravures. Vers la même époque, Rubens peignit plusieurs tableaux dont les animaux forment la partie principale, tels : *Daniel dans la fosse aux lions*, appartenant au duc d'Hamilton, et *Neptune et Amphitrite* au musée de Berlin. Comme dans tous les genres qu'il traite, il fut un maitre puissant et original dans la peinture des animaux. Non seulement il les peignit avec une vérité frappante, mais il les faisait vivre et agir sur la toile comme nul autre ne le fit avant ou après lui; il les transforma en acteurs fougueux de drames émouvants.

De 1617 à 1621, au moment où il peignit *le Jugement dernier* et *les Chasses*, Rubens exécuta des œuvres nombreuses appartenant à ses genres préférés. En 1617, il peignit pour l'église des Dominicains (aujourd'hui l'église Saint-Paul) *la Flagellation du Christ;* de 1617 à 1619, le triptyque pour le maître-autel de l'église Saint-Jean, à Malines, représentant sur le panneau principal *l'Adoration des Rois*, sur les volets, à l'intérieur, *Saint Jean l'Evangéliste dans l'huile bouillante* et *la Décollation de Jean-Baptiste;* à l'extérieur, *Saint Jean l'Evangéliste dans l'île de Pathmos* et *le Baptême du Christ*. D'autres *Adorations des Rois* furent faites vers la même époque : celle de l'église des Capucins à Tournai, actuellement au musée de Bruxelles; celle que possède le musée de Lyon; celle de l'Ermitage à Saint-Pétersbourg; celle qui fut faite pour l'église Saint-Martin à Bergues-Saint-Winnoc et qui appartient à Mr Bates, et enfin un exemplaire fait en 1621 pour l'infante Isabelle. D'autres retables de cette période sont le triptyque de l'autel des Poissonniers à Malines, terminé en 1619, avec *la Pêche miraculeuse* sur le panneau principal, *Tobie et l'Ange*, *le Denier du Tribut* sur la face antérieure, et *Saint André et saint Pierre* sur la face postérieure des volets; *la Dernière communion de saint François d'Assise*, faite en 1619 pour compte de Gaspar Charles et pour l'autel de saint François dans l'église des Frères mineurs à Anvers, actuellement un des plus précieux joyaux du musée de cette ville; *Saint François d'Assise recevant les stigmates* du musée de Lille; un autre exemplaire de la même composition faite pour l'église des Capucins (actuellement Saint-Antoine) à Anvers; une troisième exécution du même sujet faite pour l'église des Capucins de Cologne, actuellement au musée de cette ville. Il peignit d'autres tableaux encore où saint François d'Assise figure : outre le triptyque de 1618 fait pour l'église de Saint-Gommaire à Lierre, *la Sainte Famille avec saint François* du musée de New-York, et un *Christ mort sur les genoux de sa mère avec saint François* fait pour l'église des Capucins de Bruxelles, actuellement au musée de cette ville. Un autre sujet de prédilection de Rubens était *l'Assomption de la Vierge*. Vers 1619, il en fit une pour l'église des Carmes déchaussés de Bruxelles, que possède maintenant le musée de cette ville; une seconde lui fut commandée en 1620 pour l'église des Jésuites d'Anvers, mais ne fut exécutée que quelques années plus tard; elle se trouve actuellement au musée impérial de Vienne; une troisième fut faite vers 1620 pour l'église de la Chapelle à Bruxelles; elle se trouve au musée de Dusseldorf.

En 1619 et 1620 Rubens exécuta pour le comte palatin Wolfgang-Guillaume de Bavière trois tableaux : une *Adoration des bergers*, une *Descente du Saint-Esprit* et un *Saint Michel terrassant les anges rebelles*; les deux premiers devaient orner les autels latéraux de l'église des Jésuites à Neubourg, sur le maître-autel de laquelle se trouvait déjà le grand *Jugement dernier* commandé peu auparavant par le même prince; le troisième était destiné à l'église de Hemau en Bavière près de Ratisbonne: tous les trois ont trouvé place à la pinacothèque de Munich. En 1620, Rubens exécuta par ordre de son ami Nicolas Rockox le *Christ entre les deux larrons* pour le maître-autel de l'église des Frères mineurs à Anvers. C'est une des œuvres capitales du maître, que l'on admire maintenant au musée d'Anvers. De la même année datent *les Miracles de saint Ignace*, retable fait pour l'église des Jésuites (actuellement Saint-Ambroise) à Gênes. De l'année précédente datent fort probablement *Saint Dominique et saint François intercédant pour le monde*, fait pour le maître-autel de l'église des Dominicains à Anvers, enlevé en 1794 et octroyé au musée de Lyon, ainsi que le triptyque de *Saint Etienne* fait pour l'église de l'abbaye de Saint-Amand près de Valenciennes et appartenant maintenant au musée de cette ville. A la même époque furent exécutés *la Sainte Trinité* de la pinacothèque de Munich provenant de l'église des Augustins de cette ville, et *la Sainte Trinité* du musée d'Anvers fait pour l'autel des Grands Carmes de cette ville. Parmi les retables de ces années on peut ranger *l'Adoration des Bergers* du musée de Rouen provenant de l'église des Capucins à Aix-la-Chapelle, et une autre exécution du même sujet à l'église de la Madeleine de Lille; *la Vierge avec les pénitents et d'autres saints* du musée de Cassel; le *Saint Joseph* fait en 1621 par ordre des archiducs pour le couvent des Carmes au bois de Marlagne près de Namur. Pour le tombeau de Jean Michielsen dans la cathédrale d'Anvers, il fit le triptyque du *Christ à la paille* actuellement au musée de cette ville. Pour celui de Jérémie Cock et de sa famille, il fit *le Christ triomphant de la mort et du péché* exposé en vente en 1897 dans les magasins de Charles Sedelmeyer à Paris.

Une transaction des plus importantes dans la vie de Rubens, et qui, fort heureusement, nous est connue dans tous ses détails intéressants, est celle qui fut conclue entre le peintre et sir Dudley Carleton, l'ambassadeur du roi d'Angleterre à La Haye. Rubens avait fait la connaissance du diplomate en 1616; en 1617 il lui avait vendu un tableau et lui en avait fait acquérir plusieurs d'autres peintres anversois. Dudley Carleton était un grand amateur d'objets d'art; en 1617, il avait acheté à Venise un nombre considérable de marbres antiques qui lui furent envoyés à La Haye. Rubens en fut informé, et profitant du goût nouveau de Dudley Carleton pour les tableaux, il lui en offrit une douzaine des siens en échange des marbres arrivés en Hollande. L'homme d'Etat consentit et le marché se conclut en 1618. Dans la correspondance qui s'échangea à ce sujet, le peintre fait connaître jusqu'à quel point il se faisait aider dans l'exécution de ses œuvres. Des douze tableaux offerts à Dudley Carleton, cinq sont entièrement de sa main; dans l'un des sept autres, Snyders avait peint un aigle, dans un autre un paysagiste avait fait le fond, trois étaient des répétitions exécutées par ses disciples et retouchées par lui, deux étaient commencés par ses élèves et terminés par lui. Dudley Carleton accepta neuf des douze tableaux offerts; pour parfaire l'équivalent de la valeur des marbres, Rubens fournit des tapisseries et fit un petit tableau de la valeur de 100 florins. Les tableaux cédés à Dudley Carleton étaient: *Prométhée attaché à la roche* (musée d'Oldenbourg), *Saint Sébastien* (musée de Berlin), *Daniel dans la fosse aux lions* (duc d'Hamilton), *Léda avec le cygne et avec un amour*, *Saint Pierre tirant de la gueule du poisson le denier du tribut*, *Léopards avec Nymphes et Satyres*, une *Chasse aux Lions* et une *Suzanne*. De ces cinq derniers tableaux nous avons perdu la trace ou du moins nous ne saurions les authentiquer avec certitude. Le petit tableau de 100 florins, *Abraham chassant Sara*, se trouve dans la galerie du duc de Westminster à Londres. Outre les neuf tableaux acceptés par Dudley Carleton, Rubens lui avait offert un *Christ en croix* de douze pieds de haut, un *Jugement dernier*, une *Suite des douze apôtres avec le Christ*, un *Achille parmi les filles de Lycomède* peint par Van Dyck et retouché par le maître, actuellement au musée de Madrid.

Dans la correspondance entre Rubens et Dudley Carleton, il est fait mention de la première des grandes séries qu'il commença à produire dans cette période, celle de *l'Histoire de Decius Mus*. Le 12 mai 1618, il écrit qu'il avait exécuté quelques très riches cartons à la demande de nobles gênois, cartons dont on exécutait en ce moment les tapisseries à Bruxelles. Ces cartons se trouvent actuellement à la galerie Liechtenstein à Vienne. C'est bien à tort que, à diverses époques, on a attribué à Van Dyck, âgé de dix-neuf ans lorsque les tapisseries furent faites, ce chef-d'œuvre de la pleine maturité de Rubens, portant mieux que tout autre l'empreinte de sa profonde connaissance de la vie romaine et de son enthousiasme pour les institutions et les hommes de la ville éternelle. Le grand élève a assisté le maître, à n'en pas douter, comme il l'a fait pour bien d'autres ouvrages de cette époque, mais cela ne suffit pas pour enlever à son auteur la paternité de cette puissante création. La série se compose de huit pièces dont deux accessoires et décoratives; dans les six autres se déroule l'histoire du consul Decius Mus qui se dévoua pour le salut de sa patrie. Successivement on le voit racontant son rêve à ses officiers, consultant l'aruspice, se vouant aux dieux infernaux, renvoyant ses licteurs, blessé à mort dans la bataille, étendu sur le lit funèbre.

La seconde des grandes séries exécutées par Rubens est celle des plafonds de l'église des Jésuites à Anvers. Le 29 mars 1620, il s'engagea à exécuter trente-neuf plafonds pour les bas-côtés du temple et pour ceux de la galerie supérieure. Le contrat stipule qu'il pouvait se faire aider dans ce travail par Van Dyck et quelques autres élèves. Il devait exécuter en outre pour le maître-autel de l'église deux retables : *les Miracles de saint Ignace* et *les Miracles de saint François-Xavier*. Les plafonds devaient être terminés avant la fin de l'année 1620. Rubens se mit immédiatement au travail, et nul doute que sa lourde tâche ne fût terminée à temps. Il fit les esquisses dont seize se sont conservées dans diverses collections privées et publiques; deux esquisses dont les tableaux ne furent pas exécutés nous sont également parvenues, l'une au musée de l'Académie à Vienne, l'autre au musée de Prague. Les trente-neuf tableaux des plafonds périrent dans l'incendie de l'église, le 18 juillet 1718. Ils représentaient neuf épisodes tirés de l'Ancien Testament et un même nombre tirés du Nouveau Testament et figurés par les premiers, quatre pères de l'église latine et autant de l'église grecque, sept saintes femmes, les trois patronnes de l'archiduchesse, le patron de l'archiduc, le saint nom de Jésus et celui de Marie. Les deux retables du maître-autel furent terminés peu de temps avant les plafonds; ils se trouvent actuellement au musée impérial de Vienne. Rubens exécuta encore pour une chapelle latérale de la même église une *Assomption de la Vierge*, également au musée impérial de Vienne, et, pour l'autel d'un des bas-côtés, un *Retour d'Egypte* qui a passé au musée de New-York.

Outre les tableaux d'église que nous avons mentionnés, Rubens exécuta maint tableau religieux dans cette demi-douzaine d'années, 1616-1621. Mentionnons les sujets de l'Ancien Testament : *Loth quittant Sodome*, appartenant à Mr Charles Butler, de Londres, et provenant de la collection Marlborough; *le Jugement de Salomon* du musée de Copenhague; *David et Abigaïl*, acheté dans la vente Secretan (Paris, 1889) par Mr Scrips; la *Réconciliation d'Esaü et de Jacob* de la Pinacothèque de Munich; *Adam et Eve* du musée de La Haye. Ce dernier diffère des autres tableaux, que nous venons de nommer et qui sont de grandeur nature, par sa dimension réduite et par la délicatesse de sa facture. Dans le Nouveau Testament, il choisit comme sujet la Madone qu'il peignit à différentes reprises. Une des plus remarquables est *la Vierge avec l'enfant* entourée d'anges qui se jouent dans une guirlande de fleurs, exécutée par son ami Jean Breughel I, et que possède la Pinacothèque de Munich. Nous mentionnons en outre la Madone de l'Ermitage de Saint-Pétersbourg; celle du musée de Madrid, également entourée d'un cadre de fleurs par Jean Breughel I; celle du Louvre commandée par le cardinal Frédéric Borromée en 1621 et ornée d'une guirlande de fleurs, d'insectes, d'oiseaux et d'animaux; celle du musée de Bruxelles et celle du musée de Berlin; un autre exemplaire au Louvre où la mère et l'enfant sont entourés d'un cercle d'angelets; d'autres encore que nous connaissons par des mentions dans la littérature de l'époque ou par les gravures. Rubens ne se montra pas moins attiré par des groupes où figurait l'Enfant Jésus, seul ou avec le petit saint Jean, et par des scènes où les enfants déployaient leurs grâces : tels *Jésus et saint Jean* au Palais Balbi à Gênes, *l'Enfant Jésus* de la collection Steengracht van Duivenvoorde à La Haye, l'admirable groupe d'enfants portant une guirlande de fruits peinte par François Snyders de la Pinacothèque de Munich. *La Sainte Famille* était encore pour lui un sujet de prédilection. Nous connaissons celle de la collection Schönborn à Vienne, dans un médaillon de fleurs peintes par Jean Breughel I; *la Vierge au Perroquet* du musée d'Anvers dont il fit don à la corporation de Saint-Luc; *la Sainte Famille* du musée Wallace à Londres; celle de la galerie Pitti de Florence; celle de la collection Charles Butler, de Londres, provenant de la collection Marlborough. Parmi les tableaux traitant des scènes du Nouveau Testament ou de l'histoire de l'église, et appartenant à cette époque, nous citons: *le Christ chez Simon le Pharisien* du musée de l'Ermitage; *Saint Ambroise avec l'empereur Théodose* du musée impérial de Vienne; *le Bourreau remettant la tête de saint Jean-Baptiste à Salomé* de la collection du comte de Carlisle à Castle Howard, dont le musée de Dresde possède une répétition; *l'Apparition des anges aux Saintes Femmes près du tombeau du Christ* au couvent de Molk dans la Basse-Autriche, avec une répétition réduite dans la galerie Czernin à Vienne, et *la Madeleine pénitente* qu'il peignit plusieurs fois et dont le musée impérial de Vienne possède un exemplaire.

Parmi les pièces mythologiques de cette période, les plus remarquables sont *Neptune et Amphitrite* du musée de Berlin cité plus haut; *Adonis pleuré par Vénus* de Mr Blondel à Paris; *l'Enlèvement des filles de Leucippe par Castor et Pollux* de la Pinacothèque de Munich; *l'Enlèvement d'Orythie par Borée* du musée de l'Académie de Vienne. Dans plusieurs des œuvres de cette catégorie des collaborateurs ont exécuté des fleurs, des fruits et des accessoires. A ce genre de travaux appartiennent encore les *Trois grâces portant une corbeille de fleurs* du musée de Stockholm et du musée de l'Académie à Vienne; *les Nymphes cueillant des fruits* au musée de La Haye; *la Tête de Méduse* du musée impérial de Vienne. Parmi les compositions mythologiques de cette époque, une série se distingue par la conception matérialiste de certaines figures du paganisme. Ce sont les *Marches de Silène*, débordant de l'insouciante et bruyante joie de vivre. Rubens traita, dans un espace limité de temps, plusieurs de ces scènes de grosse sensualité : la Pinacothèque de Munich, les musées de Cassel et de Berlin, l'Ermitage de Saint-Pétersbourg, la National Gallery de Londres, la galerie Marcello Durazzo de Gênes en possèdent chacun une. Quelques pièces historiques et allégoriques : *la Continence de Scipion*, détruit par un incendie à Londres, en 1836; *le Héros couronné par la victoire* du musée de Cassel, et les *Quatre parties du monde* du musée impérial de Vienne, trois œuvres importantes, appartiennent à cette époque. Nombreux et remarquables sont les portraits de cette période : *Jean-Charles de Cordes* et *Jacqueline de Caestre* du musée de Bruxelles; *Pierre van Heck* et *Claire Fourment* de la collection du baron Edmond de Rothschild, de Paris; *Suzanne Fourment* de la National Gallery de Londres, connue sous le nom du *Chapeau de Paille*, et célèbre au-dessus de tous les portraits du maître; le même modèle sous le nom d'une dame de la famille Boonen au Louvre; *la Famille de Thomas d'Arundel* de la Pinacothèque de Munich; *Théodore van Thulden* du même musée; *Théophraste Paracelse* du musée de Bruxelles, d'autres encore dont le modèle n'est pas connu.

En 1622, Rubens entreprit la troisième et la plus considérable des suites qu'il peignit, le plus important et le plus connu de ses travaux : la galerie de Médicis, représentant en vingt-quatre grands tableaux l'histoire de Marie de Médicis, reine de France. En novembre 1621, il était déjà décidé qu'il se rendrait à Paris pour s'y entendre avec la reine-mère sur la grande entreprise pour laquelle probablement il avait été recommandé par l'infante Isabelle. Il partit d'Anvers dans les premiers jours de l'année 1622; le 11 janvier, il se trouvait à Paris; il y resta jusqu'au 26 février. Dans l'intervalle, il s'engagea à faire les tableaux qui devaient orner les deux galeries du palais du Luxembourg que la reine venait de faire bâtir. Le prix convenu était de 20,000 écus, soit 60,000 francs, pour les deux galeries, payable par quarts après fourniture de chaque douzaine de tableaux. L'une des galeries devait représenter *l'Histoire de Marie de Médicis*, l'autre *l'Histoire de Henri IV son mari*. Le jour de son départ de Paris, il signa le contrat; le même jour, il ajouta une clause supplémentaire par laquelle il abaissait le prix à 54,000 francs; il laissa à la reine la liberté de suppléer ou non les 6,000 fr. restants, selon qu'elle serait pleinement contente ou non du travail. Rubens devait commencer par la première des galeries. Aussitôt qu'il fut de retour à Anvers, il se mit au travail. Le 19 mai 1622, il avait soumis le plan général de la galerie à la reine; le 1er août, Marie de Médicis l'avait approuvé sauf quelques modifications. Le 24 mai 1623, il apporta à Paris les neuf premiers tableaux; la reine les vit et en exprima le plus vif contentement. Le 29 juin suivant, le peintre retourna à Anvers où il continua son travail qu'il termina vers la fin de 1624. La galerie devait être inaugurée le 11 mai 1625, à l'occasion du mariage de Henriette de France, fille de Marie de Médicis, avec Charles Ier, roi d'Angleterre. Rubens était arrivé à Paris dans les premiers jours de février 1625 pour mettre la dernière main à ses tableaux; il y séjourna jusqu'aux premiers jours de juin; le 12 de ce mois, il était rentré chez lui. Le choix des sujets avait donné lieu à une longue discussion entre le peintre d'un côté et la reine assistée de ses conseillers de l'autre. Certains épisodes, éveillant le souvenir des dissensions passées entre la reine et son fils, furent écartés, d'autres furent modifiés; finalement le choix fut arrêté. De chaque côté de la galerie de Médicis prirent place dix tableaux; dans le fond, d'un côté une seule grande pièce, de l'autre côté trois portraits : ceux de la reine et de ses parents. Rubens avait fait de toutes ces compositions et de l'une de celles qui furent écartées des esquisses qui, à l'exception de deux, ont été conservées. Ses élèves l'aidèrent dans l'exécution, ce qui n'empêche qu'à juste titre on peut appeler la galerie sa propre œuvre et une de ses plus glorieuses. Il en fit la peinture décorative la plus éclatante et la plus pompeuse qui existe au monde; la réalité historique, l'allégorie ingénieuse, la mythologie avec figures sculpturales s'y entremêlent pour former un ensemble ruisselant de couleurs resplendissantes et de formes gracieuses. La galerie de Marie de Médicis resta au Luxembourg jusqu'en 1802, date à laquelle elle fut transportée au musée du Louvre. En 1900, elle fut installée dans une nouvelle salle de ce musée, décorée d'une manière appropriée; elle y occupe une place d'honneur où elle brille de tout son éclat. La galerie de Henri IV ne fut jamais exécutée. Richelieu, qui avait pris la haute direction du gouvernement et qui avait rencontré en Rubens un adversaire politique, traîna les choses en longueur et chercha même, sans y réussir, au delà des Alpes un artiste pour remplacer le peintre flamand. En 1630, Rubens put enfin se mettre à la besogne, mais avant qu'il l'eût terminée, la discorde avait éclaté entre Marie de Médicis d'un côté, Louis XIII et Richelieu de l'autre; la reine dut s'enfuir de France et il ne fut plus question de terminer la seconde galerie. Rubens en avait exécuté quelques fragments. Deux des grands tableaux, *la Victoire d'Ivry* et *l'Entrée de Henri IV à Paris*, sont à moitié terminés et promettaient de devenir des chefs-d'œuvre de toute première valeur; ils se trouvent aux Uffizi à Florence. Six autres grandes toiles inachevées de la suite se trouvaient dans la mortuaire de l'artiste; les esquisses de quelques compositions se rencontrent dans diverses collections.

Pendant son séjour à Paris, Rubens exécuta quelques tableaux; d'autres lui furent commandés à cette occasion. Dans le nombre figure le portrait de Marie de Médicis que possède le musée de Madrid et qui resta inachevé, mais qui n'en est pas moins une œuvre magistrale. Il exécuta un autre portrait de la reine-mère assise sous un baldaquin, œuvre offerte au duc de Buckingham; de ce même duc, que Rubens rencontra à Paris en 1625, il peignit un portrait en buste qui se trouve dans la galerie Pitti et un second à cheval qui s'est perdu. Il exécuta le portrait de la reine de France Anne d'Autriche dont un exemplaire se trouve au Louvre, un autre au musée de Madrid; celui du baron de Vicq, ambassadeur de l'infante Isabelle à Paris, actuellement au Louvre, et celui de la baronne de Vicq. Il exécuta encore *Loth quittant Sodome* au Louvre, daté de 1625. Louis XIII lui commanda une série de huit cartons pour tapisseries représentant l'*Histoire de l'empereur Constantin*, qui furent exécutées en 1622.

L'intermédiaire le plus actif et le plus dévoué entre Rubens et la reine-mère fut Nicolas-Claude Fabri de Peiresc, conseiller au parlement d'Aix en Provence, l'homme le plus universellement érudit, l'esprit le plus cultivé de son temps. Il était entré en relation avec Rubens en 1620 à propos de pierres gravées, leur passion commune. De 1616 à 1623, Peiresc séjourna à Paris. Rubens l'y rencontra en 1622 et en 1623, et, dans l'intervalle entre ces deux voyages et après son second départ, Peiresc fournit à notre artiste tous les renseignements et lui rendit tous les services possibles. Peiresc retourna en Provence le 18 août 1623. Sa correspondance avec Rubens, commencée en mars 1622, se prolongea pendant de longues années. Elle forme la plus volumineuse et la plus intéressante série de lettres du peintre qui nous ont été conservées. En décembre 1624, le frère de Peiresc, Valavez, et, en avril 1626, Pierre Dupuy remplacèrent le savant provençal comme correspondants parisiens de Rubens à qui, chaque semaine, ils envoyaient les nouvelles de la cour et de la ville. Les voyages et les séjours à Paris, les travaux de la galerie de Médicis et des autres ouvrages dont il se chargea en France prirent la partie la plus importante du temps de Rubens du commencement de 1622 jusqu'en juin 1625. Toutefois il trouva encore dans cet intervalle des loisirs pour exécuter divers autres ouvrages; tels sont le retable du *Martyre de sainte Catherine* dans l'église de cette sainte à Lille, offert en 1622 par Jean de Seur, conseiller des Archiducs, et par sa femme; les tableaux de l'autel de Saint-Roch dans l'église Saint-Martin à Alost, exécutés en 1623, se composant d'un grand tableau *Saint Roch intercédant pour les pestiférés*, d'une madone au-dessus et de deux prédelles au-dessous du retable; *la Conversion de saint Bavon* faite en la même année pour le maître-autel de l'église Saint-Bavon à Gand, tableau dont l'esquisse était faite depuis 1612. Nous assignons la même date aux tableaux religieux : *Saint François de Paule*, que nous connaissons par trois esquisses différentes; *Saint Benoit et Totila*, tableau inachevé appartenant à S. M. Léopold II; *la Résurrection de Lazare* du musée de Berlin; *le Couronnement de Marie* du musée de Bruxelles, provenant de l'église des Récollets à Anvers; *l'Education de la Vierge* du musée d'Anvers, faite pour l'église des Carmes déchaussés de cette ville. *L'Adoration des Rois*, faite pour le maître-autel de l'abbaye Saint-Michel à Anvers, actuellement au musée de la même ville, fut exécutée en 1625. Quelques tableaux mythologiques appartiennent à cette période : *Vénus qui se chauffe*, en partie au musée de Bruxelles, en partie dans celui de Dresde; *Neptune et Cybèle* du musée de l'Ermitage; de même quelques tableaux historiques : *Thomyris et Cyrus* de la collection du comte Darnley; *Cambyse et le juge* peint en 1623 pour l'hôtel de ville de Bruxelles, détruit dans le bombardement de la ville en 1695. Quelques portraits datent de ces années : celui de Nicolas Respani ou Respaigne en costume oriental (au musée de Cassel), qui posa pour le roi nègre dans *l'Adoration des Rois* de 1625; celui de Rubens lui-même, que Charles Ier, alors prince de Galles, fit demander à l'artiste en 1624; ceux de ses deux fils Albert et Nicolas dont la galerie de Liechtenstein et le musée de Dresde possèdent chacun un exemplaire; ceux de Guillaume de Neubourg, de l'infante Isabelle et du marquis Spinola qu'il exécuta en 1625 et peignit en plusieurs exemplaires. Ce fut à la fin de cette période que Rubens imprima une direction très sensiblement différente à son style. Sa brosse devint plus large et plus hardie; ses couleurs et lumières gagnèrent en intensité, se jouant, s'influençant, se pénétrant mutuellement avec plus d'audace, plus de légèreté que jadis. *L'Adoration des Rois* de 1625 est la première œuvre où se manifeste clairement cette troisième manière du maître qui se continue et s'accentue de plus en plus durant tout le reste de sa carrière.

Dans le courant des années que Rubens passa à exécuter la galerie de Médicis, il commença à se mêler de politique. La trêve de douze ans entre les Provinces-Unies des Pays-Bas et les Pays-Bas espagnols venait d'expirer le 9 avril 1621. Des deux côtés on se préparait à reprendre les hostilités. Les amis de la paix prévoyaient avec une poignante inquiétude cet avenir plein de troubles et de misères de toute sorte. Rubens était de ce nombre, et dès lors et pendant de longues années il usa de toute l'influence qu'il avait acquise sur l'infante Isabelle et de toutes les ressources de son esprit, si richement doué, pour détourner de son pays les horreurs de la guerre. Le 30 août 1624, l'ambassadeur de France à Bruxelles, de Baugy, écrivait au secrétaire d'Etat d'Ocquerre : « Les propos d'une trefve ne « sont point désagréables à l'Infante, de « quelque part qu'ils viennent, prestant « mesme tous les jours l'oreille à ceux « que lui tient sur ce sujet Rubens, « peintre célèbre d'Anvers, qui est connu « à Paris pour ses ouvrages qui sont « dans l'hostel de la royne mère, lequel « faict plusieurs allées et venues d'icy « au camp du marquis Spinola ». Ces mots peignent le rôle de Rubens et l'influence qu'il exerça sur la souveraine de son pays. Cette influence dura de longues années et s'accrut encore après 1624. On peut dire sans exagérer que, de 1625 à 1628, Rubens forma avec le marquis Spinola le conseil intime de l'Infante, le ministre dans lequel elle avait mis toute sa confiance et qui, avec elle, présidait au gouvernement de notre pays. Après le départ de Spinola, en 1628, Rubens continua à jouir de la plus haute faveur de l'archiduchesse jusqu'au moment où il se retira volontairement de la politique et de ses absorbantes préoccupations. Tous ses efforts tendirent à établir la concorde entre la Hollande et la Belgique, à restaurer entre l'Espagne et l'Angleterre la paix qui était rompue et à écarter de ces pays la guerre qui fatalement devait prolonger et aggraver la lutte entre les deux parties des Pays-Bas. Ces efforts furent longs et pénibles, vains au début, couronnés enfin de succès partiel, impuissants toutefois à atteindre complètement le but ambitionné par dessus tout, celui de faire régner la paix et refleurir ses bienfaits dans la patrie. De 1623 à 1625, Rubens fut activement mêlé aux pourparlers qui avaient pour but de conclure une trêve nouvelle ou un accord plus durable entre Maurice de Nassau et Isabelle, et, quand ces négociations furent rompues par la mort de Maurice, le 23 avril 1625, elles furent reprises entre l'Infante et les Etats Généraux des Pays-Bas; mais elles ne menèrent à aucun résultat. Philippe IV reconnut l'éminente valeur artistique de Rubens et les services rendus par lui à l'Etat en lui accordant, le 5 juin 1624, la noblesse pour lui et ses descendants. En 1627, notre artiste obtint le titre de gentilhomme de la maison de son Altesse l'infante Isabelle. En 1625, lors du mariage de Henriette de France, il rencontra à Paris le duc de Buckingham qui arriva le 24 mai pour recevoir la jeune reine et la conduire dans sa nouvelle patrie; le départ eut lieu le 2 juin. Rubens s'entretint d'art avec le favori de Charles Ier; il entama des pourparlers au sujet de la vente de ses collections artistiques, tableaux, marbres et pierres gravées, vente qui se réalisa en 1627 au prix de cent mille florins. Il s'entretint également de politique avec le favori anglais et avec Balthazar Gerbier, un agent politique de sa suite, peintre de son état, avec lequel Rubens se lia d'étroite amitié. Les hostilités éclatèrent entre l'Angleterre et l'Espagne dans les derniers mois de 1625, et tout faisait prévoir qu'elles ne se borneraient pas aux démonstrations et aux escarmouches par lesquelles elles venaient de débuter. Avec l'autorisation de Buckingham, Gerbier s'adressa à Rubens et, sous prétexte de traiter de la vente des collections du peintre, les deux diplomates officieux échangèrent des lettres et préparèrent les voies pour une entrevue personnelle où ils traiteraient de façon définitive la question de la paix ou de l'armistice. Cette entrevue eut lieu au mois de juillet 1627 en Hollande; elle se prolongea pendant huit jours et dans plusieurs villes que les deux artistes politiciens visitèrent ensemble. La cour d'Espagne se dérobant à tout engagement précis et se complaisant dans une politique de duplicité et d'atermoiement, les négociations entre Rubens et Gerbier et leur entrevue en Hollande n'aboutirent pas encore. Rubens n'en recueillit que déception et amertume. Il ne se découragea cependant pas et garda espoir et courage pour de meilleurs temps.

L'année suivante, il vit poindre et s'empressa de saisir l'occasion favorable pour faire une nouvelle tentative afin de réaliser son rêve de conciliation et de paix. Après avoir essayé de porter la guerre sur les côtes de l'Espagne, l'Angleterre envoya ses vaisseaux à La Rochelle au secours des Huguenots assiégés par les troupes du roi de France. Comme les Anglais avaient dû se retirer de devant Cadix, ils durent, en octobre 1627, quitter l'île de Ré après y avoir subi une défaite. La situation de la Grande-Bretagne était donc fâcheuse et précaire et il était assez naturel qu'elle cherchât à se réconcilier avec l'un ou l'autre de ses deux puissants adversaires. La France, qui en ce moment était gouvernée par Richelieu, ne demandait pas mieux : elle offrit des conditions avantageuses à son ennemi terrassé. Elle comptait, en le gagnant, utiliser son secours et celui des Provinces-Unies pour affaiblir la maison d'Autriche et détruire sa domination dans les Pays-Bas méridionaux. Tout en négociant la paix avec Charles Ier, Richelieu cherchait à endormir la méfiance de Philippe IV et de son ministre le comte-duc Olivarez; il leur faisait des propositions d'alliance contre l'Angleterre, et le gouvernement espagnol ne sachant prendre résolument parti coquetait avec les deux monarchies, tramant à Paris une invasion en Angleterre et cherchant à gagner à Londres l'amitié des protestants et à les détacher de leurs alliés naturels, les Hollandais. Dans cette situation si profondément troublée, Rubens conservait la vision nette du but qu'il ne cessa de poursuivre : il voulait la paix entre l'Espagne et l'Angleterre afin d'isoler la France et de déjouer ses plans contre la maison d'Espagne-Autriche. Du même coup, il affaiblissait l'ennemi le plus voisin et le plus immédiatement dangereux des Pays-Bas espagnols, les Provinces-Unies gouvernées par le stadhouder Frédéric-Henri de Nassau. Il était d'accord sur ce point avec l'infante Isabelle et se fit recommander par elle à Philippe IV comme l'homme le mieux à même d'éclairer de ses conseils le gouvernement de Madrid. Le ministre qui avait fait rappeler, en janvier 1628, le marquis Spinola, l'ami de Rubens et son collaborateur politique, était plutôt hostile à l'intervention de ce dernier; la cour toujours indécise, se méfiant de ses meilleurs serviteurs et les jalousant, regardait notre artiste comme de rang trop inférieur pour jouer un rôle dans la diplomatie de son pays. Cependant, grâce au puissant appui de l'Infante, Rubens fut appelé à Madrid. Il avait ambitionné cette mission et partit après avoir mis ordre à ses affaires domestiques. Il quitta Anvers le 28 ou le 29 août 1628, fit un léger détour pour voir le siège de La Rochelle et, le 15 septembre, sa présence est constatée à Madrid. Ce jour, en effet, le nonce du pape à Madrid, Giovanni Battista Pamphili, écrivit à Rome que Rubens avait eu à différentes reprises des entrevues avec le comte-duc Olivarez où il s'agissait plus d'affaires que d'art. Il venait effectivement plaider la cause de la paix, et bientôt le bruit courut que l'accord avec l'Angleterre était assuré grâce à lui ; on disait qu'il avait en outre obtenu qu'un armistice serait conclu avec les Hollandais. Les conditions que l'Angleterre voulait imposer à l'Espagne et qu'elle fit connaître par Endymion Porter, arrivé à Madrid peu de jours après Rubens, étaient que Philippe IV obtînt de l'empereur d'Allemagne le rétablissement du comte palatin, beau-frère de Charles Ier, dans ses Etats dont il avait été dépouillé à la suite de son acceptation du trône de Bohême et de sa défaite par les troupes impériales. Une seconde condition était que le roi de Danemark et les Provinces-Unies des Pays-Bas, alliés de l'Angleterre, fussent compris dans le traité. Philippe IV n'avait ni le pouvoir ni le désir de céder à ces exigences. Un conseil d'Etat fut convoqué le 28 septembre 1628, où Rubens fut entendu : il fut décidé qu'on accueillerait favorablement en Espagne lord Cottington que Charles Ier avait promis d'envoyer, mais qu'on attendait vainement à Madrid. Au mois de décembre, Endymion Porter avait quitté cette ville et les négociations étaient interrompues. Rubens n'en continua pas moins à insister auprès d'Olivarez pour les reprendre vigoureusement et les mener à bonne fin. L'infante Isabelle, de son côté, fit des démarches pressantes dans le même sens, et Olivarez gagné à leur avis décida d'envoyer Rubens auprès de Charles Ier afin d'obtenir que l'ambassadeur anglais fût envoyé. Il avait encore pour mission de promettre au nom du roi d'Espagne que celui-ci enverrait un ambassadeur chargé de pouvoirs, qui serait don Carlos Coloma, et avant tout de préparer la voie à la conclusion du pacte que les deux diplomates seraient appelés à signer. Le 29 avril 1629, Rubens quitta Madrid. Le 3 juin, il s'embarqua à Dunkerque, le 5 au soir il arriva à Londres où il alla loger chez son ami Balthazar Gerbier. Le lendemain matin, il fut appelé à Greenwich par le roi qui le reçut avec la plus grande aménité et dès leur première entrevue lui fit concevoir les espérances de réussite les plus formelles. De grands honneurs lui furent rendus par les ministres, mais de ce côté il rencontra moins de bon vouloir à l'aider dans sa mission. Il eut en outre et surtout à combattre l'attitude hostile de Richelieu et de ses représentants à la cour de Londres, qui ne négligeaient aucun moyen de le faire échouer. Les ambassadeurs de la Hollande et de Venise se joignirent à eux pour contrecarrer Rubens. Celui-ci eut à déjouer leurs intrigues, à réfuter leurs arguments et à raffermir l'esprit du roi d'Espagne toujours indécis et prêtant l'oreille à des suggestions diverses. Charles Ier insista avec ténacité sur les conditions posées tout d'abord par lui, et avant tout sur la reddition des Etats du Palatin. Rubens eut beau lui représenter qu'il n'était pas au pouvoir de Philippe IV de rendre ce qu'il ne possédait pas; le beau-frère du Palatin prétendait que le roi d'Espagne obtiendrait sans aucun doute cette concession de l'empereur. Enfin, cependant, il dut céder devant la résistance de Rubens et se contenter de la promesse faite par Philippe IV d'intervenir auprès de l'empereur et d'obtenir de lui le plus possible, sans s'engager à rien de positif. Les négociations traînaient en longueur et Rubens ne cessait de demander l'autorisation de quitter Londres et de retourner chez lui. Il crut enfin sa mission terminée, quand le 17 août 1629 d'Olivarez lui apprit que don Carlos Coloma venait d'être nommé ambassadeur à Londres. Mais d'autres difficultés s'étant encore élevées, il ne put quitter Londres que le 6 mars 1630. Il fut arrêté plus de deux semaines à Douvres par des formalités à remplir; il s'embarqua enfin le 23 mars, se rendit à Bruxelles pour rendre compte à l'Infante du résultat de sa mission et rentra à Anvers dans les premiers jours d'avril. Il avait déployé une activité extraordinaire durant le cours de son double voyage diplomatique. Ses lettres à Olivarez, dont les copies sont conservées aux archives de Simancas, témoignent autant du zèle que de la haute intelligence avec lesquels il remplit sa tâche; il avait rendu un grand service à l'Espagne en jetant les bases de la paix qui bientôt après se conclut. En effet, le document qui rétablissait les bons rapports entre les deux pays fut signé le 15 novembre 1630. Les deux souverains qui recueillirent les fruits de l'intervention de Rubens lui en marquèrent leur reconnaissance. Au moment de son départ, le 3 mars 1630, Charles Ier lui accorda à titre personnel le diplôme de chevalier et lui fit cadeau de l'épée ornée de pierres précieuses avec laquelle il l'avait armé, ainsi que de la bague que le roi portait à son doigt et d'un cordon de chapeau garni de diamants. Philippe IV, qui l'avait déjà nommé secrétaire de son conseil privé le 27 avril 1629, lui fit adresser par Olivarez des lettres de remerciements, et, sur la proposition du conseil d'Etat de Bruxelles appuyée par l'Infante, lui octroya le titre de chevalier. L'Infante lui fit don d'une aiguière en argent richement ornée de sculptures.

Nous revenons sur nos pas pour passer en revue les œuvres exécutées par Rubens après l'achèvement de la galerie de Médicis et au cours de ses voyages diplomatiques. Nous pouvons comprendre dans ce nombre les treize tableaux qu'il fournit à Buckingham avec ses collections artistiques, et qui se trouvent mentionnés dans le catalogue des tableaux du feu duc envoyés, en 1649, à Anvers pour y être vendus pour compte de son fils. C'étaient *la Nature embellie par les Grâces* du musée de Glasgow, *Saint Pépin avec sainte Begge*, *la Tête de Méduse*, *Cimon et Iphigénie*, *Angélique et l'Ermite*, tous les quatre actuellement au musée impérial de Vienne; *la Chasse au Sanglier* du musée de Dresde, une *Scène d'hiver avec neuf personnages* actuellement au château de Windsor; un *Paysage plein de personnages, de chevaux et de chariots*, à n'en pas douter le second paysage de la même galerie, portant le nom de *Paysans allant au marché; la Reine-mère sous un baldaquin; Faunes et Faunesses avec un petit Bacchus*; un *Marché aux poissons; le Soir dans un petit paysage*; *la Tête d'une vieille femme.* Les cinq derniers tableaux se sont perdus ou du moins ne sauraient plus être authentiqués avec certitude. Des huit autres, il y en a certainement qui appartiennent à une époque antérieure à la vente, tels les deux paysages de Windsor et *la Chasse au Sanglier* du musée de Dresde, datant d'une dizaine ou d'une douzaine d'années avant leur envoi au duc de Buckingham, et *la Tête de Méduse,* ainsi que *la Nature embellie par les Grâces* faite en collaboration avec Jean Breughel, donc antérieurement à l'an 1625.

L'œuvre la plus considérable de cette époque est *le Triomphe et les Figures de l'Eucharistie,* treize cartons exécutés par ordre de l'infante Isabelle, qui fit don des tapisseries tissées d'après ces modèles au couvent des Clarisses à Madrid où elle avait habité pendant huit mois avant son mariage. Rubens travaillait à ce vaste ouvrage en 1627; en juillet 1628, les tapisseries étaient entièrement terminées. Le couvent des Clarisses (Monasterio de las Señoras religiosas descalzas reales) les possède encore. Rubens en exécuta des esquisses en couleur dont huit se trouvent au musée de Madrid; il fit faire par ses élèves les patrons de grandeur d'exécution et les retoucha. Six de ces grandes toiles se trouvaient en Espagne jusqu'au commencement du XIXe siècle; en 1808, elles furent enlevées par les Français; deux en furent données au général Sebastiani qui les vendit au Louvre; quatre furent achetées par Bourke, l'ambassadeur danois à Madrid, qui les vendit en 1818 au duc de Westminster. Ce dernier possède en outre une septième pièce de la série.

Une autre œuvre importante de cette époque est *l'Assomption de la Vierge,* décorant le maître-autel de la cathédrale d'Anvers. En 1619, le doyen de cette église, Jean Del Rio, avait commandé le tableau; le 11 mars 1626, il fut placé sur l'autel. En 1627 Rubens exécuta encore une *Assomption de la Vierge* aux frais d'Othon Henri Fugger pour l'autel de l'église Sainte-Croix, à Augsbourg, où elle se trouve encore. La même année, ou bien en 1626, il peignit *l'Adoration des Rois* du Louvre offerte à l'église des Annonciades de Bruxelles par la veuve du chancelier du Brabant Pierre Peckius. De la même époque datent encore *la Sainte Famille* du Metropolitan Museum de New-York, provenant de la galerie des ducs de Marlborough; *les Trois Nymphes avec la corne d'Abondance* du musée de Madrid; le portrait de Gevartius du musée d'Anvers; les portraits d'un jeune homme et d'une jeune femme dont le premier appartient au musée d'Anvers; le portrait en grisaille du duc d'Olivarez peint en 1626 et acheté en 1898 par Ern. Leroy dans la vente Kums à Anvers. En 1628, au moment de se rendre en Espagne, Rubens termina le retable du maître-autel de l'église des Augustins à Anvers, représentant *le Mariage mystique de Sainte Catherine,* où la vierge est entourée par les saints patrons de l'église. En partant pour Madrid, il emporta plusieurs tableaux qui lui avaient été commandés par Philippe IV. Pachéco relate que leur nombre était de huit et leurs sujets : *Jacob et Esau, Mucius Scevola, Ulysse et Achille, Samson déchirant la gueule du Lion, David luttant contre un ours, un Satyre avec un tigre, Cérès, Samson et les Philistins.* De tous ces tableaux nous ne connaissons avec certitude que *Ulysse et Achille,* ou *Achille parmi les filles de Lycomède,* l'œuvre qu'en 1618 Rubens offrit en échange à Dudley Carleton et dont il affirme qu'elle avait été exécutée par le meilleur de ses élèves et retouchée par lui. *Jacob et Esau* est probablement l'œuvre de ce nom appartenant à la Pinacothèque de Munich; *Cérès et Pan* se trouve encore au musée de Madrid; des cinq autres nous avons perdu les traces. Philippe IV, comme ses prédécesseurs sur le trône d'Espagne, était un amateur passionné de peinture et il mit avidement à contribution le talent de Rubens durant le séjour du maître à Madrid. Le 2 décembre 1628, lorsqu'il était à peine arrivé depuis dix semaines, le peintre écrivit à son ami Peiresc : « Je m'occupe ici de peinture « comme partout où je me trouve et j'ai « déjà exécuté le portrait équestre de

« Sa Majesté bien à son goût et à sa « grande satisfaction. Le roi trouve un « plaisir extrême dans la peinture et à « mon avis il est très richement doué; « je le connais déjà de fréquentation « personnelle, car, comme j'habite des « chambres du palais, il vient me voir « presque tous les jours. J'ai également « peint les portraits de tous les membres « de la famille royale en leur présence « avec beaucoup de soin et bien à mon « aise ». Pacheco témoigne de lui : « Durant les neuf mois qu'il passa à « Madrid, sans négliger sa mission im- « portante et quoiqu'il souffrît quelques « jours de la goutte, il a beaucoup « peint, tant est grande son habileté et « sa facilité. D'abord il fit le roi, la « reine et l'infante en figures à mi-corps « pour les emporter en Flandre; il exé- « cuta cinq portraits de Sa Majesté dont « un à cheval, œuvre très magistrale; « il portraitura ensuite l'infante (Mar- « guerite) des carmélites déchaussées en « figure plus d'à demi-corps, et en fit « en outre des copies. De cinq ou six « personnes privées il fit les portraits. « Il copia toutes les œuvres du Titien « que le Roi possède, tels les deux « *Bains* (de Diane), *Europe*, *Adonis*, « *Vénus et Cupidon*, *Adam et Eve*, « d'autres encore, et parmi les portraits « du Titien il copia ceux du landgrave « Philippe de Hesse, du duc de Saxe, « du duc d'Albe, de Cobos, d'un doge « de Venise et de bien d'autres tableaux « que le roi possède. Il copia Philippe II « en pied et en armure; il changea « l'une et l'autre chose à *l'Adoration* « *des Rois* qui se trouve au palais et fit « pour Diego Messia, son grand admira- « teur, un tableau de *l'Immaculée Con-* « *ception* de deux aunes de haut, et pour « don Jaime de Cardona, frère du duc « de Maqueda, un *Saint-Jean l'Evange-* « *liste* de grandeur nature. Il est in- « croyable comment en si peu de temps « et avec tant d'autres occupations il « ait tant pu peindre ». Pacheco ajoute « renseignement intéressant : « Il fré- « quenta peu les peintres; il n'eut de « relations qu'avec mon gendre (Velas- « quez) avec lequel il avait auparavant « échangé des lettres et avec lequel « maintenant il se lia d'amitié. Il se « prononça très favorablement sur ses « œuvres à cause de sa modestie. Ils « visitèrent ensemble l'Escurial ». Du portrait équestre de Philippe IV, peint par Rubens, le musée des Uffizi possède une copie. Des autres portraits du souverain il s'en trouve un à mi-corps à la Pinacothèque de Munich, un dans la collection Ssemeno à Saint-Pétersbourg; un autre faisait naguère partie de la collection Hirsch de Gereuth à Paris. Du portrait de la reine d'Espagne, la Pinacothèque de Munich et le musée impérial de Vienne possèdent chacun un exemplaire. Les autres membres de la famille royale peints par Rubens étaient le cardinal-infant, dont le portrait se trouve à la Pinacothèque de Munich, don Carlos, l'infante Marie-Thérèse, qui épousa plus tard l'empereur Ferdinand III, l'infante Marguerite, fille de l'empereur Maximilien II. Tous ces portraits sont perdus, de même que ceux des cinq ou six particuliers que, selon Pacheco, il exécuta à Madrid et les tableaux religieux exécutés pour don Diego Messia et pour don Jaime de Cardona. Il n'est pas admissible que Rubens ait exécuté des copies d'après tous les tableaux de Titien que possédait à cette époque la maison royale d'Espagne et dont le nombre devait se monter à 75 environ. Au moment de son décès, Rubens possédait trente-quatre copies faites de sa propre main d'après le grand maître vénitien, dont huit certainement furent exécutées par lui avant son voyage de 1628. De toutes ces copies nous ne connaissons que *Adam et Eve* et *Europe* au musée de Madrid, *l'Offrande à Vénus* et *la Bacchanale*. De ces deux derniers les copies furent faites en Italie et appartiennent au musée de Stockholm. Rubens peignit très peu pendant les neuf mois qu'il passa en Angleterre. Le plus important des tableaux qu'il y exécuta est la *Minerve protégeant la Paix contre la Guerre*. Il fit encore *Saint Georges patron de l'Angleterre* et offrit ces deux œuvres à Charles Ier. La première se trouve à la

National Gallery de Londres, la seconde à Buckingham Palace. Il peignit aussi *la Famille de Balthazar Gerbier*, son ami qui se trouve à Windsor Castle et dont la partie authentique est entourée de figures ajoutées par une autre main. Il fit encore le portrait d'une petite fille de Gerbier, le portrait de Thomas Parr, le centenaire, faisant partie de la collection de Mr Maurice Kann à Paris, celui de Theodorus Torquetus Mayernius, médecin de Charles Ier. Il fit en grisaille le modèle d'une aiguière avec soucoupe que le ciseleur anversois Théodore Roegiers exécuta pour le roi d'Angleterre.

Quand Rubens rentra à Anvers il trouva son foyer désert. Isabelle Brant, sa première femme, était morte le 20 juin 1626; il fut cruellement affecté de cette perte survenue inopinément. « J'ai perdu, écrivit-il, le 15 juillet 1626, « à son ami Peiresc une excellente com- « pagne qu'on pouvait ou plutôt qu'on « devait aimer avec raison, car elle « n'avait aucun des défauts propres à « son sexe; toujours de bonne humeur, elle « était exempte de toutes les faiblesses « féminines, elle était toute bonté, toute « amabilité; vivante on l'aimait pour ses « vertus; morte, elle est regrettée de « tous ». Neuf mois ne s'étaient pas écoulés depuis sa rentrée que Rubens contracta son second mariage. Il avait choisi une jeune fille admirablement belle, Hélène Fourment, baptisée le 1er avril 1614 et qu'il épousa le 6 décembre 1630. Voici comment il rend compte à son ami Peiresc des motifs qui déterminèrent son choix : « Ne pouvant « me résoudre encore à vivre en ascète, je « pris le parti de me remarier. Car, tout « en mettant la continence au-dessus de « toute chose, il nous est permis de « donner à nos sens une satisfaction « légitime, en remerciant Dieu du plai- « sir qu'il nous accorde. J'ai donc pris « une jeune femme de parents hono- « rables, mais bourgeois, bien que tout « le monde me conseillât de choisir une « dame de la cour. Mais je craignais « surtout de trouver dans ma compagne « l'orgueil, ce fléau de la noblesse. « C'est pourquoi j'en ai choisi une qui « ne rougit pas en me voyant prendre le « pinceau. Et pour dire toute la vérité, « j'aimais trop la liberté pour l'échanger « contre les embrassements d'une vieille « femme ». Ce qu'il ne dit pas, mais ce qu'il laisse sous-entendre, c'est qu'il aimait passionnément sa jeune femme bourgeoise. Pendant les neuf ans et demi qu'il lui fut donné de vivre avec elle, il le prouva de la manière la plus évidente. Il ne se lassa jamais de la peindre dans l'appareil le plus simple, dans les toilettes les plus diverses, seule ou avec son mari et ses enfants. Le plus célèbre de ces portraits et probablement le premier en date est *Hélène Fourment à la pelisse* du musée impérial de Vienne, où la gracieuse jeune femme est représentée couverte uniquement d'une pelisse, qu'elle retient d'une main sur la ceinture et de l'autre sur l'épaule, et qui laisse nus le haut et le bas du corps. Son portrait en toilette de noce se trouve à la Pinacothèque de Munich; là se trouvent encore la jeune épousée se promenant avec son mari dans leur jardin, Hélène Fourment seule en toilette de velours noir et la jeune mère tenant son fils aîné sur les genoux. Outre les cinq portraits que nous venons d'énumérer, nous en connaissons bien d'autres : celui du musée d'Amsterdam, celui du musée de l'Ermitage où Hélène Fourment est vue en pied, celui du consul Weber à Hambourg en robe de velours noir, celui du baron Alphonse de Rothschild à Paris, où elle est représentée en pied avec son mari et son fils aîné conduit par elle à la lisière, celui du baron Gaston de Rothschild où elle est vue seule en costume noir, celui du musée de La Haye et celui du Louvre où elle est représentée avec deux de ses enfants. Tous ces portraits sont des chefs-d'œuvre et témoignent combien vivement et durablement Rubens était épris de sa femme. Ses dernières années furent éclairées du rayonnement de cet amour vivifiant, de l'éclat de cette beauté qui exerçait sur lui un attrait irrésistible.

Deux ouvrages considérables datent des premières années après le second mariage de Rubens: *l'Histoire d'Achille*, huit cartons de tapisseries, faits probablement sur commande de Philippe IV. Il en exécuta les esquisses; un de ses élèves, Van Tulden, les transporta sur des toiles plus grandes qui servirent de modèles aux tapissiers. Il y a quelques années, ces cartons appartenaient au duc de l'Infantado et plus tard six d'entre eux faisaient partie de la collection de la duchesse de Pastrana à Madrid, qui en donna deux au musée de Pau; les autres se dispersèrent dans des collections particulières. La seconde série est celle des plafonds de la salle des banquets de Whitehall à Londres. Elle lui fut commandée par Charles Ier en 1629; elle fut exécutée après son retour à Anvers, et livrée le 8 octobre 1635. Les plafonds se trouvent encore à leur place primitive et se composent de neuf compositions ayant pour sujet la Glorification du règne de Jacques Ier. L'œuvre la plus remarquable de ces années, un des chefs-d'œuvre du maître, est *le Miracle de Saint Ildefonse* dont il fut chargé par l'infante Isabelle, et qui était destiné à l'autel de la confrérie de Saint-Ildefonse dans l'église Saint-Jacques sur Coudenberg à Bruxelles. C'est un triptyque représentant dans le panneau central la Vierge descendant du ciel pour remettre une chasuble au saint évêque de Tolède, les portraits d'Albert et d'Isabelle sur le côté intérieur des volets, *la Sainte Famille* ou *la Vierge au pommier* sur le côté extérieur. L'esquisse, dans laquelle le sujet principal se trouve réuni avec les portraits des archiducs sur un même panneau, se trouve au musée de l'Ermitage à Saint-Pétersbourg. Rubens exécuta cette œuvre de 1630 à 1632; elle resta sur l'autel jusqu'en 1641, année où elle fut accrochée à l'un des murs de la chapelle; au commencement du XVIIIe siècle les panneaux des volets furent sciés dans le sens de l'épaisseur et les deux côtés extérieurs réunis en un seul tableau. En 1776, les deux tableaux furent achetés par l'impératrice Marie-Thérèse et transportés à Vienne, où ils figurent au musée impérial. Plusieurs autres retables appartiennent à la même période : *la Dernière Cène* avec ses deux prédelles furent faites en 1632 pour l'autel de la confrérie du Saint-Sacrement à la cathédrale de Malines. Elles furent transportées en 1794 à Paris. En 1813, Napoléon Ier donna le tableau principal au musée de Milan et les deux prédelles au musée de Dijon où ils se trouvent encore. En 1633, Rubens exécuta pour l'autel de Sainte-Barbe dans l'église des frères Augustins, à Malines, *le Couronnement de Sainte Catherine*, vendu par les religieux en 1765, actuellement en possession du duc de Rutland et conservé au château de Belvoir-Castle. Vers la même année, il fit encore, pour l'église des Récollets à Gand, *Saint François d'Assise recevant les Stigmates*, aujourd'hui au musée de Gand, et *Saint François d'Assise protégeant le monde*, au musée de Bruxelles; en 1632, pour l'église du couvent des Bénédictins à Louvain, une *Adoration des Rois*, propriété actuellement du duc de Westminster. A la même période appartiennent : *Sainte Thérèse priant pour les âmes du Purgatoire*, fait pour l'autel de l'église des Carmélites déchaussées d'Anvers, actuellement au musée de cette ville; *la Vierge tendant une couronne de roses à Saint Dominique*, fait pour l'église des Dominicains à Lierre, aujourd'hui au musée de l'Ermitage à Saint-Pétersbourg; *Judith remettant à une vieille femme la tête d'Holopherne*, du musée de Brunswick; *Samson fait prisonnier par les Philistins*, de la Pinacothèque de Munich. Parmi les tableaux mythologiques de ces années nous distinguons *le Sacrifice à Vénus*, du musée impérial de Vienne; *Diane et sa suite surprise par un satyre*, du musée de Cassel; *Erichtonius trouvé par les filles de Cécrops*, du duc de Rutland à Belvoir-Castle, et *l'Abondance*, du baron Edmond de Rothschild. Un des plus beaux tableaux historiques de l'artiste, *Thomyris et Cyrus*, du Louvre, date de la même époque, ainsi que les portraits de Suzanne Fourment avec sa fille Catherine au musée de l'Ermitage, le portrait d'Ophovius au musée de La Haye, celui des deux abbés de Saint-Michel à Anvers, Mathias Yrselius, au musée de

Copenhague, Jean Chrysostome van der Sterre dont la trace s'est perdue, et sept portraits qui ornent le musée Plantin-Moretus.

A peine Rubens s'était-il remis au travail qu'il faillit encore en être détourné par la politique. Après la conclusion de la paix, don Carlos Coloma qui l'avait signée à Londres dut retourner en Flandre. Rubens fut un de ceux qui furent proposés pour le remplacer, mais il ne fut pas nommé. Le roi lui réserva un autre rôle auquel notre artiste n'échappa pas. Les dissensions entre Marie de Médicis et son fils Louis XIII, qui prenait parti pour son ministre le cardinal Richelieu, éclatèrent de nouveau en 1630, et Philippe IV avait songé à Rubens pour l'envoyer en Angleterre afin de négocier avec Charles Ier la manière d'intervenir dans les difficultés surgies entre les membres de la famille royale de France, à laquelle les deux autres maisons souveraines étaient liées par des relations d'étroite parenté. Telle ne fut cependant point la mission dont Rubens fut chargé, ce fut un autre rôle qu'il eut à remplir dans les tristes destinées ultérieures de la reine-mère. En septembre 1630, Marie de Médicis fut exilée au château de Compiègne. Elle parvint à s'évader et, passant la frontière belge, elle se rendit, le 20 juillet 1631, à Avesnes, alors en Hainaut. L'infante Isabelle envoya le marquis d'Aytona auprès de l'auguste fugitive pour l'assurer de son dévouement et l'engager à se rendre à Mons. Ce conseil fut suivi et, le 29 juillet, la reine-mère se rendit dans cette ville. Le 4 août, Isabelle vint la voir et le lendemain les deux princesses se rendirent au château de Mariemont d'où, le 13 août, elles repartirent pour Bruxelles. Le second fils de Marie de Médicis, Gaston duc d'Orléans, qui soutenait sa mère contre le cardinal de Richelieu, avait formé le projet de la délivrer du château de Compiègne, et il envoya un de ses affidés à Bruxelles pour demander des secours à l'Infante contre Louis XIII et Richelieu. Isabelle lui conseilla de chercher un refuge auprès du duc de Lorraine. C'est ce que fit Gaston. De là il sollicita de nouveau des secours de la gouvernante des Pays-Bas. Celle-ci désigna Rubens pour s'entendre avec le chargé de pouvoirs du duc d'Orléans. De longs pourparlers eurent lieu entre eux; ils aboutirent à faire retourner en Lorraine l'envoyé du prince français. Le 10 juillet 1631, Rubens se rendit à Dunkerque afin d'informer du résultat de sa mission le marquis d'Aytona, commandant en chef de l'armée espagnole dans nos provinces. Quelques jours après et sur l'ordre de l'Infante, il se rendit à Avesnes comme représentant de l'Infante auprès de la reine-mère qu'il accompagna à Mons. Le 1er août, il écrivit une longue lettre à Olivarez pour conseiller au ministre espagnol de soutenir la reine-mère et le duc d'Orléans contre Richelieu et de les aider à porter la guerre en France. Philippe IV et ses ministres commencèrent par repousser les conseils de Rubens ; lorsqu'à la fin de l'année ils changèrent d'avis, il était trop tard et ils ne prirent que des demi-mesures. Le 7 août 1631, Rubens était de retour à Anvers. Durant le séjour que fit la reine-mère dans cette ville et qui dura du 4 septembre au 16 octobre, elle alla voir l'atelier et les collections de Rubens, et l'artiste lui prêta de l'argent sur deux joyaux. Marie de Médicis resta encore de longues années dans les Pays-Bas ; mais, dès le mois d'avril 1632, Rubens demanda et obtint de ne plus s'occuper des mesquines intrigues et des rancunes personnelles qui déchiraient la cour de France. Il avait été l'homme de confiance de sa souveraine dans cette affaire à tel point qu'il put écrire plus tard à son ami Peiresc que toutes les négociations secrètes relatives à Marie de Médicis et au duc d'Orléans lui avaient été confiées. Il le fut encore dans une circonstance bien plus importante. La question d'un traité de paix à intervenir entre les Pays-Bas du Nord et du Sud s'agitait toujours. En décembre 1631, Isabelle envoya Rubens à La Haye pour avoir à ce sujet un entretien avec le prince Frédéric-Henri. Le prince le reçut, mais se déroba à ses propositions, en déclarant que les Etats Généraux seuls avaient le pouvoir de décider ces questions. Peu de mois après, l'Infante eut de nouveau recours à son dévoué serviteur dans une affaire politique qui, à un moment donné, menaça de revêtir un caractère très grave. En 1632, plusieurs membres de la haute noblesse belge, mécontents de se voir remplacés dans tous les emplois importants par des Espagnols, prêtèrent l'oreille à des suggestions venues de l'étranger et les invitant à la révolte. L'un d'eux, le comte Henri de Bergh, livra la ville de Venloo et passa avec toutes les troupes sous son commandement au service des Provinces-Unies. Des autres mécontents les plus fougueux s'abouchèrent avec lui pour secouer le joug espagnol et fonder un Etat indépendant. Les plus modérés conseillèrent à l'Infante, afin d'apaiser le mouvement, de convoquer les Etats-Généraux de nos contrées. C'est ce qui se fit et, le 9 septembre 1632, l'assemblée des députés de nos provinces s'ouvrit à Bruxelles. Ces Etats cherchèrent à s'entendre avec les les Etats Généraux de La Haye pour chasser les Espagnols, sauf à livrer le pays à ses voisins du Nord ou du Sud. L'Infante qui avait connaissance de leurs desseins ne resta pas inactive. Comme elle avait envoyé Rubens en décembre 1631 à La Haye pour s'y entendre avec le stathouder, elle le dépêcha dans les premiers jours d'août 1632 à Liége, où se trouvaient quelques membres des Etats-Généraux de Hollande. Rubens, porteur des lettres de créance de l'infante qui l'autorisait à traiter en son nom, entra en relations avec eux, afin de conclure une convention entre les gouvernements des deux Pays-Bas. Après une première entrevue, il retourna à Bruxelles pour rendre compte du résultat de sa démarche. Le 26 août, il se rendit à Maastricht pour s'aboucher avec Frédéric-Henri qui venait de faire son entrée dans cette ville. Le 29, il retourna à Bruxelles sans avoir rien obtenu. Les Hollandais, enhardis par le succès, refusaient de traiter avec l'Espagne. Les Etats de Bruxelles voyaient de mauvais œil ces allées et venues de Rubens ; ils s'en plaignirent à l'Infante et envoyèrent à leur tour trois de leurs membres pour s'entendre avec le prince d'Orange sur l'endroit et le jour d'une conférence où l'on traiterait de la paix. Il fut convenu qu'elle aurait lieu à La Haye, où en effet elle s'ouvrit le 13 décembre 1632. Les délégués des Etats des Pays-Bas espagnols ne réussirent pas, ce qu'ils attribuèrent, non sans raison, aux offres de meilleures conditions faites par Rubens au nom de l'Infante. Comme ils étaient résolus à mener par eux-mêmes les négociations et à les faire aboutir, ils se plaignirent à Isabelle de l'intervention de son homme de confiance. L'Infante feignit de leur laisser la main libre, mais sous prétexte de leur fournir les renseignements que lui seul était en état de leur procurer, elle chargea Rubens de se rendre à La Haye pour surveiller leurs faits et gestes. Rubens demanda donc un passeport au prince Frédéric-Henri, qui le lui accorda le 19 janvier 1633. De là, nouvelle indignation des Etats de Bruxelles. Le duc d'Aerschot avec trois autres délégués se rendit en leur nom à La Haye le 28 janvier 1633 ; ils s'arrêtèrent un jour à Anvers et invitèrent Rubens à remettre entre leurs mains les papiers dont il était dépositaire. Il savait ce qui s'était passé à Bruxelles et n'obéit point à l'injonction, mais il écrivit une lettre d'excuses au duc d'Aerschot. Le grand seigneur répondit à cette missive digne et polie par une lettre d'une outrecuidance exaspérée, véritable monument d'insolence aristocratique. Le duc atteignit son but, Rubens ne se mêla plus de cette affaire et dégoûté profondément de la politique, il pria l'Infante de lui épargner à l'avenir ces tracasseries. « Je » me jetai aux pieds de Son Altesse », écrivit-il à Peiresc, « et lui demandai » pour unique récompense de mes » peines qu'elle me dispensât de nou» velles missions et me permît de remplir » mes fonctions sans sortir de chez moi. » J'ai eu plus de difficulté à obtenir » cette faveur qu'aucune de celles qu'on » m'avait accordées jusque-là ». S'il s'occupa encore de politique plus tard ce ne fut qu'accidentellement et dans des affaires de minime importance.

Nous sommes arrivés au dernier lustre de la vie de l'artiste de génie. Il consacra ces cinq années à l'art et ne fut ni créateur moins fertile ni exécuteur moins incomparable que dans ses jours de pleine vigueur. Au contraire, avec le temps sa manière gagna en légèreté, en hardiesse, en splendeur de lumière; aux derniers temps son pinceau est plus raffiné de coloris que dans les temps antérieurs; l'importance de l'action recule parfois au second plan, mais jusqu'aux derniers jours, dans ses grandes œuvres, le drame conserve sa puissance empoignante. Un de ses travaux les plus célèbres et les plus importants appartenant à cette période est la série d'arcs de triomphe et de scènes qu'il peignit pour l'Entrée du cardinal-infant Ferdinand à Anvers en 1635. Le frère du roi d'Espagne, nommé gouverneur de nos contrées, était arrivé à Bruxelles le 4 novembre 1634; il devait faire son entrée à Anvers dans la première quinzaine de janvier de 1635. Mais, à cause de la rigueur du froid, elle fut remise au printemps: elle eut lieu le 17 avril. Rubens fut chargé de la décoration de la ville. Il se mit à l'ouvrage dès le mois de décembre 1634. Sous sa direction devaient être construits quatre grands arcs de triomphe, un dans la longue rue Neuve, l'autre dans la rue des Tanneurs, le troisième à l'entrée de la rue du Couvent, le quatrième devant l'abbaye Saint-Michel; une scène près de l'église Saint-Georges, une seconde au Marché au lait, une troisième dans la longue rue Neuve, une quatrième au Rivage; un portique à la place de Meir. Pour toutes ces constructions et pour les peintures dont elles étaient recouvertes de haut en bas, Rubens exécuta des esquisses; lui-même peignit deux des toiles qui ornaient « le théâtre de la Bienvenue » près de la porte Saint-Georges, par laquelle le prince fit son entrée. Les principaux peintres de la ville peignirent d'après ses esquisses et sous sa direction les toiles recouvrant et ornant les arcs et les scènes. Ce furent : Corneille Schut, Corneille De Vos, Jacques Jordaens, Théodore van Thulden, Jean de La Barre, Erasme Quellin, les deux fils de Henri van Balen, Jean et Gaspar, Gérard Zegers, Jean Boeckhorst, Borchgraef, Gaspar et Jean van den Hoecke, Théodore Rombouts, Jean Cossiers, Arthur Wolfaert, Gérard Wéri, Jean van Eyck, David Ryckaert. Les sculpteurs Hubert van den Eynde, Jenin Veldenaer, Paul van den Mortel, Forcy Cardon et Sébastion de Nève fournirent les statues qui ornèrent le portique des empereurs. Outre les travaux exécutés sous la direction de Rubens, la corporation de Saint-Luc construisit un théâtre à la grande Place, la chambre de rhétorique Le Souci en érigea un autre au Marché au blé; les négociants portugais élevèrent un arc de triomphe rue de l'Hôpital. La solennité et les décorations grandioses de Rubens furent décrites et éternisées dans le superbe volume *Pompa Introïtus Ferdinandi*, rédigé par l'ami de Rubens Gaspar Gevartius et illustré par les eaux-fortes de son élève Théodore van Thulden. Les fêtes étant terminées, les magistrats d'Anvers résolurent d'offrir au prince une vingtaine de peintures et les douze statues des empereurs qui avaient décoré la ville lors de son entrée. Rubens, Jordaens et Gérard Zegers furent chargés de restaurer et de retoucher les tableaux choisis. Quelques-uns se sont conservés : *Neptune protégeant la Traversée du prince* au musée de Dresde, *la Rencontre des deux Ferdinand* au musée impérial de Vienne, *la Bataille de Nordlingen* à Windsor Castle, les portraits d'*Albert et Isabelle* et de *l'Archiduc Ernest* au musée de Bruxelles, *le Commerce désertant Anvers* au musée de Stockholm. Des esquisses de la main de Rubens se trouvent au musée de l'Ermitage et au musée d'Anvers, quelques autres appartiennent à des collections particulières.

En 1635, Rubens acheta la seigneurie de Steen, située dans la commune d'Elewyt, entre Malines et Vilvorde; le 12 mai de cette année, un décret du conseil de Brabant l'en reconnut comme acquéreur. C'était une propriété considérable se composant d'un vieux manoir dans le style de la renaissance flamande du milieu du XVIe siècle et s'élevant au milieu de jardins et de terres de labour, le tout entouré de fossés. Il agrandit le domaine de champs situés aux alentours. La propriété entière fut évaluée, lors d'une vente en 1682, à 100,000 florins dont 93,000 pour l'acquisition primitive et 7,000 florins pour les accroissements. Ce fut là que Rubens passa l'été pendant les cinq dernières années de sa vie. Ce fut là aussi qu'il exécuta la majeure partie des paysages qui se rencontrent dans son œuvre et qui furent inspirés par le milieu agreste où il se complaisait. Nous connaissons encore quarante paysages peints par lui; une demi-douzaine datent d'époques antérieures. Rubens, le premier, représenta la nature telle qu'elle se montre dans nos contrées, belle dans sa simplicité, attrayante par les charmes qui lui sont propres dans les pays de plaine et dans les champs labourés. Le premier aussi, il fit vivre dans les champs le paysan occupé à son labeur de tous les jours, et fit ressortir la poésie intime et la belle couleur des hommes et des choses telles qu'elles s'offrent à nous dans toutes les saisons et à toute heure du jour. Il montre le soleil se levant et se couchant, le berger ramenant son troupeau, la bergère trayant les vaches, le paysan rentrant son foin ou sciant les arbres, le chasseur à l'affût au lever du soleil, le cheval dans la prairie au clair de la lune. Ce fut une révolution qu'il opéra dans le paysage et un exemple qu'il donna aux futurs interprètes de la nature vraie de nos contrées. La plupart des grands musées de l'Europe et un grand nombre de collections particulières possèdent des œuvres de cette catégorie. Citons le Palais Pitti de Florence, Windsor Castle, la National Gallery de Londres, la Pinacothèque de Munich, la galerie Liechtenstein, le musée impérial et le musée de l'Académie de Vienne, le Louvre, les musées de Berlin, de Madrid, de Bruxelles, de l'Ermitage, la collection de lord Carlisle, de lord Buccleugh.

Le roi d'Espagne qui, dès avant l'arrivée de Rubens à Madrid en 1628, lui avait commandé huit tableaux, qui à Madrid ne s'était pas lassé de le voir et de le faire travailler et qui en 1636 possédait vingt-cinq tableaux exécutés par lui ou par ses collaborateurs, accabla depuis cette dernière année notre peintre de commandes. Après son arrivée dans nos contrées, son frère, le cardinal-infant, servit d'intermédiaire pour transmettre à Rubens les ordres de son royal admirateur et pour en surveiller l'exécution. En 1636, c'est une suite des *Métamorphoses d'Ovide* destinées à orner la maison de chasse la Torre de la Parada, située à trois lieues de Madrid, qu'il exécute avec de nombreux collaborateurs et qui furent expédiées le 11 mars 1638. La suite comprenait cinquante-six tableaux, dont trente et un se retrouvent au musée de Madrid. Avant le 30 juin de la même année, une nouvelle série de tableaux lui fut commandée, elle fut expédiée le 27 février 1639; le 22 juin 1639, nouvelle commande de peintures destinées à décorer la salle voûtée de Madrid : elles représentaient probablement des chasses et des animaux et devaient être exécutées par Rubens et par Snyders. Huit de ces tableaux furent envoyés en 1640, huit autres le 4 janvier 1641, les deux derniers étaient arrivés à Madrid le 2 juin de la même année. Quatre grands tableaux furent en outre commandés à Rubens seul. Un d'eux, *la Réconciliation des Romains et des Sabins*, fut seul exécuté en entier par Rubens; deux autres, *Hercule* et *Persée et Andromède*, furent terminés par Jacques Jordaens; le dernier, *l'Enlèvement des Sabines*, fut achevé par un élève inconnu. Seules les *Métamorphoses d'Ovide* sont conservées en bonne partie; des tableaux commandés en 1638, nous n'en connaissons qu'un seul, *le Jugement de Pâris*, au musée de Madrid; il ne reste aucun des dix-huit tableaux peints en collaboration avec Snyders. Des quatre derniers tableaux mentionnés plus haut on n'a conservé que le *Persée et Andromède* au musée de Madrid. Outre ces tableaux dont les commandes et envois sont mentionnés dans la correspondance de Philippe IV avec son frère, nous trouvons au musée de Madrid sept tableaux de Rubens achetés par le roi du vivant du peintre : *Nymphes de Diane surprises par des Satyres, Diane et Callisto, les Trois Grâces, le Christ mort sur les genoux de sa mère, l'Acte religieux de Rodolphe Ier comte de Habsbourg, la Chasse d'Atalante et Méléagre, la Conversation à la mode.* Tous les sept comptent parmi les chefs-d'œuvre du maître.

Les paysages et les travaux considérables exécutés pour Philippe IV furent loin d'occuper seuls les dernières années de Rubens; d'autres tableaux de tout genre datent de cette période. Tels les retables : *le Martyre de saint Liévin*, fait pour le maître-autel de l'église des Jésuites à Gand, et *le Portement de la Croix*, peint pour l'abbaye d'Affligbem, tous deux actuellement au musée de Bruxelles; *le Martyre de saint Just*, fait pour le maître-autel de l'église des Annonciades à Anvers, aujourd'hui au musée de Bordeaux; *le Martyre de saint André*, commandé par Jean van Vucht, riche marchand flamand établi à Madrid où Rubens apprit à le connaître, et fait pour l'autel de l'église de l'hôpital Saint-André des Flamands à Madrid où il se trouve encore; *le Crucifiement de saint Pierre*, commandé en 1637 par le banquier Evrard Jabach pour l'église Saint-Pierre à Cologne qui le possède encore, mais fourni seulement après le mort du peintre; *l'Assomption de la Vierge*, commandée par Charles Schotte pour l'église des Chartreux à Bruxelles, actuellement dans la galerie Liechtenstein à Vienne; *le Martyre de saint Thomas* et *saint Augustin*, faits en 1637 aux frais de la comtesse Martinitz pour l'église du couvent des Augustins de Prague, maintenant au musée de cette ville.

Outre les retables que nous venons de mentionner, Rubens exécuta dans le courant de ses cinq dernières années plusieurs autres tableaux remarquables : *les Maux de la guerre*, fait en 1638 sur l'ordre du peintre Juste Suttermans pour le grand-duc de Florence, actuellement au Palais Pitti; *l'Enlèvement des Sabines* et *le Serpent d'airain*, tous deux à la National Gallery de Londres; *sainte Cécile*, qui se trouvait dans la mortuaire du peintre et appartient maintenant au musée de Berlin; *le Massacre des Innocents*, fait pour Antoine Triest, évêque de Gand, actuellement à la Pinacothèque de Munich; *Bethsabée à la fontaine* et *Mercure et Argus*, tous deux au musée de Dresde; *la Sainte Famille* du musée de Madrid et celle du musée de Cologne; *Méléagre et Atalante* et *le Berger embrassant une bergère* de la Pinacothèque de Munich; *le Héros couronné par la victoire* du musée impérial de Vienne; *le Jugement de Pâris* de la National Gallery de Londres; *l'Andromède* du musée de Berlin; *Diane et Actéon* de la galerie Schubart à Munich; *Bacchus sur son tonneau* de l'Ermitage; *le Banquet d'Hérode* de Herman Linde; *les Nymphes et les Faunes, la Danse des paysans* et la *Conversation à la mode*, les trois derniers au musée de Madrid; *la Kermesse villageoise* au Louvre. Quelques portraits datent des mêmes années : celui de Jean Brant à la Pinacothèque de Munich fait en 1635; ceux de Charles le Téméraire, de l'empereur Maximilien et de trois inconnus au musée impérial de Vienne; le portrait du Cardinal-infant à mi-corps appartenant à Mr Pierpont Morgan et celui du même prince à cheval du musée de Madrid; enfin les portraits d'Hélène Fourment avec ou sans les enfants que nous avons déjà mentionnés.

Nous terminons ainsi la nomenclature du dernier groupe des tableaux du maître. Mais, dans l'énumération de ses œuvres innombrables, nous avons passé sous silence une partie importante de ses travaux, notamment ses dessins. Il en fit de plusieurs sortes. Nous distinguons ses dessins d'étude faits en partie en Italie d'après les antiques et d'après les grands maîtres de la Renaissance, en partie pour ses propres tableaux. Il avait l'habitude d'esquisser ses tableaux à la couleur et non d'en faire des dessins; pour un certain nombre cependant il fit des études de figures et des fragments, tels : *la Chute des réprouvés ; la Conversation à la mode ; Daniel dans la fosse aux Lions ; le Miracle de saint Ildefonse.* Bien plus souvent il dessina à la plume ou à la craie les modèles de ses portraits, et ce genre de dessins est d'un travail réellement incomparable ; les portraits du duc de Buckingham, du marquis de Leganès, de la camériste de l'Infante, de Suzanne Fourment et de Nicolas Rubens, tous à l'Albertine, ceux de Marie de Médicis et de lui-même au Louvre comptent parmi les plus parfaits. Rubens fournit beaucoup de dessins aux imprimeurs pour les frontispices ou pour l'illustration de leurs livres. Ce fut surtout pour son ami Balthazar Moretus qu'il fit de nombreux travaux de ce genre. Nous connaissons quatre-vingt-deux de ces dessins dont soixante-sept faits pour la seule imprimerie Plantinienne. Il fit en outre un nombre assez restreint de dessins d'après ses propres tableaux pour ses graveurs. Nous disons « ses » graveurs, non pas tant parce qu'ils reproduisaient ses tableaux que parce qu'il les avait dressés et leur avait appris à comprendre leur art tel que lui-même l'entendait. Il ne le voulait pas coquet, délicat et brillanté comme était le travail de l'école antérieure, celle des Wieriecx et des Collaert, mais large, énergique, faisant revoir dans ses tailles robustes l'éclat de la couleur et le rayonnement de la lumière qui caractérisent le style rubénien. Il créa ainsi la grande école de gravure qui fut une des gloires d'Anvers et exerça au XVIIe siècle et dans les temps postérieurs une influence prépondérante sur les artistes du burin dans notre pays et à l'étranger. Parmi ces graveurs se distinguèrent Corneille Galle père et fils, qui gravèrent la plupart des illustrations des livres dessinés par lui; Swanenburg, Egbert van Panderen, André Stock, Jean Muller, artistes de nationalité hollandaise qui dans les premières années exécutèrent quelques planches pour lui ; Michel Lasne, d'origine française ; Pierre Soutman, Hollandais de naissance et le premier qui entra résolûment dans la voie nouvelle; Luc Vorsterman, Boëtius et Schelte à Bolswert, encore trois artistes d'origine hollandaise, qui furent les interprètes les plus parfaits du maître et les plus fidèles à son style; Paul Pontius d'Anvers, leur digne rival; Hans Witdoeck, le graveur des dernières années et du dernier style du maître ; Nicolas Ryckmans, Nicolas Lauwers, Pierre De Jode père et fils, Marinus, Jacques Neefs. Nous ne citons pas leurs successeurs immédiats qui, après la mort de Rubens, prirent ses œuvres pour modèles de leurs planches. Il n'y eut pas que des burinistes qui les reproduisirent, d'autres les gravèrent à l'eau-forte, tels : François van den Wyngaerde, Guillaume Panneels, Luc van Uden, Théodore van Tulden, Rombout Eynhoudts. Un seul graveur sur bois s'inspira de Rubens et se forma d'après ses leçons, ce fut Christophe Jegher, dans son genre aussi remarquable que les grands burinistes rubéniens. Il reproduisit neuf tableaux du maître que celui-ci dessina pour lui et qu'il modifia plus ou moins considérablement en vue de cette reproduction.

Rubens n'exécuta pas toujours seul ses tableaux. Bien souvent et surtout dans ses œuvres de grande dimension il se faisait aider par ses élèves ou par ses collaborateurs. Cette intervention était de nature et d'importance diverses. Parfois, il faisait exécuter certaines parties par des spécialistes, comme nous avons déjà eu l'occasion de le faire observer. Jean Breughel de velours peignit les fruits et les fleurs dans maints de ses petits tableaux ; il exécuta les animaux et les paysages dans d'autres, comme dans *Adam acceptant le fruit défendu* du musée de La Haye et *Saint Hubert* du musée de Berlin. François Snyders peignit avec son talent admirable les fruits et les animaux dans plusieurs tableaux, tels *Diane revenant de la chasse* du musée de Dresde, *les Enfants portant une guirlande de fruits* de la Pinacothèque de Munich. Jean Wildens était un collaborateur à tout faire : paysages, animaux, bâtiments, nature morte et accessoires de tout genre. Luc van Uden était le grand et habile collaborateur pour les paysages; il y en a bien une moitié qui portent le nom de Rubens et que celui-ci retoucha en effet, mais que van Uden exécuta en grande partie. Paul De Vos intervenait spécialement dans les chasses où il peignait les grands animaux vivants et dans d'autres tableaux où il faisait la nature morte.

Rubens se faisait aider, disions-nous, par ses élèves. Nous sommes très loin de connaître tous ceux qui reçurent ses leçons et l'assistèrent dans ses travaux; nous savons que des centaines d'artistes briguèrent la faveur d'entrer dans son atelier et que le nombre de ceux qui furent admis est considérable; mais les registres de la corporation de Saint-Luc n'en mentionnent que trois. Des autres nous en connaissons quelques-uns qui ont réussi à se faire un nom par leurs propres œuvres, mais la plupart assurément nous sont restés inconnus. Nous pouvons citer avec certitude Antoine Van Dyck, le plus grand de tous, et le seul réellement très grand, qui avec sa précocité merveilleuse collabora avec Rubens, dès sa première jeunesse jusqu'en 1620, et s'appropria à tel point la facture du maître qu'il est parfois très difficile de distinguer le travail de chacun d'eux. Viennent ensuite Corneille Schut, Pierre van Mol, Pierre Soutman, élèves et collaborateurs des premiers temps; Juste van Egmont et Guillaume Panneels que l'on rencontre dans l'atelier du maître dans la période moyenne; Théodore van Tulden, Jacques Moermans, qui entrés à la même époque y restent plus tard; Erasme Quellin, Abraham van Diepenbeeck, François Wouters, Victor Wolfaert, Jean Thomas, les disciples fidèles des dernières années.

Il y avait de longues années que Rubens souffrait par intervalles de la goutte. A partir de 1627, nous trouvons presque chaque année dans ses lettres des plaintes sur sa douloureuse infirmité. Dans les derniers temps, à partir de 1635, les attaques deviennent de plus en plus graves. En 1639, une issue fatale était à prévoir; le 16 septembre de cette année, il signe avec Hélène Fourment un codicille ajouté à leur premier testament et réglant le partage de leurs biens entre les enfants des deux lits. Rubens avait eu de sa première femme trois enfants : une fille Clara-Serena, baptisée le 21 mars 1611, morte dans les derniers jours du mois d'octobre 1623, et deux fils, Albert, baptisé le 5 juin 1614, et Nicolas, baptisé le 23 mars 1618. D'Hélène Fourment il eut cinq enfants : trois filles Claire-Jeanne, née le 18 janvier 1632 qui épousa Philippe van Parys; Isabelle-Hélène, née le 3 mai 1635 qui resta célibataire; Constance-Albertine, née le 3 février 1641, huit mois après la mort de son père, qui se fit religieuse; deux fils : François, né le 12 juillet 1633, et Pierre-Paul, né le 13 mars 1637. Au commencement de l'année 1640, une amélioration se produisit dans la santé de Rubens, mais les rechutes devenaient de plus en plus menaçantes; le 21 avril 1640 il était paralysé, le 2 mai il allait mieux, le 27 mai il sentit sa fin approcher et appela le notaire pour prendre ses dernières dispositions testamentaires; il mourut le 30 mai 1640 vers midi d'une goutte remontée.

Le soir du décès, le corps fut placé dans le caveau de la famille Fourment à l'église Saint-Jacques, le service funèbre eut lieu le 2 juin. Le défunt avait exprimé le désir qu'une chapelle funéraire fût érigée pour servir de sépulture à lui et à ses descendants, si ses héritiers l'en jugeaient digne, et qu'un de ses tableaux, *la Vierge et l'enfant Jésus* entourés de plusieurs saints, fût placé sur l'autel. Ce vœu fut accompli; le 3 novembre 1643, la chapelle était terminée, le tableau, une des plus merveilleuses créations du maître, fut placé sur l'autel et dans le courant du même mois le corps du défunt fut transporté dans le caveau.

Rubens laissa une riche collection d'œuvres d'art dont on imprima l'inventaire dans une *Spécification des peintures trouvées à la maison mortuaire de feu Messire Pierre-Paul Rubens chevalier.* Ce catalogue comprend 319 tableaux et 10 statues ou objets rares. Il y avait 46 tableaux peints par Rubens d'après les maîtres italiens, 94 tableaux originaux de sa main, 7 tableaux dont les figures étaient de lui, un grand nombre de portraits d'après nature par lui ou par Van Dyck. Le 8 juin 1640, on avait commencé à en dresser l'inventaire. De nombreux tableaux furent vendus de la main à la main; le roi d'Espagne en acquit trente-deux dont dix-sept étaient peints par Rubens. Les autres furent offerts dans une vente publique qui commença le 17 mars 1642 et ne dura pas moins de trois mois.

Nous avons déjà mentionné la plupart des tableaux laissés par le maître; citons encore trois exemplaires de *Suzanne avec les vieillards* dont l'un appartient à la Pinacothèque de Munich, un second à l'auteur de cette notice; dix-sept paysages et trente-deux portraits dont plusieurs en multiples exemplaires. La plupart de ces tableaux datent des dernières années, pas tous cependant; il est clair qu'ils formaient une réserve dans laquelle pouvaient puiser les amateurs désirant acquérir sans délai une œuvre du maître : tels sont les deux portraits de Charles le Téméraire mentionnés dans l'inventaire et deux autres effigies du même souverain que nous avons appris à connaître précédemment. D'après une clause spéciale de la dernière volonté du défunt, ses dessins ne devaient être vendus que lorsque le plus jeune de ses enfants aurait 18 ans, si aucun de ses fils ne devint peintre et si aucune de ses filles n'épousait un peintre. L'avant-dernier de ses enfants devint prêtre, le dernier entra au couvent, aucun des fils ne devint peintre, aucune de ses filles n'épousa un peintre, de façon que la vente put avoir lieu le 23 août 1657. Une partie précieuse de sa collection, ses pierres gravées et ses médailles furent attribuées comme prélegs à ses deux fils Albert et Nicolas. En y comprenant le produit des ventes et la valeur des legs, l'héritage se montait à deux millions et demi de francs de notre monnaie.

A juste titre Rubens fut appelé un enfant gâté de la fortune : il eut tous les dons et tous les bonheurs. A bon droit encore il fut proclamé l'enfant le plus glorieux de sa patrie; il est, en effet, le plus grand dans l'art qui a le plus illustré la Belgique. Il joignit le talent naturel le plus merveilleux à l'étude la plus consciencieuse, l'esprit créateur le plus fertile et le plus audacieux à la main la plus habile et la plus délicate. Il fut le peintre le plus dramatique que le monde ait connu, en même temps que l'interprète des scènes les plus attendrissantes. Il fut le dessinateur le plus fougueux en même temps que le coloriste le plus éclatant et le plus chatoyant. Il unit les propriétés caractéristiques de la Flandre réaliste à celles de l'Italie idéaliste et, en fondant ensemble les qualités des deux écoles les plus glorieuses, il retrempa le génie de son pays et créa un art nouveau et original. Il domina tout son siècle : tous les artistes de son pays subirent largement son influence, non seulement ceux qui fréquentèrent son atelier, les Van Dyck, les van Tulden, les Quellin, mais encore ceux qui ne travaillèrent point sous sa direction : Jacques Jordaens, David Teniers, Corneille De Vos, Gérard Zeghers. Son empire s'étendit bien au delà de son temps et de son pays. En Flandre tout le XVIIe et le XVIIIe siècles artistiques vécurent de sa vie; à l'étranger on ressentit son impulsion puissante et persistante. L'art religieux européen jusqu'à nos jours s'est inspiré de lui; le paysage moderne a été créé par lui. La gravure a suivi ses leçons. Sa gloire ne s'est pas ternie un instant, elle a brillé depuis ses débuts jusqu'à sa mort; elle a continué à rayonner d'un éclat ininterrompu jusqu'à nos jours.

Max Rooses.

Philippe Rubens, *Vita Petri Pauli Rubenii* (dans *Nouvelles Recherches sur Pierre-Paul Rubens*, par le baron de Reiffenberg, t. X des Nouveaux mémoires de l'Académie royale de Belgique). — Bakhuizen Van den Brinck, *Het huwelyk van Willem van Oranje* (Amsterdam, 1853). — Id., *Les Rubens à Siegen* (La Haye, 1861). — Dr L. Ennen, *Ueber den Geburtsort des Peter Paul Rubens* (Cologne, 1861). — B.-C. Du Mortier, *Recherches sur le lieu de naissance de Pierre-Paul Rubens* (Bruxelles, 1861). — Id., *Nouvelles Recherches sur le lieu de naissance de Pierre-Paul Rubens* (Bruxelles, 1862). — Auguste Spiesz, *Mittheilungen über die Familie Rubens*. — Id., *Eine*

Episode aus dem Leben der Eltern van P. P. Rubens (Dillenburg, 1873). — Fréderic Verachter, *Généalogie de P.-P. Rubens* (Anvers, 1840). — P. Génard, *P.-P. Rubens*, aanteekeningen over den grooten meester en zijne afstammelingen (Anvers, 1877). — Id., *De nalatenschap van P.-P. Rubens* (*Bulletin des archives d'Anvers*, t. II, p. 69). — Id., *Het testament der moeder van Rubens* (*Ibid.*, t. II, p. 291). — Id., *Intrede van den prins cardinaal Ferdinand van Spanje te Antwerpen op 17 april 1635* (*Ibid.*, t. VI, p. 400; t. XIII, p. 215). — Baron de Reiffenberg, *Nouvelles Recherches sur Rubens* (*Bulletins de l'Académie royale de Belgique*, t. XI). — Gachard, *Particularités et documents inédits sur Rubens* (*Trésor national*, t. I, p. 160. Bruxelles, 1842). — O'K. de G., *Documents historiques sur la famille de Rubens* (*Le Heraut d'armes*, t. I, p. 1. Bruxelles, 1869). — Emile Gachet, *Lettres inédites de Pierre-Paul Rubens* (Bruxelles, 1840). — Adolf Rosenberg, *Rubensbriefe* (Leipzig, 1881). — Ch. Ruelens et Max Rooses, *Correspondance de Rubens* (Anvers, 1887-1908). — Cruzada Villaamil, *Rubens diplomatico espanol* (Madrid, 1874). — Gachard, *Histoire politique et diplomatique de Pierre-Paul Rubens* (Bruxelles, 1877). — W. Noël Sainsbury, *Original unpublished papers illustrative of the life of sir Peter Paul Rubens* (Londres, 1859). — William Hookham Carpenter, *Pictorial notices* (London, 1844). — Armand Baschet, *Pierre-Paul Rubens peintre de Vincent I de Gonzague, duc de Mantoue* (*Gazette des beaux-arts*. Paris, 1866-1868, t. XX, XXII, XXIV). — Ch. Ruelens, *Pierre-Paul Rubens, documents et lettres publiés et annotés* (Bruxelles, 1877). — Max Rooses, *Petrus-Paulus Rubens en Balthasar Moretus* (Anvers, 1884). — Giovanni Crivelli, *Giovanni Brueghel* (Milan, 1868). — Goeler von Ravensburg, *Petrus Paulus Rubens als Gelehrter, Diplomat, Künstler und Mensch* (Heidelberg, 1883). — Id., *Rubens und die Antike* (Iena, 1882). — Aug. Castan, *Les origines et la date du Saint-Ildefonse de Rubens* (Besançon, 1884). — Id., *Une visite au Saint-Ildefonse de Rubens* (1885). — Id., *Opinions des érudits de l'Autriche sur les origines et la date du Saint-Ildefonse de Rubens* (Ibid., 1887).— Henri Hymans, *La Gravure dans l'école de Rubens* (Bruxelles, 1879). — Id., *Luc Vorsterman* (Ibid., 1893). — Adolf Rosenberg, *Die Rubensstecher* (Vienne, 1893). — W. Bode, *Die Fürtslich Liechtensteinche Galerie* (Vienne, 1896). — Id., *Die Gemälde-Galerie der Königliche Museen zu Berlin*. — Jacob Burckhard, *Erinnerungen aus Rubens* (Basel, 1898). — Dr G. F. Waagen, *Ueber den Maler Petrus Paulus Rubens* (*Historisches Taschenbuch*. Leipzig, 1833).— M. de Piles, *La vie de Rubens* (dans ses *Conversations sur la peinture*). — Sandrart, *Peter Paul Rubens* (*Deutsche Academie*, Zweyter Theil, p. 290. Nuremberg, 1675). — Herman Riegel, *Peter Paul Rubens* (dans *Beiträge zur Niederlandischen Kunstgeschichte*. Berlin, 1882, t. I, p. 163). — Rafaele Soprani, *Pietro Paolo Rubens* (dans *le Vite de Pittori*, etc. Gênes, 1674). — Gio-Pietro Bellori, *Vita di P. Paolo Rubens* (dans *Vite dei Pittori*, etc.). — Geo. Baglione, *Vita di Pietro Paulo Rubens* (dans les *Vite de Pittori Scultori*, etc. Naples, 1733). — François Mols, *Notes manuscrites sur Rubens* (Bibliothèque royale de Bruxelles). — J.-F.-M. Michel, *Histoire de la vie de P.-P. Rubens* (Bruxelles, 1771). — André van Hasselt, *Histoire de P.-P. Rubens* (Bruxelles, 1840). — Alfred Michiels, *Rubens et l'école d'Anvers* (Paris, 1854). — Max Rooses, *Geschiedenis der Antwerpsche Schilderschool* (Anvers, 1879). — Fr.-Jos. Vanden Branden, *Geschiedenis der Antwerpsche Schilderschool* (Anvers, 1883). — Emile Michel, *Rubens sa vie, son œuvre et son temps* (Paris, 1900). — Max Rooses, *Rubens' Leven en Werken* (Anvers, 1903). *Idem* en français. Anvers et Paris; allemand, Leipzig; anglais, Londres. — Max Rooses, *l'Œuvre de Rubens* (Anvers, 1886-1892; 5 vol.). — Rubens-bulletijn (*Bulletin Rubens*). Anvers, 1882-1900; 5 vol. Collaborateurs : Ch. Ruelens, P. Génard, Max Rooses, Ed. van Even, Chan. Dehaisnes, Alex. Pinchart, Henri Hymans, L. Gachard, Philippe Tamizey de Larroque, A. Goovaerts, Henri Stein, Jules Finot, A. Bertolotti.

RUBRUQUIS (*Guillaume* DE), voyageur. Voir RUYSBROECK (*Guillaume* DE).

RUBUS (*Jean*), écrivain ecclésiastique. Voir DUBUISSON.

RUCHIUS (*Jean-Guillaume*), écrivain du XVIe siècle sur lequel nous n'avons guère de renseignements biographiques. Il naquit à Gand (il s'intitule *Gandavus*) et doit y avoir passé une grande partie de sa vie : nous savons également qu'il fut prêtre (*presbyter*). A la suite des *Historiarum* et *Chronicorum totius mundi* de A. Gassarus (l'ouvrage parut à Anvers en 1536, imprimé par Grapheus), il composa une généalogie de Charles-Quint. Cette généalogie, qui va jusqu'en l'an 1528, n'a aucune valeur. Ce qui offre plus d'intérêt c'est un pasquille inédit, dont Ruchius est l'auteur et dont le manuscrit se trouve à la Bibliothèque royale de Bruxelles (ms. 21687-91, fol. 60 v°). Il est intitulé : *Liberii Joannis Ruchii Gandavi, in duos cujusdam exigui dialogi a quodam perfido editi interlocutores atque alterius nunc sub similibus nominibus ... Ruchio actore, historice elucidati*. C'est donc une réponse à un autre pasquille où prennent également la parole Pasquillus et Marphorius. L'*argumentum* se termine par les mots : *Vale, ex Gandavo Flandriarum archiurbe, sexto calendarum maï* 1533. Vient ensuite un *octostychon* d'un certain Levinus Gravius, également Gantois, en l'honneur de Ruchius; il se termine pompeusement par les vers :

Ruchius est autor, Gandavi natus, honoris
Palmam qui cunctis preripit historicis !

Le texte même du pasquille va du fol. 62 *recto* au fol. 68 *recto*.

Léonard Willems.

RUCHOLLE (*Gilles*), graveur au burin d'origine incertaine, exerçant à Anvers vers le milieu du XVIIe siècle. Les annales de la gilde de Saint-Luc sont muettes à son sujet. Très probablement fils de Pierre Rucholle, qui suit, il doit sa principale notoriété à deux gravures d'après Rubens, profils, de grandeur naturelle, du *Christ* et de *la Vierge* (Voorhelm Schneevoogt, *Hist. et allég. Sacr.* 72-73). Le style et la manière de ces médaillons rangent leur auteur dans la série des interprètes secondaires du fameux peintre. Rucholle y exagère les défauts de son modèle, ce qui n'empêche que ses deux planches offrent de l'intérêt. Parmi les portraits illustrant le *Gulden Cabinet* de Corneille De Bie se rencontre, de son burin, l'effigie d'Octave Van Veen (Otto Vænius) gravée d'après une peinture de Gertrude, la fille de ce peintre fameux. Gilles Rucholle contribua par cette seule planche à un recueil dont les diverses gravures portent les noms des principaux représentants de l'école de Rubens. Il collabora également à l'*Iconographie* de Van Dyck, par un portrait de Charles-Emmanuel de Savoie, et concourut, pour plusieurs planches, à la collection éditée sous la direction de Pierre de Jode, à Anvers : *Theatrum pontificum, imperatorum, regum, etc.* (1651).

Un portrait de Marguerite d'Autriche, gravé pour ce recueil, est daté de 1645. Un autre d'Innocent X rappelle que ce pontife ceignit la tiare en 1644. Un portrait de Louis XIV enfant est sans date. A signaler encore un portrait de Christophe Radzivill. Il existe de Gilles Rucholle. d'après P. van Avont, une *Sainte Famille* où la Vierge, l'Enfant Jésus et saint Joseph sont entourés d'anges. C'est une œuvre assez habilement traitée.

Henri Hymans

RUCHOLLE (*Pierre*), aussi RUSSCHOLLE, RUSCIOLLE, ROUSCHOLLE, ROCHOLLE et même ROSCELAEN, toutes formes se retrouvant dans les *Liggeren* de la gilde de Saint-Luc d'Anvers, graveur, né à Lille ou dans les environs, vers 1600, mort à Anvers en 1646-47. Rédigée par Verachter, ancien archiviste de la ville, *l'Histoire de la gravure d'Anvers* (1874) fait naître Pierre Rucholle en 1618. La chose est impossible, attendu qu'on trouve de l'artiste une estampe datée de 1627. Il est hors de mesure de la supposer l'œuvre d'un enfant de neuf ans. Pour ce qui est du lieu de naissance du graveur, nous suivons Arth. Dinaux, bien que ce dernier n'apporte aucune preuve à l'appui de son assertion, en dehors des lieux où parurent les planches de P. Rucholle. Inscrit à la gilde artistique d'Anvers comme *plaetsnyder* (graveur sur métal) en 1641, il acquitta le droit de vingt-six florins. En 1646-47, une somme de 3 fl. 8 sous est perçue par la gilde à l'occasion du décès de ce confrère de peu de renom. A défaut pourtant d'être un artiste de premier ordre, Rucholle est un praticien de réelle valeur. On connaît de lui des pièces offrant de l'analogie avec celles de Crispin de Passe, comme l'estampe datée de 1633 (Dinaux imprime par erreur 1638), gravée à Douai pour le livre de Martin L'Hermite : *Histoire des Saints de la province de Lille, Douai, Orchies, etc.* Cette jolie reproduction porte le titre *Genealogica tabella parentum et stemmatum SS. Ducū Adalbaldi et Rictrudis Tolosanæ* 1633. Elle est composée par Raphaël de Beauchamp. Sous la date de 1627, Rucholle avait, d'une main experte, gravé le frontispice d'un volume de Philippe Broide, conseiller de la ville de Douai : *Le Philosophe ou admiration.—L'Orateur ou rhétorique chrestienne. — Le Prince ou admiration de Dieu. — Le Vassal ou le fief.* Sous la date de 1635, il grava un petit sujet de thèse, où un jeune homme est mené au trône de la Vierge, et la même année une *Annonciation*, d'après E. Quellin, La date de 1648, sous le titre de *Flores totius theologiæ practicæ*, n'infirme pas celle de la mort de l'artiste : il s'agit d'une troisième édition du livre. Comme dit avec raison Arthur Dinaux, « parmi » les planches de Pierre Rucholle, il en » est qui feront toujours classer leur au-

« teur parmi les bons graveurs du temps « de Louis XIII ». Le critique français fait allusion à de jolies vignettes emblématiques insérées dans les poésies de Vincart, poète lillois, imprimées à Tournai par Adrien Quinqué et traitées dans le goût de J. Callot. Des figurines y sont même empruntées directement à cet illustre graveur. Pierre Rucholle l'emporte incontestablement sur Gilles, probablement son fils, en ce qui concerne la science du burin, encore que ses productions soient de peu d'éclat.

Henri Hymans.

Rombouts et Van Lerius, les *Liggeren* et autres archives de la gilde anversoise de Saint-Luc. — *Archives historiques et littéraires du Nord de la France et du Midi de la Belgique*, par MM. Aimé Leroy et Arth. Dinaux, nouvelle série, t. III (Valenciennes, 1841), p. 214. — Verachter et Terbruggen, *Histoire de la gravure d'Anvers*, au mot « Rocholle ».

RUCKERS (*André*), dit « le vieux », facteur de clavecins, né à Anvers, y baptisé le 30 août 1579; la date de sa mort est inconnue, mais il vivait encore en 1651. Fils de Hans Ruckers, «le vieux» (voir ci-dessous), il épousa en 1605 Catherine de Vriese, probablement de la famille de Dirck ou Thierry de Vriese, autre facteur anversois de la même époque; il en eut trois filles et trois fils, parmi lesquels André, dit « le jeune » (voir ci-dessous). En 1611, il est admis (lui ou son frère Jean, « le jeune »?) dans la gilde de Saint-Luc, qui lui commande, en 1619, un grand clavecin destiné aux fêtes et aux réunions organisées par la gilde. Les clavecins conservés d'André Ruckers le vieux sont datés de 1613 à 1651.

RUCKERS (*André*), dit « le jeune », facteur de clavecins, fils du précédent, né à Anvers en 1607, affilié au Vieux-Serment de l'Arbalète en 1623, reçu comme maître dans la gilde de Saint-Luc en 1636; se maria en 1637 et eut trois enfants. Les quelques clavecins conservés de lui vont de 1655 à 1659.

RUCKERS (*Jean*), dit « Hans, le « vieux », facteur de clavecins et d'orgues, fils de François Ruckers, lui-même facteur; né à Malines vers 1555, mort à Anvers à une date encore incertaine, placée généralement dans le premier quart du XVIIe siècle, tandis que, d'après les registres corporatifs de Saint-Luc, le facteur serait mort dès 1598. Plusieurs le font mourir vers 1640-1642, mais Hipkins montre que cette date paraît être plutôt celle du décès de Jean Ruckers, dit « le jeune ». Etabli de bonne heure à Anvers, il débuta, suivant Hullmantel, par la profession de menuisier, qu'il abandonna ensuite pour celle de facteur de clavecins et d'orgues. Chose curieuse, sa réception, comme maître, dans la gilde de Saint-Luc, date de 1579 et ce n'est qu'en 1594 qu'on relève son inscription dans la bourgeoisie de la ville. De son mariage avec Adrienne Knaeps (1575) naquirent, suivant les données coordonnées de de Burbure et de Génard, trois filles et sept fils, parmi lesquels André (dit « le vieux »; voir ci-dessus) et Jean (« le jeune »; voir ci-dessous), qui ajoutèrent leur renommée à l'éclat du nom paternel. Les clavecins conservés de lui sont datés à partir de 1590; mais d'après les dates citées plus haut, il est clair qu'il dut débuter beaucoup plus tôt dans la facture. Dans l'industrie connexe de la facture d'orgues, de Burbure relève au sujet de Hans Ruckers les dates suivantes : 1591, accord à gages de l'orgue de la chapelle de la Vierge dans la cathédrale d'Anvers; 1593, adjonction de registres au grand orgue de la cathédrale; 1615-1623, entretien et accord de l'orgue de l'église Saint-Jacques et de quelques autres. Mais si la date de décès de 1598 devait être admise, bien qu'elle parût prématurée, cette dernière attribution, ainsi que celle des clavecins d'une fabrication postérieure, devraient être reportées sur Jean Ruckers « le jeune ». Celui-ci signait à vrai dire ses œuvres I. R. (*Johannes Ruckers*), et le clavecin n° 275 du Musée du Conservatoire de Bruxelles, signalé plus bas, est signé *Hans* Ruckers, avec la date de 1610; mais il n'est pas invraisemblable que le fils, héritant du prénom paternel, lui aurait conservé au début de sa carrière cette forme familière, échangée plus tard contre celle de Johannes.

RUCKERS (*Jean*), dit « le jeune », facteur de clavecins, fils du précédent; né à Anvers, y baptisé le 15 juillet 1576, y décédé, croit-on, en 1642. Il épousa Marie Waelrant, de la famille du musicien Hubert Waelrant. Nommé franc-maître (lui ou son frère André, « le vieux »?) dans la gilde de Saint-Luc en 1611; il fut chargé de l'accord de l'orgue de l'église Saint-Jacques de 1631 à 1642. Les clavecins conservés de lui sont datés de 1617 à 1642.

A la famille des Ruckers (on écrivait aussi Ruker, Rueckers, Ruckaers, Ruykers, Riekers, Rikaert, Rooker) il faut rattacher un autre facteur renommé, JEAN COUCHET, neveu de Jean Ruckers « le jeune », facteur de clavecins à Anvers, mort en 1655, et peut-être aussi Christophe Ruckers, dont on connaît deux clavecins et que Vander Straeten croit pouvoir identifier avec un personnage du même nom, organiste et campanologue à Termonde au XVIe siècle et qualifié « her » (peut-être un ecclésiastique).

Les RUCKERS comptent parmi les plus illustres représentants de l'art industriel flamand de la grande époque. A ce moment, la lutte entre le clavicorde et le clavecin tournait décidément à l'avantage de ce dernier (1). En Italie, en Allemagne et aux Pays-Bas, les facteurs se multiplient. Mais le plus célèbre est sans contredit Hans Ruckers, dont les produits demeurèrent incomparables pour l'ampleur et la pureté du son, qualités dues à la fois aux soins particuliers de sa fabrication, et notamment à l'établissement des tables, et à diverses innovations universellement adoptées après lui. Toutefois, l'attribution faite à Hans Ruckers de quelques-unes de ces innovations est douteuse. Ainsi de la division partielle du clavier par quarts de tons, par le partage transversal des touches chromatiques, de l'introduction de deux cordes de genres différents, cordes de cuivre dans le grave, cordes d'acier dans l'aigu de l'extension du clavier; ainsi encore de la fixation, au-dessus des grands clavecins oblongs, d'une épinette accordée à l'octave de l'instrument principal (musée du Conservatoire de Bruxelles, no 275), agencement inspiré du procédé qui consistait à superposer au clavecin une épinette ordinaire pour augmenter vers l'aigu l'étendue disponible. Par contre, c'est bien aux Ruckers, semble-t-il, que revient le mérite d'avoir, dans les clavecins à queue, incorporé cette octave aiguë à l'instrument principal, les deux registres commandés séparément par deux claviers à combinaison facultative au moyen d'un « registre » à traction, les cordes fixées à la table d'harmonie elle-même, renforcée dans ce but par dessous. L'introduction des registres eux-mêmes dans la facture du clavecin est également attribuée à Hans Ruckers, attribution d'autant plus plausible que le maître s'employait également à la facture de l'orgue, auquel les registres du clavecin sont évidemment empruntés. Ce serait là le plus grand mérite de Ruckers, car l'adjonction des registres, commandant respectivement divers « jeux » ou systèmes indépendants de sautereaux correspondant à divers chœurs de cordes ou les attaquant de diverses façons ou en divers endroits, était l'unique moyen de varier le timbre essentiellement monotone du clavecin. Celui-ci devenait dès lors plus souple,

(1) On sait que le clavicorde et le clavecin constituent respectivement les première et deuxième phases de l'histoire des instruments à cordes et à clavier, dont le piano forme la troisième. Dans le clavicorde, la corde est *percutée* par une petite lamelle de cuivre plantée dans le prolongement de la touche; dans le clavecin, elle est *pincée* à l'aide d'un petit plectre mécanique appelé « sautereau ». Les avantages expressifs sont tous du côté du clavicorde, sensible aux diverses nuances de l'attaque, ce qui n'est pas le cas dans l'action purement mécanique du clavecin. Néanmoins, la sonorité plus ample et plus mordante du clavecin, plus en rapport avec les exigences nouvelles de l'art instrumental, ne pouvait tarder à assurer la victoire du clavecin, auquel seuls les raffinés et les délicats continuèrent à préférer l'organe plus modeste mais plus souple du clavicorde. Au surplus, divers expédients allaient bientôt suppléer, jusqu'à un certain point, à la monotonie sonore du clavecin et à en élargir le domaine expressif.

plus ductile; les successeurs des Ruckers, comme Pascal Taskin, n'eurent plus qu'à étendre le système des registres qui, au moment de l'invention du piano, avait atteint les combinaisons les plus variées. Il est à remarquer en outre que la substitution du cuir à la plume de corbeau dans les sautereaux du clavecin, qui fit la fortune du « clavecin à buffle » de Taskin, se trouve déjà réalisée chez les Ruckers. La célébrité de Hans Ruckers est partagée surtout par ses fils Johannes (nommé plus volontiers « Jean », pour le distinguer de son père) et André (dit le « vieux », pour le distinguer de son fils), auquel on assure que le clavecin doit également quelques perfectionnements, et dont Burney vante surtout les instruments de grand format. Les Ruckers construisaient les deux modèles alors en usage : l'ancien clavecin dit « à queue », en forme d'aile, et le nouveau format, oblong, récemment emprunté au clavicorde et qui devait se transmettre ensuite aux premiers pianos, dits « carrés ». La vogue des instruments des Ruckers était telle, qu'ils les exportaient dans les principaux pays de l'Europe et jusqu'en Orient. Ils étaient les fournisseurs attitrés des riches et des grands, les amateurs plus modestes s'adressant plutôt, chez nous, aux Delin, aux Britsen, etc. Les clavecins des Ruckers étaient construits avec un grand luxe et atteignaient un prix considérable, jusque 3000 francs. C'est d'ailleurs en raison du caractère décoratif des instruments de l'époque que les facteurs anversois, en trop petit nombre pour former une corporation spéciale, constituèrent une section, avec réglementation particulière, de la gilde de Saint-Luc, qui était celle des peintres, sculpteurs, ornemanistes, etc. Outre la décoration usuelle des tables (fleurs, insectes, etc., traditionnellement peints à l'aquarelle), l'extérieur de la caisse des Ruckers, la face intérieure du couvercle, la barre au-dessus du clavier, etc., étaient luxueusement décorés au moyen des divers procédés d'ornementation en usage en ce temps et souvent recouverts de peintures dues aux maîtres contemporains, dont Rubens lui-même, luxe qui causa d'ailleurs la destruction d'un grand nombre de spécimens. Hipkins, dressant le compte des Ruckers actuellement conservés, arrive à soixante-dix environ, mais cette évaluation est certainement incomplète. D'autre part, dans ce nombre, peu d'instruments sans doute sont arrivés intacts jusqu'à nous. Outre les causes indirectes de destruction mentionnées ci-dessus, la renommée même de ces claviers, persistant au delà d'un siècle après leur construction, leur fut fatale, un Ruckers remanié tant bien que mal, d'après les perfectionnements nouveaux, étant souvent préféré à un instrument neuf.

Ernest Closson.

Hullmantel, dans l'*Encyclopédie méthodique. Musique*, t. I, p. 286. — Burney, *The present state of music in Germany, the Netherlands*, etc., t. I, p. 47. — Fétis, *Biogr. univ.* — Sainsbury, *Original unpublished paper illustrative of ... Rubens*, p. 208, etc. — Hipkins, dans le *Dictionary of music and musicians* de Grove, t. III, p. 193 et *The Story of the Piano-forte.* — Vander Straeten, *la Musique aux Pays-Bas.* — Rombouts et Van Lerius, *De Liggeren en andere historische archieven der Antwerpsche Sint Lucasgilde*, 1872, t. I. — Génard, dans la *Revue d'histoire et d'archéol.*, t. I, p. 438 et dans les *Annales de la Société d'Emulation*, 1875, p. 99. — Krebs, *Die besaiteten Klavierinstrumenten bis zu Anfang des 17. Jahrhundert* (*Vierteljahrschrift für Musikwissenschaft*).

RUCLOUX (*Fidèle-Antoine-Jules*), ingénieur, né à Charleroi, le 25 janvier 1806, mort à Liége, le 3 juin 1872. Nommé en 1823 surnuméraire à la direction des mines, conducteur de 2e classe en 1825 et de 1re classe le 22 septembre 1830, sous-ingénieur en 1837, il fut attaché comme ingénieur de 2e classe, le 22 octobre 1844, au service du 3e district de Namur et du 5e de Liége. Il ne quitta plus cette ville où, successivement, il devint ingénieur de 1re classe en 1851, ingénieur principal lors de la réorganisation du Corps des mines et enfin, le 23 juin 1866, ingénieur en chef de la 2e direction des mines. Plusieurs missions lui furent, à diverses époques, confiées par le gouvernement, notamment celle de diriger les exploitations de minerais de fer dans la propriété de l'Etat. Pendant son séjour à Namur, Rucloux avait consacré tous ses loisirs à l'étude des dépôts métallurgiques de cette province.

« Rucloux consigna le résultat de ses » observations et de ses études dans » deux notices substantielles consacrées » à la description des gisements de mi- » nerais de fer de la province de Namur, » qui furent insérés dans les *Annales des* » *travaux publics*. Il traça également les » directions de ces dépôts métallifères » sur la carte de la province au vingt- » millième. La grande étendue de ce » travail en empêche malheureusement » la publication ». (Discours de Mr Jochams, inspecteur général.)

Sa promotion au rang d'officier de l'ordre de Léopold fut applaudie par ses collègues qui appréciaient fort son aménité pleine de distinction et son zèle loyal et intelligent. Jules De Jaer, dans sa notice sur quelques gîtes de minerais de fer dans la province de Namur (Bruxelles, 1870) signale Rucloux à côté de Cauchy, d'Omalius, Le Hardy de Beaulieu, etc., à propos des recherches sur le terrain d'entre Meuse et la route de Trèves à Bruxelles par Sombreffe, dite route du Docq, où des gisements ont donné et donnent encore lieu à d'importantes entreprises. En 1849, dit De Jaer, Rucloux précisa les amas exploitables de Ligny, Tongrinnes, Boignée, Balâtre, Saint-Martin, Onoz, etc. A l'Ecole des mines de Liége, Rucloux fut en 1839 répétiteur du cours d'exploitation, puis membre du jury de sortie et du conseil de perfectionnement de l'Ecole spéciale des mines.

J. Stecher.

Moniteur belge, 1872, p. 1681. — *Journal de Liége*, 7 juin 1872. — A. Le Roy, *Liber memorialis de l'université de Liege*, p. 1057 et 1064 — M. Mourlon, *Géologie de la Belgique*, t. I, p. 364.

RUDDER (*Emile* **DE**), dessinateur, né à Gand, le 29 mai 1822, fils d'Henri et de Jeanne-Marie Van Loo, décédé en cette ville, le 3 février 1874. Rentier aisé, il employait ses loisirs à dessiner à la plume ou au crayon et à peindre à l'aquarelle, notamment pour obliger des amis à l'occasion de fêtes, cérémonies et banquets. Il faisait des charges caractéristiques et qui étaient remarquées. Il fut pendant plusieurs années, à partir de 1843, d'abord bibliothécaire, ensuite secrétaire du *Kunstgenootschap* de Gand. La bibliothèque de cette ville possède de lui un album de costumes civils et militaires depuis le moyen âge jusqu'aux temps modernes, dessinés d'après des miniatures, des tableaux, des sculptures, etc. Ayant éprouvé des revers de fortune, il dut dans les dernières années de sa vie se consacrer au commerce. Sa femme s'appelait Marie-Jossine Roelandt.

Victor vander Haeghen.

Bibl. de la ville et de l'université de Gand, section gantoise.

RUDOLPHE VAN ANTWERPEN, peintre, peut-être natif d'Anvers, travaillant au XVIe siècle. Il est mentionné dans les comptes de l'église de Saint-Victor, à Xanten (Westphalie), comme ayant exécuté en 1553, pour l'autel de la Vierge, dans cette église, des peintures. *Anno* 1553, *pictæ sunt tabulæ altaris B. Mariæ Virginis per Rudolphum de Antwerpen, conditum Loesen, existente Magistro fabricæ Everardo Maess.*

Henri Hymans.

C. Kramm, *Levens en werken der hollandsche en vlaamsche kunstschilders*. — Dr H. C. Scholten, *Auszüge aus den Baurechnungen des S. Victorskirche zu Xanten* (Berlin, 1852).

RUDOLPHUS. Voir RAOUL et RODOLPHE.

RUE (*Simon* **DE**), né à Poperinghe dans la seconde moitié du XVIIe siècle, décédé au fort de Knocke, le 5 octobre 1727. La carrière des armes le séduisit et il entra au service de la Hollande. Il était officier, et en garnison à Ostende, lorsque, dans la nuit du 3 au 4 octobre 1712, il s'empara par surprise du fort de Knocke, près de Furnes, sur le canal d'Ypres à Nieuport, alors au pouvoir des Français, et obligea la garnison de se rendre à discrétion. L'officier qui commandait à Ypres, au nom de Louis XIV, essaya par promesses et menaces d'amener Simon de Rue à rendre sa conquête. Il échoua et les troupes, fortes de 2,000 hommes, qu'il avait envoyées contre Knocke durent se retirer craignant d'être prises à revers. Les Etats-généraux de Hollande récompensèrent l'exploit de Simon de Rue par un don de 3,000 florins, une pension viagère et annuelle de 1,200 florins et le commandement de Knocke avec le brevet de colonel. De Rue fut enseveli à l'église de Nieucapelle sous une pierre sépulchrale dont l'inscription rappelait ses hauts faits : *D. O. M. Hic sepultus jacet Nob. vir Dom. Simom de Rue, quem dum viveret Mars audacem et intrepidum reddidit, Fortuna juvit; hinc crevit in armis. Fortalitio de Knocke à se ingenue, fortiter et impavide capto præfuit, ibique omnibus ecclesiæ sacramentis præmunitus militiæ, vitæque valedicens obiit* 5 *octobris* 1727.

A. De Ridder.

Biographie des hommes remarquables de la Flandre occidentale.

RUEELE (*Jean*), sculpteur. Voir RUWEEL.

RUEL (*Jean-Baptiste*), aussi RÜL et VON RÜL, musicien, mais surtout connu comme peintre, né à Anvers en 1606, mort à Wurzbourg vers 1680. Ces dates, adoptées par la majeure partie des auteurs, ne sont pas cependant indiscutables. On trouve, par exemple, dans le catalogue de la galerie de Schleissheim (1885), les années 1634 et 1715 comme dates de naissance et de mort de l'artiste; nous ignorons à quelles sources elles sont puisées. Le lieu de naissance est donné par Sandrart, assez bien en mesure d'être renseigné. Ruel, selon cet historien, débuta comme chanteur de la chapelle du prince-évêque de Mayence. Ayant, par son talent musical, conquis les bonnes grâces du prélat Charles-Henri de Metternich, ce dernier, découvrant en lui des aptitudes pour la peinture, le mit en apprentissage chez Jean Thomas d'Ypres. Ledit peintre, ancien élève de Rubens, avant d'être appelé à la cour de l'empereur, s'était créé à Mayence une haute situation auprès de l'électeur.

Les œuvres que nous avons eu l'occasion de rencontrer de Ruel portent l'empreinte de l'influence de son maître. Coloriste brillant et vigoureux, il évoque le souvenir de Rubens et de Jordaens. Successivement à Mayence, à Heidelberg et à Wurzbourg, où s'acheva sa carrière, il fut appelé à décorer de ses toiles les édifices religieux. En 1666, il peignit pour le prince-évêque de Bamberg la *Légende de sainte Cunégonde*, œuvre qui lui fut payée 78 florins et qui alla décorer, au couvent de Wolfsberg, l'autel fondé par l'évêque Otto Vith de Salzbourg. Dans les collections et les musées les œuvres de Ruel se rencontrent peu fréquemment. La galerie royale de Schleissheim, près de Munich, possède de lui le portrait de l'évêque de Wurzbourg, Pierre-Philippe de Dernbach (1675-1683). C'est une figure à mi-corps et de grandeur naturelle. Le prélat porte la simarre sur laquelle se détache la croix pectorale en brillants. Dans la même galerie se trouve une figure, également à mi-corps et de grandeur naturelle, de *Saint Joseph avec l'enfant Jésus*. Dans la galerie ducale de Gotha se rencontre une toile de *La Vierge et de l'Enfant Jésus avec les six pénitents*, figures en grandeur naturelle et à mi-corps comme les précédentes. Ce sujet où David, saint Pierre, le bon larron, la Madeleine, etc., s'humilient devant la Madone a été traité par quantité d'artistes flamands de la suite de Rubens; l'œuvre de Ruel, par tous ses caractères, se confond avec les leurs. On y relève la signature : « Jann Bap : von Rül Pinxit « 1678 ».

On connaît d'après Ruel des estampes de Philippe Kilian et de Jacques Sandrart, neveu de l'historien de l'art. Ce sont des portraits d'évêques de Bamberg et de Wurzbourg. Dans le recueil de la galerie Boyer d'Aguilles, gravé par Jacques Coelemans, figure une estampe : *La Vierge avec l'Enfant Jésus devant qui s'agenouille le petit saint Jean-Baptiste*, d'après un tableau de J. Ruel. Seulement, ce nom est suivi du mot *lugdunensis*. Il s'agirait donc d'un homonyme français de notre peintre.

Henri Hymans.

Sandrart, *Teutsche Academie*. — Nagler, *Allgemeines Kunstler-Lexikon*. — Kramm, *De levens en werken der hollandsche en vlaamsche kunstschilders*, etc. — Alfr. von Wurzbach, *Niederländisches Künstler-Lexikon* (Vienne, 1908). — Catalogues des galeries de Schleissheim et de Gotha. — Notes personnelles.

RUELENS (*Charles-Louis*), érudit et fonctionnaire, né à Molenbeek-Saint-Jean, le 22 mai 1820, mort à Saint-Josse-ten-Noode, le 8 décembre 1890. Destiné à l'état ecclésiastique, il fit ses humanités au Petit Séminaire de Malines, mais aborda ensuite, à l'université de Louvain, l'étude du droit, qu'il délaissa d'ailleurs après le premier doctorat. De fortune indépendante, doué d'une intelligence vive et d'un esprit investigateur, maniant la plume non sans élégance et le pinceau non sans facilité, possédant diverses langues, il semblait, par tempérament, autant que par ses goûts, destiné à ne suivre qu'une carrière de son libre choix. Marié dès l'année 1848 à Mlle Estelle Crèvecœur, appelée à se faire un nom dans les lettres comme « Caroline Gravière » (voir la notice suivante), on le vit bientôt s'enrôler dans le personnel de la Bibliothèque royale, de fondation alors récente, et dont le chef, Louis Alvin, venait d'arriver à la direction en qualité de successeur du baron de Reiffenberg (voir ce nom). Tant pour l'établissement que pour le public et lui-même, l'entrée de Ruelens dans ce vaste dépôt devait avoir les plus heureuses conséquences. Le bagage scientifique du nouveau venu n'était pas sans valeur. Un des assidus de la précieuse bibliothèque de l'établissement géographique fondé par Vander Maelen (voir ce nom), Ruelens voyait avec joie s'élargir son horizon. Appelé dès le début à concourir au travail de la « fusion des trois fonds » décrété par le gouvernement sur la proposition d'Alvin, il y apporta un zèle et une entente de bon augure. Alvin, dans ses rapports au ministre Rogier, ne tarit point d'éloges sur son nouvel auxiliaire. En peu de mois il avait opéré le reclassement du fonds de la théologie et abordait celui de la jurisprudence. Tout en allant, il se familiarisait avec les ressources du dépôt. Pourvu, en 1852, d'une nomination définitive, il ne tardait pas à concentrer entre ses mains l'important service des acquisitions. Chargé de suivre, à Paris, la vente des livres de la bibliothèque de l'ex-roi Louis-Philippe, aliénation ordonnée par le régime nouveau, il trouva dans cette mission le moyen d'enrichir la Bibliothèque royale de quantité d'ouvrages de nécessité primordiale pour l'établissement. Collaborateur assidu du *Bulletin du bibliophile* de Heussner, on le voyait bientôt vulgariser par cet organe le fruit de ses recherches, rehaussant ainsi la valeur et l'intérêt des sources historiques aux yeux des profanes. Point exclusif, d'ailleurs, en ses préférences, il aimait, à l'exemple de Nodier et de Paul Lacroix (« bibliophile Jacob »), plus tard son correspondant et son ami, à apprécier les livres pour eux-mêmes plutôt que pour les particularités extérieures tant prisées des bibliomanes.

L'ensemble de ses écrits témoigne du reste de la variété de ses connaissances autant que de leur étendue. Dans sa sphère d'activité intellectuelle devaient trouver place les sujets les plus divers : bibliographie, épigraphie, littérature, beaux-arts, archéologie, cosmographie, voyages par terre et par eau, dans les airs même, et peut-être en passons-nous. A la lettre il faisait sien le précepte de Térence. Dès l'année 1867, dans un article sur « l'Art de naviguer dans les airs, causerie bibliographico-aérostatique », donné au *Bibliophile*, à propos d'un livre du P. Francisco de Mendoça (Cologne 1650), il évalue à cinq ou six cents le nombre de feuilletons et de chroniques dont il « s'avoue coupable ».

Activement mêlé à l'ardente controverse sur les débuts de l'imprimerie, il se prononçait avec énergie contre la thèse costerienne, appuyant d'ailleurs son opinion d'arguments persuasifs. Au cours d'un voyage fait en Hollande où il accompagnait son chef, il avait eu la chance de mettre la main sur un exemplaire de la *Chronyke van Brabant*, de 1497, exemplaire annoté, en langue néerlandaise, par un contemporain. L'auteur des notes n'hésite pas à écrire que les premiers livres imprimés ont vu le jour à Mayence. Inutile de dire que Ruelens fit son profit de la trouvaille. Nous renvoyons le lecteur curieux au *Bulletin du bibliophile* de 1855. Dans le même organe, il exprime le vœu de voir se réunir à Bruxelles un « Concile typographique », où ne seraient admis à siéger que les hommes les mieux qualifiés par leurs études pour trancher le débat entre les partisans de la Hollande et de l'Allemagne dans le litige sur les débuts de l'imprimerie. A ces travaux, en quelque sorte professionnels, devait bientôt s'ajouter une entreprise dans laquelle Ruelens serait amené à payer largement de sa personne : la fondation de la *Revue d'histoire et d'archéologie*. Avec Ch. Duvivier, Alph. Wauters, l'abbé de Ridder, R. Chalon, Charles Piot et quelques autres il fit, durant quatre années, paraître dans ce périodique de multiples articles et études sur les ouvrages les plus récemment consacrés aux questions de sa compétence. Dans cet organe furent publiées ses premières notes sur les maîtres flamands, entre autres sur Rubens, auquel, par la suite, il devait consacrer une part si importante de son activité.

En 1863, conjointement avec Alex. Pinchart (voir ce nom), il enrichissait l'édition française des *Anciens peintres flamands* de Crowe et Cavalcaselle, d'un ensemble de chapitres d'un sérieux intérêt sur une foule de questions se rattachant aux origines de la peinture en Belgique. Sa part des annotations ne forme pas moins de cent cinquante pages d'un caractère serré. C'est donc, en quelque sorte, une histoire de la primitive école flamande. D'une haute portée historique et critique, ce travail a gardé un intérêt sérieux. Dès ce moment Ruelens préparait, avec le P. de Backer, de la Compagnie de Jésus, une étude sur les impressions sorties des presses de Christophe Plantin. Sous le titre d'*Annales Plantiniennes*, ce consciencieux et utile travail se borna malheureusement au premier volume. L'auteur y embrasse, à vrai dire, la période la plus importante de la célèbre officine anversoise, s'étendant de sa fondation à l'année 1589, date de la mort de l'architypographe du roi Philippe II. Mr Max Rooses, dans la grandiose publication consacrée à Plantin, n'hésite pas à proclamer de quelle immense utilité lui a été ce livre dans ses travaux sur la célèbre imprimerie (1). En la même année 1865 voyait le jour la première livraison des *Documents iconographiques et typographiques de la Bibliothèque royale*, recueil dont Ruelens, conjointement avec Alvin, avait élaboré le plan. C'est là que, sous sa signature, parut l'importante étude critique sur la *Vierge de* 1418, monument des plus précieux de la xylographie au moyen âge. Ruelens expose les circonstances de la découverte de la pièce, rappelle et commente les ardentes controverses dont elle fut l'objet, pour conclure à la validité de sa date et à son origine flamande. Comme lui, nous avons défendu la date et nous avons eu, pour notre part, la satisfaction de voir admettre la première de ces conclusions par les juges les plus autorisés, l'origine flamande devant rester à nos yeux purement conjecturale. Dans la série des *Documents iconographiques* trouva place, également, une étude sur la *Légende de Saint Servais*, source d'exceptionnelle valeur sous le rapport artistique et dont Ruelens avait en quelque sorte fait la découverte par la constatation que, nonobstant les textes manuscrits, les scènes représentées étaient non point des dessins, mais des produits de la gravure sur bois. Dans son enthousiasme il allait jusqu'à attribuer à Jean van Eyck la paternité des compositions, vraiment hors ligne, et n'ayant certes point leurs égales dans la série des incunables de la gravure.

Conservateur-adjoint à la Bibliothèque royale en 1864, il accompagnait Alvin.

(1) *Christophe Plantin*, 1 vol. in-fol. Anvers, 1890 (2e édition), p. 35 et suiv.

l'année suivante, dans un voyage en Italie. On peut lire dans le *Bulletin de la commission royale d'histoire* (1867) l'exposé de ses investigations dans les dépôts littéraires de Milan, de Florence et de Rome à la recherche des sources de l'histoire nationale. La Société des bibliophiles de Belgique, à laquelle il appartenait comme titulaire — le vingt-neuvième sur cinquante — lui dut une contribution précieuse à sa collection d'anciens textes. C'est le curieux volume publié à Mantoue, en 1560 : la *Justification du seigneur Richard de Mérode, touchant sa querelle avec le Seigneur Roderigue de Benavidès.*

A défaut d'une parfaite unité, l'œuvre de Ruelens atteste, on le voit, un grand fonds de savoir, un degré de culture certainement peu ordinaire. Un certain nombre de productions purement littéraires : articles de journaux, pièces de théâtre, jouées d'ailleurs dans l'intimité, n'auraient pas suffi sans doute à donner à son nom un grand retentissement. Par contre, en quantité de matières, il ouvrit des voies où, à sa suite, purent s'engager avec succès les chercheurs. L'un des premiers il consacra ses veilles à mettre au point l'histoire de la vie de Rubens, utilisant à cet effet les sources qu'il détenait ou put réunir comme conservateur des manuscrits de la Bibliothèque royale. Ces fonctions lui avaient été attribuées en 1873 ; il les conserva jusqu'à sa mort. Dès l'année 1874, par la voie de l'*Art universel*, alors dirigé par Mr Camille Lemonnier, il vulgarisait sur l'immortel artiste des sources du plus vif intérêt, accompagnées de notes d'une lecture agréable et instructive. Ces documents, réunis en volume à la veille des fêtes du troisième centenaire de la naissance du grand peintre (1877), furent comme le signal de la publication du vaste ensemble d'études et de recherches destinées à refaçonner en quelque sorte l'imposante figure de Rubens devant la postérité. Ce fut encore Ruelens qui, dans l'*Art universel* également, esquissa le programme des manifestations qu'Anvers n'allait pas tarder à faire siennes pour commémorer le grand événement auquel devait s'associer l'Europe entière. Le volume des *Documents et lettres*, 160 pages (Bruxelles, Muquardt) consacré au grand peintre, obtint un succès mérité. Partout d'ailleurs, en Espagne, en France, en Italie, en Autriche, en Angleterre, une véritable ardeur se faisait jour dans la recherche des documents relatifs à un artiste qui non seulement avait ébloui le monde par ses chefs-d'œuvre, mais que son rôle politique et ses surprenantes connaissances d'antiquaire et d'humaniste plaçaient au premier rang parmi ses contemporains. Comme épilogue aux fêtes jubilaires, l'on vit se former à Anvers, sous le patronage de l'Etat et avec le concours de l'administration communale, un comité ayant pour mission la recherche des éléments de l'histoire de Rubens et particulièrement sa correspondance éparse dans tous les pays. Ruelens était tout naturellement désigné pour en faire partie. Il y siégea avec Gachard, Léon de Burbure, Max Rooses, Génard, etc. Vaillamment on se mit à l'œuvre et bientôt, par le *Bulletin Rubens*, de nombreux et précieux documents ne tardèrent point à voir le jour. Ruelens avait pris à la rédaction une part considérable. Dès le début de l'année 1881, il se mettait en route, à la sollicitation de ses collègues, pour explorer les dépôts d'archives d'Aix en Provence et de Carpentras à la recherche des lettres adressées par Rubens à son fidèle ami le conseiller Fabri de Peiresc, passionné comme lui pour l'antiquité. Couronné des plus heureux résultats, ce voyage fut renouvelé l'année suivante et suivi, en 1885, d'une mission à Mantoue dont les archives avaient procuré naguère à Armand Baschet une moisson singulièrement riche sur le séjour du jeune Rubens à la cour de Vincent de Gonzague. Par le *Bulletin*, Ruelens tenait ses collègues au courant du résultat de ses investigations. Mettant à profit une parfaite connaissance de l'italien, la langue diplomatique du XVIIe siècle, utilisée par Rubens dans sa correspondance avec Peiresc, et le plus généralement dans son commerce épistolaire avec les hommes politiques et les savants, Ruelens, au prix de fatigues et de difficultés sans nombre, fit ample moisson de pièces. En Italie, après des siècles, il relevait les traces de son héros et, sans négliger l'objet essentiel de sa mission, ne s'abstenait pas de porter ses regards de curieux, d'artiste, d'érudit et de lettré sur les choses par lesquelles revivait pour lui un passé qu'il n'avait connu jusqu'alors que par des lectures. Sous l'impression des merveilles qui l'environnent, il a recours à la poésie pour exprimer ses sentiments et traduire les pensées qui l'assaillent en des milieux dont le contact lui donne l'illusion d'un retour à la jeunesse. « Douze sonnets, « combien de grammes cela peut-il peser « dans la balance de la gloire? » dit-il en quelques lignes de préface à ses ***Méridionales.***

Nous y relevons le souvenir poignant de la visite à une jeune parente se mourant de consomption dans le Midi :

> Elle me montre au loin, à l'horizon extrême,
> Un navire, un point blanc dans l'ombre enseveli :
> —Où va-t-il, ce navire? Est-ce où je vais moi-même,
> Où s'en va le printemps, aux rives de l'oubli?...

Le premier volume de la *Correspondance de Rubens* vit le jour en 1887. Ensemble de plus de quatre cents pages du format grand in-quarto, enrichies de fac-similés, il embrasse les années 1600 à 1608, donc les années de formation du maître et de son séjour en Italie, marquées par son premier voyage en Espagne, comme envoyé du duc de Mantoue auprès de Philippe III. Magistralement conçue, l'œuvre faisait le plus grand honneur à celui qui venait de la réaliser. Le nom de Ruelens figura encore sur le deuxième volume du *Codex diplomaticus Rubenianus*, ouvrage posthume. En effet, le nouvel ensemble, comprenant la correspondance des années 1609 à 1622, ne parut que douze ans après son aîné. Ruelens avait alors cessé de vivre. « En « 1887, immédiatement après l'impres- « sion du premier volume », écrit Mr Max Rooses dans la préface du tome II, « il (Ruelens) eut à s'occuper « activement des négociations entre « l'Etat belge et sir Thomas Phillips, « concernant l'acquisition, pour la Bi- « bliothèque royale, d'une partie des « manuscrits appartenant à l'héritier « des collections de Cheltenham. Il fit « deux [trois] voyages en Angleterre « pour étudier les trésors qu'il s'agissait « d'acquérir et rapporta de son séjour « prolongé dans les locaux où ils étaient « déposés, le germe d'une maladie qui « devait lui être fatale. A son retour, il « rédigea un rapport étendu qui lui prit « plusieurs mois. Pendant le temps qu'il « y consacra il dut interrompre son tra- « vail de prédilection, la *Correspondance* « *de Rubens.* Quand il voulut s'y re- « mettre, sa santé ne le lui permit plus. « Il eut des jours où les forces semblaient « lui revenir et où il se berçait de « l'espoir de reprendre bientôt la tâche « momentanément abandonnée; vaine « illusion, le mal s'aggrava et l'emporta « le 8 décembre 1890 ».

Délégué par le gouvernement avec Charles Piot, archiviste général du royaume, Ruelens avait fait à Cheltenham un choix abondant de manuscrits d'origine belge (268 numéros), provenant pour la plupart des anciennes communautés religieuses de nos provinces : Gembloux, Saint-Martin de Tournai, Aulne en fournirent un bon nombre. Il ne put malheureusement ni achever le rapport qu'il avait préparé sur sa mission, ni mettre en valeur les précieux matériaux qu'elle lui avait permis de rassembler. Un seul manuscrit pourtant fut de sa part l'objet d'une publication, entreprise par les soins de la Société des Bibliophiles anversois : *Le Passe-Temps de Jehan Lhermite*. Dès l'année 1888 il en avait donné un aperçu dans une séance de l'Académie d'archéologie, dont la vice-présidence venait de lui échoir. Jean Lhermite, de souche anversoise, avait dû au hasard des circonstances de devenir gentilhomme de la chambre de Philippe II et précepteur de son fils, le futur Philippe III. En 1602, au retour de son auteur dans les provinces belges, il relate sous le titre de « Passe-Temps » une foule de particularités de la vie intime de son ancien maître, dont il vante l'aménité. Nous relevons, en passant, que le fils de Charles-Quint ne maniait point la langue française; que la surprise de ce souverain des Pays-Bas fut extrême en voyant patiner l'auteur du *Passe-Temps!*

Le premier volume de ces curieux mémoires parut l'année même de la mort de Ruelens. Dans la préface, recueillant de lointains souvenirs, il rappelle son premier contact avec les livres, à l'occasion d'une visite faite avec son père à l'établissement du vieux bouquiniste bruxellois Verbeyst. C'était, dit-il, un « colossal entassement de « quatre étages où s'accumulaient sur des « rayons, sur le plancher, des livres, des « livres, toujours des livres... Jusqu'alors, en fait de collections de livres, « je n'avais vu que la bibliothèque de « l'Etablissement géographique de Vander Maelen et entrevu celle de la ville « de Bruxelles, dans une traversée rapide des salles, sous la conduite de « Goethals... ». La visite chez Verbeyst décida peut-être de la vocation de Ruelens. De Verbeyst, chose curieuse, procéderaient une bonne partie des richesses de Cheltenham.

Comme tous les travaux du zélé bibliographe, le *Passe-Temps* fut l'objet d'un commentaire érudit. « Le principal « intérêt de ces mémoires consiste, dit « Ruelens, à nous présenter dans son « ensemble, un tableau saisissant de « cette sombre et monotone cour d'Espagne, pendant les dernières années « du roi Philippe II ». Le second volume ne vit le jour qu'en 1896, et par les soins de Mr Emile Ouverleaux, le successeur de Ruelens à la tête de la section des manuscrits de la Bibliothèque royale; puis, à la retraite de ce fonctionnaire, par ceux de Mr Petit, attaché au même établissement. L'introduction et les notes de ce volume achèvent de faire de l'ensemble un document de remarquable intérêt.

Un des derniers actes de la vie de Ruelens fut sa part à l'organisation de la Conférence du Livre, réunie à Anvers, au mois d'août 1890. Ruelens, vice-président du comité d'organisation, occupa le fauteuil à la séance inaugurale, en l'absence du président titulaire malade.

« Il y a huit jours, Messieurs », disait-il, en terminant sa brève harangue, « je saluais à Mayence la statue « de Gutenberg; tout en la contemplant « je ne pouvais écarter de moi un sentiment de regret de ne plus voir dans « cette ville rien qui rappelât le souvenir « de l'auteur de la plus grande des « inventions, ni son foyer, ni son atelier, « ni même sa tombe. Ici nous sommes « dans une cité où vous trouverez dans « sa puissance entière le souvenir d'un « homme qui fut l'un des plus illustres « ouvriers de l'art de Gutenberg : Christophe Plantin. Nous y avons sa « demeure, ses presses, ses labeurs, son « tombeau ». Si Anvers et la Belgique se glorifient à bon droit du monument unique en Europe que constitue la préservation d'une demeure où fréquentèrent tant de savants illustres, des presses vénérables d'où sont sortis tant de beaux ouvrages, il convient de rappeler que Ruelens eut une large part aux négociations qui, en 1876, aboutirent à l'acquisition par la ville de l'ensemble de ces trésors, aujourd'hui le Musée Plantin-Moretus.

Bien qu'entreprises plus tardivement, les études de notre collègue dans le domaine de la géographie et de la cartographie tiennent dans son activité une place considérable; il leur voua quelques-uns des derniers et des plus sérieux labeurs de sa vie. Dans ce domaine, comme en quantité d'autres, on peut dire qu'il prend rang, pour la Belgique, parmi les précurseurs. Zélé promoteur du premier congrès de géographie, tenu à Anvers en 1871 à l'occasion de l'inauguration de la statue érigée à Gérard Mercator par la ville de Rupelmonde, Ruelens prit une part active aux travaux de cette réunion de savants. Il fut ensuite commissaire belge au Congrès et à l'Exposition de géographie de Paris, en 1875. L'année suivante il concourait à la fondation, à Bruxelles, de la Société royale belge de Géographie. Il en fut un des vice-présidents, fut au nombre de ses conférenciers les plus zélés et fit paraître dans sa Revue des études pleines d'intérêt. A ce nombre appartient un des derniers écrits de sa plume : *Comment jadis on se rendait à Rome*. Ce travail parut en 1890. En 1882, en collaboration avec Mr Léon Janssen, il avait mis au jour le manuscrit original de Godhino de Eredia, relatif à Malacca, à l'Inde méridionale et au Cathay; en 1885, la « Première relation de Christophe Colomb », lettre sur une édition de l'*Epistola Christofori Colom* (25 février 1493), accompagnant son étude du fac-similé de l'original. Ruelens en fait la dédicace à John Nicholas Brown, de Providence (Rhode Island), qu'il avait connu à Bruxelles. Il y rappelle la visite de George Ticknor, l'auteur américain de l'histoire de la littérature espagnole, dont il fut le cicerone, et esquisse, pour Mr Brown, l'histoire des origines du fonds confié à sa garde. Dans une lecture faite à l'Académie d'archéologie peu de semaines avant sa mort, *Les phases historiques de l'imprimerie à Anvers*, il signalait cette plaquette, comptée à juste titre parmi les trésors du dépôt auquel il se glorifiait d'appartenir. Il y voyait un incunable anversois et un produit des presses de Thierry Martens. De même, dans une étude sur la première édition de la Table de Peutinger, il revendiquait pour notre pays l'honneur d'avoir fait la première publication de ce monument de la géographie ancienne, exécuté en 1598, aux frais d'Abraham Ortelius.

L'inlassable activité de Ruelens se traduit d'une manière remarquable par la vaste entreprise de l'*Atlas des villes de la Belgique au* XVIe *siècle, cent plans de Jacques de Deventer exécutés sur les ordres de Charles-Quint et de Philippe II*.

Publié par l'Institut national de géographie, ce grandiose ensemble, dont la Bibliothèque royale possède en partie les éléments, vit le jour à partir de 1884. Chaque plan y est accompagné d'un texte historique et descriptif confié à quelque compétence spéciale. Ruelens en assuma la direction; le texte du plan de Malines est son œuvre, ainsi que la notice, d'un puissant intérêt, sur Jacques de Deventer, accompagnant la VIIe livraison. Une dernière livraison, sous forme d'« Introduction historique », devait compléter l'ouvrage. Elle ne vit point le jour. Un moment poursuivie après la mort de son promoteur, la grande publication ne fut poussée que jusqu'à la 71e planche. En entreprenant de la continuer, M^r^ Em. Ouverleaux consacre quelques lignes émues au souvenir de son prédécesseur. « On eut dit que les yeux fixés sur le terme de sa vie qu'il sentait n'être pas éloigné, il puisait dans cette vue une force nouvelle pour mettre à exécution les nombreux projets conçus dans sa pensée. Aussi s'est-il éteint, à l'âge de soixante-dix ans, dans la pleine activité de son esprit, menant de front plusieurs œuvres capitales destinées à accroître sa réputation d'érudit infatigable et fécond... Il poursuivait, depuis quelques années notamment, un double but : c'était de divulguer d'anciens monuments de la géographie et d'expliquer les parties inexplorées de la topographie historique des anciennes villes belges ... Dans son dévouement à la science il jetait le fondement des édifices, mais il voulait que d'autres partageassent avec lui le soin et le mérite de les construire ».

Prodigue de travaux d'érudition, Ruelens n'a point laissé de mémoires. Tout au plus relève-t-on, de-ci de-là, dans les préfaces dont il aime à accompagner ses études, quelques passages où il évoque les souvenirs de sa carrière. Nous en avons cité certains. La Bibliothèque royale conserve de lui trois volumes de correspondance. Commencés en 1875, ils ont été poursuivis jusqu'au 22 novembre 1890, donc jusqu'à la veille de sa mort. Tracés d'une écriture fine et élégante, ces minutes, ou plus probablement ces copies, — car elles sont exemptes de ratures —, font foi de la variété des connaissances et de l'étendue des relations de leur auteur. Sur tous les sujets et dans toutes les langues, en français, en flamand, en italien, en anglais, en allemand, Ruelens procure aux hommes parfois les plus haut placés de l'Europe dans le domaine de la science historique, des informations où éclate la surprenante étendue de ses lectures. Au surplus, modèle de prévenance, il mettait sans compter au service des travailleurs le trésor de son érudition. Très secourable, d'autre part, il accomplissait, en silence, des actes de louable charité. On n'ignorait point ses discrètes et généreuses interventions, où il y avait du bien à faire, et il encouragea les débuts de plus d'un jeune artiste. Un des discours les plus émouvants qu'on entendit à ses funérailles fut celui du vieux docteur van Raemdonck, le biographe de Gérard Mercator, venant rappeler ce que les savants de Belgique — et d'ailleurs — devaient au regretté défunt. « Et qui donc « parmi nous », s'écriait-il, « n'a une dette « de reconnaissance à lui payer? Qui « donc, parmi les écrivains novices ou « vétérans, oserait dire qu'il ne doit au « défunt ou un conseil, ou un document, « ou une direction quelconque? ». A ce moment suprême, quel plus éloquent éloge?

Ruelens avait perdu en 1878 la dévouée compagne de sa vie. Chevalier de l'ordre de Léopold en novembre 1871, officier le 11 février 1889, il était, en outre, chevalier de la Légion d'honneur, de l'ordre de N.-D. de la Conception de Villa Viçosa, etc. Il existe de lui un portrait gravé par A. Sterck, accompagnant une notice de Mr Max Rooses, insérée dans le *Vlaamsche school*, en 1891. Le docteur van Raemdonck parle de son buste à Saint-Nicolas; on n'a pu nous dire dans quel local se trouve placée cette sculpture.

La liste des œuvres de Ruelens est extrêmement longue. On trouve dans la *Bibliographie nationale* le relevé de celles parues jusqu'en 1880. Nous ne mentionnons ici que les plus importantes : *Un publiciste catholique du XVIe siècle : Richard Versteganus*, 1854 (*Revue catholique*). — *La Question de l'origine de l'imprimerie et le grand concile typographique*, 1855 (*Bulletin du Bibliophile*). — *Le Traité de peinture de Léonord de Vinci, illustré par Poussin*, 1855 (*id.*). — *Conjectures sur le voyage de Dante en Flandre*, 1856 (*id.*). — *Conférences sur l'histoire du journal* 1859-1860 (*Indépendance belge* et *Observateur belge*). — *Les derniers travaux sur Thomas à Kempis*, 1859 (*Rev. de Belgique*). — *Notice sur A.-G.-B. Schayes*, 1859 (*Rev. d'Hist. et d'Archéologie*). — *Tapisseries représentant la bataille de Nieuport*, 1859 (*id.*). — *Peintures murales au Sablon, à Bruxelles*, 1859 (*id.*). — *Obsèques de Philippe le Beau, célébrées à Malines*, 1860 (*id.*). — *Missions diplomatiques de Rubens*, 1860 (*id.*). — *Deux tableaux de Stuerbout*, 1860 (*id.*). — *Description de la grotte de la Wamme*, 1860, Bruxelles, Mols Marchal (anonyme). — *Notice sur J.-B. Théod. de Jonghe*, Mons, 1861 (Société des Bibliophiles). — *Les Mémoires de Henningus Frommeling*, 1601-1614, d'après un manuscrit autographe inédit, Bruxelles Decq, 1861 (*Revue belge et étrangère*). Ce manuscrit avait été acquis par Ruelens à la vente Pelichy van Huerne au prix de 70 centimes! — Annotations à Crowe et Cavalcaselle : *Les anciens peintres flamands*, Bruxelles, 1862. — *Erasmi Roterodami silva carminum antehac nunquam impressorum*, Gouda, 1513. Bruxelles, Arnold, 1864. — *Panthéon et Parc de Koekelberg* (en collaboration avec Léon Toussaint), Bruxelles, Emm. Devroye. — *Notes sur l'Histoire du théâtre à Anvers*, Bruxelles, 1864 (*Rev. d'Hist. et d'Archéologie*). — *Annales plantiniennes*, première série, 1555-1589. En collaboration avec A. De Backer; Bruxelles, Heussner, 1865. — *La Vierge de* 1418, Bruxelles, 1865, in-folio (*Documents iconographiques et typographiques de la Bibliothèque royale de Belgique*). — *Zerline*, opéra comique en deux actes, Bruxelles, 1866. — *L'art de naviguer dans les airs; causerie bibliographico-aérostatique*, Bruxelles, 1867 (*Bibliophile belge et hollandais*). — *L'an des sept dames*, Bruxelles, 1867. — *La justification du seigneur Richard de Mérode touchant sa querelle avec le seigneur don Roderigue de Benavidès*, Bruxelles, 1867 (*Société des bibliophiles belges*). — *Dans un tombeau*, deux actes en vers, 1870 (représenté au Cercle artistique et littéraire, à Bruxelles). — *Recueil de chansons, poèmes et pièces de vers françaises relatives aux Pays-Bas*, quatre volumes publiés par les soins de la Société des Bibliophiles, 1870, 1871, 1878 et 1879. — *La légende de Saint-Servais*, reproduction en fac-similé d'une série d'estampes du XVe siècle, appartenant à la Bibliothèque royale; Bruxelles, 1873 (*Documents iconographique et typographiques de la Bibl. royale*). — *Histoire de l'imprimerie et des livres* (en Belgique), 1875 (*Patria belgica*, t. III). — *Voyage du navire la « Concordia » aux Indes* 1719, 1721, 1777 (*Bull. de la Société royale de Géographie*). — *La vie de la sainte vierge Marie, par Albert Dürer. Reprod. avec une introduction de Charles Ruelens.* Utrecht, Vande Weyer, 1875, 1 vol. in-folio. — *Le siège et les fêtes de Binche* 1543-1549, Mons, 1878 (Société des Bibliophiles). — *La mer intérieure du Sahara algérien*, conférence du 28 mars 1879 (Soc. royale belge de géographie). — *L'Imitation de Jésus-Christ*, reproduction en fac-similé du manuscrit autographe de 1441, Bruxelles, Olivier, 1 vol. in-12, 1879. — *Refereinen en andere gedichten uit de* XVIe *eeuw, verzameld en afgeschreven door Jan de Bruyne*, 3 vol. publiés par la Société des Bibliophiles anversois, 1879-1881. — *Méridionales.* Douze sonnets, par C. R., 1881. — *Carpentras et le Mont Ventoux*, conférence du 18 décembre 1882 à la Societé royale de géographie, réunie en volume avec la *Mer intérieure du Sahara*, sous le titre de la *Science de la Terre*, 1883. — *La miniature initiale des Chroniques du Hainaut*, à la Bibliothèque de Bourgogne à Bruxelles (*Gazette archéologique*, Paris, 1884). — *Atlas des villes de la Belgique au* XVIe *siècle. Cent cartes et plans du géographe Jacques de Deventer exécutés sur les ordres de Charles-Quint et de Philippe II. Reproduites en fac-similés chromographiques par l'Institut national de géographie, à Bruxelles*, sous la direction de Charles Ruelens. Années 1884 et suiv.; 71 cartes, gr. in-fol. — *Les premières relations de Christophe Colomb*, 1493, Bruxelles, 1885. — *Correspondance de Rubens et documents épistolaires concernant sa vie et ses œuvres, publiés, traduits et annotés.* Tome Ier, 1600-1608. Anvers, 1887, 1 vol. gr. in-4°. *L'Amour du Livre* 1888. (*Le Livre belge*). — *Le Passe-Temps de Jehan Lhermite*, lecture faite à l'Académie d'archéologie, 1888. — *Id.*, 2 vol. gr. in-8°, Anvers, 1890 (*Société des Bibliophiles anversois*). Le premier volume a seul paru avec la collaboration de Ruelens. — *Erycius Puteanus et Isabelle Andreini.* Lecture faite à l'Académie d'archéologie, Anvers, 1889. — *Comment jadis on se rendait à Rome*, 1890 (*Bulletin de la Société royale de géographie*). — *Une lettre du précepteur de Philippe II*, 1890. — *Les phases historiques de l'imprimerie à Anvers*, conférence faite le 5 octobre 1890 à l'Académie d'archéologie de Belgique.

A cette liste des principaux ouvrages de Ruelens, s'ajoute une collaboration assez régulière au *Courrier de Bruxelles*, et occasionnelle à l'*Actualité*, à l'*Athenæum belge*, à la *Revue belge et étrangère*, à la *Revue catholique*, à la *Revue de Belgique*, à la *Revue universelle des Arts*.

Henri Hymans.

Bibliographie nationale. — De Gubernatis, *Dict. intern. des écrivains du jour* (Florence, 1888). — *Charles Ruelens*, notice par A. D(elvigne), dans les *Précis historiques*, janvier 1891. — *Karel Ruelens*, par Max Rooses (*Vlaamsche School*, 1891). — Archives de la Bibliothèque royale. — Souvenirs personnels.

RUELENS (Madame *Estelle-Marie-Louise*), née Crèvecœur, en littérature Caroline Gravière, écrivain romancier, née à Bruxelles, le 27 mai 1821, décédée à Saint-Josse-ten-Noode, le 4 mars 1878. Son grand-père maternel, l'avocat Triponetty, appartenait à une famille italienne qui s'était fixée chez nous au XVIIe siècle. Il eut trois filles, dont l'une épousa Mr Crèvecœur, notaire à Arquennes. Ayant remis son étude, Mr Crèvecœur vint vivre en rentier à Bruxelles où il habitait avec ses deux filles, place Saint-Michel, aujourd'hui des Martyrs.

C'est là qu'Estelle passa une jeunesse froide et morose entre la rigidité d'une mère aux principes sévères et les *taquineries* d'une tante revêche. Le souvenir de ces premières années pèsera sur toute sa vie et son œuvre gardera plus d'une trace de ce milieu bourgeois fait de contrainte et de sévérité. De cette époque date la révolte de son esprit contre tout ce qui est un obstacle au bonheur et à l'expansion de l'individu. Elle ne connut ni l'école, ni la pension qui auraient pu la soustraire à ce milieu de compression. Pour y échapper, elle se jeta dans l'étude. Elle apprit l'espagnol, l'italien, l'anglais, le flamand, le latin. « J'appris « six langues, » écrit-elle, « j'entassai « dans ma mémoire toutes les digressions « des philosophes, tous les rêves des « poètes ... Nommez au hasard le livre « classique que vous voudrez, je l'ai lu » (*Sarah*, 1845). Elle s'adonna avec frénésie à la lecture ; elle traduisit Dante et Shakespeare, lut l'Arioste, fourragea à pleines mains dans la bibliothèque qu'elle avait à sa disposition.

A 16 ans, elle écrivait ses *Méditations* où elle envisageait avec hardiesse les problèmes les plus graves dans des chapitres qui ont pour titre : *Dieu, la conscience, le doute, la mort, l'espérance, les femmes, les passions, l'amour, etc.*

Ces pages, commencées le 7 janvier 1837, forment la préface d'un journal qu'elle tint fidèlement jusqu'à la fin de son existence. Il comprenait environ vingt cahiers que Potvin mit à contribution pour la notice qu'il publia sur elle dans la *Revue de Belgique*, mais dont il ne put, par discrétion, faire l'usage qu'il aurait voulu. Aujourd'hui, malheureusement, *il n'en reste rien;* ces cahiers ont été brûlés par la famille, ainsi que d'autres œuvres manuscrites. Nous n'avons donc que peu de chose à ajouter à la notice de Potvin.

Jetée dans les sentiments les plus extrêmes par le système de compression qui l'opprime, la jeune Estelle aspire au mariage qui doit, en la délivrant, lui donner la liberté, car « la liberté, c'est « plus que l'amour d'un homme... J'at- « tends qu'on me tende la main... pour « ne donner qu'un doigt de la mienne ». Malheureuse d'être aux antipodes des idées familiales, elle ne veut cependant pas troubler la paix du foyer et ses paroles trahissent la lutte entre le devoir et l'indépendance de son caractère. Elle aimera ses parents, mais « quand ils « voudront s'opposer à moi dans ce qui « sera juste et droit, je parlerai! » (21 septembre 1840).

En attendant la liberté et la célébrité, elle écrit des œuvres restées inédites et qui ont disparu (ESTELLE, *Méditations*, 1837; E. URBAIN, *Histoires du peuple;* E. RAPHAEL, *Nouvelles méridionales, la servante du curé*, 1840; CAMILLE URBAIN, *Sarah* (autobiographie), 1845). Elle aurait imprimé ces premiers essais dans le *Bon génie*, journal d'éducation que dirigeait à Bruxelles Mr Mauvy, son professeur de français. Potvin n'a pu les retrouver. Un libraire à qui elle avait proposé un de ses manuscrits, refusa d'imprimer l'œuvre d'une jeune fille de 19 ans. Elle envoya à Georges Sand une nouvelle, mais n'en reçut pas de réponse (1). Faut-il lui attribuer deux poésies que nous avons découvertes dans la *Revue belge* (1841, t. XVIII, p. 68) sous le pseudonyme de Melle Estelle : *A une hirondelle* et *A un enfant*, où elle dit :

Je voudrais échanger contre ta joyeuse âme
Mes vingt ans.....

En tout cas, c'est son âge et ce sont ses sentiments.

« De cette jeunesse, avec son *trophée* « de déceptions, » dit Potvin, « elle con- « serva deux choses : un culte et un « sentiment profonds de l'amour passion « et une haine des préjugés qui entra- « vent le développement de l'être hu- « main, un besoin de flageller ou de « ridiculiser les petites tyrannies et les « travers de la famille bourgeoise dont « elle souffrait d'autant plus qu'elle « avait reçu de la nature ou acquis dans « ses épreuves les qualités d'ordre, de « travail, de devoir... »

En 1848, Caroline Gravière épousa Charles Ruelens, qui fut plus tard conservateur des manuscrits à la Bibliothèque royale de Bruxelles (voir plus haut sa notice). Chose étrange, cette

(1) Nous devons ce détail ainsi que quelques autres à l'obligeance de Madame Thibaut-Ruelens, fille de Caroline Gravière.

femme d'allures indépendantes, cette révoltée contre les traditions de la vie bourgeoise, fut une épouse et une mère exemplaires; cet écrivain, dont l'œuvre est nettement anticatholique, apportait au foyer la piété d'une croyante et donnait à ses enfants une éducation chrétienne. A la différence de G. Sand qui mettait en pratique les théories de ses romans, C. Gravière fut une femme d'intérieur, une vraie femme de ménage. Son activité débordante se déployait dans tous les domaines. On conserve encore dans sa famille des peintures dues à son pinceau et des travaux de broderie d'un art réel. En même temps, la mère de famille se consacrait à l'éducation de ses six enfants, dont quatre lui survécurent (1).

Malgré ces charges, elle trouva le temps de poursuivre son œuvre littéraire et d'écrire au milieu du bruit que faisaient autour d'elle ses jeunes enfants. Depuis 1864 jusqu'à sa mort elle produisit sans se lasser et sans obtenir ces rayons de gloire qui l'eussent encouragée et récompensée : notre petit pays était alors peu prodigue d'applaudissements. Vers 1853, une occasion s'offrit à Ruelens d'habiter Paris. Des considérations de famille s'opposèrent à la réalisation de ce projet qui dut pourtant sourire à notre écrivain. En 1864 paraît son premier volume : *Une histoire du pays*, par Michel Fleury, auteur de la *Part de Dieu*. *Une histoire du pays* prit en 1873 le titre de *Sainte Nitouche;* quant à la *Part de Dieu*, nous n'avons pu en retrouver aucune trace. La *Revue trimestrielle* accueillit en 1867 *Une expérience in anima vili*, au sujet de laquelle son directeur, Eug. Van Bemmel, écrivait : « Il y a de si belles qualités dans « ce roman, que je voudrais par ma « vieille expérience contribuer à le perfectionner encore ». (*Lettre inédite.*) Il proposa certaines modifications que fit l'auteur. Cette œuvre fut traduite en allemand. *La Servante* qui parut en 1871 fut traduite en allemand, en flamand et même en suédois. De 1871 à 1878 presque toutes ces nouvelles furent publiées par la *Revue de Belgique*. En 1873, le bibliophile Jacob (Lacroix), toujours à l'affût de réputations méconnues, se chargea d'imprimer les œuvres de C. Gravière à la *Librairie des gens de lettres*. La collection devait former cinq ou six volumes; elle s'arrêta après le deuxième. Dans la préface, l'éditeur narre avec humour les recherches qu'il fit pour découvrir l'auteur qui se cachait sous le pseudonyme de Gravière. La comtesse Dash lui dit : « C. Gravière a plus « de talent que moi; il y a chez elle du « Balzac et du G. Sand; mais surtout « il y a ce qui fait son mérite particu- « lier : l'idée philosophique et la ma- « nière pittoresque ». La comtesse lui remit l'*Enigme du docteur Burg* que le bibliophile Jacob trouva « égal à tout ce « que Balzac a écrit de mieux dans ce « genre »; puis *La Servante* qui lui fit verser des larmes et qui n'était « dans la « manière d'aucun de nos romanciers « français ». Il rapprochait C. Gravière du peintre Ch. de Groux : même tempérament, même mélancolie, même sobriété de couleur dans un ciel toujours gris. Cette préface de Lacroix excita la verve d'Eug. Van Bemmel qui raille l'ingénuité de ce Français à qui on avait été jusqu'à dire « que le rédacteur même de « la *Revue trimestrielle* ignorait absolu- « ment si Mme C. Gravière était Belge ou « Française, et que le manuscrit de sa « nouvelle lui avait été transmis par la « poste sans aucune indication de pro- « venance ». — « Nos écrivains, répondit Van Bemmel, ne peuvent malheu- « reusement s'entourer d'un semblable « mystère. Tout le monde se connaît « dans notre petit pays et les pseu- « donymes sont le secret de polichi- « nelle ». (*Rev. de Belg.*, 1874, p. 235.)

La vie de C. Gravière fut toute remplie par ses devoirs de famille et par les lettres. Sa maison était accueillante à tous. Elle avait ouvert un salon où elle recevait simplement, deux fois par semaine, les esprits les plus en vue et

(1) Ces quatre enfants sont : Paul, juge au tribunal international d'Alexandrie où il est mort; Victor, ingénieur; Georges, avocat à la cour d'appel de Bruxelles, et Mme Thibaut-Ruelens, épouse de feu Mr Thibaut, bourgmestre de Denderwindeke (Ninove).

les plus divers de l'époque. Là se rencontrèrent la comtesse Dash, Ch. de Coster, Potvin, Lemonnier, Goblet d'Alviella, Thonissen, le P. Gratry, l'abbé Rossi, Altmeyer, Arnts, Van Moer, Delhasse et Visschers. Elle consacra à la mémoire de ce dernier quelques pages affectueuses où elle redisait le bien que fit ce célibataire philanthrope méconnu et dont le mérite ne fut compris qu'après sa mort. (*Ceux qui s'en vont*, REV. DE BELG., 1874, p. 270). Citons encore parmi les hôtes de passage, E. Deschanel, Challemel-Lacour, le baron Reille, Mommsen, Sarah Bernhardt. Les opinions les plus divergentes, les personnalités les plus opposées coudoyaient et fraternisaient dans son salon, sous le couvert d'une aimable philosophie. On pouvait lui appliquer le mot de Mme de Staël parlant du sien : « Les loups » et les brebis y paissaient ensemble ». Ses dernières œuvres se ressentirent des souffrances de la fin de sa vie : « La » mort de deux enfants, des sacrifices » pénibles, des ruptures cruelles, des » déceptions amères, une maladie incu- » rable » mirent de leur amertune dans ses récits. Elle fût emportée par le mal qui la rongeait à l'âge de cinquante-sept ans ». Nous étions une quin- » zaine », dit Lemonnier, « qui condui- » sions au cimetière un des nôtres ... Ce » que nous descendions dans la fosse, » en ce triste matin de mars, c'était un » coin de notre littérature, l'un des plus » purs et des plus originaux ».

Et des plus ignorés, aurait-il pu ajouter. Le temps a passé sur l'ombre de C. Gravière sans lui apporter le fleuron de gloire auquel elle avait droit. Nos *jeunes*, absorbés par la contemplation de leur propre gloire, ont méconnu leurs aînés, et cependant C. Gravière a remué plus d'idées et heurté plus de passions que beaucoup d'entre eux ne le firent.

La critique se montra juste à son égard, mais elle lui fut mesurée : quatre ou cinq écrivains s'occupèrent de son œuvre. Le bibliophile Jacob vit surtout en elle l'idée philosophique que lui avait suggérée la comtesse Dash. Potvin la considère surtout comme une moraliste faisant la guerre aux préjugés mesquins de la bourgeoisie. Il note son réalisme procédant de Balzac, sa spontanéité, sa profondeur dans l'analyse des passions et l'audace qu'elle a d'aborder des situations scabreuses. Van Bemmel lui attribue « par excellence le sens du roman mo- » derne. Elle poussait », dit-il, « l'ana- » lyse psychologique dans le mouvement » des esprits et des mœurs avec une » rigueur d'observation, une ténacité » qui ne recule pas toujours devant des » positions scabreuses, mais qui n'exclut » ni l'expansion du cœur, ni la délica- » tesse des procédés ». Ailleurs, il loue son style simple, le pittoresque de ses peintures et la vérité de ses analyses où elle montre le libre arbitre aux prises avec les fatalités extérieures, la lutte du cœur avec les préjugés.

C. Lemonnier a repris le mot de *moraliste* qui avait séduit Potvin; comme Potvin encore, il dit que « ses » romans ne sont pas autre chose que » l'histoire de ses sentiments ». Il voit surtout en elle la femme de colère et de haine contre l'esprit étroit, la lâcheté, l'injustice. « Il y a un fond de plai- » doyer dans l'art sans art de cette » femme écrivain ». Et il ajoute que l'étude de son œuvre devrait se faire avec l'histoire de sa vie. Elle a fait du roman sans système, affirme encore Lemonnier, contredisant ce qu'il a dit plus haut, à savoir que C. Gravière était moraliste. Un moraliste ne va pas sans système. Quant à la langue, il la trouve tantôt riche et ample, tantôt flasque et traînante.

Fr. Nautet en fait une véritable *professionnelle* dont les romans n'ont pas perdu aujourd'hui de leur vivacité ni de leur vitalité. Il lui refuse le don inné de la couleur; par contre il accorde qu'elle était fort impressionnable, influencée par Balzac et G. Sand. « Mme C. » Gravière », dit-il, « montre dans ses » livres un esprit réformateur et naïve- » ment autoritaire, qui voudrait faire » plier le monde sous les lois d'une » certaine morale, pas très vaste et très » respectable. En conséquence, ses ro-

« mans représentent toujours deux « camps et la lutte de deux partis hostiles. L'auteur n'a pas de peine à « mettre en déroute ses ennemis imaginaires, et on la sent satisfaite de la « victoire remportée ».

Le cadre de la *Biographie nationale* ne nous permet pas de nous étendre sur chacune des œuvres de C. Gravière. Nous nous en tiendrons aux traits généraux. D'abord, et avant tout, elle est *personnelle :* je veux dire qu'elle y met toute son âme. Ce sont ses haines et ses tendresses que l'on voit jaillir partout. Ses haines « contre l'égoïsme, la vulgarité ou la trahison » ; ses tendresses pour les victimes des conventions sociales. « Elle y a épanché le trop-plein « d'une âme éprise devant les bassesses « du monde, de la *Passion du tourment « moral* ». Elle fit comme Molière et A. de Musset qui, selon son expression énergique, « pour peindre prirent le « sang de leur propre chair au lieu « d'encre » (*Ceux qui s'en vont*). Elle a mis toutes ses rancunes contre l'éducation dont elle avait supporté le joug en frémissant, et plus d'un caractère de ses personnages parait l'agrandissement démesuré de ceux qui coupèrent les ailes aux envolées matinales de son imagination.

En amour, elle montre le triomphe de la passion sur les sentiments les plus sacrés, et n'est pas loin de voir dans le mariage un obstacle au bonheur. Le mariage, en province tout au moins, écrit-elle, « est presque toujours un « abrutissement ou bien une effrayante « falsification de l'amour » ; pour les gens bien élevés, c'est une friponnerie, une duperie. Elle ne va pas jusqu'à prôner l'amour libre, au contraire, elle étale toutes les détresses des liaisons passagères et toutes les ruines de l'adultère. Elle démolit, mais elle ne bâtit point. Et cependant, peut-être qu'au fond c'est la vie calme, sans passions, la vie bourgeoise, disons le mot, telle que C. Gravière la sut pratiquer, qui reste le terme de son idéal. Une de ses héroïnes, Henriette, dans l'*Enigme du docteur Bury*, s'en fait la protagoniste dans quelques belles pages qu'il faut lire et où elle célèbre les vertus bourgeoises et les joies de la maternité. Ajoutons que si les situations sont scabreuses, sa plume reste chaste et elle ne s'attarde jamais des descriptions sensuelles.

Le sentiment religieux n'intervient guère dans son œuvre ; si elle est spiritualiste, elle ne passe jamais l'occasion de lancer ses pointes à l'adresse de la religion catholique. Son *Expérience in anima vili* est un plaidoyer pour rompre avec les traditions chrétiennes. Ceux de ses héros qui auront reçu une éducation chrétienne, sévère, seront presque toujours des hypocrites, des êtres malfaisants qui pratiqueront le moins les vertus de l'évangile, comme Jacqueline dans le *Sermon de l'abbé Goyet*. Ce type revient si fréquemment chez elle qu'elle a dû le rencontrer certainement sur sa route et qu'elle aura eu à en souffrir. Elle vise à l'esprit moderne, à l'esprit laïc. « L'esprit moderne », dit-elle, « remplace le mot égoïste de vertu « par le mot plus généreux de devoir. « Il n'y a pas de devoir inutile et il y a « une foule de vertus de luxe : ainsi des « célibats forcés, des jeûnes destructifs, « des prières imposées, des vœux qui « annulent la volonté et de tant d'autres « suicides du bon sens et du droit commun » (*Sermon de l'abbé Goyet*). Çà et là même se rencontrent des traits d'anticléricalisme, ainsi lorsqu'elle voit dans un clocher *un éteignoir qui symbolise l'esprit de la localité*.

Ses idées sociales, d'une portée moindre, sont d'une exagération qui frise le fouriérisme. L'abbé Goyet, dans un sermon qui est une façon de programme social, déclare que « la richesse « ne peut jamais être un droit » et que « les leçons du Christ ont eu pour but « la distribution obligatoire des biens de « la terre ». L'abbé est plus vrai lorsqu'il reproche aux femmes du grand monde leur luxe et leurs folles dépenses. Il leur demande de songer parfois au labeur de l'ouvrière qui meurt aveugle ou poitrinaire après avoir travaillé les dentelles que de plus heureuses déchirent en dansant. « Votre cœur aussi,

« dit-il à ces femmes privilégiées, est « fantaisiste et s'ennuie lui aussi; esclave de vos sens pervertis, il crie : « *Panem et circenses!* »

Elle a en haine la noblesse dont elle attaque les préjugés de caste, comme dans la *Servante*, œuvre d'une simplicité émouvante qui est une protestation contre ce préjugé qui empêche un noble d'épouser la femme qu'il aime quand elle est de condition inférieure. Les nobles, pour elle, sont les fils d'une race abâtardie dont l'existence inutile se traîne dans l'ennui des châteaux. Gens bouffis de prétentions qui traitent avec morgue leurs sujets comme l'expérimenta ce malheureux abbé Goyet. Aussi vaut-il mieux se faire curé de campagne que leur précepteur. Le remède, si remède il y a, serait dans une éducation plus virile.

Si la hauteur dédaigneuse de la noblesse ne trouve pas grâce à ses yeux, elle déteste tout autant l'esprit mesquin, étroit et cancanier des petites villes, de même que le caractère égoïste et terre-à-terre de la bourgeoisie. Elle flagelle l'un et l'autre dans deux romans satiriques : *Un héros* et *Une parisienne à Bruxelles*.

En éducation, elle a horreur des couvents pour jeunes filles et qui ont pour devise : *l'art de faire ignorer*. « Au sortir de là on ne sait rien de ce qui se « passe sur la terre ». *Le bon vieux temps* n'est pas loin d'être un pamphlet contre l'éducation d'autrefois, éducation qui s'appuie sur la terreur et pour qui l'ombre même de l'amour est à fuir. Elle voudrait qu'en cette matière les idées fussent plus larges et moins routinières. Les jeunes filles pauvres devraient apprendre une profession. « Ne « vaudrait-il pas mieux, dit-elle, se « préparer des moyens d'existence par « le travail et ne pas faire du mariage « l'unique profession des demoiselles « sans fortune? » (*Une parisienne à Bruxelles*).

Voilà pour les idées. S'il fallait maintenant la ranger dans une école, on dirait que C. Gravière est à la fois réaliste et psychologue, ce qui est l'observation appliquée au dehors et au dedans. Elle est réaliste en ce sens qu'elle prend des types autour d'elle. C'est du *vu* : Sainte Nitouche n'est autre qu'une intrigante qu'un petit nombre d'initiés aura reconnue, dit Potvin; l'abbé Goyet a vécu; de nombreuses scènes sont des évocations de sa vie. Elle possède la couleur locale et rien n'est plus vrai que sa description des ennuis de la petite ville. (*Un héros.*) Elle est encore réaliste en ce sens qu'elle n'embellit pas la vie, qu'elle y montre le triomphe du fourbe ou du lâche; qu'elle ne relève pas la femme tombée. C'est encore de la vie réelle que la multiplicité d'événements dont elle a chargé ses nouvelles. L'intérêt languit rarement, tant les scènes se succèdent rapidement. Et c'est ici que s'offrent les ressources ingénieuses d'une imagination féconde qui a parfois le tort d'être naïve ou invraisemblable.

Sa psychologie est moins filandreuse que chez nos contemporains qui l'ont érigée en système, encore que parfois elle en abuse, comme dans un *Pamphlet contre l'amour;* elle découvre les ressorts des vies qui se meuvent sous nos yeux. Elle analyse minutieusement l'âme de ses don Juans lassés et flétris ou de ses jeunes femmes toutes à leur passion.

Ses descriptions sont sobres, très sobres même. Le cadre de la plupart de ses œuvres est nos provinces; mais, qu'elle évoque la mer ou la campagne flamande, elle le fait en quelques traits saisissants. A ne point entasser les pages descriptives, elle gagne en mouvement ce qu'elle perd en couleur. Pour ses types, il en va de même; quelques lignes, au relief accusé, suffisent à dresser une silhouette qui se détache d'autant mieux qu'elle n'a pas été noyée dans la niaiserie de détails abondants.

La forme est sans éclat. Volontiers elle se fait agressive et satirique pour défendre ses idées, mais sans aller jamais jusqu'au comique, quoique en dise Potvin. Lorsqu'elle est sous l'impulsion de ses sentiments, elle prend des allures vives, passionnées. La phrase se fait brève, incisive. L'image est souvent originale : « les tours de clef donnés au ressort de son cœur », « le chagrin fait si difficilement l'office de chloroforme », et d'autres que l'on pourrait cueillir en abondance.

Toutefois, ce qui manque le plus à son œuvre, c'est l'art. Quoiqu'elle ait rencontré les situations les plus tragiques, les plus poignantes, elle n'a pas su en tirer le meilleur parti, et elle n'arrive pas à provoquer les larmes ou l'émotion esthétique. Elle n'a pas su graduer les effets, ni concentrer l'action en vue du relief à obtenir. Il semble qu'elle ait mis trop de précipitation dans son travail. De là vient aussi que plusieurs de ses romans n'ont pas d'issue. Elle a découpé des tranches de vie et il paraît bien qu'au départ elle n'ait pas fixé le point d'arrivée.

Bref, malgré ses quelques défauts, Caroline Gravière reste comme styliste un de nos très bons écrivains, et comme romancière, elle est la première par la date, et dans les premières par le talent, de celles dont le nom doit s'écrire en lettres d'or au seuil de nos gloires littéraires.

Fritz Masoin.

Revue de Belgique, t. XXVIII, avril 1878, p. 355, notice par Potvin ; février 1874, p. 236 (Van Bemmel). — *Art universel*, 1875. — *Patria belgica*, t. III, p. 482. — Nautet, *Histoire des lettres belges*, t. II, p. 12. — *Cinquante ans de liberté*. — Picard, etc., *Anthologie des prosateurs belges*. — *L'Artiste*, 31 mars 1878. — *Bibliographie nationale*, t. III ; celle-ci ne mentionne pas *Pamphlet contre l'amour* (extrait de la *Revue moderne*). Bruxelles, Mertens, 1883. — *La Belgique artistique et littéraire* (oct. 1908) a publié une courte nouvelle inédite : *Mieux vaut jamais que trop tard*. — F. Masoin, *C. Gravière et P. Spaak* (*Revue littéraire*, de Verviers, octobre 1908).

RUELENS (Madame *Louise-Jeanne-Cécile*, née STAPPAERTS), écrivain, inspectrice des écoles, naquit à Anvers le 15 mars 1818 et mourut à Ixelles le 4 juin 1884. Elle n'a aucune parenté avec Caroline Gravière.

Dès sa jeunesse Louise Stappaerts eut le sens poétique :

Je n'avais que huit ans, j'ignorais l'art d'écrire,
Mais ma voix murmurait de modestes accents.

Toutefois, s'il faut en croire Lesbroussart, ses dispositions poétiques paraissent n'avoir été ni favorisées, ni même encouragées par les circonstances, et les obstacles qu'elle rencontra furent tels qu'il fallait une véritable vocation pour les surmonter.

Le succès de ses premières œuvres fut considérable. Elle habitait alors Louvain où elle faisait rêver les étudiants, nous affirme un contemporain, par cette grâce juvénile et cette naïveté de femme heureuse de vivre, de chanter et de croire qui faisaient le charme des *Pâquerettes*. Et de nombreux pèlerins s'acheminaient vers le mont César, « cette butte pittoresque qui domine la ville de Louvain et au haut de laquelle habitait la jeune fille » (Van Bemmel).

Ses premiers vers parurent dans la *Revue belge* et les autres recueils de l'époque.

En 1843, elle adressait à Victor Hugo une poésie que l'on trouve dans la *Revue belge* (t. xxv, p. 140) et qui fut reproduite dans les *Œuvres poétiques* avec seulement les initiales du poète français. Louise Stappaerts reçut en réponse ces deux lignes :

Je loue le Dieu qui m'a frappé
Je bénis l'ange qui me console.

Son œuvre de jeunesse, publiée de 1843 à 1845, comprend les *Poésies religieuses*, les *Pâquerettes*, *Impressions et Rêveries* (1); quinze ans après, elle fait paraître *Fleurs des blés*, œuvre d'une épouse et d'une mère.

Elle fut *lancée* par Ph. Lesbroussart, l'homme dont le dévouement fut toujours acquis à nos lettres. Il écrivit dans la *Revue belge* un feuilleton d'une bienveillance excessive quand parurent les *Poésies religieuses* qui avaient pour but « d'inspirer aux jeunes cœurs l'amour de la vertu, l'amour de Dieu et des hommes ». Lesbroussart continua son appui à la jeune fille. Il écrivit la préface des deux volumes qui suivirent ; celle des *Pâquerettes* est une page charmante de délicatesse.

La critique fut fort élogieuse à l'égard

(1) *Impressions et rêveries* fut réimprimé dans les *Œuvres poétiques* par l'éditeur Casterman qui s'attira les foudres de Van Bemmel pour avoir retranché certaines pièces de l'edition primitive.

de Louise Stappaerts, soit dans la *Revue de Liége*, soit dans la *Revue trimestrielle* où Van Bemmel la couvrait de fleurs.

En réalité, ils ont exagéré. Louisa Stappaerts n'est pas un grand poète ; sa source d'inspiration, c'est la jeunesse et surtout l'enfance : c'est pour elle qu'elle écrit. Et l'influence qu'elle a pu exercer sur les jeunes âmes suffit à sa mémoire. Ses pièces ont de la naïveté et de la candeur, ses sentiments sont pieux et charitables. Sa nature est jolie, elle est faite de couronnes et de bouquets. L'imagination ne s'élève pas et le vocabulaire n'est pas riche. Quand elle cherche à traiter des sujets plus hauts, plus philosophiques, le naturel disparaît et l'on préfère encore la jeune fille des premières œuvres simples et bonnes. Tout cependant n'est pas à dédaigner: des pièces comme *Le cerisier*, le *Souvenir*, *Une ferme*, *Mystère* peuvent prendre place dans nos Anthologies. Louisa Stappaerts est la sœur poétique de ces jeunes filles pour qui les sentiments ont conservé la première robe blanche des enfances naïves et pieuses.

Ses poésies furent traduites en flamand par Pr. Van Duyse; la baronne Louise de Ploennis en traduisit quelques-unes en allemand pour son livre *Une couronne de fleurs aux enfants* (Darmstadt, Jonghans, 1844).

En prose, L. Stappaerts publia des récits à tendance moralisatrice pour l'enfance. Sa nouvelle, l'*Enfant de la providence*, fut couronnée par la Société d'émulation de Liége en 1860.

A partir de cette date, elle ne produisit plus qu'à de rares intervalles des morceaux détachés. Elle s'adonnait tout entière aux nouvelles fonctions qu'elle remplissait. Par arrêté ministériel du 30 octobre 1855 elle avait été nommée inspectrice des écoles normales d'élèves institutrices et d'élèves maîtresses de salles d'asiles. Un arrêté royal du 27 janvier 1862 la confirma dans cette charge.

En 1872, lorsque le gouvernement fit organiser dans toutes les écoles communales mixtes des ouvroirs pour l'instruction manuelle des filles, Mme Ruelens fut chargée de l'inspection de ces institutions dans le Brabant. Elle eut affaire alors à un personnel qui n'était pas préparé à l'enseignement, à des couturières, à des tailleuses qui n'avaient aucune notion des méthodes didactiques, mais grâce à ses qualités elle sut tirer parti de ces éléments défectueux.

Après la réorganisation de l'enseignement primaire en 1879, Mme Ruelens fut nommée *inspectrice déléguée* pour les 5e et 6e cantons scolaires de la province de Brabant : sa mission était de diriger les conférences officielles d'institutrices, sous le double rapport de l'éducation et de l'enseignement des travaux de femmes, et d'inspecter au même point de vue les écoles gardiennes ou jardins d'enfants, les écoles primaires de filles et les ouvroirs annexés aux écoles communales mixtes. Mme Ruelens était spécialement apte à remplir ces fonctions. L'affection qu'elle avait toujours témoignée aux enfants lui faisait étendre autour d'elle cette tendresse maternelle dont ses poésies débordaient.

C'est à l'enfance qu'elle avait consacré ses œuvres, c'est à elle qu'elle consacrait encore les loisirs de ses fonctions. Elle créait pour les écoles primaires des jeux enfantins inconnus avant elle en Belgique, et écrivait des refrains que son mari mettait en musique et qui étaient répétés dans les écoles. Avec J.-F. Jacobs, inspecteur principal de l'enseignement primaire, elle travailla à établir chez nous des écoles Frœbel. Ensemble ils prirent une part active aux conférences de la baronne de Marenholz à Bruxelles en 1858 ; ils se livrèrent à d'incessants et à de laborieux travaux d'où sortit le premier ouvrage classique sur l'application de la méthode frœbelienne, à savoir le *Manuel pratique des jardins d'enfants de F. Frœbel*, composé sur les documents allemands avec une introduction de Mme la baronne de Marenholz. L'inspecteur Jacobs signa seul l'ouvrage.

« Mme Ruelens et M. Jacobs, dit un « écrivain du *Journal Frœbel*, ont été « les vrais fondateurs de la pédagogie « frœbelienne classique en Belgique », et l'auteur que nous citons regrette qu'on ne les ait point désignés pour diriger ces écoles gardiennes qu'ils avaient aidé à créer.

Dans les dernières années de sa vie silencieuse et comme retirée du monde, Louisa Stappaerts reprit la lyre quelques jours avant de mourir pour célébrer la visite que Guillaume III fit à Bruxelles au mois de mai 1884.

D'unanimes regrets accompagnèrent sa mort. Le Gouvernement, l'Académie, l'Enseignement envoyèrent des délégués à ses funérailles, le 7 juin 1884. Le *Moniteur* relata la cérémonie ainsi que les discours qui y furent prononcés.

Fritz Masoin.

Bibliographie nationale, t. III. — *Revue de Liége*, t. III, p. 198. — *Revue belge*, 1841-1843, t. XXV, p. 81. — *Cinquante ans de liberté*, t. IV, p. 380. — *Patria belgica*, t. III, p. 491. — *Revue trimestrielle*, t. XX, p. 340; t. XXV, p. 348. — *Annuaire poétique belge*, 1834. — *L'Abeille* (*Revue pédagogique*), 1884-1885, p. 206. — *Moniteur belge*, 8 juin 1884. — *Journal Frœbel des écoles belges*, juillet 1884. — Poésies dans les revues déja citées et dans *le Glaneur*, *l'Annuaire de l'Émulation de Liége*, *le Journal Frœbel*, *l'Anthologie belge* d'A. Struman et G. Kurth.

RUELLES (*Jean-François* **DE**), graveur en taille douce, dont le nom s'orthographiait aussi DES RUWELLES, fut élève à Anvers du doyen de la gilde Saint-Luc, Pierre Clouet, et c'est à ce titre qu'il fut, pendant l'exercice 1666-1667, reçu comme apprenti dans cette corporation artistique. Plus tard, en 1679-1680, il en fut promu franc-maître. On manque de détails sur son existence et sur ses travaux.

Quelques anciens biographes mentionnent également un peintre anversois du nom de Pierre van Ruelles, qui aurait été poète en même temps, et qui serait mort en 1658; ses œuvres sont perdues.

Fernand Donnet.

Ph. Rombouts et Th. van Lerius, *Les Liggeren et autres archives historiques de la gilde anversoise de Saint-Luc*.

RUEUS (*François*), médecin. Voir DELARUE.

RUFFELAERT (*François*), écrivain ecclésiastique, né à Gand, en 1518, mort dans cette ville, le 28 octobre 1596. Issu d'une famille distinguée, Ruffelaert entra dans l'ordre des Dominicains, en sa ville natale. Il reçut leur habit le dimanche de sexagésime, 4 février 1536, des mains du père Paul van Necren, prieur et vicaire provincial, et fit profession, le 6 février 1537, sous le priorat du père Jean Pick. Il fut quatre fois prieur de son couvent de Gand. Durant son premier priorat, les calvinistes envahirent le couvent, le 22 août 1566, pillèrent la bibliothèque, profanèrent l'église et détruisirent les statues. En 1578, les Gueux, maîtres de la ville, dévastèrent une seconde fois le couvent et, après avoir fait subir les pires outrages aux religieux, les expulsèrent enfin le 24 mai, dépouillés de tout ce qu'ils possédaient.

Le père Ruffelaert, après six ans d'exil, rentra dans son couvent, en 1584, et s'appliqua à le restaurer et à réparer l'église que les calvinistes avaient saccagée. Il fut définiteur de sa province, confesseur des dominicaines du Val-des-Anges, établies à Assebrouck, près de Bruges, et visiteur du monastère d'Assenede. On a de ce père un petit traité, en langue flamande, sur l'oraison dominicale, intitulé : *Verclaering van het ghebedt des Heeren*. Gand, Corneille Manilius, 1592; in-16.

Vincent-M. van Caloen.

De Jonghe, *Belgium dominicanum*, p. 77-78. — Echard, *Scriptores Ord. Præd.*, t. II, p. 318. — Paquot, *Mémoires*, t. IX, p. 374-375. — Piron, *Levensbeschrijving*, p. 337. — F. Vander Haeghen, *Bibliographie gantoise*. — Frederiks en Vanden Branden, *Biographisch woordenboek der noord- en zuidnederlandsche letterkunde*.

***RUIMONTE** (*Pedro*), maître de chapelle et compositeur de musique du début du XVIIe siècle. On trouve son nom sous diverses formes : RUIMONTE, RUYMONTE, RAYMONT, REMONTI, RIMONDI, RAYMONDI. Nous adoptons celle qui figure sur le titre du recueil de messes qu'il publia à Anvers en 1604. Il était né à Saragosse d'après N. Antonio qui se réfère aux *Historias ecclesiasticas y seculares de Aragon* de Vincent Blaise de La Nuza (Saragosse, 1622). En 1599, Ruimonte quitta la péninsule pour suivre dans les Pays-Bas l'archiduchesse Isabelle; il était vraisemblablement déjà attaché au service de la princesse à ce moment. Il reçoit la qualification de maître de chapelle dans des lettres patentes, datées de Bruxelles, le 18 septembre 1603, par lesquelles les Archiducs lui accordent 100 livres de Flandre de pension annuelle, à titre d'indemnité de logement, pour tout le temps qu'il occupera cet emploi. Le titre du recueil de 1604 l'appelle *magister capellæ et cubiculi suarum Celsitudinum*, c'est-à-dire à la fois maître de chapelle et directeur de la musique de chambre de leurs altesses. En 1605, Géry de Ghersem le remplaça dans la première de ces fonctions. Ruimonte conserva la seconde jusqu'en 1614. Il jouissait d'une considération toute spéciale, car les Archiducs lui accordent, le 17 septembre 1611, une gratification de 1000 livres. Le 17 mars 1614, ils lui allouent 1500 livres, « pour retourner « à son pays ». On perd, dès lors, ses traces. Les œuvres suivantes de Ruimonte ont été publiées : 1. *Missæ sex IV, V et VI vocum*. Anvers, P. Phalèse, 1604; in-4°. Recueil de cinq messes solennelles et une messe de requiem, dédié aux Archiducs. — 2. *Lamentationes Jeremiæ sex vocum*. Anvers, P. Phalèse, 1607; in-4°. — 3. *Il Parnasso espanol de madrigales y vilancicos a quatro, cinco y seis voces*. Anvers, P. Phalèse, 1614; in-4°.

Une estampe de Sadeler représente sainte Cécile jouant de l'orgue à l'arrivée de son prétendant Valérien ; entre les mains de deux anges se trouve gravée une composition musicale à cinq parties (canto, alto, quinto, ténor, basse), sous le nom de *De Raymondi*.

Nous n'avons pu trouver d'exemplaire des œuvres de Ruimonte ; pour apprécier sa valeur, nous devons nous borner à rappeler l'épithète que lui confère Antonio : *musicæ artis peritia eximius*.

Paul Bergmans.

N. Antonio, *Bibliotheca hispana nova*, t. II (Madrid, 1788), p. 233. — F.-J. Fétis, *Biographie universelle des musiciens*, 2e édition, t. VII (Paris, 1864), p. 350. — E. Vander Straeten, *la Musique aux Pays-Bas avant le* XIXe *siècle*, t. V (Bruxelles, 1880), p. 129-130; t. VIII (1888), p. 420, 491. — Alph. Goovaerts, *Histoire et bibliographie de la typographie musicale dans les Pays-Bas* (Anvers, 1880), p. 295, 299 et 314. — Al. Pinchart, *Archives des arts*, t. III (Gand, 1881), p. 183-184. — R. Eitner, *Biographisch-bibliographisches Quellen-Lexikon des Musiker*, t. VIII (Leipzig, 1903), p. 357.

RUITER (*Herman* DE). Voir DE RUYTER.

RUL-OGEZ (*François-Aimé*), médecin, né à Anvers en 1811, décédé en cette ville, le 16 décembre 1862. Après avoir fait ses études médicales, Rul-Ogez s'établit dans sa ville natale, où il acquit rapidement la réputation d'un habile praticien. Il était médecin du bureau de bienfaisance et du comité de vaccination, médecin légiste et médecin de la douane. Doué d'une érudition peu commune à son époque, travailleur assidu malgré les fatigues d'une nombreuse clientèle, Rul-Ogez collabora à de nombreuses publications scientifiques : les *Annales de la Société de médecine d'Anvers*, les *Annales de la Société médico-chirurgicale de Bruges*, le *Journal de médecine* publié par la Société des sciences médicales et naturelles de Bruxelles, les *Annales de la Société de médecine de Gand*, etc. Il y donna des articles qui furent remarqués et qui lui valurent d'être nommé membre correspondant de l'Académie royale de médecine de Belgique, de l'Académie de Madrid, et de nombreuses sociétés belges et étrangères.

Voici la liste de ses monographies : 1. *Sections tendineuses et musculaires sous-cutanées*. Bruxelles, Tircher, 1844; in-8°, 7 p. (Extrait du *Journal de médecine* publié par la Société des sciences médicales et naturelles de Bruxelles.) — 2. *Cataracte monocle avec strabisme interne de l'œil droit. Opération heureuse. Guérison*. Bruxelles, Tircher, 1845; in-8°, 5 p. (Extrait du même *Journal*). Cette courte notice ne fait que relater le mode opératoire et l'heureuse issue de l'opération. — 3. *Cancer de la mamelle ; compression méthodique*; *extirpation de toute la glande mammaire. Guérison*. Gand, F. et E. Gyselinck, 1845; in-8°, 12 p. (Extrait des *Annales de la Société de médecine de Gand*, t. XV). L'auteur, après description de l'opération, se demande si le cancer repullule toujours, et il pense que si un sujet offre une tumeur cancéreuse, celle-ci n'entraîne pas pour cela nécessairement chez lui l'existence de la diathèse ou de la cachexie cancéreuse. On doit procéder le plus tôt possible, avant la cachexie, à l'ablation des tumeurs du sein de nature suspecte. — 4. *Métrorrhagies fréquentes après l'accouchement, résultat de la présence d'un polype fibreux, contenu en totalité dans la cavité utérine. Opération. Guérison.* Anvers 1850; in-8°. (Extrait des *Annales de la Société de médecine d'Anvers*) — 5. *De l'utilité de l'enseignement de l'hygiène.* Discours prononcé à la séance publique annuelle. Anvers, 1850; in-8°, 26 p. (Extrait des mêmes *Annales.*) — 6. *Léger aperçu sur la constipation habituelle et son traitement.* Anvers, Berchman, 1853, in-8°, 15 p. (Extrait des mêmes *Annales.*) — 7. *Observation d'angine de poitrine suivie de quelques remarques pratiques sur l'usage des injections iodées.* Rul-Ogez publie une observation d'ascite chronique idiopathique, guérie par ces injections qu'il pratiqua le premier en Belgique. Il traitait ainsi les abcès du sein et les fistules de l'anus. — 8. *Mort de quatre enfants asphyxiés par le gaz acide carbonique. Reproduction du phénomène de la grotte du chien de Naples. Réflexions.* Anvers, J.-E. Berchman, 1856; in-8°, 16 p. (Extrait des *Annales de la Société de médecine d'Anvers.*) Tout l'intérêt de cette brochure est dans la relation de l'intoxication par les gaz oxyde de carbone et acide carbonique. A la suite de cet exposé, un vibrant appel aux pouvoirs publics les engage à répandre partout l'enseignement des règles de l'hygiène. — 9. *Ulcères syphilitiques de la gorge et du larynx. Trachéotomie. Usage de la canule laryngienne pendant quatre mois et demi. Guérison. Observations.* Anvers, Berchman, 1856; in-8°, 14 p. (Extrait des mêmes *Annales.*) C'est la description d'une opération de trachéotomie chez une syphilitique, compliquée par l'apparition d'ulcères nouveaux, que l'on traite avec succès par une poudre de nitrate d'argent et de sucre de lait. L'usage de la canule respiratoire trachéale fut continué pendant quatre mois. — 10. *Empoisonnement par l'acide oxalique, dit sel d'oseille.* Anvers, Berchman, 1858; in-8°, 17 p. (Extrait des mêmes *Annales.*) Après quelques réflexions sur l'empoisonnement par l'acide oxalique et son traitement, l'auteur constate que la plupart des empoisonnements accidentels sont le résultat de l'ignorance des règles de l'hygiène, et il en prend texte pour faire voir combien l'absence d'un cours d'hygiène est regrettable.

Dr Edmond Deffernez.

RULQUIN (*Claude*), sculpteur, né à Liége vers 1632, et y décédé, le 12 novembre 1704. Il est l'auteur du tombeau du baron d'Elderen qui se voyait dans une chapelle près du chœur de l'ancienne cathédrale Saint-Lambert, à Liége. Indépendamment de plusieurs autres monuments funéraires, que les auteurs vivant de son temps citent sans indiquer où ils se trouvent, il existait encore de Rulquin, à Liége, une statue de saint Joseph dans l'église des Carmes en l'Isle, et un grand crucifix au milieu de l'église Notre-Dame-aux-Fonts.

Edmond Marchal.

Helbig, *Histoire de la sculpture et des arts plastiques au pays de Liége.*

RUMMEN (*Arnold* **DE**), homme d'Etat. Voir OREYE (*Arnold* D').

RUMOLD (Saint). Voir ROMBAUT.

RUPE (*Gaspard* **DE**). Voir LA ROCHE (*Gaspard* DE), au *Supplément.*

RUPERT DE SAINT-LAURENT ou DE DEUTZ, écrivain ecclésiastique, né vers 1070, probablement à Liége ou dans les environs (*nostra civitas, patria*); mort vers 1130. Dès sa tendre enfance, il fut offert au monastère de Saint-Laurent à Liége. Il y fut initié à la vie monastique sous la direction de l'un des disciples préférés de Thierry de Saint-Hubert, Bérenger, abbé dudit monastère (1076-1115), et au culte des lettres et des sciences par Héribrand, précédemment moine de Saint-Jacques, dit-on, alors écolâtre et plus tard successeur de Bérenger. Tous deux paraissent avoir exercé une profonde influence sur lui. Depuis lors jusqu'à la fin de sa vie, par son enseignement, par ses écrits et par ses luttes, Rupert fut mêlé à la plupart des mouvements intellectuels et religieux d'une époque fertile en grands événements. Son éducation lui avait donné pour but de la vie l'idéal bénédictin d'alors : les larmes sur la terre et les joies au ciel, la lutte contre Satan pour la gloire du Verbe. Concrètement cette lutte était alors, pour l'Eglise, la poursuite du programme de Grégoire VII et la conversion de l'infidèle ou mieux du juif; et pour beaucoup de cluniciens, le maintien des études traditionnelles contre les invasions de la dialectique, l'exaltation de la vie monastique, l'intégrité du programme clunicien à l'encontre de la réforme cistercienne, la revendication du droit au ministère des âmes malgré diverses oppositions, soit des cisterciens, soit du clergé séculier; enfin, la défense du monopole monastique et pastoral des bénédictins contre les envahissements de saint Norbert. Au service de cet idéal, Rupert apporta toutes les énergies de son être, toutes les ressources de son éducation, toutes les influences dont il disposait. D'une santé florissante et d'aspect corpulent, semble-t-il, il était âpre et infatigable au travail. Esprit contemplatif, imagination ardente, il était plus enclin aux rêveries qu'attentif aux réalités, plus riche en phrases prolixes qu'en pensées solides et bien enchaînées, plus accessible aux suggestions du sentiment qu'aux considérations de la raison. Son âme était éprise des exercices religieux et des solennités pompeuses des cluniciens; tendre et affectueuse était sa piété, mais elle était, souvent aussi, passionnée, parfois bizarre et maladive : il possède Dieu et cette union mystique se traduit dans des actes d'amour d'un réalisme indicible; son âme converse avec Jésus comme l'épouse avec l'époux : son Jésus, il l'a vu, il a brûlé du désir d'en jouir, il l'a touché, il l'a baisé, et dans ces effusions ce sont les délices ineffables d'un hyménée céleste. Il a aussi aimé, il a chanté la Vierge Marie avec l'enthousiasme d'un saint Bernard, comme il s'est également épris d'amour pour les saints, particulièrement pour les saints chers à son ordre ou à son pays. Façonné par la règle bénédictine, il a su obéir avec fidélité et gouverner avec autorité; mais, si profonde qu'ait été chez lui l'empreinte de l'éducation monastique, sa nature ardente et impulsive a toujours gardé un caractère singulièrement personnel.

Or, de bonne heure, cette âme mystique avait été trempée à l'épreuve de la souffrance, de la persécution pour les causes qu'il affectionnait par dessus tout. Dès l'avènement du schismatique Otbert à l'évêché de Liége, en 1092, la querelle des investitures avait battu son plein dans le diocèse. Un des premiers actes du nouveau prélat fut de retirer à Bérenger sa charge d'abbé de Saint-Laurent pour la confier à un intrus, du nom de Wolbodon. Avec quelques-uns de ses moines, Bérenger se rend à Saint-Hubert et ici commence une longue période d'agitation; il se rend à Reims et ici encore le parti orthodoxe se remue contre Otbert; enfin il se fixe à Evernicourt, prieuré de Saint-Hubert. Entre-temps les troubles grandissaient à Saint-Laurent; à plusieurs reprises les religieux avaient été ou s'étaient dispersés, et finalement, en mai 1095, le monastère était devenu désert. Plusieurs moines avaient d'abord accompagné ou étaient venus dans la suite rejoindre leur abbé à Evernicourt. De ce nombre était Rupert. Quelle affliction pour cette âme tendre et passionnée! Quelle douleur aussi de voir la désolation de tant d'autres maisons religieuses du diocèse! A Saint-Hubert, à Saint-Trond, à Brogne et à Florennes aussi bien qu'à Saint-Laurent, des créatures d'Otbert avaient pris la place des abbés légitimes. Rupert en souffrait profondément. Aussi bien son âme pousse un long cri de déchirement et il exhale sa tristesse et ses plaintes, ses prières et ses espérances dans un poème ému sur les malheurs de l'Eglise de Liége (*Monachi cujusdam exulis*

S. Laurentii de calamitatibus ecclesiae Leodiensis opusculum, dans les MGH. *Libelli de lite*, III, 622-641) : c'est une source d'un grand prix pour saisir sur le vif la situation troublée du diocèse et l'état d'âme des religieux persécutés. En songe, Rupert se voit avec les moines sur une nef agitée et menacée par Léviathan; il appelle Dieu, il appelle la mère de Dieu, et cette mère lui tend la main, elle arrache la nef aux flots et la conduit au rivage; Sion, l'Eglise, lui apparaît sous la figure de l'épouse du Seigneur, triste et dépouillée de tous ses atours; l'épouse apostrophe Marie, elle apostrophe les moines et à son tour Marie interpelle son divin Fils; l'Epoux et l'Epouse s'interpellent; les saints patrons des monastères sont là aussi, tristes et exhalant leurs plaintes; Sion éclate en pleurs et remémore ses douleurs depuis l'origine des siècles. Le poème s'arrête brusquement. Mais on connaît l'issue des événements qu'il décrit en langage symbolique. Un revirement partiel s'opéra grâce à l'intervention de la noblesse liégeoise, Godefroid de Bouillon en tête; Otbert se réconcilia avec Bérenger : les moines dispersés revinrent à Saint-Laurent; le 9 août 1095, Bérenger les y réinstalla solennellement et Rupert nous redit leur pieuse allégresse.

Ces tribulations avaient marqué Rupert de leur empreinte : toujours il demeura inébranlablement attaché aux idées grégoriennes et, jusqu'à la fin de sa vie, bien des images, bien des idées de son poème reparaîtront en divers de ses écrits; en maints endroits aussi, il s'élèvera contre le schisme, contre les empereurs qui soutiennent les antipapes, les prêtres simoniaques et fornicateurs, contre ces antipapes et ces prêtres indignes, et, dans ses relations et dans ses actes, toujours il sera en communion d'idées avec le parti grégorien. Grégorien, tel il se montra bien dans son attente du sacerdoce. Déjà à l'époque des luttes précédentes ou du moins peu après, il exerçait les fonctions d'écolâtre et se trouvait à ce titre chargé de l'enseignement des arts libéraux; déjà, en des songes extraordinaires, il avait, dit-il, reçu d'en Haut des lumières surnaturelles pour comprendre les saintes Ecritures. Aussi l'âge était venu pour lui de recevoir la prêtrise et déjà de plus jeunes que lui l'avaient précédé à l'autel. Cependant il refusait de se laisser ordonner. Multiples étaient les causes de ce refus, mais l'une des plus graves était que le schisme sévissait. A l'exemple de beaucoup de personnes — et des plus religieuses — il ne voulait pas recevoir l'onction sacerdotale des mains d'un des prélats infâmes. A son avis — et c'était celui d'un groupe ultragrégorien — une telle ordination ne pouvait avoir d'efficacité. Après la mort de Henri IV (7 août 1106), la discorde s'était quelque peu apaisée. Toutefois Rupert hésitait encore à devenir prêtre, ne s'estimant pas digne de ce caractère. Mais il eut un songe, que nous rapportons brièvement parce qu'il permet de se faire une idée de sa piété mystique, si l'on veut, mais au fond bien réaliste autant que rêveuse. L'image de Jésus crucifié lui apparaît sur un autel; Jésus a les yeux fixé sur lui, Rupert le salue, le contemple, il veut le prendre dans ses mains, l'embrasser, et Jésus se livre à ses désirs : Rupert tient son Sauveur, il l'embrasse longuement, et Jésus est si heureux de ce geste d'amour qu'il ouvre la bouche pour que Rupert le baise plus profondément. Quel était pour Rupert le sens de ce songe, sinon qu'il devait désormais pénétrer les mystères du sacrement de l'autel? Et aussitôt, l'amour du sacerdoce l'envahit et grandit dans son âme, si bien que, le jour venu, il déclare à son père spirituel qu'il est prêt, au premier ordre, à recevoir le joug du Seigneur. Ainsi fut-il fait dès qu'arriva le temps liturgique des ordinations. Un nouveau songe suivit à bref délai son ordination; il unit mystérieusement son âme à Jésus et l'inonda de célestes voluptés.

Devenu prêtre, Rupert recevait du même coup la mission légitime de traiter des saintes Ecritures. « Dès lors », écrivait-il plus tard, « j'ai ouvert ma « bouche et je n'ai pu cesser d'écrire; « aujourd'hui encore, même si je le

« voulais, je ne pourrais me taire ». Comment était-il préparé à cette mission? Il nous faut revenir ici un peu plus longuement sur ce que nous avons déjà dit en passant, si nous voulons nous rendre compte de la nature de sa science et du caractère mystique de son enseignement. Rupert avait eu plusieurs maîtres dans les disciplines de l'École, notamment le moine Héribrand, aussi versé dans la littérature scripturaire ou théologique que dans les arts libéraux. Bien plus, lui-même était devenu écolâtre et, comme tel, il avait étudié avec ardeur les ouvrages consacrés aux sept arts libéraux, en vue de son enseignement du cycle classique du trivium et du quadrivium, ainsi qu'il l'expose dans son *De Trinitate et operibus ejus*. Doué d'une heureuse mémoire, c'est à ces études et à cet enseignement qu'il est sans doute redevable de connaître des livres ou du moins des extraits des anciens, tels Platon, Plotin, Aristote, Héraclite, César, Virgile, Horace, ainsi que divers termes grecs et quelques bribes des sciences. Mais à ce savoir, à cette philosophie purement rationnelle, il opposait ou plutôt il superposait la philosophie selon le Christ, qu'il appelle la sagesse ou, si l'on préfère, le sens des divines Ecritures, en tant que la lumière même de Dieu en instruit l'âme humaine. Certes, quoi qu'en aient dit ses adversaires et lui-même, comme élève, comme écolâtre et comme publiciste, Rupert a beaucoup étudié non pas seulement les Ecritures, mais les œuvres de plusieurs écrivains ecclésiastiques; de ce fait, le catalogue de la bibliothèque de Saint-Laurent et surtout les travaux mêmes de Rupert nous donnent une évidence complète. Ainsi il a utilisé, à des degrés divers, saint Cyrille d'Alexandrie, saint Grégoire de Nysse et saint Jean Chrysostome, Justin le Martyr, saint Irénée, saint Hilaire, saint Jérôme, saint Augustin, le pseudo-Aéropagite, saint Grégoire le Grand, etc. On a même dit qu'il savait le grec et l'hébreu; mais de ce qu'il emploie quelques mots grecs et de ce qu'il allègue parfois le texte hébreu de la Bible, on a eu tort de conclure qu'il connaissait ces langues. Toutefois, indépendamment de ses études, aussi bien dans son enseignement oral que dans ses écrits, Rupert s'est complaisamment abandonné aux inspirations de son âme mystique. C'est à ses songes, c'est à ses visions qu'il s'en réfère comme à la source de ses connaissances. Il serait trop long de les rapporter ici; mais qui ne les a pas lues, qui ne les a pas évoquées dans les œuvres mêmes de Rupert ne peut dire qu'il a pénétré dans la mystérieuse intimité de cet étrange Huysmans du XIIe siècle. S'il dicte, s'il écrit, s'il a l'absolue certitude de la vérité de ses exposés, c'est qu'en songe il a vu les trois personnes de la Trinité à la fois; il a été tour à tour favorisé de la visite du Père, du Verbe et du Saint-Esprit; la Vierge Marie lui est apparue. C'est avant la prêtrise qu'il reçut ainsi l'intelligence des Ecritures, mais il ne put utiliser ce don que lorsque l'ordination lui eut conféré le droit d'expliquer les saintes lettres. Et dès lors, il a été secoué, il a frémi dans tout son être, et il ne peut résister à la force intérieure qui le presse de dicter et d'écrire. Certes il ressent parfois moins les impulsions de la grâce, mais alors il se prosterne devant le crucifix et lui demande l'inspiration. Bientôt la lumière surnaturelle abonde : la visite du Très-Haut lui vaut mieux que dix professeurs, et Dieu lui prodigue ses trésors avec une telle magnificence qu'à peine deux ou trois scribes peuvent recueillir ce que Rupert leur dicte. Au reste, les visions ne cessent pas, et plus tard, au sein des tribulations et des polémiques, ce sera encore et toujours à ses songes, anciens ou nouveaux, qu'il en appellera : pour garantir l'infaillibilité de ses doctrines et triompher de ses adversaires, il ira jusqu'à comparer son âme à l'épouse du Cantique des Cantiques et à étaler, dans ses écrits, les jouissances sensibles de son mariage mystique avec le divin Epoux, dût-on le prendre pour un insensé.

Entre-temps Rupert avait déjà composé divers écrits. Au poème signalé plus haut, il faut ajouter, parmi les œuvres antérieures à son ordination, quelques poésies, un opuscule *De diversis scripturarum sententiis*, le remaniement littéraire d'une vie de saint Augustin (Bibliothèque royale, ms no 3225, *olim* no 9368) et d'une vie de sainte Odile, l'éloge du martyr Theodard et des confesseurs Goar et Sévère, enfin et surtout la chronique du monastère de Saint-Laurent (*Chronicon S. Laurentii Leodiensis* 959-1095, dans les MGH, SS, VIII, 261-279; Migne, PL, CLXX, 669-702). Plusieurs de ces ouvrages sont encore inédits ou sont perdus. La chronique mériterait de retenir notre attention, mais sa valeur et les circonstances de sa composition sont suffisamment connues. Des nombreux ouvrages composés par Rupert à partir de son ordination sacerdotale, il faut placer en première ligne un traité *De Divinis officiis per anni circulum libri XII* (PL, CLXX, 9-334). En Occident, ce genre d'écrits s'était multiplié depuis Isidore de Séville († 636), soit pour guider le clergé, soit pour lui permettre d'initier le peuple aux cérémonies difficiles à suivre, attendu que le latin avait disparu du langage populaire et que les rites s'étaient multipliés. Après la rénovation liturgique d'Alcuin, ce fut l'œuvre d'Amalaire († vers 837) qui jouit de la plus grande vogue, mais on pourrait citer bien d'autres noms : Raban Maur, Walafrid Strabon, le pseudo-Alcuin, etc. En même temps les textes liturgiques, les cérémonies, les vêtements liturgiques devinrent dès le IXe siècle l'objet d'interprétations allégoriques : on y voit surtout le symbole des vertus que doit posséder le prêtre. C'est de ces modèles et notamment d'Amalaire que s'inspire Rupert, mais en multipliant à plaisir les significations allégoriques. En 1111, il était déjà occupé à composer cet ouvrage et, s'il ne l'avait pas terminé, il était arrivé au moins au livre VIII ; mais il ne l'édita pas avant 1126; Rupert ne comptait pas de Mécène dans les rangs du corps épiscopal; Otbert n'avait cure de patronner Rupert et celui-ci avait éprouvé des contradictions qui lui firent remettre à des temps plus heureux la publication de son œuvre. Toutefois elle répond à son enseignement oral, et elle fut loin, d'ailleurs, de rester inconnue jusqu'en 1126. Il serait trop long de l'analyser ici. Bornons-nous à observer que c'est une explication symbolique, à l'aide de l'Ecriture, des offices de l'Eglise. Il y traite aussi de l'unité de substance et de la trinité de personnes en Dieu. Il serait instructif de faire le départ entre ce qui est propre à l'auteur et ce qu'il emprunte à ses prédécesseurs et notamment à Amalaire. Lui-même semble d'ailleurs avoir été utilisé, peu de temps après, par Honoré d'Autun. Ce qui valut, alors et depuis lors, le plus de célébrité, de contradictions à Rupert, c'est que cet ouvrage contenait, sur l'Eucharistie et sur le Saint-Esprit, des doctrines qui furent bientôt taxées d'hérésie.

Dans l'œuvre précédente, Rupert avait fait avant tout œuvre d'exégèse. C'est à cette science que désormais il consacrera le meilleur de son temps. Dans ce domaine il occupe une place remarquable, sinon par la valeur intrinsèque de ses travaux, du moins par les caractères de sa méthode : il est le premier représentant en vue d'une école nouvelle. La renaissance carolingienne avait remis en honneur les études scripturaires, tombées dans une profonde décadence après la brillante efflorescence des IVe et Ve siècles. Si les sciences bibliques ont de remarquables représentants — tel en nos contrées Christian de Stavelot —, l'exégèse est essentiellement traditionnelle : elle préfère en général les allégories et les moralités aux commentaires littéraux ou historiques. Dès les origines de la scolastique, deux courants se manifestent bientôt en exégèse : l'école dialectique recherche surtout le sens littéral; l'école mystique continue l'interprétation traditionnelle, mais elle multiplie les allégories et les sens mystérieux : non pas tant pour donner l'intelligence réelle de l'Ecriture que pour émouvoir l'âme et lui inspirer des règles pratiques. Rupert, peut-on dire, inaugure cette tendance mystique. On a distingué chez lui diverses interprétations : littérale ou historique, allégorique, tropologique et anagogique; ainsi Jérusalem peut désigner une ville de Palestine, l'Eglise militante, l'âme chrétienne, le ciel. Mais en réalité les deux derniers modes peuvent se ramener au genre allégorique. C'est à ce genre que Rupert s'abandonne le plus volontiers et il dégage de ses allégories des leçons morales ou le sens spirituel des Ecritures. De ce chef, s'il n'est pas aussi novateur que l'a dit Rocholl, il est beaucoup plus original, plus personnel que ne l'a dit Hauck. Encore, comme ce dernier l'a remarqué, malgré les superfluités, les répétitions, les désordres et les disproportions de ses exposés, souvent Rupert poursuit une idée maîtresse, la suite du plan divin, les relations de Dieu avec l'homme, la lutte du Verbe contre Satan. Cette exégèse a séduit beaucoup d'écrivains et de lecteurs; mais déjà peu après la mort de Rupert le norbertin Anselme, évêque d'Havelberg, en faisait justice en ces termes pleins de bon sens : *Quantum vero malum sit quamvis sacram scripturam suo sensui emancipare et non potius divinae scripturae suum sensum adaptare, nulli incognitum esse debet qui sacris lectionibus vacare consuevit.* N'empêche que cette méthode — si c'en est une — a fait la fortune littéraire de Rupert. Sa première œuvre exégétique est un commentaire sur Job (*In S. Job commentarius*, PL. CLXVIII, 961-1196), composé vers la même époque que le *De divinis officiis*. Au fond, Rupert ici n'est guère encore qu'un simple répétiteur. L'œuvre est un abrégé des commentaires de saint Grégoire le Grand sur le même sujet. Elle paraît bien, elle aussi, un fruit de son enseignement : ce sujet lui permettait de parler des trois parties de la philosophie portées à son programme : l'éthique, la physique et la logique. Rupert trouve un plaisir particulier à traiter cette matière : les tribulations de Job correspondaient si bien à ses vues sur la philosophie de l'histoire et c'était d'une si grande actualité à l'époque de la querelle des investitures! C'est ce qu'il insinue en ces termes : *Scripturam hanc edidit (Job) valde utilem cunctis exulantibus in hoc mundo civibus cœli, qua instruerentur nequaquam peccatum hominis ex quantitate pensare flagelli, quod iniquum est.*

Pour Rupert lui-même, l'aphorisme était de saison, car bientôt il entra en lutte, au nom de la tradition, contre les nouveautés de la scolastique naissante; de ce chef, il eut à supporter de puissantes contradictions. Indépendamment de la question même de Rupert, les documents sur cette lutte peuvent éclairer l'histoire des doctrines d'Anselme de Laon : on ne l'a pas assez remarqué. Une nouvelle méthode, la méthode dialectique, s'introduisait en théologie : il s'agissait de rechercher les preuves et les explications rationnelles du dogme. Dans cet ordre d'idées, Anselme de Laon, à qui l'on attribue à tort un enseignement uniquement fondé sur l'autorité, avait donné un éclat considérable à l'Ecole de cette ville, tandis que son disciple ingrat, Guillaume de Champeaux, illustrait l'école de Châlons. Ils étaient réputés, dit Rupert, « de « célèbres lumières de toute la France », et des essaims d'élèves, accourus de presque toutes les provinces, se pressaient au pied de leur chaire.

Or, un de leurs disciples avouait avoir reçu à leurs écoles la doctrine que Dieu veut le mal et que, si Adam a péché, ce fut voulu de Dieu; il y a en Dieu la volonté qui approuve le mal et la volonté qui permet le mal. C'est l'éternelle question toujours discutée sur l'origine du mal, sur la Providence et sur la prédestination. Rupert en parle dans son enseignement et compose un traité : *De voluntate Dei liber unus* (PL, CLXX, 437-454); il y prend à partie Guillaume de Champeaux et Anselme de Laon.

Nous ne pouvons nous arrêter à la doctrine; mais ce qui nous intéresse, c'est la méthode. Rupert s'appuie sur l'Ecriture, il s'inspire des « pères ortho- « doxes » et notamment de saint Augustin, sans toutefois le citer ; il reproche à ces philosophes de vouloir donner des conseils à Dieu ; il est mordant pour « les « profondes ténèbres de la philosophie « humaine » ; mais lui-même argumente cependant, et reproche aux auteurs en cause de manquer de logique. L'écrit provoqua un tumulte contre l'auteur de la part des écoles de Laon et de Champeaux. Claustralisme ! Ignorantisme ! s'écrie-t-on avec ensemble. Quoi ! lui qui ignorait la dialectique, lui qui depuis son enfance avait été enfermé dans le silence du cloître, lui qui n'était jamais sorti de son monastère et qui n'avait jamais entendu ces maîtres, il s'engageait dans le maquis de la dialectique ! Et les disciples d'Anselme et de Guillaume de répéter bien haut que Rupert n'est pas guidé par l'amour de la vérité et l'honneur de Dieu, mais bien par un esprit de vaine ostentation, et de prendre plaisir à relever son incapacité au moment même où il voulait étaler son savoir : « En mon « absence et de temps en temps en ma « présence », dit Rupert, « ils se mo- « quaient de moi et disaient que je « m'étais mis tardivement à l'étude de « la dialectique, attendu que j'ignorais « *contrariorum quaedam mediata, quaedam* « *immediata esse* ». Rupert, disait-on aussi, s'en prenait aux clercs, c'est-à-dire aux lettrés, et la jeunesse de ces écoles de s'emporter contre le moine ignorant. Bien plus, Anselme de Laon lui-même écrivit une lettre à Héribrand, supérieur de Rupert, pour justifier son opinion et se plaindre de ce dernier : « enflé du nom de science, mais igno- « rant les sentiments des Pères, s'attar- « dant puérilement à des questions et à « des querelles de mots ». Par suite de ces attaques, Rupert dut comparaître comme accusé devant Henri archidiacre de Liége, et sa cause fut instruite par son abbé Héribrand, par A[ndré], archidiacre et par E[tienne], écolâtre. On lui reprochait de nier la toute-puissance divine. Rupert, semble-t-il, sortit victorieux de ce procès. Toutefois, pour se justifier, il rompit le silence qu'il avait gardé vis-à-vis des attaques soulevées par son *De Dei voluntate* et écrivit (avant 1117) un nouveau traité *De omnipotentia Dei liber unus* (PL, CLXX, 454-478). Il s'attache de plus en plus aux Ecritures et, ajoute-t-il, à la raison. Il suit les pères, particulièrement saint Augustin, dont il interprète en faveur de sa propre doctrine les passages allégués par les partisans de l'opinion que Dieu veut le mal ; il traite la subtilité de ses adversaires de bêtise (*hebetudo*) ; peu importe d'où vient sa science à lui moine, du moment que son argumentation est probante ; il refuse le monopole de la science aux dialecticiens. Au reproche qu'on lui fait d'ignorer la dialectique, il répond que celle-ci n'est que la compagne spontanée, l'auxiliaire et la servante de la sagesse divine (la théologie), sa maîtresse. Mais à la dialectique, dit-il, il préfère les paroles simples des pasteurs et des pêcheurs avec qui Dieu a parlé (l'Ecriture Sainte). Et cependant il suit ses adversaires sur le terrain de la dialectique. Dans cette querelle, il avait pour lui les sympathies de ses frères en religion. Ainsi, vers cette époque, Wibald et son précepteur viennent de Stavelot à Liége : ils lisent les ouvrages de Rupert, ils entendent celui-ci combattre l'opinion de ses adversaires, et plus tard, alors que Rupert est déjà abbé de Saint-Héribert à Deutz, le précepteur de Wibald repoussera dans son enseignement la doctrine d'Anselme de Laon, pour suivre celle de son confrère ; et à cette occasion Wibald demandera à Rupert d'envoyer à Stavelot ses « livres apolo- « gétiques ».

En dehors des cloîtres, ce débat excitait sans doute aussi la curiosité non seulement du clergé mais des laïcs ; car, au dire de Renier, Liége à cette époque florissait par les vertus et les sciences autant que par les richesses ; même on y avait plus d'estime pour un lettré que pour un richard. Toutefois l'opinion du dehors était loin de se rallier à Rupert. Que faire ? Pour la conquérir, il n'hésite pas à entreprendre un voyage en France, et va se mesurer avec ces maîtres redoutables. « Monté

« sur un ânon, accompagné simplement « d'un serviteur, il se rend dans ces « villes lointaines de l'étranger ». Chemin faisant, ce sont des discussions avec nombre d'écolâtres et de professeurs. A peine arrivait-il à Laon qu'Anselme mourait (15 juillet 1117). Il se rend à Châlons et là surgit un conflit « acerbe » avec Guillaume de Champeaux († 1121). Quels furent les résultats de cette excursion? Au dire de Rupert, la controverse doctrinale prit fin (?), parce qu'elle donna aux improbateurs secrets de ces doctrines l'occasion ou le courage de manifester ouvertement leur improbation, du moins après que furent trépassés leurs deux auteurs.

Longtemps avant cette discussion, Rupert avait déjà eu des adversaires : ils ne désarmèrent pas dans la suite. S'il faut le croire, cette polémique contre l'école de Laon fut la cause de toutes les attaques dirigées contre lui. Il faut ajouter, sans qu'on puisse bien préciser l'époque et le degré d'influence des divers facteurs, que, par ses attaches à des causes chères à son âme de bénédictin et de grégorien, Rupert s'était attiré et continua de s'attirer bien des colères. Mais on aurait tort de croire, avec Hauck, que ces attaques vinrent principalement de la part des représentants du passé. Certes, on ne se lassera pas de reprocher à Rupert que les saints ont écrit et que les œuvres des saints suffisent; on ne se lassera pas de relever la contradiction de sa doctrine avec celle de saint Augustin; mais cette attitude est celle de l'ordre canonial combattu par Rupert comme une nouveauté; elle est celle des progressistes de l'école dialectique; s'ils agissent ainsi, c'est pour montrer à la fois l'incapacité et la présomption de leur adversaire. Mais qu'importe à Rupert? Il revendiquera toujours le droit, que dis-je? le devoir d'écrire, et, pour se justifier, toujours il alléguera ses visions. Il ne cache pas d'ailleurs combien il estime et aime ses propres écrits, et, en bien des endroits, il se montre vivement touché d'avoir des lecteurs et des admirateurs. N'importe, ces déboires continueront et ils lui arriveront souvent même avant la publication de ses œuvres. C'est que son enseignement oral répandait ses idées; c'est que ses manuscrits circulaient confidentiellement avant d'être livrés à la publicité. Avant qu'il n'eût édité son *De divinis officiis*, il fut admonesté par Guillaume de Saint-Thierry pour la doctrine eucharistique contenue dans ce livre. Mais si la critique porte sur un point essentiel, elle est présentée dans les termes les plus aimables : le censeur tient essentiellement à ménager l'honneur de l'ordre bénédictin. Tout autre, comme nous le dirons, fut le caractère des attaques de saint Norbert contre la théorie de « l'incarnation du Saint-Esprit dans le « sein de la Vierge Marie ». De même, avant qu'il n'eût dédié son *De Trinitate* à Cunon de Siegburg, Rupert fut attaqué pour sa doctrine sur « la création des anges *ex tenebris* ». Enfin, avant qu'il ne lui eût offert publiquement son commentaire sur saint Jean, il eut une controverse au sujet d'une opinion, qu'on trouve dans ce commentaire, sur la communion de Judas et sur l'autorité de saint Augustin. Si cette attaque fut des plus périlleuses, le résultat en fut des plus heureux pour Rupert. Voici comment : dans une controverse avec un écolâtre de grand renom, bien que moine (probablement Sigefroy, prieur de Saint-Nicolas-au-Bois, puis abbé de Saint-Vincent près de Laon, d'après l'*Histoire littéraire*), Rupert avait eu une discussion très pénible sur le sacrement de l'Eucharistie. Comme son adversaire invoquait saint Augustin pour montrer que Judas avait reçu le sacrement aussi bien que les autres apôtres, Rupert avait été amené à lui répondre : *Non esse in canone scripta beati Augustini, non esse illi per omnia confidendum sicut libris canonicis*. Les adversaires de Rupert s'emparèrent de cette affirmation pour le taxer d'hérésie; alors qu'il était absent et au loin, ils lui firent un procès. — Notons que jusqu'ici les historiens ont confondu ce second procès avec le précédent. — Heureusement pour Rupert, Cunon, abbé de Siegburg depuis 1106, intervint efficacement en sa faveur. Rupert a tracé lui-même de Cunon, de son intelligence, de ses vertus, de ses succès, un captivant portrait et l'on sait, d'ailleurs, qu'il fut, comme abbé de Siegburg et plus tard comme évêque de Ratisbonne, le protagoniste du parti grégorien autant que le promoteur de la cause bénédictine; il fut dès lors et pour toujours l'ange tutélaire de Rupert; il s'établit entre eux une tendre intimité; toujours Rupert eut pour son protecteur un véritable culte d'affectueuse et reconnaissante vénération. A cette époque, il lui était cependant pour ainsi dire encore inconnu : il ne l'avait jamais vu qu'une seule fois; mais avant de mourir, Bérenger avait recommandé Rupert à Cunon « comme un pupille à son tuteur ». Or, cette intervention fut efficace; car il arriva à Cunon la fortune inespérée de mettre la main sur un passage de saint Hilaire, alors inconnu à Rupert même, mais où se trouvait la même opinion que la sienne et absolument différente de celle de saint Augustin. Ce fut le salut pour l'accusé : déjà il était pour ainsi dire jugé et l'on allait lui retirer toute faculté d'écrire : l'autorité de saint Hilaire le sauva. Ainsi, après plusieurs années d'attaques répétées, il remportait la palme de la victoire. Toutefois, l'abbé de Saint-Laurent n'aurait pu le protéger contre ses envieux à Liége : Rupert trouva un asile à Siegburg, solitude agréablement située sur une haute colline et réputée pour sa ferveur religieuse. Et ainsi Cunon lui ménagea les loisirs d'écrire.

Une nouvelle période d'activité littéraire s'ouvre donc pour Rupert. A Liége, il avait commencé, du vivant même de Bérenger, un ouvrage intitulé *De Trinitate et operibus ejus libri XLII* (PL, CLXVII, 198-1828). Il le publia en 1117. L'œuvre est un exposé des opérations dites *ad extra* des trois personnes de la Trinité, selon l'ordre des temps, depuis la création du monde jusqu'à la résurrection des morts; cet exposé repose sur une interprétation littérale et mystique de l'Ecriture (Genèse, Exode, Lévitique, Nombres, Deutéronome, Livre de Josué, des Juges, des Rois, Isaïe, Jérémie, Ezéchiel, Daniel, les quatre Évangiles). C'est dans cet ouvrage qu'on trouve l'opinion si vivement attaquée de la création des anges *ex tenebris*. La lettre à Cunon, placée en tête, est en partie consacrée à rappeler les difficultés de Rupert et l'heureuse intervention de son défenseur. — Plus importante pour la connaissance même des griefs allégués contre Rupert est l'épître à Cunon, en tête du traité *In Evangelium S. Joannis commentariorum libri XIV* (PL, CLXIX, 203-826). Cette lettre-dédicace et diverses parties de l'ouvrage sont particulièrement importantes pour connaître les doctrines eucharistiques de l'auteur. C'est aussi dans cette œuvre qu'on trouve la théorie sur la communion de Judas et l'autorité de saint Augustin, qui lui valut tant de désagréments.

Rupert était à Siegburg lorsqu'il dédia à Cunon le *De Trinitate* et sans doute aussi lorsqu'il lui offrit le commentaire sur saint Jean. Cependant, dans la suite, il retourna quelque temps encore à Liége et il hésitait, malgré les invitations de Cunon, à quitter la « patrie »; mais en 1119, lors des troubles qui suivirent la mort de l'évêque Otbert, Frédéric, l'élu du parti pontifical, le prit avec lui lorsqu'il se rendit à Cologne avec les témoins de son élection : dès lors Rupert se fixa dans ce diocèse. Cunon lui fournit à volonté ce qui lui manquait : l'argent et le parchemin pour écrire. On doit vraisemblablement dater de cette époque quelques ouvrages d'intérêt surtout local. A la demande de Marquard, ancien moine de Siegburg et abbé de Deutz, il récrivit une *Vita sancti Heriberti, archiepiscopi Coloniensis* (PL, CLXX, 389-428), ancien archevêque de Cologne (999-1021) et patron du monastère de Deutz. C'est en réalité le remaniement d'une ancienne *Vita* composée vers 1060, par un certain Lambert, alors moine de Deutz, puis abbé de Saint-Laurent. C'est sans doute aussi vers le même temps, qu'à la demande d'Albanus, abbé de Saint-Martin à Cologne, et de ses moines, il remania la *Passio beati Eliphii martyris* (PL, CLXX, 427-436).

A côté de ces travaux de valeur secondaire, prend place une œuvre plus importante, écrite, croyons-nous, vers la même époque : un commentaire de l'Apocalypse (*In Apocalypsim Joannis Apostoli commentaria*, PL, CLXIX, 825-1214). Il fut composé sur les instances de Cunon, dans le but manifeste de révéler les talents et les dons surnaturels de Rupert à Frédéric, archevêque de Cologne (1100-1131); c'est à celui-ci, en tout cas, que l'œuvre est dédiée. Dans le prologue, Rupert répond aux reproches qu'on lui faisait d'écrire : N'avait-on pas assez des œuvres d'autres personnes plus saintes, meilleures et plus savantes? N'était-il pas illicite et téméraire d'ajouter à ce qu'avaient dit des Pères renommés et catholiques, et d'inspirer ainsi le dégoût aux lecteurs en augmentant la multitude de commentaires? Mais Rupert revendique ses droits : l'Écriture Sainte est un champ spacieux, commun à tous les confesseurs du Christ et l'on n'a pas le droit de refuser à personne l'autorisation d'y travailler, *dummodo salva fide, quod sentit, dicat aut scribat.* L'œuvre même est typique en ce que l'auteur applique les données de l'Apocalypse non pas à l'avenir, mais aux faits accomplis surtout depuis Abraham jusqu'à Jésus-Christ. Cette conception répond d'ailleurs fort bien à son système d'interprétation allégorique.

Ce livre nous montre en Frédéric un protecteur de Rupert : ce rôle répond bien au caractère de cet archevêque, l'un des plus ardents champions du parti grégorien en Allemagne et l'un des meilleurs amis de l'ordre bénédictin. Toujours, dans la suite, Frédéric témoigna une haute estime et une sincère amitié à l'ancienne victime d'Otbert, et toujours Rupert lui montra une filiale gratitude. Après la mort de Marquard (11 septembre 1119 ou 1120), Rupert fut placé par Frédéric à la tête du monastère de Deutz. Or, d'après la chronique de Saint-Trond, le motif de ce choix fut sa réputation éclatante dans la science des saintes Écritures. Prélat en Allemagne, Rupert n'oublia jamais Liége ni son premier monastère, comme en témoignent ses écrits et ses relations sociales. Ainsi, en 1122, à l'occasion de l'entrevue des députations liégeoises du parti d'Albéron et de celui d'Alexandre de Juliers en présence de l'archevêque à Corneli-Munster, Rupert prit part à l'entrevue et donna l'hospitalité à Rodolphe de Saint-Trond ; — pour le dire en passant, cet épisode montre bien que Rupert continuait à soutenir la cause grégorienne ; — l'une de ses entreprises abbatiales fut aussi de construire dans son église une chapelle en l'honneur de saint Laurent et d'introduire la fête solennelle de ce saint. En retour, Renier n'a pas manqué de revendiquer pour le monastère de Saint-Laurent la gloire du célèbre abbé de Deutz.

Nous n'avons pas à retracer ici l'administration de Rupert. Dans plusieurs de ses ouvrages et surtout dans celui sur la règle de saint Benoît, on trouve exposées ses vues en matière de gouvernement monastique, de même que son *De incendio Tuitiensi* offre d'utiles renseignements sur l'état du monastère à son époque. On sait aussi d'ailleurs qu'il déployait un grand zèle pour les intérêts matériels et religieux de son couvent, et lui-même regrettait que les sollicitudes de l'abbatiat entravassent son activité littéraire.

Bien grande cependant fut celle-ci. Dans la série des écrits composés depuis son installation définitive dans le diocèse de Cologne (1119) jusqu'à l'élévation de Cunon à la dignité épiscopale (1126), à ceux déjà indiqués il faut ajouter son commentaire sur le Cantique des Cantiques (*In Cantica canticorum De Incarnatione Domini commentaria*, PL, CLXVIII, 837-962). Il est possible qu'il précède l'un des ouvrages signalés plus haut, et il est certain qu'il est antérieur au *De gloria et honore filii hominis*. Jeune encore était Rupert lorsque la Vierge lui était apparue en songe et, depuis lors, il avait conçu le projet d'écrire un livre sur l'Incarnation en l'honneur de Jésus et de sa mère Marie; mais durant de longues années il avait omis d'exécuter ce dessein, lorsque les incessantes stimulations de l'abbé Cunon le décidèrent à composer ce commentaire. L'œuvre traite presque uniquement de la sainte Vierge, et elle est un appel constant à l'amour du Verbe incarné et sa sainte mère. C'est là un point à remarquer, car, depuis le vénérable Bède, les commentateurs du Cantique des Cantiques en appliquaient habituellement les données presque exclusivement au Christ et à l'Église. Rupert rompt avec cette interprétation, et, sur ce point, comme sur plusieurs autres, il eut pour imitateur le célèbre Honoré d'Autun. Il n'est pas sans intérêt de remarquer aussi que, si Rupert exalte les vertus de Marie, il ne l'a pas crue exempte de la tache originelle.

Vers le même temps, Rupert écrivit un commentaire, en 32 livres, sur les Petits Prophètes : *Commentariorum in duodecim prophetas minores libri XXXII* (PL, CLXVIII, 9-836). Il se borna d'abord aux six premiers de ces prophètes. De cette première partie, il fit hommage, par l'intermédiaire de Cunon, à Guillaume, évêque de Palestrina, alors qu'il était légat en Allemagne (août-septembre 1124). Cet hommage avait sans doute pour but de concilier à Rupert, si vivement critiqué, la bienveillance du représentant du Saint-Siège. Rupert eut d'ailleurs une autre occasion de s'attirer les sympathies de la cour romaine. En cette même année 1124, il se rendit en Italie; à la Noël, il était à Rome; il visita aussi le Mont-Cassin, et sans doute ce voyage ne fut-il pas sans profit pour ses travaux, surtout pour celui sur la règle de saint Benoît. L'auteur avait interrompu son commentaire sur les Petits Prophètes pour composer, à l'instigation de Cunon, ses douze livres *De victoria Verbi Dei* (PL, CLXIX, 1215-1502). Ceux-ci constituent une philosophie de l'histoire destinée à montrer les triomphes du Verbe sur Satan au profit de l'humanité. Rupert a indiqué ailleurs la question capitale de son ouvrage : *Utrum Deus, qui creavit, an diabolus qui primum hominem decepit, deberet possidere nos.* L'œuvre valut à l'auteur une bien belle lettre de félicitations de la part de Mengoz, chanoine de Saint-Martin. Cette missive est également précieuse en ce qu'elle indique diverses attaques dirigées alors contre la doctrine de Rupert sur la création des anges, sur la chute et le châtiment des anges rebelles. — Sur des instances faites de divers côtés, notamment par Erkenbert, abbé de Corvey, et par Réginard, prieur du monastère de Helmarshausen, il reprit le commentaire des Petits Prophetes deux ans après l'avoir entrepris. Il a mis largement à contribution saint Augustin et saint Jérôme. Son œuvre ne brille ni par l'ordre ni par la méthode; « en général, ses explications sur les différents livres saints » sont moins des commentaires suivis, » propres à éclaircir et à donner l'intelligence du texte, qu'un recueil » d'excellentes pensées et de réflexions » pieuses et édifiantes faites sur le texte » sacré, qui lui donne occasion de parler » de Jésus-Christ et de ses mystères, de » son église, de ses élus et des vérités du » Christianisme ». (*Hist. littéraire.*)

Après avoir achevé le *De Victoria Verbi*, Rupert avait entrepris un ouvrage *De gloria et honore filii hominis*, mais il dut l'interrompre pour écrire sur la règle de saint Benoît.

Quelques autres opuscules sur certaines questions traitées dans cet ouvrage sont aussi de la plume de Rupert. Quelles furent les raisons de cet ensemble d'œuvres en faveur des bénédictins? C'est ce qu'il importe de dire pour en comprendre l'objet et l'importance historique. Et d'abord, peu à peu s'étaient manifestées les divergences entre bénédictins et cisterciens : elles préoccupaient Rupert autant que son Mécène Cunon. Beaucoup de religieux abandonnaient les couvents bénédictins pour passer dans les maisons cisterciennes. Il s'ensuivit des rivalités et des polémiques ardentes entre moines « noirs » et moines « blancs », à commencer vers 1123-1125 par les discussions entre Pierre le Vénérable et saint Bernard. Ce dernier devait être d'autant moins sympathique à Rupert qu'il avait reçu en 1115 l'ordination sacerdotale des mains de Guillaume de Champeaux et que dès lors jusqu'à la mort de celui-ci Bernard avait été en relations constantes avec lui. Mais c'est surtout à saint Norbert, dont il ne cite jamais le nom, que s'en prend Rupert. Après son éclatante conversion, en 1115, Norbert avait reçu la prêtrise la même année; en 1118, il obtient de Gélase II l'autorisation d'exercer partout le saint ministère, et en 1119, à Reims, Callixte II lui renouvelle le même pouvoir; il sillonne, prêchant partout, les contrées de Cologne à Laon; en 1120 il fonde l'ordre des chanoines réguliers de Prémontré; en 1124 son nouvel ordre est approuvé des légats du pape. Or, de suite, l'action de l'illustre converti avait porté ombrage aux bénédictins. Pour comble de malheur, en 1123 Callixte II interdit aux moines le ministère clérical. Enfin une profonde inimitié personnelle existait entre Rupert et Norbert. C'est ce que Rupert rapporte longuement au livre Ier de son travail sur la règle. Norbert avait eu des attaches avec l'école de Laon : en tout cas, parmi les adversaires que Rupert se fit par ses controverses avec Guillaume de Champeaux et Anselme de Laon, il signale au premier rang le nouveau converti. Rupert le connaissait fort bien. De 1115 à 1118, Norbert s'était trouvé plus d'une fois au monastère de Siegburg; en 1121, il s'était rencontré à Cologne avec Rodolphe de Saint-Trond; à maintes reprises depuis sa conversion il avait parcouru en missionnaire et en triomphateur le diocèse de Liége : Rupert avait donc eu l'occasion de le voir, à Siegburg et sans doute aussi à Cologne; à sa demande, il lui avait même prêté son manuscrit *De Divinis officiis*. Or, Norbert crut y trouver la doctrine que le Saint-Esprit s'est incarné dans le sein de la Vierge : il accuse longuement Rupert, il proclame son livre hérétique, et il ameute contre lui nombre d'ignorants et d'illettrés. C'était la fin du monde si de pareilles choses s'écrivaient! Et les foules de s'empresser pour brûler le livre. Mais le passage incriminé était tiré de Grégoire le Grand. Norbert, à sa grande confusion, dut se rétracter. Rupert ajoute qu'il avait d'ailleurs commencé d'intenter une action judiciaire à son détracteur. Peut-être est-ce une allusion aux griefs allégués au concile de Fritzlar, en 1118, contre Norbert. Norbert avait-il quelque ressentiment secret contre Rupert? C'est ce que pense celui-ci, car il n'avait pas caché à Norbert qu'il lui déplaisait de voir un converti de fraîche date, un mondain subitement ordonné, s'arroger l'office public de prédicateur, tout en affirmant, disait-on, qu'avec l'autorisation du pape il avait pris sur lui la sollicitude de onze évêchés pour leur fournir le remède de la prédication. Et cependant, dit Rupert, c'est à lui surtout qu'il aurait été seyant de n'être pas prélat avant d'être sujet, mais d'être sujet avant d'être prélat. Enfin, depuis l'entrée en lice de Rupert contre Anselme et Guillaume, leurs partisans n'avaient cessé de décrier cet « indocte » religieux et de dénoncer ses écrits comme la manifestation de l'hostilité des moines à l'égard du clergé séculier. Et si la querelle entre moines et clercs était ancienne, c'est à cette époque que commençait sérieusement en Occident la lutte contre la cure d'âmes exercée par les moines.

Parmi les écrits composés par Rupert pour faire face à tous ces dangers, signalons d'abord l'*Altercatio monachi et clerici quod liceat monacho praedicare* (PL. CLXX, 537-542). Dans un manuscrit de Reichenau on a relevé ce titre significatif : *Conflictus Roberti abbatis Coloniensis cum Norberto*. Le libelle nous paraît antérieur à la lettre du même à Evrard, abbé de Brauweiler (1110-1123), car il semble bien que c'est à cet ouvrage que l'auteur fait allusion lorsque, dans cette lettre, il rappelle que « jadis il a écrit un opuscule sur ce « sujet ». C'est, comme le titre l'indique, un dialogue entre un moine et un clerc sur le point de savoir si les moines ont le droit de prêcher. La même question a été exposée, non plus sous forme de dialogue, mais en guise de traité suivi, dans un travail de Rupert récemment publié par Endres, et plus court encore que le dialogue (*Questio utrum monachis liceat prædicare* : *Honorius Augustodunensis. Beitrag zur Geschichte des geistigen Lebens im* 12. *Jahrhundert*, 145-147. Kempten et Munich, 1906). Plus tard, dans son opuscule *Quod monachis liceat prædicare* (*o. c.*, 147-150), Honoré d'Autun s'est borné, en traitant ce sujet, à une large paraphrase de ce follicule de Rupert. On pourrait même se demander si, sous cette forme, ce travail est réellement sorti des mains de Rupert et si ce n'est pas plutôt un sommaire de ses idées rédigé par Honoré en vue de son propre traité. Il n'est pas aisé d'assigner une date précise à ce libelle. La difficulté n'est pas moins grande pour les deux ouvrages suivants sur le même point : une *Epistola ad Everardum abbatem Brunwillarensem* (PL, CLXX, 541-544), et une *Epistola qua ratione monachorum ordo præcellit ordinem clericorum ad Liezelinum canonicum* (PL, CLXX, 663-668; Rocholl doute de son authenticité). Ce Licelin était chanoine et frère de Rupert : la seconde lettre est donc intéressante pour nous faire connaître la tendresse de Rupert envers sa famille. Si, à se placer au point de vue non des mérites privés, mais de l'excellence des ordres, il préfère le moine-prêtre au simple prêtre, il estime hautement le sacerdoce et ne souhaite que la paix entre les religieux et les clercs. Chemin faisant, il parle d'un moine Arnulphe qui avait « apostasié ». Nous pouvons donc croire que c'est ici, non pas l'*Altercatio clerici et monachi*, comme l'a pensé Dom Gerberon, mais bien l'ouvrage que Renier signale en ces termes : *Nonnulla etiam scripta contra irreligiosos quosdam ediderat, quorum ... alter de monacho clericus, immo de columba factus fuerat corvus* , d'autant plus que Renier reprend l'allégorie de l'arche de Noé, qui se trouve précisément aussi dans la lettre de Rupert. Il existe un autre ouvrage plus développé sur la même question, intitulé : *De vita vere apostolica dialogorum libri V* (PL, CLXX, 609-664) Nous hésitons à l'attribuer à Rupert.

Tous ces écrits pâlissent devant l'apologie de la règle de saint Benoît, écrite sous l'impression de toutes les douleurs et de toutes les saintes indignations accumulées dans l'âme de Rupert (*Super quaedam capitula regulae divi Benedicti abbatis*, PL, CLXX, 477-538). De ce chef, le livre Ier de cet ouvrage, publié en 1125, est des plus précieux pour nous faire connaître ses diverses querelles d'ordre doctrinal et d'ordre personnel, comme il l'est aussi pour nous montrer quelles furent ses tribulations jusqu'au jour où, devenu le protégé de Cunon, il se fixa dans le diocèse de Cologne. Resterait à faire connaître la suite de l'ouvrage; mais il est impossible d'en analyser ici les diverses parties. Bornons-nous à dire qu'elles sont des plus instructives pour qui veut pénétrer l'âme de Rupert et connaître les conflits qui passionnaient les parties en présence. A notre avis, ce fut le dernier ouvrage polémique de Rupert contre l'ordre norbertin. Car, suprême douleur pour lui! peu après cette publication, le 16 février 1126, Honorius II confirmait solennellement l'institut de saint Norbert. Il ne semble pas que, depuis lors, Rupert se soit encore attaqué *ex professo* au principe même de l'ordre canonial. Toutefois il fut loin de déposer ses sentiments d'hostilité à l'égard de Norbert. Plus tard, Egbert, abbé de Huisburg, reprit la thèse de la supériorité des moines et invoqua à cette occasion la doctrine de Rupert. Vive fut la riposte du norbertin Anselme, alors évêque de Havelberg (1129-1155). Précédemment, dans son *Liber de ordine canonicorum*, celui-ci avait fait le plus bel éloge de Rupert : Rupert était l'ornement de l'ordre de Cluny comme Bernard était celui de l'ordre de Citeaux, comme Norbert était celui de Prémontré; mais, cette fois, Anselme est dur et méprisant : « Enfin, dit-il à Egbert, vous ajoutez la « doctrine de je ne sais quel Robert « (Rupert), mais comme son autorité est « ignorée dans l'Eglise, on la méprise

« avec la même facilité qu'on l'approuve ; « peut-être cependant est-il beaucoup « considéré chez vous autres, non pas « parce qu'il a écrit quelques grandes « choses, mais parce qu'il a été abbé de « moines ; pour moi, à la vérité, j'ai lu, « je l'avoue, certains de ses écrits par « esprit de curiosité ; je l'ai aussi connu « et je l'ai vu lui-même, mais j'ai trouvé « qu'en lui se vérifiait le beau proverbe « des Grecs : *Pinguis venter non gignit tenuem sensum* ». Anselme ne visait-il pas un passage de Rupert où celui-ci s'appelle lui-même *homuncio ventris pigri*, pour attribuer ses écrits à l'inspiration divine ?

A ces écrits en faveur de l'ordre bénédictin, nous rattacherons ici un opuscule intitulé : *De laesione virginitatis et an possit consecrari corrupta liber* (PL, CLXX, 543-560). C'est la solution d'un cas de conscience posé à Rupert par Wibald dans une lettre des plus élogieuses pour lui. Il est difficile de préciser la date du travail. Nous savons toutefois que Rupert était déjà abbé de Saint-Héribert et que Wibald n'était encore que simple moine à Stavelot. Au dire de ce dernier, cette question intéressait beaucoup de personnes des deux sexes.

Arrivé à la fin de son travail sur la règle de saint Benoît, Rupert av [illegible]t déclaré, en termes métaphoriques, qu'il abandonnait cette controverse, et qu'il s'empressait de reprendre son *De gloria et honore filii hominis*, arrêté à la fin du livre VII. En même temps, pour satisfaire au désir de l'archevêque Frédéric, il entreprenait un commentaire des livres des Rois (sous le titre *De glorioso rege David*) : c'était la première fois, dit-il, qu'il menait de front deux ouvrages à la fois. Il ne les avait pas encore terminés qu'il livrait enfin à la publicité son *De divinis officiis*. Il le dédia à Cunon, élevé à la dignité d'évêque de Ratisbonne en 1126, et il paraît bien que c'est à l'occasion de cette promotion qu'il le publia pour offrir au nouveau pontife un témoignage de sa gratitude. Mais il ne faut pas oublier qu'à cette époque l'opposition à Norbert était toujours vive et que l'œuvre était une critique, du moins indirecte, des innovations liturgiques reprochées à Norbert.

Rupert acheva enfin son *In opus de gloria et honore Filii hominis super Matthæum* (PL, CLXVIII, 1307-1634). Il s'était proposé de retracer l'incarnation, la passion, la résurrection et l'ascension de Jésus-Christ ; son œuvre est un commentaire allégorique de l'évangile de saint Mathieu, pour établir la gloire et la grandeur du Fils de l'homme. Au livre XII, il rapporte diverses circonstances de sa propre vie et principalement ses visions ; il fait aussi un vif éloge de Cunon. Au reste, tout l'ouvrage est parsemé de renseignements des plus précieux pour son histoire ; il y est souvent parlé de ses adversaires, et multiples sont les allusions à son adversaire Norbert. C'est donc en grande partie une œuvre de polémique. De fait, quel est le but de ce livre XII ? C'est bien de prouver, à l'aide de ses visions, que ses adversaires ont eu tort de lui reprocher son défaut d'éducation scientifique et d'incriminer ses doctrines. Le *De glorioso rege David*, élaboré en même temps que le *De gloria*, n'a jamais été imprimé et jusqu'ici l'on n'en connaît pas de manuscrit.

Il ne suffisait pas à Rupert d'être en lutte avec les chrétiens : il entra aussi en discussion avec les juifs. Sous le titre : *Annulus sive Dialogus inter Christianum et Judaeum* (PL, CLXX, 559-610), il écrivit, sans doute après les ouvrages précédents, un « Dialogue « entre un chrétien et un juif ». Il met en scène un chrétien et un juif : le chrétien invite le juif à embrasser la foi de l'évangile ; le juif riposte, autant qu'il peut, en alléguant les textes de l'Ancien Testament. Ce genre de dialogue remonte aux premiers temps du christianisme, à Ariste de Pella et à saint Justin ; saint Isidore de Séville avait compilé les anciennes discussions de ce genre et, si l'on excepte quelques polémiques d'ordre juridique et pratique, sa compilation inspira toutes les discussions d'ensemble ou partielles au moins jusqu'à Abélard; mais saint Isidore avait abandonné la forme du dialogue pour adopter celle du traité; après Fulbert de Chartres, on revient à l'ancienne forme. Dans l'œuvre de Rupert, les réponses du chrétien sont moins longues que dans les dialogues habituels du même genre; le duel est mené de telle façon que le juif s'avoue toujours vaincu. C'est cette circonstance qui nous explique le titre, à première vue bien singulier, de ce travail; car, à la fin, le chrétien presse le juif d'entrer dans l'église pour ne pas perdre l'anneau nuptial, symbole de la foi. De tout temps ces discussions avaient eu un but dogmatique : donner au christianisme un fondement dans l'Ancien Testament, et un but pratique : travailler à la conversion des juifs aussi bien qu'armer les fidèles dans les discussions qui surgissaient entre eux et les juifs. Or, à partir des Croisades, ces altercations devinrent plus fréquentes. Aussi, comme le dit Rupert, ce genre d'exercices n'était pas nécessaire aux vétérans de la foi, mais il était profitable et récréatif pour les jeunes chrétiens, pour les jeunes étudiants. C'est à cette catégorie de personnes que s'adresse Rupert. Nous savons que, durant son séjour à Cologne, Rodolphe de Saint-Trond discourait fréquemment et aimablement avec les juifs. Or, Rodolphe reconnaissait à Rupert « l'esprit de science »; il trouvait ses écrits non seulement admirables, mais vénérables; il fallait y chercher la grâce de l'Esprit Saint, car elle y était répandue sous forme de science et de doctrine. Aussi engageait-il Rupert à mépriser les « aboiements » de ses envieux et à continuer de poursuivre la gloire d'écrivain. C'est précisément Rodolphe qui l'avait engagé à composer ce dialogue; Jaffé l'avait déjà conjecturé, et on le sait aujourd'hui de science certaine, puisque nous possédons sur ce point une lettre de Rodolphe à Rupert (*Neues Archiv*, XVII, 617 sv.). Mais ce que l'on n'a pas remarqué, ce sur quoi l'*Histoire littéraire* s'est totalement méprise et ce qui est cependant certain, c'est que c'est aussi sur les exhortations du même Rodolphe que Rupert a composé son *De glorificatione Trinitatis et Processione Sancti Spiritus* (PL, CLXIX, 13-202). Dans l'*Annulus*, l'auteur n'avait pas porté la discussion sur la Trinité. En le félicitant de son travail précédent, Rodolphe l'engagea à écrire contre les juifs un ouvrage sur la Trinité, aussi bien que sur l'Incarnation et sur la réalisation de la prophétie de Jacob au sujet du sceptre de Juda. Or, dans le prologue du *De glorificatione*, Rupert dit expressément que c'est pour satisfaire à cette triple proposition qu'il entreprend ce traité. En fait, il n'a réalisé que la première partie de ce triple programme. S'il y a joint la question *De processione Sancti Spiritus*, c'est pour répondre à un vœu jadis exprimé par Guillaume, évêque de Palestrina. Il s'est aussi décidé à abandonner la forme dialoguée : il laisse le juif de côté et se borne à répondre aux besoins du chrétien, du moins dans la mesure de ses forces. Il est impossible d'entrer ici dans l'analyse de cet ouvrage, dont l'objet général est, d'ailleurs, indiqué dans ce qui précède. Il était achevé avant l'incendie du monastère de Deutz (25 août 1128). Il fut dédié et offert au pape Honorius II, par Rupert lui-même, semble-t-il. Dans la dédicace au pape, Rupert n'a pas manqué de parler de ses « envieux », qui répétaient : « on écrit aujourd'hui « beaucoup plus de livres qu'il n'en « faut »; il énumère aussi la plupart de ses travaux antérieurs, mais en omettant ses ouvrages de combat au sujet des moines et des clercs. Indépendamment des deux écrits précédents, on rencontre chez Rupert bien des passages destinés à prouver contre les juifs la vérité du christianisme. Mais dans le prologue de son *De glorificatione*, il se plaint, semble-t-il, de l'inutilité des controverses de ce genre. N'est-ce pas sous l'impression de l'insuccès de sa discussion orale avec un banquier juif, originaire de Cologne, qui appartenait à la tribu de Lévi et s'appelait Judas? A sa demande, Rupert avait eu avec lui un duel théologique; mais le juif était resté sourd à toutes ses argumentations. Plus tard, cependant, ce dernier reçut le baptême, prit le nom d'Herman, devint chanoine prémontré à Cappenberg. Il a laissé un bien curieux récit de sa conversion (PL, CLXX, 803-836). Or, non seulement il rapporte que beaucoup de juifs se faisaient chrétiens, mais encore, parmi les étapes de son exode du judaïsme, il rappelle assez longuement son dialogue avec Rupert, dont il loue l'amabilité empressée, l'esprit subtil, la parole diserte et la remarquable science dans le domaine des arts libéraux et des sciences théologiques.

Revenons aux écrits mêmes de Rupert. Le 25 août 1128 un vaste incendie désolait le monastère de Deutz. Ce fut pour Rupert l'occasion d'un récit ou plutôt d'un discours à ses moines, connu sous le titre *De Incendio Tuitiensi* (MGH, SS, XII, 624-638; PL, CLXX, 333-358). L'œuvre contient d'utiles renseignements historiques, mais elle est remplie d'imaginations, elle abonde en considérations mystiques, elle est pleine de digressions. Il suffit de la comparer à la chronique de saint Laurent pour s'apercevoir qu'en vieillissant le mysticisme de Rupert l'avait rendu inférieur à lui-même comme historien. A cette époque, il ne songeait plus qu'à se préparer à la mort. C'est dans ce but qu'il écrivit un opuscule *De Meditatione mortis* (PL, CLXX, 357-390). Le texte que nous possédons ne semble pas justifier l'assertion de Renier que Rupert mourut avant de l'avoir achevé, mais ce fut sans doute sa dernière œuvre. On lui a attribué comme l'un de ses derniers travaux un commentaire sur l'Ecclésiaste (*In librum ecclesiastes commentarius*, PL, CLXVIII, 1195-1306), mais il contraste trop avec la manière habituelle de Rupert pour qu'on ne doive pas lui en récuser la paternité. Rupert mourut peu après les émotions causées par le terrible désastre; on ne connaît pas la date certaine de son trépas. Jaffé nous paraît avoir eu raison de rejeter les années 1127, 1128 et 1135 pour adopter l'année de 1129 ou 1130 (4 mars) comme date de cette mort.

Nous ne reviendrons pas sur les reproches adressés à Rupert de son vivant. Après sa mort, bien de ses doctrines ont, jusqu'à notre siècle, été souvent reprises, attaquées, expliquées et défendues; grand nombre de ses écrits ont été répandus soit par les copistes soit par les imprimeurs. De nos jours encore on discute ses idées et sa méthode, le caractère de son exégèse, ses principes en matière d'Ecriture Sainte et de tradition, ses idées christologiques, ses doctrines eucharistiques (transubstantiation, consubstantiation, impanation, impanation hypostatique), ses accointances philosophiques avec Platon, avec le néoplatonisme, avec saint Augustin et Scot Erigène, son mysticisme, ses connaissances, son originalité. Les jugements les plus divers ont été émis à ce sujet. Pour nous, il est évident que jamais Rupert n'a voulu s'écarter de l'enseignement de l'Eglise, mais parfois son amour de l'allégorie et du mysticisme l'a entraîné à des formules aujourd'hui abandonnées et déjà fort discutables en son temps. Ses écrits sont précieux comme sources partielles des idées et des sentiments de son époque; mais on aurait tort d'y chercher une règle ou une explication, en quelque sorte autorisée, des doctrines religieuses. Rupert n'a pas cette importance, car s'il se rattache au passé, son système d'exégèse allégorique le condamnait à n'être qu'un miroir assez infidèle de la tradition et à n'apporter, en compensation de ses rêveries personnelles, qu'un maigre contingent de preuves et d'explications des doctrines anciennes. Beaucoup de ses ouvrages ont été avant tout des écrits de combat. On a dit que la Belgique avait servi de canal à la civilisation française pour passer en Allemagne : il vaut mieux, à certains égards, parler de la civilisation lotharingienne, comme nous l'avons déjà remarqué à propos de Richard de Saint-Vannes. Et même en Rupert nous avons un représentant de cette civilisation luttant en Lotharingie et en Allemagne contre les infiltrations françaises. Mais Rupert n'a pas réussi à arrêter le mouvement progressiste, ses luttes n'ont pu empêcher la fortune ni de la philosophie scolastique, ni de l'ordre de Cîteaux, ni de l'ordre de Prémontré, bien que ses écrits et son prestige aient fourni longtemps des armes aux adversaires de ces innovations. Il est un point où son œuvre a eu une influence durable : non seulement on en a fait une lumière de son époque ; mais, sans tenir compte des circonstances particulières qui avaient donné naissance à ses écrits, on a plus ou moins inconsciemment attribué à ceux-ci une valeur en quelque sorte absolue. De ce chef, son influence a contribué à donner de la vogue à un système d'interprétation qui assujettit non pas l'esprit de l'interprète au texte de la Bible, mais le texte de la Bible aux fantaisies de l'interprète. Cependant, à considérer Rupert dans son époque et son milieu, il apparaît, par l'ensemble de sa vie, comme l'une des plus pures gloires de l'ordre bénédictin et comme l'un des plus célèbres représentants de l'Ecole de Liége. Mais si ses frères en religion lui ont décerné le titre de bienheureux, jusqu'ici, à la différence des Français et des Allemands, les historiens belges ne lui ont consacré aucun travail digne de lui.

A. Cauchie.

Les œuvres de Rupert ont eu de nombreuses éditions : nous nous bornons à signaler celle de Migne, *Patrologia latina*, CLXVII-CLXX. — Nous n'avons pas pour mission de traiter la question des manuscrits ; mais on nous saura sans doute gré d'attirer l'attention sur les points suivants. A la bibliothèque vaticane, le ms. 110 du fonds de la Reine de Suède contient le *De divinis officiis* : il offre d'assez notables différences avec le texte de Migne. La bibliothèque de la ville de Mons possède aussi, sous le nº 46220, un manuscrit contemporain de Philippe de Harvengt et provenant de l'abbaye de Bonne-Espérance. On y trouve aussi le *De divinis officiis*. Le texte offre plusieurs passages qui font défaut dans Migne. Dans le même manuscrit se trouve aussi l'*Altercatio* sous le titre *Disceptatio inter clericum et monachum*. La dite bibliothèque possède encore sous le nº 15162 un autre manuscrit provenant également de Bonne-Espérance. Il contient les livres 14 et 15 du *De Trinitate et operibus ejus*. Ces deux livres forment le commentaire de Rupert sur le Lévitique : ils offrent un texte plus correct que celui de Migne. — *Histoire littéraire de la France*, XI, 422-587 (Paris, 1759), reproduite dans Migne, PL, CLXX, 703-804. — Divers travaux dans Migne, PL, CLXVII et notamment 23-194 Fr. Gabriel Gerberon, *Apologia pro R. D. D. Ruperto abbate Tuitiensi in qua de eucharistica veritate eum catholice sensisse et scripsisse demonstrat vindex*. — Parmi l'abondante littérature contemporaine, nous nous bornons à citer les ouvrages suivants, où l'on trouvera d'ailleurs de plus amples renseignements bibliographiques : une notice biographique par Ph. Jaffé en tête de l'édition de Rupert, *De incendio Tuitiensi et de Cunone episcopo Ratisponensi*, dans les MGH, SS, XII, 624-629. — R. Rocholl, *Rupert von Deutz. Beitrag zur Geschichte der Kirche im* XII. *Jahrh.* (Gutersloh, 1886). — S. Balau, *Etude critique des sources de l'histoire du pays de Liége au moyen âge* (Bruxelles, 1902-1903). — A. Hauck, *Kirchengeschichte Deutschlands*, t. IV (Leipzig, 1903). — R. Rocholl, *Rupert von Deutz*, dans la *Realencyklopädie f. prot. Theologie u. Kirche*, 3e édit., XVII, 229-243 (Leipzig, 1906). — Pour la question eucharistique voir F. Doyen, *Die Eucharistielehre Ruperts von Deutz* (Metz, 1889). — Gr. v. Holtum, *Die Orthodoxie des Rupertus von Deutz bezüglich der Lehre von der hl. Eucharistie*, dans les *Studien und Mitteilungen aus dem Benediktiner und dem Cistercienser-Orden*, 1908, XXIX, 191-198. — Pour l'influence des écrits de Rupert sur Honoré d'Autun, voir J.-A. Endres, *o. c.* — Pour la bibliographie concernant Rupert et le caractère de son exégèse, voir une note de l'abbé J. Lecouvet, dans l'*Annuaire de l'université catholique de Louvain*, 1908, 287.

RUQUELOT, en religion Richard de Saint Basile, écrivain ecclésiastique, né à Valenciennes vers 1590, mort le 7 octobre 1643. Il prit l'habit religieux au couvent des Carmes de sa ville natale, fut honoré de plusieurs charges de son ordre et élevé, en 1638, à la dignité de provincial des Pays-Bas. Il profita de l'autorité dont l'investissaient ses fonctions pour réformer son ordre dans sa province. Après plusieurs années, il réussit à vaincre la résistance des religieux et se rendit, en 1628, à Rome pour faire consacrer le succès de ses efforts par la confirmation du Saint-Siège. On a de lui : *Regula et Constitutiones Fratrum ordinis B. Mariæ Virginis de Monte Carmelo antiquæ observantiæ, ab Urbano VIII approbatæ, et auctoritate Rmi Patris Generalis Theodoris Stratii in lucem editæ*. Bruxelles, Jean Mommaert, 1641 ; in-8º. Paquot suppose qu'il est l'auteur de *La Vie du bienheureux Francois Siènois de Gotti, de l'Ordre de Nostre Dame du Mont Carmel, composée en italien par le R. P. Grégoire Lombardelli, de Siène, Docteur en Théologie de l'Ordre des Frères-Prescheurs, Conseiller de la Sainte Inquisition del'Estat Siènois. Traduite en français par un Père Carme Réformé de Valenciène, et mise en nouveaux termes par le sieur de la Serre, Historiographe de France, et de la Reyne*

Mère du Roy Très Chrestien. Bruxelles, Luc de Meerbeque, 1637; in-12, gros car., 285 p. Il avait laissé, en outre, en manuscrit au couvent de son ordre, à Mons ou à Valenciennes, une vaste compilation intitulée : *Vitæ Sanctorum Ordinis B. Mariæ Virginis de Monte Carmelo.*

Émile van Arenbergh.

Paquot, *Mémoires pour servir à l'hist. littér. des Pays-Bas*, t. X, p. 38. — Cosme de Villiers, *Bibl. carm.*, t. II, p. 685.

RUSBROQUIUS (*Jean*). Voir RUYSBROEK (*Jean* DE).

RUSSCHARDT (*André*). Voir RUTHARDS.

RUSSEL (*Nicaise*). Voir ROUSSEEL.

RUSSELIUS (*Henri*), religieux croisier, fit profession au couvent de Huy, sous le général de l'ordre Herman Hasius (1602-1618). Devenu prieur du couvent de Suxy, près de Chiny, il publia, à Cologne, en 1635, une chronique de son ordre, s'étendant jusqu'à l'élection du général Augustin Neerius, en 1619 : *Chronicon cruciferorum, sive synopsis mirabilium sacri et canonici ordinis sanctæ crucis;* petit in-12. Russelius déclare avoir employé vingt années à l'étude des auteurs et à la recherche des manuscrits pour la composition de cet ouvrage. Son petit livre, devenu fort rare, fut réimprimé par le chanoine croisier Hermans, au premier tome de ses annales de l'ordre. Russelius vivait encore lors de l'élection du successeur de Neerius, décédé le 9 décembre 1648.

Sylv. Balau.

Cornelius-Rudolphus Hermans, *Annales canonicorum regularium S. Augustini ordinis S. Crucis* (Bois-le-Duc, 1858), *passim.*

RUSSIM (*Jean*), théologien et philosophe luxembourgeois du XIVe siècle. On manque de renseignements précis sur ce personnage. Son nom même n'est pas connu avec certitude et on l'a appelé également ROUSSIN, CUSSIM, CAUSSIN ou CUZIN, et même HUSSIN ou HUSTIN. Profès de l'ordre de Saint-Dominique au couvent de Luxembourg, sa piété et ses vastes connaissances en philosophie et en théologie attirèrent l'attention sur lui et le firent nommer provincial de la Province teutonique. En 1368 il avait, paraît-il, pris le grade de docteur en théologie à l'école de Paris.

On lui attribue les traités suivants : 1. *Commentaria in Magistrum sententiarum.* — 2. *Commentaria in Epistolam D. Pauli ad Titum.* — 3. *Commentaria in XV priora capita S. Mathaei.* — 4. *Directorium confessorum.* — 5. *Sermones de Tempore et Sanctis per totum annum.* — 6. *Sermones ad Clerum.*

D'autre part, on a vu en lui, mais probablement à tort, l'auteur des ouvrages qui suivent : 1. *Tragœdiæ sacræ.* Paris, 1620; in-12. — 2. *De eloquentia sacra et profana lib. XVI.* Paris, 1621; in-4o. — 3. *Liber de symbolica Ægyptiorum Sapientia sive Cognitio hieroglyphorum.* Cologne, 1631; in-8o. — 4. *La Cour Sainte.* Paris, 1657; in-folio, 2 vol.

J. Vannérus.

Neyen, *Biogr. luxemb.*, t. II, 1861, p. 99; et les sources qu'il indique.

RUTAERT (*Daniel*), RUUTAERT, RUUTHAERT, alias VAN LOVENDEGHEM, sculpteur (tailleur d'images) gantois, né pendant le dernier tiers du XVe siècle, mort avant le 17 mars 1541. Nous l'appellerons Daniel II pour le distinguer de son père.

DANIEL Ier RUTAERT (souvent dit van Lovendeghem) était entré en 1447 dans le métier du vin. Selon toute apparence, il fit aussi partie de la corporation des peintres et sculpteurs. En tout cas, il était fort mêlé au monde des artistes gantois. Par acte du 11 janvier 1460 (1461 n. st.), il acheta pour son fils naturel Hans (Jean) la franchise du métier des peintres. Nous trouvons ensuite dans la corporation artistique deux de ses fils légitimes, Clais (Nicolas), qui fut élevé à la dignité de juré en 1500 (décédé avant le 4 mars 1518), et Daniel II dont nous allons nous occuper. Sa fille Marguerite se maria trois fois : d'abord avec Willem Huwe (Guillaume Hughe), sculpteur, décédé en 1485; ensuite avec Jean d'Ingelsche, dont le nom patronymique se retrouve parmi les artistes gantois ; en 1504, elle était veuve de Inghelbrecht Criecke, autre sculpteur de la même ville. Daniel Rutaert était en rapport avec le peintre Daniel de Ryke, à qui il fit plusieurs fois crédit et prêta de l'argent (1459 à 1464). Il eut l'honneur d'être, avec le peintre Joos van Wassenhove, l'un des garants de Hughe van der Goes quand celui-ci acquit la franchise de la corporation gantoise, le 7 mai 1467. Quelques années plus tard, le 11 août 1475, Hughe van der Goes et lui furent ensemble cautions lors de la réception au métier de Willem Hughe, le sculpteur susdit.

DANIEL II RUTAERT, alias VAN LOVENDEGHEM, était encore mineur, on l'appelait alors *Neelkine*, à la mort de son père, Daniel Ier, arrivée peu avant le 7 février 1486 (1487 n. st.). Il se fit surtout connaître par le jubé monumental qu'il sculpta pour l'oratoire des Carmes chaussés, à Gand, conformément à un contrat très détaillé en date du 13 décembre 1511, où sont décrits les bas-reliefs qui devront y figurer : notamment l'*histoire du prophète Elie*, les *sept douleurs* et les *sept joies de Marie*. Ce remarquable monument, commencé antérieurement par le sculpteur Jan de Smytere, et que D. Rutaert ne put achever dans tous ses details, fut considérablement endommagé par les iconoclastes, en août 1566, au témoignage du chroniqueur Marc van Vaernewyck, puis restauré et enfin modifié au XVIIIe siècle par une décoration en marbre; il existait encore partiellement en 1833 quand un Anglais en fit l'acquisition.

Rutaert entreprit ensuite successivement d'importants travaux pour divers édifices. Un acte du 15 février 1521 (1522 n. st.) se rapporte aux sculptures qu'il fait pour l'église d'Aersele : s'il n'a pas terminé à Pâques, d'autres sculpteurs artistes (*consteghe beeldesnyders*) seront chargés de les achever à ses frais. Il doit faire ensuite un grand retable avec tabernacle et soubassement orné de scènes de la vie de Notre-Seigneur pour l'église de Saint-Laurent-ten Blocke, d'après un patron de Michiel Hebschaep, autre sculpteur gantois. Dans le contrat, qui est du 9 mai 1522, il est stipulé qu'il fera aussi bien qu'au jubé des Carmes de Gand, mieux qu'au groupe de la Sainte-Croix à Ardenbourg et à Saint-Bavon ; le Saint-Hubert qui se trouve dans l'atelier de Rutaert est aussi un bon modèle. Un travail moins important lui est demandé pour l'église d'Auweghem le 8 décembre suivant. Il avait sculpté des pierres pour le nouvel hôtel de ville de Gand en 1520.

Des actes d'intérêt privé le montrent en rapport avec plusieurs artistes gantois : Pierre Thomas, peintre; Cornelis van Uutrecht, sculpteur; Arend de Winne, peintre. Comme son père, il était inscrit dans la corporation du vin. Nous apprenons par un document du 17 mars 1540 (1541 n. st.), où il est question de ses enfants, qu'il ne vivait plus à cette date. Le nom de Rutaert (Ruuthaert) avait définitivement prévalu sur celui de van Lovendeghem.

Victor vander Haeghen.

Archives de la ville de Gand : registres de la Keure ; états de biens ; comptes communaux ; corporations de métier. — E. de Busscher, *Peintres gantois*, t. II. — Baron J. de Bethune, *L'ancien couvent des Carmes chaussés à Gand* (*Messager des sciences historiques*, 1884). — F. de Potter *Gent*, t. V. — E. Marchal, *La sculpture belge*. — V. vander Haeghen, *Mém. sur les doc. faux relatifs aux peintres flamands*.

RUTEAU (*Antoine*) ou RUTEUS, écrivain ecclésiastique, né à Mons dans la seconde moitié du XVIe siècle. Il entra dans l'ordre des Minimes fondé par saint François de Paule, fut professeur de théologie à Anvers, puis définiteur à l'université de Louvain et enfin provincial de son ordre pour les Pays-Bas. Il mourut au couvent d'Anderlecht, le 9 juillet 1657.

Antoine Ruteau a publié : 1. *De fructu et applicatione sacrificii missæ et suffragorum libri tres*. Anvers, Henri Aerssens, 1634; in-4o. — 2. *De participationibus seu litteris fraternitatis, quibus amici et benefactores a prælatis religionum admittuntur ad communionem bonorum operum ordinum*. Mons, Jean Le Brun,

1637; in-12. Titre et limin. 18 pages non cotées, texte 190 pages, index et approbation 14 pages non cotées. — 3. *De vita quadragesimali, quæ in sacro Fratrum minorum ordine sub voto servatur, libri quinque, in quibus de illius origine, natura et effectibus, vitiisque et heresibus oppositis agitur*. Louvain, Corneille Coenestein, 1642; in-4°. Cet ouvrage est dédié à Gaspard Vincq, abbé de Saint-Denis-en-Broqueroie. Il a été réédité en 1646. — 4. *Historia miraculorum quæ ad invocationem B. M. Virginis in Wavriâ inferiori edita feruntur*. Louvain, Everard De Witte, 1642; in-12. Une traduction française de cet ouvrage a paru sous le titre : *L'Arche d'Alliance, ou l'histoire des miracles obtenus par l'invocation de Nostre-Dame de la Basse-Wavre, dite Nostre-Dame de la Paix et de la Concorde*. Namur; petit in-8°, de 8 ff. limin., 247 p. de texte, avec titre gravé par Voet. Epître dédicatoire à Jacques Boonen, archevêque de Malines. L'approbation de l'évêché de Namur est datée du 8 janvier 1641. — 5. *Annales de la province et comté d'Haynau, où l'on voit la suitte des comtes depuis leur commencement, les antiquitez de la religion et de l'Estat depuis l'entrée de Iules César dans le Pays. Ensemble les évesques de Cambray qui y ont commandé, les fondations pieuses des églises et monastères, et les descentes de la noblesse, recueillies par feu François Vinchant, prestre, augmentées et achevées par le R. P. Antoine Ruteau, de l'Ordre des PP. Minimes*. Mons, Jean Havart, 1648; in-fol., contenant 6 ff. limin., 418 p. de texte et 7 ff. de table, avec frontispice. On sait qu'en publiant les *Annales du Hainaut* par François Vinchant, Ruteau a considérablement abrégé cet ouvrage; il s'est arrêté à l'abdication de Charles-Quint (25 octobre 1555), tandis que le manuscrit autographe de Vinchant, conservé à la bibliothèque publique de Mons, continue jusqu'en 1633. Mais on trouve dans l'édition de Ruteau un certain nombre de généalogies qui ne sont pas dans ce manuscrit. Ce sont vraisemblablement des extraits d'un recueil, aujourd'hui perdu, dans lequel Vinchant avait réuni des généalogies des anciennes familles nobles du Hainaut. — 6. *Commentariorum et disputationum in primam partem D. Thomæ, tomus primus. De Deo uno. In quibus imprimis inquiritur et discutitur doctrina et mens primarii ecclesiæ doctoris D. Augustini*. Mons, veuve Jean Havart, 1653. In-fol., titre et limin. 8 ff. non chiffr., texte 314 p., index et approbation, 11 ff. non chiffr.

Léopold Devillers.

Brasseur, *Sydera illustrium Hannoniæ scriptorum*, p. 62. — Ad. Mathieu, *Biographie montoise*, p. 253. — Hip. Rousselle, *Bibliographie montoise*, p. 278, 282 et 309. — Doyen, *Bibliographie namuroise*, t. I, p. 160.

RUTEAU (*Benoît*), hagiographe, né à Mons, vers la fin du XVIe siècle. Il embrassa la règle de saint Benoît à l'abbaye de Saint-Denis-en-Brocqueroie, puis passa à l'abbaye d'Affligem. Au commencement de mai 1629, il fut appelé aux fonctions de supérieur des études à l'abbaye de Grammont. Il passa les dernières années de sa vie au monastère de Saint-Denis. On a de lui : *Vita et martyrium SS. Adriani et Nataliæ, una cum chronico abbatiæ Gerardi Montensis*. Ath, Jean Maes, 1637; in-8°. Une traduction française de cet ouvrage a paru la même année sous ce titre : *La vie et martyre de saint Adrien, tutélaire de la ville de Grandmont, patron contre la peste. Et de sa compagne Natalie. Item diverses translations, succès et miracles advenus par les sacrées reliques du saint martyr, avec le commencement et chronique de son monastère de ladicte ville de Grard-Mons. Le tout tiré de la copie latine de Don Benoist Ruteau, Montois, religieux bénédictin du monastère de Saint-Denys lez-Mons-en-Haynnau, par le mesme autheur*. Ath, Jean Maes, 1637; in-8° de 4 ff. limin., 240 p. de texte et 22 p. non cotées. L'ouvrage est dédié à Martin Le Brun, abbé de Saint-Adrien de Grammont. Philippe Brasseur a laissé des vers sur Benoît Ruteau, dont la date de la mort est inconnue.

Léopold Devillers.

Brasseur, *Sydera illustrium Hannoniæ scriptorum*, p. 41. — Ad. Mathieu, *Biographie montoise*, p. 255. — *Archives historiques et littéraires du nord de la France et du midi de la Belgique*, nouvelle série, t. V, p. 229. — Ursmer Berlière, *Monasticon belge*, t. I, p. 240.

RUTER (*Nicolas*), encore appelé RUTTER et DE RUTER, en français LE RUISTRE ou DE RUISTRE, en latin RUTERIUS, homme d'Etat et d'église, né dans le Luxembourg vers le milieu du XVe siècle, mort à Malines, le 15 novembre 1509, alors qu'il était évêque d'Arras. Il ne peut y avoir de doute sur son pays d'origine : une de ses épitaphes l'appelle N. Ruter *de Luxemburgo* et l'autre rapporte qu'il était *patria Germanus, natalibus ipsis Luxemburgensis ;* de plus, une dépêche du conseil privé, datée de septembre 1589, le qualifie d'*originel et natif du pays de Luxembourg.* Par contre, l'endroit où il a vu le jour n'est pas connu avec précision : il résulte bien de la seconde des citations qui précèdent qu'il a dû naître dans le quartier allemand du Luxembourg, comme l'indique d'ailleurs son nom de famille (*Reuter*), mais dans quelle localité? Faut-il interpréter les mots *de Luxemburgo* comme signifiant « de Luxembourg » plutôt que « du Luxembourg »? On pourrait invoquer en faveur de cette opinion, qui est celle de Bertels (*Historia luxemburgensis*), le fait qu'un maître Gilles Rutter, docteur en droit, fut nommé conseiller ordinaire au conseil de Luxembourg par patentes datées de Lille le 9 janvier 1472 n. st. et mourut le 4 septembre 1474. On pourrait admettre avec beaucoup de vraisemblance que Nicolas était proche parent, fils ou frère de Gilles ; cette hypothèse est d'autant plus plausible qu'il fut lui-même attaché à cette époque, en qualité de greffier, à un autre conseil, le parlement de Malines. On s'expliquerait ainsi fort bien la rapidité avec laquelle Nicolas fit son chemin. D'autre part, l'auteur du manuscrit *Viri illustres Luxemburgenses* (XVIIe siècle), habituellement bien informé, l'appelle *Joannes Reuterius-Reutorius-Luxemburgensis, oriundus ex Erpeldingen prope Remich.* Devons-nous, alors qu'il se trompe pour le prénom de notre personnage, admettre comme exacte son assertion, si précise, au sujet du lieu de naissance? Les éléments nous manquent pour trancher avec certitude la question. On peut fixer la naissance de Ruter dans les environs de 1430-1440. D'une part, nous le voyons se rendre en mission de Bruxelles à Lyon, en juin 1501, pour n'en revenir qu'au mois de septembre, puis repartir le 4 novembre pour Paris et Blois, voyage qui ne se termina que le 12 janvier suivant. Pour pouvoir se livrer à de tels déplacements, il ne devait certainement pas avoir, en 1501, dépassé l'âge de soixante-dix ans. Par contre, des patentes du 1er mars 1478 (dont nous parlerons plus loin) rappellent les services qu'il a rendus à Philippe le Bon (mort le 15 juin 1467), sous les ordres de maître Pierre Milet, secrétaire signant seul pour les finances : or, nous trouvons Milet en possession de ces fonctions le 19 janvier 1458 n. st., quand il fut nommé audiencier du scel secret, poste qu'il occupait encore au 30 septembre 1465. Il n'est pas possible, dès lors, de faire naître Ruter longtemps après 1440.

Quoi qu'il en soit, notre personnage fit ses débuts, comme nous venons de le voir, dans la chancellerie de Philippe le Bon : il entra encore jeune au service du duc, sans doute après avoir conquis un diplôme de docteur — qui lui valut le titre de *maître* — à quelque université en renom, bien probablement à celle de Louvain. Il dut certainement rendre de grands services dans la secrétairerie ducale, car il ne tarda pas à parcourir une carrière aussi belle que rapide.

Lorsqu'en décembre 1473, par son ordonnance de Thionville, Charles le Téméraire créa le Parlement de Malines, qui avait à connaître des procès introduits jusqu'alors au Grand Conseil et devait être en même temps un tribunal d'appel pour les « chambres, juges et « auditoires » de par deçà, il ne négligea rien, on le sait, pour entourer de prestige cette cour souveraine, dont il attendait tant pour favoriser sa politique centralisatrice. Il apporta tout particulièrement ses soins à la composition du Parlement, qui comprenait notamment trois greffiers chargés de traduire en français les procès introduits en langue thioise. Ce fut Le Ruistre qui fut nommé greffier civil. « Maître Nicolas de Rutter », greffier du Parlement, est mentionné dans un compte de l'année 1475. Il est bien probable qu'il conserva ce greffe jusqu'au 11 février 1477, jour où le Parlement fut aboli par le fameux Grand Privilège.

Dans l'entretemps, il était devenu secrétaire en titre du duc Charles. C'est lui, en effet, qui écrit et signe deux lettres envoyées par le Téméraire le 27 février 1475, du camp devant Neuss, à son lieutenant dans le Luxembourg, le sieur Du Fay, l'une pour lui ordonner de détruire une vanne construite par l'archevêque de Trèves à Pfaltzel, l'autre pour lui donner des instructions relativement à l'arrestation de deux marchands de chevaux. Le 14 avril suivant, une nouvelle lettre que le duc envoie à Du Fay, du siège devant Neuss, au sujet de cette même arrestation, porte encore la signature de N. Ruter.

Charles avait donné à son secrétaire une autre marque de sa bienveillance : par patentes datées du siège devant Neuss, le 4 avril 1475, il l'avait nommé garde des chartes des pays de Luxembourg et comté de Chiny, en remplacement de feu Liévin d'Ypres, aux gages annuels de 100 livres, assignés sur la recette de Luxembourg. Le 31 mai suivant, Ruter prêta serment entre les mains du chancelier. Chose curieuse, lorsque le receveur de Luxembourg porta sur son compte les 100 livres payées à Ruter pour l'année allant du 31 mai 1475 au 30 mai 1476, il se vit refuser par la chambre des comptes le remboursement de cette somme. Les raisons alléguées par les contrôleurs pour justifier leur décision sont à noter, car nous y voyons que c'est une véritable sinécure que le duc avait accordée à son secrétaire. C'était là un contretemps fâcheux, mais Ruter, dont le crédit devait déjà être grand dès lors, tourna habilement la difficulté : il se fit payer ses gages par le receveur général.

Charles, tué devant Nancy, sa veuve, Marguerite d'York, et sa fille, Marie de Bourgogne, continuèrent à Nicolas la confiance dont il avait joui auprès du duc; cela lui valut de faire partie de l'ambassade envoyée par Marie au-devant de son fiancé, Maximilien d'Autriche. Le 10 juin 1477, en effet, la duchesse douairière, Jean, duc de Clèves et comte de la Marck, et Adolphe de Clèves, seigneur de Ravenstein, lieutenant général, au nom de Marie, duchesse de Bourgogne, mandent au gouverneur du Luxembourg, Claude de Neufchâtel, seigneur Du Fay, qu'ils sont informés que le duc Maximilien d'Autriche approche les pays de par-deçà et qu'il est présentement bien avant sur le Rhin, avec grosse puissance de gens de guerre; désirant faire à Maximilien tout l'honneur possible, ils chargent le sire Du Fay d'aller au-devant de lui et de se joindre aux seigneurs de Walchemin et de Molembais, au prévôt de Notre-Dame de Bruges, à messire Philippe Du Chesne, seigneur de Grambais, et à maître Nicolas de Ruter, déjà envoyés vers le duc; ces derniers et Claude de Neufchâtel se communiqueront mutuellement leurs pouvoirs et besogneront « par ensemble « et à main commune » avec Maximilien.

Nicolas continua à remplir auprès de la jeune duchesse les fonctions de secrétaire, car, peu de temps après, nous voyons Maximilien et Marie (unis le 19 août 1477) délivrer commission à leur secrétaire Nicolas de Ruter pour signer les « mandemens, lettres et autres « choses touchans et concernans le fait « de nos domaine et finances ». Ces patentes furent bientôt suivies d'autres, par lesquelles Maximilien et son épouse nommèrent Ruter, le 1er mars 1478 n. st., contrôleur général de leurs finances. Voici le début de ces nouvelles patentes : « Pour considéracion des bons, « aggréables et continuelz services que « nostre amé et féal secrétaire, seul « signant en et sur le fait de noz de- « maines et finances, maistre Nicolas de « Ruter, a faiz par ci-devant tout son « temps à feuz noz très chiers seigneurs « le bel ayeul et père .... ».

On possède encore à Lille deux registres du contrôle tenu par maître Nicolas de Ruter, comme contrôleur à partir du 5 novembre 1477 et comme premier secrétaire et contrôleur du duc et de la duchesse, du 1er mars 1478 au 31 décembre 1479. Il avait donc déjà remplacé son prédécesseur, maître Jean Gros (qui s'était retiré pour cause de maladie?), quelques mois avant de recevoir sa commission régulière.

Ruter continua en 1478 et en 1479 à exercer auprès du duc et de la duchesse ses fonctions de secrétaire : on connaît des lettres de Maximilien et de Marie signées par lui les 29 mai, 25 août et 9 septembre 1478, 12 juin et 9 novembre 1479. Il était d'ailleurs devenu premier secrétaire, comme nous l'apprennent les patentes datées de Bruxelles, le 15 juin 1480, par lesquelles Maximilien et Marie octroyèrent à Ruter une commission de premier secrétaire et audiencier. Le préambule des lettres de nomination nous fournit de nouveau d'intéressants détails sur la confiance et le crédit dont Ruter jouissait auprès de ses souverains.

En sa qualité de premier secrétaire et audiencier, Ruter rendit compte des droits, profits et émoluments des sceaux, du 26 mars 1480 au 8 novembre 1488 (1); à partir du 14 novembre 1488, ce fut de nouveau Gérard Numan, devenu premier secrétaire et audiencier, qui eut à percevoir ces émoluments. La maison de Bourgogne eut quelquefois, on le sait, deux audienciers : l'un pour le grand sceau, l'autre pour le sceau secret ou contre-scel, mais Ruter put, d'après ses patentes, percevoir les profits des deux sceaux réunis; la commission du 15 juin 1480 lui apportait donc un supplément de ressources fort appréciable.

Nous rencontrons encore le nom de Ruter au bas des patentes par lesquelles, le 4 novembre 1480, Maximilien et Marie conférèrent à nouveau au sieur Du Fay l'office de gouverneur du Luxembourg, ainsi qu'au bas de l'acte de la prestation du serment par Claude de Neufchâtel, le lendemain, 5 novembre. Le 29 janvier 1481, à Bruges, il contresigne de même les instructions données par ses souverains au prince d'Orange et aux autres ambassadeurs envoyés vers le roi d'Angleterre.

Nous n'avons plus vu, dans la suite, le nom de Ruter figurer comme secrétaire dans les lettres de Maximilien : il se contenta sans doute de ses fonctions d'audiencier. Lorsqu'il résigna ces dernières, en novembre 1488, ce fut pour être nommé maître des requêtes de l'hôtel du duc : en effet, en 1489, le receveur général Louis Quarré déclare, dans ses comptes, avoir reçu de Nicolas de Ruter, maître des requêtes de l'hôtel, 60 livres, qui furent inscrites parmi les « parties extraordinaires »; il s'agit sans doute ici du droit d'enregistrement de ses patentes ou de quelqu'autre « prêt » du même genre.

Ruter remplissait encore ces fonctions en 1495, année où N. de Ruter, prévôt de Louvain, conseiller et maître des requêtes ordinaire de l'hôtel de l'archiduc, délivre une quittance au receveur général Simon Longin; le 16 août 1498, il s'intitulait encore, en plus « trésorier des finances ».

La qualification de prévôt de Saint-Pierre de Louvain prise par Ruter nous amène à parler de ses bénéfices. C'est qu'en effet il ajoutait à ses fonctions à la cour ducale l'exercice de nombreuses charges ecclésiastiques. En 1484, il était chanoine de Saint-Donat à Bruges; en 1485, commandataire perpétuel de la prévôté de Saint-Bavon à Harlem, protonotaire apostolique, prévôt et archidiacre d'Arnhem, chanoine et archidiacre de Brabant à Cambrai, chanoine des églises collégiales de Saint-Gommaire à Lierre (dixième prébende) et de Notre-Dame, à Termonde. Le 10 juin 1487, enfin, il avait été nommé prévôt de Saint-Pierre de Louvain, titre auquel était attachée la dignité de chancelier de l'université; son compatriote, François de Busleyden, prévôt de la cathédrale

(1) Huit comptes, du 26 mars 1480 au 31 mars 1482 et du 1er juin 1483 au 8 novembre 1488, reposent aux Archives générales du royaume, à Bruxelles (Chambre des comptes de Brabant, reg. nos 20371 à 20378); deux comptes, du 26 mars 1480 au 11 mars 1481 et du 12 mars 1481 au 8 novembre 1488, aux archives départ. du Nord, à Lille (B. 1702 et B. 1703). En mars 1484, est mentionné « maistre Nicolas de Ruttre, audienchier « de Mgr. », ainsi que Pierre Ancheman, « clerc « de mon dit seigneur l'audienchier ».

de Liége, fut installé en son nom à Louvain.

Cependant son ambition allait plus haut encore, et la faveur de Philippe le Beau (qui avait pris les rênes du pouvoir depuis 1494) allait l'asseoir dans un siège épiscopal. Le 26 août 1499, par la mort de Pierre de Ranchicourt, devenait vacant l'évêché d'Arras, dont Philippe était collateur, en sa qualité de comte d'Artois. Dès le 24 août 1499, il écrit de Bruxelles au roi de France — qui a à approuver la désignation du nouvel évêque — pour l'informer du décès de Ranchicourt et lui recommander Nicolas de Ruter, prévôt de Louvain, son conseiller et maître de requêtes de son hôtel. Le lendemain, 25 août, l'archiduc informe ses ambassadeurs auprès de Louis XII qu'il vient de s'adresser à ce dernier, au cardinal d'Amboise, au sire de Ravenstein et au chancelier de France, afin que le roi écrive au souverain pontife, au collège des cardinaux et au chapitre d'Arras, pour recommander Nicolas Ruter comme candidat à l'évêché d'Arras. Le même jour encore, Charles de Croy, mari de Louise d'Albret, écrit de Bruxelles à sa belle-sœur, Charlotte d'Albret, épouse de César Borgia, duchesse de Valentinois, pour la prier, ainsi que son mari, d'appuyer auprès du pape la demande de Philippe le Beau. Charles de Croy se joignit, en un post-scriptum autographe, aux instances de sa femme. Malgré ces hautes influences, le 7 octobre 1499, les chanoines d'Arras, réunis capitulairement, élevaient au siège épiscopal leur collègue Jean Gavet. Les hasards de la politique, qui avaient écarté Ruter de l'épiscopat artésien en 1499, l'y portèrent de façon inespérée deux ans après. Occupé par une garnison française après la mort du Téméraire; — ne tardant pas à se soulever contre Louis XI, qui le châtie bientôt sans merci; — remis aux mains du roi, par le traité conclu dans ses murs le 23 décembre 1482, comme faisant partie de la dot de Marguerite d'Autriche, fiancée au fils de Louis; — restitué enfin par Charles VIII, en vertu de la paix de Senlis signée le 23 mai 1493, Arras n'avait cessé, depuis plus de vingt ans, d'être ballotté entre la France et les Pays-Bas. Jean Gavet, entraîné malgré lui dans les intrigues des deux Etats qui se disputaient sa ville épiscopale, ne parvint pas à se faire consacrer. En 1501, même, il se verra obligé de céder la place et résignera en faveur de son concurrent de 1499.

Les événements qui se déroulèrent pendant les années 1500 et 1501 permirent à Ruter de rendre de grands services à son souverain, Philippe le Beau.

Les décès successifs qui s'étaient produits dans la maison de Castille de 1497 à 1500 ayant rendu sa femme, Jeanne de Castille, héritière présomptive des royaumes espagnols, Philippe le Beau vit tout d'un coup son pouvoir s'accroître immensément; devenant par là-même, de simple prince belge, le détenteur futur de la plus grande des puissances européennes, il fut obligé d'imprimer à sa politique une orientation toute nouvelle : d'une part, il se rapproche de son père, après une brouille de six ans, et prend même un ascendant considérable sur lui; d'autre part, ses relations avec le trône de France se resserrent davantage, d'autant plus facilement qu'il nourrissait à l'égard de Louis XII des sentiments d'affection personnelle. Grâce à cette double évolution, l'Archiduc put assumer le rôle délicat de médiateur dans les différends qui divisaient son père et le roi de France : il n'y parvint cependant qu'après maintes démarches de part et d'autre. Ruter prit part à toutes ces négociations. En 1501, nous voyons Guillaume de Croy, seigneur de Chièvres et grand bailli de Hainaut, toucher du receveur général Longin une certaine somme pour avoir été en ambassade auprès du roi des Romains, à Lintz, avec Nicolas Ruter et Jean de Courteville, bailli de Lille et maître d'hôtel de l'Archiduchesse, et pour avoir fait plusieurs autres voyages.

Ruter intervint de même dans les négociations avec la France et fit partie de l'ambassade envoyée à Paris en juin 1501 pour négocier un mariage entre Mme Claude de France, fille du roi de

France, et le fils de Philippe, le duc de Luxembourg. La harangue que les envoyés des Archiducs prononcèrent à leur arrivée à la cour de France, alors à Lyon, montre combien leurs souverains avaient attaché d'importance au succès des négociations en cours. Ils commencèrent, en effet, par exposer que l'Archiduc, quelque jeune qu'il fût, avait toujours eu « ung singulier amour et « affection » pour le roi et qu'il avait toujours regretté les « empeschemens et « envehissemens » dont la France avait eu à se plaindre de la part d'aucuns. Le roi ne devait point ignorer, ajoutaient-ils, que « depuis continuellement « jusques à présent », l'Archiduc a eu « gens et bons personaiges allans et « venans » vers lui et son père, « comme « premièrement l'évesque de Cambray « et aultres de son conseille et depuis « Monsieur de Chièvres ... et avec luy le « prévost de Louvain et le maître d'hostel « de Courteville l'espace de XX mois « sans cesser », pour trouver quelque bon moyen de paix et mutuelle intelligence entre Louis XII, son suzerain, et le roi des Romains, son père. Finalement, sur ses instances, ce dernier a donné pouvoir au sieur de Chièvres, au prévôt de Louvain et à Courteville pour traiter et conclure en son nom également. Heureusement servis par les circonstances, il faut bien le dire, les négociateurs de Philippe réussirent dans leur mission et le 10 août 1501 furent signées à Lyon des conventions stipulant le mariage futur du duc Charles de Luxembourg, âgé d'un an et demi, et de Claude de France, son aînée de six mois environ. Cet accord fut célébré par de grandes fêtes à la cour de France : on traita magnifiquement les ambassadeurs de Philippe; même, « pour « signifier que la concorde allait régner « de toutes parts, on imagina des danses « assorties au goût de chacune des na- « tions contractantes ».

Ruter assista certainement à toutes ces festivités, car ce n'est que le 7 septembre que sa mission prit fin : aussi en 1502 le receveur général des finances lui fit-il payer 650 livres, en considération de la longueur du voyage qu'il avait fait vers le roi de France, avec les autres ambassadeurs, « pour plu- « sieurs grandes matières et affaires, « tant du mariage d'entre Mgr. le duc « de Luxembourg et Mme Claude de « France, comme pour le bien de la paix « d'entre le roy des Romains et le roy « de France ».

Philippe et Jeanne quittèrent Bruxelles le 4 novembre 1501 pour faire le voyage d'Espagne, remis depuis si longtemps et auquel l'Archiduc attachait une si grande importance politique; Nicolas Ruter faisait partie de la suite considérable qui accompagnait ses souverains. Après avoir fait à Paris, du 25 au 28 novembre, un séjour marqué par toute une série de festivités brillantes, les Archiducs partirent pour Orléans, où ils s'arrêtèrent quelques jours, et le 7 décembre ils arrivèrent à Blois, où les attendait Louis XII : pendant quinze jours, ce ne furent que fêtes, chasses et tournois, tandis que les conseillers des deux souverains négociaient. En effet, le traité de Trente n'avait pas terminé toutes les difficultés entre le roi de France et l'empereur et de nouvelles négociations étaient devenues nécessaires. Conduites, au nom du roi des Romains et de son fils l'Archiduc, par « Messieurs de Besançon, Cambrai, de « Bergues, Chièvre, prévôt de Louvain » et d'autres, elles aboutirent, le 13 décembre 1501, à un accord signé à Blois même, qui interprétait différents articles du traité de Trente. La veille, le dimanche 12 décembre, après une messe célébrée par l'évêque de Cambrai, les deux souverains avaient solennellement juré le traité sur l'hostie consacrée.

Tandis que les archiducs continuaient leur voyage vers le Midi, Ruter revenait dans les Pays-Bas : dès son retour, il alla rendre compte au lieutenant général du pays, Englebert de Nassau, alors à Malines, des importantes affaires traitées à Blois. Ce long voyage ne prit fin que le 12 janvier 1502.

Le 26 novembre 1503, à Bruxelles, Philippe fit connaître à son trésorier général comment devaient être réparties les 15459 livres de 40 gros de Flandre accordées naguère par les Etats de Brabant, de Hainaut, de Namur, de Lille et de Malines pour en récompenser ses « serviteurs et autres qui avoient labouré » et travaillié pour le fait de la paix » entre son père et le roi de France.

Cette répartition est intéressante, car elle nous montre, jusqu'à un certain point, la part prise dans les négociations par chacun des diplomates.

Après s'être réservé 4000 livres pour en faire son plaisir en faveur de divers, l'Archiduc assigne 800 livres au comte de Nassau; 319 livres au sieur de Maigny, chevalier, son chancelier; 1700 livres au sieur de Chièvres; 1100 livres à l'évêque d'Arras (Ruter); à ces deux derniers, 5600 livres, pour s'acquitter de l'obligation contractée par eux, au cours d'une ambassade vers l'empereur, envers aucuns seigneurs allemands; au sieur d'Orbais et de Malèves, chancelier de Brabant, 200 livres; à lui-même, trésorier général, 200 livres; au receveur général, 200 livres; à Jean de Courteville, 300 livres; au sieur de Veyre, 200 livres; à divers, dont déclaration ne peut être faite, 360 livres; à maître Phil. Haneton, premier secrétaire et audiencier, 120 livres; plus 360 livres déjà données pour gages, salaires d'officiers et autres destinations.

On le voit, Ruter avait certainement joué un rôle capital dans ces négociations.

Tandis qu'il remplissait ainsi, à la satisfaction de son souverain, d'importantes missions diplomatiques, son concurrent au siège d'Arras, Jean Gavet, se débattait au milieu des difficultés et se voyait enfin obligé de résigner en sa faveur en 1501. Nicolas Ruter ne fut consacré évêque d'Arras que le dimanche 7 août 1502, en son église de Saint-Pierre à Louvain; le lendemain, il célébrait sa première messe épiscopale au grand autel des chartreux de cette ville, ses bons amis; peu après, le prévôt d'Arras, Charles de Ranchicourt, le recevait solennellement en sa cathédrale et l'installait dans la chaire en pierre où il désirait depuis si longtemps s'asseoir.

Son passage à l'épiscopat a laissé à Arras les meilleurs souvenirs : *vir fuit moribus incorruptus*, dit de lui la *Gallia Christiana, ac omnibus ornatus virtutibus quæ præsulem decent*. Il gouverna son troupeau avec la plus grande prudence; il dota son église de diverses fondations et plaça dans la cathédrale un mobilier de prix.

Cependant les soins qu'il donnait à son épiscopat ne l'empêchèrent point de continuer à prendre une part active à la vie de la cour de Bruxelles.

Lorsque à la fin de l'année 1503 Philippe le Beau revint de son voyage en Espagne, après une absence de deux ans, les provinces des Pays-Bas se montrèrent si joyeuses de son retour que partout se célébrèrent des processions, des feux de joie, des « ébattements ». Les Etats de Brabant, désirant, eux aussi, fêter le prince, chargèrent Erasme de prononcer devant toute la cour le panégyrique de Philippe. Le 6 janvier 1504 fut lu à la cour de Bruxelles, en présence de l'Archiduc, du grand chancelier, Mgr. de Maigny, de l'évêque d'Arras, de l'audiencier et d'une brillante et nombreuse assistance, l'*Erasmi gratulatorius panægyricus ad Philippum archiducem Austriæ*. C'est même à Nicolas Ruter qu'Erasme dédia son discours, imprimé à Anvers, chez Thierry Martens.

D'autre part, ses fonctions de conseiller ducal devaient fréquemment appeler l'évêque d'Arras en Brabant. C'est ainsi, par exemple, qu'avec les sieurs de Fiennes, de Chièvres et de Veyre, il faisait partie du conseil de l'Archiduc le 14 août 1504, lorsque, réuni à Anvers, il donnait pleins pouvoirs au seigneur de Ville, au prévôt de Notre-Dame d'Arras et au secrétaire du Blioul, pour traiter à nouveau des articles du contrat de mariage de Charles de Luxembourg avec Claude de France.

Ruter termina une existence si bien remplie le 15 novembre 1509, à Malines. Selon son désir, ses restes furent transférés à Louvain et inhumés au milieu du chœur de l'église Saint-Pierre; sur son sarcophage fut posée une plaque de bronze où se voyait, avec son effigie et ses armes, l'épitaphe suivante :

HOC SAXO TEGITUR PIENTISSIMUS PATER | NICOLAUS RUTER DE LUXEMBURGO | EPISCOPUS ATREBATEN. DOMUS BURGUNDIAE CONSILIARIUS | ET SERVITOR FIDELISSIMUS | INSIGNIS HUJUS ECCLESIE PRAEPOSITUS | ET UNIVERSITATIS CANCELLARIUS | COLLEGII ATREBATEN. IN HOC OPPIDO FUNDATOR | MAGNIFICUS | QUI OBIIT MECHLINIAE ANNO DNI M.IↃ.IX. | MENSIS NOVEMBRIS DIE XV. | REQUIESCAT IN PACE.

De plus, les mérites et la générosité du défunt étaient encore commémorés par des vers dithyrambiques. Les chartreux de Louvain, dont il avait été le bienfaiteur, lui dédièrent aussi une inscription sur une des fenêtres de leur cloître.

Ruter appartint à ce groupe d'auxiliaires dévoués, de conseillers prudents, que les ducs de Bourgogne eurent le talent de s'attacher et qui les secondèrent si efficacement dans leur travail de centralisation politique. Plus d'un siècle après sa mort, son compatriote Nicolas Vernulée l'appelle encore *magni ille nominis Ruterus* et *claræ memoriæ vir*. Cependant, ce n'est certainement pas le rôle qu'il a pu jouer comme homme d'Etat qui lui valut une célébrité si durable : c'est surtout la fondation du collège d'Arras, à Louvain.

Grâce aux grands revenus de ses bénéfices et à la faveur de la maison de Bourgogne, toujours si généreuse, Ruter avait pu amasser une fortune considérable. N'ayant sans doute plus de proches parents, ou, s'il en avait, les ayant certainement mis à l'abri du besoin, il dut songer à trouver l'emploi de ses richesses.

Il conçut tout d'abord le projet de fonder un nouveau couvent de chartreux, car il avait ces religieux en haute estime : mais, ayant conféré à ce propos avec Jean Robbyns, doyen de Saint-Rombaut à Malines, il changea d'avis. Toutefois, il n'oublia pas ses chers chartreux et lorsqu'il eût célébré en leur église sa première messe, le 8 août 1502, il leur promit de fonder une cellule chez eux; il ne pouvait le faire de suite, malheureusement, car l'expédition de ses bulles de confirmation avaient momentanément épuisé ses ressources. Il tint sa promesse et en 1507 fit construire dans leur couvent une cellule, avec toutes ses dépendances, et la dota libéralement : il fit même placer près de la cellule quatre magnifiques vitraux, où se voyaient la vie et l'histoire de son patron, saint Nicolas; sur chacun d'eux se lisait sa devise : *Æquo animo*.

Sur ces entrefaites, le projet de fonder un collège annexé à l'université de Louvain avait pris corps et en 1508 fut institué le « collège d'Arras » (*collegium Atrebatense*, *Atrechts collegie*).

Cette fondation comportait treize bourses pour autant d'étudiants pauvres, bien doués pour les études, dont trois devaient être choisis parmi les anciens enfants de chœur de la cathédrale de Cambrai, trois parmi ceux de la cathédrale d'Arras, trois parmi les jeunes gens, non choraux, de la ville et de l'église paroissiale de Harlem, deux parmi les jeunes gens de Louvain et deux parmi ceux de Luxembourg. En 1509, dans son testament, Ruter ajouta, à ces boursiers, deux Luxembourgeois et un jeune homme de Brecht, si bien qu'il y eut seize bourses en tout; chacune était au revenu annuel de 160 florins, dont on ne déduisait rien pour les fêtes et les vacances.

A cette fin, furent acquis un terrain et un jardin dans la rue dite *Proefstraete* ou *rue du Prévôt* (actuellement rue de Namur), et bientôt s'éleva un beau collège, que l'on a pu qualifier de *Lovaniense decus*.

Bien que, pour se conformer à la dernière volonté du fondateur, les statuts du collège d'Arras eussent été prescrits au recteur et aux écoliers dès le commencement, par ses exécuteurs testamentaires, Adrien Florentii (plus tard pape sous le nom d'Adrien VI) et Jean Robbyns, doyens de Saint-Pierre à Louvain et de Saint-Rombaut à Malines, ils ne furent publiés que le 18 novembre 1532.

Le collège était dirigé par un président, sous la surveillance de deux proviseurs ou visiteurs : le curé ou pléban de Saint-Pierre à Louvain et le président des conférences théologiques du samedi, à l'université. Le président était en même temps receveur; il était assisté d'un lecteur et d'un procureur.

Les étudiants pouvaient suivre les cours de philosophie à la pédagogie du Porc, située dans le voisinage, ou bien ceux de théologie ou de droit canonique aux Halles; ils portaient la robe longue, comme les prêtres, et ne pouvaient sortir qu'accompagnés.

Il y avait place dans le collège pour cinquante-cinq étudiants. Pour subvenir aux besoins considérables d'un établissement organisé si largement, le fondateur avait assigné cinq fermes (une dans la ville de Louvain, une à Neeryssche, deux à Beauvechain et une à Meldert) et divers fonds et revenus, ainsi que la dîme de Brecht, rapportant en moyenne 300 florins par an.

A la fin du XVIe siècle, le collège traversa une crise grave : alors qu'en 1578 il était au grand complet, il n'y eut plus d'étudiants admis l'année suivante : les boursiers ayant peu à peu quitté, le dernier partit en décembre 1580. Le collège avait été ruiné par les logements militaires; la ferme de Louvain pour ainsi dire anéantie par les soldats; les bâtiments de trois autres fermes complètement endommagés; toutes les cultures abandonnées; les dîmes de Brecht impayées : en un mot, pendant plusieurs années, les revenus firent absolument défaut, ou à peu près. Peu s'en fallut que la crise ne fût fatale à la fondation de Ruter et ce n'est que grâce au président d'alors, maître Corneille Reineri, de Gouda, que la ruine du collège ne fut pas complète.

Des jours meilleurs revinrent, si bien que l'on put construire de nouveaux bâtiments au commencement du XVIIe siècle et de 1774 à 1776, pour loger à l'aise les boursiers et leurs classes. A cette dernière époque, même, on restaura complètement le bâtiment sis à côté de la porte avec la chapelle, et l'on plaça au-dessus de la porte les armoiries du fondateur, avec l'inscription :

Collegium
Illustr. D. Nicolai Ruther
Episcopi Atrebatensis Fund.
A^o 1509 *Renovatum A^o* 1775.

Avec le cours des siècles, de nouvelles donations étaient venues accroître la fondation primitive de Ruter : c'est ainsi que le premier président du collège, Jean West, mort en 1541, destina une grande partie de ses biens à une distribution annuelle à faire aux étudiants pauvres; Vincent Berthyns, président du collège Pels (mort en 1621), et sa sœur Hedwige (morte en 1614), fondèrent encore une bourse, exemple que Marguerite de Croy, comtesse de Furstenberg, imita en 1618. De plus, différents d'entre les présidents qui dirigèrent successivement le collège eurent à cœur de compléter l'œuvre de Ruter : c'étaient Corneille Reineri (1572-1609), Gérard van Werm (1639-1681), Nic. Pauwels (1691-1713), Herman Damen (1713-1730) et Gér. Deckers (1774-1782). Aussi les bourses Ruter sont-elles toujours florissantes, quatre siècles après la mort de leur fondateur : en 1876, les fondations Ruter et Damen combinées rapportaient annuellement 4542 fr. 92 c., auxquels venaient s'ajouter 2394 fr. 55 c. produits par les fondations annexées.

On connaît un sceau de Ruter, celui qu'il a apposé le 25 juin 1503, en qualité d'évêque d'Arras, à l'acte de consécration de Nicolas Grisel comme abbé du Saint-Sépulchre. Ce sceau, rond, de trente-six millimètres, porte un écu *à trois feuilles de vigne*, timbré d'une crosse, et la légende S : NICOLAI : DEI : ET : AP(OSTO)LICE : SEDIS : GRA(TIA) : EPI (SCOPI) : ATTREBATEN(SIS) :

D'après Terninck, l'évêque d'Arras avait pris pour devise *Æquo animo* et pour armoiries *d'azur à trois feuilles d'or;* dans la planche qu'il consacre aux armoiries des évêques d'Arras, il a représenté les trois feuilles comme étant posées en fasce et rangées en pal : cette disposition est erronée, car le sceau de Lille montre nettement *trois feuilles de vigne, posées en pal, la queue en haut, et rangées* 2 *et* 1.

Ajoutons que les traits de Ruter nous ont été conservés sur une magnifique médaille de bronze, où il est représenté en buste, la tête couverte d'un bonnet, avec la légende NICOLAUS RVTER MAXIMILIANI SECRETARIVS; au revers, dans une couronne de laurier, les mots INGENIVM PIETAS ET FIDES, allusion aux principales des qualités qui distinguaient le secrétaire de l'Archiduc.

D'autre part, son souvenir est encore rappelé par un jeton de cuivre, montrant à l'avers la toison d'or, sommée de la couronne archiducale et accompagnée de deux briquets, avec la légende + VIVE LE NOBEL DVC MAXIZ MARIA AVSTRIE; au revers, deux M gothiques entrelacés, sous lesquels se voit un petit N; légende: + POVR MAISTRE NICOLAIS LE RVTER.

J. Vannérus.

Neyen, *Biogr. luxemb.*, t. II, 1861, p. 101-102, et les sources indiquées par lui. — E. Reusens, *Doc. relatifs à l'hist. de l'université de Louvain* (dans les *Analectes pour servir à l'hist. eccl. de la Belgique*, t. XVII, 1881, p. 379-391, et t. XXVII, 1898, p. 438-439). — L. Theunissens, *Liste des chanoines de la collegiale de Lierre* (*ibid.*, t. XVII, 1881, p. 417). — N. Vernulaeus, *Academia Lovaniensis*, 1627, p. 41 et 216-218. — Sweertius, *Monumenta sepulcralia ducatus Brabantiæ*, 1613, p. 204-205 et 239-240. — J. Molanus, *Hist. Lovaniensium libri XIV* (éd. de Ram), t. I, 1861, p. 130, 297, 298 et 641. — *Gallia Christiana*, t. III, 1725, col. 346 et 360. — A. Bruck, *Fondations de bourses d'études instituées en faveur des Luxembourgeois* (1882), p. 848-852. — De Ram, *Notice sur la situation des établissements académiques de Louvain en* 1589 (*Analectes*, t. I, 1864, p. 143, 181-183). — E. Reusens, *Chronique de la Chartreuse de Louvain* (*Analectes*, t. XIV, 1877, p. 257, 258 et 278), et *La Fondation de la Chartreuse de Louvain* (*ibid.*, t. XVI, 1879, p. 215). — *Recueil de choses advenues du temps de Charles, duc de Bourgoingne... au pays de Luxembourg;* lettres 16, 17, 27, 83, 85 et 86 (*Public.* de Luxembourg, 1847, t. III). — *Mémoires de Phil. de Comines* (éd. Lenglet du Fresnoy), t. IV, 1747, p. 10-19. — *Public.* de Luxembourg, t. XXXV, p. 116-117. — Le Glay, *Corr. de l'empereur Maximilien Ier et de Marguerite d'Autriche*, 1839, t. I, p. 217-220. — *Négociat. diplom. entre la France et l'Autriche*, 1845, t. I, p. 25, 29, 31, 66, 67, 74 et 285. — Gachard, *Lettres inédites de Maximilien* (*Bull. de la Commission royale d'histoire*, 2e sér., t. II, p. 272, 276 et 277). — J. Du Mont, *Corps universel diplom.*, t. IV, 1re part., 1726, no 17. — A. Henne, *Hist. du règne de Charles-Quint en Belgique*, t. I, 1858, p. 30 à 38, 83, et t. IV, p. 285. — G. Demay, *Inv. des sceaux de la Flandre*, t. II (1873), no 5805. — A. Terninck, *Essai sur l'ancienne cathédrale d'Arras* (1853), p. 50 et 74, et pl. XVIII. — N. van Werveke, *Notice sur le conseil prov. de Luxembourg* (dans les *Public.* de Luxembourg, t. XL, 1889, p. 275). — Van Iseghem, *Biogr. de Thierry Martens* (1852), p. 221. — E. Gachet, *Rapport sur plusieurs dépôts littéraires de France* (CRH., 2e sér., t. IV, 1852, p. 300). — *Invent. somm. des archives départ. du Nord*, t. I (2e part.), 1906, p. 404; t. II, 18.., p. 190; t. III, 1877, p. 26; t. IV, 1881, p. 248, 254, 257, 262, 270, 284, 292, 301, 302, 305, 309, 313, 316. — Gachard, *Invent. des archives des Chambres des comptes*, t. III (1851), p. 344. — Arch. génér. du Royaume, à Bruxelles, Chambre des comptes de Brabant, reg. 6803, compte 1472-73, f. 72, et compte 1475-76, f. 79. — Fr. van Mieris, *Historie der Nederlandsche Vorsten* (1732), t. I, p. 144 et 424-425.

RUTEUS (*Antoine*). Voir RUTEAU.

RUTGEERTS (*Louis-Joseph-Napoléon-Marie*), jurisconsulte et professeur, né à Anvers, le 7 septembre 1805, mort à Louvain, le 12 juillet 1877, était fils du notaire anversois Charles Rutgeerts et de Marie-Joséphine de Lincé, fille elle-même d'un notaire d'Anvers qui joua un rôle important dans la révolution brabançonne en qualité de secrétaire du Congrès de 1790, de conseiller et d'ami de Henri Vander Noot.

Après avoir suivi avec beaucoup de succès les cours de l'athénée royal d'Anvers, le jeune Rutgeerts entra, au mois d'octobre 1827, comme élève à la faculté de droit de Louvain. Il y subit tous ses examens avec la plus grande distinction. Il préparait sa dissertation inaugurale sur « l'abolition de la peine « de mort », sujet à l'ordre du jour en ce moment, lorsqu'un arrêté du gouvernement provisoire, du 16 décembre 1830, rendit cette épreuve facultative. Rutgeerts usa de la latitude et se fit délivrer son diplôme de docteur en droit en 1831. Il s'établit à Louvain, non pour y exercer la profession d'avocat, mais pour ouvrir des cours privés de droit romain et de droit civil. Le gouvernement provisoire avait, en décembre 1830, supprimé la faculté de droit de Louvain pour la rétablir le 3 janvier 1831, en la composant seulement de trois professeurs et d'un lecteur. Ces mesures fâcheuses avaient profondément troublé l'organisation des études juridiques, et les élèves, heureux de trouver à côté des cours officiels un enseignement méthodique des branches principales de l'examen, affluaient chez le jeune professeur libre.

En 1836, l'université catholique fut, comme on sait, transférée de Malines à Louvain, et tout de suite on songea à y créer une chaire de droit notarial et de droit fiscal. Jusqu'alors la Belgique ne connaissait d'autre préparation à la profession de notaire que le stage; l'initiative prise à Louvain était donc fort heureuse, encore qu'elle dût se passer jusqu'en 1849 de la sanction officielle. C'est à Rutgeerts que la chaire nouvelle fut confiée (22 avril 1838). Depuis 1842 il fut, en outre, chargé du cours d'institutes. Pourtant le droit notarial fut toujours son étude de prédilection et la situation du notariat sa préoccupation principale.

A cette époque notre notariat était encore régi par la loi organique du 25 ventôse an XI, alors que depuis 1814 on en avait modifié les conditions dans les autres pays détachés de l'empire français. Successivement en 1843 et en 1846, Rutgeerts écrivit deux brochures relatives aux modifications à introduire dans la législation du notariat belge. L'année de la publication de la seconde brochure, il fut appelé à siéger dans une commission officielle chargée d'élaborer un projet de loi sur les privilèges et les hypothèques. Le jeune professeur fut l'un des trois rapporteurs de la commission. Il avait d'ailleurs pris une grande part à ses travaux qui devaient aboutir au vote de la loi du 16 décembre 1851, relative à la réforme de notre régime hypothécaire. En 1848 le gouvernement institua une nouvelle commission extra-parlementaire chargée de l'éclairer sur les modifications à introduire dans la loi organique et dans le régime du notariat belge. Rutgeerts y avait sa place tout indiquée et il y joua un rôle important. Il insista surtout sur deux points fondamentaux : l'organisation d'un enseignement notarial et la substitution, pour les aspirants au grade de candidat notaire, du diplôme académique au certificat de capacité délivré par la chambre des notaires de leur arrondissement. La loi du 15 juillet 1849 lui donna satisfaction entre autres sur ces deux questions.

Mais, dans aucun pays de langue française, il n'y avait en ce moment un manuel où la science notariale fût coordonnée. Elle se trouvait éparpillée dans des manuels de droit civil et de droit commercial. Après que la loi eût reconnu le cours de notariat, Rutgeerts songea à combler cette lacune et il publia en 1853 son *Manuel de droit notarial et de droit fiscal.* Son initiative fut chaleureusement applaudie et son travail hautement apprécié dans le pays et à l'étranger. Devant tous les tribunaux belges on vit bientôt invoquer avec autorité les opinions de l'auteur.

Une autre lacune restait à combler dans la matière compliquée de la documentation notariale. Les questions relatives à la perception des droits de succession ne faisaient l'objet d'aucun traité particulier. De 1861 à 1863, Rutgeerts publia son *Manuel du droit de succession, du droit de mutation par décès et du droit de mutation par décès en ligne directe et entre époux*, ouvrage qui, malgré les changements apportés depuis à la législation, est resté très longtemps d'un prix inestimable pour les receveurs de l'enregistrement et ceux des droits de succession.

En 1866, le *Manuel de droit notarial* se trouvait épuisé et l'auteur publia, en guise de deuxième édition, un commentaire complet de la loi du 25 ventôse an XI, dans lequel « toutes les questions « théoriques et pratiques du notariat « étaient traitées avec une science « rare et une expérience consommée » (Thonissen).

Ce livre eut une fortune extraordinaire dans les universités, le notariat et les tribunaux. Une des autorités du notariat français, Mr Albert Amiaud, en a fait, en 1884, une nouvelle édition appropriée aux législations belge et française. Mr Amiaud déclare dans sa préface n'avoir fait en cela qu'accomplir « un vœu de l'auteur, un projet dont il « s'était imposé la tâche, mais que la « mort ne lui a pas laissé le temps de

« réaliser ». L'œuvre de Rutgeerts est devenue ainsi « le commentaire le plus « clair et le plus complet de la loi orga- « nique du notariat » (*La Basoche, organe notarial et judiciaire*, janvier 1897).

Rutgeerts publia, entre 1872 et 1874, diverses brochures sur les questions alors ardemment discutées, du nombre et du ressort des notaires. D'autres publications suivirent, parmi lesquelles il importe de signaler surtout celle du cours de droit fiscal qu'il professait à Louvain.

De nombreux articles de fond, sur les questions les plus diverses se rattachant à ses études préférées, ont été insérés par lui dans les organes notariaux de l'époque; il ne les signait pas toujours, mais on y reconnaissait sa documentation, sa science et son autorité.

Au cours de sa carrière il recueillit de nombreux et précieux témoignages d'estime. Le roi Léopold Ier lui décerna, en 1856, la croix de chevalier de son ordre; il était aussi, depuis 1862, chevalier de l'ordre d'Isabelle la Catholique. Ses élèves lui firent hommage, en 1850, de son portrait lithographié par Schubert; en 1876, de son buste en marbre exécuté par Fraikin.

Pour ne rien oublier, disons que Rutgeerts était un versificateur abondant. Son *Eloge en vers de Rubens* fut couronné par la Société royale des sciences, lettres et arts d'Anvers à l'occasion de la fête biséculaire de la mort du peintre et de l'inauguration de sa statue, le 15 août 1840. C'est un poème sur l'*Expulsion des Maures d'Espagne* resté inédit, qui lui valut sa décoration espagnole. Enfin, maintes fantaisies en vers trouvèrent place dans les journaux locaux du temps. Ses poésies n'ont qu'un intérêt historique. Elles en disent long sur le niveau littéraire de l'époque.

En résumé, Rutgeerts a rendu les services les plus éminents à la science qu'il professait, et l'on a pu dire de lui que « par ses leçons et par ses écrits, il « forma le notariat de son époque » (*La Basoche, ibid.*). « Les travaux de Rut- « geerts furent pour le notariat, comme « les principes de Laurent pour le droit « civil, un guide sûr et une œuvre « scientifique que les jurisconsultes fran- « çais n'ont pas dépassés » (*Journal des notaires et des avocats, mars* 1882, cité par *La Basoche, ibid.*). Par réaction contre l'empirisme qui sévissait dans le régime notarial de son temps, Rutgeerts exagéra peut-être la tendance vers les études théoriques dans une profession où les connaissances pratiques sont également indispensables. Mais c'est le seul reproche sérieux qu'on puisse faire à son œuvre. Théoricien, il venait à son heure, et il a fermement et laborieusement accompli sa tâche.

Voici la liste complète de ses publications dans leur ordre chronologique :

1. *Eloge en vers de Pierre-Paul Rubens*. Anvers, J. Jouan, 1840; in-8°, 12 p. et 4 feuillets notes et errata. Deuxième édition. Bruxelles, A. Labroue et Cie, 1854; in-8°, 24 p. — 2. *Quelques réflexions sur le nouveau projet de loi du 7 février* 1843 *relatif au ressort, à la résidence et au nombre des notaires, comparé avec la nouvelle loi organique du notariat portée en Hollande le* 9 *juillet* 1842, *suivi de deux tableaux statistiques*. Septembre 1843. Louvain, Vanlinthout et Vandenzande [1843]; in-8°, IV-54 p. et 2 tableaux. — 3. *Notes communiquées à titre de renseignements, à Messieurs les membres de la Chambre des représentants, sur le nouveau projet de loi organique du notariat, présenté à la Chambre dans la séance du* 29 *avril* 1846, *par M. le ministre de la justice*. Louvain, Vanlinthout et Vandenzande, 1846; in-8°, II-89 p. — 4. *Manuel de droit notarial et de droit fiscal*. Ibid., 1850-1853; 2 vol. in-8°, t. I (IV-542 p.); t. II (IV-484 p.) — 5. *Sommaire du cours de droit notarial*. Louvain, C.-J. Fonteyn, 1861; in-8°, II-392 p. — 6. *Manuel du droit fiscal*. Ibid., 1860-1861; 2 vol. in-8°, t. I (VIII-502 p.); t. II (484 p.). Le premier volume est une deuxième édition du tome II de l'ouvrage mentionné sous le n° 4. — 7. *Manuel du droit de succession, du droit de mutation par décès et du droit de mutation par décès en ligne*

directe et entre époux. Ibid., 1861-1863; 2 vol. in-8°, 979 p. — 8. *Commentaire sur la loi du 25 ventôse an XI, organique du notariat,* et *sur les Lois qui s'y rattachent.* Ibid., 1866; 2 vol. in-8°, 492 et 497 à 1056 p. C'est le tome I du manuel mentionné sous le n° 4. Le Commentaire renferme un tiers de questions de plus et une table alphabétique. — Nouvelle édition, revue et considérablement augmentée, mise au courant de la législation, de la doctrine et de la jurisprudence belge et française, par Albert Amiaud. Bruxelles, F. Larcier; Paris, Administration du *Journal des notaires et des avocats,* 1884; 3 vol. in-8°, xxxvi-1899 p. — 9. *Considérations sur la revision du nombre des notaires,* avec six tableaux statistiques. Louvain, C.-J. Fonteyn, 1868; in-8°, 27 p. — 10. *Mémoire sur la question du ressort des notaires.* Ibid., 1872; in-8°, 68 p. — 11. *Réponse du professeur Rutgeerts au mémoire de M. Van Overstraeten, notaire à Louvain.* Louvain, L. Stock et sœurs, 1874; in-8°, 16 p. — 12. *De l'immixtion des agents d'affaires dans les fonctions notariales en Belgique, en France, en Hollande et en Allemagne, et des moyens qu'on peut employer pour l'empêcher.* Bruxelles, H. Thiry, 1874; in-8°, 83 p. Voir le *Moniteur du notariat et de l'enregistrement* (Bruxelles, 1874, n°s 1414-1420) où ce travail a été d'abord publié en articles. — 13. *Cours des droits de succession et de mutation par décès donné à l'université de Louvain.* Louvain, veuve C.-J. Fonteyn, 1875; in-8°, 216 p. — 14. *Cours de droit fiscal.* Bruxelles, Bruylant-Christophe et Cie, 1876; in-8°, 2 vol., t. I (xxiii-416), t. II (xii-103 p.). Ce n'est pas une troisième édition du *Manuel du droit fiscal,* mais le cours professé par l'auteur à l'université de Louvain.

Collaborations : *Moniteur du notariat; Recueil général de l'enregistrement; Jurisprudence des tribunaux de première instance.*

Léon Goemans.

J.-J. Thonissen, *Notice sur M. le professeur Rutgeerts* (*Ann. de l'université de Louvain,* 1878, p. 425-440). — *Commentaire sur la loi du 25 ventôse an XI,* par Rutgeerts; nouvelle édition par A. Amiaud (*Lettre introductive* du nre Van Mons, *préfaces* de Rutgeerts et d'Amiaud). — *La Basoche,* organe des candidats-notaires, etc., janvier 1897, article intitulé : *Notariat* et signé Verax (nre Rooman). — *Université catholique de Louvain. Bibliographie,* 1834-1900, p. 95. — *Bibliographie nationale,* t. III.

RUTH (*Ignace-Antoine*), professeur à l'université de Liége, né à Luxembourg, le 4e jour complémentaire de l'an x (21 septembre 1802), mort à Liége, le 31 juillet 1849. Après de solides études à l'athénée de sa ville natale, il fréquenta l'université de Liége avec un de ses condisciples qui ne devait pas tarder à illustrer son nom, J.-B. Nothomb. En 1827, il obtenait le grade de docteur en droit, couronnement d'études brillantes, et revenait se faire inscrire au barreau de Luxembourg, alors que J.-B. Nothomb, déjà impatient de prendre part aux affaires publiques, se fixait à Bruxelles. La révolution de 1830, on le sait, remua profondément le Luxembourg qui, tout entier, à l'exception de la forteresse occupée par une forte garnison prussienne, se souleva et se joignit au mouvement séparatiste. Au premier signal parti de Bruxelles, sa jeunesse se leva résolument et, dans la capitale même du duché, Ruth fonda une association publique dont il fut le secrétaire et qui rendit, dans ces circonstances, des services plus tard récompensés par la Croix de fer. Au mois d'octobre 1830, il fut nommé substitut du commissaire du gouvernement près le tribunal qui venait d'être établi à Arlon et, en l'absence du chef du parquet, il dut en remplir les fonctions. Cette nomination s'était faite en même temps que celle de son compatriote et ami Molitor : coïncidence singulière, ces deux condisciples qui avaient fait ensemble toutes leurs études, quitté ensemble leur ville natale pour répondre à l'appel en faveur de l'indépendance nationale; qui étaient entrés en même temps au même tribunal d'Arlon et avaient quitté la magistrature pour entrer dans l'enseignement supérieur, l'un comme professeur à l'université de Liége, Molitor à l'université de Gand, ces deux amis intimes devaient, à quelques années de là, mourir presque le même jour, victimes du choléra, en 1849.

La position de Ruth à Arlon était pleine de difficultés et de périls. Accusé « d'attentat ou de complicité d'attentat « ayant pour but de détruire ou de « changer la forme du gouvernement et « l'ordre de successibilité au trône, pour « avoir tenté de faire reconnaître et « d'exercer par lui-même jusque dans « la ville de Luxembourg, l'autorité du « gouvernement insurrectionnel, au mé- « pris et en remplacement de celle du « gouvernement légitime », Ruth fut condamné à mort par contumace par la cour d'assises de Luxembourg (janvier 1833).

Entretemps, le gouvernement belge, pour l'éloigner de ce point dangereux de la frontière, lui avait confié le poste de procureur du roi à Neufchâteau; peu de temps après, le ministre de la justice, Ernst, se rappelant les brillantes études de son ancien élève, le nomma substitut auprès du tribunal de première instance de Bruxelles. Mais Ruth, qui venait de se marier à Neufchâteau, où il avait conquis l'estime générale, n'accepta pas cette position. Sa destinée ne devait pourtant pas s'accomplir dans le Luxembourg et, en 1844, Nothomb, alors ministre de l'intérieur, qui, lui non plus, n'avait pas oublié son ancien camarade de chambre, résolut de l'attacher à l'université de Liége en qualité de professeur de droit civil élémentaire.

... « J'ai connu peu d'hommes », disait en 1849, à l'occasion de la mort de Ruth, Nothomb, alors ministre de Belgique à la cour de Berlin, « chez qui « ce sentiment du devoir eut plus d'em- « pire. Etudiant, magistrat, professeur, « il fallait que la tâche du jour fût « remplie; jusque-là il ne s'appartenait « pas ». Son rôle comme professeur a été apprécié ainsi par Mr Nypels, son collègue à la faculté de droit : « Nourri « par de longues études qui l'avaient « initié à toutes les difficultés du droit « civil, son esprit se renfermait avec « peine dans les limites des éléments « de la science. Ses élèves avaient « quelque peine à suivre, dans le prin- « cipe, ses raisonnements, peut-être « un peu serrés pour des commen- « çants. Mais insensiblement ils se fai- « saient à cette méthode et ils finissaient « par apprécier comme il devait l'être, « le travail pénible qui avait dû précéder « ces leçons, si brèves à la fois et si « substantielles. La place de Ruth était « marquée dans une chaire de droit « civil approfondi. Cette chaire, il allait « l'occuper, quand la mort est venue « nous l'enlever ».

Le seul travail imprimé qu'on connaisse de Ruth est sa thèse de doctorat en droit, dans laquelle il traite des privilèges accordés aux vendeurs : *De privilegiis venditorum*. Mais ses cahiers sur le droit civil sont longtemps restés célèbres parmi les élèves de l'université de Liége. Longtemps après le départ de leur rédacteur, ils se transmettaient de main en main comme le travail le plus accompli qui eût été fait en ce genre.

Émile Tandel.

J. Nypels, *Notice biographique sur J.-A. Ruth* (Liége, 1849). — Alphonse Le Roy, *Liber memorialis. L'université de Liége depuis sa fondation* (Liége, Carmanne, 1869). — *Annuaire de l'université de Liége*, 1850-1876. — Namur, *Catalogue de la bibliothèque de Luxembourg*. — J. Fréson, Souvenirs personnels.

RUTH D'ANS (*Paul-Ernest*), théologien. Voir ANS (*Paul-Ernest* RUTH D').

RUTHARD (*Charles*), ROUTHART, ROUTAERT, RUTHART, peintre et graveur. On admet, sans en fournir la preuve, qu'il serait d'origine allemande. Quoi qu'il en soit, il habitait Anvers en 1663 et fut pendant cette année reçu comme maître dans la gilde Saint-Luc. Toutefois il mena une vie assez vagabonde, car on trouve des traces de son passage en 1666 en Allemagne et vers la même époque en Italie. Il s'appliqua surtout à la peinture d'animaux et reproduisit principalement des scènes de chasse. On a conservé assez bien de ses œuvres dans divers musées européens, notamment à Paris, Florence, Vienne, Dresde et Berlin. Il exécuta aussi certaines toiles en collaboration avec d'autres artistes; dans ce genre on peut citer un tableau de la galerie de peinture de Dresde portant la date de 1669 et représentant *Ulysse forçant Circé à rendre à ses compagnons leur apparence humaine;* Ruthard en peignit les animaux et le paysage, tandis que les personnages sont dus au pinceau de Daniel Heinz ou de J. Spillenberger.

Fernand Donnet.

Ph. Rombouts et Th. van Lerius, *Les Liggeren et autres archives historiques de la gilde anversoise de Saint-Luc.* — Siret, *Dictionnaire historique et raisonné des peintres de toutes les époques*, t. II.

RUTHARDS (*André*), aussi appelé RUSCHARDT, peintre, vivait au commencement du XVIIe siècle. Les particularités de son existence ne sont guère connues; les critiques artistiques se bornent à affirmer qu'il s'appliqua principalement à l'exécution de tableaux d'histoire. A un certain moment il se serait rendu en Italie, où, après s'être fixé à Rome, il aurait embrassé la vie religieuse et serait mort sous l'habit des religieux célestins.

Fernand Donnet.

Siret, *Dictionnaire historique et raisonné des peintres de toutes les époques*, t. II. — J. Immerzeel, *De levens en werken der hollandsche en vlaamsche kunstschilders*, t. III.

RUTTEN (*Guillaume-Gustave*), pédagogue et dialectologue, né à Saint-Trond, le 7 mai 1833, mort à Gossoncourt (Godsenhoven), le 29 avril 1893. On l'appelait habituellement Gust Rutten, Gust étant l'abréviation familière aussi bien de Gustave que d'Auguste. Il avait été instituteur en chef dans le village de Gossoncourt et venait d'être pensionné peu de temps avant sa mort. Il est l'auteur d'un livre de lecture (*Balderik de dierenplager*, *leesboek voor de hoogste klas eener lagere school en voor volwassenen*, Tirlemont, 1869) et d'un traité d'arithmétique (*Grondbeginselen der rekenkunde*, Tirlemont, 1875). Il collabora assidûment à la revue pédagogique *De Toekomst* (successivement Gand, Bruxelles, Anvers, Gand), mais il est surtout connu pour son idioticon de la Hesbaye (*Bijdrage tot een Haspengouwsch Idioticon bekroond voor de Zuidnederlandsche maatschappij van taalkunde*, Anvers, 1890). C'est une contribution très importante à la dialectologie flamande, donnant aussi des essais d'étymologie, des dictons et des détails folkloristiques. De fréquents renvois au *Hagelandsch Idioticon* de Tuerlinckx font que les deux ouvrages se complètent mutuellement d'une façon très avantageuse.

J. Vercoullie.

Bibliographie nationale, t. III. — F. de Potter, *Vlaamsche bibliographie* (qui ne cite que l'Idioticon).

RUTTER (*Nicolas*), évêque d'Arras. Voir RUTER.

RUTTY (*Joseph*), sculpteur bruxellois du XVIIIe siècle. Il compléta, par divers motifs d'ornementation, statues, etc., le bel autel, style Louis XV, de l'abbaye d'Averbode. Il reçut de ce chef 4650 florins. Ce nouvel autel coûta 17263 florins. Rutty fut un ornemaniste de réel talent.

Edmond Marchal.

RUTZ (*Gaspard*), peintre, marchand et éditeur d'estampes à Malines, vers le milieu du XVIe siècle. A l'arrivée du duc d'Albe dans nos provinces, bientôt suivie d'une sévère répression des troubles religieux, il fut compris dans la liste des nombreux proscrits auxquels seul l'exil permit d'échapper aux rigueurs du régime instauré par l'envoyé de Philippe II. Son mobilier fut saisi au mois de décembre 1567 par l'huissier Servais Bachelier et estimé à 208 livres 10 sols. « La plus saine partie « des meubles consistait en légères pain« tures sur thoyle, dont partie d'icelles « appartenait à d'autres, les ayant « apportés pour vendre ».

Rutz alla, par la suite, s'établir à Cologne où, d'après les registres aux délibérations du conseil, il fut autorisé à séjourner, « à se conformer honnête« ment, sagement et sans se plaindre « aux coutumes de la ville et à s'occu« per du métier de peintre ». En cette dernière qualité il figure dans un registre du XVIe siècle.

Rutz fut également éditeur d'estampes. Sans doute il s'occupa d'écouler les épreuves produites par ses presses, puisque du temps où il vivait encore à

Malines il cumulait, avec l'exercice de son art, la vente des tableaux d'autrui.

Son nom figure dans les publications et au bas des gravures suivantes : *Diversarum gentium armatura equestris per Abraham de Bruyn*. Dans l'introduction, il se nomme « Jaspar Rutus Mechliniensis ». Cet ouvrage parut à Cologne en 1577. — *Habits des Nations étrangères rassemblés par Jac. Boissard et gravés par le soin de Gaspar Rutz de Malines* (1581). — *La Fuite en Egypte*, gravé par J. Goltzius, d'après F. Barrocio (Caspar Rutz excud.). — *La dernière Céne*. Livius Forlivetanus In. Casp. Rutz exc. 1582, gravure de Corneille Cort.

Les *Liggeren* de la corporation de Saint-Luc à Anvers mentionnent, comme peintre sur verre, un Gaspar Rutz, dont le fils, peintre également, en même temps que commerçant en bois blanc, était maître en 1588. Si l'on n'a pas affaire ici à un homonyme du peintre malinois, il faut en conclure que le séjour de Rutz à Cologne n'aura pas été de longue durée et que les circonstances politiques aidant, il lui a été permis de revenir dans sa patrie.

H. Coninckx.

Chr. Kramm, *De levens der hollandsche en vlaamsche kunstschilders*. — J.-J. Merlo, *Kölnischer Künstler in alter und neuer Zeit*. — G.-K. Nagler, *Neues allgemeines Künstler-Lexicon*. — Em. Neeffs, *Histoire de la peinture et de la sculpture à Malines*. — *Registre aux confiscations*, aux Archives générales du Royaume.

RUUSBROEC (*Jean* **DE**). Voir RUYSBROECK.

RUUTAERT (*Daniel*) ou RUUTHAERT. Voir RUTAERT.

RUWEEL (*Jean*) ou RUEELE, sculpteur du XVe siècle. Les renseignements biographiques sont rares au sujet de cet artiste médiéval. Nous le voyons travailler fréquemment, soit pour les églises de Courtrai, soit pour le magistrat de cette ville, de l'année 1411 à l'année 1447; ce qui permet de croire qu'il y habita durant cette longue période. Le genre d'ouvrages exécutés pour les échevins municipaux fait penser, du reste, qu'il était bourgeois de la cité des Eperons d'or : on ne se serait point adressé à un étranger pour la livraison de quatre chênes nécessaires à la confection des barbacanes des tours du Broel, en 1436-1437, voire même pour la fourniture de six châssis de fenêtres et de deux portes de l'hôtel de ville, en 1418-1419, de portes et de fenêtres aussi, en 1439-1440, et des mesures au grain en 1416-1417; moins encore lui eût-on affermé *la Ley-assise* pour l'année 1428-1429.

Ruweel ne s'occupa pas que de travaux de menuiserie, si artistiques fussent-ils. A diverses reprises, il sculpta des retables d'autel ou du mobilier religieux. La comptabilité de la collégiale Notre-Dame de Courtrai nous apprend qu'il exécuta le retable de l'autel des âmes, en 1411-1412, et qu'il renouvela celui de l'autel Sainte-Anne, en 1414-1415 : *Pro una tabula ad altare de requiem ...; Pro una nova tabula pro altare B. Anne ...* Entre 1413 et 1415, il fournit à Saint-Martin, en la même ville, un retable représentant sept scènes de la passion du Sauveur. Enfin, en collaboration de Jean van der Lodderine, il plaça dans la même église les deux stalles de chœur; les comptes de 1439-1450 portent, en effet : « Betaelt « Jan Ruweel over handtghedade ende « leveringhe van den houte van II coor- « stoelen ... Betaelt Jan Ruweel over « hem ende meester Janne van der Lodde- « rine, naer dat tgestoelte van den core « upghesleghen ende vulstelt was ... ».

Bon Joseph de Bethune.

Comptes communaux de Courtrai, aux archives de cette ville et aux archives générales; archives de la collégiale Notre-Dame; archives de Saint-Martin, en partie à l'église, en partie aux archives de la ville. — Sevens, *De kerk van O. L. Vrouw, te Kortrijk*; idem, *Sint-Maartenskerk, te Kortrijk*.

RUXTHIEL (*Henri-Joseph*), sculpteur, né à Lierneux (province de Liége), en 1775, mort à Paris, le 15 septembre 1837, en son logement du Palais de l'Institut que lui avaient valu non seulement sa renommée, mais aussi les beaux travaux dont il enrichit Paris, à ne citer que sa part dans la décoration de la colonne Vendôme, dont il exécuta les modèles d'une grande partie des bas-reliefs.

Enfant, tout en gardant des vaches et des moutons, Ruxthiel s'amusait à tailler dans le bois, des têtes et des fleurs qu'il incisait avec autant de talent que de goût. Deux chasseurs, raconte la légende locale, MM. de Thier et de Fromenteau de Hodimont, passant dans un chemin, non loin de son pacage, virent tomber devant eux une canne ornée d'une couleuvre supérieurement sculptée. A peine l'eurent-ils ramassée qu'un jeune berger apparut, la réclamant comme lui appartenant; il alléguait en être l'auteur et l'avoir lancée, disait-il, après un oiseau. Arrivés à Lierneux, il leur fut prouvé que cette canne était bien l'œuvre du jeune Ruxthiel, qui en sculptait généreusement pour tous ceux qui lui en demandaient. MM. de Thier et de Fromenteau, émerveillés de leur rencontre, proposèrent au jeune berger de le placer à l'Ecole centrale de Liége, où Dewandre lui inculqua les principes de la sculpture. De rapides succès lui valurent la bienveillance de Desmousseaux, le préfet de l'Ourthe, qui l'envoya à Paris en le recommandant spécialement au célèbre statuaire Houdon. Huit années après son départ de Lierneux (1804), il obtint au concours de l'Institut le premier grand prix de sculpture. A cette époque, le prix de Rome était dans les attributions de l'Institut (l'Ecole des beaux-arts ne date que de 1820). En 1808, il obtint le prix d'expression fondé par le comte de Caylus.

Ruxthiel débuta par un Génie des arts et des sciences et par un Génie de la guerre qui lui avaient été commandés pour orner le palais de la Légion d'honneur, ancien hôtel particulier du XVIIIe siècle, d'une certaine importance historique comme ayant été le centre des réunions de Mme de Staël, au temps du Directoire, et que Napoléon avait désigné pour être approprié à sa destination nouvelle. Le grand chancelier, appréciateur éclairé des arts, fut si satisfait de l'artiste qu'il doubla le prix convenu pour les sujets précités. C'est alors que Ruxthiel fut chargé d'exécuter une partie des bas-reliefs de la colonne Vendôme érigée de 1806 à 1810, par les ordres de Napoléon, pour perpétuer ses victoires de 1805 sur les Russes et les Autrichiens.

Ruxthiel remporta en 1809 le prix de Rome; il obtint en même temps la pension. Il fut le premier Belge lauréat de ce concours; Tilman Suys en fut le second, en 1812, pour l'architecture. Rentré en France, Ruxthiel s'établit définitivement à Paris, où sa renommée lui valut bientôt d'importantes commandes.

Il exécuta les statues de Léda et de Pandore, que le gouvernement lui acheta, ainsi que les bustes de l'astronome Lalande, du sénateur Monge, et ceux du secrétaire d'Etat Maret et de sa femme. La ville de Liége et la bibliothèque publique de Gand lui doivent chacune un buste de Grétry. Il obtint un grand succès avec les bustes de Napoléon, de Marie-Louise et du roi de Rome. Dans sa satisfaction, l'empereur lui octroya le brevet de sculpteur des Enfants de France, avec une gratification de 3000 francs.

En fait de productions de plus grand caractère, Ruxthiel sculpta la belle statue de Bossuet pour la cathédrale de Meaux; celle de Saint-Charles-Borromée, que lui commanda la duchesse de Berry; quatre statues : la Prudence, la Force, la Justice et la Charité; un bas-relief : la Foi et l'Espérance; un autre bas-relief pour l'église des Invalides : Dieu le Père entouré d'anges. La Banque de France lui commanda le buste de l'empereur. Napoléon venait d'ordonner l'achèvement du Panthéon, mais le changement de gouvernement fit suspendre la commande qui avait été faite à ce sujet à notre compatriote.

En 1814, Ruxthiel exposa au Louvre Zéphyr enlevant Psyché, qui fut acheté par l'Etat, les bustes de B. West, premier peintre du roi d'Angleterre Georges III, et de l'empereur Alexandre; en 1817, les bustes de Louis XVI et de Marie-Antoinette pour le palais Bourbon, plus tard palais du Corps législatif et la Conciergerie; des ducs d'Angoulème et de Berry, en 1817, une figure allégorique en marbre, le buste en marbre du duc de Richelieu qui fonda la ville d'Odessa, le buste en plâtre du duc de Feltre; en 1824, un nouveau buste de Louis XVI; la statue du duc de Bordeaux, dont il était alors le sculpteur en titre; en 1827, l'Apothéose de Madame Elisabeth et le buste de Mademoiselle; il fit aussi le buste de Louis XVIII qui figura en 1817 au salon de la Société d'Emulation de Liége, ceux de Charles X et de la duchesse d'Angoulème, de Wellington et de nombre de grands personnages, tels que Delambie, le général Jaubert, l'abbé Delille, les barons Micoud d'Unions et Desmoussaux, successivement tous les deux préfets de l'Ourthe, Marchangy, Van Hulthem, le comte Mercy d'Argenteau, Louis Simonis et sa femme. Lors de la révolution de juillet 1830, il était occupé au monument d'Elisabeth de France (plus connue sous le nom de Madame), sœur de Louis XVI, qui monta sur l'échafaud en 1794. Ce monument était destiné à l'église de la Madeleine, que Louis XVIII avait consacrée comme église expiatoire de la mort des derniers Valois.

Edmond Marchal.

Becdelièvre, *Biographie liégeoise*, t. II, p. 779.

RUYS (*Gauthier*), écrivain ecclésiastique. Voir Gauthier de Grave.

RUYSBROECK (*Gilles* **DE**), dit Van den Berghe, tailleur de pierres, était domicilié à Bruxelles, rue de Laeken, au début du xve siècle.

Son fils, appelé aussi Gilles, et qui exerça le même métier, vivait en 1421. Ils doivent être ascendants du fameux architecte Jean de Ruysbroeck (voir plus loin) à en juger par le nom et la situation des biens, rue de Laeken, à Bruxelles, près de la ruelle dite aujourd'hui de l'Infirmerie.

Paul Saintenoy

Wauters, *Etudes et anecdotes*, p. 14.

RUYSBROECK (*Guillaume* **DE**) ou de Rubruquis, célèbre voyageur du xiiie siècle. On ne sait de certain à son sujet que ce qu'il nous dit dans la relation du voyage qu'il a fait de 1253 à 1255. Comme, à cette époque, il devait avoir atteint l'âge d'homme, on a conjecturé que sa naissance se place entre 1220 et 1230 environ. Son nom nous donne son lieu de naissance : or, ce nom ne s'écrit pas seulement Ruysbroeck, mais aussi Rubruk, Rubruck, Rubruc, Rubroc, Risbrouc, Risbroucke, Ruysbrok, Ruysbroek, Risbrucke, Ruysbrocke, Rubruquis. De là deux hypothèses possibles : ou bien il est né à Ruysbroeck en Brabant, ou bien à Rubruck, village près de Cassel et cense ecclésiastique de l'abbaye de Saint-Bertin; ce qui faisait déjà pencher la balance en faveur de Rubruck, c'est que la bibliothèque de Saint-Bertin possédait autrefois plusieurs manuscrits importants de voyages faits dans l'Asie tatare ou mongole; mais tout doute a cessé depuis que Mr Matrod a découvert un passage inconnu de Jacques d'Iseo, relatif à la réception de Batou, et où notre voyageur est qualifié de *Flamanicus* (*Etudes franciscaines*, t. XIX, p. 366; cfr. p. 12). On ignore quand il est entré dans l'ordre des franciscains. Avant que nous le trouvions au couvent de Saint-Jean d'Acre d'où l'ordre de saint Louis le fit partir pour la Tartarie, il a dû séjourner en France, puisque, dans sa relation, il prend Paris ou Saint-Denis comme termes de comparaison. Il a probablement été du nombre des religieux flamands qui, au dire de Joinville, avaient accompagné le roi Louis IX à la septième croisade.

Quoi qu'il en soit, Louis IX devait le connaitre puisqu'il songea à lui pour le charger d'une ambassade, qui ne fut pas la première qu'il envoya aux Mongols. En effet, pendant que le roi se trouvait en 1248 à Nicosie, attendant qu'un vent favorable lui permit de passer en Syrie, il reçut de prétendus ambassadeurs du gouverneur mongol de la Perse et de l'Arménie, lui annonçant que le grand khan des Tartares, ainsi que le gouverneur et une partie du peuple, s'était converti au christianisme et qu'il voulait s'allier avec lui pour l'aider dans son entreprise contre les Sarrasins de la Terre Sainte. Le roi, trompé par ces imposteurs, les accueillit avec bienveillance et se hâta d'envoyer à son tour au grand khan une ambassade conduite par le frère André de Lonjumel; elle revint deux ans après, complètement désabusée sur les intentions du khan. Louis IX, dans le but surtout de propager la religion chrétienne, résolut de renouveler la tentative et envoya, cette fois, Guillaume de Rubruquis, qui se montra tout disposé à tenter cette difficile entreprise. Il s'adjoignit un autre frère de son ordre, Barthélemy de Crémone, le clerc Gossel et un interprète turcoman, dont il n'eut guère à se louer et dont l'ignorance et le peu de bonne foi devaient le mettre souvent dans l'embarras. Il prit aussi avec lui deux hommes de service, natifs de Saint-Jean d'Acre, et un esclave, qu'il acheta à Constantinople.

Porteur de lettres de Louis IX pour les chefs mongols, il s'embarqua à Constantinople le 7 mai 1253 et aborda à Soldaïa en Crimée. S'y étant procuré huit chars couverts, cinq chevaux de selle et toutes les provisions nécessaires, il s'engagea dans les steppes qui séparent le Dniéper du Tanaïs (Don). Il rencontra d'abord un khan, nommé Scacathaï, qui le reçut assez mal. De là, il parcourut la Tauride, l'Ibérie, la Géorgie, la Bulgarie, la Comanie et le pays des Turcomans et arriva au camp de Sartak, fils de Batou, à trois journées du Volga. Sartak n'ayant pas les pouvoirs nécessaires pour répondre aux lettres du roi, le renvoya à Batou. Celui-ci, à son tour, n'osa lui accorder la permission de séjourner dans le pays et l'adressa au grand khan. Après avoir traversé une immense étendue de pays, Rubruquis arriva à la fin de décembre 1253 à Karakoroum, où résidait le grand khan Mangou.

A Karakoroum il trouva des Européens, notamment un orfèvre français, Guillaume Buchier, qui travaillait pour le grand khan et qui fit bon accueil à notre voyageur. Reçu deux fois par Mangou, il ne parvint pas à le convertir et ne put obtenir de lui la permission de rester dans le pays, où il eût voulu travailler à la propagation du christianisme. Il l'autorisa seulement à séjourner deux mois, jusqu'après la fin des grands froids. Rubruquis dut alors retourner. Revenant sur ses pas, il se dirigea d'abord vers le camp de Batou sur le Volga. Il prit ensuite par Astracan, le pays des Alains, Tiflis, traversa le Tigre et l'Euphrate et retourna à Saint-Jean d'Acre par Sébaste, Césarée de Cappadoce, Giaza, Chypre, Antioche et Tripoli de Syrie. Son absence avait duré un peu plus de deux ans : parti le 7 mai 1253, il était de retour en juin 1255. N'ayant pu obtenir de son provincial la permission de se rendre auprès de Louis IX pour lui rendre compte de sa mission, il lui écrivit la relation dont nous venons de faire le résumé.

Après son voyage, nous savons que Rubruquis assista le 15 août 1255 au chapitre des Franciscains tenu à Tripoli. Ses supérieurs, nous l'avons dit, ne lui permirent pas à cette époque de se rendre auprès de Louis IX; mais il semble certain qu'il est allé plus tard en France. En effet, Roger Bacon parle des relations qu'il a eues avec lui (*Opus majus*, édition Jebb, 1733, p. 190-191); or ces relations n'ont pu avoir lieu que lors du second séjour de Bacon en France, puisque, lors du premier (1250), Rubruquis était en Orient. Quelques auteurs disent qu'il vivait encore en 1293; mais il est plus que probable qu'on l'a confondu avec son homonyme, le célèbre écrivain ascétique, Jean de Ruysbroeck, qui naquit en cette année. C'est par erreur aussi que certains auteurs l'ont confondu avec Guillaume de Tripoli, postérieur de près d'un siècle. (Voir D'Avezac, *Recueil de voyages et de mémoires*, publié par la Société de géographie, t. IV, p. 553.)

Il paraît que le souvenir de Rubruquis s'est même conservé en Orient. Le voyageur belge De Deken a appris d'un fonctionnaire thibétain, fort au courant de l'histoire de son pays, qu'il y a cinq siècles, alors que le Thibet n'appartenait pas à la Chine et que les portes en étaient libéralement ouvertes aux étrangers, « deux savants des pays de l'Occident vinrent au Thibet. Nous connaissons même leurs noms : l'un s'appelait

Van Putte et l'autre Luisbloeck ». (*A travers l'Asie*, Bruxelles, 1894, p. 190.) De Deken en conclut que Rubruquis pénétra probablement jusqu'à Hlassa (p. 112). Usant de son droit d'explorateur, il a donné à un volcan du pays le nom de Ruysbroeck (*Ibidem*).

Rubruquis n'a pas écrit d'autre ouvrage que sa relation; ceux qui lui en ont attribué d'autres ont fait une confusion avec Plan Carpin. (D'Avezac, ouvrage cité, p. 207-208.) Quant à sa relation, elle n'a d'abord été connue que par une édition partielle et des traductions. Hakluyt a donné une partie du texte dans le premier volume de sa collection (1600, texte, p. 71-92; traduction anglaise, p. 93-117. Réédition de 1809, t. I, p. 80 et suiv.) Cette traduction a été reproduite dans Purchas, Pilgrims, 1625; t. III, p. 1 et suiv. Traduction française par Bergeron, qu'il prétend avoir complétée au moyen d'un manuscrit latin (Paris, 1634. Leyde, 1729. La Haye, 1735). Traduction hollandaise, Leyde, Van der Aa, 1707. Prevost, *Histoire des voyages*, 1749, t. VII, p. 263-307 (La Haye, t. IX, p. 277-324). Edition in-12, t. XXVI, p. 338 et suiv. *Allg. Historie der Reisen*, 1750, t. VII, p. 370-422. La Harpe, *Abrégé de l'histoire des voyages*, 1780, t. VII, p. 2-4. Fleury, *Histoire ecclésiastique*, t. XVI, p. 551-570. Pinkerton, *Collection*, 1808, t. VII.

Quant au texte latin, il a enfin été publié *in extenso* en 1839 par F. Michel et Th. Wright, dans le tome IV du *Recueil de voyages et de mémoires*, p. 199-396, et tiré à part à 45 exemplaires. Les éditeurs ont reproduit le manuscrit le plus ancien (XIIIe siècle) conservé à Cambridge et ont noté avec soin les variantes de deux autres manuscrits de Cambridge, l'un du XIVe et l'autre du XVe siècle, d'un manuscrit du British Museum (XIVe siècle), d'un manuscrit de Leyde, copié sur celui du XIIIe et du texte de Hakluyt, qui avait suivi un manuscrit de lord Lumley. Mais ils n'ont pu utiliser le manuscrit du Vatican, ni celui de Middlehill. L'édition n'est pas tout à fait satisfaisante, le texte le plus ancien n'étant pas ici le plus correct; trop souvent les variantes donnent une beaucoup meilleure leçon. C'est que le manuscrit du XIIIe siècle est l'œuvre d'un copiste plus que négligent; par exemple, à quelques pages de distance, si pas à la même page, il écrit les noms propres de façon différente : Sarchat, Sarchac, Sarcath, Sartath, Sarcaht; ou bien encore Coiat, Coiath, Corath; Hacsasini, Hasasini. Et l'on pourrait multiplier ces exemples. On a donc voulu nous donner un texte d'une absolue fidélité diplomatique et non pas le rétablir comme il est sorti de la plume de l'auteur. Il serait utile de rééditer ce texte précieux après avoir rassemblé tous les manuscrits connus et en avoir établi plus exactement la filiation; ce n'est point parce que le latin de Rubruquis n'est pas cicéronien (*dog latin*, dit Yule), quoique toujours clair et précis, qu'il faut lui attribuer une ignorance ou une négligence qu'on aurait peine à pardonner à un enfant.

Les savants les plus compétents s'accordent à reconnaître la valeur extraordinaire de cette relation. Pour Peschel, c'est un chef-d'œuvre de la géographie du moyen âge; pour Yule, qui la préfère à celle de Marco Polo, c'est un des meilleurs récits de voyage qui existent. Franz-Max Schmidt ne sait assez louer l'abondance extraordinaire des renseignements de notre voyageur, la clarté de son exposition, la netteté de son intelligence, sa faculté hors ligne d'observation, l'éclat et la vivacité de sa narration, son inflexible amour de la vérité. Il y a eu, il est vrai, quelques voix discordantes, par ex. Isaac-Jacob Schmidt (*Forschungen im Gebiete der Völker Mittel-Asiens*, Saint-Pétersbourg, 1824); mais Klaproth et Yule n'ont pas eu de peine à le réfuter. De même, l'auteur de la notice de la Biographie de Didot ne le tient pas en très haute estime; mais comme cet écrivain ignore encore en 1863 que le texte latin a paru en 1839, il semble permis de ne pas attacher trop d'importance à ses opinions.

Le voyage de Rubruquis, remarquable à tant d'égards, n'a cependant pas produit les résultats que le roi Louis en espérait. C'est que pour convertir les Mongols, il faudrait, dit notre auteur, envoyer des personnages plus considérables et leur adjoindre surtout un ou plusieurs interprètes sérieux. Mais, sous d'autres rapports, il n'a pas été sans fruit. Avec une liberté d'esprit bien rare à une époque où régnait la superstition de l'autorité, Rubruquis n'a pas craint de contredire Isidore de Séville et d'affirmer que la Caspienne est une mer fermée. Depuis son voyage, on a eu des notions exactes sur les bœufs du Thibet, sur les alunières, sur la rhubarbe considérée comme médicament, etc. Mais c'est surtout pour les mœurs et coutumes des peuples visités par lui que sa relation est précieuse; presque tout ce qu'il nous dit a été confirmé par les travaux des savants et des voyageurs modernes. Chose rare à son époque, son récit ne contient pas de fables et si, dans un seul passage, il parle d'une vallée habitée par des démons, il ajoute qu'il ne les a pas vus. Toujours plein de bon sens, il n'affirme que ce qu'il sait et il avertit quand il s'en rapporte au témoignage d'autrui. On ne saurait non plus trop louer son courage inébranlable au milieu des plus cruelles épreuves, de même que son désintéressement, sa douceur et sa bonté : ainsi parlant aux sujets du khan que leur maître oblige à guerroyer, il les exhorte à souffrir le martyre plutôt que de combattre les chrétiens; mais il ne les engage nullement à attaquer les infidèles et quand de Backer, dans la préface de sa traduction, lui attribue cette pensée, il met dans son commentaire plus qu'il n'y a dans le texte.

Vu l'intérêt de la relation de Rubruquis, il conviendrait non seulement d'en donner enfin un texte correct, mais aussi de la traduire fidèlement et, surtout, d'y joindre un abondant commentaire. L'entreprise serait relativement aisée, parce que d'excellents travaux l'ont heureusement préparée. Citons un article de Klaproth dans ses *Mémoires relatifs à l'Asie*, t. II, p. 313-316; un autre d'Abel-Rémusat (*Nouveaux mélanges asiatiques*, t. II, p. 98-101); Moshemii *Historia Tartarorum ecclesiastica*, p. 55-56; Schuyler, *Turkistan*, t. I, p. 402-405; les notes de D'Avezac sur les voyages de Plan Carpin (*Recueil de voyages et de mémoires*, t. IV, p. 399 et suiv.); la discussion par Zarncke de ce que notre voyageur dit du prêtre Jean (*Abhandlungen* de l'Académie de Saxe, t. VIII, p. 87-96); un article important du *Magasin pittoresque* sur les Kourganes et les statues mongoles (t. VII, p. 207-208); un passage des *Archives de l'Orient latin*, I, 244, etc., etc. Mais c'est surtout dans le savant mémoire de Schmidt (cité plus bas) et dans les notes complémentaires de Lövinson qu'on trouvera ample matière. Le travail de Schmidt, que Yule qualifie avec raison d'admirable et qui se fonde sur une connaissance approfondie de l'histoire et de la géographie des Mongols, a fait entrer l'étude du voyage de Rubruquis dans des voies nouvelles. Comme spécimen, donnons ici quelques-unes de ses identifications de noms de lieux, qui ont fait si longtemps le désespoir des commentateurs. D'après lui, le passage du Tanaïs a eu lieu près des villes actuelles de Bogutschar et de Pawlosk. Le camp de Batou était près de la ville actuelle de Saratow. Kenchak est la ville de Kendjek de Chihâbeddîne Aboulabbâs Ahmed. Talas est le Taras des géographes arabes. Bolak est probablement le Bolo des Chinois (le Phoulat de Hayton). Kailak est le Kayalik des historiens persans, dans le voisinage du Kopal d'aujourd'hui. Le fleuve suivi pour arriver à Karakoroum est le Ulungar plutôt que le Djabkan. Curia Kuyuk est la ville d'Emil. Saraï est probablement le Selitrenoje de nos jours, près de l'embouchure du Volga. Sumerkent est le Sacassin du géographe Abdalrachid. Sammaron doit être le Semmur d'Edrisi. Kamath semble être le Kemakh actuel.

Il faut aussi mettre hors de pair le travail de Rockhill cité plus bas; Mr H. Matrod l'a très largement utilisé dans les remarquables articles qu'il vient de donner dans les *Etudes franciscaines* (t. XIX, p. 5, 134, 349 et 625; t. XX, p. 112, 142, 243, 489 et 682).

Victor Chauvin.

Paquot, *Mémoires*, t. I, p. 213-217 et les sources anciennes qu'il cite (notamment Wadding, *Script. ord. minor.*, p. 156). — Franz Max Schmidt, *Ueber Rubruk's Reise von 1253-1255*, dans *Zeitschrift der Gesellschaft für Erdkunde zu Berlin*, t. XX (1885), p. 161-253 (a aussi paru comme dissertation de Leipzig). — Hermann Lövinson, *Ergänzungen zu dem Aufsatze von Franz Max Schmidt*. Même revue, t. XXIII (1888), p. 436-441. — Yule, *Cathay and the way thither*, p. CCXI et suiv. et *Encyclopædia britannica*, 1886, t. XXI, p. 46-47. — J. de Saint-Genois, *Notice historique et bibliographique sur le voyage de Guillaume de Ruysbroek ou de Rubruquis* (*Bull. de l'Acad. roy. de Belgique*, t. XIII, 1re partie, p. 373-387). Rééditée plus complète dans les *Voyageurs belges*, t. I, p. 93-126. — Daunou, *Histoire littéraire de la France*, t. XIX, p. 114-126. Cf. t. XVI, p. 123-125; t. XVIII, p. 448; t. XXI, p. 289 et t. XXXI, p. 795. — Weiss, *Biographie Michaud*, 1re édit. (copié littéralement par Delvenne, p. 344-346), et 2e éd. — H. F., *Biographie Didot*, t. XLII, p. 938-940. — St John, *The lives of celebraded travellers*, 1831, t. I, p. 1-13. — Blommaert, *Vlaemsch Belgie*, 1844, no 15. — V. Joly, *les Belges illustres*, t. III. — Houzeau, *Annuaire populaire*, 1888, t. IV, p. 110-116. — Goblet d'Alviella, *Patria belgica*, t. III, p. 193-195. — Sprengel, *Geschichte der wichtichsten geog. Entdeckungen*, 1792, p. 288, 299. — Ratzel, *Allg. deutsche Biographie*, t. XXIX (1889), p. 432-434. — Peschel, *Geschichte der Erdkunde* (1877), p. 164-169. — Richthofen, *China*, t. I, p. 602-604. — Deguignes, *Hist. génér. des Huns*, t. III, p. 126-128. — Abel-Rémusat, *Mémoires sur les relations politiques des princes chrétiens ... avec les empereurs mongols* (*Mém. de l'Acad. des ins. et belles-lettres*, t. VI, p. 450-456). — *Magasin pittoresque*, 1834, p. 42-43, 66-67 et 126-127. — *The Journey of William of Rubruck to the Eastern parts of the world, 1253-55, as narrated by himself, with two accounts of the earlier journey of John of Pian de Carpino*. Translated from the latin, and edited, with an introductory notice by William Woodville Rockhill (Hakluyt Society, 1900). — Dubeux, *Tartarie*, p. 331-339. — De Backer, *L'extrême-Orient au moyen âge*, p. 20-22. — Dussieux, *Les grands faits de l'histoire de la géographie*, t. I, p. 254-270. — Marcellino da Civezza, *Storia universale delle Missioni francescane*, t. I (reproduit dans la traduction parue à Louvain chez Peeters, t. II, p. 69-83). — Le même, *Saggio di bibliografia sanfrancescana*, p. 503-507. — Rohrbacher, *Hist. universelle de l'église catholique* (p. en la 7e édit., t. IX, 1877, p. 785-792). — *Voyages autour du monde par Benjamin de Tudelle, Jean du Plan-Carpin, frère Ascelin et Guill. de Rubruquin* (Paris, « aux frais « du gouvernement pour procurer du travail aux « ouvriers typographes », 1830). — Bibliothèque orientale elzévirienne, *Guillaume de Rubrouck, ambassadeur de St-Louis en Orient. Récit de son voyage*, traduit de l'original latin et annoté, par Louis de Backer (Paris, E. Leroux, 1877. Beneath contempt, dit Yule). — *Deux voyages en Asie au XIIIe siècle; par Guill. de Rubruquis, envoyé de Saint-Louis, et Marco Polo, marchand vénitien* (Paris, Delagrave, 1888). — *Penny Magazine*, t. III, p. 266-350.

RUYSBROECK (*Guillaume* **DE**) dit Vanden Berghe, second fils de Jean (voir plus loin), et maître des œuvres comme lui, eut une existence plus accidentée que son père. Le premier incident auquel son nom est mêlé le montre captivant le cœur d'une jeune fille, Marguerite, fille d'Etienne Sorgeloes, qui abandonna ses parents pour le suivre. Poursuivi du chef de séduction, il fut sauvé par la déclaration de la jeune fille qui affirma, le 8 juillet 1454, qu'elle l'avait suivi de sa propre volonté. Le rapt était puni très sévèrement. Guillaume, nous dit A. Wauters, échappa ainsi à la vindicte des lois et épousa la généreuse fille, car ce fut comme conjoints qu'ils achetèrent une maison, le 11 septembre 1461. On voit ensuite Guillaume se porter caution pour son père, 1450-1460, et faisant avec lui partie de la confrérie de la Sainte-Croix, à Saint-Jacques sur Caudenberg, ou encore comme entrepreneur de travaux pour son compte à Bruxelles et à Audenarde.

Le grand malheur de sa vie fut de se jeter à corps perdu dans la politique.

Des scènes tumultueuses se produisirent à Bruxelles, en 1477, lorsqu'après la mort du Téméraire, les métiers voulurent abolir par la force le pouvoir et les privilèges des patriciens. Le signal de l'émeute, raconte Wauters, fut donné par Godefroid de Bosschere, qui attacha le ruban de son chapeau à l'un des piliers de la maison des corporations (*la colline*) sur la Grand'Place. Ce de Bosschere, propriétaire et exploitant de carrières à Haeren, dirigeait, en outre, des travaux de construction, notamment l'église de la Brieie en Hollande et le pont sur la Lys à Courtrai. Guillaume ne fut pas moins ardent et ce fut lui qui mena la foule à l'assaut de l'Hôtel de ville. La suite de cette échauffourée fut le bannissement de Ruysbroeck par le souverain et la commune sous peine de mort, *à cause de certains excès et mauvaises actions.*

Il commit l'imprudence de rentrer dans sa ville natale, comptant sur le pardon que lui vaudrait la joyeuse entrée des nouveaux souverains, Philippe le Beau et Jeanne, mais cette faveur lui fut refusée; il fut arrêté, et son incarcération fut suivie en 1495-1496 de sa décapitation. Il mourut ainsi victime des rancunes politiques, devant l'immortel chef-d'œuvre dont sa ville natale était redevable au génie de son père.

Paul Saintenoy.

A. Wauters, *Etudes et anecdotes.*

RUYSBROECK (*Jean* **DE**), ou JAN VAN RUUSBROEC, le plus grand mystique des Pays-Bas, né en 1293 au village de Ruysbroeck (à deux lieues sud de Bruxelles), auquel il doit son nom. D'après certaines sources, il serait issu de famille noble (*nobili familia natus*), ce qui n'a rien d'impossible, car on trouve dans un obituaire du milieu du xve siècle de l'église de Notre-Dame de la Chapelle à Bruxelles (qui était desservie par des religieux de l'abbaye du Saint-Sépulcre à Cambrai, dont dépendait la chapelle de Ruysbroeck), les services suivants : au 2 janvier *Obitus Nycholai de Ruysbroeck et Katherine uxoris eius*; au 30 décembre : *Obitus Egidii dicti de Ruysbroeck et Margarete eius uxoris*. Il n'est pas trop téméraire, semble-t-il, d'admettre qu'il s'agit de parents, proches ou non, de Jean de Ruysbroeck; surtout parce qu'on trouve à la même église des fondations de la famille Hinckaert, qui était apparentée à la sienne : le 28 octobre 1396, Charlotte Hinckaert et P. Ruysbroeck fondèrent une *cantuarie* à l'autel de Saint-Christophe de Notre-Dame de la Chapelle; et il ne faut pas perdre de vue que, comme nous le verrons tantôt, la mère de Jean de Ruysbroeck vint s'établir à Bruxelles. Les biographes parlent longuement de sa mère et ne disent absolument rien de son père, de sorte qu'on a hasardé la supposition que Ruysbroeck aurait été enfant naturel. En 1261 vivait un certain Arnoul de Rusebrueck auquel, comme prête-nom de l'abbaye du Saint-Sépulcre de Cambrai, un vassal de Gérard de Karilo ou Carloo, Wido ou Guy de Mehenghem ou Meyghem, céda la dîme de Menghem ou Meyghem, sous Tourneppe, dont la chapelle de Ruysbroeck était une annexe. Cet Arnould de Rusebrueck était peut-être le père ou un autre parent de notre Jean. Sa mère était une femme grave et dévote, qui inculqua de bonne heure une ardente piété à son jeune fils, qu'elle aimait trop, disent les biographes, ce qu'il faut peut-être entendre en ce sens qu'elle n'aimait guère le voir embrasser l'état ecclésiastique. C'est ce qui explique probablement pourquoi Jean de Ruysbroeck, que travaillait déjà un ardent désir de développement intellectuel, quitta, à l'âge de onze ans, la maison maternelle à l'insu de sa mère, comme cela se faisait souvent à cette époque. Il se rendit à Bruxelles, chez son oncle Jean Hinckaert, chanoine du premier degré de l'église de Saint-Michel et de Sainte-Gudule. Celui-ci reçut son neveu avec bienveillance et lui fit enseigner les arts libéraux. Jean de Ruysbroeck étudia avec ardeur pendant quatre ans, puis abandonna les études « laïques, puisqu'elles « ne se rapportaient quand même qu'à « des choses vaines », pour s'adonner dorénavant exclusivement à la théologie. Il y fit des progrès surprenants, dus plutôt aux inspirations du ciel qu'à des études suivies. Il vivait d'ailleurs dans un milieu particulièrement propre à développer ses aspirations. Son parent Hinckaert s'était converti, notamment, d'une vie mondaine et luxueuse, et avait converti, entre autres, un de ses collègues, Franc van Coudenberg, chanoine mineur. C'est avec ces deux hommes sincèrement dévots que vivait Jean de Ruysbroeck. Aussi, il s'adonna de plus en plus aux contemplations célestes et se soucia de moins en moins des choses de ce monde. Sa mère le suivit à Bruxelles, et, comme elle ne pouvait vivre avec lui sous le même toit, elle s'établit au Béguinage pour jouir ainsi indirectement de sa chère présence. La mort de la mère prouva que l'amour du fils, pour spirituel qu'il fût, n'en était pas moins profond. Jour et nuit, Ruysbroeck adressait au ciel des prières pour le repos de l'âme de la chère femme; plusieurs fois il entendit sa voix qui se plaignait : « O mon cher « fils, que la date de votre ordination « sacerdotale est encore éloignée ». Lui-même, plus tard, racontait fréquemment à ses frères « que lorsque ce jour « béni arriva, après la célébration de « sa première messe, Dieu lui accorda « une consolante vision : l'office ter- « miné, sa mère vint le visiter et le « remercier de sa délivrance du pur- « gatoire ».

Ruysbroeck avait vingt-quatre ans lorsqu'il fut ordonné prêtre. Son parent Hinckaert le fit chapelain de l'église Sainte-Gudule. Il continua sa vie pieuse et ascétique. Il était tranquille et silencieux, pauvre d'habit, mais de mœurs cultivées. Il marchait par les rues comme un solitaire et encore on l'y voyait rarement; les passants se montraient le saint homme.

A cette époque il y avait à Bruxelles une femme hérétique, nommée *Bloemardinne*, qui avait beaucoup écrit sur « l'esprit de liberté » et l'infâme amour charnel, qu'elle appelait séraphique. Elle était vénérée par un grand nombre d'adhérents comme l'inventrice d'une doctrine nouvelle. Lorsqu'elle enseignait ou écrivait, elle était assise sur un siège d'argent; lorsqu'elle allait à communion, on la croyait accompagnée de deux séraphins. Ruysbroeck, animé de l'esprit de véritable piété, combattit la doctrine de Bloemardinne, et démasqua les erreurs que cette femme lançait chaque année contre la véritable foi en dépit de nombreux adversaires.

En 1343, sur la proposition de Franc van Coudenberg, les trois amis quittèrent Bruxelles et allèrent s'installer à Groenendaal (*Viridis Vallis, Vauvert*) dans la forêt de Soignes. En 1304, un ermite, Jean de Buscho, avait obtenu du duc Jean II l'usage d'une maison qui se trouvait en ces lieux, qu'il entoura d'un fossé; il devait en jouir sa vie durant et, après lui, un religieux pouvait seul y habiter. En effet, un autre cénobite, Arnould de Diest, y séjourna pendant vingt ans; un troisième, l'ermite Lambert, y habitait en 1343 et se retira à Botendaele pour faire place à Jean Hinckaert et ses compagnons : le mercredi de Pâques de cette année, le duc Jean III accorda à Franc van Coudenberg la propriété de l'ermitage de Groenendaal, du grand étang contigu et de quelques autres terrains, à condition d'y élever une habitation pour cinq religieux au moins, et dont au moins deux seraient prêtres, *viventes religiose*. Les nouveaux solitaires y bâtirent une chapelle qui fut consacrée, le 17 mars 1344, par Mathias, évêque de Trébizonde et suffragant de Cambrai; ils y vécurent toujours comme prêtres séculiers. Plusieurs hommes de bonne volonté du pays de Brabant, tant religieux que laïcs, vinrent se joindre à eux. Ruysbroeck aurait préféré rester préservé d'une telle communauté; mais comme il comprenait que son ami Francon désirait augmenter l'amour de Dieu dans beaucoup de personnes, il ne s'y opposa point; car, ajoute Gérard Naghel, auquel nous devons ce détail, pour lui-même il était sûr de pouvoir s'occuper en même temps de choses de ce monde et de se reposer en Dieu. Cependant cette façon de vivre, qui était une nouveauté qu'on ne trouvait nulle part ailleurs, soulevait des critiques aussi bien de la part du clergé que du monde laïc. Ils avaient également beaucoup à souffrir des chasseurs du duc. Le 10 mars 1349, sur les remontrances sévères de l'abbé de Saint-Victor à Paris, les solitaires de Groenendaal, au nombre de onze, reçurent l'habit des chanoines réguliers de Saint-Augustin des mains de l'évêque de Cambrai. Francon fut nommé prévôt; Ruysbroeck devint prieur; Hinckaert resta avec eux sans faire profession de la règle; le frère Jean van Leeuwen, d'Afflighem, « le bon cuisinier » (*bonus cocus*), s'était joint à eux dès le commencement.

C'est à Groenendaal que Jean de Ruysbroeck put s'adonner entièrement à la contemplation. « Une fois qu'il « eût », dit Pomerius, « à la façon des « aigles, renouvelé la jeunesse de son « esprit, il commença à fixer d'un

« regard si profond l'éternel soleil, qu'il « semble difficile que jamais homme « porte plus haut son vol, que jamais « esprit humain porte plus loin la con« templation ». Il s'efforçait de communiquer à tous les richesses spirituelles qu'il goûtait lui-même. Chaque fois que le dévot prieur devait donner une conférence soit aux frères, soit aux étrangers qu'attirait sa dévotion, il s'estimait obligé, comme l'apôtre, de pouvoir instruire les hommes. Quelquefois un tel esprit de dévotion, une telle abondance de paroles coulait de ses lèvres « qu'il « débordait à la façon du moût de vin « qui brise un vase clos ». Poussé par l'amour de Jésus et des hommes, il parlait souvent de Dieu et du bonheur éternel pendant des nuits entières; les frères qui étaient venus le rejoindre, comme d'habitude, après les complies, se retrouvaient encore près de lui quand la cloche sonnait les matines. Il parlait sans préparation aucune, mais avec tant d'éloquence que tout le monde n'en devenait que plus ponctuel à faire les vigiles au chœur. Quelquefois l'inspiration manquait, et alors le saint homme reconnaissait, avec simplicité et modestie, même devant de hauts et nobles personnages, qu'il n'avait rien à dire ce jour-là. Cependant, il joignait la vie active à la vie contemplative. Il était le premier dans tous les exercices monastiques, les veilles, les jeûnes, le travail manuel. Il était toujours prêt à aider ses frères, et lorsqu'il était déjà épuisé par l'âge et par les pratiques ascétiques, il se chargeait encore volontiers des ouvrages les plus lourds et les plus vils, tout en pensant constamment à Dieu. Il avait coutume de dire qu'il lui était aussi facile d'élever son âme à Dieu que de porter la main à sa tête. D'une main il travaillait, de l'autre il tenait le rosaire et ne laissait pas, pendant toute la durée du travail, de vouer à Dieu tout ce qu'il faisait.

Les vertus qu'il exalte constamment dans ses écrits : l'humilité, qu'il appelle le fondement de la perfection, l'obéissance, la résignation à la volonté de Dieu, qui en est le fruit, Ruysbroeck les pratiquait de toutes les manières et à tous les instants.

Un jour il donna une preuve frappante de ces vertus. Il était gravement malade et demanda à un frère un peu d'eau pour étancher sa soif. Mais le prévôt, craignant que cela ne le rendît plus malade, refusa. Quoiqu'il fût mourant de soif et que ses lèvres se fendissent, Ruysbroeck se résigna, préférant obéir plutôt que de céder à la concupiscence de la chair. Mais plus tard, craignant qu'il ne mourût réellement de soif, et plus préoccupé du chagrin que sa mort aurait causé à ceux qui lui refusaient à boire que de sa santé propre, il dit : « Père prévôt, si « cette fois-ci je n'ai pas d'eau à boire, « je ne guérirai certainement pas de la « maladie dont je souffre ». A ces mots le supérieur, plein d'effroi, consentit et Ruysbroeck entra en convalescence au même moment.

De même, il était d'une charité sans bornes, non seulement pour les hommes, mais aussi, comme le saint d'Assise, pour les animaux.

La dévotion à la sainte Eucharistie, qu'il recommande à chaque instant dans ses écrits, était un des caractères saillants de la piété de Ruysbroeck. Lorsqu'il célébrait sa messe quotidienne, il y était pénétré d'une telle abondance de grâces que souvent il lui était impossible de l'achever. Comme le cas s'était présenté plusieurs fois, le prévôt, pensant que la vieillesse et la faiblesse du prieur en étaient cause, voulut lui interdire la célébration du divin mystère. Mais Ruysbroeck, très affligé, lui assura que cette infirmité corporelle, qui paraissait être un effet de la vieillesse, n'était causée que par l'abondance de la grâce divine (*non propter senium, sed divinæ gratiæ collatum xenium*). « Au« jourd'hui encore », ajouta-t-il, « le « Christ m'est apparu et, me remplis« sant d'une suavité toute divine, m'a « dit au cœur : « Vous êtes tout à moi, « et je suis tout à vous! ».

D'ailleurs, ces apparitions surnaturelles se répétaient souvent. Le Christ venait à lui, accompagné de la Vierge, et s'entretenait familièrement avec lui. Ou bien le démon lui apparaissait sous la forme d'une bête hideuse, comme il l'a raconté lui-même plusieurs fois à ses amis. Lorsque ceux-ci lui demandaient s'il n'avait pas peur, le prieur répondit que non; quelquefois il s'attristait seulement de voir que l'ennemi de Dieu pouvait ainsi s'approcher de lui. Alors il s'armait d'armes spirituelles. « Père, voici qu'il vient! voici « qu'il vient! » cria-t-il un jour à son supérieur en pressentant une nouvelle obsession. D'ailleurs, Ruysbroeck s'en imputait la faute à lui-même. Un jour, quelques frères étaient venus lui demander avec instance de pouvoir chanter en un seul jour les vigiles des morts qui étaient répartis aux divers jours de la semaine, suivant l'ordre où ils étaient inscrits au martyrologe. Le prieur, moins prudent qu'à l'ordinaire, accéda à cette demande, et c'était à cette faute qu'il attribuait l'origine de ses tentations, tant était grande la pureté de son âme!

La renommée de la sainteté de la vie et de la doctrine de Ruysbroeck s'était répandue partout : en Brabant, en Flandre, en Hollande, en France, loin au delà du Rhin, jusqu'en Franconie et à Bâle. De toute part on venait écouter ses conseils et admirer ses vertus. Une de ses filles spirituelles, qui souffrait de tentations intérieures lors d'une grave maladie, le supplia de venir la voir. Comme elle se plaignait de se sentir sans forces, incapable de secourir les pauvres gens et de produire des œuvres de miséricorde et, de plus, de n'avoir plus aucun goût pour la dévotion, Ruysbroeck lui répondit : « Sache, « ô fille très chère, que nul sacrifice ne « plaît tant à Dieu que de se soumettre « humblement à son entier bon vouloir. « Travaille à lui rendre grâce en tout « et en abdiquant ta propre volonté ». Ces belles paroles consolèrent tant la pieuse femme que jamais plus elle ne se plaignit.

Une femme de haute condition, la baronne de Marke, de Rhode-Sainte-Agathe, vint souvent pieds nus, de plusieurs lieues, pour lui demander ses avis spirituels. Ruysbroeck l'instruisit si bien dans le mépris du monde et dans l'amour du Seigneur, qu'elle abandonna tout ce qu'elle possédait et se fit clarisse à Cologne, tandis que son fils Englebert devint religieux à Groenendaal.

Une curieuse visite fut celle de deux clercs de Paris, qui désiraient recevoir de Ruysbroeck quelques paroles d'édification. Entre autres choses il leur dit : « Vous êtes aussi saints que vous le « voulez ». Les deux clercs, comprenant mal cette parole, furent scandalisés, s'éloignèrent et racontèrent à grand émoi aux frères de Groenendaal ce qu'avait dit le prieur. Ils croyaient que celui-ci s'était moqué d'eux. Les frères ramenèrent les visiteurs près de Ruysbroeck, qu'ils supplièrent de développer sa pensée. Alors il dit : « N'est-il donc « pas vrai que vous êtes aussi saints « que vous le voulez bien? Sans aucun « doute. La mesure de votre bonne « volonté est celle de votre sainteté. « Voyez en vous-mêmes combien votre « volonté est bonne et vous verrez « combien est grande votre sainteté. « L'on est saint autant que l'on est « bon ». A ces paroles, les clercs se retirèrent grandement édifiés.

Parmi ces visiteurs il en est deux qui méritent une mention spéciale : ce sont le dominicain Tauler (1) et Gérard de Groote, le fondateur des Frères de la vie commune, qui vinrent visiter le prieur de Groenendaal à différentes

(1) Pomerius désigne ce visiteur sous le nom de *Canclaer*; P. Impens, *Chronicon Bethleemiticum*, Mastelinus, *Necrologium Viridis Vallis*, p. 30, et les sources qui en dérivent parlent de *Tanclaer*. Mais l'auteur anonyme de la vie de Surius, dit *Taulerus*. Il n'y a pas de doute que c'est du fameux *Tauler* qu'il s'agit. Dans le manuscrit 966 de la bibliothèque de l'université de Gand, on lit à la tête d'une traduction néerlandaise des sermons de Tauler : *Dese Tauweler was een sonderlinghe vermert leeraer vander predicaren ordenen Ende dese hadde den prior her Jan van Ruysbroeck in groter ende sonderlingher reverencien. Daerom dat hien oec dick te visiteren plach*, etc. De plus, Mastelinus et Impens emploient tous deux le prenom *Conrardus*. Il est aisé de voir que les noms *Canclaer* et *Tanclaer* proviennent d'une lecture fautive de la forme *Tauelaer* qui se rencontre fréquemment dans les manuscrits moyen-néerlandais à côté de *Tauweleer*, *Tauweler*, *Tauler*. Encore de nos jours, la forme *Tauwelaer* a été lue *Cauwelaer* à plusieurs reprises.

reprises. Il est probable que les visites de Tauler ont eu lieu déjà vers l'an 1350. En effet, en cette année, Ruysbroeck envoya un exemplaire de sa *Gheestelike Brulocht* aux amis de Dieu de Strasbourg, auxquels Tauler était affilié. Cet envoi était peut-être une conséquence de ses visites.

Quant à Gérard de Groote, le *bon cuisinier* Jean van Leeuwen, qui mourut en 1377, parle déjà de plusieurs de ses visites. Thomas a Kempis, dans sa *Vita Gerardi Magni*, raconte que Gérard de Groote désirait vivement voir face à face l'homme qu'il connaissait seulement par ses écrits et qu'il admirait tant. Il se mit en route, accompagné de Jean Scele, le recteur des écoles de Zwolle. Comme Jean Scele reçut ces fonctions au plus tôt en 1374, ce voyage n'aura pas eu lieu avant cette date. Lorsque les deux compagnons arrivèrent à Groenendaal, le hasard voulut qu'en pénétrant dans l'enclos du couvent, la première personne qu'ils rencontrèrent fût précisément le prieur. Celui-ci n'avait jamais vu maître Gérard, mais, instruit par une révélation divine, il le salua de son propre nom et l'introduisit dans le monastère en lui prophétisant qu'il serait un jour son disciple. Les deux visiteurs demeurèrent plusieurs jours à Groenendaal, parlant avec Ruysbroeck des saintes écritures et discutant avec lui certains passages de ses œuvres qui ne leur semblaient pas tout à fait orthodoxes. Comme Gérard s'étonnait que le prieur osât écrire des choses tellement profondes que quelques-uns en profitaient pour le décrier et le calomnier, Jean de Ruysbroeck répondit que jamais il n'avait écrit un mot que sous l'inspiration du Saint-Esprit, que jamais il n'écrivait rien qu'en présence de la divinité. Il semble que ses deux interlocuteurs, surtout Jean Scele, n'eurent pas tous leurs apaisements. La discussion doit s'être prolongée, car Ruysbroeck ajouta ; « Maître Gérard, cette vérité qui vous » est maintenant cachée, vous la com» prendrez mieux dans quelque temps, » mais votre compagnon, maître Jean, » ne la saisira jamais dans cette vie ».

En une autre occasion, Gérard de Groote qui s'étonnait particulièrement de la confiance inébranlable qu'avait son ami en la miséricorde de Dieu, voulut inspirer à Ruysbroeck la crainte des châtiments éternels, et, lui soumettant les textes les plus terribles de l'Ecriture sainte à ce sujet, il lui dit que c'était présomption de sa part que de ne pas craindre l'enfer. Ruysbroeck répondit tranquillement : « Maître Gérard, soyez » sûr que vous n'avez pas réussi à » m'inspirer de la crainte; je suis prêt » à supporter d'âme égale tout ce que » le Seigneur décidera par rapport à » moi. Rien de mieux, rien de plus » salutaire, rien de plus doux! Tous » mes souhaits n'ont que cet objet : que » le Seigneur me trouve toujours prêt à » accomplir sa sainte volonté ».

Touché de tant de piété, Gérard ne conçut plus aucun doute et se laissa instruire par Ruysbroeck sur les choses célestes les plus secrètes, de sorte qu'il se sentit forcé de s'écrier, comme la reine de Saba : « Mon père, votre sagesse » et votre science sont plus grandes que » la réputation qui en court; vous avez » vaincu la renommée par vos vertus ». Lorsque Gérard de Groote retourna à Deventer, il réfléchit de nouveau à tout ce qu'il avait entendu, « le ruminant » comme un animal pur » et, de peur de l'oublier, il en coucha certaines parties par écrit.

Cette première visite fut le commencement de relations très cordiales entre Ruysbroeck et Gérard de Groote, qui ressentait pour le pieux prieur une vénération extrême. Maître Gérard revint plusieurs fois à Groenendaal, et y séjourna même parfois, au dire du bon cuisinier, pendant plusieurs mois. De retour à Deventer, il correspondait avec Ruysbroeck et ses frères, et, comme nous le verrons, il traduisit en latin plusieurs de ses écrits; il empruntait des manuscrits de la bibliothèque de Vauvert (Groenendaal), pour les copier; recevait en lecture les ouvrages que Ruysbroeck avait achevés et ne se gênait pas pour dire son opinion au prieur sur certains passages qu'il jugeait peu orthodoxes, et qu'il voulait voir corrigés avant leur publication.

La nature des rapports de Ruysbroeck avec son entourage plus immédiat est bien caractérisée par ce qui suit.

A la chartreuse de Hérinnes, un des frères, Gérard Naghel de Delft, avait copié cinq des écrits de Ruysbroeck, pour le plus grand bien de son âme et de celle des autres. Il y trouva, dit-il, beaucoup de mots et de phrases qui dépassaient son entendement, mais il faut s'incliner devant Dieu et les docteurs. Cependant Gérard et quelques frères de son couvent s'enhardirent jusqu'à prier Ruysbroeck de bien vouloir venir les éclairer de vive voix. Le pieux prieur se rendit à cette invitation, et fit à pied les cinq lieues de Groenendaal à Hérinnes. Sa présence fit une impression profonde sur les chartreux. « On écrirait beaucoup de « choses édifiantes, » dit Gérard Naghel, « de sa mine noble et sereine, de sa « parole clémente et humble, de son exté« rieur tout spirituel, de sa prestance et « de ses gestes tout à fait religieux ». Mais ce qui impressionna le plus ses hôtes, ce fut lorsqu'ils le prièrent de leur parler de ses sublimes réflexions : Ruysbroeck ne voulait rien dire qui lui fût propre; il exposa et interpréta quelques exemples et sentences des saintes écritures, afin de les édifier dans l'amour de Dieu et de les fortifier dans le service de la sainte Eglise. Lorsque Gérard et un ou deux frères lui parlèrent de ses livres, et lui dirent qu'ils les avaient copiés et rubriqués, il se montra tellement détaché, « vide » de toute gloire mondaine, qu'il semblait ne pas les avoir écrits. Lorsque Gérard parla enfin des passages du traité *vanden rike der Ghelieven* qui les avaient choqués, Ruysbroeck répondit d'un cœur calme que c'était à son insu et à son regret que ce livre avait été publié et répandu. Comme Gérard le lui offrit pour en faire à sa guise, le prieur refusa et promit d'en écrire un autre pour expliquer le sens de ses paroles.

Ruysbroeck resta à Hérinnes trois jours qui ne passèrent que trop vite au gré des chartreux, car personne ne pouvait lui parler ni l'approcher sans en devenir meilleur, plus parfait. Comme tous le pressaient de rester plus longtemps, il répondit : « Mes chers frères, avant « tout nous devons cultiver l'obéissance; « j'ai dit à mon supérieur, le prévôt, « que je pensais être de retour à jour « fixe; et là-dessus il me permit de « m'absenter pendant ce temps. C'est « pourquoi je dois me mettre en route « en temps utile, pour consommer mon « obéissance ». Ce qui édifia grandement les chartreux.

Ruysbroeck vécut ainsi, prêchant d'exemple, jusqu'a un âge très avancé. Lorsque les affres de la mort approchèrent, il ne s'en troubla pas; ses forces s'affaiblissaient, mais non sa confiance en Dieu. Son dernier jour lui avait été prédit dans les visions et les entretiens qu'il avait eus avec sa mère. Comme il souffrait d'une forte fièvre et de la dysenterie, ses frères lui avaient préparé la chambre du prévôt; mais, humble jusqu'au bout, et sentant sa fin prochaine, il préféra être transporté à l'infirmerie commune. Après quinze jours de maladie, en présence de tous ses frères qui priaient et auxquels il se recommanda dévotement, Jean de Ruysbroeck rendit l'âme, sans agonie, pleinement conscient jusqu'au bout, le visage enflammé de sainteté. C'était le jour de l'octave de sainte Catherine, le 2 décembre 1381, dans sa quatre-vingt-huitième année, après avoir été prêtre pendant soixante-quatre ans. Pendant la nuit qui suivit sa mort, comme le doyen de Diest, un de ses amis, qui était très expert en sciences médicales et l'avait assisté dans sa maladie, veillait sa dépouille mortelle, il le vit, entouré d'une splendeur divine, revêtu de ses habits sacerdotaux, se rendre à l'autel pour y célébrer les saints mystères. Gérard de Groote fut averti par une révélation divine de la mort de son ami vénéré : les cloches de Deventer sonnèrent toutes seules, comme si une force divine leur avait donné le branle. On se disputa les restes de Ruysbroeck comme les reliques d'un saint. Les frères de Vauvert inhumèrent leur prieur avec la plus grande simplicité, dans leur ancienne église, qu'il avait aidé à édifier. Lorsqu'en 1386 le prévôt Francon mourut à son tour, Jean Tserclaes, alors évêque de Cambrai, qui vint assister aux obsèques du prévôt, fit ouvrir le tombeau du prieur. On trouva le corps et les habits parfaitement intacts, à l'exception du bout du nez; il fut exposé pendant trois jours, de sorte que beaucoup de témoins purent constater non seulement cette conservation miraculeuse, mais aussi qu'une odeur agréable émanait du cadavre. C'était la bonne odeur de sainteté qui fleura chez bien des saints. L'évêque de Cambrai fit transporter les restes du prieur avec ceux du prévôt dans la nouvelle chapelle, consacrée le dernier jour d'octobre de l'année précédente. Les deux amis, qui s'étaient excités mutuellement à la dévotion pendant la vie, restèrent unis après la mort; ils furent inhumés dans le même sépulcre, sur lequel on grava cette inscription : *Hic jacet translatus Devotus Pater D. Joannes de Ruysbroeck 1 Prior Hujus monasterii Qui obiit anno Domini M.CCCLXXXI.II Die Decembris.*

Voilà la vie de Ruysbroeck l'Admirable, telle que nous l'a décrite, encore avant 1420, son fils spirituel Henri van den Bogarde (*Henricus a Pomerio* ou *Pomerius*), qui dit avoir utilisé des renseignements fournis par Jean Hoeylaert et Jean de Scoonhoven, contemporains du prieur, « qui attestent publiquement « avoir vu ces faits ou en avoir entendu « des relations authentiques ». Pomerius fait peut-être allusion à des relations orales, puisqu'il a connu au moins personnellement Jean de Scoonhoven; mais nous avons la quasi-certitude qu'il fait aussi allusion à une vie de Ruysbroeck écrite par Jean de Scoonhoven, qui aurait passé tout entière dans celle de Pomerius. Les données fournies par celui-ci ne sont pas contredites par les détails que nous fournissent quelques autres sources plus anciennes ou contemporaines, telles que les éloges de Ruysbroeck par Jean van Leeuwen, les lettres de Gérard de Groote, le prologue du prieur de la chartreuse de Hérinnes, Gérard Naghel de Delft, enfin l'écrit d'un autre fils spirituel de Ruysbroeck; ni par la vie de Gérard le Grand par Thomas a Kempis; ni par la vie que Surius a placée en tête de son édition, et qu'il attribue à un « chanoine important ». Cette vie de Surius et celle de Pomerius, qui présentent entre elles une très grande analogie, quelquefois même littérale, remontent certainement à une source commune. Surtout la biographie de Pomerius est remarquable à un double point de vue : d'une part, elle montre la mystique de Ruysbroeck sous son côté pratique, sa mystique en action; d'autre part, elle fait voir la tendance mystique du biographe lui-même. La chronologie en est fort problématique; il ne faut pas y chercher de la critique, vu l'époque où elle fut écrite, vu surtout le but du narrateur, qui est de donner aux religieux un modèle vivant sur lequel ils puissent régler leur propre conduite; mais la narration est marquée du sceau de la véracité subjective de l'auteur : il était persuadé qu'il écrivait la vérité. Cependant il est manifeste que Pomerius, probablement de bonne foi, a exagéré certains faits et certains côtés de la vie de son prieur vénéré, tandis qu'il en a atténué et même omis d'autres, sur lesquels nous aimerions à avoir de plus amples renseignements. Ainsi, lorsqu'il relate les réponses données par Ruysbroeck à ceux qui venaient le consulter, il ne donne évidemment qu'une relation en raccourci. Celle, par exemple, à la femme qui se plaignait de ses aridités spirituelles, n'est sans doute qu'un résumé très succinct de la doctrine de Ruysbroeck concernant la résignation de la volonté personnelle, qu'il considérait comme étant la plus haute vertu (voir *Vanden seven Sloten*, ch. IV). Un passage du traité *des douze Vertus* rappelle la réponse qu'il fit aux clercs de Paris : *le vice ou la vertu dépendent de la volonté* (ed. David, III, chap. 8). De même, la vie scientifique de Ruysbroeck est laissée absolument dans l'ombre, et encore de nos jours on répète qu'il fut aussi naïf et ignorant que saint; il n'aurait pas même connu le latin; sa doctrine serait indépendante de toute autre, et ainsi de suite; alors que ses œuvres trahissent à chaque page une connaissance du cœur humain peu commune, une érudition profonde et étendue, impossible et incompréhensible sans la connaissance du latin; et qu'on ne peut nier, comme nous le verrons, l'influence manifeste de Eckart sur Ruysbroeck. La faute en est à Pomerius, qui avait, selon toute apparence, pour but déterminé d'exciter et de confirmer la conviction que son prieur était inspiré du Saint-Esprit. Ce but pouvait être atteint le plus facilement, en éliminant l'importance scientifique de Ruysbroeck. Un homme d'une culture scientifique médiocre, qui pouvait écrire les œuvres d'un Ruysbroeck, devait bien être inspiré du Saint-Esprit. La prétendue ignorance de l'auteur présentait encore l'avantage de le mettre à l'abri de toute accusation d'hérésie. Gerson en fit déjà la remarque.

D'un point de vue strict, l'œuvre de Ruysbroeck n'est pas très considérable; mais parmi les mystiques, il est probablement celui qui a écrit le plus. C'est d'autant plus frappant, si l'on songe à la façon dont il semble avoir composé ses écrits à Vauvert. Pomerius rapporte, comme nous avons vu, que Ruysbroeck n'écrivait que lorsqu'il se sentait illuminé de la grâce divine. Alors il s'enfonçait dans la forêt de Soignes, et là, sous la dictée du Saint-Esprit, il notait sur une tablette de cire ce qu'il entendait, et rapportait cette tablette au monastère, où son contenu était copié sur parchemin. Par intervalles seulement Ruysbroeck écrivait ainsi, et même il arrivait qu'il se passât des semaines entières sans qu'il produisît rien; mais chaque fois qu'il reprenait l'ouvrage interrompu, il y avait une telle connexion des phrases et des idées, que ce travail par à-coups paraissait médité et écrit d'un seul jet, dans le silence de la cellule. Plus tard, lorsqu'il fut accablé par l'âge, Ruysbroeck se faisait accompagner dans ses promenades d'un frère qui devait écrire sous sa dictée. C'est cette particularité que représente, visiblement, la belle miniature qui orne, en guise de frontispice, le manuscrit A. Sous le feuillage épais d'un arbre, du côté gauche du spectateur, est assis un moine, vieillard aux cheveux blancs : Jean de Ruysbroeck. De la main gauche il tient une tablette de cire, qui repose sur ses genoux; de la main droite, le stilus. Il tient les regards fixés sur le ciel, où le Saint-Esprit, sous la forme d'une colombe, plane sur lui. Ruysbroeck écoute et écrit sur la cire les paroles divines. Vis-à-vis de lui est assis, devant un pupitre, un autre moine, jeune, aux cheveux noirs, les joues colorées. Sur le pupitre devant lui il a, à sa gauche, une tablette de cire, à sa droite, une feuille de parchemin; le moine suit du doigt le texte de la tablette, pendant qu'il écrit sur le parchemin : il est occupé à copier ce que le vieillard a tracé sur la cire.

Que Ruysbroeck ait eu des copistes à son service, c'est ce que nous confirme le chartreux de Hérinnes, Gérard Naghel, qui rapporte qu'il avait emprunté un des ouvrages de Ruysbroeck, pour le copier, d'un prêtre qui avait été le secrétaire de ce dernier (*een priester die her Jans notarius gheweest hadde*).

Un jour que Ruysbroeck, selon son habitude, sous l'afflux de l'inspiration, s'était rendu dans la forêt, il oublia l'heure du retour, de sorte qu'au couvent on s'inquiétait de lui. Comme on le cherchait en vain au monastère, on se mit à explorer la forêt. Un des frères, qui aimait particulièrement le dévôt prieur, le découvrit enfin, assis, dans une sublime extase, sous un arbre dont la couronne était entièrement enflammée. Le souvenir exact de cet endroit, à portée de trait du couvent, se conserva longtemps : encore vers 1500, les religieux de Groenendaal le connaissaient très bien; c'est alors que le prieur Jacques de Dynter y fit planter un tilleul, en commémoration du phénomène surnaturel : c'est « le tilleul de Ruysbroeck » qui, semblable au figuier évangélique, dépérit, au point de n'avoir plus que l'écorce, pendant ces années où les religieux quittèrent leur couvent (depuis 1577) à cause des guerres de religion, et qui se remit à fleurir lorsque les chanoines revinrent à Groenendaal, en 1606, et où l'on vint invoquer le saint prieur.

Nous ne sommes qu'imparfaitement renseignés sur la chronologie des ouvrages de Ruysbroeck. Pomerius les énumère dans l'ordre suivant : 1. *Vanden rike der Ghelieven;* 2. *Vander Cierheit der gheesteliker Brulocht;* 3. *Vanden blinckenden Steene;* 4. *Vanden vier Becorinyhen;* 5. *Vanden kerstenen Ghelove;* 6. *Vanden gheesteliken Tabernacule;* 7. *Vanden seven Sloten;* 8. *Vanden spieghel der ewigher Salicheit;* 9. *Van seven trappen in den graet der gheesteliker Minnen;* 10. *Dat boec der hoechster Waerheit;* 11. *Vanden xij. Beghinen.*

Cet ordre semble bien être l'ordre chronologique, car Pomerius met en tête de sa liste : *de numero et ordine suorum voluminum,* et il concorde assez bien avec les maigres renseignements qui nous sont parvenus d'ailleurs. Ainsi Gérard Naghel affirme, incidemment, que *Dat rike der Ghelieven* fut le premier livre que Ruysbroeck ait écrit. Le codex cg 818 de la bibliothèque royale de Munich contient la traduction allemande de plusieurs chapitres des *Noces spirituelles,* avec une introduction où il est dit que Ruysbroeck envoya son traité aux amis de Dieu de l'Oberland l'an jubilaire 1350. Le huitième écrit fut composé et envoyé par Ruysbroeck en 1359 à une clarisse de Bruxelles, d'après l'inscription en tête de ce texte dans le ms. D : *Dit boec heeft ghemaect heer Jan ruusbroec int jair ons (heeren) M.ccc. ende lix ende heeftet ghesonnen eenre nonnen van clara.* Le manuscrit A nous apprend qu'il écrivit le huitième et le neuvième traité après son entrée en religion, donc après le 10 mars 1349; que la plus grande partie du sixième fut écrite pendant qu'il était prêtre séculier; le reste, pendant qu'il était religieux. Le second, le sixième et le neuvième étaient composés avant 1372, puisqu'ils furent traduits par Guillaume Jordaens, qui mourut cette année-là. Le troisième doit avoir été écrit après le second, car il contient, à la fin, une explication détaillée du troisième livre de la *Brulocht.* Le dixième doit avoir été écrit l'un des derniers, puisque c'est une rétractation qui a rapport à tous les ouvrages antérieurs, et que Ruysbroeck y fait clairement allusion à son âge et à sa fin prochaine. Enfin, le traité *Des douze béguines* a été écrit en tout dernier lieu : c'est le chartreux Gérard Naghel qui le certifie.

Mais Ruysbroeck a écrit encore autre chose que les onze ouvrages mentionnés par Pomerius. D'abord, il y a le traité *des douze vertus.* Faut-il douter de la paternité de Ruysbroeck, parce que Pomerius n'en souffle mot? Déjà au XVIe siècle des doutes semblent s'être fait jour, car Surius dit expressément : *in libro quem de præcipuis cujusdam scripsit virtutibus, cujus author haud dubio est, ut certis potest probari argumentis, totus est aureus.* Ce témoignage de Surius, qui à lui seul déjà a sa valeur, est confirmé par un fils spirituel anonyme de Ruysbroeck, qui a « corrigé » une copie de l'œuvre entière du prieur et chacun des *douze* écrits, séparément, qui la composent, et qui, indiquant l'ordre dans lequel ces douze écrits seront lus avec le plus de profit, nomme le livre des douze vertus en tout premier lieu. Aussi, y a-t-il un grand nombre de manuscrits où Ruysbroeck est cité comme l'auteur. De plus, nous savons que Gérard de Groote en a fait une traduction ou un commentaire. Enfin, on ne peut nier que l'ouvrage soit écrit tout à fait dans l'esprit de Ruysbroeck, et que même son ordonnance trahisse sa manière. Les cinq premiers chapitres ne sont qu'une paraphrase du premier livre des *Noces spirituelles;* la définition des vertus est textuellement la même dans les deux ouvrages. Que ce traité ne se soit pas trouvé dans le manuscrit de Groenendaal dont Valère André donne le contenu, le fait ne prouve rien, puisqu'il y avait au couvent un autre manuscrit le contenant. Que l'ouvrage renferme un plus grand nombre de citations des pères que les autres écrits de Ruysbroeck n'est pas tout à fait exact et s'explique très bien. Les citations, au nombre de dix en tout, sont tirées de Grégoire le Grand (4), de saint Bernard (2), de saint Augustin (2), de Gilbert (1) et de saint Ambroise (1), et se rencontrent exclusivement dans la partie éthique de l'ouvrage; dans la partie mystique, Ruysbroeck ne cite, comme d'ordinaire, personne. Enfin, on a fait la remarque qu'une grande partie du traité (c. 9-21) se retrouve dans la *Medulla Animæ* attribuée à Tauler, et que dans aucun des écrits de Ruysbroeck ne se rencontrent autant de passages qu'on retrouve littéralement dans Suso, Tauler et Eckart. Nous savons maintenant que la *Medulla Animæ* n'est pas l'œuvre de Tauler, mais d'un compilateur, qui pouvait facilement emprunter le texte de Ruysbroeck aussi bien que les autres. L'autre remarque ne semble vraie que pour Eckart le Jeune, mais on ne voit pas ce qu'elle prouve contre la paternité de Ruysbroeck. C'est précisément ce fait qui explique, croyons-nous, l'absence de toute mention concernant le traité *Des douze vertus* chez Pomerius, et l'absence du traité dans un des manuscrits à Groenendaal. Il est peu probable que l'on ait pu distinguer à Groenendaal entre maître Eckart et Eckart le Jeune; mais, même si on l'avait fait, cela ne changerait pas la question, Eckart le Jeune suivant tout à fait la même direction que le maître. Il n'était pas inconnu à l'entourage de Ruysbroeck que ses emprunts à l'un des Eckart constituaient un grand danger pour sa réputation comme docteur orthodoxe. Ruysbroeck lui-même et le bon cuisinier ont combattu vigoureusement certaines doctrines de maître Eckart; il est à supposer que Jean de Scoonhoven et Pomerius, après les accusations de panthéisme que Gerson avait lancées contre leur prieur, aient cru prudent de faire le silence autour d'un ouvrage qui reproduit littéralement des chapitres entiers d'un traité attribué, à tort ou à raison, au soi-disant panthéiste allemand.

Ensuite, Ruysbroeck a écrit un certain nombre de lettres, dont quatre jusqu'à présent nous sont connues dans le texte original et une traduction latine; trois autres en traduction seulement.

Enfin, on trouve dans les manuscrits et dans la traduction de Surius quelques courts écrits, qui sont attribués à Ruysbroeck sans qu'il soit possible pour le moment de vérifier cette origine. Tels sont : 1. *Summa totius vitae spiritualis*. 2. *Cantiones duae admodum spirituales*. 3. *Oratio perbrevis sed pia valde*.

Dans le ms. Pp se trouve un commentaire du *Pater*, qui est attribué dans le titre à Ruysbroeck. Enfin il y a un petit traité qui se rencontre dans différents manuscrits sous ce titre : *eyn epistel van eynem religiosen ghescreven to eyner conversynnen van vulherdicheyt des guden levendes unde van dagheliker ovenynghe*. Dans un de ces manuscrits (Lübeck, *Stadtbibl.* nº 110), se lit à la fin : *Hir gheyt ut rusbruch epistole*.

Passons maintenant en revue les œuvres authentiques de Jean de Ruysbroeck.

1. *Vanden Rike der Ghelieven* (Du Royaume des Amants). Ce traité est l'interprétation détaillée et l'application mystique du texte de la Sagesse : *Justum deduxit (Dominus) per vias rectas, et ostendit illi regnum Dei*. Ruysbroeck prend dans ce texte la division de tout son ouvrage en cinq parties. La première traite de Dieu (*Dominus*), de sa puissance et de sa souveraineté; dans la seconde, il explique comment le Christ ramène (*deduxit*) l'homme à la liberté des enfants de Dieu, notamment par la rédemption et par l'institution des sept sacrements. Dans la troisième il traite de l'homme juste (*justum*), des huit « points » qui font l'homme juste tant dans la vie active que dans la vie contemplative; la quatrième indique les *véritables voies* (*per vias rectas*) qui peuvent le conduire au royaume des cieux : la voie *extérieure*, l'univers composé des trois cieux et des quatre éléments, dont l'homme doit se servir pour louer Dieu; la voie de la *lumière naturelle*, l'acquisition des sept vertus; enfin la voie *surnaturelle et divine*, l'infusion des vertus surnaturelles et des dons du Saint-Esprit : la crainte du Seigneur et les vertus qui en émanent; la piété comparée à la source du paradis se divi-

sant en cinq fleuves : la science, la force, le conseil, l'intelligence, la sagesse.

Enfin, dans la cinquième partie, Ruysbroeck parle du royaume de Dieu (*et ostendit illi regnum Dei*), dont il distingue cinq aspects : le royaume sensible, extérieur de Dieu, avec la description du jugement dernier et les qualités des corps ressuscités, le royaume de la nature, le royaume des saintes Ecritures, le royaume de la grâce, au-dessus de la nature et des Ecritures, et de la gloire, avec les fruits de la vie active et de la vie contemplative, enfin le royaume divin lui-même, *dat is God selve boven gracien ende boven glorien*, avec les fruits qu'il produit pour la contemplation suressentielle.

Cet écrit est plein de réflexions et de considérations de l'ordre le plus élevé; rien d'étonnant que les moines de la chartreuse de Hérinnes ne l'aient pas entièrement compris. Nous avons vu la réponse que Jean de Ruysbroeck donna à Gérard Naghel, lorsque celui-ci demanda des éclaircissements au sujet de certains passages du *Rike der Ghelieven*. Or, dans son opuscule *Vander hoechster Waerheit*, Ruysbroeck s'est étendu sur *le don du conseil*. C'est donc manifestement sur le chapitre concernant ce don (chap. xxv, ed. David) qu'ont porté les observations du chartreux.

2. *Vander cierheit der gheesteliker Brulocht* (De la magnificence des noces spirituelles). Dans cet ouvrage, Ruysbroeck prend comme point de départ le texte de Matth. 25,6 : *Siet die brudegom comt, gaet ute hem te gemoete;* il est divisé en trois livres, consacrés respectivement à la vie active, à la vie intérieure et à la vie contemplative. Chaque livre est divisé à son tour en quatre parties, correspondant aux quatre parties du texte. Dans chaque étape de la perfection, Ruysbroeck explique : 1. le rôle de la *vision* (*siet*) : l'homme doit fixer ses yeux sur Dieu; 2. les différentes venues de Dieu (*die brudegom comt*) : la façon dont Dieu s'avance vers le contemplateur; 3. la sortie spirituelle de l'âme sur le chemin des vertus (*gaet ute*); 4. enfin, la rencontre désirée de l'âme avec son époux céleste (*hem te gemoete*).

De tout temps, la *Cierheit der gheesteliker Brulocht* a été réputée le chef-d'œuvre du prieur et lui-même l'a manifestement considérée comme son principal ouvrage, puisque c'est celui-là qu'il envoya à ses amis dans l'Oberland, et qu'il désirait voir multiplié jusqu'aux pieds de la montagne. Nul autre de ses écrits ne présente une si grande unité, n'est d'une architecture si symétrique, si méthodique. « Après « avoir énoncé le plan de ce qu'il va « traiter, il le développe, généralement « avec la plus grande fidélité, parfois « en négligeant ou passant légèrement « sur un point qui ne semble pas venir « à sa place; avant de passer au point « suivant, surtout quand il s'agit des « grandes divisions, il fait une récapi- « tulation et montre ainsi le chemin « parcouru et le lien qui existe entre « les différentes parties ». L'exposé et le commentaire de la filiation des vertus est d'une clarté lumineuse.

Dans les quatre derniers chapitres du second livre, Ruysbroeck réfute certaines erreurs qui avaient cours de son temps, et que l'on croit être celles de la fameuse Bloemardinne. Il est probable qu'il faut aussi penser à Eckart. C'est celui de ses ouvrages qui contient le plus de renseignements sur les idées psychologiques, théologiques et mystiques de son auteur.

3. *Vanden blinckenden steen* (De la pierre étincelante). Gérard Naghel nous a raconté la genèse de cet opuscule. Un jour, dit-il, Ruysbroeck s'était entretenu de choses spirituelles avec un ermite; lorsqu'ils se quittèrent, l'ermite pria le prieur de mettre par écrit et d'expliquer l'objet de leur entretien, pour sa propre édification et pour celle des autres. C'est à la suite de cette prière, ajoute le frère Gérard, que Ruysbroeck composa ce livre qui contient assez d'enseignements pour conduire l'homme à la perfection.

Ce traité semble être un supplément et même un correctif aux *Noces spirituelles*. Après avoir exposé rapidement les conditions requises pour que l'homme juste acquière la vie interne et s'élève à la vie contemplative, Ruysbroeck démontre, dans un symbolisme artistique, que la pierre précieuse dont parle l'Apocalypse (*calculus candidus*, II, 7 et 17) n'est autre que le Christ lui-même qui se donne tout entier au contemplatif. Dieu appelle tous les hommes à s'unir intimement à lui. Les pécheurs ne répondent pas à cet appel ; les justes y répondent et reçoivent en échange la grâce et tous les bienfaits. Mais cette grâce et ces bienfaits ne vont pas à tous dans la même mesure : les uns les reçoivent comme les mercenaires (*ghehuerde cnechten*) leur solde : ils ne pratiquent les commandements de Dieu que pour échapper aux châtiments qu'ils encourraient autrement ; d'autres sont sincères, savent vaincre la nature et les aspirations humaines, ont foi en Dieu et n'ont que Dieu pour mobile de leurs actions et pour objet de leurs aspirations. Ce sont là les serviteurs fidèles (*ghetrouwe cnechten*). Pourtant ils ne s'occupent que de la vie active ; il faut encore plus que cela : ce sont les amis intimes de Dieu (*heymelike vriende*) qui s'adonnent à la vie interne, et les fils cachés seuls (*verborghene sonen*) atteignent à la vie contemplative et entrent en union avec le Christ.

L'exposé des trois états est ici d'une grande clarté, et surtout le troisième, l'union intime avec Dieu, est expliqué beaucoup plus parfaitement que dans les *Noces spirituelles*, et avec plus de prudence. L'auteur écrit : *Nochtan heb ic te hants* (tantôt) *gheseghet dat wi een met Gode sijn, ende dat tuycht ons die heilighe scrifture. Mer nu willic segghen, dat wi een ander van Gode ewelic bliven moeten, ende dit tuycht ons oec die Scrifture ; ende dit moeten wi beide in ons verstaen ende ghevoelen, sal ons recht sijn* (ed. David, t. 6, p. 225). Le reste de l'ouvrage est consacré à la démonstration de ces paroles significatives.

4. *Dat boec vanden vier Becoringen* (Des quatre tentations). C'est un ouvrage d'un tout autre genre que les précédents ; c'est un livre de polémique, où le prieur s'attaque à des erreurs qui, de son temps, semblent avoir été très répandues. La première, fort fréquente même dans les monastères et parmi les membres du clergé, dit Ruysbroeck, c'est l'indolence, la recherche de ses aises, sources de volupté et de luxure ; la seconde, c'est l'hypocrisie : sous les dehors de la plus austère pénitence, prétendant aux visions et aux extases, se cachent la corruption de la vie intérieure et la dépravation des mœurs ; la troisième, c'est le désir de comprendre tout, d'atteindre à la contemplation de Dieu par les seules forces de l'intelligence, sans le concours de la grâce divine ; enfin, la quatrième et la plus à craindre, c'est la *liberté de l'esprit*, propre à ceux qui, répudiant tout travail intérieur, prétendent atteindre à la contemplation par des mortifications ridicules, par une position du corps exagérée, par un quiétisme béat. Ruysbroeck expose ensuite les voies et moyens pour obvier à ces tentations : une vie sainte, la pratique de toutes les vertus, l'obéissance aux supérieurs et à l'Eglise, l'imitation de Jésus-Christ.

Par la troisième erreur, Ruysbroeck vise probablement la doctrine de Eckart ; par la quatrième, la secte des frères et sœurs du libre esprit.

5. *Vanden kersten ghelove* (De la foi chrétienne). Cet opuscule, d'un caractère plutôt dogmatique, est un commentaire du symbole de saint Athanase. Partant de la thèse que la vraie foi chrétienne est le seul moyen pour l'âme humaine de s'unir à Dieu, Ruysbroeck tâche de faire comprendre la foi par l'intelligence et de la rendre fructueuse pour la vie. Ses explications sont brèves ; ses spéculations élevées. Pour stimuler les chrétiens à une vie dévote, le prieur s'étend longuement sur le jugement dernier, sur les récompenses de la vie future et les peines de l'enfer appliquées à chaque groupe de pécheurs en particulier. Son tableau saisissant des béatitudes célestes et des souffrances infernales est resté célèbre. C'est un point digne de remarque que Ruysbroeck ne dit pas un seul mot des preuves exté-

rieures, entre autres de la preuve des miracles, alléguées en faveur de la divinité du catholicisme et de la vérité de sa doctrine.

6. *Vanden gheesteliken Tabernacule des orconscaps* (Du tabernacle spirituel du testament). C'est le plus étendu des ouvrages de Ruysbroeck. Il consiste en une interprétation mystique, une allégorie soutenue, où le tabernacle de l'Ancien Testament est considéré comme le type de la vie mystique, de la « course de l'amour » (*den loep der minnen*). Cette course est présentée comme consistant en sept points, d'après lesquels l'ouvrage entier est divisé en sept parties, qui peuvent pourtant, comme toujours, se ramener à trois. Les quatre premières, notamment, forment ensemble la vie active : le parvis spirituel, c'est la vie morale extérieure; l'autel du sacrifice, c'est la vie interne. Les tentures, les colonnes et leurs bases, les anneaux, les noms des constructeurs, tout est expliqué mystiquement. Le cinquième point, l'intérieur du tabernacle, c'est la vie intérieure avec tout ce qui s'y rapporte. Le chandelier d'or aux sept branches, la mer d'airain, les ornements sacerdotaux, l'*éphod* et ses douze pierres, les saintes huiles, l'encens, leur consécration, la table des pains de proposition, les différents sacrifices avec la différence entre les animaux purs et impurs : tout cela est expliqué et interprété avec un grand luxe de détails et souvent d'une façon très spirituelle et appliqué à la vie intérieure. Le sixième point, c'est la vie contemplative, dont le type mystique est le *saint des saints*, l'arche et tout ce qui y a rapport. Le septième point, le fruit de tout ce qui précède, c'est la possession entière de la vérité une et indivisible et de l'amour divin.

Le tabernacle, avec ses nombreuses parties et les cérémonies qui s'y célébraient, se prêtait admirablement à l'interprétation allégorique. Aussi cet ouvrage de Ruysbroeck, pour lequel il s'est certainement inspiré de l'exemple de Hugues de Saint-Victor (*De arca mystica*), est souvent d'une lecture attrayante, et il renferme des pages qui comptent parmi les plus belles que le prieur de Groenendaal ait écrites. Mais la multiplicité des détails fait perdre le fil au lecteur.

Gérard Naghel, en exécutant une copie du *Tabernacle*, doit l'avoir pourvue de gloses, empruntées à d'autres docteurs, concernant la forme extérieure du tabernacle, non pour corriger l'auteur, mais pour que des lecteurs intelligents et avisés pussent encore apprendre quelque chose. Et, en effet, une série de manuscrits contenant des gloses tirées de Flavius Josephus et de Petrus Comestor ont été conservés : ils dérivent certainement du travail du chartreux de Hérinnes.

7. *Vanden seven sloten* (Des sept clôtures). Ce traité, rédigé par Ruysbroeck à l'intention de Marguerite van Meerbeke, « cantersse » des Clarisses de Bruxelles, constitue une véritable règle de conduite pour les religieuses. Le prieur trace l'ordre du jour de sa fille spirituelle en insistant surtout sur la nécessité de la vie intérieure; il décrit les vertus qu'elle doit pratiquer et s'élève contre les abus qui ont pénétré dans les couvents; il la met surtout en garde contre les dangers que présente le commerce avec les séculiers. En tout et toujours, elle doit suivre l'exemple de la fondatrice de son ordre, sainte Claire, qui a su mériter la couronne éternelle en se renfermant dans sept retraites spirituelles. Ces retraites sont expliquées et interprétées comme les éléments de la vie mystique. Les splendeurs de la vie contemplative, le repos absolu de l'âme en Dieu, qui est la dernière retraite spirituelle, sont longuement expliqués. Après quoi l'auteur retourne à ses avis d'ordre matériel. Parlant des vêtements religieux, il fustige la mollesse et le luxe de certains religieux. Pour clore la journée on lira chaque soir, en guise de recueillement, dans trois livres : celui de la conscience, qui nous montre nos défaillances et que nous devons purifier; le livre de la vie et de la passion de Jésus-Christ, que nous devons aimer et imiter; le livre de la vie éter-

nelle, à laquelle nous devons tendre de toutes nos forces.

8. *Spieghel der ewigher salicheit* ou *dat boec vanden sacramente* (Miroir du salut éternel ou traité du sacrement de l'Eucharistie). Ce traité, comme le précédent, a été adressé à une religieuse, probablement cette même Marguerite van Meerbeke. Les trois degrés de la vie mystique, ses rapports avec la vie monacale et avec l'Eucharistie surtout y sont exposés plus didactiquement que dans le traité des sept clôtures, mais avec moins d'ordre et d'unité que dans les *Noces spirituelles*. Ruysbroeck distingue ici trois espèces d'hommes dans la famille de Dieu : ceux qui sont dans la voie purgative (*beghinnende menschen*); s'ils progressent dans la voie de la perfection (*voirtgaende leven*), ils participeront au banquet dont parle le *Psalmiste* (XXII, 5). Ce banquet, c'est le Saint Sacrement. Ruysbroeck énumère les vertus qui sont nécessaires pour la réception de ce sacrement, raconte son institution à la dernière cène, explique la matière et la forme employée par le Christ, montre les diverses manifestations de l'amour immense de Dieu pour les hommes. Il réfute, à l'occasion, les objections qu'on faisait sur le mode extraordinaire de la présence de Dieu dans ce sacrement : Ruysbroeck enseigne la transsubstantiation explicitement. Il partage en sept classes ceux qui s'approchent du tabernacle, et fait preuve, à cette occasion, d'une connaissance peu commune du cœur humain. Il finit par un exposé de la nature de la vie contemplative, des exercices qu'elle comporte, de son essence (*wesen*) et de sa superessence (*overwesen*).

9. *Van seven trappen inden graet der gheesteliker minnen* (Des sept degrés de l'amour spirituel). Ruysbroeck décrit dans ce petit livre la marche qui conduit à l'amour divin. Il compare la vie à un escalier composé de sept marches équivalentes à sept étapes par lesquelles l'homme peut s'élever à la perfection. Ces degrés sont : la conformité de la volonté de l'homme à celle de Dieu; la pauvreté volontaire; la pureté de l'âme et la chasteté du corps, l'humilité; accompagnée de ses quatre filles : l'obéissance, la douceur, la patience et l'abandon de la volonté propre; le désir de la gloire divine, auquel l'homme arrive par trois sortes d'exercices spirituels qui sont détaillées dans une belle digression : aimer et adorer Dieu, prier Dieu et lui rendre des actions de grâce; la vie contemplative et parfaite (*een ghewarich scouwende leven*), par laquelle l'homme peut enfin atteindre le septième degré : l'état d'ignorance sublime (*grondeloes niet weten*). Ruysbroeck finit en décrivant les deux modes de jouissance qui sont accordés à l'homme arrivé à cet état.

10. *Vander hoechster waerheit* ou *Samuel* (De la vérité suprême). C'est l'opuscule que Ruysbroeck écrivit pour expliquer ce qu'il avait dit dans son premier ouvrage, spécialement au sujet du don de conseil ; il y fait l'apologie de sa doctrine. Il proteste que jamais il n'a admis qu'une créature puisse s'élever jusqu'à l'identité avec Dieu, et explique de nouveau comment il se représente l'union de l'homme avec Dieu. L'union commune à tous les justes (*eninghe overmits middel*) se fait par la grâce d'une part, par l'exercice des vertus, la soumission à l'Eglise et la mort à tous les vices d'autre part. De là procède une union plus intime (*eninghe sonder middel*), semblable à celle du fer et du feu, qui, tout en restant séparés, ne semblent pourtant qu'une seule matière. Ceux qui y parviennent aiment Dieu et se trouvent en sa divine présence, sans pourtant avoir une connaissance complète de son essence. Enfin, on peut parvenir à une union encore plus intime (*hoechster enicheit sonder differencie, dat is, sonder onderscheit*). Cette union rend l'homme un avec le Père, non d'une unité substantielle, mais d'une unité d'amour et de félicité.

Il semble bien que ces explications n'ont pas satisfait ceux qui les avaient sollicitées. Gérard Naghel du moins déclare que l'expression *sonder differencie* le choquait : *want sonder differencie ludet alsoe vele als sonder enighe onghelijcheit, sonder enighe anderheit, al dat selve sonder ondersceil* (sans différence signifie autant que : sans aucune inégalité, sans aucune altérité, tout à fait la même chose) *nochtan en mach dat niet sijn dat die siele alsoe gheneghet* (c'est-à-dire *ghe-eneghet* = réuni) *werde met Gode, dat si te gader een wesen, ghelijc dat hi oec selve daer seit.* Le frère Gérard pense que Ruysbroeck n'a pu trouver le mot exact pour exprimer sa pensée et qu'il s'est contenté de la locution *sonder differencie*, quoiqu'elle dépassât sa pensée.

11. *Vanden twaelf Beghinen* (Des douze Béguines). Cet ouvrage, qui est d'une grande importance pour la connaissance des idées théologiques et scientifiques de Ruysbroeck, est, après le *Tabernacle*, le plus volumineux de ses écrits. Il s'ouvre par un dialogue en vers entre douze béguines sur l'amour de Jésus-Christ. Après ce prologue, l'auteur aborde son véritable sujet : la contemplation. Il commence par exposer les conditions indispensables pour pouvoir s'y livrer. Dans celle-ci, Ruysbroeck distingue quatre actes différents : illumination soudaine (*jubilatio*) produite par un reflet de la lumière divine (*een blic gods ofte die geest des vaders*); *speculatio*, qui aboutit à la contemplation véritable; enfin, sublime exercice d'amour. Quatre modes d'amour correspondent à ces quatre actes. Ruysbroeck expose ensuite de quelle façon le Saint-Esprit intervient dans cette union et énumère six points qui constituent la connaissance la plus haute que l'homme puisse atteindre de Dieu.

Ici finit la première partie; l'auteur passe à un autre ordre d'idées. Il fait un partage entre les bons chrétiens et les hommes infidèles et pervers. La vie sainte, c'est l'union de la vie active avec la vie contemplative; or, il en est qui ne pratiquent ni l'une ni l'autre et se donnent pourtant pour les plus saints de tous. Parmi leurs erreurs, on peut distinguer quatre sortes d'hérésies : 1. contre le Saint-Esprit et sa grâce; 2. contre Dieu le Père et sa toute-puissance; 3. contre Dieu le Fils et son humanité sainte; enfin 4. contre Dieu et la chrétienté tout entière, c'est-à-dire contre les écritures saintes, l'Eglise et les sacrements. Le bon chrétien, au contraire, est celui qui aime Dieu de tout son cœur, de toute son âme, de toutes ses forces et de tout son esprit.

Ruysbroeck considère ensuite Dieu lui-même, tant en son unité qu'en sa trinité, et l'homme dans sa nature corporelle et dans sa nature spirituelle. Celle-ci seule peut le mener au sommet de la vie mystique (dont les trois voies sont exposées), à la vie contemplative, et peut lui faire comprendre les raisons pour lesquelles Dieu a créé l'univers. Ces trois voies de la vie mystique sont symbolisées par les trois cieux. Les étoiles et les planètes exercent leur influence sur les créatures terrestres, bien entendu sur notre corps, non sur notre esprit, car Dieu seul peut nous pousser au bien et nous faire éviter le mal. De là, Ruysbroeck explique les différents caractères des hommes par les planètes et leur conjonction avec les signes du zodiaque.

Un chapitre sur le Christ, qui est représenté (conformément à l'idée qu'on se faisait de la perfection morale idéale) comme le véritable religieux, sert de transition à une troisième partie où Ruysbroeck raconte, en la symbolisant, la passion du Seigneur, qu'il divise et subdivise d'après les heures canonicales.

Il est fort difficile, sinon impossible, de saisir la marche logique des idées dans ce curieux ouvrage. C'est celle des œuvres de Ruysbroeck où règne le moins d'unité. C'est probablement la conséquence du caractère polémique d'une grande partie de l'œuvre. Il s'agit de nouveau des hérésies des adhérents du libre esprit et surtout de maître Eckart. Les digressions y sont particulièrement nombreuses et longues, et ce ne sont pas les parties les moins belles du livre. Ainsi, après avoir parlé des deux premières planètes, se place une digression, hors de tout propos, sur le nom de Jésus et les fêtes qui se célèbrent en son honneur. Arrivé à Vénus, qui peut coïncider avec le signe de la Balance,

Ruysbroeck en commence une autre, longue de trente-cinq chapitres, sur la *balance de la charité divine*, où il traite de la nature corrompue de l'homme et des moyens d'obtenir la grâce. Cette grâce est le fruit de l'amour de Dieu pour nous; cet amour et ces bienfaits, tant spirituels que temporels, sont jetés sur l'un des plateaux d'une balance, dont nous devons faire descendre l'autre plateau par nos vertus. Ces vertus, par lesquelles le pécheur peut se convertir et arriver à la perfection, sont au nombre de quatre, expliquées mystiquement sur les quatre saisons de l'année. Ensuite, Ruysbroeck indique quels exercices pieux il faut surtout pratiquer et, comme toujours, l'humilité prime tout le reste. Après des considérations transcendantales sur la distinction entre l'esprit et l'âme raisonnable, la digression est close par un tableau plein de force, une comparaison saisissante entre l'Eglise et ses serviteurs du temps de l'auteur et celle du premier siècle : ni les conseils évangéliques, ni la pauvreté, ni la chasteté, ni l'obéissance, mais la paresse spirituelle, la cupidité et la luxure règnent dans les cloîtres et parmi le clergé.

Le traité *des douze béguines* a soulevé les critiques de Bossuet qui, reprochant aux mystiques de pousser à bout les allégories, cite Ruysbroeck comme s'étant jeté « dans de vaines spéculations « sur les planètes et leurs enfants, tirées « des astrologues ». La critique n'est pas tout à fait juste, car Ruysbroeck n'accorde aux astres aucune influence sur le libre arbitre de l'homme. Mais on ne peut nier qu'il abordait un domaine peu fréquenté par les théologiens. Déjà de son vivant on s'en était aperçu. Dans une de ses lettres à Ruysbroeck et aux chanoines de Vauvert, Gérard de Groote écrit qu'il a communiqué la première partie des *douze Béguines* à Marguerite de Meerbeke; mais il ajoute qu'il n'ose faire la même chose pour le reste. Il ne doute pas que le pieux prieur n'ait été inspiré par le Saint-Esprit; toutefois, il doit faire observer que ce qu'il dit des étoiles et des planètes n'est pas conforme à la doctrine des pères. Ceux-ci, en beaucoup d'endroits, accusent les astrologues d'ignorance, d'erreurs et de superstitions, parce qu'ils attribuent de telles choses aux planètes et rejettent le sort des hommes sur les astres. Groote conseille de ne pas publier l'ouvrage, à moins de l'alléger de tout ce qui semble moins utile.

12. *Vanden twaelf Dogheden* (Des douze vertus). Ruysbroeck traite des différentes vertus que le chrétien doit pratiquer. Malgré le titre du traité, leur nombre est plus grand que douze. La première et la principale, c'est l'humilité, qui est de deux espèces : l'une procède de la contemplation de la puissance de Dieu, l'autre de la contemplation de la bonté de Dieu. En joignant ces deux exercices, on arrive au degré d'humilité le plus parfait. La fille de l'humilité, c'est l'obéissance; de celle-ci découlent naturellement l'abnégation de la volonté propre et la pauvreté d'esprit, enfin la patience dans toutes les adversités.

Tout ce qui précède se rapportant à la vie active, Ruysbroeck passe à présent à la vie interne et à la vie contemplative. Il parle longuement de l'abstraction interne (*afgesceidenheit*), et développe cette belle vérité que, pour servir Dieu, point n'est besoin de fuir les choses extérieures, puisque c'est précisément le combat que l'on doit livrer contre les tentations qui nous mène à la véritable perfection, *car le vice ou la vertu dépendent de la volonté*. L'homme doit s'efforcer de conserver une volonté droite en s'abandonnant complètement à la volonté de Dieu, en abandonnant complètement ses inclinations propres. Grâce à cette volonté parfaitement conforme à celle de Dieu, on pourra éviter tous les péchés. Et quant aux péchés passés, on en aura une contrition parfaite. Celle-ci est de deux sortes : la contrition naturelle qui abat l'homme; la contrition surnaturelle qui élève l'homme à Dieu et le rend libre de tout désespoir. Ce n'est pas tout de faire de grandes mortifications. Celles-ci sont agréables à Dieu, sans doute; mais la pénitence qui lui agrée davantage, c'est celle qui éloigne l'homme à jamais de tout ce qui déplaît à Dieu. Ceux qui ne savent supporter de rudes mortifications ne doivent donc pas désespérer. Il vaut toujours mieux imiter la vie austère du Christ par des mortifications spirituelles que par des mortifications corporelles.

Les lettres. La correspondance de Ruysbroeck qui nous est conservée, est naturellement tout à fait au service du directeur d'âme : elle fait l'impression d'être le résumé et la continuation, par écrit, d'un enseignement oral. Ruysbroeck n'y parle jamais de choses purement mondaines; rarement il fait allusion à ses affaires personnelles. Ce n'est pas à dire qu'il n'ait rien écrit en ce genre : les lettres de Gérard de Groote au prieur de Groenendaal font supposer, au contraire, qu'ils traitaient ensemble d'affaires.

Ces sept épîtres ne sont donc pas des lettres dans le sens moderne du mot, ce sont des lettres spirituelles, des allocutions religieuses en forme épistolaire.

La destinataire de la première est Marguerite van Meerbeke, clarisse à Bruxelles, à laquelle Ruysbroeck a dédié, comme nous avons vu, plusieurs de ses ouvrages. « Lorsque », dit le prieur, « je « me trouvais à votre couvent l'été passé, « vous me sembliez triste; j'ai cru que Dieu « ou un ami singulier vous avait aban« donnée; c'est pourquoi je vous écrit ce « qui suit ». Il console sa fille spirituelle et la prémunit contre les dangers qu'on court même au cloître; il s'élève contre les abus qui règnent dans les monastères, abus provenant presque toujours de la *volonté propre*, alors que chaque religieuse devrait s'efforcer d'être *commune*, soumise envers ses supérieurs, affable envers tout le monde. Ruysbroeck finit par un exposé des châtiments terribles dont seront frappés les religieux qui n'observent pas leur règle et ne mènent pas une vie sainte.

La deuxième lettre est la plus importante; elle est adressée à Mathilde, veuve de Jean de Culembourg. Après un aperçu dogmatique sur le symbole des apôtres, les sept dons du Saint-Esprit, le décalogue, les vœux de religion, les préceptes de l'Eglise, l'incarnation et la mort du Christ, Ruysbroeck expose la doctrine catholique concernant les sept sacrements, spécialement le sacrement de l'Eucharistie. Il décrit les fruits que la communion produit en l'homme, et expose les trois modes de la vie contemplative et les éléments de la vie contemplative superessentielle.

La troisième lettre est écrite à trois reclus à Cologne. Ruysbroeck les exhorte à persévérer dans leur vie sainte; prenant pour point de départ la parabole de la semence, il expose la vie spirituelle en comparant le Christ à la perle précieuse, au trésor caché. Enfin, il exhorte ses amis à méditer constamment la passion du Seigneur.

La quatrième lettre a pour destinataire Catherine de Louvain, une jeune fille dévote; les trois dernières sont adressées à différentes dames du monde. Toutes donnent aux destinataires une direction spirituelle. Comme toujours, Ruysbroeck recommande par-dessus tout l'humilité et l'abnégation de la volonté propre.

Ruysbroeck n'a exposé complètement sa doctrine dans aucun de ses livres; on en trouve les éléments dans tous. Essayons donc de rassembler les traits caractéristiques de sa doctrine mystique.

A l'encontre des Victoriens, qui partent de l'homme pour arriver à Dieu, Ruysbroeck, comme généralement tous les mystiques allemands, prend Dieu comme point de départ, descend jusqu'à l'homme et retourne ensuite à Dieu, avec lequel l'esprit humain deviendra un. En son essence (*wesentheit*) Dieu est une unité simple, l'être surnaturel et pur par excellence, sans mode (*wise*) aucun, immuable et quiet en soi, et néanmoins la cause première et active, le principe de toutes choses. Ce principe, c'est la *nature* divine, qui ne diffère pas de son essence, et qui est féconde dans la trinité. Le Père est le principe essentiel, et cependant consubstantiel aux deux autres personnes. Le Fils, l'image incréée du Père, est la sagesse éternelle. Le Saint-Esprit, procédant des deux autres personnes et retournant en elles, est l'amour éternel qui unit le père et le fils. En tant que personnes, Dieu est une action éternelle ; en tant qu'essence, une quiétude éternelle. Toutes les créatures ont été comme pensées en lui avant d'avoir été créées dans le temps : « Dieu les a contemplées en lui, mais « différemment dans une autre détermination de son essence, mais non de « telle manière, qu'ils eûssent été en « dehors de lui (indépendamment de « lui); tout ce qui est en Dieu, est « Dieu (comme pensées en lui); cette « procession et cette vie éternelles, « que nous avons en Dieu, est la cause « de notre essence réalisée dans le temps; « notre essence créée demeure suspen- « due dans l'essence éternelle et est une « avec elle dans la réalité de l'être ». Dans l'homme, dont le corps n'est qu'un instrument ne pouvant rien par lui-même, appartenant au temps, et par conséquent mortel, il y a un principe spirituel, immortel, semblable à Dieu, et pourtant moindre que lui. Dans ce principe spirituel il faut distinguer l'âme et l'esprit, celle-là principe de la vie sensible, unifiant ses forces inférieures; celui-ci principe de la vie en Dieu, unifiant ses forces supérieures à Dieu. L'âme a quatre *puissances inférieures* : la puissance irascible (*tornighe cracht*), la puissance concupiscible (*begeerlike cracht*), qui sont purement animales lorsqu'elles ne sont pas contre-balancées par des vertus; la rationabilité (*redelicheit*), distinguant l'homme de la bête; et le libre arbitre (*vriheit des willen*). L'esprit a trois *puissances supérieures* (*overste crachten*) : la mémoire (*memorie* ou *gedachte*), l'entendement (*verstennisse*) et la volonté (*wille*). En outre, l'âme a trois propriétés : la réelle simplicité, dégagée de toute forme (*onghebeelde weselike bloetheit*), qui nous identifie avec le Père; la raison supérieure (*overste redene*), qui participe de la sagesse infinie, le Fils; et l'étincelle de l'âme (*vonke der sielen*), la syndérèse, la tendance naturelle qui nous porte vers le bien et nous unifie par le moyen de l'amour et du Saint-Esprit avec l'identité de la nature divine. Ces trois forces s'inscrivent dans une triple unité : l'unité des forces inférieures dans l'âme; l'unité des forces supérieures dans l'esprit; l'unité des mêmes forces et de la substance de l'âme en Dieu. Ces trois unités, naturelles à tous les hommes, sont inséparables entre elles; elles constituent la substance pure et simple, la raison essentielle de l'esprit. Seul l'homme juste les possède complètement, intimement et d'une façon surnaturelle. Anéanties ou affaiblies par le péché, elles ne peuvent être rétablies que par la grâce apparue dans le verbe incarné, le Christ. Dieu est venu à l'homme par la création, par l'incarnation de son fils divin et par l'institution des sacrements. Pour réaliser sa fin, l'homme doit donc s'élever au-dessus de sa nature; il doit retourner, de sa propre volonté, à son origine, c'est-à-dire à la divinité, par une vie bien ordonnée, l'imitation du Christ, la fuite des péchés, l'usage des sacrements, les dons du Saint-Esprit et la grâce. Dans ce retour, Ruysbroeck distingue trois degrés, trois états : la vie active, la vie intérieure et la vie contemplative. La vie active consiste à s'efforcer de triompher du péché par la vertu et la lutte, et de se rapprocher de Dieu par la pratique des œuvres extérieures. Pour cela, nous n'avons qu'à nous inspirer de l'exemple du Christ, qui a pratiqué, sa vie durant, les trois vertus fondamentales : l'humilité, la charité et la patience. L'humilité est la base de tout l'édifice spirituel; elle se manifeste par une obéissance illimitée et engendre par là l'abdication de la volonté propre et la patience, qui consiste en une résignation complète à la volonté de Dieu et du prochain. L'homme ainsi résigné est capable de pratiquer la charité; il est compatissant pour le Christ souffrant sur la croix comme pour les hommes, vertueux et pécheurs, riches et pauvres; il est « tempéré » et sobre, et d'une chasteté complète à tous les points de vue : chaste d'esprit et chaste de corps. Ainsi l'homme atteint la véritable justice. Mais il est constamment menacé par trois ennemis : le démon, le monde et la chair, contre lesquels il doit fournir une lutte de tous les instants pour conserver ses vertus, usant de sa volonté, de la science, de la discrétion et de la justice.

Cette vie active est couronnée par l'union avec Dieu, union consistant à se proposer Dieu comme exemple et comme fin en toutes choses, à n'aimer que lui, à se reposer en lui. Alors on devient un *fidèle serviteur de Dieu.*

Cependant, comme tel, on n'a encore qu'une connaissance imparfaite de Dieu. Ceux qui veulent la perfectionner peuvent devenir son *ami intime*, en parcourant le second stade de la perfection chrétienne, la vie intérieure.

Pour y entrer, trois conditions préliminaires sont indispensables : de la part de Dieu, une impulsion plus puissante de la grâce; de la part de l'homme, un recueillement absolu, rentrer en soimême, la fuite de la variété extérieure par l'affranchissement de toutes images, le renoncement volontaire aux désirs et à l'affection de tout ce qui est créé; la réunion de toutes les forces dans l'unité de l'esprit. Les exercices ascétiques peuvent encore être ici de quelque utilité; quiconque n'en est pas capable peut les délaisser, pour imiter le Christ dans l'amour; tous les actes de l'esprit doivent se réunir dans l'amour; partant, cet état est celui de la vie convoitante (*begheerlike leven*), de l'aspiration à Dieu au moyen de l'amour. Dieu excite dans l'âme convenablement préparée un feu divin, qui engendre l'unité de cœur (*enicheit des herten*), dont procède à son tour la ferveur intime (*innicheit*). L'âme atteint ainsi l'amour sensible pour Dieu (*ghevoellike liefde*) et la dévotion envers Dieu (*devocie te Gode*), et se sent pleine de reconnaissance, tout en ayant conscience de son impuissance à satisfaire toutes ses obligations et à faire tous les progrès désirables. Si l'on se montre constant, si l'on devient indifférent à tout ce qui n'est pas Dieu, celui-ci remplit le cœur d'une volupté chaste, supérieure à tous les plaisirs de la terre; on possède Dieu dans l'amour, on en jouit (« on en use »), on est bienheureux. Cette volupté devient même une ivresse spirituelle (*gheestelike dronkenheit*), qui se manifeste de différentes manières, parfois assez bizarres : tantôt par des bonds et d'autres mouvements désordonnés, tantôt par des chants ou des cris, tantôt par des larmes et des frémissements, tantôt aussi par un profond silence. A peine aux premiers degrés de la vie spirituelle, l'homme dans cet état n'est pas encore éprouvé par de rudes tentations. Celles-ci ne viennent que lorsqu'on fait de plus amples progrès. Dieu appelle l'affection de toutes les forces sensibles; il veut que l'homme se repose en lui-même, au-dessus de toute consolation spirituelle. L'homme, d'abord incapable de suivre la voix céleste, en ressent une violente blessure d'amour (*quetsure van minnen*), qui procure cependant, avec la plus grande tristesse, la plus grande joie. Le désir ardent de répondre aux appels répétés de Dieu, et l'impuissance du cœur à le faire, provoquent une langueur spirituelle (*gheestelike quale*), une fureur et une inquiétude fiévreuses et amoureuses (*orewoet van minnen dat es een inwendich ongheduer, dat noede der redene pleghen ofte volghen wilt, hen si vercreghen datmen mint; innich orewoet edt des menschen herte ende drinct syn bloet*, RUUSBR. 6,80), qui sont bientôt récompensées. L'amour envers Dieu devient si intense, que des visions et des extases sont le partage de ceux qui arrivent à cet état; ou bien, ils entendent des prophéties, ou se voient entourés d'une lumière subite et flamboyante qui les éblouit; d'autres enfin ont des songes qui leur annoncent l'avenir. C'est le moment fatal et dangereux, où une certaine défiance naît dans le cœur, où les tentations sont multiples. Celui qui sait les surmonter jouira de la seconde venue du Christ, qui lui apportera les dons du Saint-Esprit. La pure simplicité (*pure eenvoldicheit*) dépouille la *mémoire* de toutes les formes étrangères, et la rend stable; la clarté spirituelle (*gheestelike claerheit*) donne à l'*intelligence* le véritable discernement entre les vertus; une ferveur inspirée (*inghegheeste hitte*) enflamme la volonté et y excite un amour spirituel sans bornes envers Dieu et envers les hommes. Enfin, une troisième venue du divin fiancé consiste en un contact intime, un trouble intérieur qui meut délicieusement le fond même, la substance de l'âme. L'intelligence ne peut comprendre ni expliquer ce contact merveilleux; elle ne peut qu'en constater les effets sur la raison et la volonté. La faculté d'aimer (*minnende cracht*) augmente toujours, comme le toucher divin, qui en est la cause; il se produit une lutte d'amour (*minnestrijt*) entre eux deux, chacun voulant posséder tout entier son bien-aimé, et s'offrant lui-même tout entier à lui.

C'est le sommet de la vie interne : la rencontre, l'union de l'âme avec Dieu. Cette union peut s'opérer de trois manières différentes : *a*) l'homme, frappé d'un éclair qui sort de la divinité, abandonne toutes les images; il est plongé dans l'union de l'amour fruitif; il rencontre Dieu sans intermédiaire, il devient un esprit comme lui; c'est l'état de repos en Dieu, de vacuité absolue, d'oisiveté (*ledicheit*); *b*) d'autres fois, l'homme adore Dieu et s'épuise dans un amour continuel, qui s'alimente sans cesse par la présence de Dieu; c'est l'état affectif, nécessaire pour parvenir à l'état précédent, c'est la rencontre médiate de Dieu; *c*) enfin, il peut joindre la jouissance à l'activité : l'homme jouit de la paix la plus profonde et produit toutes les actions de l'amour; il reçoit Dieu et ses dons dans les facultés supérieures, les images et les sensations dans les facultés inférieures; c'est l'état le plus parfait, l'état de repos et d'action à la fois.

Cet état n'est toutefois pas encore le plus élevé. Au-dessus de la vie interne il y a la vie superessentielle contemplative; au-dessus des amis intimes, il y a les *fils cachés* de Dieu. Cette troisième étape de la perfection ne peut s'acquérir au moyen de l'intelligence, ni d'exercices : « parce qu'elle est une magnificence à nulle autre pareille, une couronne céleste et la récompense éternelle de toutes vertus et de toute vie »; et celui-là seul qui reçoit cette illumination divine est à même de décrire, encore d'une manière imparfaite, ce qu'il a vu et ressenti. Ici l'on dépasse la foi, l'espérance et toutes les vertus, jusqu'à la grâce, pour se perdre dans l'abîme de l'essence divine.

Cette contemplation consiste dans une pureté et une simplicité absolues de l'intelligence; elle est une connaissance sans modes et une possession illimitée de Dieu, immédiates l'une et l'autre, sans aucune conscience de la différence de ses qualités. Pourtant, elle n'est pas Dieu; elle est la lumière avec laquelle on le voit. Ensuite, elle est une mort et une destruction du moi pour ne voir que l'être éternel et absolu. Cette vie, quoique dépassant la grâce, en est néanmoins un don; personne ne l'obtient par ses propres forces; elle se conserve et se renouvelle « dans le secret de l'esprit » par l'amour; son essence, c'est l'unité avec Dieu, la contemplation quiète de Dieu, l'abandon à Dieu, de sorte que lui seul agisse et plus nous. Ce « repos » de l'esprit (*ledich syn*) engendre le surêtre (*overwesenlicheit, superessentia*), une contemplation surnaturelle de la trinité « sans moyen » (*sonder middel*), un sentiment de félicité indicible et inexprimable, une sublime ignorance (*niet wetene sonder gront*). Dieu est béat en nous et nous en lui; la dernière conscience des différences entre Dieu et la créature, entre l'être et le néant disparaissent.

Tel est le voyage nuptial du Christ avec l'esprit humain auquel les étapes inférieures ne sont qu'une préparation; le verbe naît sans cesse en nous dans la présence infinie, dans un éternel « maintenant; ici Dieu agit lui-même dans « la plus haute noblesse de l'esprit ». Celui-ci est conduit de clarté en clarté, et puisque nul « moyen » ne s'interpose plus entre lui et la clarté divine, puisque la clarté par laquelle il voit est identique à celle qu'il voit, l'on peut dire qu'il devient lui-même cette clarté : il parvient jusqu'à la conscience de son être superessentiel, de l'unité de son essence en Dieu.

Arrivé au plus haut point de la spéculation mystique, Jean de Ruysbroeck se trouve en même temps sur les confins du panthéisme. Cependant, il s'efforce constamment de maintenir la distinction entre l'esprit créé et l'éternel; l'homme, dit-il, doit devenir identique à Dieu, *déiforme* (*godsformich*), pour autant que cela est possible à la créature; dans l'union avec Dieu, ce n'est pas la différence de la personnalité qui est anéantie, ce n'est que la différence de la volonté et de la pensée, le désir d'être quelque chose d'à part en soi qui doit disparaître. Ailleurs il dit : « là où je déclare que nous sommes un » avec Dieu, il faut entendre en ce sens » que nous sommes un en amour, pas » en essence ni en nature ». Les nombreux passages de ses écrits où il se prononce contre les adeptes du panthéisme prouvent que Ruysbroeck ne voulait pas s'écarter de ce point de vue théiste. Mais, quoiqu'il reconnût fort bien ce qu'il y avait d'erroné et de périlleux dans le panthéisme, la limite de ce système et celle de la théorie mystique poussée à l'extrême était si subtile que lui-même la dépassait souvent, tout au moins dans ses expressions. « Notre » essence créée », dit-il, « est suspendue, » immane dans l'essence éternelle et est » une avec elle, selon l'existence essen- » tielle; et cette essence éternelle, cette » vie que nous avons et que nous sommes » en la sagesse de Dieu, est adéquate à » Dieu » (*onse geschapen wesen hanghet in dat ewighe wesen, ende het es een met hem na weseliken sine. Ende dit ewighe wesen ende leven, dat wi hebben ende sijn inder ewigher wijsheit Gods, dat is Gode ghelijc*, Ruusbroec, 6, 188); elle est une absence de mode éternelle, c'est-à-dire sans particularité dans l'essence, et elle procède éternellement de Dieu par l'incarnation du Verbe. Ce qui est en Dieu est Dieu. « Et tous les » hommes qui sont élevés au-dessus de » leur nature créée à une vie contem- » plative sont uns avec la splendeur » divine et sont cette splendeur elle- » même; grâce à cette divine clarté, » ils se voient, se reconnaissent et se » trouvent être ce même fonds simple, » selon leur essence incréée, d'où » rayonne, à la façon divine, cette » clarté infinie et où celle-ci demeure » éternellement selon la simplicité de » l'essence, simplement et sans moyens. » Et c'est pourquoi les hommes contem- » plateurs internes s'élèveront, confor- » mément à la contemplation, au-dessus » de la raison, de la distinction et de » leur essence créée, par une intuition » éternelle. Grâce à cette lumière innée, » ils sont transformés et deviennent uns » avec cette même lumière par laquelle » ils voient et qu'ils voient ». (*Ende alle die menschen, die boven hare ghescapenheit verhaven sijn in een scouwenden levene, die sijn een met deser godliker claerheit. Ende si sijn die claerheit selve, ende si sien, ende ghevoelen ende vinden hem selven, overmids dit godlike licht, dat si sijn die selve eenvoldighe gront na wise haerre onghescapenheit, daer die claerheit sonder mate ute scijnt in godliker wisen, ende, nader simpelheit des wesens, eenvoldich binnen blivet ewelike sonder wise. Ende hier omme selen die ynnighe scouwende menschen ute gaen na wise des scouwens, boven redene ende boven ondersceet, ende boven hare ghescapen wesen mit ewighen instaerne. Overmits dat ingheboerne licht soe werden sy ghetransformeert ende een met dien selven lichte daer si met sien, ende dat si sien*, Ruusbroec, 6, 189.) C'est la contemplation la plus noble, conclut Ruysbroeck, à laquelle on puisse parvenir en cette vie.

Si ce n'étaient pas là des expressions quelque peu hyperboliques, il faudrait en conclure que le prieur de Vauvert n'a pas su éviter la mixtion du créé et de l'incréé, l'identification de l'esprit humain et de l'esprit divin; mais il ne parle, au fond, que de l'essence éternelle de l'homme comme pensée de la sagesse divine : comme pensée de Dieu, toute créature est éternelle; mais elle ne l'est pas en tant que réalisation dans le monde. Il veut parler en outre de la suprême perfection que peut atteindre l'union de l'homme avec Dieu; du libre sacrifice de toute particularité propre pour ne contempler et n'aimer que Dieu ; de la félicité qui ne consiste précisément que dans l'abandon de soi à Dieu ; jamais, pour lui, cette union ne devient fusion de la substance.

Quoique Ruysbroeck ait protesté plusieurs fois, et avec énergie, contre une interprétation panthéistique de sa doctrine, il n'a pu échapper au reproche d'hérésie au même degré que les beggards qu'il combattait. Son ami Gérard de Groote lui-même n'avait pas tous ses apaisements, comme il ressort d'une de ses lettres dans laquelle il nous donne des renseignements précieux sur les critiques que soulevèrent les écrits de Ruysbroeck dès leur apparition. « Depuis que je vous ai quitté, » mande maître Gérard à Groenendaal, « un docteur en théologie s'est attaqué « au livre des noces de votre saint et « vénérable prieur et, par conséquent, « aussi à moi qui l'ai traduit, et il a « tant parlé qu'on ne se fie même plus « à mes autres enseignements, de sorte « que j'ai dû l'interpeller et le mettre « à la raison ... Bien plus, un de nos « confrères, descendant le Rhin après « Pâques, m'a fait savoir qu'un autre « savant respectable, maître Henricus « de Hassia, docteur en théologie, a « affirmé et exposé à Worms, à Mayence, « et sur les bords du Rhin, que ce « traité des noces contenait un grand « nombre d'erreurs. Pour ma part, « j'avoue, comme je vous l'ai déjà dit « ailleurs, qu'il y a des expressions à « corriger et même à rejeter, s'il « fallait les prendre à la lettre; mais « je reste persuadé que le sens dans « lequel les a employées le prieur est « orthodoxe et juste ». Il est clair que maître Gérard se laissait guider, à l'égard de Ruysbroeck, plutôt par son amitié que par son esprit critique; nous avons vu que Jean Scele ne se laissait pas persuader si facilement; de même quels doutes tourmentaient les chartreux de Hérinnes. La critique la plus précise et la plus vigoureuse fut l'œuvre d'un mystique lui-même, du représentant de l'école spéculative française : le chancelier de l'université de Paris. Jean Gerson, se trouvant à Bruges, connut, vingt ans après la mort de Ruysbroeck, par l'intermédiaire d'un chartreux du nom de Bartholomeus, une traduction latine de la *Brulocht*, probablement celle de Jordnens, qui fut imprimée plus tard à Paris, en 1512. Gerson ne trouva rien à redire aux deux premiers livres; mais le troisième lui sembla absolument inorthodoxe, comme contenant des textes manifestement contraires à la constitution de Benoît XII sur la vision béatifique. A son avis, ce que Ruysbroeck dit de la contemplation et de l'unification suprêmes (voir les passages cités plus haut) tient de la doctrine des frères du libre esprit; et il refuse d'admettre que Ruysbroeck était un homme peu instruit et que, conséquemment, il faut voir dans ses écrits l'inspiration du Saint-Esprit. Il lui semble que le livre montre une érudition réelle et toute humaine plutôt qu'une inspiration divine. Il conclut que le prieur s'est tout simplement trompé et que, tout en n'étant pas hérétique pertinace, il avait subi, sans le savoir, l'influence des doctrines qu'il avait combattues lui-même.

Jean de Ruysbroeck trouva un défenseur aussi habile qu'enthousiaste dans un de ses fils spirituels, le frère Jean de Scoonhoven, qui écrivit, en 1406, une réponse à Gerson, dans laquelle il expose tout d'abord la véritable portée des termes employés par son prieur, montre ensuite que la doctrine de celui-ci concorde avec celle des pères de l'Eglise et réfute enfin une à une les objections de Gerson. Faisant l'éloge du prieur, Jean de Scoonhoven affirme que celui-ci avait été réellement inspiré par le Saint-Esprit, sans quoi, bien qu'il fût d'une science convenable (*sciencia competentis*), il n'aurait jamais pu écrire ses œuvres. Que s'il avait semblé à Gerson que celles-ci étaient d'une éloquence plutôt humaine que divine, cela ne provenait pas de l'auteur, qui avait écrit en langue vulgaire afin de mieux atteindre la secte des libres esprits, mais du traducteur, qui s'était donné beaucoup de peine à orner et à châtier les phrases plutôt qu'à les débrouiller à l'occasion, et qui y avait même ajouté de son cru (*qui quidem translator pro eo quod ornatui et eloquentiæ sermonum plus operam dedit quam forte expedit et quædam pro arbitrio suo addidit*). Se souvenant des propres paroles de son maître, Jean de Scoonhoven rappelle qu'il est plus facile de penser à la divinité que d'en parler. Du reste, Ruysbroeck a imité les pères en prenant ses termes non dans leur sens propre, mais dans un sens métaphorique, selon les exigences de la matière (*non proprie, sed transsumptive*). Que si maître Gerson est d'avis que le troisième livre des *Noces spirituelles* est contraire aux décrétales, il ne suffit pas, pour juger les écrits d'un docteur, de prendre tel ou tel passage, mais il faut examiner l'ensemble de la doctrine. Si Ruysbroeck s'est exprimé plus ou moins obscurément dans ce troisième livre, en beaucoup d'autres endroits de ses œuvres il s'est expliqué sur la même matière sans aucune ambiguïté; et spécialement dans le traité *de calculo* il a protesté en propres termes contre l'idée que l'homme pourrait être déifié (*quod impossibile est nos ex toto deificari, nostramque creationem in creatorem mutatos amittere*). Partant de ce principe, Jean de Scoonhoven explique toutes les propositions et expressions censurées par Gerson dans un sens conforme aux enseignements de l'Eglise. Mais il ne parvint pas à persuader son contradicteur. En 1408, Gerson écrivit de nouveau au frère Barthélémy : il maintint sa première opinion; tout en se prononçant avec plus d'indulgence sur Ruysbroeck, il persiste à croire que les termes employés par le prieur, malgré la bonne intention de celui-ci, sont en eux-mêmes dignes de censure et propres à favoriser les doctrines hérétiques, à cause de l'ambiguïté de son langage imagé et obscur.

Que faut-il penser de cette controversé?

Bossuet, peu ami des mystiques en général, s'est rangé du côté de Gerson, parce que Ruysbroeck « et ses semblables « sont pleins d'expressions ... dont on « ne peut tirer de bon sens que par de « bénignes interprétations; et, pour « parler nettement, que par des gloses « forcées ». L'apologie de Jean de Schoonhoven, loin de le convertir, le convainc, au contraire, « qu'on ne doit « attendre ni justesse ni précision dans « ces expressions étranges, mais les « excuser tout au plus avec beaucoup « d'indulgence ». D'un autre côté, Denis le Chartreux, au XVe siècle, le carmelite Thomas a Jesu, le jésuite Lessius et d'autres encore au XVIIe étaient d'avis que la doctrine de Ruysbroeck était parfaitement orthodoxe.

C'est bien là l'avis qui prévaut de nos jours, quoiqu'on reconnaisse qu'il y avait une partie de vérité dans les critiques de Gerson. On a fait remarquer avec raison que tout n'est pas dit sur cette question en alléguant, comme l'ont fait Pomerius, Faber et Surius, que le chancelier de Paris s'appuyait sur une traduction latine inexacte. Si Jean de Scoonhoven parle de cette traduction, c'est en général et pour répondre à l'objection de Gerson qu'un homme illettré ne pouvait pas donner à sa pensée une forme aussi châtiée que celle qu'on trouve dans le texte latin des *Noces spirituelles*. Les expressions censurées par Gerson se trouvent bel et bien dans le texte original, ce que Jean de Scoonhoven ne nie pas d'ailleurs; il ne fait que les expliquer autrement que Gerson. Même en lisant ce texte original, on ne peut se défendre de l'impression que Ruysbroeck frise le panthéisme, tout au moins dans les expressions. Cela a été manifestement l'avis aussi de Gérard de Groote lorsqu'il écrivait que le sens du prieur a été juste, mais que les expressions seraient à corriger si on les prenait à la lettre. Peu de mystiques se sont élevés, comme Ruysbroeck, dans ces régions de la contemplation où toute notion, où toute *connaissance* (pour employer son propre terme) précise et réelle s'évanouit; les moments et les sensations les moins saisissables de la vie contemplative et ascétique, il a voulu les exprimer, les fixer dans les mots. Est-ce celui qui n'est jamais parvenu à suivre ce contemplateur sans égal dans *sa course vers le divin fiancé*, qui n'a jamais connu ces moments ni ces sensations, est-ce celui-là qui a le droit de prétendre que Ruysbroeck n'est pas parvenu à énoncer ce qu'il concevait? Soyons humbles comme lui et reconnaissons plutôt notre impuissance à le suivre et à le comprendre. Plus on lit le texte original, plus on tâche d'en pénétrer le sens profond, plus on est persuadé que ce que Ruysbroeck entendait par *union avec Dieu*, c'est une connaissance sublime et même une vision immédiate de la divinité.

Ruysbroeck n'a pas été qu'un contemplatif. Le caractère distinctif de son œuvre, c'est que sa mystique tend en même temps à une réforme pratique. Les exhortations les plus touchantes et les plus chaleureuses à toutes les vertus alternent avec les protestations indignées et frémissantes, de véritables anathèmes contre les vices et les désordres de son temps ; il oppose constamment les *serviteurs fidèles*, les *amis* et les *fils* de Dieu aux pécheurs, aux *mercenaires* et aux *hommes contraires* : le tableau qu'il nous présente de leurs égarements forme l'arrière plan sur lequel tranchent vivement les figures des serviteurs de Dieu et vice-versa. Nous avons vu que Ruysbroeck distingue quatre errements (*dolinghen*) principaux, qu'il a exposés ex-professo dans son traité des quatre tentations. Mais il ne s'est pas borné à cela ; dans tous ses ouvrages, il lutte contre les vices, les mauvaises mœurs et les péchés, sans épargner personne. Il flétrit, en termes énergiques, les vices des laïcs et surtout du clergé en général et des moines en particulier, qu'ils appartiennent à la règle de saint Benoît, de saint Augustin ou de saint François; il leur reproche leur faste, leur luxure, le commerce des indulgences et la simonie. Parmi les ordres religieux, un seul trouve grâce à ses yeux, c'est celui des chartreux. Aussi exige-t-il une réforme, mais une réforme dans l'Eglise, et c'est une grande erreur que de vouloir voir en lui un précurseur de *la* Réforme. Ruysbroeck était un fils fidèle et soumis de l'Eglise, non d'une église idéale, mais de l'Eglise catholique romaine : tout ce qu'il dit et répète au sujet de l'origine de l'Eglise, de ses sacrements, de ses commandements, de l'eschatologie, la façon dont il entend le culte des saints et de Marie et dont il préconise la vie commune est absolument conforme à l'enseignement dogmatique et aux traditions du catholicisme orthodoxe. Partout et toujours il exige une obéissance absolue à l'Eglise et à l'autorité hiérarchique; l'incrédulité en un point quelconque suffit, à ses yeux, pour mériter la damnation éternelle. Il est persuadé, pour lui-même, de n'avoir jamais rien écrit qui fût contraire aux enseignements de l'Eglise et, pour le cas où cela serait, il a fait une déclaration aussi catégorique que celle de Henri Suso, plus catégorique que celle de Tauler. « Je me soumets — écrit-il à la fin « de son *Samuel* — en tout ce que je « prétends, crois ou ai écrit, au juge- « ment de la sainte Eglise universelle « et des saints. Car j'ai la ferme vo- « lonté de vivre et de mourir entiè- « rement dans la foi chrétienne comme « un disciple de Jésus-Christ, et je « désire, par la grâce de Dieu, être un « membre vivant de la Sainte Eglise » (éd. David, t. VI, p. 268; aussi t. V, p. 274).

La preuve la plus évidente de l'orthodoxie de Ruysbroeck, c'est l'acharnement qu'il a mis à combattre les hérésies de son temps. Le prieur de Groenendaal fut un polémiste infatigable : presque dans tous ses ouvrages, il polémise contre les incrédules, contre ceux qui interprètent l'Ecriture sainte de travers, qui ne croient pas à la transsubstantiation et surtout contre les frères du libre esprit, les panthéistes et les quiétistes de son temps, de sorte que l'on a même quelque peine à se défendre de l'impression que cette polémique fut la raison d'être même de ses écrits. Et c'est ce qui explique peut être comment il se fait que Ruysbroeck n'a composé aucun ouvrage consacré exclusivement à l'exposé de sa doctrine. L'aperçu qu'il donne des différentes hérésies est encore aujourd'hui d'une importance capitale et répond sans doute à la réalité; mais il ne faut pas considérer sa classification comme rigoureuse et historique, puisque cette classification diffère selon le contexte. Aussi n'est-il pas toujours possible de déterminer avec précision la secte à laquelle il s'en prend. Il est probable qu'il faut voir une allusion aux *fraticelli* dans un passage du *Tabernacle* (ed. David, t. II, p. 191, l. 4-7). Bloemardinne n'est mentionnée nulle part; dans deux passages seulement, Ruysbroeck nomme explicitement les libres esprits (éd. David, t. IV, p. 280, l. 8-9; t. VI, p. 247, l. 24-25). Eckart non plus n'est pas mentionné; cependant, Ruysbroeck le combat dans les *Quatre tentations* (la troisième), dans les *Noces spirituelles* (chap. 76), et surtout dans les *XII Béguines* (peut-être dans le chap. XIX, certainement dans le chap. XX). Dans les écrits de Jan van Leeuwen contre Eckart, on retrouve beaucoup de passages parallèles à ceux de Ruysbroeck.

Ce qu'il faut retenir aussi, ce sont les différences que celui-ci constate entre la mystique vraie et la mystique fausse. Il ne s'est pas contenté de mettre celle-ci complètement à nu; il ne sait pas toujours maîtriser son indignation, perd le calme et couvre ses adversaires d'invectives; il ne compte nullement les convertir : cela lui semble franchement impossible, son but est plutôt de les neutraliser en mettant les fidèles en garde contre leurs doctrines, et il semble avoir fort bien compris qu'il fallait s'adresser plutôt au sentiment qu'à l'intelligence des masses.

Ruysbroeck a écrit tous ses ouvrages en néerlandais. Il y en a que nous ne possédons qu'en latin; ce sont des traductions dont l'original n'a pas été conservé ou retrouvé. Jean de Scoonhoven, qui connaissait bien les écrits de son prieur, affirme qu'il n'a écrit qu'en flamand, non certes par ignorance du latin, mais parce qu'il voulait s'adresser à tout le monde, clercs et laïcs, pour atteindre d'autant mieux les hérétiques. « La mystique du prieur « de Groenendaal est », a-t-on dit avec infiniment de raison, « toute différente « de celle des... mystiques précédents : « l'une est spéculative et théorique, « l'autre est contemplative et pratique; « l'une s'occupe de contemplation comme « instrument de science, l'autre paraît « négliger la science et s'attacher uniquement à la sainteté; en conséquence, « l'une devait se servir de la langue « d'école, traiter la théologie avec les « formes et la terminologie scolastique, « l'autre devait pénétrer dans les masses, « les consoler au milieu des malheurs « du temps et, faite pour le peuple, « revêtir le langage et les formes populaires. Les écrits de Ruysbroeck étaient « adressés à des frères ou à des sœurs « en religion qu'ils devaient édifier : « ils étaient dirigés contre les adversaires qui pervertissaient la foule, ils « devaient être lus et médités par tout « le monde. Cette nouvelle direction « avait été imprimée à la mystique par « maître Eckart, et suivie par Tauler « et Suso : Ruysbroeck s'engagea comme « eux dans cette voie et se servit comme « eux de la langue du peuple ».

Gérard Naghel affirme d'ailleurs expressément que le prieur écrivit en flamand, parce qu'à cette époque on avait grandement besoin d'une doctrine sainte et orthodoxe en langue thioise, à cause de quelques thèses hypocrites et hérétiques qui se faisaient jour (*om enighe ypocrisien ende contrarien die doe op gheresen waren*).

D'ailleurs, comment Ruysbroeck aurait-il pu ignorer le latin, lui qui reçoit des lettres latines de son ami Gérard de Groote, qui cite constamment la bible et renvoie souvent aux œuvres de saint Augustin, de saint Bernard, de saint Grégoire, de l'abbé Gilbert et de bien d'autres; lui qui fait preuve, à chaque page de ses œuvres, d'une vaste érudition en matières dogmatiques, liturgiques et apologétiques; lui qui connaît à fond l'histoire biblique; lui qui possède une connaissance approfondie de l'astrologie? Tout cela, hormis la bible, il ne pouvait le savoir que par la lecture et la méditation des originaux, écrits eux-mêmes en latin.

Nous avons d'ailleurs une preuve certaine que Ruysbroeck connaissait le latin : c'est qu'il l'a écrit lui-même. En effet, il a envoyé un exemplaire de la traduction de sa *Gheestelike Brulocht*, par Jordaens, aux religieux de l'abbaye de Ter Doest, en Flandre, avec une lettre d'envoi en latin dans laquelle il affirme qu'il a traduit (lisez : fait traduire) ce livre en latin pour ceux qui ne comprennent pas le flamand.

Mais si ce n'est certainement pas par ignorance du latin que Ruysbroeck a écrit en flamand, il est tout aussi certain qu'il n'aurait jamais pu écrire en latin comme il l'a fait en sa langue maternelle. Ce grand contemplatif est en même temps un écrivain admirable. Il a manié sa langue avec une maîtrise qui peut avoir été égalée, mais qui n'a été surpassée par personne au moyen âge. Il n'a pas dû créer la prose néerlandaise, comme on le répète depuis un demi siècle; elle n'existait pas seulement, elle était cultivée avant lui; il n'est pas le premier non plus qui s'en soit servi pour exprimer des idées abstraites et scientifiques; mais il est certainement le premier qui l'ait employé à exposer un système original de hautes spéculations philosophiques et de doctrines élevées sur les mystères chrétiens. Par là, Ruysbroeck a rendu à sa langue maternelle le même service que les mystiques d'outre-Rhin aux dialectes allemands. Le brabançon est devenu entre ses mains un instrument d'une richesse, d'une souplesse, d'une douceur, d'une force incomparables. Son vocabulaire est d'une richesse étonnante. Il connaît le mot adéquat à l'idée qu'il veut exprimer; il a un sentiment très vif des moindres nuances de signification et parvient ainsi à exprimer, avec une précision admirable, les pensées les plus profondes. Si les termes dont il a besoin n'existent pas, il les crée, en néerlandisant la terminologie des mystiques allemands, spécialement d'Eckart et de Suso. Il faut ne pas connaître le moyen-néerlandais pour oser parler de la « syntaxe tétanique » de Ruysbroeck. Sa phrase, le plus souvent courte et sententieuse, est d'une clarté impeccable; quand il se donne le luxe d'une période, il ne s'y embrouille jamais. Sa langue est toujours d'une harmonie parfaite, effet d'un art raffiné dans l'ordonnance et l'accouplement des mots, dans le maniement de l'antithèse, de parallèles, du climax et de toutes les autres figures de style. Gerson avait bien raison lorsqu'il disait qu'un style si châtié ne pouvait être l'œuvre d'un illettré.

C'était en réalité un poète. Lorsque le sentiment et la fantaisie l'entraînent, son style, le plus souvent calme et simple, s'élève aux plus sublimes élans. Il abonde en images, en comparaisons et en métaphores frappant par leur hardiesse, par leur délicatesse et souvent par une force et un réalisme qui frisent parfois la rudesse ou la grossièreté. Observateur amoureux de la nature aussi bien que de la vie journalière, Ruysbroeck leur emprunte d'innombrables images; le règne végétal et surtout le monde des fleurs lui en inspirent toujours de nouvelles. Il en est dont la hardiesse déconcerte au premier abord; ainsi il dit, par exemple, que l'arbre de la foi croît de haut en bas, parce que ses racines se trouvent dans Dieu (*de boem des gheloefs die wast van boven nederwaert, want sine wortele is inder Godheit*). C'est là une de ces images que M. Maeterlinck appelle *irréalisables*, mais qu'il attribue à tort à la gaucherie ou à la hâte extraordinaire de Ruysbroeck. C'est une image bien voulue, intentionnelle au contraire; pour une partie même traditionnelle, dont le prieur a tiré la dernière conséquence (*die wast van boven nederwaert*). Ce n'est pas la seule; mais nulle part sa fantaisie extraordinaire de poète ne se révèle avec plus d'éclat que dans l'allégorie. Il n'a pas su se garder toujours de quelque faux brillant ni d'excès de subtilité, mais que de fois n'est-on frappé d'admiration par l'à-propos, par l'originalité, par l'esprit!

Ruysbroeck était aussi poète dans le sens plus ordinaire de versificateur. A l'exception des traités *Vanden xij do-*

ghede, vanden vier Becoringhen, vanden kerstenen ghelove et *vanden Tabernakele*, on trouve dans tous ses écrits des parties en vers. *Dat boec vanden seven sloten* et *Die spieghel der ewigher salicheit* ont chacun un prologue et un épilogue en vers; les huit premiers chapitres des *Douze Béguines* sont entièrement rimés; dans le corps de cet ouvrage ainsi que dans *Vanden rike der ghelieven* se rencontrent beaucoup de passages versifiés, les uns très longs, les autres très courts, amenés ici par le caractère élevé, là par le caractère sentencieux des idées exprimées. On y trouve des schémas de rimes de toutes espèces : des rimes plates, croisées, mêlées; le schéma *aabccb* et la monorime semblent avoir eu la préférence de l'auteur. Quoique parmi ces vers il y en ait de fort bien tournés et qui sonnent très bien, la technique en général n'est pas irréprochable; on relève des fautes assez nombreuses contre la mesure. Si la rime ne vient pas aisément, Ruysbroeck s'accommode d'une assonance, quelquefois fort maigre. Des inversions entortillées, des chevilles font sentir la contrainte de la rime. La pensée ne se meut ni ne se déploie avec la même ampleur, la même liberté que dans la prose. Ruysbroeck lui-même semble bien avoir eu la conscience qu'il maniait le vers avec moins d'adresse que la prose, car à la fin du prologue des *Sept custodes* il dit : *Nu willic rimen laten bliven ende sonder decsel die waerheit scriven*. Une déclaration analogue se trouve à la fin du huitième chapitre des *Douze béguines*.

Un autre caractère de la forme chez Ruysbroeck, c'est la prose rythmique et rimée. On rencontre un peu partout dans ses œuvres des séries de phrases, et quelquefois des chapitres entiers (par exemple *Vanden twaelf Beghinen*, chapitre 50), où la métrique et le rythme réguliers du vers sont moins sévères et font quelquefois défaut, mais qui sont très nettement rimés. Cela donne souvent un charme particulier à cette prose, excepté lorsque la rime est le suffixe *heit*, dont la répétition devient bientôt fastidieuse. On s'est étonné de l'emploi de cette prose rimée; n'en trouvant pas l'explication, on a cru au hasard. Mais cela ne serait possible, que si l'on ne rencontrait ces rimes que çà et là. Or la prose rimée se poursuit parfois plusieurs pages durant. Aussi bien que l'emploi d'antithèses, de parallélismes, de jeux de mots, de vers, la prose rimée et rythmique est un ornement voulu par Ruysbroeck. C'est le ὁμοιοτέλευτον des Grecs, remis en honneur par saint Augustin, et employé partout au moyen âge, par saint Bernard, saint Bonaventure, les deux Victors, même dans les exordes des diplômes. La rime et le rythme sont les caractéristiques principales de la prose élevée de l'époque. En en faisant usage, comme de toutes les autres figures de style d'ailleurs, Ruysbroeck ne faisait que se soumettre aux préceptes donnés par saint Augustin dans le quatrième livre de son traité *De doctrina christiana*.

On voit que Ruysbroeck, pour inspiré qu'il fût, n'a pas dédaigné nous ne dirons pas des artifices, mais un style d'un art tout humain, et ce qui est vrai de son style est vrai de sa doctrine, Il n'est pas indépendant de la science de son temps. Nous avons déjà dit que ses écrits révèlent tous une connaissance profonde de la bible, des pères de l'Eglise, de la théologie scolastique, des sciences naturelles, etc. La recherche systématique des sources de Ruysbroeck est encore à faire; elle donnera certainement des résultats curieux. Déjà maintenant il est hors de doute que sa doctrine se rattache directement au système mystique de Denis l'Aréopagite, qu'il a fait sien et développé. On note chez lui des passages qu'on retrouve littéralement dans saint Anselme, saint Ambroise, l'abbé Gilbert, saint Grégoire, saint Augustin surtout, qu'il cite d'ailleurs presque tous plusieurs fois (éd. David, t. II, 12 et 15; t. III, 2, 14; 17, 7; 19, 4; 22, 2 (Gilbert); 26, 3; 27, 21 (Ambroise); 49, 14; 110, 5). Mais ce sont surtout les auteurs mystiques qu'il connaît à fond. A côté de Denis l'Aréopagite, il s'est surtout inspiré de saint Bernard et de Hugues de Saint-Victor; on trouve aussi des traces de Rupert de Deutz. Ruysbroeck cite fréquemment saint Bernard (t. III, 3, 7, 14, 27; 43, 17; t. V, 62, 16; t. VI, 232, 7; 255, 10), mais il a ressenti son influence beaucoup plus que ces citations ne le feraient supposer. Saint Bernard, dans son traité *De diligendo Deo*, chap. XII, et dans son *Sermo de divin. Serm. III*, connaît déjà la distinction entre *mercenarii*, *servi* et *filii;* Ruysbroeck y ajoute ses *vrienden Gods*. Un autre point de contact entre saint Bernard et Ruysbroeck, c'est le côté pratique de leur mystique; mais notre prieur va encore plus loin, en ce sens, que l'abbé de Clairvaux. A Hugues de Saint-Victor, Ruysbroeck a emprunté son système d'explication allégorique : le traité du *Tabernacle* n'aurait pas la forme qu'il a revêtue, sans les écrits *De arca mystica* et *De arca morali* de Hugues de Saint-Victor, dont Ruysbroeck a également employé l'*Expositio in hierarchia celesta S. Dion.*

Une question délicate est celle des relations entre notre mystique brabançon d'une part, les mystiques allemands d'autre part. De bonne heure, les œuvres de ceux ci furent très répandues dans les Pays-Bas; on en transcrivait même des extraits dans la langue originale. Nous avons vu que d'un côté Ruysbroeck combat maître Eckart, et intercale d'un autre côté, dans son ouvrage *Vanden twaelf Dogheden*, presque tout le traité *Die rede der Unterscheidunge* du frère Eckart le jeune, et qu'il a façonné sa terminologie d'après celle des mystiques d'outre Rhin. Mais on trouve encore beaucoup d'autres analogies entre Eckart et Ruysbroeck, qu'il ne suffit pas d'expliquer par une source commune, saint Augustin. En d'autres termes, Ruysbroeck, tout en combattant Eckart, a fortement ressenti son influence. Il est probable aussi que notre prieur a plus reçu de Henri Suso et de Tauler qu'il ne leur a donné. L'auteur de la biographie de Surius, relatant les visites de Tauler à Groenendaal, ajoute : « C'était un homme très « célèbre aussi bien par sa grande « science que par la sainteté émi- « nente de sa vie; visitant souvent « le vénérable Ruysbroeck, il le tenait « dans la plus haute estime, et ses « rapports avec celui-ci lui firent « bientôt faire de rapides progrès dans « la connaissance de la vie interne et « contemplative; ses écrits en font foi; « on y trouve une quantité de passages « empruntés à Ruysbroeck. Car quoiqu'il « fût fort avancé dans la connaissance « de la théologie scolastique, il était de « loin surpassé par Ruysbroeck pour ce « qui regarde la théologie mystique, et « rien d'étonnant en cela. Tauler ne « s'adonna à la contemplation qu'à l'âge « de cinquante ans, tandis que Ruys- « broeck s'y était appliqué dès ses plus « tendres années ».

On retrouve les mêmes allégations dans une espèce d'introduction aux sermons de Tauler, dans le manuscrit 966 de la bibliothèque de l'Université de Gand, écrit vers 1470 : *Dese Tauweler was een sonderlinghe vermert leeraer vander predicaren ordenen, ende dese hadde den prior Jan van Ruysbroeck in groter ende sonderlingher reverencien. Daer om dat hien oec dick te visiteren plach. Van welken prior, oec al was hi een groet doctoer inder godheit, hi als een oetmoedich discipel pijnde hi hem te ghecrighen experiencie van ghewaerigher wijsheit ende leeren. Alsoe oec die selve Tauweler bescrijft in sijnen boecken, die hi seer hoghe ghelijc des priors boecken oec heeft bescreven, niet in latijn, mer te dietschen, navolgende als een oetmoedich discipel des prioers, sijns meesters voetstappen, welcke leere hi oec te menighen steden heeft doen vloyen als een rivier, comende uut Ruysbroecs boecken.*

Il y a entre ces deux déclarations une parenté manifeste; la tradition, qui fait de Tauler un disciple de Ruysbroeck, doit être fort ancienne. Tauler, pas plus qu'il n'a écrit en langue vulgaire à l'instar de Ruysbroeck, n'est parvenu, par Ruysbroeck, à la hauteur qu'il a atteint. On a fait remarquer avec raison que, lorsque celui-ci envoya, en 1350, ses *Noces spirituelles* aux amis de Dieu de l'Oberland, Suso et Tauler étaient depuis longtemps des mystiques entièrement formés. Les analogies entre Ruysbroeck, Tauler et Suso s'expliquent suffisamment par le fait que leurs idées étaient les mêmes, et qu'on les rencontra chez tous les mystiques. Qu'une influence réciproque fût occasionnée par les communications qu'ils eurent entre eux, cela n'en est que plus naturel.

« Un semeur sortit pour semer... ». La belle parabole que le pieux prieur a appliquée si éloquemment à d'autres, lui est applicable à lui-même. L'influence de Ruysbroeck a été immense. Il ne faut pas tant la chercher dans l'esprit théologique et philosophique de ses disciples. Pas plus que les disciples d'Eckart, les Tauler, les Suso, ceux de Ruysbroeck n'ont développé scientifiquement la doctrine du maître. D'abord parce qu'elle ne semble pas capable d'être poussée plus loin; probablement aussi par crainte de tomber tout à fait dans le mysticisme libertin et panthéiste et d'être assimilés aux hérétiques; la préoccupation éthique et pratique se substitua entièrement à la spéculation théorique. L'origine de l'action de Ruysbroeck réside plutôt dans la ferveur extraordinaire de son esprit chrétien, dans la force de sa personnalité qui reflétait sa perfection intérieure. On a dit que les critiques formulées par lui contre les vices et les désordres de son temps n'étaient que des plaintes qui, pour énergiques et éloquentes qu'elles fussent, n'en restaient pas moins des plaintes sans résultats pratiques, puisqu'il ne proposait pas de nouvelles mesures ni de nouvelles institutions en remplacement de celles qu'il condamnait. C'est bien mal comprendre l'homme et sa doctrine. Il ne voulait pas réformer l'église; il ne s'en prenait pas à elle, mais aux hommes ; son œuvre entière n'est qu'un précepte, enseignant la manière de bien vivre. Lui-même était un exemple vivant de sa doctrine; rien d'étonnant si la renommée de sa sainteté se répandit au loin et si de toutes parts on vint lui demander conseil et édification. Et comment peut on nier les résultats pratiques de son enseignement et de son exemple? Tous ses contemporains et ses successeurs immédiats eurent la sensation bien nette que l'essor magnifique que prit la vie religieuse dans la « Basse-Allemagne », au XVe siècle, était dû à son impulsion puissante, qu'il était un véritable réformateur. C'est sans doute sous l'influence des biographies toutes mystiques qui nous sont conservées qu'on a perdu de vue le côté pratique de sa vie. Dans son *Chronicon Bethleemiticum*, le chanoine Impens dit de Ruysbroeck qu'il était *vena unde processit fons et inchoatio reformationis novæ canonicorum regularium in his terris*. Et en effet, dans le Brabant même, trois monastères florissants s'élevèrent bientôt à côté de Groenendaal : le Rooklooster (*Rubeævallis*), dont le monastère fut consacré en 1369 et dont les premiers religieux prirent l'habit le 18 janvier 1372, *præsentibus duobus fratribus Viridisvallis;* Sevenborren (*Septemfontium*), commencé en 1380; Korssendonck, le premier monastère érigé et consacré après la mort de Ruysbroeck, en 1398. La fondation d'autres maisons suivit rapidement; partout l'organisation de Groenendaal servit de modèle. Même en France son influence se fit sentir : le monastère de Château-Landon, possédé par les chanoines réguliers depuis le XIIe siècle, fut réformé à l'instar de Groenendaal; Paquot relate même qu'on conservait à Château-Landon un volume manuscrit de lettres de Ruysbroeck.

D'ailleurs ses écrits ont été copiés et recopiés dans toutes les contrées des Pays-Bas; traduits dans les dialectes de la Westphalie, des pays rhénans, de l'Allemagne centrale, de Bavière et de Suisse; la traduction latine pénétrait également partout, jusqu'au cœur de l'Italie : en 1457, un bénédictin copiait à l'abbaye de Subiaco la traduction latine des *Noces spirituelles!* Les manuscrits contenant des écrits de Ruysbroeck dans le texte original, conservés jusqu'à ce jour, sont au nombre de plus de 160, sans compter une bonne douzaine dont l'existence est certaine, mais dont on ne connaît pas le dépôt. La traduction latine a été retrouvée dans

46 manuscrits; avec ceux dont l'abri actuel est inconnu, on peut évaluer à 250 les codices connus, contenant les œuvres de Ruysbroeck. Que ce nombre ait été jadis beaucoup plus grand, c'est ce qu'on peut conclure de ce qu'on lit dans les chroniques de maint monastère. Il suffira de citer deux exemples entre tous : dans la maison des sœurs de la vie commune, fondée à Deventer par Gérard de Groote, on copiait assidûment les *Noces spirituelles*; dans le couvent de Bethanie à Malines, la noble demoiselle Jacqueline de Looz copia plusieurs fois elle-même et fit copier par d'autres, entre 1451 et 1455, les *Heures de la passion de Notre Seigneur*, c'est-à-dire la troisième partie du traité *des XII Béguines*. Nous ne croyons pas qu'il existe un second exemple d'une telle diffusion des œuvres d'un auteur du moyen âge écrivant en langue vulgaire.

Ces manuscrits ont été lus et relus jusqu'au milieu du XVIe siècle; ils ont fourni, pendant cent cinquante ans, le pain spirituel quotidien à des générations d'âmes pieuses, religieux et laïcs. Ce qui plus est, les écrits de Ruysbroeck sont devenus dans les Pays-Bas le point de départ de toute une littérature, d'une véritable floraison de traités ascétiques et édifiants, écrits aussi bien en latin qu'en langue thioise, encore trop peu étudiés. Quelques-uns ne constituent que des paraphrases des idées du prieur; d'autres ne sont qu'une longue série d'extraits de ses œuvres, reliés entre eux tant bien que mal; d'autres encore sont formés de fragments de l'un ou l'autre de ses écrits, encadrés de réflexions plus ou moins personnelles.

Il existe ainsi des traités dérivés des *Douze vertus*, d'autres du traité du *Salut éternel;* et Henri Mande, le Ruysbroeck du Nord, n'a pas jugé indigne de lui de relier entre eux une série d'extraits du *Tabernacle*, notamment l'exposition des sept dons du Saint-Esprit, dont il retranche l'explication allégorique (RUUSBROEC, éd. David, t. I, p. 156-176). De même, Rulman Merswin a traduit et relié entre eux, au moyen de courtes transitions, des extraits assez longs des *Noces spirituelles :* c'est le texte connu sous le titre de *Le livre de la grâce prévenante et de la grâce méritoire*, dans lequel il est aussi question des sept dons du Saint Esprit. Il ne faut pas avoir trop mauvaise opinion de telles compilations, mais se rappeler dans quel but elles furent composées. C'étaient des moyens d'édification, et rien de plus, au profit des âmes simples.

Un résumé très concis, en allemand, des *Quatre tentations* se trouve dans un manuscrit strasbourgois, où il sert d'introduction à la *Nachfolgung des armen Lebens Christi;* le traité en entier a été mis en tête du livre de Henri de Vrimaria, *De quadruplici instinctu*, et rangé, déjà dans la deuxième moitié du XVe siècle, parmi les sermons de Tauler. Le traité *Des douze vertus* en entier et la *Pierre précieuse* en partie ont passé dans la *Medulla animæ*, attribuée si longtemps à Tauler.

A côté de ces compilations, il y a une foule de traités plus originaux, profonds mêmes, édifiés sur la doctrine de Ruysbroeck : tels les écrits de Jean van Leeuwen, le bon cuisinier, de Jean de Scoonhoven, Guillaume Jordaens, Henri vanden Bogarde (*Pomerius*), Jean Stevens, Henri Mande, Henri van Herp, Gerlach Peters, Pierre Dorlandus, Arnold van Geilhoven, Thierry Herxsens et tant d'autres encore, qui procèdent directement de l'influence morale et de l'exemple pratique du prieur. Lorsque Henri Mande écrit son traité *Van drien staten eens bekierden mensche, dairin begrepen is een volcomen geestelic leven* (les trois états de la vie spirituelle), il ne fait qu'exposer la théorie de Ruysbroeck; lorsqu'il écrit son *Devoet boecskijn van der bereydinghe ende vercieringhe onser inwendigher woeninghen* (la préparation et l'ornementation de notre habitation intérieure), il adopte la forme d'une allégorie calquée sur celle qu'a employée Ruysbroeck dans son *Tabernacle;* lorsqu'il écrit son petit traité *Een spiegel* (*der waerheit*), il y insère des passages entiers empruntés à Ruysbroeck sans autre changement que le remplacement du pronom *wi* par le pronom *ic*, peut être un indice que Mande n'entendait écrire et rédiger une règle de conduite que pour lui seul. Lorsqu'on lit les écrits de Jean de Scoonhoven dans leur traduction néerlandaise : *Die epistele van Eemstein*, *Vander versmadenisse der werelt*, *Vander passien ons heeren*, son sermon tenu au chapitre de Windesheim en 1413, on croirait lire Ruysbroeck : il connaît et exprime si bien la doctrine de son père spirituel que c'est à s'y méprendre.

Mais pour pouvoir apprécier toute l'étendue de l'action de Ruysbroeck, il faut mesurer son influence sur Gérard de Groote et ses conséquences. Empruntant au prieur sa propre terminologie, Gérard lui avait écrit : *Venerabilibus patribus meis et dominis universaliter intime commendari intimius desidero, præcipue capitibus, præposito et priori, cujus scabellum pedum* (le *voetgheterl* de Ruysbroeck, t. III, 256 et t. IV, 11) *tam im hac vita quam in futura, quia sibi anima mea præ cunctis mortalibus amore et reverencia conglutinata est, fieri concupisco. Ardeo adhuc et supiro vestram præsenciam et de spiritu vestro renovari, inspirari et mihi impertiri, sed non datur desuper nisi in spe tantum corporalis præsencia* ; *nec scio de hoc vocem certam, nisi suspirandi tantumdem emittere.* L'impression produite sur Gérard de Groote par la vie qu'on menait à Groenendaal devait être bien forte, sa vénération pour le saint prieur devait être bien profonde pour qu'il pût parler de la sorte. Et ce n'étaient pas de vaines paroles ! Parmi les livres que Gérard de Groote tenait à voir copier dans les maisons des frères de la vie commune, ceux de Jean de Ruysbroeck sont recommandés tout spécialement, et nous savons que la recommandation n'a pas été vaine. Tout comme son ami, Groote se prescrit à lui-même et aux siens d'imiter avant tout la vie du Christ : *radix studii tui et speculum vitæ sint primo evangelium Christi, quia ibi est vita Christi;* on étudiera l'Ecriture sainte plutôt que les Pères, le nouveau Testament plutôt que l'ancien, *quia ibi est vita Christi*, et l'on s'attachera plutôt à ce qu'elle contient d'utile pour la vie dévote et spirituelle qu'aux parties dogmatiques. Lorsqu'un honnête habitant de Dordrecht, Reinalt Minnenbosch, fonda, l'année qui suivit la mort de Ruysbroeck (donc en 1382), le monastère du Saint-Sauveur à Eemstein, il y fit professer, sur le conseil de maitre Gérard, la règle de saint Augustin selon l'usage de Groenendaal, et ce fut encore à la demande de Groote qu'un prêtre profès du couvent de Groenendaal vint enseigner les règles aux nouveaux religieux et leur donner l'exemple de la vie monastique. Plus tard, c'est à Eemstein que les premiers frères de Windesheim et de Korsendonck s'initièrent à la vie sainte.

Déjà en 1382, d'ailleurs, maître Gérard avait l'intention de constituer ceux qu'il avait réunis autour de lui en ordre religieux proprement dit. Thomas a Kempis dit expressément : *Ad hunc ordinem regularium instituendum præcipue inductus fuit propter singularem reverentiam et amorem venerabilis domni Johannis Rusebroec ... et aliorum ibidem religiose conversantium probatissimorum fratrum in ordine regulari : quos dudum personaliter in Brabantia visitaverat, a quibus magnam ædificationis formam ob multam ipsorum humilitatem et simplicis habitus deferentiam traxit et annotavit.* Gérard de Groote s'occupait déjà du choix d'un terrain approprié, lorsque la mort vint l'empêcher d'exécuter son projet. Si la tradition rapportée par Johannes Busch est exacte, maître Gérard enjoignit expressément à ses frères, qui lui demandaient, à son lit de mort, quelle serait la règle du futur monastère : celle des chartreux ou celle des cisterciens, d'adopter l'habit des chanoines réguliers de Saint-Augustin. Quoi qu'il en soit, que ses frères aient agi, oui ou non, selon ses ordres, ils ont certainement agi dans son esprit.

Des rapports intimes continuèrent à exister entre les frères de la vie commune et les chanoines de Saint-Augustin; la confrérie devint une sorte de noviciat pour l'ordre. Dans l'un comme dans l'autre règne l'esprit de Ruysbroeck et de Groote : celui-ci a mis en pratique les théories du prieur de Groenendaal. La *moderna devotio*, c'est la résignation complète et absolue de la volonté propre à la volonté de Dieu, c'est l'humilité sans bornes, c'est la fuite des plaisirs du siècle, l'amour de la solitude, c'est une dévotion pleine d'amour pour Dieu. Conformément à l'exemple et aux conseils de Ruysbroeck, les frères se nourrissaient de saintes méditations et de pieuses lectures; la vie et surtout la passion du Christ étaient pour eux l'origine de toute vertu et le modèle de toute sainteté.

Point n'est besoin de s'étendre ici sur le développement et l'influence des communautés des frères de la vie commune et de l'ordre régulier de Saint-Augustin. La réformation des mœurs monacales dans les Pays-Bas, et même au delà de leurs frontières, fut l'œuvre de l'un; la diffusion de la « dévotion moderne » fut l'œuvre de l'autre. Or, pas d'ordre sans Groenendaal; pas de Groenendaal sans Ruysbroeck. C'est sur l'enseignement de Ruysbroeck qu'est basée la doctrine des écrivains mystiques de l'ordre. Nous parlions déjà de Henric Mande, qui a mérité le surnom de *Ruysbroeck du Nord*, moins parce qu'il a été l'égal de celui-ci que parce qu'il a été le grand propagateur des doctrines et des préceptes de Ruysbroeck dans les provinces septentrionales des Pays-Bas. Thomas a Kempis n'a pas d'autre devise que Ruysbroeck : la conformité parfaite à la volonté de Dieu; tout ce qu'il a écrit n'est qu'une longue exhortation à cette vertu que Ruysbroeck ne s'est jamais lassé d'exalter, l'humilité. Les ressemblances entre l'expression de leurs idées sont nombreuses, et souvent elles sont textuelles; ces analogies sont encore plus nombreuses entre les écrits de Ruysbroeck et ceux de Gerlach Peters, l'« alter Thomas « a Kempis », dont la nature extatique se manifesta souvent, et qui jouissait alors de cette ivresse spirituelle dont Ruysbroeck a dépeint si plastiquement les signes extérieurs dans sa *Gheestelike Brulocht* et qui, tout comme le saint prieur de Groenendaal, n'écrivait que sous l'inspiration subite et inattendue du Saint-Esprit.

L'influence de Ruysbroeck ne fut pas moins grande hors de son ordre. Le norbertin Pierre de Herenthals, prieur de l'abbaye de Floreffe, visita Groenendaal, probablement peu après la mort du prieur, car il rendit compte de ses impressions, en termes plus qu'enthousiastes, dans une lettre écrite vers la fin de 1382, au chanoine Jean de Hollande, à Groenendaal. Au désordre et au dérèglement, à la jalousie et aux disputes, à la légèreté et à la dépravation des mœurs qu'on rencontre dans tant de communautés, Pierre de Herenthals oppose les vertus sans nombre qu'il a vu briller à Groenendaal : *ordinis observantia, morum regularitas, sancte trinitatis affectio, pax mentis, serena communicatio, mutuum obsequium, amor obedientie, vinculum caritatis, carnis servitus, hospitalitatis exhibitio, legendi libertas, vigiliarum excubie, quies meditationis, devotio psalmodie, suavitas contemplationis*. Ne sont-ce pas là précisément les vertus et les pratiques que Ruysbroeck recommande constamment? On pourrait placer à chaque poste de l'énumération de Pierre de Herenthals un renvoi à des passages bien connus des œuvres du Ruysbroeck.

La doctrine du prieur de Groenendaal a été répandue dans les ordres franciscains par Henri van Herp (*Henricus Herphius* ou *Harphius*) qui a exposé son système mystique dans son *Spieghel der Volcomenheit*, livre très répandu dans le tiers ordre et dont les copies sont très nombreuses. Le système de Henri van Herp est calqué tout entier sur celui de Ruysbroeck; la dépendance est si grande que Gérard d'Hamont a pu dire que si l'on retranchait du *Spieghel der Volcomenheit* tous les passages empruntés à Ruysbroeck, il ne resterait presque rien à attribuer à Van Herp; et le premier éditeur de la traduction latine a reconnu lui-même que le *Miroir de la perfection* n'est que la reproduction des *Noces spirituelles*. Bossuet, parlant des analogies entre Ruysbroeck et le mystique franciscain et des exagérations de celui-ci, appelle ce dernier avec un certain dédain compatissant « le bon Harphius ».

Dans l'ordre des chartreux, c'est le fameux docteur extatique Denis de Ryckel (ou de Leewis) qui a propagé les idées et les doctrines de Jean de Ruysbroeck. Dans son traité *De donis spiritus sancti*, Denis reproduit les doctrines que Ruysbroeck expose à ce sujet dans les *Noces spirituelles* et dans le *Tabernacle*; il en montre l'élévation et la portée, et explique les passages difficiles. A l'encontre de tous ses devanciers, Denis nomme expressément ses sources et témoigne de la grande autorité qu'il reconnaît au prieur de Groenendaal. *Hæc divini doctoris eloquia*, dit-il à propos du don de science, *sicut in stilo facillima sunt, sic in profundidate sententiæ difficillima extant, et si bene intelligantur, tunc omnia quæ de dono scientiæ dicta sunt atque dicenda, lympidius innotescunt.* Et à propos du don de sagesse : « J'appelle cet « homme le *docteur divin*, parce que « son seul maître fut le Saint-Esprit; « l'abondance de la sagesse dont il était « doué m'en est un sûr garant. Il était « ignorant (*illiteratus et idiota*), mais à « la manière des apôtres Pierre et « Paul ... Comme je suis sûr qu'il a eu « pour guide le Saint-Esprit, son autorité est fort grande pour moi ».

Le système de perfection chrétienne de Denis le Chartreux est exposé surtout dans ses trois livres *de Contemplatione*, qui sont moins le fruit de réflexions et d'expériences personnelles qu'une compilation de Denis l'Aréopagite, de saint Bonaventure et de Ruysbroeck, dont les thèses sont expliquées et interprétées philosophiquement. Denis admet les trois vies, si bien symbolisées par notre prieur dans sa comparaison entre les serviteurs fidèles, les amis intimes et les fils cachés de Dieu. Le point culminant de la perfection, c'est l'union intime avec Dieu par la contemplation, c'est la *vita divina, deiformis, deifica, deificans ac deificata.* Le Chartreux explique sa terminologie selon la méthode scolastique, et, à ce propos, disculpe à son tour Ruysbroeck des accusations de Gerson.

Nous pourrions suivre de la même façon l'influence de Ruysbroeck sur plusieurs autres écrivains et surtout dans un très grand nombre de traités dont les auteurs, conformément aux principes d'humilité qu'ils professaient, ne se sont pas fait connaître. Les limites nécessairement restreintes de cette notice nous obligent de nous contenter de ce qui a été dit. Le plus souvent on a usé des idées et du texte de Ruysbroeck sans citer son nom; c'était conforme à l'esprit du temps. Il y a quelques rares exceptions : par exemple le *Rosengaert Jesu ende Marien* du minorite Ubertinus. Dans un traité analogue, *Marien Boemgaert*, l'auteur, parlant des excès de mortification auxquels d'aucuns se livrent, renvoie à Ruysbroeck pour plus ample information (*Hier of staet meer gescreven in Ruysbroec* : ms. 946 de l'univ. de Gand); il en est de même dans le *Spiegel der volcommenheit ..., ghemaeckt doer dye Cathuysseren tot Coellen ... ghecorrigeert by ... Jan van Baerll* (Bois-le-Duc, G. van Hattard, vers 1530, etc.), qui est compile pour la majeure partie des œuvres de Ruysbroeck, et où on lit dans le prologue : *Die hier aff voerder off meer lesen will, die lese Dionisium ariopagitam, Augustinum, Bernardum, Bonaventuram, Rijchardum, Joannem ruijsbroeck. Dat boeck der ewiger wijsheit, Joannem thaulerum, Henricum herp, ende meer anderen in den boecken die sij van deser materien seer swerlick gescreven hebben.* On a pu dire avec raison que Ruysbroeck domine le XIVe et le XVe siècle : « C'est en lui que sont complétées les « manifestations mystiques qui l'ont « précédé; c'est de lui que procède « l'impulsion donnée à la vie religieuse « et morale de nos ancêtres, qui est « basée sur ses doctrines et imprégnée « de son esprit ».

Le fait que Ruysbroeck écrivit ses œuvres dans sa langue maternelle ne fut pas un obstacle à leur diffusion. Déjà de son vivant on se mit à les traduire. Le frère Guillaume Jordaens, qui mourut en

1372, traduisit en latin *Die gheestelike Brulocht*, *Vanden gheesteliken Tabernacule* et *Vanden seven Trappen* suivant le nécrologe de Groenendaal (ms. II 155 de la Bibliothèque de Bruxelles), ou *Het blinckende Steentje*, suivant Mastelinus. C'est probablement ce dernier qui a raison : le traité *Vanden seven Trappen*, notamment, fut traduit par Gérard de Groote, ainsi que *Die gheestelike Brulocht*; de là probablement la confusion du nécrologe de Groenendaal. Les traductions de Groote sont plus littérales que celles de Jordaens. C'est à tort qu'on a dit que maître Gérard atteste, dans une de ses lettres adressées à Ruysbroeck, que la traduction du traité des *Douze béguines* était faite également de son temps : à l'endroit visé, Groote parle de sa traduction du traité *Vanden seven Trappen*.

Enfin, il existe des traductions latines des traités *Vanden rike der Ghelieven*, *Vanden vier Becoringhen* et *Vander ewigher Salicheit*, dont les auteurs sont inconnus; nous savons qu'une traduction des deux premiers de ces traités a été faite par un chanoine prémontré de l'abbaye du Parc, près de Louvain ; c'est probablement cette traduction-là qu'on rencontre dans quelques manuscrits.

D'après une lettre autographe d'Aubert le Mire à Rosweyde (16 décembre 1622), il devrait y avoir eu une troisième traduction latine des *Noces spirituelles*, faite par Thomas a Kempis; au moins, Miræus cherchait une telle traduction : *In quaerendo Rusbroquii libello de nuptiis spiritualibus, per Thomam Kempensem latine reddito*.

Nonobstant la grande diffusion des manuscrits contenant les ouvrages de Ruysbroeck, en latin et en flamand, et quoiqu'ils fussent encore copiés partout à la fin du XVe siècle, et même au commencement du XVIe, Ruysbroeck n'a eu que relativement tard les honneurs de l'impression. La traduction latine des *Noces spirituelles* de Guillaume Jordaens fut imprimée en 1512 à Paris, sous ce titre : *Devoti et venerabilis patris Joannis Rusberi presbyteri canonici observantiæ beati Augustini, de ornatu spiritualium nuptiarum libri tres. Primus de ornatu vitæ moralis et activæ. Secundus de ornatu vitæ spiritualis et affectivæ. Tertius de ornatu vitæ superessentialis et contemplativæ. Venale habetur in officina Henrici Stephani calchographi e regione Scholæ Decretorum.* A la fin : *LLBRI* (sic) *Devoti et venerabilis patris Joannis Rusberi presbyteri ... Parrhisiis per Henricum Stephanum calchographum e regione Scholæ Decretorum. Anno salutis* 1512 *tertia die Augusti Finis Deo gratias Amen* (IV) + 78 ff. in-8°, sign. Aij-Aiiij et a-liiij.

En 1538 parut à Bologne une traduction latine des *Seven Trappen* et du *Blinckende steentje*, sous le titre : *D. Joannis Ruisbroici canonici Regularis libelli duo, vere diuini. Prior, De Septem Scalæ diuini Amoris, seu vitæ sanctæ gradibus. Posterior, De perfectione filiorum Dei. Nuper inventi et nunc primum in lucem æditi.* (Vignette) *Perlegite pii, gustabitis, ac uidebitis, quam suavis, et quam magnus est Dominus.* (IV) + 56 ff, 8°, sign. † ii et A-G iiii. Le texte est précédé d'une lettre d'Augustus Zanettus, *Episcopus Sebasten.*, *Reverendiss. Card. Campegii in Episcopatu Bonon. Vicarius*, adressée le 12 décembre 1538 à Nicolas Bargilesius, prêtre à Boulogne, l'auteur de l'édition, et d'une seconde lettre, adressée par celui-ci, le 17 décembre 1538, au prieur de la Chartreuse de Boulogne, contenant un éloge de Jean de Ruysbroeck. L'édition de Bargilesius est très rare. Nous n'en connaissons qu'un seul exemplaire, c'est celui de la bibliothèque de l'université à Bologne.

En 1552 parut pour la première fois une traduction des œuvres complètes de Ruysbroeck. C'est la traduction bien connue de l'hagiographe Laurent Surius, moine chartreux de Cologne : *D. Johannis Rusbrochii summi atque sanctiss. viri quem insignis quidam theologus alterum Dionysium Areopagitam appellat, opera omnia : Nunc demum post annos ferme ducentos e Brabantiæ Germanico idiomate reddita latine per F. Laurentium Surium, Carthusiæ Colonien. alumnum. Operum catalogum versa pagina offendes* (Vignette : David terrassant le lion).

Psal. XCIII. Beatus homo quem tu erudieris Domine, et de lege tua docueris eum. Coloniæ Ex Officina Hæredum Joannis Quentel, mense Martio, M. D. LII. Cum Gratia et Privilegio Imperiali ad Quinquennium (xxiv) + 550 + (ii) pp. fol. L'ouvrage est précédé d'un prologue, *Epistola nuncupatoria* de Gérard de Hamont, prieur de la Chartreuse de Cologne, d'un avis au lecteur de Surius, d'un éloge de Ruysbroeck et d'une vie de celui-ci, attribuée à un *præcipuus author, canonicus regularis*, vie qui ne diffère réellement de celle de Pomerius qu'en un seul endroit.

La traduction de Surius a eu encore d'autres éditions. D'abord en 1608 : *D. Joannis Rusbrochii sanctissimi divinissimique contemplatoris Opera omnia a R. F. Laurentio Surio Carthusiano ex Belgico Idiomate in Latinum conversa, et denuo quam diligentissime recusa. Omnibus pietatis studiosis, theologiam quam mysticam vocant sectantibus, et ad vitam contemplativam aspirantibus, utilissima.* (Même vignette.) *Coloniæ Apud Arnoldum Quentelium, Anno MDCVIII Cum Gratia et Privilegeo S. Cæsareæ Majestatis.* In-4°. Cette édition, assez rare, est même restée inconnue jusqu'à présent; le tirage reçut l'année suivante un nouveau millésime (M.DCIX.), et c'est cette soi-disant édition de 1609 qui est la plus répandue et réputée la meilleure, on ne voit pas pourquoi.

La traduction de Surius, qui fut réimprimée une dernière fois en 1692 (*Coloniæ Agrippinæ, Typis et Sumptibus Johannis Wilhelmi Friessem, Junioris*), procura aux œuvres du prieur de Groenendaal un renouveau de popularité; c'est d'après elle que Ruysbroeck fut dorénavant cité et que furent faites d'autres traductions en langues modernes de différents traités séparément.

C'est par la traduction de Surius que le pieux et savant abbé de Liessies, Louis de Blois (Blosius), apprit à connaître Ruysbroeck, dont il ressentit l'influence à tel point que tout son esprit et toutes ses œuvres en furent fortement imprégnés. Déjà en 1553, Blosius emprunta à l'édition de Surius plusieurs extraits qu'il fit entrer dans sa *Consolatio pusillanimium*, dont la traduction flamande parut déjà en troisième édition en 1568. Louis de Blois fit la part encore plus large à Ruysbroeck dans son *Margaritum spirituale* (Louvain, 1555, approbation du 23 octobre 1554) : en dehors de plusieurs extraits épars, toute la quatrième partie de cet ouvrage n'est qu'une riche anthologie des œuvres du mystique de Groenendaal : *Farrago utilissimarum institutionum, ex scriptis potissimum D. Joannis Rusbrochij decerptarum. Qui quidem Rusbrochius homo plane divinus, et singulari modo a Deo illuminatus doctusque fuit.* Des vingt-trois chapitres dont se composent ses *Dicta Patrum*, neuf sont empruntés à Ruysbroeck. Ajoutez à cela que partout dans les œuvres de Blosius on rencontre des réminiscences de Ruysbroeck, souvent littérales, sans indication expresse de la source.

Une grande partie du chapitre VII du *Salut éternel* est reproduite d'après Surius par J. Garetius, *Universalis et catholicæ ecclesiæ, de veritate corporis Christi in Eucharistiæ, sacramento præsentis consensus.* Antverpiæ, Ap. Martini Nutij Viduam, M.D.LXIII, ff. 136-137.

En 1565 parut à Venise une traduction italienne, fort rare aujourd'hui, du *Miroir du salut éternel*, sous ce titre : *Specchio dell' eterna salute, di S. Giouanni Rusbrocchio, diuino et eccellentissimo contemplaro, Tratte dal fonte della Teologia Ridotto di Latina in lingua Italiana per M. Mambrino da Fabriano.* (Vignette.) *Col priuilegio del sommo Pontificio neco per ann. X.* A la fin : *In Venetia, per Michele Tramezzino. MD LXV*, 128 ff., pet. in-8°, sign. A ij-Quij; chiffré 7-128.

Une traduction française de la *Gheestelike Brulocht* suivit en 1606 : *L'Ornement des nopces spiritvelles. Composé par le diuin Docteur et très excellent Contemplateur Jean Rvsbroche. Traduict en François par vn Religieux Chartreux de Paris Auec la vie de l'autheur à la fin du liure.* 1606. *A Tolose, Par la Vefue de J. Colomiés, et R. Colomiés, imprimeurs ordinaires du Roy. Avec priuilege de sa Majesté.* Cette traduction fut éditée une seconde fois, avec l'adresse : *A Tolose, Par Raymond Colomiés, Imprimeur ordinaire du Roy, et de l'Université*, 1619.

Deux ans plus tard parut une traduction allemande de l'opuscule *Vander ewiger Waerheit* ou *Samuel*, sous ce titre : *Ain alt vnd werdes Büchlein. Von der Gnade Gottes, genommen ausz dem anfang des Hohen Liedts Salomonis. So nun vor mehr den Dritthalbhundert Jahren, von Johan. Rusebruch, einem Hayligen Waldt-Priester in Brabandt (welcher bey Tauleri zeiten gelebt, vnd selbigen in Geistlichen Sachen viel underrichtet hatt) geschrieben : Auch zuvor nie Getruckt, vnd nuhn erstmahls an Tag gegeben worden. Durch D. S. Anno M.DC. XXI.* s. a., 22 pp. chiffrées, in-4°.

Le chapitre XII du traité *des douze vertus* de la traduction de Surius, précédé d'une courte introduction, est reproduit d'après l'édition de 1552, dans les *Selecta doctorum veterum, scriptorumque ecclesiasticorum, de vera sinceraque ad Deum conversione monumenta et documenta, cum præfaminibus Theophili Spizelii. M.DD.LXXXV* (sic, lisez *M.D.C.*, etc.), pp. 303-316.

En 1696 parut à Madrid une traduction espagnole des œuvres complètes de Ruysbroeck, faite sur le texte latin de Surius : *Traduccion de las obras del ilvminado doctor, y venerable Padre D. Juan Rusbroqvio. Mystico Maestro, abrasado en el Amor divino, varon de contemplacion altissima en las cosas Celestiales, y Divinas, de que fue dotado con sabiduria, y Magisterio infuso para guiar en la vida del espiritu, y caminos del Divino Amor. Fueron traducidas estas obras de la lengua Germanica en Latina, por el Venerable Padre Laurencio Surio Cartuxano ; y aora de lengua Latina en la vulgar Castellana, con Adiciones, por el Padre Blàs Lopez de los Clerigos Menores. Dividense en tres tomos.* Le tome Ier avec l'adresse : *En Madrid : En la Oficina de Melchior Alvarez. Año de M.DC.XCVI.* Les tomes II et III en un volume avec l'adresse : *En Madrid : En la Oficina de la Viuda de Melchior Alvarez. Año M.DC.XCVIII.* fol.

Cette traduction fut suivie de près d'une traduction allemande, également d'après Surius : *Des ehrwurdigen Vaters D. Joh. Rusbrochii, weil. canonici regularis Augustin. Ordens und Prioris des Klosters Grünthal, Doctor ecstaticus, bestehend aus allen desselben sehr gottseeligen Schriften, welche die höchsten Geheimnüsse der gottlichen Beschauung abhandelen Vormals von dem P.F. Laurentio Surio, einem Carthäuser zu Cölln aus dem Holländischen ins Lateinische, nun aber zum gemeinen Nutz alles ins Teutsche treulichst übersetzt von G.J.C. und mit einer Vorrede herausgegeben von G. Arnold. Offenbach am Mayn* 1701.

Une traduction allemande du traité *Vanden blinckenden steen* parut, vingt ans plus tard, sous le titre *D. Joh. Rusbrochii ... Wunder schones Edles Büchlein, Von dem Zeugniss und Vollkommenheit der Kinder Gottes*, dans l'ouvrage suivant : *J. Rusbrochius, Joh. Taulerus, Joh. Theophilus Theosophia Teutonica, der Seelen Adel Spiegel, bestend in 3 geistreichen teutschen Tractaetlein dreyer Gott erleuchteten Männer. Ulm, Elias Daniel Süss* 1722, pp. 1-54.

De même on trouve un extrait des *Noces spirituelles*, sous le titre : *Abrégé de la vie spirituelle du vénérable et pieux Jean Rusbroche, Chanoine régulier de l'ordre de Saint Augustin. Contenant une Doctrine toute céleste sur la vertu d'humilité*, dans l'ouvrage suivant : *Instructions chrétiennes pour conduire les ames a la perfection de l'humilité. Avec un Traité du très pieux Jean Rusbroche, Chanoine régulier de l'Ordre de saint Augustin, sur le même sujet, traduit en notre langue : et des Maximes Chrétiennes, dont chacune peut servir de sujet à une sérieuse et profonde méditation. Revues, corrigées et augmentées par le P. F. G. R. M. ... Quatrième édition ... A Paris, chez Pierre Prault, Quay de Gèvres, au Paradis. M.DCC.LIII.* In-32.

Il n'est pas tout à fait exact de croire, comme on l'a fait, que tandis que le texte latin pénétrait partout et recevait partout les honneurs de l'impression, le texte original était oublié. Nous avons déjà vu que ce texte original était répandu dans un nombre considérable de manuscrits. Or, ceux-ci se lisaient et se copiaient jusque fort avant dans la seconde moitié du XVIe siècle. Cela ressort aussi, du reste, de la dédicace de la première impression de la *Gheestelike Brulocht*, qui fut éditée en 1624 par un religieux de l'ordre des Capucins, le P. Gabriel de Bruxelles, sous ce titre : *T' Cieraet der gheestelycker Bruyloft, Gemaeckt door den goddelijcken leeraer, ende seer uutnemenden schouwer Heer Jan Ruysbroeck, Canonick Regulier ende eerste Prioor van Groenendale. Int licht ghebrocht door eenen liefhebber Christi. Met het leuen ende Miraculen des Autheurs. Salich is den mensch den welcken ghy Heer onderwijst, ende hem van uwen wet leert. Psal.* 93 (Gravure: Ruysbroeck sous son tilleul). *Tot Brussel by Jan van Meerbeeck, inde Putterye in S. Anna. Anno* 1624.

Cette édition ne se rencontre que fort rarement en dehors des grandes bibliothèques; preuve qu'elle fut beaucoup lue et qu'un grand nombre d'exemplaires furent usés. Elle est précédée d'une vie de Ruysbroeck, basée sur les données de Pomerius, Surius, Impens, Miraeus, etc. et sur la tradition orale des miracles du prieur de Groenendaal. L'éditeur, comprenant que la langue de Ruysbroeck était devenue incompréhensible pour des lecteurs du XVIIe siècle, a modernisé le texte, c'est-à-dire les formes grammaticales et les constructions syntaxiques; il a moins touché au vocabulaire (*met eenighe vernieuwinghe ende verbeteringhe van de oude Tale, naer de veranderinghe des tijts*). Ce travail du P. Gabriel a été sévèrement apprécié par David et par d'autres après lui. A tort cependant. C'est certain que le texte original a beaucoup plus de charme, mais celui du P. Gabriel, tout en manquant d'élégance, est beaucoup plus exact qu'on ne l'a dit.

La première publication sur Ruysbroeck que le XIXe siècle ait vu paraître, a été une traduction allemande, en vers blancs, des deux chants spirituels dont on trouve la traduction latine chez Surius, mais dont le texte original n'est pas encore connu; dans l'ouvrage : *Selbstgespräche des Gerlach Petri,... Das Büchlein Albert's des Grossen, wie man Gott anhangen soll. Des Eremiten Blacherna dreihundert fünf und sechzig Fragen vom Freunde und dem Geliebten. Drei Büchlein das innere Leben betreffend. Nebst zwei geistlichen Liedern des Johannes Rusbroch. Uebersetzt und bearbeitet von Nikolaus Casseder, Pfarrer zu Eltmann in Franken.* Frankfurt a/M. 1824. XVI + 318 p. in-12.

En 1838, Engelhardt publia, dans son livre *Richard von St Victor und Johannes Ruysbroek*, les extraits en traduction allemande du premier et du second livre des *Noces spirituelles* compilés par Rulman Merswin. Dix ans plus tard, A. von Arnswaldt publia *Vander Brulocht, Vanden blinckenden Steen, Vanden vier becoringen* et le *Spieghel der ewigher salicheit;* en 1851, J. van Vloten publia un grand nombre d'extraits dans sa *Verzameling van Nederlandsche prozastukken;* des extraits des *Noces spirituelles* se trouvent aussi dans *Oud-Nederlandsch Rijm- en Onrijm verzameld door* J. M. Schrant (Leiden, 1851), p. 176 et suiv.; Edw. van Even édita le prologue du *Spieghel der ewigher Salicheit* dans *De Katholiek*, t. XXIII (1853), p. 338 ss.; David, croyant que la partie rimée des *Douze Béguines* était un ouvrage à part, la publia dans le *Vaderlandsch Museum* de Serrure, t. III (1859-1860), p. 1-15, et entama enfin, en 1855, l'édition des œuvres complètes de Ruysbroeck : de 1858 à 1863 parurent cinq volumes; David mourut sans pouvoir achever son entreprise; le sixième volume parut en 1868, deux ans après sa mort, sans introduction ni glossaire. Cette édition, qui est loin d'être aussi correcte que l'on s'est habitué à le dire (au point d'être inutilisable pour les études philologiques), ne contient que les écrits de Ruysbroeck cités par Pomerius, plus *Van den twaelf Dogheden*. Le texte original des lettres de Ruysbroeck n'a été retrouvé que partiellement, et fut publié par l'abbé Auger et par l'auteur de cette notice; les autres écrits attribués à Ruysbroeck le seront sous peu, par le même.

Depuis, la réputation de Ruysbroeck n'a fait qu'accroître. G. C. Schmidt donna une traduction allemande de la *Summa totius vitæ spiritualis* imprimée par Surius, du traité *Vanden blinckenden Steen* et de treize extraits d'après l'édition de Van Arnswaldt, le tout, augmenté d'une réimpression de la traduction des *cantiones* par Casseder (que Schmidt présentait comme sienne !) sous le titre : *Das Büchlein von der Vollkommenheit der Kinder Gottes und die Summa des ganzen geistlichen Lebens durch Dr. Johannes Ruysbroek. Nebst etlichen Zugaben. ... Mit Ruysbroeks Leben und Bildniss.* Neu-Ruppin, Alfred Oehmigke, 1862, pet. 8°.

En 1869, E. Hello publia une traduction de fragments épars et de la vie de Ruysbroeck par le chanoine anonyme, d'après le texte latin de Surius : *Rusbrock l'Admirable* (*Œuvres choisies*); cette traduction, souvent fort inexacte, qui eut une deuxième édition en 1902, eut à son tour les honneurs d'une traduction polonaise (quoique son auteur ne nomme pas sa source) : *Rusbrock Przedziwny. Przelozyl na jezyk polski X. W. P. z. z. Lwów Nakladem tlumacza* 1874 (= *Rusbrock l'Admirable, traduit en langue polonaise par W. P. prêtre. Lemberg, Imprimerie populaire*, 1874).

Lorsque le père Denifle composa son livre *Das Geistliche Leben. Eine Blumenlese aus den deutschen Mystikern des* 14. *Jahrhunderts* (1873; 2e ed., 1879; 4 ed., 1895; 5e ed., 1901), il y fit entrer un nombre considérable d'extraits de Ruysbroeck, d'après le texte original : dans la deuxième édition (1879), on en compte jusqu'à 172. Une traduction française de l'ouvrage du père Denifle parut en 1897 : *La vie spirituelle. Traduction littérale d'après la 4e édition allemande* (Troyes, Arbouin), suivie d'une nouvelle traduction d'extraits choisis, en 1903, par la Comtesse de Flavigny et Melle M.-A. de Pitteurs, sous le titre : *La vie spirituelle d'après les mystiques allemands du XIVe siècle, ... Traduction et adaptation francoises* (Paris, Lethielleux).

Tous les extraits que l'abbé Louis de Blois a intercalés dans ses différents ouvrages furent réunis et traduits en allemand, accompagnés d'une notice biographique d'après Pomerius, par Magnus Jocham, sous le titre : *Lichtstrahlen aus den Schriften des ehrwürd. Ables Johannes Rusbrock, gesammelt vom ehrwürdigen Able Ludwig Blosius* (2e partie, avec pagination spéciale du 3e volume des *Lichtstrahlen aus den Schriften katholiker Mystiker.* III. *Johannes Tauler. Johannes Rusbroch.* München, 1876).

En 1891 parut la traduction française du chef-d'œuvre de Ruysbroeck, qui provoqua un véritable engoûment : *L'ornement des noces spirituelles, de Ruysbroeck l'Admirable, traduit du flamand et accompagné d'une introduction par Maurice Maeterlinck* (Bruxelles, 1891, nouv. édit., 1908). Elle fut suivie d'une traduction française des *Douze Béguines*, précédée d'une *Introduction à la lecture des mystiques flamands* et d'une traduction de la vie de Ruysbroeck par Pomerius, publiées par l'abbé Paul Cuylits dans la revue *Durendal* 1898, 1899, 1900. Une traduction allemande de la *Gheestelike Brulocht*, *Vanden blinckenden steen* et *Vander hoechster Waerheit*, parut en 1902 sous le titre : *Die Zierde der geistlichen Hochzeit. Vom glanzenden Stein. Das Buch von der höchsten Wahrheit. Drei Schriften des Mystikers Johann van Ruysbroeck* (1293-1381). *Aus dem Vlämischen übersetzt von Franz A. Lambert* (Leipzig, Th. Grieben's Verlag (L. Fernau)). Enfin, au moment même où cette notice s'imprime, est annoncée une traduction française de l'œuvre complète de Ruysbroeck, d'après le latin de Surius; le premier volume vient de paraître, sous le titre : *D. Jean Rusbroch ... Vie et Gestes suivis de son Livre très parfait des Sept degrés de l'Amour Traduction littérale du latin en français par l'auteur de la Vie et des Visions de Sainte-Hildegarde.* Paris, R. Chamonal, 1909; in-12.

Dès la mort de Ruysbroeck, sa mémoire devint l'objet d'un véritable culte; ses frères de Groenendaal se disputèrent ses reliques : l'un s'arrogea une dent, un autre sa courroie, un troisième une mèche de ses cheveux; ou quelqu'autre objet qui lui avait appartenu. D'après les biographes, Ruysbroeck aurait opéré immédiatement un miracle. Une béguine, qui souffrait atrocement d'une maladie des dents, que les médecins s'efforcèrent en vain de guérir, les toucha de la dent de Ruysbroeck : elle fut guérie immédiatement, et ne souffrit plus jamais de ce mal.

Persuadé par ce fait et d'autres pareils, que le prieur était bienheureux, on venait l'invoquer, allumer des cierges et sacrifier toutes espèces d'objets. Sa tombe devint un lieu de pèlerinage. Les religieux de Groenendaal célébrèrent publiquement l'office des bienheureux en son honneur, et ornèrent le cloître de tableaux représentant Ruysbroeck dans la forêt de Soignes et ses miracles.

Quand un frère du couvent devenait malade, il allait prier à la tombe de Ruysbroeck pour y implorer sa guérison. Les femmes, auxquelles l'entrée de l'église de l'abbaye était interdite (jusqu'en 1624), allaient honorer et invoquer le saint prieur à son tilleul; les hommes même y allèrent pour obtenir guérison du mal de dents, de la fièvre et d'autres maladies.

Après la suppression du couvent, ce culte s'est continué à l'église de Hoeylaert, où il existe encore : les dimanches et jours fériés on y allume deux cierges devant un tableau représentant Ruysbroeck sous son tilleul, et le 2 décembre, ce tableau, qui semble dater du XVIIe siècle et être inspiré par la gravure sur le titre de la *Relatio* du Père Thomas a Jesu, est exposé au maître-autel.

Sollicité de différents côtés d'opérer la translation de Jean de Ruysbroeck, l'archevêque de Malines Jacques Boonen vint à Groenendaal le 7 novembre 1622; le lendemain, en présence de nombreux témoins (parmi lesquels se trouvaient deux chanoines de Sainte-Gudule représentant le chapitre général de Windesheim, les prieurs de Groenendaal, du Rouge-Cloître et des Sept-Fontaines, le doyen de Bruxelles Silvestre Verhaeghen, Aubert Le Mire, doyen d'Anvers, et Meyerus, le prévôt d'Harlebeke), l'archevêque fit procéder à l'ouverture de la tombe de Ruysbroeck et de Franc van Coudenberg. On y trouva les deux squelettes dans leur position naturelle, sans aucune trace d'habits ni de cercueil; il n'y avait que quelques clous rouillés, provenant des planches placées comme cloison entre les deux corps en 1386. Sur les ordres de l'archevêque, le chirurgien Lambrecht van Vlierde nettoya les ossements de Ruysbroeck, après quoi ils furent placés dans une nouvelle châsse de bois qu'on déposa dans une chapelle latérale. Immédiatement, une foule nombreuse vint honorer les restes mortels du prieur de Groenendaal. Le 17 novembre suivant, l'Infante Isabelle elle-même, accompagnée d'une suite nombreuse, vint visiter l'abbaye et honorer ses reliques. Près du tilleul de Ruysbroeck elle posa la première pierre d'une chapelle en l'honneur de Notre-Dame de Lorette, et elle fit placer la châsse dans un magnifique mausolée, devant le maître-autel. Le 29 octobre 1629 le prince Emmanuel de Portugal offrit une précieuse lampe d'argent pour éclairer perpétuellement la tombe.

Lorsque, en 1668, les armées françaises menaçaient de piller et d'incendier les environs de Bruxelles, la châsse fut transportée en toute hâte à la ville, de sorte que plusieurs des ossements, qui furent fortement secoués, se brisèrent et que les sceaux de la châsse furent endommagés. Le vicaire capitulaire Aimé Coriache procéda alors à une seconde enquête des reliques, enroula la plupart des ossements dans une enveloppe séparée, et scella de nouveau la châsse, qui retourna à Groenendaal. Coriache scella aussi quelques ossements, qui, assura le prieur d'alors, avaient été placés, chacun séparément, dans une petite boîte par l'archevêque Boonen, et dont on s'était proposé de faire don à différentes églises, dès que Rome en aurait permis le culte. Une seule de ces boîtes fut donnée au couvent de Jéricho à Bruxelles; les autres, au nombre de dix, étaient restées conservées depuis à Groenendaal dans un coffret scellé.

Les reliques de Jean de Ruysbroeck restèrent dans son propre couvent jusqu'à la suppression, en 1784, par Joseph II. Les reliques que les couvents supprimés possédaient furent remises aux évêques. Le cardinal-archevêque Franckenberg disposa de celles de Ruysbroeck en faveur du chapitre des chanoines de Sainte-Gudule à Bruxelles. Comme le culte public n'en était pas encore reconnu, elles furent conservées dans la salle des chapelains. C'est là que se trouvait la châsse, recouverte de velours rouge, lorsque, le 6 mars 1793, les sans-culottes envahirent la cathédrale. La châsse de Ruysbroeck, ainsi que celle de la sainte Exuperantia, qui se trouvait au même endroit, fut forcée, les enveloppes des ossements déchirées, mais les reliques elles-mêmes ne furent pas dispersées. Le notaire G. Nuewens remit le tout en place et scella à nouveau la châsse le 20 mai suivant.

Depuis lors, on en a perdu les traces, ainsi que du coffret avec les dix petites boîtes. D'après la tradition, les reliques furent dispersées par les Français en 1793, et enterrées plus tard, avec d'autres, dans l'église. Il ressort de ce qui précède, que la première partie de cette tradition est inexacte. Des recherches faites il y a quelques années dans le caveau derrière le maître-autel n'ont pas donné de résultats.

Depuis lors, la paroisse de Ruysbroeck a reçu quelques menues reliques (entre autres un osselet du pied gauche), qui avaient été conservéès depuis le XVIIe siècle à la résidence des PP. Jésuites à Rome.

D'après les sources de l'époque, l'eau qui avait servi à nettoyer les ossements de Ruysbroeck, lors de la translation en 1622, se serait conservée intacte pendant plusieurs mois, et aurait exhalé un parfum de roses et de violettes. Dans le courant des années 1623 et 1624 un grand nombre de personnes, souffrant de différentes maladies, dont plusieurs étaient déjà abandonnées des médecins, recouvrèrent la santé en buvant de cette eau et en touchant les reliques de Ruysbroeck. En présence de ces guérisons miraculeuses, et sur les instances du général de la congrégation de Windesheim, du prieur et des religieux de Groenendaal, l'archevêque Boonen donna, en 1624, au savant Aubert Le Mire une commission spéciale pour commencer le procès informatif sur la vie et les miracles de Ruysbroeck, afin d'obtenir la béatification depuis si longtemps désirée. Le 3 juillet 1624, les actes de ce procès préparatoire furent envoyés à Rome. Après examen, la Congrégation des rites nomma trois commissaires (Aubert Le Mire, le doyen du chapitre de Sainte-Gudule et le doyen de Bruxelles) pour faire le procès apostolique. Celui-ci avança rapidement : commencé le 22 avril 1626, le rapport en fut expédié à la Congrégation le 11 février 1627. Le tribunal de la *rota*, auquel la continuation du procès fut confiée, semblait bien disposé, et l'affaire aurait eu certainement des suites favorables, si les fonds n'avaient pas fait défaut. Déjà au commencement de l'année 1630, la cause fut interrompue. Le cardinal de Monte écrivit aux commissaires pontificaux que tout devait rester dans le même état jusqu'à nouvel ordre. Le culte fut continué comme par le passé.

Lorsque la dépouille de Ruysbroeck fut remise aux chapelains de Sainte-Gudule, ceux-ci reprirent la cause, tout en demandant non pas la béatification, mais seulement l'autorisation pour le clergé de Bruxelles de célébrer l'office et la messe du serviteur de Dieu. Cette fois encore, on semblait bien disposé à Rome, mais on exigea une nouvelle instruction : les preuves alléguées pour établir que le culte de Jean de Ruysbroeck existait longtemps avant le décret d'Urbain VIII (1634), ne furent pas jugées concluantes. Mais les conjonctures du temps n'étaient pas favorables. Près d'un siècle s'écoula avant que la cause put être reprise.

En 1885, le cardinal Goossens, archevêque de Malines, sur la demande du clergé de Bruxelles et des religieux de la Compagnie de Jésus, commença les démarches nécessaires, et obtint enfin, par lettre du Cardinal-Préfet de la Sacrée Congrégation des Rites, en date du 8 février 1890, l'institution d'un tribunal délégué. Celui-ci était composé du chanoine A.-D. Bogaerts, juge, sous-délégué ; du chanoine F.-L. Lauwereys, sous-promoteur, et de L. Van Weddingen, notaire. Ce tribunal rendit sa sentence au mois d'avril 1891. Après examen de ce procès, la Sacrée Congrégation des rites, en sa séance du 1er décembre 1908, approuva la sentence du juge-délégué constatant l'existence du culte immémorial de Jean de Ruysbroeck, et le 9 du même mois, le pape Pie X confirma de son autorité apostolique la décision de la Congrégation. Enfin, le 24 août 1909, celle-ci accorda aussi la concession et l'approbation de l'office et de la messe propre de Ruysbroeck. La béatification ne semble plus qu'une question de temps.

Nous ne possédons pas d'iconographie absolument authentique de notre célèbre compatriote. Il se peut que la miniature du manuscrit *A* soit plus ou moins un portrait (une copie, avec un nouvel arrière-plan, se trouve dans le ms. G; c'est cette copie qui est reproduite dans l'édition de David).

La *Relatio ... de sanctitate ac miraculis... Joannis Rusbrochii* de Thomas a Jesu de 1623 porte sur le titre une fort belle gravure sur cuivre (99 × 99 mm.) représentant Ruysbroeck en extase sous l'arbre enflammé, écrivant sous l'inspiration divine, avec la devise également gravée : BEATVS HOMO, QVEM TV ERUDIERIS DOMINE. Plus loin dans la forêt, on aperçoit deux religieux qui sont apparemment à la recherche du prieur ; au fond, les étangs et le clocher de Groenendaal. C'est la représentation de l'épisode bien connu qui a été relaté plus haut. Cette eau-forte a servi de modèle à une gravure sur bois assez grossière, qui se trouve aux archives de l'archevêché de Malines, et à une autre gravure, plus petite (55 × 53.5 mm.) et retournée, et où les deux religieux sont supprimés, qui se trouve sur le titre de l'édition de la *Gheestelike Brulocht* de 1624 et du *Necrologium ... Viridis Vallis* de Mastelinus. En 1844, le baron de Herckenrode traça une copie à la plume d'un très ancien petit portrait, dont le professeur J.-H. Bormans fit don naguère à Mgr. Bogaerts, vicaire général de Liége. Cet ancien portrait semble avoir disparu ; le dessin du baron de Herckenrode a été édité en 1894 par les soins de M. Mod. de Bie, curé de Ruysbroeck. Soit qu'il ait connu l'original ou simplement le dessin, le peintre gantois Charles Doudelet reproduisit ce portrait magnifiquement à l'huile, l'adossant à des hêtres séculaires. Portrait authentique ou non, l'œuvre de Doudelet éveille bien une vision de Ruysbroeck l'Admirable.

Willem de Vreese.

De origine monasterii Viridisvallis una cum vitis B. Joannis Rusbrochii primi prioris hujus monasterii et aliquot coaetaneorum ejus. Opusculum Henrici Pomerii *nunc primum editum*, dans les *Analecta Bollandiana*, t. IV (1885), p. 263 ss., d'après le ms. 2926-'28 de la Bibliothèque roy. de Bruxelles. L'ouvrage de Pomerius se trouve encore dans d'autres mss. de la même bibliothèque, et dans un ms. de celle d'Utrecht (n° 311 du cat.), d'après lequel les ch. 8-10 du second livre furent édités dans Kist en Royaards, *Archief voor kerkelijke Geschiedenis*, t. VIII (1837), p. 362 ss.; il en existe une traduction moyen néerlandaise, conservée dans plusieurs manuscrits, qui sera éditée par l'auteur de cette notice; une traduction française fut publiée par Cuylits, *Durendal*, 1898-1899. — *Sanctiss. atque celeberrimi patris* D. Joannis Rusbrochii *vita, et gesta ex pluribus pauca, quæ ex fide dignorum scriptis colligere licuit*, dans D. Joannis Rusbrochii ... *Opera omnia ... reddita latine per* F. Laurentium Surium (voir plus haut), qui déclare : *Præcipuus huius Vitae Author, canonicus regularis fuit, sed nomen suum suppressit : vixitque paula post Rusbrochium, sed ejus verba nos aliquanto meliori stylo reddidimus;* une traduction française de cette *vita* se trouve chez E. Hello, *Rusbrock l'Admirable* et devant le premier volume de la nouvelle traduction des *Opera*, éditée par la maison Chamonal. — *Necrologium monasterii Viridis vallis*, ms. II 155 de la Bibliothèque royale de Bruxelles; voir les extraits dans les *Analecta Bolland., loc. cit.* — Nolte, *Sieben unausgegebene Briefe von Gerhard Groote*, dans *Theologische Quartalschrift*, t. 52 (1870), p. 280 ss. — Wilhelm Preger, *Beiträge zur Geschichte der religiösen Bewegung in den Niederlanden in der 2. Halfte des 14. Jahrhunderts* (München, 1894, extrait des *Abhandlungen der königlichen bayerischen Akademie der Wissenschaften*, III. Classe, XXI. Bd., 1. Abtheilung; contient des lettres de Gérard de Groote, avec introduction). — Thomas a Kempis, *Vita venerabilis magistri Gerardi Magni*, c. 10. — Jean Gerson, *Epistola ad fratrem Bartholomaeum Carthusiensem super tertia parte libri Joannis Ruysbroech, de Ornatu spiritualium nuptiarum*, dans Joannis Gersonii *Opera*, éd. du Pin (Anvers, 1706), t. I, col. 59 ss. — *Libellus fratris* Joannis de Schoenbovia, *qui nititur defendere quaedam dicta fratris Joannis Ruysbroech, contra magistrum Joannem de Gerson*, ibidem, col. 63 ss. — *Epistola Magistri Joannis de Gerson ad Fratrem Bartholomaeum Carthusiensem, contra praedictam defensionem*, ibidem, col. 78 ss. — Petrus Impens, *Chronicon Bethleemiticon*, dont l'original se trouve à la Kaiserliche Familien-Fideikommiss Bibliothek, à Vienne. — *Die excellente cronike van Brabant*. Anvers, 1530, livre I, c. 37. — A. Miræus, *De Windesimensi, Lateranensi, Aroasiensi, et Congregationibus alijs Canonicorum regularium, ord. S. Augustini. Accessit Vita et Translatio corporis V. Joannis Rusbroquii, ord. eiusdem, in Viridi Valle, prope Bruxellam*, An. 1622, die 8. Nov. facta. Bruxelles, Joan. Pepermanus ... 1622, 70 p. in-12. — A. Miræus, *Elogia et Testimonia variorum de V. Joanne Rusbroquio* ... Bruxelles, Joan. Pepermanus, 1622, 40 p. pet. in-12 (réimpression, augmentée, du ch. II de l'ouvrage précédent). — [A. Miræus], *Monasterii Viridis Vallis In Sonia silua, prope Bruxellam, Origo* ... Brux., J. Peperman, 1622. — A. Miræus, *Fasti Belgici et Burgundici*. Brux., s. d. (1622), p. 712. — Chrys. Henriquez, *Vita Joannis Rusbrochii*. Brux., J. Peperman, 1622. — [Thomas a Jesu], *Beatissimo D. N. Gregorio XV summo ecclesiae pastori, Pro obtinenda servi Dei Joannis Rusbrochii, Viri sanctitate et doctrina clari, Beatificatione, Relatio fide digna de sanctitate vitæ ac miraculis ejusdem servi Dei* (gravure sur cuivre). Anvers, ex officina plantiniana, 1623, fol. (approbation du 8 mars 1623). — Valère André, *Bibliotheca belgica*, 1re éd. (1623), p. 525 ss.; 2e éd. (1643), p. 555 ss. — *Processus auctoritate ordinaria Illustrissimi et Reverendissimi Jacobi Boonen, anno 1624 facta a commissario deputato Auberto Miraeo de vita et miraculis Joannis Ruysbrochii* ... (aux archives de l'archevêché de Malines). — *Het leven des verlichten Leeraers en uitnemenden Schouwer Heer Jan Ruysbroec, ghetrocken uut de oude boecken* ..., dans *T'Cieraet der Gheestelycker Bruyloft* ... Bruxelles, 1624 (voir plus haut). — *Acta annis 1626-1627, auctoritate ordinaria et apostolica super sanctitate vitae, virtutibus et miraculis Ruysbrochii* (aux archives de l'archevêché de Malines). — M. Maslelin, *Necrologium Monasterii Viridis Vallis ordinis canonicorum regularium S. Augustini* ... Bruxelles, J. Meerbeeck (s. d., vers 1630), p. 85 ss. — Pennottus, *Ordinis clericorum canonicorum historia tripartita*. Cologne, 1630, p. 527 ss. — Wichmans, *Brabantia Mariana*. Anvers, 1632, p. 801. — Bellarmin, *De scriptoribus ecclesiasticis*, 1663, p. 366. — Bossuet, *Instruction sur les états d'oraison*. Paris, 1697, livre Ier. — Gramaye, *Antiquitates Belgicae*. Louvain, 1708, p. 30. — Hélyot, *Histoire des ordres monastiques, religieux et militaires* (Douai, 1714), t. II, p. 349. — *Het leven van den hoogh-verlichten leeraer der verborghen goddelijcke wetenschap den salighen Joannes Ruysbrochius*... Gand, Aug. Graet, s. d. (vers 1717). — Van Gestel, *Historia sacra et profana archiepiscopatu Mechliniensis* (La Haye, 1725), t. II, p. 78 ss. — Sanderus, *Chorographia sacra Brabantiae* (La Haye, 1727), t. II, p. 16 ss. — Foppens, *Bibliotheca Belgica*, 1739, t. II, p. 720 ss. — Bayle, *Dictionnaire critique*, t. IV (1741), p. 105 ss. — Paquot, *Mémoires*, etc. (Louvain, 1763), t. I, p. 203 ss. (éd. in-8o). — J. A. a Mosheim, *De beghardis et beguinabus commentarius*. Leipzig, 1790, p. 305 ss. — Butler, *Vies des pères, martyrs et autres principaux saints*. Louvain, 1828-1833, t. XVIII, p. 205 ss.; éd. De Ram, Bruxelles, 1854, t. VI, p. 303 ss. — G. H. M. Delprat, *Verhandeling over de broederschap van G. Groote*, 1re éd. (Utrecht, 1830), p. 19; 2e éd. (Arnhem, 1856), p. 12 et 36. — J. G. V. Engelhardt, *Richard von St. Victor und Johannes Ruysbroek*. Erlangen, 1838. — K. J. Bogaerts, *Over onze nederduitsche Kanselredenaers*, III, dans *De Middelaer*, t. I (1840-1841), p. 159 ss. — Carl Schmidt, *Joannes Tauler von Strassburg*. Hambourg, 1841, p. 211 ss. — C. Ullmann, *Reformatoren vor der Reformation*, t. II (Hambourg, 1842), p. 35 ss. — J.-F. Willems, *Iets over en van den gelukzaligen Jan van Ruysbroek*, dans *Belgisch Museum*, 1845, p. 158 ss. — Charles Schmidt, *Etudes sur le mysticisme allemand au* XIVe *siècle*, dans les *Mémoires de l'Académie royale des sciences morales et politiques de l'Institut de France*, t. II, savants étrangers (1847), p. 225 ss. — C. Ullmann, Introduction à *Vier Schriften von Johann Rusbroek in niederdeutscher sprache*. Hanovre, 1848. — W. Moll, *Johannes Brugmann en het godsdienstig leven onzer vaderen in de vijftiende eeuw* (Amsterdam, 1854), t. I, p. 40, 72, 105 ss. — Alphonse Wauters, *Histoire des environs de Bruxelles*, t. III (1855), p. 534 ss., 592 ss. — F. Böhringer, *Die deutschen Mystiker des vierzehnten und fünfzehnten Jahrhunderts*. Zürich, 1855, p. 442 ss. — V. de Buck, *Het christelyk Hoolaert* (Brussel, 1855), p. 49 ss., p. 162 ss. — George-Charles Schmidt, *Etude sur Jean Rusbrœk ..., sa vie, ses écrits et sa doctrine*. Strasbourg, 1859. — W. Moll, *Kerkgeschiedenis van Nederland voor de hervorming*, t. II, 2e partie, p. 218, 366, 367, 383; 3e partie, p. 18, 28, 65, 66; 4e partie, p. 214. — A. Stöckl, *Geschichte der Philosophie des mittelalters*, t. II (1860), p. 1137-1149. — A. A. van Otterloo, *Johannes Ruysbroeck, een bijdrage tot de kennis van den ontwikkelingsgang der Mystiek*. Amsterd., 1874; 2e éd., 's Gravenhage, 1896. — J. C. van Slee, *De kloostervereeniging van Windesheim*. Leiden, 1874, p. 14 s., 44, 205, 212, 217, 219, 301, 306, 325. — J. G. R. Acquoy, *Het klooster te Windesheim en zijn invloed*. Utrecht, 1875-1880, t. I, p. 35, 46, 180; t. II, p. 14, 215, 382; t. III, p. 14. — A. Jundt, *Histoire du panthéisme populaire*. Paris, 1875, p. 97 ss., 102 s. — H. S. Denifle, *Tauler's Bekehrung kritisch untersucht*. Strasbourg, 1876, p. 37. — H. S. Denifle, *Das Buch von geistlicher Armuth bisher bekannt als Johann Taulers Nachfolgung des armen Lebens Christi*. München, 1877, p. VII, L ss. — A. Jundt, *Les amis de Dieu au* XIVe *siècle*. Paris, 1879, p. 22 s., 64 ss. — Bonet-Maury, *Jean de Ruysbroek*, dans l'*Encyclopédie des sciences religieuses*, publiée par F. Lichtenberger, t. XI (1881), p. 363 ss. — Karl Grube, *Gerhard Groot und seine Stiftungen*. Cologne, 1883, p. 11, 94. — F. Ueberweg, *Grundriss der Geschichte der Philosophie*, t. II (7e Aufl., Berlin, 1886), p. 269, 271, 285. — J.-J. Altmeyer, *Les précurseurs de la réforme aux Pays-Bas*. Bruxelles, 1886, t. I, p. 93 ss. — M. Maeterlinck, *Ruysbroeck l'admirable*, dans la *Revue générale*, 1889, p. 453 ss., 633 ss.; de notables parties de cette étude ont passé dans l'introduction de *L'Ornement des noces spirituelles*, du même. — Otto Smidt, art. *Ruysbroeck*, dans *Allgemeine deutsche Biographie*, t. XXIX (1889), p. 626 ss. — H. Claeys, *Jan van Ruusbroec*, dans *Het Belfort*, t. V (1891), p. 381 ss. — H. Meert, *Het vers en het berijmd proza in de werken van Jan van Ruusbroec*, dans le *Nederlandsch Museum*, 1891, t. I, p. 240 ss. — A. Auger, *Etude sur les mystiques des Pays-Bas au moyen âge*, p. 157 ss. (*Mém. cour. de l'Acad. roy. de Belg.*, t. XLVI). — A. Auger, *De doctrina et meritis Joannis van*

Ruysbroeck. Louvain, s. d. (1892). — H. Claeys, *Jan van Ruusbroec's taal en stijl*, dans *Verslagen en mededeelingen der koninklijke vlaamsche Academie voor taal- en letterkunde*, 1894, p. 184 ss. — W.-L. de Vreese, *Bijdragen tot de kennis van het leven en de werken van Jan van Ruusbroec*. Gand, 1896 (extrait de *Het Belfort*, 1895 et 1896), (une seconde édition, considérablement augmentée, est en préparation). — P. Fredericq, *Geschiedenis der Inquisitie in de Nederlanden*, t. II (1897), p. 3 ss. — A. Harnack, *Lehrbuch der Dogmengeschichte*, 3e Aufl. Freiburg i.B. 1897, t. III, p. 377, 388. — M. Schoengen, *Die Schule von Zwolle von ihren Anfängen bis zu dem Auftreten des Humanismus*. Freiburg (Schweiz), 1898, p. 33 s. — P. Cuylits, *Introduction à la lecture des mystiques flamands*, dans *Durendal, Revue catholique d'art et de littérature*, t. V (1898), p. 91 ss., 179 ss., 612 ss., 848 ss.; t. VI (1899), p. 55 ss., 227 ss., 357 ss. — G. Visser, *Hendrik Mande, bijdrage tot de kennis der Noord-Nederlandsche Mystiek*. 's-Gravenhage, 1899, *passim*. — Willem de Vreese, *De handschriften van Jan van Ruusbroec's werken* (Gand, 1900 et 1902). — C. G. N. de Vooys, *Twee christen-demokraten uit de XIVe eeuw*, dans *De XXe eeuw*, 1903, p. 156 ss., 280 ss. — Le même, *Meister Eckart en de Nederlandsche Mystiek*, dans *Nederlandsch Archief voor kerkgeschiedenis*, t. III (1904-1905), p 50 ss., 176 ss., 265 ss. — K. Ruelens, *Jan van Ruysbroek en Blommardinne*, dans *Werken van zuster Hadewijch*, t. III, *Inleiding, Varianten, Errata*, par J. Vercoullie. Gand, 1905, p. XXI ss. — K. Rieder, *Der Gottesfreund vom Oberland* (Innsbruck, 1905), p. 23*, 34*. — M. de Wulf, *Histoire de la philosophie médiévale*, 2e éd. Louvain, 1905, p. 467. — S. D. van Veen, article *Ruysbroeck*, dans la *Realencyklopädie für protestantische Theologie und Kirche*, 3e Aufl., t. XVII (1906), p. 267 ss. — G. Kalff, *Geschiedenis der nederlandsche letterkunde*, 1re partie (Groningen, 1906), p. 379 ss. — Mod. de Bie, *De dienaar Gods Joannes van Ruysbroeck*. Bruxelles, s. d. (1907) ; 2e éd. Halle, s. d. (1909). — Fr. Hyacinthus, C. D., *Kermes en Karmozijn*, dans *Biekorf*, t. XVIII (1907), p. 248 ss. — J. Laenen, *De dienaar Gods Jan van Ruysbroeck, zijn leven, zijn eeredienst, zijn werken*. Louvain, 1907 (extrait de *La vie diocésaine, bulletin du diocèse de Malines*, t. I). — J. van den Bergh van Eysinga-Elias, *Ruusbroec in verband met de Fransche en Duitsche Mystiek*, dans *De Gids*, 1907, t. II, p. 275 ss. (très inexact, mal informé). — Jacobus Trajecti *alias* de Voecht, *Narratio de inchoatione Domus clericorum in Zwollis* ..., publiée par Dr M. Schoengen (Amsterdam, 1908), p. 1. — *La vie diocésaine, bulletin du diocèse de Malines*, t. II (1908), p. 459 s. — Th. Braun, *Propos d'hier et d'aujourd'hui*. Brux., 1908, p. 71 ss. (très superficiel et très inexact). — A. Spamer, *Zur überlieferung der Pfeifferschen Eckeharttexte*, dans *Beiträge zur Geschichte der deutschen sprache und literatur*, t. XXXIV (1908), p. 307 ss., spécialement p. 396. — *Decretum Mechlinien. confirmationis cultus ab immemorabili tempore praestiti ven. servo Dei* IOANNI RUSBROCHIO ... *beato nuncupato* (Rome, Typ. Vatic., 1909). — *Acta Apostolicae Sedis*, no du 15 sept. 1909. — W. Dolch, *Die Verbreitung oberländischer Mystikerwerke im Niederländischen* (Leipzig, 1909).

RUYSBROECK (*Jean* **DE** ou **VAN**), dit VAN DEN BERGHE, né probablement à Bruxelles, au début du XVe siècle, d'une famille de tailleurs de pierre (1), mort dans la même ville le 28 mai 1485, administrateur public et maître des œuvres, dont le nom resta inconnu pendant plusieurs siècles malgré l'éclat incomparable de ses œuvres : la flèche admirable de Saint-Michel à Bruxelles et celle de Sainte-Gertrude à Louvain.

Ce n'est que vers 1830 que son nom réapparaît et il semble que c'est Gautier, dans son *Conducteur dans Bruxelles* (p. 281), qui le cite pour la première fois. Alphonse Wauters en fit ensuite l'objet de ses recherches et, grâce à lui, nous sommes maintenant suffisamment renseignés sur la carrière de ce grand artiste.

Enfin, dans son mémoire sur *la tour et les stalles de Sainte-Gertrude à Louvain*, Edw. van Even nous a révélé la participation de Ruysbroeck à la construction de la flèche ajourée qui domine si heureusement Louvain depuis la destruction, à jamais déplorable, des clochers de Josse Metsys, à l'église collégiale de Saint-Pierre.

C'est donc tout particulièrement aux recherches de Wauters et de Van Even que sont dus les faits connus de sa biographie. Depuis eux, aucun fait nouveau n'a été rapporté à son sujet.

La date de sa naissance nous est inconnue. C'est à l'occasion d'un fait politique que son nom nous apparaît pour la première fois dans les annales bruxelloises, si l'on admet l'opinion de Wauters qui identifie le conseiller bruxellois Jean de Ruysbroeck avec notre artiste. Rappelons qu'Antoine de Bourgogne venait de perdre la vie à la bataille d'Azincourt (25 octobre 1415). La minorité de Jean IV avait donné lieu à une régence, puis le règne de ce prince indolent en mésintelligence avec sa femme Jacqueline de Bavière, avait amené une suite de troubles et de guerres malheureuses. Le Brabant presque tout entier se détacha de sa dépendance pour passer sous celle du

(1) Dès 1360, on trouve à Bruxelles, rue Haute, un tailleur de pierres du nom de Jean de Ruysbroeck, et, au XVe siècle, rue de Laeken, deux Gilles de Ruysbroeck (voir plus haut).

comte de Saint-Pol, auquel les corporations des métiers, profitant de la révolution, arrachèrent une charte qui composait le magistrat de la ville et organisait les métiers en neuf nations partageant le pouvoir avec les lignages (11 février 1421). C'est parmi le magistrat susdit, à titre de conseiller nommé par les métiers, qu'on trouve, pour la première fois, le nom de Jean de ou van Ruysbroeck, dit Van den Berghe. A défaut de toute indication sur la date de sa naissance, ce fait implique son arrivée au monde tout à la fin du XIVe ou au début du XVe siècle.

Les charges publiques lui arrivent successivement. C'est ainsi qu'en 1426 nous le trouvons parmi les mambours ou administrateurs de l'hospice Terarken et, en 1429, parmi les échevins de Vilvorde, preuve de la haute estime que ses concitoyens avaient pour ses talents d'administrateur et l'intégrité de son caractère. Chose curieuse au premier abord, sa carrière politique s'arrête là. Mais on peut expliquer le fait par les fonctions de maître des œuvres qu'il reçoit à ce moment. En 1443, le nom de Ruysbroeck apparaît, en effet, en cette qualité, car on le voit entreprendre dans le jardin de l'hôpital de Notre-Dame, à Audenarde, l'édification d'un puits orné de sculptures.

Mais des destinées plus brillantes l'attendaient.

Philippe le Bon avait succédé à Philippe de Saint-Pol (1430) comme duc de Brabant; par l'affection particulière qu'il montrait pour Bruxelles, il attirait dans la résidence ducale une prospérité sans égale jusque là dans son histoire, et qui faisait de Bruxelles une des résidences les plus somptueuses de l'Europe.

Aussi le magistrat jugea-t-il le moment venu d'achever le beffroi communal commencé en 1405, et retint-il, le 23 janvier 1448-1449, Ruysbroeck, par l'office de ses receveurs, comme maitre des œuvres de maçonnerie de la tour de la maison commune, l'hôtel de ville : *meester van den steenwerke van den torre van de stad raethuyse op de merct.* Dans ces fonctions, Ruysbroeck devait tracer le travail de la tour, faire amener à ses propres frais les modèles nécessaires que la ville se chargeait de fournir, venir tous les jours surveiller les ouvriers, être responsable, sous menace de démission, de tout défaut dans la taille des pierres qui lui fût imputable. Son salaire annuel fut fixé à 24 saluts d'or sans qu'il pût réclamer de journée ou de salaire en plus.

Ruysbroeck prêta solennellement serment d'exécuter ces conditions, tant en ce qui concernait la tour que pour tous autres ouvrages de maçonnerie dont la ville lui confierait la direction. Les travaux commencèrent en 1449, pour se terminer six ans plus tard. Le délai, fort court, avait suffi à compléter cet admirable chef-d'œuvre. La flèche de Saint-Michel est, en effet, un monument unique.

Bâtie sur plan rectangulaire, elle se trouve, à partir de son premier étage, flanquée en façade principale par trois contreforts portés sur des culs-de-lampe octogonaux encadrant deux travées de fenêtre d'une proportion fort harmonieuse. L'édifice s'élève ainsi au-dessus du faîtage de l'hôtel de ville et est, à cet endroit, entouré par une balustrade ajourée. Ruysbroeck abandonne alors le plan carré pour prendre l'octogone comme plan de la flèche. Les trois contreforts, à partir du faîtage de l'hôtel, précédemment cités, sont complétés par cinq autres, portés en encorbellement sous la susdite galerie. En même temps que ceux-ci ils s'élèvent en campaniles élégants recevant les contre-butées des arcs boutants à hauteur du premier étage de la partie octogone de la flèche. Deux autres étages surmontent celui-ci, et, enfin, une flèche ajourée vient aboutir à un fleuron portant triomphalement à son sommet la statue de Saint-Michel, placée le 22 ou le 25 juillet 1455, à 114 mètres de hauteur.

L'œuvre est prodigieuse, car les constructeurs observent, avec raison, que toute la partie octogone repose à faux et, par conséquent, sur l'intrados des voûtes surmontant la partie rectangulaire. L'habileté de métier de Ruysbroeck est donc étonnante. Il a eu la chance unique, rêve de tout architecte-artiste, de pouvoir élever en plein XVe siècle, alors que l'architecture de ce temps se prêtait plus qu'aucune autre aux jeux d'appareil, suivant l'expression fort juste de Viollet-le-Duc, une flèche de pierre d'une combinaison merveilleuse. Plus heureux que les Steinbach à la cathédrale de Strasbourg, sa flèche nous est arrivée, exempte de constructions parasites et de modifications, dans tout l'éclat de sa mâle beauté et de sa conception géniale.

Nous avons dit que la flèche bruxelloise fut achevée par la pose de la statue de Saint-Michel, en 1455. C'est donc à tort que Van Even, dans son *Louvain monumental*, croit démontrer qu'elle fut achevée, en 1449, date du début des travaux.

L'érudit louvaniste a été plus heureux dans ses recherches concernant la flèche de l'abbatiale de Sainte-Gertrude à Louvain. Les moines de Saint-Augustin qui la firent bâtir durent être frappés par la beauté de la flèche qui s'élevait à Bruxelles, car dès 1452, sans qu'on sache quand elle fut commencée, ils en faisaient continuer les travaux. La preuve est donnée par l'acte reçu par le magistrat de Louvain, le 12 janvier 1453, par lequel Ruysbroeck reconnaît avoir reçu de François Wilmaers, trésorier de l'église Sainte-Gertrude, la somme de 108 cavaliers d'or de 25 sols pièce pour fourniture de pierres travaillées qu'il était tenu de livrer pour la tour de l'église. Gramaye rapporte qu'elle fut achevée le 19 novembre 1453: *turris perfecta anno* 1453, 19 *novembris* (*Lovanium*, éd. 1708, p. 14). C'est là, dit-il, une des sept merveilles de l'ancienne capitale du Brabant, dont le peuple l'appelle *toren zonder nagels*, rappelant ainsi qu'elle n'a pas de couverture en voliges et ardoises fixées avec des clous, mais bien une flèche en pierre ajourée. Juste Lipse, d'après une tradition ayant cours à son époque, rapporte, en 1604, qu'elle a été bâtie aux frais du métier des drapiers. Le reçu découvert par Van Even démontre que l'abbaye en fit les frais elle-même. Dès son achèvement, elle fut comptée parmi les chefs-d'œuvre de Louvain à côté de ceux de Mathieu de Layens et de Josse Metsys.

Aussi, en 1459, Ruysbroeck, au comble de la gloire, fut-il appelé au titre envié de *maître des maçonneries au duché de Brabant pour aussi longtemps qu'il plaira au souverain*. Gilles Lambrechts, titulaire de l'emploi, étant mort, Jean fut nommé le 12 juin 1459; il prêta serment le 15 juin et reçut de ce chef, annuellement, le traitement de 50 peters ou francs d'or. Malheureusement le 18 décembre 1467, Charles le Téméraire supprima son office, ainsi que celui de Jean Thuys qui était maître des travaux de charpenterie et avait été nommé le 5 novembre 1456. Wauters nous apprend qu'au lieu d'un maître, il devait y en avoir quatre, soit pour chacune des villes de Bruxelles, Louvain, Anvers et Bois-le-Duc. Leur traitement n'était plus que de six livres, plus leurs vacations. Ruysbroeck réclama. « Il « avait espéré », disait-il, « garder ses « émoluments pour s'aider à entretenir « en ses vieux jours ». Heureusement pour lui, et cela montre en quelle estime le tenait Charles le Téméraire, celui-ci porta son traitement, à titre exceptionnel, à 25 francs d'or de 32 gros pour « la bonne et louable relation », disent des lettres patentes, datées de Gand, le 6 janvier 1469-1470, « que faite nous « a été de la personne du dit maître « Jean et de ses sens, suffisance et « bonne expérience ».

Le 2 juin 1477, Ruysbroeck fut confirmé dans son emploi par Marie de Bourgogne qui déclara qu'en cas de mort, Arnoul de Busscher, dit De Mesmaeker, le remplacerait.

Ruysbroeck était, de par ses fonctions, obligé de voyager beaucoup pour vérifier l'état d'entretien des bâtiments ducaux, y faire exécuter les travaux nécessaires à leur entretien et donner des avis à la chambre des comptes. On trouve mention de son passage à Tervueren, à Genappe, à Vilvorde, où le duc avait des châteaux, à Saint-

Josse-ten-Noode, Jodoigne, Haelen, etc., où il possédait des moulins. Ses vacations extraordinaires se payaient 9, 10 ou 12 sous par jour.

Des travaux plus importants l'occupaient aussi. C'est ainsi qu'en 1459, le château de Vilvorde, qui datait de 1375, tombait en ruine. Ruysbroeck y fit des travaux pour la somme de 8,840 livres de 40 gros de Flandre. La maçonnerie coûta seule 6,937 livres; elle lui fut adjugée le 8 mars 1459-1460 sous la caution de trois autres personnes et en premier lieu de son fils Guillaume. Wauters ajoute que, dans ce travail considérable, la verge (17 pieds 1/2) revenait à 10 peters de 38 gros de Flandre. Cette forteresse ne disparut qu'en 1774.

On croit pouvoir lui attribuer également des travaux au château d'Hesdin en Picardie. Philippe le Bon y reçut Louis XI en 1463 et les chroniqueurs, notamment du Clercq, le déclarent *le plus fort, le plus beau et le plus somptueux de France*. Ruysbroeck, dit Vanden Berghe, devenu, dit-on, Jehan de Mons ou du Mont sous la plume du comptable français Guyot du Champ, aurait construit dans ce célèbre manoir la fameuse « vis ». Il y aurait éprouvé des pertes, car le duc lui fit payer en 1460-1461, une indemnité de 200 livres de 40 gros pour l'en dédommager.

En 1462, Ruysbroeck se chargea de diverses modifications à la chapelle de l'hôpital d'Audenarde.

En 1465, il alla avec le charpentier Thuys, à la demande de Mathieu de Layens, inspecter à Louvain le degré d'avancement de la grande écluse de la Dyle. Ils furent payés 6 florins 42 placques (Van Even).

Le 3 mars 1466, il prit part à l'adjudication d'une maison que faisait bâtir le prévôt de Saint-Jacques-sur-Caudenberg à Bruxelles, et assista à un dîner que le dit prévôt donna à cette occasion à différents maîtres des œuvres et à des prêtres et religieux de l'abbaye.

En 1470, par suite de la mort d'Henri de Mol dit Cooman, différents chantiers se trouvèrent sans direction; c'étaient notamment à Bruxelles, ceux des églises de Sainte-Gudule et de Notre-Dame d'Anderlecht. Ruysbroeck succéda à Cooman dans ce dernier chantier. Le chapitre lui assigna pour émoluments annuels et fixes six aunes de drap pour une robe ou habit, un muid de seigle, un setier de froment et un setier de pois. Si les travaux exigeaient l'emploi de tailleurs de pierres, il devait avoir de plus une livre de gros de Brabant ou deux livres, quand, outre les tailleurs de pierres, on devait aussi employer des maçons. Il est probable qu'une grande partie de l'église d'Anderlecht est de lui. On lui doit aussi des travaux à Sainte-Gudule et Wauters inclinait à lui attribuer les balustrades supérieures de la nef puisqu'il est mentionné comme *meester werckman van Sinte-Goedelen kerke* dans les livres censaux du domaine de Bruxelles.

Jean avait trois enfants, deux fils également maîtres des œuvres, Jean et Guillaume (voir ces noms) et une fille, Catherine, femme d'Engelbert Vliege. Il joignait à la grande réputation, la fortune pécuniaire. C'est ainsi qu'il eut des propriétés en divers endroits de la ville de Bruxelles et notamment hors de la porte de Laeken.

Wauters ajoute qu'il contribua, sans doute, à achever l'église du couvent des Sept Fontaines près d'Alsemberg, à laquelle il fit don d'un vitrail pour l'autel de la vierge.

Ses dernières années furent troublées par les événements malheureux qui marquèrent la vie de son fils Guillaume, et dont la politique fut la cause première. Le grand artiste aurait voulu l'avoir pour successeur et dans ce but voulait abandonner ses fonctions. Maximilien d'Autriche refusa de consentir à cette transaction, *laquelle*, déclare-t-il, *nous voulons être de nul effet pour des raisons majeures à nous connues*. Ce fut Henri van Everghem, architecte de l'église Sainte-Walburge à Audenarde qui fut appelé le 31 mars 1483-1484 à remplacer éventuellement Van Ruysbroeck et prêta serment en cette qualité le 9 du mois suivant.

Le grand architecte s'en allait « couvert de gloire et d'ennuis », suivant le mot si juste dit à propos d'un autre grand homme, et ses facultés s'en allaient *bij redenen dat hij zeer out, blint ende van memorie beroofl is*. Très âgé, aveugle, privé de la mémoire, il fut mis en tutelle ou curatelle. Telle était du moins sa situation quand on paya, à ses deux fils Jean et Guillaume et à leur sœur Catherine, une somme de 342 livres, solde des travaux du château de Vilvorde.

Enfin, le 28 mai 1485, l'artiste entra dans l'éternel repos après une vie admirable, laissant un immortel chef-d'œuvre, sa tour de Saint-Michel, que l'on classe parmi les plus magnifiques œuvres de l'architecture. Ses restes ont dû être inhumés dans l'église Sainte-Catherine, qui était sa paroisse, mais on n'en a aucune preuve; puis l'oubli se fit sur son nom, l'oubli total, absolu.

Le XIXe siècle remit en lumière, et son nom, et son histoire. C'est à juste titre que, depuis 1880, son buste personnifie, au fronton du palais des Beaux-Arts de Bruxelles, l'architecture à côté de ceux de Rubens et de Jean de Bologne pour la peinture et la statuaire. La postérité lui devait cet honneur si mérité. Quant à son œuvre, elle restera, à travers les siècles, un objet d'admiration légitime.

Paul Saintenoy.

Wauters, *Etudes et anecdotes* (1885). — Van Even, *Les auteurs de la tour de Sainte-Gertrude*, etc. (Louvain, 1875). — Oettinger, *Bibliographie univ.* — Henne et Wauters, *Histoire de Bruxelles*. — Marchal, *La sculpture belge*, p. 199, 215. — Schayes, *Sur l'arch. ogiv.*, p. 119-121.

RUYSBROECK (*Jean* **DE** ou **VAN**), dit VAN DEN BERGHE, fils du précédent, était déjà majeur en 1448 et épousa (parait-il) Catherine van Weyenberge. Il fut maître des œuvres, comme son père, et devint à la cour de Louis XI, *maître ouvrier et architecte du roi*, charge qu'il conserva encore du temps de Charles VIII.

Wauters croit qu'il a peut-être contribué à convertir Plessis-lez-Tours « en « cette forteresse dont on ne parlait « qu'avec terreur ».

On signale encore au XVIe siècle, un Jean Van den Berge, maître ouvrier du roi Philippe II, et qui assista en 1569, à Louvain, à une visite de l'église Saint-Pierre. Les preuves manquent pour le rattacher aux précédents, bien que sa filiation soit probable.

Paul Saintenoy.

Wauters, *Etudes et anecdotes*.

RUYSSCHE (*Jean* **DE**), nommé aussi RUISSCHE, RUYSCH et RUYSCHE, théologien, né à Malines vers 1420, mort probablement à Louvain après 1458. Après avoir étudié à l'université de Louvain, où il fut immatriculé en 1437, il fréquenta celle de Heidelberg et conquit probablement dans celle-ci le grade de docteur en théologie. Le 24 octobre 1453, il devint professeur à la faculté de théologie de Louvain et, la même année, il obtint une prébende de chanoine de la nouvelle fondation de l'église Saint-Pierre; en 1456, il occupa les fonctions de recteur. Molanus mentionne de lui un travail manuscrit sur l'évangile de saint Luc.

Herman Vander Linden.

Valerius Andreas, *Fasti academici* (éd. de 1650), p. 53. — Reusens, *Actes ou procès-verbaux des séances tenues par le Conseil de l'université de Louvain*, t. I, p. 379 et 430. — Molanus, *Historiae lovaniensium libri XIV*, t. I, p. 505.

RUYTAERTS (*Daniel*), sculpteur. Voir RUTAERT.

RUYTEN (*Jean-Michel*), peintre et graveur à l'eau-forte, né à Anvers, le 9 avril 1813, décédé dans la même ville, le 12 novembre 1881. Elève de l'Académie des beaux-arts de sa ville natale, où plusieurs prix lui furent attribués, il poursuivit avec succès ses études sous Ignace-Joseph van Regemorter (voir ce nom) et adopta pour genre la représentation pittoresque, et d'abord un peu fantaisiste, des intérieurs de villes. Deux œuvres parues sous sa signature au salon de Bruxelles, en 1836, furent jugées favorablement par la critique et valurent à leur auteur une troisième médaille. Alvin donne la reproduction, lithographiée par Stroobant, d'une de ces peintures, dans le *Compte rendu illustré du Salon*. Il reproche à Ruyten de faire la part trop large à son imagination, défaut d'ailleurs commun à la plupart des représentants de l'école romantique. Un tableau exposé à Bruges en 1837, *La dévastation d'Eindhoren par Martin van Rossum*, fut acquis par le gouvernement. Après avoir fait son service militaire, terminé avec le grade de sergent-fourrier, Ruyten partit pour la Hollande (1837-1838) et fut à même d'y bénéficier des leçons de Schelfhout, de Waldorp et de l'excellent peintre de marine Winand-J.-J. Nuyen. L'influence de ces maîtres est très perceptible dans les productions subséquentes de l'artiste. A l'instar de Nuyen il trouva d'agréables motifs le long des rivières. *La promenade sur l'eau*, exposée à Anvers en 1840, fut accueillie avec faveur. Un tableau de genre, *Halte devant une hôtellerie*, envoyé, la même année, à l'exposition de Stuttgart, y fut acquis pour le musée de la capitale wurtembergeoise; il n'a pas cessé d'y figurer honorablement. En 1845, un *Hiver*, exposé à Stockholm, devint là propriété de la reine de Suède et, peu après, son auteur était élu correspondant de l'Académie royale. Les musées de Stettin, de Dantzig, de Koenigsberg possèdent d'autres œuvres de notre compatriote. De nouveaux succès lui étaient réservés dans son pays. *L'Arrivée au château*, exposé au mémorable salon de Bruxelles de 1851, fut immédiatement acquis pour la loterie; le *Déjeûner au passage d'eau* (1852) devint pour le peintre l'occasion d'un succès non moindre. Ruyten, pourtant, n'avait pas dit adieu pour jamais à ses préférences pour les vues de villes. Anvers lui procura les éléments de plus d'une œuvre intéressante de cette catégorie. La *Promenade au port* (1854); l'*Ancienne place Sainte-Walburge* (1856); la *Famille du prisonnier aux pieds du juge à la porte du Steen;* l'*Expropriation judiciaire* (*Pont aux anguilles*); l'*Office des ténèbres à l'église Saint-Paul*, sont autant de souvenirs du passé de sa ville natale. Sous l'influence des succès de Leys, Ruyten voulut faire, dans son œuvre, une part plus large au genre historique. Parmi les sujets de cette catégorie figurent: *La dévastation de la cathédrale par les iconoclastes*; l'*Occupation de Berck, en Gueldre, par les troupes de Martin Schenck* (1860); le *Birouac* (1861); les *Misères de la guerre* (1864). Toutes ces peintures furent remarquées. La vieille ville se transformant chaque jour, le peintre sentit grandir son attachement aux témoignages du passé anversois, voués à une prochaine et fatale disparition. Sous l'empire de ce sentiment il retraça, en 1871, le *Canal des Vieux Lions*; en 1873, l'*Ancien pont des jésuites*; en 1876, le *Canal au charbon* et le pittoresque *Canal des brasseurs*, œuvres commandées par la ville et aujourd'hui au musée. Le *Marché aux œufs*; la *Grand'Place*, la *rue Pierre Pot, par la neige* (1881), création exposée après sa mort, couronnent cette féconde carrière.

On possède de Ruyten deux eaux-fortes : *La barque « le Louis » échouée devant Anvers*, planche datée de 1841, et qui eut quatre états, et la *Tour de Babel*, datée de 1842, qui en eut deux. Ces pièces, décrites par Hippert et Linnig dans le *Peintre-Graveur belge et hollandais au XIXe siècle*, sont erronément désignées comme de « Ruyter ».

Ruyten a eu pour élèves Florent Crabeels, F. Monu, G. Ortmans, Henri Schaefels, H. Schaep, L. Smedt, L. Tielemans, enfin sa fille Caroline, tous décédés.

Henri Hymans.

L. Alvin, *Compte rendu illustré du salon de 1836*. — Immerzeel, *De levens en werken der hollandsche en vlaamsche kunstschilders*, etc. — Alfr. von Wurzbach, *Niederländisches Künstler-Lexikon*. — Renseignements fournis par la famille.

RUYTER (*Jacques* **DE**), poète-chansonnier de la fin du XVIIe siècle. Ainsi qu'il résulte des registres paroissiaux de Furnes, J. de Ruyter mourut en cette ville le 17 juin 1716. Les mêmes registres nous font connaître que de son mariage avec Cornélie Turlu naquirent le 22 août 1709 deux enfants jumeaux, et que ceux-ci moururent tous deux le 27 juin 1712.

D'après les indications figurant au titre de plusieurs de ses recueils de chansons, J. de Ruyter était commis de l'orphelinat de la ville et châtellenie de Furnes (*clerck van de weeserije der stede ende casselrije van Veurne*). Ecrites à l'usage du peuple, ces chansons ne brillent ni par l'imagination poétique, ni par l'élévation de la pensée, mais elles sont généralement marquées au coin du bon sens. A en juger par les nombreuses éditions qu'obtinrent plusieurs de ces recueils et notamment le volume intitulé *Den vrolijken Speelwaghen*, les productions de notre auteur eurent un succès de longue durée.

La première partie des recueils de J. de Ruyter est habituellement consacrée à la chanson religieuse; la seconde, à la chanson profane. La partie religieuse traite des quinze mystères du Saint Rosaire; des moyens de fuir la paresse; du péché de l'orgueil, de la vanité; de la Vierge et des saints; des sept sacrements, etc. L'auteur semble s'être fréquemment inspiré du catéchisme du P. Makeblyde, dit catéchisme de Malines. Il n'a d'ailleurs pas été seul à traduire le P. Makeblyde en couplets.

Les chansons profanes célèbrent le paysan, le rude travailleur; elles nous disent son courage, son endurance. Elles exaltent les mérites des divers corps de métiers, du charpentier, du serrurier, du tisserand, la gent composant la clientèle ordinaire du chanteur populaire. Parfois de Ruyter nous fait toucher du doigt les faiblesses de ses héros. C'est ainsi que dans une de ses chansons il met aux prises le boulanger et le meunier qui s'accusent réciproquement de fraude et de tromperie. Ailleurs, il chante le vin et le tabac. Le vin, à en juger par nos chansons des XIVe, XVe et XVIe siècles, n'était certes pas chose inconnue aux populations flamandes. Mais il semble qu'à l'époque de de Ruyter le mot ne soit plus qu'une hyperbole servant à désigner la bière, le breuvage flamand par excellence. A part cette licence poétique, les chansons de notre auteur — il est juste de le reconnaître — sont le reflet fidèle des us et coutumes de l'époque.

Parfois aussi J. de Ruyter fait revivre quelque ancienne histoire dramatique, quelque vieux conte drôlatique. La chanson *O weireldt vol van overdaedt* rapporte un fait narré par Pontus Heuterus. Le gouverneur de Zélande ayant, d'après cet auteur, outragé une femme dont il avait ensuite fait périr le mari — le fait se serait passé en 1469 — fut contraint par Charles le Téméraire d'épouser la malheureuse et, la cérémonie accomplie, fut mis à mort par ordre de ce prince. Le thème était de nature à plaire au peuple, qui a une prédilection marquée pour les histoires les plus sombres. Aussi bien cette chanson demeura-t-elle populaire jusque vers le milieu du siècle dernier. La chanson *Weduw' vrouwkens al te maele* a pour sujet la naïve histoire reposant sur le quiproquo Paris-Paradis. Elle est déjà contée en un poème latin paru à Leide en 1509, sous le titre *de Burta et Studenti Parisiensi*, poème réédité par G. Wickram (*Werke*, Tubinguc, 1906, t. VII, p. 305). Une pauvre femme qui vient de perdre son mari reçoit la visite d'un quidam exténué, mourant de faim, arrivant en droite ligne de Paris, où il compte bientôt retourner. Elle s'imagine que le voyageur arrive du Paradis, s'empresse de le réconforter et de lui confier ce qu'elle possède de mieux, avec mission de remettre le tout au cher défunt, qui certainement a reçu au séjour des élus — où son dénûment doit être extrême — la récompense de ses vertus. Le quidam disparaît, laissant la bonne femme à ses illusions. Sous prétexte de contrôler les agissements du mandataire, un voisin se fait remettre la monture du défunt et celle-ci, à son tour, prend le chemin du Paradis. Cette chanson, dont Lootens et Feys (*Chants populaires flamands*, Bruges, 1879), publièrent la mélodie recueillie par la tradition orale, fut aussi fort répandue en Hollande. On la trouve dans une des dernières éditions du recueil *De tweede Overtoomsche marktschipper*, qui s'imprimait encore à Amsterdam il y a une dizaine d'années. Ainsi que la chanson du gouverneur de Zélande, elle figure aux feuilles volantes publiées et republiées à Gand, durant une grande partie du siècle dernier, par L. van Paemel, par ses successeurs ensuite et enfin par Snoeck-Ducaju.

D'autres chansons de J. de Ruyter, *Adieu myn huys* (St-Alexis), — *Liefste Rosalinde waerom weende gy*, — *Wat is de wereld doch als valscheyt en bedrog*, figurent également aux feuilles volantes de van Paemel. J.-Fr. Willems (*Oude Vlaemsche liederen*, Gand, 1848), publia le texte de *Liefste Rosalinde*, non sans altérations, d'après le recueil intitulé *Den eerelyken pluck-vogel*, chansonnier de la fin du XVIIe siècle, qui eut de nombreuses éditions; L. de Coussemaker (*Chants populaires des flamands de France*, Gand, 1856) et Lootens et Feys (l. c.), en publièrent le texte et la mélodie. De Coussemaker recueillit de la bouche du peuple le texte et la mélodie du noël *Gheluck te saem*, que l'on retrouve, pour le texte, au recueil *Den vogel Phenix*, publié par de Ruyter. Lootens et Feys recueillirent encore par la tradition orale la belle mélodie de la chanson *Wat is de wereld doch*. La chanson *Als vader Adam spitten en moeder Eva span*, qui figure au recueil *Het aengenaem Lysterken*, également de de Ruyter, demeura populaire durant environ deux siècles. J. de Ruyter fait partie du nombre fort restreint de chantres populaires dont les productions furent en honneur pendant plusieurs suites de générations et dont le nom nous a été conservé.

De Ruyter a publié les recueils dont l'énumération suit : *Nieuw liedtboeck ghenaemt den vrolijcken Speelwaghen oft de ledige uren van J. de Ruyter*. F.-A. Snellaert (*Oude en nieuwe liedjes*, Gand, 1864, p. XXVII), tout en modernisant l'orthographe du titre, cite une édition parue à Anvers en 1657. Les diverses éditions qui nous sont connues de cet ouvrage — toutes sont des réimpressions — ne sont pas antérieures au XVIIIe siècle. Aucune d'elles n'est datée. Ce sont les éditions anversoises parues chez P. Scheffers; Martin Verdussen (4e et 5e éd.); veuve Jér. Verdussen; J.-H. Heyliger; veuve Thieullier; veuve Thieullier et André Colpyn; P.-J. Rymers; Jos. de Cort; l'édition parue à Lierre, chez A.-G. Verhoeven; les éditions imprimées à Gand, chez J. Gimblet, P.-A. Kimpe et L. van Paemel.

Le catalogue de la bibliothèque de Edm. de Coussemaker mentionne, sous le no 1003 : *Nieuw liedtboeck ghenaemt de ledige uren van J. de Ruyter*, 4e édit. Dunkerque, P. Labus, 1712, et, sous le numéro suivant, le même ouvrage, 4e édit. (*sic*), chez le même imprimeur, 1743. Sans doute, il convient de lire 5e édit., et la date 1713.

D'après la cinquième édition, parue à Anvers chez Verdussen, la première partie du *Vrolijcken Speelwaghen* renferme 31 chansons religieuses, la seconde contient 36 chansons profanes. Ce nombre n'est plus le même dans les éditions postérieures. La plupart de celles-ci comprennent le noël : *Dat nu Iudea zich verblij*, bien supérieur aux productions ordinaires de de Ruyter. Ce noël, en effet, est du poète J. de Harduyn (1582-1641) et figure au recueil intitulé : *Goddelicke lofsanghen*, paru à Gand en 1620.

Nieuw lied-boeck genaemt den Maegdekrans. Dunkerque, J.-O. Laurenz, s. d. (appr. du 15 janvier 1712). Première édition. Le catalogue de la bibliothèque de Edm. de Coussemaker mentionne, sous le no 1006, une deuxième édition parue à Dunkerque, chez P. Labus, s. d.

La première partie de ce recueil comprend 36 chansons religieuses, la seconde 38 chansons profanes. Parmi ces dernières se trouve la chanson *Antwerpen 'k moet u prysen*, figurant au *Vrolijcken Speelwaghen*. La deuxième partie se termine par deux chansons ayant trait à des événements de l'année 1700, l'une sur la mort de Charles II, roi d'Espagne, l'autre sur le couronnement du roi Philippe V.

Nieuw liedt-boeck genaemt den vogel Phenix bestaende in geestelijcke liedekens, in 't licht gebracht door eenen Eerw. Pater Capucyn, Missionaris van onsen Heyligen Vader den Paus van Roomen ... Den lesten ende vernieuwsten druck, vermeerdert ende van veel grouve druck-fauten verbetert, door J. de Ruyter. Dunkerque, E. Laurens, s. d., approb. ecclés., Anvers, 16 août 1717. Cette édition, qualifiée nouvelle et dernière, contient soixante-neuf chansons religieuses, une traduction du *Magnificat* par M. de Swaen, le poète dunkerquois (1654-1707), ainsi qu'une élégie sur la mort de celui-ci, par D. de Jonghe, autre poète dunkerquois (1654-1727). L'ouvrage se termine par une longue épitaphe de de Swaen, écrite en vers, par un anonyme. Les chansons figurant aux pages 8, 14, 48, 57, 58, 61, 67 et 92, se retrouvent aux pages 123, 110, 16, 127, 128, 131, 134 et 150 du *Vrolijcken Speelwaghen* (5e édit., Anvers). Il y a lieu de croire que toutes les pièces de ce recueil sont de de Ruyter. Toutes reflètent parfaitement sa manière.

Les *Annales du Comité flamand de France*, pour l'année 1853 (Dunkerque, 1854), p. 279, mentionnent une édition du *Voghel Phenix* parue à Dunkerque, chez P. Labus, comprenant trois chansons de ce dernier.

D'autre part, le verso du chansonnier *Den Vlaemschen Papegaey*, imprimé à Bruges chez André Wydts, s. d. (Wydts a imprimé de 1715 jusque vers 1770; son fonds de commerce fut vendu le 27 juillet de cette dernière année), nous apprend que celui-ci a réédité les recueils *Het aengenaem Lysterken* et *Brabans Nachtegaelken ;* qu'un troisième recueil, *Den Voghel Phenix*, est sous presse et que ces trois chansonniers émanent de J. de Ruyter.

Il existe différentes publications portant le titre de *Brabans* ou *Brabandts Nachtegaelken*. Le chansonnier portant ce dernier titre, paru à Bruxelles en 1656, est antérieur aux productions de J. de Ruyter.

Het aengenaem Lysterken ... singende veel nieuwe en noyt te. vooren ghedructe liedekens ... ghemaecht door Jac. de Ruyter, Bruges, André Wydts, s. d.

Le seul exemplaire que nous connaissions de cet ouvrage fait partie de la bibliothèque de Mr F.-D. Scheurleer, à La Haye, qui a bien voulu le mettre à notre disposition.

Ce volume comprend 42 chansons profanes, parmi lesquelles figurent : *Liefste Rosalinde waerom weende ghy*, *Als vader Adam spilte* et *O weireldt vol van overdaed*. D'après Willems, *Oude Vlaemsche liederen*, la chanson *Als vader Adam spilte* figure au recueil *De aldernieuwste leyssem-liedekens*, Anvers, 1684. On la trouve également dans le chansonnier intitulé *Delfschen Helicon*, 49e édition, Amsterdam, 1729.

De vlaemsche Papegaey ... sprekende en singende veel nieuwe en noyt meer te vooren ghedruckte liedekens par H. van Vyfderlye, Bruges, André Wyts, s. d. Les 61 premières pages, sauf le titre, constituent une réimpression du recueil cité en dernier lieu. Les pages 62 à 83 comprennent 11 chansons de Noël. Il est possible que celles-ci doivent également être attribuées à de Ruyter.

L'édition de *Het dobbel refereyn-boeck ofte nieuwe wandeldreve voor de jonckheyt*, de François Forret, né à Ypres en 1640, parue à Dunkerque, chez P. Labus en 172 ..., contient douze chansons de de Ruyter, dont deux figurent au recueil *Den vrolycken Speelwaghen* et quatre autres au volume *Den Maegdekrans*.

On connaît encore du même auteur *De wandelinghe ofte reyse naer de voornaemste steden van Vlaenderen en Brabant...* (Anvers, J. van Soust, 1709). Une édition, également imprimée par van Soust, parut en 1710. Ce petit volume de 89 pages contient la description, en vers, des villes principales de la Flandre et du Brabant, de quelques villes de la France et de l'Italie, ainsi que de toute la Palestine et de la ville de Jérusalem. Un appendice de 43 pages renferme la description, en prose, des villes et places fortifiées des Provinces unies (*'t vereenight Nederlant*) et des lieux avoisinants.

Il serait étrange que J. de Ruyter, chansonnier fécond, n'eût pas occupé quelque charge dans l'antique chambre de rhétorique furnoise : *Arm in de borse en van sinnen jonc*. Toujours est-il que, pour l'intervalle de temps compris entre les années 1676 et 1712, son nom ne figure pas aux listes des chefs de cette chambre, dressées par Mr Borre (Furnes, 1868).

Florimond van Duyse.

RUZETTE (*Maximilien-François-Emmanuel-Joseph*), chevalier, né à Mons, le 27 juillet 1793, décédé à Saint-Josse-ten-Noode, le 18 décembre 1875. Il était fils de Maximilien Ruzette, ancien lieutenant au régiment d'Arberg, maire de Laeken et président du canton d'Anderlecht sous l'empire.

Il entra à l'école militaire de Saint-Cyr, le 20 mai 1811. Les désastres de la campagne de Russie ne lui permirent pas d'achever ses études. Napoléon avait besoin d'hommes pour reconstituer ses troupes. Ruzette fut incorporé dans l'armée le 28 mai 1812. Après la campagne de l'ile d'Aix, un décret impérial le nomma sous-lieutenant au 22e régiment d'infanterie le 8 février 1813. Moins de trois mois après, le 1er mai suivant, un nouveau décret de Napoléon l'élevait au grade de lieutenant. C'est en cette qualité qu'il prit part à la campagne de Saxe. Pendant la bataille de Bautzen, alors qu'à la tête de ses soldats il tentait d'enlever une batterie prussienne, une balle lui traversa les deux cuisses. Insuffisamment guéri, il prenait part à la bataille de Leipzig et tombait au pouvoir de l'ennemi, ses blessures rouvertes l'ayant empêché de suivre dans sa retraite l'armée française. La liberté lui fut rendue dix mois après. Mais il ne rentra en France, au mois de septembre 1814, que pour se voir mettre en non-activité. Désireux de continuer sa carrière militaire, il demanda et obtint son admission dans l'armée néerlandaise. Appelé aux fonctions de capitaine le 6 avril 1815, il se trouvait encore à la tête d'une compagnie lorsque survinrent les événements de 1830.

Il résidait alors à Ath. La population ayant fait preuve de sentiments révolutionnaires, l'officier néerlandais, qui commandait la place, voulut faire réprimer ces manifestations par les armes. Mais Ruzette refusa d'obéir à l'ordre donné. Prenant fait et cause pour ses compatriotes, il amena les Belges, qui se trouvaient dans la garnison, à prendre la cocarde nationale et dirigea les soldats hollandais vers leur pays. Immédiatement, il mit son épée au service du gouvernement provisoire qui le nomma major le 26 septembre 1830 et lieutenant-colonel le 27 décembre suivant. Ces grades lui permirent de contribuer efficacement à la réorganisation de plusieurs bataillons d'infanterie. A la bataille de Louvain du 12 août 1831, il commanda le 1er bataillon du 9e régiment de ligne et fut blessé à la cuisse gauche par un biscayen. Un arrêté royal du 15 juin 1838 lui conféra le grade de colonel. De 1840 à 1845, il remplit les fonctions de général de brigade, mais ne put obtenir sa nomination effective à ces fonctions. A cette époque, on lui reprochait d'avoir fait en 1830 œuvre révolutionnaire et d'avoir passé au service du gouvernement belge avant d'être délié de ses obligations envers le gouvernement du roi Guillaume. On jugeait une telle conduite incorrecte. Blessé de l'attitude prise à son égard, il demanda et obtint sa retraite le 16 mai 1846 avec le grade de général honoraire.

Sa participation aux guerres de l'empire lui avait valu la croix de chevalier de l'ordre de la Légion d'Honneur ainsi que la médaille de Sainte-Hélène, et la blessure reçue à Louvain, non moins que ses anciens services, la croix de chevalier de l'Ordre de Léopold.

Le chevalier Ruzette avait épousé Wilhelmine de Wavrin de Villers au Tertre, dont il n'eut pas d'enfant.

Alfred De Ridder.

Archives du ministère de la guerre. — Papiers de famille. — *Annuaire de la noblesse belge*. — L. de la Roière, *Panthéon militaire*. — H. Vigneron, *La Belgique militaire*. — Bernaert, *Fastes militaires des Belges au service de la France*.

RYBENS (*Jean-Baptiste*), chroniqueur, né à Nieuport, le 25 septembre 1757, mort dans la même ville, le 24 juillet 1818. Il était boulanger de son métier et secrétaire de la Gilde des rhétoriciens. Vers 1800, il commença la rédaction d'une chronique locale de Nieuport, restée manuscrite et qui ne comprend pas moins de 500 feuillets. Le début de sa chronique n'est guère original et est emprunté à la *Chronycke ende oprecht verhael van den corsprongh van Nieupoort tot den jaere* 1680.

Peu importante jusqu'à la fin du règne de Joseph II, elle acquiert une réelle valeur pour le récit des événements durant l'occupation française de 1792. Nettement anti-français et fervent catholique, Rybens attaque avec véhémence les fonctionnaires de la République et de l'Empire et proteste contre les réquisitions forcées et les violences de la domination étrangère ; en ce sens, la narration de notre chroniqueur reflète fort bien l'opinion générale de ses concitoyens et le ton s'accorde avec celui de la majorité des histoires locales flamandes de ses contemporains. La chronique de Rybens paraît avoir été rédigée, du moins pour les dernières années, au jour le jour ; de plus, l'auteur a fait de larges emprunts aux documents officiels.

V. Fris

R. Dupont, *De handschriftelijke kronijk van J.-B. Rybens over Nieuwpoort*, dans les *Ann. de la Soc. d'Emulation de Bruges*, t. LVI, novembre 1906, p. 382-389.

RYCEN (*Chrétien*), martyr protestant. Nous savons de lui qu'il fut arrêté à Hontschoote (Flandre française) en décembre 1587 et torturé et brûlé vif dans la même localité, le 7 avril 1588. La relation de son martyre, ainsi que ses lettres et ses poésies sur des sujets bibliques furent immédiatement publiées chez Gilles Rooman, à Harlem (*Tgetuygenisse ende de nae-gelaten Schriften van den Godvruchtigen Christiaen Rijcen, die nu in dese laetste dagen een ghetrouwe Getuyghe binnen Hontschoote in Vlaenderen is gheweest, etc.*, Harlem, 1588). Les lettres, au nombre de seize, sont adressées à sa femme ou à des frères et sœurs coreligionnaires. Il y est quelquefois fait allusion à Jacques de Keersemaecker (voir l'article JACQUES DE ROORE). Ses poésies sont au nombre de sept. Le volume contient encore trois lettres d'Adrien Jansz, den Hoemaecker (le chapelier), arrêté et brûlé vif à Lille, avec Gilles de Backer, un autre téléobaptiste, en 1572 (les martyrologes mennonites disent 1571). Une chanson de huit pages sur le martyre de Chrétien Rycen, par le peintre-poète Charles van Mander, termine ce curieux volume.

J. Vercoullie.

Frederiks et Van den Branden, *Biographisch woordenboek*. — *Bibliotheca belgica*, t. XXII.

RYCK AERTZOON (*Lambert*), peintre anversois du XVIe siècle. Il était fils de Ryckaert Aertszone dit « Richard « à la béquille », peintre de Wyck-sur-Mer, en Hollande (voir col. 621). Il fut reçu maître à la gilde de Saint-Luc d'Anvers, comme fils de maître, en 1555. Il forma plusieurs apprentis, notamment Eewout Eewoutsen, en 1561. Il porta le surnom de *Robbesant*. L'année de sa maîtrise, il épousa Catherine Van der Weyden, fille de Roger le jeune, petite-fille de Gossuin et arrière-petite-fille du célèbre Roger, peintre de la ville de Bruxelles. Deux ans après son mariage, des documents signalent sa présence à Stockholm. D'une lettre sans date, écrite en latin et signée *Lambertus Ryxius pictor*, et publiée par Mr Olof Granberg, il résulte qu'il était devenu peintre du roi Eric XIV. Il était encore en Suède en 1572. On ne connaît aucune œuvre authentique de sa main. Il n'est, toutefois, pas inadmissible de considérer, comme ayant été peint par lui, le portrait en pied du roi, exécuté vers 1563, que conserve le musée de Stockholm (n° 909), et catalogué parmi les inconnus de l'école flamande.

A.-J. Wauters.

Van Mander (éd. Hymans), *Le livre des peintres*, t. I, p. 374, note 2. — Rombouts et Van Lerius, Les *Liggeren* de Saint-Luc d'Anvers. — L. de Burbure, *Documents biographiques inédits sur les peintres Gossuin et Roger Vander Weyden le jeune* (*Bull. de l'Acad roy. de Belg.*, 2e série, t. XIX, p. 354). — G. Göthe, *Notice descriptive des tableaux du musée national de Stockholm* (1893), p. 104. — Olof Granberg, *Konsthistoriska Studier och Anteckningar* (Stockholm, 1895), p. 30.

RYCKAERT (*David* I), peintre anversois du XVIe siècle. Il y eut trois peintres anversois du nom de David Ryckaert. Le premier est mentionné dans les *Liggeren* de la corporation de Saint-Luc comme ayant acquis la maîtrise en 1585. Il fut inscrit comme brasseur et étoffeur (stoffeerder). Il n'est pas clair ce qu'il faut entendre par ce dernier mot. Désigne-t-il un artiste qui peignait des figures dans les tableaux de ses confrères ou qui garnissait d'accessoires les peintures dont d'autres avaient fait les personnages; ou bien faut-il donner à ce mot une signification plus matérielle et entendre par là un artisan qui garnissait les tableaux des autres d'encadrements ou d'accessoires analogues? Il est impossible de le décider. Mais comme nous trouvons David I cité plus d'une fois en qualité d'encadreur et de doreur, nous inclinons à donner au mot le sens le plus modeste. Il commença par exercer le métier de brasseur qui fut celui de son père. Il épousa Catherine Rem dont il eut huit enfants. Trois de ses fils furent peintres : David II, Martin, Paul. De ce dernier, l'histoire ne nous a conservé rien qui soit digne d'être mentionné. David I doit s'être marié dans l'église réformée quand celle-ci dominait à Anvers, avant le mois d'août 1585. Il renouvela son mariage devant l'église catholique en juillet 1589 et, à cette occasion, il fit rebaptiser son fils aîné, David II, qui probablement naquit en 1586.

En 1589, David I entra comme confrère dans la chambre de rhétorique *de Violier;* en 1597, il reçut un élève, Guillaume Willemsen. Il n'est connu que par une seule œuvre, un tableau qui a appartenu à Théodore van Lerius et a figuré dans sa vente. Il représente des paysans buvant et fumant autour d'un tonneau. Il est signé du monogramme D. R. et est daté de 1603. C'est cette date qui forme la base sur laquelle l'attribution est fondée. Par leurs grosses têtes, les figures rappellent celles de David Ryckaert III, ainsi que par certains autres traits caractéristiques, par exemple les fonds vaporeux sur lesquels les personnages du premier plan ressortent vigoureusement. Il est impossible de lui attribuer d'autres tableaux, certaines œuvres de moindre valeur appartenant à des musées secondaires, *un Charlatan*, du musée de Nice, signé R, *une Auberge*, du musée de Mayence, pourraient faire songer à les attribuer à l'un des prédécesseurs de David III.

La date du décès de David Ryckaert I est inconnue et tombe probablement vers 1607.

Max Rooses.

Voir sous David Ryckaert III.

RYCKAERT (*David* II), peintre anversois du XVIIe siècle. Il était fils de David I et naquit probablement en 1586; il fut baptisé le 9 août 1589 au moment où ses parents allaient faire bénir leur mariage dans l'église catholique.

En 1607, il fut admis comme maître, fils de maître, dans la corporation de Saint-Luc. Le 19 juillet 1608, il épousa Catherine de Merre. En 1609, 1611, 1628-1629, il reçut des élèves que nous ne connaissons que par la mention qu'à cette occasion les *Liggeren* font de leur nom.

Nous ne connaissons aucune de ses œuvres. Corneille de Bie dit qu'il fit sa réputation en peignant des sites montagneux et des torrents. Van den Branden nous apprend que les anciennes collections anversoises mentionnent de lui *un Visage d'homme et de femme*, *un Panier contenant des cerises et des oiseaux* et *un Jeu de quilles*, d'après Adrien Brouwer, daté de 1632. Il mourut en 1642 et fut enterré le 3 octobre de cette année.

Max Rooses.

Voir sous David Ryckaert III.

RYCKAERT (*David* III), peintre de genre anversois du XVIIe siècle, fils de David II et de Catherine de Merre, fut baptisé le 2 décembre 1612 à l'église Saint-Jacques, devint maître dans la corporation de Saint-Luc en 1636-1637 et reçut des élèves en 1640-1641. Le 31 août 1647, il épousa Jacqueline Palmans dont il eut huit enfants. En 1652, il fut élu doyen de la gilde de Saint-Luc. Il mourut le 4 novembre 1661. Frédéric Bouttats grava son portrait d'après une peinture faite par l'artiste lui-même.

L'éditeur plaça la légende suivante sous l'effigie : « David Ryckaert prit sa « naissance à Anvers, l'an 1613 il at « apris chez son père David Ryckaert, « est grand maistre en petites figures, « principalement en escuries et sem-

« blables édifices, certes illustre aux « ordonnances rustiques, ainsi que son « Altesse Impériale l'Archiduc Léopold « l'trouve ses pièces dignes de son ca« binet comme ausi autres Princes, « mais il est sur touts autres excellent « en peinture de la lumière de chan« delle ».

L'archiduc Léopold dont il est question ici est Léopold-Guillaume, gouverneur des Pays-Bas espagnols de 1646 à 1656. Dans l'inventaire de la collection de tableaux que, lors de sa retraite, le prince emporta à Vienne, nous trouvons effectivement, de David Ryckaert, *une Adoration des bergers*, *la Misère des paysans où ils sont pillés, faits prisonniers et tués* et *le Plaisir des paysans où ils dansent, sautent et s'amusent*. Quant aux effets de chandelles, nous n'avons rencontré en fait de scènes de ce genre qu'*un Médicin uroscope* au musée de Mannheim. La scène de pillage et la danse des paysans, qui ont appartenu à l'archiduc Léopold-Guillaume, se trouvent au musée impérial de Vienne; la première est datée de 1649. Une *Adoration des bergers* se rencontre dans la galerie de Liechtenstein. Corneille de Bie mentionne ses *Diableries*, ses *Tentations de saint Antoine*, ses *Sorcelleries* et autres étranges aventures. Nous connaissons effectivement de lui deux *Tentations de saint Antoine*, appartenant toutes deux aux Uffizi de Florence et une *Sorcière* dans le musée impérial de Vienne.

Mais si les œuvres du genre religieux ou fantastique qui ont frappé les anciens biographes ne se retrouvent que par unités, c'est par douzaines que nous rencontrons les tableaux dépeignant des scènes de la vie quotidienne. Ceux-ci n'ont pas éveillé l'attention des contemporains, ils forment cependant les titres les plus sérieux de la réputation de notre artiste. Ce sont des intérieurs où des bourgeois ou des paysans sont à table, des cuisines, des fêtes de famille, des concerts, des kermesses, des ouvriers au travail, des marchands dans leur boutique, des scènes de la place publique, des proverbes, des épisodes de la vie bourgeoise, comme Jordaens en traita ordinairement, mais traduites en tableaux de genre. Seulement, Ryckaert n'avait pas la fougue, la rudesse du naturalisme ni l'éclat du coloris de Jordaens; c'était un réaliste assagi et réservé. Sous ce rapport, il se rapprochait davantage de David Teniers, dont très certainement il subit l'influence, mais dont il n'atteignit jamais la belle lumière, le coloris intense, le coup de pinceau dégagé, vif et pimpant. Ryckaert se distingue par une peinture lisse et soignée, par des clairs vigoureux ressortant de fonds vaporeux. Son élégance est bourgeoise comme le sont ses sujets. Ses personnages à grosses têtes, à corps pesants, à formes arrondies, sont pris dans le monde des épiciers et des artisans dont il ne varie et ne relève guère les types.

On trouve de ses tableaux dans la plupart des musées. Une de ses œuvres les plus intéressantes est celle du Louvre où il s'est représenté lui-même dans son atelier. Ses deux tableaux datés, les plus anciens, sont de 1638, *la Chambre de paysans*, du musée de Dresde, et *la Boisson rafraîchissante*, du musée de Prague. Trois de ses œuvres les plus parfaites portent le millésime 1639 : *le peintre dans son atelier*, du Louvre, *le Boucher et sa femme*, du musée de Francfort, *Comme chantaient les vieux piaulent les jeunes* (n° 1093), du musée de Dresde. De 1640, datent *les Garçons jouant*, du musée de Munich; de 1642, un autre de ses chefs-d'œuvre et de ses proverbes *Comme chantaient les vieux*, du musée de Dresde (n° 1094); de 1644, *la Musique de chambre*, à Schwérin; de 1646, *l'Auberge flamande*, au musée de New-York; de 1647, *la Chambre rustique*, à Schwérin; de 1648, *la Fête des rois au village*, à Munich, *le Chimiste dans son laboratoire*, à Bruxelles, et le *Chimiste*, à Leipzig; de 1649, la *Kermesse*, au musée impérial à Vienne; de 1650, *le Concert*, de la galerie de Liechtenstein, un des deux tableaux de la galerie de Czernin, à Vienne, et *le Concert de famille*, à Copenhague; de 1656, *l'Intérieur de cuisine*, de la vente Rathan; de 1657, *les Plaisirs du dimanche*, à

Copenhague; de 1659, le proverbe : *Om der minne van den smeer, likt de kat den kandeleer*, de Dresde. Outre les œuvres dont nous avons déjà fait ressortir les mérites, nous citons comme les plus parfaites le dernier que nous venons de citer, la scène de *la Kermesse* et *le Pillage*, de Vienne, *l'Adoration des bergers* et *le Concert*, de Liechtenstein, *le Repas des paysans* à Anvers. Mentionnons parmi les musées les plus riches en tableaux de Ryckaert, ceux de Mannheim et de Budapest, ainsi que la galerie de Harrach (Vienne).

Nous ne connaissons qu'un dessin de lui, une superbe paysannerie attribuée à Brouwer et appartenant au Louvre (nº 27035).

Max Rooses.

Rombouts et van Lerius, Les *Liggeren* de la gilde de Saint-Luc d'Anvers. — Corn. de Bie, *Het Gulden Cabinet*. — *Jahrbuch der Kunstsammlungen des Allerh. Kaiserhauses*, t. I, p. CXX. — Théod. van Lerius, *Catalogue du musée d'Anvers*, 1874. — F.-Jos. van den Branden, *Geschiedenis der Antw. schilderschool*. — Max Rooses, *Geschiedenis der Antw. schilderschool*.

RYCKAERT (*Jean*) ou RYKAERT, fils de Kerstiaen, relieur de livres, cité comme tel dans une série de documents d'archives de Gand, à partir du 13 janvier 1511 (1512, n. st.). Des œuvres de cet habile relieur sont conservées au musée britannique, aux bibliothèques d'Amsterdam, de Bruxelles, de Courtrai, d'Utrecht, au bureau de bienfaisance, à la bibliothèque et aux archives de Gand. Dans cette dernière ville, il travailla pour les échevins, pour les abbés de Saint-Pierre et de Saint-Bavon, ainsi que pour des églises et diverses corporations. J. Ryckaert fut en rapport avec l'imprimeur Pierre de Keysere, qui lui aussi était relieur. Mr G. Caullet et Mr J.-F. van Someren ont donné des fac-similés de belles reliures au monogramme I. R. avec entre-lacs. On peut prouver par des comptes et d'autres documents du temps que c'est bien la marque de notre artiste. MM. James Weale, à Londres, et Prosper Verheyden, à Anvers, ont signalé des reliures à plaques historiées portant un monogramme analogue, mais plus petit. D'après Mr Weale il s'agirait là d'un John Richardson, relieur néerlandais qui aurait séjourné en Angleterre. Faut-il l'identifier avec Jean Ryckaert? Des recherches ultérieures pourront peut-être l'établir. En tout cas Ryckaert paraît avoir travaillé pour l'exportation. Ayant acheté à l'imprimeur Willem Vorsterman, à Anvers, des livres pour une somme de quatre-vingt-trois florins, il donna en garantie de payement, par acte du 19 mars 1515 (1516 n. st.) passé devant les échevins gantois, sa maison dite *La Lune*, située rue Courte de la Monnaie, maison qu'il avait acquise en 1512. Le 19 novembre 1519, il cessa d'être propriétaire de cet immeuble. Nous devons croire que dans les dernières années de sa carrière il n'était pas dans une brillante situation de fortune, car par acte du dernier février 1531 (1532 n. st.), il s'engagea à acquitter par petites sommes les termes arriérés de la maison que lui avait louée la Table des pauvres de l'église Saint-Nicolas. 1541 est la dernière date assignée à une reliure de J. Ryckaert.

Victor vander Haeghen.

Archives de Gand : registres scabinaux; états de biens, comptes. — Bureau de bienfaisance : archives des pauvres de Saint-Nicolas. — W. H. James Weale, *Bookbindings* (Londres, 1898), p. XL, nos 168, 363, 364, 422. — J. van den Gheyn, *Catalogue des manuscrits de la bibl. roy. de Belgique*, t. I (1901), nº 553. — P. Verheyden, *Banden met Blinddruk bewaard in het museum Plantin-Moretus* (*Tijdschrift voor boek en bibliotheek wezen*. Anvers, 1906). — G. Caullet, *Le relieur au monogramme I. R. Jan Ryckaert de Gand* (*Revue des bibliothèques et des archives de Belgique*. Bruxelles. 1906). — J.-F. van Someren, *De Utrechtsche universiteits bibliotheek, haar gesehiedenis en kunstchatten*, 1909.

RYCKAERT (*Martin*), peintre paysagiste anversois du XVIIe siècle. Il était fils de David Ryckaert I et de Catherine Rem. Il fut baptisé dans la cathédrale d'Anvers le 8 décembre 1587. En 1611, il fut admis dans la corporation de Saint-Luc comme fils de maître. En l'inscrivant dans le registre, ses nouveaux collègues le qualifièrent de « peintre » avec un seul bras » et nous trouvons cette particularité mentionnée à différentes reprises dans les documents où il est question de lui. Van Dyck peignit son portrait, aujourd'hui conservé à Madrid, et le graveur Jacques Neeffs y plaça la suscription : *Martinus Ryckart*,

Unimanus, pictor ruralium prospectuum Antverpiae. De 1621 à 1629, nous le voyons participer régulièrement au repas des Violieren et payer de ce chef quatre florins, plus six florins pour la contribution annuelle. En 1631, sa dette mortuaire fut payée; il fut enterré le 11 octobre de cette année. L'année avant sa mort, il avait reçu un élève, le seul que mentionnent les *Liggeren.*

Corneille De Bie dit de lui que sa manière ressemblait beaucoup à celle de Josse de Momper et qu'il se rendit fameux dans les paysages, les ruines, les montagnes, les chutes d'eau, les perspectives lointaines et les vallées agréables. En effet, Martin Ryckaert peignit les paysages dans le goût qui, de son temps même, devint archaïque et fut abandonné pour le genre nouveau introduit par Rubens, plus naturel, plus large, de couleur plus chaude, de lumière plus transparente. Les paysages de Martin Ryckaert sont plus laborieusement composés d'éléments recueillis dans des contrées diverses. Sa facture est soignée, mais la tonalité est lourde, les lignes dures. On connaît peu de ses tableaux. Le musée de Madrid en possède un de 1616, représentant un site fort accidenté, une pièce d'eau entre des talus rocheux, des arbres, des bâtiments et des personnages au premier plan; le musée des Uffizi, à Florence, possède une vue pareille datée également de 1616; au musée de Hanovre s'en trouve un troisième, une *Chute d'eau* aux violents contrastes de lumière, se rapprochant beaucoup du genre de Josse de Momper, signé et daté M RYKERT 1624; la National Gallery de Londres possède un paysage avec satyres. Nous avons encore rencontré quelques-unes de ses œuvres dans des collections particulières.

Par ses dernières volontés, il laissa ses biens à son frère Paul et à sa sœur Marie. Dans la part de cette dernière se trouva le portrait de Martin Ryckaert par Antoine van Dyck, ainsi qu'un livre avec des dessins de la main du défunt, livre dont la trace est perdue.

Max Rooses.

Voir sous David Ryckaert III.

RYCKAERT (*Pierre*), Richard ou Ricart, fils de Jean, médecin, né à Malines vers 1545, décédé à Bruxelles en 1616. Sa mère s'appelait van Coninxloo. Il fit ses premières études dans sa ville natale et fut inscrit en août 1563 comme étudiant à l'université de Louvain. Après avoir été promu dans la faculté des arts le 21 février 1566, il s'appliqua à la médecine et obtint le diplôme de docteur le 19 octobre 1578. L'année suivante il fut choisi comme médecin par l'abbé de Vlierbeeck. Le célèbre professeur Corneille Gemma (van den Steen) étant venu à mourir en 1579, Ryckaert fut appelé à le remplacer. Cette nomination donna lieu à un conflit avec le gouverneur général, Alexandre Farnèse, qui avait désigné Pierre Smenga pour la chaire vacante. P. Ryckaert abandonna son enseignement en 1593 et se fixa à Bruxelles où il devint médecin d'Ernest d'Autriche et plus tard des archiducs Albert et Isabelle. Dès 1592, il fut en rapport avec les échevins de Gand qui le nommèrent, en 1594, médecin pensionnaire de leur ville. Les mêmes échevins en 1597, à l'intervention du gouverneur Herera, lui accordèrent une indemnité de cent florins pour son installation à Gand, ainsi qu'un traitement annuel. Mais comme il continuait à résider à Bruxelles, le magistrat gantois n'enregistra le plus souvent son traitement que « pour mémoire ». Le nom de Ryckaert disparaît des comptes gantois après 1604. En 1607, il obtint pour son gendre, le docteur Jacques van Brueseghem, qui pratiquait déjà depuis cinq ans, une place de médecin pensionnaire de la ville de Gand.

Pierre Ryckaert avait épousé Jeanne Scharon; il eut neuf enfants, parmi lesquels, outre la femme de Jacques van Brueseghem, nous citerons, d'après Mr G. van Doorslaer, Marie, qui eut pour époux Gaspard de Leeu, licencié en droit, auditeur au conseil de Flandre et conseiller de Gueldre; Pierre, qui épousa Catherine van der Hulst; Marguerite, qui épousa Paul Hullegarde, médecin des archiducs Albert et Isabelle, décédé en 1642; François, marié avec Elisabeth van Esbeeck dit van der Haeghen, conseiller au conseil de Brabant et qui mourut en 1655. — Ignace Ryckaert, fils du dit François, successivement secrétaire du conseil privé et conseiller au conseil de Brabant, fut créé chevalier le 4 mars 1659.

P. Ryckaert mourut, septuagénaire, le 6 mai 1616 et fut inhumé en l'église des PP. Récollets à Bruxelles. Son testament, qui date du 27 septembre 1563, est conservé aux archives de Malines. — Il est l'auteur de quelques vers latins publiés en tête des *Poemata* de J. Gonsalvus a Quunedo (Bruxelles, Jean Mommaerts, 1601).

Victor vander Haeghen.

Nobiliaire des Pays-Bas. Louvain, 1760, t. I.— V. vander Haeghen, *Inv. des archives de Gand, catal. génér.* (Gand, 1896), p. 286. — Dr G. van Doorslaer, *Aperçu historique sur la médecine et les médecins de Malines avant le XIXe siècle* (Malines, 1900). — Archives de Gand : comptes, 1597 à 1601; bourgeoisie, 1594; offices de la ville, série 141, no 105; requêtes, série 114*bis*, no 20.

* **RYCKAERT AERTSZONE**, le « Ricardus Arnoldi », de Schrevelius, peintre, né à Wyck-aan-Zee (Hollande) en 1482, mort à Anvers en 1577. Van Mander lui consacre une mention assez développée. Il y raconte que, fils de pêcheur, l'artiste avait été, dans son enfance, atteint d'une grave brûlure à la jambe et dut se faire amputer. Il se trouva de la sorte réduit à l'inaction. Dans son isolement, il sentit s'éveiller en lui la vocation artistique, ce que voyant, sa famille le mit en apprentissage chez Jean Mostaert, à Harlem. Les progrès du jeune homme furent rapides et la grande église put faire appel à son pinceau pour compléter, par des volets, le retable de l'autel des Portefaix. Il y représenta *Joseph venant acheter du blé en Egypte* et *Joseph environné de la majesté royale*. Ces œuvres ont disparu ainsi, du reste, que les autres productions du maître. Beaucoup étaient en Frise, assure van Mander, ce que Descamps reproduit en français, omettant, par erreur, la majuscule; quantité d'historiens de l'art en ont conclu que Richard créa des œuvres en forme de frises ! A l'exemple de beaucoup d'artistes des provinces du nord, Ryckaert Aertszone alla chercher fortune à Anvers, le principal centre artistique des Pays-Bas. Il s'y fit recevoir à la gilde de Saint-Luc en 1520, s'y maria — sa femme s'appelait Catherine Dierickx — et y fit souche d'artistes, contrairement à ce que dit van Mander.

Il eut une certaine vogue parmi ses confrères, comme Richard-à-la-béquille : *Ryck metter Stelt*. Lui-même disait en plaisantant qu'il était *riche* et bien posé, *wel gestelt*. Surtout praticien, il se louait à tant la journée pour peindre les nus dans les tableaux des autres peintres et, naturellement, ne se fit pas un grand renom.

En vieillissant, sa vue s'affaiblit; il prit alors l'habitude d'outrer les empâtements et perdit sa clientèle, ce dont il se chagrina fort. C'était, du reste, un homme bon et bienfaisant. Le 28 mars 1538, il aliénait un bien au profit de la caisse de secours de la gilde de Saint-Luc. Van Mander nous fait connaître qu'il avait une fort belle tête et l'on doit au vieil historien de la peinture néerlandaise de savoir son introduction, par Frans Floris, dans le fond d'un tableau, actuellement au musée d'Anvers. Il s'agit d'une grande figure de *Saint Luc peignant la Vierge*. Le broyeur est Ryckaert Aertzone. Il semble que l'artiste se signala aussi comme dessinateur pour vitraux car, entre les objets délaissés par le peintre Henri van Balen, à Anvers, figuraient neuf cartons de peintures sur verre, de Richard-à-la-béquille. Un fils de ce dernier, Lambert Ryck Aertzoon (voir plus haut, col. 612), suivit la carrière paternelle. Il épousa, à Anvers, en 1555, une arrière-petite-fille de Roger vander Weyden.

Henri Hymans.

C. van Mander, *Schilderboeck* (traduction et notes par Henri Hymans), t. I, p. 383 (Paris, 1884). — F.-J. van den Branden, *Geschiedenis der Antwerpsche schilderschool*. — Alfr. von Wurzbach, *Niederlandischer Künstler-Lexikon* (1907).

RYCKAM (*Jean*), artiste ferronnier, né à Ostende, le 9 mars 1664, décédé dans cette ville, le 3 mars 1720. Entré dans le métier des forgerons, il acquit une renommée d'artiste par son habileté à travailler le fer. L'église Notre-Dame, à Bruges, possède deux jolies branches en fer battu, dues à Ryckam, et qui sont placées à côté de l'autel de la chapelle du Saint-Sacrement. Vis-à-vis de cette chapelle se trouve, dit Mr J. Weale, « une porte en fer battu, à deux battants, d'une belle composition et d'un travail fort remarquable. On y voit des feuillages et fleurs pleins de vie; au milieu de chaque battant, le calice avec l'hostie entourée de rayons; en haut, des anges avec les écussons armoriés des donateurs Frans van Beversluys, receveur général du Franc de Bruges, et Madeleine van Westvelt, sa femme; le tout, fabriqué par J. Ryckam d'Ostende, en 1699, a été autrefois peint et doré ». Tous les comptes de l'Amirauté mentionnent ce ferronnier, qui fut doyen du métier, et était allié aux principales familles d'Ostende.

Ch van Iseghem.

J. Weale, *Bruges et ses environs*, p. 81. — R. de Beaucourt, *Biographie ostendaise*, p. 237-238.

RYCKE (*Antoine* **DE**), musicien, né à Louvain, vivait au commencement du XVIe siècle. Un clerc, du nom de *Anthonius Rycke, oriundus de Lovanio*, est nommé, le 12 juillet 1501, maître de chant de l'église Saint-Donatien à Bruges, après un mois d'intérim. Ces fonctions étaient importantes; l'illustre Jacques Obrecht les avait occupées peu de temps auparavant. Le 15 décembre, Antoine de Rycke obtient l'autorisation de recevoir les ordres sacrés; le 1er avril 1502, il obtient une gratification de quatre cannettes de vin à l'occasion de sa première messe, célébrée le 3 avril. Ayant appris qu'il avait fait transporter ses meubles en Zélande, le chapitre de Saint-Donatien le convoque au mois de mars 1504, et le musicien reconnaît qu'il a l'intention de changer de résidence; il fut remplacé par Pierre Vinelo. A la suite d'E. vander Straeten, Eitner suppose qu'Antoine de Rycke passa alors au service de Philippe le Beau, puis à celui de Louis XII. On rencontre, en effet, dans des documents donnant la composition, en 1506, de la chapelle royale en Espagne, un chantre appelé « sire Anthoine Davtitz » ou « Anthoyne Riche », vocables correspondant aux formes latine (*Divitis*) ou française (*le Riche*) du nom flamand *De Rycke*. D'autre part, un compte des frais des funérailles du roi de France, Louis XII, mort en 1515, mentionne, parmi les chantres de la chapelle, « maistre Antoine le Riche ».

Un certain nombre de compositions musicales de la première moitié du XVIe siècle sont signées *Divitis*. Grâce aux indications d'Eitner, on peut en reconstituer la liste, comprenant deux messes et dix-sept motets. Fétis cite, en outre, deux chansons françaises et des chansons allemandes, mais ces données sont inexactes ou reposent sur des confusions, si l'on s'en rapporte aux dépouillements du consciencieux bibliographe allemand. Le recueil appartenant à la bibliothèque de Zwickau, notamment, et dont Fétis ignore le titre, mais qui n'est autre que les *Neue Lieder*, imprimés par Jérôme Formschneider, à Nuremberg, à partir de 1534, ne contient aucune œuvre de Divitis ou le Riche.

Les deux messes connues de Divitis sont : 1. *Gaude Barbara*, à 4 voix (ms. de la bibl. de Cambrai, 3, no 12). — 2. *Quem dicunt homines*, à 4 voix, imprimée dans un recueil de messes publié à Paris par Pierre Attaignant, en 1532 (in-fol.; le titre manque à l'exemplaire de la bibl. imp. de Vienne, le seul connu); c'est la 1re du 5e livre, f. 153. En ms. à Rome, chapelle sixtine (Cod. 55, no 6), et à Berlin, bibl. royale (Ms. 291, fol. 29).

Voici la liste alphabétique de ses motets : 1. *Agnus dei*, à 2 voix, dans *Il primo libro a due voci de diversi autori novamente stampato* (Venise, Ant. Gardane, 1543; in-4° obl.), p. 14. — 2-3. Deux *Credo*, à 6 voix. En ms. à la bibl. royale de Munich. — 4. *Crucifixus*, à 2 voix, dans *Il primo libro a due voci de diversi autori novamente stampato* (Venise, Ant. Gardane, 1543; in-4° obl.), p. 40. — 5. *Desolatorum consolator*

(2e partie : *Beate claudi benigne*), à 4 voix, dans *Motetti de la corona, primo libro* (Fossombrone, Ott. Petrucci, 1514; in-4o obl.), f. 10. Recueil réimprimé à Rome, par Jacob Junta, en 1526. — 6. *Fecit potentiam*, à 2 voix, dans *Diphona amoena et florida, selectore Erasmo Rotenbuchero* (Nuremberg, Jean Montanus et U. Neuber, 1549; in-4o obl.), no 66. — 7. *Fors seulement*, à 5 voix. En ms. à Bologne, bibl. du *Liceo musicale* (cat. impr., t. III, 3); ms. de 1518, p. 10-11. — 8. *Gloria laus*, à 4 voix, dans *Liber decimus : Passiones dominice* (Paris, P. Attaignant, février 1534; in-4o obl.), fol. 13. — 9. *Magnificat II toni*, à 4 voix, dans *Postremum vespertini officii opus* (Wittenberg, G. Rhau, 1544; in-4o obl.), fol. 49. — 10. *Magnificat quinti toni*, à 4 voix, dans *Liber decimus : Passiones dominice* (Paris, P. Attaignant, février 1534; in-4o obl.), fol. 6. — 11. *Per lignum crucis salvi facti sumus*, à 4 voix. En ms. à Bologne, bibl. du *Liceo musicale* (cat. impr., t. III, 3); ms. de 1518, p. 84. — 12. *Pleni sunt coeli*, à 2 voix, dans *Il primo libro a due voci de diversi autori novamente stampato* (Venise, Ant. Gardane, 1543; in-4o obl.), p. 40. — 13. *Pleni sunt cœli*, à 3 voix, dans *Trium vocum cantiones centum* (Nuremberg, J. Petreius, 1541; in-4o obl.), no 7. — 14. *Salve*, à 5 voix. En ms. à Munich, bibl. royale. — 15. *Semper eris pauper*, à 2 voix, dans *Diphona amoena et florida, selectore Erasmo Rotenbuchero* (Nuremberg, Jean Montanus et U. Neuber, 1549; in-4o obl.), no 13. — 16. *Sicut locutus*, à 2 voix, dans le même recueil que le précédent, no 72. — 17. Une composition polyphonique en ms. à Londres, British Museum (Ms. 630, add. Ms. 19, 583).

Paul Bergmans.

F.-J. Fétis, *Biographie universelle des musiciens*, 2e édit., t. III (Paris, 1862), p. 28. — Edm. Vander Straeten, *la Musique aux Pays-Bas avant le XIXe siècle* (Bruxelles, 1867-1888), t. IV, p. 295; t. VI, p. 384, 476; t. VII, p. 162, 165. 169. — D. Vande Casteele et E. Vander Straeten, *Maîtres de chant et organistes de St-Donatien et de St-Sauveur, à Bruges*, dans les *Annales de la société d'émulation*, 3e série, t. V (Bruges, 1870), p. 120-122. — R. Eitner, *Bibliographie der Musik-Sammelwerke des XVI. und XVII. Jahrhunderts* (Berlin, 1877), p. 528. — A.-C. De Schrevel, *Histoire du Séminaire de Bruges*, t. I (Bruges, 1895), p. 182-183. — R. Eitner, *Biographisch-bibliographisches Quellen-Lexikon der Musiker*, t. III (Leipzig, 1900), p. 216.

RYCKE (*Bernard* **DE**), peintre. Voir De Rycke.

RYCKE (*Daniel* **DE**), peintre. Voir de Rycke.

RYCKE (*Guillaume* **DE**), ou Dives, poète latin, né à Gand, vécut pendant la seconde moitié du XVe siècle et pendant les premières années du XVIe. Il enseigna les langues anciennes à Bourges et y forma d'excellents élèves, parmi lesquels il faut citer le célèbre libraire et graveur Geofroy Tory. Il fut en relations avec Josse Badius Ascensius qui lui dédia, de même qu'à son compatriote Levinus Maurus, ses satires de Perse, Lyon, Joh. de Vingle, 1500. On possède, de Guillaume de Rycke, une élégie en vers latins sur la passion du Sauveur : *De passione dominica carmen elegiacum Guilielmi Diuitis ciuis Gandauensis artificiosæ pietatis plenissimum. Item Nenia Lactantii Firmiani verbis saluatoris nostri e cruce;* Paris, J. Badius, 1509, 8 ff, in-8o (Paris : b. mazarine, et Tournai : b. ville). Cette œuvre estimable fut réimprimée à Anvers, chez Hillen, en 1517, avec d'autres poèmes sur le même sujet, dans un recueil intitulé : *Passionis dominicæ doctissimorum quorundam aurea carmina;* nombreuses rééditions. On trouve également un distique de Gives dans le *Probus* de G. Tory, 1509.

Alphonse Roersch.

Valère André, *Belg. belg.*, 2e éd., p. 311. — Sanderus, *de Gandav.*, p. 55. — Sweertius, *Athenae*, p. 303 — Foppens, *Belg. belg.*, p. 397. — J. Rycquius, *Centuria nova epistolarum*. Louvain, 1615, p. 174. — Peerlkamp, *Vita Belgarum*, p. 27. — Aug. Bernard, *Geofroy Tory*, p. 209-211. — *Le bibliophile belge*, 1867, 1re année. Bruxelles, Olivier, p. 89. — Renouard, *Bibliogr. de J. Badius Ascensius*, Paris, 1908, t. I, p. 18, 64, 75, 182, 194; t. II, p. 406; t. III, p. 146.

RYCKE (*Hans* **DE**). Voir De Rycke.

RYCKE (*Jacques-Zachée* **DE**). Voir De Rycke.

RYCKE (*Jean* **DE**), ou Divitis, écrivain. Voir De Rycke.

RYCKE (*Josse* **DE**), ou Rycquius, poète latin. Voir De Rycke.

RYCKE (*Josse* **DE**), missionnaire. Voir De Rycke.

RYCKE (*Nicolas* **DE**), peintre. Voir De Rycke.

RYCKE (*Pierre* **DE**). Voir De Rycke.

RYCKEL (*Denis* **DE**). Voir Denis le Chartreux.

RYCKEL (*Guillaume* **DE**), abbé de Saint-Trond, né au commencement du XIIIe siècle, mort en 1272. Sa famille, originaire de Ryckel, village du pays de Liége enclavé dans le comté de Looz, appartenait à la petite noblesse. Deux de ses frères, Renier et Libert, portent le titre de chevalier. Il possédait de nombreux parents en Hesbaye. Citons, parmi eux, Elisabeth de Spalbeek, qui mourut en odeur de sainteté, et dont il fut plus tard le directeur spirituel.

Guillaume dut être destiné à l'église dès sa jeunesse, car nous savons qu'il fut envoyé aux écoles. Il fit de brillantes études et devint, pour employer l'expression des *Gesta abbatum Trudonensium*, un *vir devotus et literatus valde*. Pour des raisons inconnues, il s'attacha ensuite au comte Guillaume de Hollande, qui le conserva à son service après sa nomination de roi des Romains (1247). En 1249, il remplissait auprès de lui les fonctions de secrétaire et de chapelain. C'est probablement à ce prince qu'il dut la cure de Sainte-Marie à Aix la-Chapelle qu'il possédait à cette date, et tout indique qu'il recourut également aux bons offices de celui-ci lors de son élévation à la dignité abbatiale.

Nous savons, en effet, que pendant la semaine qui suivit la mort de Thomas, abbé de Saint-Trond, arrivée le 29 octobre 1248, Guillaume de Hollande se trouvait à Aix-la-Chapelle pour les solennités de son couronnement. Il ne put manquer d'être averti de l'événement et il songea sans doute tout de suite à son secrétaire, auquel il portait une vive affection et qui dut lui paraitre tout désigné pour le poste devenu vacant. Il dut faire connaître ses intentions au légat du pape et à l'évêque de Liége, qui l'accompagnaient, ainsi qu'aux moines de Saint-Trond. En tout cas, ceux-ci « demandèrent » Guillaume de Ryckel pour abbé, et, si l'on songe que notre personnage appartenait au clergé séculier, on admettra que les moines ne le demandèrent vraisemblablement que pour éviter qu'il leur fût imposé. En outre, l'installation du nouvel abbé fut loin d'être régulière. Il prononça ses vœux le lendemain même du jour où il prit l'habit et fut sacré une semaine plus tard (5 février 1249). Aussi conçut-il tout de suite des scrupules sur la validité d'une élection si lestement enlevée et il fallut, pour le tranquilliser, qu'Innocent IV, par une bulle du 4 mai 1249, ordonnât à l'élu de Liége, Henri de Gueldre, de lui accorder des dispenses. Devenu abbé, Guillaume n'abandonna pas son ancien maître, parmi les chapelains duquel il continua de figurer. En 1252, il était auprès de lui à Dordrecht et son nom figure parmi ceux des souscripteurs d'une charte accordée le 28 janvier aux bourgeois de cette ville; le 29 octobre de la même année, il fut chargé d'aplanir un différend qui s'était élevé entre le chapitre de Saint-Jean à Utrecht, et le roi à propos des dîmes d'Ossendrecht; l'année suivante, nous le trouvons pendant plusieurs semaines en compagnie de ce dernier en Hollande et à Louvain.

Le roi, de son côté, lui donna plusieurs fois encore des preuves de sa bienveillance. Il lui prêta de l'argent en diverses circonstances et, en 1250, par l'abandon qu'il fit de ses droits d'avouerie sur les biens de Saint-Trond à Aalburg, il augmenta annuellement de 25 marcs les revenus du monastère.

On comprend le prix que l'abbé dût attacher à ces bons offices quand on connaît la triste situation de la maison qu'il était chargé de diriger. Sous ses prédécesseurs dont presque tous, depuis la fin du XIIe siècle, s'étaient montrés inférieurs à leur tâche, la décadence économique de l'abbaye avait fait d'effrayants progrès. Une foule de terres avaient été inféodées ou cédées à vie. Nombre de vassaux négligeaient de relever leurs fiefs; des couvents voisins s'appropriaient des terres. Des forestiers, des maires, des écoutêtes usurpaient les droits qu'ils auraient dû exercer au profit du monastère. Les bourgeois de Saint-Trond s'étaient annexé le Willebampt et le marais de Saint-Jean. A Schaffen, ceux de Diest avaient occupé une terre de cent bonniers et l'avaient transformée en pré communal, tandis que le seigneur de la ville détenait illégalement la partie du village de Molenstede qui appartenait aux moines et que les baillis du duc de Brabant instrumentaient sur les terres de l'abbaye comme si elles eussent fait partie du patrimoine de leur maître. Ajoutez à cela les emprunts qu'il avait fallu contracter chez les juifs de Léau et chez une foule de Lombards et que l'on était incapable de rembourser. A l'avènement de Guillaume, il y avait trois ans que les créanciers de l'abbaye n'avaient plus rien touché et les intérêts qui leur étaient dus atteignaient un chiffre formidable.

Rompu de bonne heure au maniement des affaires par ses fonctions dans la chancellerie du comte de Hollande, Guillaume s'employa tout de suite, et avec une énergie remarquable, à restaurer des affaires si compromises. Il alla tout d'abord au plus pressé. A peine élu, il partit pour Lyon où se trouvait alors Innocent IV et il obtint, le 28 avril 1249, des bulles déclarant que l'abbaye n'était tenue qu'à restituer le capital net des sommes empruntées par elle, et qu'elle ne devait reconnaître que les dettes dont le montant aurait été affecté à un but d'utilité générale. Cette sentence, fondée sur l'interprétation stricte de l'interdiction canonique du prêt à intérêt, eut pour conséquence un procès intenté à l'abbé, en cour de Rome, par ses créanciers lombards. Il dura six ans et imposa à Guillaume de nombreux voyages à Laon, à Cambrai, à Troyes, à Lyon, à Gênes et à Milan. Il lui en coûta 500 marcs de Liége en frais de déplacements, de procureurs et d'avocats, avant d'arriver à un arrangement par lequel la somme due fut réduite à 2,480 livres parisis, à rembourser par paiements annuels de 248 livres.

En même temps que le procès contre les Lombards suivait son cours, Guillaume s'occupait activement de reconstituer le patrimoine de l'abbaye et de remettre de l'ordre dans son administration. Nous avons conservé par bonheur un manuscrit, en partie autographe, où il a consigné, de 1248 à 1271, des comptes, des états de biens et des annotations de toutes sortes relatives à son administration. Ce texte, dans lequel on a reconnu l'une des sources les plus importantes de l'histoire économique au XIIIe siècle, fournit en même temps un éloquent témoignage de l'application et de l'intelligence de notre personnage. Il nous le montre inspectant sans relâche les domaines de son église, réunissant les « masuirs » pour apprendre d'eux la coutume, obtenant au lit de mort d'usurpateurs la restitution de terres détenues par eux, entamant des poursuites contre les envahisseurs des mairies de Stayen, de Meer, de Borloo et de Saint-Trond, citant devant l'échevinage et finalement excommuniant — en vertu d'une bulle qu'il a obtenue du pape contre les oppresseurs de l'abbaye — les bourgeois qui se sont approprié le marais de Saint-Jean, etc. Pour se procurer l'argent indispensable, il a recours à tous les moyens. Il augmente le revenu des offrandes à Saint-Trond en faisant accorder, par Innocent IV, des indulgences aux fidèles qui en visiteraient l'église; il diminue, par économie, le nombre des prébendes du couvent, il vend des rentes à vie, contracte prudemment des emprunts avantageux, aliène enfin, à bon prix, les dîmes que le monastère possédait en Hollande et dont l'éloignement rendait la perception très difficile, ainsi que les vignobles de Pommeren et de Briedel, sur la

Moselle, qu'il cède, en 1264, aux moines de Himmerode pour 1150 marcs sterling. Surtout, renonçant au système vieilli des tenures héréditaires, il donne à bail les « cultures » de l'abbaye et quintuple ainsi les revenus du sol. Tant d'efforts ne restèrent pas inutiles. Guillaume réussit non seulement à restaurer les finances de l'abbaye, mais encore à concentrer et à augmenter considérablement son domaine. Il la laissa, à sa mort, dans une situation des plus florissantes.

En même temps qu'il s'était emparé de l'administration économique, le désordre avait aussi presque complètement miné la discipline du couvent au moment où le nouvel abbé entrait en fonctions. Il s'attacha de toutes ses forces à la rétablir. Dès le 4 mai 1249, le pape imposait à sa demande, aux curés des églises dépendant de Saint-Trond, l'obligation de résider dans leur paroisse et, en décembre 1252, le cardinal Hugues de Sainte-Sabine donnait de nouveaux statuts au monastère. Bientôt les études redevinrent florissantes et il n'est pas douteux que les *literati viri facundi in theutonico, gallico et latino sermone*, qui vécurent dans l'abbaye sous le successeur de Guillaume, n'aient été formés en grande partie pendant l'administration de celui-ci.

Guillaume enrichit encore, en 1260 ou en 1270, l'église de Saint-Trond de nombreuses reliques qu'il apporta de Cologne; il en dressa lui-même une liste qui a disparu mais d'après laquelle a été rédigé, au XVIe siècle, un catalogue que l'on possède encore. Peut-être aussi eut-il le projet d'écrire une chronique du monastère. Du moins, des annotations relatives à l'insurrection qui troubla la ville de Saint-Trond en 1255-1256 semblent-elles l'avoir pour auteur.

Les tribulations ne furent pas épargnees à Guillaume de Ryckel. En 1256, lors du soulèvement dont on vient de parler, il fut forcé de se réfugier à Donck pendant quelque temps. L'année suivante, les moines, furieux de la réduction de leurs prébendes, se révoltèrent contre lui à l'instigation du prieur, et il fallut l'intervention de l'évêque de Liége pour rétablir l'ordre.

L'activité de Guillaume ne s'exerça pas seulement à l'intérieur du monastère. En 1258, il réunit en un enclos, au milieu duquel il fit bâtir une église, les béguines qui, jusqu'alors, avaient vécu dispersées dans la ville de Saint-Trond et dans les paroisses des environs.

Il termina sa carrière si bien remplie le 27 février 1272 et fut enterré dans l'église abbatiale, à l'entrée de la chapelle de Saint-Trond.

H. Pirenne

H. Pirenne, *Le livre de l'abbé Guillaume de Ryckel. Polyptyque et comptes de l'abbaye de Saint-Trond au milieu du* XIIIe *siècle*. — *Chronique de l'abbaye de Saint-Trond*, éd. C. de Borman, t. II. — U. Berlière, *Visitationsrecesse des Benedictiner-Klosters St-Trond aus dem Jahre 1252, und Statuten des Cardinals Hugo von St-Sabina* (*Studien und Mittheilungen aus dem Benedictiner-und dem Cistercienser Orden*, 1895). — G. Simenon, *Une page inédite de Guillaume de Ryckel*, dans la revue *Leodium*, 1902.

RYCKEL (*Joseph-Geldolphe* **VAN**), hagiographe, né en 1581 au château de Oirbeek, au sud-ouest de Tirlemont, mort à Louvain, le 21 octobre 1642. Fils de Jean Van Ryckel († 11 avril 1611) et de Anne Van Winden *alias* Linden, il appartenait à la petite noblesse hesbignonne et probablement à cette famille qui avait déjà fourni à l'Eglise des prélats distingués comme l'abbé de Saint-Trond Guillaume de Ryckel (XIIIe siècle). Il fit ses études à la pédagogie du Faucon à Louvain et entra très jeune à l'abbaye de Sainte-Gertrude dans cette ville. En 1602, il y fit sa profession en même temps que son frère Jean; le 20 septembre de l'année suivante, il reçut les ordres mineurs. Il étudia la théologie sous la direction de Guillaume Mercerus. Ses connaissances et ses aptitudes lui valurent au bout de quelques années la dignité de sous-prieur. Il obtint la cure d'Oosterwijck (aujourd'hui dépendance de Tongerloo lez-Gheel), où il résida pendant dix ans. En 1626, il devint abbé de Sainte-Gertrude à Louvain. Il sauvegarda avec un soin jaloux les privilèges de son abbaye et prétendit même ne pas donner le « pain d'abbaye », c'est-à-dire une pension alimentaire, à un non-noble désigné par le gouvernement, mais le Conseil de Brabant lui donna tort (21 octobre 1629). D'autre part, il se consacra à l'entretien et à l'embellissement de son abbaye; de 1631 à 1633, il fit construire un jubé et plusieurs autels, et en 1639 il fit restaurer la flèche de l'église. On lui attribue la construction de la large nef basse de ce sanctuaire. En ce qui concerne sa gestion spirituelle, on mentionne la fondation de la confrérie des Trépassés (1636). Mais il se distingua surtout par son activité dans le domaine de la théologie et de l'hagiographie. Voici la liste de ses ouvrages dans l'ordre de leur apparition : 1. *Vita s. Beggæ, ducissæ Brabantiæ, Andetenensium Begginarum et Begghardorum fundatricis, vetus, hactenus non edita et commentario illustrata. Adjuncta est historia Begginasiorum Belgii.* Lovanii, Typis Corn. Coenestenii, 1631; in-4°. Cet ouvrage est dédié à la gouvernante Isabelle-Claire-Eugénie, et orné du portrait de l'auteur. — 2. *Ancile sacrum pro animabus in purgatorio existentibus.* Ibid., 1632, in-12. — 3. *De sodalitiis in subsidium animarum in purgatorio existentium erectis, etc.* Ibid., 1633, in-12. — 4. *Justa funebria animabus fidelium defunctorum persolvenda; hoc est officium defunctorum, glossâ sive interpretatione paraphrasticâ et interlineari illustratum.* Ibid., 1634, in-8°. — 5. *Hodoeporicon Marianum. Id est itinerarium B. M. V. Item Diurnale Marianum, cultus B. M. V. per menses atque hebdomadas distinctus.* Ibid., 1634, in-8°. — 6. *Nomen Mariæ tetragrammaton, sive de cultu Nominis Mariani varia commentatio.* Ibid., 1635, in-12. — 7. *Spelunca B. M. de Covadonga in Asturiis Hispaniarum montibus, publicâ religione olim à Pelagio dedicata,* etc., Bruxelles, 1635, in-4°. — 8. *Historia S. Gertrudis, principis virginis, primæ Nivellensis abbatissæ.* Bruxellae, Typis Godef. Schovartii, 1637, in-4°. Cet ouvrage donne aussi une histoire sommaire de l'abbaye de Sainte-Gertrude à Louvain. — 9. *Cultus sanctissimæ Trinitatis.* Bruxellæ, 1639, in-12. — 10. *Phylacterium ex reliquiis sacris Jesu, Mariae, Annae et Joseph compositum.* Ibid., 1639, in-4°. — 11. *Patriarchae familiarum religiosarum et suffpares eorum.* Ibid., 1641, in-8°.

Il mourut dans son abbaye après une longue maladie, le 21 octobre 1642.

Ses armoiries, que l'on retrouve entre autres sur son prie-Dieu (1628) transformé en confessionnal à l'église de Wilsele près de Louvain, sont celles des Van Ryckel d'Oirbeek, à l'écu composé *au 1 d'argent à trois chevrons de sable; au 2 d'hermine à deux fasces de gueules; au 3 d'argent à la fasce de gueules accompagnée de trois cors de chasse du même; au 4 d'argent à trois fleurs de lis de gueules surmontées d'un lambel de sinople.* Sa devise était : *Vaca ut vaces.*

Herman Vander Linden.

A. Jacobs, *L'abbaye noble de Sainte-Gertrude à Louvain* (Louvain, 1880), p. 70 à 74. — Foppens, *Bibliotheca belgica*, t. II, p. 773. — Doyen, *Bibliographie namuroise*, n° 154. — *Grand théâtre sacré du Brabant* (La Haye, 1734), t. I, p. 100.

***RYCKEMANS** (*Nicolas*), graveur, florissant à Anvers dans le premier tiers du XVIIe siècle, né probablement à Edam, en Hollande, vers 1595. Plusieurs estampes de cet artiste portent effectivement le mot Edam (*Edamensis?*) à la suite du nom de leur auteur. Mais pas plus toutefois dans cette localité qu'à Anvers, les archives ne nous procurent aucun document sur l'origine d'un artiste ayant eu l'honneur de travailler aux côtés de Rubens. A Bruxelles, où, d'autre part, semble avoir, au départ de sa carrière, séjourné Ryckemans, son nom n'apparaît point dans la liste des membres de la corporation artistique.

Tandis que certains auteurs reculent, contre toute vérité, la date de sa naissance jusqu'en 1620, d'autres font de Ryckemans l'élève de Pierre de Jode le vieux, chose assurément possible mais que rien n'établit. L'unique point certain concernant le graveur est que Rubens lui confia la reproduction de quelques-unes de ses œuvres, vers 1620. En effet, écrivant à Pierre van Veen, greffier des Etats de Hollande, à La Haye, sous la date du 19 juin 1622, le grand peintre mentionne parmi les planches exécutées d'après ses dessins une série d'élévations et de plans des palais de Gênes. La suite dont il s'agit venait alors de voir le jour, *l'imprimatur* étant du 26 avril (le 6 des calendes de mai). Ryckemans la grava sinon tout entière, du moins en partie, chose que prouve sa signature au bas d'une des planches. A ce premier témoignage des relations immédiates de Rubens avec le graveur, s'en ajoute un plus formel encore. Dans l'inventaire des biens dépendant de la succession d'Isabelle Brant, la première femme du peintre, décédée au mois de juin 1626, nous voyons l'actif grevé d'une somme de neuf cents florins au profit de Nicolas Ryckemans « pour avoir taillé quelques « planches en cuivre ». De quelles œuvres il s'agit, nous l'ignorons; nous n'en sommes pas moins fondés à faire figurer Ryckemans parmi les graveurs ayant travaillé pour Rubens, immédiatement après sa rupture avec Luc-Vorsterman. En effet, dans la lettre prérappelée à Pierre Van Veen, son illustre correspondant affirme que depuis l'événement susdit il n'a pour ainsi dire plus fait paraître d'estampes d'après ses œuvres. Or, dans l'énumération qu'il en fait, la part de Ryckemans se réduisait alors aux palais de Gênes. S'occupant de trouver un graveur capable de reprendre les travaux brusquement délaissés par Vorsterman, Rubens avait donc jeté les yeux sur Ryckemans. Les antécédents de ce graveur nous sont inconnus. Il est permis de lui attribuer quelques sujets de l'ancien testament, gravés d'après Pierre de Jode et signés C. (Claas?) Ryckemans. On en rencontre des épreuves sous l'adresse de Claas Janz Visscher, éditeur hollandais. Ce sont des travaux estimables et corrects, sans personnalité bien accusée. La signature « Nicolaes « Ryckemannus » apparaît sur le titre d'un grand ouvrage publié à Bruxelles en 1616 : *Stemma Habsburgo Austriacorum principum*, de Thierry Piespord. C'est un vaste ensemble allégorique, dont le motif principal est une colonne surmontée du diadème impérial et des couronnes royale et électorale. Dans les angles soufflent les vents. Le tout est traité d'un burin assez ample. Les autres planches du recueil sont de Wierix.

Sous la direction de Rubens, Ryckemans se signala ensuite comme un graveur sinon très correct, du moins très coloré et capable surtout de combinaisons ingénieuses de clair et d'ombre. Son burin, cependant, ne manque pas de maigreur, et si Ryckemans fait preuve de beaucoup de sentiment, il n'arrive jamais à charmer par le fini du travail. Parmi les graveurs directement inspirés par Rubens, Ryckemans n'occupe qu'un rang secondaire. En revanche, ses œuvres présentent l'intérêt qu'elles datent d'un moment où il n'y avait autour de Rubens aucun autre interprète de ses créations et que, de plus, celles confiées au graveur qui nous occupe traduisent, pour la plupart, des peintures non reproduites par d'autres. Elles ne sont d'ailleurs pas nombreuses. En voici la liste : 1. *Adoration des Mages* (musée de l'Ermitage), Rooses, n° 175. — 2. *Le Christ au tombeau*, dit « le Christ à la paille » (musée d'Anvers), R. 327. — 3-4. Bustes du *Christ* et de la *Vierge*, de grandeur naturelle et de profil. — 5. *L'Immaculée conception* (tableau inconnu). — 6. *Sainte famille* (autrefois au château de Blenheim), R. 190. — 7-20. *Jésus-Christ, les apôtres et saint Paul*, figures à mi-corps (musée de Madrid), R. 68-80. — 21. *Achille à la cour de Lycomède* (musée de Madrid), R. 567.

On ignore la date et le lieu de la mort de Nicolas Ryckemans.

Henri Hymans.

Henri Hymans, *Histoire de la gravure dans l'école de Rubens* (Bruxelles, 1879). — Kramm, *De levens en werken der hollandsche en vlaamsche kunstschilders*, etc. (Amsterdam, 1863.) — Voorhelm Schneevoogt, *Catalogue des estampes gravées d'après P.-P. Rubens* (Harlem, 1873). — M. Rooses, *L'œuvre de Rubens* (Anvers, 1886-1892, 5 vol. in-folio). — Alf. von Wurzbach, *Niederländsches Künstler-Lexikon* (Vienne, 1908).

RYCKERE (*Abraham* **DE**). Voir De Rycker.

RYCKERE (*Bernard* **DE**). Voir De Rycke.

RYCKERE (*Louis* **DE**), pédagogue et historien, né à Gand, le 17 octobre 1824, et y décédé le 15 août 1885. Il entra de bonne heure dans l'enseignement communal gantois, devint régent à l'école moyenne de l'État et fut en même temps professeur à l'école normale d'instituteurs dans sa ville natale. Il prit sa retraite en août 1884 après une carrière de 45 ans. Le fond de son caractère était une bonté illimitée, qui provoquait bien souvent les espiègleries des écoliers, mais qui lui valut en même temps l'adoration de tous ses élèves, grands et petits. Comme historien, il était plutôt compilateur, mais un compilateur qui a du flair, qui sait où découvrir des choses intéressantes et en faire des mosaïques qui plaisent. En dehors de ses occupations professionnelles et de ses études historiques, il s'intéressa aussi au mouvement flamand et particulièrement aux travaux du Willems-fonds, ce qu'il prouva en faisant fréquemment des conférences populaires et en acceptant pendant onze ans de siéger dans son comité central. Il collabora activement aux revues : *Het Leesmuseum*, *De Toekomst*, *De Eendracht*, *Het Nederlandsch Museum* et au *Jaarboek van het Willems-fonds*. Dans le *Nederlandsch Museum* il donna entre 1873 et 1885 une esquisse complète de l'histoire de l'enseignement populaire à Gand depuis le moyen âge jusqu'à la fin du XVIIIe siècle. Dans le *Leesmuseum* (1857), il écrivit : *De Engelsche handelsmaatschappij van Oost-Indië* et *De kroniekschrijver Jacob de Meyere*, etc. Il publia les quatre livres suivants : *Beknopte algemeene aerdrykskunde*, Gand, 1851; *Leesboek voor de jeugd*, Gand, 1862 (jusque dix éditions); *Het dierenrijk : schetsen van zoogdieren, vogels, visschen, kruipdieren, insecten*, Gand, 1863; *Het grondwettelijk bestuur van het oude Gent*, Gand, 1880.

J. Vercoullie.

Frederiks et Van den Branden, *Biographisch woordenboek*. — *Bibliographie nationale*, t. I. — F. de Potter, *Vlaamsche bibliographie*.

RYCKERE (*Pierre-Joseph* **DE**), poète flamand. Voir DE RYCKERE.

RYCKERE (*Pierre-Joseph-Marie-Colette* **DE**), professeur, diplomate, né à Gand, le 23 septembre 1793, mort dans cette ville, le 15 novembre 1863. Fils de Pierre-Joseph de Ryckere, de Courtrai, il fit ses humanités au collège épiscopal de Gand, puis son droit à l'école de Bruxelles, où il fut promu avocat le 18 juillet 1815. Peu avant cette date, Napoléon revenait de l'île d'Elbe. Le jeune étudiant fit imprimer, chez la veuve De Braeckenier, des stances véhémentes intitulées : l'*Invasion de la France par Bonaparte*, qui commençaient ainsi :

Il a donc reparu ce mortel sanguinaire,
Emule de Néron, moderne Phalaris :
Il a le fer en main, l'œil ardent de colère,
Et le drapeau sanglant déployé vers Paris.

A la fin, le jeune juriste se calme :

. . . . . pardonnez, o déesse
Thémis, si quelquefois votre humble nourrisson
Court s'enivrer aux rives du Permesse,
Et vous quitte un instant pour la cour d'Apollon.

La pièce est signée : *Par un étudiant de droit*. L'exemplaire, peut-être unique, de la bibliothèque de Gand, porte une note manuscrite où De Ryckere relate que, Napoléon ayant poursuivi sa route vers Paris, l'imprimeur n'osa pas continuer le tirage de la plaquette. A l'occasion de l'entrée du roi Guillaume Ier des Pays-Bas à Gand, le 11 juillet 1817, De Ryckere composa une ode en vers latins.

Lorsque le roi créa, la même année, une université dans cette ville, il confia au jeune poète les cours d'Institutes et de Pandectes et lui donna d'emblée le titre de professeur ordinaire. Mais, comme le remarque J. Roulez, dans son rapport rectoral de 1864 : « Cette « élévation précoce n'était pas un hom« mage rendu à un talent hors ligne. « La mesure fut générale et était « même de rigueur pour arriver à « constituer les facultés ». Il basa son enseignement sur le manuel de droit romain de Heineccius, jurisconsulte allemand célèbre du XVIIIe siècle, mais déjà suranné alors. Sans tenir compte des progrès dus à la nouvelle école historique d'Allemagne, De Ryckere fit imprimer une édition des *Recitationes* d'Heineccius, augmentée de quelques notes sans importance. Il publia aussi une édition des *Institutes* de Justinien, mises en rapport avec celles de Gaïus qui venaient d'être découvertes. En 1823-1824, il remplit les fonctions rectorales, et consacra le discours d'usage à une dissertation sur l'interprétation des lois.

La révolution de 1830 suspendit les cours de l'université. De Ryckere se mêla alors aux luttes politiques; le 2 octobre, il se mit à la tête d'une députation qui se rend à Bruxelles pour reconnaître le gouvernement provisoire. Nommé gouverneur de la Flandre orientale, il remplit ces fonctions du 16 octobre au 31 décembre 1830. Il siégea également au Congrès national, du 10 novembre 1830 au 17 janvier 1831; son rôle y fut, d'ailleurs, effacé.

Lors de la réorganisation de l'université, en 1835, il ne réintégra pas sa chaire, et fut nommé professeur émérite, sans jouissance de pension, sur sa demande expresse. Cependant il accepta de faire pendant le semestre d'été 1836 le cours de Pandectes, vacant par le brusque départ de Warnkönig. Le 3 septembre 1838, il fut envoyé, comme chargé d'affaires, à Stockholm; en cette qualité, il reçut en 1840 la croix de chevalier de l'Etoile polaire (1). Son état de santé ne lui permettant pas de rester en Suède, il demanda sa mise en disponibilité, qui lui fut accordée par arrêté royal du 25 août 1841. Il tenta dans la suite, à plusieurs reprises, de rentrer dans la carrière diplomatique, mais ses efforts demeurèrent infructueux, et il passa le restant de sa vie dans une retraite profonde.

Voici la liste de ses ouvrages : 1. *L'Invasion de la France par Bonaparte. Stances.* Bruxelles, veuve De Braeckenier (1815); in-8o, 4 p., signé : Un étudiant en droit. — 2. *Wilhelmo I Belgarum regi, quinto Idus Julii MDCCCXVII, urbem Gandavensem intranti, sacrum.* Gand, J.-N. Houdin, 1817; in-4°, 2 ff. Reproduit dans les *Annales belgiques*, Gand, 1817, p. 77. — 3. *Oratio inauguralis de elegantiori juris romani studio.* Gand, J.-N. Houdin, 1817; in-4o, 17 p. — 3. *Jo. Gottl. Heineccii recitationes in elementa juris civilis cum annotationibus.* Gand, J.-N. Houdin, 1818; in-8o, 14-674 p. Il y a des exemplaires avec l'adresse de Fr. Michel, à Louvain; Idem, *editio secunda.* Gand, J.-N. Houdin, 1819; in-8o. — 5. *Oratio in funere Francisci Petri Casselii.* Gand, 1821; in-8o, 11 p. — 6. *Oratio de legum interpretatione.* Gand, P.-F. De Goesin, 1826; in-4°, 22 p. Le discours ne fut pas inséré dans les *Annales Academiae gandavensis*, où il devait paraître, l'auteur ayant été empêché d'en faire la revision en temps utile, par suite de la mort de sa mère. — 7. *Justiniani institutiones, cum notis.* Gand, M.-A. Mahne, 1827; in-8°, IV-338 p.

Le bureau de bienfaisance de Gand conserve le portrait de P.-J. De Ryckere, qui avait légué une partie de sa fortune à cette institution.

Paul Bergmans.

Etat civil de Gand. — P.-J. Goetghebuer, *Biographie gantoise* (ms. à la bibl. de Gand, G.10952), p. 117. — J. Roulez, *Rapport sur la situation de l'université de Gand*, 1864, p. 12-13. — Pr. Claeys, *Mémorial de la ville de Gand* (Gand, 1902), p. 535, 538. - Archives du ministère des affaires étrangères (renseignements communiqués par Mr A. De Ridder).

(1) C'est par erreur que dans son acte de décès il est qualifié de chevalier de l'ordre de Léopold.

RYCKEWAERT (*Augustin-Joseph*), théologien, né à Poperinghe, le 10 mai 1771, décédé à Gand, le 16 mai 1836. Il était fils de Pierre-André et d'Isabelle-Claire-Eugénie Leupe. Il fit, avec le plus grand succès, ses premières études latines chez les Pères Récollets, en sa ville natale, et sa rhétorique au collège de Tournai, d'où il sortit lauréat, à l'âge de 16 ans. En 1787, il commenca sa philosophie à Louvain; mais un décret impérial du 17 juillet 1788 ayant dissous l'université catholique, il ne lui fut pas permis de briller dans la promotion de la faculté des arts. Ryckewaert ne fréquenta point le *Séminaire général.* Lorsqu'en 1790 les séminaires diocésains se rouvrirent, il entra au séminaire d'Ypres. Ses progrès dans la science sacrée furent si remarquables que le président Houcke songea à le proposer à l'évêque, comte d'Arberg, pour une chaire de théologie. Mais l'invasion des Français en Belgique obligea le séminariste à se retirer en Allemagne. Rentré dans sa patrie, il acheva ses études de théologie au séminaire d'Ypres. A peine ordonné prêtre à Malines, le 1er avril 1797, il fut envoyé comme missionnaire dans la partie française du diocèse d'Ypres. Pendant tout le temps que dura l'abolition du culte, il parcourut cette région, au péril de sa vie, célébrant la messe, de nuit, dans les granges et les maisons particulières, et administrant les Saints Sacrements. Après le Concordat de 1801, le jeune prêtre fut nommé vicaire, d'abord de Saint-Jean, puis, le 12 janvier 1803, de Saint-Bertin, à Poperinghe. Appelé aux fonctions de secrétaire de Mgr Fallot de Beaumont, au commencement de 1804, il réussit à faire retirer sa nomination. Mais en 1806, l'évêque de Gand lui confia une chaire de théologie en son séminaire, rétabli depuis le 5 mars 1804. Jusqu'en 1812, Ryckewaert donna concurremment les cours de logique et de métaphysique. Mgr de Broglie, successeur de Mgr Fallot de Beaumont, transféré au siège de Plaisance, le nomma chanoine honoraire de sa cathédrale, le 23 février 1808.

On connaît l'histoire du prétendu *Concile national* qui s'ouvrit à Paris le 17 juin 1811, et qui devait, sur l'ordre de Napoléon, aviser au moyen de se passer des bulles pontificales, si le pape, Pie VII, refusait d'en donner aux évêques nommés par l'empereur. Mgr de Broglie, en prévision de cette réunion d'évêques, fit lui-même toutes les recherches capables de porter la lumière dans des questions si épineuses; il chargea, en même temps, Vande Velde, de Louvain, Ryckewaert, Martens et Verhaegen, de Gand, d'étudier avec soin les monuments de la tradition sur les conciles, et spécialement les procès-verbaux des assemblées du clergé de France. C'est ainsi que l'évêque partit pour Paris bien préparé au combat. Cependant il voulut que ses théologiens de Gand (le docteur Vande Velde avait accompagné le prélat à Paris) continuassent leurs études, et il les tint au courant de la tournure que prenaient les débats. En communication continuelle avec son évêque, le professeur Ryckewaert approfondissait les principes, prévoyait les difficultés probables et résolvait les objections possibles. Mgr de Broglie correspondait par l'intermédiaire de Poirier, secrétaire de Mgr Le Blanc, évêque de Soissons, et ami intime de Vanden Hecke, séminariste à Gand; Ryckewaert, par l'intermédiaire de Vanden Hecke, qui écrivait à Poirier. Dans des lettres d'une teneur insignifiante, les deux amis intercalaient, avec de l'encre sympathique, ce que Mgr de Broglie et Ryckewaert voulaient se communiquer. Si le *mémoire* de l'évêque de Gand concernant l'incompétence de l'assemblée exerça une si grande influence sur la commission du *Message*, qui rejeta les innovations proposées par Napoléon, une part considérable de ce succès revient au théologien Ryckewaert.

Lors de la première démission forcée de Mgr de Broglie, exilé, et de l'élection capitulaire du 5 décembre 1811 qui en fut la suite, Ryckewaert devint le soutien du diocèse de Gand. Ses conseils suivis par la partie saine du chapitre dans cette circonstance critique, prévinrent un schisme qui paraissait inévitable. De Meulenaere gouverna le diocèse, non en qualité de vicaire capitulaire que lui reconnaissait le gouvernement, mais en qualité de vicaire général de Mgr de Broglie. Mais c'est surtout pendant l'année troublée de 1813 et durant toute la domination hollandaise que le sage et savant professeur doit être regardé comme l'homme providentiel. Au mois d'avril 1813, l'empereur avait nommé au siège de Gand, prétendûment vacant, Mr de La Brue de Saint-Bauzille, et lui avait adjoint Mr de Pazzis. Bien que de La Brue eut déclaré ne pas vouloir s'immiscer dans l'administration diocésaine avant d'avoir reçu la confirmation pontificale, de Pazzis tenta d'imposer au chapitre de nommer son maître vicaire capitulaire. Après avoir éprouvé de la résistance de la part de De Meulenaere et de Van Hemme, président du séminaire, il offrit sur ce sujet une conférence avec les professeurs. Ryckewaert accepta, malgré le mal de gorge dont il souffrait. Aux raisonnements vagues et spécieux du sophiste français, le docte professeur flamand opposa des arguments précis et invincibles, et, plaçant les volumes sous les yeux de son adversaire, il lui fit voir les mutilations des textes que celui-ci avait allégués à l'appui de sa cause. Comme de Pazzis témoignait son étonnement de ce qu'on osât résister à la volonté de l'empereur, l'intrépide défenseur des droits de l'Eglise lui répondit : « Il est vrai « que vous avez pour vous le droit du « canon ; mais nous, nous avons pour « nous le droit canon ». Stupéfait de la rapidité avec laquelle Ryckewaert tirait de leurs rayons les saints Pères et lui montrait les textes qu'il tronquait, de Pazzis s'écria au sortir de la conférence : « Il n'y a rien à faire avec cet « homme ; c'est une bibliothèque ambu« lante ! »

A l'exemple de leurs maîtres, les séminaristes refusèrent de reconnaître de La Brue. Le séminaire fut supprimé ; le gouvernement enrôla les élèves dans un bataillon de discipline et les envoya à la citadelle de Wezel. Le président Van Hemme et les professeurs Joseph et François De Volder furent arrêtés et incarcérés à Sainte-Pélagie. Ryckewaert n'échappa à la prison et à l'exil que par suite d'une erreur. Le bruit s'était répandu à Gand que Gaethofs, protonotaire apostolique et curé de Cortenberg, avait reçu du pape des pouvoirs spéciaux pour l'administration du diocèse de Gand. Ce bruit n'était pas fondé. Cependant, Ryckewaert fit avec Boussen, secrétaire de l'évêché, le voyage de Cortenberg. Ce fut pendant leur absence qu'eut lieu la suppression du séminaire, le 25 juillet. Avertis par un ami que la police les recherchait, ils restèrent quelques jours à Oordeghem, et parvinrent ensuite, à la faveur de la nuit, à rentrer secrètement dans la ville où ils se cachèrent. Du fond de sa retraite, Ryckewaert s'occupa d'apporter des consolations et de fournir des secours aux séminaristes de Wezel ; il travailla surtout à prémunir le clergé et les fidèles contre le schisme. Voici comment :

Ebranlé par la seconde démission de Mgr de Broglie, De Meulenaere avait eu la faiblesse de consentir à convoquer le chapitre pour une nouvelle élection. Le 22 juillet 1813, De Meulenaere, de Loen et de La Brue étaient élus vicaires capitulaires. Ils publièrent et envoyèrent aux doyens, le 24 juillet, un *Extrait des délibérations du chapitre de l'église cathédrale du diocèse de Gand* (*Extractum ex registro actorum capitularium ecclesiæ cathedralis Gandavensis*) relatif à leur élection. Ryckewaert prouva la nullité de cette élection dans sa *Quæstio momentosa. Quid censendum de electione capitulari celebrata Gandæ die* 22 *Julii* 1813. In-12, 35 p. Un anonyme, dans un écrit répandu par le diocèse, attaqua la *Quæstio momentosa.* En même temps, M. De Bast, récemment nommé chanoine par décret impérial du 6 mai, et un des électeurs, prit la défense du triumvirat, ainsi qu'on l'appelait, en publiant sa brochure : *Amica defensio vicariatus ecclesiæ Gandavensis canonice et legitime electi* 22 *julii* 1813. In-8°, 14 p. (*Vriendelijke verdediging van het vicariaet des bisdoms van Gend, wettelijk verkozen den* 22 *julius* 1813. In-8°, 14 p.). Ryckewaert répondit aux deux par son *Monitum christianum auctoris quæstionis momentosæ ad obtrectatorem suum.* In-12, 25 p. Dans sa *Dilucidatio principiorum quibus præcipue nititur resolutio capituli ecclesiæ cathedralis Gandavensis S. Bavonis,* 22 *julii* (Gand, Steven, 1813, *Prima pars.* In-8°, 72 p.), De Bast tâcha de réfuter les objections soulevées par la *Quæstio momentosa* et par la brochure *Monsieur voyant dans votre dernière...* (In-12, 18 p.) signée : *Christianus mihi nomen, catholicus cognomen.* Ryckewaert réplique victorieusement par ses : *Observationes auctoris quæstionis momentosæ in primam partem opusculi cui nomen : Dilucidatio principiorum*. In-12, 32 p. Dans sa *Dilucidatio, Secunda pars* (in-8°, 81 p.), De Bast s'évertue à réfuter le *Monitum Christianum*. Ryckewaert n'y répliqua point parce que, après le départ des Français de Gand, 2 février 1814, de La Brue et de Pazzis étaient rentrés en France, et parce qu'on espérait que De Bast et ses quelques adhérents reviendraient à résipiscence. C'est ce qui arriva. De Bast se rétracta le 8 avril suivant et retira de la circulation les exemplaires de sa publication. Pour l'instruction des simples fidèles, Ryckewaert avait publié sur l'élection capitulaire du 22 juillet 1813 : *Saemenspraek tusschen eenen pastor en zijnen parochiaen over den tegenwoordigen staet van het bisdom van Gend, tot onderwijzing der geloorige van het zelve bisdom*. In-12, p. 47. Grâce aux opuscules de Ryckewaert, sur douze cents prêtres, dont se composait le clergé du diocèse, les vicaires capitulaires intrus n'avaient pu à peine en gagner qu'une trentaine.

Après la retraite des Français, Ryckewaert se rendit à Bruxelles pour y défendre les intérêts de la religion. On lui attribue une part dans la déclaration que le gouvernement provisoire adressa le 7 mars 1814 à l'évêque de Namur et aux vicariats des autres diocèses.

En juin 1814, Mgr de Broglie, de retour de son long exil, nomma Ryckewaert chanoine titulaire, examinateur synodal et membre du conseil épiscopal.

Durant la période hollandaise le savant professeur rendit au diocèse de Gand des services signalés. Au milieu des difficultés suscitées par la proclamation de la *Loi fondamentale*, le prince de Broglie, dénigré auprès du Saint-Siège par les agents du gouvernement, résolut d'envoyer à Rome une personne de confiance, capable de mettre le Souverain Pontife au courant de tout ce qui se passait en Belgique. Le choix du prélat tomba sur Ryckewaert. Celui-ci, muni du *Jugement doctrinal* et d'une longue lettre, en date du 3 octobre 1815, dans laquelle l'évêque expose les affaires concernant la religion, partit dans le courant du même mois. D'autre part, le cabinet de La Haye avait, dès les premiers jours de septembre, chargé Reinhold, son ministre à Rome, de déjouer « les menées « du clergé ». Ryckewaert ne tarda pas à gagner la confiance des principaux membres du Sacré-Collège et réussit ainsi à dérouler aux yeux du Saint-Père le tableau exact du système que suivaient les conseillers du roi Guillaume. Un premier résultat de la mission de Ryckewaert fut la note officielle du secrétaire d'Etat Consalvi à Reinhold, du 19 mars 1816, en réponse à la note hollandaise du 10 décembre 1815 (cette note de Consalvi est reproduite par Claessens : *La Belgique chrétienne*, t. I, p. 242-247). Un autre résultat fut le bref du 1er mai 1815 *Accepimus tuas litteras*, adressé à Mgr de Broglie (voir *Recueil des mandements*, etc., *publiés par le prince Maurice de Broglie*, p. 311). Le roi, irrité de l'approbation donnée aux évêques, ordonna d'arrêter Ryckewaert à la frontière; mais celui-ci, parti de Rome le 3 mai, parvint à tromper la surveillance dont il était l'objet et arriva à Gand vers la mi-juillet 1816.

Mgr de Broglie, forcé de s'expatrier pour se soustraire aux poursuites judiciaires, résolut d'aller en personne implorer la protection du Saint-Siège. Il invita Ryckewaert à l'accompagner en qualité de conseiller. Le professeur estima qu'il serait plus utile au diocèse en restant à Gand, et demanda en grâce de ne pas devoir le quitter. D'ailleurs la mauvaise santé du prélat l'empêcha d'entreprendre le voyage de Rome.

Ryckewaert eut sa part dans la persécution. Un arrêté royal du 20 juillet 1820 refusait de reconnaître Ryckewaert et François De Volder comme chanoines titulaires, sous le prétexte que leur nomination n'avait pas été agréée par le gouvernement. On leur interdit l'entrée du chœur : on voulut même les forcer de restituer les pensions perçues durant les six années qu'ils avaient été en paisible possession de leur bénéfice. Ryckewaert prouva que sa nomination datait du mois de juin 1814 et précédait l'arrivée de Guillaume. La requête fut rejetée. Ils ne purent rentrer dans leurs droits qu'après la mort du prince de Broglie.

Le 22 décembre 1820, le gouvernement fit arrêter Goethals et Martens, vicaires généraux, et Boussen, secrétaire de l'évêché. Cette triste circonstance fournit à Mgr de Broglie l'occasion de donner à Ryckewaert une dernière preuve de sa confiance, en lui accordant, par lettre du 28 décembre, les pouvoirs de vicaire général. Ryckewaert, sans en prendre le titre, exerça ces pouvoirs conjointement avec Verhaeghe. De concert avec les avocats De Keyzer et Emmanuel Helias d'Huddeghem, Ryckewaert et Verhaeghe préparèrent les matériaux que les défenseurs des accusés firent valoir devant la cour de Bruxelles. Une sentence du 25 mai 1821 prononça l'acquittement.

Durant la vacance du siège (juillet 1821-novembre 1829), Ryckewaert fut l'âme de l'administration diocésaine. Grâce à sa prudence et à ses lumières toutes les tentatives du gouvernement contre l'autorité ecclésiastique échouèrent, et le diocèse de Gand fit cause commune avec les autres diocèses du royaume, en s'opposant aux arrêtés de 1825 sur l'enseignement.

La place de président du séminaire étant devenue vacante par la mort de Van Hemme, 11 mars 1822, les vicaires capitulaires De Meulenaere et Goethals voulurent y nommer Ryckewaert. Ce dernier leur fit comprendre qu'il était préférable de réserver cette nomination au futur évêque; mais il remplit dès lors les fonctions inhérentes à la présidence.

En 1829, le concordat de 1827 reçut enfin un commencement d'exécution et l'arrivée de Mgr Vande Velde termina le long veuvage de l'Eglise de Gand. Ce digne prélat s'empressa de nommer Ryckewaert président de son séminaire. Le désintéressé prêtre, en acceptant cette charge, ne consentit jamais à en toucher les appointements.

Ayant à cœur de renforcer l'enseignement du séminaire, l'évêque y érigea entre autres des chaires de droit canon et d'histoire ecclésiastique. Le zélé président voulut bien, tout en retenant sa leçon de théologie, faire aussi celle de droit canon. Il publia à cet effet, en 1830, une seconde édition gantoise du traité encore aujourd'hui si appprécié de *Joannis Devoti... episcopi primum Anamensis, dein archiepiscopi Carthaginensis Institutionum canonicarum libri IV*, ouvrage qu'il avait rapporté de Rome et dont il avait déjà donné une première édition en 1822. Une *tertia editio gandavensis* parut en 1836. Il édita également les ouvrages suivants du Jésuite Zallinger : *Institutionum juris naturalis et ecclesiastici publici Libri V. Auctore Jacobo Zallinger SS Theologiæ Doctore*, Gand, Vander Schelden,. 1823. In-8°, 607 p.; *De usu et systematica deductione juris naturalis et ecclesiastici publici commentariolum. Auctore Jacobo Zallinger.* Gand, Vander Schelden, 1823. In-8°, 76 p.

En 1831, Ryckewaert fut chargé par l'évêque d'adapter l'abrégé de l'histoire ecclésiastique, par Berti, aux besoins de l'époque en lui ôtant sa tendance janséniste et en lui donnant une continuation jusqu'aux temps modernes. Ce travail fut terminé en juillet 1832 : *Breviarium historiæ ecclesiasticæ auctore J. L. Berti ord. S. Aug. jussu Illustrissimi Episcopi Gandavensis correctum expurgatum et auctum ad usum Seminarii.* 2 t. Gand, Vander Schelden. Le second volume, presque entièrement refondu, contient des notions intéressantes sur une foule d'auteurs.

Ryckewaert fournit à l'éditeur de la *Theologia ad usum seminariorum* de P. Dens des notes et des améliorations qui donnent à l'édition de 1828-1838 une grande supériorité sur les précédentes. De 1833 à 1835, il fit paraître chez Van Ryckegem-Hovaere, à Gand, une collection d'opuscules choisis des SS. Pères : *Opuscula selecta sanctorum Patrum spectantia ad scientiam temporis et disciplinam ecclesiasticam, ad usum cleri.* 10 vol. in-12. Le choix des traités, les nombreuses notes ajoutées par le docte professeur, et la continuation, jusqu'en 1820, de l'ouvrage de Lactance *De mortibus persecutorum*, faisaient de ce recueil un véritable trésor pour le clergé de cette époque.

Consulté par Barrett, vicaire capitulaire de Liége, sur l'*Hermeneutica sacra* de J.-H. Janssens, professeur au séminaire, Ryckewaert composa une longue et savante dissertation dont un prêtre du diocèse de Liége, sous le pseudonyme de *Amandus a Sancta Cruce*, profita pour son travail : *Animadversiones criticæ in R. D. J. Hermanni Janssens in semin. episc. Leodii Script. S. ac Theol. Dogm. professoris, Hermeneuticam sacram*. Maeseyck, Titeux, 1820.

Ryckewaert est l'auteur d'une curieuse brochure intitulée : *Mislukte proef op den dans, ofte bemerkingen over een schandelyk schriftjen, het welk onlangs* (1816) *in't licht gegeven is, onder den naem van den Meyer van Basseveldc*. Gand, J. Begijn, s. d.; in-8°, 52 p. Il fournit de nombreux matériaux au *Spectateur Belge* de L De Foere. Nous lui devons les éditions gantoises des excellents ouvrages suivants : *R. P. Aloysii Bellecii Soc. Jesu, SS. Theol. Doctoris virtutis solidæ præcipua impedimenta, subsidia et incitamenta, commentationibus illustrata, omnium usui optatis... Editio nova*. Gand, B. Poelman, s. d., avec approbation du 2 août 1817; in-8°, 625 p.; *R. P. Aloysii Bellicii... Christianus pie moriens seu adjumenta procurandæ bonæ mortis*. Editio nova. Gand, Vander Schelden, 1821; in-8°, 378 p.; *Medulla asceseos seu exercitia spiritualia S. P. Ignatii de Loyola accuratiori, quam hactenus ab aliis factum, et menti ejus propiori methodo explanata... auctore R. P. Aloysio Bellecio. Editio nova, emendata*. Gand, Vander Schelden, 1835; in-8°, 428 p.; *Triduum sacrum una cum facili methodo expedite meditandi. Auctore P. Aloysio Bellecio*. Gand. Vander Schelden, 1835; in-8°, IV-96 p.; *Decem triduana spiritualia sacerdotum exercitia quæ antehac varie tradidit et conscripsit P. M. Dufrène, societatis Jesu sacerdos, addito tractatu R. H. Rogaccii ejusdem societatis. De filiali et familiari cum Deo consuetudine*. Poperinghe, D'haenens-Ramaut, 1820, 4 vol. in-8°, VII-263, 237, 251, 316 p.; et probablement aussi : *Felix novus annus a R. P. Tobia Lonher S. J. in xenium D. D. Dilinganæ academiæ sodalibus anno MDCCXXXI oblatus. Editio nova*. Gand, 1826; in-12, 108 p., comprenant *in fine* (109-119) : *Industria conformitatis voluntatis nostræ cum divina R. P. Alphonsi Gionatti soc. Jesu*. Ryckewaert fut un des premiers à découvrir le danger des nouveautés lamennaisiennes. Dès l'an 1825, donc longtemps avant l'encyclique de Grégoire XVI (1834), il prédit que Lamennais servirait mal la cause de la religion; malgré l'engouement général, il eut le courage d'en combattre vigoureusement les doctrines, soit en classe, soit dans ses conférences.

En 1834, Mgr Vande Velde voulant donner à Ryckewaert un nouveau témoignage de son estime, lui offrit la place de vicaire général, vacante par le décès de De Meulenaere. Mais le président, dont la santé commençait à dépérir, supplia son évêque de lui épargner cette charge; après deux années d'infirmités continuelles, il mourut saintement le 16 mai 1836, emportant le regret des quinze cents élèves qu'il avait formés.

A un jugement solide et à une mémoire prodigieuse Ryckewaert joignait une immense érudition en théologie, droit canon et histoire. Avec une habileté surprenante il résolvait les cas de conscience, souvent les plus compliqués, qui lui étaient proposés de toutes parts, même d'autres diocèses. Il possédait aussi de vastes connaissances bibliographiques. Le séminaire de Gand lui doit l'érection d'une belle bibliothèque spécialement destinée à l'usage des élèves. Il a en outre beaucoup contribué à enrichir la riche bibliothèque des professeurs. Lui-même s'était formé une ample collection de livres, qu'il a léguée à Mgr Boussen, évêque de Bruges.

A.-C. De Schrevel.

Archives de l'évêché de Gand. — Vander Moere, *Récit de la persécution endurée par les séminaristes du diocèse de Gand, en 1813 et 1814*.

RYCKEWAERT (*Charles*, dit *Théophile*), figure parmi les principaux promoteurs du mouvement calviniste à Ypres et la banlieue, dans la seconde moitié du XVIe siècle. Il est originaire de Neuve-Eglise, dans le métier de Bailleul. Par suite de l'absence de registres paroissiaux à cette époque, il nous est impossible de fixer la date de sa naissance. Il apparaît pour la première fois sur la scène de l'histoire au début de l'année 1565. Manifestant de bonne heure un ardent prosélytisme pour la religion nouvelle, il procède à l'élection de diacres chargés de secourir les pauvres de sa secte, empiétant ainsi ouvertement sur les pouvoirs de l'autorité municipale qui avait fait rentrer, depuis le 3 décembre 1525, l'assistance publique dans la sphère de ses attributions. Ryckewaert contribue encore à l'érection d'un temple; il exhorte ses coreligionnaires à collaborer, au moyen de collectes faites à domicile, à la réunion d'une somme de 3 millions de florins à joindre à une requête au roi tendant à obtenir la liberté des cultes. En conformité de l'accord conclu le 20 septembre 1566 entre Marguerite de Parme, gouvernante générale des Pays-Bas, et les principaux sectaires yprois, Charles Ryckewaert se présente, le 5 octobre de la même année, devant le magistrat en qualité de premier ministre réformé officiel, prête le serment d'obéissance aux lois, jure de ne tenir aucun propos séditieux à l'occasion de ses prêches et de n'apporter aucune entrave à l'exercice du culte catholique. Il reste seul à la tête de ses partisans jusqu'au 1er novembre. Les sectaires ayant demandé un second prédicant, on lui adjoint alors le fameux pasteur Pierre Dathenus (voy. ce nom). Celui-ci prêche en flamand, Ryckewaert en français. Ce dernier a maille à partir avec l'autorité communale dès les premiers jours de novembre; elle lui interdit de prêcher en français et le même jour que Dathenus, conformément à la convention du 20 septembre. Les mesures contre les réformés deviennent de plus en plus vexatoires. Le 7 décembre, le magistrat donne lecture, devant Ryckewaert et certains de ses partisans, d'une lettre émanant de la Gouvernante, prohibant pour l'avenir l'exercice du nouveau culte, défendant aux prédicants de baptiser, de bénir de nouveaux mariages, de tenir des consistoires et décrétant la fermeture des écoles calvinistes; les prèches seuls sont encore tolérés. Ryckewaert répond qu'il considère cette lettre comme non avenue, attendu que la liberté de conscience a été concédée par le comte d'Egmont et que sa conscience relève de Dieu et non pas des hommes. Le dimanche suivant, 15 décembre, Ryckewaert prêche le matin et, l'après-dîner, administre les sacrements du baptême et du mariage et se fait accompagner d'une escorte nombreuse de partisans. Quelques-uns de ceux-ci attaquent les sentinelles des portes de la ville; il en résulte une échauffourée qui, d'après Wynckius, aurait tourné au tragique si Ryckewaert n'avait exhorté les siens au calme. Le 16 décembre, la population de Warneton, Neuve-Eglise, Messines et Comines, ayant appris ces troubles et le faux bruit de l'arrestation de Ryckewaert, se réunit en armes à Saint-Eloi et se porte vers Ypres dans l'intention de le délivrer. La troupe se disloque en route après s'être rendu compte de sa méprise. Le 7 février 1567, Ch. Ryckewaert est sommé de comparaître devant le magistrat à l'effet d'entendre dire l'accusation portée contre lui par le Haut-Bailli, d'avoir réuni la population de divers quartiers de Neuve-Eglise en vue d'organiser des collectes. Il ne se rend pas aux injonctions de l'autorité et quitte la ville. Le 8 juillet, le magistrat d'Ypres informe les députés de Gand qu'il a ajourné devant lui Charles Ryckewaert, accusé d'avoir pris part aux dévastations d'églises, aux bris d'images qui eurent lieu à Ypres et dans les environs, le 15 août 1565. Le 8 août, Ryckewaert est condamné par contumace à 50 ans de bannissement et à la confiscation de tous ses biens. Il s'est réfugié en Angleterre dès le mois de février avec sa femme Catherine Questier et son fils Nathaniel. Le 8 juillet, il est nommé ministre des réfugiés flamands à Norwich; il a comme collègues Antoine Algaet et Isebrandus Balkins. En septembre 1571, il est déchargé de ses fonctions par une commission composée de l'archevêque de Londres, d'évêques et autres dignitaires, pour avoir proclamé des principes contraires à ceux d'Edwin Sandes, évêque de Londres, et pour avoir soutenu, disent les textes, de nombreuses erreurs au sujet de la liberté des chrétiens, de l'autorité des ministres du culte, de l'unité de l'Eglise réformée et de l'excommunication ecclésiastique. Le 5 mars 1574, nous le voyons apparaître, en qualité de ministre de la communauté flamande, à Thetford. Le 25 mai, il épouse en secondes noces Louise Coolmans, de Beveren, qui lui donne dans la suite quatre enfants : Théophile, Charles, Anne et Suzanne. Le 23 mai 1576, Ryckewaert participe au colloque des Eglises anglo-hollandaises à Londres, comme représentant de la communauté de Thetford. Il reste en Angleterre jusqu'à la fin de l'année 1577. En 1578, on en parle comme prédicant des réfugiés flamands de Leyde, et c'est en cette qualité qu'il signe les négociations du synode national de Dordrecht (2-28 juillet 1578).

La ville d'Ypres ayant ouvert ses portes aux bandes calvinistes de François de La Kethulle, seigneur de Ryhove (voy. Kethulle), le 20 juillet 1578, Ryckewaert profite du succès des réformés pour retourner à son pays natal qu'il n'avait plus revu depuis plus de onze ans; il y reprend ses fonctions de ministre calviniste et meurt vraisemblablement vers la fin de l'année 1583 (le partage de ses biens date du 4 janvier 1584). Il s'était marié, lors de son retour à Ypres, en dernières noces, avec Francine de Grendele qu'il laissa enceinte à son décès. Son contemporain de Meestere, dans son *Historia Episcopatus Iprensis*, nous rapporte que, lors de la prise de la ville par les armées du duc de Parme (7 avril 1584), son cadavre fut déterré et jeté par-dessus les murs.

D'après Jean Ballin, moine de Clairmarais, Charles Ryckewaert était très vaniteux, « se faisant passer par toute « la ville [d'Ypres] comme un dieu ». Il appert d'une lettre adressée le 7 janvier 1575 par le consistoire de l'Eglise réformée de Rotterdam à la communauté flamande de Londres, que Ryckewaert était éloquent et très érudit. Les polémiques qu'il suscita à Norwich semblent confirmer cette appréciation.

On a attribué pendant longtemps à Ryckewaert l'*Histoire des troubles et guerres civiles des Pays-Bas*. Le biographe de J.-F. Le Petit, dans la *Bibliotheca Belgica*, lui conteste ce mérite à bon droit. On ne connaît du célèbre prédicant que quelques lettres dont l'une est adressée de Norwich à son ami Olivier de Keeuwere pour décider celui-ci à se déclarer partisan de la religion nouvelle, à lutter pour son triomphe final et à renoncer aux biens de ce monde. Le style en est très peu soigné. Les autres lettres n'offrent aucun intérêt.

Jules Nolf.

Archives d'Ypres : comptes de la ville, registre de la Weezerie, registre des sentences. — Hessels, *Epistolae et Tractatus re ormationis historiam illustrantes*. — J. Diegerick, *Petrus Dathenus ; memoire justificatif du magistrat* d'*Ypres sur les troubles religieux*. — *Annales de la Sociéte d'emulation de la Flandre occid.*, t. II. — P.-R.-C. Wynckius, *Geusianismus Flandriae occidentalis* *Bulletin du bibliophile belge*, 2e série, t. IX. — Ed. de Coussemaker. *Troubles religieux du* XVIe *siècle dans la Flandre maritime*, t. I. — H.-Q. Janssen, *Hervormde vluglelingen van Yperen in Engeland*.

RYCKEWAERT (*Charles*, dit *Théophile*), fils du précédent et de sa deuxième femme, Louise Coolmans, décédée à Ypres en octobre 1583. Il était encore en nourrice à la mort de sa mère. Nous ne connaissons de sa vie que quelques faits isolés, qui nous portent cependant à croire qu'il a joué un rôle important dans les troubles religieux des Pays-Bas septentrionaux au commencement du XVIIe siècle. La plupart des incidents qui le concernent nous sont relatés dans la *Kerckelicke Historie* de Utenbogaert, qu'il a dédiée à son fils en septembre 1646 pour lui rappeler le rôle qu'il avait rempli à Utrecht et pour l'inviter à le considérer comme un exemple à suivre.

Janssen rapporte que Ryckewaert était présent au synode particulier de Dordrecht (14 octobre 1608) en qualité de prédicant à Oostvoorn.

En mars 1619, il assiste à Rotterdam, en qualité de député de l'église d'Utrecht, à une assemblée calviniste dans laquelle on décide de se séparer de l'Eglise nationale, de jeter les bases d'une nouvelle organisation cultuelle impliquant des réunions, une instruction religieuse et des levées de contributions particulières. Le 23 juillet, il est condamné à l'exil par le tribunal d'Utrecht pour avoir transgressé la décision du synode de Dordrecht et s'être rendu coupable de conspiration contre la sûreté de l'Etat. Le 29 juillet, il est conduit sous escorte à Waelwyck pour y subir sa peine.

Pendant son exil, Ryckewaert rédige plusieurs lettres sous forme de pamphlets où s'exaltent la fougue et l'ardente conviction d'un polémiste érudit. Dans un premier pamphlet, daté du 17 août 1619, il s'élève contre la partialité de ses juges, insiste sur la légalité de l'assemblée de Rotterdam et de ses décisions, décrit les tristesses de l'exil et croit à sa prochaine réhabilitation. Le second pamphlet, daté du 26 septembre 1619, est adressé à ses frères opprimés d'Utrecht. Ryckewaert proteste contre l'iniquité de sa condamnation, refuse à l'autorité séculière le droit de juger les conflits religieux, dénonce les violences et combat la religion de ses adversaires, exalte ses croyances, invite ses coreligionnaires à persévérer dans la lutte, leur prêche la tolérance et l'amour du prochain. Dans une lettre adressée à son ami N. N., et datée du 28 septembre, il s'efforce de faire ressortir l'arbitraire de la procédure qu'on a suivie à son égard, il revendique pour lui la liberté de conscience, considère la décision du synode de Dordrecht comme illégale et refuse de révéler celles qui ont été prises dans la réunion de Rotterdam. Ces divers monuments épistolaires, rédigés à de courts intervalles, dans un style élevé qu'anime un puissant souffle lyrique et où le sentiment n'exclut point la science, émanent d'un homme remarquablement doué et profondément sincère.

Quoique imparfaitement connue, la figure du second Ryckewaert semble digne d'une attention spéciale et nous fait souhaiter que de nouvelles recherches la mettent plus en lumière.

Jules Nolf.

Jean Utenbogaert, *De kerckelicke historie* (Leyden). — *Coll.* Tiele, nrs 2176, 1660, 1659 (bibliothèque de Gand). — U.-Q. Janssen, *De hervormde vlugtelingen van Yperen in Engeland.*

RYCKIUS (*Guillaume*). Voir Rycke (*Guillaume* de).

RYCKIUS (*Josse*). Voir De Rycke (*Josse*).

RYCKMAN (*Lambert* de), jurisconsulte, l'un des seigneurs du Conseil ordinaire du Prince-Evêque de Liége et poète wallon, né à Liége en 1660, y décédé le 23 mars 1731. Il était fils de Walerand-Lambert Ryckman, bourgmestre de Liége en 1682 et descendait, par une longue lignée d'échevins et de conseillers, de Jean de Ryckman, chevalier de Jérusalem, bailli du Pont d'Amercœur et gentilhomme de la chambre du Prince-Evêque de Liége Louis de Bourbon, qui fut présent à ses noces, au mois d'août 1473, en la grande salle du château de Curange, avec demoiselle Jeanne delle Chaussée de Jeneffe; cette dernière descendait par les femmes, au onzième degré, d'après le témoignage d'Hemricourt, de Rasse à la Barbe de Dammartin et de la célèbre Alix de Warfusée, dame d'Hermale, Jeneffe, Awans et Waroux, etc.

Lambert de Ryckman charma les loisirs de ses hautes fonctions par le culte de la muse populaire wallonne, dont les caractères dominants étaient la causticité, la franchise et la bonhomie.

Son principal poème fut révélé en 1803 par Mr de Villenfagne d'Ingihoul, qui en tenait un exemplaire manuscrit de la fille même de Lambert de Ryckman, épouse de feu le chevalier de Libert, frère de son grand-père. C'était une satire liégeoise intitulée *Les Aiw di Tonk* (les Eaux de Tongres), « où l'au-

« teur tournait assez ingénieusement en « ridicule les Eaux de Tongres et de « Spa ». La première de ces villes venait de faire analyser ses eaux, qui jaillissaient de la prétendue *Fontaine de Pline*, et qu'elle espérait voir bientôt jouir d'une vogue énorme et attirer un grand concours de monde, grâce aux cures merveilleuses rapportées par ses médecins, dont le principal était le docteur Bresmal.

C'est vers 1700 que Ryckman composa son poème de quatre cent douze vers de huit pieds, publié dans les *Chansons et poésies wallonnes recueillies par M.' B. et D.* (François Bailleux, avocat, et Joseph Dejardin. — Liége, Félix Oudart, 1844; in-8°), où, sans prendre parti pour aucune des deux villes, il se borna à railler la prétention de faire accepter une eau quelconque comme une panacée universelle. Cette *pasquerye* burlesque et piquante eut un énorme retentissement; tout le monde voulut en avoir une copie, et le docteur Bresmal lui attribua, dans son *Parallèle des Eaux minérales du pays de Liége*, p. 113, une influence prépondérante « parmi les causes qui contri- « buèrent le plus à décréditer la Fontaine « de Tongres ».

Voici quelques strophes qui feront juger à la fois du tour d'esprit, du langage du poète et du fondement de ses allégations.

La première strophe est d'un mouvement simple et purement satirique :

Grâce à bon Dieuw qu'intt' des marasses (ma-
Tô n'allant à l'chesse à begasses [récages
On vint de r'trové, sin pinsé,
Ciss bonn fontaine di timps passé
Di ki Pline (sins avu rin r'çu)
A puz exalté li vertu
Ki tos les docteurs d'âjourdus
Quoique forfays et corrompus.

Le poète donne ensuite un tour piquant à cette pensée que, sur la foi de l'attestation des médecins, une foule de curieux, d'hypocondres, etc., va se rendre à Tongres :

Ossi, l'monde y vint à tell flouhe
Ki no fâret sèrè nos ouhes
Ou bin donc fé r'bau po l'mon
Tos l'z-ans pu d'inn row di mohonns
Et quand c'est k'on r'freu noss cité
Ossi grande ki di timps passé
Ecco y louwret-on on stâ
Ossi chir k'a Lige on palâ.

Nous nous bornerons à ces extraits. On voit que l'auteur n'y ménage ni les médecins ni leurs cures.

Aussi Bresmal, son contemporain, tout en convenant que ce « Pasquin de « nouvelle fabrique n'y a fait paraître « que trop de génie », ajoute qu'« il aurait « dû réfléchir au tort qu'il faisait à sa « patrie, le peuple n'en ayant pas seule- « ment ri, mais ayant conservé une im- « pression fatale au mérite des Eaux « Tongroises ».

N. de Pauw.

De Villenfagne d'Ingihoul, *Histoire de Spa* (Liége, an XI), t. I, p. 330. — Bon de Reiffenberg, *Archives pour l'histoire*, etc., t. IV, p. 130. — *Revue de Liége* (1844), t. II, p. 197. — Docteur Bresmal, *Parallèle des eaux minérales du diocèse et pays de Liége*, p. 113. — *Chansons et poésies wallonnes*, recueillies par M. B. et D. (Liége, Félix Oudart, édit.). — Chev. de Theux, *Bibliographie de Liége* (Bruges, 1885), col. 362, 400 et 999. — Dinaux, *Archives*, etc., 2e série, t. V, p. 457. — Copie ms. de 382 vers, dans la bibliothèque de la Société de littérature de Leiden (catalogue, p. 36, n° 579), avec un rapport détaillé du 7 mars 1856. Voir *Handelingen*, p. 37. Unique exemplaire imprimé, à la bibliothèque de La Haye. — Archives de la famille de Ryckman à Louvain et à Gand.

RYCKX (*Nicolas*), peintre. Voir De Ryke (*Nicolas*).

RYCQUAERT (*Jean*), Rycwaerd ou Riquaert, peintre de la première époque de la corporation gantoise, cité dans une série d'actes passés devant les échevins de Gand, de 1386 à 1399. Son élection comme doyen des peintres pour 1398-1399 prouve qu'il jouissait de l'estime de ses confrères. Quelques documents des archives gantoises montrent Jean Ryckaert en rapport avec Pierre van Beervelt et Jean van der Asselt (Hasselt), autres peintres de la même ville.

Victor vander Haeghen.

Archives de Gand : comptes et registres scabinaux, XIVe siècle. — V. vander Haeghen, *Mémoire sur les documents faux* (Acad. roy. Brux., 1899). — Il est curieux de constater que le nom de ce peintre écrit en abréviation dans certains actes avait donné naissance, dans la fausse matricule, aux graphies fantaisistes : Ruqut et Ruqurt (Voir E. de Busscher, *Peintres gantois*, t. I, p. 197, 198).

RYCQUIUS (*Josse*). Voir De Rycke (*Josse*).

RYCWAERD (*Jean*). Voir Rycquaert.

RYCX (*Cornelis*), peintre brugeois du xve siècle. Reçu franc-maitre le 30 juin 1469, il ne paraît pas avoir été appelé aux dignités corporatives. Il eut pourtant un atelier très fréquenté, car le registre ne mentionne pas moins de sept élèves successivement inscrits chez lui, à savoir : 1492 Claykin Goetelync; 1478 France de Langhe, fs Heyndericx et Annekin Nysync; 1481 Hannekin van Sooms, fs Jacops; 1483 Hanseel Blauvoet; 1486 Coppin Zuwaert, fils bâtard de Jacop, et 1488 Annekin Bette, fils bâtard de Thomaes.

Georges Hulin.

RYCX (*Jean*), le Vieux, peintre, né à Bruges en 1585, mort dans cette ville, le 19 septembre 1643. Auteur de toute une lignée de peintres de l'école flamande, il naquit à Bruges, au quai du Miroir, dans la maison dite *Noorweghe* et fut tenu sur les fonts baptismaux par Denis Vermandele et Marie Peperlincx, épouse de Jean Philips, échevin de Damme, en l'église Saint-Jacques, le 28 septembre 1585. De son mariage avec Catherine Pot, issue d'une famille dont plusieurs membres sont inscrits dans la corporation de Saint-Luc, à Bruges, sont nés huit enfants : Paul, dont il est question plus loin, Pierre, Charles, Nicolas, Mathias, Jean, Dominique et Marie. Jean Rycx le vieux, qualifié de *pictor* dans son acte de décès, daté du 19 septembre 1643, mourut à Bruges et y fut enterré dans le cimetière de l'église Saint-Jacques. Il est mentionné dans l'obituaire de la corporation des peintres. Catherine Pot, sa femme, le suivit dans la tombe le 28 octobre 1645. Pierre Rycx, leur fils, fut émancipé le 28 février 1654. Il avait commencé par apprendre le métier de tourneur, à Bruges, en 1648, mais il fit des séjours à Bruxelles et à Lille en 1649 et 1650 en vue de devenir sculpteur. Charles Rycx, devenu majeur le 20 novembre 1656, fit son apprentissage chez Corneille de Witte, maître verrier. Mathias Rycx est inscrit dans l'obituaire des peintres en 1649. Jean Rycx, le jeune, qu'il ne faut pas confondre avec son père, se fixa en Hollande et y mourut à Delft, le 6 décembre 1646, dans une maison sise au *Turfmarkt*. Nicolas Rycx, le plus connu des membres de la famille, était âgé de 12 ans en 1649. Il fut l'élève de de son frère Paul pendant huit ans chez qui il payait 12 livres de gros par an pour sa table. En 1656, Paul lui alloua un salaire de 4 lb. gros, puis de 10 lb. gros par an, plus 12 gr. de pourboire par semaine. Nicolas partit pour l'Espagne à la fin d'avril 1657 et voyagea en Orient pendant dix ans. Il rapporta à Bruges en 1667 des œuvres importantes et il fut admis, le 9 septembre de cette année, dans la gilde des peintres. Nous l'y trouvons élu en qualité de *vinder* le 17 octobre 1670, et de gouverneur le 6 octobre 1672. Il mourut à cette époque.

Dans les comptes de tutelle rendus par Paul Rycx, fils aîné de Jean, à Ignace Pot, tuteur de ses frères et sœur, devant la chambre pupillaire de Bruges, le 6 octobre 1648 et le 5 août 1649, ainsi que dans la liquidation faite le 5 décembre 1661, il est fait mention d'un tableau resté commun entre eux représentant un *Vase de fleurs*. Parmi les créances qui étaient restées en souffrance, on trouve diverses sommes dues pour des travaux de peinture exécutés par Jean Rycx le vieux pour Melchior-François de Locquenghien, seigneur de ter Heyden, Jean Lootins, Luc Catalan, Jean de Damhouder, le doyen de Roulers, les curés de Keyem et de Swevezeele.

C'est tout ce que l'on sait de sa carrière artistique, mais aucune de ses œuvres ne semble être venue jusqu'à nous. Jean Rycx jouissait d'une fortune considérable et avait acheté le 14 juin 1629 l'ancienne Bourse de Bruges, appelée aussi *Venetiaensche logie*, qui avait été auparavant la propriété de Toussaint Pot.

Baron A. van Zuylen van Nyevelt.

Archives de la ville de Bruges, collection des états de biens nos 987, 1612, 2004, 2046. — Ibidem. Registre des peintres, ms. B (inédit). — Ibidem. Registre des zestendeelen. — P. Ledoulx et J.-B. Dienberghe, *Levens der konstschilders van Brugge*. — D. Vande Casteele, *Documents divers de la Société de Saint-Luc à Bruges*. — Siret, *Dictionnaire des peintres*.

RYCX (*Paul*), le Vieux, peintre, né à Bruges, en 1612, mort dans cette ville, le 5 mars 1668. Il était fils de Jean et fut tenu sur les fonts baptismaux par Paul Pot, verrier, et Suzanne Rycx, en l'église de Notre-Dame, le 16 octobre 1612. Il fut peintre comme son père et admis dans la corporation de Saint-Luc le 19 février 1645. Il avait épousé, par contrat passé par-devant le notaire Bertram Letius, le 28 octobre 1647, Jeanne Stalpaert, fille de Jérôme, le vieux, et de Jeanne Nobilliaert; mort à Bruges le 5 mars 1668, il fut enterré le 7 de ce mois dans la nef de l'église Saint-Jacques où on voyait autrefois son épitaphe. Il laissait six enfants, Paul, le jeune, François, Jeanne, Marie, Jean et Jacques Rycx, qui eurent pour tuteurs Jérôme Stalpaert et Nicolas Rycx.

Paul Rycx, le Vieux, fut élu doyen de la corporation brugeoise des peintres le 1er octobre 1645, *stedehouder* le 15 octobre 1650, le 20 octobre 1654 et finalement en octobre 1664. Pendant ce laps de temps on lui adjoignit comme élèves Louis Lisly, fils de Pierre, le 11 janvier 1648; Christophe Vereecke, fils de Christophe, le 18 octobre 1652; Jean Ambrosius, le 4 novembre 1657 et François van Ballenberghe, le 23 août 1661. On possède de ce peintre le milieu d'un retable représentant *Saint Jérôme dans le désert* datant de 1644, qui se trouve dans le transept de l'église de Saint-Sauveur, à Bruges, et provient de l'autel de la chapelle de Saint-Jérôme, dans le pourtour du chœur de l'église Saint-Donat, en cette ville. Ce beau tableau, assez mal exposé, est traité dans le genre de Jacques van Oost le vieux, maître du peintre, d'après le manuscrit de Ledoulx et Dienberghe, conservé à la bibliothèque de la ville de Bruges. A la mortuaire de Paul Rycx, ses enfants conservèrent en commun un tableau représentant la *Flagellation du Christ*. Parmi les créances inscrites dans les comptes de tutelle on trouve la somme de 2 lb. 10 s. gr. qui lui étaient dus par Ferdinand de La Bègue et de 3 lb. 10 s. gr. dus par Barbe van Torre, pour livraison de tableaux. Paul Rycx fut chargé le 19 septembre 1662, avec Jacques van Oost, de faire l'estimation de la collection de peintures de Jean Godefroit, mecène trop peu connu de cette époque, qui possédait dans sa maison *de Colre*, rue Haute, à Bruges, une série de chefs d'œuvre parmi lesquels se trouvaient des toiles dues au pinceau de P.-P. Rubens, Otto Venius, Jean Penneville, Chrétien vanden Broucke, Antoine Claiessens et de nombreuses estampes de Callot.

Après le décès du peintre, son atelier et la boutique établis dans la maison dite *de oude Burse ende wylent de Venetiaensche logie*, qu'il avait héritée de son père, furent repris en commun par sa veuve et ses enfants pour la somme de 147 lb. 12 s. gr. Ils conservèrent également une collection de gravures; un lot de tableaux resta à la veuve au prix de 42 lb. 5 s. 4 gr.; son argenterie était estimée 36 lb. 3 s. 4 gr. La femme de Paul Rycx mourut le 23 septembre 1671.

RYCX, *Paul*, le Jeune, peintre, bourgeois de Bruges, son fils aîné, baptisé le 13 février 1649, fut émancipé le 31 décembre 1671.

Il épousa par contrat passé devant le notaire Verplancke, le 13 janvier 1672, Albertine Françoise, fille de Jr Robert de Coudekerke dont il eut plusieurs enfants. Il reprit l'atelier et la boutique de son père pour la somme de 168 lb. 13 s. 4 gr., mais une grande partie du mobilier fut vendue pour la somme de 217 lb. 10 s. 3 gr. Il vécut quelque temps avec ses frères Jacques et Jean. Celui-ci fut envoyé à Thielt en 1672, habita ensuite chez le procureur van Toers, à Bruges et alla s'établir à Rome en mai 1677.

Paul Rycx fut élu *vinder* de la corporation de Saint-Luc le 24 janvier 1675, le 13 novembre 1680 et le 21 janvier 1687. Il fut chargé des fonctions de gouverneur le 30 octobre 1675, doyen le 28 novembre 1676 et « stedehouder » le 16 octobre 1683. On lui adjoignit comme élève Emmanuel Du Tier, *alias* Dutyers, fils d'Antoine, le 18 octobre 1681. Celui-ci fut reçu maître le 19 janvier 1688, et inscrit dans l'obituaire en 1693.

Paul Rycx renonça à la franchise de la corporation le 14 décembre 1689. On ne connait aucune de ses œuvres mais on sait qu'il peignit des armoiries, et, dans sa succession, on trouve, du chef de travaux de ce genre, une créance de 1 lb. 10 s. gr. due par J.-K. Blomme. Il mourut le 27 mars 1690 et fut enterré dans le caveau de son père à l'église Saint-Jacques.

La maison appelée de *Oude Burse*, qu'il avait héritée avec ses frères et sœurs, fut vendue le 1er décembre 1683 à François de Brouckere et il habitait la maison dite *Saint-Marc* dans la rue *Cortewynckele* qu'il avait achetée le 5 avril 1678. Il était également propriétaire de la maison portant l'enseigne de *Cleene Mey*, rue Saint-Amand. Comme son père, il avait une boutique de fournitures et d'accessoires de peinture L'état de biens dressé après son décès contient des détails fort intéressants sur sa situation pécuniaire. Il avait fait des spéculations malheureuses et était criblé de dettes. Pour parer aux premiers remboursements on dut vendre une partie de son avoir, et, pour payer 213 lb. 2 s. 8 gr. dus à Ignace de Muelenaere, on céda à ce dernier quinze tableaux dont trois pièces de cheminée peintes par H. van Minderhoudt, deux tableautins du même, deux de J. d'Arthois, deux d'Hamers (Damerz van Hooy?) et six de G. Dou. Une vierge de H. Herregouts fut donnée en payement à Jor Barthélemi Contalés et deux tableaux de G. Dou à Jacques Meyers. Il devait à Gilles Vermuelen, marchand de cuirs dorés, à Malines, la somme de 45 lb. 4 s. 10 gr. pour lesquels celui-ci reçut, outre de l'argent comptant, une toile de Biset estimée 30 lb. gr. Divers autres tableaux furent aliénés pour une somme de 106 lb. gr. Des cuirs de Cordoue furent adjugés à Pierre Willaert pour 28 lb. 6 s. 8 gr.; à Me Jean vande Zande pour 19 lb. 6 s. 6 gr.; à Jor Charles Hueriblocq pour 1 lb. 10 s. gr. et à Pierre Hubbrechts pour 20 lb. gr. Le reste atteignit la somme de 34 lb. 16 s. 8 gr. y compris une ancienne horloge. Un scriban estimé 27 lb. fut cédé à Paul Bauwens, marchand à Ostende. Outre ces objets, il possédait un mobilier prisé 248 lb. 6 s. 6 gr. et de l'argenterie estimée 48 lb. 7 s. gr. Ses héritiers, harcelés par les créanciers pendant plusieurs années, finirent par vendre la maison *Saint-Marc*, le 26 mai 1702.

Baron A. van Zuylen van Nyevelt.

Archives de la ville de Bruges : collection des états de biens no 4613; livre des peintres, ms. B (inédit). — P. Ledoulx et J.-B. Dienberghe, *Levens der konstschilders van Brugge*. — Siret, *Dictionnaire des peintres*. — Vande Casteele, *Documents divers de la Société de Saint-Luc à Bruges*.

RYDER (*Jean*) ou RYDERUS, écrivain ecclésiastique, né à Bois-le-Duc vers 1590, mort à Bruxelles, le 4 janvier 1658. Jean Ryder prit l'habit religieux et fit profession dans l'ordre de Saint-Dominique, en sa ville natale. Il était prieur du couvent de Bois-le-Duc lorsqu'il fut promu au grade de licencié en théologie par le chapitre général tenu à Toulouse, en 1628. L'année suivante les calvinistes, maîtres de Bois-le-Duc, bannirent de la ville tous les ecclésiastiques et les religieux. Ryder, réfugié dans les Pays-Bas catholiques, fut successivement prieur des couvents de Maestricht, de Bruxelles et de Louvain. Il avait conquis le grade de docteur en théologie dans son ordre, lorsqu'il fut élu provincial de la Germanie-Inférieure au chapitre tenu à Bruges, en 1645, le troisième dimanche après Pâques. Les dominicains expulsés de Bois-le-Duc en 1629, après avoir reçu l'hospitalité en divers endroits, finirent par se fixer à Malines, en 1651, du consentement de l'archevêque Jacques Boonen. On ne laissa pas, cependant, de les y molester, jusqu'à ce qu'ils eussent obtenu, le 24 février 1652, des lettres patentes du roi Philippe IV. Jean Ryder fut le premier prieur de ce couvent, qui devint une pépinière de missionnaires pour les provinces protestantes. Nommé préfet de la mission de Hollande, Ryder remplit ces fonctions avec un zèle tout apostolique. Il fut trois fois définiteur aux chapitres provinciaux. Gilbert de La

Haye le qualifie : homme grave, pieux, rempli d'érudition et doué de grands talents. Il mourut au couvent de Bruxelles, le 4 janvier 1658. Il publia : *Epistola monitoria ad eos quibus incumbit probare vel improbare spiritum aspirantium ad ingressum in religionem*. Louvain, Evrard de Witte, 1638; in-12, 82 p. Le père Norbert Delbecque, docteur en théologie, du couvent de Braine-le-Comte, en donna une nouvelle édition, en 1696 (Liége, Henri Hoyoux ; in-12), et la dédia au père Antonin Cloche, maitre général des dominicains.

P. Vincent-M. Van Caloen.

Echard, *Scriptores ord. Praed.*, t. II, p. 590. — De Jonghe, *Belgium Dominicanum*, p. 22, 304 et 308. — Paquot, *Mémoires*, t. XIII, p. 175. — X. de Theux, *Bibl. liégeoise*. — P. Meyer, *De predickheeren te 's Hertogenbosch*.

RYDT (*Michel-Henri* **DE**), musicien, né à Malines, le 29 septembre 1763, mort à une date inconnue. Fils du médecin Cosme-Joseph de Rydt, il embrassa la carrière religieuse et entra dans l'ordre du Carmel. Il cultiva spécialement la musique et composa, en 1794, une méthode élémentaire de basse chiffrée, en langue flamande : *Onderwys of 24 tafels met de cyffers om den bas-continu en grondbas te leeren*. Supprimé à la fin du XVIIIe siècle, le couvent des Carmes de Malines fut vendu en 1798, et les religieux se dispersèrent. On perd, dès lors, la trace du P. M.-H. de Rydt, dont le décès n'est pas enregistré dans les obituaires malinois.

Paul Bergmans.

Acte de naissance (paroisse Saint-Jean) et renseignements communiqués par M[r] le d[r] G. van Doorslaer. — Ed. Grégoir, *Galerie biographique des artistes musiciens belges du XVIIIe et du XIXe siècle* (Anvers, 1862), p. 50. — R. Eitner, *Biographisch-bibliographisches Quellen-Lexikon der Musiker*, t. VIII (Leipzig, 1903), p. 371.

RYE (*Ernest* **VAN DEN**), DE RYE ou RIETIUS, généalogiste, né à Liége, le 29 octobre 1593. Thomas van den Rye, son père, natif de Malines, médecin et conseiller d'Ernest de Bavière, évêque et prince de Liége, avait été admis à la bourgeoisie de cette ville le 17 juillet 1592, en sa qualité de mari d'Ida van der Haeghen, veuve de Philippe Gherinx, médecin et conseiller du même prince (1). A l'âge de vingt ans, le 11 mai 1613, Ernest de Rye entra dans la Compagnie de Jésus et alla faire son noviciat dans le couvent de Tournay. Il quitta, dans la suite, la célèbre Société, sans toutefois qu'il soit possible de préciser le moment de sa rentrée dans le monde.

Le reste de sa vie, la date et le lieu de sa mort ne sont pas moins ignorés. Son *Traicté des maisons nobles du pays de Liége*, a préservé son nom de l'oubli. Encore, le titre : « authentique extrait « hors des livres du révérend père de « Rye de la Compagnie de Jésus », porté par les manuscrits appartenant respectivement au comte de Limburg Stirum et à l'auteur de cet article, font-ils supposer, à bon droit, que cet ouvrage ne serait qu'un fragment d'une œuvre plus considérable.

Illisible au point de vue littéraire, le travail n'offre d'intérêt que pour les curieux de l'art héraldique et les amateurs de généalogies; de plus ces derniers feront chose prudente de ne pas puiser à cette source sans contrôle préalable.

Le plan de l'ouvrage était pourtant fort digne d'intérêt; en effet, l'auteur s'était donné pour tâche de décrire la ville de Liége et ses « vinâves », de parcourir ensuite la principauté, d'y visiter les villes et les châteaux, d'en noter les origines et de faire enfin, le crayon généalogique des familles nobles de cette contrée.

Mais semblable dessein demandait une science d'une autre envergure que celle de l'auteur; aussi le « traicté » est-il demeuré bien en deçà des promesses de son titre. Manquant de précision, de détails et trop souvent même d'exactitude, il est tout au plus le squelette du travail historique que fait espérer son titre ; on peut donc le dire en toute jus-

(1) Ces renseignements puisés dans les listes des admissions à la bourgeoisie de Liége, en venant confirmer la filiation d'Ernest de Rye donnée par le généalogiste Louis Abry, infirme définitivement celle que publia naguère U. Capitaine. Voir *Etude biographique sur les médecins liégeois* (*Bulletin de l'Institut archéologique liégeois*, t. III, p. 227 et 228) et *Biographie nationale*, t. VII, col. 670 et 718.

tice, les nombreux blasons dont il est orné en sont la seule partie véritablement intéressante. Les cinq manuscrits connus de la chronique d'Ernest de Rye ont été mis à contribution par MM[rs] S. Bormans et Eug. Poswick pour établir le texte de l'édition du *Traicté des maisons nobles du pays de Liége* qu'ils ont publiée pour la Société des Bibliophiles liégeois. Liége, Grandmont-Donders, 1870; un vol. in-8o de 148 p., orné de 480 blasons.

Léon Naveau.

RYE (*Gilles* ou *Egide* **VANDER**), peintre et dessinateur d'origine flamande, florissant en Styrie, dans la seconde moitié du XVIe siècle, mort à Gratz le 30 novembre 1605. Si la date et le lieu de naissance de cet artiste n'ont pu encore être établis, sa nationalité ne saurait faire question. Elle est prouvée par le mot *Belga* inscrit sur des œuvres où figure également la signature de vander Rye. Van Mander l'ignore, alors que plusieurs des contemporains du maître ayant travaillé, comme lui, loin du sol natal, font cependant de sa part l'objet de notices parfois étendues. Nous en sommes réduits à des conjectures sur le moment et les causes de l'expatriation de vander Rye. Comme Georges Hoefnagel (v. ce nom), il fut très en faveur auprès des princes de la maison d'Autriche, particulièrement de l'archiduc Ferdinand qu'il servit durant de longues années. Par une ordonnance donnée à Gratz le 1er avril 1602, ce prince alloue à « l'ancien » peintre de sa cour, son cher et fidèle » Egide vander Rye, une pension annuelle et viagère de cent cinquante florins, en reconnaissance des longs et loyaux services du titulaire. A estimer la durée de ces services à un quart de siècle, ils avaient donc débuté en 1576. Nous en pouvons déduire que vander Rye avait vu le jour vers 1550, au plus tard. Cette question réservée, disons que, le 22 octobre 1605, un subside extraordinaire de deux cents florins est accordé par l'archiduc à son ancien et dévoué serviteur. Le peintre ne devait pas en jouir longtemps; le 30 novembre 1605, il rendait son âme à Dieu. En effet, l'archiduc ayant appris que vander Rye, décédé à cette date, était redevable à son ancien élève et ami Karl Krauss (aussi Crauss), d'une partie non touchée de sa pension, ordonne qu'une somme de cinq cent cinquante florins soit payée de ce chef à Krauss, lequel, en 1607, en perçoit le reliquat : fl. 250.

Nagler nous apprend que vander Rye décora de ses fresques la chapelle du château de Gratz. Ces peintures, détachées des parois lors de la démolition de la chapelle castrale, ont été transférées depuis, par le baron de Kellersberg, dans un de ses châteaux. Pourtant nous sommes en droit de présumer que, à l'instar de Hoefnagel, vander Rye s'adonnait de préférence à des travaux exigeant une grande délicatesse dans le maniement du pinceau. En dehors des fresques prérappelées, l'unique création que l'on possède actuellement de sa main se conserve au musée de Vienne. Elle provient du château de Gratz et mesure à peine 33 centimètres sur 26. Dans ce champ limité, le peintre a représenté les *Funérailles de sainte Catherine*, déposée au tombeau par les anges. Cette œuvre, d'un extrême fini, porte la signature *Æg. de Rije* 1597. A l'exemple, donc, de plusieurs autres Flamands : Gasp. Rem, Georges Hoefnagel (v. ces noms), travaillant en Autriche pour les princes, vander Rye se révèle grand finisseur. Nous venons de citer Hoefnagel. N'y eut-il pas entre lui et son compatriote des rapports d'amitié? Nous en avons la quasi-certitude. En effet, dans le grandiose ensemble où, conjointement avec Hogenberg, Hoefnagel consacre son prodigieux talent à retracer la physionomie des principales cités de l'Europe et même de l'Afrique, sous le titre de *Civitates orbis terrarum in æs incisæ et excusæ et descriptione topographica et politica illustratæ collaborantibus Francisco Hohenberg et Giorgio Hoefnagel. Coloniæ ab anno* 1612 *ad* 1618, 6 vol. in-folio, figurent des vues dessinées par vander Rye. Le panorama de Cassovie (Kaschau), en Hongrie, porte cette inscription : *Depictum ab Egidio vander Rye Belga. Comm*[*unicavit*] *Giorgius*

Hoefnagellus a° 1617. La vue de Claudiopolis (Clausenbourg) porte l'inscription : *Coloswar vulgo Clausenburg*, etc., *Sereniss. Ferdinandi archiducis Austr. Styriæ, Carinthiæ, Carniol., etc. duci, Pictor Egidius vander Rye Belga depingebat. Communic. Georg. Hoefnagelius. Anno Dni* 1617. La vue de Cracovie, enfin, *Cracovia, minoris Poloniæ metropolis*, est complétée par l'inscription : *Depictum ab Egid. vander Rye.* En 1617, Hoefnagel était décédé depuis longtemps. Sa collaboration avec vander Rye tend à nous éclairer quelque peu sur le rôle de ce dernier auprès de l'archiduc, dont il a peint les capitales. Là se bornent, pour le moment, nos informations sur un artiste qu'il nous est agréable de pouvoir tirer de l'oubli.

Henri Hymans.

Ed. Fétis, *Les artistes belges à l'étranger* (Bruxelles, 1857), t. I (Georges Hoefnagel). — H. Zimmerman, *Das Inventar der Schatz und Kunstkammer, von 6 Dez 1621, nach Akten des K. und K. Reichsfinanzarchivs in Wien* (*Jahrbuch der Kunsthistorischen Sammlungen des Allerhöchsten Kaiserhauses*, t. XXV, 2e partie, p. XIII. — Wurzbach, *Niederländisches Künstler-Lexikon.*

RYE (*Thomas*), orateur. Voir Rinus.

RYE (*Thomas* **DE**), médecin. Voir De Rye.

RYHOVE. Voir Kethulle.

RYKAERT (*Jean*). Voir Ryckaert.

RYKE (*Daneel* **DE**) Rike, Rycke (1), peintre cité comme tel dans de nombreux documents d'archives de Gand, de 1440 à 1469. Membre notable de la corporation gantoise. Il acquit la franchise du métier le 11 mai 1440, devint juré en 1455 et une première fois doyen en 1460. Son second décanat, qui dura deux ans, 15 août 1462-15 août 1464, marque une date importante. C'est sur les instances du doyen De Ryke que le magistrat édicta l'ordonnance du 13 juin 1463, en vertu de laquelle les « enlumineurs au pinceau » étaient obligés de s'affilier au métier des peintres en payant le quart du droit exigé de ces derniers. Restaient seuls en dehors de la corporation les « enlumineurs à la plume », assimilés aux calligraphes. Toutefois les premiers ne pouvaient exécuter les miniatures qu'on « place ou renferme dans les missels et autres livres », considérées de tout temps comme œuvres de peintres. Ajoutons que les miniatures étaient alors fort recherchées. La production locale ne suffisant pas, on en introduisait d'ailleurs un grand nombre (*met menichten*). De Ryke ici encore défendit les prérogatives de ses confrères. Il fit interdire au calligraphe Gérard van Combrugghe de s'occuper du commerce des « images » destinées aux livres (sentence du 22 avril 1464). Les affiliations à la corporation gantoise furent, du reste, nombreuses à cette époque, dernière période du brillant règne de Philippe le Bon.

On n'a conservé le souvenir d'aucune œuvre artistique de De Ryke antérieure à 1466. Mais les registres scabinaux, depuis 1455, nous ont conservé une série de renseignements — intéressants et rares pour un artiste du temps — concernant ses affaires particulières. Il fait successivement des emprunts d'argent, ce qui ne l'empêche pas de se porter caution pour des collègues; en 1462, il achète, à crédit, un signet d'or, dont le prix sera payé à la mi-carême (époque de la grande foire annuelle, important marché d'œuvres d'art). En 1464, il est constaté judiciairement qu'il doit à Jean van den Casteele, à Ypres, 5 livres de gros, restant du prix d'acquisition d'un tableau d'autel. La même année il était obligé de payer à Gillis van Cauwerne pour un « petit tableau », 2 livres 14 oc., plus 6 gros de frais de justice. En 1465, il est condamné à restituer un miroir ou l'équivalent en deniers. Trois fois, de 1462 à 1464, on le voit acheter un cheval, vraisemblablement pour faciliter ses rapports avec les villages voisins: les églises et les couvents de la campagne ayant souvent recours au talent des membres de la corporation gantoise. Citons l'acte du 1er mai 1462 par lequel il diffère le

(1) Cette biographie doit remplacer la notice sur le même personnage insérée à la lettre D, t. V, col. 686, de notre recueil.

payement du prix d'un cheval jusqu'à la date de son élection éventuelle au décanat des peintres, le 15 août suivant; que s'il n'est pas élu, il ne payera que dans un an. Il avait remis une « quantité d'images » à Clays Carlier, à qui il devait une certaine somme; ce dernier les ayant mises en gage est condamné à les restituer à De Ryke : sentence du 20 juin 1467.

Œuvres. — Vers 1466, il décore la maison de refuge que possédait à Gand l'évêque de Cambrai : n'ayant pas exécuté à temps ses engagements, il se voit, sur la plainte du procureur de l'évêque, Segher van Apeltrin, obligé d'achever son travail dans les six semaines, sous peine d'être emprisonné au châtelet. La sentence des échevins est du 17 juin 1466. La même année il figure dans la comptabilité communale pour avoir peint aux armes de la ville les banderoles des six trompettes d'argent de la cité. Avec plusieurs peintres et sculpteurs gantois, il est appelé à prendre part, à Bruges, en 1468, à l'exécution des somptueuses décorations commandées pour les noces du duc Charles de Bourgogne avec Marguerite d'York. Chose curieuse, le salaire journalier que les experts accordent à D. de Ryke est supérieur à celui qu'obtiennent, à la même occasion, non seulement des sculpteurs tels que Pierre Bulteel, Jean Boone et Jean Clincke, ce dernier étant doyen de sa corporation, mais encore tous les autres artistes de Gand, parmi lesquels se trouvait Hughe van der Goes. Seul des peintres gantois, il est en outre accompagné de varlets, au nombre de trois et payés séparément. A ce moment, il ne cède le pas qu'à Jacques Daret, le peintre tournaisien qui joue un rôle prépondérant. Après son départ de Bruges, la jeune duchesse fut reçue avec éclat à Gand, où Daneel de Ryke et ses aides avaient été chargés d'exécuter des peintures qu'on exhiba à la *Wael-poorte* et à la *Turrepoorte*.

C'est encore par des documents d'archives que nous savons qu'il peignit, en 1468, au prix de trois livres de gros, un tableau à personnages, pour Odenin de Ville, parent du riche banquier Pierre de Ville, originaire de Chiéri en Piémont, et dont la famille, établie à Gand, avait continué des rapports avec l'Italie. Un tableau d'autel, également à personnages, destiné à l'oratoire des Augustins, lui sera payé cinq livres; si après son achèvement la peinture est estimée plus cher, les PP. Augustins devront suppléer la différence : contrat du 19 avril 1469.

On le trouve enfin engagé, comme héritier de Josse Salmon, dans un procès devant le parlement de Paris. Par contrat du 12 avril 1469, il avait cédé à Jooris Huughs, de Bruges, un cinquième des deniers que devait rapporter le dit procès. Sont apocryphes divers renseignements publiés sur la parenté de Daneel de Ryke, de même que certains détails biographiques que nous avons omis.

Les personnages suivants, repris notamment dans le dictionnaire des peintres de A. Siret, n'ont jamais existé : Jean de Rycke; Daniel de Rycke le jeune, fils de Jean; Servais de Rycke.

Victor vander Haeghen.

Archives gantoises : comptes et registres scabinaux. — Chev. C.-L. Dierickx, *Mémoire sur la ville de Gand*, t. II. — Comte de Laborde, *Ducs de Bourgogne*, preuves. — E. de Busscher, *Recherches sur les peintres*, t. I. — F. de Potter, *Gent*, t. V. — V. vander Haeghen, *Mémoire sur les documents faux concernant les peintres*. — V. Fris, *Pierre de Ville*, dans le *Bulletin de la Société d'histoire et d'archéologie de Gand*, 1907.

RYKE (*Guillaume* **DE**). Voir De Ryke.

RYKERS (*Jean-Christophe*), poète, né à Sittard, le 29 novembre 1822, décédé à Wijk-Maestricht, le 25 avril 1889. Appartenant à une famille de négociants de Sittard, il fit ses études dans un institut que dirigeait Mr Kallen et où l'instruction se donnait en français. Dès sa jeunesse il forma le projet de se consacrer à Dieu, et, après une mission donnée par les P. Rédemptoristes dans sa ville natale, il résolut d'entrer dans leur ordre. Il fit son noviciat au couvent des Rédemptoristes à Wittem. A cette époque déjà il avait écrit de nombreuses poésies qui furent publiées plus tard sous le titre de *La Harpe chrétienne*; ces poésies abondantes et faciles célébraient l'amour divin et chantaient ses supérieurs religieux. Il avait un talent d'improvisation poétique qui en faisait le poète attitré des fêtes et des cérémonies. Le français était sa langue préférée, encore qu'il maniât le vers latin avec aisance.

En même temps qu'il cultivait la littérature classique, faisant ses délices de Virgile et d'Horace, de Corneille et de Racine, il poursuivait de fortes études théologiques et acquérait un fonds de connaissances sérieuses en histoire ecclésiastique. En décembre 1847, il fut ordonné prêtre. L'ordre des Rédemptoristes, qui a pour but l'évangélisation des masses, devait convenir à son talent d'orateur et il paraissait tout désigné pour prêcher des missions. Le regard vif, la taille élevée, le geste plein de dignité, la voix sonore, retentissante parfois, mais plutôt persuasive; au moral, le tempérament d'un apôtre ardent et combatif, il agissait sur ses auditeurs. Son succès fut si complet qu'un de ses biographes va jusqu'à dire de lui ce qu'on avait dit de Lacordaire : « On grimpait sur les confessionnaux « pour pouvoir l'entendre, et on y entrait « quand on l'avait entendu ». Il fit une grande impression en Belgique où on l'écouta de 1850 à 1860 dans des conférences, des missions, des retraites. Liége, Bruxelles, Anvers, Mons, Verviers, Louvain, Saint-Trond, et, en France, Boulogne-sur-Mer, entendirent sa parole. Avec Mgr Deschamps, auquel l'attachait une amitié fidèle que la mort seule put briser, il était le meilleur prédicateur de nos provinces, le plus écouté. Ses succès ne l'enorgueillirent point, il sut toujours conserver la modestie du prêtre et du chrétien.

En 1861, il quitta l'ordre des Rédemptoristes auquel il continua de témoigner des sympathies et dont il observa la règle jusqu'à la fin de ses jours.

En attendant que l'évêque de Ruremonde, Mgr Paredis, trouvât à employer ses talents, l'abbé Rykers se retira à Sittard, dans la maison paternelle assombrie par des deuils successifs. Sa mère, son père, une sœur unique, Christine, y étaient morts; dans *La Harpe chrétienne* on trouve des poésies qui évoquent ces heures douloureuses. La maison resta aux mains de son beau-frère, Mr Arnoldts, qui vint y habiter avec ses deux fils; on réserva une chambre à l'abbé Rykers qui, aux vacances, se retrouvait en famille.

Profitant de la liberté dont il jouissait, il entreprit, en 1862, un pèlerinage en Terre-Sainte; après son retour, il fut nommé, en 1866, directeur du collège de Ruremonde et garda pendant dix-huit ans la direction de cet établissement où il donnait les cours de poésie et de rhétorique; ce fut un maître excellent, et il eût été un parfait directeur s'il n'avait eu le tort de s'occuper trop de politique. Il sut cependant faire prospérer son collège que fréquentaient des élèves venus de toute la Hollande, de Belgique et d'Allemagne. Les heures que le directeur pouvait distraire à ses occupations professionnelles, il les consacrait à l'étude des Pères de l'Eglise et à des travaux littéraires. Chaque année, à l'occasion de la distribution des prix, il prononçait en français un discours qui était un événement dans la petite ville de Ruremonde. Ces discours ont été publiés : ils ont des qualités de forme et les idées en sont élevées. Il travaillait d'ailleurs tous ses discours — même ses petits sermons qu'il prononçait dans la chapelle du collège — rarement il s'abandonnait à une improvisation bien qu'il en possédât le secret. En 1873, il fit le pèlerinage d'Issoudun et là, il prononça un grand sermon que d'aucuns trouvèrent digne de figurer à côté de ceux du P. Félix.

Sa facilité de talent lui permettait à la fois de rimer des sonnets, des épigrammes ou des satires et d'écrire des articles de polémique, des conférences, ou des dissertations philosophiques contre la science prétendûment moderne. Sa prose valait mieux que ses vers, il était mordant à l'attaque, fougueux et passionné, comme dans sa *Réponse à M. le baron de Scherpenzeel-Heusch sur les erreurs contenues dans la brochure : L'ave-*

nir de la Belgique. Il publia, en 1876, *Saint Bernard*, poème en douze chants, dont il avait conçu le plan dès le mois de mai 1857, à la suite du dépôt, par le parti libéral, du projet de loi sur la charité. Il mit onze années pour parfaire son œuvre d'après des règles surannées; aussi est-il difficile de terminer sans fatigue la lecture du premier chant.

En 1879, sa santé commençant à chanceler, force lui fut de prendre un congé temporaire d'abord, puis d'abandonner la direction du collège qu'il quitta en avril 1880. Après un voyage en Suisse où il s'attarda à Notre-Dame des Ermites d'Einsiedeln, il revint à Sittard s'adonner à ses études favorites. Il travaillait alors à un ouvrage commencé déjà depuis longtemps sur *la Divinité du Christ* contre les livres de Strauss et de Renan.

Sur ces entrefaites, Mgr Paredis le désigna pour occuper la cure de Wessem, petit village sur la Meuse, et il y fut solennellement installé en 1881. Les lettres qu'il écrivit à cette époque montrent comme il sut se plier à un emploi qui paraissait fort modeste pour un esprit aussi brillant et aussi cultivé que le sien. Réellement, il se trouvait heureux d'être au milieu de ses ouailles; il parlait leur langue aussi aisément qu'il discourait en français, il s'occupait de leurs petites affaires avec autant de zèle qu'il en mettait à combattre Lessing ou Kant. Aussi emporta-t-il avec lui tous les regrets de ses paroissiens quand il les quitta en 1883, pour devenir doyen de Wijk-Maestricht. Ici aussi, il employa toute son activité à la prospérité de la paroisse. Il se dévoua aux écoles, montra beaucoup de générosité vis-à-vis des infortunes, et mit autour de ses relations un rayon de bonté. Il prêta son concours au cardinal Lavigerie, avec qui il fut en termes d'amitié, pour fonder une maison de missions pour les sœurs blanches, à Wijk.

En 1884, il fut nommé camérier de Sa Sainteté Léon XIII; il mettait alors la dernière main à son livre *Le Christ et les auteurs des quatre Evangiles devant la critique moderne*, ouvrage important contre le rationalisme antichrétien de l'école de Tubingen. Conservant un faible pour la poésie, il célébrait dans les 300 vers d'un *Carmen jubilare* les soixante années de prêtrise de Mgr Paredis, et dédiait ses derniers écrits à son nouvel évêque, Mgr Boermans. Puis, reprenant sa plume d'apologiste, il prépara un travail contre ceux qui veulent transformer le christianisme en bouddhisme.

Mgr Rykers conduisit en 1886 un pèlerinage à Rome et exprima devant le Saint-Père les sentiments des pèlerins hollandais. Il fut nommé avocat de Saint-Pierre à Rome, tandis que le cardinal Lavigerie lui envoyait le manteau des chanoines honoraires de Carthage.

La mort le surprit le jour de Pâques 1889; il venait de monter en chaire et commentait les paroles *Os justi meditebitur sapientia* lorsqu'il s'affaissa. On le transporta au presbytère où il mourut vers minuit après avoir repris connaissance.

Fritz Masoin.

In memoriam, *Mgr. J. Chr. Rykers, deken van Wijk-Maastricht*, overgedrukt uit de *Katholieke Illustratie*; cette brochure est signée *Een oud-leerling*, qui paraît être un écrivain hollandais, Marie Sloot. — *Kronijk van het bisschoppelijk collegie te Roermond. Rede van den heer directeur L. Schrijnen* (Roermond, Watterens, 1902). — *Le Courrier de la Meuse* (de Maestricht). — *Bibliographie nationale*, t. III. — *Le Bien public*, 25 avril 1889. — X. de Theux, *Bibliographie liégeoise*. — *Revue générale*, 1876, t. XXIV, p. 643.

RYM (*Baudouin*), échevin de Gand au xve siècle, de l'importante famille patricienne gantoise de ce nom. Successivement premier échevin des parchons en 1448, 1452 et 1459, puis de la keure en 1461 et 1465, il prit une part active à la révolte de Gand contre Philippe le Bon, et permit même d'établir une garnison dans son châtelet de Maelte de 1452 à 1453; après la bataille de Gavre, où périrent plusieurs de ses collègues, on le trouve, avec son parent Jean Rym, parmi les négociateurs de la paix de Gavre du 27 au 30 juillet 1453. Lors de la révolte qui éclata à la Joyeuse entrée de Charles le Téméraire à Gand, le 29 juin 1467, il fut un des quatre députés que la Collace chargea d'aller porter au duc les griefs dont la commune exigeait la suppression. S'il fut témoin de ce triomphe précaire de la ville sur l'autocratie bourguignonne, il dut aussi s'incliner devant l'humiliation qu'elle dut subir. A peine Charles eut-il détruit Liége, qu'il décida de châtier la fière commune flamande. Avertis à temps, les deux premiers échevins, Roland de Wedergrate et Baudouin Rym, assistés de leurs collègues et des deux grands doyens, prirent le parti de conjurer le danger en le prévenant; la Collace réunie le 22 décembre résolut d'envoyer à Charles une députation chargée de lui offrir des conditions de la plus humble soumission; le duc exigea que les deux premiers échevins, assistés de tous les doyens des métiers et des jurés des tisserands, vinssent lui apporter en personne leurs principaux privilèges et leurs bannières. Le 8 janvier 1469, Baudouin Rym et les autres députés, vêtus de deuil, s'acheminèrent deux à deux de l'hôtel de ville de Bruxelles jusqu'au palais de Caudenberg, où en présence de sa cour et des ambassadeurs de tous les pays de l'Europe, devant les Gantois agenouillés, le duc déchira à son plaisir leurs privilèges et confisqua leurs bannières. En 1473, Baudouin Rym devint premier échevin de la keure, et il mourut peu de temps après avoir occupé la première magistrature de la commune.

V. Fris.

Kronijk van Vlaenderen (éd. Blommaert et Serrure), t. II, p. 136 et 261. — *Dagboek van Gent van* 1447 *tot* 1470 (éd. Fris), t. II, p. 16, 91, 207, 221. — *Memorieboek van Ghendt* (éd. Van der Meersch), t. I, p. 225-286. — N. Despars, *Cronycke van Vlaenderen* (éd. De Jonghe), t. IV, p. 4. — *Annales de la Société d'histoire de Gand* (1901), t. IV, p. 98.

RYM (*Charles*), magistrat, diplomate, homme de lettres, fils de Gérard, né à Gand, vers 1533, mort en cette ville dans les derniers mois de l'année 1584. Il fit ses humanités dans sa ville natale, sans doute dans une des nombreuses écoles latines du Sablon, puis alla étudier la philosophie à Louvain où il obtint le second rang à la promotion des quatre collèges en 1551; ensuite il s'appliqua à la jurisprudence et devint docteur en droit civil et droit canon vraisemblablement à Rome. De retour dans les Pays-Bas, Rym fut nommé conseiller au conseil de Luxembourg et épousa Catherine, fille du conseiller au conseil privé Philibert de Bruxelles, mais qu'il eut le malheur de perdre fort tôt (18 mai 1567). Appréciant sa science juridique et sa connaissance approfondie de six langues dont le grec et le latin, l'empereur Maximilien II l'attira à sa cour et l'employa durant cinq ans en qualité d'ambassadeur près de la Sublime Porte, comme jadis De Sceppere et Busbecq. Parmi diverses négociations dont Rym fut chargé durant ce temps, citons la trève de huit ans qu'en 1567 il parvint à faire conclure entre l'Empereur et Sélim II l'Ivrogne (1566-1574). A son retour, le monarque allemand lui donna rang parmi ses conseillers auliques.

En 1573, le président Viglius qui estimait son entente des affaires, sa science juridique et ses connaissances linguistiques, proposa Rym comme conseiller au conseil privé, et Philippe II le nomma en cette qualité en 1574. Philippe Van Campene relate son retour dans sa ville natale au 13 août 1575.

Entretemps, Rym s'était remarié à Elizabeth de Locquenghien et avait acquis les domaines et les seigneuries de Schuervelt et de Bellem, outre le fief d'Eeckenbeke qu'il avait hérité de son père. C'est en son château de Bellem qu'il aimait à passer la belle saison. Or, en 1576, comme il était en villégiature à Bellem, les échevins de Gand, vu la révolte de la soldatesque espagnole et l'insécurité de la campagne gantoise, lui intimèrent, ainsi qu'aux autres seigneurs de la banlieue, l'ordre de rentrer dans la ville pour rechercher avec eux les moyens de parer aux éventualités. Rym resta donc à Gand durant le siège du château des Espagnols par le comte de Rœulx et la signature de la Pacification de Gand. Malgré son attachement à la religion catholique et son dévouement à la monarchie espagnole, il ne fut pas inquiété durant cinq ans par le comité calviniste « des XVIII hommes » établi par Hembyze, ni par le grand bailli Ryhove. Mais en juillet 1583, à la suite du départ du prince d'Orange abandonné de tous pour ses sentiments francophiles, et en présence des progrès de Parme et des Malcontents, les radicaux l'emportèrent à Gand et dressèrent des listes de suspects. Le 25 juillet 1583, Rym et le sieur d'Angerelles furent frappés d'exil à leur tour. Tous deux exigèrent des échevins un exposé des motifs de cet acte arbitraire; sur quoi le magistrat leur permit de rester, tout en leur défendant de quitter leurs demeures et en les faisant garder à vue. Le mois suivant, les calvinistes exaltés rappelèrent Hembyze, qui, depuis quatre ans, s'était retiré au Palatinat; son premier acte fut de faire emprisonner une vingtaine de notables catholiques, parmi lesquels Charles Rym (30 octobre), qu'il accusait de complicité dans la défection du pays de Waes. Le vieux jurisconsulte fut remis en liberté dès le 8 décembre, mais enfermé chez lui. On sait qu'au mois de septembre 1584, Gand se réconcilia avec le prince de Parme. L'archevêque de Malines vint aussitôt rétablir le culte catholique et rebénir les églises profanées de la ville; le 7 novembre, cette cérémonie fut célébrée à Saint-Michel, et, à cette occasion, Charles Rym donna une réception en son hôtel de la rue de Bruges. Il mourut peu de temps après.

Sanderus appelle Charles Rym un éloquent orateur, un délicat poète, un subtil savant, connaisseur en histoire et en antiquités. On sait qu'il a laissé des commentaires ou plutôt un « diaire » de tout ce qu'il a fait durant sa légation de Turquie et où il décrit brièvement les villes qu'il a visitées. Remarquons toutefois que le très élégant *Carmen in gentem Rymiam*, que Sanderus lui attribue, rappelle singulièrement le poème que le même auteur donne à Gérard Rym. Mentionnons aussi ses rapports avec le peintre rhétoricien Lucas d'Heere qui lui dédia une piécette dans son *Hof en Boomgaerd der Poesie* (1568).

Charles Rym laissa un fils, Philibert, créé chevalier le 8 avril 1623, qui siégea au banc échevinal de Gand de 1599 à 1627 († 6 janvier 1634) et une fille qui épousa Philippe de Gruutere, sieur d'Exaerde.

Son frère François devint, vers le début de juillet 1567, bailli des hommes de Saint-Pierre, en remplacement du grand pourchasseur des hérétiques Gérard Rym, un parent de son père, devenu grand-bailli de la même seigneurie; en 1572, il fut l'un des huit capitaines de quartier de la ville et siégea quelquefois comme échevin de Gand de 1586 à 1615.

Citons encore Charles Rym, fils de Philibert, créé chevalier le 30 mai 1642, et le 25 janvier 1655 baron de Bellem et Schuervelt, seigneur d'Eeckenbeke, Rammelaere, Humbeke et autres lieux, qui fut échevin de 1640 à 1650 et commissaire au renouvellement de la Loi de 1657 à 1664. La famille s'éteignit dans la ligne masculine en la personne de son second fils Maximilien-Antoine, chevalier, seigneur de Rammelaere et de Humbeke, échevin à Gand de 1675 à 1706 et de 1711 à 1712, haut-bailli de Gand et du Vieux-Bourg du 1er janvier 1707 au 22 octobre 1708, et qui mourut le 28 octobre 1720, à l'âge de 74 ans; il fut enterré à Saint-Michel.

V. Fris.

Ph. van Campene (De Kempenare), *Vlaemsche kronyk of dagregister van Gent van* 1566 *tot* 1585 (éd. Ph. Blommaert. Gent, 1839), p. 373. — P. Bernardus de Jonghe, *Gendsche geschiedenissen sedert het jaer* 1566 *tot het jaer* 1585 (éd. Léonard de Sainte-Marie. Gent, 1781), p. 328, 342-343. — Fr. de Halewijn, sr de Sweveghem, *Mémoires sur les troubles de Gand* (Soc. Histoire de Belgique), p. 34. — J. de Saint-Genois, *Mémoire sur Corneille de Sceppere* (*Mém. Acad. royale de Bruxelles*, 1857, t. XXX), p. 18. — Sanderus, *Flandria illustrata* (La Haye, 1735), t. I, p. 348. — Paquot, *Mémoires littéraires*, t. XIII, p. 232-237. — Viglius, *Epistolæ ad Hopperum* (ed. Hoynck van Papendrecht, *Analecta*), t. I, p. 205. — *Memorieboek der stad Gent* (éd. P.-C. vander Meersch), t. II et III, *passim*. - De Herckenrode, *Nobiliaire des Pays-Bas*, t. II, p. 1709-1710. - J. de Saint-Genois, *les Voyageurs belges*, t. I, p. 51-52.

RYM (*Gérard*), magistrat, né à Gand en 1497, mort subitement en cette ville le 3 décembre 1570. Il était fils de Philippe Rym († 1540) et de Jeanne van Eechoute († 1535). Après de fortes études de droit, ce fils de patricien devint conseiller au conseil de Flandre et s'acquit dans cette charge une belle réputation par son équité et par la conscience de ses devoirs. Rym n'était pas moins versé dans les saintes écritures que dans le droit, ce qui, à cette époque de controverses religieuses, lui gagna particulièrement l'estime de ses concitoyens. Le 28 août 1568, le conseiller Rym assista à la réception de Corneille Janssens comme premier évêque de Gand, et le 23 mai 1569 à la consécration de Gislain de Temmerman comme abbé de Saint-Pierre au Mont Blandin. Rym avait acheté la seigneurie d'Eeckenbeke et épousé vers 1530 la riche héritière Barbe Claissone de Walebeke, dame d'Hundelghem, qui lui donna trois fils, Charles (qui précède), François et Liévin, qui fut maître d'hôtel de l'archiduc Mathias d'Autriche, et une fille Marguerite Rym qui épousa Jacques Utenhove. Dans sa verte vieillesse, Gérard Rym fut encore député le 6 avril 1569, avec son confrère Denis Baelde, à Saint-Nicolas pour aplanir les différends entre le collège des Hauts-Echevins de Waas et les petites lois de cette châtellenie. Il mourut à 73 ans et fut enterré à Saint-Michel où Sanderus copia son épitaphe. L'auteur de la *Flandria Illustrata* rapporte qu'il avait vu parmi les papiers manuscrits de Denis Harduin un poème en vers alexandrins de Gérard Rym où il célébrait les hommes marquants de sa famille : *De laudabilibus quibusdam avorum factis poema*, et que le docte chanoine déclare érudit et élégant.

V. Fris.

Cornelis en Philip van Campene, *Dagboek van Gent* (1566-1572), éd. F. de Potter (Gent, 1870), p. 172, 222, 293-294. — Fr.-Jos. de Castro, *Chronique du pays de Waas* (éd. Société archéologique de Waas. Saint-Nicolas, 1891-94), p. 228. — A. Sanderus, *Flandria illustrata* (La Haye, 1735), t. I, p. 347. — L. Van der Vynckt, *Histoire du Conseil de Flandre*, ms. à la bibliotheque de Gand (G. 14232), p. 375. — De Herckenrode, *Nobiliaire des Pays-Bas*, t. II, p. 1709.

RYM (*Gérard*), soixante-deuxième abbé de Saint-Pierre au Mont-Blandin, à Gand, écrivain ecclésiastique, né à Gand en 1578 ou 1579, mort dans cette ville le 27 août 1636. Il devint prévôt de son couvent sous l'abbatiat de Joachim-Arsène van Schayck, qui fit commencer par Pierre Huyssens la reconstruction de l'oratoire de l'abbaye détruit par les calvinistes. Après la mort de Schayck (6 décembre 1631), Rym fut nommé, après bien des délibérations, abbé de Saint-Pierre par l'infante Isabelle. Son installation eut lieu le 1er mai 1633. A cette occasion, le poète Sidronius de Hossche, alors professeur à Gand, publia, sous le voile de l'anonymat, une brillante allégorie en vers, *Arbor Majalis*, formée d'une série de pièces laudatives en l'honneur du nouveau prélat. Sanderus, un des hôtes assidus de l'abbaye de Saint-Pierre, lui dédia son panégyrique de saint André Corsini.

L'abbé Rym continua à Huyssens la direction de la construction de son oratoire, fit bâtir le dortoir contigu au réfectoire et décora son église de six grands chandeliers d'argent; mais ce fut particulièrement la bibliothèque qui fut l'objet constant de sa sollicitude.

Un moment le prélat conçut les plus grandes inquiétudes au sujet des possessions de son abbaye dans le pays de Waas, domaines menacés par les Hollandais. Les victoires du prince-cardinal Ferdinand d'Espagne vinrent heureusement le délivrer de ces soucis; aussi assista-t-il avec la plus grande joie à la brillante entrée triomphale du vaillant gouverneur des Pays-Bas à Gand, le 28 janvier 1635.

L'année de son installation abbatiale, Rym semble avoir conçu le projet de réformer la discipline de son monastère. En effet, en 1583, l'abbé Lambert Huberti y avait introduit la règle mitigée du Mont-Cassin, dont le principal adoucissement permettait aux moines de faire gras trois jours par semaine, sauf pendant le Carême et l'Avent; Sixte-Quint avait approuvé ce règlement par une bulle spéciale du 7 avril 1590. De plus, l'abbé Lambert avait soumis son monastère à la Congrégation des monastères exempts des Pays-Bas et non point au chapitre général de la Congrégation d'Italie. Cette réformation mitigée fut maintenue par ses successeurs Vrancx et Schayck.

« Dom Gérard Rym », dit Paquot d'après la *Gallia Christiana*, « trouva « depuis qu'il s'était glissé quelque « relâchement dans la discipline de la

« maison et voulut y apporter du re- « mède. Quelques-uns de ses religieux « lui ayant témoigné d'eux-mêmes qu'ils « désiraient mener une vie plus austère, « il les félicita de leurs bonnes dispo- « sitions et en conféra avec des per- « sonnes prudentes, nommément avec « Philippe Caverel, abbé de Saint-Vaast « d'Arras et visiteur de sa congréga- « tion. Celui-ci l'affermit dans ses réso- « lutions et espéra que la congrégation « pourrait parvenir à avoir un noviciat « commun pour tous les candidats, « qu'on disposerait désormais à une « observance plus étroite. En consé- « quence, Dom Gérard se soumit à l'or- « donnance du chapitre général de « 1632, qui l'obligeait d'envoyer à « Afflighem cinq de ses religieux pour « y être formés de la main du prévôt « Benoît van Haeften (*Biographie na- « tionale*, t. VIII, p. 598), suivant les « constitutions de la congrégation de « Saint-Vannes, à Verdun, et pour « faire ensuite profession de cette ré- « forme à Saint-Pierre de Gand, si l'on « jugeait la chose à propos ».

Remarquons que Rym, en agissant de la sorte, n'entendait nullement prendre une détermination décisive; dans son *Scutum* de 1635, il proteste en plusieurs endroits qu'en se conformant à l'ordonnance du chapitre général, il ne s'engageait pas du tout à introduire chez lui la réforme d'Afflighem. Ce manque de résolution allait l'impliquer dans de grandes difficultés. D'un côté, les autres abbés de la congrégation des exempts rejetèrent le projet d'un noviciat commun; et, d'autre part, presque tous les religieux de Saint-Pierre, consultés par l'abbé à l'exhortation du visiteur de la congrégation, se déclarèrent pour le maintien de la réformation mitigée. Dom Gérard se rangea à leur avis. C'est alors qu'il publia ses *Statuta juxta Regulæ sanctæ tenorem et consuetudines antiquas, Reformationemque Cassinensem, in cœnobio S. Petri Blandiniensis promulgari solita et a Reverendo Domino Gerardo Rym Abbate renovata anno* 1633, *die* 11 *mensis julii*.

Cette attitude parut à beaucoup une reculade. Aussi l'austère prévôt d'Afflighem, van Haeften, chercha-t-il à exciter contre Rym le nonce et la cour. L'abbé répondit à la fin de juillet par une *Apologia Domini Abbatis Blandiniensis*, dont il fit parvenir des copies aux autorités ecclésiastiques et à quelques conseillers royaux. Haeftenus lui répliqua sur le champ; Rym lui opposa un nouvel écrit, dont il ne fit tirer que quatre exemplaires, et qu'il envoya vers la fin d'octobre à quatre des personnes précitées : c'est l'*Apologiæ R D. Abbatis S. Petri in Monte Blandinio contra Anonymi cujusdam responsionem Defensio*.

Piqué au vif, Rym prit bientôt une attitude agressive. En mars 1634, il refusa aux quatre religieux restés à Afflighem la permission d'y faire leur profession conformément à la réforme de ce monastère et les rappela à Gand. Mais à peine arrivés, ceux-ci entreprirent d'introduire à Saint Pierre la réforme de Saint-Vannes. Van Haeften les soutint contre leur abbé et leurs confrères et publia, vers le mois de juillet 1634, un opuscule qui avait pour titre : *Monasticæ Reformationis Ordinis S. Benedicti Propugnaculum*, et où il dénonçait l'abbé de Saint-Pierre comme un ennemi de l'austérité claustrale. Cette fois, Gérard Rym se défendit vigoureusement et publia sa justification dans un gros volume où il inséra tous ses opuscules antérieurs sous le titre : *Scutum inexpugnabile æquitatis, sive æqua et modesta responsio ad libellum nuper editum sub nomine Propugnaculi reformationis monasticæ ordinis Sancti Benedicti* (Douai, 1635, 528 p.).

Gérard Rym fut très lié avec le célèbre évêque de Gand, Antoine Triest, issu comme lui d'une ancienne famille patricienne gantoise; il mourut très regretté à l'âge de 57 ans. Sa succession fut malheureusement le signal de longues querelles qui ne se terminèrent qu'en 1650, avec l'expulsion du réformiste Gaspard Vaincq par l'archiduc Léopold d'Autriche.

V. Fris.

Gallia Christiana, t. V, p. 208-209. — Paquot, *Mémoires littéraires*, t. XIII, p. 237-244. — A. Sanderus, *Flandria illustrata* (La Haye, 1735), t. I, p. 292 293. — Edm. de Busscher, *L'abbaye de Saint-Pierre à Gand* (Gand, 1867), p. 134, 172-173. — F. Vander Haeghen, *Bibliographie gantoise*, t. II, p. 104. — F. Vander Haeghen, R. Van den Berghe et Th. Arnold, *Bibliotheca belgica*, 1re sér., v° *Sanderus*. — J. de Saint-Genois, *Antoine Sanderus, sa vie et ses écrits*, dans les *Annales de la Société royale des beaux-arts de Gand*, 1861. — A van Lokeren, *Chartes et documents de l'abbaye de Saint-Pierre*, t. II, p. lxxv. — P. J. Levaux, *Sidronius de Hossche*, dans les *Annales de la Société d'émulation de Bruges*, 1886. F.-J. de Castro, *Chronique du Pays de Waas*, p. 382.

RYM (*Goswin* et *Simon*), fils de Jean, bourgeois de Gand du milieu du XIVe siècle. Au commencement de 1354, ils assassinèrent, en plein service à Saint-Jean, l'échevin gantois Henri Alyn et Siger, son frère, sans doute pour des motifs politiques et malgré une trêve légale antérieurement ordonnée par Louis de Male et présidée par des échevins apaiseurs. Leur tête fut mise à prix et leurs maisons démolies; leur beau-frère Pierre Alyn, époux de Marie Rym, convaincu de complicité dans l'assassinat de ses frères, fut condamné à cinquante ans de bannissement (6 juin 1354). Après sept ans d'exil, Simon Rym vint déclarer s'en remettre pour ce meurtre au comte, aux échevins et aux chefs-doyens; pour faciliter la réconciliation, sa sœur pardonna les violences dont elle avait été l'objet après le procès, et des bourgeois se portèrent garants, au nom de Simon, fils mineur de Goswin, de sa renonciation à toutes représailles. Grâce à l'intervention du receveur de Flandre et de deux doyens, un arrangement fut conclu entre les Rym et les Alyn, qui fut ratifié par Louis de Male. Simon Rym fut condamné à deux pèlerinages à Rome et à Compostelle, et ses complices à visiter d'autres sanctuaires; les deux frères durent fournir une rente annuelle de 200 liv. parisis, affectée à l'entretien d'un hospice. Ce dernier, fondé l'année suivante (1363) par Simon Alyn et sa femme, parents des victimes, fut dédié à sainte Catherine et porta le nom de *Kinderen Alyn's Hospitaal*. Goswin Rym mourut le 31 décembre 1373; Simon Rym fut pris près d'Ertvelde, durant les troubles de Flandre de 1381, et mis à mort à Gand. Dans la première moitié du XVIe siècle, le dernier descendant des Alyn, Liévin van Pottelsberghe et sa femme Liévine van Steelant rebâtirent l'hospice; leur fils François posa, en 1543, la première pierre de la chapelle qui existe encore aujourd'hui.

V. Fris.

J. de Saint-Genois, *Origine de l'hospice de Sainte-Catherine, dit Kinderen Alijn's hospitael à Gand*, dans *Messager des sciences* (1850), p. 98-135.

RYM (*Guillaume*), homme politique gantois de la fin du XVe siècle, mort le 14 juin 1485. Il était probablement le fils de Jean, secrétaire des échevins de la keure en 1452, l'un des négociateurs de la paix de Gavre et premier échevin du haut banc en 1453. Guillaume, devenu échevin des parchons en 1474, fut élu au banc de la keure le 18 février 1477, lors de la révolte contre Marie de Bourgogne, et réélu en cette qualité en août 1479. Sa grande influence dans le gouvernement de la ville et dans les affaires de Flandre date de la mort de Marie de Bourgogne; il se distingua par son acharnement à refuser à Maximilien la garde de ses enfants. Rym, « saige « homme et malicieux », comme dit Commynes, « idolle et dieu des Gantois », ajoute Olivier de La Marche, devint, à ce qu'affirme Philippe Wielant, « le prin- « cipal conduicteur de touttes les rébel- « lions ». En effet, devenu pensionnaire des échevins, il exerçait, en cette qualité, sur eux une grande influence, et « l'on « se adressoit de tout » à lui. Louis XI le fit « praticquer » par Philippe d'Esquerdes, maréchal de l'armée de Flandre, et commença à traiter le mariage du Dauphin avec Marguerite d'Autriche; en effet, à la journée d'Alost, où l'archiduc se trouvait avec les députés des trois états, les Gantois contraignirent Maximilien à fiancer sa fille à l'enfant de France. Quand les députés de Flandre se rendirent, en vue de ce mariage, à Arras, auprès de Louis XI en décembre 1482, Guillaume Rym et son acolyte Jean van Coppenhole furent « les prin- « cipaulx de ceste ambassade ». « Le

« roi ne demandait que la conté d'Artoys ou celle de Bourgogne, l'une des deux », dit Commynes, comme dot de la jeune princesse. « Messieurs de Gand, ainsi les apeloit-il, les luy firent bailler toutes deux, et celles de Charoloys et de Maconnoys et d'Auxonnois: et s'ilz luy eussent pu faire bailler celle de Henault et de Namur, et tous les subjectz de ceste maison qui sont de langue francoyse, ils l'eussent voulentiers faict pour affoiblir leur dit seigneur » (traité d'Arras, 23 décembre 1482). Réjoui de sa vengeance sur Maximilien, le conseiller-pensionnaire de Gand assista au discours adressé par l'abbé de Saint-Bertin au Dauphin, au nom des ambassadeurs du prince et des Etats (16 janvier 1483). Ce fut lui que l'on chargea de dresser l'inventaire des biens confisqués de Jacques de Ghistelles, sieur de Dudzeele. Il se rendit en juin aux fiançailles de Marguerite d'Autriche et du futur Charles VIII, puis fut nommé, en août 1483, *'s heerenkiezer* à Gand avec son ami Daniel Onredene (voir ce nom); tous deux refusèrent comme membres des États de reconnaître l'Archiduc en qualité de mambour (15 octobre 1483); aussi Maximilien accusa-t-il violemment dans son manifeste du 23 octobre « ces gens légiers et arrogans, de petite auctorité, nos malvoeillans, en bien petit nombre, qui plus désirent leur profit particulier que le bien de nostre dit fil et pays ». La réponse des trois états ne se fit pas attendre (8 novembre 1483), et Rym prit sa revanche au mois de juin, aux conférences de Termonde, où douze chevaliers de la Toison d'Or, choisis comme arbitres, essayèrent de réconcilier Maximilien et les Flamands; « l'on tenoit la paix pour conclute; mais par les traverses de ceulx de Gand, mesmement de Guillaume Rym et Daniel Onredene, le tout fut rompu ». En octobre 1484, Rym fut un des signataires du traité de commerce conclu avec l'Angleterre à Gand, et en février il alla à Paris signer comme député des trois membres un traité d'alliance avec Charles VIII, qui promit d'envoyer une armée de secours. Envoyé en mars-avril 1485 par les Gantois à Bruges, afin de décider le clergé de Flandre à fournir une subvention de quinze mille couronnes, il se vit refuser cette aide; il éclata en violentes imprécations contre les ecclésiastiques, qui lui étaient d'ailleurs odieux. Rym s'emporta jusqu'à dire qu'il n'y avait pas lieu de s'étonner de cette conduite, vu que c'étaient les prêtres et les riches qui avaient crucifié Jésus-Christ. Ses menaces n'eurent guère de résultat, et le clergé octroya seulement six mille florins pour l'état de la maison du jeune Philippe le Beau Entretemps, Maximilien avait pris l'offensive, s'était emparé de Termonde et d'Audenarde et s'avançait sur Gand. Philippe de Crèvecœur, sur la prière de Rym, se jette dans la ville avec une armée française, mais ses soldats se mettent bientôt à piller et à maltraiter les bourgeois. Comme les Français désiraient occuper Alost, les échevins y députèrent Rym et Coppenhole à cet effet (5 juin). Pendant leur absence, l'armée de Charles VIII se retira à Deynze. Les chefs du parti archiducal provoquèrent aussitôt une révolte contre les « Statistes » ou partisans des États, et arrêtèrent le chef-doyen, le premier échevin Onredene et plusieurs autres (7 juin). L'hôtelier Mathieu Pehaert (voir ce nom) organisa une *wapeninghe* des métiers et renouvela le magistrat, qui ordonna au bâtard de Fiénin, commandant des Gantois à Alost, de livrer Rym et Coppenhole. Rym, convaincu d'avoir rompu les négociations de paix à Termonde, monta sur l'échafaud, en compagnie de Daniel Onredene, le 14 juin 1485.

V. Fris.

Philippe de Commynes, *Mémoires* (éd. B. de Mandrot), t. II, p. 47, 62. — Philippe Wielant, *Antiquités de Flandre* (apud J.-J. de Smet, *Corpus*, t. IV), p. 329. — Olivier de La Marche, *Mémoires* (éd. H. Beaune et J. d'Arbaumont), t. III, p. 260-275. — N. Despars, *Chronijcke van Vlaenderen*, t. IV, p. 215, 230-259. — J. Molinet, *Chroniques* (éd. Buchon), t. II, p. 410-443. — *Histoire des Païs-Bas de 1477 à 1492* (apud J.-J. de Smet, *Corpus*, t. III), p. 699-707. — Ad. de But, *Chronica* (éd. Kervyn de Lettenhove), p. 593-632. — *Dagboek van Gent* (éd. V. Fris), t. II, p. 259-260. — Jan Vanden Vivere, *Chronijcke* (éd. F. de Potter), p. 40. — *Memorieboek der stad Ghendt* (éd. P.-C. Vander Meersch), t. I, p. 288, 303, 310, 312,

334, 338. — Diegerick, *Inventaire d'Ypres*, t. IV, p. 91, 105. — Gachard, *Lettres inédites de Maximilien* (*Bull. Comm. roy. d'histoire*, 2e série, t. II, p. 291). — *Comptes communaux de Gand de 1481-1485*. — Kervyn de Lettenhove, *Histoire de Flandre*, t. V, p. 532-538. — J.-J. de Smet, *Mémoire historique sur la guerre de Maximilien contre les villes de Flandre* (*Nouv. Mémoires de l'Acad. royale*, 1865, t. XXXV), p. 15.

RYM (*Jacques*), alias REMET ou REMYN, fils de Jacques, sculpteur, acquit la franchise de la corporation de Gand par acte du 7 janvier 1512 (1513 n. st.). Parmi ses garants figure le sculpteur gantois Antoine Salaert. Jacques Rym entreprend en 1519, pour l'église d'Axel, la livraison de quinze stalles, qui doivent être semblables à celles du chœur de l'église Saint-Nicolas à Gand. Le 3 février 1524 (1525 n. st.), il donne quittance du prix d'un retable avec ornements accessoires qu'il avait fait pour l'autel du Nom de Jésus à la dite église Saint-Nicolas. Signalons également la sculpture des armoiries de la ville sur l'extrémité des poutres maîtresses à la maison scabinale de la keure, par Jacques Rym et Barthélemy Portant, en 1528 et 1533. Ce genre d'ornementation des « semelles » de poutres était assez fréquent à Gand : des spécimens remarquables en existent encore.

En 1522, Jacques Rym était veuf de Lysbette Sluus, et en 1532 de Cornélie vander Brugghen ; il y eut postérité de ces deux mariages.

Un autre Jacques Rym, également sculpteur, fut admis dans la corporation gantoise en 1694.

Victor vander Haeghen.

Archives de Gand : registres scabinaux de la keure : comptes communaux. — E. de Busscher, *Peintres de Gand*, t. II.

RYMENANS (*Jean-Baptiste*), pharmacien, chroniqueur et poète flamand, né à Diest, le 19 novembre 1748, mort à Malines, le 25 octobre 1840. Aide-pharmacien en service chez le sr Mertens le vieux, il sollicita, au mois de juillet 1784, la faveur d'être admis à faire la preuve de ses connaissances professionnelles. Il conquit son diplôme le 5 août 1784 et reprit ensuite l'officine de son maître, lors du décès de celui-ci.

Sa longévité plus qu'ordinaire lui permit d'être témoin des événements politiques de près d'un siècle, tout en y étant peu ou point mêlé, et sa carrière publique ou administrative, si l'on en excepte ses fonctions de greffier de la justice de paix du canton nord de Malines, se résume en l'occupation, toujours brève, d'emplois qui lui furent pour ainsi dire imposés. En juin 1790, il accepta de devenir secrétaire de la gilde malinoise *Den ouden boog*. En 1794, sous le régime français, on voulut le nommer membre du « Comité de surveillance ». En présence des raisons qu'il fit valoir : occupations nombreuses, charge de famille, etc., on n'insista pas. Toutefois à la suite de la retraite d'un des membres, Rymenans accepta les fonctions de secrétaire. Déjà alors, Rymenans avait donné des preuves de son talent littéraire et sa verve caustique, mordante et spirituelle avait trouvé à s'exercer aux dépens des partisans de Vonck. On le chargea de traduire en flamand le compte rendu de la séance de la convention nationale du 28 décembre 1794, destiné à l'impression. En 1795, il fit partie de la municipalité de Malines ; dès la fin du mois de janvier de l'année suivante, il se démit de ses fonctions. Le 6 ventôse an II (1794) il avait été nommé greffier du juge de paix Olivier; cette même année on voulut lui confier la justice de paix du 2e canton que l'on venait de créer. Il refusa cette offre ; toutefois il fut promu à ce poste le 30 fructidor an V (1797) et le 9 vendémiaire an VI (1798). Le 8 février 1798, il fut secrétaire du jury d'instruction publique du département des Deux-Nèthes. Il occupa pendant deux jours, en 1799, les fonctions de taxateur des contributions, et pendant neuf mois, en 1814, la direction des bureaux de l'état civil. Le 6 ventôse an XI (1803), il avait été renommé greffier de la justice de paix et il occupa ces fonctions jusqu'à sa mort. Le 7 janvier 1819, il fut nommé inspecteur à l'hôpital civil, et le 28 février 1820 membre de la Commission médicale locale, dont il fut également le secrétaire. Rymenans professait un éloignement instinctif pour toute entrave à la libre manifestation de l'individualité : la régularité administrative lui était à charge, non qu'il redoutât le labeur : son œuvre manuscrite, comprenant surtout des matériaux recueillis et accumulés au sujet de l'histoire de Malines, est trop considérable pour laisser subsister le moindre doute à cet égard. En outre, il fut poète flamand à ses heures ; quelques rares spécimens de son talent littéraire ont été imprimés : pièces de circonstance faites à l'occasion d'un mariage, de noces d'or, de jubilés, etc. Le plus grand nombre toutefois ne nous est connu que par des manuscrits dispersés dans les collections particulières. Les archives de Malines possèdent un recueil factice de poésies où se rencontrent plusieurs productions de la muse de Rymenans. Si, au point de vue littéraire, son œuvre mériterait mieux que l'oubli, au point de vue moral il n'en est pas de même, car ses vers sont très souvent d'une liberté qui frise la licence.

Rymenans mourut nonagénaire, honoré et estimé de ses concitoyens. On possède son portrait en lithographie.

Ses travaux historiques, pour la plupart manuscrits et conservés aux archives de Malines, sont les suivants : 1. *Gulde broeders van den ouden edelen kruysboge binnen de stad Mechelen :* 1575-1777 ; 1700-1724 ; 1725-1749 ; 1750-1793 (ms. 4 registres). — 2. *Extracten der stadsrekeningen van* 1311 *tot* 1791 (5 vol. ms., in-folio). — 3. Matériaux recueillis par de Azevedo, van den Nieuwenhuysen (Henri-Dominique), de Vivario (Henri-Marie-François-Jacques), Rymenans et autres antiquaires de Malines, pour former une histoire nationale (1 vol. in-4°). — 4. *Vervolg der cronijke van Mechelen, ten tijde van het Gouvernement van den prince Alexander Van Parma, sedert den* 19 *november* MDLXXXII *tot sijne doodt den* 3 *decemb.* MDXCII, door *G.-D. de Azevedo, en vermeerdert met verscheyde aanteekeningen door J.-B. Rymenans* (registre in-4°). — 5. *Verzameling van vlaamsche liederen door J.-B. Rymenans en zijne vrienden gedicht* (registre in-fol.). — 6. En collaboration avec l'archiviste malinois Gyseleers Thys : *Recueil chronologique d'extraits tirés tant des actes et registres reposant aux archives, que de différents ouvrages imprimés et manuscrits concernant l'histoire de la ville et de la province de Malines* (ms. 99, vol. in-folio). — 7. *Memoriën wegens de Mechelsche schilders en Beeldsnijders uijt den Ambachts boek. De Leerjonghens boeck* int' jaer 1550. Copie faite par le peintre J. Smeyers et complétée par Rymenans (ms. in-4°, aux archives de Malines, publié par H. Coninckx sous le titre *Le livre des apprentis de la corporation des peintres et des sculpteurs à Malines*, 1903).

Il avait rassemblé une bibliothèque très importante, surtout au point de vue de l'histoire nationale et des premières impressions des Pays-Bas. Elle fut acquise en bloc, après sa mort, par Pol. Vander Meersch et le libraire parisien Techener. Vander Meersch fit vendre à Gand, en 1842, une partie des livres qu'il s'était réservés, tandis que Techener fit passer les siens dans diverses ventes à Paris, comme provenant de la collection d'Audenet (nom imaginaire) et d'autres bibliophiles.

H. Coninckx.

Resolutie boek, 1784 (aux archives de Malines). — *Mémorial administratif de la province d'Anvers.* — V. Hermans, *Inventaire des archives de Malines*, t. VIII. — Schellens, *Chronijk van Mechelen* (ms. aux archives de Malines). — Papiers de famille. — C.-F.-A. Piron, *Algemeene levensbeschrijving.* — H. Coninckx, *Mechelsche levensbeschryvingen*, t. I. — *Catalogue... de la bibliothèque de feu M. Rymenans* (Gand, 1842; in-8°, 494-35 p.)

RYNGHELE (*Antonis*) ou RINGHEL, peintre verrier brugeois du XVe siècle. A juger par le grand nombre de fois qu'il fut appelé aux honneurs dans sa corporation et par l'aisance qu'il avait acquise, il paraît avoir été l'un des peintres verriers les plus considérés de son temps. Nous le trouvons cité d'abord en 1441 comme *vinder* de la confrérie de Saint-Luc. En 1450, il est l'un des six gouverneurs désignés pour surveiller la construction de la chapelle. Il figure encore dans le registre du métier comme *gouverneur* en 1459, 1461, 1462, et comme doyen en 1463.

Le même registre ne contient les inscriptions d'apprentis qu'à partir de 1453. Précisément pendant la période 1453-1456, A. Rynghele reçut comme élève Menten de Borghere, puis, en avril 1457, ce fut Teeuken (Mathieu) Bieghe, qui se fit inscrire chez lui. Une inscription de 1467 relative à Hans Tubbe qui, en cette année, acquit la franchise du métier de verrier, nous apprend que lui aussi avait habité chez Ant. Rynghele, sans doute comme varlet ou apprenti.

La preuve de la prospérité de ses affaires résulte, entre autres, du fait qu'en 1466 il put faire une fondation charitable de 40 prébendes en faveur des pauvres de la paroisse de Saint-Sauveur. Le fondateur se réservait le droit de disposer de douze de ces prébendes sa vie durant.

De Laborde rapporte, dans *Les ducs de Bourgogne* (2e partie, t. II, p. 321) que Catherine, veuve d'*Antoine de Ringle*, voirier, reçut du receveur du duc de Bourgogne, 6 liv. 19 s. en payement de la fourniture de 69 *piez de voirière blanc françois*. Cette fourniture ne permet pas malheureusement de juger si Rynghele était apprécié au point de vue artistique.

Georges Hulin.

RYNSBERGE (*Laurent* **VAN**), RYNSBERGEN, RYNSBORCH, REYNSBERCH *alias* DE SCHUTTERE, peintre, fut reçu à Anvers, en 1462, dans la gilde Saint-Luc. Il était fils de Jean van Rynsberge et se maria deux fois, épousant en premières noces, le 25 octobre 1465, Catherine Tack, fille de Jean Tack. Peut-être faut-il assimiler ce dernier au Jean Tack ou Tac qui, en 1434, succéda à Pierre Appelmans comme architecte de l'église Notre-Dame d'Anvers. Rynsberge, devenu veuf, se remaria, le 21 avril 1490, avec Elisabeth Skeysers, veuve de Marc Derkinderen, sabotier. En 1466, on le trouve se portant garant pour son beau-frère Pierre Tack, tailleur de pierres. Malheureusement on ne possède pas de renseignements au sujet de ses œuvres.

Fernand Donnet.

Ph. Rombouts et Th. van Lerius, *Les Liggeren et autres archives historiques de la gilde anversoise de Saint-Luc.* — Archives communales d'Anvers, Schepen brieven, 1465-1466 et 1490.

RYPEGHERSTE (*Gilles*), homme de guerre gantois du milieu du XIVe siècle. On sait que le meurtre de Jacques van Artevelde n'avait en rien ébranlé l'alliance des Flamands avec l'Angleterre; le triomphe d'Edouard III à Crécy, suivi de l'avènement de Louis de Macle, renforça même leur union. Ce fut en vain que Philippe de Valois, parti d'Arras à la tête d'une brillante armée pour délivrer Calais assiégé par le roi anglais, essaya d'obtenir du moins leur neutralité; les communes de Flandre, que dominait alors le parti des tisserands, entendirent garder leur serment de fidélité vis-à-vis d'Edouard III. En avril 1347, le roi de France envoya Gui de Nesle à Saint-Omer et ordonna de dévaster tout le pays situé sur les bords de la Lys. Le 3 mai, Charles d'Espagne saccagea Hazebrouck et sa banlieue, puis vint attaquer Cassel qui résista à tous ses assauts. Dès le 27 avril, Gand avait envoyé à Cassel un fort contingent, qui se joignit aux milices des autres villes commandées par le rewaerd Sohier de Courtrai, Jean Baronaige et le sire de la Woestine; le drapier ou tisserand Gilles Rypegherste se trouvait à la tête des sergents gantois. En toute hâte on restaura les fortifications de Cassel que l'on munit de tours et de barbacanes. Le 8 juin, Gui de Nesle manda Charles d'Espagne et la garnison d'Aire et vint assiéger la ville. L'assaut fut âpre et dura « depuis la vesprée » jusqu'au lendemain midi. Les assiégés « rebou-taient » leurs ennemis à coups de pierres et de traits ou les écrasaient au moyen de poutres suspendues aux barbacanes. Alors Gui de Nesle fit attaquer la porte de Gand, point faible de Cassel. Les gens du Franc qui la défendaient appelèrent Gilles Rypegherste à leur secours; on se battit avec acharnement du mercredi au jeudi; les Français, après avoir subi de grosses pertes, sonnèrent la retraite. Mais le « beleeder » gantois les poursuivit avec ses « ribaudequins » et les contraignit à se réfugier à Saint-Omer. Guillaume de Mailly fut tué, Charles d'Espagne et Oudart de Renty blessés.

Vers la fin de juin, Charles d'Espagne, assisté cette fois de Jacques de Bourbon, du duc d'Athènes et d'une foule de chevaliers, partit de Saint-Omer et dévasta tout le Westland. Déjà il était arrivé sous les murs de Bailleul quand les laboureurs s'armèrent de faux et de piques, se choisirent des capitaines et harcelèrent ses troupes, tandis que Jean de Houtkerke, capitaine d'Ypres, lui barrait le chemin. Criblés de traits par les archers flamands, paralysés dans ce terrain entrecoupé de marécages et de fossés, un grand nombre de chevaliers français succombèrent; le gros de la troupe battit en retraite, mais fut attaqué au retour, près de Steenvoorde, par Rypegherste et la garnison de Cassel et presqu'exterminé. Ce fait d'armes délivra pour longtemps les frontières de la Flandre des incursions continuelles de la garnison de Saint-Omer.

Après la prise de Calais par Edouard III et la conclusion de la trêve, Gilles Rypegherste ramena ses milices à Gand le 21 octobre 1347: Le 16 juin 1348, il fut renvoyé à Cassel à la tête d'une nouvelle troupe, mais rappelé à Gand en septembre à l'approche de l'armée de Louis de Maele qui venait de se réconcilier avec les Brugeois devant Termonde. Le 13 janvier 1349, le jour du « Goede « Disendach », il fut arrêté avec les chefs du parti des tisserands et gardé en ôtage. Après la restauration du gouvernement des tisserands, le 12 juillet 1359, Gilles Rypegherste fut rapidement porté au banc scabinal et siégea comme échevin de la keure en 1361, 1370, 1373 et 1378. En 1376, Rypegherste fut élu doyen du « membre » des tisserands; en cette qualité il assista à la consécration de la chapelle de Saint-Léonard et devint un des administrateurs de l'hospice des tisserands. L'année suivante, il fut, lors du renouvellement scabinal, l'un des électeurs de la ville. Le 23 mai 1378, le vieux capitaine fut placé à la tête des sergents et des archers chargés de la défense de la côte contre les attaques des ennemis de la Flandre. D'après L'Espinoy, Rypegherste aurait été électeur de la ville une dernière fois en 1386, ou plutôt, vu l'erreur constante de cet historien, en 1387. C'est pendant son échevinat de 1370 que fut posée sur le pont de la décollation à Gand la statue de métal représentant le fils bourreau de son père, aujourd'hui disparue.

V. Fris.

Excellente Cronike van Vlaenderen (Anvers, 1531), f° LX. — *Istore et croniques de Flandres* (éd. Kervyn de Lettenhove), t. II, p. 63-64. — Gilles Li Muisis, *Chronica* (éd. J. de Smet, *Corpus chronicorum Flandriæ*, t. II), p. 269-270. — *Memorieboek der stad Ghendt* (éd. P. Vander Meersch), t. I, p. 84, 94, 98, 104. — *Stadsrekeningen van Gent* de 1346 à 1349 (éd. N. de Pauw et J. Vuylsteke), t. II, p. 484; t. III, p. 93, 94, 99, 102, 133-135, 213, 241-242, 249, 258, 295, 469. — *Rekeningen der stad Gent, tijdvak van Philips van Artevelde* (éd. J. Vuylsteke), p. 12 22, 32, 51, 81, 104, 117, 120, 534. — J. Froissart, *Chroniques* (éd. S. Luce), t. IV, p. 273-274. — Villani, *Istorie Fiorentine*, ap. Muratori, *Ss. rerum Ital.*, t. XIII, l. xij, c. 86. — Rob. d'Avesbury, *Historia Edwardi III*, p. 154. — Diericx, *Mémoires sur la ville de Gand*, t. II, p. 270-271, 280. — Fr. de Potter, *Geschiedkundige beschrijving van Gent*, t. IV, p. 436, 461. — Ph. L'Espinoy, *Recherches des Antiquitez de Flandre*, p. 541, 558.

RYS (*Bernard*), sculpteur, né à Tournai où il fut baptisé le 28 novembre 1690, décédé en cette ville le 26 janvier 1769. Il était fils de Jean, qui s'intitulait « maître sculpteur », et de Catherine-Thérèse Thieuloy. Il épousa Marie-Catherine Verport, d'Armentières. Il appartenait à cette catégorie de tailleurs de pierre qui bornent leur ambition à confectionner des dalles funéraires bordées d'une décoration lourde ou à découper des chapiteaux et des fûts de colonnes d'un froid classicisme. Aussi son œuvre est très modeste : en 1734, Rys sculpta les coquilles et autres ornements en pierre blanche qui décorent la façade de l'ancien palais des Etats de Tournai-Tournaisis, aujourd'hui dépôt des archives de la ville; en 1741, il travailla au catafalque de Charles VI; enfin, dix-sept ans plus tard, il reçut 19 florins 12 patars « pour avoir sculp- « turé » en grande partie un des chapiteaux de l'avant-corps de la bibliothèque communale. Bernard Rys mourut à l'hôpital.

Ad. Hocquet.

Revue tournaisienne, 1905, p. 78-79. — Société historique de Tournai, *Mémoires*, t. XX, p. 236. — Edm. Marchal, *La sculpture et les chefs-*

d'œuvre de l'orfèvrerie belges (Bruxelles, Hayez, 1905), p. 645. — Archives de l'État à Mons, États de Tournai-Tournaisis, *Résolutions*, à la date du 25 septembre 1734.

RYS (*Hans* **DE**). Voir DE RIES.

RYSBRACK (*Jean-Michel*), sculpteur et dessinateur, né à Anvers en 1692 ou 1693, mort à Londres le 8 janvier 1770. Sans doute le fils de Pierre (voir ci-après), et conséquemment le frère de Pierre-André et de Gérard Rysbrack, il aurait été, selon quelques auteurs, l'élève du sculpteur Michel Vander Voort. Franc-maitre de la gilde de Saint-Luc en 1714-1715, sans mention d'apprentissage, il reçut, l'année suivante, deux élèves, Pierre Jacobs et Joseph Borrekens. L'histoire ne garde le souvenir d'aucune œuvre de son ciseau datant de cette époque et s'il connut, dans sa ville natale, des premiers succès, ils devaient être rapidement éclipsés par ceux qui l'attendaient en Angleterre. A l'exemple de Pierre Rysbrack, son père présumé, Michel s'en fut effectivement chercher fortune à Londres. Ses espérances y devaient être réalisées. Durant un demi-siècle presque entier, il fut le sculpteur en renom, justifiant sa vogue par le mérite de ses œuvres. Walpole, qui le connut, donne la date de 1720 comme celle de son arrivée. Après d'humbles débuts — il fit d'abord des figurines en terre cuite — il s'éleva peu à peu au rang des grands sculpteurs, secondé du reste par les architectes James Gibbs et William Kent qui l'associèrent à leurs ensembles décoratifs. L'abbaye de Westminster possède de lui les monuments funéraires érigés par la nation au duc de Newcastle, à Mathieu Prior, le poète-diplomate, au comte de Stanhope, à l'amiral Vernon, au peintre God. Kneller, celui-ci de l'invention de Rysbrack seul. Le monument élevé au duc de Marlborough, à Blenhein, celui du duc et de la duchesse de Somerset, dans la cathédrale de Salisbury, celui encore de l'évêque Hough, dans la cathédrale de Worcester, le bronze équestre de Guillaume IV, à Bristol, les statues de Georges Ier et de Georges II érigées à la bourse de Londres portent témoignage de l'autorité de leur auteur. D'innombrables bustes-portraits gardent l'empreinte de son talent et proclament sa faveur dans un genre où il ne fut surpassé par aucun artiste. On peut dire que toutes les célébrités anglaises défilèrent par son atelier de Vere Street, Oxford Street. Pope, Horace Walpole, John Locke, sir Hans Sloane, Gibbs, sans parler des plus hautes personnalités de l'aristocratie : les ducs et duchesses d'Argyll, de Somerset, de Marlborough furent ses modèles. Dans ses vieux jours, l'arrivée de Scheemaekers et de Roubillac, étrangers comme lui, fit pâlir son étoile, sans d'ailleurs atténuer en rien la légitimité de sa réputation. Le duc de Devonshire lui commanda, pour orner son château de Chiswick, les bustes colossaux de Palladio, d'Inigo Jones, les architectes, et de François Duquesnoy, le sculpteur. Une œuvre particulièrement intéressante de la fin de sa carrière est une statue colossale d'Hercule, inspirée de l'Hercule Farnèse, mais pour laquelle le sculpteur fit poser les principaux pugilistes du jour. M. Hoare de Stourhead, dans le Wiltshire, s'étant rendu acquéreur de ce vaste morceau, fit ériger dans son parc un temple exprès pour le loger. Si l'Angleterre eut en Van Dyck un peintre dont l'influence se fit sentir dans son école jusqu'à ce jour même, on peut dire que notre pays lui a donné, en Rysbrack, le principal représentant de la sculpture qu'elle connut au XVIIIe siècle et dont l'intervention fut très sensible dans la direction du goût en Angleterre. Dessinateur remarquable, l'habile statuaire a laissé de magnifiques compositions lavées au bistre à la manière des Italiens. Rysbrack déposa le ciseau en 1765. Il réalisa alors une partie de son atelier. D'autres ventes de ses collections eurent lieu en 1767 et en 1770, la dernière après décès. Il était mort le 8 janvier de cette dernière année. Sa dépouille fut déposée dans le cimetière de Marylebone. Il existe de Rysbrack un beau portrait à mi-corps, gravé en manière noire par J. Faber en

1734 d'après J. Vander Banck. Nous ignorons où se trouve la peinture originale exécutée en 1728. Elle ne figure pas à la Galerie nationale des portraits à Londres. Le musée de Bruxelles possède du ciseau de Jean-Michel Rysbrack deux œuvres. L'une, signée et datée de 1744, est un buste de Lady Jemima Button; l'autre, une statue de John Howard, le célèbre philanthrope, datée de 1763.

Henri Hymans.

Immerzeel, *Levens en werken der hollandsche en vlaamsche kunstschilders*, etc. — *Dictionary of national biography* (art. de Lionel Cust). — Edm. Marchal, *Les sculptures et l'orfèvrerie belges*. Bruxelles, 1895, p. 474-475.

RYSBRACK (*Pierre*), peintre, né à Anvers le 25 avril 1655, mort à Bruxelles en 1729. Il était fils d'André, marchand d'objets d'art et d'antiquités, et d'Adrienne Likens. Inscrit à la gilde de Saint-Luc, en 1672, comme élève de Philippe-Auguste Immenraet, il reçut la franchise dès l'année suivante en qualité de fils de maître; on en conclut que son apprentissage avait commencé ailleurs. Bientôt il prenait le chemin de l'étranger, cherchant fortune en Angleterre, puis en France où il se lia d'amitié avec Francisque Millet (v. ce nom), dont il adopta le genre et suivit le style, le paysage idyllique. Rysbrack travailla tour à tour à Paris, à Lyon et dans d'autres villes françaises. A l'instar de Millet il étudia la manière du Poussin et avec tant de succès, assure J.-B. Descamps, que nombre de ses œuvres passèrent pour être de ce grand artiste. « Il avait bien fait à Paris », ajoute le même auteur, « les plus grands artistes aimaient ses ouvrages ». Marié à Geneviève Compagnon, fille d'un officier français et veuve du sculpteur anversois Philippe Buyster (v. ce nom), il reprit, en 1687, le chemin de la patrie. Dans une déclaration faite devant le magistrat d'Anvers, le 26 août, il dit avoir séjourné hors du pays, en Angleterre et en France, l'espace de douze ans et réclame l'exemption de la garde bourgeoise et du service qui pourrait lui incomber comme maître de chapelle, c'est-à-dire comme marguillier. Ces avantages lui ayant été accordés, il prit résidence à Anvers avec sa femme et ses trois enfants. Il se fit exempter également, en 1692, des fonctions de doyen de la gilde de Saint-Luc à laquelle, en retour, il offrit une toile. Cette œuvre, un paysage de grandes dimensions, orne encore le musée d'Anvers. Ayant perdu sa femme en 1719, Rysbrack alla se fixer à Bruxelles où, peut-être, l'avaient précédé ses enfants. En effet, parmi les peintres faisant partie de la corporation artistique de la capitale on relève, en 1703, le nom d'un Rysbrack non accompagné de prénom. La carrière de Rysbrack s'acheva à Bruxelles en 1729. Outre le sculpteur Jean-Michel (v. ce nom), Pierre eut deux fils, peintres : Pierre-André, né à Paris en 1685 et décédé dans la capitale française en 1765, puis Gérard, né à Anvers en 1696 et mort aveugle en 1773. Il forma aussi de nombreux élèves dont aucun n'arriva à la notoriété dans le genre pratiqué par son maître. Ses fils paraissent avoir peint avec talent la nature morte. Walpole, dans ses notes à Vertue, parle avec éloge de l'aîné qu'il fait mourir de consomption à Londres en 1748. Nous ne saurions dire ce qu'il y a de fondé dans cette date. Voici comment Waagen, dans son *Manuel* de la peinture néerlandaise, s'exprime au sujet du maître qui fait l'objet de la présente notice : « Ses tableaux ont un caractère grandiose et mélancolique. Il rend à merveille les arbres, les fonds boisés et la forme des nuages; son coloris est puissant mais il tourne au sombre. Ses figures empruntées à la Bible ou à la Mythologie, bien composées en général, jouent parfois un rôle important dans ses toiles; d'autres fois, elles manquent de soin et troublent l'harmonie de l'œuvre par le ton monotone et rouge des carnations (1). La plupart ont un caractère bucolique. On trouve peu de tableaux de ce maître dans les musées. Le plus

(1) Ceci s'explique par le fait que le peintre se faisait aider, assurent certains auteurs, pour compléter ses paysages par des figures.

« important que je connaisse est au « musée de Berlin. C'est un grand « *paysage avec des arbres élevés et une* « *colline boisée d'où jaillit un ruisseau;* « sur l'avant-plan le *baptême du Christ.* « On voit au musée d'Anvers un pay- « sage montagneux de très grandes « dimensions. Le musée de Dresde en « possède un autre, moins important. « C'est un bon *paysage*, classé parmi « les maîtres inconnus. On a de cet « artiste six eaux-fortes d'une composi- « tion très remarquable, mais dont le « feuillage est lourd et le maniement « du burin pénible ». Depuis la publication de ces lignes, la toile de la galerie de Dresde a été restituée à Rysbrack, non sans hésitation toutefois et après avoir été attribuée à Francisque Millet. Les œuvres de P. Rysbrack sont moins rares que ne le dit Waagen. Outre les galeries de Berlin et de Dresde, celles de Hambourg, de Stuttgart, de Cologne, de Bamberg, de Pommersfelden, la galerie Liechtenstein, à Vienne, possèdent des spécimens du talent de ce maître aujourd'hui peu recherché.

Indépendamment des Rysbrack cités, un autre artiste du nom, *Jacques-Corneille*, vécut à Paris durant au moins trente-six années et y mourut, âgé de 80 ans, le 22 février 1765. Il était peintre et qualifié « maître ». Il épousa Louise Lépagneul qu'il perdit le 18 février 1759.

Henri Hymans.

C. Kramm, *De levens en werken der hollandsche en vlaamsche kunstschilders*, etc., t. V, 1861, p. 1428. — G.-F. Waagen, *Manuel de l'histoire de la peinture*, écoles allemande, flamande et hollandaise. Traduct. Hymans et J. Petit (Brux., 1863), t. II, p. 290. — F.-J. Vanden Branden, *Geschiedenis der antwerpsche schilderschool*, 1883, p. 1080. — George Vertue, *Anecdotes of Painting in England digested by Horace Walpole*, new edition by Ralta N. Wornum (London, 1862), t. III. — A. Jal, *Dictionnaire de biographie et d'histoire* (Paris, 1867).

RYSBREGTS ou RYSBRECHT, peintre, né à Anvers à la fin du XVIIe siècle. Après y avoir fait des études artistiques, il partit pédestrement pour la France. Il séjourna assez longtemps à Paris et à Lyon; dans la première de ces villes, il exécuta bon nombre d'œuvres, presque toutes des paysages, qui lui valurent d'assez sensibles succès. Pendant son séjour en France il fit une maladie grave à la suite de laquelle, en reconnaissance des soins qu'il avait reçus, il épousa l'hôtesse chez laquelle il avait été logé et qui l'avait soigné. Il revint ensuite à Anvers où on le retrouve fixé vers 1725, peignant toujours des paysages et excitant la verve de ses contemporains par sa mélancolie et son triste visage.

Fernand Donnet.

Jacob Campo Weyerman, *De levensbeschryvingen der nederlandsche konst schilders en konst schilderessen*, t. III. — Ad. Siret, *Dictionnaire historique et raisonné des peintres de toutes les écoles*, t. II.

RYSEN (*Jean* VAN). Voir RYSSINGEN (*Jean* VAN).

RYSHEUVELS (*Louis*), pédagogue, beau-fils de Liévin Bauwens, né à Anvers le 12 novembre 1807, mort dans la même ville le 31 janvier 1855. Il étudia de 1827 à 1829 au Collegium philosophicum de Louvain, devint ensuite commis au secrétariat communal de sa ville natale. En 1832 il fut nommé instituteur en chef du pénitentiaire de Saint-Bernard, en 1845 directeur de la prison d'Ypres, en 1846 directeur de celle de Namur, en 1847 directeur de celle d'Anvers, ce qu'il resta jusqu'à sa mort. Il fournit à différentes revues et à plusieurs annuaires des articles pédagogiques et littéraires, ainsi que des poésies; il publia les ouvrages suivants : 1. *Nederlandsche bloemlezing of verzameling van de beste stukken der nederduitsche dichters die in de laatste dry eeuwen gebloeid hebben* (en collaboration avec Nelis), 3 vol., Anvers, 1828. — 2. *Leesboek voor scholen*, Anvers, 1834. — 3. *Handboek tot het leeren der aardrykskunde in de lagere scholen*, Anvers, 1838. — 4. *Landbeschrijvingen en reisverhalen*, 5 vol., Anvers, 1848.

J. Vercoullie.

Piron, *Levensbeschryving*. — Frederiks et Vanden Branden, *Biographisch woordenboek*. — F. de Potter, *Vlaamsche bibliographie*. — *Bibliographie nationale*, t. III.

RYSPOORT (*Jean*), musicien flamand du commencement du XVIIe siècle. Son nom ne figure dans aucun ouvrage de bibliographie musicale. Il nous est révélé par un recueil de proverbes moraux mis en musique et publié par Phalèse en 1617 : *Morale spreeckwoorden, op musyck ghestelt bij Jan Ryspoort.* Antwerpen, Phalesius, 1617 ; in-4° obl. Le seul exemplaire connu ne comprend que la partie de ténor et est incomplet du titre et de trois feuillets; il a appartenu successivement à Serrure (cat. 1873, n° 2387), Della Faille (cat. 1878, n° 709) et Grégoir. Nous n'avons pas réussi à le consulter.

Des recherches faites, à notre demande, par Mr E. de Sagher, archiviste à Ypres, il résulte que les membres d'une famille assez importante du nom de Ryspoort étaient établis, à la fin du XVIe et au commencement du XVIIe siècle, à Bailleul et à Ypres ; on rencontre parmi eux plusieurs *Jean Ryspoort*, mais les éléments d'identification avec le musicien manquent.

Paul Bergmans.

RYSSELBERGHE (*François* **VAN**), électricien, né à Gand, le 24 août 1846, et mort à Anvers, le 4 février 1893, était le fils d'un modeste menuisier dont la vie, toute d'abnégation et de sacrifice, n'avait qu'un seul but : élever ses six enfants au-dessus de l'humble classe dans laquelle ils étaient nés; avant de mourir il eut le bonheur de voir réalisées toutes ses espérances, en grande partie grâce à François, l'aîné des six enfants, qui fut toujours un guide sûr et un ami dévoué pour ses jeunes frères et pour sa sœur.

Il reçut l'instruction primaire à Turnhout où habitaient alors ses parents; lorsque ceux-ci furent revenus se fixer à Gand, il fit d'excellentes études d'humanités au collège Sainte-Barbe et subit l'examen de gradué en lettres en 1863 ; il n'avait pas encore dix-sept ans. Toutefois, il ne songea pas à entrer comme élève à l'université, de crainte d'imposer de trop lourdes charges à sa famille; il s'efforça plutôt d'aider celle-ci par son travail personnel. Il remplit pendant quelque temps les fonctions bien dures, surtout à son âge, de surveillant dans un pensionnat de Ninove, puis à l'athénée de Tournai ; de retour à Gand, il donna des leçons dans un institut privé (celui de Fisch-Müllendorff). Là il se trouva dans une position bien délicate : les élèves demandaient des leçons particulières de mathématiques, mais, en ces matières, il était à peu près ignorant lui-même. Il les étudia donc avec courage et fréquenta assidûment l'école industrielle, spécialement les cours de physique et de chimie ; à vingt ans, il se présenta au concours pour l'obtention de la place de deuxième professeur de mathématiques à l'école de navigation d'Ostende; il l'emporta brillamment sur tous ses concurrents.

Dès ce moment il put donner un libre essor à sa passion pour la science, sans jamais cesser de venir en aide aux siens. Son goût le porta particulièrement vers les mathématiques, pour elles-mêmes d'abord, mais plus encore peut-être parce qu'il regardait leur connaissance comme lui étant nécessaire pour pouvoir aborder sérieusement les autres sciences. Suivant les conseils de l'excellent professeur de physique de l'université de Liége, M. Gloesener, il n'hésita pas à se préparer aux épreuves de la candidature en sciences physiques et mathématiques; il s'imposa un travail personnel vraiment extraordinaire grâce auquel il parvint à passer successivement, en 1867 et 1869, les deux épreuves qu'il subit devant le jury de la faculté des sciences de Liége.

Son séjour au bord de la mer ne tarda pas à lui inspirer un goût irrésistible pour l'étude de la météorologie. A chaque bourrasque il observait avec soin ses instruments et consultait les journaux anglais ; à l'aide des renseignements qu'il y puisait il pouvait figurer, sur des cartes synoptiques, l'état météorologique de l'Europe. Il a pu suivre ainsi la marche de plusieurs tempêtes et, suivant ses propres expressions, acquérir bientôt la conviction que la météorologie est non seulement une étude agréable, mais encore une science naissante appelée à rendre des services immenses à la navigation.

Dominé par ces idées, il eut soin d'étudier et de comparer les divers appareils connus à cette époque et servant à inscrire les phénomènes météorologiques. A la suite de ce travail il se posa le problème suivant : *Combiner un appareil dans lequel un seul burin grave, avec une exactitude rigoureuse et sur un seul cylindre tournant, les variations d'un grand nombre d'instruments météorologiques d'une nature quelconque.*

Ce problème, dont le seul énoncé aurait fait reculer bien des savants, fut complètement résolu par Van Rysselberghe : son météorographe, construit par l'excellent ingénieur-mécanicien Théodore Schubart, fut exposé à Paris au congrès de géographie de 1875 ; objet de l'admiration de tous les visiteurs, l'instrument valut à son inventeur une médaille d'or et les palmes académiques. Comme l'a très bien dit Mr le professeur Schoentjes, « l'appareil définitif qui porte le nom de François Van Rysselberghe, associé à celui de son habile collaborateur Schubart, est une merveille mécanique et électrique; l'ingéniosité des dispositions est surprenante; on dirait un être intelligent, fantastique, sortant du repos à des instants mathématiquement espacés, mettant alors en mouvement ses organes multiples et délicats et gravant dans le métal les indications du thermomètre sec et du thermomètre humide, la hauteur du baromètre, la quantité de pluie tombée, la vitesse et la direction du vent ».

Dès ce moment, le nom de Van Rysselberghe était cité à juste titre dans toutes les publications spéciales; son météorographe fonctionnait non seulement dans plusieurs observatoires européens, mais encore à Java, au Japon, aux Indes anglaises. Vers la même époque, Van Rysselberghe fit construire son marégraphe destiné à l'inscription automatique des fluctuations de la mer et des fleuves. A la fin de l'année 1875, l'infatigable travailleur entra au service hydrographique de l'Etat; il dressa, avec le lieutenant de vaisseau M. Petit, des cartes remarquables des bancs du littoral et des bancs de l'Escaut.

En 1876, il fut appelé à l'observatoire royal de Bruxelles par le directeur Houzeau, qui fut heureux de pouvoir l'attacher au service météorologique et ne cessa pas, depuis lors, de lui témoigner le plus vif intérêt en même temps qu'il lui accorda son énergique appui. C'est grâce à la constante sollicitude de Houzeau que fut conçu et réalisé le télémétéorographe qui enregistre automatiquement les indications d'instruments météorologiques placés à grande distance. Voilà comment, à Bruxelles, étaient inscrites les observations d'Ostende, et comment, à l'Exposition d'électricité de Paris en 1881, un instrument gravait automatiquement les observations météorologiques de Bruxelles. Ce fut un nouveau triomphe pour le jeune savant belge; il obtint la médaille d'or et le gouvernement français lui décerna la croix d'officier de la Légion d'honneur. Bientôt il eût à consacrer une partie de son temps à l'enseignement de l'électrotechnique car, le 24 septembre 1882, il fut chargé de donner, aux écoles spéciales de l'université de Gand, le cours d'application de l'électricité.

Ce qui caractérisait l'activité de Van Rysselberghe, c'est qu'une idée heureuse en provoquait bientôt chez lui une autre ; après avoir constaté que le télémétéorographe exigeait l'emploi d'un régulateur rigoureusement synchrone, il conçut un régulateur elliptique dont les résultats dépassèrent ses espérances. Pour le service de ses appareils il disposait d'un fil conducteur de Bruxelles à Ostende ; or, il s'impatientait souvent des lenteurs de sa correspondance avec l'aide chargé de la station côtière; de là surgit, dans son esprit, l'idée de se servir du même fil pour télégraphier et pour téléphoner. Aussitôt il se mit à l'œuvre avec son ardeur habituelle; il fit quelques observations au bureau télégraphique de Bruxelles-Nord, dont l'administration lui avait accordé le libre accès, et ne tarda pas à trouver la solution; pour être à même de téléphoner et de télégraphier à la fois par un seul fil conducteur, il fallait non pas, comme on l'avait fait jusqu'alors, neutraliser ou amoindrir les courants nuisibles dans le circuit téléphonique même, mais en attaquer la cause dans les circuits télégraphiques.

On conçoit aisément l'enthousiasme avec lequel fut accueillie une découverte aussi remarquable; le nom de notre compatriote fut répandu dans le monde entier; un grand nombre de pays appliquèrent le système Van Rysselberghe qui fut officiellement inauguré, en Belgique, le 1er septembre 1884. On se rappelle encore les récits des expériences retentissantes qui précédèrent l'application du merveilleux système aux lignes télégraphiques belges; mais, comme l'a dit si justement Mr Banneux, ingénieur en chef directeur de l'administration des télégraphes de l'Etat, « ce qui est » moins connu, c'est la somme de » science, de sagacité, d'énergie et de » persévérance que son auteur a dû » développer pour approprier à la pra- » tique d'une exploitation régulière et » très étendue, les principes démontrés » par des essais isolés. Nous l'avons » vu, sous le coup d'engagements pris » à brève échéance, obligé d'inventer » et de combiner, pour ainsi dire au » jour le jour, des appareils et des » dispositifs de circuits. Bien d'autres » eussent, sinon renoncé à la tâche, » du moins éprouvé des défaillances. » Mais il était de ces privilégiés que » les difficultés excitent et raidissent; » sa devise devait être : « Je veux, donc » je puis ». Il avait la foi qui soulève » les montagnes; il savait communiquer » sa confiance et son enthousiasme à » ses collaborateurs et s'en faire autant » d'amis dévoués, j'allais dire d'apôtres. » C'est ce qui explique le concours » absolu qu'il rencontra parmi les ingé- » nieurs des télégraphes et dans l'admi- » nistration tout entière ».

La récompense due à l'inventeur du seul système pratique de télégraphie et de téléphonie simultanées qui fonctionne actuellement ne se fit pas attendre : le roi lui accorda la croix de chevalier de son ordre et le gouvernement l'attacha au département des chemins de fer, postes et télégraphes, en qualité d'électricien consultant, au moment même où s'ouvrait au public la première ligne interurbaine du pays, le 22 octobre 1884. Depuis lors, presque tout le réseau télégraphique belge a été approprié à la téléphonie, ce qui a énormément facilité l'extension si rapide du nouveau mode de correspondance.

Mais l'activité de Van Rysselberghe était loin d'être épuisée, car il avait conçu un projet vraiment original, celui de trouver des appareils et des combinaisons capables de transmettre, avec plus de régularité et de sûreté qu'auparavant, douze, dix-huit et même vingt-quatre dépêches simultanément par un seul et même fil conducteur. C'était vouloir devenir le champion vainqueur de Gray et d'Edison ! En 1887, il put faire fonctionner son télégraphe multiple, harmonique ou phonomultiplex. La pièce capitale était un régulateur parabolique dont l'isochronisme devait approcher de la perfection. Ici encore Van Rysselberghe s'était montré à la fois mathématicien, mécanicien et électricien. L'inventeur songea immédiatement à appliquer son régulateur aux appareils imprimeurs Hugues qu'il parvint même à perfectionner. Ces appareils modifiés sont en service au bureau principal de Bruxelles. Quant au télégraphe phonomultiplex, l'auteur n'a pas eu le temps d'y mettre la dernière main.

Van Rysselberghe a consacré les dernières années de sa vie à l'étude approfondie de la question de l'éclairage public : il avait pour but de distribuer l'électricité par l'intermédiaire de l'eau comprimée. Il déploya toute son énergie à défendre le système qu'il avait imaginé; ce ne fut pas en vain, car il obtint à Anvers une concession pour l'éclairage public; malheureusement, une mort prématurée l'empêcha d'achever l'œuvre qu'il avait rêvée.

Comme on le verra plus loin, Van Rysselberghe a publié, dans des recueils spéciaux, des articles intéressants sur la météorologie et les instruments qui s'y rapportent, sur l'astronomie, sur les marées, sur les oscillations du sol du littoral; il a pris aussi une large part aux travaux des congrès annuels de l'Association française pour l'avancement des sciences. Toutes ses publications se distinguent par leur originalité; sa notice sur les tempêtes en Europe a été traduite en italien. Il a collaboré très activement à la revue *Ciel et Terre*. Avec Mr Lagrange, astronome à l'observatoire, il avait fait des études sur la force du vent à différentes hauteurs; aussitôt il songea à construire un cerf-volant permettant de recueillir des observations météorologiques dans les couches élevées de l'atmosphère; s'il avait pu continuer à poursuivre cette idée, il n'eût pas manqué de réaliser la construction qu'il avait en vue. A lui également revient l'honneur d'avoir eu le premier l'idée des coupoles flottantes qui a failli être appliquée à l'observatoire d'Uccle.

Comme professeur, il se distinguait par son enthousiasme pour cette branche de l'électricité à laquelle ses découvertes ont apporté tant et de si étonnants progrès. Tous ses collègues appréciaient hautement ses brillantes qualités, sa grande bonté et sa loyauté à toute épreuve. Fils de ses œuvres, Van Rysselberghe était un travailleur infatigable; si le savant recueillait partout les hommages dus à sa vive intelligence, l'homme inspirait à tous ses collaborateurs une affection sans bornes et un dévouement inaltérable; tous, jusqu'au plus modeste, il les considérait comme des amis et prenait part à leurs peines comme à leurs joies. On peut affirmer que la mort inopinée de François Van Rysselberghe a été un malheur, non seulement pour la nombreuse famille qu'il a laissée, mais encore pour la Belgique qui a perdu en lui un de ses enfants les plus dignes, et pour la science qui avait foi en son génie et en son indomptable ardeur au travail.

Travaux publiés par Fr. Van Rysselberghe :

Notice sur un système météorographique universel (*Bull. de l'Acad. roy. de Belg.*, 1873 (2e série, t. XXXVI, p. 346). Ce travail a été traduit en partie dans le *Zeitschrift der Œsterreichischen Gesellschaft für Meteorologie* (X Band, 1875, p. 49), et dans le *Quarterly Journal of the Meteorological Society of London* (vol. II, 1875, p. 367). — *Description d'un régulateur parabolique, rigoureusement isochrone et dont on peut faire varier à volonté la vitesse de régime* (*ibid.*, 1878, t. XLVI, p. 883). — *Description d'un régulateur elliptique isochrone, dont on peut faire varier à volonté la vitesse de régime* (*ibid.*, 1880, t. XLIX, p. 9). — *Note sur les oscillations du littoral belge* (Mém. in-8° de l'Acad., 1880, t. XXIX). — *Les tempêtes d'Europe : leur nature, leur origine et leur marche à travers le continent* (*Annuaire de l'Observatoire royal*, 1878, p. 184). Cette notice a été traduite en italien par Ragona. — *Marées sur les côtes de Belgique* (*ibid.*, 1880, p. 215, et 1881, p. 323). — *La mer et ses profondeurs* (*Ciel et Terre*, 1re année, 1880, p. 32). — *La girouette* (*ibid.*, p. 84). — *La Terre et ses montagnes* (*ibid.*, p. 121). — *La précision du temps* (*ibid.*, p. 193). — *L'intérieur de la Terre* (*ibid.*, p. 241). — *Comment on pèse les mondes* (*ibid.*, p. 275). — *Le sol bouge* (*ibid.*, p. 289). — *Les oscillations du littoral belge* (*ibid.*, p. 440). — *Le baromètre, que mesure-t-il?* (*ibid.*, p. 459). — *La force du vent en Belgique* (*ibid.*, 2e année, 1881, p. 14). — *Le commerce maritime et la météorologie* (*ibid.*, p. 49). — *Courants généraux de l'atmosphère et des mers* (*ibid.*, 1882, p. 509). — *Origine des courants généraux de la mer* (*ibid.*, 3e année, 1882, p. 49). — *L'astronomie et le commerce maritime* (*ibid.*, 4e année, 1883, p. 54). — *Comment on trouve le Nord* (*ibid.*, p. 145). — *Ueber die durch eine Temperaturveränderung hervorgebrachte Aenderung der Lage der Quecksilber-Oberfläche im offenen Schenkel eines Heberbarometers* (*Zeitschrift der Œsterreichischen Gesellschaft für Meteorologie*, t. X, 1875, p. 205). — *Avant-projet d'un nouvel observatoire d'astronomie, de spectroscopie, de physique du globe et de météorologie à ériger aux environs de Bruxelles.* Bruxelles, 1880; 2 cah. in-4° (texte et planches). En collaboration avec O. et C. Van Rysselberghe et G. Royers. — *Les appareils enregistreurs météorographiques.* Bruxelles, 1882; in-8°. Extrait du *Recueil des rapports des délégués belges sur l'Exposition internationale d'électricité à Paris en* 1881. — *Théorie élémentaire de l'électricité et du magnétisme, exposée spécialement au point de vue de la production, de l'utilisation et de la distribution industrielles de l'électricité.* Bruxelles, 1889; in-8°. En collaboration avec E. Lagrange et G. Royers.

G. vander Mensbrugghe.

Renseignements fournis par la famille du défunt. — *Revue Ciel et Terre*, n° du 16 février 1893. — Discours prononcés lors des funérailles, par Mr le professeur Schoentjes, par MMrs Banneux, Folie et Fastenakel. — Souvenirs personnels.

RYSSELE (*Colyn* **VAN**), poète ou plutôt rhétoricien flamand du XVIe siècle, probablement né à Lille, comme l'indique son surnom *van Ryssele*, car il s'appelle, de son vrai nom, *Colyn Keyaert.* Il publia : *De Spiegel der minnen*: *begrijvende in ses batement spelen die seer amoreuse historie va(n) Dierick den hollandere en(de) Katherina Sheermertens, eertijts ghescliet binnen Middelburch, en(de) rhetorijkelijk in spelen ghesthelt door Colyn van Rijssele.* Harlem, 1561, avec une postface de D. V. Coornhert; 2e éd Rotterdam, 1617. Les mots *eertijts ghescliet binnen Middelburch*, que le catalogue de Serrure et le dictionnaire de Frederiks et Van den Branden omettent, semblent indiquer que le poète vécut en Zélande. On a encore de lui une œuvre dramatique inédite : *Spel van Narcissus en(de) Echo* ghemaect by de(n) amorosen Colyn (copie de 1562 par Reyer Ghevertz).

J. Vercoullie.

Kunst en letterblad, 1839, t. II, p. 175. — *Catalogue Serrure*, nos 2585 et 2890. — *Catalogus bibliotheek Maatschappij der nederlandsche letterkunde.* — P. van Duyse, *De rederijkkamers in Nederland* (1902), t. II, p. 253. — Frederiks et Van den Branden, *Biographisch woordenboek* (i. v. *Keyaert*).

RYSSENS DE LAUW (*Joseph-Martin*), architecte et peintre de fleurs et natures mortes, né à Anvers, le 30 septembre 1830, mort en cette ville, le 2 avril 1889. Sa carrière d'architecte est peu connue; en 1879, il expose des projets d'un hospice pour vieillards et d'un musée (*Emulation*, 1879, janvier, p. 6). Mais aucune œuvre importante ne peut lui être attribuée. Citons cependant le diplôme qu'il dessina pour la Société royale des architectes d'Anvers et qui fut gravé par Van der Borght. Cette œuvre dénote une imagination débordante, mais sans pondération. Ryssens de Lauw prit part sans succès au concours du monument de Victor-Emmanuel à Rome; il collabora avec Edmond van Waeterschoodt à un projet d'hôtel des douanes à Anvers qui ne fut pas exécuté.

On lui doit aussi une notice sur les travaux maritimes d'Anvers : *Transformation des terrains militaires de la citadelle du sud* (Anvers, Dieltjens, 1869; in-8°), écrite en collaboration avec H. Altenrath, et un ouvrage intitulé : *L'architecture en Belgique*, suite de vingt-cinq façades conçues dans le goût de l'architecture belge du XVIe siècle, destinées à des maisons et ateliers d'artistes, magasins d'antiquaires, boutiques, maisons pour particuliers, écoles, gares et villas. Liége, Ch. Claesen, 1878; in-folio, 25 planches.

Paul Saintenoy.

RYSSINGEN (*Jean* **VAN**) ou VAN RYSEN, canoniste du XVe siècle. Originaire du diocèse de Liége, Jean prit le grade de maître ès-arts à l'université de Cologne. Il se peut qu'il faille l'identifier avec Jean de Reysen, de l'ordre des Prémontrés, intitulé en 1391. En 1426, il devint bachelier en droit canon à l'université de Heidelberg. Immatriculé à Louvain en 1426, il est créé licencié *en décrets* en mai 1430, et docteur en octobre de la même année. C'était le premier docteur de la jeune université, aussi la ville lui octroya-t-elle un don spécial à l'occasion de sa promotion : *Ghegeven mester Janne van Ryssingen III in octobri doen hi doctor was ghemact inden ghesteliken rechte te*

Sinte Peters, dwelcke yerste doctor was, die te Loven ghemact was in de Universiteit van Loven, XX gelten ryns wyns, ghehaelt te Daneels Trappaerts; vor elc gelte XXIII plecken, valent II^cLX (lire *IV^cLX*) *plecken* (*Computus oppidi*, 1430-1431, fol. 25).

De retour à Heidelberg, il y professe le droit canonique de 1431 à 1440. Cette année, il devient professeur et recteur à Louvain, pour remonter après six semaines dans sa chaire de Heidelberg qu'il occupa jusqu'à son décès en 1450. En 1431, 1440 et 1447, il avait rempli les fonctions semestrielles du rectorat. En 1438, il est vice-chancelier général. Jean van Ryssingen était chanoine du Saint-Esprit, à Heidelberg, et de Saint-Germain, à Spire. D'après Jean Wolfgang Freymonius, dans son *Elenchus scriptorum juris utriusque*, il a écrit *Lectura in primum, secundum, tertium et quartum decretalium.*

Georges Monchamp.

Toepke, *Die Matrikel der Universität Heidelberg.* — Reusens, *Matricule de l'université de Louvain.* — Reusens, *Actes de l'université de Louvain.*

RYST (*Herman* **VANDER**), musicien, né à Diest dans le second quart du xvie siècle, mort à Hasselt, le 16 août 1619. Fils de Jean, bourgmestre de Diest, il appartenait à une famille établie dans cette ville depuis le début du xve siècle : dès 1426, un Jean vander Ryst est cité comme bienfaiteur de l'église Saint-Sulpice. C'est dans l'école de chant de cette église qu'il dut faire sa première éducation musicale, puis il se rendit en Allemagne et fut, au témoignage de Mantelius, attaché pendant douze ans à la chapelle musicale du duc de Bavière, à Munich. La chapelle était alors dirigée par Roland de Lassus; quand celui-ci faisait un de ses voyages en Italie, vander Ryst était chargé de le remplacer. Le 14 juin 1569, il reçut du duc Albert V une gratification de dix florins pour la dédicace d'une messe.

Revenu à Diest, il devint maître de chapelle de Saint-Sulpice, fonctions qu'il occupait encore en 1580. En 1577, il avait épousé Isabelle Vuskens, de Hasselt, dont les cousins, suivant un acte contemporain, habitaient Munich. Vers 1581-82, il alla se fixer dans la ville natale de sa femme où il acquit la franchise dans le métier des brasseurs. Tout en exerçant cette industrie, il continua à s'occuper de musique. Avant son arrivée, cet art n'avait guère été cultivé à Hasselt. Vander Ryst s'appliqua à développer l'éducation artistique de ses nouveaux concitoyens. Il fonda dans ce but, en 1585, une confrérie de musiciens sous l'invocation de sainte Cécile : *Collegium S. Ceciliæ*, dont le concours permit de rehausser l'éclat des offices solennels célébrés dans l'église paroissiale, dans la chapelle Notre-Dame ou dans l'église des PP. Augustins. Vers 1615, la confrérie commença à décliner, vraisemblablement à cause de l'âge avancé de son fondateur; elle fut restaurée par le curé Robert Prys. Le *Collegium* eut son siège d'abord dans la maison à l'enseigne du Fer à cheval (*de Hoefyzer*), puis dans un bâtiment appartenant à la ville et situé derrière l'église primaire. Il se maintint jusqu'à la fin du xviiie siècle; supprimé à l'époque de l'invasion française, il se reconstitua en 1822 et forma la Société royale de Sainte-Cécile encore existante. C'est la plus ancienne association d'amateurs musiciens actuellement connue.

De son mariage avec Isabelle Vuskens, Herman vander Ryst avait eu plusieurs enfants, parmi lesquels un fils, appelé Herman comme lui, qui devint prêtre et fut curé du Béguinage de Hasselt, de 1610 à 1625, date de sa mort. Une de ses filles, Marie, béguine de ce béguinage, morte en 1662, fit une donation testamentaire au collège de Sainte-Cécile à charge, pour les confrères, de chanter au service anniversaire de son frère, le curé Herman, dans l'église des PP. Augustins. Vers 1596-1597, le musicien contracta une deuxième union et, en 1607, une troisième; sa dernière femme, Lucie Gielkens, lui donna quatre enfants dont le dernier, Herman, né en 1617, fut bourgmestre de Hasselt en 1679 et mourut en 1680.

Paul Bergmans.

J. Mantelius, *Hasseletum* (Louvain, 1663), p. 166. — *L'ancien Pays de Looz*, année 1902, p. 15-16 (note de l'abbé P. Daniels); année 1909, p. 25-32 (généalogie de la famille Vuskens par A. Paquay). — Alf. Paquay, *Frans Tuttelmans* (Hasselt, 1907), p. 183. — P. Bergmans, *Le Collegium musicum fondé à Hasselt au* XVIe *siècle* (*Annales du congrès archéologique et historique*. Liége, 1909), et les sources y indiquées.

RYSTIUS (*Paul*), écrivain ecclésiastique, né à Anvers vers 1590, mort à Rotterdam le 28 juin 1636. Il entra, fort jeune, dans l'ordre de Saint-Dominique, au couvent de Saint-Paul, à Anvers. Après qu'il eût conquis le grade de lecteur en théologie, ses supérieurs, appréciant ses talents, lui confièrent une chaire de théologie et de langue hébraïque. Ils le destinèrent ensuite à la mission de Hollande. Il prêcha avec grand succès à Utrecht et ramena quantité de familles protestantes à l'Église catholique. Sa réputation grandissant de jour en jour lui attira la haine des hérétiques. Le 22 janvier 1624, tandis qu'il célébrait les saints mystères, il fut soudain arraché de l'autel par des sectaires calvinistes. Ils le traînèrent, lié et garotté, par les rues d'Utrecht, au milieu des cris et des insultes de la populace, et le jetèrent dans un cachot d'où il ne sortit qu'après qu'on eût payé une somme considérable pour sa rançon. Ces opprobres ne servirent qu'à encourager le père Rystius dans ses travaux apostoliques; il alla les continuer à Rotterdam et mourut en cette ville, à un âge peu avancé. Il a laissé :

Monomachia hominis et serpentis. Anvers, Guillaume de Tongres, 1619; in-12. Cet ouvrage roule sur l'inimitié que Dieu mit entre la femme et le serpent (*Genèse*, III); l'auteur traite cette matière en moraliste. Son style est simple. Il dédia ce traité au père Ignace de Brizuela, dominicain espagnol, confesseur de l'archiduc Albert. Il est à noter que, par suite d'une erreur typographique, l'ouvrage porte le millésime de 1519. A la suite de ce traité, l'éditeur a publié un discours du même auteur : *Oratio de Jesu parvulo*, sur le texte : *Quis det te fratrem meum suggentem ubera matris meæ*, etc. On conservait jadis, au couvent de Saint-Paul, à Anvers, un manuscrit de Rystius : *Arca Noë Septuplex*, aussi estimé des hébraïsants que des prédicateurs.

P. Vincent-M. van Caloen.

Quétif et Echard, *Scriptorum ord. præd.*, t. II, p. 479, b. — De Jonghe, *Belgium Dominicanum*, p. 227-228. — Valère André, *Bibl. belg.*, 1623, p. 717-718. — Paquot, *Mémoires*, t. I, p. 47-48.

RYSWYCK (*Jean* **VAN**), littérateur flamand, né à Anvers, le 14 décembre 1818, mort le 5 juillet 1869. Son père était Corneille, tisserand et employé au bureau de bienfaisance, plus tard directeur de l'orphelinat d'Anvers. Dans ses moments perdus, Corneille van Ryswyck s'amusait à rimailler et à dessiner et inculqua à ses enfants le goût des lettres et des arts. Jean eut pour frère jumeau Michel, qui mourut jeune, les autres frères sont : Théodore, le poète flamand populaire bien connu, et Lambert, orfèvre. Il fut le père de Jean van Ryswyck, l'éminent bourgmestre d'Anvers. Il commença sa carrière comme instituteur d'une école primaire d'abord, de l'école moyenne ensuite. En 1848, il publia un journal satirique, *De Filter*. Le numéro du 24 juin contient une pièce fort irrespectueuse pour le roi, à la suite de laquelle l'instituteur fut démissionné. A partir de ce moment, il s'appliqua exclusivement à la littérature; pour gagner sa vie, il commença à faire des vers de circonstance; mais il ne publia ses poésies qu'à partir de 1849. Le 10 mai de cette année, son frère Théodore fut enterré et, sur le bord de la fosse, le poète Prudens van Duyse cueillit une feuille d'une couronne de laurier déposée sur le cercueil et la remit à Jean, disant qu'on attendait de lui qu'il remplaçât son frère défunt comme poète populaire. Jean accepta la mission et, à partir de ce moment, les brochures et les volumes de vers se succédèrent à des intervalles plus ou moins longs.

En 1849 : *Eene Wandeling in de Expositie*; *Lijkrede op Koning Willem II*;

Lijkrede op Eduard Joseph Geelhand. En 1850 : *Opwekking tot Liefdadigheid, de Antwerpsche Longchamps; Van Dyck in verlof.* En 1851 : *Volkslust of Hekel en Luim.* En 1853 : *het Woord Gods, eene Hemelhistorie, in tien zangen of dichterlijke bespiegelingen op de tafels Moses; Mengelpoezij.* En 1857 : *Tollens, trilogie uit het zuiden.* En 1861 : *Politieke Zweepslagen.* Dans la plupart de ces œuvres et dans celles qu'il ne réunit pas en volume, Jean van Ryswyck se montra ce qu'avait été son frère, un poète populaire; les événements, petits ou grands, qui faisaient sensation à Anvers lui fournirent matière à versifier; il plaça d'habitude les produits de sa muse dans l'un ou l'autre journal ou les publia en feuilles volantes. Aux approches du jour de l'An, il passait en revue les faits et les hommes mémorables de l'année dans des pièces en vers qu'il publia, de 1849 à 1857, dans *Het Handelsblad* et, plus tard, dans *De Grondwet*, lorsque lui-même éditait ce journal. Son ton était léger, joyeux, satirique de préférence, enthousiaste et ému à l'occasion. La seule de ses œuvres de longue haleine, *Het Woord Gods*, méditations poétiques sur les dix commandements de Dieu, est écrite dans le style classique que le père du poète, grand admirateur de Cats, de Vondel, de Helmers, lui avait appris à tenir en honneur. Ses poésies légères se distinguent de celles des chantres populaires ordinaires par un esprit plus vif, une invention plus riche et une langue plus châtiée.

Il avait débuté comme poète par *De Filter* qui ne lui avait pas porté bonheur; comme journaliste, il avait déjà collaboré, en 1847, à un autre journal satirique, *De Schrobber*, feuille libérale fondée pour combattre *De Roskam*, organe catholique. Il se mêla donc de bonne heure de politique et y persévéra jusqu'à la fin de sa vie. Ce fut d'abord comme partisan du mouvement flamand qu'il se fit connaître. En 1856, il était secrétaire du *Nederlandsch Kunstverbond;* ce fut en cette qualité qu'au mois d'août de cette année, à l'occasion du 25e anniversaire du règne de Léopold Ier, il rédigea la requête la plus radicale qui fût jamais publiée en faveur des droits de sa langue maternelle, requête que, l'année suivante, il alla présenter, avec deux de ses amis politiques, au duc de Brabant lors d'une visite de l'héritier présomptif du trône à Anvers. Cette démarche eut pour suite la nomination de la Commission ministérielle chargée d'examiner les griefs des Flamands et la publication du mémorable rapport de cette Commission.

Au mois d'août 1857, Jean van Ryswyck fit paraître le prospectus d'un journal et, le 5 septembre suivant, parut le premier numéro de *De Grondwet.* Aidé par quelques amis libéraux, il avait fondé cette feuille pour défendre ses opinions d'un libéralisme modéré et d'un flamingantisme radical. Ce qui la distinguait et en faisait le succès, c'était le talent du rédacteur en chef. Il possédait, comme prosateur, le style alerte et coloré du versificateur, l'humeur populaire qui avait fait le succès de ses poésies joyeuses. Dans sa fantaisie narquoise, sa langue était aussi irréprochable que riche et fortement colorée. Des faits divers les plus banaux il faisait de petits joyaux par la manière spirituellement amusante dont il les racontait.

Au moment où parurent les premiers numéros de la *Grondwet*, un mouvement exceptionnellement grave se préparait à Anvers à propos des nouvelles fortifications. L'enceinte de la vieille ville était devenue trop étroite et on étudiait le remplacement des fortifications du XVIe siècle par de nouveaux remparts beaucoup plus étendus. Grande était la divergence de vues. Le gouvernement proposait d'agrandir la ville au nord seulement; un autre plan voulait l'agrandissement général. Chacun de ces projets avait ses partisans; Jean van Ryswyck combattait l'un aussi bien que l'autre. Avant même de faire paraître son journal, il avait défendu l'idée de débarrasser la métropole de toute espèce de fortifications. Quand la *Grondwet* parut, elle se fit l'adversaire acharnée de toutes les charges et servitudes militaires. Le projet ministériel fut rejeté par la Chambre des représentants au mois d'août 1858; une année plus tard, au mois d'août 1859, le gouvernement présenta à la Chambre un projet nouveau demandant l'agrandissement général de la ville, projet qui fut voté le 8 septembre suivant et à l'exécution duquel on mit la main immédiatement. Ce vote donna satisfaction à la population anversoise et l'effervescence s'apaisa; ce calme dura environ deux années. L'agitation recommença à propos de l'expropriation des terrains nécessaires pour les fortifications nouvelles et de la défense de bâtir dans les zones militaires. En 1860, le conseil provincial réclama une indemnité raisonnable pour les expropriés; le 22 octobre de cette année, Jean van Ryswyck fit paraître, dans la *Grondwet*, un article appuyant vigoureusement cette demande. Six jours plus tard, il commença la propagande en faveur des indemnités dans une réunion d'intéressés à Mortsel, près d'Anvers. Le 2 novembre, le premier meeting de protestation contre le projet du gouvernement et les servitudes militaires eut lieu à Anvers. Van Ryswyck y prit encore la parole et, dans tous les meetings qui suivirent jusqu'au milieu de l'année 1864, il fut l'orateur qui dominait. Il se révéla un vrai tribun du peuple, entraînant les masses par son éloquence chaude et colorée, par une fougue débordante, défendant les mesures radicales, cinglant les hommes au pouvoir, défendant la démocratie et ses intérêts. Il devint, en peu de temps, l'homme le plus populaire et le plus influent de la ville. Dans cette longue lutte, il vit triompher en partie une de ses idées favorites, le rétablissement du flamand à Anvers dans ses droits de langue nationale; cette langue fut le levier dont il se servit pour soulever ses concitoyens; elle devint avec lui, et en grande partie par lui, la langue non seulement du meeting, mais en général de la vie politique à Anvers. Ce mouvement contre les servitudes militaires eut pour suite la création du parti du meeting, se substituant aux deux partis anciens, menant une lutte sans pitié contre le gouvernement et spécialement contre le ministère de la guerre et ses projets. Ce parti manifesta à un moment donné son opposition outrancière en faisant donner leur démission par les mandataires anversois à la Chambre et au Sénat et en refusant d'élire leurs remplaçants. Cette coalition ne dura pas; une partie des libéraux se sépara; mais le parti du meeting conserva la grande majorité et conquit successivement tous les mandats au conseil communal, à la Chambre et au Sénat. Van Ryswyck fut élu membre du conseil communal. Le meeting contribua pour une large part à l'affaiblissement du parti libéral au parlement. Une dissolution des Chambres fut reconnue nécessaire; une nouvelle election eut lieu, le 11 août 1864, et eut pour suite de reconstituer considérablement la force des libéraux. Dans cette lutte pour le pouvoir, les meetinguistes s'étaient rangés du côté des conservateurs qui leur avaient promis des concessions importantes; la dislocation de l'ancienne coalition se poursuivit et Jean van Ryswyck, qui n'avait pas confiance dans les promesses des conservateurs, se sépara des meetinguistes et se rangea du côté des libéraux. Dans la *Grondwet*, il attaqua avec sa vivacité habituelle les meetinguistes et se fit condamner au mois d'août 1866 comme calomniateur de ses collègues du conseil communal. Il avait également attaqué un représentant meetinguiste, Jean Delaet, et lui avait reproché d'avoir reçu 100,000 francs de la société financière qui avait repris de la ville les terrains provenant de la démolition des fortifications. L'homme politique attaqué cita van Ryswyck en justice et le fit condamner, le 17 novembre 1866, à 5,000 francs de dommages-intérêts. La cour d'appel confirma cette sentence le 28 mai 1867. Jean van Ryswyck ne paya point et Delaet le fit incarcérer, le 23 août 1867. Les amis du condamné réunirent l'argent nécessaire et, le 19 septembre, il fut libéré. Le 4 février 1865, la *Grondwet* cessa de paraître et, à partir de ce jour, van Ryswyck écrivit des articles politiques dans une autre feuille libérale d'Anvers, *De Koophandel*. A la fin de sa vie, une éclaircie se produisit dans cette période tragique de son existence. Au mois de mai 1868, un journal financier de Bruxelles, *La Finance*, publia un article affirmant que, bien réellement, Delaet figurait sur les registres de la société Ibry, pour une somme de 100,000 francs, en reconnaissance des services rendus par lui dans l'affaire de la reprise des terrains. Un journal anversois, *L'Opinion*, répéta cette révélation et défia Delaet de le citer en justice. Delaet intenta un procès en calomnie et le perdit; il fut prouvé que, effectivement, les 100.000 francs lui avaient été attribués, que connaissance lui avait été donnée de ce fait, mais qu'il ne s'était jamais présenté pour toucher la somme. Par ce jugement, Jean van Ryswyck fut rétabli en son honneur. Mais ses forces étaient brisées et cinq semaines après l'acquittement de *L'Opinion*, le 5 juillet 1869, il mourut. La sentence qui avait été prononcée contre lui fut cassée le 7 mars 1870 et, le 20 avril suivant, Jean Delaet fut condamné à payer 5,000 francs de dommages-intérêts aux orphelins du poète. Ses amis érigèrent un monument funéraire sur son tombeau au Stuivenberg; en 1895, quand ses restes furent transférés au cimetière du Kiel, ce monument fut renouvelé. Les œuvres poétiques complètes de J. van Ryswyck furent publiées en 1871; une nouvelle édition soignée par son fils et par l'auteur de la présente notice parut en 1885-1890 et comprend, outre ses poésies, un choix de ses articles de journaux et de ses discours.

Max Rooses.

Jan van Ryswyck volledige dichtwerken, uitgegeven door Eug. Vander Linden, met eene *Levensschets* (Anvers, J.-E. Buschmann, 1871). — *Jan van Ryswyck's dicht en prozawerken*, uitgegeven door Jan van Ryswyck Jansz., met eene *Levensschets*, door Max Rooses.

RYSWYCK (*Jean-Théodore* **VAN**), (connu généralement sous le nom de *Théodore*), poète flamand, né à Anvers le 8 juillet 1811, mort dans cette ville le 7 mai 1849. Fils de Corneille, frère de Jean et de Lambert, il entra d'abord dans un atelier de sculpture, puis chez un peintre décorateur, mais ne fit pas plus de progrès dans l'un que dans l'autre de ces arts. Plus tard, il occupa pendant un temps restreint une place de professeur dans une école particulière, et enfin il obtint un emploi de commis au bureau de bienfaisance. Quand la révolution de 1830 éclata, il se fit enrôler, le 16 février 1831, comme volontaire dans le régiment des tirailleurs de l'Escaut; il servit jusqu'au 16 avril 1835. Rentré à Anvers, il y trouva un emploi fort modeste au Mont-de-Piété qu'il conserva, avec de légères augmentations de son minime traitement, jusqu'au moment de sa mort prématurée. Sa fin fut triste. A l'âge de trente-sept ans, il fut atteint dans ses facultés mentales; le 28 novembre 1848, il fut conduit dans une maison de santé à Lierre; au mois de mai 1849, il fut transféré dans l'hospice des aliénés d'Anvers où il mourut le 7 mai 1849.

Avant de quitter l'armée, Théodore s'était déjà essayé à rimer quelques vers; par son propre exemple et par les poètes anciens qu'il faisait lire à ses enfants, son père avait de bonne heure encouragé ce goût inné de la poésie et Théodore prit part, en 1834, au concours organisé par l'Etat pour célébrer en vers le *Triomphe de l'Indépendance nationale*. Rentré à Anvers, il y rencontra plusieurs aspirants littérateurs, Conscience, Delaet, van Kerckhove, d'autres encore. Ce petit groupe s'entendit avec des amis des belles-lettres de Gand et d'ailleurs et, ensemble, ils fondèrent le mouvement flamand et lui donnèrent, en même temps que ses premiers défenseurs, ses plus anciens et plusieurs de ses meilleurs littérateurs. Théodore van Ryswyck se distingua parmi eux et se fit favorablement connaître comme poète populaire. Avec une facilité extraordinaire les vers coulaient de sa plume; il avait de l'entrain, de la verve caustique, le rire gros et débordant. Il aimait sa langue et connaissait ses ressources surtout dans le genre comique. Ce sont ses chansons gaies ou satiriques et ses récits joyeux qui ont formé sa réputation; ses histoires romantiques, ses poésies religieuses, d'un ton trop guindé et déclamatoire, sont bien inférieures et sans valeur réelle. Il publia, en 1837, *Eigenaardige verhalen*; en 1840, *Eppeinstein eene berijmde legende*; en 1841, *Antigonus of de Volksklagten*; en 1842, *Poëtische Luimen*; en 1842 et 1843, *Dichterlijke bespiegeling op het Onze Vader*; en 1842, *Rubens en Van Dyck of de reis naar Italie, eene Brabantsche Volksvertelling*; en 1843, *Bediedenis van den Antwerpschen Ommegang, aen hare Britsche Majesteit Koningin Victoria*; la même année, *Zamenspraek tusschen Rubens en eenen burger dezer stad ter gelegenheid der verplaetsing van het standbeeld op de Groenplaets*; en 1843 encore, *Balladen* et *Ode bij het openen der yzeren spoorbaen tusschen Antwerpen en Keulen den 13n October 1843 gevierd*; en 1844, *Tafereelen der Zeven Hoofdzonden*; la même année, *Politieke refereinen*; *Godgewijde gezangen*; en 1845, *Karel de Stoute, Jacob van Artevelde, twee onbekroonde dichtstukken uit de prijskampen van Antwerpen en Gent*; en 1846, *Volksliedjes*. Il fit paraître encore, sans date, mais probablement en 1840, *Het Tooneel-gezelschap of de Gefopte Graaf, blijspel in twee bedrijven eene vrije navolging*, et de nombreuses pièces, formant plus du quart de ses vers, qui n'ont pas été insérées dans ses recueils. Ses œuvres complètes furent publiées quatre fois, en 1849, en 1865, en 1877 et en 1884.

Sa statue, exécutée par le sculpteur Léonard de Cuyper et offerte par lui à la ville, fut inaugurée le 27 août 1864 à la place du Poids-de-Fer à Anvers.

Deux des fils de Théodore van Ryswyck, Edouard (13 janvier 1840-23 janvier 1892) et Willem (juin 1845-30 septembre 1892), composèrent quelques poésies, pour la plupart des pièces de circonstance. Le premier publia des vers dans plusieurs recueils ainsi que *Nieuwjaarblaadjes Almanach* pour 1859 et 1860; les vers du second furent réunis dans un recueil édité par un de ses fils sous le titre de *Nagelaten Gedichten van Willem van Rijswijck* (Anvers, H. et L. Kennes, 1892).

Max Rooses.

Volledige werken van Theodoor van Ryswyck, uitgegeven met eene *Levenschets*, door Eug. Vander Linden (1865). — *Volledige werken van Theodoor van Ryswyck*, met eene *Levenschets*, door J. Staes (Anvers, Lodewyk Janssens, 1884).

RYSWYCK (*Lambert* **VAN**), littérateur flamand, né à Anvers le 30 mai 1822, mort dans cette ville le 24 juillet 1894. Fils de Corneille van Ryswyck, il fut le frère de Jean et de Théodore, les littérateurs. Il ouvrit un atelier et un magasin d'orfèvrerie et produisit des œuvres de mérite réel en argent et en cuivre. Il joua un rôle important dans la politique de sa ville natale où longtemps il fut un des chefs du parti conservateur. Il se fit connaître également comme littérateur et publia des vers dans différentes revues et recueils. Il fit paraître, dans les publications du Davidsfonds, quatre pièces de théâtre destinées aux cercles dramatiques de cette société : *Looyke de schaliedekker*, *Gilbert van Schoonbeke*, *Kommandant Rollier* et *Antwerpen belegerd*.

Comme orfèvre il produisit de nombreux et remarquables ornements et meubles d'églises : trois autels pour l'église Saint-Joseph, à Anvers, en style roman; un autel gothique pour l'église Saint-Rombaut, à Malines; un autre pour la chapelle des sœurs carmélites à Bois-le-Duc, un autre encore pour l'église catholique de Harlem, tous en cuivre; un ostensoir monumental en argent pour la cathédrale d'Anvers, la balustrade du chœur en cuivre de la même église; le tabernacle en cuivre ciselé et doré, ainsi que le banc de communion en bois de chêne avec panneaux ciselés en cuivre, la clôture du chœur et les candélabres pour la chapelle du Saint-Sacrement dans l'église Saint-Jean, à Bois-le-Duc. Il fournit, pour les monuments civils, le coq de la tour de la cathédrale et les aigles en cuivre de la façade de l'hôtel de ville à Anvers et le dragon du beffroi de Tournai. Comme remarquables pièces d'argenterie, il exécuta la coupe et l'écusson offerts à Henri Conscience à deux époques différentes de sa vie, et la symbolique « Maison d'Anvers » offerte au ministre Victor Jacobs.

Max Rooses.

Lambert van Ryswyck dans *Jaarboek van het Davidsfonds voor* 1898.

RYTHOVIUS (*Martin*), théologien, Ier évêque d'Ypres, né en 1511, à Rythoven (d'où son nom de Rythovius), village du Brabant septentrional, décédé à Saint-Omer, le 9 octobre 1583. Il était l'aîné des neuf enfants de Baudouin Bauwens et de Lutgarde ... Ses parents, quoique de condition très modeste, l'envoyèrent à l'université de Louvain. Inscrit en 1531 parmi les étudiants de la pédagogie du Faucon, Martin conquit, en 1533, la seconde place sur 107 concurrents au concours de la faculté des arts. De 1535 à 1545, il enseigna la philosophie dans la même pédagogie où il avait brillé comme élève. Le 5 janvier 1537 il fut admis au conseil de la faculté des arts. En 1543 et 1544, on le trouve parmi les *tentatores licentiandorum;* en 1545, parmi les *examinatores.* Il se livra ensuite à l'étude de la théologie et, en 1550, subit sa licence avec éclat. Aussi, lorsque le cardinal Othon Truchsess, évêque d'Augsbourg, s'adressa à l'université de Louvain aux fins d'obtenir des professeurs pour le collège de Saint-Jérôme, qu'il avait érigé à Dilingen en 1549, le vice-chancelier, Ruard Tapper, lui envoya-t-il notamment Corneille Herlenius et Rythovius, qui occupa une des deux chaires de théologie.

Lorsqu'au printemps de 1552 éclata la guerre entre Maurice de Saxe et l'empereur Charles-Quint, les professeurs venus de Louvain demandèrent à l'évêque de pouvoir rentrer dans leur patrie; mais les dangers qu'offrait le pays rhénan les retinrent quelque temps. Après s'être réfugiés avec leurs collègues à Landshut, puis à Frisach, en Carinthie, ils retournèrent à Dilingen et se dirigèrent ensuite sur Louvain. Ils avaient promis de revenir lorsqu'on les rappellerait. Le cardinal, rentré de Rome avec la bulle d'érection de l'université de Dilingen, vers la Pentecôte de 1553, dépêcha son secrétaire à Bruxelles à l'effet d'obtenir de l'empereur la confirmation des privilèges universitaires accordés par Jules III. Le secrétaire était chargé en même temps d'inviter Herlenius et Rythovius à reprendre le chemin de Dilingen. L' « étroite faculté » de Louvain ne permit point à Rythovius de s'absenter. Seul, le recteur Herlenius put partir. Pendant les vacances de 1554, l'évêque d'Augsbourg fit une nouvelle démarche et chargea le P. Alphonse de recruter des professeurs à Louvain. Il réussit en partie, mais Rythovius, malgré les pressantes prières du cardinal adressées à Viglius et à la faculté de théologie, ne put obtenir la permission d'aller reprendre ses cours à l'université allemande. La faculté fit comprendre à l'évêque d'Augsbourg que les intérêts de Louvain devaient l'emporter sur ceux de Dilingen. D'ailleurs, disait-elle, Lindanus, que nous venons de vous envoyer, ne vous donnera pas moins de satisfaction que son prédécesseur.

Tout en poursuivant ses études supérieures, Rythovius enseignait les sciences sacrées à l'abbaye de Parc lez-Louvain, avec Jean Hessels. Le *tractatus de controversiis fidei*, que Rythovius dicta aux religieux ses élèves, ne fut malheureusement jamais imprimé. Les deux professeurs prirent le bonnet doctoral le même jour, le 19 mai 1556. Au mois d'août de la même année, Rythovius fut nommé président du collège du Saint-Esprit ou des théologiens, devint professeur de la faculté de théologie et résigna le canonicat qu'il occupait à Saint-Jacques pour prendre possession d'une prébende de Saint-Pierre.

En 1557, Ferdinand Ier, roi des Romains, provoqua le *colloque de Worms* afin d'essayer à nouveau un rapprochement entre les religionnaires et les catholiques. Rythovius eut l'honneur d'y être député avec Sonnius, Josse Ravesteyn, Barthélemi Latomus, Jean Delfius et le P. Pierre Canisius. Ouvert le 11 septembre, le colloque fut suspendu provisoirement en octobre, par suite des dissensions qui éclatèrent entre les confessionnistes, et définitivement en novembre, sans qu'on fût arrivé au moindre résultat. Mélanchton, avant de quitter Worms, ne put s'empêcher d'admirer la solidité de doctrine des théologiens venus de Belgique, en particulier de Martin Rythovius.

Rentré à Louvain dans les premiers jours de décembre 1557, Rythovius reprit la direction du collège du Saint-Esprit. Le 7 mars 1559, il en laissa la présidence à Jean Hessels et succéda, le 22 septembre, à Michel Drieux comme doyen de Saint-Pierre et vice-chancelier de l'université. En février 1558, il avait été élu recteur semestriel. Tous les auteurs qui affirment que Rythovius devint chancelier sont dans l'erreur. Cette dignité était annexée à la prévôté de Saint-Pierre; mais, comme le prévôt était toujours absent, c'était le doyen qui conférait les grades académiques. Iweins se trompe encore davantage en disant que « Rythovius « était encore couvert de la pourpre « rectorale quand il fut nommé évêque « d'Ypres ». Pendant son professorat, il interpréta deux fois, avec le plus grand succès, les quatre livres des sentences de Pierre Lombard. Il est regrettable que ses *Commentarii in libros IV sententiarum* soient perdus.

Lors de l'établissement de la nouvelle hiérarchie épiscopale dans les Pays-Bas, Viglius avait proposé au roi Rythovius pour le siège d'Anvers et Philippe de Nigri pour celui d'Ypres (août 1559). Mais Philippe II nomma le vice-chancelier de Louvain à l'évêché d'Ypres et le chancelier de la Toison d'or à celui d'Anvers. Rythovius, que ses goûts portaient à des travaux plus paisibles et qui même avait sérieusement songé à embrasser la vie solitaire des chartreux, n'accepta sa nomination qu'avec regret. Le pape Pie IV signa les lettres de confirmation le 10 mars 1561. Comme le quartier d'Ypres et la Flandre maritime étaient habités non seulement par des luthériens et des calvinistes, mais aussi par des anabaptistes, le gouvernement hâta l'institution de l'évêque préconisé. Celui-ci prit possession, le 18 octobre 1561, par son procureur Jean Gerardi, *sigillifer* de la cour spirituelle que l'ancien évêque de Thérouanne avait à Ypres. Le 2 novembre suivant, Rythovius reçut, avec Pépin Rosa, l'onction sainte à Bruxelles dans la collégiale de Sainte-Gudule. Granvelle, prélat consécrateur, était assisté de François Richardot, évêque d'Arras, et de François Sonnius, évêque nommé de Bois-le-Duc. Sacré le premier parmi les nouveaux évêques, Rythovius fut aussi intronisé le premier. En effet, il fixa son entrée solennelle dans la ville d'Ypres au 11 novembre, fête de saint Martin, son patron et patron de sa cathédrale.

On s'est étrangement trompé sur la date du sacre et de l'intronisation du premier évêque d'Ypres. Jusqu'en 1882, tous les auteurs qui en parlent, sauf un seul, les fixent au mois de novembre 1562; et cependant, depuis la publication de l'*Historia Episcopatus Iprensis* de Gérard de Meester, en 1851, le doute n'était plus possible.

L'inauguration de Rythovius fut plus brillante et plus joyeuse que celle des autres prélats de la nouvelle hiérarchie. Cette différence s'explique par le fait que les Yprois avaient, depuis 1551, sollicité à maintes reprises le transfert du siège épiscopal de Thérouanne en leur ville. Le 10 novembre, une députation du clergé et un groupe de cavaliers allèrent à la rencontre de l'évêque jusqu'à Harelbeke et le conduisirent à l'abbaye de Voormezeele. Le lendemain le même cortège escorta sa voiture jusqu'à l'hospice de Nazareth où le prélat revêtit le rochet et l'étole. De nombreux abbés, le clergé séculier et régulier et le magistrat vinrent lui souhaiter la bienvenue. Sur le parcours de la procession, que l'évêque suivit à pied, les cinq sociétés de rhétorique donnèrent des représentations dramatiques sur cinq points différents de la ville. A la cathédrale, l'ancien prévôt de Saint-Martin, Jean Snick, remit la crosse entre les mains du nouveau pasteur en signe de soumission et, après le chant du *Te Deum*, célébra une messe solennelle. Le magistrat avait offert au prélat un tonnelet de vin coûtant 144 livres.

Rythovius en accepta la valeur en argent qu'il distribua incontinent aux ordres mendiants, aux tables des pauvres et aux hospices.

Un champ immense s'ouvrait au zèle de Rythovius. Tout était à organiser, tant au spirituel qu'au temporel, dans un diocèse étendu et de création nouvelle, où les doctrines protestantes avaient pénétré. Rythovius consacra ses premiers soins à la constitution de sa cour spirituelle, à la division de son diocèse, à la visite générale des paroisses et à l'organisation de son chapitre. Il trouva les éléments de la cour spirituelle dans le personnel de l'ancienne cour de Thérouanne résidant à Ypres. Il maintint la division du diocèse mentionnée dans la bulle d'érection comprenant l'archiprêtré d'Ypres et les doyennés de Bergues-Saint-Winoc, Cassel, Furnes, Bailleul, Warneton, Poperinghe, Dixmude et Nieuport. Dès le début, le pasteur voulut connaître son troupeau. A cette fin il parcourt son diocèse, prêchant, confirmant, opérant des conversions. Il semble qu'il commença sa tournée par les endroits les plus menacés. Le 7 avril 1562, les conseillers de Flandre Balde, Rym et de Brune, envoyés à Hondschoote pour y informer sur les faits d'hérésie, écrivent au conseil de Flandre : « Pour « nouvelles, Monseigneur l'évesque « d'Ipre est icy arrivé, et a faict hier « prédication fort pieuse et bien instrue- « tive contre les hérétiques, en assem- « blée d'une très-grande multitude de « peuple et avec audience très-attente, « et si a audict jour hier baillé en « personne le saint sacrement de con- « firmation, le continuant aussy ce « jourd'huy ». Tant que Rythovius put administrer librement son diocèse, il remplit par lui-même le devoir de la prédication et déploya un zèle extrême pour la conversion des hérétiques. Le seul registre aux actes du premier évêque d'Ypres qui existe encore est rempli de documents relatifs à l'abjuration et à la réconciliation des repentants.

L'organisation du chapitre ne fut pas aussi facile ni aussi rapide qu'on l'a affirmé. En effet, aux termes de la bulle d'érection, le futur chapitre d'Ypres devait se composer de trente-deux canonicats et d'autant de prébendes dont dix provenant de l'ancien chapitre de Thérouanne, douze des biens de la prévôté supprimée de Saint-Martin à Ypres et dix de la prévôté de Sainte-Walburge à Furnes. C'est ce qu'on appelle le membre de Thérouanne ou Morin, le membre de Saint-Martin ou d'Ypres et le membre de Furnes. Les dix prébendes de Thérouanne étaient réservées, la première à l'évêque et les neuf autres à des chanoines gradués en théologie ou en droit canon. Mais le transfert de ces prébendes et de celles de Furnes ne devait sortir son effet qu'au fur et à mesure de leur vacance; de même la création des prébendes de Saint-Martin ne recevrait son exécution qu'après la mort des religieux ou lorsqu'on les aurait pourvus d'ailleurs. Aussi la première collation pour le membre morin n'eut lieu que le 22 décembre 1565, pour le membre martinien, le 4 janvier 1578, et pour le membre de Furnes, le 19 janvier 1569. Les seuls dignitaires qui furent installés avant cette date étaient le doyen, Jean Snick, ancien prévôt de Saint-Martin, auquel la bulle d'érection, en dédommagement de la suppression de la prévôté, attribue la dignité décanale, et l'archidiacre, Bucho d'Aytta, titulaire de l'archidiaconat de Flandre, de l'ancien chapitre de la Morinie, que la même bulle transfère simplement à la cathédrale d'Ypres. Quant aux dignites d'archiprêtre, de pénitencier, de chantre, d'écolâtre et de trésorier, nouvellement créées à Ypres, celle d'archiprêtre seule n'existait pas à Thérouanne et pouvait être conférée par l'évêque sans attendre de vacance. Rythovius la conféra, le 23 avril 1563, à Nicaise Grisel, ancien official de la Morinie résidant à Ypres dont il avait pu apprécier les qualités. Les titulaires morins des quatre autres dignités vivaient encore; il fallait attendre l'extinction de ces dignités avant de procéder à la collocation de nouvelles. La célébration des offices du chœur était impossible avec un chapitre composé de deux dignitaires dont l'un, Bucho d'Aytta, était aux études à Louvain. Cependant il y fut pourvu. Les chanoines de Thérouanne, après la destruction de cette ville (20 avril 1553), se trouvaient dispersés en trois groupes : les Français s'étaient retirés à Boulogne; les sujets du roi d'Espagne à Saint-Omer, sauf ceux qui faisaient partie de la cour spirituelle établie à Ypres. Ces derniers n'avaient cessé d'engager leurs confrères de Saint-Omer à venir les rejoindre. Leurs instances redoublèrent le jour où ils eurent leur évêque. Celui-ci invita aussi très affectueusement les Morins de Saint-Omer et, le 11 octobre 1562, convint avec eux qu'ils viendraient s'installer dans sa cathédrale le 18 avril de l'année suivante, dimanche de *Quasimodo*, et qu'ils observeraient les rites et les usages de l'ancienne et toujours regrettée église de la Morinie. Philippe Nigri était également grand partisan du transfert, mais il mourut le 4 janvier 1563, et les chanoines, si fermement décidés à se rendre à l'invitation de l'évêque d'Ypres, changèrent d'avis et, de concert avec les chanoines Audomarois de Notre-Dame, sollicitèrent en cour la fusion de la fraction de Thérouanne avec le nouveau chapitre cathédral de Saint-Omer. Rythovius intervint auprès de la Gouvernante. Par lettre du 6 avril, Marguerite informait les chanoines que leur requête n'avait pu être accueillie; qu'à raison du départ imminent de Rythovius pour le concile de Trente, les chanoines de Thérouanne devaient se hâter de se rendre à Ypres, emportant avec eux tout leur mobilier, reliques, ornements, livres de chœur, etc., à l'exception du chef de saint Maxime. Dans l'intervalle, le roi et le pape leur avaient intimé l'ordre de s'établir à Ypres. Le 12 avril, les chanoines firent solennellement acte de soumission à Sa Sainteté et à Sa Majesté. Mais, au lieu d'arriver à Ypres le 18, comme il était convenu, ils n'y arrivèrent que le 22. Le lendemain, à la grande joie de l'évêque, du magistrat et de la population d'Ypres, les anciens chanoines de Thérouanne se rendirent processionnellement de l'église de Saint-Nicolas à la cathédrale, portant sur leurs épaules les reliques de saint Maxime et de saint Humfroid.

Contrairement à l'affirmation de Sanderus, Philippe de Marnix ne résida jamais à Ypres comme chanoine de l'ancien chapitre de Thérouanne. Lorsque celui-ci s'établit à Saint-Martin, Marnix avait déjà, depuis plusieurs années, abandonné son canonicat pour se rendre à Genève. Les chanoines réguliers de Saint-Martin, sécularisés par l'érection du diocèse d'Ypres, ne furent jamais titulaires des prébendes martiniennes. Rythovius leur laissa toutefois les cures des quatre paroisses urbaines et des deux paroisses suburbaines d'Ypres, qu'ils étaient obligés de desservir en vertu de l'acte de fondation de la prévôté par Jean le Pieux, évêque de Thérouanne; mais, par décret du 21 août 1575, il décida que les six cures seraient annexées aux six premières prébendes à créer des biens de l'ancienne prévôté, après la mort des religieux.

Par lettre du 3 mars 1563, la Gouvernante avait invité Rythovius à se rendre sans délai au concile de Trente, auquel étaient également députés François Richardot, évêque d'Arras, Antoine Havet, évêque de Namùr, Michel Baïus, Jean Hessels et Corneille Jansenius, docteurs de Louvain. Rythovius partit le 26 avril, accompagné de Charles Liebaert, curé de Langemark et doyen du district de Warneton, et arriva à Trente avec ses collègues le 21 juin. Le 22 août, les Pères du concile écrivirent à Marguerite de Parme que l'arrivée des trois évêques et des trois docteurs leur avait causé beaucoup de contentement et que leur joie était d'autant plus vive que la profonde érudition et la piété bien connue des envoyés faisaient espérer beaucoup pour la cause de la religion et de l'Église. Les députés belges n'assistèrent qu'aux trois dernières sessions, la 23e, qui traite du sacrement de l'ordre et de l'érection des séminaires, la 24e, qui traite du mariage, et la 25e, qui traite du purgatoire, du culte des saints et des indulgences. Rythovius communiqua aux pères du concile les notes sur l'éducation du clergé que lui avait envoyées son ami et ancien collègue Jean Vendeville. Serait-il téméraire de croire que le célèbre décret de la 23e session sur les séminaires renferme quelques-unes des données fournies par Vendeville? Les évêques et les théologiens belges contribuèrent beaucoup, avec les prélats anglais, à faire prendre aux pères du concile la résolution de porter un décret contre la reine Elisabeth et de déclarer que les évêques élus par cette princesse n'étaient pas légitimes. Sur les représentations des ambassadeurs de l'empereur, le décret ne fut pas porté. Les évêques d'Ypres, de Namur et d'Arras firent partie de la commission instituée par les présidents du concile pour l'examen de la cause de Jean Grimani, patriarche d'Aquilée, accusé d'hérésie. Les commissaires furent d'avis que les écrits du patriarche ne méritaient pas de censure. On trouve dans Pallavicini (*Vera historia Conc. Trid.*, l. 22, c. 4), l'analyse de l'opinion émise par Rythovius sur les mariages clandestins et les mariages contractés par les fils de famille sans le consentement de leurs parents. En préparation de la dernière session, les légats choisirent pour chaque question cinq évêques et cinq théologiens chargés d'en dresser les décrets. Au nombre des commissaires désignés pour la question du purgatoire se trouvaient Rythovius et Baius. Le concile avait à cœur, dans l'intérêt de la discipline, de restreindre en général les privilèges. On craignait pour les privilèges concédés par les papes à l'université de Louvain concernant le droit de nomination aux bénéfices ecclésiastiques. Les lettres de Rythovius au recteur de Louvain prouvent qu'il défendit la cause de l'*Alma Mater*. De fait, le concile eut égard aux réclamations car, en déclarant nuls et abrogés les privilèges de nommer ou de présenter à certains bénéfices ecclésiastiques, il établit une exception en faveur des universités.

Après avoir signé les décrets du concile, Rythovius et ses collègues quittèrent Trente vers la mi-décembre. L'évêque d'Ypres rentra dans sa ville épiscopale le 7 février 1564.

A la demande de Philippe II, Marguerite de Parme envoya, le 8 juin 1564, un exemplaire des actes du concile de Trente aux évêques de Belgique et aux universités de Louvain et de Douai, les priant et de par Sa Majesté les requérant d'examiner avec tels que bon leur semblerait, comment et par quels moyens l'on pourrait mettre à exécution le plus utilement, eu égard au bien de l'Église et aux circonstances du temps, les décrets touchant la réformation. Rythovius répondit le 16 juillet par une lettre accompagnée d'un mémoire (LEPLAT, *Monum.*, t. VII, p. 46), dans lequel il insiste sur la nécessité de publier immédiatement le concile, sans réserves, de commun accord, par les deux puissances. Dans un appendice, il fait remarquer à la Gouvernante que, dans le diocèse d'Ypres, plusieurs curés n'ont aucun revenu fixe, mais dépendent entièrement des dons volontaires de leurs paroissiens. C'est un scandale, dit-il, parce que les prêtres sont facilement taxés d'avarice, même dans les endroits où ils peuvent à peine recueillir assez d'aumônes pour vivre pauvrement. Le remède se trouve dans l'assignation de la portion canonique d'après les termes du concile, sess. 24; c. 13. Il insiste également sur l'urgence de subvenir aux frais de l'érection d'un séminaire. Pour ces deux points, un ordre du gouvernement serait fort utile. Rythovius signa aussi la lettre collective de l'épiscopat belge à la duchesse touchant la publication et l'exécution des décrets conciliaires.

Le 11 juillet 1565, Marguerite de Parme adressa aux évêques une circulaire ordonnant « d'incontinent publier et « faire publier le S. Concile de Trente ». Rythovius, sans nul doute, se sera fait un devoir d'exécuter cet ordre, car déjà, le 27 janvier précédent, il avait annoncé à son chapitre que les décrets de Trente étaient devenus obligatoires depuis le mois de mai 1564, et il avait prié les chanoines de s'y conformer. Toute sa carrière épiscopale fut un effort continuel pour rétablir la discipline du clergé tant séculier que régulier d'après les salutaires prescriptions du concile. Il introduisit la réforme de Trente dans les abbayes, les monastères et les collégiales de son diocèse. Ce n'est que dans l'abbaye de Messines qu'il éprouva une résistance énergique de la part de l'abbesse, Jacqueline de Haynin, qui s'adressa à Rome pour obtenir le maintien de l'ancienne règle et des anciens privilèges. Relever les é·oles quotidiennes là où elles étaient tombées, faire fleurir celles qui étaient conservées, instituer partout des écoles dominicales pour les ignorants et pour ceux qui ne pouvaient pas fréquenter les autres écoles, fut l'objet constant de ses soins. La formation d'un clergé docte et pieux fut toujours sa grande préoccupation.

Rythovius, qui avait assisté à la 23e session du concile et avait collaboré au décret sur les séminaires, s'appliqua à ériger son séminaire diocésain au plus tôt. L'auteur du *Coup d'œil sur les séminaires en Belgique* (KERSTEN, *Journal hist. et littér.*, t. VI, p. 129) dit que « le diocèse de Gand précède tous les « autres dans l'érection du séminaire et « que celui (le séminaire) d'Ypres fut « érigé à la suite de ce concile provin« cial » (de 1570). La vérité est que le séminaire d'Ypres fut le premier de tous. Rythovius l'érigea en 1565, à côté de la cathédrale. La grammaire, des instructions sur la morale, l'interprétation des évangiles des dimanches, les homélies des saints Pères, la rhétorique, le catéchisme, la dialectique, les livres ecclésiastiques, les rubriques de l'office divin, de la messe et de l'administration des sacrements, des exercices de chant et des disputes publiques constituaient le programme de l'établissement qui participait ainsi de la nature d'une école de belles-lettres et d'une école de théologie. Rythovius y enseignait lui-même. Le séminaire d'Ypres acquit bientôt une excellente réputation. En 1568, Jean van Loo, abbé d'Eversham, que Rythovius avait béni le 13 septembre 1562, obtint de l'évêque la permission d'y envoyer des novices. Un peu plus tard, Richard Hall, professeur de théologie au collège de Marchiennes à Douai, dans une lettre à Jean Cremere, directeur du séminaire d'Ypres, lui exprima toute la satisfaction que lui donnaient les élèves envoyés d'Ypres à Douai. Nous avons vu qu'à Ypres on suivait les anciens rites et usages de Thérouanne. Toujours préoccupé d'exécuter en tout le concile de Trente, Rythovius fit la visite canonique de la cathédrale et du chapitre et, prenant pour guide les prescriptions conciliaires et le texte de la bulle d'érection, il remania complètement les anciens statuts morins. Après quelques pourparlers, les chanoines les acceptèrent le 8 juillet 1566. Ces *Statuta et ordinationes ecclesiæ Cathedralis Yprensis*, vraiment remarquables et remplis de détails fort curieux, furent publiés pour la première fois en 1882 par A. Vanden Peereboom dans le tome VI de ses *Ypriana : Le chapitre de l'église cathédrale à Ypres. Sa composition, son organisation et ses statuts* (p. 321-469).

Par instruction du 2 avril 1565, Philippe II avait ordonné à Marguerite de Parme de nommer une commission extraordinaire chargée d'éclairer le conseil d'Etat sur les mesures à prendre pour l'enseignement du peuple, la réformation du clergé et le châtiment des hérétiques. La gouvernante convoqua les évêques d'Ypres, de Namur et de Saint-Omer; les présidents du conseil de Flandre, Jacques Martins, et du conseil suprême d'Utrecht, Jacques Persyn, et un membre du grand conseil de Malines, Antoine de Meulenaere; les théologiens Josse Ravesteyn et Corneille Jansenius et le canoniste Vulmer Bernaerts, « tous « gens doctes et excellents », tous vivant au milieu du pays et partant capables d'apprécier les besoins du moment. Cette commission, dont Rythovius était le membre principal puisque le roi, dans sa lettre, l'avait désigné nominativement comme lui paraissant surtout à la hauteur de cette mission, se réunit à Bruxelles et émit son avis officiel le 8 juin 1565. Elle estimait que, pour ce qui « touche la doctrine du « peuple, la réformation des ecclésias- « tiques et la bonne instruction des « enfans », il y était abondamment pourvu par le concile de Trente, « que « convient entièrement estre publié et « observé par les évesques et l'assistance « de l'autorité de Sa Majesté ». Quant au « changement de la forme de chas- « toy », les commissaires opinèrent qu'il ne convenait en aucune façon de changer les édits. Toutefois, pour prévenir les troubles et enlever aux juges un prétexte de se refuser à l'application des lois, on communiquerait aux conseils de justice une instruction secrète qui les autoriserait à tenir compte des sectes, ainsi que de l'état, de l'âge et du sexe des accusés, et à graduer les peines en conséquence. Les hérétiques obstinés seraient punis de mort, mais, pour les autres, les galères et le bannissement, perpétuel ou temporaire, selon les cas, pourraient remplacer les supplices du feu, du glaive, etc. Les ministres, prédicateurs, relaps ou séditieux ne pourraient cependant bénéficier de cette indulgence. Quant à ceux qui, sans être réellement hérétiques ou sectaires, contreviendraient aux placards par vaine curiosité ou imprudence, il suffirait de les châtier par la fustigation ou l'amende.

Le 22 juillet, Marguerite transmit au roi la délibération de Rythovius et de ses collègues. En réponse à cette missive, Philippe II envoya à la Gouvernante les fameuses dépêches du Bois de Ségovie (17 et 20 octobre) par lesquelles il s'obstine à exiger que les édits de l'empereur son père et les siens soient observés strictement. On connaît les conséquences de la publication des lettres de Ségovie : le mécontentement qui fit explosion de tous côtés, le compromis des nobles, la requête des confédérés. Un second projet de modération des placards fut élaboré par Dassonleville et Viglius. Semblable pour le fond à celui de 1565, ce projet comminait la peine de la *hart* (strangulation) contre les « autheurs, dogmati- « seurs, réceptateurs et tous séducteurs « des aultres », « mais, quant au povre « populace séduyct et circonvenu par « les ruses et finesses de telz trom- « peurs », il modérait les peines et pour la plupart les laissait à l'arbitraire des juges, selon la qualité et la fréquence du délit. Le marquis de Berghes et le baron de Montigny étaient chargés de se rendre en Espagne pour soumettre ces propositions au roi et lui exposer la situation du pays. Avant le départ des délégués, les conseils provinciaux et les Etats des provinces avaient été invités à donner leur avis sur l'adoucissement des placards. Les Etats de Flandre furent convoqués à Gand pour le 10 mai 1566. Le comte d'Egmont leur communiqua le projet. Le 16 mai, Rythovius répondit, au nom du clergé de Flandre, que « ayant regard au « temps présent et pour la tranquillité « et la paix publicque, il est expédient « qu'il pleut à Sa Majesté entendre à « douceur et mitigation d'iceux plac- « carts selon la proposition à eulx « faicte ».

Pendant que Philippe II, selon sa déplorable habitude, perd son temps à délibérer sur la solution à donner au projet de modération des placards, les bannis ou réfugiés à l'étranger pour cause de religion commencent à rentrer; les réformés latitants dans le pays sortent de leurs retraites, des prédicants surgissent. Aux conventicules nocturnes succèdent des prêches en plein jour. Le 15 juin, le magistrat d'Ypres informe la Gouvernante que des prêches ont eu lieu à Neuve-Eglise, Nieppe, Kemmel, Wulverghem, et que les « sectaires » se vantent de venir dans l'échevinage; le 25 juillet, il insiste pour obtenir des secours et demande que d'Egmont, gouverneur de la Flandre, vienne à Ypres. Les correspondances et les députations se succèdent. Le 29, sur l'avis de Rythovius, on remet à plus tard la procession de la *Tuindag* qui devait avoir lieu le dimanche 4 août. Le même jour, le magistrat supplie le comte d'arriver en personne. La situation devient plus menaçante. Le 13 août, d'Egmont arrive enfin, venant de Bruges, et se concerte avec le magistrat qui lui apprend que les sectaires, à la suite d'un prêche tenu par Jacques de Buzere, avaient brisé les images et les autels de la chapelle de Saint-Antoine près Bailleul. Le 14, le gouverneur de la ville fait publier aux halles une ordonnance en vertu de laquelle il était défendu aux habitants de sortir ou de rentrer avec des armes offensives ou défensives, sauf l'épée et la dague, si ce n'est en allant ou en revenant de voyage pour affaires; en cas de prêche autour de la ville, les portes seraient fermées et les bourgeois ou étrangers ne pourraient entrer ou sortir « que fil-à-fil et sans armes comme « dessus ». C'était permettre les prêches. Le magistrat expose à d'Egmont que Sébastien Matte se proposait de venir prêcher à Brielen, accompagné d'une foule de sectaires armés, et qu'on craignait voir se renouveler les scènes sauvages de Bailleul; il conjure le gouverneur de rester à Ypres. Malgré ces supplications, le comte partit après son dîner. Ce qu'on avait craint arriva. Le lendemain, jour de l'Assomption, les compagnons du prédicant brisent tout aux alentours de la ville, dans les églises de Saint-Jean, Brielen, Voormezeele, Zonnebeke, dans les monastères des Augustins, de Sainte-Claire, de Nonnebosschen, comme ils avaient fait la veille et pendant la nuit à Reninghelst, Elverdinghe, Vlamertinghe, Poperinghe, etc. Le vendredi 16 août, ce fut le tour de la ville épiscopale. La dévastation des lieux saints, commencée au point du jour, frappa d'abord le couvent des Dominicains, puis ceux des autres communautés religieuses et les églises. Le saccagement de la cathédrale fut le plus horrible de tous. Les sectaires avaient voué une haine mortelle au zélé Rythovius qui recevait tant d'abjurations. Ils envahirent son palais et livrèrent aux flammes sa précieuse bibliothèque. Les mêmes excès se commirent par toute la Flandre. A peu d'exceptions près, toutes les églises du diocèse furent, en quelques jours, pillées ou démolies.

En parlant du brisement des images à Ypres, Claessens affirme que « Rythovius se vit forcé de fuir et de se « retirer à Anvers ». C'est une erreur. En effet, le vendredi 16 août, le magistrat, se voyant dans l'impossibilité de tenir tête plus longtemps, conjura l'évêque de se retirer en lieu sûr. Le pasteur se réfugia chez un cordier, habitant la maison appelée la Terre promise (*het Land van belofte*) et située dans la rue de la Potence ou du Bourreau (*Auwerstrale*), aujourd'hui rue de Menin. Le 19 août, à la demande de l'écolâtre Liévin Menssone, vicaire général, le magistrat autorisa un groupe de citoyens à protéger la personne et les domestiques du prélat. Cédant enfin aux instances des catholiques, l'évêque sortit de la ville. Le lieu de sa retraite ne devait pas être éloigné des portes, car, le vendredi 23, Rythovius écrivait à Martin de Roy, ancien chanoine régulier, *visitator* de l'église Saint-Martin, cette lettre courageuse : « J'apprends qu'en divers endroits, « autour d'Ypres, ces novateurs prê« chent souvent même pendant la se« maine. Je n'ai pas pu m'assurer si, « à Ypres, il y aura un sermon catho« lique au moins le dimanche. Comme, « afin de ne pas scandaliser les faibles, « il importe d'élever la voix de notre « côté, je désire savoir si le magistrat a « eu soin de préparer un local et si « quelqu'un est disposé à prêcher di« manche prochain. S'il n'y a personne « qui veuille le faire, je suis prêt à « venir moi-même et à remplir mon « devoir au péril de ma vie. Nous ne « pouvons point laisser croire que nous « sommes vaincus et que nous cédons « aux sectaires. Je voudrais être avisé « demain samedi, avant midi, afin que « je puisse être au poste en temps utile. « Le porteur de cette missive connaît « l'endroit où l'on peut me trouver ». Le magistrat crut prudent de ne pas encore laisser prêcher le vaillant pasteur. Déjà, le mercredi 28, le sectaire Daniel Walewyn reproche aux échevins d'avoir laissé rentrer en ville l'évêque, « cet assassin des âmes »! Le 29, pour la première fois depuis la fête de l'Assomption, une messe solennelle fut chantée au chœur de la cathédrale, en présence de Rythovius, du grand bailli, de l'avoué et des échevins, pendant que les hallebardiers gardaient les portes de l'église. Le dimanche 1er septembre, l'évêque reprit ses prédications au milieu des décombres et continua ses labeurs, plus pénibles que jamais. En effet, les années 1567 et 1568 furent les plus funestes que le West-quartier eut à traverser. Les fugitifs revenus de Nordwich et de Sandwich multiplièrent leurs dévastations et leurs crimes dans le diocèse d'Ypres. Outre des sacrilèges de toute sorte, Rythovius eut tour à tour à déplorer l'assassinat de Théodoric, curé de Houtkerque, et les cruelles mutilations subies par Henri Turcq, curé de Oostcappel; l'assassinat de Josse Hughesoone, curé de Reninghelst, et de ses deux chapelains, Robert Ryspoort et Jacques Paneel, et les mauvais traitements infligés à Jean Breufkin, curé de Dranoutre; les meurtres de Martin Neerkoose, curé de Hondschoote, de François Delfosse, curé de Rexpoede, et de son chapelain; d'Antoine Vander Clyte, curé de Rubrouck, et de Pierre Dolet, son vicaire. En 1570, un autre forfait dut faire saigner le cœur paternel du prélat; les sectaires s'emparèrent de Jacques Sluper, curé de Herzeele, vieillard de quatre-vingt-deux ans; ils le lardèrent de coups et le brûlèrent vif en lui comprimant violemment la tête dans un gaufrier. Le poète Jacques Sluper, chapelain à West-Vleteren, fils de la vénérable victime, dans une poésie *Ad librum*, fait une sortie violente contre les gueux et n'a pas d'expressions assez dures pour flétrir leur cruauté.

Rythovius était occupé tout entier des travaux de l'épiscopat quand, le 4 juin 1568, il fut invité par le duc d'Albe à se rendre immédiatement à Bruxelles. A son arrivée, fort avant dans la soirée, le gouverneur général lui remit la sentence de condamnation du comte d'Egmont, dont l'exécution était fixée au lendemain, et il ajouta qu'il avait à servir de confesseur au condamné. L'évêque, frappé de stupeur, se jeta aux pieds du duc, implorant la grâce du comte. Comme il lui fut répondu que la justice devait suivre son cours, il fit encore de plus pressantes instances et demanda que, du moins, l'exécution fut différée. « Messire d'Ypres », dit le duc avec aigreur, « je ne vous ai point mandé « pour changer ou différer la sentence, « ni pour avoir votre avis : vous êtes « simplement chargé d'entendre la con- « fession du coupable et de l'aider à « mourir ». L'âme navrée, Rythovius se rendit au *Broodhuis* vers onze heures de la nuit. Admis auprès du comte, il l'exhorta à la résignation et reçut sa confession. Vers l'aurore, il célébra la messe et lui donna le saint viatique.

Quand le moment fatal fut venu, Rythovius accompagna le condamné au lieu du supplice et lui donna une dernière bénédiction. Le bourreau brandit la hache avec tant de précipitation que le sang de la victime jaillit sur la soutane du prélat. Ce détail nous est raconté par le neveu de l'évêque, Baudouin Goossens, à qui, dans la succession de son oncle, échut la soutane historique. Après avoir assisté à la scène lugubre, Rythovius se rendit à Louvain pour se remettre, auprès de ses anciens confrères, des terribles émotions qu'il avait éprouvées. Il fit à Cunerus Petri, alors recteur, le récit du drame. Celui-ci en adressa à son tour la relation fidèle au docteur Thomas Stapleton qui l'a transmise à la postérité dans une lettre adressée à un professeur de Douai. Rythovius, de retour à Bruxelles, le 9 juin, écrivit au roi en des termes touchants. Il lui rapporte les derniers moments de l'infortuné comte et lui transmet la belle lettre par laquelle d'Egmont demandait au souverain « d'avoir pitié de sa povre « femme et enfans et serviteurs ». « Si nous-même », ajoute Rythovius, « jouissons de quelque crédit auprès « de Sa Majesté, nous la supplions « très humblement de daigner révo- « quer la confiscation des biens par « pitié pour une épouse éplorée, cette « femme noble et profondément pieuse, « et pour le soutien de ses nombreux

« enfants. Nous la supplions de songer » à ses filles, dont quelques-unes sont » en âge de s'établir. Ainsi le pays » aura une preuve de plus que la néces» sité seule a obligé Votre Majesté à » donner au peuple un si triste spec» tacle ». Une pension annuelle de douze mille florins fut d'abord accordée à la veuve du comte. Plus tard, Philippe II rendit au fils aîné, Philippe d'Egmont, tous les biens confisqués, le créa chevalier de la Toison d'or et lui confia le gouvernement de l'Artois.

Rythovius fut l'âme des deux premiers conciles provinciaux tenus en Belgique. La mission de convoquer le concile provincial, tous les trois ans, aux termes du concile de Trente, revenait au métropolitain. En résidence en Italie et dans l'impossibilité de rentrer aux Pays-Bas, le cardinal Granvelle convoqua le concile (10 avril 1570), mais s'excusa de ne pouvoir le présider en personne; il chargea de la présidence Rythovius, le plus ancien des suffragants de la métropole. L'évêque d'Ypres fit une nouvelle convocation pour autant que de besoin et présida l'assemblée qui s'ouvrit à Malines le 11 juin et dura jusqu'au 15 juillet. Le discours prononcé par le prélat lors de l'ouverture du concile, et qui aurait sans doute révélé le véritable état de choses à cette époque, semble perdu. Le duc d'Albe prétendit avoir entrée aux assises ecclésiastiques. Il délégua le chevalier de Glymes, président du grand conseil de Malines, pour y assister en son nom « et signement pour préadvertir et » requérir que au dict concille ne soit » décrétée aucune chose qui puist con» trevenir aux droits de Sa Majesté ou » préjudicier à sa souveraine juridiction » ou chose en dépendante ». Rythovius comprit que cette exigence était un danger. Aussi les évêques se refusèrent-ils à admettre parmi eux le commissaire royal, en faisant observer à Son Excellence que cette demande était chose inouïe dans ces contrées, et que, d'ailleurs, les fidèles pourraient croire avec raison que les Pères n'avaient pas joui de la liberté que leur garantissent les saints canons. Le duc dut fléchir devant les observations de l'épiscopat belge. Le second concile provincial était fixé de droit à l'an 1573. Les événements publics le firent reculer. Rythovius le fixa au mois de mai 1574 et désigna la ville de Louvain comme lieu de réunion; il le présida du 8 au 20 mai. Son superbe discours inaugural, empreint de tristesse et d'espérance, révèle tout son cœur épiscopal épris de l'amour des âmes, déplorant les maux présents et cherchant à y remédier par l'intégrale exécution des réformes du concile de Trente.

Les décrets de ces conciles, remarquables à plus d'un titre, sont publiés dans le *Synodicon belgicum*, par de Ram. Relevons un seul détail. Rythovius, encore professeur à l'université de Louvain, se trouvait parmi les adversaires déclarés des doctrines de Michel de Bay. Le contact avec les sommités théologiques du concile de Trente n'ayant pas dessillé les yeux à l'imprudent novateur, l'autorité ecclésiastique dut sévir. Baius fut censuré par la constitution *Ex omnibus afflictionibus*. Il prétendit être calomnié à Rome. Le concile provincial de Malines chargea Morillon de notifier officiellement la bulle au corps académique de Louvain. Baius se soumit, mais ses partisans firent entendre que Morillon n'avait agi qu'en son nom privé. Rythovius et Jansenius, évêque de Gand, démentirent ce bruit par leur lettre du 23 décembre 1570, attestant d'une manière authentique que le prévôt d'Aire avait fait la publication à Louvain sur l'ordre exprès des évêques réunis en concile provincial.

En vertu du concile de Trente, les évêques devaient réunir tous les ans un synode diocésain. Rythovius s'appliqua avec un soin particulier à l'exécution de cette disposition. A partir de 1564, il convoqua son clergé tous les ans le mardi avant la Pentecôte. Les décrets de ces synodes ne furent pas imprimés les premières années; l'évêque voulut que l'expérience ratifiât d'abord les règles disciplinaires et leur donnât une garantie de stabilité. Ce n'est que dans le synode de 1577 qu'il arrêta définitivement ces ordonnances et les livra à la publicité sous le titre : *Statuta Synodi Diœcesanæ Yprensis, celebratæ feria tertia ante Pentecosten, vigesima prima May, anno millesimo quingentesimo, septuagesimo septimo. Præsidente in ea Reuerendis. in Christo patre ac Domino D. Martino Rythouio Episcopo Yprensi. Ipris. In ædibus Episcopi et sumptu eiusdem.* C'est la seule production connue de l'imprimerie établie à l'évêché d'Ypres. La prudente lenteur de Rythovius à imprimer les statuts diocésains a fait dire à plus d'un auteur que son premier synode fut tenu en 1577. Au contraire, ce synode est le dernier de tous. Les *statuta* nous apprennent, sur les travaux de Rythovius, bien des particularités qu'on chercherait vainement ailleurs. Entre autres choses, nous y voyons qu'au synode de 1570 l'évêque substitua le bréviaire romain à celui de Thérouanne et qu'en 1576 il publia à l'usage de son diocèse : *Manuale pastorum ad usum diœcesis Iprensis, cum instructione pastorum adversus dæmonum infestationes et incantationum maleficia.*

Le zèle épiscopal de Rythovius pour le salut des âmes ne l'empêchait pas de veiller aussi aux intérêts matériels du peuple. A preuve son intervention dans la question du Xe denier. Lorsque, infidèle à sa parole, le duc d'Albe annonça, en juillet 1571, que les deux impôts du Xe et du XXe denier allaient être rendus exécutoires, les représentations et les murmures surgirent de toutes parts. Le 29 septembre, Rythovius écrivit secrètement au gouverneur général pour le conjurer de remplacer l'impôt du Xe denier par un autre. « A l'approche de l'hiver, où les » besoins sont plus nombreux et les » profits plus rares, les malheureux » ouvriers, exaspérés par la misère, » pourraient se laisser entraîner à des » résolutions funestes. Il est à craindre, » d'ailleurs, que la mesure prise » n'aliène au roi le cœur de beaucoup » de ses sujets, alors qu'il est si nécessaire qu'il gagne leur affection ». Les Etats de Flandre, après avoir vainement envoyé à Bruxelles plusieurs députations, prièrent les évêques d'Ypres, Bruges et Gand de s'adjoindre à leurs députés. Nonobstant les rigueurs de la saison, Rythovius, Drieux et Jansenius acceptèrent avec empressement l'invitation ; le 12 janvier 1572, ils allèrent plaider chaudement la cause de la Flandre auprès du duc d'Albe. Celui-ci se trompait en croyant être sorti vainqueur de l'entrevue avec les évêques. Le 24 mars suivant, les mêmes prélats adressèrent directement au roi une protestation énergique contre les déplorables conséquences du Xe denier, qui pèserait surtout sur les pauvres, dépeuplerait le pays, ruinerait le commerce et serait l'occasion de beaucoup de faux serments. La remontrance des évêques de Flandre avait-elle fait impression sur la conscience de Philippe II? Le décret de suspension du Xe et du XXe denier fut signé à Madrid le 26 juin, cinq jours après l'audience accordée par le roi aux délégués de Flandre.

Il est permis de croire que l'évêque d'Ypres coopéra à hâter le rappel du duc d'Albe. Le 13 mai 1573, Rythovius, de concert avec Richardot, évêque d'Arras, et Jean Lentailleur, abbé d'Anchin, écrit au roi que les malheurs des Pays-Bas, le préjudice qu'éprouve la religion et la perte de tant d'âmes, les forcent de s'adresser à Sa Majesté. « Persuadés » que, selon l'amour qu'il porte à ses » sujets, le roi pourvoira aux maux de » ces provinces aussitôt qu'il les con» naîtra, qu'il en aura approfondi les » causes et qu'il se sera enquis des » moyens d'y remédier, ils le supplient » de charger des hommes de bien et de » rang et quelques-uns de ses ministres » de l'en informer librement et sans » dissimulation aucune. Ils le supplient, » pour l'amour de Jésus-Christ, puisque » la guerre a été entreprise pour un » motif aussi juste que celui de réduire » les hérétiques, d'ordonner qu'elle se » fasse, sinon saintement, du moins » chrétiennement... Enfin, ils supplient » le roi de faire sentir les effets de » sa clémence accoutumée à ses sujets » catholiques, qui lui ont toujours » été fidèles (et le nombre en est

« infini), de telle sorte que, pour « les délits des hérétiques et de quel- « ques hommes pervers, mêlés aux « catholiques dans un même endroit, « ils ne soient pas dépouillés de leurs « biens ou privés de la vie, et ne voient « pas leurs femmes et leurs enfants « maltraités, comme on dit que cela est « arrivé à Malines, à Naerden et ail- « leurs. Les excès et la licence into- « lérables des soldats ont souvent porté « à la révolte des populations catho- « liques ».

Le 18 décembre suivant, le duc d'Albe partait pour l'Espagne après avoir remis ses pouvoirs à Louis de Requesens. Sous le gouvernement de ce dernier, le *parti national* se dessina plus franchement. C'est à ce parti que Rythovius donnera tout son appui.

En octobre 1574 la situation des Pays-Bas était déplorable. La nation, prise en masse, demandait ouvertement la paix. Requesens convoqua une *junte*, composée de trois présidents, trois gouverneurs et trois évêques. Deux de ceux-ci s'y rendirent : c'étaient Rythovius et Drieux (1). S'adressant à ces derniers : « Puis-je traiter? » dit le gouverneur général. « Il le faut », répondirent-ils. « Il y a en Hollande « et en Zélande des milliers d'âmes « qui se perdent. Le roi en doit compte « à Dieu ». Requesens affirma qu'il ne reculerait pas en ce qui touche la religion, et les deux prélats ajoutèrent : « Il faut savoir céder quelque chose « pour mieux gagner les âmes et re- « planter l'ancienne foi ». Ils étaient certains, disaient-ils, qu'en tenant ce langage, ils seraient approuvés à Rome. Après quatre ou cinq séances, les membres de la *junte* conseillèrent à l'unanimité de saisir l'occasion qui s'offrait de négocier avec le prince d'Orange et les Etats de Hollande et de Zélande, sous les réserves qu'aucune atteinte ne serait portée à la foi catholique et à la souveraineté de Philippe II. Les conférences s'ouvrirent à Breda le 5 mars 1575. Aux propositions très conciliantes présentées le 1er avril par les commissaires royaux, les députés du Nord répondirent le 1er juin : « Que le roi fasse cesser les « poursuites en matière religieuse et on « lui prêtera obéissance. Le prince, la « Hollande et la Zélande ne peuvent « désarmer avant le départ des soldats « espagnols et autres étrangers ... Si le « roi refuse d'accueillir leur requête « touchant la question de la religion, « *ils consentent à se soumettre, même en* « *ce qui concerne ce point, à la décision* « *des Etats généraux* ». Requesens, avant de prendre une résolution définitive vis-à-vis des exigences des réformés, voulut demander l'avis d'une *junte* d'Etat. Rythovius et Drieux en firent de nouveau partie. Le 18 juin, la *junte* donna son avis motivé. En lisant attentivement ce document remarquable, on s'aperçoit aisément que bien des considérations, entre autres celle qui a trait à la tolérance provisoire des calvinistes en Hollande et en Zélande, doivent avoir été suggérées par les évêques : « Il faut », dit la *junte*, « qu'à tout prix le gouver- « nement cherche à mener les négocia- « tions à bonne fin, dans le plus bref « délai; car, plus la guerre dure, plus « le catholicisme perd du terrain, et il « ne faut pas compter sur la voie des « armes. Les rebelles demandent la « sortie des soldats étrangers; qu'on « consente à cette sortie *immédiate*, « pourvu que les rebelles licencient « aussi leurs mercenaires. Que le roi « consente à ce que les Etats généraux « soient *entendus* sur tous les points, « même sur le point de la religion, « immédiatement après la retraite des « étrangers. Dans l'état actuel des « choses, le roi, qui ne peut absolu- « ment pas soumettre la question reli- « gieuse à la *décision* des Etats, pour- « rait, après mûre délibération des « évêques et des théologiens, offrir aux « révoltés une tolérance politique tem- « poraire, à la condition qu'ils s'abstien- « draient de l'exercice public de leur « culte et que tout scandale public « serait réprimé. Le zèle des prédica- « teurs catholiques ramènerait peu à

(1) Gérard d'Haméricourt, évêque de Saint-Omer, s'était excusé à raison de son grand âge et de sa faiblesse.

« peu les égarés à la vraie foi ». Malheureusement Requesens n'écouta pas ces sages conseils. Sur son ordre, les négociations furent rompues le 14 juillet 1575 et la guerre reprit. Rentré à Ypres, Rythovius se voua avec plus d'ardeur que jamais à ses travaux apostoliques. Bientôt il fut appelé à Courtrai pour y exercer son ministère. Le 31 juillet, assisté de Remi Drieux et de Ghislain de Vroede, évêque de Sélivrée, il eut le bonheur de procéder, en la collégiale de Notre-Dame, au sacre de Pierre Pintaflour, son ancien collègue de Louvain qui venait d'être élevé au siège de Tournai.

Après la mort de Requesens (5 mars 1576), le conseil d'Etat prit les rênes du gouvernement. Le 4 septembre, il est fait prisonnier. Par la chute du conseil, les provinces tombent sous la direction indépendante de leurs gouverneurs et de leurs Etats particuliers. Rythovius reparaît sur la scène politique.

Les Orangistes, à la suite du coup d'Etat du 4 septembre, comptaient sur un entraînement général. Leurs projets chouèrent, grâce aux réserves faites par les Etats du Hainaut et de Flandre en faveur du maintien de la foi catholique et de l'obéissance au roi. Dans la réunion des Etats de Flandre (16 septembre), la déclaration du clergé fut particulièrement énergique. Sous l'inspiration de Rythovius et de Drieux, le clergé proposa d'envoyer au Saint-Père et à Sa Majesté un mémoire pour exposer les griefs de la nation et protester solennellement que les Etats de Flandre persistaient unanimement et entendaient persister, jusqu'au dernier soupir, dans la religion catholique et dans l'obéissance à l'Eglise romaine et au roi, même au prix de leur vie. Abordant ensuite les articles votés par les *quatre membres*, il approuve l'union avec les autres Etats sur le pied de l'accord de 1548. Il trouve opportun de faire sortir les soldats espagnols et étrangers après avoir payé leur solde ; que si, après l'offre de les payer, ils ne veulent pas quitter, il y aurait lieu, d'après l'édit du 26 juillet 1576 (1), de procéder contre eux. Il agrée aussi qu'on traite de la paix avec la Hollande et la Zélande et du retour de ces provinces à la religion catholique et à l'obéissance au roi sans préjudice de la religion et des droits de Philippe II, et sous l'approbation de Sa Majesté. Enfin il désapprouve l'emprisonnement des membres du conseil d'Etat et réclame instamment leur liberté et leur réintégration dans le conseil. Les négociations reprirent à Gand le 19 octobre et se terminèrent le 8 novembre par le célèbre traité de la *Pacification de Gand* qui, sous le rapport religieux, contient quatre clauses principales : 1° maintien exclusif de la religion catholique dans les quinze provinces; 2° tolérance *provisoire* du *statu quo* en Hollande et Zélande ; 3° maintien de cette situation jusqu'au moment où la future assemblée des Etats généraux aura statué sur l'exercice du culte dans ces deux provinces; 4° suspension *provisoire* des anciens placards sur le fait de l'hérésie.

Rythovius et Drieux qui, dans la *junte* du 18 juin 1575, avaient exprimé l'avis que le roi ne pouvait absolument pas « submectre au jugement de ses « estats l'exercice de la religion » et à qui, par conséquent, l'article III de la *Pacification* devait déplaire, tâchèrent cependant d'en tirer tout le parti possible. C'était en effet sur la déclaration de la future assemblée des Etats généraux que les provinces du Midi avaient compté pour rétablir le catholicisme en Hollande et Zélande lorsqu'elles avaient permis à leurs commissaires « de glisser « sur ce point ». En présence du fait accompli, les évêques d'Ypres et de Bruges, estimant que de l'attitude de cette assemblée dépendait le salut du pays, chargèrent le théologien Jacques Pamelius, chanoine de Saint-Donatien, à Bruges, de préparer un mémoire qui serait présenté aux Etats généraux et dans lequel il serait démontré qu'on ne pouvait admettre dans les Pays-Bas d'autre religion que la religion catho-

(1) Edit par lequel le conseil d'Etat mettait les mutins d'Alost hors la loi comme rebelles au roi et ennemis du pays.

lique (1). En attendant la réunion des Etats généraux, tous les efforts de Rythovius et de ses collègues tendirent à faire recevoir don Juan d'Autriche, à éviter la guerre civile et à prémunir les catholiques contre les dangers qu'offrait pour eux le retour des fugitifs protestants accordé par la *Pacification*.

Le 3 novembre 1576, don Juan était arrivé *incognito* à Luxembourg. Il s'agissait de lui faire accepter la *Pacification de Gand*. Le gouverneur général n'avait pas ses apaisements au sujet du maintien de la religion catholique et de l'obéissance au roi. Fonck et de Rassenghien firent de vains efforts pour le tranquilliser. Heureusement, au moment opportun, Rythovius se rendit à Luxembourg en compagnie de Jean Vendeville, professeur à Douai. En son nom et au nom de ses confrères, Remi Drieux, de Bruges, et Pierre Pintaflour, de Tournai, le vieil évêque d'Ypres supplia don Juan d'avoir pitié de ces pauvres pays. Comme l'Archiduc faisait observer que la *Pacification de Gand* paraissait déroger à la religion catholique, l'évêque lui répliqua, et il le répéta plusieurs fois, « que non seulement elle ne dérogeait pas à la religion, mais qu'elle tendait même à l'augmenter et qu'il le soutiendrait devant Sa Sainteté et partout où il en serait besoin ». Ce que Fonck et de Rassenghien n'avaient pas réussi à obtenir, la médiation de Rythovius l'obtint; l'accord s'établit en principe et il en fut dressé acte le 8 décembre 1576. Le même jour, don Juan déclara aux députés que si, en accomplissement de la promesse des Etats et du conseil d'Etat, les évêques maintenaient, devant Dieu, Sa Sainteté, Sa Majesté et toute la chrétienté, que la *Pacification* de Gand ne portait pas atteinte à la religion, mais tendait plutôt à l'affermir, il se tiendrait pour satisfait et content. Les Etats se mirent donc en devoir de réunir les documents capables de lui donner satisfaction. Rythovius, Drieux, Pintaflour et Gérard d'Haméricourt, répondant à l'invitation des Etats, leur envoyèrent une déclaration, probablement collective, en faveur du traité du 8 novembre. Peut-être cette déclaration n'était-elle pas assez explicite et contenait-elle l'une ou l'autre réserve? Toujours est-il qu'elle ne fut pas agréée par les Etats, et que ceux-ci prièrent les quatre évêques de signer la formule souscrite par les prélats présents à Bruxelles le 17 décembre (1). Rythovius refusa d'abord d'apposer sa signature à cette dernière formule. Nous ne connaissons pas le motif de ce refus. L'évêque d'Ypres avait déjà fait oralement à don Juan une déclaration favorable à l'endroit de la *Pacification*; la difficulté qu'il souleva, et que d'ailleurs les Etats croyaient pouvoir écarter, ne devait donc pas impliquer une désapprobation. Rythovius signa-t-il ensuite la formule du 17 décembre? Nous l'ignorons; mais il signa certainement le *Mémoire concernant l'état de la religion dans ces contrées* que les évêques, à la demande des Etats, envoyèrent au Saint-Père; il signa également l'*Union de Bruxelles* (9 janvier 1577) qui confirmait la *Pacification de Gand*. Quant au *Scriptum D. Rythovii Episcopi Yprensis de Pacificatione Gandensi* publié par de Ram, c'est un mémoire adressé par l'épiscopat belge, en nom collectif, aux Etats et au conseil d'Etat, après l'*Union de Bruxelles* et avant l'*Edit perpétuel* (2 février 1577). Ce travail, composé selon toute probabilité par Rythovius, est loin d'être, comme le dit Mr Delvigne, une consultation théologique *en faveur* de la Pacification. Tout ce qu'il dit en faveur de ce traité se réduit à ceci : les Etats, pour ce qui concerne les choses anormales contenues dans le pacte, ne sont excusables que par la triste situation du pays.

Le 24 juillet 1577, don Juan s'était emparé du château de Namur. Au cours des négociations qui, malgré le Taciturne, continuèrent entre le gouverneur

(1) *De religionibus diversis non admittendis in uno aliquo unius regni, monarchiæ, provinciæ, ditionis reipublicæ aut civitatis loco, ad ordines Belgii relatio.* Anvers, 1589.

(1) Publiée par de Ram : *Documents relatifs à la Pacification de* 1576, dans les *Bulletins de la Commission royale d'histoire*, 1re sér., t. XIV, p. 6.

et les Etats, ceux-ci convoquèrent les évêques à Bruxelles aux fins d'obtenir leur intervention en faveur de la paix. Si la guerre éclate, disaient-ils, il faut s'attendre, dans les provinces fidèles, à la ruine de la religion comme en Hollande et en Zélande. Rythovius, Drieux, Pintaflour et Moullart, d'Arras, s'empressèrent de répondre à l'invitation. Le 14 août, Rythovius et Moullart furent chargés d'accompagner de Grobbendonck à Namur pour notifier à don Juan la réponse des Etats aux *desiderata* de l'Archiduc et « induire mieulx verbalement Son Altesse à se conformer à leur intention ». Le 6 septembre, les Etats, cédant aux Orangistes, prirent la résolution d'inviter Guillaume à se rendre parmi eux. Cette démarche déplaisait grandement à la plupart des catholiques, surtout aux évêques, dont elle infirmait l'attestation touchant l'état de la religion en Belgique. Aussitôt Rythovius, au nom de l'épiscopat, remit aux Etats un mémoire énergique. Le temps est venu, dit-il, pour les Etats, de prouver par des actes la sincérité de leur protestation d'orthodoxie. Il est nécessaire de convaincre le pape que l'appel au prince d'Orange n'a pas été fait avec l'intention d'introduire un changement en matière religieuse, et que la religion, au lieu d'en souffrir, ne fera qu'y gagner. Pour cela, il faudrait que le prince n'arrivât pas avant d'avoir réellement permis aux catholiques, qui en feront la demande, l'exercice de leur religion autrefois pratiquée en Hollande et en Zélande, et de leur avoir octroyé la faculté de rappeler leurs pasteurs, avec de bonnes assurances contre toute violence. Il fait appel aux sentiments « que les Etats généraux expriment dans la lettre par laquelle, au mois d'août dernier, ils invitaient les évêques à les aider de leurs conseils et de leur autorité pour obtenir la paix et éviter la guerre. On se flatterait en vain de vouloir conserver la religion en en provoquant la perte par la guerre, alors que la paix s'offre avec tant d'opportunité ». Ce mémoire produisit son effet. Les Etats insistèrent auprès de Guillaume pour qu'il leur donnât l'assurance que la religion n'aurait pas à souffrir de sa venue. Ils insistèrent également pour obtenir le libre exercice de la religion catholique en faveur de ceux de Hollande et de Zélande qui en feraient la demande.

Les choses changèrent de face par l'arrivée du Taciturne. Malgré de suprêmes tentatives, la rupture éclata. Rythovius ne reparaît sur la scène politique qu'à la réunion des Etats de Flandre, convoqués à Gand le 24 octobre, pour donner leur avis sur la nomination du prince d'Orange comme *Ruwaerd* ou gouverneur particulier du Brabant. L'assemblée, s'inspirant des motifs d'ordre religieux allégués par les évêques Rythovius et Drieux, rejeta la nomination de Guillaume. Cette résolution excita une vive irritation parmi les Orangistes. Dans la nuit du 28 au 29 octobre, le duc d'Arschot, qui présidait la session, les évêques d'Ypres et de Bruges et quelques seigneurs furent constitués prisonniers. Rythovius, interné d'abord dans la maison de l'avocat Bauters, son ancien élève à Louvain, fut transféré après quelques semaines, avec Drieux, dans l'hôtel ou *Steen* de Schardau. L'arrestation injuste de personnages, remplissant des fonctions qui devaient leur garantir l'inviolabilité, souleva une indignation universelle. Mais les démarches répétées des Etats généraux, des magistrats d'Ypres et de Bruges, des Etats d'Artois, des quatre membres de Flandre ne purent obtenir que la mise en liberté du duc d'Arschot (10 novembre). Au mois d'avril 1578, les chapitres d'Ypres et de Bruges insistèrent auprès de l'archiduc Mathias. Ce fut sans doute à la suite de ces instances que le prince d'Orange reçut commission d'écrire aux Gantois la lettre suivante, que nous avons trouvée au British museum : « Comme il a pleu à vos Sries entendre à l'eslargissement de Monseigneur le Duc, et espérant qu'en cecy avez faict très bien, avecq votre entier contentement et asseurance, avons

« bien voulu requérir voz Srs, en conformité de notre commission, affin que vueillez pareillement entendre à la libre délivrance de Messeigneurs les révérendissimes d'Ypres et de Bruges. De tant plus que iceulx Srs ne vous peuvent servir icy de grande asseurance, estantz ecclésiastiques et que leur détention polroit causer sinistre suspicion à Messeigneurs les Estatz générauls et à ceulx de leurs diocèses d'avoir eu si peu de respect à l'estat ecclésiastique, moyennant qu'ilz promectront se retirer paisiblement chacun en son quartier, pour y vacquer selon l'exigence de leur vocation, sans dorénavant s'ingérer es choses qui polroient troubler à votre ville ou aultre ». Cette lettre n'eut aucun effet. Le 13 mai, les deux évêques furent transférés au *Princen-hof* où on les garda avec une extrême rigueur. Quoiqu'il y eût deux chapelles dans l'hôtel, les échevins refusèrent aux prélats d'y célébrer la messe. La captivité de Rythovius et de Drieux dura près de quatre ans et eut une importance historique qui mérite d'être relevée. Le coup de main du 28 octobre 1577 a été l'origine des terribles excès des Gantois, l'origine des troubles dans les autres villes; ces troubles provoquèrent la *Paix de religion*, nouvelle violation de la *Pacification de Gand* sur une question essentielle de principe. Une réaction se produit. Valentin de Pardieu se lève le premier. Montigny forme le parti des Malcontents. Les Etats de Hainaut, d'Artois, des villes de Valenciennes, Lille, Douai et Orchies s'émeuvent, se liguent entre eux, approuvent les Malcontents. Tous demandent la réconciliation avec le roi, générale si c'est possible, particulière s'il le faut, et finissent par faire la paix avec Philippe II sur les bases mêmes de la Pacification de Gand, dans le célèbre *Traité d'Arras*. Les divers éléments de la réaction voulaient il est vrai, avant tout, conserver la religion catholique dans les quinze provinces; mais les violences continues des Gantois, et spécialement le maintien de la captivité des évêques et des seigneurs, étaient toujours leur plus grand grief. D'autre part, on remarque que les Gantois rendent les prisonniers responsables de la conduite des Wallons et qu'après chaque succès de la réaction ils leur infligent un traitement plus dur. Lorsqu'en avril 1578, Valentin de Pardieu se sépare des Etats généraux, il proteste qu'il veut avant tout la conservation de la foi et de l'autorité du roi conformément à « la saincte *Union* et *Pacification de Gand* sy solempnellement par nous tous jurée et signée. Mais tant s'en fault que icelle se maintienne, quand l'on vienst à grands regrets et avec pleurs, considérer l'*odieuse appréhension et griefve détention des bons évêques, prélats et seigneurs* ». Il demande donc la mise en liberté des prisonniers. Le 1er octobre 1578, Montigny, chef des Malcontents, s'empare de Menin et s'y retranche. Les Gantois s'en vengent sur les captifs de la *Cour des Princes*, qui n'en peuvent mais, en assassinant lâchement Jacques Hessels et Jean de Visschere (4 octobre). Le lendemain Mieghem, muni de la barbe blanche de Hessels, se présente auprès des évêques et de leurs compagnons de captivité et leur dit « qu'ils ont à écrire à Montigny et aux autres seigneurs wallons d'évacuer Menin et la Flandre dans les six jours sinon qu'on leur ferait maulvais parti, veoire tout tel que l'on a faict à celluy duquel j'ai charge de vous espandre ici la barbe ». Dans sa lettre adressée le 13 octobre à Mathias pour justifier la prise de Menin, Montigny récrimine contre les Gantois. Plusieurs nobles et notables de Flandre, dit-il, se sont plaints des Gantois qui ont *emprisonné les évêques et les seigneurs*, saccagé et pillé les églises ... et cherchent à extirper la religion catholique « directement contre la *Pacification* faicte à Gand et l'*Union* depuis ensuivie ». Il ne quittera la place de Menin que lorsque les Gantois seront rentrés dans le devoir et auront relâché les prisonniers. La déclaration du 18 octobre 1578, que Montigny adressa aux

Etats généraux et que les Malcontents regardèrent toujours comme la base nécessaire de toute négociation, contient entre autres clauses celle-ci : « Que « ceulx qui sont détenuz *prisonniers* à « Gand soient restabliz en liberté, ou « du moins entre les mains de son « Altèze, en lieu où elle, le Conseil « d'Estat et messieurs les Estatz com- « mandent sy absolutement qu'ilz en « veillent respondre pour, après avoir « duement entendu leurs raisons, en « ordonner avec toute briefveté selon « qu'ilz trouveront convenir et les pri- « vilèges et usances du pays le per- « mectront ». Ces points accomplis, il se soumettra. Requis par les Etats généraux d'envoyer à Anvers les évêques et seigneurs prisonniers, les Gantois prennent, le 27 octobre, la résolution suivante : « Aussi longtemps que les soldats « étrangers seront dans le pays, ils « garderont leurs prisonniers, promet- « tant toutefois de ne leur faire aucun « mal si les Flandres sont préservées « de toute invasion ». « Les Gantois », répondent Montigny et de Hornes (30 octobre), « se moquent non seule- « ment de nous, mais encore de Son « Altesse, en refusant de lui confier les « prisonniers qu'ils détiennent, sans « jamais avoir voulu entendre leur « défense, et dont même deux ont été « pendus sans aucune forme de procès. « Nous déclinons la responsabilité des « maux qui pourront résulter de pa- « reille conduite et sommes disposés à « nous aider de toutes troupes, n'im- « porte de quelle nation ». Nous pourrions multiplier des citations semblables empruntées aux résolutions des Etats du Hainaut et d'Artois, à l'*Acte d'acceptation de l'archiduc*, etc. (2 novembre 1578) et à l'*Union d'Arras* (7 décembre 1578). Contentons-nous de rappeler la *Convention de Comines* (9-12 janvier 1579). « Les seigneurs de Montigny et de « Hèze », dit-elle, « acceptent que tous « les prisonniers détenuz à Gand soient « mis en main neutrale suyvant l'acte « de Son Altèze, estans contens que ce « soit ès mains du duc de Clèves. « A condition qu'ilz y seront conduitz « avec telle seureté de leurs personnes « que Son Altèze et Estats généraulx « en puissent répondre. Et que dedans « six sesmaines après leur sortie de « Gand leur sera déclaré les charges de « leurs accusateurs, ou en faulte de ce, « seront tenuz absoulz et déchargez. « Sur lesquelles charges leur sera admi- « nistrée bonne et briefve justice selon « les droitz privilèges et coustumes du « pays ». La convention de Comines fut ratifiée le 25 janvier 1579 par l'Archiduc, le prince d'Orange, le conseil d'Etat et les Etats généraux. Le 19 janvier, le Taciturne avait obtenu un acte en vertu duquel les Gantois permettaient de conduire les captifs à Termonde, d'où ils seraient transférés, par Cologne, au pays de Clèves. Lorsqu'on voulut exécuter l'acte, la populace s'ameuta, força les malheureux prisonniers à descendre des chariots où ils étaient déjà montés et à rentrer à la *Cour des Princes*. Toutefois, le 23, quatre chariots couverts, sous escorte de quarante cavaliers et d'une compagnie d'infanterie, conduisirent les captifs à Termonde, où ceux-ci furent remis entre les mains de Ryhove, grand bailli de la ville. Détenu d'abord dans la maison de l'abbé de Saint-Bavon, Rythovius est transféré, après trois semaines, au logis de l'abbé de Ninove où on lui assigne une chambrette sans cheminée, bien qu'il souffrît de la goutte. Ryhove, au lieu d'envoyer les prisonniers au pays de Clèves, les retient à Termonde. L'article de la *Convention de Comines* auquel les Malcontents tenaient le plus n'était pas observé. Aussi lorsque, le 4 mars, le seigneur de Bours, chargé d'inviter Montigny à sortir de Flandre et à mettre ses troupes au service des Etats, lui annonce que Mathias, afin de lui donner satisfaction au sujet des évêques et seigneurs prisonniers, avait remis ceux-ci entre les mains du marquis de Berghes, seigneur catholique, le chef des Malcontents lui répond, le 6 : Quant aux prisonniers, « il « ne doibt plus estre question de les « renvoyer ès main neutrale, soit en « Clèves, à Berghes ou ailleurs, ains « procéder à leur décharge et délivrance

« absolute », puisque le terme de six semaines à compter du jour de leur sortie de Gand est expiré, sans qu'on leur ait déclaré « les charges de leurs « accusateurs ». Dès le 11 mars, Montigny avait rompu avec les Etats. Bientôt il fit sa jonction définitive avec de Pardieu et conclut le *Traité de Mont-Saint-Eloi*, le 6 avril, le jour même auquel les Etats d'Artois, de Hainaut, de Lille, Douai et Orchies rédigent les articles à présenter au prince de Parme en vue de la réconciliation. Le 17 mai 1579 fut conclu à Arras, et le 12 septembre suivant signé à Mons, le célèbre *Traité d'Arras*. C'est ainsi que les victimes des excès des Gantois ont, en dernière analyse, sauvé les provinces du Midi précisément à l'époque où le Taciturne semblait à l'apogée de sa puissance.

Le 31 mars, Ryhove annonça aux prisonniers que, pour accomplir sa promesse faite aux Gantois en cas de rupture des négociations avec les Wallons, il les ramènerait à Gand le même jour. Les malheureux captifs furent donc reconduits à Gand précédés par le bourreau, menacés à chaque pas d'être pendus comme Hessels et de Visschere, et réintégrés au *Princen-hof* au milieu des injures et des outrages qui s'adressaient de préférence aux vénérables évêques. Torturés par de nouvelles rigueurs, toujours plus insupportables, les prisonniers cherchèrent le moyen de s'évader. On trouve dans B. de Jonghe, *Gendsche geschiedenissen*, et Fr. de Hallewyn, *Mémoires sur les troubles de Gand*, le récit émouvant de la tentative d'évasion. Nous ne pouvons que le résumer. Pendant la nuit du 15 juin 1579, les détenus réussissent à quitter le château par un escalier dérobé, franchissent en barquette les bras de rivière et arrivent à l'endroit où ils devaient trouver des montures pour les conduire à Roulers qu'occupaient les Wallons. Déçus par l'absence des chevaux, ils se décident à faire route à pied. L'évêque de Bruges, ayant la démarche difficile, est obligé de s'arrêter à Mariakerke. Les autres poussent par Lovendeghem et le château de Poucques jusqu'au cabaret *Princen-hof*, sur le territoire de Caneghem. L'alarme est donnée à Gand. Le 17, Drieux, Rythovius, de Champagney, les seigneurs d'Eecke et de Rymeersch sont appréhendés, dépouillés, blessés et reconduits au *Princen-hof* de Gand, accablés de moqueries et de menaces, tandis que les seigneurs de Rassenghien, d'Erpe et de Sweveghem parviennent à se sauver vers Roulers.

Inutile de dire que les fugitifs furent plus étroitement incarcérés que jamais. Ils n'échappèrent probablement à la mort que grâce à l'intervention de Montigny qui, le 7 juillet, annonça aux magistrats de Gand sa résolution, au cas où on leur ferait le moindre mal, d'exercer sur les Gantois qui tomberaient entre ses mains des représailles sans pitié et dont « la mémoire serait immor« telle ». Après un mois de détention, Rythovius et Drieux furent transférés au Châtelet (*Sausselet*), prison infecte où, confondus avec des voleurs et des bandits, ils subirent tour à tour les plus dures avanies pendant plus de deux ans. Burchard de Hembyze ayant été fait prisonnier par les *Malcontents*, ceux-ci profitèrent de la circonstance pour arracher les évêques à leur captivité. Après bien des négociations, il fut convenu de les échanger contre Hembyze et un ministre calviniste. Le 14 août 1581, à midi, les deux prélats sortirent enfin de prison. Un chariot, escorté de douze cavaliers, les conduisit à Olsene, où arrivèrent de Courtrai, aussi sous escorte, Hembyze et son compagnon. Les formalités de l'échange accomplies, les évêques furent conduits à Courtrai, où le grand bailli de la ville, le clergé et le peuple les reçurent avec toutes les marques de la plus respectueuse sympathie. Le grand bailli n'était autre que François de Hallewyn, seigneur de Sweveghem, l'ancien compagnon d'infortune des prélats. A la tête du clergé se trouvaient les deux curés de Saint-Martin, Jean David et Pierre Simoens, futur successeur de Rythovius sur le siège d'Ypres.

Rythovius et Drieux séjournèrent à

Courtrai pendant plusieurs mois. L'évêque d'Ypres, à la demande d'Alexandre Farnèse (l'évêque de Tournai, Pierre Pintaflour, était décédé le 20 avril 1581), réconcilia quelques églises et cimetières et consacra plusieurs autels que les hérétiques avaient violés et profanés. Invité, le 7 juillet 1582, à en faire autant à Audenarde, qui venait de se rendre, il pria le gouverneur général de s'adresser à Drieux, étant depuis la fin du mois de mars en résidence à Aire. En effet, le chapitre de Saint-Martin d'Ypres, dispersé le 20 septembre 1578 par l'invasion des gueux, s'était réfugié dans cette ville. Le 27 mars 1582, Rythovius présida pour la première fois la réunion capitulaire et reprit l'administration de son diocèse qu'il avait confiée, pendant sa captivité, à l'archidiacre Antoine Vlaminck.

Il tardait au bon pasteur d'aller consoler et soulager son troupeau, ruiné par la guerre et décimé par la peste. Dès que les succès d'Alexandre Farnèse firent espérer des jours meilleurs, il se décida à quitter Aire. Le 5 ou 6 juin 1583, il voulut se rapprocher de son diocèse et se rendit à Lille avec tout son ménage et les familiers de sa maison, à savoir ses fidèles chanoines Gérard Steenssel, secrétaire, Adrien Van Zeelandt, *sigillifer* et Guillaume Goossens, son neveu, simple clerc. Il était logé chez Jean Simon, chanoine de Saint-Pierre. Il apprit bientôt, à sa grande joie, la reddition de Dunkerque (16 juillet), de Furnes (24 juillet) et de Dixmude (31 juillet). Un acte daté de Lille prouve qu'à la date du 1er août Rythovius se trouvait encore en cette ville. Mais la décision d'aller secourir ses ouailles était prise. Ne pouvant rentrer à Ypres, encore au pouvoir des gueux, il part pour Furnes où il arrive le 12 août. Le 14, le prélat, plus que septuagénaire et encore épuisé par ses longues souffrances physiques et morales, réconcilie l'église de Saint-Nicolas et celle de Saint-Denis. Le 8 septembre il préside, en l'église de Saint-Nicolas, une cérémonie de solennelles actions de grâces en présence de l'abbé de la collégiale, du magistrat et d'une foule immense. Dans l'intervalle, il parcourt les villes et les villages des environs, réconcilie les églises, confirme, et, à l'exemple de l'archevêque de Milan, visite les malades frappés par la contagion, les soulage dans leur misère et leur administre les derniers sacrements. Il eut le chagrin de voir disparaître deux de ses auxiliaires. Adrien Van Zeelandt meurt de la peste, à Furnes, le 20 septembre. Le 25 septembre, Gérard Steenssel est emporté par la même maladie, à Dunkerque, où il avait accompagné son maître. Privé, comme il le dit, de son bras droit et de son bras gauche, Rythovius continue néanmoins avee intrépidité l'exercice pénible de son ministère pastoral. Bergues-Saint-Winoc rentre sous l'obéissance du roi le 28-29 septembre. Aussitôt l'évêque s'y transporte pour réconcilier les églises de la ville et de la châtellenie et prodiguer ses consolations aux malheureux. Ce fut dans la ville de Bergues qu'il sentit les premières atteintes du mal qui devait l'emporter. Le prélat se fit conduire par bateau à Saint-Omer où il arriva le 4 octobre. Au lieu de se rendre chez l'évêque Jean Six, avec lequel il désirait arranger quelques affaires, il demanda l'hospitalité chez les sœurs grises de Saint-François, chargées de soigner les pestiférés. Bientôt il dut s'aliter. Son neveu, Guillaume Goossens, qui avait étudié autrefois la pharmacie et venait de sortir de convalescence à la suite de la peste, ne tarda pas à constater les symptômes de la terrible maladie. L'évêque apprit cette nouvelle avec calme et résignation, se prépara saintement à la mort et s'endormit dans le seigneur le 9 octobre 1583, à dix heures du matin. L'évêque de Saint-Omer célébra les funérailles de son collègue dans la chapelle du couvent, en présence des ecclesiastiques yprois et brugeois réfugiés alors dans cette ville. Des obsèques furent célébrées sans retard à Sainte-Walburge, à Furnes, et à la collégiale de Saint-Pierre, à Lille, où l'évêque d'Ypres possédait une demi-prébende. Le service solennel en la cathédrale d'Ypres, remis jusqu'après la reddition de la ville (7 avril 1584), eut lieu le mardi 3 juillet.

Quatre ans après la mort du prélat, l'historien Florent van der Haer en trace ce beau portrait : « A une « érudition éminente, il joignit ces « mœurs austères, cette candeur et « cette sainteté de vie qui rappellent « la primitive Eglise. Toujours égal à « lui-même, humble dans la prospérité, « résigné dans les épreuves de la mau- « vaise fortune, d'une simplicité de vie « qui contrastait avec sa dignité, géné- « reux envers les pauvres, singulière- « ment attaché à ses subordonnés, « plein de charité et de dévouement « envers tous, rien n'eût manqué à sa « grandeur s'il s'était mieux entendu « à la pratique des choses humaines ». Ce dernier trait seul manque de ressemblance. Rien n'a manqué à la grandeur de Rythovius qui ne s'est mêlé des questions politiques que pour défendre la cause de ses compatriotes et conserver intacte la foi catholique.

Pierre Simoens, son successeur sur le siège d'Ypres, et le chapitre de Saint-Martin admiraient trop le pieux et vaillant évêque pour laisser ses dépouilles mortelles à Saint-Omer. Ils les réclamèrent en 1604. Ce n'est qu'en 1607, après bien des négociations, que Baudouin Goossens, neveu de Rythovius, put les transporter à Ypres, le 11 novembre, fête de Saint-Martin. Elles furent déposées dans un superbe mausolée sculpté par Urbain Taillebert et élevé dans le chœur, du côté de l'épître, par les soins du séminaire auquel le prélat, sauf quelques legs faits aux pauvres de Rythoven, à la pédagogie du Faucon, à Louvain, etc., avait laissé sa modeste fortune. Une statue en albâtre représente l'évêque couché en habits pontificaux et les mains jointes. Le reste du monument est en marbre rouge et noir. Pierre Simoens étant décédé le 5 octobre 1605, on construisit en même temps, à côté de celui de Rythovius, un second mausolée pour le deuxième évêque d'Ypres, avec une épitaphe commune. En 1757, le monument de Rythovius fut transporté du côté de l'évangile où on l'admire encore aujourd'hui avec cette inscription :

MARTINO RYTHOVIO I°
IPRESIV. EPO. QUI TRID. CONC.
INTERFUIT. GANDAVI PRO FIDE
CARCERES TULIT; ODOMAROPOLI
OBIJT IX OCTOB. 1583
SEMINARIUM IPRES. HÆRES POSUIT A° 1607
ADESSE FESTINANT TEMPORA.

Cette dernière phrase était la devise de Rythovius. Son blason était : *Ecartelé, au 1er et 4e d'azur à trois plumes d'or en bande, au 2e et 3e d'argent à la croix de Lorraine de gueules.*

A.-C. De Schrevel.

E. Reusens, *Documents relatifs à l'histoire de l'université de Louvain*, publiés dans les *Analectes pour servir à l'hist. ecclés. de la Belgique*. — Th. Specht, *Geschichte der ehemaligen Universität Dillingen*. — P. de Ram, *Mémoire sur la part que le clergé de Belgique et spécialement les docteurs de Louvain ont prise au concile de Trente; Synodicon belgicum*, t. I. — *Historia episcopatus Iprensis ex authographis* D. Gerardi De Meester. — E. de Coussemaker, *Troubles religieux du* XVIe *siècle dans la Flandre maritime*. — A.-C. De Schrevel, *Remi Drieux, évêque de Bruges et les troubles des Pays-Bas*, dans la *Revue d'histoire ecclésiastique*, 1902. — A. Iweins, *Esquisse historique et biographique de Rythovius, premier évêque d'Ipres*. — P. Claessens, *Esquisse biographique de deux évêques belges au* XVIe *siècle*. — O. Bled, *Les évêques de Saint-Omer depuis la chute de Thérouanne*. — Archives générales du royaume : papiers d'Etat et de l'audience, reg. 598, *Nouveaux évêchés*, t. VII. — Archives de l'évêché de Bruges, fonds : *Ancien évêché d'Ypres*. — Archives de la ville d'Ypres, *Registres capitulaires de Saint-Martin*. — Archives de la ville de Saint-Omer, *Registres capitulaires de Notre-Dame*.

TABLE ALPHABÉTIQUE DES NOTICES

CONTENUES

DANS LE VINGTIÈME VOLUME

DE LA

BIOGRAPHIE NATIONALE.

A

ADRIEN DE ROULERS, poète latin. Voir *Roulers* (Adrien de).

AERTSZONE (Ryckaert), peintre. Voir *Ryckaert Aertszone.*

AERTZOON (Lambert Ryck), peintre. Voir *Ryck Aertzoon* (Lambert).

ANTWERPEN (Rudolphe van). Voir *Rudolphe van Antwerpen.*

ARNOLDI (Ricardus), peintre. Voir *Ryckaert Aertszone.*

AROSTO (Giovanni), hautelicier. Voir *Rost* (Jean).

B

BEHR (Auguste-Nicolas-Maximilien Royer de), homme politique. Voir *Royer de Behr* (Auguste-Nicolas-Maximilien).

BERGHE (Gilles vanden), tailleur de pierres. Voir *Ruysbroeck* (Gilles de).

BERGHE (Guillaume vanden), homme politique, Voir *Ruysbroeck* (Guillaume de).

BERGHE (Jean vanden), tailleur de pierres. Voir *Ruysbroeck* (Jean de).

BERTRINHERS (Renard de Lexhy, dit de), et aussi de Rouveroy, diplomate et homme de guerre. Voir *Rouveroy* (Renard de Lexhy, dit de Bertrinhers et aussi de).

BESSUEJOULS (Jean-Armand), prélat, archevêque de Malines. Voir *Roquelaure* (Jean-Armand).

BIEVRES (Jean Rubempré, sire de), homme de guerre. Voir *Rubempré* (Jean).

BRUXELLES (Jean van Roome, dit Jean de), peintre. Voir *Roome* (Jean van).

BUESVEJOULS (Jean-Armand), prélat, archevêque de Malines. Voir *Roquelaure* (Jean-Armand).

C

COLIN VAN RYSSELE, poète. Voir *Ryssele* (Colin van).

COUCHET (Jean), facteur de clavecins. — T. XX, col. 383 (Dans l'art. *Ruckers,* famille de facteurs de clavecins).

CRÈVECOEUR (Madame Estelle-Marie-Louise Ruelens, née), écrivain romancier. Voir *Ruelens* (Madame Estelle-Marie-Louise)

D

DEROSE (Charles-Philippe), sculpteur. Voir *Rose* (Charles-Philippe de).

DES RUWELLES (Jean-François), graveur. Voir *Ruelles* (Jean-François de).

DEUTZ (Rupert de), écrivain ecclésiastique. Voir *Rupert de Saint-Laurent.*

DIVES (Guillaume), poète latin. Voir *Rycke* (Guillaume de).

DOUR (Alexandre-Jean-Joseph, baron de Royer de), homme politique. Voir *Royer de Dour* (Alexandre-Jean-Joseph, baron de).

DOUR (Charles-Louis-Joseph, baron de Royer de), homme politique. Voir *Royer de Dour* (Charles-Louis-Joseph, baron de).

E

ENVEZIN (Charles-Joseph de Nozières d'), comte de Rosières, commandant. Voir *Rosières* (Charles-Joseph de Nozières d'Envezin, comte de).

F

FLAMERICOURT (Jean-Baptiste-Bonaventure Roquefort-), philologue, musicologue et compositeur de musique. Voir *Roquefort-Flamericourt* (Jean-Baptiste-Bonaventure).

FOURNELLES (Jean de Rosimbos, seigneur de), précepteur. Voir *Rosimbos* (Jean de).

G

GÉRARD LE ROND, personnage fabuleux. Voir *Rond* (Gérard).

GRAVIÈRE (Caroline), écrivain romancier. Voir *Ruelens* (Madame Estelle-Marie-Louise).

H

HÉRIAMONT (François Rousseau d'), général. Voir *Rousseau d'Hériamont* (François).

J

JAN VAN RUUSBROEC, mystique. Voir *Ruysbroeck* (Jean de).

JEAN DE BRUXELLES (Jean van Roome, dit), peintre. Voir *Roome* (Jean van).

K

KEERSGIETER (Jacques de Rore, surnommé de), mennonite. Voir *Rore* (Jacques de).

KEERSMAECKER (Jacques de Rore), surnommé de). Voir *Rore* (Jacques de).

L

LE ROND (Gérard), personnage fabuleux. Voir *Rond* (Gérard).

LE RUISTRE (Nicolas), homme d'Etat et d'église. Voir *Ruter* (Nicolas).

LEXHY (Renard de), dit de Rouveroy, diplomate et homme de guerre. Voir *Rouveroy* (Renard de Lexhy, dit de).

LIBOY (Charles-François Rossius de), chanoine. Voir *Rossius de Liboy* (Charles-François).

LOVENDEGHEM (Daniel Rutaert, *alias* van). Voir *Rutaert* (Daniel).

N

NEELKINE (Daniel II Rutaert, surnommé), sculpteur. Voir *Rutaert* (Daniel II).

NOZIÈRES D'ENVEZIN (Charles-Joseph de), comte de Rosières, commandant. Voir *Rosières* (Charles-Joseph de Nozières d'Envezin, comte de).

O

OGEZ (François-Aimé Rul-), médecin. Voir *Rul-Ogez* (François-Aimé).

ORBAN (Charles-Abeillard-Conscrit de Rossius), homme politique. Voir *Rossius-Orban* (Charles-Abeillard-Conscrit de).

R

RANEGAIRE, évêque de Tournai et de Noyon. Voir *Ronegaire*.

RANTGAIRE, évêque de Tournai et de Noyon. Voir *Ronegaire*.

RAYMONDI (Pedro), maître de chapelle et compositeur de musique. Voir *Ruimonte* (Pedro).

RAYMONT (Pedro), maître de chapelle et compositeur de musique. Voir *Ruimonte* (Pedro).

REMEY (Jacques Rym, *alias*), sculpteur. Voir *Rym* (Jacques).

REMONTI (Pedro), maître de chapell et compositeur de musique. Voir *Ruimonte* (Pedro).

REMYN (Jacques Rym, *alias*), sculpteur. Voir *Rym* (Jacques).

RENARD DE LEXHY, dit de Rouveroy, diplomate et homme de guerre. Voir *Rouveroy* (Renard de Lexhy, dit de).

REYNSBERCH (Laurent van), peintre. Voir *Rynsberge* (Laurent van).

RICARDUS ARNOLDI, peintre. Voir *Ryckaert Aertszone*.

RICART (Pierre), médecin. Voir *Ryckaert* (Pierre).

RICHARD DE SAINT-BASILE (Ruquelot, en religion), écrivain ecclésiastique. Voir *Ruquelot*.

RICHARD (Pierre), médecin. Voir *Ryckaert* (Pierre).

RIEKERS, famille de facteurs de clavecins. Voir *Ruckers*.

RIETIUS (Ernest), généalogiste. Voir *Rye* (Ernest vanden).

RIKAERT, famille de facteurs de clavecins. Voir *Ruckers*.

RIKE (Daneel de), peintre Voir *Ryke* (Daneel de)

RIMOGNE (Jean-Louis Rousseau de), explorateur des mines. Voir *Rousseau de Rimogne* (Jean-Louis).

RIMONDI (Pedro), maître de chapelle et compositeur de musique. Voir *Ruimonte* (Pedro).

RINGHEL (Antonis), peintre. Voir *Rynghele* (Antonis).

RIQUAERT (Jean), peintre. Voir *Rycquaert* (Jean).

ROCHOLLE (Pierre), graveur. Voir *Rucholle* (Pierre).

ROEY (Jean-Joseph van), dit van Roy, libraire. Voir *Roy* (Jean-Joseph van Roey, dit van).

ROND (Gérard), ou plutôt LE ROND, personnage fabuleux. — T. XX, col. 1-4.

RONDELLUS (Gérard), théologien. — T. XX, col. 4.

RONEGAIRE, RANEGAIRE ou RANTGAIRE, évêque de Tournai et de Noyon. — T. XX, col. 5.

RONGE (Jean-Baptiste), compositeur de musique et critique musical. — T. XX, col. 5-6.

RONGE (Louis-Ferdinand-Oscar-Arthur), ingénieur. — T. XX, col. 6-7.

RONGE (Louis-Jean-Baptiste-Ferdinand), publiciste. — T. XX, col. 7-8.

RONGÉ (Pierre-Jean de), magistrat. — T. XX, col. 8-9.

RONGHE (Albéric de), théologien, musicien. — T. XX, col. 9-10.

RONNBERG (Auguste-Henri), fonctionnaire. — T. XX, col. 10-11.

RONQUIER (Jean-Baptiste-Célestin-Félix-Joseph de), pédagogue. — T. XX, col. 12.

RONS (Gérard-D.), poète flamand. — T. XX, col. 12-13.

RONSE (Adrien van), sculpteur. — T. XX, col. 13.

RONSE (Edmond), historien, littérateur. — T. XX, col. 13-15.

RONSSAEUS (Baudouin), médecin. Voir *Ronsse* (Baudouin).

RONSSE (Baudouin) ou RONSSAEUS, médecin. — T. XX, col. 15-17.

RONSSE (Joseph), romancier flamand. — T. XX, col. 17-19.

RONVAULX (Dieudonné de), écrivain ecclésiastique. — T. XX, col. 19-20.

ROO (Jean de), ecrivain ecclésiastique. — T. XX, col. 20.

ROO (Jean-Barthélemi van), philanthrope, écrivain ecclésiastique. — T. XX, col. 20-21.

ROO (Louis-François-Emmanuel van), écrivain. — T. XX, col. 21-22.

ROOBAERT (Martin), prédicateur. — T. XX, col. 22.

ROOKER, famille de facteurs de clavecins. Voir *Ruckers*.

ROOMAN (Gilles), imprimeur. — T. XX, col. 22-23.

ROOME (Jean van), dit JEAN DE BRUXELLES, peintre. — T. XX, col. 23-35.

ROORE (Jacques de), peintre. — T. XX, col. 35-38.

ROORE (Jacques de), mennonite. Voir *Rore* (Jacques de).

ROOS (André-Nicolas) ou ROOSE, homme de guerre. — T. XX, col. 38-40.

ROOS (Jean), plus exactement ROOSEN, en italien GIOVANNI ROSA, peintre. — T. XX, col. 40-42.

ROOSBROECK (Jean-Julien van), médecin-oculiste. — T. XX, col. 42-46.

ROOSE (André-Nicolas), homme de guerre. Voir *Roos* (André-Nicolas).

ROOSE (Georges-Louis de), peintre. — T. XX, col. 47.

ROOSE (Godefroid de), sculpteur. — T. XX, col. 48.

ROOSE (Philippe), écuyer, seigneur de STRAZELLES ou STRAZEELE, homme politique. — T. XX, col. 48-50.

ROOSE (Pierre), magistrat, chef et président du conseil privé, écrivain. — T. XX, col. 49-76.

ROOSEN (Jean), peintre. Voir *Roos* (Jean).

ROOSEN (Pépin), prédicateur. Voir *Rosa* (Pépin).

ROOST (Guillaume van), écrivain ecclésiastique. — T. XX, col. 78-83.

ROOST (Jean vander), hautelicier. Voir *Rost* (Jean).

ROOSTER (Jacques de), peintre. — T. XX, col. 83.

ROOTHAESE (Alexandre), cartographe. — T. XX, col. 83-84.

ROOVERE (Jean de), miniaturiste. — T. XX, col. 84-85.

ROOY (Jerôme van), écrivain ecclesiastique. — T. XX, col. 85.

ROOZEL (Nicaise), orfèvre. Voir *Rousseel* (Nicaise).

ROQUEFORT-FLAMERICOURT (Jean-Baptiste-Bonaventure), philologue, musicologue et compositeur de musique. — T. XX, col. 85-87.

ROQUELAURE (Jean-Armand de), BESSUÉJOULS ou BUESVEJOULS, prélat, archevêque de Malines. — T. XX, col. 87-93.

RORE (Cyprien de), musicien. — T. XX, col. 93-95.
RORE (Jacques de) ou ROORE, surnommé de KEERSMA(EC)KER ou de KEERSGIETER, mennonite brugeois. — T. XX, col. 95-96.
RORIVE (Mathias), jésuite, professeur. — T. XX, col. 96.
ROSA (Giovanni), peintre. Voir *Roos* (Jean).
ROSA (Henri), professeur. — T. XX, col. 97.
ROSA (Pépin) ou ROOSEN, prédicateur, suffragant de Malines, écrivain ecclésiastique. — T. XX, col. 97-98.
ROSANT (Jacques), poète flamand. — T. XX, col. 98-99.
ROSART (Jacques-François), fondeur de caractères d'imprimerie. — T. XX, col. 99-100.
ROSCELAEN (Pierre), graveur. Voir *Rucholle* (Pierre).
ROSE (Charles-Philippe de) ou DEROSE, sculpteur. — T. XX, col. 100-102.
ROSELT (Jean-Baptiste Rosselt, dit), médecin. Voir *Rosselt* (Jean-Baptiste).
ROSEMONDT (Godescalc), théologien, professeur à l'Université de Louvain. — T. XX, col. 102-109.
ROSEN (Jean vander), orfèvre et graveur de sceaux. — T. XX, col. 110.
ROSENTHAL (Jean). écrivain ecclésiastique. — T. XX, col. 110-111.
ROSIER (Jean), poète. — T. XX, col. 111-113.
ROSIER (Jean-Baptiste-Hippolyte), homme politique et magistrat. — T. XX, col. 113-115.
ROSIERES (Charles-Joseph de NOZIÈRES D'ENVEZIN, comte de), commandant d'armée. — T. XX, col. 115-138.
ROSIMBOS (Jean), seigneur de Fournelles, précepteur de Charles le Téméraire. — T. XX, col. 139-140.
ROSMER (Paul), écrivain ecclésiastique. — T. XX, col. 140.
ROSMER (Théodore), écrivain ecclésiastique. — T. XX, col. 141.
ROSOLANI (Ange-Louis-Joseph), colonel. — T. XX, col. 141-143.
ROSSAERT (Pierre-François), poète flamand. — T. XX, col. 143.
ROSSELT (Jean-Baptiste), dit ROSELT, médecin. — T. XX, col. 143-145.
ROSSEM (Martin van) ou ROSSUM, homme de guerre. — T. XX, col. 145-158.
ROSSEEUW (Léonard-François-Jacques), homme de loi et législateur. — T. XX, col. 159.
ROSSIGNOL (Isidore-Hippolyte), docteur en médecine. — T. XX, col. 159-161.
ROSSIUS-ORBAN (Charles-Abeillard-Conscrit de), homme politique. — T. XX, col. 162-163.
ROSSIUS DE LIBOY (Charles-François), chanoine. — T. XX, col. 163-164.
ROSSO (Giovanni), hautelicier. Voir *Rost* (Jean).
ROSSUM (Adrien-Charles-Joseph van), médecin. — T. XX, col. 164-165.
ROSSUM (Jean van), sculpteur. — T. XX, col. 165.
ROSSUM (Martin van), homme de guerre. Voir *Rossem* (Martin van).
ROSSVOOD (Martin de), graveur. — T. XX, col. 165.
ROST (Jean), ROSTEL, Giovanni ROSSO ou AROSTO ou VANDER ROOST, hautelicier. — T. XX, col. 165-168.
ROSTEL (Jean), hautelicier. Voir *Rost* (Jean).
ROSUT (Jean de), imagier. — T. XX, col. 169-170.
ROSWEYDE (Heribert), écrivain ecclésiastique. — T. XX, col. 170-178.
ROTARIUS (Jacques), savant religieux. — T. XX, col. 178.
ROTARIUS (Jacques), chanoine de Saint-Denis à Liége. — T. XX, col. 178-179.
ROTHARD, évêque de Cambrai. — T. XX, col. 179-181.
ROTHERMEL (Augustin), général. — T. XX, col. 181-183.
ROTRUDE (Sainte). — T. XX, col. 183-184.
ROTTERDAM (Jean-Baptiste-Antoine van), nouvelliste et romancier flamand. — T. XX, col. 184-187.
ROTTERDAM (Jean-Charles van), médecin. — T. XX, col. 187-193.
ROTTHIER (Jean-André-Jacques), prêtre voyageur. — T. XX, col. 193-195.
ROTTIERS (Bernard-Eugène-Antoine), militaire et archéologue. — T. XX, col. 196-197.
ROTZ (Zacharie), écrivain ecclésiastique. — T. XX, col. 197-198.
ROUCEL (François-Antoine), officier de santé, botaniste. — T. XX, col. 198-202.
ROUCHET (Charles), publiciste. — T. XX, col. 202-203.
ROUCOURT (Jean), théologien. — T. XX, col. 203-204.
ROUCOURT (Jean-Baptiste), musicien. — T. XX, col. 204-205.
ROUGEMONT (François de), missionnaire, historien. — T. XX, col. 206-207.
ROUGENON (Jean) ou ROUGNON, peintre. — T. XX, col. 208.
ROUGNON (Jean), peintre. Voir *Rougenon* (Jean).
ROUILLE (Louis-Pierre), professeur et littérateur. — T. XX, col. 208-213.
ROUILLON (Charles de), poète. — T. XX, col. 213-218.

ROULERIUS (Adrien), poète latin. Voir *Roulers* (Adrien de).

ROULERS (Adrien de) ou ROULERIUS, poète latin. — T. XX, col. 219-220.

ROULEZ (Jean-François), professeur et orateur sacré. — T. XX, col. 221.

ROULEZ (Joseph), professeur à l'Université de Gand. — T. XX, col. 221-229.

ROUPPE (Nicolas-Jean), magistrat, homme politique. — T. XX, col. 229-236.

ROUSCHOLLE (Pierre), graveur. Voir *Rucholle* (Pierre).

ROUSSEAU (Jean-Baptiste), littérateur et fonctionnaire. — T. XX, col. 237-244.

ROUSSEAU (Jean-Marie), maître de chapelle et compositeur de musique. — T. XX, col. 244-246.

ROUSSEAU (Joseph), écrivain ecclésiastique. — T. XX, col. 246-247.

ROUSSEAU (Omer), colonel du génie. — T. XX, col. 247-249.

ROUSSEAU (Pierre-Joseph) pédagogue. — T. XX, col. 249.

ROUSSEAU D'HERIAMONT (François), général. — T. XX, col. 249-251.

ROUSSEAU DE RIMOGNE (Jean-Louis), exploitant de mines. — T. XX, col. 251-252.

ROUSSEAUX (Hubert-Joseph), écrivain militaire. — T. XX, col. 252.

ROUSSEAUX (Jean-Paschal), poète wallon. — T. XX, col. 253-255.

ROUSSEEL (Nicaise), RUSSEL ou ROOZEL, orfèvre. — T. XX, col. 256-257.

ROUSSEL (Armand-Adolphe), publiciste, avocat et professeur. — T. XX, col. 257-258.

ROUSSEL (Armand-Louis-Adolphe), géomètre et architecte. — T. XX, col. 258.

ROUSSELLE (Charles-Edmond), homme politique. — T. XX, col. 258-260.

ROUSSELLE (Hippolyte-Antoine-Joachim), jurisconsulte, littérateur. — T. XX, col. 260-262.

ROUTAERT (Charles), peintre. Voir *Ruthard* (Charles).

ROUTART (Michel), homme politique. — T. XX, col. 262-263.

ROUTHART (Charles), peintre. Voir *Ruthard* (Charles).

ROUVEROY (Frédéric), littérateur. — T. XX, col. 263-271.

ROUVEROY (Renard de LEXHY, dit de BERTRINHERS et aussi de), diplomate et homme de guerre liégeois. — T. XX, col. 271-279.

ROUVEZ (Adolphe-Emile), archéologue et bibliophile. — T. XX, col. 279.

ROUVROY (Jean-Théodore, baron de), homme de guerre. — T. XX, col. 280-281.

ROUVROY (Pierre van), poète flamand. — T. XX, col. 282.

ROVERE (Richard ?), peintre. — T. XX, col. 282.

ROY (Daniel van ou de) ou VAN ROYE, musicien. — T. XX. col. 282-284.

ROY (Jean-Baptiste de), peintre et graveur. — T. XX, col. 284-286.

ROY (Jean-Joseph VAN ROEY, dit van), libraire. — T. XX, col. 286-287.

ROYAERDS (Jean), écrivain ecclésiastique. — T. XX, col. 287-288.

ROYALME (Pierre de), peintre. — T. XX, col. 288-289.

ROYE (Barthélemy van), sculpteur. — T. XX, col. 289.

ROYE (Daniel van), musicien. Voir *Roy* (Daniel van).

ROYEN (Gilles), maître d'école. — T. XX, col. 289-290.

ROYEN (Pierre van), écrivain ecclésiastique. — T. XX, col. 290.

ROYER (Auguste-Philippe), industriel. — T. XX, col. 290-291.

ROYER (Charles), facteur d'orgues. — T. XX, col. 291.

ROYER (Florentin-Joseph de), professeur et écrivain. — T. XX, col. 291-292.

ROYER (Louis), sculpteur. — T. XX, col. 292-297.

ROYER DE BEHR (Auguste-Nicolas-Maximilien), homme politique. — T. XX, col. 297-299.

ROYER DE DOUR (Alexandre-Jean-Joseph, baron de), homme politique. — T. XX, col. 299-301.

ROYER DE DOUR (Charles-Louis-Joseph, baron de), homme politique. — T. XX, col. 301-302.

RUBBENS (Arnaud-François), peintre. — T. XX, col. 302-303.

RUBBENS (...), sculpteur. — T. XX, col. 303.

RUBEMPRE (Antoine ou Charles de), chambellan. — T. XX, col. 303-304.

RUBEMPRE (Jean), sire de BIÈVRES, homme de guerre. — T. XX, col. 304-307.

RUBEMPRE (Philippe, comte de), homme de guerre. — T. XX, col. 307.

RUBEMPRE (le bâtard de), homme de guerre. — T. XX, col. 307-309.

RUBENS (Albert), littérateur et archéologue. — T. XX, col. 309-313.

RUBENS (Philippe), archéologue et philologue anversois. — T. XX, col. 313-317.

RUBENS (Pierre-Paul), peintre. — T. XX, col. 317-375.

RUBRUQUIS (Guillaume), voyageur. Voir *Ruysbroeck* (Guillaume de).

RUCHIUS (Jean-Guillaume), écrivain.— T. XX, col. 378.

RUCHOLLE (Gilles), graveur.— T. XX, col. 379.

RUCHOLLE (Pierre), aussi RUSSCHOLLE, RUSCIOLLE, ROUSCHOLLE. ROCHOLLE et même ROSCELAEN, graveur. — T. XX, col. 379-381.

RUCKAERS, famille de facteurs de clavecins. Voir *Ruckers*.

RUCKERS (André), dit le Vieux, facteur de clavecins. — T XX, col. 381.

RUCKERS (André), dit le Jeune, facteur de clavecins. — T. XX, col. 381.

RUCKERS (Jean), dit HANS LE VIEUX, facteur de clavecins et d'orgues. — T. XX, col. 381-383.

RUCKERS (Jean), dit le Jeune, facteur de clavecins. — T. XX, col. 383.

RUCKERS (famille dont le nom s'écrivait aussi RUKER, RUECKERS, RUCKAERS, RUYKERS, RIEKERS, RIKAERT, ROOKER), facteurs de clavecins — T. XX, col. 383-386.

RUCLOUX (Fidèle-Antoine-Jules), ingénieur. — T. XX, col. 386-387.

RUDDER (Emile de), dessinateur. — T. XX, col. 387-388.

RUDOLPHE VAN ANTWERPEN, peintre. — T. XX, col. 388.

RUE (Simon de), colonel. — T. XX, col. 388-389.

RUECKERS, famille de facteurs de clavecins. Voir *Ruckers*.

RUEELE (Jean), sculpteur. Voir *Ruweel* (Jean).

RUEL (Jean-Baptiste), aussi RÜL et VON RÜL, musicien et peintre. — T. XX, col. 389-391.

RUELENS (Charles-Louis), érudit et fonctionnaire. — T. XX, col. 391-406.

RUELENS (Madame Estelle-Marie-Louise), née CRÈVECOEUR, en littérature CAROLINE GRAVIÈRE, écrivain romancier. — T. XX, col. 406-417.

RUELENS (Madame Louise-Jeanne-Cecile), née STAPPAERTS, écrivain. — T. XX, col. 417-421.

RUELLES (Jean-François de), DES RUWELLES, graveur. — T. XX, col. 421.

RUFFELAERT (François), écrivain ecclésiastique. — T. XX, col. 421-422.

RUIMONTE (Pedro), RUYMONTE, RAYMONT, REMONTI, RIMONDI, RAYMONDI, maître de chapelle et compositeur de musique. — T. XX, col. 422-423.

RUISSCHE (Jean de), théologien. Voir *Ruyssche* (Jean de).

RUISTRE (Nicolas de), homme d'Etat et d'église. Voir *Ruter* (Nicolas).

RUKER, famille de facteurs de clavecins. Voir *Ruckers*.

RUL-OGEZ (François-Aimé), médecin. — T. XX, col. 424-426.

RÜL (Jean-Baptiste), musicien et peintre. Voir *Ruel* (Jean-Baptiste).

RULQUIN (Claude), sculpteur. — T. XX, col. 426.

RUPERT DE SAINT-LAURENT ou de DEUTZ, ecrivain ecclésiastique. — T. XX, col. 426-457.

RUQUELOT, en religion RICHARD DE SAINT-BASILE, écrivain ecclésiastique. — T. XX, col. 458-459.

RUSCHARDT (André), peintre. Voir *Ruthards* (André).

RUSCIOLLE (Pierre), graveur. Voir *Rucholle* (Pierre).

RUSSCHOLLE (Pierre), graveur. Voir *Rucholle* (Pierre).

RUSSEL (Nicaise), orfèvre. Voir *Rousseel* (Nicaise).

RUSSELIUS (Henri), religieux croisier. — T. XX, col. 459.

RUSSIM (Jean), théologien et philosophe. — T. XX, col. 459-460.

RUTAERT (Daniel), RUUTAERT, RUUTHAERT, *alias* VAN LOVENDEGHEM, sculpteur. — T. XX, col 460.

RUTAERT (Daniel Ier) DE LOVENDEGHEM, marchand de vin. — T. XX, col. 460-461.

RUTAERT (Daniel II), *alias* VAN LOVENDEGHEM, surnommé aussi NEELKINE, sculpteur. — T. XX, col. 461-462.

RUTEAU (Antoine), ou RUTEUS, écrivain ecclésiastique. — T. XX, col. 462-464.

RUTEAU (Benoît), hagiographe. — T. XX, col. 464.

RUTER (Nicolas), aussi RUTTER et DE RUTER, en français LE RUISTRE ou DE RUISTRE, en latin RUTERIUS, homme d'Etat et d'église. — T. XX, col. 465-481.

RUTERIUS (Nicolas), homme d'Etat et d'église. Voir *Ruter* (Nicolas).

RUTEUS (Antoine), écrivain ecclésiastique. Voir *Ruteau* (Antoine).

RUTGEERTS (Louis-Joseph-Napoléon-Marie), jurisconsulte et professeur. — T. XX, col. 482-487.

RUTH (Ignace-Antoine), professeur. — T. XX, col. 488-490.

RUTHARD (Charles), ROUTHART, ROUTAERT, RUTHART, peintre et graveur. — T. XX, col. 490-491.

RUTHARDS (André), aussi RUSCHARDT, peintre. — T. XX, col. 491.

RUTHART (Charles), peintre. Voir *Ruthard* (Charles).

RUTTEN (Guillaume-Gustave), pédagogue et dialectologue. — T. XX, col. 491-492.

RUTTER (Nicolas), homme d'État et d'église. Voir *Ruter* (Nicolas).

RUTTY (Joseph), sculpteur. — T. XX, col. 492.

RUTZ (Gaspard), peintre. — T. XX, col. 492-493.

RUUSBROEC (Jan van), mystique. Voir *Ruysbroeck* (Jean de).

RUUTAERT (Daniel), sculpteur. Voir *Rutaert* (Daniel).

RUUTHAERT (Daniel), sculpteur. Voir *Rutaert* (Daniel).

RUWEEL (Jean) ou RUEELE, sculpteur. — T. XX, col. 493-494.

RUWELLES (Jean-François des), graveur. Voir *Ruelles* (Jean-François de).

RUXTHIEL (Henri-Joseph), sculpteur. — T. XX, col. 494-497.

RUYKERS, famille de facteurs de clavecins. Voir *Ruckers*.

RUYMONTE (Pedro), maître de chapelle et compositeur de musique. Voir *Ruimonte* (Pedro).

RUYSBROECK (Gilles de), dit vanden BERGHE, tailleur de pierres. — T. XX, col. 497.

RUYSBROECK (Guillaume de), ou RUBRUQUIS, célèbre voyageur. — T. XX, col. 497-505.

RUYSBROECK (Guillaume de), dit vanden BERGHE, homme politique. — T. XX, col. 506-507.

RUYSBROECK (Jean de) ou JAN VAN RUUSBROEC, mystique. — T. XX, col. 507-588.

RUYSBROECK (Jean de ou van), dit vanden BERGHE, tailleur de pierres. — T. XX, col. 591-599.

RUYSBROECK (Jean de ou van), dit vanden BERGHE, fils, tailleur de pierres. — T. XX, col. 599-600.

RUYSCH (Jean de), ou RUYSCHE, théologien. Voir *Ruyssche* (Jean de).

RUYSSCHE (Jean de) aussi RUISSCHE, RUYSCH et RUYSCHE, théologien. — T. XX, col. 600.

RUYTEN (Jean-Michel), peintre et graveur à l'eau-forte. — T. XX, col. 600-602.

RUYTER (Jacques de), poète chansonnier. — T. XX, col. 602-608.

RUZETTE (Maximilien-François-Emmanuel-Joseph), chevalier, lieutenant. — T. XX, col. 609-610.

RYBENS (Jean-Baptiste), chroniqueur. — T. XX, col. 610-611.

RYCEN (Chretien), martyr protestant. — T. XX, col. 611-612.

RYCK AERTZOON (Lambert), peintre. — T. XX, col. 612.

RYCKAERT (David I), peintre. — T. XX, col 612-614.

RYCKAERT (David II), peintre. — T. XX, col. 614.

RYCKAERT (David III), peintre. — T. XX, col. 614-617.

RYCKAERT (Jean) ou RYKAERT, relieur de livres. — T. XX, col. 617-618.

RYCKAERT (Martin), peintre. — T. XX, col. 618-619.

RYCKAERT (Pierre), RICHARD ou RICART, médecin. — T. XX, col. 620-621.

RYCKAERT AERTSZONE ou RICARDUS ARNOLDI, peintre. — T. XX, col. 621-622.

RYCKAM (Jean), artiste ferronnier. — T. XX, col. 622-623.

RYCKE (Antoine de), musicien. — T. XX, col. 623-625.

RYCKE (Daneel de), peintre. Voir *Ryke* (Daneel de).

RYCKE (Guillaume de), ou DIVES, poète latin. — T. XX, col. 626.

RYCKEL (Guillaume de), abbé de Saint-Trond. — T. XX, col. 627-632.

RYCKEL (Joseph-Geldolphe van), hagiographe. — T. XX, col. 632-634.

RYCKEMANS (Nicolas), graveur. — T. XX, col. 634-636.

RYCKERE (Louis de), pédagogue et historien. — T. XX, col. 637

RYCKERE (Pierre-Joseph-Marie-Colette de), professeur, diplomate. — T. XX, col. 638-640.

RYCKEWAERT (Augustin-Joseph), théologien. — T. XX, col. 640-650.

RYCKEWAERT (Charles, dit Théophile), calviniste. — T. XX, col. 650-654.

RYCKEWAERT (Charles. dit Théophile), fils, prédicant. — T. XX, col. 654-656.

RYCKMAN (Lambert de), jurisconsulte. — T. XX, col. 656-658.

RYCQUAERT (Jean), RYCWAERD ou RIQUAERT, peintre. — T. XX, col. 658.

RYCWAERD (Jean), peintre. Voir *Rycquaert* (Jean).

RYCX (Cornelis), peintre. — T. XX, col. 659.

RYCX (Jean), le Vieux, peintre. — T. XX, col. 659-660.

RYCX (Paul), le Vieux, peintre. — T. XX, col. 661-662.

RYCX (Paul), le Jeune, peintre. — T. XX, col. 662-664.

RYDER (Jean), ou RYDERUS, écrivain ecclésiastique. — T. XX, col. 664-665.

RYDERUS (Jean), écrivain ecclésiastique. Voir *Ryder* (Jean).
RYDT (Michel-Henri de), musicien. — T. XX, col. 665.
RYE (Ernest vanden), DE RYE ou RIETIUS, généalogiste. — T. XX, col. 665-667.
RYE (Gilles ou Egide vander), peintre et dessinateur. — T. XX, col. 667-669.
RYKAERT (Jean), relieur de livres. Voir *Ryckaert* (Jean).
RYKE (Daneel de), RIKE ou RYCKE, peintre. — T. XX, col. 669-672.
RYKERS (Jean-Christophe), poète. — T. XX, col. 672-676.
RYM (Baudouin), échevin de Gand. — T. XX, col. 676-677.
RYM (Charles), magistrat, diplomate, homme de lettres. — T. XX, col. 677-680.
RYM (Gérard), magistrat. — T. XX, col. 680-681.
RYM (Gérard), abbé de Saint-Pierre au Mont-Blandin, à Gand. — T. XX, col. 681-684.
RYM (Goswin et Simon), bourgeois de Gand au XIVe siècle. — T. XX, col. 685-686.
RYM (Guillaume), homme politique. — T. XX, col. 686-688.
RYM (Jacques), *alias* REMEY ou REMYN, sculpteur. — T. XX, col. 689.
RYM (Simon), bourgeois de Gand. Voir *Rym* (Goswin et Simon).
RYMENANS (Jean-Baptiste), pharmacien, chroniqueur et poète flamand. — T. XX, col. 689-692.
RYNGHELE (Antoine) ou RINGHEL, peintre verrier. — T. XX, col. 692-693.
RYNSBERGE (Laurent van), RYNSBERGEN, RYNSBORCH, REYNSBERCH, *alias* de SCHUTTERE, peintre. — T. XX, col. 693.
RYNSBERGEN (Laurent van), peintre. Voir *Rynsberge* (L. van).
RYNSBORCH (Laurent van), peintre. Voir *Rynsberge* (L. van).
RYPEGHERSTE (Gilles), homme de guerre. — T. XX, col. 694-696.
RYS (Bernard), sculpteur. — T. XX, col. 696.
RYSBRACK (Jean-Michel), sculpteur et dessinateur. — T. XX, col. 697-699.
RYSBRACK (Pierre), peintre. — T. XX, col. 699-701.
RYSBRECHT, peintre. Voir *Rysbregts*.
RYSBREGTS ou RYSBRECHT, peintre. — T. XX, col. 701-702.
RYSEN (Jean van), canoniste. Voir *Ryssingen* (Jean van).
RYSHEUVELS (Louis), pédagogue. — T. XX, col. 702.
RYSPOORT (Jean), musicien. — T. XX, col. 702-703.
RYSSELBERGHE (François van), électricien. — T. XX, col. 703-711.
RYSSELE (Colin van), poète. — T. XX, col. 711.
RYSSENS-DELAUW (Joseph-Martin), architecte et peintre. — T. XX, col. 711-712.
RYSSINGEN (Jean van), ou van RYSEN, canoniste. — T. XX, col. 712-713.
RYST (Herman vander), musicien. — T. XX, col. 713-715.
RYSTIUS (Paul), écrivain ecclésiastique. — — T. XX, col. 715-716.
RYSWYCK (Jean van), littérateur flamand. — T. XX, col. 716-721.
RYSWYCK (Jean-Théodore van), poète flamand. — T. XX, col. 721-724.
RYSWYCK (Lambert van), littérateur flamand. — T. XX, col. 724-725.
RYSWYCK (Théodore van), poète. Voir *Ryswyck* (Jean-Théodore van).
RYTHOVIUS (Martin), théologien, 1er évêque d'Ypres. — T. XX, col. 726-764.

S

SAINT-BASILE (Ruquelot, en religion Richard de), écrivain ecclésiastique. Voir *Ruquelot*.
SAINT-LAURENT (Rupert de), écrivain ecclésiastique. Voir *Rupert de Saint-Laurent*.
SCHUTTERE (Laurent van Rynsberge, *alias* de), peintre. Voir *Rynsberge* (Laurent van).
STAPPAERTS (Madame Louise-Jeanne-Cécile Ruelens, née), écrivain. Voir *Ruelens* (Madame Louise-Jeanne-Cécile).
STRAZEELE (Philippe Roose, seigneur de), homme politique. Voir *Roose* (Philippe), seigneur de Strazeele.
STRAZELLES (Philippe Roose, seigneur de), homme politique. Voir *Roose* (Philippe), seigneur de Strazelles.

V

VON RÜL (Jean-Baptiste), musicien. Voir *Ruel* (Jean-Baptiste).

TABLE GÉNÉRALE DES NOTICES

DUES AUX COLLABORATEURS

DES VOLUMES I A XX

DE LA

BIOGRAPHIE NATIONALE.

ALVIN (Auguste).

Delfosse (Noël-Joseph-Auguste), homme politique. T. V, col. 413.

Dony (Jean-Jacques-Daniel), inventeur du zinc industriel. T. VI, col. 127.

Durbuy (les comtes). T. VI, col. 365.

Duvivier (Charles-Ernest-Emmanuel, chevalier), écrivain, publiciste. T. VI, col. 375.

Engelgrave (Jean-Baptiste), provincial de Flandre. T. VI, col. 581.

Engelgrave (Henri), écrivain ecclésiastique. T. VI, col. 582.

Engelgrave (Assuérus), dominicain. T. VI, col. 582.

Epinoy (Philipotte-Christine de Lalaing, princesse d'). T. VI, col. 613.

Ertborn (Florent-Joseph, chevalier van), philosophe. T. VI, col. 693.

Ertborn (Jean-Charles-Emmanuel, baron van), écrivain. T. VI, col. 693.

Forir (Henri-Joseph), littérateur et mathématicien. T. VII, col. 196.

Fourmanoir (Nicolas de), négociateur. T. VII, col. 213.

Fourmanoir (Jacques de), bienfaiteur et fondateur d'un orphelinat. T. VII, col. 214.

Fraikin (Jean-Joseph), médecin. T. VII, col. 221.

Franchimont (Mathias), poète latin. T. VII, col. 232.

Galen (Matthys), en latin Galenus, professeur de théologie. T. VII, col. 433.

Gardé (François), poète. T. VII, col. 485.

Gendebien (Jean-François), magistrat et homme politique. T. VII, col. 576.

Geubels (Martin), voyageur. T. VII, col. 690.

Glewel (Winand), abbé d'Echternach. T. VII, col. 809.

ALVIN (Frédéric).

Helle (Jean de), Heylem ou Heylen, orfèvre et graveur de sceaux. T. VIII, col. 893.

Jacobs (Pierre-François), peintre d'histoire. T. X, col. 39.

Jacques d'Enghien (Jacobus de Angia ou Jacobus de Bruxellis), écrivain ecclésiastique. T. X, col. 82.

Jehotte (Arnold), graveur en taille-douce. T. X, col. 483.

Jouvenel (Adolphe-Christian), graveur en médailles. T. X, col. 560.

Lattre (Nicolas-Joseph-Germain de), écrivain. T. XI, col. 445.
Le Blond (Laurent), généalogiste. T. XI, col. 527.
Le Boeuf (Jean-Baptiste-Émile), homme de guerre. T. XI, col. 530.
Le Bron (Nicolas) ou Brontius, jurisconsulte, poète. T. XI, col. 566.
Lebrun (Firmin), écrivain humoriste. T. XI, col. 566.
Le Chatelain (Jean), augustin, docteur en théologie. T. XI, col. 574.
Lefebvre (Léopold-Henri-Joseph), industriel. T. XI, col. 652.
Legrelle-d'Hanis (Louis-Jean-François), horticulteur. T. XI, col. 704.
L'Espée (Jacques), chroniqueur. T. XII, col. 24.
Levaillant (André), historien ecclésiastique. T. XII, col. 40.
L'Heureux (Jean), Macarius ou De Macar, philologue et antiquaire. T. XII, col. 88.
Lons (Jean-Baptiste), peintre d'histoire. T. XII, col. 373.
Löwenstein (Jean-Ernest de), évêque de Tournai. T. XII, col. 527.
Loyens (Hubert), magistrat. T. XII, col. 531.
Luna (Dominique de), religieux dominicain. T. XII, col. 572.
Male (Pierre de), érudit, chanoine de la cathédrale de Tournai. T. XIII, col. 233.
Marci (l'abbé Jean-François) ou de Marci, mathématicien. T. XIII, col. 471.
Marteau (Gilles Demarteau ou de), graveur. T. XIII, col. 866.
Marteau (Gilles-Antoine Demarteau ou de), graveur. T. XIII. col. 869.
Meckeren (Gérard van), dit Batenborg, écuyer, vice-amiral de Flandre. T. XIV, col. 211.
Mennens (François), écrivain héraldique. T. XIV, col. 363.
Mercator (Michel), orfèvre, graveur et facteur d'instruments de musique. T. XIV, col. 422.
Nispen (Balthazar van), prévôt de la monnaie à Anvers. T. XV, col. 748.
Noël (François), savant jésuite, missionnaire. T. XV, col. 765.
Noirot (Claude), graveur de la monnaie de Hollande. T. XV, col. 789.
Noirot (Jean), orfèvre, tailleur des monnaies de Flandre. T. XV, col. 790.
Noirot (Pierre), joaillier, tailleur des coins de la monnaie de Flandre. T. XV, col. 791.
Noot (Thomas vander), imprimeur et traducteur. T. XV, col. 880.
Nouhuys (Herman-Jacques-Constant van), littérateur. T. XV, col. 934.
Noyens (Jean), Nouts ou Jean de Turnhout, professeur, jurisconsulte. T. XV, col. 948.
Nymmegen (Jean van), *alias* Jean van Vlierden, orfèvre, graveur de sceaux et de monnaies. T. XVI, col. 18.
Oosterwyk (Jean d'), martyr de Gorcum. T. XVI, col. 220.
Oprode (Joachim van ou Ab), écrivain ecclésiastique. T. XVI, col. 233.
Oresmieux (François d'), écrivain ecclésiastique. T. XVI, col. 247.
Paludanus (Arnould), écrivain ecclésiastique. T. XVI, col. 507.
Partoes (Henri-Louis-François), architecte. T. XVI, col. 657.
Peeters (Charles) ou Carolus Petri, écrivain ecclésiastique. T. XVI, col. 850.
Petersheim (Henri de) ou Pietersheim, écolâtre de Saint-Servais à Maestricht. T. XVII, col. 100.
Peuplus (Ambroise), écrivain ecclésiastique. T. XVII, col. 133.
Pierre de Bruges, potier d'étain, fondeur. T. XVII, col. 430.
Pieters (Jacques), sculpteur. T. XVII, col. 489.
Pinet (Nicolas), dessinateur, peintre, sculpteur et graveur. T. XVII, col. 531.
Pingret (Arnould-Joseph), sculpteur et graveur de médailles. T. XVII, col. 532.
Pirlot (Charles-Louis-Joseph), professeur, géographe. T. XVII, col. 563.

Platea de Senzeille (Jean de) ou de La Rue, historien. T. XVII, col. 764.
Platel (Jacques) ou Jacobus Platelius, écrivain ecclésiastique. T. XVII, col. 788.
Plum (Corneille), orfèvre et graveur de monnaies. T. XVII, col. 825.
Pontanus (Roverus), écrivain ecclésiastique. T. XVIII, col. 16.
Racquet (Jean) ou Racket, échevin de la ville de Liége. T. XVIII, col. 534.
Rastoul de Mongeot (Alphonse-Simon), littérateur, historien. T. XVIII, col. 758.
Raymaekers (Fidèle-Jean-Evermode), érudit, historien. T. XVIII, col. 808.
Razières (Rombaut de), graveur de monnaies et de sceaux. T. XVIII, col. 817.
Robin (Eugène), poète, critique et publiciste. T. XIX, col. 543.
Roettiers, famille d'orfèvres et de graveurs. T. XIX, col. 663.
Rosen (Jean vander), orfèvre et graveur de sceaux. T. XX, col. 110.
Rossum (Jean van), sculpteur flamand. T. XX, col. 165.
Rougemont (François de), missionnaire, historien. T. XX, col. 206.

ALVIN (Louis).

Coché-Mommens (Jean-Jacques), éditeur du *Courrier des Pays-Bas*. T. IV, col. 223.
Dewez (Louis-Dieudonné-Joseph), inspecteur des athénées et collèges. T. V, col. 912.
Edelinck (Gérard), graveur. T. VI, col. 453.
Edelinck (Jean), graveur. T. VI, col. 461.
Edelinck (Gaspard-François), graveur. T. VI, col. 462.
Engelspach (Auguste), dit Larivière, agent général du gouvernement. T. VI, col. 585.
Esschen (Pierre-Josse van), médecin et poète. T. VI, col. 711.
Fallot-Laurillard (Charles-Guillaume-Antoine), officier de génie, écrivain stratégiste. T. VI, col. 871.
Flémalle (Barthélemy) ou Bertholet Flémalle, peintre. T. VII, col. 96.
Fremiet (Louis), administrateur et publiciste. T. VII, col. 295.
Guillery (Anne-Justine), femme de lettres. T. VIII, col. 526.
Guillery (Charles-François-Hippolyte), ingénieur. T. VIII, col. 546.
Guillery (Hippolyte), professeur de mathématiques et de belles-lettres, ingénieur et publiciste. T. VIII, col. 535.
Halen (Don Juan van), homme de guerre. T. VIII, col. 617.
Hallard (Louis-Joseph), ecclésiastique, homme de lettres, professeur. T. VIII, col. 637.
Hasselt (André-Henri-Constant van), écrivain-poète. T. VIII, col. 753.
Hellemans (Pierre-Jean), peintre de paysage. T. VIII, col. 896.
Hellemans (Marie-Joseph), peintre de fleurs. T. VIII, col. 897.
Hennebert (Jean-Baptiste-Joseph-Frédéric), écrivain, biographe. T. IX, col. 71.
Hennebert (Frédéric), docteur en droit. T. IX, col. 73.
Herreyns (Guillaume-Jacques), artiste-peintre. T. IX. col. 288.
Hoefnaeghel (Georges), peintre miniaturiste et poète. T. IX, col. 408.
Hooghten (Jean-Gérard van), magistrat, avocat, professeur. T. IX, col. 451.
Hubin (Jean-Hubert), administrateur, poète, musicien. T. IX, col. 605.

ARENBERGH (Émile van).

Eycken (Jean-Baptiste van), peintre. T. IV, col. 804.
Fyt (Jean), peintre, aquafortiste. T. VII, col. 394.
Godtschalk (Marie-Jean), écrivain ecclésiastique. T. VIII, col. 21.
Gonchi (Gérard) ou Gonthi, humaniste. T. VIII, col. 106.
Gotfrid de Tirlemont (Gotfridus de Thenis), poète latin. T. VIII, col. 146.

Gravez (J.-Philippe), fonctionnaire, publiciste, poète. T. VIII, col. 246.
Grégoire de Saint-Martin, écrivain ecclésiastique. T. VIII, col. 252.
Gries (baron François), lieutenant-colonel et chevalier de l'ordre de Marie-Thérèse. T. VIII, col. 301.
Guerric (le bienheureux), abbé d'Igni. T. VIII, col. 400.
Guillaume de Tournai ou de Saint-Martin, écrivain bénédictin. T. VIII, col. 469.
Gya (Jean), littérateur. T. VIII, col. 587.
Hadelin (Saint), abbé et fondateur du monastère de Celles. T. VIII, col. 592.
Haecken, Haaken ou Hacken (Alexandre van), graveur. T. VIII, col. 596.
Haecx (David), Haeckx ou Haex, orientaliste. T. VIII, col. 597.
Haeften (Jacques, en religion Benoît van), écrivain ecclésiastique, abbé d'Affighem. T. VIII, col. 598.
Haimin, écrivain ecclésiastique. T. VIII, col. 608.
Haket, Aket ou Hachet (Désiré), abbé du monastère des Dunes, premier abbé du monastère de Ter Doest. T. VIII, col. 610.
Halitgaire ou Halitcharius, Aligarius, Haicarius, etc., écrivain ecclésiastique. T. VIII, col. 636.
Halmale (Henri van), évêque d'Ypres. T. VIII, col. 651.
Ham (Jacques van) ou Hammius, jurisconsulte, poète. T. VIII, col. 658.
Hamerius (Pierre), écrivain ecclésiastique. T. VIII, col. 663.
Hanart (Jean), de la congrégation de l'Oratoire, écrivain. T. VIII, col. 677.
Hancart (Lambert), abbé de l'abbaye bénédictine de Gembloux. T. VIII, col. 678.
Hanegrave (Corneille) ou Haengrefs, hagiographe. T. VIII, col. 679.
Hangouart (Roger), seigneur de Cricquillon, maître ordinaire en la chambre des comptes de Lille. T. VIII, col. 687.
Hanicq (Hubert), sculpteur. T. VIII, col. 688.
Hanins (Albert-Ignace d'), poète. T. VIII, col. 688.
Hannoc ou Hannot (André), écrivain ecclésiastique. T. VIII, col. 698.
Hannoize (Philippe), hagiographe. T. VIII, col. 698.
Hannotel (Philippe), écrivain ecclésiastique. T. VIII, col. 698.
Hanswyck (Florent de), capucin, prédicateur. T. VIII, col. 706.
Happart (Adolphe, Adulphe), hagiographe. T. VIII, col. 706.
Happart (Grégoire-Maximilien), official de la cathédrale d'Anvers. T. VIII, col. 707.
Hardevuyst (Louis-Jacques), père jésuite. T. VIII, col. 711.
Hardigny (Guillaume), écrivain ecclésiastique. T. VIII, col. 712.
Harduyn, Hardwyn (Denis) ou Harduinus (Dionysius), historien. T. VIII, col. 714.
Harduyn, Hardwyn (François de) ou Harduinus (Franciscus), poète. T. VIII, col. 717.
Harduyn, Hardwyn (Josse de) ou Harduinus (Justus), poète. T. VIII, col. 719.
Harefeldt (Bernard), Hareveld ou Hardtfeld, graveur. T. VIII, col. 722.
Hargardt (Henri), écrivain ecclésiastique. T. VIII, col. 727.
Hariulphe, abbé de Saint-Pierre d'Oudenbourg, hagiographe. T. VIII, col. 728.
Harnes (Michel de), connétable de Flandre. T. VIII, col. 735.
Hart (Laurent-Joseph), graveur. T. VIII, col. 741.
Haspenslag (Louis), historien, biographe. T. VIII, col. 746.
Hassard (Julien), carme, écrivain. T. VIII, col. 747.
Hasselius (Jean-Leonardi) ou Lenaerts Vander Eycken, docteur en théologie. T. VIII, col. 747.
Hattem (Olivier), médecin. T. VIII, col. 768.
Hauchin (Jean), archevêque de Malines. T. VIII, col. 770.

Haudion (Nicolas de), seigneur de Guiberchies, évêque de Bruges. T. VIII, col. 772.
Haupas (Nicolas du) ou Haupasius, écrivain médical. T. VIII, col. 777.
Hauregard (Lambert-François-Joseph de), écrivain. T. VIII, col. 778.
Haustraete (Jacques), statuaire. T. VIII, col. 783.
Hautin (Jacques), écrivain ecclésiastique. T. VIII, col. 784.
Hauwaert (Hermès), écrivain ecclésiastique. T. VIII, col. 786.
Hauwagen (Jean van), sculpteur. T. VIII, col. 786.
Hauzeur (Mathias), théologien. T. VIII, col. 787.
Havelange (Jean-Joseph), écrivain ecclésiastique. T. VIII, col. 791.
Havens (Frédéric), écrivain. T. VIII, col. 794.
Havensius (Arnold), Havens ou van Have, historien et biographe. T. VIII, col. 794.
Havet (Antoine-Joseph), prédicateur, premier évêque de Namur. T. VIII, col. 801.
Haynin (Robert de), évêque de Bruges. T. VIII, col. 811.
Hazart (Corneille), controversiste. T. VIII, col. 813.
Hebbelynck (Jean), sculpteur. T. VIII, col. 817.
Hecke (Jean van), sculpteur. T. VIII, col. 820.
Hecke (Joseph van), bollandiste. T. VIII, col. 821.
Heemsen (Jean-David), poète flamand. T. VIII, col. 831.
Hegelsom (Jean de), panégyriste. . VIII, col. 844.
Hellynckx (Fulgence) ou Hellinckx, écrivain ecclésiastique. T. VIII, col. 900.
Helmont (André van) ou Helmontanus, humaniste. T. IX, col. 11.
Hemel (Pierre-Joseph van), doyen du district d'Assche. T. IX, col. 16.
Hemelaers (Jean) ou Hemelarius, homme de lettres et numismate. T. IX, col. 20.
Hemmert (Louis), écrivain ecclésiastique. T. IX, col. 27.
Henchenne (L.-G.-Laurent), musicien. T. IX, col. 56.
Henchenne (Laurent-Gérard-Constantin), musicien. T. IX, col. 56.
Henckel (François), poète et prosateur flamand. T. IX, col. 58.
Hendryck (Paul) ou Heinderycx, annaliste. T. IX, col. 60.
Henne (Charles), historien. T. IX, col. 67.
Henneguier (Jérôme), écrivain ecclésiastique. T. IX, col. 75.
Henrard (Robert), sculpteur. T. IX, col. 95-96 (1).
Henri de Brabant (Henricus Brabantinus), abbé. T. IX, col. 185.
Henri, surnommé de Bruxelles, mathématicien. T. IX, col. 187.
Henri de Merica, vander Heyden ou d'Oirschot. T. IX, col. 207.
Henri de Tolvis, Toulis, Toulias ou Tolhuys, chapelain du pape Boniface IX. T. IX, col. 209.
Henri Kosbein, Grossbein ou Henri de Brabant, écrivain. T. IX, col. 216.
Henrici (Thomas) ou Henericy, théologien. T. IX, col. 215.
Henry (Pierre-Joseph), écrivain ecclésiastique. T. IX, col. 219.
Henry de Bruxelles ou Bruisselles, maître-maçon et sculpteur. T. IX, col. 222.
Herbeto (Jean), écrivain ecclésiastique. T. IX, col. 237.
Herchies (Jean de), de Harchie, ou Hartis, bourgmestre. T. IX, col. 238.
Herdtrich (Chrétien), missionnaire. T. IX, col. 242.
Herenbeeck (Jean van), hagiographe. T. IX, col. 242.
Herendalius (Pierre) ou Memmius, Mirabellus, médecin. T. IX, col. 242.
Herlemannus (Albert), humaniste. T. IX, col. 253.
Herluin ou Erluin, archidiacre de Liége. T. IX, col. 256.
Herman ou Hérimanne, évêque de Metz, théologien. T. IX, col. 258.

(1) Dans le volume IX, cette notice est erronément signée « Emile Varenbergh ».

Herman, surnommé de Petra, Petri, vanden Steen ou de Santdorp, écrivain, chartreux. T. IX, col. 262.
Hermanne, évêque de Salisbury. T. IX, col. 264.
Hermès-Servais, membre du conseil général de Sedan, royaliste. T. IX, col. 277.
Hertogh de Bertout (Jean-Martin), avocat. T. IX, col. 297.
Herwyn de Nevele (Pierre-Antoine, comte), homme politique et agronome. T. IX, col. 301.
Hesdin (Jean de), Jean de Isdinio, Hisdinio ou Hesdinio, écrivain ecclésiastique. T. IX, col. 311.
Hesdin (Simon de), maître en théologie. T. IX, col. 312.
Hesen (van), peintre. T. IX, col. 318.
Heur (Jean d'), en latin Joannes Oranus, écrivain ecclésiastique. T. IX, col. 327.
Heur (Nicolas d'), en latin Oranus, écrivain ecclésiastique. T. IX, col. 328.
Heyendal (Nicolas), écrivain ecclésiastique. T. IX, col. 340.
Heylan (François), graveur. T. IX, col. 342.
Heylen (Jean), graveur de sceaux. T. IX, col. 344.
Heylen (Gonzalès van), graveur sur bois. T. IX, col. 348.
Heyndricx (Jacques), écrivain ecclésiastique. T. IX, col. 357.
Heyndricx ou Heindricx (Loys), poète. T. IX, col. 358.
Heyns (Jacques), traducteur, T. IX, col. 359.
Heys (Mathias), hagiographe. T. IX, col. 362.
Hier (François van), écrivain ecclésiastique. T. IX, col. 371.
Hilger, Bilger ou Butger de Bruges, théologien. T. IX, col. 372.
Hille (Corneille-Josse van) ou Cornelius-Jodocus Hillenius, réformateur. T. IX, col. 373.
Hille (Martin van), chirurgien. T. IX, col. 375.
Hinderickx (Jean-Martin), Heynderiecs, Hendrics ou Hendric, sculpteur. T. IX, col. 384.
Hirnand, Hernand ou Hervard, historien. T. IX, col. 391.
Hocswinckel (Philippe van) ou Hoeckwinkel, historien. T. IX, col. 404.
Hodin (Baudouin), avocat, homme politique. T. IX, col. 404.
Hoen (Jacques), sculpteur. T. IX, col. 419.
Hofmans (Mathieu) ou Hofman, luthier. T. IX, col. 426.
Hogenbergh (Remy), dessinateur et graveur. T. IX, col. 428.
Hogenbergh (François ou Francis), dessinateur et graveur. T. IX, col. 429.
Hogius (Adrien), poète latin. T. IX, col. 432.
Holvoet (Jean-Baptiste), écrivain ecclésiastique, poète latin. T. IX, col. 437.
Hontsum (Zeger van), écrivain. T. IX, col. 442.
Hooff (Herman van), homme de guerre. T. IX, col. 448.
Hool (Jean-Baptiste van), sculpteur. T. IX, col. 454.
Hoorde (Grégoire van), hagiographe. T. IX, col. 459.
Hoorde (Joseph van), horticulteur. T. IX, col. 459.
Hoorebeke (Auguste-Liévin van), historien. T. IX, col. 460.
Hoorn (Charles van), prédicateur, écrivain. T. IX, col. 464.
Hopper (Grégoire ou George), seigneur de Dalem, jurisconsulte. T. IX, col. 465.
Horicke (Baudouin van), calligraphe. T. IX, col. 476.
Hornkens (Henri), lexicographe. T. IX, col. 519.
Horrion (Gilles), orfèvre et graveur de sceaux. T. IX, col. 519.
Houdain (Jean) ou Houdanus (Joannes), écrivain ecclésiastique, poète. T. IX, col. 539.
Housta (Baudouin de), écrivain ecclésiastique. T. IX, col. 541.
Hove (Nivard van), écrivain ecclésiastique. T. IX, col. 562.
Hove (Pierre van), théologien. T. IX, col. 562.

Hovyne (Charles de), magistrat, homme d'État. T. IX, col. 563.
Hoydonck (Pierre), écrivain ecclésiastique. T. IX, col. 570.
Hoye (Timothée van), ou Hoyus, poète, philologue. T. IX, col. 574.
Hoyer (Michel) ou Hoyerus, littérateur. T. IX, col. 575.
Hoylarts (Joseph-Pierre-Benoît), médecin, écrivain. T. IX, col. 576.
Huart (Gérard-Mathias, baron d'), seigneur d'Antel, de Bulles, etc., homme de guerre. T. IX, col 587.
Hubens (Ignace), hagiographe. T. IX, col. 590.
Hubert, hagiographe. T. IX, col. 601.
Hubert le Prévost, hagiographe. T. IX, col. 602.
Hucbald, architecte. T. IX, col. 611.
Huchon (Jean), écrivain ecclésiastique. T. IX, col. 621.
Huerne ou Heurne (Christophe van), historien, généalogiste et antiquaire. T. IX, col. 622.
Hughe (Guillaume), sculpteur. T. IX, col. 632.
Hugo d'Oignies (Frère), orfèvre. T. IX, col. 633.
Hugues ou Hue de Cambrai, trouvère. T. IX, col. 653.
Hugues, archevêque d'Edesse. T. IX, col. 656.
Hugues, châtelain d'Arras (Hue li Chastelain d'Arras), trouvère. T. IX, col. 657.
Hugues (Jacques) ou Hugonis, écrivain ecclésiastique. T. IX, col. 658.
Hugues de Floreffe, hagiographe. T. IX, col. 662.
Hugues de Fosses (le Bienheureux), en latin Hugo Fossensis, écrivain ecclésiastique. T. IX, col. 664.
Hujoel (Hubert-Gillis), magistrat, jurisconsulte. T. IX, col. 680.
Hulsthout (Jean) ou Johannes a Mechlinia, docteur en théologie. T. IX, col. 691.
Humbert (Saint), pèlerin, abbé du monastère des Marolles. T. IX, col. 705.
Humoy (Henri-François), physicien et mécanicien. T. IX, col. 709.
Hustin (Jean) ou Jean Chrysostome de Saint-Matthieu, biographe. T. IX, col. 724.
Huybrechts de Saint-Denys (Léon) ou Hubertinus, écrivain ecclésiastique. T. IX, col. 726.
Huygens (Jean-Baptiste-Joseph), juriste. T. IX, col. 727.
Huygens (Guillaume), écrivain ecclésiastique. T. IX, col. 747.
Huyghens (Guillaume), sculpteur. T. IX, col. 748.
Huysen (Hyacinthe van), écrivain ecclésiastique. T. IX, col. 757.
Impens (Pierre), chroniqueur. T. X, col 10.
Iseghem (André van), grammairien, poète latin, biographe, etc. T. X, col. 24*b*.
Jacobs (Frans) ou Jacobus, Jacobi (Franciscus), dit Trajectanus, canoniste. T. X, col. 28.
Jacobs (Jean) ou Joannes Jacobi, écrivain ecclésiastique. T. X, col. 31.
Jacobs (Pierre), écrivain ecclésiastique. T. X, col. 41.
Jacobsen (Michel) ou Jacobson ou Jacobs, homme de mer. T. X, col. 43.
Jacobus Magdalius, Magdalenus ou Jacobs Madalenet, exégète. T. X, col. 45.
Jacques de Douai, commentateur d'Aristote. T. X, col. 74.
Jacques de Hoogstraeten, en latin Jacobus Hochstratus ou Hochstratanus, écrivain ecclésiastique. T. X, col. 77.
Jakemin (Gabriel), écrivain ecclésiastique. T. X, col. 90.
Jamot (Frédéric), médecin, poète. T. X, col. 95.
Jans (Jean) ou Janssens, haut licier. T. X, col. 100.
Jansenuis (Gabriel), poète latin. T. X, col. 130.
Jaspart (Hubert), auteur ascétique. T. X, col. 171.
Jean, évêque de Varre ou Barre. T. X, col. 175.
Jean d'Arras, dit Caron, trouvère. T. X, col. 349.
Jean à la Barbe, médecin. T. X. col. 359.

Jean de Baudrenghien, poète. T. X, col. 359.
Jean de Beets, théologien. T. X, col. 360.
Jean de Béthune, évêque de Cambrai. T. X, col. 362.
Jean de Bomal, écrivain ecclésiastique. T. X, col. 364.
Jean de Bruxelles, ecclésiastique. T. X, col. 368.
Jean l'Evangéliste de Bois-le-Duc, auteur ascétique. T. X, col. 398.
Jean de Gand (le bienheureux), dit l'ermite de Saint-Claude. T. X, col. 400.
Jean van Hingene, mécanicien. T. X, col. 409.
Jean de Termonde (Joannis de Teneramundâ). théologien. T. X, col. 421.
Jean de Tongres, théologien. T. X, col. 421.
Jean de Tournai, imprimeur. T. X, col. 422.
Jean de Wilde, orateur et poète. T. X, col. 447.
Jegher (Lambert), écrivain ecclésiastique. T. X, col. 474.
Jehan de Neuville, poète. T. X, col. 476.
Jehan li Nivellois, li Nevelois, li Nevelais, poète. T. X, col. 477.
Jehan li Tartiers, ou le Tartier, chroniqueur, poète. T. X, col. 480.
Jehan Martin, hagiographe, poète. T. X, col. 482.
Jenischius (Paul), écrivain. T. X, col. 486.
Jennyn (Guillaume), poète latin. T. X, col. 486.
Jeoffroy (Jean-Baptiste), industriel, peintre, historien, philologue. T. X, 487.
Joconde ou Juconde, hagiographe. T. X, col. 499.
Johannis on Janssens (Erasme), écrivain unitaire, hébraïsant. T. X, col. 501.
Jonart (Ladislas), archevêque de Cambrai. T. X, col. 505.
Jonat (Saint), premier abbé de Marchiennes. T. X, col. 506.
Jonckeere (Jean), écrivain. T. X, col. 506.
Jonghen (Henri de), écrivain ecclésiastique. T. X, col. 510.
Joyeulx (François), écrivain ecclésiastique. T. X, col. 563.
Jozes (Jehan), dinandier. T. X, col. 563.
Juan d'Autriche (don), homme de guerre. T. X, col. 564.
Julien d'Havré ou Julianus Aurelius, jurisconsulte, philologue. T. X, col. 609.
Junius (Hadelin) ou De Jonghe, Le Jeune, écrivain ecclésiastique. T. X, col. 617.
Juvet (Pierre), écrivain ecclésiastique. T. X, col. 623.
Keerbeeck (Antoine van) ou Kerbekius, écrivain ecclésiastique. T. X, col. 629.
Kempen ou a Kempis (Thomas), organiste. T. X, col. 641.
Kerchove (Josse), ou Van den Kerchove, un des fondateurs de la tapisserie des Gobelins. T. X, col. 651.
Kerkhoven (Jean-Baptiste van de), homme politique. T. X, col. 660.
Kestens (François), écrivain ecclésiastique. T. X, col. 705.
Keysere (Antoine-François de), plus connu sous le nom de Franciscus Cæsar, théologien. T. X, col. 742.
Kieffelt (Henri van) ou Kyeffelt, en latin Kifelius ou Chifellius, poète latin. T. X, col. 747.
Kiemdonck (Jacques van), philologue. T. X, col. 760.
Kien (Onésyme de), prédicateur, littérateur. T. X, col. 761.
Knaap (Jean), ou Johannes Servilius, humaniste. T. X, col. 786.
Knobbaert (Jean-Antoine), jurisconsulte. T. X, col. 790.
Koye (Paul van), ou Paulus Coyanus, écrivain ecclésiastique. T. X, col. 792.
Kuyl (Pierre-Dominique), archéologue. T. X, col. 798.
Labarre (Jean-Antoine), écrivain dramatique. T. XI, col. 1.

Laenen (Jean), théologien. T. XI, col. 3.
Lacops (Jacques) ou Lacopius, un des martyrs de Gorcum. T. XI, col. 4.
Ladam (Nicaise), chroniqueur. T. XI, col. 15.
Laeke (François van), juriste. T. XI, col. 23.
Lafabrique (Nicolas), peintre. T. XI, col. 35.
Lafontaine (Pierre-Joseph), peintre. T. XI, col. 39.
Lairvels (Annibal-Servais de), théologien et réformateur. T. XI, col. 71.
Lalaing (Simon de), seigneur de Montigny et de Santes, homme de guerre. T. XI, col. 125.
Lambermont (Jean) et Dawans (Bonaventure), surnommés les ermites d'Ensival. T. XI, col. 137.
Lambert, bénédictin de l'abbaye de Saint-Vaast d'Arras, poète latin. T. XI, col. 151.
Lambert de Guines, évêque d'Arras. T. XI, col. 155.
Lambert de Liége, hagiographe. T. XI, col. 157.
Lambert le Chanoine, auteur du Liber Floridus. T. XI, col. 162.
Lambert (Jean), peintre. T. XI, col. 167.
Lambertini (Jean-Baptiste), seigneur de Cruzhoven, voyageur et historien. T. XI, col. 175.
Lamelin (Engelbert), médecin. T. XI, col. 216.
Lamoot, historien. T. XI, col. 221.
Lamquet (Henri), homme de guerre. T. XI, col. 233.
Lamzweerde (Jean-Baptiste van), médecin. T. XI, col. 236.
Lambiot (Pierre), chirurgien. T. XI, col. 237.
Lancelotz (Corneille), en latin Lancelottus ou Lancilottus, biographe et théologien. T. XI, col. 244.
Lancelotz (Henri), en latin Lancelottus ou Lancilottus, controversiste et prédicateur. T. XI, col. 215.
Landebert, Lantbert ou Lambert (Saint), archevêque de Lyon. T. XI, col. 253.
Landtmeter (Laurent), écrivain ecclésiastique. T. XI, col. 261.
Langhecruys (Jean van), en latin Langhecrucius ou de Longa Cruce, canoniste. T. XI, col. 267.
Langhemans (François), sculpteur, architecte. T. XI, col. 269.
L'Anglais (Michel), Langlois ou Michael Anglicus, poète latin et jurisconsulte. T. XI, col. 272.
Lansberge (François van), théologien. T. XI, col. 331.
Lansberge (Jacques van), médecin, mathématicien. T. XI, col. 332.
Lansberge (Pierre van), théologien protestant. T. XI, col. 342.
Lansselius (Pierre), exégète, orientaliste. T. XI, col. 343.
Lapidanus (Guillaume) ou Vanden Steene, écrivain ecclésiastique. T. XI, col. 345.
Lapide (Jean a), Vander Steen ou Morel, écrivain ecclésiastique. T. XI, col. 349.
Laren (Josse van), le Vieux, ministre réformé. T. XI, col. 350.
Lasalle (Jean de), poète latin. T. XI, col. 382.
Laubegeois (Antoine), littérateur. T. XI, col. 446.
Laurent (Pierre-Joseph), ou Laurens, mécanicien. T. XI, col. 453.
Laureys (Jacques), architecte et sculpteur. T. XI, col. 455.
Laurier (Marius), Laurens ou Laureus, poète latin. T. XI, col. 457.
Lautte (Jean), de Laute ou Lautens, héraldiste. T. XI, col. 473.
Léaucourt (Jean de), chef des flagellants de Tournai. T. XI, col. 498.
Le Blus (Jacques-Antoine), médecin. T. XI, col. 529.
Le Chergier (Gérard), le Cergier ou Chergier, poète. T. XI, col. 576.
Le Clément de Saint-Marcq (Philippe-Auguste-Joseph), chevalier, homme de guerre. T. XI, col. 577.
Leclercq (Chrétien), voyageur. T. XI, col. 579.
Leclercqz (Gabriel-Charles), Le

Clercq ou Le Clerc, chirurgien-médecin. T. XI, col. 586.
Leclercqz (Jean-Baptiste-Désiré-Joseph), érudit. T. XI, col. 588.
Leenaerds (Thomas), ou Leonardi, théologien. T. XI, col. 623.
Le Febvre (Jacques) ou Lefébure, théologien. T. XI, col. 650.
Lefèvre (André) ou Fabrice, en latin Fabricius, poète et théologien. T. XI, col. 659.
Le Fèvre (Jean) ou Le Fèbvre, poète. T. XI, col. 664.
Le Fèvre (Raoul), Le Febvre ou Le Feubvre, écrivain. T. XI, col. 675.
Le Fort (Martin) ou Fortius, jurisconsulte. T. XI, col. 681.
Le Galois (Jehan) ou Gallois, poète. T. XI, col. 685.
Legrand (Antoine), philosophe. T. XI, col. 700.
Lejeusne (François), historien. T. XI, col. 735.
Le Monnier (Pierre), voyageur. T. XI, col. 795.
Léon ou Leonius, abbé de Lobbes et de Saint-Bertin. T. XI, col. 822.
Léon de Saint-Laurent, dans le monde Maes, prédicateur. T. XI, col. 824.
Léonard (Jean-Frédéric), Léonart ou Léonhard, graveur au burin. T. XI, col. 825.
Lepez (Antoine ou Etienne), généalogiste. T. XI, col. 870.
L'Ermite (Daniel), en latin Eremita, écrivain. T. XI, col. 896.
Lesaige (Jacques), voyageur. T. XII, col. 1.
Le Waitte (Antoine), historien. T. XII, col. 58.
Lewis (Rodolphe de), chroniqueur. T. XII, col. 60.
L'Hermite (François) ou L'Hermitte, biographe, théologien. T. XII, col. 84.
L'Hermite (Martin) ou L'Hermitte, historien. T. XII, col. 86.
Licht (Pierre de), en latin Lucius, historien. T. XII, col. 97.
Lierop (Matthias van) ou Liropius, écrivain ecclésiastique. T. XII, col. 115.
Lillers (Jean de), notaire apostolique. T. XII, col. 195.
Limpens (Ferdinand), théologien. T. XII, col. 208.
Linge (Abraham van), peintre sur verre. T. XII, col. 223.
Linge (Bernard van), peintre sur verre. T. XII, col. 224.
Lions (Antoine des), en latin Leoninus, poète, théologien. T. XII, col. 235.
Lippeloo (Zacharie), hagiographe. T. XII, col. 236.
Lissoir (Remacle), théologien et publiciste. T. XII, col. 294.
Locre (Ferry de), ou Ferreolus Locrius, historien. T. XII, col. 307.
Loemans (Arnold), graveur au burin. T. XII, col. 311.
Loemel (Gaudence van), poète flamand. T. XII, col. 311.
Loër (Thierri), en latin Loërius, Loherius, Loeherius, surnommé à Stratis, écrivain ecclésiastique. T. XII, col. 312.
Loix (Jean des), théologien. T. XII, col. 316.
Lokemans (Pierre), poète latin. T. XII, col. 317.
Longé (Robert de) ou Hubert La Longe, Da Longe, à Longe, surnommé il Fiammingo, peintre. T. XII, col. 345.
Longueval (Maximilien de), seigneur de Vaulx, homme de guerre. T. XII, col. 368.
Longuyon (Jacques de), trouvère. T. XII, col. 371.
Loo (François van) ou Van Loy, sculpteur. T. XII, col. 376.
Loth (Louis-Bertrand), théologien. T. XII, col. 411.
Louis, comte de Flandre, de Nevers et de Réthel, dit aussi de Crécy. T. XII, col. 412.
Louis de Male, comte de Flandre. T. XII, col. 426.
Louis van Bivoorde ou Ludovicus Bivordanus, écrivain ecclésiastique. T. XII, col. 491.
Loumans (Louis), écrivain ecclésiastique. T. XII, col. 508.

Loycx (Pierre), écrivain ecclésiastique. T. XII, col. 530.
Lozeleur (Pierre), seigneur de Villiers et de Westhoven, écrivain protestant. T. XII, col. 541.
Luxembourg (Jean de), comte de Ligny et de Guise, homme de guerre. T. XII, col. 581.
Luxembourg (Jean de), bâtard de Saint-Pol, homme de guerre. T. XII, col. 590.
Luxembourg (Louis de), connétable de France. T. XII, col. 598.
Luxembourg (Louis de), homme d'Etat. T. XII, col. 617.
Luxembourg (le bienheureux Pierre de), écrivain ascétique. T. XII, col. 621.
Luyckx (Jean-Baptiste), poète flamand. T. XII, col. 625.
Luytens (Henri), prédicateur. T. XII, col. 629.
Maes (Henri), poète. T. XIII, col. 134.
Mahieu (Jean de) ou Mahusius, écrivain ecclésiastique. T. XIII, col. 156.
Malpé (Jean) ou Malpaeus, médecin. T. XIII, col. 265.
Mammezius (Galerand) ou Mazonius, poète latin. T. XIII. col. 269.
Mander (Adam van), peintre et poète. T. XIII, col. 291.
Marchant (Jacques), historien, poète. T. XIII, col. 446.
Maresius (Daniel) ou Des Marêts, écrivain protestant. T. XIII, col. 576.
Marissal (Louis), écrivain ecclésiastique. T. XIII, col. 750.
Mathon (Edmond-Etienne-Joseph), homme de guerre. T. XIV, col. 67.
Médard (Louis), poète. T. XIV, col. 219.
Michel de Baculeto ou de Stockhem, sermonnaire, T. XIV, col. 802.
Michel de Furno, De Insulis ou Picardus, écrivain ecclésiastique. T. XIV, col. 802.
Microen (Martin), Micron, Micronius ou de Kleyne, écrivain protestant. T. XIV, col. 816.
Mivenius (Daniel), médecin et mathématicien. T. XIV, col. 902.
Montanus (Gérard) ou Van den Berghe, poète latin. T. XV, col. 148.
Montanus (Guillaume) ou Du Mont, auteur ascétique. T. XV, col. 149.
Montmorency (François de), poète latin. T. XV, col. 197.
Moons (Jacques), poète flamand. T. XV, col. 219.
Moor (Jean-Baptiste van) ou Van Mour, peintre-dessinateur. T. XV, col. 226.
Morhange (Edouard), écrivain. T. XV, col. 261.
Moringus (Gérard), Mornick ou Morinck, écrivain ecclésiastique. T. XV, col. 273.
Moser (Gaspard), théologien. T. XV, col. 288.
Moumale (Wazelin de) ou de Monvalle, écrivain ecclésiastique. T. XV, col. 314.
Mourcourt (Jean de) ou Morocurtius, poète latin. T. XV, col. 323.
Muller (Jean-Guillaume-Stace), ministre protestant. T. XV, col. 349.
Mussem (Jean van), rhétoricien. T. XV, col. 382.
Noël (Léon-Ghislain), médecin. T. XV, col. 774.
Nutius (Philippe) ou Nuyts, théologien. T. XVI, col. 15.
Parys (Jean van), écrivain ecclésiastique. T. XVI, col. 663.
Pauwels (Jean-Englebert), compositeur de musique. T. XVI, col. 761.
Perdu (Corneille) ou Perducius, écrivain ecclésiastique. T. XVII, col. 3.
Péters (Jean-Jacques), grammairien. T. XVII, col. 99.
Petri (Jean), écrivain ecclésiastique. T. XVII, col. 125.
Pierre de la Mère de Dieu, écrivain ecclésiastique. T. XVII, col. 466.
Pirès (Jacques), écrivain ecclésiastique. T. XVII, col. 558.
Pollenter (Jean), théologien. T. XVII, col. 911.

Polyander (Jean). poète, écrivain. T. XVII, col. 922.
Popeliers (Laurent-Henri), écrivain d'art. T. XVIII, col. 30.
Pratel (Antoine-François de) ou François Platel, philologue. T. XVIII, col. 195.
Prévost (Charles). écrivain. T. XVIII, col. 222.
Prouvost (Alexandre), ou Pruvost, écrivain. T. XVIII, col. 300.
Pullen (Pérégrin van) ou Pellgrim Pullenius, écrivain ecclésiastique. T. XVIII, col. 326.
Pypers (Henri), écrivain ecclésiastique. T. XVIII, col. 384.
Raguet (Gilles-Bernard), littérateur. T. XVIII, col. 591.
Rotz (Zacharie), écrivain ecclésiastique. T. XX, col. 197.
Royen (Pierre van), écrivain ecclésiastique. T. XX, col. 290.
Ruquelot, en religion Richard de Saint-Basile, écrivain ecclésiastique. T. XX, col. 458.

AUGER (Alfred).

Odon de Cambrai (le bienheureux), écrivain ecclésiastique. T. XVI, col. 75.

BAES (Edgar).

Herregouts (David), chef d'une famille d'artistes. T. IX, col. 284.
Huysmans (Corneille), plus connu sous le nom de Huysmans de Malines, peintre. T. IX, col. 757.
Huysmans (Jacques), peintre d'histoire. T. IX, col. 761.
Huysmans (Jean-Baptiste), architecte. T. IX, col. 762.
Huysmans (Michel), paysagiste. T. IX, col. 763.
Lanchals (Pierre), magistrat. T. XI, col. 248.
Lede (Maximilien-Louis van), sculpteur. T. XI, col. 602.
Lem (Martin), conseiller et chambellan de l'archiduc Maximilien d'Autriche. T. XI, col. 758.
Maere (Wauthier van), peintre. T. XIII, col. 64.
Maes (Thomas), peintre. T. XIII, col. 144.
Mans (Arnold van), peintre. T. XIII, col. 357.
Marcke (Jean-Baptiste van), peintre. T. XIII, col. 551.
Meel (Jean), peintre. T. XIV, col. 227.

BALAU (Sylvain).

Quarreux (Gérard-Joseph de), théologien. T. XVIII, col. 406.
Quercu (Jean de) ou Jean du Chesne, prêtre et chanoine de Saint-Lambert à Liége. T. XVIII, col. 454.
Radulphe de Rivo. Roland de Breda ou de Tongres, bibliophile, grammairien, poète, historien, canoniste et liturgiste. T. XVIII, col. 548.
Rampen (Henri), docteur en théologie. T. XVIII, col. 650.
Ravengère, Ravangerus ou Ravengerus, abbé de Stavelot et de Malmedy. T. XVIII. col. 796.
Raymond (Daniel de), de Raymund ou Raymundi, poète, musicien, historien. T. XVIII, col. 811.
Renier, moine de Saint-Lambert, à Liége, ascète, théologien, chroniqueur, biographe, poète, musicien. T. XIX. col. 116.
Richair, moine de Gembloux. T. XIX, col. 248.
Richer, moine de Waulsort. T. XIX, col. 292.
Robert de Stavelot, moine, orateur. T. XIX, col. 480.
Rodolphe de Saint-Trond, abbé, chroniqueur, musicien, poète. T. XIX, col. 618.
Rodolphe de Stavelot, abbé de Stavelot et de Malmédy. T. XIX, col. 623.
Roefs (Crespin), notaire apostolique. T. XIX, col. 633.
Rorive (Mathias), jésuite, professeur. T. XX, col. 96.
Rossius de Liboy (Charles-François), chanoine tréfoncier de la

cathédrale de Saint-Lambert, à Liége. T. XX, col. 163.
Russelius (Henri), religieux croisier. T. XX, col. 459.

BAMBEKE (Charles van).

Roosbroeck (Jean-Julien van), médecin-oculiste. T. XX, col. 42.
Rotterdam (Jean-Charles van), médecin, professeur à l'Université de Gand. T. XX, col. 187.

BEAUJEAN (C.).

Roffiaen (Eugène-Jean-Dieudonné), écrivain militaire. T. XIX, col. 680.
Romberg (Henri-Guillaume), écrivain militaire. T. XIX, col. 905.

BEECKMAN (A.).

Lancastre (Jean de Gand, duc de), homme de guerre. T. XI, col. 238.
Malbrancq (Jacques) ou Mallebrancque, historien. T. XIII, col. 202.
Marguerite d'Yörk, duchesse de Bourgogne. T. XIII, col. 669.
Martinez van Waucquier, érudit. T. XIII, col. 899.
Maton (Alexis), littérateur. T. XIV, col. 72.
Maulde (Jacques de), flagellant. T. XIV, col. 97.
Merode (Jean-Baptiste-Werner, comte de), membre du Congrès national. T. XIV, col. 566.
Mesdagh (Adrien), écrivain ecclésiastique. T. XIV, col. 606.
Moens de La Croix (Basile), gentilhomme flamand. T. XV, col. 1.
Monnoyer (Jean-Baptiste), peintre de fleurs et de fruits. T. XV, col. 117.
Moreels, dit Maurus le Vieux, peintre. T. XV, col. 249.
Moreels (Maurice), dit Maurus le Jeune, peintre. T. XV, col. 249.
Moulins (Guyard Des), en latin Molinaeus, érudit. T. XV, col. 312.
Muevin (Jacques), historiographe. T. XV, col. 342.
Nagelmacker (Laurent), prédicateur, écrivain ecclésiastique. T. XV, col. 405.
Neipe (Melchior), dit également van Niepe, humaniste et écrivain. T. XV, col. 568.
Nicolaerts (Laurent) ou Nicolarts, écrivain ecclésiastique. T. XV, col. 663.
Nicolas d'Anvers, dit aussi Nicolas Dauners ou d'Andorf ou Nicolaus, moine augustin. T. XV, col. 675.
Nieulande (François van den) ou Van Nieulandt, dit également A Nova Terra ou Novaterranus, humaniste, écrivain ecclésiastique. T. XV, col. 707.
Nieulande (Jean van), écrivain ecclésiastique. T. XV, col. 708.
Nieulandt (Jean van), peintre. T. XV, col. 708.
Nieulandt (L. van), peintre et graveur. T. XV, col. 709.
Noidens (Benoit-Remy), écrivain ecclésiastique. T. XV, col. 770.
Nonnart (Jean), prédicateur. T. XV, col. 821.

BEECKMAN (Édouard).

Oeyenburch (Henri van), prédicateur et écrivain ecclésiastique. T. XVI, col. 86.
Oliverius (Arnold), prédicateur et écrivain ecclésiastique. T. XVI, col. 137.
Ooms (Jean-Baptiste), écrivain ecclésiastique. T. XVI, col. 207.
Oonsel (Guillaume van) dit Oonselius, prédicateur et écrivain ecclésiastique. T. XVI, col. 209.
Ophemert (Guillaume), peintre. T. XVI, col. 224.
Ophovens (Michel van) ou Ophovius, archevêque de Bois-le-Duc. T. XVI, col. 225.
Opstal (Antoine van), peintre. T. XVI, col. 234.
Otten (Thomas), prédicateur réformé. T. XVI, col. 376.
Overloop (Eugène-Jean-Isidore

van), homme politique. T. XVI, col. 415.
Overloop (Guillaume-Marie-Auguste van), écrivain ecclésiastique. T. XVI, col. 417.
Overloop (Pierre-François van), médecin. T. XVI, col. 418.
Pauwens (François), écrivain ecclésiastique. T. XVI, col. 770.
Pillaert (Mathieu) ou Pillart, écrivain ecclésiastique. T. XVII, col. 515.
Pont (Jean de), écrivain ecclésiastique. T. XVIII, col. 12.
Putte (Joachim van de) ou a Puteo, écrivain ecclésiastique. T. XVIII, col. 353.

BENEDEN (Pierre-Jos. van).

Bavay (Paul-Ignace de), médecin. T. II, col. 17.
Bogaert (Jacques), médecin. T. II, col. 608.
Burtin (François-Xavier), médecin. T. III, col. 169.
Drapiez (Pierre-Auguste-Joseph), naturaliste. T. VI, col. 158.
Everaerts (Gilles), médecin. T. VI, col. 744.
Everaerts (Martin), médecin et mathématicien. T. VI, col. 745.
Garet (Henry), médecin. T. VII, col. 487.
Godart (Guillaume-Lambert), docteur en médecine. T. VII, col. 831.
Gregorius (Joachim-Martin), écrivain latin. T. VIII, col. 253.
Groenendaels (Jean-Baptiste), médecin, zoologiste. T. VIII, col. 327.
Gruter (Pierre), médecin. T. VIII, col. 358.
Haesendonck (Jean-Jacques-Joseph van), docteur en médecine, chirurgien et accoucheur. T. VIII, col. 606.
Le Hon (Henri-Sébastien), géologue. T. XI, col. 717.
Limbourg (Guillaume van), professeur de médecine. T. XII, col. 195.
Lyonnet (Pierre), naturaliste. T. XII, col. 638.
Meisser (François-Joseph), docteur en médecine. T. XIV, col. 308.
Needham (l'abbé John Tuberville), philosophe. T. XV, col. 520.

BERGMANS (Charles).

Lamarle (Anatole-Henri-Ernest), mathématicien et professeur. T. XI, col. 133.
Lansberge (Philippe van) de Meulebeke, ministre protestant, médecin et astronome. T. XI, col. 333.
Lefrançois (Nicolas-Louis-Edouard), mathématicien, professeur. T. XI, col. 682.
Limbourg (Henri-Jules-Joseph), mathématicien, professeur. T. XII, col. 195.
Manderlier (Eloi-Joachim-Joseph), mathématicien. T. XIII, col. 309.
Manilius (Joseph-Jean), ingénieur. T. XIII, col. 328.
Martel (Nicolas), prêtre séculier et mathématicien. T. XIII, col. 869.
Martynowski (Jérôme), mathématicien. T. XIII, col. 916.
Meyer (Antoine), mathématicien. T. XIV, col. 765.
Moreau (Marie-Joseph-Ferdinand-Jean), mathématicien, professeur. T. XV, col. 245.
Mottet (Vincent), mathématicien. T. XV, col. 302.
Mulerius (Nicolas), médecin, mathématicien, astronome, professeur. T. XV, col. 343.
Naert (François-Jean), mathématicien. T. XV, col. 403.
Neuray (Nicolas-Joseph), mathématicien, astronome. T. XV, col. 633.
Noël (Jean-Nicolas), mathématicien et professeur. T. XV, col. 769.
Paque (Guillaume), violoncelliste virtuose et compositeur de musique. T. XVI, col. 593.
Pieltain (Dieudonné-Paschal), violoniste et compositeur. T. XVII, col. 393.
Pietersz (Jean-Baptiste), instituteur. T. XVII, col. 496.
Pinarol (Jean), musicien belge. T. XVII, col. 518.

Pioch (Auguste-Bienaimé-Désiré), mathématicien. T. XVII, col. 549.
Pithois (Paul-A.), mathématicien. T. XVII, col. 687.
Plâteau (Joseph-Antoine-Ferdinand), physicien et mathématicien. T. XVII, col. 768.
Poortere (Josse de), arpenteur. T. XVIII, col. 29.
Pulms (Othon), mathématicien. T. XVIII, col. 328.
Raets (Guillaume), mathématicien. T. XVIII, col. 583.
Raeymacker (Jean de), mathématicien. T. XVIII, col. 585.
Rappé (Jean-Baptiste), violoncelliste. T. XVIII, col. 739.
Retsin (François-Joseph), mathématicien. T. XIX, col. 168.
Rombouts (Joseph-Jacques), mathématicien. T. XIX, col. 909.

BERGMANS (Paul).

Kaukesel (Hubert ou Wibert) ou Chausecel, trouvère. T. X, col. 627.
Kerchove (François-Antoine-Maximilien de), baron d'Exaerde, littérateur et agronome. T. X, col. 649.
Kersten (Pierre), professeur, publiciste, imprimeur. T. X, col. 662.
Keyser (Martin de) ou Lempereur, imprimeur. T. X, col. 741.
Kien (Nicolas), homme de guerre. T. X, col. 760.
Kriekenborch (Jean van), calligraphe, miniaturiste. T. X, col. 796.
Lacu (Jean de), Du Lac ou Vande Poele, chanoine de la collégiale Saint-Pierre, à Lille. T. XI, col. 13.
Lafont (Charles-Aimable-Gaspard), poète et auteur dramatique. T. XI, col. 36.
La Fontaine (Jehan de), trouvère. T. XI, col. 38.
Lambert de Liége, sermonnaire. T. XI, col. 158.
Lambert (Mathieu), théologien. T. XI, col. 173.
Lamberts-Cortenbach (Werner-Joseph, baron de), fonctionnaire. T. XI, col. 176.
Lambrecht (Mathias), évêque de Bruges. T. XI, col. 209.
Lammens (Jacques-Clément-Philippe), avocat et homme politique. T. XI, col. 217.
Lammens (Jean), Agni, Agnelli ou L'Agneau, dominicain. T. XI, col. 218.
Lammens (Pierre-Philippe-Constant), bibliothécaire et bibliophile. T. XI, col. 220.
Lamorlet (Joseph), De Lamorlet ou Dela Morlet, peintre et poète dramatique. T. XI, col. 221.
La Mote (Jean de), théologien. T. XI, col. 227.
Langhedul, famille de facteurs d'orgues. T. XI, col. 268.
Langhemeersch (Jacques van), généalogiste. T. XI, col. 271.
Langlet (Henriette-Amélie), née Morel, romancière. T. XI, col. 273.
Lannoy (Alexis de), théologien. T. XI, col. 296.
Lans (Jean), théologien, professeur. T. XI, col. 330.
La Serna Santander (Charles-Antoine de), bibliographe. T. XI, col. 383.
Laude (Pierre-Joseph), bibliothécaire. T. XI, col. 447.
Launay (Jean de), héraldiste. T. XI, col. 448.
Launay (Pierre de), héraut d'armes et généalogiste. T. XI, col. 449.
Laurenty (François), bénédictin, chroniqueur. T. XI, col. 455.
Laurenty (Remacle-Joseph), peintre. T. XI, col. 445.
Lautius (Louis), Lautens ou de Laute, philologue et poète latin. T. XI, col. 472.
Lauwet (Robert), poète dramatique néerlandais. T. XI, col. 482.
La Visscherye (Robert de), poète. T. XI, col. 487.
Le Bègue (Louis-François), jurisconsulte et homme politique. T. XI, col. 518.
Le Blan (Pierre-Joseph), carillonneur, compositeur de musique. T. XI, col. 525.

Le Boutellier (Colart), trouvère. T. XI, col. 557.
Lebrocquy (Pierre), journaliste, professeur. T. XI, col. 559.
Le Brun (Martin), écrivain religieux. T. XI, col. 568.
Le Carpentier (Jean), humaniste. T. XI, col. 569.
Le Charpentier (Jonas ou Jean), trouvère. T. XI, col. 573.
Le Clerc (Nicolas) ou Clericus, théologien et philologue. T. XI, col. 578.
Le Cocq (François), guitariste et compositeur de musique. T. XI, col. 593.
Le Coispelier (Godefroid), bénédictin, écrivain. T. XI, col. 594.
Le Cunelier (Jean), poète. T. XI, col. 600.
Le Dayn (Victor), ou De Dayn, libraire et imprimeur. T. XI, col. 601.
Le Doulx (Pierre-François), historien. T. XI, col. 614.
Le Doulx (Pierre-François), peintre et biographe. T. XI, col. 615.
Leeu (Gérard), typographe. T. XI, col. 642.
Le Fèvre (Jean), seigneur de Saint-Remy, etc., chroniqueur, conseiller et roi d'armes de Philippe le Bon. T. XI, col. 666.
Le Fort (Jean-Gilles), généalogiste. T. XI, col. 679.
Le Gillon (Jean-François), peintre de paysages. T. XI, col. 686.
Le Gouverneur (Jean) ou Gubernator, traducteur. T. XI, col. 699.
Le Grand de Reulandt (Simon-Edouard-Victor), historien et archéologue. T. XI, col. 702.
Le Gros (Sauveur), littérateur et graveur. T. XI, col. 705.
Lemaigre (Camille-Arthur), archéologue. T. XI, col. 759.
Le Maire (Michel), dit de Gand, fondeur. T. XI, col. 781.
Le Maistre (Matthieu), compositeur de musique et maître de chapelle. T. XI, col. 782.
La Motte (Jehan de), trouvère. T. XI, col. 796.
Lenglez (Félix), théologien. T. XI, col. 808.
Lenglez (Maximilien), théologien. T. XI, col. 808.
Lens (Arnould de), Lensæus ou Lennzéĭ (en russe), médecin, mathématicien. T. XI, col. 816.
Lentz (Pierre-Albert), professeur, historien. T. XI, col. 820.
Léonard (le père), compositeur de musique. T. XI, col. 826.
Lepe (Jean-Antoine van der) ou Vander Leepe, peintre de paysages et de marines, magistrat. T. XI, col. 862.
Lepe (Laurent vander) ou Vander Leepe, théologien. T. XI, col. 863.
Le Pierre (Robert de), trouvère. T. XI, col. 872.
Le Pippre (Louis), en religion P. Bonaventure de La Bassée, théologien. T. XI, col. 873.
Le Plat (Pierre), peintre. T. XI, col. 881.
Le Ratz de Lanthenée, mathématicien. T. XI, col. 892.
Le Roy (François), ou Régis, théologien, prédicateur. T. XI, col. 902.
Le Roy (Pierre) ou Régis, théologien. T. XI, col. 923.
Le Roy (Thomas), théologien. T. XI, col. 931.
Le Ruite (Lambert), écrivain ecclésiastique. T. XI, col. 932.
Lescaillier (Jean), médecin. T. XII, col. 19.
Le Soinne (Jean-François), avocat, homme politique. T. XII, col. 19.
Le Soinne (Thomas), médecin. T. XII, col. 23.
L'Estainier (Jean) ou Stannifex, philosophe. T. XII, col. 25.
Lestainier (Jean), Lestainnier, L'Estaniel ou Lestannier, musicien belge. T. XII, col. 26.
Lesy (Désiré-Eugène-Charles), peintre paysagiste. T. XII, col. 27.
Letins (Constantin), théologien. T. XII, col. 32.
Leuze (Nicolas de), théologien, traducteur. T. XII, col. 36.
Le Vinier (Gilles), poète. T. XII, col. 44.

Le Vinier (Guillaume), trouvère. T. XII, col. 45.
Le Vinier (Jacques), trouvère. T. XII, col. 51.
Libert (Simon), violoniste et compositeur de musique. T. XII, col. 94.
Licht (François de), humoriste. T. XII, col. 96.
Liebaerd (Charles), poète latin. T. XII, col. 106.
Liebaert (Aimé-Fidèle-Marie-Constantin), poète flamand. T. XII, col. 106.
Liesvelt (Jacques van), imprimeur. T. XII, col. 121.
Linden (Guillaume vander), orateur, T. XII, col. 216.
Linden (Jean van der), voyageur. T. XII, col. 221.
Lo-Looz (Robert, chevalier de), homme de guerre, tacticien. T. XII, col. 324.
Loncin (Albert de), écrivain ecclésiastique. T. XII, col. 342.
Lore (Baudouin vander), poète néerlandais. T. XII, col. 403.
Los Rios (Jean-François de), libraire et bibliographe. T. XII, col. 406.
Louis (Daniel), Leuis ou Leunis, peintre verrier. T. XII, col. 496.
Louis (Liévin), Leuis ou Leunis, peintre verrier. T. XII, col. 498.
Loumyer (Jean-François-Nicolas). littérateur. T. XII, col. 508.
Loveling (Rosalie), poète et romancière. T. XII, col. 523.
Loys (Désiré-Bruno-Félix), militaire, historien. T. XII, col. 536.
Lucas (le père) ou Lucas Mechliniensis, écrivain de chants mystiques. T. XII, col. 563.
Luyde (Jean de), théologien. T. XII, col. 628.
Luython (Charles), musicien. T. XII, col. 629.
Machaire (Barthélemy) ou Macharii, poète latin. T. XIII, col. 4.
Macheren (Jean von) ou Joannes Theodorici Macherentinus, écrivain ecclésiastique. T. XIII, col. 4.
Madot (Jehan), poète et copiste. T. XIII, col. 23.
Maelcote (Robert van) ou Malcotius, écrivain ecclésiastique. T. XIII, col. 45.
Maelcote (Thierry van) ou Malcotius, écrivain ecclésiastique. T. XIII, col. 46.
Maele (Siger van) ou Van Male, chroniqueur flamand. T. XIII, col. 48.
Maelsaecke (Jacques van), lecteur en théologie, écrivain ecclésiastique. T. XIII, col. 63.
Maertens (J.), négociant. T. XIII, col. 119.
Maes (Guillaume) ou Masius, jurisconsulte. T. XIII, col. 134.
Maesen (Gérard vander) ou Mosanus, écrivain ecclésiastique. T. XIII, col. 144.
Maillard (Claude), théologien. T. XIII, col. 168.
Maiscocq (Jean-Hubert), maître de chapelle et compositeur de musique. T. XIII, col. 186.
Malcorps (Michel), poète latin. T. XIII, col. 204.
Male (Rombaut vanden), écrivain ecclésiastique. T. XIII, col. 234.
Malherbe (Denis), écrivain ecclésiastique. T. XIII, col. 237.
Malherbe (Dieudonné-Damien), littérateur. T. XIII, col. 238.
Mallants (Pierre), écrivain ecclésiastique. T. XIII, col. 242.
Man (Arnold de), Manilius ou Manlius, médecin et poète latin. T. XIII, col. 269.
Mander (Adam van) ou Manderius, médecin, mathématicien et poète flamand. T. XIII, col. 290.
Mangez (Pierre-Joseph), publiciste. T. XIII, col. 326.
Manin (Henri), peintre décorateur. T. XIII, col. 341.
Mansfelt (Charles de), écrivain ecclésiastique. T. XIII, col. 368.
Marcoing (Jean de), poète. T. XIII, col. 552.
Marée (Valentin), écrivain ecclésiastique. T. XIII, col. 574.
Mareschalle (Samuel) ou Marschall, organiste et compositeur de musique. T. XIII, col. 574.

Marievoorde (Dieudonné de) ou a Marivorda, poète latin. T. XIII, col. 744.
Marin (Pierre), écrivain ecclésiastique. T. XIII, col. 745.
Marissal (Philippe-Charles Mareschal dit), artiste-peintre. T. XIII, col. 751.
Marius de Saint-François (... van Ballaer, en religion), écrivain ecclésiastique. T. XIII, col. 754.
Marneff (Félix-Guillaume), auteur dramatique flamand. T. XIII, col. 772.
Maroles (Philippe de), de Maisereulles, de Maiserolis ou de Morolis, enlumineur. T. XIII, col. 845.
Marotte (Jean), écrivain ecclésiastique. T. XIII, col. 847.
Marschouw (Jean-Joseph-Ghislain-Philibert), poète. T. XIII, col. 852.
Marshall (Edouard-Jean-Charles), historien. T. XIII, col. 860.
Martens (Jean-Charles), instituteur, littérateur flamand. T. XIII, col. 876.
Martens (Thierry), imprimeur. T. XIII, col. 879.
Martenus (Guillaume), jurisconsulte et poète. T. XIII, col. 893.
Martin le Béguin, chansonnier. T. XIII, col. 895.
Martin (Mathieu), écrivain ecclésiastique. T. XIII, col. 898.
Martinez (François), jurisconsulte. T. XIII, col. 898.
Marvis (Jean de), poète. T. XIII, col. 927.
Marx (Charles), maître de chant. T. XIII, col. 928.
Massaux (Ghislain-Joseph), sculpteur et graveur. T. XIII, col. 937.
Massenus (Pierre), dit Moderatus, maître de chapelle de Ferdinand Ier et compositeur de musique. T. XIII, col. 940.
Massez (Louis-Joseph), jurisconsulte. T. XIV, col. 1.
Massotte (Thomas), jurisconsulte. T. XIV, col. 3.
Masui (Jean-Baptiste), ingénieur, fonctionnaire. T. XIV, col. 11.
Matelart (Jean), compositeur de musique. T. XIV, col. 13.
Mathias (Antoine), imprimeur. T. XIV, col. 28.
Matis (Louis), auteur dramatique. T. XIV, col. 71.
Matthias (Pierre), écrivain ecclésiastique. T. XIV, col. 78.
Matthieu de Ninove, écrivain ecclésiastique. T. XIV, col. 79.
Mattrée (Christophe de), écrivain ecclésiastique. T. XIV, col. 81.
Maude (Jean vander) ou Ammonius ou de Harena, chartreux. T. XIV, col. 83.
Maude (Liévin vander) dit Livinus Ammonius, philologue, écrivain ecclésiastique. T. XIV, col. 84.
Mauden (David a ou de), écrivain ecclésiastique. T. XIV, col. 87.
Meerbeeck (Adrien van), en latin Meerbecanus, historien. T. XIV, col. 252.
Meere (Corneille vander), jurisconsulte. T. XIV, col. 254.
Meeren (Corneille vander) ou Marius, imprimeur. T. XIV, col. 255.
Meeren (Jean vander), peintre. T. XIV, col. 256.
Meeren (Jean vander) ou Vander Meere, traducteur. T. XIV, col. 256.
Meersch (Auguste-Théodore vander), biographe. T. XIV, col. 260.
Meersch (Désiré-Joseph vander), médecin, historien. T. XIV, col. 261.
Meersch (François-Winoc-Augustin vander), auteur dramatique. T. XIV, col. 264.
Meersch (Léopold vander), médecin. T. XIV, col. 265.
Meersch (Nicolas vander), peintre. T. XIV, col. 265.
Meersch (Philippe vander), peintre. T. XIV, col. 266.
Meersch (Polydore-Charles vander), historien, bibliographe. T. XIV, col. 267.
Meerts (Lambert-Joseph), violoniste. T. XIV, col. 272.
Mees (Henri), acteur. T. XIV, col. 274.

Mees (Joseph-Henri), compositeur et théoricien musical. T. XIV, col. 274.
Meiren (Jean-Baptiste vander), peintre. T. XIV, col. 307.
Melyn (Gérard), orateur ecclésiastique. T. XIV, col. 339.
Mengal (Jean-Baptiste), virtuose et compositeur de musique. T. XIV, col. 357.
Mengal (Martin-Joseph), virtuose et compositeur de musique. T. XIV, col. 358.
Mennens (Guillaume), physicien. T. XIV, col. 363.
Merchier (Guillaume), ou Mercerus, écrivain ecclésiastique. T. XIV, col. 431.
Merckaert (Jean), poète dramatique. T. XIV, col. 443.
Merica (Balthasar de), de Meryaca, Moerinus ou Vander Heyden, prédicateur. T. XIV, col. 497.
Merica (Jean de), de Myrica ou Miricæus, chartreux. T. XIV, col. 497.
Mermannus (Arnold), écrivain ecclésiastique. T. XIV, col. 528.
Mertens (Henri-François), bibliothécaire, historien. T. XIV, col. 600.
Messemackers (Henri), compositeur de musique. T. XIV, col. 613.
Mettecoven (Henri de), écrivain ecclésiastique. T. XIV, col. 667.
Meulen (Guillaume-François-Dominique vander), historien. T. XIV, col. 683.
Meulen (Jean-Baptiste vander), écrivain ecclésiastique. T. XIV, col. 688.
Meulen (Servais vander), Vander Muelen ou Vermeulen, organiste et compositeur de musique. T. XIV, col. 693.
Meulewels (Pierre), poète dramatique. T. XIV, col. 698.
Mevius (baron David-Ghislain-Emile-Gustave de), historien et publiciste. T. XIV, col. 765.
Meyer (François-Grégoire-Charles de), historien. T. XIV, col. 775.
Meyer-Roelandts (Victor de), auteur dramatique. T. XIV, col. 776.
Meyere (Jérôme de), poète sacré. T. XIV, col. 777.
Meyere (Louis de), écrivain ecclésiastique. T. XIV, col. 777.
Meyers (Mathias), écrivain ecclésiastique. T. XIV, col. 780.
Meynne (Adrien-Corneille), poète flamand. T. XIV, col. 781.
Micha (Jean-Joseph-Félix), publiciste. T. XIV, col. 794.
Michel de Mesnil, trouvère. T. XIV, col. 803.
Michel (Jean-Baptiste), capitaine d'infanterie. T. XIV, col. 807.
Michel (Joseph), écrivain ecclésiastique. T. XIV, col. 807.
Michelot (Jean-Baptiste-Aimé), musicien. T. XIV, col. 814.
Michels (Edouard), littérateur flamand. T. XIV, col. 814.
Michielsen (Pierre-Augustin), écrivain ecclésiastique. T. XIV, col. 815.
Michils (J.), poète flamand. T. XIV, col. 815.
Migem (Eugène van), poète flamand. T. XIV, col. 823.
Milcamps (Jean-Baptiste), poète. T. XIV, col. 831.
Milis (Gabriel), écrivain ecclésiastique. T. XIV, col. 837.
Millon (Charles), aussi Milon, homme de lettres. T. XIV, col. 843.
Minnecovius (Mathias), écrivain ecclésiastique. T. XIV, col. 869.
Mirwart (Henri), écrivain ecclésiastique. T. XIV, col. 900.
Modave (Jean-Georges), poète. T. XIV, col. 907.
Moerbeeck (Adrien van) ou Moerbecius, prêtre ecclésiastique. T. XV, col. 13.
Moerbeke (Pierre de ou van), Van Moerbeecke, A Moerbeka ou Morbecanus, médecin et poète latin. T. XV, col. 14.
Moere (Joseph vander), bollandiste. T. XV, col. 15.
Moke (Henri-Guillaume-Philippe), professeur, romancier, historien. T. XV, col. 32.
Mol (François-Marie de), compositeur de musique. T. XV, col. 36.

Mol (Guillaume de), compositeur de musique. T. XV, col. 37.
Molhem (Gilles de), poète néerlandais. T. XV, col. 58.
Molle (Ambroise van), poète, moraliste. T. XV, col. 75.
Mommen (Léon), écrivain ecclésiastique. T. XV, col. 91.
Monkhoven (Jean van), capitaine flamand. T. XV, col. 113.
Monnié (Nicolas-Barthélemy), bibliothécaire. T. XV, col. 115.
Mons (Gautier), ou Monsius, poète latin. T. XV, col. 119.
Montgaillard (Bernard de Percin de), prédicateur, abbé d'Orval. T. XV col. 169.
Monthaye (Pierre-Albert), écrivain pédagogique. T. XV, col. 174.
Montigny (Charles), violoncelliste et compositeur de musique. T. XV, col. 175.
Montis (Thomas), médecin, astrologue. T. XV, col. 196.
Montmorency (Nicolas de), écrivain ascétique. T. XV, col. 198.
Moreau (Baudouin), écrivain ecclésiastique. T. XV, col. 237.
Moreau (Charles-Honoré-Joseph), violoniste. T. XV, col. 239.
Moreau (Henri), compositeur et didacticien musical. T. XV, col. 241.
Moronval (Jean de) ou de Mouronval, écrivain ecclésiastique. T. XV, col. 274.
Morsomme (Jean-Henri), écrivain ecclésiastique. T. XV, col. 280.
Mortelmans (Lambert), écrivain ecclésiastique. T. XV, col. 284.
Mory (Philippe de), panégyriste sacré. T. XV, col. 285.
Moten (Jean vander), poète et maître d'école. T. XV, col. 295.
Mouqué (Antoine), aussi appelé Moucqué ou Mocqué, organiste et compositeur de musique. T. XV, col. 315.
Muntere (Jean de), de Munter ou Munterius, poète latin. T. XV, col. 352.
Musica (Antoine de), historien. T. XV, col. 375.
Naich (Hubert), compositeur de musique. T. XV, col. 405.
Nassou (Herman de), imprimeur. T. XV, col. 480.
Neckere (Léon-Raymond de), évêque de la Nouvelle-Orléans. T. XV, col. 518.
Neeffs (Guillaume de) ou De Neefs, en latin Nepotis, premier recteur de l'Université de Louvain. T. XV, col. 536.
Neeffs (Jean), Navius ou Nevius, écrivain ecclésiastique. T. XV, col. 537.
Neel (...), poète dramatique. T. XV, col. 554.
Neelsius (Nicolas), écrivain ecclésiastique. T. XV, col. 556.
Negghelput (François), écrivain ecclésiastique. T. XV, col. 561.
Nemius (Jean) ou Govertz, philologue et poète latin. T. XV, col. 585.
Nève (Emile-Gabriel-Benoît), publiciste, bibliothécaire. T. XV, col. 646.
Nève (Godefroid de) ou Nepotis, organiste. T. XV, col. 647.
Neveu (H.), compositeur de musique. T. XV, col. 652.
Nicaise (Jean), enlumineur et relieur. T. XV, col. 662.
Nicolas de la Conception, écrivain ecclésiastique. T. XV, col. 684.
Nicolas de Rans, musicien. T. XV, col. 692.
Nieulant (Charles-Alexandre-Fortuné-Marie-Hubert-Colette-Guislain, vicomte de) et de Pottelsberghe, littérateur. T. XV, col. 709.
Nihoul (Michel-Joseph), compositeur de musique. T. XV, col. 737.
Nihoul (Michel-Joseph-Romain), compositeur de musique. T. XV, col. 738.
Noël de Saint-Philippe ou Natalis a Sancto Philippo, écrivain ecclésiastique. T. XV, col. 779.
Norman (Marc), poète latin. T. XV, col. 891.
Nova Terra (Pierre de), poète sacré. T. XV, col. 936.

Nuceus (Alard) ou De Gaucquier, compositeur de musique. T. XVI, col. 1.

Nys (Jean), écrivain ecclésiastique. T. XVI, col. 36.

Odon de Gand (le bienheureux). T. XVI, col. 78.

Oeyenbrugghen (Jean-Georges van), écrivain ecclésiastique. T. XVI, col. 86.

Olieschlager (Jean), en latin Olivarius, poète latin et philologue. T. XVI, col. 119.

Ondereet (Benoît-Charles-Joseph), homme de loi. T. XVI, col. 170.

Onghena (Jean), poète flamand, chef de gueux. T. XVI, col. 178.

Ongoys (Jean d'), imprimeur et écrivain. T. XVI, col. 189.

Ooghe (Jean), écrivain ecclésiastique. T. XVI, col. 204.

Opberghem (Norbert van), écrivain ecclésiastique. T. XVI, col. 221.

Ophem (Michel van), médecin, professeur. T. XVI, col. 223.

Opiter (Chrétien de), écrivain ecclésiastique. T. XVI, col. 229.

Orsaeghen (François van), écrivain ecclésiastique. T. XVI, col. 288.

Os ou Van Os, famille d'imprimeurs : Os, de Os ou Van Os (Pierre); Os (Godefroid de ou van); Os (Tyman) et Os (Grégoire). T. XVI, col. 345.

Otfride, Odfride ou Olfride, savant religieux. T. XVI, col. 363.

Otho (Jean), philologue, maître d'école. T. XVI, col. 365.

Otho (Jeanne), poète latin. T. XVI, col. 370.

Ots (Charles), compositeur de musique. T. XVI, col. 374.

Ottonis (Gérard) ou Othonis, écrivain ecclésiastique. T. XVI, col. 379.

Ottonis (Jean), pédagogue. T. XVI, col. 380.

Oudaert (Nicolas), poète latin. T. XVI, col. 382.

Outers (Emmanuel van), écrivain ecclésiastique et poète latin. T. XVI, col. 396.

Overstraeten (Roland), traducteur, T. XVI, col. 428.

Oyen (Florent van), écrivain ecclésiastique. T. XVI, col. 430.

Paludanus (Lyntherides Arnold) ou A Palude, poète latin. T. XVI, col. 520.

Paradis (Jean) ou Paradys, scribe. T. XVI, col. 612.

Parival (Jean-Nicolas) ou de Parival, historiographe et lexicographe. T. XVI, col. 639.

Pasquier d'Orange, Dorenge ou Aurantius, traducteur. T. XVI, col. 675.

Pauli-Stravius (Georges), évêque suffragant de l'archidiocèse de Cologne. T. XVI, col. 704.

Pauli-Stravius (Richard), évêque suffragant de Liége. T. XVI, col. 708.

Pauwels (Jeanne-Catherine), musicienne. T. XVI, col. 763.

Pauwels (Joseph), écrivain ecclésiastique. T. XVI, col. 763.

Pauwels (Noé), orfèvre. T. XVI, col. 767.

Peetermans (Nicolas-Joseph), écrivain. T. XVI, col. 836.

Perre (Michel vanden), jurisconsulte. T. XVII, col. 40.

Perret (Clément), calligraphe. T. XVII, col. 63.

Peteghem (van), famille flamande de facteurs d'orgues. T. XVII, col. 91.

Pfeiffer (François-Joseph), peintre décorateur, lithographe et graveur. T. XVII, col. 149.

Phaliesen (Antoine vander), organiste. T. XVII, col. 157.

Philippe, abbé de l'Aumône, écrivain ecclésiastique. T. XVII, col. 176.

Philips (Pierre) ou Philippi, compositeur de musique et organiste. T. XVII, col. 358.

Pierets (Pierre-André-Joseph), médecin. T. XVII, col. 416.

Pierre de Lille, écrivain ecclésiastique. T. XVII, col. 464.

Pierre (Josse) ou plutôt Pieters, en latin Judocus Petri, imprimeur. T. XVII, col. 473.

Pieters (Charles-Joseph), biblio-

phile et bibliographe. T. XVII, col. 486.
Pieters (François), prêtre, poète français et latin. T. XVII, col. 488.
Pietersz (Adrien), facteur d'orgues. T. XVII, col. 495.
Pietrobono, musicien bruxellois. T. XVII, col. 500.
Pijart (Pierre), écrivain ecclésiastique. T. XVII, col. 511.
Pinnell (Adam), professeur et orateur ecclésiastique. T. XVII, col. 533.
Piron (Constant - Fidèle - Amand), biographe, littérateur. T. XVII, col. 645.
Plancken (Corneille vander), violoniste et clarinettiste. T. XVII, col. 735.
Pontécoulant (Louis-Adolphe-Doulcet, comte de), officier et littérateur. T. XVIII, col. 17.
Portant (Jean) ou Portantius, géographe, astrologue. T. XVIII, col. 68.
Pottelsberghe (Richard van), poète latin. T. XVIII, col. 84.
Praet (Joseph - Basile - Bernard van), bibliothécaire, bibliographe. T. XVIII, col. 154.
Praet (Joseph-Ignace van), imprimeur-libraire. T. XVIII, col. 163.
Prieele (Gilles, en religion Dominique vanden) ou Prieels, en latin Topiarius, écrivain ecclésiastique. T. XVIII, col. 243.
Proost (Adrien de), jurisconsulte, orateur. T. XVIII, col. 282.
Puersse (Jean van) ou van Puersele, peintre verrier. T. XVIII, col. 318.
Puissant (Robert), poète français. T. XVIII, col. 319.
Pulloys (Jean), Pillois, Pullois, Puyllois ou Pyllois, musicien. T. XVIII, col. 326.
Puteanus (Thomas), peintre miniaturiste. T. XVIII, col. 345.
Quercu (Laurent à), poète et maître d'école. T. XVIII, col. 457.
Quickenborne (Charles-Félix van), missionnaire. T. XVIII, col. 503.
Raet (Adrien de), dit Vrelant, miniaturiste. T. XVIII, col. 579.
Raeymolen (Jacques) ou Reimolanus, Keymolanus, Kermolanus ou Kymolanus, théologien, poète latin. T. XVIII, col. 586.
Ramon (Jean), enlumineur. T. XVIII, col. 634.
Ramquin (Remi), professeur, écrivain dramatique. T. XVIII, col. 652.
Raoul le Silencieux (bienheureux), en latin Radulphus ou Rodulphus Tacens, moine. T. XVIII, col. 686.
Rasyr (Gilles de) ou de Rasier, en latin Ægidius Rasirius, écrivain ecclésiastique et poète liégeois. T. XVIII, col. 761.
Remes (Charles), peintre. T. XIX, col. 25.
Remes (Constantin), poète latin et flamand. T. XIX, col. 25.
Remi de Beauvais, poète. T. XIX, col. 27.
Renaudière (Emiland-Xavier), professeur de sciences commerciales. T. XIX, col. 87.
Renier (Adrien), miniaturiste. T. XIX, col. 123.
Reume (Auguste-Joseph de), militaire, bibliophile, bibliographe. T. XIX, col. 178.
Reylof (Alipe), écrivain ecclésiastique. T. XIX, col. 195.
Reylof (François-Liévin), musicien. T. XIX, col. 196.
Reylof (Olivier, baron de), poète latin. T. XIX, col. 197.
Reyngout (Jeanne van Alten, *alias*), calligraphe. T. XIX, col. 205.
Reyniers (Adrien), enlumineur bruxellois. T. XIX, col. 217.
Reyphins (Louis-Auguste), homme d'Etat. T. XIX, col. 226.
Richard (Jean), Richards, en latin Richardus Ossanaeus, jurisconsulte. T. XIX, col. 268.
Richardot (Jacques), sculpteur-faïencier. T. XIX, col. 273.
Richebourcq (Jacques de), philologue. T. XIX, col. 286.
Ricquaert (C.), écrivain ecclésiastique. T. XIX, col. 303.

Ridder (Charles-Barthélemy de), historien. T. XIX, col. 311.
Riet (Jean van), écrivain flamand. T. XIX, col. 330.
Rimbaut (Hippolyte), professeur, littérateur. T. XIX, col. 344.
Rits (Joseph-Henri), pédagogue. T. XIX, col. 363.
Robostelli ou Robustelli, facteur d'orgues. T. XIX, col. 555.
Robson (Jean-Jacques), musicien. T. XIX, col. 556.
Robson (Martin-Joseph), musicien. T. XIX, col. 558.
Robson (Sébastien-Joseph), musicien. T. XIX, col. 558.
Rodius (Adrien) ou Rhodius, médecin. T. XIX, col. 602.
Roeland (Jean), Roelants ou Rollant, scribe. T. XIX, col. 634.
Roelands (David), maître d'école et calligraphe. T. XIX, col. 636.
Roesthoven (Gautier van), scribe et enlumineur. T. XIX, col. 662.
Romaeus (Nicolas), théologien. T. XIX, col. 848.
Rombaut (Josse-Ange), écrivain flamand. T. XIX, col. 899.
Rommain (Henri) ou Romain, traducteur. T. XIX, col. 920.
Ronsse (Baudouin) ou Ronssaeus, médecin. T. XX, col. 15.
Rooman (Gilles), imprimeur. T. XX, col. 22.
Roovere (Jean de), miniaturiste. T. XX, col. 84.
Rosa (Henri), professeur. T. XX, col. 97.
Rosart (Jacques-François), fondeur de caractères d'imprimerie. T. XX, col. 99.
Rousseau (Jean-Marie), maître de chapelle et compositeur de musique. T. XX, col. 244.
Roy (Daniel van ou de) ou Van Roye, musicien. T. XX, col. 282.
Ruimonte (Pedro), maître de chapelle et compositeur de musique. T. XX, col. 422.
Rycke (Antoine de), musicien. T. XX, col. 623.
Ryckere (Pierre-Joseph-Marie-Colette de), professeur, diplomate. T. XX, col. 638.
Rydt (Michel-Henri de), musicien. T. XX, col. 665.
Ryspoort (Jean), musicien flamand. T. XX, col. 702.
Ryst (Herman vander), musicien. T. XX, col. 713.

BERLIÈRE (Ursmer).

Réginald de la Buissière, de Buxeria, de la Buscherie, moine de l'abbaye cistercienne d'Aulne. T. XVIII, col. 854.

BERNAERT (Frédéric).

Maelcamp (Jean-Baptiste-Séraphin), baron, seigneur de Vlienderbeke, homme de guerre. T. XIII, col. 40.
Martens (Jacques) ou Martins, homme de guerre. T. XIII, col. 874.
Materne (Jean-François-Constant), professeur, journaliste, poète, fonctionnaire et diplomate. T. XIV, col. 14.
Merckx (Maurice-Ignace-Marie-Joseph de), homme de guerre. T. XIV, col. 443.
Mertens (Jérôme), homme de guerre. T. XIV, col. 604.
Meyers (Mathieu-Bernard), homme de guerre, ingénieur, archéologue. T. XIV, col. 778.
Meys (Jean-Baptiste de), homme de guerre. T. XIV, col. 787.
Michaux (Auguste-Louis-Joseph), un des fondateurs de la compagnie des chasseurs volontaires bruxellois. T. XIV, col. 797.
Michaux (Edouard-Joseph-François), homme d'action. T. XIV, col. 798.
Micheels (Jean-Laurent), écrivain militaire, lexicographe. T. XIV, col. 799.
Mockel (Florent-Paul), homme de guerre, ingénieur militaire. T. XIV, col. 905.
Mondet (Louis-Ferdinand), com-

mandant de la place de Gratz. T. XV, col. 96.
Mons (Louis-Auguste-Ferdinand van), homme de guerre. T. XV, col. 132.
Monseau (Laurent), homme de guerre. T. XV, col. 136.
Moraiken (Henri de), homme de guerre. T. XV, col. 234.
Motté (Pierre), commandant de la place de Bruxelles. T. XV, col. 301.
Murray de Melgum (Albert-Joseph, comte de), homme de guerre. T. XV, col. 366.
Murray de Melgum (Joseph, comte de), homme de guerre. T. XV, col. 368.
Nalinne (Jean-Nicolas), homme de guerre. T. XV, col. 407.
Neuens (Jean-Baptiste-Charles-François), écrivain militaire. T. XV, col. 621.
Niellon (Charles), homme de guerre. T. XV, col. 705.
Nieulant (Maurice-Henri-Ghislain, vicomte de) et de Pottelsberghe, militaire et philanthrope. T. XV, col. 711.
Nobili (comte Jean), ingénieur militaire. T. XV, col. 762.
Nypels (Dominique-Hubert), homme de guerre. T. XVI, col. 20.
Nypels (Luc-Eugène), homme de guerre. T. XVI, col. 32.
Orban (Frédéric-Joseph), militaire, explorateur. T. XVI, col. 245.
Ory (François-Joseph), homme de guerre. T. XVI, col. 344.
Osten (Jacques-Octave), homme de guerre. T. XVI, col. 349.
Osten (Pierre-Jacques), homme de guerre. T. XVI, col. 350.
Otreppe de Bouvette (Frédéric-Gustave d'), homme de guerre. T. XVI, col. 373.
Outies (Antoine-Joseph-Julien), ingénieur, géographe et militaire. T. XVI, col. 399.
Palmaert (François-Edouard-Eloy), homme de guerre. T. XVI, col. 505.
Paumen (André), militaire. T. XVI, col. 718.
Peissant (Jacques-Antoine de), seigneur de Riauwelz, comte de Rumigny, homme de guerre. T. XVI, col. 869.
Pieters (Jean-Pierre), homme de guerre. T. XVII, col. 490.
Poirson (Victor), militaire. T. XVII, col. 888.
Polis (Emmanuel-Joseph-Olivier), militaire. T. XVII, col. 904.
Popelin (Emile-Gustave-Alexandre), militaire, explorateur. T. XVIII, col. 30.
Pouchin (Jean-Eglé-Edouard), officier supérieur. T. XVIII, col. 96.
Prévost (Pierre-Dominique), homme de guerre. T. XVIII, col. 229.
Quarré (Florimond, comte de), officier. T. XVIII, col. 403.

BÉTHUNE (baron Jean).

Maes (Jean), peintre. T. XIII, col. 138.
Maes (Nicolas), évêque de Sarepta T. XIII, col. 140.
Maes (Nicolas), peintre. T. XIII, col. 141.
Maes (Robert-Benoît), chirurgien. T. XIII, col. 141.
Malou (Pierre-Antoine), homme politique et missionnaire. T. XIII, col. 258.
Mansion (Colard), écrivain et imprimeur. T. XIII, col. 395.
Pape (Ferdinand-Charles-François-Joseph de), miniaturiste. T. XVI, col. 574.
Plouy (Philippe de ou du), écrivain ecclésiastique. T. XVII, col. 821.

BÉTHUNE (baron Joseph de).

Mussely (Charles-Liévin), historien. T. XV, col. 377.
Mussely (Henri-Amand), historien. T. XV, col. 379.
Mussely (Napoléon-Joseph-Victor-Constance) dit Mussely-Boudewyn, écrivain pédagogique. T. XV, col. 380.
Patin (Charles-Philippe, vicomte de) seigneur de Langhemarck, ter

Beke, Burghcoutere, etc., avocat fiscal, T. XVI, col. 690.
Persyn (Jean), maître-maçon de la ville de Courtrai. T. XVII, col. 77.
Persyn (Robert), maître-maçon de la ville de Courtrai. T. XVII, col. 79.
Pevernage (André), écrivain ecclésiastique. T. XVII, col. 143.
Pluckx (Jean-Antoine-Augustin), peintre miniaturiste. T. XVII, col. 824.
Pollet (Jean), conseiller du roi Philippe II. T. XVII, col. 915.
Pollet (Raphaël), jurisconsulte. T. XVII, col. 918.
Potter (Louis de), écrivain flamand. T. XVIII, col. 87.
Putte (Ferdinand van de), historien. T. XVIII, col. 347.
Pycke (Léonard), homme politique. T. XVIII, col. 364.
Quackelbeen (Guillaume), Quacquelbeen ou Quacelbeen, médecin et botaniste. T. XVIII, col. 393.
Rho (Joseph de), poète flamand. T. XVIII, col. 243.
Ribaltius (Louis), chanoine de l'ordre de Prémontré. T. XIX, col. 244.
Ronse (Edmond), historien, littérateur. T. XX, col. 13.
Roose (Georges-Louis de), peintre. T. XX, col. 47.
Rosseeuw (Léonard-François-Jacques), homme de loi et législateur. T. XX, col. 159.
Ruweel (Jean) ou Rueele, sculpteur. T. XX, col. 493.

BIGWOOD (Georges).

Nény (Patrice-François, comte de), jurisconsulte. T. XV, col. 588.
Nieuport (Charles-François-Ferdinand-Florent-Antoine le Prudhomme d'Hailly, vicomte de), mathématicien et philosophe. T. XV, col. 712.
Paridaens (Albert-Joseph), historien. T. XVI, col. 632.
Piro (Henricus de), Henri von dem Birbaum, Henricus Brunonis ou Henricus de Colonia, jurisconsulte. T. XVII, col. 641.
Rochedieu (Emile), publiciste. T. XIX, col. 564.
Roly (Henri-Louis), jurisconsulte. T. XIX, col. 847.
Rongé (Pierre-Jean de), magistrat. T. XX, col. 8.
Roussel (Armand-Adolphe), publiciste, avocat et professeur. T. XX, col. 257.

BLANCKART (baron de).

Hock (Everard), écrivain ecclésiastique. T. IX, col. 394.
Jacquet (Pierre-Louis ou Pierre-Louis de), archidiacre de Hainaut. T. X, col. 82.
Kerckhem (Arnold de) ou Kerkhem, baron de Wyer ou Wier, écrivain. T. X, col. 652.
Kerens (Henri-Jean), jésuite, historien. T. X, col. 655.

BLOMMAERT (Philippe).

Achter (François-Adrien van), écrivain calviniste. T. I, col. 13.
Aelbroeck (Jean-Louis van), agronome. T. I, col. 89.
Aerts (Philippe), historien ascétique. T. I, col. 124.
Aken (Guillaume van), historien du XIVe siècle. T. I, col. 142.
Aken (Henri van), poète flamand. T. I, col. 143.
Aken (Nicolas van). T. I, col. 150.
Aneseus (Jean) ou Ansus, auteur de diverses prophéties. T. I, col. 293.
Antheunis (Jacques-Jean), écrivain polémiste. T. I, col. 344.
Arenbergh (François van), poète flamand. T. I. col. 438.
Auweghem (Charles van), poète flamand. T. I. col. 555.
Bal (Henri), poète flamand. T. I. col. 655.
Basele (Pierre van), prédicateur. T. I, col. 743.
Baseler (Guillaume), poète flamand. T. I, col. 743.

Baten (Charles), médecin. T. I, col. 772.
Bautken (Liévin), poète flamand. T. I, col. 856.
Bellemans (Daniel), poète. T. II, col. 133.
Benning (Charles), déclamateur et écrivain flamand. T. II, col. 160.
Berchem (Henri-Antoine van), écrivain ecclésiastique. T. II, col. 166.
Bettens (Michel), poète flamand. T. II, col. 379.
Blitterswyck (Jean van ou de), écrivain ascétique. T. II, col. 483.
Boendale (Jean), dit Le Clerc, poète, T. II, col. 587.
Boschman, chroniqueur. T. II, col. 736.
Bouchaute (Liévin van), poète. T. II, col. 774.
Boudewyns (Catherine), poète. T. II, col. 795.
Braeckman (Pierre), poète. T. II, col. 903.
Broeckaert (Charles), écrivain flamand. T. III, col. 77.
Cannaert (Joseph-Bernard), jurisconsulte. T. III, col. 286.
Cauwe (François), récollet, écrivain. T. III, col. 392.
Cauwe (Pierre), poète flamand. T. III, col. 392.

BLOMME (Arthur).

Quaetfaslem (Emmanuel), architecte. T. XVIII, col. 400.
Roels (Paul), professeur à l'Université de Louvain. T. XIX, col. 658.

BLYAU (Albert).

Perneel (Jean), avocat, historien. T. XVII, col. 29.

BODDAERT (Richard).

Poelman (Charles-Amand-Constant), médecin. T. XVII, col. 868.
Rietmakers (Hubert), médecin. T. XIX, col. 331.
Rommelaere (Frédéric), médecin. T. XIX, col. 924.

BODSON (J.-M.-J.).

Louis de Saint-Pierre (le père), surnommé Lucas, poète, orateur et théologien ascétique. T. XII, col. 491.

BORCHGRAVE (Emile de).

Borchgrave (Daniel de) ou de Burchgrave, magistrat, homme politique et négociateur. T. IV, col. 820.
Ernest d'Autriche (archiduc), gouverneur général des Pays-Bas. T. VI, col. 645.
Errembault (Louis), président du Conseil de Flandre. T. VI, col. 685.
Espinosa (Antoine-Alard ou Everard de), religieux capucin, missionnaire, évêque d'Anvers. T. VI, col. 706.
Feller (François-Xavier de), prêtre de la Compagnie de Jésus, publiciste. T. VII, col. 3.
Ferry de Clugny ou plutôt Clugny (Ferry de), cardinal, évêque de Tournai. T. VII, col. 41.
Flandre (Louis de), connu sous le nom de seigneur de Praet, homme de guerre et d'Etat, ministre et ambassadeur de Charles-Quint, T. VII, col. 82.
Fourmelles (Simon de), Formelles ou Fromelles, président du Conseil de Flandre. T. VII, col. 214.
Frankenberg (Jean-Henri, comte de), cardinal, archevêque de Malines. T. VII, col. 275.
Gavre (les sires de), illustre famille flamande. T. VII, col. 529.
Gavre (Charles-Emmanuel-Joseph, prince de), conseiller d'Etat intime. T. VII, col. 534.
Gavre (François-Joseph-Rasse, prince de), grand chambellan à la cour de Bruxelles. T. VII, col. 535.
Gavre (Charles-Alexandre-François-Rasse, prince de), directeur de l'Académie des sciences et belles-lettres de Bruxelles. T. VII, col. 535.
Gérardi (Jean), plus connu sous

le nom de Geerts, surnommé Sichem, abbé de Tongerloo, négociateur. T. VII, col. 656.
Gherbode (Thierry), garde des chartes de Flandre, négociateur, etc. T. VII, col. 712.
Gilles de Léau, de Lewes, van Leeuw, Ægidius de Walacria, prédicateur et croisé. T. VII, col. 765.
Goubau (François), écrivain, diplomate. T. VIII, col. 156.
Grimberghe (Guillaume de Glymes de Berghes, baron de), évêque d'Anvers et archevêque de Cambrai, négociateur. T. VIII, col. 309.
Grysperre (Guillaume de), chevalier, magistrat, jurisconsulte. T. VIII, col. 390.
Grysperre (Guillaume-Albert de), chancelier de Brabant. T. VIII, col. 391.
Guillaume d'Ypres ou de Loo, homme de guerre. T. VIII, col. 436.
Kleerhaghe (Julien), capitaine au service des Provinces-Unies. T. X, col. 778.
Maldeghem (Arnould de), dit de Waerhem, philanthrope. T. XIII, col. 205.
Maldeghem (Jean-Dominique, comte de) et de Steenuffel, etc., homme de guerre et d'Etat. T. XIII, col. 206.
Maldeghem (Philippe de), seigneur de Leyschot, poète, ambassadeur. T. XIII, col. 209.
Maldeghem (Robert de), dit le seigneur de Grimarez, homme de guerre et généalogiste. T. XIII, col. 213.
Maldeghem (Salomon de), homme de guerre, croisé. T. XIII, col. 218.
Marie d'Autriche, reine de Hongrie, gouvernante des Pays-Bas. T. XIII, col. 673.
Marie de Bourgogne (duchesse), souveraine des Pays-Bas. T. XIII, col. 685.
Marie de Brabant, duchesse de Bavière. T. XIII, col. 697.
Marie de Brabant, reine de France. T. XIII, col. 704.
Marnix (Charles-Gustave-Ghislain-Marie, comte de), grand maréchal de la Cour. T. XIII, col. 774.
Marnix (Jacques de), homme de guerre et négociateur. T. XIII, col. 775.
Mathilde de Hainaut, duchesse d'Athènes. T. XIV, col. 56.
Montigny (Florent ou Floris de Montmorency, baron de), homme politique. T. XV, col. 187.
Nassau (Engelbert, comte de) et de Vianden, homme de guerre. T. XV, col. 473.
Naves (Jean Ier de), vice-chancelier de l'Empire germanique. T. XV, col. 492.
Naves (Jean II de), chevalier, conseiller d'Etat, négociateur. T. XV, col. 497.
Naves (Nicolas Ier de), président du Conseil de Luxembourg. T. XV, col. 503.
Navigheer (Jean) prêtre et prédicateur. T. XV, col. 515.
Neuforge (Engelbert de ou de la) ou Neuveforge, magistrat et négociateur. T. XV, col. 632.
Neyen (Jean de), ou Neyen, aussi François Ney, négociateur. T. XV, col. 653.
Noircarmes (Jean de), seigneur de Selles, guerrier, homme politique et négociateur. T. XV, col. 780.
Noircarmes (Philippe de Sainte-Aldegonde, seigneur de), homme de guerre et d'Etat. T. XV, col. 784.
Nothomb (Jean-Baptiste, baron), homme d'Etat, diplomate et écrivain. T. XV, col. 910.
Oexmelin (Alexandre-Olivier), Exquemelin ou Exquemeling, voyageur. T. XVI, col. 85.
O'Sullivan de Grass (Alphonse-Albert-Henri, comte), baron de Séovaud, diplomate et négociateur. T. XVI, col. 351.
O'Sullivan de Grass (Jean-Patrice), administrateur. T. XVI, col. 355.
Oultremont (Charles-Nicolas-

Alexandre, comte d') prince-évêque de Liége. T. XVI, col. 387.
Pamele (Guillaume de), président du Conseil de Flandre. T. XVI, col. 526.
Pépin le Vieux, l'Ancien ou de Landen, maire de palais. T. XVI, col. 897.
Pépin le Gros, ou le Moyen, ou de Herstal, maire de palais. T. XVI, col. 900.
Pépin le Bref, roi des Francs. T. XVI, col. 905.
Perret (Etienne), homme politique et littérateur. T. XVII, col. 65.
Philippe IV d'Espagne, souverain des Pays-Bas. T. XVII, col. 296.
Philippe V d'Espagne, souverain des Pays-Bas. T. XVII, col. 300.
Philippe Ier de Namur, dit le Noble, comte et marquis de Namur. T. XVII, col. 316.
Philippe II de Namur, dit à la Lèvre, comte et marquis de Namur. T. XVII, col. 319.
Philippe III de Namur, comte et marquis de Namur. T. XVII, col. 320.
Philippe de Saint-Pol, duc de Brabant. T. XVII, col. 321.
Pierre de Gand, Pedro de Gante, écrivain espagnol. T. XVII, col. 443.
Pierre de Gand ou de Mura (le fr.), missionnaire au Mexique. T. XVII, col. 443.
Pirquet (Pierre-Martin), dit de Mardaga, homme de guerre. T. XVII, col. 660.
Plaines (Gérard de), magistrat et négociateur. T. XVII, col. 700.
Plaines (Thomas de), magistrat, homme d'Etat, négociateur. T. XVII, col. 703.
Poel (Augustin-Eugène vanden), poète flamand. T. XVII, col. 847.
Reingout (Jacques), Reingoud ou Reingault, homme politique. T. XIX, col. 1.
René de Nassau, prince d'Orange. T. XIX, col. 89.
Renier de Trith ou Trit, croisé, duc de Philippopoli. T. XIX, col. 119.
Reul (Théodore-Lambert-François de), fonctionnaire austro-belge. T. XIX, col. 176.
Robert de Courtenay ou Robert de France ou Robert de Namur, quatrième empereur latin de Romanie. T. XIX, col. 422.
Robert de Liége (maître), évêque de Veszprim. T. XIX, col. 474.
Roose (Philippe), écuyer, seigneur de Strazelles ou Strazeele, homme politique. T. XX, col. 48.
Rottiers (Bernard-Eugène-Antoine), militaire et archéologue. T. XX, col. 196.

BORGNET (Adolphe).

Bassenge (Jean-Nicolas), homme d'Etat et écrivain. T. I, col. 748.
Bassenge (Jean-Thomas-Lambert), administrateur. T. I, col. 761.

BORGNET (Jules).

Albert Ier, comte de Namur. T. I, col. 195.
Albert II, comte de Namur. T. I, col. 196.
Albert III, comte de Namur, T. I, col. 197.
Barbier (Nicolas-François), graveur. T. I, col. 708.

BORMAN (Chevalier C. de).

Dinghens (Léonard-François), docteur en médecine. T. VI, col. 77.
Pas (Humbert de), clerc liégeois. T. XVI, col. 667.
Puteanus (Jérôme) ou Vande Putte, jurisconsulte. T. XVIII, col. 344.
Rasquinet (Mengolde de), seigneur de Ramezée, licencié ès lois et avocat. T. XVIII, col. 742.

BORMANS (Stanislas).

Corte (Jean de) ou Curtius, commissaire général des munitions de guerre sous Philippe II. T. IV, col. 912.

Dillen (Jean), licencié en droit. T. VI, col. 75.
Dillen (Jean), licencié en théologie. T. VI, col. 76.
Domitien (Saint), évêque de Maestricht. T. VI, col. 117.
Donat, hagiographe, diacre de l'église de Metz. T. VI, col. 119.
Ducquet (Barthélemi) ou Le Ducquet, licencié en droit. T. VI, col. 239.
Durand, évêque de Liége. T. VI, col. 361.
Floribert (Saint), évêque de Liége. T. VII, col. 117.
Galliot (Charles-François-Joseph), historien. T. VII, col. 462.
Georges d'Autriche, prince-évêque de Liége. T. VII, col. 612.
Gérard (Saint), fondateur et abbé de Brogne. T. VII, col. 619.
Gilbert ou plutôt Gislebert, dit de Mons, chroniqueur. T. VII, col. 750.
Gilles dit d'Orval, chroniqueur, T. VII, col. 759.
Godescalc, diacre de la congrégation ou du monastère de Saint-Lambert à Liége. T. VIII, col. 10.
Grace (Thierry de), évêque suffragant du diocèse de Liége. T. VIII, col. 177.
Grady (Charles-Antoine, chevalier de), évêque de Philadelphie. T. VIII, col. 178.
Guibert (Saint) ou Wibert, fondateur du monastère des Bénédictins à Gembloux. T. VIII, col. 404.
La Hamaide (Ignace-François de) ou Hameda, jurisconsulte. T. V, col. 282.
La Hamaide (Vincent de), jurisconsulte. T. V, col. 282.
Polain (Mathieu-Lambert), historien. T. XVII, col. 897.
Rémont (Julien-Etienne), architecte. T. XIX, col. 31.

BOSMANS (Henri).

Ringelberg (Joachim Sterck van) ou van Ringelbergh, Joachimus Fortius Ringelbergius, écrivain. T. XIX, col. 346.
Rodolphe de Bruges, astronome. T. XIX, col. 615.
Rodolphe de Liége, mathématicien. T. XIX, col. 616.
Roland (Ferdinand), grammairien, mathématicien, physicien et chimiste. T. XIX, col. 818.
Romain (Adrien) ou Adriaan van Roomen, en latin Adrianus Romanus, médecin, mathématicien. T. XIX, col. 848.

BRANTS (Victor).

Paillot (P.-Hippolyte-L.), écrivain. T. XVI, col. 472.
Paillot (Pierre-Claude), avocat. T. XVI, col. 473.
Peck (Pierre), Pecquius ou Peckius, jurisconsulte. T. XVI, col. 782.
Pecq (Pierre), Pecquius ou Peckius, homme politique. T. XVI, col. 784.
Pedro de Tolède (don), ambassadeur. T. XVI, col. 801.
Perez (Antoine), jurisconsulte. T. XVII, col. 11.
Pieraerts (Constant-F.-J.), recteur de l'Université de Louvain. T. XVII, col. 400.
Poullet (Edmond-Yves-Joseph-Marie), historien. T. XVIII, col. 112.
Prats (Philippe), secrétaire d'Etat. T. XVIII, col. 202.
Prumeu (Nicolas de), dit de Winringen, professeur de droit canon. T. XVIII, col. 306.
Quirini (Ignace-Antoine-Joseph), jurisconsulte. T. XVIII, col. 511.
Ramus (Jean) ou Tack, jurisconsulte. T. XVIII, col. 652.
Richardot (François), orateur, évêque d'Arras. T. XIX, col. 269.
Richardot (Jean Grusset, dit), homme d'Etat. T. XIX, col. 274.
Richardot (Jean), évêque et diplomate. T. XIX, col. 280.
Richardot (Pierre), abbé d'Echternach. T. XIX, col. 282.
Robert (Christophe), professeur de droit. T. XIX, col. 490.

BRASSINNE (Joseph).

Otreppe de Bouvette (Albert d'), publiciste, archéologue. T. XVI, col. 372.
Poncelet (Martin), menuisier et mécanicien. T. XVIII, col. 2.
Poswick (Henri-Hippolyte), général-major. T. XVIII, col. 72.
Rausin (Etienne), jurisconsulte, écrivain politique et poète. T. XVIII, col. 785.
Raymond (Abacuc de), de Raymund ou Raymundi, jurisconsulte. T. XVIII, col. 809.
Ronvaulx (Dieudonné de), écrivain ecclésiastique. T. XX, col. 19.

BRITZ (Jacques).

Achelen (Igram van), membre du Conseil privé, président du Grand Conseil de Malines. T. I, col. 12.
Apostole (Pierre) ou Apostocle, Lapostole, Del' Apostole, chevalier. T. I, col. 351.
Asseliers (Robert d' ou van), chevalier, docteur en droit. T. I, col. 503.
Assonleville (Christophe d') ou Assonville ou Dassonleville, chevalier. T. I, col. 507.
Assonleville (Guillaume d'), docteur en droit. T. I, col. 513.
Athin (Wathier ou Wauthier d'), Datin ou Dathyn, Datinius, bourgmestre et grand maïeur de la cité de Liége. T. I, col. 519.
Baenst (Paul de), négociateur. T. I, col. 620.
Baert (Arnould), professeur de droit. T. I, col. 630.
Baltyn (Adrien) ou Baltin, jurisconsulte. T. I, col. 680.
Bastin (Etienne-Richard de), jurisconsulte. T. I, col. 767.
Beka (Jean de), chroniqueur. T. II, col. 110.
Benninck (Jean de), ou Bennynck, Benningh ou Benningius, chevalier, jurisconsulte. T. II, col. 161.
Bertolf (Grégoire), jurisconsulte. T. II, col. 333.
Bervoet (Jacques-Juste), chevalier. T. II, col. 347.
Bievene (Jean de), professeur à l'Université. T. II, col. 419.
Blois (Jean-Baptiste, chevalier de) ou Bloys, conseiller au Conseil de Flandre. T. II, col. 498.
Bogaert (Jacques), chevalier, président du Conseil provincial de Flandre. T. II, col. 610.
Boisschot (Jean-Baptiste de), chevalier, magistrat et diplomate. T. II, col. 624.
Bont (Guillaume de ou van), docteur en droit. T. II, col. 689.
Bont (Jean de ou van), Bontius, sire de Montjoie, conseiller ducal. T. II, col. 689.
Bosschaert (Corneille-François), magistrat et amman de Bruxelles. T. II, col. 744.
Boulé (André), chevalier, jurisconsulte. T. II, col. 820.
Bourgogne (Nic. de), Burgundus, Burgundius ou van Bourgoingne, historien, poète. T. II, col. 852.
Briaerde (Lambert de) ou Briardus, chevalier, jurisconsulte et diplomate. T. III, col. 44.
Bruxelles (Philibert de), dit Philibertus Brusselius, de Bruxella ou van Brussel, jurisconsulte, conseiller de Charles-Quint. T. III, col. 117.

BROECKX (Corneille).

Ayala (Gabriel), médecin. T. I, col. 573.
Beerenbroek (Arnould-Barthélemi), médecin. T. II, col. 99.
Bergen (Gérard van), van Berghen ou vanden Bergen, médecin. T. II, col. 182.
Bochaute (Charles van), médecin. T. II, col. 545.
Boeckel (Jean van) ou Bockelius. T. II, col. 573.
Bording (Jacques), médecin. T. II, col. 705.
Bourgeois (Jean), Borgesius ou Bourgesius, médecin. T. II, col. 833.

Brabant (Charles-Louis-Maximilien de), médecin. T. II, col. 900.
Brisseau (Michel), professeur d'anatomie. T. III, col. 68.
Busennius (Antoine), médecin. T. III, col. 202.

BROUWERS (D.-D.).

Rose (Charles-Philippe de) ou Derose, sculpteur. T. XX, col. 100.
Royer (Auguste-Philippe), industriel. T. XX, col. 290.
Royer de Behr (Auguste-Nicolas-Maximilien), homme politique. T. XX, col. 297.

BURBURE (chev. Léon de).

Abshoven (Ferdinand van), le Vieux, peintre. T. I, col. 7.
Abshoven (Ferdinand van), le Jeune, peintre. T. I, col. 7.
Abshoven (Thomas van), frère de Ferdinand. T. I, col. 7.
Abshoven (Thomas van), fils de Ferdinand. T. I, col. 8.
Abts (Wauthier), peintre. T. I, col. 8.
Adriaens (Luc), peintre. T. I, col. 81.
Aken (Jérôme van) ou Agnen, Bos ou Bosch, peintre. T. I, col. 149.
Aken (Sébastien van), peintre. T. I, col. 151.
Ameyden (Chrétien van), compositeur de musique. T. I, col. 261.
Ancot (Jean), compositeur de musique. T. I, col. 270.
Ancot (Jean), le jeune, compositeur de musique. T. I, col. 271.
Ancot (Louis), pianiste. T. I, col. 272.
Angelet (Charles-François), pianiste. T. I, col. 295.
Anselme de Flandre ou le Flamand, musicien. T. I, col. 329.
Ansiaux (Jean-Hubert-Joseph), compositeur de musique. T. I, col. 338.
Anvers (Laurent d'), miniaturiste. T. I, col. 349.
Appelmans (Jean et Pierre), architectes du XIVe et du XVe siècle. T. I, col. 353.
Argentil (Charles d'), compositeur de musique. T. I, col. 439.
Arnould de Flandres ou le Flamand, en latin Arnoldus Flandrus, compositeur de musique. T. I, col. 466.
Arnulphe de Saint-Guislain (Maître), écrivain didactique. T I, col. 472.
Artot (Alexandre-Joseph), violoniste. T. I, col. 489.
Balduin (Noël ou Natalis), compositeur de musique. T. I, col. 663.
Barbé (Antoine), compositeur de musique. T. I, col. 703.
Barbé (Jean-Baptiste), graveur, T. I, col. 706.
Barbireau (Jacques), compositeur de musique. T. I, col. 712.
Bassengius (Gilles), compositeur de musique. T. I, col. 748.
Baston (Josquin ou Josse), compositeur de musique. T. I, col. 770.
Baurscheit (Jean-Pierre van), le jeune, architecte et sculpteur. T. I, col. 852.
Beethoven (Louis van), le Vieux, musicien. T. II, col. 105.
Berckelaers (J.), compositeur de musique. T. II, col. 172.
Bettigny (Jean), compositeur de musique. T. II, col. 380.
Beurse (Pierquin), compositeur de musique. T. II, col. 390.
Beys (Gilles ou Egide), imprimeur, T. II, col. 408.
Blavier (André-Joseph), compositeur de musique. T. II, col. 465.
Bonhomius (Pierre), compositeur de musique. T. II, col. 681.
Bredeniers (Henri), compositeur de musique. T. II, col. 921.
Cocx (Jean), musicien-compositeur. T. IV, col. 244.
Coddeman (Luc), artiste peintre. T. IV, col. 245.
Coignet (Gilles), peintre. T. IV, col. 269.
Cordier (Jean), musicien. T. IV, col. 392.
Cornet (Séverin), compositeur de musique. T. IV, col. 404.
Cossiers (Jean), peintre. T. IV, col. 412.

Cuypere (André Stevens, dit de), peintre. T. V, col. 56.
Devrée (Marc) ou De Vré, compositeur de musique. T. V, col. 867.
Dul (Corneille, Gérard et Pierre) ou Dull, sculpteurs. T. VI, col. 268.
La Hèle (Isaac de) ou Del Hele, peintre. T. V, col. 287.
Le Cocq (Jean), compositeur de musique. T. IV, col. 241.
Vogel (Pierre de), sculpteur. T. V, col. 843.

BUSSCHER (Edmond de).

Audenaerde (Robert van), Auden-Aerd ou Oudenaerde, peintre d'histoire. T. I, col. 535.
Axpoele ou Axelpoele (van), artistes à Gand. T. I, col. 569.
Axpoele ou Axelpoele (Guillaume van), peintre d'histoire. T. I, col. 570.
Back (Godefroid) ou Bac, imprimeur. T. I, col. 599.
Backere (Pierre de) ou De Beckere, maître orfèvre-ciseleur et émailleur. T. IV, col. 744.
Baes (Martin) ou Bassius, dessinateur. T. I, col. 634.
Baets (Ange de), peintre. T. IV, col. 748.
Baillu (Bernard) ou Balliu, graveur. T. I, col. 648.
Baillu (Pierre) ou de Bailliu, graveur. T. I. col. 649.
Baillu (Ernest-Joseph) ou Bailly, peintre. T. I, col. 651.
Ballaert (Henri van), sculpteur, T. I, col. 673.
Balthazar (Pierre), ou Balten, Balthazarus ou Baltenius, peintre. T. I, col. 674.
Barry (Henri) ou Bary, dessinateur. T. I, col. 731.
Bassevelde (les van), peintres. T. I, col. 763.
Bast (Dominique de), peintre. T. IV, col. 750.
Bast (Liévin-Armand-Marie de). orfèvre-ciseleur. T. IV, col. 752.
Beaugrant (Guyot de), sculpteur-statuaire. T. II, col. 48.
Beauneveu (André) ou Beaunepveu, sculpteur. T. II, col. 61.
Becker (Charles), dessinateur. T. II, col. 75.
Beer (Corneille de), peintre. T. IV, col. 782.
Beervelde (Pierre van) ou Beervelt, peintre. T. II, col. 102.
Benau (Pierre), lexicographe et poète. T. II, col. 151.
Bening (Alexandre) ou Beninc, dessinateur à la plume. T. II, col. 153.
Bening (Liévine) ou Beninc, miniaturiste. T. II, col. 159.
Bening (Simon) ou Beninc, latinisé Benichius, dessinateur à la plume. T. II, col. 156.
Berckel (Théodore-Victor van), graveur en médailles. T. II, col. 169.
Berger (Jacques) ou Bergé, sculpteur. T. II, col. 183.
Bie (Corneille de) ou de Bye, écrivain flamand et poète. T. IV, col. 785.
Bie (Jacques de) ou de Bye, latinisé Biesius ou Biaeus, dessinateur. T. IV, col. 789.
Billet (Juste) ou Billiet, magistrat municipal. T. II, col. 422.
Blanstrain (Guillaume), orfèvre. T. II, col. 460.
Blanstrain (Roland), orfèvre. T. II, col. 461.
Blaton (Thomas), peintre. T. II, col. 464.
Bloc (Conrad), graveur de médailles. T. II, col. 484.
Blokhuysen (Renier) ou Blockhuysen, artiste flamand, dessinateur. T. II, col. 507.
Boecksent (Jean), sculpteur-statuaire. T. II, col. 576.
Boene (Corneille) ou Boone, sculpteur. T. II, col. 591.
Boene (Jean) ou Boone, sculpteur. T. II, col. 594.
Bogaerts (Félix-Guillaume-Marie), historien, romancier et poète. T. II, col. 611.
Bolswert (Boëce van, de ou a), Bolsweert ou Bolswart, graveur. T. II, col. 656.

Bolswert (Schelte van, de ou a) ou Bolswart, graveur. T. II, col. 660.
Bonte (Corneille de) ou de Bont, orfèvre, modeleur. T. IV, col. 809.
Borrekens (Mathieu) ou Berckens, graveur. T. II, col. 726.
Borreman (Jean), sculpteur-statuaire. T. II, col. 727.
Bos (Corneille), Bus, Bosch ou Boissens, dessinateur. T. II, col. 730.
Bos (Jacques, Jacobus) ou Bosius. Boss ou Bossius, graveur. T. II, col. 732.
Bossuit (François) ou Bossuyt, sculpteur. T. II, col. 759.
Bouché ou Bouche (Martin), graveur. T. II, col. 775.
Bouché ou Bouche (Pierre-Paul), graveur. T. II, col. 776.
Bouré (Paul-Joseph), sculpteur et peintre. T. II, col. 831.
Bouttats, Boutats ou Bottats, famille de graveurs. T. II, col. 884.
Brune (Augustin de), peintre-décorateur. T. IV, col. 839.
Brune (Nicolas de) ou Bruin, sculpteur en bois. T. IV, col. 841.
Bruneau (Robert), artiste graveur. T. III, col. 113.
Bruyne (Pierre de), Bruin ou Brune, graveur. T. IV, col. 850.
Bruyneel (Jacques) ou Bruynel, graveur. T. III, col. 122.
Buc (Jean) ou De Buc, peintre sur verre. T. III, col. 143.
Bulteel (Jean) ou Bulleteel, sculpteur. T. III, col. 158.
Bulteel (Pierre) ou Bulleteel, sculpteur et peintre. T. III, col. 158.
Calloigne (Jean-Robert), sculpteur et architecte T. III, col. 250.
Caluwaerts (François) le Vieux. graveur. T. III, col. 256.
Cardon (Antoine-Alexandre-Joseph), dit le Vieux, peintre. T. III, col. 308.
Cardon (Antoine), dit le Jeune, dessinateur. T. III, col. 311.
Cardon (Servais) et Cardon (Jean), sculpteurs. T. III, col. 314.
Caukercken (Corneille van), dessinateur. T. III, col. 385.
Causé (Henri) ou Cause, dessinateur. T. III, col. 389.
Causé (Lambert) ou Cause, dessinateur. T. III, col. 391.
Cauwer (Joseph de) aîné, ou de Cauwer-Ronsse, peintre. T. IV, col. 863.
Cauwer (Pierre-Romuald de) ou De Cauwer van Beversluys, peintre. T. IV, col. 866.
Claux de Verne ou de Werne, dit aussi Claux de Vauzonne, sculpteur-statuaire. T. IV, col. 133.
Clincke (Jean), sculpteur. T. IV, col. 174.
Clouet (Pierre), Clouwet ou Clouvet, graveur. T. IV, col. 189.
Clouet (Albert), Clouwet ou Clouvet, graveur. T. IV, col. 191.
Clouet (David), Clouwet ou Clouvet, graveur. T. IV, col. 192.
Cock (Jean-Claude de) ou De Cocq, peintre et sculpteur. T. IV col. 885.
Cock (Jérôme) ou Kock, peintre. T. IV, col. 224.
Cock (Mathieu) ou Kock, peintre. T. IV, col. 227.
Coelemans (Jacques), graveur. T. IV, col. 261.
Collaert (Adrien), dessinateur. T. IV, col. 289.
Collaert (Jean ou Hans) le Vieux, dessinateur. T. IV, col. 292.
Collin (Jean), graveur. T. IV, col. 301.
Collin (Richard), dessinateur. T. IV. col. 302.
Coppens (Augustin), dessinateur. T. IV, col. 379.
Cornelis (Lambert) ou Cornely, graveur. T. IV, col. 400.
Cortvriendt (Jean), architecte. T. IV, col. 409.
Coster (Dominique de) ou Custos. dit Balten, dessinateur. T. V, col. 9.
Coster (Raphaël de) ou Custos, dessinateur. T. V, col. 23.
Coxcie ou Coxie (Michel van) dit le Jeune, peintre. T. IV, col. 456.
Coxcie ou Coxie (Raphaël van), peintre. T. IV, col. 462.
Coxcie et Coxie (Jean-Michel et Jean-Antoine van), peintres. T. IV, col. 466.

Crayer (Gaspard de) ou De Craeyer, peintre. T. V, col. 27.
Crésant (Jacques) ou Cressant, dit le Vieux, statuaire. T. IV, col. 496.
Crombrugghe (Joseph-Jean van), jurisconsulte, magistrat. T. IV, col. 519.
Cruyl (Liévin), latinisé Livinus Cruylius, ecclésiastique, architecte. T. IV, col. 583.
Cuyck van Mierop (François van), Myerop ou Mierhop, peintre. T. IV, col. 597.
Damis (Amédée-Gustave-François), peintre. T. IV, col. 654.
Dandeleau (Nicolas-Balthazar), dessinateur. T. IV, col. 661.
Danoot (Pierre) ou Dannoot, graveur flamand. T. IV, col. 670.
Dartois (Jacques), orfèvre-ciseleur. T. IV, col. 682.
Delavigne (Hugues), orfèvre et ciseleur. T. V, col. 336.
Delvaux (Laurent), sculpteur-statuaire. T. V, col. 498.
Delyen (Jacques-François) ou Deslyen, peintre. T. V, col. 506.
Devel (Pierre), graveur. T. V, col. 834
Diamaer (Henri-François) ou Diamar, graveur. T. VI, col. 40.
Dickele (Gilles ou Egide van), sculpteur-statuaire. T. VI, col. 41.
Ditmar (Jean) ou Ditmer, graveur. T. VI, col. 83.
Dupont (Paul) ou Pontius, dessinateur et graveur. T. VI, col. 317.
Duquesnoy (François), ou Du Quesnoy, sculpteur-statuaire. T. VI, col. 332.
Duquesnoy (Jérôme) ou Du Quesnoy, le Vieux, sculpteur et architecte. T. VI, col. 328.
Duquesnoy (Jérôme) ou Du Quesnoy, le Jeune, sculpteur-statuaire. T. VI, col. 348.
Duynen (Isaac van), peintre. T. VI, col. 404.
Erpe (Jean van) ou Herpe, dessinateur et enlumineur. T. VI, col. 683.
Galle (Philippe), le Vieux, dessinateur. T. VII, col. 438.
Galle (Théodore), dessinateur. T. VII, col. 446.
Galle (Corneille I), dit le Vieux, dessinateur. T. VII, col. 449.
Galle (Corneille II), dit le Jeune, dessinateur. T. VII, col. 453.
Galle (Corneille III), dessinateur. T. VII, col. 457.
Galle (Jean), graveur au burin. T. VII, col. 458.
Gendt ou Ghendt (Emmanuel-Jean-Népomucène de), graveur. T. V, col. 95.
Gheyn (Guillaume de), de Ghein, de Geyn ou de Gein, dessinateur. T. V, col. 99.
Gheyn (Jacob ou Jacques de), de Ghein, de Geyn ou de Gein, le Vieux, peintre. T. V, col. 100.
Gheyn (Jacob ou Jacques de), de Ghein, de Geyn ou de Gein, le Jeune, dessinateur. T. V. col. 107.
Goetghebuer (Pierre-Jacques), dessinateur, graveur à l'eau forte et architecte. T. VIII, col. 47.
Goetghebuer (François-Joseph), architecte. T. VIII, col. 50.
Grave (Charles-Joseph de), magistrat communal et judiciaire. T. V, col. 114.
Grave (Pierre-François-Louis de) homme de lettres et agronome T. V, col. 131.
Haut (Etienne de), sculpteur. T. V, col. 144.
Heere (Jean de) ou Dheere, le Vieux, sculpteur et architecte. T. V, col. 149.
Heere (Luc de), Dheere, Mynheere ou Mynsheeren, latinisé Derus et Dheerius, peintre. T. V. col. 152.
Hondt (François-Jean de), orfèvre, ciseleur. T. V, col. 178.
Hondt (Henri de) ou Hondius, le Vieux, dessinateur. T. V, col. 181.
Hondt (Josse de) ou Hondius, calligraphe et cosmographe. T. V, col. 185.

Jode (Arnould de), graveur. T. V, col. 194.
Jode (Corneille de), géographe. T. V, col. 195.
Jode (Gérard de), géomètre. T. V, col. 196.
Jode (Pierre de), le Vieux, dessinateur. T. V, col. 200.
Jode (Pierre de), le Jeune, dessinateur. T. V, col. 202.
Jonghe (Jean-François de), en religion Bernard de Jonghe, écrivain ecclésiastique, chroniqueur. T. V, col. 213.
Kock (Jacques de), De Cock, Kockx ou Cocx, statuaire, sculpteur, architecte. T. V, col. 246.
Leencnecht (Daniel de), fondeur de cloches. T. V, col. 359.
Leeuw (Guillaume de) ou vander Leeuw, graveur. T. V, col. 379.
Liemaker (Jacques de) ou Liemaeckere, primitivement De Riemaeckere, peintre-verrier. T. V, col. 423.
Liemaker (Nicolas de) ou Liemaeckere, dit Roose, peintre. T. V, col. 424.
Mersseman (Jacques-Olivier-Marie de), médecin et historien archéologue. T. V, col. 512.
Meulemeester (Joseph-Charles de), calligraphe, dessinateur, peintre à l'aquarelle. T. V, col. 520.
Meyere (Jean de) ou De Meyer, père et fils, tailleurs de pierres. T. V, col. 559.
Moor (Pasquier de), capitaine de marine. T. V, col. 567.
Moor (Philippe de), capitaine de marine militaire. T. V, col. 570
Roose (Arnould de), peintre. T. V, col. 680.
Scoenere (les de) ou de Scoonere, peintres et sculpteurs. T. V, col. 725.
Scrivere (Liévin de), maître peintre. T. V, col. 728.
Vlamynck (Pierre-Jean de), dessinateur. T. V, col. 838.
Vries (Jean de) ou De Vriese, peintre sur verre. T. V, col. 872.
Vries (Paul de) ou De Vriese, peintre. T. V, col. 872.
Witte (Gilles de), sculpteur. T. VI, col. 8.

CALOEN (Vincent van).

Moulaert (Bernard), historien, écrivain. T. XV, col. 303.
Parmentier (Thomas), écrivain ecclésiastique. T. XVI, col. 653.
Pelichy (Jean-Marie-François-Théodore-Guislain, baron de), bourgmestre de la ville de Bruges. T. XVI, col. 876.
Petyt (Jacques), lithographe. T. XVII, col. 131.
Poelman (Jean), écrivain ecclésiastique. T. XVII, col. 872.
Potier (le bienheureux Louis), chartreux. T. XVIII, col. 81.
Pouppez (Jean-Louis-Joseph-Vincent), homme d'Etat. T. XVIII, col. 114.
Puerorum (Pierre), ou Vander Kindere, écrivain ecclésiastique. T. XVIII, col. 318.
Ranst (François van), écrivain ecclésiastique. T. XVIII, col. 679.
Raynerius ou Regnier de Bruges (vénérable), dominicain. T. XVIII, col. 814.
Renard (Jean), philosophe. T. XIX. col. 59.
Rivieren (Eustache van) ou de Zichemis, écrivain ecclésiastique. T. XIX, col. 382.
Robyn (Louis), écrivain ecclésiastique. T. XIX, col. 559.
Romain (François) ou Rooman, architecte. T. XIX, col. 890.
Rommel (Jean), jurisconsulte, littérateur. T. XIX, col. 922.
Rommel (Nicolas), magistrat, jurisconsulte. T. XIX, col. 923.
Rommens (Guillaume), écrivain ecclésiastique. T. XIX, col. 927.
Rosa (Pépin) ou Roosen, prédicateur, suffragant de Malines, écrivain ecclésiastique. T. XX, col. 97.
Ruffelaert (François), écrivain ecclésiastique. T. XX, col. 421.

Ryder (Jean) ou Ryderus, écrivain ecclésiastique. T. XX, col. 664.
Rystius (Paul), écrivain ecclésiastique. T. XX, col. 715.

CANDÈZE (Ernest).

Lacordaire (Jean-Théodore), entomologiste. T. XI, col. 6.

CAPITAINE (Ulysse).

Ancion (Pascal), récollet. T. I, col. 269.
Ancion (J.-Pascal), graveur sur cuivre. T. I, col. 270.
Angenot (Thomas-Joseph), poète. T. I, col. 296.
Ansillon (Jean), curé de l'église Sainte-Gertrude à Liége. T. I, col. 342.
Arsène dit de Liége, camérier du pape Eugène IV. T. I, col. 476.
Astroy (Barthélemy d'), lecteur jubilaire en théologie. T. I, col. 514.
Awaigne (Hilaire d'), religieux de l'ordre des Citeaux. T. I, col. 568.
Balzan (Pierre), ciseleur liégeois. T. I, col. 682.
Banelt (Jean), de l'ordre des Croisiers. T. I, col. 683.
Baron (Philippe-François), dit Bazin ou de Bazin, bourgeois de Spa. T. I, col. 723.
Baudouin, moine de l'abbaye d'Aulne. T. I, col. 838.
Bauduin (Dominique), professeur d'histoire. T. I, col. 849.
Beaujot (Charles-Remi), capitaine pensionné. T. II, col. 50.
Bertho (Bertrand), maître en arithmétique. T. II, col. 305.
Bertholet (Laurent), Bertollet ou Bartollet, jurisconsulte. T. II, col. 313.
Bex (Pierre de), seigneur de Freloux, jurisconsulte. T. II, col. 395.
Bideloz (Gilles), écrivain ecclésiastique. T. II, col. 417.
Blondel (François), licencié en médecine. T. II, col. 531.
Bonjean (Jean-Lambert), fabricant de tissus. T. II, col. 684.
Borre (Nicolas de), premier curé de Notre-Dame des Lumières en Glain. T. II, col. 724.
Bosche (Jean), Boscius, dit Lonæus, médecin. T. II, col. 735.
Bouille (Théodose), historien. T. II, col. 800.
Boussut (Nicolas de), maître ès arts. T. II, col. 872.
Bouwens (André), licencié en droit civil et canonique. T. II, col. 894.
Bovy (Jean-Pierre-Paul), chirurgien en chef des hospices civils de Liége. T. II, col. 896.
Bragarde (François-Joseph), maître d'école. T. II, col. 903.
Bresmal (Jean-François), médecin, chimiste. T. III, col. 8.
Bry (Thiry de), orfèvre et ciseleur. T. III, col. 129.
Buschey (Henri), Buchy ou Bouchy, prédicateur. T. III, col. 191.
Cambresier (M.-R.-H.-J.), prêtre du diocèse de Liége. T. III, col. 273.
Cartier de Marcienne (Pierre-Robert de), bourgmestre de Liége. T. III, col. 357.
Chokier (Erame de), jurisconsulte. T. IV, col. 83.
Chokier (Jean de) ou de Chokier de Surlet, chanoine de la cathédrale de Liége. T. IV, col. 85.
Chokier (Jean-Ernest), baron d Surlet, bienfaiteur des hospice de Liége. T. IV, col. 91.
Colson (Ferdinand), médecin. T. IV, col. 308.
Constant (Jean-François), économiste et agronome. T. IV, col. 367.

CASTER (G. van).

Pierre de Malines, religieux. T. XVII, col. 465.

CAUCHIE (Alfred).

Poppon (Saint). T. XVIII, col. 43.
Richard de Saint-Vannes, initiateur de la grande réforme monastique du XIe siècle. T. XIX, col. 251.

Rupert de Saint-Laurent ou de Deutz, écrivain ecclésiastique. T. XX, col. 426.

CHAUVIN (Victor).

Neusen (Sébastien-Auguste de) ou Neuzenius, hébraïsant et jurisconsulte. T. XV, col. 635.
Paquot (Jean-Noël [Natalis]), biographe, hébraïsant, théologien et historien. T. XVI, col. 597.
Plumyoen (Josse-Joseph), historien et littérateur. T. XVII, col. 834.
Pruyssenaere de la Wostyne (Eugène de), voyageur. T. XVIII, col. 308.
Ruysbroeck (Guillaume de) ou de Rubruquis, célèbre voyageur. T. XX, col. 497.

CHESTRET DE HANEFFE (baron Jules de).

La Marck (Guillaume de), dit l'archidiacre de Seraing. T. XIII, col. 529.
Mivion (Nicolas-François), graveur, ciseleur et orfèvre. T. XIV, col. 903.
Morberius (Gautier), de son vrai nom Walter Morbiers, typographe et littérateur. T. XV, col. 235.
Natalis (Michel), graveur. T. XV, col. 481.
Ophoven (Jean-Christian), généalogiste. T. XVI, col. 224.
Oreye (Arnould d'), chevalier banneret, seigneur de Rummen et de Quabeek, sénéchal de Brabant. T. XVI, col. 248.
Paix (Hubert-Joseph de), publiciste et poète. T. XVI, col. 473.
Patras (Lambert), fondeur à Dinant. T. XVI, col. 696.
Pauli (Theodoricus) ou Françonis, Thierry Pauwels, chroniqueur. T. XVI, col. 714.
Peecks (Jean), autrement dit Jean de Los, peintre et chroniqueur. T. XVI, col. 805.
Pélerin (Adrien-Louis), historien. T. XVI, col. 873.
Perreau (Antoine-Charles-François-Théodore), archéologue et numismate. T. XVII, col. 43.
Polit (Jean) ou Politus, poète latin et français. T. XVII, col. 905.
Poreit (Adoule), héroïne. T. XVIII, col. 56.

CHRISTOPHE (Charles).

Meenen (François-Joseph van), publiciste et philosophe. T. XIV, col. 229.
Molinari (Eugène-Clément de), avocat et publiciste. T. XV, col. 59.
Molinari (Philippe de), médecin. T. XV, col. 59.
Mouhin (Jean-Baptiste), typographe, chroniqueur. T. XV, col. 303.

CLERCQ (René de).

Renier (Pierre-Jean), littérateur flamand. T. XIX, col. 124.

CLOQUET (Louis).

Roelandt (Louis-Joseph-Adrien), architecte. T. XIX, col. 638.

CLOSSON (Ernest).

Parent (Ernest-Charles-Louis-Marie), publiciste. T. XVI, col. 622.
Parent (Pierre-Jean-Joseph), ex-combattant de 1830. T. XVI, col. 627.
Perrot (Henri-Édouard), publiciste. T. XVII, col. 72.
Pirson (Eugène-André), gouverneur de la Banque nationale de Belgique. T. XVII, col. 664.
Pirson (Victor), homme diplomatique. T. XVII, col. 670.
Plasschaert (Jean-Baptiste-Joseph-Ghislain), homme politique et publiciste. T. XVII, col. 761.
Pletinckx (Charles-Joseph-Pierre), lieutenant général de la garde civique de Bruxelles. T. XVII, col. 810.
Pouhon (François de), publiciste, économiste et homme politique. T. XVIII, col. 104.

Robyns (Martin-Joseph), entomologiste. T. XIX, col. 563.
Rongé (Jean-Baptiste), compositeur de musique et critique musical. T. XX, col. 5.
Roquefort-Flamericourt (Jean-Baptiste-Bonaventure), philologue, musicologue et compositeur de musique. T. XX, col. 85.
Royer (Charles), facteur d'orgues. T. XX, col. 291.
Ruckers (André), dit le Vieux, facteur de clavecins. T. XX, col. 381.
Ruckers (André), dit le Jeune, facteur de clavecins. T. XX, col. 381.
Ruckers (Jean), dit Hans le Vieux, facteur de clavecins et d'orgues. T. XX, col. 381.
Ruckers (Jean), dit le Jeune, facteur de clavecins. T. XX, col. 383.
Ruckers, famille de facteurs de clavecins. T. XX, col. 383.

COEMANS (Eugène).

Albert (Saint), dit de Louvain. T. I, col. 192.
Aldebert (Bienheureux), aussi Adalbert ou Adelbert, comte d'Ostrevant. T. I, col. 201.
Aldegonde (Sainte), première abbesse de Maubeuge. T. I, col. 202.
Alène (Sainte), Halène ou Hélène. T. I, col. 212.
Algerus, Adelgerus ou Alger, théologien. T. I, col. 219.
André (Bienheureux), abbé d'Elnon. T. I, col. 280.
Anségise, administrateur de l'abbaye de Lobbes. T. I, col. 323.
Anségise, fils de Saint-Arnoud. T. I, col. 325.
Ansfride ou Aufroi (Saint), Aufridus, Ausfridus, Ansfridus, Ansfredus, Gaufridus, évêque d'Utrecht. T. I, col. 344.
Aubermont (Jean-Antoine d'), dominicain. T. I, col. 523.
Austreberte (Sainte), abbesse de Pavilly. T. I, col. 548.
Autbode ou Obode (Saint), missionnaire. T. I, col. 549.
Avoine (Pierre-Joseph d'), médecin. T. I, col. 565.
Aye (Sainte), nommée aussi Aya ou Agia. T. I, col. 575.
Babolin I (Saint), aussi Papolinus, Abolénus et Pabulinus, abbé de Stavelot. T. I, col. 597.
Babolin II, abbé de Stavelot. T. I, col. 598.
Backx (Rombaut), prédicateur. T. I, col. 608.
Baerts (Lambert), licencié en théologie. T. I, col. 634.
Bain ou Bainus (Saint), évêque de Thérouanne. T. I, col. 655.
Baldéric I, aussi Baudry et Walderic, évêque de Liége. T. I, col. 661.
Baldéric II, aussi Baldric ou Baudry, évêque de Liége. T. I, col. 661.
Balduin (Paschase) ou Balduinus, antiquaire. T. I, col. 664.
Barath (Jean), Barathus, Barat ou Barach, théologien. T. I, col. 685.
Barbançon ou Barbanson (Constantin de), écrivain ascétique. T. I, col. 686.
Barbieux (Antoine), écrivain ascétique. T. I, col. 712.
Barret (Jean-Arnould), évêque de Namur. T. I, col. 729.
Barthélemi, fondateur des monastères de Maegdendael. T. I, col. 735.
Bassée (Adam de la), de Basseca ou de Basseya, poëte latin. T. I, col. 746.
Bastonier (Jean), écrivain ecclésiastique. T. I, col. 771.
Baten (Barthélemy) ou Battus, moraliste. T. I, col. 771.
Baudaert (Guillaume), Boudart ou Baudartius, historien. T. I, col. 785.
Béatrice (Bienheureuse) de Nazareth. T. II, col. 28.
Bécan (Martin) ou Bécanus, en flamand Verbeeck ou Vander Beeck, théologien et controversiste catholique. T. II, col. 69.
Becanus (Michel-Othon), jésuite. T. II, col. 71.

Beeckmans, en religion P. Valentin de Saint-Amand, carme, professeur de théologie. T. II, col. 96.
Begghe, Beggue ou Begge (Sainte), première abbesse d'Andenne. T. II, col. 107.
Benzius (Jean), professeur de rhétorique. T. II, col. 164.
Berchem (Antoine van) ou a Berchim, augustin. T. II, col. 164.
Berchem (Guillaume van), chroniqueur. T. II, col. 165.
Berchmans (Jean), bienheureux, religieux scolastique de la Compagnie de Jésus. T. II, col. 167.
Bérégise (Saint), premier abbé d'Andain (Andagium). T. II, col. 173.
Bergen (David van) ou Montanus, poëte et écrivain protestant. T. II, col. 181.
Berlo (Ferdinand, comte de), évêque de Namur T. II, col. 269.
Berlo de Franc-Douaire (Paul-Godefroi de), évêque de Namur. T. II, col. 270.
Bernaerts (Jean), ou Bernartius, avocat au grand conseil de Malines. T. II, col. 273.
Bernaerts (Ulmer), professeur de droit canon. T. II, col. 274.
Berot (Jean) ou Berotius, écrivain du XVIe siècle. T. II, col. 290.
Bertels (Jean), historien. T. II, col. 298.
Berthe, fille de Charlemagne. T. II, col. 305.
Bertin (Saint), abbé de Sithiu. T. II, col. 332.
Bertulphe (Saint) ou Bertoul, premier abbé et fondateur de l'abbaye de Renty. T. II, col. 342.
Beyens (Albert-Guillaume-Marie), jurisconsulte. T. II, col. 401.
Beyens (Jean), avocat. T. II, col. 403.

CONINCKX (Henri).

Pluys (Jean-François), peintre sur verre. T. XVII, col. 839.
Pontius (Hercule) ou Du Pont, chroniqueur malinois. T. XVIII, col. 23.
Raedt (Jacques-Jean de), peintre. T. XVIII, col. 556.
Raubergen (Philippe van), chanoine prémontré. T. XVIII, col. 783.
Resteleu (Pierre-Joseph), prédicateur. T. XIX, col. 166.
Robyns (Jean), prélat de l'abbaye de Saint-Michel, de l'ordre des Prémontrés, à Anvers. T. XIX, col. 561.
Roose (Godefroid de), sculpteur. T. XX, col. 48.
Roost (Guillaume van), écrivain ecclésiastique. T. XX, col. 78.
Rooster (Jacques de), peintre de paysages. T. XX, col. 83.
Royer (Louis), sculpteur, directeur de l'Académie royale des beaux-arts d'Amsterdam. T. XX, col. 292.
Rutz (Gaspard), peintre, marchand et éditeur d'estampes. T. XX, col. 492.
Rymenans (Jean-Baptiste), pharmacien, chroniqueur et poëte flamand. T. XX, col. 689.

COPPIETERS STOCHOVE (Ernest).

Rodriguez d'Evora y Vega (Charles-Joseph-Marie-Ghislain), homme politique, écrivain. T. XIX, col. 626.
Rodriguez d'Evora y Vega (Lopez-Marie), homme de guerre. T. XIX, col. 630.

COPPIETERS STOCHOVE (Hubert).

Onghena (Charles), graveur et orfèvre. T. XVI, col. 176.

CORPUT (E. Vanden).

Réga (Henri-Joseph), médecin. T. XVIII, col. 842.

COUNSON (Albert).

Rouveroy (Frédéric), littérateur. T. XX, col. 263.

COUPÉ (Joseph).

Monckhoven (Désiré van), chimiste. T. XV, col. 93.

CRÉPIN (François).

Galeotti (Henri-Guillaume), botaniste et géologue. T. VII, col. 433.
Jacob-Makoy (Lambert), horticulteur. T. X, col. 25.
Kickx (Jean), pharmacien et naturaliste. T. X, col. 742.
Kickx (Jean), professeur de botanique. T. X, col. 745.
Lejeune (Alexandre-Louis-Simon), médecin et botaniste. T. XI, col. 724.
Libert (Marie-Anne), botaniste. T. XII, col. 91.
Libon (Joseph), horticulteur. T. XII, col. 95.
Limminghe (comte Alfred-Marie-Antoine de), botaniste. T. XII, col. 206.
Marchand (Louis), botaniste et poète. T. XIII, col. 443.
Marissal (Victor-Joseph), botaniste. T. XIII, col. 753.
Martens (Martin), chimiste et botaniste. T. XIII, col. 876.
Martinis (Arthur), botaniste. T. XIII, col. 903.
Mathieu (Charles-Marie-Joseph), pharmacien. T. XIV, col. 45.
Michel (Pierre-Joseph), jardinier botaniste. T. XIV, col. 807.
Morren (Charles-François-Antoine), botaniste et écrivain horticole. T. XV, col. 275.
Mussche (Jean-Henri), jardinier botaniste. T. XV, col. 376.
Nyst (Henri-Joseph-Pierre), naturaliste. T. XVI, col. 40.
Olbrechts (Pierre-Joseph), administrateur et agronome. T. XVI, col. 119.
Parmentier (André-Joseph-Ghislain), architecte de jardins. T. XVI, col. 643.
Parmentier (Joseph-Julien-Ghislain), amateur d'horticulture et administrateur. T. XVI, col. 648.
Piré (Louis-Alexandre-Henri-Joseph), botaniste. T. XVII, col. 556.
Poederlé (Eugène-Joseph-Charles-Gilain-Hubert d'Olmen, baron de), botaniste et agronome. T. XVII, col. 844.

CROMBRUGGHE (baron Albéric de).

Berthe ou Bertrade, mère de Charlemagne. T. II, col. 299.
Blavoet (Richard), chef populaire. T. II, col. 468.
Bock (François de), marin. T. II, col. 551.
Boniface de Bruxelles, évêque de Lausanne. T. II, col. 683.
Bourgogne (Antoine, dit le grand bâtard de), homme de guerre. T. II, col. 837.
Bouverie (Jean de la) ou Boverie, chancelier de Brabant. T. II, col. 891.
Bretex (Jacques), poète. T. III, col. 12.
Bricx (Eustache ou Stassaert), magistrat. T. III, col. 52.
Bruges (Gheldolf de), seigneur de Gruuthuse, capitaine de la ville de Bruges. T. III, col. 106.
Bruggeman (Nicolas), orateur et négociateur. T. III, col. 108.
Jacobsen (Jean), capitaine de marine. T. X, col. 44.
Janssens (François) ou Elinga, écrivain ecclésiastique. T. X, col. 135.
Janssens (Herman), écrivain ecclésiastique. T. X, col. 143.
Jean de Warneton (le bienheureux), fondateur de plusieurs monastères. T. X, col. 422.
Jennyn (Jean), écrivain ecclésiastique. T. X, col. 486.
Joseph a Sancta Barbara, écrivain ecclésiastique. T. X, col. 551.
Kerkhof (Jean-Antoine), dit Vanden Kerckhove, généalogiste. T. X, col. 659.
Olimaert (Jacques), en religion Jacques de Saint-Antoine, écrivain ecclésiastique. T. XVI, col. 121.

CRUYPLANTS (Eugène).

Quartery (Melchior-Louis-Maurice de), homme de guerre. T. XVIII, col. 407.
Quebedo (Joseph-Canut de), homme de guerre. T. XVIII, col. 412.
Quiriny (François - Théobald), homme de guerre. T. XVIII, col. 512.
Ragondet (Louis), homme de guerre. T. XVIII, col. 589.
Ramaeckers (Cosme - Guillaume - Louis-Octavien), officier de l'armée belge. T. XVIII, col. 613.
Remoortere (Guillaume - Eugène - Adolphe van), officier de cavalerie. T. XIX, col. 34.
Reume (Pierre-Joseph de), officier de cavalerie. T. XIX, col. 182.
Rigano (Pierre - François - Louis), homme de guerre. T. XIX, col. 335.
Rodenbach (Pierre-Jacques), officier de cavalerie. T. XIX, col. 595.
Romain (Charles de), homme de guerre. T. XIX, col. 889.
Rosolani (Ange-Louis-Joseph), colonel. T. XX, col. 141.
Rousseau d'Hériamont (François), général. T. XX, col. 249.

CUVELIER (Joseph).

Plante (François), poète latin et flamand. T. XVII, col. 737.
Porreye (Arnold). maître d'école, voyageur, architecte. T. XVIII, col. 66.
Prats (Martin) ou Praet, évêque d'Ypres. T. XVIII, col. 199.
Priem (Félix-Pierre-Jean), archiviste. T. XVIII, col. 246.
Rapedius de Berg (Ferdinand - Pierre), polygraphe, homme politique, magistrat. T. XVIII, col. 711.
Renaud, seigneur de Fauquemont, homme de guerre. T. XIX, col. 78.
Renesse - Breidbach (comte Ludolphe - Charles - François de), homme politique. T. XIX, col. 104.
Résimont (Jean de), moine de l'ordre de Prémontré. T. XIX, col. 162.
Rodolphe de Beeringen, professeur à l'université de Louvain. T. XIX, col. 612.
Roose (Pierre), magistrat, chef et président du conseil privé, écrivain. T. XX, col. 49.

DECKER (Pierre de).

Saint-Genois des Mottes (Jules-Ludger-Dominique-Ghislain, baron de), littérateur et érudit. T. VII, col. 601.

DEFACQZ (Eugène).

Cospeau (Philippe), théologien. T. IV, col. 410.
Cospeau (Pierre), jurisconsulte. T. IV, col. 412.

DEFFERNEZ (Edmond).

Palfyn (Jean), médecin, chirurgien, anatomiste, professeur. T. XVI, col. 480.
Peeters (Laurent), médecin. T. XVI, col. 860.
Petit (Louis-Alphonse-Joseph), historien. T. XVII, col. 107.
Petit (Louis-Joseph), docteur en médecine. T. XVII, col. 109.
Picquet (Ulbald-Joseph), géomètre. T. XVII, col. 392.
Piré (Joseph-François-Antoine), instituteur. T. XVII, col. 555.
Quevreux (Jean-Thomas-Louis) ou Quevrieux, maître écrivain public. T. XVIII, col. 494.
Remacle de Florennes, écrivain. T. XIX, col. 8.
Retsin (Auguste-Bernard), docteur en médecine. T. XIX, col. 167.
Rousseau (Joseph), écrivain ecclésiastique. T. XX, col. 246.
Rousseau de Rimogne (Jean-Louis), explorateur des mines. T. XX, col. 251.
Rul-Ogez (François-Aimé), médecin. T. XX, col. 424.

DEFRECHEUX (Joseph).

Peclers (François-Joseph-Alexis), littérateur. T. XVI, col. 792.

Peclers (Henri-Lambert-Joseph), publiciste. T. XVI, col. 796.
Peurette (Pierre-Joseph), publiciste. T. XVII, col. 133.
Pinsart (Jacques-Joseph), auteur wallon. T. XVII, col. 534.
Quercu (Philippe de ou a), poète. T. XVIII, col. 458.
Ramoux (Gilles-Joseph-Evrard), littérateur, botaniste et musicien. T. XVIII, col. 635.
Remacle (Nicolas-Antoine-Joseph), littérateur. T. XIX, col. 12.
Renard (Jean-Baptiste), écrivain. T. XIX, col. 60.
Renard (Jean-Georges-Lucien), ingénieur. T. XIX, col. 62.
Rennoir (François-Joseph), littérateur. T. XIX, col. 130.
Renoz (Jacques-Joseph-Richard), publiciste et industriel. T. XIX, col. 135.
Renson (Pierre), poète liégeois. T. XIX, col. 140.
Ritzen (Pierre-Joseph), écrivain. T. XIX, col. 372.
Roberti (Charles-Bonaventure), poète. T. XIX, col. 512.
Roberti-Lintermans (Frédéric-Jean-François), ingénieur en chef des mines. T. XIX, col. 513.
Rodembourg (Achille-Jean-François), auteur dramatique. T. XIX, col. 574.
Romsée (Toussaint-Joseph), écrivain ecclésiastique. T. XIX, col. 937.
Rongé (Louis-Ferdinand-Oscar-Arthur), ingénieur. T. XX, col. 6.
Rongé (Louis-Jean-Baptiste-Ferdinand), publiciste. T. XX, col. 7.
Rouillon (Charles de), poète. T. XX, col. 213.
Rousseaux (Jean-Paschal), poète wallon. T. XX, col. 253.

DELECOURT (Jules).

Agylæus (Henri), jurisconsulte. T. I, col. 135.
Anselmo (Antoine), jurisconsulte. T. I, col. 330.
Ayala (Balthazar), jurisconsulte. T. I, col. 571.
Barthélemy (Antoine), avocat et homme politique. T. I, col. 738.
Baudry (Pierre), historien. T. I, col. 848.
Bauwens (Amand), jurisconsulte. T. II, col. 1.
Berlaymont (Gilles de), chambellan héréditaire du Hainaut. T. II, col. 265.
Bettignies (Claude-Joseph de), sculpteur et architecte. T. II, col. 379.
Blitterswyck (Guillaume van ou de), jurisconsulte. T. II, col. 481.
Boisschot (Ferdinand de), comte d'Erps, chancelier de Brabant. T. II, col. 621.
Bosquet (Jean), poète. T. II, col. 738.
Bosquier (Philippe) ou Boskhier, prédicateur et écrivain ecclésiastique. T. II, col. 741.
Brasseur (Philippe), poète latin. T. II. col. 909.
Brès (Guy de), Bresse ou Bray, pasteur de l'église réformée. T. III, col. 1.
Bricquet (Philippe), arrêtiste. T. III, col. 51.
Brisselot (Jean), écrivain ecclésiastique. T. III, col. 70.
Brouta (Lucien-Adolphe), poète. T. III, col. 104.
Buisseret (François), archevêque. T. III, col. 152.
Defuisseaux (Nicolas-François-Joseph), avocat, sénateur et industriel. T. V, col. 86.
Delebecque (Alphonse-Joseph), magistrat. T. V, col. 350.
Delecourt (Emmanuel-Ignace-Joseph), avocat au Conseil souverain du Hainaut. T. V, col. 353.
Delecourt (Victor-Hubert), président du tribunal de première instance de Bruxelles. T. V, col. 353.
Delecourt (Charles-Jean-Baptiste), docteur en droit. T. V, col. 356.
Faber (Jean) ou Fabre, surnommé d'Omalius, jurisconsulte. T. VI, col. 816.
Faber (Jean), jurisconsulte. T. VI, col. 817.
Fierlant (Simon de), jurisconsulte. T. VII, col. 56.

Fontanus (Josse de), jurisconsulte, publiciste. T. VII, col. 192.
Frenne (Joseph de), avocat à la cour d'appel. T. VII, col. 301.
Gensse (Guillaume-Marie-Antoine), poète. T. VII, col. 607.
Gillis (Pierre) ou Ægidius, greffier en chef du magistrat d'Anvers et écrivain. T. VII, col. 780.
Jonghe (Jean-Baptiste-Théodore de), bibliophile. T. V, col. 220.
La Bassecourt (Fabrice de) ou De Cassecourt, pasteur de l'église wallonne d'Amsterdam. T. V, col. 256.
La Bassecourt (Claude de), ou de Bassecourt, poète. T. V, col. 259.
Plaisant (Isidore), procureur général à la cour de cassation. T. XVII, col. 706.
Ranwet (Louis), jurisconsulte. T. XVIII, col. 680.
Saint-Genois (le comte François-Joseph de), écrivain, héraldiste. T. VII, col. 592.

DELEHAYE (Hippolyte).

Mercurian (Evrard), général des jésuites. T. XIV, col. 444.
Papebrochius (Daniel) ou van Papenbroeck, hagiographe. T. XVI, col. 581.
Périer (Jean), hagiographe. T. XVII, col. 20.
Pien (Jean) ou Pinius, hagiographe. T. XVII, col. 396.

DELESCLUSE (Alphonse).

Nicolas, chanoine de Saint-Lambert, historien. T. XV, col. 693.
Nithard, évêque de Liége. T. XV, col. 749.
Nizon, historien liégeois. T. XV, col. 759.
Ode (Sainte), fondatrice de l'église d'Amay. T. XVI, col. 66.
Odile, pieuse Liégeoise. T. XVI, col. 74.
Odulphe (Saint), chanoine à Utrecht. T. XVI, col. 80.
Petrodensis (Daniel), prieur des Carmes-en-Ile à Liége. T. XVII, col. 126.
Pfortzheim (Philippe-Charles de), homme de guerre. T. XVII, col. 150.
Pierre de Saint-Trond, licencié en théologie. T. XVII, col. 470.
Pirard, évêque de Liége. T. XVII, col. 555.
Placentius (Jean), historien et poète latin. T. XVII, col. 695.

DELVAUX (Henri).

Lambert le Bègue, fondateur des couvents des béguines. T. XI, col. 158.
Laroche (les comtes de). T. XI, col. 351.

DEMANET (Alexandre-Ghislain).

Fontaine (Godefroid de) ou de Condé (Godefridus Fontanus, de Fontibus ou Candatensis), évêque de Cambrai. T. VII, col. 183.
Fontaine (Nicolas de), Nicolaus de Fontanis, évêque de Cambrai. T. VII, col. 186.
Grobbendonck (Charles de), écrivain de la Compagnie de Jésus. T. VIII, col. 324.
Grobbendonck (Ignace-Augustin Schets de), évêque de Namur. T. VIII, col. 325.
Grobbendonck (Jean-Charles Schets de), conseiller ecclésiastique et maître aux requêtes ordinaire du Grand Conseil de Malines. T. VIII, col. 326.
Guillaume de Moerbeke (Guillelmus de Morbecca, Morbacha, Mœrbeka, Mœrbacha), dominicain, orientaliste et philosophe. T. VIII, col. 467.
Hamme (Antoine-Fernandes van), *alias* Patrice, généalogiste. T. VIII, col. 673.
Haynin (Jacques de) ou Hennin, seigneur de Frémicourt, homme de guerre. T. VIII, col. 808.
Hellin (Auguste-Emmanuel), généa-

logiste et historien, T. VIII, col. 897.
Hemricourt (Nicolas-François-Joseph de), dit de Mozet, homme d'État et de guerre. T. IX, col. 47.
Hemricourt (Joseph-Mathias-Charles-Thomas-Marie de), homme de guerre et diplomate. T. IX, col. 48.
Hennin-Liétard (Thomas-Philippe de), dit d'Alsace et de Boussu, archevêque de Malines. T. IX, col. 85.
Hennin-Liétard d'Alsace (Alexandre-Gabriel-Joseph de), marquis de Vère, homme de guerre. T. IX, col. 93.
Hillen (Michel) ou Hillenius, imprimeur. T. IX, col. 377.

DESSART (J.-B.).

Petry (Pierre-Antoine-Joseph), médecin vétérinaire. T. XVII, col. 127.

DESTRÉE (Joseph).

Pannemaker (François et André), hautelisseurs flamands. T. XVI, col. 553.
Pannemaker (Guillaume de), hautelisseur bruxellois. T. XVI, col. 555.
Pannemaker (Pierre de), hautelisseur bruxellois. T. XVI, col. 562.

DEVILLERS (Léopold).

Gorge (Henri-Joseph de), industriel T. XIII, col. 115.
Guillemot (Simon), écrivain. T. VIII, col. 525.
Haize (Maximilien de le), dit Hœsius, calligraphe et organiste. T. VIII, col. 610.
Harcourt (Jean de), évêque de Tournai. T. VIII, col. 710.
Hardenpont (Nicolas), prêtre, arboriculteur. T. VIII, col. 711.
Haynin (Jean), aventurier. T. VIII, col. 806.
Heidilon, évêque de Noyon et de Tournai. T. VIII, col. 849.
Henne (Pierre), peintre. T. IX, col. 67.
Henri (Hugues), hagiographe. T. IX, col. 182.
Hertain (Herman de), dit Hertanius, philologue, écrivain ascétique. T. IX, col. 291.
Houdeng (Raoul de), poète. T. IX, col. 539.
Humbeek (Pierre van), dit Humbecanus, savant et prédicateur. T. IX, col. 705.
Huwellin (Jean) ou Huelin, maître des ouvrages de maçonnerie du comté de Hainaut. T. IX, col. 725.
Laisné (Jean-Baptiste-Joseph), généalogiste et armoriste. T. XI, col. 77.
Laitat (Philippe), littérateur. T. XI, col. 79.
Lalaing (Charles Ier, comte de), homme de cour. T. XI, col. 91.
Lalaing (Guillaume de), diplomate. T. XI, col. 97.
Lalaing (Lopez-Marie-Charles de), dit le comte de Lalaing, homme de guerre. T. XI, col. 114.
Lalaing (Philippine-Christine de), femme de Pierre de Melun, prince d'Espinoy. T. XI, col. 119.
Lambert ou Rambert, évêque de Noyon et de Tournai. T. XI, col. 149.
Lambert, évêque de Noyon et de Tournai. T. XI, col. 149.
Lambiez (Jean-Baptiste), archéologue et homme de lettres. T. XI, col. 178.
Lampenaire (Paul de), calligraphe. T. XI, col. 228.
Lamy (Charles-François de), homme de guerre. T. XI, col. 235.
Landas (Charles de), seigneur de Roucourt et de Louvignies, prévôt de Bavay. T. XI, col. 251.
Landas (Nicolas de), seigneur de Heule, etc., homme de guerre. T. XI, col. 251.
Laoust (François de) ou de l'Aoust, orfèvre. T. XI, col. 344.
La Roche (Siméon de), typographe, éditeur. T. XI, col. 358.

Lattre (Philippe de), écrivain ecclésiastique. T. XI, col. 466.
Le Bèghe (Henri), écrivain ecclésiastique. T. XI, col. 518.
Le Boucq (Henri), seigneur de Camcourgean, historien. T. XI, col. 535.
Le Boucq (Jacques), peintre héraldique et généalogiste. T. XI, col. 535.
Le Boucq (Pierre), voyageur. T. XI, col. 537.
Le Boucq (Pierre), seigneur de Camcourgean, historien. T. XI, col. 537.
Le Boucq (Pierre-Joseph), premier conseiller pensionnaire de Douai. T. XI, col. 538.
Le Boucq (Simon), magistrat, historien, antiquaire et numismate. T. XI, col. 539.
Le Carpentier (Jean-Baptiste), historien. T. XI, col. 569.
Le Cauchie (Antoine de), ou De la Chaussée, poète. T. XI, col. 572.
Le Clercq (Hermès), dit Cléricus, écrivain ecclésiastique, canoniste, poète. T. XI, col. 582.
Le Clercq (Jacques), premier conseiller de Tournai. T. XI, col. 583.
Lecreux (Nicolas - Adrien - Joseph), sculpteur. T. XI, col. 599.
Le Doulx (Albert), peintre. T. XI, col. 611.
Le Doulx (Louis) ou Le Doux, sculpteur et architecte, T. XI, col. 611.
Le Duc (Philippe) ou Le Ducq, magistrat, jurisconsulte. T. XI, col. 618.
Le Duc (Pierre), jurisconsulte. T. XI, col. 619.
Lefebvre (Gaspard), ciseleur et orfèvre. T. XI, col. 648.
Lefebvre (Guillaume), fondeur de laiton et sculpteur en bronze. T. XI, col. 648.
Le Febvre (Jean) ou Johannes Fabri de Carvinio, écrivain ecclésiastique. T. XI, col. 651.
Le Fort (Michel) ou Fortius, hagiographe. T. XI, col. 681.
Le Groux (Jacques), historien. T. XI, col. 708.
Le Louchier (Louis-Joseph-Rodolphe-Charles-Etienne), homme de lettres. T. XI, col. 753.
Leloup (Jean), général. T. XI, col. 754.
Le Maistre d'Anstaing (Idesbald-Pierre - Ernest), archéologue. T. XI, col. 781.
Le Mayeur de Merprès et Rogeries (Adrien-Jacques-Joseph), littérateur. T. XI, col. 790.
Lengherand (Joseph), magistrat. T. XI, col. 807.
Le Noir (Jacques), dit Niger, théologien. T. XI, col. 809.
Lens (Jean de), ou Lensæus, écrivain ecclésiastique. T. XI, col. 819.
Le Poivre (Pierre) ou Le Poyvre, architecte et ingénieur. T. XI, col. 888.
Le Prévost (Jean), poète. T. XI, col. 891.
Le Roy (Baudouin), greffier de la cour féodale de Hainaut. T. XI, col. 899.
Le Roy (Hilaire), prédicateur, panégyriste. T. XI, col. 909.
Le Roy (Thomas), écrivain et poète. T. XI, col. 930.
L'Espessier (Jean), écrivain ecclésiastique. T. XII, col. 24.
Le Tellier (Charles-Constant), écrivain ecclésiastique. T. XII, col. 30.
Le Tellier (Michel-E.-J.), annaliste. T. XII, col. 31.
Leuze (de), jurisconsulte. T. XII, col. 38.
Le Vaillant de la Bassardrie (Joseph-Alexandre), écrivain ecclésiastique. T. XII, col. 42.
Leye (Jacques de) ou Laye, dit Maynart, orfèvre. T. XII, col. 60.
L'Heureux (Gaspard - Hyacinthe - Joseph), peintre, dessinateur et lithographe. T. XII, col. 87.
Liébart (Pierre), jurisconsulte. T. XII, col. 107.
Lindulphe, Ludolphe, Londulphe ou Lendulf, évêque de Tournai et de Noyon. T. XII, col. 223.
Longhehaye (David) ou Longhaye poète. T. XII, col. 347.

Longhehaye (Jacques), orfèvre. T. XII, col. 348.
Longhehaye (Jean) ou Longhaye, écrivain ecclésiastique. T. XII, col. 348.
Macquereau (Robert ou Macquériau, historien. T. XIII, col. 10.
Magnée (François), calligraphe. T. XIII, col. 153.
Mahieu (Nicolas-Joseph), militaire. T. XIII, col. 158.
Maleingreau (Jean de), magistrat, homme d'Etat et écrivain. T. XIII, col. 235.
Mansel (Jehan), écrivain. T. XIII, col. 359.
Manteau (Edmond-Joseph), industriel et amateur des beaux-arts. T. XIII, col. 401.
Margot de Hainaut. T. XIII, col. 579.
Marguerite de Bourgogne. T. XIII, col. 604.
Marocquin (André), Maroquin ou Marokin, hagiographe, religieux. T. XIII, col. 844.
Martin (Jean), hagiographe. T. XIII, col. 897.
Melsnyder (Pierre - Joseph - Donat), paléographe. T. XIV, col. 326.
Melun (Anne de) bienfaitrice. T. XIV, col. 326.
Michel (Charles), libraire et typographe. T. XIV, col. 803.
Migeot (Gaspard), typographe. T. XIV, col. 823.
Mondez (Jean-Baptiste-Henri-François-Joseph), agriculteur. T. XV, col. 97.
Monjot (Antoine-Melchior), typographe. T. XV, col. 112.
Monoyer (Jules-Alfred), archéologue. T. XV, col. 118.
Moreau (Gilles), maître de carrières. T. XV, col. 240.
Morel (Jean), facteur d'orgues. T. XV, col. 250.
Narez (J.-C.), médecin. T. XV, col. 472.
Narez (Ursmer), médecin. T. XV, col. 472.
Nemius (Gaspard) ou Du Bois, archevêque. T. XV, col. 583.
Nettelet (Gilles), théologien. T. XV, col. 620.
Neute (Philippe-Ferdinand-Charles), instituteur. T. XV, col. 642.
Neutre (Jacques), théologien, diplomate. T. XV, col. 643.
Nicolai (Grégoire), écrivain ecclésiastique. T. XV, col. 672.
Nicolai (Jean), ou Nicolay, poète et chroniqueur. T. XV, col. 672.
Nockart (Simon), Nocart, Nocquart ou Nokart, jurisconsulte. T. XV, col. 763.
Nockart (Jean). écrivain ecclésiastique. T. XV, col. 764.
Nollet (Florise), physicien. T. XV, col. 816.
Notau (Fulgence), Noteau ou Nottau, écrivain ecclésiastique. T. XV, col. 900.
Obert (Antoine), médecin. T. XVI, col. 54.
Ode (la bienheureuse), ou Oda. T. XVI, col. 67.
O'Dwyer (Jean). médecin. T. XVI, col. 82.
Offignies (Jean d'). homme d'Etat, T. XVI. col. 86.
Offignies (Thierri d'), homme d'Etat, jurisconsulte. T. XVI, col. 87.
Olivier (Edmond-Alexandre-Alexis). littérateur. T. XVI, col. 149.
Olivier (Théodore-Edmond), médecin, publiciste. T. XVI, col. 152.
Onulphe ou Onulfe, hagiographe. T. XVI, col. 203.
Ordin ou plutôt Mathieu Martin, écrivain ecclésiastique. T. XVI, col. 246.
Ouvertus (Charles-François-Marie), architecte et géomètre. T. XVI, col. 406.
Oye (Jean d'), écrivain ecclésiastique. T. XVI, col. 429.
Paquié - (Henri-Lucien), peintre. T. XVI, col. 597.
Parent (Nicolas), écrivain ecclésiastique. T. XVI, col. 626.
Paridaens (Ferdinand-Charles-Hyacinthe-Joseph), littérateur, historien. T. XVI, col. 633.
Parmentier (Philippe), écrivain ecclésiastique. T. XVI, col. 651.

Parmentier (Philippe), sculpteur. T. XVI, col. 651.
Patoul-Fieuru (Gustave de), littérateur. T. XVI, col. 694.
Patralie (Sainte), vierge et martyre. T. XVI, col. 695.
Paulet (Léon), littérateur. T. XVI, col. 702.
Payen (Nicolas), musicien. T. XVI, col. 776.
Payez (Renier), écrivain ecclésiastique. T. XVI, col. 781.
Pennequin (Pierre), écrivain ecclésiastique. T. XVI, col. 891.
Périn (Camille-Firmin-Antoine), avocat, philanthrope. T. XVII, col. 25.
Périn (Charles-Henri), avocat, littérateur. T. XVII, col. 26.
Peruet (Simon-Joseph) ou Peruez, orfèvre. T. XVII, col. 80.
Petit (Louis), philanthrope. T. XVII, col. 106.
Petit (Louis-Marie-Joseph), humaniste. T. XVII, col. 112.
Petit (Philippe), historien hagiographe. T. XVII, col. 116.
Petit (Pierre), jurisconsulte. T. XVII, col. 118.
Philippe de Harvengt, écrivain ecclésiastique. T. XVII, col. 310.
Philippine de Luxembourg. T. XVII, col. 351.
Picqueri (François), théologien. T. XVII, col. 390.
Picquet (Charles-Adolphe), avocat, homme politique. T. XVII, col. 391.
Piérard ou Pierrot, sculpteur. T. XVII, col. 405.
Piérart (Adolphe), poète, imprimeur. T. XVII, col. 406.
Pilavaine (Jacques), calligraphe et enlumineur. T. XVII, col. 512.
Pomreux du Sart (Eustache de), poëte latin. T. XVII, col. 931.
Pot (Louis), évêque de Tournai. T. XVIII, col. 73.
Pottier (Corneille), poète, hagiographe. T. XVIII, col. 91.
Pottier (Nicolas), écrivain ecclésiastique. T. XVIII, col. 93.
Preud'homme (Amand-Joseph), généalogiste. T. XVIII, col. 220.
Prévost (Hugues), peintre. T. XVIII, col. 224.
Prévost (Piérart), calligraphe et enlumineur. T. XVIII, col. 228.
Puydt (Paul-Emile de), botaniste, littérateur et économiste. T. XVIII, col. 356.
Quenon (Albert-Auguste-Joseph), ingénieur. T. XVIII, col. 449.
Quinet (Jean-Joseph-Florent), calligraphe et graveur. T. XVIII, col. 506.
Quinet (Lucien-Joseph), professeur, publiciste. T. XVIII, col. 506.
Quinqué (Adrien), imprimeur et libraire. T. XVIII, col. 509.
Raingo (Benoît-Joseph), jurisconsulte. T. XVIII, col. 603.
Raingo (Germain-Benoît-Joseph), pédagogue, littérateur. T. XVIII, col. 604.
Raingo (Jean-Baptiste), luthier. T. XVIII, col. 607.
Rainier, Reinerus, Ronnerus ou Rounerus, hagiographe. T. XVIII, col. 607.
Rains (Michel de), architecte. T. XVIII, col. 609.
Raisse (Arnould de), dit Raissius, historien ecclésiastique. T. XVIII, col. 610.
Raparlier (Philippe-Joseph), jurisconsulte. T. XVIII, col. 710.
Rasoir (Jean), orfèvre. T. XVIII, col. 742.
Rebreviettes (Guillaume de), écrivain ecclésiastique. T. XVIII, col. 817.
Recq (François-Dominique), magistrat, jurisconsulte. T. XVIII, col. 820.
Reingot (Gilles), musicien. T. XVIII, col. 927.
Remy (Henri), littérateur. T. XIX, col. 41.
Reulx, Reux ou Rœulx (Anselme de), musicien. T. XIX, col. 177.
Richard (Balthazar), musicien. T. XIX, col. 267.
Richard (François), horloger. T. XIX, col. 268.
Rivius (Lucas), écrivain et imprimeur. T. XIX, col. 387.

Robert de Douai, médecin. T. XIX, col. 426.
Robert (François-Joseph-Narcisse), baron de Saint-Symphorien, littérateur. T. XIX, col. 507.
Roger (Alexandre), écrivain ecclésiastique. T. XIX, col. 687.
Rombise (André-Jacques-Lison de), écrivain. T. XIX, col. 907.
Rombise (Antoine de), poète, voyageur. T. XIX, col. 908.
Rosier (Jean), poète. T. XX, col. 111.
Rougenon (Jean) ou Rougnon, peintre. T. XX, col. 208.
Roulez (Jean-François), professeur et orateur sacré. T. XX, col. 221.
Rousseau (Pierre-Joseph), pédagogue. T. XX, col. 249.
Rousseaux (Hubert-Joseph), écrivain militaire. T. XX, col. 252.
Rousselle (Charles-Edouard), homme politique. T. XX, col. 258.
Rousselle (Hippolyte-Antoine-Joachim), jurisconsulte, littérateur. T. XX, col. 260.
Rouvez (Adolphe-Emile), archéologue et bibliophile. T. XX, col. 279.
Ruteau (Antoine) ou Ruteus, écrivain ecclésiastique. T. XX, col. 462.
Ruteau (Benoît), hagiographe. T. XX, col. 464.

DEVROYE (Théodore-Joseph).

Bodson (Nicolas-Henri-Joseph), compositeur de musique. T. II, col. 567.

DEWALQUE (François).

Minkelers (Jean-Pierre), physicien, inventeur du gaz d'éclairage. T. XIV, col. 861.

DEWALQUE (Gustave).

Amand (Maximilien), écrivain ecclésiastique. T. I, col. 244.
Ansiaux (Nicolas-Antoine-Joseph), médecin. T. I, col. 339.
Ansiaux (Nicolas-Gabriel-Antoine-Joseph), chirurgien. T. I, col. 339.
Baer (Henri de) ou Baersius, imprimeur et mathématicien. T. IV, col. 747.
Balbian (Corneille van), médecin. T. I, col. 656.
Balbian (Josse van), médecin. T. I, col. 656.
Berken (Louis), inventeur de la taille du diamant. T. II, col. 247.
Berken (Robert de) ou Berquen, joaillier. T. II, col. 249.
Biolley (Marie-Anne), née Simonis, industrielle. T. II, col. 432.
Biolley (Raymond-Jean-François, vicomte de), industriel. T. II, col. 436.
Boodt (Anselme-Boèce de) ou de Boot, naturaliste. T. IV, col. 814.
Briart (J.), pharmacien. T. III, col. 50.
Brizé-Fradin (C.-A.), mécanicien et chimiste. T. III, col. 75.
Caron (Firmin), compositeur et contrepointiste. T. III, col. 333.
Carront (A.-B.), arpenteur juré. T. III, col. 357.
Caspius (Georges), médecin. T. III, col. 364.
Cauchy (François-Philippe), ingénieur et géologue. T. III, col. 380.
Chapuis (Grégoire-Joseph), chirurgien. T. III, col. 432.
Chastelain (C.), musicien. T. IV, col. 24.
Clasen (Nicolas), médecin. T. IV, col. 131.
Cleene (Martin de), ou Micronius, médecin. T. IV, col. 870.
Clomes (Pierre), humaniste. T. IV, col. 182.
Comhaire (Joseph-Nicolas), médecin. T. IV, col. 314.
Courtejoie (Antoine), littérateur et historien. T. IV, col. 424.
Courtois (Richard-Joseph), botaniste. T. IV, col. 431.
Crespel (Jean), Crispel ou Chrispel, musicien. T. IV, col. 499.
Cyrille (le père), orateur de l'ordre des capucins. T. IV, col. 616.

Davreux (Charles-Joseph), pharmacien et naturaliste. T. IV, col. 733.
Decombre (Ambroise), luthier. T. IV, col. 891.
Delatre (Olivier), musicien. T. V, col. 329.
Delcour (Jean) ou Del Cour, sculpteur. T. V, col. 343.
Delle Waide (Pierre), médecin. T. V, col. 436.
Delloye (Materne), médecin. T. V, col. 440.
Demanet (Guillaume), chirurgien. T. V, col. 510.
Denis, dit de Luxembourg, théologien. T. V, col. 585.
Dens (Pierre), théologien. T. V, col. 599.
Desonkeux (Jean), érudit. T. V, col. 772.
Dethier (Laurent-François), homme politique et naturaliste. T. V, col 824.
Doeveren (Walther van), médecin et professeur. T. VI, col. 112.
Doison (Marc), médecin et administrateur. T. VI, col. 114.
Du Chatelet (Jean), inventeur des mines et métallurgiste. T. VI, col. 227.
Du Gardin (Louis), connu aussi sous les noms de Gardinius et d'Hortensius, médecin et professeur. T. VI, col. 256.
Duguet (Dieudonné), musicien. T. VI, col. 257.
Dumont (André-Hubert), géologue. T. VI, col. 283.
Dutz (Mathieu-François), vétérinaire. T. VI, col. 373.
Gurnez (Jean-Antoine à), historien et littérateur. T. VIII, col. 555.
Haecht (Jean van), des Ermites de saint Augustin. T. VIII, col. 595.
Harind, Harand ou Harwid, prince-abbé de Stavelot. T. VIII, col. 727.
Henri de Bolan, prince-abbé de Stavelot. T. IX, col. 183.
Henri de Visé, prince-abbé de Stavelot. T. IX, col. 214.
Henrotay (Jean-Antoine-Eugène), médecin, littérateur. T. IX, col. 218.
Hertoghe (Gilles de), médecin. T. V, col. 171.
Huart (Charles-Damien), médecin. T. IX, col. 590.
Jaspar (André), musicien. T. X, col. 170.
Jonghe (Jean de) ou Juvenis, médecin. T. V, col. 210.
Labye (Dieudonné), théologien. T. XI, col. 2.
Lanceau (Jean) ou Lancelli, écrivain ecclésiastique. T. XI, col. 244.
La Rue (François de) ou Ruaeus, médecin. T. V, col. 324.
Launay (Louis de), naturaliste. T. V, col. 330.
Lavacherie (Barthélemy-Valentin de), chirurgien et professeur. T. V, col. 333.
Leclerc (Joseph-Pierre-François), jurisconsulte. T. XI, col. 577.
Ledrou (Noël-Théodore) ou Le Drou, docteur en philosophie et en médecine. T. XI, col. 616.
Lesoinne (Philippe-Adolphe), professeur, industriel. T. XII, col. 21.
Limbourg (Jean-Philippe de), médecin, naturaliste, littérateur. T. XII, col. 197.
Limbourg (Nicolas ou Colette de), architecte. T. XII, col. 201.
Limbourg (Robert de), docteur en médecine, naturaliste. T. XII, col. 202.
Lipse (David), médecin. T. XII, col. 238.
Liverlo (Gilles de), architecte. T. XII, col. 296.
Liverlo (Lambert de), archidiacre de Hesbaye. T. XII, col. 296.
Liverlo (Walther ou Wathieu de) ou Liverloz, Liverlooz, etc., amateur de tableaux. T. XII, col. 297.
Lombard (Lambert-Materne), médecin, professeur. T. XII, col. 335.
Lorent (Théodore), jurisconsulte et archéologue. T. XII, col. 405.
Maillard (...), médecin. T. XIII, col. 170.
Malaise (Louis-Barthélemy), médecin. T. XIII, col. 193.

Malanel (Mathias-Théodore), médecin. T. XIII, col. 194.
Malmedie (Jean-Baptiste de), médecin. T. XIII, col. 250
Malmedie (J.-F. de), médecin. T. XIII, col. 251.
Manderscheid (Christophe, comte de), prince-abbé de Stavelot et Malmedy. T. XIII, col. 310.
Manderscheid (Guillaume, comte de), prince-abbé de Stavelot et Malmedy. T. XIII, col. 311.
Manderscheydt (Charles-Alex. von), écrivain ecclésiastique. T. XIII, col. 313.
Marbaise (M.), médecin. T. XIII, col. 415.
Marcellis (Charles-Henri), industriel, poète et publiciste. T. XIII, col. 425.
Mareska (Daniel-Joseph-Benoît), chimiste, médecin, professeur. T. XIII, col. 576.
Marquard ou Marcuard, abbé de Prüm et d'Ardenne. T. XIII, col. 849.
Martin de Remouchamps, écrivain ecclésiastique. T. XIII, col. 895.
Massange (Henri-Antoine-Joseph), philanthrope. T. XIII, col. 936.
Massin (Nicolas de), prince-abbé de Stavelot et Malmedy. T. XIV, col. 2.
Mathias de Malmedy, moine bénédictin. T. XIV, col. 28.
Mauden (David van), de Maude ou Maulde, médecin, professeur. T. XIV, col. 86.
Merode (Henri de), prince-abbé de Stavelot et Malmedy. T. XIV, col. 563.
Meyer (Jean-Joseph de), chirurgien. T. V, col. 550.
Mohy (Henri de), Erycius Mohy ou Mohyus, médecin. T. XV, col. 22.
Moreau (Charles-Auguste-Lambert-Eugène), homme de lettres. T. XV, col. 238.
Moreau (P.-François), médecin. T. XV, col. 248.
Nessel (Edmond), médecin. T. XV, col. 613.
Nessel (Léonard), médecin. T. XV, col. 615.
Nessel (Mathieu), médecin. T. XV, col. 615.
Nicolas d'Arlon, religieux. T. XV, col. 676.
Nicolas-Joseph de Stavelot, écrivain religieux. T. XV, col. 697.
Nicolay (Ferdinand-Joseph), philanthrope. T. XV, col. 698.
Nollet (Joseph de), abbé-prince de Stavelot et Malmedy. T XV, col. 818.
Nyssen (Jean-Joseph), littérateur, écrivain ecclésiastique. T. XVI, col. 37.
Nyst (Henri-Joseph-Pierre), paléontologue. T. XVI, col. 41.
Nysten (Pierre-Hubert), médecin. T. XVI, col. 46.
Palude (Arnold ex), médecin. T. XVI, col. 524.
Parent (Guillaume), médecin. T. XVI, col. 623.
Peters-Vaust (Gilles-Pascal-Napoléon), pharmacien, professeur. T. XVII, col. 98.
Pfeffer (Simon-Frédéric-Xavier), médecin. T. XVII, col. 148.
Phillips (Charles-Victor-Joseph), chirurgien. T. XVII, col. 363.
Pollet (Charles-Antoine-Pierre), historien. T. XVII, col. 912).
Poncin (Gaspar), LXe abbé-prince de Stavelot. T. XVIII, col. 4.
Ponsart (Gilles-Benoit), médecin. T. XVIII, col. 6.
Ponson (Ami-Théodore), professeur, ingénieur. T. XVIII, col. 10.
Poppon de Beaumont, XLe prince-abbé de Stavelot et Malmedy. T. XVIII, col. 53.
Presseux (Philippe-Louis de), médecin. T. XVIII, col. 218.
Putzeys (Jules-Antoine-Adolphe-Henri), magistrat, entomologiste. T. XVIII, col. 353.
Raikem (Antoine-François-Joseph), médecin, professeur. T. XVIII, col. 594.
Ramoux (Pierre-Michel), chirurgien. T. XVIII, col. 648.
Rapaerd (François), Rappard ou

Rappardus, médecin. T. XVIII, col. 708.
Rye (Thomas de), en latin Ryetius, médecin. T. V, col. 695.
Smet (Henri de) ou Smetius, médecin. T. V, col. 761.

DIEGERICK (Alphonse).

Peereboom (Alphonse van den), homme d'Etat, historien. T. XVI, col. 827.
Petit (Jean-François), oiseleur. T. XVII, col. 102.
Pironon (Romain-Théodore), homme de lettres. T. XVII, col. 651.
Reynier (Pierre), bachelier en théologie. T. XIX, col. 217.
Robles (François-Joseph de), IXe évêque d'Ypres. T. XIX, col. 548.
Roens (Jean-Bartholomé), avocat du Conseil de Flandre, poète et écrivain. T. XIX, col. 658.

DISCAILLES (Ernest).

Pirmez (Eudore), avocat, membre de la Chambre des représentants, ministre de l'Intérieur, ministre d'Etat, etc. T. XVII, col. 566.
Praet (Jules van), homme d'Etat, historien. T. XVIII, col. 165.
Prinz (Xavier-Hubert), professeur et philologue. T. XVIII, col. 252.
Ritte (Joseph-Dominique), chansonnier. T. XIX, col. 366.
Rogier (Charles-Latour), homme d'Etat. T. XIX, col. 693.
Rogier (Firmin-François-Marie), diplomate, professeur et publiciste. T. XIX, col 781.

DONNET (Fernand).

Nieuwenhuysen (Gérard vanden), fondeur de canons. T. XV, col. 726.
Oliva (Philippe), peintre. T. XVI, col. 134.
Oliva (Philippe II), peintre. T. XVI, col. 135.
Oliva (Philippe III), peintre enlumineur. T. XVI, col. 135.
Oliva (Michel), peintre. T. XVI, col. 135.
Oliva (André), peintre. T. XVI, col. 135.
Oortelmans (Adrien) ou Wortelmans, peintre. T. XVI, col. 212.
Oortelmans (Damien) ou Wortelmans, peintre. T. XVI, col. 213.
Oost (François van), peintre. T. XVI, col. 214.
Oosten (Jean van), peintre. T. XVI, col. 218.
Ort (Arnould) ou Ortkens, peintre verrier. T. XVI, col. 290.
Paesschen (Jean van), Joannes Paschasius, Pascha ou Pasqua, aussi Joannes a Malinis, historien et théologien. T. XVI, col 458.
Paesschen (Thierry van), armateur anversois. T. XVI, col. 460.
Palerme (Antoine de), peintre. T. XVI, col. 476.
Parys (Guillaume van), imprimeur et graveur. T. XVI, col. 660.
Parys (veuve Guillaume van), imprimeur. T. XVI, col. 661.
Parys (Jacques-Ignace van), chanoine de l'église Saint-Bavon à Gand. T. XVI, col. 662.
Parys (Jean-Baptiste van), licencié en droit. T. XVI, col. 663.
Parys (Silvestre van), graveur. T. XVI, col. 664.
Pauwels (Jean-Antoine-François), littérateur et poète flamand. T. XVI, col. 752.
Pauwels (Louis), peintre. T. XVI. col. 765.
Pennemaker, Pannemaker ou Pennemaeckers, peintre. T. XVI. col. 888.
Perre (Gautier ou Wauter vande), doyen de la corporation des chirurgiens-barbiers. T. XVII, col. 34.
Phalèse (Hubert) ou Phalesius, écrivain ecclésiastique. T. XVII. col. 152.
Polites (Joachim), poète et musicien. T. XVII, col. 909.
Pompe (Gautier), sculpteur. T. XVII. col. 927.
Pompe (Jean-Baptiste-Engelbert), sculpteur. T. XVII, col. 929.

Pompe (Paul-Martin), sculpteur. T. XVII, col. 930.
Pot (Pierre), philanthrope. T. XVIII, col. 76.
Queeckborne (Chrétien vanden), le Vieux, peintre. T. XVIII, col. 413.
Queeckborne (Chrétien vanden), le Jeune, peintre. T. XVIII, col. 414.
Queeckborne (Daniel vanden), peintre. T. XVIII, col. 416.
Queeckborne (Jean vanden), peintre. T. XVIII, col. 416.
Quicchelbergs (Samuel) ou Quickelbergs, médecin. T. XVIII, col. 499.
Raephorst (Barthélemy van), sculpteur. T. XVIII, col. 559.
Raeth (Ignace), peintre. T. XVIII, col. 582.
Rait (Lambert), ecclésiastique. T. XVIII, col. 611.
Razières (Gérard de), orfèvre anversois. T. XVIII, col. 816.
Reesbroeck (Jacques van) ou van Rysbroeck, peintre. T. XVIII, col. 840.
Remeeus (David), peintre. T. XIX, col. 22.
Remeeus (Jean), peintre. T. XIX, col. 24.
Rigouts (Charles), pharmacien. T. XIX, col. 338.
Rigouts (Eloi), théologien. T. XIX, col. 339.
Rigouts (François-Joseph), pharmacien, botaniste, etc. T. XIX, col. 340.
Rinckens (Gaspard), écrivain ecclésiastique. T. XIX, col. 345.
Rivius (Joseph), écrivain ecclésiastique. T. XIX, col. 386.
Rodriguez (Adrien), de son vrai nom Diericx, peintre. T. XIX, col. 624.
Rodriguez (Juan-Franco), lexicographe. T. XIX, col. 626.
Roecx (Jacques), écrivain ecclésiastique. T. XIX, col. 632.
Roelandt (Gabriel), Roelans ou Roelandius, poète latin. T. XIX, col. 637.
Roelandts (Jacques-Thomas), Roelans ou Roelants, mathématicien et professeur de sciences exactes. T. XIX, col. 641.
Roelants (Jacques), conseiller au Grand Conseil de Malines. T. XIX, col. 644.
Roelants (les), maîtres des postes à Anvers. T. XIX, col. 649.
Rogiers (Théodore), de Rasier ou de Rasières, orfèvre. T. XIX, col. 813.
Rolffsen (Isbrand), peintre. T. XIX, col. 825.
Ruelles (Jean-François de), graveur en taille-douce. T. XX, col. 421.
Ruthard (Charles), Routhart, Routaert, Ruthart, peintre et graveur. T. XX, col. 490.
Ruthards (André), aussi Ruschardt, peintre. T. XX, col. 491.
Rynsberge (Laurent van), Rynsbergen, Rynsborch, Reynsberch alias De Schuttere, peintre. T. XX, col. 693.
Rysbregts ou Rysbrecht, peintre. T. XX, col. 701.

DOUTREPONT (Georges).

Pestinien (Jean de) ou de Prestinien, valet de chambre, enlumineur et relieur de Philippe le Bon. T. XVII, col. 91.

DOYEN (François-Désiré).

Jusseret (Nicolas-Joseph), géographe. T. X, col. 618.
Maugis (Joseph), théologien. T. XIV, col. 88.
Maurissens (Charles-Lambert-Joseph de), jurisconsulte. T. XIV, col. 106.
Moens (Guillaume), curé, écrivain orangiste. T. XV, col. 4.
Moniot (Thomas-Marius), professeur de théologie et prédicateur dominicain. T. XV, col. 111.
Montpellier (Théodore-Alexis-Joseph de), évêque de Liége. T. XV, col. 206.
Moreau de Bioul (Jean-Michel-Raymond-Ghislain), homme politique, traducteur. T. XV, col. 243.

Namur (Antoine), archéologue et numismate. T. XV, col. 408.
Namur (Jean-Pie), bibliographe. T. XV, col. 413.
Nicolas de Neuville ou de Noville, écrivain religieux. T. XV, col. 691.
Noiset (Martin), poète. T. XV, col. 792.
Olivier (Jean-Englebert) ou Oliverius, écrivain ecclésiastique. T. XVI, col. 150.
Paradis (Crespin), traducteur. T. XVI, col. 610.
Paradis (Guillaume de), écrivain ecclésiastique. T. XVI, col. 611.
Parizel (Charles-Louis), prêtre du diocèse de Namur. T. XVI, col. 642.
Perès (Gilles-Emmanuel), préfet du département de Sambre-et-Meuse. T XVII, col. 6.
Périn (Jean-François), savant théologien. T. XVII, col. 27.
Perre (Pierre vanden), évêque de Liége. T. XVII, col. 41.
Petit (Jean-Vincent), jésuite. T. XVII, col. 106.
Pignewart (Jean), poète latin. T. XVII, col. 509.
Piret (Jean-Joseph), publiciste. T. XVII, col. 559.
Pirson (François-Gérard), homme politique. T. XVII, col. 665.
Pisani de la Gaude (Charles-François-Joseph), XVIIe évêque de Namur. T. XVII, col. 671.
Poyart (Antoine-Fidèle), poète. T. XVIII, col. 134.

DRIESEN (François).

Agricolaus (Saint), évêque de Tongres. T. I, col. 129.
Albert de Rethel, prévôt de l'église St-Lambert à Liége. T. I, col. 199.
Arenberg (Pierre van) dit Daremberg, maréchal de camp. T. I, col. 435.

DU BOIS (Adolphe).

Manilius (Ferdinand-Abdon), industriel, homme politique. T. XIII, col. 327.
Martou (Edmond), jurisconsulte. T. XIII, col. 913.
Molitor (Jean-Philippe), jurisconsulte. T. XV, col. 71.

DUCHESNE (Eugène).

Jamme (Lambert-Jean-Louis), bourgmestre de Liége. T. X, col. 92.
Jean, surnommé Sans Peur, duc de Bourgogne, comte de Flandre, etc. T. X, col. 176.
Maigret (Athanase), docteur en théologie, écrivain. T. XIII, col. 165.
Maigret (Georges), docteur en théologie, écrivain. T. XIII, col. 165.
Maximilien, archiduc d'Autriche, souverain des Pays-Bas. T. XIV, col. 111.
Mercy-Argenteau (Antoine-Ignace-Charles-Auguste, comte de), homme de guerre, feld-maréchal. T. XIV, col. 456.
Mercy-Argenteau d'Ochain (Charles-Joseph-Benoît, comte de), archevêque de Tyr. T. XIV, col. 459.
Mercy-Argenteau (Eugène, comte de), homme de guerre. T. XIV, col. 460.
Mercy-Argenteau (Florimond-Claude, comte de), diplomate. T. XIV, col. 462.
Mercy-Argenteau d'Ochain (François-Joseph-Charles-Marie, comte de), diplomate. T. XIV, col. 495.
Merode (Charles-Guillaume-Ghislain, comte de), diplomate et homme d'Etat. T. XIV, col. 534.
Merode (Eugène-Jean-Philippe, comte de), feld-maréchal. T. XIV, col. 539.
Merode (Félix-Philippe-Balthasar-Otton-Ghislain, com'e de), homme d'Etat et écrivain. T. XIX, col. 545.
Merode (Florent-Charles de), homme de guerre. T. XIV, col. 556.
Merode (Frédéric-Louis-Ghislain), comte de), militaire. T. XIV, col. 557.
Merode (Henri-Marie-Ghislain,

comte de), sénateur et écrivain. T. XIV, col. 563.
Merode (Philippe de), homme de guerre. T. XIV, col. 574.
Merode (Richard de), homme de guerre. T. XIV, col. 574.
Merode (Walter de), cardinal. T. XIV, col. 581.
Miébais (Gilles), marchand liégeois. T. XIV, col. 820.
Napoléon-Bonaparte, empereur des Français. T. XV, col. 427.
Noot (Henri-Charles-Nicolas vander), homme politique. T. XV, col. 835.
Ongnies (Anne-François, comte de Mérode et d'), écrivain. T. XVI, col. 183.
Pradt (Dominique Dufour de), prélat et diplomate français. T. XVIII, col. 136.
Roquelaure (Jean-Armand de), Bessuejouls ou Buesvéjouls, prélat, archevêque de Malines. T. XX, col. 87.

DUMONT (J.).

Du Cygne (Martin), professeur de théologie. T. VI, col. 240.

DUYSE (Florimond van).

Ockeghem (Jean van), compositeur de musique. T. XVI, col. 55.
Orto ou Horto (Giovanni de), contrapuntiste. T. XVI, col. 333.
Peellaert (Auguste, baron de), compositeur de musique. T. XVI, col. 808.
Pevernage (André), compositeur de musique. T. XVII, col. 136.
Pipelare (Mathieu), compositeur. T. XVII, col. 549.
Platel (Nicolas-Joseph), violoncelliste, compositeur. T. XVII, col. 790.
Plouvier (Pierre-Joseph), musicien. T. XVII, col. 821.
Pottier (Mathieu), musicien. T. XVIII, col. 92.
Prioris (Jean), musicien. T. XVIII, col. 255.
Quercu (Simon de), maître de chapelle de Louis Sforce, duc de Milan. T. XVIII, col. 461.
Quinnus (Philippe), musicien. T. XVIII, col. 508.
Radoux (Jean-Joseph), violoniste et compositeur. T. XVIII, col. 545.
Radoux (Jean-Toussaint), virtuose et compositeur T. XVIII, col. 545.
Raedt (Pierre de), compositeur de musique. T. XVIII, col. 558.
Raick (Dieudonné de), prêtre, organiste et compositeur. T. XVIII, col. 592.
Ramoux (Alphonse), virtuose et compositeur. T. XVIII, col. 634.
Raoux (Louis-Alexis), compositeur. T. XVIII, col. 705.
Ravets (Antoine-Guillaume) ou Ravits, musicien. T. XVIII, col. 806.
Redin (Jean-François) ou Redein, violoniste et compositeur. T XVIII, col. 823.
Regis (Jean), compositeur de musique. T. XVIII: col. 861.
Regnard (Charles) ou Regnart, compositeur de musique. T. XVIII, col. 864.
Regnard (François), ou Regnart. compositeur de musique. T. XVIII, col. 864.
Regnard (Jacques) ou Regnart, compositeur de musique. T. XVIII, col. 866.
Regnard (Paschaise) ou Regnart, compositeur de musique. T. XVIII, col. 869.
Renekin (Nicolas) ou Rennekin, organiste. T. XIX, col. 93.
Renotte (Hubert), organiste. T. XIX, col. 130.
Richafort (Jean), Richefort ou Ricciaforto, musicien. T. XIX, col. 246.
Riga (François), compositeur de musique. T. XIX, col. 332.
Robert de Flandre, musicien. T. XIX, col. 474.
Rocour (Pierre de), Rocourt, Roucourt, musicien. T. XIX, col. 569.
Rogier Pathie (Maître Roger ou), organiste et compositeur. T. XIX, col. 690.

Rogier (Philippe), musicien. T. XIX, col. 812.
Ronghe (Albéric de), théologien, musicien. T. XX, col. 9.
Rore (Cyprien de), musicien. T. XX, col. 93.
Roucourt (Jean-Baptiste), musicien. T. XX, col. 204.
Ruyter (Jacques de), poète chansonnier. T. XX, col. 602.

DUYSE (Hermann van).

Mehus (Liévin), peintre. T. XIV, col. 293.
Meire (Gérard vander), Vander Meere ou Vander Meeren, peintre. T. XIV, col. 300.
Meire (Jean vander), Vander Meere ou Vander Meeren, peintre. T. XIV, col. 305.
Meulen (Laurent vander), sculpteur. T. XIV, col. 689.
Minard (Louis), architecte et archéologue. T. XIV, col. 856.

ESSEN (Léon VANDER).

Quentin (Saint). T. XVIII, col. 451.

EVEN (Edward VAN).

Ards (Guillaume), sculpteur. T. I, col. 366.
Baten (Jean), architecte. T. I, col. 774.
Beyaert (Jean), dit vanden Borre, réformateur. T. II, col. 399.
Beyaert (Josse), sculpteur. T. II, col. 398.
Blendeff (Lambert), peintre. T. II, col. 470.
Boeck (Frère Jean de), poète flamand. T. IV, col. 807.
Boels (Gérard), peintre. T. II, col. 584.
Boels (Pierre), peintre. T. II, col. 585.
Boels (Simon), peintre. T. II, col. 587.
Boonen (Guillaume), historien. T. II, col. 697.
Bosmans (Jacques-Thomas), historien. T. II, col. 737.
Bouts (Jean), peintre. T. II, col. 877.
Caumont (Jean de), peintre sur verre. T. III, col. 387.
Diependale (Jean van), peintre sur verre. T. VI, col. 52.
Diest (Corneille-Norbert van), humaniste. T. VI, col. 61.
Dieve (Pierre van) ou Divæus, historien. T. VI, col. 68.
Doeveryn (Anna van), poète flamand. T. VI, col. 113.
Druys (Jean) ou Drusius, théologien, homme d'Etat. T. VI. col. 183.
Du Mont de Buret (Pierre), théologien. T. VI, col. 307.
Duym (Jacques), guerrier et poète. T. VI, col. 401.
Dynter (Ambroise de), maître ès arts. T. VI, col. 438.
Dynter (Edmond de), fonctionnaire et historien. T. VI, col. 440.
Garet (Jean), Garret ou Garetius, théologien. T. VII, col. 488.
Gérard de Hérenthals ou Roos, calligraphe. T. VII, col. 638.
Gerberge, comtesse de Louvain. T. VII, col. 660.
Goes (Damien a), gentilhomme portugais, écrivain. T. VIII, col. 24.
Goetsenhoven (Gérard van), homme politique, prélat de l'abbaye du Parc. T. VIII. col. 82.
Grave (Barthélemy de), van Grave ou Gravius, typographe. T. V, col. 112.
Guicciardini (Louis), historien. T. VIII, col. 420.
Guillaume, moine d'Afflighem, poète flamand. T. VIII, col. 439.
Hansche (Jean-Chrétien), sculpteur. T. VIII, col. 701.
Harts (Herman), écrivain ecclésiastique et poète flamand. T. VIII, col. 743.
Herdegom (Gérard van), historien. T. IX, col. 241.
Hertshals (Jean-François), jurisconsulte. T. IX, col. 299.
Herzelles (Guillaume - Philippe,

baron de), évêque d'Anvers. T. IX, col. 310.
Hessels (Jean), théologien. T. IX, col. 320.
Heusden (Pierre-Antoine van) ou frère Brunon, poète flamand. T. IX, col. 338.
Heylwegen (Louis van), magistrat et philanthrope. T. IX, col. 356.
Hofstadt (Adrien vander), théologien. T. IX, col. 427.
Hore (Arnould), constructeur. T. IX, col. 469.
Hoybergen (Jean van), moine. T. IX, col. 568.
Huart (Ignace), écrivain ecclésiastique. T. IX, col. 585.
Jacquin (François-Xavier-Joseph), peintre de portraits. T. X, col. 86.
Jean de Louvain, statuaire. T. X, col. 411.
Jean de Westphalie, typographe. T. X, col. 444.
Keldermans (Antoine), dit le Vieux, architecte - sculpteur. T. X, col. 632.
Keldermans (Rombaut), dit Van Mansdale, peintre sur verre. T. X, col. 635.
Keldermans (Rombaut), architecte. T. X, col. 637.
Kessel (Barthélemy van) ou Barthélemy le sacristain, Bertel de Coster, peintre et sculpteur. T. X, col. 666.
Lampsonius (Dominique) ou Lampson, philologue, poète et peintre. T. XI, col. 228.
Lampsonius (Nicolas), poète latin. T. XI, col. 233.
Langendonck (Chrétien van), ecclésiastique, traducteur. T. XI, col. 263.
Langendonck (Jean-Michel van), jurisconsulte, historien et généalogiste. T. XI, col. 265.
Latomus (Jean) ou Steenhouwer, poète et historien. T. XI, col. 441.
Layens (Mathieu de), architecte. T. XI, col. 492.
Leene (Joseph vanden), généalogiste. T. XI, col. 625.
Leeuwen (Jean van) ou le Bon Cuisinier (Cocus Bonus), cénobite et écrivain ecclésiastique. T. XI, col. 645.
Leplat (Victor-Alexandre-Chrétien), poète flamand. T. XI, col. 884.
Libens (Jean), théologien. T. XII, col. 89.
Loe (Henri de) ou Loen, théologien. T. XII, col. 308.
Loots (Jean-Chrysostôme), écrivain ecclésiastique et poète latin. T. XII, col. 396.
Loyaerts (Samuel), écrivain ecclésiastique. T. XII, col. 528.
Lyftocht (François), religieux augustin et poète flamand. T. XII, col. 635.
Mansdale (Henri), dit Keldermans, peintre. T. XIII, col. 358.
Mansdale (Jean van), sculpteur. T. XIII, col. 358.
Marguerite de Louvain, dite Marguerite la Fière, martyre. T. XIII, col. 646.
Mathieu (Lambert); peintre d'histoire. T. XIV, col. 48.
Mesmaker (Jean de), architecte-sculpteur. T. XIV, col. 606.
Metser (Guillaume de), poète flamand. T. V, col. 519.
Metsys (Jean), architecte. T. XIV, col. 632.
Metsys (Quentin), ferronnier et peintre. T. XIV, col. 639.
Molenbeke (Jean van), peintre. T. XV, col. 57.
Morillon (Antoine), antiquaire. T. XV, col. 263.
Morillon (Gui), humaniste. T. XV, col. 265.
Mouwe (Henri), sculpteur. T. XV, col. 333.
Nethenen (Jean van), poète flamand. T. XV, col. 620.
O'Hearn (François), professeur, poète latin et flamand. T. XVI, col. 107.
Pape (Libert de), abbé de Parc lez-Louvain. T. V, col. 615.
Pauwels (Egide), architecte. T. XVI, col. 732.
Phalèse (Arnould) ou Vander Phalisen, peintre. T. XVII, col. 151.

Phalèse (Pierre), éditeur de musique. T. XVII, col. 154.
Porquin (Barbe de), écrivain ecclésiastique. T. XVIII, col. 61.
Profondavalle (Prudencia), artiste peintre. T. XVIII, col. 273.
Profondavalle (Valerio), peintre. T. XVIII, col. 274.
Putte (Othon vande), sculpteur et homme de guerre. T. XVIII, col. 353.

FALLOISE (Maurice.)

Méan (Charles de), seigneur d'Atrin, jurisconsulte. T. XIV, col. 183.

FÉTIS (François).

Adriansen (Emmanuel), luthiste. T. I, col. 84.
Adrien (Martin-Joseph) ou Andrien, dit La Neuville, musicien. T. I, col. 87.
Adrien (...), frère de Martin, chanteur et compositeur. T. I, col. 88.
Aerts (Egide), virtuose. T. I, col. 122.
Agricola (Alexandre), compositeur de musique. T. I, col. 126.
Alsters (Georges-Jacques), organiste. T. I, col. 238.
Deprès (Josquin) ou Desprès, compositeur de musique. T. V, col. 630.

FRAIPONT (Julien).

Robert (Charles-Dominique), docteur en médecine. T. XIX, col. 490.
Robert (Etienne-Gaspard), dit Robertson, physicien et aéronaute. T. XIX, col. 496.

FRANCOTTE (Xavier).

Juvenis ou De Jonghe (Jean), médecin. T. X, col. 623.

FREDERICHS (Jules).

Maeldergem (Adrien van) ou Van Maldegem, ministre calviniste. T. XIII, col. 46.

Malderée (Jacques de) ou Malderé, noble flamand, diplomate. T. XIII, col. 221.
Marcatellis (Raphaël de) ou Mercastel, de Mercatel ou de Marcandellis, évêque *in partibus* de Rhosus (Syrie). T. XIII, col. 420.
Mierdman (Etienne) ou Myerdman, imprimeur et écrivain protestant. T. XIV, col. 822.
Moyson (Emile), poète et orateur flamand, agitateur socialiste. T. XV, col. 334.
Oucle (Dominique van), écrivain. T. XVI, col. 381.

FREDERICQ (Paul).

Kethulle (François de la ou vander), seigneur de Ryhove, gentilhomme aventurier. T. X, col. 708 (1).
Kethulle (Louis de la ou vander), homme de guerre. T. X, col. 735.
Ramirdus, brûlé à Cambrai comme hérétique T. XVIII, col. 631.

FRESON (Armand).

Lebeau (Joseph), homme d'Etat. T. XI, col. 503.
Raikem (Jean-Joseph), jurisconsulte et homme d'Etat. T. XVIII, col. 599.
Robaulx (Alexandre de), homme politique. T. XIX, col. 398.
Rolin (Hippolyte), avocat et homme politique. T. XIX, col. 825.
Rossius-Orban (Charles-Abeillard-Conscrit de), homme politique. T. XX, col. 162.

FRIS (Victor).

Onredene (Daniel), échevin de la Keure de Gand. T. XVI, col. 192.
Onredene (Race), capitaine de Gand. T. XVI, col. 195.
Outre (Gilbert d'), prêtre. T. XVI, col. 401.
Pehaert (Mathieu) ou Peyaert, doyen

(1) Notice faite en collaboration avec Mr Herman Vander Linden.

des brasseurs à Gand. T. XVI, col. 867.
Popperode (Baudouin de), capitaine flamand du début du XIVe siècle. T. XVIII, col. 42.
Portemont (Auguste de), historien. T. XVIII, col. 69.
Pottere (Liévin de), homme politique gantois. T. XVIII, col. 89.
Pottre (Jean de), chroniqueur. T. XVIII, col. 95.
Pruystinck (Eloi), surnommé Loy de Schaliedecker, hérésiarque. T. XVIII, col. 316.
Radtloo (Reinhard van), magistrat, homme de guerre et négociateur. T. XVIII, col. 546.
Raepsaet (Henri-Marie), avocat, T. XVIII, col. 561.
Raepsaet (Jean-Joseph), antiquaire et homme politique. T. XVIII, col. 562.
Rapondi (Dino), financier italien. T. XVIII, col. 735.
Rasseghem (Adrien, Vilain II, dit le sire de), avoué de Tamise. T. XVIII, col. 748.
Ratgheer (Walter), homme de guerre du Franc de Bruges. T. XVIII, col. 770.
Renesse (Jean III de), homme de guerre. T. XIX, col. 101.
Renichon (Michel de), curé et conspirateur. T. XIX, col. 107.
Renty (Jean, bâtard de), homme de guerre. T. XIX, col. 143.
Renty (Oudart de), homme de guerre. T. XIX, col. 145.
Righerman (Antoine), religieux. T. XIX, col. 337.
Rittinghausen (Maurice), homme politique et publiciste. T. XIX, col. 368.
Robaulx de Soumoy (Aimé-Louis-Philémon de), jurisconsulte et historien. T. XIX, col. 397.
Robert VII, seigneur de Béthune, avoué d'Arras et de Saint-Bavon de Gand. T. XIX, col. 411.
Robert III, comte de Flandre, dit de Béthune. T. XIX, col. 445.
Rodenbach (Alexandre), homme politique, publiciste et philanthrope. T. XIX, col. 585.
Rodenbach (Constantin-Auguste), fonctionnaire et publiciste. T. XIX, col. 590.
Rodenbach (Constantin-François), docteur en médecine, professeur, homme politique, publiciste, fonctionnaire et diplomate. T. XIX, col. 591.
Rœulx (Jean comte de ou du), Jean de Croy, officier. T. XIX, col. 668.
Rolliers (François), officier. T. XIX, col. 843.
Romont (Jacques de Savoie, comte de), homme de guerre. T. XIX, col. 928.
Rond (Gérard) ou plutôt Le Rond, personnage fabuleux. T. XX, col. 1.
Rouppe (Nicolas-Jean), magistrat, homme politique. T. XX, col. 229.
Rybens (Jean-Baptiste), chroniqueur. T. XX, col. 610.
Rym (Baudouin), échevin de Gand au XVe siècle. T. XX, col. 676.
Rym (Charles), magistrat, diplomate, homme de lettres. T. XX, col. 677.
Rym (Gérard), magistrat. T. XX, col. 680.
Rym (Gérard), soixante-deuxième abbé de Saint-Pierre au Mont-Blandin, à Gand. T. XX, col. 681.
Rym (Goswin et Simon), bourgeois de Gand au XIVe siècle. T. XX, col. 685.
Rym (Guillaume), homme politique gantois du XVe siècle. T. XX, col. 686.
Rypegherste (Gilles), homme de guerre gantois. T. XX, col. 694.

GACHARD (Louis-Prosper).

Agurto (don Francisco-Antonio de), marquis de Castañapa, gouververneur des Pays-Bas. T. I, col. 130.
André d'Autriche, gouverneur général des Pays-Bas. T. I, col. 273.
Arenberg (Jean de Ligne, comte d'). T. I, col. 368.

Arenberg (Charles, comte d'). T. I, col. 380.
Arenberg (Philippe-Charles, prince-comte d'). T. I, col. 388.
Arenberg (Philippe-François, prince-comte d'). T. I, col. 405.
Arenberg (Charles-Eugène d'). T. I, col. 410.
Arenberg (Philippe-Charles-François, duc d'). T. I, col. 411.
Arenberg (Léopold-Philippe-Charles-Joseph, duc d'). T. I, col. 412.
Arenberg (Charles-Marie-Raymond, duc d'). T. I, col. 421.
Arenberg (Louis-Engelbert, duc d'). T. I, col. 426.
Aytona (don Francisco de Moncada, marquis d'), diplomate et homme de guerre. T. I, col. 578.
Barbançon (Albert de Ligne, prince de). T. I, col. 686.
Barbançon (Octave-Ignace de Ligne-Arenberg, prince de), homme de guerre. T. I, col. 697.
Barre (Pasquier de la), magistrat et écrivain. T. I, col. 724.
Basse (Frédéric), industriel. T. I, col. 744.
Batthyani (Charles-Joseph, comte, puis prince de), homme de guerre. T. I, col. 777.
Bedmar (Don Isidro de la Cueba y Benavides, marquis de). T. II, col. 77.
Belgiojoso (Louis-Charles-Marie, comte de Barbiano et), ministre plénipotentiaire pour le gouvernement des Pays-Bas. T. II, col. 118.
Bergh (Henri, comte de), homme de guerre. T. II, col. 189.
Berty (Baptiste), secrétaire des conseils d'Etat et privé. T. II, col. 343.
Bonaventure (Nicolas-Melchiade), homme de loi et magistrat. T. II, col. 674.
Bruneau (Jacques), diplomate. T. III, col. 110.
Busbecq (Ogier-Guislain de), diplomate. T. III, col. 180.
Calonne (Charles-Antoine, comte de), homme de guerre. T. III, col. 253.
Caracena (don Luis de Benavides, Carillo y Toledo, marquis de Fromista et de), gouverneur des Pays-Bas. T. III, col. 297.
Caron (Noël de), seigneur de Schoonewale, diplomate. T. III, col. 337.
Carondelet (Claude), chef du Conseil privé aux Pays-Bas. T. III, col. 340.
Carondelet (Jean), chancelier de Bourgogne. T. III, col. 341.
Carondelet (Jean), chef du Conseil privé. T. III, col. 348.
Cazier (Denis-Benoit-Joseph, baron de), trésorier général des finances. T. III, col. 395.
Charles-Quint, empereur. T. III, col. 523.

GALESLOOT (Louis).

Damant (Nicolas), magistrat et homme d'Etat. T. IV, col. 647.
Eesbeeck (Honoré-Henri d'), dit vander Haghen, magistrat et homme d'Etat. T. VI, col. 465.
Everardi (Adrien), dit Nicolaï, surnommé Marius, poète. T. VI, col. 759.
Everardi (Evrard), surnommé Nicolaï, jurisconsulte et magistrat. T. VI, col. 754.
Everardi (Jean), surnommé Secundus, poète, graveur, peintre et sculpteur. T. VI, col. 760.
Everardi (Nicolas), dont le vrai nom était Everts, magistrat et jurisconsulte. T. VI, col. 751.
Everardi (Nicolas), dit Nicolaï, plus connu sous le nom de Grudius, poète latin. T. VI, col. 756.
Herzelles (Guillaume-Philippe, marquis d'), magistrat et homme d'Etat. T. IX, col. 309.
Houthem (Jean de), seigneur de Houthem-Sainte-Marguerite, etc., magistrat. T. IX, col. 544.

GANSEN (E. van).

Hermans (Pierre-François), prélat

de l'abbaye de Tongerloo. T. IX, col. 266.

GEDOELST (H.).

Hagenbeek (Charles), peintre et graveur. T. VIII, col. 608.
Halloy (Pierre de), mathématicien. T. VIII, col. 650.
Hancar (Romuald), prieur de l'abbaye de Saint-Hubert, historien. T. VIII, col. 677.

GÉNARD (Pierre).

Anthonissen (Henri-Joseph), peintre. T. I, col. 344.
Asseliers (Jean van), jurisconsulte. T. I, col. 501.
Eliaerts (Jean-François), peintre. T. VI, col. 538.
Erp (Gérard van) ou van Herp, peintre. T. VI, col. 682.
Ertvelt (André van) ou Artevelt, peintre. T. VI, col. 694.
Es (Jacques van) ou Van Essen, peintre. T. VI, col. 695.
Fickaert (François), auteur et libraire. T. VII, col. 50.
Floris de Vriendt, chef d'une famille d'artistes peintres et sculpteurs. T. VII, col. 118.
Fornenbergh (Alexandre van), peintre et écrivain. T. VII, col. 199.
Fraet (François), peintre. T. VII, col. 219.
Grapheus (Alexandre), Scribonius *alias* de Schryver, secrétaire d'Anvers. T. VIII, col. 238.
Grée (Pierre-Jean-Balthasar de), ou de Gra, artiste peintre. T. VIII, col. 250.
Hunin (Mathieu-Joseph-Charles), graveur. T. IX, col. 709.
Hunin (Pierre-Paul-Aloys), peintre. T. IX, col. 710.
Waghemakere (Dominique de), architecte. T. V, col. 887.
Waghemakere (Herman de), architecte. T. V, col. 898.

GHEYN (Joseph vanden).

Roderique (Jean-Ignace), Rodric, Rodrique ou Rodrigue, théologien polémiste. T. XIX, col. 595.

GOBLET D'ALVIELLA (comte).

Prisse (Albert-Florent-Joseph, baron), militaire, ingénieur, diplomate et homme d'Etat. T. XVIII, col. 258.
Reyntiens (Nicolas-Jean-Ghislain), publiciste et homme politique. T. XX, col. 218.

GOEMANS (Léon).

Loo (Thomas-Jean van), pharmacien et poète flamand. T. XII, col. 380.
Male (Aurèle-Augustin van), en espagnol Malinez, homme d'Etat. T. XIII, col. 226.
Meerhout (Jean de), théologien, philologue, chroniqueur et poète. T. XIV, col. 257.
Neefs (Marc) ou De Neef, aussi Deneef, Nevianus ou Nevejans, médecin et poète didactique latin. T. XV, col. 547.
Nerum (Charles-Jérôme van), écrivain et instituteur. T. XV, col. 605.
Nessel (Nicolas) ou Nesselius, orateur et poète. T. XV, col. 617.
Nest (Charles-Joseph van den), écrivain flamand. T. XV, col. 618.
Neste (Pierre vander), instituteur et poète dramatique flamand. T. XV, col. 619.
Nève (A.-F. de), rhétoricien. T. XV, col. 645.
Nève (Jean-Baptiste de), traducteur flamand, publiciste et éditeur. T. XV, col. 649.
Noot (Arnold) ou Nootz, professeur de médecine. T. XV, col. 833.
Noulantius (Henri), Vanden Nouwelant ou Nouwelandt, poète latin. T. XV, col. 935.
Noyelle (Antoine), poète et philosophe. T. XV, col. 942.
Nys (Charles-Alexandre-Henri), publiciste. T. XVI, col. 32.
Oevelen (Mathieu-Edouard van),

littérateur flamand. T. XVI, col. 84.
Olinger (Philippe), lexicographe. T. XVI, col. 123.
Ondereet (Charles), écrivain dramatique flamand. T. XVI, col. 171.
Oostenrijck (Louis van), lexicographe et humaniste. T. XVI, col. 219.
Opstal (Augustin van), écrivain flamand. T. XVI, col. 234.
Orinus (Thomas), poète flamand. T. XVI, col. 255.
Ostaeyen (Antoine van), instituteur et littérateur flamand. T. XVI, col. 348.
Outerman (Jacques) ou aussi van Reninghen, théologien mennonite. T. XVI, col. 392.
Oye (Félicien van), écrivain flamand. T. XVI, col. 429.
Paeps (Jean-Baptiste), prêtre, écrivain ecclésiastique. T. XVI, col. 453.
Paeuw (Benoît de), écrivain ecclésiastique. T. XVI, col. 464.
Paeuw (François - Charles - Benoît de) ou de Pauw, pédagogue et écrivain. T. XVI, col. 464.
Palmers (Guillaume-Jean-Charles-Hubert), écrivain flamand. T. XVI, col. 506.
Paludanus (François) ou Vanden Broeck, écrivain ecclésiastique. T. XVI, col. 511.
Paludanus (Henri), Des Marêts, Van den Poel, van den Broeck, Von dem Broich, écrivain ecclésiastique. T. XVI, col. 515.
Paludanus (Jean) ou Vanden Broeck, théologien, écrivain ecclésiastique. T. XVI, col. 519.
Paludorpius (Jean), Palaedorpius ou Paludorpus, écrivain ecclésiastique. T. XVI, col. 525.
Pape (Jean-Baptiste de), poète dramatique flamand. T. XVI, col. 579.
Papens (Jean-Liévin), écrivain flamand. T. XVI, col. 592.
Parfondry (Baudouin de), humaniste et écrivain dramatique. T. XVI, col. 632.
Parisot (Pierre), humaniste, professeur de belles-lettres. T. XVI, col. 638.
Pauli (Paul), poète flamand. T. XVI, col. 707.
Pauw (Ferdinand - François de), poète dramatique flamand. T. XVI, col. 720.
Pauwels (Nicolas), théologien, écrivain ecclésiastique. T. XVI, col. 766
Pecqueux (Louis-Jean), écrivain flamand. T. XVI, col. 797.
Peemans (Henri-Louis), avocat et homme politique. T. XVI, col. 812.
Peemans (Jean - Joseph - Charles), écrivain ecclésiastique. T. XVI, col. 814.
Perclaes (Nicolas), écrivain flamand. T. XVII, col. 1.
Peremans (Catherine), Perremans ou Peyremans, écrivain flamand. T. XVII, col. 6.
Petyt (Edmond-Bernard), écrivain flamand. T. XVII, col. 131.
Piémont (Jean-François), écrivain flamand. T. XVII, col. 394.
Plancquaert (Jules), écrivain flamand. T. XVII, col. 736.
Poorten (Arnold vander) ou a Porta ou De la Porte, lexicographe flamand. T. XVIII, col. 25.
Poorter (Henri de), poète flamand. T. XVIII, col. 28.
Praet (Jean), poète didactique flamand. T. XVIII, col. 152.
Proost (Prosper-Alexandre), publiciste, littérateur et professeur. T. XVIII, col. 288.
Rutgeerts (Louis-Joseph-Napoléon-Marie), jurisconsulte et professeur. T. XX, col. 482.

GOFFART (Alfred).

Delvaux (Henri-Joseph-Barthélemy) dit Del Vaux de Fouron, géomètre-arpenteur. T. V, col. 494.
Du Chateau (Louis) ou Du Chasteau ou a Castro, théologien et orateur sacré. T. VI, col. 223.

GOFFIN (Léon).

Robyns (Louis-Henri-Albert), fonctionnaire et publiciste. T. XIX, col. 562.

GOOVAERTS (Alphonse).

Compère (Louis), compositeur. T. IV, col. 343.
Delarue (Pierre), musicien-compositeur. T. V, col. 325.
Ducis (Benoît), compositeur de musique. T. VI, col. 231.
Faber (Jean-Adam-Joseph), compositeur de musique. T. VI, col. 816.
Faignient (Noé ou Noël), compositeur de musique. T. VI. col. 847.
Fiocco (Jean-Joseph), compositeur de musique. T. VII, col. 72.
Fiocco (Joseph-Hector), compositeur de musique. T. VII, col. 73.
Fiocco (Pierre-Antoine), compositeur de musique. T. VII, col. 71.
Ghizeghem (Heyn van), compositeur de musique. T. VII, col. 741.
Hauricq aliter Hauericq (Damien), compositeur. T. VIII, col. 779.
Havermans (Lancelot), dit Macaire, savant théologien. T. VIII, col. 798.
Houterman (Marc), musicien. T. IX, col. 543.
Macque (Jean de), compositeur. T. XIII, col. 5.
Magghiels (Jean), compositeur. T. XIII, col. 149.
Maillart (Pierre), chantre, compositeur et théoricien musical. T. XIII, col. 175.
Manchicourt (Pierre de), compositeur de musique. T. XIII, col. 279.
Marcquis (Godefroid), dominicain et amateur d'art. T. XIII, col. 555.
Marcquis (Guillaume), médecin et écrivain. T. XIII, col. 556.
Marcquis (Lazare), médecin, écrivain et professeur. T. XIII, col. 562.
Marcquis (Lazare), écrivain ecclésiastique. T. XIII, col. 573.
Mastelyn (Henri), docteur en médecine et en philosophie. T. XIV, col. 4.
Mastelyn (Marc), professeur de théologie. T. XIV, col. 6.
Maulgred (Piat), compositeur. T. XIV, col. 97.
Melle (Renaud de), compositeur de musique. T. XIV, col. 315.
Merlen (van), famille de peintres et de graveurs. T. XIV, col. 507.
Messaus (Guillaume), compositeur de musique. T. XIV, col. 608.
Minderhout (Henri van), peintre. T. XIV, col. 858.
Moons (Louis-Adrien-François), peintre d'histoire et portraitiste. T. XV, col. 220.
Moons (Pierre-Théodore), bibliophile, archéologue, collectionneur et écrivain. T. XV, col. 222.

GOSSART (Ernest).

Nothomb (Camille), homme de lettres. T. XV, col. 909.
Payen (Pontus), seigneur d'Essars, la Bucquière, Hautecotte, licencié ès loi, avocat. T. XVI, col. 777.
Perrenot (Frédéric), seigneur de Champagney, baron de Renaix, homme de guerre et diplomate. T. XVII, col. 46.
Perrenot (Thomas), comte de Cantecroix, seigneur de Chantenoy, diplomate. T. XVII, col. 59.
Philippe II, roi d'Espagne. T. XVII, col. 254.
Piccolomini (Octave), d'Aragon, homme de guerre. T. XVII, col. 378.
Renard (Simon), chevalier, diplomate et homme d'Etat. T. XIX, col. 67.
Requesens y Zuniga (don Luis de), grand commandeur de Castille, diplomate et homme d'Etat. T. XIX, col. 148.
Roy (Jean-Joseph van Roey, dit van), libraire. T. XX, col. 286.

GUEQUIER (Jules).

Omalius d'Halloy (Jean-Baptiste-Julien d'), fondateur de la science géologique en Belgique. T. XVI, col. 157.

GUILLAUME (Général).

Abrahams (Gérard) ou Abraham, dit Lekkerbeetjen, homme de guerre. T. I, col. 5.
Aldringen (Jean d'), homme de guerre. T. I, col. 203.
Allamont (Antoine d'), seigneur de Malandry, etc., général. T. I, col. 230.
Allamont (Jean d'), baron de Buzy, etc., homme de guerre. T. I, col. 232.
Allamont (Jean d'), seigneur de Malandry. T. I, col. 233.
Amadei (Charles, baron d'), feld-maréchal - lieutenant. T. I, col. 240.
Arberg (Charles-Antoine, comte d'), général. T. I, col. 361.
Arberg (Charles-Philippe, comte d'), homme de guerre. T. I, col. 362.
Arberg (Nicolas-Antoine, comte d'), feld-maréchal. T. I, col. 362.
Argenteau (Renaud d'), dit le bon chevalier. T. I, col. 439.
Arnal (Jean), colonel du génie. T. I, col. 440.
Aspremont - Lynden (Ferdinand-Charles-Gobert, comte d'), feld-maréchal. T. I, col. 494.
Aspremont-Lynden (Ferdinand-Gobert, comte d'). T. I, col. 494.
Aspremont-Lynden (Guillaume-Joseph-Hyacinthe - Gobert-Maurice, comte d'), feld-maréchal. T. I, col. 495.
Aspremont - Linden (Herman d'), chevalier. T. I, col. 495.
Aspremont-Lynden (Robert d'), baron de Froidcourt. T. I, col. 496.
Aublux (Albert-Gilain-Joseph), lieutenant-colonel. T. I, col. 529.
Aubremé (Alexandre - Charles - Joseph-Ghislain, comte d'), lieutenant général. T. I, col. 530.
Autel (Jean-Frédéric, comte d'), baron de Vogelsang, feld-maréchal. T. I, col. 549.
Auvigny (Jean de Castre d'), écrivain. T. I, col. 552.
Ayasasa (Antoine-Albert-Joseph, comte d'), général de cavalerie. T. I, col. 574.
Baillet - Latour (Charles - Antoine-Maximilien-Joseph, comte de), feld-maréchal. T. I, col. 639.
Baillet - Latour (Louis - Willebrod-Antoine, comte de), général de division. T. I, col. 647.
Bast (Édouard-Marie de), homme de guerre. T. IV, col. 751.
Basteel (Jean-Joseph), colonel. T. I, col. 766.
Baut de Rasmon (François-Pierre-Ignace, baron), homme de guerre. T. I, col. 853.
Beaulieu (Jean-Pierre, baron de), homme de guerre. T. II, col. 51.
Beeckman (Elie), homme de guerre. T. II, col. 83.
Beelen de Bertholff (Eugène, baron de), général - major. T. II, col. 97.
Belliard (Augustin-Daniel, comte), lieutenant général français. T. II, col. 140.
Berlaymont (Charles, comte de), homme de guerre. T. II, col. 250.
Berlaymont (Florent, comte de), homme de guerre. T. II, col. 255.
Berlaymont (Gilles de), homme de guerre. T. II, col. 257.
Bertoul (Georges), homme de guerre. T. II, col. 335.
Best (Albert-Jean, baron de), colonel. T. II, col. 351.
Bette (Guillaume), baron, puis marquis de Lède, général. T. II, col. 377.
Bette (Jean-François-Nicolas), marquis de Lède, vice-roi de la Sicile. T. II, col. 378.
Billehé (Maximilien de), feld-maréchal. T. II, col. 422.
Bosseau (Pierre), marquis de Chateaufort, homme de guerre. T. II, col. 756.
Bouillon (Godefroid de). T. II, col. 802.
Boussart (André, baron), homme de guerre. T. II, col. 863.
Brequin de Demenge (Jean), colonel de génie. T. II, col. 941.
Briey de Landres (Auguste-Fran-

çois, comte de), homme de guerre. T. III, col. 54.
Brimeu (Charles de), comte de Megen, homme de guerre. T. III, col. 63.
Brou (Philippe-Joseph, baron de), général-major. T. III, col. 92.
Brune (Jean de) ou Bruyneel, aussi Perneel ou Pruneel, capitaine de la ville de Gand. T. IV, col. 840.
Burch (Adrien vander), président de la Cour d'Utrecht. T. III, col. 159.
Burch (Adrien vander), poète. T. III, col. 162.
Burch (Charles-Albert, comte vander), général. T. III, col. 164.
Burch (François-Henri vander), archevêque de Cambrai. T. III, col. 162.
Burch (Jean vander), président du Conseil de Malines. T. III, col. 160.
Burch (Lambert vander), chanoine. T. III, col. 161.
Buzen (Gérard-Servais), homme de guerre. T. III, col. 224.
Caters (Guillaume-André de), homme de guerre et administrateur. T. III, col. 375.
Chanclos de Rets Brisuila (Charles-Urbain, comte de), homme de guerre. T. III, col. 424.
Chasteler (Albert-François, marquis du), général de cavalerie. T. IV, col. 24.
Chasteler (Jean-Gabriel-Joseph-Albert, marquis du), général d'artillerie. T. IV, col. 31.
Clauwetz de Briant (Charles-Joseph, comte de), général au service d'Autriche. T. IV, col. 132.
Cleerens (Jean-Baptiste), général. T. IV, col. 142.
Clercq (Arnold de), homme de guerre. T. IV, col. 876.
Clerfayt (François-Sébastien-Charles-Joseph de Croix de Drumez, comte de), feld-maréchal. T. IV, col. 146.
Clovis, Chlodowig, Chlodovechus, roi des Francs. T. IV, col. 192.
Clump (Joseph-Ignace), lieutenant général. T. IV, col. 200.
Coekelberghe (Charles-Henri-Joseph), fondateur du Journal *L'Hebdomadaire*. T. IV, col. 259.
Coekelberghe (Louis-Marie-Lambert), écrivain. T. IV, col. 259.
Coekelberghe de Dutzele (Gérard-Robert-Walter, chevalier de), homme de lettres. T. IV, col. 260.
Coels (François de), major retraité. T. IV, col. 265.
Coitin (Charles-Alexandre), général. T. IV, col. 274.
Colins (Jean-Guillaume, baron de), plus connu sous le nom de chevalier de Ham, colonel. T. IV, col. 284.
Collaert (Jean-Antoine, baron de), général. T. IV, col. 297.
Coninck (Pierre de) ou De Coning, chef populaire. T. IV, col. 895.
Cotty (Gaspard-Herman, baron), général d'artillerie. T. IV, col. 414.
Crèvecœur (Philippe de), homme de guerre. T. IV, col. 500.
Croy (Adrien de), comte de Rœulx, diplomate. T. IV, col. 533.
Croy (Antoine de), surnommé le Grand Croy, homme de guerre. T. IV, col. 524.
Croy (Charles de), duc d'Arschot, membre du Conseil privé de l'archiduc Albert. T. IV, col. 544.
Croy (Charles de), prince de Chimay, homme de guerre. T. IV, col. 564.
Croy (Charles de), évêque de Tournai. T. IV, col. 566.
Croy (Charles-Alexandre de), marquis d'Havré, homme de guerre. T. IV, col. 555.
Croy (Charles-Philippe de), marquis d'Havré, premier chef des finances. T. IV, col. 552.
Croy (Dorothée de), duchesse d'Arschot, poète français. T. IV, col. 558.
Croy (Guillaume de), seigneur de Chièvres, homme de guerre. T. IV, col. 528.
Croy (Jean de), comte de Chimay, diplomate. T. IV, col. 559.

Croy (Philippe de), lieutenant général. T. IV, col. 528.
Croy (Philippe II de), duc d'Arschot, général. T. IV, col. 537.
Croy (Philippe III de), duc d'Arschot, homme politique. T. IV, col. 540.
Croy (Philippe de), comte de Chimay, homme de guerre. T. IV, col. 563.
Croy (Robert de), évêque de Cambrai. T. IV, col. 566.
Cruquembourg (Henri-Philippe-Joseph-Guislain de Fourneau de) ou Cruyckenbourg, homme de guerre. T. IV, col. 578.
Cruquembourg (Victor-Baucis-Louis-Englebert de Fourneau de) ou Cruyckenbourg, homme de guerre. T. IV, col. 579.
Daine (Nicolas-Joseph), lieutenant général. T. IV, col. 640.
Damman (Jacques), homme de guerre. T. IV, col. 657.
Delmotte (Jean-François), feld-maréchal, lieutenant au service d'Autriche. T. V, col. 446.
Delobel (Jean-Baptiste-Simon-Joseph), homme de guerre. T. V, col. 451.
Deppe (Auguste-Michel), écrivain militaire. T. V, col. 630.
Desprez (Fr.-Alexandre), homme guerre. T. V, col. 783.
Dinne (Emmanuel-Joseph), homme de guerre et publiciste. T. VI, col. 78.
Donckier de Donceel (Arnould-Ferdinand), homme de guerre. T. VI, col. 121.
Druez (Louis-Alexandre-Joseph), homme de guerre. T. VI, col. 179.
Du Blaisel (Camille, marquis), major. T. VI, col. 187.
Du Chastel de la Howarderie (Pierre-Dominique, comte), homme de guerre. T. VI, col. 222.
Du Corron (Nicolas), colonel du génie. T. VI, col. 237.
Dumonceau (Jean-Baptiste, comte), homme de guerre et d'Etat. T. VI, col. 276.
Dumont (Jean-Bonaventure-Thiéry), comte de Gages, lieutenant général. T. VI, col. 280.
Duvivier (Ignace-Louis, baron), homme de guerre. T. VI, col. 393.
Duvivier (Vincent-Marie-Constantin), homme de guerre. T. VI, col. 395.
Engelram ou Ingelram, forestier de Flandre. T. VI, col. 583.
Ensch (François, baron de), homme de guerre. T. VI, col. 611.
Evain (Louis-Auguste-Frédéric, baron), homme d'Etat et homme de guerre. T. VI, col. 739.
Evers (Charles-Joseph, baron), homme de guerre. T. VI, col. 771.
Failly (Etienne-Auguste, baron de), homme de guerre et ministre. T. VI, col. 856.
Fallon (Louis-Auguste), homme de guerre et géographe. T. VI, col. 869.
Fariaux (Jacques de), gouverneur de la ville d'Ath. T. VI, col. 884.
Fauquemont (Thierry, sire de), homme de guerre. T. VI, col. 910.
Feltz (Guillaume-Antoine-François, baron de), conseiller d'Etat. T. VII, col. 9.
Ferdinand d'Autriche, dit le Cardinal Infant, gouverneur général des Pays-Bas. T. VII, col. 30.
Fisco (Claude-Joseph-Antoine), homme de guerre et ingénieur. T. VII, col. 74.
Fleuriot-Lescot (Jean-Baptiste-Edouard), agent révolutionnaire. T. VII, col. 110.
Fontaine (Paul-Bernard, comte de), homme de guerre et philanthrope. T. VII, col. 188.
Franquet (François-Emmanuel-Alexandre-Joseph) ou Franqué, colonel. T. VII, col. 282.
Gaillard de Fassignies (Emm. de), lieutenant. T. VII, col. 426.
Galas (Mathieu) ou Gallas, homme de guerre et diplomate. T. VII, col. 430.
Gavre (Charles de), comte de Beaurieu, diplomate. T. VII col. 527.
Ghigny (Charles-Etienne, baron), homme de guerre. T. VII, col. 728.

Ghislain (Emmanuel - Joseph), homme de guerre. T. VII, col. 732.
Goethals (Charles-Auguste-Ernest, baron), homme de guerre. T. VIII, col. 77.
Gontroeul (Charles - Philippe - Joseph-Agathon, comte de Vinchant de), homme de guerre. T. VIII, col. 110.
Guillaume de Normandie ou plutôt Guillaume Cliton, comte de Flandre. T. VIII, col. 434.
Guillaume Ier, comte de Namur, surnommé le Riche. T. VIII, col. 472.
Guillaume de Ventadour, évêque de Tournai. T. VIII, col. 474.
Guillaume Ier, dit le Bon, comte de Hainaut, de Hollande, de Zélande, etc. T. VIII, col. 475.
Guillaume II, comte de Hainaut et de Zélande, etc. T. VIII, col. 478.
Guillaume III, de Bavière, comte de Hainaut, de Hollande, etc. T. VIII, col. 480.
Guillaume IV, comte de Hainaut, de Hollande, etc. T. VIII, col. 484.
Guillaume II, comte de Namur. T. VIII, col. 487.
Haynin (Louis de), seigneur du Cornet, de Frémicourt et Liramont, magistrat. T. VIII, col. 807.
La Fontaine (Joseph-Louis-Mathieu, comte d'Harnoncourt et marquis de), homme de guerre. T. V, col. 278.
La Fontaine (Alfred-Grégoire-Désiré, chevalier de), homme de guerre et d'Etat. T. V, col. 278.
La Hure (Louis-Joseph), homme de guerre. T. XI, col. 49.
Lescaille (Charles-François-Joseph de), homme de guerre. T. V, col. 382.
Mesemacre (Joseph - Henri - Louis de), feld-maréchal, lieutenant. T. V, col. 516.
Puydt (Remi de), homme de guerre et ingénieur. T. V, col. 640.
Ruiter (Herman de), lieutenant général. T. V, col. 685.
Smet (François de) ou Du Smet, homme de guerre. T. V, col. 759.
Vos (Jean-Baptiste-François de), homme de guerre. T. V, col. 852.
Wolff de la Marselle (Louis-Dominique-Joseph-Regis de), homme de guerre. T. VI, col. 19.

HAEGHEN (Ferd. vander).

Amelry (François), écrivain ecclésiastique. T. I, col. 260.
Amounet de Hailly (Charles-François), prédicateur. T. I, col. 264.
Amour (Charles d'), prêtre réformé. T. I, col. 267.

HAEGHEN (Victor vander).

Haschaert (Pierre), Hassard, Hascard ou Haschard, médecin et astrologue flamand. T. VIII, col. 744.
Lambrecht (Josse) ou Lambert, imprimeur, graveur, grammairien et poète. T. XI, col. 203.
Lokeren (Auguste van), archéologue et historien. T. XII, col. 317.
Makeblyde (Louis), théologien et prédicateur. T. XIII, col. 187.
Manilius (Servais II), sculpteur. T. XIII, col. 329.
Manilius, célèbre famille d'imprimeurs gantois. T. XIII, col. 332.
Maroten (Léon), prédicateur et biographe. T. XIII, col. 846.
Martins (Gauthier ou Wautier), maître-maçon et architecte. T. XIII, col. 904.
Martins (Jean), peintre. T. XIII, col. 906.
Martins (Nabur), peintre. T. XIII, col. 909.
Mylbeke (Etienne van), Mierbeque ou Merbeke, écrivain ascétique. T. XV, col. 387.
Olislaegher (Jean d'), Dolieslagner, d'Holieslaegher, tapissier haute-lisseur et marchand de tapisseries. T. XVI, col. 126.
Olislaegher (Jean II d'), marchand de tapisseries. T. XVI, col. 130.
Parmentier (Charles), archiviste. T. XVI, col. 647.

Pauwels (Pierre), artiste forgeur. T. XVI, col. 768.
Pieters (Pierre), peintre. T. XVII, col. 493.
Pisson (Jean-Baptiste), architecte. T. XVII, col. 678.
Plumion (Liévin), tailleur de pierre et sculpteur. T. XVII, col. 831.
Poleyt (Eustache), architecte gantois. T. XVII, col. 902.
Pottelsberghe (Liévin van), membre du Conseil de Flandre. T. XVIII, col. 82.
Pyn (Joachim), conspirateur. T. XVIII, col. 368.
Pyn (Liévin), chef-doyen et échevin de Gand. T. XVIII, col. 371.
Rade ou Raeye, Raide (Gilles van den) ou Ægidius Radaeus, imprimeur. T. XVIII, col. 539.
Raverick (Daniel), peintre. T. XVIII, col. 797.
Reynax, famille de maîtres-charpentiers de Gand. T. XIX, col. 201.
Reysschoot (Anne-Marie van), femme peintre. T. XIX, col. 230.
Reysschoot (Emmanuel-Pierre-François van), peintre. T. XIX, col. 230.
Reysschoot (Jean-Baptiste-Emmanuel van), peintre. T. XIX, col. 232.
Reysschoot (Pierre-Jean van), peintre de portraits. T. XIX, col. 232.
Reysschoot (Pierre-Norbert van), peintre et professeur d'architecture. T. XIX, col. 235.
Rike (Gérard de), orfèvre. T. XIX, col. 342.
Ritsere (Guillaume de) ou Rytsere, de son vrai nom Guillaume van Lombeke, peintre gantois. T. XIX, col. 363.
Riviere (vander), famille de peintres gantois. T. XIX, col. 378.
Roden (Mathieu van) ou van Roo, rhétoricien flamand. T. XIX, col. 579.
Rudder (Emile de), dessinateur. T. XX, col. 387.
Rutaert (Daniel), alias van Lovendeghem, sculpteur (tailleur d'images) gantois. T. XX, col. 460.
Rutaert (Daniel I), van Lovendeghem, marchand de vin. T. XX, col. 460.
Rutaert (Daniel II), alias van Lovendeghem, surnommé Neelkine, sculpteur. T. XX, col. 461.
Ryckaert (Jean) ou Rykaert, relieur de livres. T. XX, col. 617.
Ryckaert (Pierre), Richard ou Ricart, médecin. T. XX, col. 620.
Rycquaert (Jean), Rycwaerd ou Riquaert, peintre. T. XX, col. 658.
Ryke (Daneel de), Rike ou Rycke, peintre. T. XX, col. 669.
Rym (Jacques), alias Remey ou Remyn, sculpteur. T. XX, col. 689.

HASSELT (André van).

Adenès ou Adans, dit le Roi, poète. T. I, col. 64.
Alix de Louvain. T. I, col. 222.
Arschot (Arnulf, comte d'), homme de guerre. T. I, col. 473.
Assche (Godefroid et Henri d'), hommes de guerre. T. I, col. 497.
Baudouin Ier, roi de Jérusalem. T. I, col. 814.
Beaufort-Spontin (Guillaume II de), dit l'Ardennais, homme de guerre. T. II, col. 32.
Beaufort-Spontin (Guillaume III de), dit l'Ardennais, homme de guerre, T. II, col. 35.
Beaufort-Spontin (Jacques de), homme de guerre. T. II, col. 39.
Beaufort-Spontin (Frédéric-Auguste-Alexandre, duc de), homme d'Etat. T. II, col. 42.
Bergen (Adrien van). T. II, col. 176.
Carloman, roi d'Austrasie. T. III, col. 318.
Carloman, maire du palais d'Austrasie. T. III, col. 325.
Charlemagne. T. III, col. 436.
Charles Martel, maire du palais. T. III, col. 482.
Cingétorig et Indutiomar, chefs gaulois. T. IV, col. 115.
Commius, chef atrébate. T. IV, col. 336.

HEINS (Maurice).

Jean de Bloc, sculpteur. T. X, col. 363.
Jespersön (Jacques), Jasparus, Jaspar, Gaspari ou Caspari, écrivain. T. X, col. 490.
Kinsoen (François), dit Kinson, peintre. T. X, col. 777.
Maertelaere (Louis de), peintre. T. XIII, col. 119.
Malpé (François), graveur. T. XIII, col. 264.
Malpé (Jean), peintre. T. XIII, col. 265.
Paelinck (Joseph), peintre. T. XVI, col. 448.
Piers de Raveschoot (Philippe-Joseph), bourgmestre de Gand. T. XVII, col. 476.

HELBIG (Henri).

Adrianus de Veteri Busco, chroniqueur. T. I, col. 85.
Amour (Pierre d'), prédicateur. T. I, col. 267.
Ans (Paul-Ernest-Ruth d'), théologien janséniste. T. I, col. 319.
Balista (Laurent), professeur à l'Université de Mayence. T. I, col. 669.
Bello (Pierre), poète. T. II, col. 144.
Boileau de Bouillon (Gilles), poète et traducteur. T. II, col. 617.
Bonours (Christophe de), homme de guerre et littérateur. T. II, col. 687.
Boulogne (Jacques) ou Bouloigne, poète. T. II, col. 828.
Breuché de La Croix (Edmond), poète. T. III, col. 14.
Caoursin (Guillaume) ou Caorsin, de l'ordre de Malte. T. III, col. 292.
Chapeauville (Jean) ou de Chapeauville, théologien et historien. T. III, col. 428.
Charlet (Georges), poète. T. IV, col. 23.
Comhaire (Mathieu-Nicolas), poète. T. IV, col. 317.
Conrad de Westphalie, imprimeur. T. IV, col. 366.
Coppée (Denis), poète tragique et lyrique. T. IV, col. 374.
Coppenneur (François-Remy), poète dramatique. T. IV, col. 378.
Corte (Blaise-Henri de), poète et homme de guerre. T. IV, col. 898.
Crassier (Guillaume-Pascal, baron de), savant antiquaire. T. IV, col. 487.
Crassier (Louis-Marie-Guillaume-Joseph, baron de), historien. T. IV, col. 490.
Croix (Pierre de), poète, T. IV, col. 516.
Delloye (Henri-Joseph), surnommé le Troubadour Liégeois, journaliste et publiciste. T. V, col. 436.
Delvenne (Mathieu-Guillaume), biographe. T. V, col. 505.
Deschamps (Barthélemi), voyageur, poète et historien. T. V, col. 707.
Du Rieu (Florent), peintre et poète. T. VI, col. 366.
Du Triez (Robert) ou Du Trieu, poète. T. VI, col. 372.
Ennetières (Jaspar d'), poète. T. VI, col. 607.
Ennetières (Jean d'), chevalier. T. VI, col. 608.
Ennetières (Marie d'), lettrée. T. VI, col. 606.
Etienne de Walcourt ou Etienne Walcourt, grammairien et poète. T. VI, col. 728.
Fabricius (Jean), poète latin. T. VI, col. 820.
Fisen (Barthélemy), historien et écrivain ecclésiastique. T. VII, col. 76.
Foppens (Jean-François), historien, biographe et bibliographe. T. VII, col. 193.
Fourmennois (Gabriel), poète. T. VII, col. 217.
Gervais de Tournai (Martin), traducteur et théologien. T. VII, col. 688.
Ghénart (Antoine), théologien. T. VII, col. 711.
Glen (Jean-Baptiste de), théologien, orateur sacré, moraliste et traducteur. T. VII, col. 805.

Guillon (Gilles), théologien et mathématicien. T. VIII, col. 547.
Haye (Olivier de), écrivain ecclésiastique. T. V, col. 139.
Henri de Valenciennes, historien. T. IX, col. 210.
Héris (Guillaume) ou frère Herman de Sainte-Barbe, poète latin et auteur ecclésiastique. T. IX, col. 252.
Hologne (Jean) ou Holonius, orateur et professeur à l'Université d'Ingolstadt. T. IX, col. 436.
Poetou (Guillaume de), poète. T. V, col. 619.

HELBIG (Jules).

Lairesse (Ernest), peintre. T. XI, col. 56.
Lairesse (Gérard), peintre. T. XI, col. 57.
Lairesse (Jacques et Jean), peintres. T. XI, col. 68.
Lairesse (Renier), peintre. T. XI, col. 69.
Lambertin (Gabriel), peintre d'histoire et de portraits. T. XI, col. 174.
Latour (Jean), peintre. T. XI, col. 442.
Leloup (Remacle), graveur. T. XI, col. 757.
Leumont (Thiry de), peintre sur verre. T. XII, col. 33.
Lombard (Lambert), peintre et architecte. T. XII, col. 326.
Lovinfosse (Pierre-Michel), peintre. T. XII, col. 524.
Melotte (Antoine-Marie), sculpteur. T. XIV, col. 324.
Meuse (Jean de), Demeuse ou De Mœuse, peintre. T. XIV, col. 763.
Nisen (Jean-Mathieu), peintre. T. XV, col. 740.
Nivar (Jean), peintre-verrier. T. XV, col. 751.
Obée (Martin), peintre. T. XVI, col. 51.
Panhay de Rendeux (Renier), sculpteur et peintre. T. XVI, col. 544.
Patenier (Joachim) ou Patenir, peintre. T. XVI, col. 679.
Pepin (Jean), sculpteur. T. XVI, col. 917.
Péril (Robert), graveur. T. XVII, col. 21.
Pesser, famille de peintres. T. XVII, col. 84.
Pietkin (Lambert), chanoine de Saint-Materne à Liége. T. XVII, col. 499.
Pirotte (Olivier), peintre. T. XVII, col. 654.
Plumier (Edmond), peintre. T. XVII, col. 825.
Poele (Florimond vande), architecte, dessinateur et peintre-verrier. T. XVII, col. 863.
Ponsart (Jean-Nicolas-François), dessinateur et peintre. T. XVIII, col. 7.
Pontiau (Michel) ou Ponciau, peintre. T. XVIII, col. 22.
Quadvlieg (Charles-Max-Gerlach-Antoine), peintre. T. XVIII, col. 398.
Racle (François-Bernard), peintre. T. XVIII, col. 533.
Ramey (Jean), Ramée, Ramaye, Del Rameye ou Delle Ramege, peintre liégeois. T. XVIII, col. 620.
Redouté (Antoine-Ferdinand), peintre. T. XVIII, col. 823.
Redouté (Charles-Joseph), peintre. T. XVIII, col. 824.
Redouté (Henri-Joseph), peintre. T. XVIII, col. 824.
Redouté (Jean-Jacques), peintre. T. XVIII, col. 827.
Redouté (Pierre-Joseph), peintre. T. XVIII, col. 827.
Renardy (Henri-Joseph-Nicolas), peintre. T. XIX, col. 75.
Renoz (Jacques-Barthélemy), architecte. T. XIX, col. 131.

HENNEBERT (F.).

Abraham (Jean), écrivain ecclésiastique. T. I, col. 5.
Adélard ou Adalard, moine de l'abbaye de Saint-Pierre, à Gand. T. I, col. 54.
Adelphrède, évêque de Tournai. T. I, col. 64 (notice non signée).

Ainard, aussi nommé Amard, Anaard, Aymard, Ayrard, Emard, Enard, évêque de Tournai. T. I, col. 142.
Alar (Antoine), Allart, Allard ou Alardi, écrivain ecclésiastique. T. I, col. 169.
Albany (Louise-Maximiliane-Caroline-Emmanuel, princesse de Stolberg, comtesse d'). T. I, col. 170.
Albéric de Trois-Fontaines, chroniqueur. T. I, col. 173.
Albéron II, évêque de Liége. T. I, col. 183.
Alexandre Ier, évêque de Liége. T. I, col. 214.
Alexandre II, évêque de Liége. T. I, col. 216.
Alexandre, chanoine de Saint-Lambert à Liége. T. I, col. 217.
Aluf, Alufus, alias Alalfus. T. I, col. 239.
Amand (Dominique-Joseph), érudit. T. I, col. 233.
Andrieu de Douai, trouvère. T. I, col. 292.
Anly (Jean d'), historien. T. I, col. 300.
Anselme, évêque de Tournai. T. I, col. 325.
Anselme, historien. T. I, col. 327.
Anselme de Gembloux, chroniqueur. T. I, col. 328.
Anselme, comte de Ribemont, historien. T. I, col. 329.
Arbois (Philippe d'), évêque de Tournai. T. I, col. 363.
Ardée (Jacques d'), théologien. T. I, col. 365.
Ardenne (Remacle d') ou Remaclus Arduenna, poète latin. T. I, col. 365.
Arnould, abbé de Gembloux, chroniqueur du XIIe siècle. T. I, col. 467.
Arnould, surnommé de Louvain, historien. T. I, col. 469.
Assignies (Jean d'), abbé de Nizelles, T. I, col. 505.
Assonleville (Hubert d'), bénédictin. T. I, col. 513.
Aubry (Philippe), curé de Bellevaux. T. I, col. 531.
Audefroy le Bastard, trouvère. T. I, col. 533.
Auffay (Jean d') ou Dauffay, maître des requêtes du Grand Conseil. T. I, col. 543.
Augustin, évêque de Tournai. T. I, col. 546.
Aussay (Pierre d') ou D'Auxy, évêque de Tournai. T. I, col. 546.
Auverlot (Albert), jurisconsulte. T. I, col. 550.
Avesnes (Baudouin d'), sire de Beaumont. T. I, col. 557.
Baillehaus (Jehan), trouvère. T. I, col. 637.
Baillet (Jean-Baptiste-François-Hyacinthe, comte de), bourgmestre d'Anvers. T. I, col. 644.
Baldéric ou Baudry, en latin Baldericus, chroniqueur. T. I, col. 657.
Baldéric, évêque de Tournai-Noyon. T. I, col. 659.
Baudouin, évêque de Tournai-Noyon. T. I, col. 836.
Baudouin de Maflix, théologien. T. I, col. 840.
Beauchamp (de) ou Bello-Campo, historien. T. II, col. 29.
Beauvau (René-François de). T. II, col. 65.
Bemmel (Charles-Maximilien-Philippe van), poète. T. II, col. 148.

HENNEQUIN (général).

Nerenburger (Guillaume-Adolphe), lieutenant général. T. XV, col. 594.

HENRARD (Paul).

Frédéricx (Chrétien-Damien-Louis), officier d'artillerie. T. VII, col. 291.
Hames (Nicolas de) ou le Bâtard de Hames, héraut d'armes. T. VIII, col. 665.
Hertaing (Daniel de), seigneur de Marquette, homme de guerre. T. IX, col. 291.
Hornes (Guillaume de), seigneur de Hèze, Linden, Geldrop, etc., homme de guerre. T. IX, col. 508.

Jardon (Henri-Antoine), général de brigade. T. X, col. 154.
Kénor (Jean-Joseph), général-major. T. X, col. 647.
Kessels (Herman), officier d'artillerie. T. X, col. 670.
Mahieu de Diestvelt (Florent-Joseph de), général-major. T. XIII, col. 155.
Malherbe (Jean-Antoine), lieutenant général. T. XIII, col. 239.
Mansfelt (comte Charles de), homme de guerre. T. XIII, col. 360.
Mansfelt (Ernest de), homme de guerre. T. XIII, col. 369.
Mansfelt (Pierre-Ernest, comte de), homme de guerre. T. XIII, col. 382.
Marchin (Ferdinand, comte de), dit Marsin, homme de guerre. T. XIII, col. 454.
Marchin (Jean-Gaspar-Ferdinand de), dit Marsin, homme de guerre. T. XIII, col. 457.
Marneffe (Louis-Joseph de), lieutenant général. T. XIII, col. 773.
Montigny (Emmanuel-Philibert de Lalaing, baron de), homme de guerre. T. XV, col. 175.

HENRY (Louis).

Petithan (François), général. T. XVII, col. 122.

HEREMANS (Jacques-F.-J.).

Godin (François), poète flamand et latin. T. VIII, col. 16.

HOCQUET (Adolphe).

Rosut (Jean de), imagier. T. XX, col. 169.
Rys (Bernard), sculpteur. T. XX, col. 696.

HUISMAN (Michel).

Pollet (François), jurisconsulte. T. XVII, col. 913.
Pollet (Jacques), jurisconsulte. T. XVII, col. 914.
Prié (Hercule-Joseph-Louis Turinetti, marquis de), ministre plénipotentiaire des Pays-Bas autrichiens. T. XVIII, col. 231.
Proli (Balthazar-Florent-Joseph, comte de), amiral des eaux douces de la rivière de l'Escaut. T. XVIII, col. 275.
Proli (Charles-André-Melchior, comte de), amiral des eaux douces de l'Escaut. T. XVIII, col. 277.
Proli (Pierre), banquier et grand négociant. T. XVIII, col. 278.

HULIN (Georges).

Pauli (Charles-Frédéric-Henri), peintre de paysages. T. XVI, col. 703.
Pauwels (Joseph), peintre d'histoire et de portraits. T. XVI, col. 764.
Picqué (Charles), peintre de portraits et d'histoire. T. XVII, col. 389.
Raet (Arnd de), peintre louvaniste. T. XVIII, col. 580.
Raet (Louis de), peintre brabançon. T. XVIII, col. 582.
Rassmann (Georges-Guillaume), bibliophile. T. XVIII, col. 755.
Royalme (Pierre de), peintre bruxellois. T. XX, col. 288.
Rycx (Cornelis), peintre brugeois. T. XX, col. 659.
Rynghele (Antonis) ou Ringhel, peintre verrier brugeois. T. XX, col. 692.

HYMANS (Henri).

Huberti (Adrien), Huybrechts, graveur ou plus spécialement marchand d'estampes. T. IX, col. 603.
Janssens (Jean-Martin), sculpteur. T. X, col. 145.
Jolly (Henri-Jean-Baptiste), peintre de genre. T. X, col. 504.
Jordaens (Jacques), peintre, dessinateur et graveur à l'eau-forte. T. X, col. 515.
Langjan (Remi) ou Lanjan, peintre. T. XI, col. 271.
Lankrinck (Henri-Prosper), Lan-

gerinck ou Lengerinckx, peintre. T. XI, col. 294.
Lauwers (Balthasar), mieux connu sous le nom de Baldassare Lauri, peintre. T. XI, col. 475.
Lauwers (Conrad), graveur. T. XI, col. 477.
Lauwers (Jean-Jacques), peintre de genre et de paysages. T. XI, col. 479.
Lauwers (Nicolas), graveur. T. XI, col. 480.
Leemput (Remi van), peintre. T. XI, col. 621.
Lefebvre (Valentin) ou Lefebre, dit de Bruxelles, peintre et graveur. T. XI, col. 654.
Legi (Jacques), peintre. T. XI, col. 685.
Lemens (Balthazar), peintre. T. XI, col. 794.
Lens (André-Corneille), peintre et graveur à l'eau-forte. T. XI, col. 810.
Lens (Corneille), peintre de fleurs et décorateur d'équipages. T. XI, col. 817.
Lens (Jacques-Joseph), peintre. T. XI, col. 818.
Lentzen (Jean-François), peintre de paysages et d'animaux. T. XI, col. 822.
Le Pla (Jacques), peintre. T. XI, col. 876.
Le Roy (Etienne-Victor), peintre. T. XI, col. 900.
Le Roy (Joseph-Anne-Jules), peintre. T. XI, col. 919.
Le Roy (Pierre), orfèvre et graveur de sceaux. T. XI, col. 922.
Le Roy (Pierre-François), statuaire. T. XI, col. 924.
Le Roy (Pierre-François-Charles), peintre de genre. T. XI, col. 927.
Le Roy (Pierre-Jean-Baptiste), peintre, dessinateur et graveur. T. XI, col. 928.
Lestens (Guillaume), Lesteens, également Steens, imprimeur. T. XII, col. 27.
Leyssens (Jacques) ou Lyssens, peintre de sujets allégoriques. T. XII, col. 82.
Lhérie (Ferdinand Benchet), peintre et graveur. T. XII, col. 83.
Liere (Josse van), peintre. T. XII, col. 114.
Lint (Henri van), peintre. T. XII, col. 226.
Lint (Pierre van), peintre de sujets religieux. T. XII, col. 227.
Lion (Pierre-Joseph), peintre. T. XII, col. 233.
Lisebetten (Pierre van), graveur au burin et à l'eau-forte. T. XII, col. 293.
Lochem (Michel van), dessinateur, graveur au burin, marchand d'estampes et libraire. T. XII, col. 300.
Lommelin (Adrien), graveur. T. XII, col. 339.
Londerseel (Assuérus van), graveur. T. XII, col. 342.
Londerseel (Jean ou Hans van), graveur. T. XII, col. 344.
Loo (Jacques van), peintre. T. XII, col. 377.
Looimans, peintre. T. XII, col. 384.
Loon (Pierre van), peintre d'histoire. T. XII, col. 384.
Louys (acques), graveur. T. XII, col. 522.
Loyer (Nicolas), peintre. T. XII, col. 534.
Luycx (François), connu sous le nom de Lüx von Lüxenstein, portraitiste. T. XII, col. 626.
Madou (Jean-Baptiste), peintre et dessinateur. T. XIII, col. 24.
Mahue (Corneille), peintre de natures mortes. T. XIII, col. 162.
Mahue (Guillaume), peintre. T. XIII, col. 163.
Malaine (Joseph-Lambert), peintre. T. XIII, col. 191.
Maldeghem (Romain-Eugène van), peintre, dessinateur, graveur et lithographe. T. XIII, col. 216.
Mallery (Charles van ou de), Maillery ou Maeldery, graveur. T. XIII, col. 244.
Mallery (Philippe de), graveur. T. XIII, col. 249.
Malo (Vincent), peintre. T. XIII, col. 251.

Mander (Charles van), aussi Vander Mander, Vermander ou Ver Mander, peintre, dessinateur, poète, prosateur et historien d'art. T. XIII, col. 291.
Mander (Charles van), dit le Jeune, peintre, dessinateur et fabricant de tapisseries de haute lice. T. XIII, col. 306.
Mandyn (Jean), peintre. T. XIII, col. 323.
Marc van Ghistelle ou van Gestel, peintre et sculpteur. T. XIII, col. 418.
Marinus Claeszoon, Marinus de Zeeuw ou de Romerswael, peintre. T. XIII, col. 746.
Marinus, aussi Vander Goes ou Robin, graveur. T. XIII, col. 748.
Matthyssen (Abraham), peintre. T. XIV, col. 79.
Megan (E.-G.), peintre. T. XIV, col. 284.
Melar (Adrien), Melaer ou Millaert, graveur. T. XIV, col. 311.
Mensaert (Guillaume-Pierre), peintre et graveur. T. XIV, col. 364.
Mera (Pierre), peintre. T. XIV, col. 368.
Merica (Pierre à), graveur. T. XIV, col. 498.
Metsys (Corneille) ou Matsys, peintre et graveur. T. XIV, col. 629.
Metsys (Jean), Matsys ou Massys, peintre. T. XIV, col. 633.
Metsys (Josse), serrurier, architecte et sculpteur. T. XIV, col. 638.
Metzu (Jacques), peintre. T. XIV, col. 667.
Meulenbergh (Dominique-François-Joseph), peintre et dessinateur-lithographe. T. XIV, col. 694.
Meulener (Pierre), peintre. T. XIV, col. 697.
Meunincxhove (Jean-Baptiste van), peintre. T. XIV, col. 700.
Meyssens (Corneille), graveur. T. XIV, col. 788.
Meyssens (Jean), peintre, dessinateur et graveur. T. XIV, col. 789.
Michau (Thibaud, dit Théobald), peintre. T. XIV, col. 795.
Michel d'Anvers, Miguel de Amberes ou Michele Fiammingo, peintre. T. XIV, col. 800.
Millet (François) ou Millé, peintre et graveur à l'eau-forte. T. XIV, col. 838.
Minnebroer (Frans), peintre. T. XIV, col. 868.
Mirou (Antoine), Miroe, Miroel, Miroul, Miroy, aussi Miroulœus, peintre. T. XIV, col. 898.
Misdacq (Josse-A.-W.-Y.), peintre. T. XIV, col. 900.
Moens (Gaspard-Melchior), aussi Moons, sculpteur. T. XV, col. 2.
Moerenhout (Joseph-Josse), peintre et graveur. T. XV, col. 17.
Mol (Pierre van), peintre. T. XV, col. 43.
Mold (Jean van), Jean van ou de Molder, peintre. T. XV, col. 55.
Molenaer (Corneille), surnommé le Louche, peintre. T. XV, col. 55.
Molyn (Pierre-Marius), peintre, dessinateur et graveur. T. XV, col. 76.
Mone (Jean), sculpteur. T. XV, col. 100.
Monnaville (François de), peintre. T. XV, col. 114.
Mont (Dieudonné vander), van Dermonde, Déodat Delmont ou Del Monte, peintre, architecte, ingénieur et astronome. T. XV, col. 140.
Mont (Egide), peintre. T. XV, col. 144.
Mor (Antoine), mieux connu sous le nom d'Antonio Moro, Anthony More, peintre de sujets religieux et portraitiste. T. XV, col. 228.
Morel (Jean-Baptiste), peintre. T. XV, col. 251.
Mostart (François) ou Mostaert, peintre. T. XV, col. 291.
Mostart (Gilles), ou Mostaert, peintre. T. XV, col. 292.
Myin (Henri-Arnold), peintre. T. XV, col. 386.
Nauwynck (H.), aussi Naiwynckx, peintre et graveur. T. XV, col. 488.
Navez (François-Joseph), peintre. T. XV, col. 505.

Negre (Mathieu van), peintre. T. XV, col. 567.
Neufchatel (Nicolas de), mieux connu sous le nom de Lucidel, peintre. T. XV, col. 623.
Nève (Corneille de), peintre. T. XV, col. 645.
Neyts (Gilles), peintre, dessinateur et graveur. T. XV, col. 656.
Nicolié (Joseph-Chrétien), peintre. T. XV, col. 700.
Noël (Julie-Anne-Marie), femme peintre. T. XV, col. 773.
Noël (Paul-Godefroid-Joseph), peintre. T. XV, col. 775.
Nollekens (Jean), peintre. T. XV, col. 813.
Nollekens (Joseph-François), peintre. T. XV, col. 814.
Nollet (Dominique), peintre. T. XV, col. 815.
Noort (Jean van), graveur. T. XV, col. 830.
Noterman (Emmanuel), peintre et graveur. T. XV, col. 901.
Noveliers (David), peintre. T. XV, col. 937.
Noveliers (Pierre), peintre. T. XV, col. 937.
Noveliers (Salomon), peintre. T. XV, col. 938.
Nuyts (David), philanthrope. T. XVI, col. 16.
Nuyts (Gilles), peintre. T. XVI, col. 17.
O'Connell (Mme Frédérique-Emilie Miethe), peintre et graveur. T. XVI, col. 65.
Odevaere (Joseph-Désiré), peintre et dessinateur. T. XVI, col. 68.
Ofhuys (Jean), peintre-verrier. T. XVI, col. 90.
Olivier de Gand, sculpteur. T. XVI, col. 143.
Onghers (Jean), peintre. T. XVI, col. 182.
Onghers (Oswald), peintre. T. XVI, col. 182.
Oorloft (Joseph-Philippe), peintre miniaturiste. T. XVI, col. 211.
Oost (Dominique-Joseph), peintre. T. XVI, col. 214.
Oost (Guillaume van), peintre. T. XVI, col. 214.
Oost (Jacques van), dit le Vieux, peintre. T. XVI, col. 215.
Oost (Jacques van), dit le Jeune, peintre. T. XVI, col. 217.
Opdebeeck (Antoine), graveur. T. XVI, col. 221.
Ordonie (Edouard van), graveur. T. XVI, col. 247.
Otteren (Hubert van), graveur. T. XVI, col. 376.
Overschee (Pierre van), peintre. T. XVI, col. 419.
Paludanus (Barbe) ou Vanden Broeck, graveur au burin. T. XVI, col. 508.
Paludanus (Crispin) ou Vanden Broeck, peintre, dessinateur et architecte. T. XVI, col. 509.
Paludanus (Henri) ou Palidam, Pallude, Pollidano, Pollidami, Arrigo et Enrico Fiammingo, Van den Broeck, peintre. T. XVI, col. 513.
Panderen (Egbert van), graveur au burin. T. XVI, col. 542.
Pas ou Paschen (Henri van), architecte. T. XVI, col. 666.
Paul (Bernard), peintre. T. XVI, col. 701.
Pauwels (André) ou Pauli, graveur à l'eau-forte. T. XVI, col. 730.
Pauwels (Jean-Baptiste), dit Pauwels vande Borre, peintre. T. XVI, col. 761.
Payen (Antoine-A.-J.), peintre. T. XVI, col. 772.
Pée (Englebert van ou de), peintre. T. XVI, col. 803.
Pée (Jean van), peintre. T. XVI, col. 804.
Peeters (Catherine), peintre de nature morte. T. XVI, col. 849.
Peeters (Clara), peintre de fleurs et d'accessoires. T. XVI, col. 852.
Peeters (François-Luc), aussi Peters, peintre de paysage. T. XVI, col. 853.
Peeters (Jacques), graveur. T. XVI, col. 856.
Peeters (Martin) ou Petri, peintre, graveur et éditeur. T. XVI, col. 864.
Peeters (Philippe-Jacques), peintre. T. XVI, col. 865.

Peghem (Adrien van), Peteghem (?), peintre. T. XVI, col. 867.
Pelichy (Gertrude-Cornélie-Marie de), peintre. T. XVI, col. 876.
Perez (Henri), peintre. T. XVII, col. 12.
Perhoner (Ferdinand), peintre. T. XVII, col. 16.
Perlau (Joseph), peintre. T. XVII, col. 29.
Perre (Chrétien vanden), peintre. T. XVII, col. 33.
Perre (Jean vanden), portraitiste. T. XVII, col. 39.
Perre (Nicolas vanden), peintre. T. XVII, col. 41.
Perret (Pierre), graveur. T. XVII, col. 68.
Petri (Pietro de), peintre. T. XVII, col. 126.
Peyp (Corneille), Pyp ou Pype, peintre néerlandais. T. XVII, col. 145.
Picard (Jean-Baptiste), fonctionnaire et homme de lettres. T. XVII, col. 376.
Piéron (Gustave-Louis-Marie), peintre. T. XVII, col. 417.
Pieters (Jean), peintre. T. XVII, col. 489.
Pilsen (François), peintre et graveur. T. XVII, col. 516.
Pinchart (Alexandre-Joseph), érudit, archéologue et historien. T. XVII, col. 522.
Pintemony, peintre flamand. T. XVII, col. 548.
Piron (Charles-François-Pierre-Arnould), mieux connu comme Piron van Derton, homme politique. T. XVII, col. 642.
Pitau (Pittauw) (Jacques), graveur. T. XVII, col. 682.
Pitau (Pittauw) (Nicolas), graveur. T. XVII, col. 683.
Plas (Pierre vande), peintre. T. XVII, col. 769.
Plattenberg (Mathieu van), peintre et graveur. T. XVII, col. 792.
Poelman (Pierre-François), peintre. T. XVII, col. 873.
Poindre (Jacques de), peintre. T. XVII, col. 884.
Pol de Limbourg, miniaturiste. T. XVII, col. 895.
Poorten (Henri-Joseph-François vander), peintre, dessinateur et graveur. T. XVIII, col. 26.
Popelier (Antoine), peintre flamand. T. XVIII, col. 29.
Potter (Eleuthère de), peintre, sculpteur et dessinateur. T. XVIII, col. 85.
Pourbus (François), peintre. T. XVIII, col. 116.
Pourbus (François), dit Le Jeune. Porbus, Purbis, Borbus et même Morbus, peintre. T. XVII, col. 121.
Pourbus (Jacques), peintre. T. XVIII, col. 128.
Pourbus (Pierre), peintre et ingénieur. T. XVIII, col. 128.
Prévost (Jean) ou Provost, peintre. T. XVIII, col. 225.
Primo (Louis), peintre, surnommé « Gentile », Le Gentil. T. XVIII, col. 249.
Putte (Jean vande), peintre et dessinateur. T. XVIII, col. 352.
Quellin (Hubert), graveur. T. XVIII, col. 444.
Quertenmont (André-Bernard de), peintre, dessinateur et graveur. T. XVIII, col. 462.
Reck (D. van), peintre. T. XVIII, col. 818.
Redig (Laurent-Herman), peintre et graveur à l'eau-forte. T. XVIII, col. 822.
Reeth (Pierre-Jean-Baptiste van), graveur. T. XVIII, col. 841.
Rem (Gaspard) ou Rems, peintre. T. XIX, col. 5.
Remunde (Evrard van), aussi Van Romunde, Van Rormunde, ou Van Rourmunde, peintre. T. XIX, col. 41.
Resen (Peregrin), peintre verrier et mathématicien. T. XIX, col. 160.
Resen (Renier), peintre. T. XIX, col. 161.
Rest (Jean-François vander), administrateur. T. XIX, col. 163.
Reubens (Pierre), orfèvre et ciseleur. T. XIX, col. 171.

Reuille (Jules), peintre. T. XIX, col. 171.
Reydams (Henri) ou Rydams, fabricant de tapisseries de haute lice. T. XIX, col. 190.
Reydams (Henri) ou Rydams, fils, fabricant de tapisseries de haute lice. T. XIX, col. 192.
Reydams (Jacques-Ignace), fabricant tapissier. T. XIX, col. 193.
Reyn (Jean de), peintre. T. XIX, col. 200.
Rheni (Remi van), peintre. T. XIX, col. 243.
Rickel (Paul de) ou Richel, architecte liégeois. T. XIX, col. 301.
Ricquier (Louis-F.-J.), peintre. T. XIX, col. 305.
Ridderbosch (Françoise-Jeanne), épouse de Mets, artiste gantoise. T. XIX, col. 318.
Riga (Jean), peintre. T. XIX, col. 334.
Riga (N.-J.), peintre. T. XIX, col. 334.
Rillaer (Jean) ou Rillaert, peintre et graveur. T. XIX, col. 343.
Rillaer (Jean), aussi Rillaert, le Jeune, peintre. T. XIX, col. 344.
Robbe (Louis-Marie-Dominique), homme de loi, peintre, graveur à l'eau-forte. T. XIX, col. 400.
Robert (Alexandre-Nestor-Nicolas), peintre d'histoire et de portraits. T. XIX, col. 486.
Roca (Antoine) ou Rocha, peintre. T. XIX, col. 565.
Roelants (Théodore), peintre. T. XIX, col. 649.
Roelofs (Guillaume), peintre, dessinateur, graveur et naturaliste. T. XIX, col. 653.
Rogier (Nicolas), peintre. T. XIX, col. 812.
Rogier, peintre verrier bruxellois. T. XIX, col. 813.
Rombauts (Jean), dit Scaeldeken, peintre. T. XIX, col. 903.
Romer (Gaspard), peintre et architecte flamand. T. XIX, col. 915.
Roore (Jacques de), peintre. T. XX, col. 35.
Roos (Jean), plus exactement Roosen, peintre. T. XX, col. 40.
Rossvood (Martin de), graveur d'origine flamande. T. XX, col. 165.
Rost (Jean), Rostel, Giovanni Rosso ou Arosto ou Vander Roost, hautelicier. T. XX, col. 165.
Rousseau (Jean-Baptiste), littérateur et fonctionnaire. T. XX, col. 237.
Rousseel (Nicaise), en Angleterre Russel, probablement Roozel, orfèvre. T. XX, col. 256.
Rovere (Richard?), peintre. T. XX, col. 282.
Roy (Jean-Baptiste de), peintre et graveur. T. XX, col. 284.
Rucholle (Gilles), graveur au burin. T. XX, col. 379.
Rucholle (Pierre), aussi Russcholle, Rusciolle, Rouscholle, Rocholle et même Roscelaen, graveur. T. XX, col. 379.
Rudolphe van Antwerpen, peintre. T. XX, col. 388.
Ruel (Jean-Baptiste), aussi Rül et von Rül, musicien et peintre. T. XX, col. 389.
Ruelens (Charles-Louis), érudit et fonctionnaire. T. XX, col. 391.
Ruyten (Jean-Michel), peintre et graveur à l'eau-forte. T. XX, col. 600.
Ryckaert Aertszone, le Ricardus Arnoldi de Schrevelius, peintre. T. XX, col. 621.
Ryckemans (Nicolas), graveur. T. XX, col. 634.
Rye (Gilles ou Egide vander), peintre et dessinateur. T. XX, col. 667.
Rysbrack (Jean-Michel), sculpteur et dessinateur. T. XX, col. 697.
Rysbrack (Pierre), peintre. T. XX, col. 699.

ISEGHEM (Charles van).

Ocket (André-François), chef-pilote. T. XVI, col. 62.
Rollier (Emmanuel-Benoît), chef de l'insurrection générale des Fla-

mands contre la République française. T. XIX, col. 840.
Ryckam (Jean), artiste ferronnier. T. XX, col. 622.

JACOBS (Daniel).

Marnix (Jean de), seigneur de Thoulouze et de Budingen. T. XIII, col. 778.

JACQUES (Victor).

Farvacques (Robert de), Fervacus, Fervacius ou Fervaquius, apothicaire. T. VI, col. 889.
Faudacq (Corneille-François), médecin, écrivain. T. VI, col. 898.
Favelet (Jean-François), professeur de médecine. T. VI, col. 912.
Fridaevallius (Hugo) ou a Frigida Valle, médecin et poète. T. VII, col. 304.
Froidmont (Henri-Joseph), médecin. T. VII, col. 305.
Fusch (Gilbert) ou Fuchs, aussi nommé Gilbertus a Limborgh ou Limburgius et sous le pseudonyme Gilbertus Philarctus, médecin. T. VII, col. 359.
Ghérin (Jacques) ou Gherinus, médecin. T. VII, col. 717.
Gogava (Antoine-Herman), Gogavin ou Gogavinus, mathématicien et médecin. T. VIII, col. 86.
Gogava (Igramus), précepteur. T. VIII, col. 88.
Grandjean (Henri de), chirurgien-oculiste. T. VIII, col. 184.
Griez (Alexandre), médecin. T. VIII, col. 303.
Grosse (Nicolas) ou Gosse, médecin, T. VIII, col. 349.
Guillaume de Lille ou de l'Isle, Guilielmus Insulanus Menapius, prêtre, orateur et médecin. T. VIII, col. 509.
Guillery (Charles-Etienne), professeur à l'Université de Bruxelles. T. VIII, col. 529.
Harchies (Josse de) ou Harchius (Judocus), médecin, écrivain. T. VIII, col. 708.
Hemptinne (Auguste-Donat de), pharmacien du roi. T. IX, col. 27.
Hulthem (Charles van), fondateur de différentes institutions à Gand. T. IX, col. 692.
Ingelbrecht (Charles-Basile), médecin et poète. T. X, col. 12.
Jacobs (Jean-Bernard), chirurgien et accoucheur. T. X, col. 32.
Jacobs (Jean-Corneille), médecin. T. X, col. 35.
Jacques (Pierre), médecin. T. X, col. 72.
Jean de Saint-Amand ou Joannes de S. Amando, médecin. T. X, col. 415.
Jonnart (A.-J.), médecin. T. X, col. 513.
Joostens (Pâquier), ou Justus (Paschasius), médecin. T. X, col. 513.
Kluyskens (Joseph-François), chirurgien et professeur. T. X, col. 779.
Knapp (Antoine), médecin. T. X, col. 788.
Laisné (Célestin-Albert-Joseph), médecin. T. XI, col. 73.
Langlet (Philippe-Henri-Joseph), médecin. T. XI, col. 275.
Lebeau (Henri-Charles-Joseph), médecin, professeur à l'Université de Bruxelles. T. XI, col. 499.
Leroy (François-Gaspard), pharmacien. T. XI, col. 904.
Le Roy (Henri-Eloy-Joseph), médecin. T. XI, col. 907.
Leroy (Joseph-Antoine), médecin, professeur. T. XI, col. 919.
Lindhout (Henri van), médecin, mathématicien et astrologue. T. XII, col. 222.
Marie (Jean-Baptiste), médecin. T. XIII, col. 743.
Martius (Joachim), médecin. T. XIII, col. 908.
Mathys (Henri ou Corneille-Henri), Mathisius ou Matisius, médecin. T. XIV, col. 69.
Matthey (Jean-Henri), médecin. T. XIV, col. 75.
Mauroy (Léopold-Joseph), médecin. T. XIV, col. 109.
Meert (Philippe-Jean-François), mé-

decin et bibliographe. T. XIV, col. 270.
Mertens (Charles, chevalier de), médecin. T. XIV, col. 597.
Meynne (Amand-Joseph), médecin militaire et hygiéniste. T. XIV, col. 782.
Michel (G.-J.), médecin et lithotomiste. T. XIV, col. 806.
Midavaine (Isidore-Fleury-Simple), médecin militaire. T. XIV, col. 819.
Mons (Jean-Baptiste van), pharmacien, médecin, chimiste, physicien et horticulteur. T. XV, col. 120.
Mouremans (Joseph), médecin homéopathe. T. XV, col. 325.
Necker (Noël-Joseph de), médecin et botaniste. T. XV, col. 516.
Nichels (Pierre), médecin. T. XV, col. 663.
Nonnius (Alvarès) ou Nunnez, médecin. T. XV, col. 822.
Noppe (Henri), docteur en médecine. T. XV, col. 881.
Onsenoort (Antoine-Gérard van), médecin. T. XVI, col. 198.
O'Sullivan (Jérémie), médecin. T. XVI, col. 355.
Pape (Gilles de), docteur en médecine. T. XVI, col. 579.
Pasquier (Auguste-Victor-Joseph), pharmacien. T. XVI, col. 670.
Pasquier (Charles-Isidore), pharmacien et professeur à l'Université libre de Bruxelles. T. XVI, col. 675.
Peeters (Léon), pharmacien chimiste. T. XVI, col. 862.
Perdu (Benoît) ou Benedictus Perducius, médecin, théologien. T. XVII, col. 2.
Planchon (Jean-Baptiste-Luc), médecin. T. XVII, col. 711.
Poirier (Etienne-Philippe), docteur en médecine. T. XVII, col. 885.
Pypers (Joseph-Hubert-Ignace), pharmacien. T. XVIII, col. 384.
Rieken (Henri-Christophe), médecin. T. XIX, col. 322.
Riemslagh (Félicien-Prudent), médecin principal de l'armée. T. XIX, col. 326.
Roelandts (Joachim), Roelants ou Rolandus, médecin. T. XIX, col. 643.
Rossignol (Isidore-Hippolyte), docteur en médecine. T. XX, col. 159.
Rossum (Adrien-Charles-Joseph van), médecin. T. XX, col. 164.

JORDENS (Ernest).

Piza (Pedro-Francisco de), homme de guerre. T. XVII, col. 688.
Piza (Pierre-François), homme de guerre. T. XVII, col. 693.
Priégo (Jean-Juste-Ferdinand-Joseph, prince de Croy d'Havré, comte de), homme de guerre. T. XVIII, col. 245.
Ransonnet-Bosfort (Jean-François de), homme de guerre. T. XVIII, col. 657.
Ransonnet-Bosfort (Jean-Pierre de), homme de guerre. T. XVIII, col. 663.
Renette (Charles de), homme de guerre. T. XIX, col. 105.
Riesse (François-Charles), homme de guerre. T. XIX, col. 326.
Roos (André-Nicolas) ou Roose, homme de guerre. T. XIX, col. 38.
Rosières (Charles-Joseph de Nozières d'Envezin, comte de), commandant d'armée. T. XX, col. 115.

JOURNEZ (Alfred).

Hasselt (Jean van) ou de Hasela, savant dominicain. T. VIII, col. 749.
Hasselt (Jean van) ou Joannes Ab Hasselt, professeur à l'Université de Louvain. T. VIII, col. 750.
Hemricourt (Jacques de), généalogiste et historien. T. IX, col. 35.
Hessels (Jacob), membre du Conseil des troubles, conseiller du roi à Gand. T. IX, col. 322.
Hugues de Chalons, évêque de Liége. T. IX, col. 660.
Hurges (Philippe de), dit le Jeune, échevin de Tournai et historien. T. IX, col. 719.

Jacobi (Ferdinand-J. de), officier. T. X, col. 27.
Jacobs (Gérard) ou Gerardus Jacobi, écrivain ecclésiastique. T. X, col. 30.
Jalheau (Charles-François), chanoine de Fosses et de Sainte-Croix. T. X, col. 90.
Janssen (Arnoul) ou Arnoldus Joannes, écrivain ecclésiastique. T. X, col. 131.
Janssens (Jean-Hérard), écrivain ecclésiastique et historien. T. X, col. 145.
Jaupen (Henri), augustin, prieur des couvents de Liége, de Hasselt et de Malines. T. X, col. 172.
Jean de Stavelot, chroniqueur, poète, dessinateur et peintre. T. X, col. 419.
Jehain de Waremme, homme de guerre. T. X, col. 475.
Knapp (Jean-Baptiste-Louis-François-Joseph), poète français. T. X, col. 788.
Lambert, abbé de Saint-Laurent, écrivain. T. XI, col. 150.
Lambert, moine de Saint-Laurent. T. XI, col. 151.

JUSTE (Théodore).

Aerssen (Corneille d'), greffier des Etats généraux des Provinces-Unies. T. I, col. 97.
Aerssen (François d'), diplomate. T. I, col. 106.
Albert-Casimir, duc de Saxe-Teschen. T. I, col. 190.
Alençon (François de Valois, duc d'). T. I, col. 209.
Arenberg (Auguste-Marie-Raymond, prince d'), général. T. I, col. 432.
Aytta (Viglius d') de Zuichem, président du Conseil privé et du Conseil d'Etat. T. I, col. 590.
Aytta de Zuichem (Bucho d'), docteur en théologie. T. I, col. 594.
Boisot (Charles), homme de guerre et d'Etat. T. II, col. 619.
Boisot (Louis), amiral de Zélande. T. II, col. 619.
Botta-Adorno (Antoine-Othon, marquis de), général d'artillerie. T. II, col. 765.
Bréderode (Henri de). T. II, col. 924.
Casembroodt (Jean de), seigneur de Beckerzeel, conseiller du comte d'Egmont. T. III, col. 360.
Charles, surnommé le Téméraire, duc de Bourgogne. T. III, col. 505.
Charles-Alexandre, duc de Lorraine et de Bar. T. IV, col. 10.
Chokier (Erasme-Louis, baron Surlet de), régent de la Belgique. T. IV, col. 78.
Christine (Marie-Christine), archiduchesse d'Autriche. T. IV, col. 99.
Commines (Philippe de), historien et diplomate. T. IV, col. 318.
Destouvelles (Charles), magistrat. T. V, col. 810.
Dotrenge (Théodore), avocat, publiciste, homme politique. T. VI, col. 142.
Dumon-Dumortier (Augustin-Aimable), homme politique. T. VI, col. 274.
Egmont (Charles d'), homme de guerre. T. VI, col. 482.
Egmont (Florent d'), homme de guerre. T. VI, col. 488.
Egmont (Maximilien d'), stadhouder de Frise. T. VI, col 488.
Egmont (Lamoral, comte d'), homme de guerre et d'Etat. T. VI, col. 490.
Egmont (Philippe, comte d'), gouverneur de l'Artois. T. VI, col. 509.
Eléonore d'Autriche, reine de France. T. VI, col. 525.
Eupen (Pierre-Jean-Simon van), grand pénitencier, un des promoteurs de la révolution brabançonne. T. VI, col. 733.
Falck (Antoine-Reinhard, baron), homme d'Etat. T. VI, col. 858.
Gendebien (Alexandre-Joseph-Célestin), un des promoteurs de la révolution de septembre 1830. T. VII, col. 577.
Goblet (Albert-Joseph), comte d'Alviella, homme d'Etat, etc. T. VII, col. 822.

Guillaume de Nassau, dit le Taciturne. T. VIII, col. 488.
Guillaume Ier, roi des Pays-Bas. T. VIII, col. 512.
Hornes (Philippe de Montmorency, comte de), homme d'Etat. T. IX, col. 497.
Joseph II, empereur d'Allemagne, etc. T. X, col. 541.
Lehon (Charles-Amé-Joseph), homme politique. T. XI, col. 715.
Léopold-Georges-Chrétien-Frédéric de Saxe-Cobourg-Saalfeld, roi des Belges. T. XI, col. 838.
Liedts (Charles-Augustin), homme d'Etat. T. XII, col. 107.
Muelenaere (Félix-Armand de), diplomate et homme d'Etat. T. V, col. 573.
Potter (Louis de), publiciste, membre du Gouvernement provisoire. T. V, col. 620.

KERCHOVE DE DENTERGHEM (comte Oswald de).

Diericx (Charles-Louis), jurisconsulte, magistrat, historien. T. VI, col. 58.
Diericx (Jean-François-Xavier), magistrat. T. VI, col. 57.
Goedenhuyze (Joseph), botaniste. T. VIII, col. 23.
Reyntkens (Jean-Baudouin), horticulteur. T. XIX, col. 224.

KERVYN DE LETTENHOVE (baron M.-B.-C.).

Antoing (Henri d'). T. I, col. 348.
Artevelde (Jacques d'). T. I, col. 477.
Auchy (Michel), seigneur du Mesnil. T. I, col. 532.
Avesnes (Bouchard d'). T. I, col. 558.
Baudouin, chef flamand. T. I, col. 838.
Beaumont (Jean de), fils de Jean d'Avesnes. T. II, col. 56.
Bertrand de Rays, ménestrel. T. II, col. 337.
Chastellain (Georges), chroniqueur. T. IV, col. 40.

KERVYN DE VOLKAERSBEKE (baron Philippe).

Beveren (Mathieu van), statuaire. T. II, col. 393.
Bockhorst (Jean van), surnommé Langhen-Jan, peintre. T. II, col. 556.
Borluut (Baudouin II), abbé de Saint-Bavon. T. II, col. 713.
Borluut (Baudouin), seigneur de Schoonberghe, homme de guerre. T. II, col. 714.
Borluut (Gerlin), abbé de Saint-Bavon. T. II, col. 713.
Borluut (Gilles), homme politique. T. II, col. 719.
Borluut (Guillaume), licencié en droit. T. II, col. 723.
Borluut (Jean), capitaine gantois. T. II, col. 711.
Borluut (Josse), seigneur de Boucle-Saint-Denis, plus connu sous le nom de seigneur de Boucle, magistrat. T. II, col. 717.
Borluut (Nicaise ou Casin). T. II, col. 709.
Borluut (Simon), avocat au conseil de Flandre. T. II, col. 716.
Breydel (Jean), chef populaire flamand. T. III, col. 40.
Drieux (Michel) ou Driutius, théologien. T. VI, col. 169.
Drieux (Remi) ou Driutius, évêque de Bruges. T. VI, col. 170.
Gaillard (Victor-Louis-Marie), archiviste. T. VII, col. 423.

KEYENBERGH (Albert).

Grenet (Damp Mathieu), écrivain, poète. T. VIII, col. 254.
Gresnick (Antoine-Frédéric), compositeur. T. VIII, col. 254.
Griffet (Henri), savant jésuite, historien. T. VIII, col. 304.
Grisard, ouvrier industriel, inventeur. T. VIII, col. 314.
Gualbert ou Walbert, évêque de Tournai. T. VIII, col. 392.
Guillard (Louis), évêque de Tournai. T. VIII, col. 430.

KIECKENS (J.-F.).

Marcq (Pierre de), missionnaire. T. XIII, col. 553.

KONINCK (Laurent de).

Caldebrenner (Pierre), médecin. T. III, col. 245.
Cunier (Florent), médecin-oculiste. T. IV, col. 588.
Koninck (Henri-Guillaume-Marie de), docteur en médecine. T. V, col. 250.

KRAINS (Hubert).

Matton (Charles-Florimond), homme de lettres. T. XIV, col. 81.

KURTH (Godefroid).

Heriger, historiographe. T. IX, col. 246.
Hocsem (Jean de), chroniqueur et jurisconsulte. T. IX, col. 395.
Lambert (Saint). Landbertus, Lantpertus, Landebertus. T. XI, col. 143.
Lambert le Petit, auteur des Annales qui portent son nom. T. XI, col. 166.
Landrade (Sainte), abbesse et fondatrice d'un couvent à Bilsen. T. XI, col. 257.
Luc, abbé de Mont-Cornillon. T. XII, col. 548.
Maurice, chanoine de l'abbaye de Neufmoustier. T. XIV, col. 104.
Notger, évêque de Liége. T. XV, col. 901.
Pierre l'Ermite. T. XVII, col. 435.
Raoul de Léau (Radut de Lewes), docteur en théologie, poète et chroniqueur. T. XVIII, col. 685.
Rathier, Ratherus, Ratherius, moine de Lobbes, puis évêque de Vérone et évêque de Liége. T. XVIII, col. 772.
Réginard, évêque de Liége de 1025 à 1037. T. XVIII, col. 855.
Remacle (Saint), évêque de Tongres. T. XIX, col. 6.
Renier de Huy, sculpteur. T. XIX, col. 112.
Resignatus, XIVe évêque de Tongres. T. XIX, col. 161.
Richer (Richarius) ou Richaire, évêque de Tongres-Liége. T. XIX, col. 288.

KUYL (Pierre-Dominique).

Adriaenssens (Adrien), Adriani ou Ab Adriano, écrivain ecclésiastique. T. I, col. 82.
Aelst (Guillaume van), écrivain ecclésiastique. T. I, col. 91.

LAMY (Thomas).

Bonfrère (Jacques), en latin Jacobus Bonfrerius, savant commentateur de l'Ecriture Sainte. T. II, col. 678.
Bukentop (Henri de ou van), exégète et hébraïsant. T. III, col. 155.
Maes (André) ou Masius, écrivain et traducteur. T. XIII, col. 120.
Malou (Jean-Baptiste), évêque de Bruges. T. XIII, col. 253.
Marchant (Jacques) ou Marchantius, théologien. T. XIII, col. 447.
Marchant (Pierre) ou Marchantius, écrivain ecclésiastique. T. XIII, col. 450.
Merode (Xavier-Frédéric-Marie-Ghislain, comte de), homme de guerre et ecclésiastique. T. XIV, col. 581.
Moeller (Jacques-Nicolas), professeur. T. XIV, col. 935.
Moeller (Jean), historien. T. XIV, col. 938.

LA VALLÉE POUSSIN (Charles de).

Oyen (Jean-Henri van), professeur à l'Université de Louvain. T. XVI, col. 431.

LECLÈRE (Constant).

Pinchare (Pierre), religieux croisier. T. XVII, col. 520.

LECLÈRE (Léon).

Pergameni (François), professeur d'histoire. T. XVII, col. 15.

LEDENT (Richard).

Prume (François-Hubert), violoniste. T. XVIII, col. 302.

LE PAIGE (Constantin).

Le Paige (Antoine-François), seigneur de Cuerne, etc., protonotaire apostolique. T. XI, col. 860.
Le Paige (Pierre-Guillaume), professeur de mathématiques. T. XI, col. 861.
Le Poivre (Jacques-François), géomètre. T. XI, col. 886.
Maelcote (Odon van), mathématicien. T. XIII, col. 43.

LE ROY (Alphonse).

Bay (Jacques de) ou Du Bay, théologien. T. IV, col. 760.
Bay (Michel de), ou Du Bay, aussi Baius, théologien. T. IV, col. 762.
Beeckman (Ferdinand de), magistrat et diplomate. T. II, col. 84.
Beeckman (Guillaume de), seigneur de Vieux-Sart. T. II, col. 86.
Bergeron (Pierre), professeur et homme de lettres. T. II, col. 185.
Berghes (Alphonse de Glymes, dit de), archevêque de Malines. T. II, col. 237.
Berghes (Antoine de), dignitaire ecclésiastique et historien. T. II, col. 209.
Berghes (Corneille de), évêque de Liége. T. II, col. 214.
Berghes (Georges-Louis de), évêque de Liége. T. II, col. 240.
Berghes (Henri de), évêque de Cambrai. T. II, col. 207.
Berghes (Jean de Glymes, marquis de), diplomate. T. II, col. 221.
Berghes (Maximilien de), archevêque de Cambrai. T. II, col. 218.
Berghes (Philippe-François de Glymes, prince de), homme de guerre. T II, col. 239.
Berghes (Robert de), évêque de Liége. T. II, col. 231.
Bernard (Philippe), philologue. T. II, col. 276.
Bertholet (Jean), historien. T. II, col. 306.
Blankenheim (Arnould de), grand-prévôt du chapitre cathédral de Saint-Lambert de Liége. T. II, col. 454.
Bloeyere (Henri de), homme politique. T. IV, col. 801.
Blondeau (Jean-Baptiste-Antoine-Hyacinthe), jurisconsulte. T. II, col. 512.
Blundell (le père Thomas), de la compagnie de Jésus. T. II, col. 534.
Boch (les trois frères), introducteurs de la fabrication de la faïence dans le Luxembourg. T. II, col. 537.
Bouchard, Buchard ou Burchard de Hainaut, prévôt de Saint-Lambert de Liége. T. II, col. 771.
Bourbon (Frère Jacques de), homme de guerre et historien. T. II, coll. 830.
Canne (Guisbert Silvius de), plus connu sous le nom de Guy de Kanne, tribun populaire. T. III, col. 287.
Chestret (Jean-Nicolas de), secrétaire du conseil privé du prince de Liége. T. IV, col. 54.
Chestret (Jean-Remy de), bourgmestre de Liége. T. IV, col. 55.
Colloz (dom Michel), historien. T. IV, col. 304.
Corneille de Saint-Laurent ou plutôt de Saint-Jacques, poète latin. T. IV, col. 396.
Courselle, Coursele ou Corseille (Gérard de). ou Corselius, jurisconsulte. T. IV, col. 421.
Couvin de Courcelles (Gisbert de), Gisbertus Couventinus Corselius, professeur. T. IV, col. 452.
Crahay (Lambert), ciseleur. T. IV, col. 483.
Croissant (Albert), de la compagnie

de Jésus, poète latin. T. IV, col. 515.
David de Dinant, philosophe et hérésiarque. T. IV, col. 705.
Del Rio (Antoine) ou Delrio, trésorier général, chargé des confiscations. T. V, col. 468.
Del Rio (Jean), théologien. T. V, col. 471.
Del Rio (Louis), jurisconsulte, conseiller de Philippe II. T. V, col. 472.
Del Rio (Martin-Antoine), théologien, jurisconsulte, philologue et historien. T. V, col. 476.
Désignat (Saint), évêque de Tongres. T. V, col. 730.
Dominique de Flandre, philosophe. T. VI, col. 115.
Dubois (Jean), dit Silvius, médecin et poète. T. VI, col. 195.
Duchasteau (N.) ou Du Chasteau, médecin et philosophe. T. VI, col. 219.
Ecbert, Egebertus ou Eckebertus, écrivain, poète. T. VI, col. 449.
Elderen (Jean-Louis, baron d'), évêque de Liége. T. VI, col. 521.
Enckevoort (Guillaume van), cardinal. T. VI, col. 574.
Engelbert, moine astronome. T. VI, col. 576.
Enguerrand de Bar, chroniqueur et poète. T. VI, col. 604.
Eracle ou Everacle, évêque de Liége. T. VI, col. 616.
Ernest de Bavière, évêque de Liége. T. VI, col. 632.
Ernst (Antoine-Nicolas-Joseph), jurisconsulte, professeur, homme politique. T. VI, col. 651.
Ernst (Jean-Gérard-Joseph), dit Ernst aîné, jurisconsulte et professeur distingué. T. VI, col. 662.
Ernst (Simon-Pierre), théologien et historien. T. VI, col. 667.
Étienne, évêque de Liége. T. VI, col. 717.
Étienne II ou Stepelin, musicien et écrivain ecclésiastique. T. VI, col. 725.
Euchaire Ier (Saint), évêque de Tongres. T. VI, col. 729.
Euchaire II (Saint), évêque de Tongres. T. VI, col. 730.
Eustache Le Franchomme de Hognoul, Holgnoul ou Hollengnoul, un des chefs du parti des Awans. T. VI, col. 737.
Eynatten (Arnold d'), hiéronymite. T. VI, col. 809.
Ezelon ou Hezelon, hagiographe et architecte. T. VI. col. 813.
Fabry (Jacques-Hyacinthe), jurisconsulte et homme politique. T. VI, col. 821.
Fabry (Jacques-Joseph), homme politique. T. VI, col. 827.
Fabry (Jean-Philippe de), jurisconsulte. T. VI, col. 846.
Fallize (Jean Motte, dit), chirurgien et naturaliste. T. VI, col. 863.
Fannius (Guillaume) ou Fanius, chanoine de Saint-Materne. T. VI, col. 880.
Fanton-Lekeu (H.-J.-Ferdinand), paysagiste. T. VI, col. 880.
Farabert ou Pharabert, évêque de Liége. T. VI, col. 881.
Ferdinand de Bavière, évêque de Liége. T. VII, col. 12.
Floncel (Albert-François), bibliophile. T. VII, col. 112.
Fohmann (Vincent), anatomiste et physiologiste. T. VII, col. 164.
Follien (Saint), Feuillen ou Pholien, martyr. T. VII, col. 178.
France (François-Noël de) ou Defrance, jurisconsulte. T. VII, col. 226.
Francon, Franco Tungrensis, évêque de Liége. T. VII, col. 263.
Frédéric dit le Grand, pape sous le nom d'Etienne IX. T. VII. col. 285.
Frédéric, évêque de Liége. T. VII, col. 288.
Froidmont (Libert) ou Fromont, Fromundus, théologien, mathématicien et physicien. T. VII, col. 312.
Fulcaire, évêque de Liége. T. VII, col. 349.
Fuscien (Saint), apôtre de la Morinie, martyr. T. VII, col. 383.
Fuss (Jean-Dominique), philologue,

poète latin. T. VII, col. 383.
Gaguin (Robert), historien et diplomate. T. VII, col. 418.
Gall (François-Pierre), humaniste et homme politique. T. VII, col. 436.
Galle ou Galleit, Gallæus (Jean), mathématicien. T. VII, col. 460.
Gaucet (J.-B.-L.-Joseph), poète et romancier. T. VII, col. 498.
Geneviève de Brabant. T. VII, col. 586.
Georges de Bruxelles, philosophe scolastique. T. VII, col. 611.
Gertrude, fille d'Albert II, de la maison de Dasbourg. T. VII, col. 684.
Glymes (Charles de), baron de Florennes et pair de Liége. T. VII, col. 819.
Glymes (Ignace-François de), seigneur de la Falize, homme de guerre. T. VII, col. 815.
Glymes (Jacques de), bailli de Nivelles et du Brabant-Wallon. T. VII, col. 810.
Glymes (Jean de), vice-amiral au service d'Espagne. T. VII, col. 814.
Glymes (Jean de), surnommé les grosses lèvres, homme de guerre. T. VII, col. 818.
Goethals (Henri), plus connu sous le nom d'Henri de Gand, quelquefois appelé Henri de Mude, théologien et philosophe. T. VIII, col. 51.
Goffart (Antoine) ou Gossart, théologien. T. VIII, col. 84.
Gomiecourt (les sires de), Gommiecourt ou Gomicourt. T. VIII, col. 104.
Gondulphe (Saint), évêque de Tongres. T. VIII, col. 106.
Gonthier (Jean), Gainthier ou Winther, humaniste et médecin. T. VIII, col. 108.
Gorp (Jean van), médecin, connu sous le nom de Goropius Becanus. T. VIII, col. 120.
Gozechin, célèbre écolâtre de Liége. T. VIII, col. 175.
Grati (Mathias de), administrateur, diplomate et publiciste. T. VIII, col. 241.
Grimoald, fils de Pépin de Landen, maire du palais d'Austrasie. T. VIII, col. 312.
Grimoald, fils de Pépin d'Héristal, maire du palais de Neustrie. T. VIII, col. 313.
Groesbeck (Gérard de), évêque de Liége. T. VIII, col. 329.
Gruyer (Louis-Auguste-Jean-François-Philippe), philosophe. T. VIII, col. 358.
Guillaume de Saint-Thierry, théologien. T. VIII, col. 436.
Guillaume de Savoie, évêque de Liége. T. VIII, col. 441.
Guy II, comte de Namur. T. VIII, col. 558.
Harlez (le chevalier Simon-Joseph de), seigneur de Rabozée, poète et musicien. T. VIII, col. 731.
Haumont (Joseph), philosophe. T. VIII, col. 773.
Heer (Henri de), Ab Heer ou Van Heer, voyageur, médecin. T. VIII, col. 832.
Heers (Raes de) ou plus exactement Raes de la Rivière, comte de Heers, aventurier. T. VIII, col. 837.
Heeswyck (Gaspar-François, chevalier de), publiciste. T. VIII. col. 841.
Heinsberg (Jean de), évêque de Liége. T. VIII, col. 874.
Helmont (François-Mercure van), médecin, chimiste, théosophe, linguiste. T. VIII, col. 921.
Helmont (Jean-Baptiste van), philosophe, chimiste, médecin. T. VIII, col. 902.
Hemricourt (Guillaume Malclerc de), chevalier, homme de guerre. T. IX, col. 43.
Henault (François-Mathieu), poète et musicien. T. IX, col. 51.
Henaux (Etienne-Joseph), homme de lettres. T. IX, col. 51.
Henkart (Pierre-Joseph), poète, publiciste, homme politique, magistrat. T. IX, col. 62.

Henri de Leyen (Leianus), évêque de Liége. T. IX, col. 204.
Henri de Verdun, évêque de Liége. T. IX, col. 211.
Hircaire ou Hartchaire, évêque de Liége. T. IX, col. 385.
Hoensbroeck (Constantin-François de) ou Hoensbroech, évêque de Liége. T. IX, col. 419.
Hornes (Arnould de), évêque de Liége. T. IX, col. 491.
Hornes (Jean de), évêque de Liége. T. IX, col. 492.
Huerter (Job ou Jobst), seigneur de Moerkerke lez-Bruges, colonisateur et gouverneur des Açores. T. IX, col. 623.
Hugues Ier, évêque de Liége. T. IX, col. 652.
Hugues d'Auvergne, abbé de Stavelot. T. IX, col. 659.
Hugues de Pierrepont, évêque de Liége. T. IX, col. 668.
Hugues de Saint-Victor, théologien et philosophe mystique. T. IX, col. 675.
Ida, Ide, Itte ou Iduberge (la bienheureuse), fondatrice de l'abbaye de Nivelles. T. X, col. I.
Ida ou Ide d'Ardenne, comtesse de Boulogne. T. X, col. 3.
Ida, Ide ou Yde, femme de Baudouin II de Jérusalem. T. X, col. 4.
Ida ou Ide (la bienheureuse), religieuse du monastère de Rosendael. T. X, col. 6.
Jacotot (Joseph), pédagogue réformateur. T. X, col. 49.
Jansenius (Corneille), évêque de Gand. T. X, col. 103.
Jansenius (Corneille), évêque d'Ypres. T. X, col. 105.
Jean d'Aps, d'Eps ou d'Eppes (Apianus), évêque de Liége. T. X, col. 311.
Jean d'Arckel ou d'Arkel, évêque de Liége. T. X, col. 314.
Jean de Bavière, évêque de Liége. T. X, col. 327.
Jean-Théodore de Bavière, cardinal, évêque de Liége. T. X, col. 337.
Jean d'Enghien, évêque de Liége. T. X, col. 340.
Jean de Flandre, évêque de Liége. T. X, col. 344.
Jean de Walenrode ou Valenrode, évêque de Liége. T. X, col. 348.
Jean de Brusthem, écrivain ecclésiastique. T. X, col. 366.
Jean de Saint-Martin, coévêque de Liége. T. X, col. 418.
Joseph-Clément de Bavière, évêque de Liége. T. X, col. 552.
Julienne (Sainte). T. X, col. 610.
Kinker (Jean), philosophe, poète, publiciste, professeur. T. X, col. 762.
Laensbergh (Mathieu), le Nostradamus liégeois, mathématicien, astrologue, oracle, prophète populaire. T. XI, col. 23.
Lambrechts (Charles-Joseph-Mathieu, comte), homme politique. T. XI, col. 210.
Langres (Robert de), évêque de Liége. T. XI, col. 292.
Lavalleye (Edouard), professeur, historien, archéologue et bibliophile. T. XI, col. 483.
Leclercq (Olivier), jurisconsulte, magistrat. T. XI, col. 583.
Leeuw (Albert ou Elbert de), en latin Elbertus Leoninus, jurisconsulte et diplomate. T. V, col. 363.
Lesbroussart (Philippe), homme de lettres, professeur. T. XII, col. 3.
Leys (Léonard) ou Lessius, théologien. T. XII, col. 79.
Liboy (Louis-François-Rossius de), évêque suffragant de Liége. T. XII, col. 96.
Louis (Louis-Jacques-Césaire), prêtre, professeur, publiciste, numismate, etc. T. XII, col. 498.
Louvrex (Mathias-Guillaume de), écuyer, jurisconsulte, magistrat, diplomate, historien. T. XII, col. 512.
Loyens (Jean-Guillaume), jurisconsulte et généalogiste. T. XII, col. 531.
Malte (Herman-François de), juris-

consulte, diplomate. T. XIII, col. 267.
Malte (Martin), mathématicien. T. XIII, col. 268.
La Marck (Adolphe de), évêque de Liége. T. XIII, col. 474.
La Marck (Engelbert de), évêque de Liége. T. XIII, col. 490.
La Marck (Jean de), d'Arenberg, évêque élu de Liége, dit le postulé. T. XIII, col. 538.
Marlin (Pierre-François-Henri-Désiré), professeur et littérateur. T. XIII, col. 758.
Maximilien-Henri de Bavière, évêque de Liége. T. XIV, col. 170.
Maximin (Saint), évêque de Tongres. T. XIV, col. 178.
Meenen (Pierre-François van), philosophe, publiciste, magistrat. T. XIV, col. 233.
Navite (Saint), évêque de Trèves et de Tongres. T. XV, col. 516.

LIAGRE (Jean-Baptiste-Joseph).

Ambroise de Gand, Ambrosius Gandensis ou a Gandavo, mathématicien. T. I, col. 258.
Andreas (Laurent), professeur de philosophie. T. I, col. 290.
Andries (François-Eugène), mathématicien. T. I, col. 291.
Jean de Bruges (Johannes de Brugis). T. X, col. 365.
Ladrière (Prudent-Joseph de), homme de guerre. T. XI, col. 21.
Lagrange (Jacques-Eugène), officier du génie et écrivain militaire. T. XI, col. 45.
Leboutte (Jean-François-Nicolas), homme de guerre. T. XI, col. 558.
Le Hardy de Beaulieu (Louis-Joseph-Barthold, vicomte), homme de guerre. T. XI, col. 714.
Loix (Désiré-Joseph), homme de guerre. T. XII, col. 315.
L'Olivier (Henri), homme de guerre. T. XII, col. 321.
L'Olivier (Jean-Baptiste-Joseph), homme de guerre. T. XII, col. 322.
L'Olivier (Jean-Nicolas-Marie), homme de guerre. T. XII, col. 322.
L'Olivier (Louis-François-Joseph), homme de guerre. T. XII, col. 324.
Looz-Corswarem (Louis, comte de), homme de guerre. T. XII, col. 402.
Louis (Henri), homme de guerre. T. XII, col. 496.

LIMBURG-STIRUM (comte Thierry de).

Butkens (Christophe), historien et généalogiste. T. III, col. 210.
Neufforge (Jacques-Henri-Thomas-Joseph, chevalier de), héraldiste. T. XV, col. 625.
Neufforge (Jean-François de), architecte et graveur à l'eau-forte. T. XV, col. 627.

LINDEN (Herman van der).

Kethulle (François de la ou van der), seigneur de Ryhove. T. X, col. 708 (1).
Levoz (Noël-Joseph), marchand. T. XII, col. 53.
Loos (Jean-François), homme politique. T. XII, col. 393.
Lupus (Petrus) ou Lupi, le nom vulgaire était probablement Pieter Wolf ou Wolfs, prédicateur carmélite. T. XII, col. 576.
Male (Charles van), dit Malinez, diplomate, administrateur. T. XIII, col. 227.
Marguerite de Brabant, comtesse de Luxembourg. T. XIII, col. 611.
Marguerite de Courtenay, comtesse de Namur. T. XIII, col. 629.
Marnix (Philippe de), seigneur de Sainte-Aldegonde. T. XIII, col. 800.
Merlen (Jean-Baptiste, baron van), général de brigade de cavalerie. T. XIV, col. 522.
Mersch (Jean-André vander), homme de guerre. T. XIV, col. 590.

(1) Notice faite en collaboration avec Mr Paul Frédéricq.

Meulen (Jean vander), avocat. T. XIV, col. 684.
Neumann (Joseph), missionnaire. T. XV, col. 633.
Nicolas, abbé de Saint-Bavon, appelé Juvenis. T. XV, col. 693.
Nicolaus (Jacques), Nicolaius ou Claeys, philologue. T. XV, col. 697.
Noewirelles (Jean de), prieur des Dominicains à Douai. T. XV, col. 779.
Noot (Maximilien-Antoine vander), évêque de Gand. T. XV, col. 877.
Noot (Philippe-Erard Vander), évêque de Gand. T. XV, col. 878.
Odwin, abbé de Saint-Bavon. T. XVI, col. 81.
Oostende (Jean vanden) ou Van Oisteynde, prédicateur luthérien. T. XVI, col. 219.
Ophem (Michel van), écrivain ecclésiastique. T. XVI, col. 224.
Orp (Gilles de Liége ou d'), frère prêcheur. T. XVI, col. 288.
Oudegherst (Jean), historien et juriste. T. XVI, col. 385.
Oudenburg (Jean d') ou Joannes Aldenburgius, carme, théologien. T. XVI, col. 387.
Pasquini (Jules-Nicolas), sous-commissaire dans la marine de l'Etat. T. XVI, col. 676.
Pelckmans (Michel-François), chroniqueur. T. XVI, col. 872.
Philippe de Bourgogne, évêque d'Utrecht. T. XVII, col. 250.
Philippe de Haldeghem, homme de guerre. T. XVII, col. 313.
Philippe de Maldeghem, homme de guerre et diplomate. T. XVII, col. 314.
Philippe, comte de Vianden (1252-1272). T. XVII, col. 324.
Philippe, comte de Vianden, deuxième du nom (1306-1317). T. XVII, col. 326.
Pierre de Herenthals, prieur de l'abbaye des Prémontrés à Floreffe, théologien et chroniqueur. T. XVII, col. 458.
Pierre de Lévis-Mirepoix, évêque de Cambrai. T. XVII, col. 461.
Pynnock (Jean), patricien de Louvain et homme de guerre. T. XVIII, col. 376.
Pynnock (Louis), seigneur de Ter Sart et de Moriensart, patricien de Louvain et homme de guerre. T. XVIII, col. 378.
Pynnock (Louis), seigneur de Velpen, Ter Sart, Moriensart, Horst, patricien de Louvain et homme de guerre. T. XVIII, col. 379.
Quadewant (Jacques), sculpteur. T. XVIII, col. 398.
Raadt (Pierre de), pédagogue. T. XVIII, col. 531.
Raes (Godefroid), architecte-maçon. T. XVIII, col. 578.
Ravescot (Louis), imprimeur. T. XVIII. col. 801.
Richardus de Rivo, dominicain, théologien. T. XIX, col. 284.
Riele (Rombaut vanden), chroniqueur. T. XIX, col. 325.
Rivius (Jean) ou Van Rivieren, moine augustin, écrivain. T. XIX, col. 383.
Roelants (Jean-Benjamin), secrétaire-inspecteur de l'Université de Louvain. T. XIX, col. 645.
Roelants (Louis), magistrat. T. XIX, col. 648.
Rolin (Nicolas), théologien et professeur. T. XIX, col. 839.
Rombouts (Nicolas), verrier. T. XIX, col. 910.
Rombouts (Philippe-Félix), érudit et fonctionnaire. T. XIX, col. 911.
Roo (Jean-Barthélemi van), philanthrope, écrivain ecclésiastique. T. XX, col. 20.
Roo (Louis-François-Emmanuel van), écrivain. T. XX, col. 21.
Rossem (Martin van) ou Rossum, homme de guerre. T. XX, col. 145.
Ruyssche (Jean de), nommé aussi Ruissche, Ruysch et Ruysche, théologien. T. XX, col. 600.
Ryckel (Joseph-Geldolphe van), hagiographe. T. XX, col. 632.

LOISE (Ferdinand).

Eve (Alphonse d'), musicien, instru-

mentiste et compositeur. T. VI, col. 740.
Fémy (les), famille de musiciens. T. VII, col. 11.
Fernand (Jean) ou Ferdinand, prosateur, poète, orateur et musicien. T. VII, col. 38.
Fodor (Les), famille de musiciens, instrumentistes et compositeurs. T. VII, col. 139.
Fodor (Mme Joséphine Mainvielle), cantatrice. T. VII, col. 141.
Forestein (Mathurin), compositeur. T. VII, col. 195.
Franck (Simon), prêtre, orateur et poète. T. VII, col. 239.
Fumière (Louis), écrivain. T. VII, col. 353.
Godefroid (Jules-Joseph), harpiste et compositeur. T. VIII, col. 1.
Grétry (Lucile), compositeur de musique. T. VIII, col. 299.
Guarnerius (Guillaume) ou Guarnier, musicien. T. VIII, col. 394.
Guelton (Sophie-Julie), cantatrice. T. VIII, col. 398.
Habbeeck (Jean van) ou Habbecanus, poète latin. T. VIII, col. 589.
Habbeke (Gaspard-Maximilien van), poète, écrivain ecclésiastique. T. VIII, col. 589.
Habrecht (César), jurisconsulte, poète, historien. T. VIII, col. 591.
Hacquart (Charles), musicien. T. VIII, col. 591.
Halloix (Pierre), historien, littérateur, hagiographe. T. VIII, col. 647.
Hamal (François), écrivain. T. VIII, col. 659.
Hanot (François), musicien, compositeur. T. VIII, col. 699.
Hanssens (Charles-Joseph-Louis), connu sous le nom de Hanssens aîné, musicien, compositeur. T. VIII, col. 703.
Harmignie (Pierre-Philippe-Joseph), avocat, polémiste. T. VIII, col. 734.
Harpignies (Maurice), ingénieur des ponts et chaussées. T. VIII, col. 736.
Hartius (Philippe), médecin. T. VIII, col. 742.
Hatron (Charles Philippe), écrivain dramatique et publiciste. T. VIII, col. 768.
Hauwel (Martin) ou Hauwelius, philologue, poète. T. VIII, col. 786.
Heelu (Jean van), poète chroniqueur. T. VIII, col. 826.
Heest (Christophe de), abbé de Floreffe. T. VIII, col. 840.
Helbert, moine de l'abbaye de Saint-Hubert. T. VIII, col. 886.
Helmont (Charles-Joseph van), musicien, compositeur. T. IX, col. 3.
Helmont (Adrien-Joseph van), musicien, compositeur. T. IX, col. 6.
Hennius (Gilles), prince-évêque de Liége. T. IX, col. 94.
Henoul (Jean-Baptiste), avocat, littérateur, historien et publiciste. T. IX, col. 94.
Henri d'Yve ou Hyvæus, écrivain ecclésiastique. T. IX, col. 214.
Herbert, religieux de l'abbaye de Saint-Hubert, peintre. T. IX, col. 237.
Herman, poète, biographe, surnommé Henri de Luxembourg. T. IX, col. 261.
Hese (Jean van), polémiste. T. IX, col. 317.
Hexius Godwinus, écrivain ecclésiastique. T. IX, col. 339.
Heyns (Pierre) ou Heynsius, poète et géographe. T. IX, col. 359.
Heyns (Zacharie), imprimeur et poète. T. IX, col. 360.
Hilduin, surnommé Tassomus, moine de Lobbes, historien, prédicateur. T. IX, col. 372.
Hocquart (Léopold), professeur de mathématiques et de botanique. T. IX, col. 395.
Hofman (Jean-Baptiste), poète, historien. T. IX, col. 425.
Hofmans (Jean-Baptiste), poète latin et flamand. T. IX, col. 427.
Hollogne (Lambert de) ou Hollongne, notaire, poète wallon. T. IX, col. 432.
Houdeghem (François van), écrivain ecclésiastique. T. IX, col. 441.
Honoré (Barthélemy), historien, poète, théologien. T. IX, col. 441.

Honorez (P.), médecin. T. IX, col. 442.
Hontoye (Pierre), récollet. T. IX, col. 442.
Hoockaert (Egidius ou Gilles), Hoeckaert, Houckaert ou Eucharius, prêtre, poète et professeur. T. IX, col. 447 et 784.
Hornius (Guillaume), poète gantois. T. IX, col. 518.
Hossart (Philippe), historien, théologien. T. IX, col. 521.
Hossche (Sidronius de), poète latin. T. IX, col. 521.
Houcke (Charles van), jésuite, écrivain. T. IX, col. 538.
Hoves (Philippe de), poète. T. IX, col. 563.
Hovyne (Maximilien de), poète, théologien. T. IX, col. 567.
Hoyois (Henri), imprimeur, libraire, éditeur et poète. T. IX, col. 578.
Hoyois (Henri-Joseph), imprimeur, libraire, éditeur. T. IX, col. 581.
Hubert (Saint), évêque de Tongres, de Maestricht et de Liége. T. IX, col. 591.
Hubert de Liége, religieux de l'abbaye de Saint-Hubert. T. IX, col. 602.
Hubold, musicien et professeur. T. IX, col. 611.
Hugo (Herman), poète, théologien, historien et archéologue. T. IX, col. 635.
Hugues d'Oisy, trouvère. T. IX, col. 666.
Hulle (Baudouin van), en latin Hulœus, poète et professeur. T. IX, col. 690.
Huygens (Gilles-Joseph), prédicateur. T. IX, col. 746.
Hyckman (Dom Robert), religieux, théologien, physicien. T. IX, col. 763.
Hynderick (chevalier Pierre-Jean-Antoine), magistrat, administrateur. T. IX, col. 765.
Immeloot (Olivier) ou Ymmeloot, homme de lettres. T. X, col. 10.
Jacques, Giachetto ou Jachet, musicien, compositeur. T. X, col. 69.
Jacques de Cambrai, nommé aussi Jacquemès ou Jaikes, chansonnier. T. X. col. 73.
Jamar (Henri), artiste musicien. T. X, col. 92.
Jannequin (Clément), Janequin ou Jennekin, musicien. T. X, col. 97.
Janvier (Alard), poète. T. X, col. 154.
Jean le Chartreux, dit de Mantouans, musicien. T. X, col. 372.
Jean ou Jehan de Condé, trouvère. T. X, col. 376.
Jean de Douai ou Jehan, trouvère. T. X, col. 396.
Jean van Hulst, poète flamand. T. X, col. 410.
Jean de Malines, poète. T. X, col. 412.
Jongherycx (Philippe), poète flamand. T. X, col. 511.
Jordaens ou Jordanus, écrivain ecclésiastique. T. X, col. 514.
Kelder (Simon), connu sous le nom latin de Cellarius, musicien. T. X, col. 631.
Kerckhoven (Pierre-François van), poète, romancier, dramaturge. T. X, col. 653.
Kesteloot (Jacques-Louis), docteur en médecine et littérateur. T. X, col. 696.
Knibbe (Jean), poète flamand. T. X, col. 789.
Lacroix (Augustin-François), archiviste et historien. T. XI, col. 8.
Lacroix (Claude), théologien. T. XI, col. 11.
Ladesou (le P. Othon), Ladsou ou Ladsoux, écrivain de la Compagnie de Jésus. T. XI, col. 21.
Lainez (Alexandre), poète, géographe. T. XI, col. 51.
Lalaing (Jacques de), dit le Bon Chevalier sans peur et sans doubte, homme de guerre. T. XI, col. 98.
Lalaing (Philippe de), connu sous le nom de Chevalier de la dame de Perronfée, gouverneur du Hainaut et de Hollande. T. XI, col. 114.
Lamare (Jean-Baptiste-Hippolyte), homme de guerre. T. XI. col. 131.

Lambert d'Ardres, chroniqueur. T. XI, col. 152.

Lambert (Jean-Maximilien), premier principal du collège patronné de Dinant. T. XI, col. 167.

Lambillotte (le P. François), musicien. T. XI, col. 182.

Lambillotte (le P. Joseph), écrivain ecclésiastique et compositeur. T. XI, col. 182.

Lambillotte (le P. Louis), organiste et compositeur. T. XI, col. 182.

Lambin (Jean-Jacques), archiviste, polygraphe. T. XI, col. 187.

Lamormaini (Guillaume-Germeau de), docteur en philosophie et théologie. T. XI, col. 222.

Lamormaini (Henri-Germeau de), traducteur. T. XI, 225.

Lamormaini (Nicolas), écrivain ecclésiastique. T. XI, col. 226.

Landelin (Saint), apôtre de la Belgique. T. XI, col. 254.

Lanetin (Charles-François-Honoré), dit Duquesnoy, chanteur et compositeur. T. XI, col. 262.

Lannoy (Clémentine-Joséphine-Françoise-Thérèse, comtesse de), musicienne et compositeur. T. XI, col. 304.

Lannoy (Edouard, baron de), poète et musicien. T. XI, col. 305.

Lannoy (Ghillebert de), voyageur, ambassadeur, guerrier, conseiller d'Etat, historien et moraliste. T. XI, col. 308.

Lapide (Cornelius Cornelii a), dont le vrai nom est Corneille Cornelissen Vanden Steen, commentateur. T. XI, col. 345.

L'Archier (Jean) ou L'Archer, contrepointiste. T. XI, col. 349.

Lassus (Roland de), compositeur de musique. T. XI, col. 386.

Le Borgne (Pierre), surnommé le Trésorier, trouvère. T. XI, col. 531.

Leborne (Aimé-Ambroise-Simon), professeur et compositeur. T. XI, col. 533.

Le Cocq (Charles-Joseph), homme politique et publiciste. T. XI, col. 590.

Lecouvet (Ferdinand-François-Joseph), professeur de philosophie. T. XI, col. 596.

Le Dent (Maximilien), théologien. T. XI, col. 610.

Ledrou (Pierre-Lambert) ou Le Drou, écrivain ecclésiastique. T. XI, col. 617.

Leenen (Paul), premier typographe liégeois. T. XI, col. 627.

Le Febvre (Turrien), écrivain ascétique, prédicateur, hagiographe et traducteur. T. XI, col. 653.

Lefèvre (Jacques) ou Lefebvre, dominicain, professeur de théologie et prédicateur. T. XI, col. 661.

Légipont (Olivier), savant bénédictin, philosophe, historien, etc. T. XI, col. 689.

Lejeune (Claude), souvent appelé Claudin Le Jeune ou simplement Claudin, compositeur de musique. T. XI, col. 727.

Le Louchier (Rodolphe-François-Michel), général-major. T. XI, col. 753.

Lemaire (Isaac), hydrographe et navigateur. T. XI, col. 760.

Lemaire (Jean-François), professeur, mathématicien, littérateur. T. XI, col. 779.

Lemarié (Alexandre), libraire et littérateur. T. XI, col. 787.

Lemblin (Laurent), chanteur et compositeur belge. T. XI, 794.

Léonardi (Nicolas-François) ou Lienars, poète. T. XI, col. 829.

Le Pers (Jean-Baptiste), écrivain. T. XI, col. 865.

Le Petit (Jean-François), historien et poète. T. XI, col. 865.

Le Roy (Alard), théologien, écrivain ascétique. T. XI, col. 898.

Le Roy (François), théologien. T. XI, col. 904.

Lesbroussart (Jean-Baptiste), professeur et historien. T. XII, col. 2.

Le Tellier (Adrien), avocat, publiciste, bibliophile. T. XII, col. 28.

Leunis (Jean) ou Leonius, fondateur des congrégations de la Sainte Vierge. T. XII, col. 33.

Le Vaillant de la Bassardrie (Guil-

laume), poète et mathématicien. T. XII, col. 40.
Le Veneur (Jean), traducteur et prédicateur. T. XII, col. 43.
L'Hermite (Denis), trésorier des Pays-Bas. T. XII, col. 83.
Libens (Jacques), poète dramatique et orateur. T. XII, col. 88.
Libion (André), docteur en médecine, bourgmestre de Dinant. T. XII, col. 94.
Limburg (Guillaume) ou Brochœus, dont le vrai nom est Von dem Broich, surnommé Limburgius, écrivain ecclésiastique. T. XII, col. 204.
Limpens (Jean), hagiographe. T. XII, col. 208.
Lippens (Jacques), médecin et poète. T. XII, col. 237.
Lis (Charles-Auguste), compositeur et pianiste. T. XII, col. 291.
Lobbet de Lantin (Jacques), écrivain ecclésiastique et théologien. T. XII, col. 298.
Lobeth (Barthélemi), jésuite, écrivain. T. XII, col. 300.
Loeffs (Dorothée) ou Louffius, théologien. T. XII, col. 309.
Loeillet (Jean-Baptiste), flûtiste et claveciniste, compositeur. T. XII, col. 310.
Loisel (Jean), compositeur de musique religieuse. T. XII, col. 314.
Louise-Marie-Thérèse-Charlotte-Isabelle d'Orléans, première reine des Belges. T. XII, col. 503.
Loys (Ferdinand), poète flamand. T. XII, col. 537.
Loys (Jacques), poète. T. XII, col. 538.
Loys (Jean), jurisconsulte et poète. T. XII, col. 539.
Lupi (Jean), dont le nom véritable est Wolf ou Le Loup, compositeur. T. XII, col. 573.
Lyere (Adrien van), en latin Lyræus, prédicateur et écrivain ecclésiastique. T. XII, col. 633.
Lymborch (Albert de), théologien, jurisconsulte, poète. T. XII, col. 636.
Lymbourg (Aloysius de), moraliste et traducteur. T. XII, col. 638.
Maes (Alexandre), professeur, philosophe et théologien. T. XIII, col. 125.
Maesmans (Jean-Baptiste), écrivain ecclésiastique. T. XIII, col. 145.
Magoteau (Jean), professeur et poète dramatique. T. XIII, col. 153.
Mahy (Bernard), professeur et poète. T. XIII, col. 164.
Mahy (Corneille), orateur de la chaire. T. XIII, col. 164.
Maillart (Pierre), missionnaire, écrivain ecclésiastique et poète. T. XIII, col. 185.
Major (Jean), prédicateur et écrivain ecclésiastique. T. XIII, col. 186.
Malaise (Jacques), compositeur de musique. T. XIII, col. 193.
Malapert (Michel), historien. T. XIII, col. 200.
Mans (Jean), écrivain mystique. T. XIII, col. 357.
Marbaix (Hippolyte), prêtre, professeur et poète. T. XIII, col. 417.
Marchant (Antoine), professeur, philosophe et poète. T. XIII, col. 445.
Marche (Louis de), écrivain ecclésiastique. T. XIII, col. 454.
Marci (Guillaume), professeur et écrivain ecclésiastique. T. XIII, col. 470.
Marissen (Jean van), professeur et poète dramatique. T. XIII, col. 754.
Mars (Simon), prédicateur. T. XIII, col. 851.
Martini (Gustave-Ferdinand-Joseph), écrivain ecclésiastique. T. XIII, col. 902.
Martini (Ignace), professeur et écrivain ecclésiastique. T. XIII, col. 903.
Martini (Jean), biographe. T. XIII, col. 903.
Matagne (Jules), bollandiste. T. XIV, col. 12.
Matin (Jacques), professeur et théologien. T. XIV, col. 71.
Maurage (Jean-Baptiste), écrivain ecclésiastique. T. XIV, col. 103.

Meerbeeck (Jean), écrivain ecclésiastique. T. XIV, 254.
Meerhouts (Antoine), professeur et traducteur. T. XIV, col. 259.
Meese (Gilles), poète dramatique. T. XIV, col. 276.
Meganck (François-Dominique), théologien. T. XIV, col. 286.
Meganck (Herman), polémiste. T. XIV, col. 290.
Michiel (Robert-Jacques), écrivain ecclésiastique. T. XIV, col. 815.
Miel (Pierre), écrivain ecclésiastique et prédicateur. T. XIV, col. 821.
Molæus (Lambert), professeur et écrivain ecclésiastique. T. XV, col. 47.
Monceaux (Jean de), écrivain ecclésiastique. T. XV, col. 92.
Montmorency (Florent de), écrivain ecclésiastique. T. XV, col. 196.
Montpellier (Jean), écrivain ecclésiastique. T. XV, col. 205.
Mortier (Michel), poète latin. T. XV, col. 285.
Motte (Isidore-Alfred), poète, historien. T. XV, col. 296.
Moulin (Hubert), philosophe. T. XV, col. 311.
Musart (Charles), professeur, philosophe, théologien, écrivain mystique. T. XV, col. 371.
Nemius (Henri), écrivain ecclésiastique. T. XV, col. 584.

LONAY (François).

Dirise (Lambert), théologien. T. VI, col. 82.

LONCHAY (Henri).

La Ruelle (Sébastien de), avocat, seigneur du conseil ordinaire, bourgmestre de Liége. T. XI, col. 359.
Louis de Bourbon, prince-évêque de Liége. T. XII, col. 466.
Male (Guillaume van), ou Malinæus, écrivain et secrétaire de Charles-Quint. T. XIII, col. 228.
La Marck (Erard de), prince-évêque de Liége. T. XIII, col. 497.
La Marck (Everard de), seigneur d'Arenberg. T. XIII, col. 512.
La Marck (Guillaume de), dit le Sanglier des Ardennes, seigneur de Lummen. T. XIII, col. 517.
La Marck (Guillaume de), dit Lumey, amiral et chef des gueux de mer. T. XIII, col. 532.
La Marck (Louis-Pierre-Englebert de), diplomate et homme de guerre. T. XIII, col. 540.
La Marck (Robert I de) ou Robert le Vieux, seigneur de Sedan. T. XIII, col. 542.
La Marck (Robert II de) ou Robert le Jeune, seigneur de Sedan. T. XIII, col. 542.
La Marck (Robert III de), dit de Fleuranges ou de l'Aventureux, seigneur de Sedan. T. XIII, col. 547.
La Marck (Robert IV de), dit le maréchal de Bouillon. T. XIII, col. 548.
Méan (François-Antoine-Marie-Constantin de), dernier prince-évêque de Liége, archevêque de Malines. T. XIV, col. 197.
Meeff (Guillaume de), dit Champion, bourgmestre de Liége. T. XIV, col. 226.
Mélart (Laurent), bourgmestre de Huy et historien. T. XIV, col. 313.
Oliva (Don Rodrigue Calderon, comte de la), aventurier. T. XVI, col. 136.
Pastur (Jacques), dit le colonel ou général Jaco. T. XVI, col. 677.
Philippe (Jean-Baptiste Stercq, en religion le père). T. XVII, col. 327.
Plenevaux (les), famille de jurisconsultes et magistrats. T. XVII, col. 806.
Romero (Julian), officier espagnol. T. XIX, col. 916.

LOOMANS (Charles).

Nypels (Jean-Servais-Guillaume), criminaliste. T. XVI, col. 22.

LYON (Clément).

Guyot (Jean), Castileti ou Guidonius, musicien. T. VIII, col. 562.
Momigny (Jérôme-Joseph), compositeur de musique. T. XV, col. 77 et 395 (Addendum).
Parmentier (Antoine), écrivain ecclésiastique. T. XVI, col. 644.
Pestiaux (Victorien-Joachim), homme de guerre. T. XVII, col. 86.
Petit (Jean-Théodore), avocat, publiciste. T. XVII, col. 102.
Petit (Marie-Caroline-Sylvie), écrivain religieux. T. XVII, col. 114.
Pirmez (Caroly-Thérèse), écrivain, T. XVII, col. 564.
Pirmez (Edouard), publiciste. T. XVII, col. 565.
Pirmez (Jean), homme politique. T. XVII, col. 615.
Pirmez (Léonard), homme politique, astronome. T. XVII, col. 619.
Pirmez (Sylvain), magistrat. T. XVII, col. 637.

MAES (Paul).

Matthias von Zittardt, aussi Zittardus ou Cittardus et parfois Aquensis, théologien. T. XIV, col. 77.

MAETERLINCK (Louis).

Papeleu (Victor-Eugène), peintre. T. XVI, col. 589.
Pierre d'Audenarde, peintre. T. XVII, col. 428.
Pinnoy (Joseph), peintre de genre. T. XVII, col. 533.
Plaetsen (Jean-Gilles vander), peintre. T. XVII, col. 698.
Plaetsen (Julien-Bernard vander), peintre d'histoire et de portraits. T. XVII, col. 699.
Pratere (Edmond-Joseph de), peintre. T. XVIII, col. 197.
Regnier (Jean-Désiré), peintre. T. XVIII, col. 883.
Remaut (Pierre-Joseph), peintre. T. XIX, col. 15.

MANSION (Paul).

Pagani (Gaspard-Michel-Marie), mathématicien. T. XVI, col. 465.

MARCHAL (Edmond).

Delen (Jean van), sculpteur. T. V, col. 381.
Delsart, sculpteur. T. V, col. 491.
Diez (Gustave-Adolphe), peintre. T. VI, col. 74.
Garnet (Colard ou Nicolas), sculpteur. T. VII, col. 490.
Kinder (Jean de), sculpteur. T. V, col. 244.
La Baerze (Jacques de) ou de Baerze, sculpteur. T. V, col. 254.
Lammekens (Philippe), dit Lemmeken d'Anvers, sculpteur. T. XI, col. 216.
Laurant (François), sculpteur. T. XI, col. 451.
Laviron (Pierre), sculpteur. T. XI, col. 485.
Le Fèvre (Dominique), sculpteur. T. XI, col. 660.
Lottmann (Adam), sculpteur. T. XII, col. 412.
Maes (Tydeman ou Tiedeman), sculpteur. T. XIII, col. 144.
Marsy (les de), sculpteurs. T. XIII, col. 861.
Martens (Jacques), sculpteur. T. XIII, col. 877.
Martens (Philippe), sculpteur. T. XIII, col. 879.
Marville (Hennequin, Hans ou Jean de), sculpteur. T. XIII, col. 918.
Matheys (Jean et Henri), sculpteurs. T. XIV, col. 17.
Mathias d'Arras, architecte. T. XIV, col. 17.
Melo (Barthélemy Melo ou de), sculpteur. T. XIV, col. 319.
Meyer (Joachim de), ciseleur. T. V, col. 551.
Milder (Jean van) ou Mildert, sculpteur. T. XIV, col. 831.
Millich (Nicolas) ou Millinchs, sculpteur. T. XIV, col. 842.
Mont (Jean), statuaire. T. XV, col. 144.

Neeffs (Emmanuel), archéologue. T. XV, col. 540.
Neer (Jacques-Jean vander), sculpteur. T. XV, col. 557.
Neer (Jacques-Joseph vander), sculpteur. T. XV, col. 559.
Nerven (Corneille van), ingénieur et architecte. T. XV, col. 607.
Nève (Sébastien de), sculpteur. T. V, col. 584.
Nole (les De Nole ou Colyns de), famille de sculpteurs. T. XV, col. 793.
Nys (Egide-Adrien de), sculpteur. T. XVI, col. 34.
Olivier (Philippe-Jean-Augustin) ou Ollivier, sculpteur. T. XVI, col. 151.
Ondermaerck (Jacques), sculpteur. T. XVI, col. 175.
Ophem (Charles-André van), sculpteur. T. XVI, col. 222.
Opstal (Gérard van), ivoirier. T. XVI, col. 237.
Oudenaerde (Jean van), architecte. T. XVI, col. 386.
Overstraeten (Henri-Désiré-Louis van), architecte. T. XVI, col. 419.
Overstraeten (Pierre-Isidore van), diplomate, publiciste. T. XVI, col. 423.
Paludanus (Guillaume), alias Vanden Broeck ou vanden Poel, sculpteur. T. XVI, col. 512.
Paludanus (Raphaël) ou Van den Broecke, sculpteur. T. XVI, col. 524.
Pans (Wautier), sculpteur. T. XVI, col. 564.
Papenhoven (Alexandre van), architecte et sculpteur. T. XVI, col. 590.
Papenhoven (Gilles), « antycksnyder ». T. XVI, col. 592.
Parant (Lambert-Joseph), sculpteur. T. XVI, col. 613.
Parez (Adrien), sculpteur. T. XVI, col. 630.
Pastenaicken (Corneille), maître fondeur. T. XVI, col. 677.
Pastorana, architecte. T. XVI, col. 677.
Pauli ou Pauwels (Rombaut), architecte et sculpteur. T. XVI, col. 709.
Pauw (Jean-Baptiste de), sculpteur. T. XVI, col. 721.
Pede (Henri van) ou Pee, architecte. T. XVI, col. 797.
Peene (Henri van), architecte flamand. T. XVI, col. 815.
Peeters (Jean), architecte. T. XVI, col. 856.
Pennekyn (Jean-Baptiste), sculpteur. T. XVI, col. 888.
Pepers (Pierre), sculpteur. T. XVI, col. 896.
Perre (Jean vanden), graveur de médailles, de sceaux et de monnaies. T. XVII, col. 35.
Petit, sculpteurs. T. XVII, col. 120.
Picavet (J.-J.), orfèvre. T. XVII, col. 377.
Picq (Géry), sculpteur. T. XVII, col. 386.
Pierre d'Aspere, sculpteur. T. XVII, col. 428.
Pipels (Jean), architecte. T. XVII, col. 552.
Plumier (Pierre-Denis), sculpteur. T. XVII, col. 829.
Poelaert (Denis-Victor), sculpteur. T. XVII, col. 848.
Poelaert (Joseph), architecte. T. XVII, col. 849.
Portois (Augustin-Bernard-François), sculpteur. T. XVIII, col. 70.
Poucke (Charles-François van), sculpteur. T. XVIII, col. 97.
Prouveur (Antoine), orfèvre. T. XVIII, col. 293.
Pulaer (Félix et Pierre ou Piestre van) ou Pullaire, sculpteurs cambrésiens. T. XVIII, col. 322.
Pulincx (Henri), surnommé Le Vieux, sculpteur. T. XVIII, col. 323.
Puyenbroeck (Pierre), sculpteur. T. XVIII, col. 359.
Quellin (Arnould ou Artus), dit le Vieux, sculpteur. T. XVIII, col. 417.
Quellin (Arnould ou Artus), dit le Jeune, sculpteur. T. XVIII, col. 427.
Quellin (Erasme), dit le Vieux, sculpteur. T. XVIII, col. 434.

Ramaut (Louis) ou Ramault, sculpteur. T. XVIII, col. 618.
Rantère (Corneille de), sculpteur bruxellois. T. XVIII, col. 680.
Rappé (Jean-Baptiste), violoncelliste. T. XVIII, col. 739.
Ricquart (maître), sculpteur de Valenciennes. T. XIX, col. 304.
Riviere (Gilles vander), sculpteur malinois. T. XIX, col. 377.
Robin (George) ou Robyns, sculpteur-architecte. T. XIX, col. 545.
Robin (Jean), alias Robyn, sculpteur. T. XIX, col. 547.
Robionoy (les), sculpteurs de Namur. T. XIX, col. 547.
Roefs (Guillaume), sculpteur. T. XIX, col. 633.
Roelants (Jean), sculpteur. T. XIX, col. 645.
Ronse (Adrien van), sculpteur d'Anvers. T. XX, col. 13.
Roye (Barthélemy van), sculpteur de Malines. T. XX, col. 289.
Rubbens (...), sculpteur bruxellois. T. XX, col. 303.
Rulquin (Claude), sculpteur. T. XX, col. 426.
Rutty (Joseph), sculpteur bruxellois. T. XX, col. 492.
Ruxthiel (Henri-Joseph), sculpteur. T. XX, col. 494.
Sutter (Pierre de), sculpteur. T. V, col. 819.
Vaere (Jean de), sculpteur. T. V, col. 833.
Vos (Marc de), sculpteur. T. V, col. 856.
Vrée (Jean-Baptiste de) ou De Wrée, dit le Vieux, sculpteur. T. V, col. 866.
Waeyer (Mathieu de) ou De Waeyder, sculpteur. T. V, col. 885.

MARCHANT (Albert).

Le Hardy de Beaulieu (Jean-Charles-Marie-Joseph), économiste. T. XI, col. 709.

MASOIN (E.).

Parigot (Julien-Jacques-Louis), médecin. T. XVI, col. 635.

MASOIN (Fritz).

Ramlot (Gilles-Joseph), instituteur, écrivain. T. XVIII, col. 633.
Ramoux (Michel-Joseph), écrivain dramatique. T. XVIII, col. 647.
Raoul (Louis-Vincent), professeur, littérateur. T. XVIII, col. 689.
Raveschot (Caroline Hugo de), poète. T. XVIII, col. 798.
Reynier (Augustin-Benoît), littérateur, homme politique. T. XIX, col. 206.
Rive (Théodore de), professeur, écrivain pédagogique. T. XIX, col. 376.
Rouchet (Charles), publiciste. T. XX. col. 202.
Rouillé (Louis-Pierre), professeur et littérateur. T. XX, col. 208.
Ruelens (Madame Estelle-Marie-Louise), née Crèvecœur, en littérature Caroline Gravière, écrivain romancier. T. XX, col. 406.
Ruelens (Madame Louise-Jeanne-Cécile), née Stappaerts, écrivain, inspectrice des écoles. T. XX, col. 417.
Rykers (Jean-Christophe), poète. T. XX, col. 672.

MATHIEU (Ad.).

Antoine de Bourgogne, duc de Brabant. T. I, col. 345.
Aubert ou Albert de Bavière, comte de Hainaut. T. I, col. 524.

MATTHIEU (Ernest).

Le Flameng (Nicole), abbé de Saint-Martin de Tournai. T. XI, col. 679.
Lesseuwe (Jean de), annaliste. T. XII, col. 25.
Leussauch (Jacques de), humaniste, poète et annaliste. T. XII, col. 34.
Maetens (Augustin-Joseph), historien. T. XIII, col. 147.
Maghe (Englebert), abbé de Bonne-Espérance et historien. T. XIII, col. 149.
Mahauden (Raymond), littérateur T. XIII, col. 154.

Maleingreau (Siméon-Florent-Joseph de), magistrat et jurisconsulte. T. XIII, col. 235.
Marie de Brienne, impératrice de Constantinople, comtesse de Namur. T. XIII, col. 710.
Marie de Champagne, comtesse de Flandre et de Hainaut. T. XIII, col. 712.
Marlier (Jérôme) ou Marlière, magistrat, historien et poète. T. XIII, col. 755.
Marquais (Jacques de), écrivain ecclésiastique. T. XIII, col. 847.
Mary (Benjamin), homme d'Etat, diplomate, voyageur. T. XIII, col. 928.
Mary (Edouard-André-Joseph), licencié en droit, économiste et poète. T. XIII, col. 929.
Mathieu (Christophe), ingénieur des mines. T. XIV, col. 45.
Mathieu (Jacques), ingénieur, directeur des mines de Fresnes. T. XIV, col. 45.
Mathieu (Pierre), directeur des mines d'Anzin. T. XIV, col. 53.
Maubus (Ferdinand de), historien et littérateur. T. XIV, col. 82.
Maulion (Etienne), Malion ou Maulyon, homme d'Etat et dignitaire ecclésiastique. T. XIV, col. 98.
Méaux (Ferdinand-Joseph), primus de la Faculté des arts de l'Université de Louvain. T. XIV, col. 211.
Michel (François), philanthrope. T. XIV, col. 804.
Misson (Joseph), écrivain janséniste. T. XIV, col. 901.
Mohy (Remacle), écrivain ecclésiastique, grammairien, littérateur. T. XV, col. 23.
Monnier (Quinte), fondatrice de la communauté connue sous le nom de Jésuitesses T. XV, col. 116.
Montigny (Rasse de), homme d'Etat, conseiller du comte de Hainaut. T. XV, col. 194.
Morel (Gobert), héraut d'armes. T. XV, col. 250.
Mouton (Laurent), missionnaire, évêque d'Ispahan. T. XV, col. 332.
Mulpas (David), sculpteur. T. XV, col. 350.
Muntzberger (Joseph), compositeur de musique, violoncelliste. T. XV, col. 353.
Naast (Godefroid de), chevalier, homme de guerre. T. XV, col. 401.
Naast (Godefroid de), fils, homme de guerre. T. XV, col. 403.
Nerinckx (Charles), missionnaire. T. XV, col. 602.
Nicquet (Charles), poète latin. T. XV, col. 701.
Nigri (Philippe) ou Lenoir, écrivain ecclésiastique. T. XV, col. 734.
Normand (Théodule-Elzéar), littérateur et musicien. T. XV, col. 891.
Oedius (Jean), tapissier hautelisseur. T. XVI, col. 82.
Olivier (Bernard), prédicateur. T. XVI, col. 147.
Overdatz (Louis), docteur en médecine. T. XVI, col. 407.
Page (Jacques), poète. T. XVI, col. 471.
Page (Martin), professeur. T. XVI, col. 471.
Parez (François-Edouard), peintre. T. XVI, col. 631.
Paris (Henri), philanthrope. T. XVI, col. 637.
Parmentier (Adèle-Marie-Anne-Joseph-Guislaine), infirmière. T. XVI, col. 643.
Parmentier (Nicaise), maître d'école. T. XVI, col. 650.
Paternotte (Antoine), poète latin. T. XVI, col. 689.
Pépin (Jean-Antoine-Joseph), jurisconsulte. T. XVI, col. 921.
Persin (Paul), professeur de dessin. T. XVII, col. 75.
Petit (Sébastien) ou Petyt, écrivain polémiste. T. XVII, col. 118.
Philipkin (Emile), peintre. T. XVII, col. 161.
Philippe (Robert), écrivain ecclésiastique. T. XVII, col. 331.
Philippron (Charles-Henri), poète. T. XVII, col. 355.
Piérard (Aristide-Edmond), aumô-

nier militaire, littérateur et historien. T. XVII, col. 402.
Plétain (Armand-Hubert-Ghislain), philanthrope. T. XVII, col. 807.
Plétain (Jean-Baptiste), médecin. T. XVII, col. 809.
Plon (Jacques-Joseph), arpenteur. T. XVII, col. 815.
Plon, famille d'imprimeurs. T. XVII, col. 816.
Pluchart (Charles), écrivain ecclésiastique. T. XVII, col. 824.
Pochet (Jacques), poète. T. XVII, col. 841.
Pollio (Pierre-Louis), maître de musique et compositeur. T. XVII, col. 920.
Polman (Jean), écrivain ecclésiastique. T. XVII, col. 921.
Poret (Philibert-Joseph), archiviste. T. XVIII, col. 57.
Posteau (Ferdinand), jurisconsulte. T. XVIII, col. 70.
Postel (Henri-Joseph), théologien, polémiste. T. XVIII, col. 71.
Pottier (Pierre-Philippe) ou Potier, missionnaire. T. XVIII, col. 94.
Pouillet (Quentin), poète latin. T. XVIII, col. 108.
Prichesius (Jean) ou de Prisches, écrivain ecclésiastique. T. XVIII, col. 230.
Prix (Laurent de), hagiographe. T. XVIII, col. 270.
Procureur (Pierre), pédagogue et grammairien. T. XVIII, col. 270.
Prouvy (Alamannus ou Amand de), chevalier hennuyer. T. XVIII, col. 301.
Prunieau (Théodore-Joseph), administrateur. T. XVIII, col. 307.
Puissant (Vital), publiciste. T. XVIII, col. 320.
Quarré (Jean-Hugues), écrivain ecclésiastique. T. XVIII, col. 403.
Quartemont (Gaspard de), hagiographe. T. XVIII, col. 407.
Quinet (Emile-Jules-Joseph), lithographe. T. XVIII, col. 505.
Quinet (Jean-Baptiste-Charles-Hubert), avocat. T. XVIII, col. 506.
Randour (Valentin), professeur et écrivain ecclésiastique. T. XVIII, col. 656.
Raoux (Adrien-Philippe), jurisconsulte et historien. T. XVIII, col. 697.
Raoux (Jean-Baptiste-Auguste), jurisconsulte. T. XVIII, col. 704.
Raucq (Jean-Baptiste), médecin. T. XVIII, col. 784.
Renier (Alix), peintre et littérateur. T. XIX, col. 123.
Resteau (Benjamin-François-Joseph), jurisconsulte. T. XIX, col. 165.
Reusmes (Norbert de), orateur sacré. T. XIX, col. 183.
Rey (Henri-Joseph), industriel et philanthrope. T. XIX, col. 188.
Ribemont (Eustache de), chevalier, seigneur de Parpes. T. XIX, col. 245.
Rigault le Verrier, peintre verrier montois. T. XIX, col. 336.
Robastie (Bernard), curé de Wiers. T. XIX, col. 396.
Robberechts (André), violoniste. T. XIX, col. 406.
Robersart (Alexis-Joseph-Constant-Robert, comte de), officier. T. XIX, col. 407.
Robert de Valenciennes, miniaturiste. T. XIX, col. 486.
Robert (Jean-François-Joseph), musicien. T. XIX, col. 509.
Robert (Pierre-François-Joseph), écrivain et homme politique. T. XIX, col. 510.
Robicquet (Guillaume), peintre tournaisien. T. XIX, col. 542.
Rodriguez d'Evora y Vega (François-Marie-Ghislain, marquis de), homme politique. T. XIX, col. 629.
Roisin (Ferdinand-Marie-Guillaume-Achille, baron de), archéologue. T. XIX, col. 815.
Roland de Brouxelle ou Bruxelle, horloger. T. XIX, col. 818.
Roland (François-Jean-Ghislain), militaire et littérateur. T. XIX, col. 820.
Rombaux (Jean-Baptiste), ingénieur aux chemins de fer. T. XIX, col. 904.

Ronquier (Jean-Baptiste-Célestin-Félix-Joseph de), pédagogue. T. XX, col. 12.
Rosier (Jean-Baptiste-Hippolyte), homme politique et magistrat. T. XX, col. 113.
Royer (Florentin-Joseph de), professeur et écrivain. T. XX, col. 291.
Royer de Dour (Alexandre-Jean-Joseph, baron de), homme politique. T. XX, col. 299).
Royer de Dour (Charles-Louis-Joseph, baron de), homme politique. T. XX, col. 301.

MEERSCH (Auguste vander).

Alpaïde, mère de Charles Martel. T. I, col. 237 (anonyme).
Anchilus (N.), peintre imaginaire. T. I, col. 268.
Arrigo (Nicolas), peintre T. I, col. 472 (ces trois premiers articles ne portent pas de signature).
Backer (André-Eloi de) ou Bacherius, jurisconsulte, professeur. T. IV, col. 736.
Backer (Georges de), imprimeur et libraire. T. IV, col. 737.
Backere (Catherine de), poète. T. IV, col. 741.
Backere (Pierre de) ou Bacherius, poète et prédicateur. T. IV, col. 741.
Beaufort (Charles de) ou de Belfort, grand maître de l'ordre Teutonique. T. II, col. 31.
Bemmel (Gabriel van), écrivain. T. II, col. 147.
Bernon, poète, musicien. T. II, col. 287.
Bertrand, abbé de Stavelot et de Malmédy. T. II, col 336.
Bestenbustel (Paul), capitaine de frégate. T. II, col. 352.
Beveren (Charles van), peintre. T. II. col. 391.
Bigato (Marc-Antoine), écrivain ecclésiastique. T. II, col. 420.
Billuart (Charles-René), théologien. T. II, col. 428.
Blanckaert (Alexandre) ou Candidus, écrivain ecclésiastique. T. II, col. 450.
Blaviflos (Louis), poète latin. T. II, col. 467.
Blende (Barthélemi de), missionnaire. T. IV, col. 799.
Blende (Ferdinand-François-Philippe de), historien. T. IV, col. 801.
Blois (Ferdinand-Victor-Alexis de), docteur en médecine et en chirurgie. T. II. col. 494.
Blumenthal (Joseph de), compositeur de musique. T. II, col. 532.
Blye (Jean-Baptiste de), magistrat. T. IV, col. 806.
Boeckhout (Jean-Joseph van), publiciste. T. II, col. 574.
Bonmarché (Jean), compositeur de musique. T. II, col. 685.
Bonomonte (Robert de), prédicateur et écrivain ecclésiastique. T. II, col. 687.
Boone (Auguste) ou Fabius, écrivain ecclésiastique. T. II, col. 697.
Bosquier (Simon), écrivain. T. II, col. 744.
Bostius (Arnould), Boschus ou Arnold de Vaernewyck, docteur en théologie. T. II, col. 762.
Boterdael (Augustin van), historien. T. II, col. 764.
Boucheroel (Egide), prédicateur, écrivain ecclésiastique. T. II, col. 778.
Bouchy (Philippe) ou Servius, écrivain ascétique. T. II, col. 780.
Boucqueau (Jean-Baptiste), jurisconsulte. T. II, col. 782.
Boucqueau (Philippe-Joseph-Marie), homme politique. T. II, col. 783.
Bouille (Pierre), poète. T. II, col. 799.
Boulit (Albéric) ou Bouilli, abbé de Loos. T. II, col. 823.
Boullot (Jean-Baptiste-Joseph), biographe et philologue. T. II, col. 824.
Boulogne (Adrien de), poète latin. T. II, col. 825.
Boulogne (Philippe de), jurisconsulte. T. II, col. 829.
Bourgeois (Jean) ou Bourghesius, écrivain ecclésiastique. T. II, col. 834.

Bourgeois (Louis-Thomas), compositeur de musique. T. II, col. 836.
Bourgeois (Martin), enlumineur. T. II, col. 837.
Bourgeois (Maurice), poète latin. T. II, col. 837.
Bourgogne (Antoine-François de) ou Bourgoigne, écrivain ecclésiastique. T. II, col. 843.
Bourgogne (Gilles de), Bourgoigne, Burgundus ou Burgundius, jurisconsulte, poète latin. T. II, col. 847.
Boussu (Baudouin de), docteur en théologie. T. II, col. 870.
Boussu (Gilles-Joseph de), écuyer, littérateur. T. II, col. 871.
Boussy (Pierre de), écrivain dramatique. T. II, col. 872.
Boutmy (Laurent), musicien, compositeur. T. II, col. 874.
Boutmy (Léonard), musicien, compositeur. T. II, col. 875.
Bowens (Jacques), historien. T. II, col. 899.
Boye (André de), écrivain ecclésiastique. T. IV, col. 825.
Brabant ou Ignace de Saint-François, écrivain ecclésiastique. T. II, col. 901.
Bracle (de ou van), famille. T. II, col. 901.
Brandt (Jean), magistrat. T. II, col. 905.
Braun (Josué-Adam), professeur, physicien. T. II, col. 912.
Brauwere (François-Louis-Joseph-Bernard de), magistrat, écrivain. T. IV, col. 835.
Braye (Roger de), poète. T. IV, col. 835.
Brooman (Louis), musicien. T. III, col. 88.
Brosius (Henri-Ignace), publiciste. T. III, col. 90.
Brouck (Jacques van), compositeur. T. III, col. 102.
Broustin (Etienne), écrivain ecclésiastique. T. III, col. 103.
Brouwer (Erasme de), capitaine de marine. T. IV, col. 837.
Bruhesen (Pierre van) ou Bruhesius, médecin. T. III, col. 109.
Bruslé de Montpleinchamp (Jean-Chrysostome), polygraphe. T. III, col. 114.
Bruyninck (François) ou Bruyninex, théologien et poète latin. T. III, col. 122.
Bruyninck (Laurent), docteur en médecine. T. III, col. 123.
Buch (Henri-Michel), Buche, Busch ou Busche, surnommé le bon Henri, fondateur des frères cordonniers. T. III, col. 143.
Buchiel (Jean), Buchel ou Buchiau, évêque de Tournai. T. III, col. 145.
Buck (Adrien de), poète flamand. T. IV, col. 850.
Buck (Pierre de), géomètre. T. IV, col. 850.
Budel (René) ou Budelinus, jurisconsulte et numismate. T. III, col. 146.
Burton (Jean-Louis), littérateur. T. III, col. 176.
Busnois (Antoine) ou de Busne, musicien. T. III, col. 208.
Busscher (Guillaume-Joseph de), imprimeur-éditeur. T. IV, col. 852.
But (Adrien de), de Budt ou Butz, chroniqueur. T. IV, col. 856.
Butor (Baudouin), romancier. T. III, col. 213.
Buyck (Jean), amiral. T. III, col. 214.
Buydens (Jean-Antoine), aumônier général. T. III, col. 216.
Cabilliau (Georges), chroniqueur. T. III, col. 233.
Cabilliau (Jacques), homme de guerre. T. III, col. 234.
Cailleau (Hubert), peintre miniaturiste. T. III, col. 242.
Caillet (Jean), écrivain ecclésiastique. T. III, col. 213.
Calle (Omer), voyageur et poète. T. III, col. 249.
Camberlyn (Jean-Baptiste-Guillaume), poète latin. T. III, col. 271.
Cambry (Pierre de), biographe. T. III, col. 275.
Camerling (Corneille) ou Camerarius, écrivain ecclésiastique. T. III, col. 275.
Campene (Corneille van), chroniqueur. T. III, col. 281.

Campion (Pierre-Louis), philologue. T. III, col. 285.
Canalis (François), compositeur. T. III, col. 285.
Canjuweel (Benoît), écrivain ecclésiastique. T. III, col. 285.
Cannyf (Gérard) ou Cannyfius, humaniste. T. III, col. 291.
Cantereel (Jean) ou Coutereels, mathématicien. T. III, col. 291.
Carnin (Claude de), écrivain ecclésiastique. T. III, col. 333.
Caron (François), directeur général du commerce aux Indes. T. III, col. 334.
Carpentier (Pierre) ou Carpenterius, humaniste. T. III, col. 352.
Cartigny (Jean de), Carthenie, Cartini ou de Cartheny, écrivain mystique. T. III, col. 358.
Casens (Gilles), écrivain ecclésiastique. T. III, col. 364.
Cassander (Georges), écrivain ecclésiastique. T. III, col. 364.
Casteels (Jean) ou Castelius, philologue. T. III, col. 368.
Castelain (Martin), surnommé l'Aveugle de Wervicq, mécanicien. T. III, col. 370.
Castillion (Jean-Baptiste-Louis de), évêque de Bruges. T. III, col. 372.
Castro (Jean de), luthiste et compositeur. T. III, col. 374.
Castro (Jean a), poète et prédicateur. T. III, col. 374.
Caytan (Louis-Albert), écrivain ecclésiastique. T. III, col. 393.
Caytan (Pierre - Jacques - Joseph), musicien. T. III, col. 394.
Cellarius (Christian), écrivain, poète latin. T. III, col. 397.
Chamart (Noël), professeur, jurisconsulte. T. III, col. 408.
Chaneau (G.), écrivain dramatique. T. III, col. 427.
Charneux (Denis de), jurisconsulte, diplomate. T. IV, col. 23.
Chauchet-Bourgeois (Richard), magistrat, homme politique. T. IV, col. 50.
Chefneux (Mathias), écrivain ecclésiastique. T. IV, col. 51.
Choquet (François-Hyacinthe) ou Choquetius, hagiographe. T. IV, col. 96.
Claes (Guillaume-Marcel), théologien. T. IV, col. 128.
Clairembaud ou Clerembaud, chroniqueur flamand. T. IV, col. 130.
Clenaerts (Pierre), écrivain ecclésiastique. T. IV, col. 145.
Cluyt (Rodolphe) ou Clutius, commentateur. T. IV, col. 202.
Cobbaert (Pierre), écrivain ecclésiastique. T. IV, col. 203.
Codt (Jacques de), poète latin. T. IV, col. 890.
Coens (Pierre), historien. T. IV, col. 266.
Colin de Coter ou Collin de Cotter, peintre. T. IV, col. 283.
Colins (Pierre de), homme de guerre. T. IV, col. 285.
Collin (Henri-Joseph), médecin. T. IV, col. 299.
Colmi ou Colins, trouvère. T. IV, col. 305.
Colvener (Georges) ou Alostanus, écrivain ecclésiastique. T. IV, col. 311.
Comatius (Jean), écrivain ecclésiastique. T. IV, col. 313.
Comes (Stéphanus), poète latin. T. IV, col. 313.
Coninck (Gilles de) ou Aegidius Regius, écrivain ecclésiastique. T. IV, col. 892.
Coninck (Gislain de), poète flamand. T. IV, col. 893.
Coninck (le chevalier Patrice-Charles-Gislain de), homme d'Etat. T. IV, col. 893.
Coninck (Pierre-Damase de), écrivain ecclésiastique. T. IV, col. 896.
Conincx (David) ou David Michaelis Regius, écrivain ecclésiastique. T. IV, col. 357.
Conrad ou Conrard, abbé de Stavelot et de Malmédy. T. IV, col. 365.
Cools (Jacques), en latin Colius, écrivain. T. IV, col. 369.
Cools (Jean), prédicateur. T. IV, col. 370.
Coomans (Henri), écrivain ecclésiastique. T. IV, col. 373.

Coppenole (François-Bernard van), chirurgien. T. IV, col. 378.
Coppens (Bernard), médecin. T. IV, col. 380.
Cordes (le père Eutyche de), théologien. T IV, col. 389.
Cordes (Simon de), navigateur. T. IV, col. 390.
Corte (Corneille de) ou Curtius, historien. T. IV, col. 908.
Corte (Jacques de) ou Curtius, jurisconsulte. T. IV, col. 911.
Coster (Jean de) ou Costerius, surnommé la Colombe, né à Louvain, écrivain ecclésiastique. T. V, col. 23.
Coster (Jean de) ou Costerius, d'Alost, écrivain ecclésiastique. T. V, col. 23.
Courvoisier (Jean-Jacques), écrivain ecclésiastique. T. IV, col. 437.
Cousin (Jean) ou Cognatus, historien. T. IV, col. 438.
Couvillon (Jean), écrivain ecclésiastique. T. IV, col. 451.
Couwerven (Norbert van), écrivain ecclésiastique. T. IV, col. 453.
Cracco (Dominique), poète et littérateur flamand. T. IV, col. 471.
Craen (Faust de), biographe. T. V, col. 25.
Craen (Gommaire van) ou Cranius, poète. T. IV. col. 474.
Craene (Alexandre de), architecte. T. V, col. 25.
Créquillon (Thomas) ou Cricquellion, musicien, compositeur. T. IV, col. 494.
Crespel (Emmanuel), missionnaire. T. IV, col. 497.
Crespin, en religion François de Bonne-Espérance ou Franciscus Bonae Spei, controversiste. T. IV, col. 499.
Crockaert (Pierre) ou Petrus de Bruxelles, écrivain ecclésiastique. T. IV, col. 511.
Crodmar (Saint) ou Clodmar, abbé de Stavelot et de Malmédy. T. IV, col. 513.
Croes (Henri-Jacques de), compositeur. T. V, col. 45.
Croes (Henri de), compositeur. T. V, col. 46.
Croesers (Cyprien) ou Croesels, écrivain. T. IV, col. 514.
Crol (Jean-Baptiste), médecin. T. IV, col. 516.
Crom (Adrien) ou Crommius, écrivain ecclésiastique. T. IV, col. 517.
Crombeeck (Jean van) ou Crombecius, écrivain ecclésiastique. T. IV, col. 518.
Croock (Hubert de), typographe et graveur sur bois. T. V, col. 46.
Croock (Jean de), écrivain ecclésiastique. T. V, col. 47.
Croonendael (Paul de), chroniqueur. T. IV, col. 523.
Cunégonde (Sainte), impératrice. T. IV, col. 587.
Cunon ou Cuonon, abbé de Stavelot et de Malmédy. T. IV, col. 590.
Cuperinus (Albert), chroniqueur. T. IV, col. 591.
Curtenbosch (Jean de), historien. T. IV, col. 592.
Custis (Charles-François), historien. T. IV, col. 592.
Cuvelier (Michel), écrivain ecclésiastique. T. IV, col. 596.
Cuyle (Josse de) ou de Culeo, écrivain, professeur. T. IV, col. 606.
Cyfflé (Paul-Louis), sculpteur. T. IV, col. 611.
Dacquet (Pierre), médecin. T. IV, col. 617.
Daele (François-Donatien van), médecin, philologue. T. IV, col. 630.
Daelmans (Gilles), médecin. T. IV, col. 636.
Daems (Pierre), poète latin. T. IV, col. 637.
Damme (Pierre-Bernard van), bibliophile, numismate. T. IV, col. 659.
Daneels (Nicolas), écrivain ecclésiastique. T. IV, col. 668.
Danoot (Daniel), poète flamand. T. IV, col. 670.
Dantine (François) ou D'Antine, aussi Dom Maur, antiquaire et paléographe. T. IV, col. 671.
Darchis (Lambert) ou D'Arcis, philanthrope. T. IV, col. 674.

Daynetfe (Georges), écrivain ecclésiastique. T. IV, col. 735.
Debefve (famille), horlogers. T. IV, col. 783.
Déchez (Louis-Alexandre-Hippolyte), dit Jenneval, artiste dramatique. T. IV, col. 867.
Deckers (Jean) ou Deckerius, écrivainecclésiastique. T. IV, col. 868.
Deckher de Walhorn (Jean) ou Jean de Walhorn, arrêtiste. T. IV, col. 870.
Deene (Edouard de), poète flamand. T. V, col. 77.
Deel (Jean-Guillaume), écrivain ecclésiastique. T. V, col. 84.
Deflesch (Guillaume), musicien. T. V, col. 84.
Dehos, littérateur. T. V, col. 192.
Delft (Gérard van), poète. T. V, col. 420.
Delhaise (Nicolas-Joseph), compositeur de musique. T. V, col. 421.
Delhasse (Alexandre-Antoine), minéralogiste et polémiste. T. V, col. 422.
Delin (Jacques-Joseph), instituteur et historien. T. V, col. 434.
Della Faille (Jean-Baptiste, magistrat. T. VI, col. 851.
Della Faille (Jean-Charles), mathématicien. T. VI, col. 852.
Delleplanque, compositeur de musique. T. V, col. 435.
Delmotte (Alexandre), prince-abbé de Stavelot. T. V, col. 441.
Delobel (Louis-Charles-Albert-Joseph), poète. T. V, col. 466.
Delvaux (André) ou Andreas Vallensis, canoniste. T. V, col. 492.
Delvaux (Baudouin) ou De Vaulx, homme d'Etat, magistrat, jurisconsulte. T. V, col. 493.
Demeste (Jean), médecin. T. V, col. 518.
Denys (Mathieu), organiste et compositeur. T. V, col. 608.
Denys (Pierre) ou Denis, serrurier. T. V, col. 609.
Descamps (Nicolas-Joseph-Henri), littérateur. T. V, col. 706.
Desparts (Jacques), médecin. T. V, col. 774.
Desquesnes (Jean) ou d'Esquenes, musicien. T. V, col. 788.
Dierckxsens (J.-C.), historien. T. VI, col. 54.
Dizi (François-Joseph), musicien. T. VI, col. 84.
Dolez (Jean-François-Joseph), jurisconsulte. T. VI, col. 115.
Doncker (Jean-Baptiste de) ou Gaspard ab Annuntiatione, hagiographe. T. V, col. 81.
Doncker (Philippe-François-Joseph), publiciste. T. VI, col. 120.
Driessen (Antoine), professeur, ministre réformé, polémiste. T. VI, col. 168.
Drion (Dieudonné de), prince-abbé de Stavelot. T. VI, col. 172.
Dromal (Jean), musicien. T. VI, col. 176.
Drunée (Gérard) ou Drunæus, mathématicien. T. VI, col. 181.
Dryvère (Jérémie de), Drieverius, Thriverius ou Brachelius, professeur, médecin et physicien. T. V, col. 81.
Du Bois (André) ou Andreas Silvius, historien. T. VI, col. 190.
Du Broeucq (Jacques), le Vieux, architecte. T. VI, col. 207.
Du Broeucq (Jacques), le Jeune, architecte. T. VI, col. 210.
Du Broeuquez (Jean-François) ou Breucquez, médecin. T. VI, col. 211.
Du Buisson (Théodore-Joseph), grammairien. T. VI, col. 213.
Dubus de Gisignies (Léonard-Pierre-Joseph, vicomte), homme d'Etat. T. VI, col. 213.
Du Bye (Jean-Baptiste) ou De Bye, ingénieur. T. VI, col. 218.
Du Chastel (Josse) ou à Castro, écrivain ascétique. T. VI, col. 221.
Du Chateau (Mathieu) ou de Castro, écrivain ecclésiastique. T. VI, col. 224.
Dufay (Guillaume), compositeur de musique. T. VI, col. 247.
Du Fay (Pierre), écrivain ecclésiastique. T. VI, col. 249.
Du Fief (Nicolas), magistrat, arrê-

tiste, historien, évêque. T. VI, col. 250.
Du Molin (Jean-Remi) ou Du Moulin, musicien. T. VI, col. 274.
Du Monin (Gilles), historien. T.VI, col. 279.
Dupais (Guillaume) ou Dupasius, poète. T. VI, col. 314.
Dupont (Jacques) ou Pontanus, théologien. T. VI, col. 317.
Dupuis (Remi), historien. T. VI, col. 326.
Durand (Jacques-Honoré), mathématicien. T. VI, col. 363.
Du Rieux (Géri) ou Rivius, jurisconsulte. T. VI, col. 367.
Durondeau (François), docteur en médecine, naturaliste, historien. T. VI, col. 367.
Dussaulx (Gérard) ou Du Saule, en latin Gerardus à Salice, compositeur de musique. T. VI, col. 370.
Du Thielt (Guillaume), peintre et graveur. T. VI, col. 370.
Duvivier (Claude), écrivain religieux. T. VI, col. 380.
Duvivier (Auguste-Joseph), administrateur, homme politique. T. VI, col. 392.
Eersel (Govard-Gérard van), évêque de Gand. T. VI, col. 462.
Eggert (Guill.), financier, homme d'Etat. T. VI, col. 471.
Elen (Jérôme) ou Elenus, jurisconsulte. T. VI, col. 525.
Eleuthère (Saint), évêque. T. VI, col. 531.
Elisabeth ou Isabeau du Hainaut. reine de France. T. VI, col. 543.
Eloy (Nicolas-François-Joseph), médecin, biographe. T. VI, col. 560.
Elsen (Philippe) ou Elsius, biographe. T. VI, col. 562.
Elzevier, Elsevier, Elschevier ou Helschevier, famille d'imprimeurs et libraires. T. VI, col. 564.
Enghien (François d') ou Van Edingen, théologien. T. VI, col. 600.
Ermel (Louis-Constant), instrumentiste et compositeur. T. VI, col. 622.
Esne (Michel d'), poète, écrivain, évêque. T. VI, col. 696.
Essche (Nicolas van), Esschius ou Eschius, théologien. T. VI, col. 709.
Estievenart (Jean-Baptiste-Fulgence), médecin. T. VI, col. 715.
Eugène de Bruges, polémiste. T. VI, col. 731.
Eyschen (Georges von), écrivain ecclésiastique. T. VI, col. 811.
Fabius (Nicaise), antiquaire. T. VI, col. 818.
Fabry (François-Louis), médecin. T. VI, col. 821.
Fallot de Beaumont (Etienne-André-François de Paule), évêque de Gand. T. VI, col. 878.
Farcin (Jacques de), écrivain ecclésiastique. T. VI, col. 882.
Farinart (Jean), écrivain ecclésiastique. T. VI, col. 885.
Fasseau (Paul), écrivain ecclésiastique. T. VI, col. 889.
Faulbecker (Jean-Baptiste), écrivain ecclésiastique. T. VI, col. 906.
Féable (Louis), en latin Fidelis, écrivain ecclésiastique. T. VII, col. 1.
Felleries (Augustin de), écrivain religieux. T. VII, col. 8.
Feyens (Jean), surnommé, en latin, Fienus, musicien et médecin. T. VII, col. 45.
Feyens (Thomas) ou Fienus, médecin. T. VII, col. 47.
Fiennes (Eustache de), chevalier, comte de Chaumont. T. VII, col. 51.
Fiennes (Guislain de), marin et diplomate. T. VII, col. 53.
Filassier (Jean-Jacques), moraliste, agronome. T. VII, col. 60.
Flameng (Guillaume), Fleming ou Flamant, poète dramatique, hagiographe. T. VII, col. 81.
Flas (Antoine), écrivain dramatique flamand. T. VII, col. 96.
Fleming (Philippe), historien. T. VII, col. 106.
Flemingue (Jean) ou Flemingus, poète latin. T. VII, col. 107.
Fléron (Adrien de), chanoine, litté-

rateur, poète latin, négociateur. T. VII, col. 107.
Follæus (Jean), écrivain ecclésiastique. T. VII, col. 178.
Follinus (Jean), médecin. T. VII, col. 181.
Fonson (Michel-Joseph), écrivain. T. VII, col. 182,
La Fontaine (F. de), écrivain dramatique. T. VII, col. 182.
Formellis (Guillaume), compositeur. T. VII, col. 199.
Fossetier (Julien), prêtre, historiographe, poète. T. VII, col. 203.
Fourmenois (Mathieu), poète. T. VII, col. 217.
Franchomme (Jean), biographe. T. VII, col. 234.
Franchoys (les), peintres. T. VII, col. 235.
Franck (Jean), théologien. T. VII, col. 239.
Franco (Jean), médecin, mathématicien. T. VII, col. 256.
François de Zichem ou Zichenius, écrivain ecclésiastique. T. VII, col. 261.
Fraula (François de), écrivain ecclésiastique. T. VII, col. 283.
Fraye (Léonard de), écrivain flamand. T. V, col. 85.
Frédéricx (Hyacinthe), prédicateur et écrivain ecclésiastique. T. VII, col. 294.
Fromont (Philippe), chroniqueur. T. VII, col. 339.
Froye (Jacques), linguiste, prédicateur, écrivain ecclésiastique. T. VII, col. 339.
Fruytiers (Lucas), en latin Fruterius, philologue, poète latin. T. VII, col. 342.
Gaey (Jacques de) ou Gaius, poète, orateur. T. V, col. 87.
Gaillard (Gautier ou Walter), dit Loys, généalogiste. T. VII, col. 423.
Gailliard (Corneille), Ghaeliaerdt ou Guliaert, héraldiste et généalogiste. T. VII, col. 427.
Gallet (François) ou Galletius, compositeur. T. VII, col. 462.
Gallus, disciple de saint Martin. T. VII, col. 465.
Gallus (Antoine) ou Galli, compositeur. T. VII, col. 467.
Gambier (François), écrivain ecclésiastique. T. VII, col. 470.
Gargon (Jacques), ministre réformé. T. VII, col. 489.
Garnier (Guillaume), Garnerio, Garnerius ou Guarnerius, compositeur. T. VII, col. 492.
Garnier (Jean-Guillaume), mathématicien, professeur. T. VII, col. 493.
Gaultran (François) ou Gautran, historien, écrivain religieux. T. VII, col. 502.
Gaussoin (Aug.-Louis), professeur, compositeur de musique, littérateur. T. VII, col. 504.
Gauthier de Soignies, trouvère. T. VII, col. 506.
Geen (Joseph-Jacques, baron van), homme de guerre. T. VII, col. 544.
Gehot (Jean), violoniste et compositeur. T. VII, col. 557.
Gelder (Jean van) ou Geldrius, philologue. T. VII, col. 559.
Gelre (Godefroid van), orfèvre et graveur. T. VII, col. 571.
Gelu (Jacques), prélat, écrivain. T. VII, col. 572.
Geluwe (Arnold van), écrivain réformé. T. VII, col. 573.
Genst (Auguste), pianiste et compositeur. T. VII, col. 609.
Georges de Tempseca, ou Georgius a Tempseca, chroniqueur. T. VII, col. 618.
Gérard de Huy ou Gérardus de Hoio, poète latin. T. VII, col. 643.
Gérard de Jauche ou Gérardus de Jacea, secrétaire du chapitre de Saint-Aubin. T. VII, col. 643.
Gérard ou Gerardi, écrivain ecclésiastique. T. VII, col. 644.
Gérard (Paul), topographe. T. VII, col. 655.
Gérard (Pierre), écrivain ecclésiastique, né à Nimy lez-Mons. T. VII, col. 644.
Gérard (Pierre), ou Gérardi, écri-

vain ecclésiastique, né à Moll. T. VII, col. 645.
Germé (Guillaume), Germais, Germeau ou Lamormaini, panégyriste. T. VII, col. 675.
Germé (Henri), traducteur. T. VII, col. 677.
Gertman (Matthias), professeur, théologien. T. VII, col. 679.
Gérulphe (Jean), poète, philologue. T. VII, col. 687.
Gestel (Corneille van), historien. T. VII, col. 689.
Gewin (Jean-Paul) ou Geswin, biographe. T. VII, col. 700.
Gheens (Antoine) ou Gentius, hagiographe. T. VII, col. 701.
Gheesdael (Jean van), poète, musicien. T. VII, col. 708.
Gheirts (Mickel van), hagiographe. T. VII, col. 710.
Ghersem (Gery ou Gaugeric de), Gerchen ou Ghesten, musicien. T. VII, col. 718.
Gheschier (Pierre), poète flamand. T. VII, col. 719.
Ghiselin (Jean) ou Ghiselain, musicien, compositeur. T. VII, col. 729.
Ghys (Joseph), violoniste. T. VII, col. 745.
Gigot (Philippe-François-Mathieu), historien. T. VII, col. 748.
Gildemyn (Charles-Ferdinand), organiste et compositeur. T. VII, col. 756.
Gillis (Joseph), écrivain ecclésiastique. T. VII, col. 779.
Gobelin (Jean-Henri) ou Gobelino, généalogiste. T. VII, col. 822.
Godecharle (Eugène-Charles-Jean), musicien, compositeur. T. VII, col. 838.
Godecharle (Joseph-Antoine), musicien. T. VII, col. 839.
Godecharle (Louis - Joseph - Melchior), basse-chantante. T. VII, col. 839.
Godecharle (Lambert - François), compositeur. T. VII, col. 839.
Goetghebuer (Guillaume), historien. T. VIII, col. 46.
Goetghebuer (Ildefonse), écrivain ecclésiastique. T. VIII, col. 47.
Goethals (François), connu aussi sous les noms de Panagathus, Eucolius ou Eutrachelus, jurisconsulte, professeur, poète. T. VIII, col. 67.
Goethals (Jean), Drabbe ou Bonicollius, écrivain. T. VIII, col. 68.
Goethals (Liévin), dit Algoet, poète et géographe. T. VIII, col. 68.
Goossens (Louis), jurisconsulte, magistrat. T. VIII, col. 113.
Goossens (Charles), Goswinus ou Gossinus, poète latin. T. VIII, col. 114.
Gorges (Michel), écrivain religieux. T. VIII, col. 117.
Grieck (Jean de), imprimeur. T. V, col. 135.
Guillaume d'Orval, écrivain ecclésiastique. T. VIII, col. 488.
Guillaume de Vianden, hagiographe. T. VIII, col. 511.
Harduyn (Juste de), poète flamand. T. V, col. 140.
Hollander (Jean d'), historien, généalogiste. T. VI, col. 31.
Hondt (Corneille de), en latin Canis, musicien. T. V, col. 177.
Hondt (Gheerkin de), compositeur. T. V, col. 181.
Hondt d'Arcy (Jacques-Emmanuel d'), agronome. T. VI, col. 33.
Hulster (Léon d'), poète et professeur. T. VI, col. 36.
Jonghe (Ignace de), mathématicien. T. V, col. 110.
Keerle (Jacques de), compositeur de musique. T. V, col. 224.
Keyser (Jean-François de), géographe. T. V, col. 228.
La Chaussée (Antoine de) ou de Le Cauchie, poète. T. V, col. 260.
La Croix (Antoine-Josse-Joseph de), dessinateur - calligraphe. T. V, col. 263.
Laet (Jacques de) ou Laetius, musicien. T. V, col. 271.
La Hèle (Georges de), musicien et compositeur. T. V, col. 286.
Langhe (François-Xavier de), administrateur, législateur. T. V, col. 315.

Langhe (Jean de) ou Longus, aussi Iperius, chroniqueur. T. V, col. 319.
Lathouwer (Liévin-Amand de), agronome et littérateur flamand. T. V, col. 328.
La Tour (Louis de) ou Turrianus, poète. T. V, col. 329.
Le Loz de Buillemont (Jean-François de), écrivain ecclésiastique. T. V, col. 380.
Licht (Pierre de) ou Lucius, polygraphe. T. V, col. 423.
Moelder (Jérôme de), poète flamand. T. V, col. 563.
Munck (François de), violoncelliste, compositeur. T. V, col. 580.
Paire (G. de), médecin. T. V, col. 609.
Pape (André de) ou Papius, poète et musicien. T. V, col. 610.
Raeve (Thomas de), chirurgien, chroniqueur ou romancier. T. V, col. 649.
Ridder (Jacques de), écrivain ecclésiastique. T. V, col. 673.
Ries (Hans de), De Rees, de Rys, de Rycke ou même Hans Cassier, ministre mennonite. T. V, col. 674.
Roothaese (Jean-Liévin de), historien. T. V, col. 683.
Ryckere (Pierre-Joseph de), poète flamand. T. V, col. 695.
Schepper (Jean de) ou Scepperus, chroniqueur et poète. T. V, col. 718.
Smet (André de), Du Smet ou Die Smet, chroniqueur. T. V, col. 750.
Sorgher (Antoine de), marin. T. V, col. 772.
Vleeschoudere (Jean de) ou Carnarius, médecin, poète. T. V, col. 841.
Vleeschoudere (Pierre de), poète flamand. T. V, col. 842.
Volder (Pierre-Jean de), compositeur, facteur d'orgues. T. V, col. 847.
Vos (Laurent de), musicien et poète. T. V, col. 854.
Vroede (Henri de), plus connu sous le nom de Prudens, écrivain religieux. T. V, col. 874.
Vuldere (Maillard de), jurisconsulte. T. V, col. 875.
Wael (Corneille de), peintre. T. V, col. 878.
Waele (Antoine de) ou Walæus, théologien réformé. T. V, col. 881.
Waghenare (Pierre de), poète latin. T. V, col. 902.
Wilde (Gilles de), miniaturiste, historien, écrivain ecclésiastique. T. VI, col. 1.
Witte (Egide ou Gilles de), connu sous le nom latinisé de Candidus ou Albanus, théologien janséniste. T. VI, col. 4.
Witte (Gérard de) ou Candidus, chroniqueur. T. VI, col. 8.
Wolf (Josse de), poète flamand. T. VI, col. 18.
Wrée (Olivier de) ou Vredius, historien et poète. T. VI, col. 22.
Wulf (Chrétien de), connu sous le nom latinisé de Lupus, écrivain ecclésiastique. T. VI, col. 24.

MEERSCH (P.-C. vander).

Aelst (Nicolas van), graveur à la pointe. T. I, col. 92.
Aelst (Nicolas ou Jean van), graveur au burin. T. I, col. 94.
Artois (Jacques van), paysagiste. T. I, col. 488.

MENSBRUGGHE (G. vander).

Quetelet (Ernest-Adolphe-François), astronome. T. XVIII, col. 468.
Rees (Richard van), mathématicien et physicien. T. XVIII, col. 834.
Rommelaere (Léonce-Edouard), chimiste. T. XIX, col. 925.
Rosselt (Jean-Baptiste), dit Roselt, médecin. T. XX, col. 143.
Rysselberghe (François van), électricien. T. XX, col. 703.

MERTEN (Oscar).

Huet (François), philosophe, professeur. T. IX, col. 626.

MESDACH DE TER KIELE (Charles).

Noppenus (Thierry ou Théodoric), jurisconsulte. T. XV, col. 882.

Orts (Auguste), avocat, historien et homme politique; Orts (Pierre), licencié ès lois; Orts (Englebert-Pierre), avocat, et Orts (Louis-Joseph), conseiller près la cour supérieure de justice à Bruxelles. T. XVI, col. 334.
Pardon (Charles-Théodore-Egide), conseiller à la cour de cassation. T. XVI, col. 619.

MEULENAERE (Octave de).

Le Bouteiller (Jean) ou Le Boutillier, bailli royal à Tournai. T. XI, col. 545.

MICHEELS (Henri).

Rodigas (François-Charles-Hubert), médecin, pharmacien, professeur et horticulteur. T. XIX, col. 600.
Roucel (François-Antoine), officier de santé, botaniste. T. XX, col. 198.

MONCHAMP (Georges).

Naveau (Joseph-Ferdinand) ou Naveus, écrivain ecclésiastique. T. XV, col. 489.
Naveau (Mathias), de Nave, Navea, Naveus, écrivain ecclésiastique. T. XV, col. 491.
Naveau (Michel), de Nave, de Navea, Michael de Leodio, écrivain ecclésiastique. T. XV, col. 491.
Neef (Etienne de), écrivain ecclésiastique. T. XV, col. 528.
Neesen (Laurent), écrivain ecclésiastique. T. XV, col. 560.
Nicolaï (François), écrivain de l'ordre des Récollets. T. XV, col. 671.
Nieuwenhove (François van) ou A Nova Curia, prédicateur, écrivain ecclésiastique. T. XV, col. 726.
Nonancourt (François de), philosophe. T. XV, col. 821.
Opstraet (Jean), théologien. T. XVI, col. 243.
Philippi (Guillaume), philosophe et médecin. T. XVII, col. 335.
Piazza (Jules), diplomate ecclésiastique. T. XVII, col. 369.
Pisani (Octave), astronome, cartographe et sociologue. T. XVII, col. 677.
Playoul (Pierre) ou Plaoul, théologien. T. XVII, col. 795.
Plemp (Vopiscus-Fortunatus) ou Plempius, professeur de médecine. T. XVII, col. 803.
Poelarius (Philippe), philosophe. T. XVII, col. 862.
Reimbaldus, canoniste et écrivain ascétique. T. XVIII, col. 919.
Reneri (Henri), philosophe cartésien. T. XIX, col. 94.
Rolandi (Antoine), commissaire de la cité de Liége. T. XIX, col. 822.
Ryssingen (Jean van) ou van Rysen, canoniste du xve siècle. T. XX, col. 712.

MORREN (Édouard).

Bavarius (Gilles) ou de Bavière, poète latin. T. II, col. 15.
Bavay (Laurent-Séraph.-Jos. de), horticulteur. T. II, col. 16.
Baveghem (Pierre-Joseph van), chirurgien. T. II, col. 18.
Baveghem (Pierre van), pharmacien. T. II, col. 20.
Beyts (Pierre), professeur de chimie. T. II, col. 415.
Boudewyns (Michel), médecin. T. II, col. 797.
Christian (Gérard-Joseph), mathématicien. T. IV, col. 97.
Cockerill (William), mécanicien. T. IV, col. 229.
Cockerill (John), constructeur de machines. T. IV, col. 230.
Coudenberg (Pierre), pharmacien. T. IV, col. 417.
Dossin (Pierre-Etienne), botaniste. T. VI, col. 141.
Esperen (Pierre-Joseph), major, arboriculteur. T. VI, col. 705.
Fusch (Remacle), médecin, botaniste et chanoine de l'église Saint-Paul à Liége. T. VII, col. 364.
Gaëde (Henri-Maurice), anatomiste. T. VII, col. 412.

L'Ecluse (Jules-Charles de), Charles de l'Ecluse ou Carolus Clusius, botaniste. T. V, col. 383.
L'Obel (Mathias de) , botaniste. T. V, col. 452.

MOYAUX (Auguste).

Ridder (Gustave-Nicolas-Joseph de), ingénieur des chemins de fer. T. XIX, col. 314.

NAVEAU (Léon).

Renesse-Breidbach (Clément-Wenceslas - François - Charles-Cunégonde-Constantin-Jean-Népomucène, comte de), homme politique, numismate et archéologue. T. XIX, col. 96.
Rouveroy (Renard de Lexhy, dit de Bertrinhers et aussi de), diplomate et homme de guerre liégeois. T. XX, col. 271.
Rye (Ernest vanden) ou De Rye ou Rietius, généalogiste. T. XX, col. 665.

NEEFFS (Emmanuel).

Berthout (Florent), seigneur de Berlaer. T. II, col. 330.
Berthout (Gauthier Ier), fondateur de l'abbaye de Grimberghe. T. II, col. 315.
Berthout (Gauthier II). T. II, col. 319.
Berthout (Gauthier III), dit le Grand. T. II, col. 320.
Berthout (Gauthier IV). T. II, col. 325.
Berthout (Gilles). T. II, col. 328.
Berthout (Jean), avoué et seigneur de Malines. T. II, col. 326.
Boeckstuyns (Jean-François), sculpteur. T. II, col. 577.
Brialmont (Dismas de) ou de Brialmont, prédicateur. T. III, col. 46.
Bruyne (Bernard-Joseph de), bibliophile. T. IV, col. 849.
Caddoder (Jean), chef d'émeute. T. III, col. 238.
Caron (Jean), poète latin. T. III, col. 337.
Colin ou Colyns (Alexandre), statuaire T. IV, col. 282.
Coolman (Wauthier), architecte. T. IV, col. 368.
Cariache (Aimé-Ignace de), magistrat, écrivain ecclésiastique. T. IV, col. 395.
Coster (Rombaut de) ou Costerus, écrivain ecclésiastique. T. V, col. 24.
Crabbe, *alias* van Espleghem (François), peintre. T. IV, col. 469.
Croon (Pierre), écrivain ecclésiastique. T. IV, col. 522.
Cuypers (Daniel-François), chroniqueur. T. IV, col. 606.
Cuypers (Guillaume), jurisconsulte. T. IV, col. 609.
Cuypers (Pierre), magistrat, jurisconsulte. T. IV, col. 610.
Cuypers (Joseph-Ferdinand-Guislain, comte de) d'Alsinghen, généalogiste. T. IV, col. 610.
Decoster (François) ou Costerus, écrivain ecclésiastique. T. V, col. 12.
Dryver (Rombaut de), sculpteur. T. V, col. 83.
Du Trieu (Philippe), écrivain. T. VI, col. 371.
Eeckman (Edouard), dessinateur. T. VI, col. 462.
Engelrams (Corneille) ou Enghelrams ou Ingelrams, peintre. T. VI, col. 584.
Estrix (Egide) ou Esscherix, polémiste. T. VI, col. 715.
Estrix (Jean) ou Esscherix, écrivain ecclésiastique. T. VI, col. 716.
Fayd'herbe (Antoine), sculpteur. T. VI, col. 918.
Fayd'herbe (Henri), enlumineur. T. VI, col. 919.
Fayd'herbe (Jean-Luc), sculpteur et architecte. T. VI, col. 920.
Fayd'herbe (Luc), architecte et sculpteur. T. VI, col. 920.
Fayd'herbe (Marie), sculpteur. T. VI, col. 920.
Geldersman (Vincent), peintre. T. VII, col. 560.
Ghuens, Gheens ou Geens, peintres. T. VII, col. 743.

Gortter (Guillaume de) ou de Sombeke, poète flamand. T. V, col. 111.
Gyseleers-Thys (Barthélemy - Joseph-François-Corneille), historien et généalogiste. T. VIII, col. 587.
Munck (Joseph-Jacques de), historien. T. V, col. 580.
Vos (Lambert de), nommé parfois Vossius, peintre. T. V, col. 852.

NEUSS (Henri van).

Merler (Jacques) ou Merlo, dit Horstius, écrivain ecclésiastique. T. XIV, col. 527.
Muysen (Pierre - Guillaume van), avocat, archéologue et numismate. T. XV, col. 385.
Nitzen (Charles, chevalier vanden), magistrat. T. XV, col. 750.
Nypels (Lambert - Pierre - Antoine-André - Servais), homme de guerre. T. XVI, col. 28.
Paesmans (Barthélemi) ou Pasmans, docteur en théologie, professeur et écrivain ecclésiastique.T.XVI, col. 457.
Paesmans (Gilles), Nobenus, musicien et écrivain ecclésiastique. T. XVI, col. 458.
Palude (Jean de) ou de Beer, écrivain ecclésiastique. T. XVI, col. 525.
Panhausen(Jacques van)ou Panhuysen, écrivain ecclésiastique. T. XVI, col. 544.
Pauli (Matthias), écrivain ecclésiastique et poète flamand. T. XVI, col. 705.
Pelt (Théodore-Antoine van) ou Peltanus, théologien et polygraphe. T. XVI, col. 887.
Puytlinck (Christophe), peintre de paysages et d'animaux. T. XVIII, col. 361.
Pybès - de Adama (Théodore), écrivain ecclésiastique. T. XVIII, col. 363.
Rest (Lambert-François-Jean vander), fonctionnaire. T. XIX, col. 164.

NÈVE (Félix).

Ammonius (Gaspar), hébraïsant de la renaissance. T. I, col. 262.
André (Valère), savant historien et jurisconsulte. T. I, col. 281.
Baecx van Baerlandt (Adrien), jurisconsulte. T. I, col. 618.
Basel (Nicolas van) ou Baselius, médecin. T. I, col. 742.
Beller (Balthazar) ou Bellère, imprimeur. T. II, col. 136.
Beller (Jean) ou Bellere, savant linguiste. T. II, col. 133.
Beller (Luc), imprimeur. T. II, col. 138.
Bock (George), humaniste. T. II, col. 554.
Boonaerts (Guillaume), dit Fabius, helléniste. T. II. col. 696.
Briard (Jean), ou Briardus, ou Briaert, théologien. T.III, col. 47.
Busleiden (Egide ou Gilles), conseiller d'Etat. T. III, col. 203.
Busleiden (François), diplomate et prélat. T. III, col. 204.
Busleiden (Jérôme), Hieronymus Buslidius, écrivain latin. T. III, col. 205.
Catulle (André), écrivain latin.T.III, col. 377.
Cleynaerts (Nicolas), grammairien. T. IV, col. 163.
Craneveld (François de), Franciscus Craneveldius, jurisconsulte et helléniste. T. IV, col. 484.
Coster (Jean de), de Brecht, grammairien. T. V, col. 21.
Dorpius (Martinus) ou Martin-Barthélemy van Dorp.T.VI, col.138.
Gameren (Hannardus van) ou Gamerius, humaniste et poète latin. T. VII, col. 471.
Gennepius (Andreas) ou André Gennep, médecin et linguiste. T. VII, col. 589.
Goclenius (Conrad) ou Goclen, professeur de la langue latine.T.VII, col. 830.
Godin (Gilles-François), médecin et botaniste. T. VIII, col. 18.
Heuschling (Etienne), orientaliste, professeur. T. IX, col. 337.

Jacquet (Eugène-Vincent-Stanislas), orientaliste. T. X, col. 84.
Jean de Campen (Johannes Campensis), hébraïsant. T. X, col. 371.
Kerkherdere (Gérard-Jean), historien et littérateur latin. T. X, col. 657.
Laforêt (Nicolas-Joseph), professeur, docteur en théologie. T. XI, col. 40.
La Place (Jean de) ou Basilidès, hagiographe. T. V, col. 323.
Latomus (Jacques) ou Masson, théologien. T. XI, col. 434.
Latomus (Jacques) ou Masson, poète latin. T. XI, col. 438.
Leemput (Jean-Hubert-Joseph), théologien et helléniste. T. XI, col. 619.
Lipsius (Martin), moine de l'ordre des Augustins. T. XII, col. 289.

NÈVE (Joseph).

Harroy (Jean), géomètre et arpenteur juré. T. VIII, col. 740.
Hebrat (Jean), artiste horloger, orfèvre ou émailleur. T. VIII, col. 817.
Heldt (Mathieu de), connu également sous les noms de Heldus, Heldius et de Heldo, diplomate. T. VIII, col. 889.
Henri de Hornes, sire de Perwez, homme de guerre, mambour de Liége. T. IX, col. 202.
Herborn (Nicolas) ou Henbon, écrivain ecclésiastique. T. IX, col. 238.
Héribert, religieux de Saint-Willebrord. T. IX, col. 243.
Hervin (dom Jean), bibliothécaire de l'abbaye de Saint-Germain-des-Prés. T. IX, col. 300.
Herzeele (Rase de Gavre-Liedekerke, seigneur d'), homme de guerre. T. IX, col. 304.
Hese (Jean de ou van), pèlerin. T. IX, col. 314.
Hillonius, Tillo, Tilman ou Théau, abbé de Solignac. T. IX, col. 380.
Hugues (le Bienheureux). T. IX, col. 653.
Humyn (Claude de) ou Humain, jurisconsulte. T. IX, col. 708.
Lalaing (Josse de), conseiller et chambellan du duc de Bourgogne. T. XI, col. 112.
Lalaing (Simon de), bailli du Hainaut. T. XI, col. 125.
Luxembourg-Ligny (Waléran de Saint-Pol, comte de), homme de guerre. T. XII, col. 624.
Patenier (Henri de), peintre. T. XVI, col. 678.
Porcellis (Jean), Parcellis, Percellis ou Porsellis, artiste peintre. T. XVIII, col. 53.
Quinaux (Joseph), peintre de paysage. T. XVIII, col. 504.
Roberti (Pierre-Albert), artiste peintre. T. XIX, col. 532.
Roffiaen (François-Xavier), naturaliste et artiste peintre. T. XIX, col. 685.

NOBELE (L.-F. de).

Nobele (Edouard-Jean de), médecin. T. XV, col. 760.

NOLF (Jules).

Ryckewaert (Charles, dit Théophile), calviniste. T. XX, col. 650.
Ryckewaert (Charles, dit Théophile) fils, prédicant. T. XX, col. 654.

NOUE (Arsène de).

Abolin (Saint), abbé de Stavelot. T. I, col. 4.
Absalon, abbé de Stavelot. T. I, col. 6.
Adélard Ier, abbé de Stavelot. T. I, col. 51.
Adélard II, abbé de Stavelot. T. I, col. 53.
Adelbert ou Albert, archevêque de Magdebourg. T. I, col. 55.
Agilolfe, abbé de Stavelot. T. I, col. 125.
Albéron, évêque de Verdun. T. I, col. 175.
Albric, abbé de Stavelot. T. I, col. 201.

Aldringen (Marc), évêque de Seckau. T. I, col. 205.
Aler (Paul), poète. T. I, col. 213.
Amingère, abbé de Stavelot. T. I, col. 262.
Amolgère, abbé de Stavelot. T. I, col. 263.
Andon, abbé de Stavelot. T. I, col. 272.
Anglin (Saint), abbé de Stavelot. T. I, col. 298.
Anselme (le père), écrivain ecclésiastique. T. I, col. 326.
Armiger (Nicolas), docteur en théologie. T. I, col. 440.
Arnoult (Christophe d'), magistrat. T. I, col. 469.

NYPELS (Guillaume).

Dupret (Victor-Anselme-Gaston), jurisconsulte. T. VI, col. 322.
Ghewiet (Georges de), jurisconsulte. T. VII, col. 725.
Godet (Emmanuel-Victor), jurisconsulte, professeur. T. VIII, col. 14.
Goudelin (Pierre), dit Gudelinus, jurisconsulte, écrivain. T. VIII, col. 159.
Kinschot (François de), seigneur de Riviéren, etc., jurisconsulte, magistrat. T. X, col. 769.
Kinschot (Henri de), avocat. T. X, col. 772.

NYS (Ernest).

Reyger (Arnoul de), Arnoldus de Reyger, jurisconsulte. T. XIX, col. 193.

ORTROY (Fernand van).

Oterschaden (Jean), géographe et astronome. T. XVI, col. 363.
Peeters (Gustave-Adolphe), géomètre et cartographe. T. XVI, col. 854.
Peeters (J.), graveur. T. XVI, col. 859.
Pelsaert (François) ou Pelser[t], marchand voyageur. T. XVI, col. 879.
Pieters (Josse), vice-amiral de Flandre. T. XVII, col. 492.
Plancius (Pierre), de son nom de famille Platevoet, cartographe, cosmographe et théologien protestant. T. XVII, col. 715.
Plouich (Vaast de) ou du Plouich, mathématicien et cartographe. T. XVII, col. 818.
Popp (Philippe-Christian), cartographe, dessinateur, imprimeur et éditeur. T. XVIII, col. 38.
Proost (Melchior) ou Prost, capitaine de navire. T. XVIII, col. 286.
Pyrard (Henri-François), connu sous le nom d'abbé Duval-Pyrau, écrivain. T. XVIII, col. 387.
Quebedo (Henri-Joseph-Pierre de), général. T. XVIII, col. 409.
Radermacher (Jean) ou Rotarius, marchand. T. XVIII, col. 541.
Raes (Désiré-Jean-Joseph), éditeur, imprimeur et lithographe. T. XVIII, col 577.
Ramaeckers (Guillaume-Jules-Arthur), officier. T. XVIII, col. 616.
Remunde (Christophe van), van Remund, van Remonde, van Romunde, van Ruremund, dit aussi Endovini, Endoviensis, Endovius, Endhoven ou Eynhoven, imprimeur. T. XIX, col. 35.
Renterghem (Barthélemy de), comptable. T. XIX, col. 143.
Reytter (Thomas-Joseph), intendant militaire. T. XIX, col. 238.
Rico (Jean-Joseph), missionnaire. T. XIX, col. 301.
Roothaese (Alexandre), cartographe. T. XX, col. 83.
Rotthier (Jean-André-Jacques), prêtre, voyageur. T. XX, col. 193.

PAQUAY (Jean).

Reinartz (Jean-Léon), curé-doyen de Tongres. T. XVIII, col. 923.
Renier, écolâtre de Tongres, vicaire général de Henri de Gueldre. T. XIX, col. 118.

Reys (Jean), chanoine régulier de Saint-Augustin. T. XIX, col. 229.

PAUW (Napoléon de).

Coster (Catherine de), veuve de Jacques van Artevelde. T. V, col. 2.
Coster (Jean de), diplomate et homme d'Etat. T. V, col. 7.
Diederic van Assenede, poète flamand. T. VI, col. 43.
Guillaume, auteur des romans néerlandais de Madoc et de Reinaert de Vos, poète flamand. T. VIII, col. 449.
Iseghem (André-Jean van), administrateur, magistrat. T. X, col. 21.
Iseghem (Liévin-Josse van), officier de marine. T. X, col. 24.
Jonghe (Baudouin de) ou Balduinus Juvenis, poète latin. T. V, col. 207.
Keysere (Arend de), Arnoldus Cæsaris ou Arnaud L'Empereur, imprimeur. T. V, col. 228.
Keysere (Claire de), peintre-miniaturiste et enlumineuse de manuscrits. T. V, col. 238.
Keysere (Pierre de), imprimeur à Paris. T. V, col. 239.
Keysere (Pierre de), Petrus Cæsar ou Cæsaris, imprimeur, relieur. T. V, col. 240.
Merchtem (Jean de) ou Hennen van Merchtenen, historien. T. XIV, col. 432.
Mirabello (les), dits Van Halen, lombards. T. XIV, col. 869.
Quintin (Baude), clerc de la ville de Gand. T. XVIII, col. 529.
Ryckman (Lambert de), jurisconsulte. T. XX, col. 656.

PETY DE THOZÉE (Joseph).

Foullon (Erasme), jurisconsulte. T. VII, col. 206.
Foullon (Jean-Erard), écrivain ecclésiastique et historien. T. VII, col. 207.

PIOT (Charles).

Barbier (Adrien-Nicolas-Joseph, baron de), homme d'Etat. T. I, col. 109.
Béthune-Charost (Armand-Louis-François, prince de). T. II, col. 371.
Brouchoven (Hyacinthe-Marie de), diplomate. T. III, col. 96.
Brouchoven (Jean de), homme d'Etat. T. III, col. 99.
Brouckhoven (Jean-Baptiste de), négociateur. T. III, col. 96.
Clemmen (Josse), négociant et industriel. T. IV, col. 143.
Coloma (Jean-Alphonse, comte de), jurisconsulte. T. IV, col. 306.
Coloma (Pierre-Alphonse-Liévin, comte de), généalogiste. T. IV, col. 307.
Courteville (Jean de), seigneur de Coremont, diplomate. T. IV, col. 425.
Courtewille (Josse de), seigneur de Polinchove, homme d'Etat. T. IV, col. 427.
Coxie (Albert de), baron de Moorseele, jurisconsulte. T. IV, col. 455.
Crumpipen (Henri-Herman-Werner-François-Antoine de), homme d'Etat et diplomate. T. IV, col. 569.
Crumpipen (Joseph-Ambroise-Henri-Jean-Népomucène de), homme d'Etat et jurisconsulte. T. IV, col. 571.
Dewez (Laurent-Benoît), architecte. T. V, col. 908.
Du Faing (Gilles), diplomate, écrivain. T. VI, col. 244.
Everlange-Witry (Louis-Hyacinthe d'), physicien et minéralogiste. T. VI, col. 767.
Everlange-Witry (Robert-Joseph d'), propagateur de l'ordre de Malte et de l'instruction en Russie. T. VI, col. 769.
Gheerys (Adam), architecte. T. VII, col. 707.
Ghesquière (Joseph-Hippolyte), hagiographe, historien et numismate. T. VII, col. 719.

Halewyn (François), seigneur de Zweveghem, homme d'Etat. T. VIII, col. 633.

Hannaert (Jean), seigneur de Liedekercke, etc., homme d'Etat. T. VIII, col. 695.

Harrewyn (François), graveur sur cuivre, de médailles et de sceaux. T. VIII, col. 736.

Harrewyn (Jean-Baptiste), graveur de médailles, jetons et sceaux. T. VIII, col. 739.

Hellebaut (Jean-Baptiste), avocat et professeur de droit. T. VIII, col. 894.

Henri, dit l'Aveugle, comte de Luxembourg, de Namur, etc. T. IX, col. 156.

Henri de Courtenay, comte de Namur. T. IX, col. 188.

Henry (Ghislain-Joseph), architecte. T. IX, col. 221.

Hésius (Guillaume), jésuite, poète et architecte. T. IX, col. 318.

Heurck (Jean-Charles van), économiste, diplomate et numismate. T. IX, col. 330.

Heylen (Jean-François, en religion Adrien), historien, archéologue et numismate. T. IX, col. 348.

Heylen (Pierre-Joseph), historien et archéologue. T. IX, col. 352.

Imbert des Motelettes (Charles-Joseph-Marie-Henri), cosmographe et géographe. T. X, col. 8.

Immeloot (Jacques) ou Ymmeloot, poète, écuyer, seigneur de Steenbrugge. T. X, col. 9.

Isabelle-Claire-Eugénie, infante d'Espagne, archiduchesse d'Autriche, souveraine des Pays-Bas. T. X, col. 12.

Jacobi (Louis), écrivain ecclésiastique. T. X, col. 27.

Jacobs (Jean), orfèvre. T. X, col. 29.

Jacqueline de Bavière, comtesse de Hainaut, de Hollande, etc. T. X, col. 59.

Jacques de Horst, professeur de droit à l'Université de Louvain. T. X, col. 80.

Jacques de la Passion (A Passione Domini), dans le monde Jacques-Adrien Waersegger, écrivain ascétique. T. X, col. 81.

Janssens (Jean-François-Joseph), compositeur. T. X, col. 148.

Jean l'Aveugle, comte de Luxembourg et de la Roche, etc. T. X, col. 193.

Jean IV, duc de Brabant, de Limbourg, etc. T. X, col. 275.

Jean Ier, comte de Namur. T. X, col. 304.

Jean II, comte de Namur. T. X, col. 307.

Jean III, comte de Namur. T. X, col. 309.

Jean de Dixmude, chroniqueur. T. X, col. 395.

Jehotte (Léonard), graveur. T. X, col. 483.

Jonghelinck (Jacques), graveur de médailles et de sceaux. T. X, col. 509.

Josse de Moravie, possesseur à titre d'engagiste du duché de Luxembourg. T. X, col. 559.

Keldermans (Mathieu I), *alias* van Mansdale, architecte et sculpteur. T. X, col. 633.

Keldermans (Mathieu II), *alias* van Mansdale, architecte et sculpteur. T. X, col. 634.

Kennis (Guillaume-Gommaire ou Henri-Guillaume-Gommaire), violoniste. T. X, col. 642.

Kennis (Guillaume-Jacques-Joseph), compositeur. T. X, col. 646.

Ketele (Julien-Marie), historien. T. X, col. 706.

Krafft (Jean-Laurent), écrivain, dessinateur, graveur sur bois. T. X, col. 793.

La Neuveforge (Louis de), diplomate. T. V, col. 302.

Le Plat (Josse), jurisconsulte, professeur de droit. T XI, col. 877.

Linden (Jean van der), ecclésiastique et homme politique. T. XII, col. 217.

Maelcote (Jean van), jurisconsulte. T. XIII, col. 42.

Maes (Charles), évêque d'Ypres, puis de Gand. T. XIII, col. 130

Maestertius (Jacques), jurisconsulte et professeur. T. XIII, col. 146.
Malder (Pierre van), violoniste et compositeur. T. XIII, col. 219.
Malderus (Jean), évêque d'Anvers. T. XIII, col. 223.
Male (Jean-Pierre van), prêtre, poète et historien flamand. T. XIII, col. 231.
Malfeson (Ignace-Balthazar), ingénieur, architecte. T. XIII, col. 236.
Mansfelt (Philippe-Octave, comte de), dit Octave ou Octavien de Mansfelt, homme de guerre. T. XIII, col. 380.
Marie-Anne-Eléonore-Guillelmine-Josèphe d'Autriche, gouvernante générale des Pays-Bas autrichiens. T. XIII, col. 719.
Marie-Christine-Josèphe-Jeanne-Antoinette d'Autriche, gouvernante générale des Pays-Bas. T. XIII, col. 722.
Marie-Elisabeth-Lucie-Thérèse-Josèphe d'Autriche, gouvernante générale des Pays-Bas. T. XIII, col. 727.
Marie-Thérèse-Walburge-Amélie-Christine d'Autriche, impératrice d'Allemagne, souveraine des Pays-Bas. T. XIII, col. 732.
Marne (Jean-Baptiste de), historien. T. XIII, col. 765.
Marquart (Jean-Baptiste-Chrysogone), graveur de médailles et métallurgiste. T. XIII, col. 850.
Martenasie (Pierre-François), graveur. T. XIII, col. 870.
Masius (Gilbert), évêque de Bois-le-Duc. T. XIII, col. 931.
Mathias d'Autriche, archiduc, gouverneur des Pays-Bas. T. XIV, col. 21.
Maximilien-Emmanuel, électeur de Bavière, gouverneur général des Pays-Bas espagnols. T. XIV, col. 162.
Medina-Celi (don Jean-Louis de La Cerda, duc de), gouverneur général des Pays-Bas. T. XIV, col. 221.
Melo (François de), de Bragance, gouverneur des Pays-Bas espagnols. T. XIV, col. 320.
Melun (Pierre de), prince d'Epinoy, connétable et sénéchal héréditaire de Hainaut. T. XIV, col. 332.
Melun (Robert de), vicomte de Gand, homme de guerre. T. XIV, col. 336.
Merode (Guillaume III de), seigneur de Royenberg, négociateur. T. XIV, col. 562.
Morillon (Maximilien), écrivain politique, évêque de Tournai. T. XV, col. 267.
Moulart (Mathieu), évêque d'Arras, homme politique. T. XV, col. 306.
Moura-Cortereal (Emmanuel de), marquis de Castelrodrigo, gouverneur général des Pays-Bas. T. XV, col. 317.
Moura-Cortereal (François de), marquis de Castelrodrigo, etc., gouverneur des Pays-Bas. T. XV, col. 319.
Mudée (Gabriel) ou Vander Muyden, jurisconsulte. T. XV, col. 335.
Myle (Jean de) ou Mylius, précepteur des enfants du duc d'Albe. T. XV, col. 388.
Nans (François), philologue. T. XV, col. 425.
Nelis (Corneille-François de), ecclésiastique, philosophe, historien et savant. T. XV, col. 568.
Nieuwenaar (Adolphe, comte de), ou Nuwenar et De Meurs, homme de guerre. T. XV, col. 723.
Nigri (Philippe) ou Nigry, ou Le Noir, dit de Campo. T. XV, col. 734.
Nonnius (Louis) ou Nonius, médecin, naturaliste, littérateur et poète latin. T. XV, col. 822.
Noot (Charles vander), seigneur de Risoir, homme de guerre. T. XV, col. 834.
Noyelles (Jean de), seigneur de Rossignol ou Lassignol, homme politique. T. XV, col. 946.
Noyelles (Pontus de), seigneur de Bours, Belval, etc., militaire. T. XV, col. 947.
Oignies (Gilbert d') ou d'Ongnies, évêque de Tournai. T. XVI, col. 112.

Ooge (Jean), architecte. T. XVI, col. 203.
Osy (Jean de), architecte. T. XVI, col. 356.
Outrepont (Charles-Lambert d'), jurisconsulte. T. XVI, col. 401.
Outrepont (Charles-Thomas-François d'), homme de lettres. T. XVI, col. 404.
Pape (Léon-Jean de), jurisconsulte, homme d'Etat. T. V, col. 612.

PIRENNE (Henri).

Fyon (Jean-Joseph de), homme politique. T. VIII, col. 397.
Ginetius (Jean), poète latin. T. VII, col. 786.
Goffin (Hubert), contremaître de houillère. T. VIII, col. 84.
Henri de Dinant, agitateur populaire. T. IX, col. 188.
Henri de Gueldre, évêque de Liége. T. IX, col. 193.
Jeanne, fille de Louis comte de Nevers. T. X, col. 453.
Jeanne, fille de Jean III, duc de Brabant. T. X, col. 454.
Johannes de Tongria, Tungrius ou Præmunstratensis, écrivain. T. X, col. 501.
Landoald (Saint). T. XI, col. 256.
Landri (Saint) ou Landericus, abbé des abbayes de Haumont et de Soignies. T. XI, col. 260.
Laurent de Liége, chroniqueur. T. XI, col. 452.
Le Bel (Jean) ou Jean li Bials ou li Beaulx, chroniqueur. T. XI, col. 518.
Le Muisit (Gilles) ou Li Muisis, chroniqueur et poète. T. XI, col. 798.
Léonardi (Hubert), carme, professeur de théologie. T. XI, col. 827.
Libert (Saint), martyr. T. XII, col. 90.
Libert, suffragant de l'évêque de Liége. T. XII, col. 91.
Liévin (Saint), patron de Gand. T. XII, col. 128.
Lucius de Tongres, chroniqueur. T. XII, col. 565.
Macaire (Saint), pèlerin. T. XIII, col. 3.
Madelberte (Vierge), abbesse de Maubeuge. T. XIII, col. 22.
Mahaut, comtesse d'Artois et de Bourgogne. T. XIII, col. 154.
Malpighli (André-Ghini), Malpigli ou Malpiglia ou André de Florence, diplomate. T. XIII, col. 265.
Mandeville (Jehan de), voyageur. T. XIII, col. 313.
Marcellus (Saint), évêque de Tongres. T. XIII, col. 429.
Marie d'Oignies (Sainte). T. XIII, col. 716.
Martin (Saint), évêque de Tongres. T. XIII, col. 895.
Materne (Saint). T. XIV, col. 14.
Mauny (Gautier de), homme de guerre. T. XIV, col. 100.
Maur (Saint), ermite. T. XIV, col. 103.
Maurontus (Saint). T. XIV, col. 109.
Maxellende (Sainte). T. XIV, col. 111.
Mengold, saint honoré à Huy. T. XIV, col. 362.
Monulphe (Saint), évêque de Tongres. T. XV, col. 218.
Mousket (Philippe) ou Mouskès, chroniqueur. T. XV, col. 329.
Nicolas, évêque de Butrinto. T. XV, col. 677.
Nicolas Ier, évêque de Cambrai. T. XV, col. 680.
Olbert de Gembloux, écrivain ecclésiastique. T. XVI, col. 116.
Olivier le Dain, conseiller de Louis XI. T. XVI, col. 138.
Olivier de Dixmude, chroniqueur, T. XVI, col. 142.
Otbert, Otbertus, Odbertus ou Autbertus, évêque de Liége. T. XVI, col. 356.
Othelbold, abbé de Saint-Bavon à Gand. T. XVI, col. 364.
Perpète (Saint) ou Perpetuus, évêque de Tongres-Maestricht (?). T. XVII, col. 32.
Peyt (Jacques ou Coppin) ou Peit, capitaine de la châtellenie de Bergues-Saint-Winnoc. T. XVII, col. 147.

Pharaïlde (Sainte). T. XVII, col. 158.
Philippe d'Alsace, comte de Flandre. T. XVII, col. 163.
Philippe de Bourgogne, dit le Hardi, comte de Flandre. T. XVII, col. 201.
Philippe de Bourgogne, dit le Bon ou l'Asseuré, comte de Flandre, etc. T. XVII, col. 220.
Philippe de Flandre, comte de Thiette. T. XVII, col. 308.
Philippe Mus ou Musche (Musius), évêque de Tournai, T. XVII, col. 315.
Piat (Saint), Piatus ou Piaton, confesseur et martyr. T. XVII, col. 368.
Plectrude, femme de Pépin II. T. XVII, col. 799.
Praet (Gervais de), chambrier du comte de Flandre Charles le Bon. T. XVIII, col. 151.
Quirille (Saint). T. XVIII, col. 511.
Raoul de Cambrai, second fils de Baudouin Bras de Fer. T. XVIII, col. 681.
Reiman ou Ousman, bibliographe. T. XVIII, col. 918.
Renard (Bruno-Jean-Baptiste-Joseph), militaire, écrivain et homme politique. T. XIX, col. 45.
Richilde, comtesse de Hainaut. T. XIX, col. 293.
Robert d'Aire, prévôt d'Aire, chancelier de Flandre. T. XIX, col. 408.
Robert Ier de Flandre, dit le Frison, comte de Flandre. T. XIX, col. 426.
Robert II de Flandre ou Robert de Jérusalem, comte de Flandre. T. XIX, col. 437.
Robert de Flandre, sire de Cassel. T. XIX, col. 463.
Robert Ier de Namur, comte au xe siècle. T. XIX, col. 479.
Robert II de Namur, comte. T. XIX, col. 480.
Rolin (Nicolas), chancelier de Bourgogne. T. XIX, col. 828.
Rosimbos (Jean de), seigneur de Fournelles en Bourgogne, précepteur de Charles le Téméraire. T. XX, col. 139.
Rothard, évêque de Cambrai de 979-995. T. XX, col. 179.
Ryckel (Guillaume de), abbé de Saint-Trond. T. XX, col. 627.

PITERS (Armand).

Nieuwenhuysen (Jean-Nicolas-Gustave van), auteur dramatique. T. XV, col. 732.
Novent (Pierre-Alexandre), professeur. T. XV, col. 939.
Noyer (Prosper-Edouard), littérateur. T. XV, col. 949.
Oppelt (Gustave-Louis), littérateur. T. XVI, col. 230.
Pasquet (Joseph-Emmanuel-Léon), professeur à l'Université de Liége. T. XVI, col. 668.
Pierquin (Claude-Charles), dit Pierquin de Gembloux, médecin, littérateur. T. XVII, col. 418.
Pirotte (Alexandre-Antoine-Valentin), littérateur. T. XVII, col. 652.
Pirotte (Gaspard-Joseph-Lambert), publiciste. T. XVII, col. 654.
Polain (Pierre-Alphonse), littérateur. T. XVII, col. 901.
Pollet (Edmond-Joseph), poète français. T. XVII, col. 913.
Popp (Caroline-Clémence Boussart, dame), journaliste, femme de lettres. T. XVIII, col. 33.
Rabeuf ou Rabœuf, poète. T. XVIII, col. 532.
Remacle (Laurent-Joseph). T. XIX, col. 11.
Reul (Chrétien-Léonard-Constant-François-Xavier de), romancier, traducteur, géologue. T. XIX, col. 172.
Rimbaut (Théophile), écrivain dramatique. XIX, col. 345.
Romanesi (Jean-Antoine), acteur et écrivain dramatique. T. XIX, col. 894.

PLATEAU (Félix).

Puls (Jacques-Charles), pharmacien et naturaliste. T. XVIII, col. 328.

POLAIN (Mathieu-Lambert).

Ans (François d'), plus connu sous le nom d'Albert de l'Enfant Jésus, carme déchaussé. T. I, col. 318.
Ansiaux (Emmanuel-Antoine-Joseph), jurisconsulte. T. I, col. 336.
Berlaymont (Philippe de), écrivain ecclésiastique. T. II, col. 267.
Bernard (Simon), écrivain ascétique. T. II, col. 280.
Bierset (Gilles de), historien. T. II, col. 417.
Bierset (Pascal de), poète et peintre. T. V, col. 417.
Bouvier (Sébastien), théologien. T. II, col. 894.
Brixhe (Jean-Guillaume), jurisconsulte. T. III, col. 72.

PONCELET (Alfred).

Rosweyde (Héribert), écrivain ecclésiastique. T. XX, col. 170.

POULLET (Edmond).

Blaesere (Jacques de), jurisconsulte et magistrat. T. IV, col. 995.
Blaesere (Jean de), avocat au Conseil de Flandre. T. IV, col. 797.
Clèves et De la Marck (Philippe de), homme de guerre. T. IV, col. 152.
Coster (Guillaume de), *alias* De Bont ou Custodis, jurisconsulte. T. V, col. 16.
Coutereel ou Couthereel, célèbre agitateur populaire. T. IV, col. 441.
Dadizeele (Jean de), homme de guerre. T. IV, col. 617.
Delfortrie (Edouard-Joseph), prêtre, professeur et écrivain. T. V, col. 411.
Govaerts (Pierre) ou Govarts, professeur, canoniste, vicaire apostolique et magistrat. T. VIII, col. 169.

PUTTE (Ferdinand van de).

Acket (Jean), poète flamand. T. I, col. 18.
Aernoudts (Barth.) ou Arnoldi, théologien polémiste. T. I, col. 94.
Aertrycke (Simon van), bourgmestre de Bruges. T. I, col. 121.
Albéric de Thosan ou de Terdoest, chroniqueur. T. I, col. 172.
Andries (Ernéric) ou Andreæ, abbé de Saint-Michel, écrivain ecclésiastique. T. I, col. 290.
Arthois (Ambroise d'), écrivain ecclésiastique. T. I, col. 487.
Avila (Balthasar d'), écrivain ecclésiastique. T. I, col. 563.
Back (Martin), prédicateur. T. I, col. 602.
Baert (François), hagiographe. T. I, col. 631.
Barbiers (Gilles ou Egide), évêque de Sarepte. T. I, col. 711.
Bartolomæi (Corneille), hagiographe. T. I, col. 741.
Beaucourt de Noortvelde (Patrice), historien et poète. T. II, col. 30.
Beernaert (Jacques), peintre. T. II. col. 101.
Bellechière (Jacques). poète latin. T. II. col. 124.
Belleghem (Perceval) ou van Belleghem, érudit. T. II, col. 132.
Bellet (Jean), poète flamand. T. II. col. 139.
Bernaerts (Guillaume), professeur de médecine. T. II. col. 272.
Bertha (Louis), plus connu sous le nom de Daniel, écrivain ecclésiastique. T. II, col. 299.
Bertulf, prévôt de Saint-Donatien à Bruges. T. II. col. 341.
Bibaut (Guillaume). écrivain ascétique. T. II. col. 416.
Bisschop (Jean). écrivain ascétique. T. II, col. 444.
Boonaert (Olivier), écrivain ecclésiastique. T. II. col. 695.
Bottens (Pierre). en religion Fulgence. astronome. T. II. col. 769.
Boubereel (Corneille), janséniste. T. II, col. 770.
Bouckaert (Josse). évêque d'Ypres. T. II, col. 781.
Bourgogne (Antoine de), licencié en théologie et en droit. T. II, col. 842.

Bourgoigne (Corneille), calligraphe. T. II, col. 857.
Boussen (François-René), évêque de Bruges. T. II, col. 866.
Brandon (Jean), chroniqueur. T. II, col. 904.
Brenart (Félix-Guillaume-Antoine), évêque de Bruges. T. II, col. 939.
Briton (Jean), calligraphe. T. III, col. 71.
Bulteel (Etienne-Michel), échevin de la ville d'Ypres. T. III, col. 156.
Bulteel (Guislain), théologien. T. III, col. 156.
Bulteel (Guislain), poète latin. T. III, col. 157.
Coussere (Anien), abbé de l'abbaye d'Oudenbourg lez-Bruges. T. IV, col. 439.

PUYVELDE (Léon VAN).

Rodenbach (Albert), poète flamand. T. XIX, col. 580.

QUETELET (Adolphe).

Adelbold ou Athelbold, évêque d'Utrecht. T. I, col. 57.
Aynscom (François-Xavier), mathématicien. T. I, col. 576.
Baud (Jean-Marie), docteur en médecine. T. I, col. 781.
Belpaire (Antoine), administrateur. T. II, col. 145.
Ciermans (Jean), mathématicien. T. IV, col. 112.
Coignet (Michel) mathématicien. T. IV, col. 273.
Cornelissen (Egide-Norbert), secrétaire-inspecteur de l'Université de Gand. T. IV, col. 400.
Dandelin (Germinal-Pierre), mathématicien. T. IV, col. 663.

QUETELET (Ernest).

Aiguillon (François d'), mathématicien. T. I, col. 140.

RAEPSAET (Henry).

Blommaert (Jacques), homme de guerre. T. II, col. 509.
Bouchel (Isidore-Alexandre), médecin et numismate. T. II, col. 776.
Brandt (Jean-Baptiste), haute-lisseur. T. II, col. 907.
Croeser de Berges (Charles-Enée-Jacques), historien et généalogiste. T. IV, col. 513.

RAHLENBEEK (Charles).

Alexandre (Pierre), théologien protestant. T. I, col. 217.
Algoet (François-Antoine), ministre et théologien calviniste. T. I, col. 220.
Alleyns (Laurent), dit van Hove, instituteur flamand du XVIe siècle. T. I, col. 233.
Barchon (Guillaume de Prez, dit de), homme de guerre. T. I, col. 714).
Bastinck (Jérémie) ou Bastingius, théologien flamand. T. I, col. 768.
Baudouin (François), jurisconsulte. T. I, col. 842.
Beck (Jean), baron de Beaufort, homme de guerre. T. II, col. 72.
Berghes (Adrien de), connu sous le nom de Dolhain ou mieux d'Ollehain. T. II, col. 205.
Berlaymont Claude de), homme de guerre. T. II, col. 254.
Bernard (Nicolas), célèbre partisan du XVIe siècle. T. II, col. 275.
Bets (Jean), jurisconsulte. T. II, col. 376.
Blocx (Pierre), en latin Bloccius, pédagogue et théologien. T. II, col. 485.
Blois (Guillaume de), homme de guerre. T. II, col. 495.
Bochorinc (Henri) ou Boxhorn, théologien protestant. T. II, col. 548.
Bock (Olivier), Bouck ou Alostanus, pédagogue. T. II, col. 555.
Bourgogne (Baudouin de), diplomate et homme de guerre. T. II, col. 844.
Bourgogne (François de), poète. T. II, col. 846.
Bourgogne (Hermann de), poète latin et français. T. II, col. 847.

Bourgogne (Jacques de), écrivain. T. II, col. 848.
Bourlette (André), homme politique. T. II, col. 857.
Bournonville (Alexandre, duc de), homme de guerre et diplomate. T. II, col. 860.
Bournonville (Oudart de), homme de guerre. T. II, col. 862.
Bure (Idelette de), femme de Calvin. T. III, col. 167.
Buscoducensis (Nicolas), humaniste et théologien protestant. T. III, col. 197.
Calewaert (Liévin), pasteur protestant. T. III, col. 247.
Camargo (Théodore ou Thiery, baron de), homme de guerre. T. III, col. 269.
Campen (Jean), en latin Campanus, théologien. T. III, col. 280.
Carineus (Nicolas), aussi Charineus ou Careneus, théologien. T. III, col. 314.
Ceulen (Daniel van), théologien protestant. T. III, col. 407.
Ceulen (Pierre van), théologien protestant. T. III, col. 405.
Chastelain (Jean), prédicateur augustin et poète français. T. IV, col. 38.
Cleyne (Martin de), médecin et théologien flamand. T. IV, col. 877.
Cocquiel (Antoine de), homme de guerre. T. IV, col. 244.
Cocquiel (Charles de), homme politique. T. IV, col. 243.
Dalhem (les comtes de). T. IV, col. 637.
Dathenus (Pierre) ou mieux Daeten, théologien protestant et homme politique. T. IV. col. 683.
Deleen (Gauthier ou Wauthier), en latin Deloenus, théologien et écrivain protestant. T. V, col. 357.
Deleen (Pierre), théologien protestant. T. V, col. 358.
Dieu (Daniel de), théologien protestant. T. VI, col. 63.
Dieu (Louis de), théologien protestant. T. VI, col. 66.
Dubois (Philibert), négociateur et homme politique. T. VI, col. 204.
Dubois (Werner van den Houte, dit le général). T. VI, col. 206.
Du Han (François), écrivain polémiste. T. VI, col. 261.
Florianus (Jean), théologien calviniste, auteur et traducteur flamand. T. VII, col. 116.
Geleen (Godefroid van), feld-maréchal autrichien. T. VII, col. 568.
Geer (Louis de), industriel. T. V, col. 87.
Gheer (Thomas van), graveur de sceaux et orfèvre. T. VII, col. 701.
Gomarus (François) ou Goemaere, théologien protestant. T. VIII, col. 98.
Gronsfeld (Josse-Maximilien de Bronckhorst, comte de) ou Gronsveld, homme de guerre et diplomate. T. VIII, col. 342.
Guyot (Henri-Daniel), philanthrope. T. VIII, col. 586.
Haecht (Guillaume van), poète flamand. T. VIII, col. 593.
Haemstede (Adrien van), théologien et auteur protestant. T. VIII, col. 600.
Haes (Gilles de), homme de guerre. T. V, col. 136.
Halsberg (Jean), théologien et écrivain protestant. T. VIII, col. 657.
Haren (Adam van), surnommé le capitaine Dam, officier des gueux de mer. T. VIII, col. 722.
Haren (Jean) ou Harrenius, pasteur calviniste et homme politique. T. VIII, col. 723.
Hayons (Thomas des), hagiographe et poète français. T. VIII, col. 811.
Heidanus (Gaspard) ou Vander Heyden, pasteur protestant. T. VIII, col. 844.
Hembyze (Jean van), célèbre agitateur et tribun flamand. T. IX, col. 11.
Herzelles (François de), homme de guerre. T. IX, col. 308.
Hinckart (Jean de), homme de guerre et négociateur. T. IX, col. 381.
Hoofman (Gilles) ou Hofman, célèbre facteur anversois. T. IX, col. 449.
Hopper (Joachim) ou Hoppers,

homme d'État et jurisconsulte. T. IX, col. 466.
Hornes (Jean de), baron de Boxtel et de Baucignies, gouverneur de Dordrecht. T. IX, col. 507.
Hotton (Godefroid), théologien protestant. T. IX, col. 536.
Houwaert (Jean-Baptiste), poète flamand. T. IX, col. 554.
Houwaert (Balthasar), théologien protestant. T. IX, col. 560.
Huyn van Geleen (Godefroid), feld-maréchal autrichien. T. IX, col. 753.
Jean de Weert, homme de guerre. T. X, col. 424.
Kiemdonck (Jacques) ou Kimedonck, professeur de théologie protestante. T. X, col 759.
La Coulture (Gilles de), controversiste. T. V, col. 260.
Lamboy (Guillaume, baron, puis comte de), homme de guerre. T. XI, col. 193.
Lamot (François), industriel. T. XI, col. 227.
Le Clercq (Gilles), homme politique. T. XI, col. 580.
Levae (Adolphe), homme de lettres. T. XII, col. 39.
Longueval (Charles-Bonaventure de), comte de Bucquoy et de Gratzen, etc., homme de guerre. T. XII, col. 359.
Malberg (Bernard de), homme de guerre. T. XIII, col. 201.
Mameranus (Henri), imprimeur. T. XIII, col. 269.
Martini (Corneille), professeur de philosophie et théologien luthérien. T. XIII, col. 900.
Meester (André de), en latin Demetrius Antverpianus, quelquefois Meesterus, historien et théologien protestant. T. V, col. 511.
Melroy (Erard de Salmier, sire de), noble patriote. T. XIV, col. 943 (Addendum).
Mercy (François, baron de), homme de guerre. T. XIV, col. 452.
Merode (Bernard de), seigneur de Rummen, dit de Waroux, homme de guerre. T. XIV, col. 529.
Merode (Jean, comte de), général. T. XIV, col. 567.
Miggrode (Jean van), aussi Miggerode et Migrodius, théologien protestant. T. XIV, col. 827.
Millet (Paul), dit Chevalier, mineur conventuel et ministre protestant. T. XIV, col. 841.
Moded (Herman), théologien protestant et homme politique. T. XIV, col. 909.
Molanus (Jean) ou Jean Vander Meulen ou Vermeulen, humaniste et pédagogue luthérien. T. XV, col. 47.
Moreau (Pierre), théologien protestant. T. XV, col. 246.
Mornay (Philippe de), seigneur de Bauves, homme de guerre et diplomate. T. XV, col. 273.
Mortaigne (Gaspard-Corneille de). homme de guerre et négociateur. T. XV, col. 280.
Mostaert (Chrétien), appelé aussi Mosterd et Sinapius, théologien réformé. T. XV, col. 290.
Muykens (Bernard-Arnoldzoon) ou Meuckens, en latin Bernardus Arnoldi, prédicateur. T. XIV, col. 382.
Neer (Servais-Jean vander), dit Naeranus on Naerensis, théologien protestant. T. XV, col. 559.
Neodesianus (Paul), théologien luthérien. T. XV, col. 593.
Nielles (Charles de) ou Niellius, théologien et écrivain protestant. T. XV, col. 702.
Olivier (Antoine), dit de Bouzy, peintre et conspirateur. T. XVI, col. 144.
Orley (Philippe d'), homme de loi et homme de guerre. T. XVI, col. 283.
Ortzen (Iman) ou Orcenius ou bien encore Sclandus Egrinus, théologien. T. XVI, col. 342.
Pallant (Floris de), comte de Culembourg et baron de Witthem et de Weerde, révolutionnaire protestant. T. XVI, col. 499.
Panneel (Michel), théologien protestant. T. XVI, col. 548.

Pardieu (Valentin de), seigneur de la Motte et d'Ekelsbeke et vicomte de Niello, homme de guerre. T. XVI, col. 614.
Perez (Marc), armateur et homme politique. T. XVII, col. 13.
Philippe (Jean), révolutionnaire. T. XVII, col. 326.
Philippi (François), pasteur protestant. T. XVII, col. 334.
Pierre d'Aspelt, célèbre homme d'Etat et d'église. T. XVII, col. 421.
Pocquet (Antoine), hérésiarque. T. XVII, col. 843.
Poullain (Valérand) ou Polanus Flandrus, théologien protestant. T. XVIII, col. 109.
Pourck (Jean de) ou de Poirck, théologien protestant. T. XVIII, col. 132.
Pours (Jérémie de), auteur et prédicateur protestant. T. XVIII, col. 132.
Proost (Jacques), théologien. T. XVIII, col. 282.
Raedt (Corneille de), dit Rethius, écrivain politique. T. V, col. 647.
Raedt (Georges de), dit Consiliarius, ministre réformé et auteur flamand. T. V, col. 648.
Rycke (Pierre de), jurisconsulte. T. V, col. 693.

RAM (P.-F.-X. de)

Abel (Saint), archevêque de Reims. T. I, col. 1.
Achaire ou Acaire (Saint), évêque de Tournai. T. I, col. 8.
Adalbaud ou Adalbalde (Saint). T. I, col. 18.
Adalbéron, archevêque de Reims. T. I, col. 22.
Adalbéron Ier, abbé de Saint-Trond. T. I, col. 30.
Adalbéron II, évêque de Metz. T. I, col. 32.
Adalbéron III, évêque de Metz. T. I, col. 34.
Adalbert ou Adelbert, chroniqueur. T. I, col. 36.
Adalsinde ou Adelsende (Bienheureuse). T. I, col. 37.
Adéluïde (Bienheureuse), dite Alix de Schaerbeek. T. I, col. 38.
Adélard (Saint) ou Adalard, abbé de Corbie. T. I, col. 38.
Adélard Ier ou Adalard, abbé de Saint-Trond. T. I, col. 50.
Adélard II, abbé de Saint-Trond. T. I, col. 51.
Adèle ou Adile (Sainte), T. I, col. 60.
Adeltrude (Sainte). T. I, col. 64.
Adriaens (Henri). Adriaenssens ou Adriani. T. I, col. 79.
Aerschodt (François-Guillaume van). T. I, col. 95.
Agilfride ou Agilfroid (Agelfridus ou Egilfridus), moine d'Elnon. T. I, col. 125.
Aibert (Saint). T. I, col. 139.
Alain, communément nommé Alanus Flandrensis, évêque d'Auxerre. T. I, col. 154.
Alain de Lille ou Alanus de Insulis, théologien. T. I, col. 158.
Albéron Ier ou Adalbéron, évêque de Liége. T. I, col. 177.

RENARD (A.-F.).

Lambotte (Henri-Antoine-Joseph), professeur, naturaliste. T. XI, col. 191.
Mann (Théodore-Augustin), mathématicien, astronome, physicien et botaniste. T. XIII, col. 343.

RENIER (J.-S.).

David (Pierre), administrateur. T. IV, col. 732.
Debouche (Henri-Joseph), professeur et géographe. T. IV, col. 824.
Dehesselle (Nicolas-Joseph), évêque de Namur. T. V, col. 172.
Des Hayes (Jacques), missionnaire et écrivain. T. V, col. 729.
Ebbon, archevêque de Reims. T. VI, col. 445.
Erlebold, abbé de Stavelot. T. VI, col. 620.
Everard, abbé de Stavelot. T. VI, col. 746.

Folmare, prince-abbé de Stavelot et de Malmédy. T. VII, col. 181.
François, des ducs de Lorraine, coadjuteur du prince-abbé de Stavelot et de Malmédy. T. VII, col. 257.
Frédéric de la Pierre, prince-abbé de Stavelot et de Malmédy. T. VII, col. 289.
Furstenberg (François-Egon, prince de), abbé-prince de Stavelot et de Malmédy. T. VII, col. 358.
Furstenberg (Guillaume-Egon, prince de), prince-évêque de Liége. T. VII, col. 358.
Gérard, prince-abbé de Stavelot. T. VII, col. 636.
Gérard de Bréda, écrivain ecclésiastique. T. VII, col. 639.
Gilles de Fauconpierre ou de Falconpierre (de Falconis Petra, Falkenstein), prince-abbé de Stavelot et de Malmédy. T. VII, col. 767.
Godeschald ou Godeschale (Jean III), dit de Geusen ou de Geuzaine (Juzaine), prince-abbé de Stavelot et Malmédy. T. VIII, col. 13.
Godoin (Saint), prince-abbé de Stavelot et Malmédy. T. VIII, col. 19.
Guillaume II, de Bavière, prince-abbé de Stavelot et Malmédy. T. VIII, col. 511.
Hildebold, abbé de Stavelot et de Malmédy. T. IX, col. 371.
Hubin (Jacques de), prince-abbé de Stavelot et Malmédy. T. IX, col. 605.
Lambert (Henri-François), géomètre, arpenteur et mathématicien. T. XI, col. 166.
Lefebvre (Laurent-Antoine-Ferdinand), peintre. T. XI, col. 651.
Lonhienne (Pierre-Godefroid), philanthrope. T. XII, col. 372.
Lys (Léonard-Adolphe-Marie), écrivain ecclésiastique. T. XII, col. 639.
Maquinay (N.), homme de guerre. T. XIII, col. 407.
Massau (Jean-Laurent), mathématicien et bibliographe. T. XIII, col. 936
Motmanne (Corneille-Henri), auditeur de la Rote du Sacré Palais Apostolique. T. XV, col. 296.
Mullendorf (François), philanthrope. T. XV, col. 348.
Nautet (Gilles-Joseph), rédacteur. T. XV, col. 486.
Nicolai (Pierre-Thomas), jurisconsulte. T. XV, col. 674.
Nicolas, prince-abbé de Stavelot et Malmédy. T. XV, col. 696.
Nizet (Denis), foulon. T. XV, col. 759.
Odilon (Saint). T. XVI, col. 75.
Oger (J. J.), imprimeur. T. XVI, col. 91.
Olivier (Laurent-Joseph), peintre. T. XVI, col. 150.
Ortmans-Hauzeur (Jean-François), bourgmestre de Verviers. T. XVI, col. 332.
Poulet (Nicolas-Xavier), poète wallon. T. XVIII, col. 108.

RENTERGHEM (Arthur van).

Myrica (Henri de ou a) ou Vander Heyden, dominicain, écrivain. T. XV, col. 393.
Nirsanus (Matthias) ou Van Niers, carme, archidiacre de Ruremonde. T. XV, col. 740.
Pauw (Jean de), chroniqueur. T. XVI, col. 720.
Pauwels (Adrien), écrivain ecclésiastique. T. XVI, col. 730.
Philippe d'Axel, noble flamand. T. XVII, col. 200.
Philippe de Boulaere, seigneur d'Asperen. T. XVII, col. 200.
Pierre de Colmieux ou Petrus a Colle Medio, légat et chapelain du pape. T. XVII, col. 430.
Pippinck (Henri), Henricus Pepinus, prédicateur. T. XVII, col. 552.
Pomerio (Henri de ou a), Vanden Bogaerde ou Bogaerts, écrivain ecclésiastique. T. XVII, col. 925.
Porète (Marguerite), béguine. T. XVIII, col. 60.

REUSENS (E.-H.-J.).

Backhuysen (Tilman-Guillaume) ou Backhusius, écrivain polémiste. T. I, col. 603.
Bacquere (Benoît de), écrivain ecclésiastique. T. IV, col. 746.
Baechem de Egmunda (Nicolas), théologien. T. I, col. 616.
Baerle (Melchior van), poète latin. T. I, col. 624.
Baets (Hyacinthe de), écrivain ecclésiastique. T. IV, col. 748.
Baliques (Agnès), fondatrice des Apostolines. T. I, col. 668.
Ballaer (Jean van) ou Michel de Saint-Augustin, écrivain ascétique. T. I, col. 670.
Bart (Pierre), religieux de l'ordre des Célestins. T. I, col. 717.
Barlandus (Adrien), professeur d'éloquence à l'Université de Louvain. T. I, col. 718.
Barlandus (Hubert), médecin. T. I, col. 722.
Basseliers (Balthasar), prédicateur. T. I, col. 747.
Bauters (François), écrivain ascétique. T. I, col. 855.
Bax (Nicaise), ou Baxius, augustin, grammairien. T. II, col. 22.
Bebius (Philippe), écrivain ascétique. T. II, col. 67.
Beckers (Jean de), écrivain ecclésiastique, connu sous le nom de Didace de Saint-Antoine. T. IV, col. 779.
Beeckmans (Benoît), écrivain ecclésiastique. T. II, col. 95.
Beer (Baudouin de), écrivain ecclésiastique. T. IV, col. 781.
Bellegambe (François), théologien ascétique. T. II, col. 125.
Berlende (Sainte). T. II, col. 267.
Berthold de Saint-Joseph, carme déchaussé. T. II, col. 306.
Berton (Léonard), écrivain ecclésiastique. T. II, col. 334.
Berus (Gaspar), Barus ou Verus, orateur et écrivain ecclésiastique. T. II, col. 346.
Beughem (Jean-Ferdinand de), évêque d'Anvers. T. II, col. 389.
Bex (Henri), écrivain religieux. T. II, col. 395.
Beyl (Anselme de), écrivain ecclésiastique. T. IV, col. 784.
Billot (Jean-Baptiste), mathématicien. T. II, col. 428.
Blaseus (Jacques), évêque de Namur. T. II, col. 462.
Bloemardine, femme mystique. T. II, col. 487.
Blois (Louis de) ou Blosius, abbé de Liessies. T. II, col. 449.
Bocq (Ambroise de) ou Bochius, écrivain ecclésiastique. T. II, col. 558.
Boexelaer (Pierre van), écrivain ecclésiastique. T. II, col. 596.
Boeyens (Adrien), plus connu sous le nom de Adrien VI, pape. T. II, col. 596.
Bogaert (Henri) ou Bogardus, dominicain. T. II, col. 608.
Bogard (Jean) ou Boogaerts ou vanden Boogaerde, imprimeur. T. II, col. 615.
Boisschot (Charles van), prédicateur. T. II, col. 621.
Bolck (Gérard), écrivain ecclésiastique. T. II, col. 629.
Bolognino (Guillaume), polémiste. T. II, col. 655.
Bonaert (Nicaise), écrivain ecclésiastique. T. II, col. 672.
Bonaventure de Beaumont ou Bellomontanus, poète et théologien. T. II, col. 673.
Boonaert (Nicolas), écrivain ecclésiastique. T. II, col. 694.
Boone (Amand) ou Fabius, écrivain ecclésiastique. T. II, col. 697.
Boonen (Guillaume), historien. T. II, col. 697.
Borremans (Jean), écrivain ecclésiastique. T. II, col. 729.
Boscard (Jacques), imprimeur. T. II, col. 733.
Bosch (Daniel), dit Daniel de Saint-Pierre, écrivain ecclésiastique. T. II, col. 734.
Bosco (Jean a), théologien. T. II, col. 736.
Bosschaert (Willibrord), écrivain ecclésiastique. T. II, col. 753.

Bossuyt (Jacques-Ignace van), théologien. T. II, col. 761.
Boterdael (Jean-Baptiste van), écrivain ecclésiastique. T. II, col. 764.
Bouchaut (Jacques), dit Alain, dominicain. T. II, col. 774.
Boucher (André), écrivain ecclésiastique. T. II, col. 777.
Bouchier (Roland), écrivain ecclésiastique. T. II, col. 780.
Bouckaert (Ivon-Benoît), écrivain ecclésiastique. T. II, col. 780.
Boucquet (Jean), écrivain religieux. T. II, col. 784.
Boudart (Jacques), théologien. T. II, col. 786.
Boudewyns (Liévin) ou Boudius, écrivain ecclésiastique. T. II, col. 796.
Bouille (Louis), écrivain ecclésiastique. T. II, col. 799.
Bouwens (Gérard), missionnaire. T. II, col. 896.
Branteghem (Guillaume van), écrivain ecclésiastique. T. II, col. 908.
Brassine (André-Joseph), écrivain ecclésiastique. T. II, col. 912.
Breedyck (Gilles), religieux. T. II, col. 937.
Bresser (Martin de) ou Bresserus, écrivain ecclésiastique. T. III, col. 11.
Bridoul (Toussaint), écrivain ecclésiastique. T. III, col. 53.
Brisselius (Jean), religieux de la Compagnie de Jésus. T. III, col. 70.
Broeyer (Ignace de), écrivain ecclésiastique. T. III, col. 82.
Brouwer (Jacques), écrivain ecclésiastique. T. III, col. 104.
Bruegel ou Breugel (Pierre van), médecin. T. III, col. 105.
Bruyn (Jean de) ou Brunius, écrivain ecclésiastique. T. IV, col. 848.
Bryas (Charles de), écrivain ecclésiastique. T. III, col. 138.
Bryas (Jacques-Théodore de), archevêque de Cambrai. T. III, col. 140.
Buderick (Arnold), écrivain ecclésiastique. T. III, col. 146.
Bue (Jacques de), bollandiste. T. III, col. 147.
Buirette (Samuel), biographe. T. III, col. 151.
Burchard (le Bienheureux), évêque de Worms. T. III, col. 165.
Bury (Guillaume de) ou Burius, écrivain ecclésiastique. T. III, col. 177.
Buscum (Pierre van), écrivain ecclésiastique. T. III, col. 200.
Busselius (Henri), écrivain ecclésiastique. T. III, col. 210.
Buyens (Jacques), écrivain ecclésiastique. T. III, col. 219.
Byl (Edouard) ou Bilius, poète flamand. T. III, col. 225.
Bylkens (Jean), franciscain. T. III, col. 226.
Caesens (François-Marie), connu sous le nom de Père François-Marie de Bruxelles, écrivain ecclésiastique. T. III, col. 241.
Caesteker (Jacques de) ou Bernardin de Gand, écrivain ecclésiastique. T. IV, col. 859.
Cafmeyer (Pierre de), écrivain ecclésiastique. T. IV, col. 859.
Calentyn (Pierre), écrivain ecclésiastique. T. III, col. 246.
Cambry (Jeanne de), religieuse célèbre par ses écrits. T. III, col. 273.
Capello (Marius ou Ambroise), évêque d'Anvers. T. III, col. 293.
Caplender (Thomas, connu aussi sous le nom d'Hyacinthe), écrivain ecclésiastique. T. III, col. 296.
Cardon (Daniel), bollandiste. T. III, col. 313.
Castelein (Réginald), écrivain ecclésiastique. T. III, col. 371.
Cater (Jacques de) ou Caterus, écrivain ecclésiastique et poète. T. IV, col. 862.
Caussin (Nicolas), écrivain ecclésiastique. T. III, col. 391.
Christophori (Denis) ou Stoffels, évêque de Bruges. T. IV, col. 103.
Christynen (Paul van) ou Christinaeus, jurisconsulte. T. IV, col. 111.

Clerck (Jean-Baptiste de), jurisconsulte. T. IV, col. 876.
Clercq (Josse de), Clerici ou Clercx, écrivain ecclésiastique. T. IV, col. 877.
Cock (Adrien de), écrivain ecclésiastique. T. IV, col. 883.
Cocq (Florent de), écrivain ecclésiastique. T. IV, col. 889.
Collin (Hubert), poète et littérateur. T. IV, col. 300.
Coomans ou Comano (Pierre), écrivain ecclésiastique. T. IV, col. 373.
Corderius (Balthasar), écrivain ecclésiastique. T. IV, col. 388.
Corte (François de) ou Curtius, écrivain ecclésiastique. T. IV, col. 910.
Corte (Pierre de) ou Curtius, évêque de Bruges. T. IV, col. 915.
Coster (Henri de), Costerius ou Custerus, écrivain ecclésiastique. T. V, col. 19.
Couplet (Philippe), missionnaire et écrivain. T. IV, col. 419.
Crabbé (Jean), écrivain ecclésiastique. T. IV, col. 469.
Crabbeels (Clément), évêque de Bois-le-Duc. T. IV, col. 470.
Craywinckel (Jean-Ludolphe van), écrivain ecclésiastique. T. IV, col. 493.
Croissant (Jean), écrivain ecclésiastique. T. IV, col. 515.
Cruesen (André) ou Creusen, archevêque de Malines. T. IV, col. 567.
Culens (Henri), écrivain ecclésiastique. T. IV, col. 586.
Cuyper (Jean de), écrivain ecclésiastique. T. V, col. 53.
Cuyper (Laurent de) ou Cupaerus, écrivain ecclésiastique. T. V, col. 54.
Cuypers (Guillaume) ou Cuperus, hagiographe. T. IV, col. 608.
Damme (Jacques van), écrivain ecclésiastique. T. IV, col. 658.
Dave (Antoine), professeur de théologie à l'Université de Louvain. T. IV, col. 702.
Dave (Jean), évêque de Namur. T. IV, col. 704.
Decker (Léger-Charles de), écrivain ecclésiastique. T. V, col. 73.
Decock (Nicolas-Joseph), premier vice-recteur de l'Université catholique de Louvain. T. IV, col. 886.
Dekens (Jean), écrivain ecclésiastique. T. V, col. 225.
Del Bare (Marius), plus connu sous le nom de Marius de Saint-Jacques, écrivain ecclésiastique, T. V, col. 337.
Delbecque (Norbert), écrivain ecclésiastique. T. V, col. 339.
Delcourt (Adrien), professeur à l'Université de Douai. T. V, col. 347.
Denis de Saint-François, écrivain ecclésiastique. T. V, col. 595.
Denis ou Dionysius (Baudouin), écrivain ecclésiastique. T. V, col. 595.
Dens (Théodore-Emmanuel), écrivain ecclésiastique. T. V, col. 601.
Denys (Henri), écrivain ecclésiastique. T. V, col. 603.
Der Kennis (Ignace), écrivain ecclésiastique. T. V, col. 679.
Des Bois (Engelbert), évêque de Namur. T. V, col. 699.
Des Bosses (Barthélemi), écrivain ecclésiastique. T. V, col. 701.
Descamps (André-Philipe-Valentin), écrivain ecclésiastique. T. V, col. 703.
Désiré (le Bienheureux), évêque de Thérouanne. T. V, col. 741.
Des Maretz (Josse) ou De Mares, humaniste. T. V, col. 743.
Des Prés (Laurent) ou Pratanus, écrivain ecclésiastique. T. V. col. 782.
Deurweerders (François), écrivain ecclésiatique. T. V, col. 827.
Dielman (Corneille), écrivain ecclésiastique. T. VI, col. 46.
Diepenborren (Gilles), écrivain ecclésiastique. T. VI, col. 51.
Diericx (François), écrivain ecclésiastique. T. VI, col. 56.
Dongelberg (Guillaume de), abbé de Villers et de Clairvaux. T. VI, col. 122.
Dorlandus (Pierre) ou Dorlant, écrivain ecclésiastique. T. VI, col. 131.

Doyar (Pierre) ou Dedoyar, écrivain ecclésiastique. T. VI, col. 157.
Doye (Jean), écrivain ecclésiastique. T. VI, col. 158.
Driedo (Jean) ou Dridoens, controversiste et professeur. T. VI, col. 165.
Drogon (Saint), hagiographe. T. VI, col. 175.
Drogon (Saint) ou Dracon, hagiographe. T. VI, col. 176.
Druwé (Adrien-Francois, en religion Ambroise), écrivain ecclésiastique. T. VI, col. 181.
Drymans (Christophe), historien et maître de chapelle. T. VI, col. 186.
Du Blioul (Jean), écrivain ecclésiastique. T. VI, col. 187.
Du Bois (François), plus connu sous le nom de Sylvius, écrivain ecclésiastique. T. VI, col. 191.
Du Bois (Nicolas), écrivain ecclésiastique et professeur. T. VI, col. 196.
Du Buisson (Jean) ou Rubus, appelé aussi Monartus, écrivain ecclésiastique. T. VI, col. 211.
Ducroquet (André) ou Croquetius, écrivain ecclésiastique. T. VI, col. 239.
Duez (Paul), écrivain ecclésiastique. T. VI, col. 243.
Dufau (Jean-Baptiste), hagiographe. T. VI, col. 246.
Du Jardin (Donatien), écrivain ecclésiastique. T. VI, col. 262.
Du Jardin (Jacques), poète. T. VI, col. 263.
Du Jardin (Jean), écrivain ecclésiastique. T. VI, col. 263.
Dullaert (Jean), professeur et philosophe. T. VI, col. 273.
Dumont (Paul), écrivain ecclésiastique. T. VI, col. 306.
Dun (Pierre-Jean-Charles van), écrivain ecclésiastique. T. VI, col. 314.
Du Plouy (Philippe), plus connu sous le nom de Cyprien de Sainte-Marie, écrivain ecclésiastique. T. VI, col. 314.
Dupuis (Charles-Hyacinthe) ou Puteanus, écrivain ecclésiastique. T. VI, col. 326.
Du Toict (Nicolas), connu aussi sous le nom espagnol de Del Techo, écrivain ecclésiastique. T. VI, col. 371.
Du Vivier (Joseph-Hippolyte), écrivain ecclésiastique. T. VI, col. 396.
Dyck (Jacques), écrivain ecclésiastique. T. VI, col. 436.
Dymphne (Sainte) ou plutôt Dimphne, martyrisée à Gheel. T. VI, col. 437.
Eilbert (le Bienheureux), comte de Florennes. T. VI, col. 515.
Eléonore de Saint-Bernard, fondatrice de plusieurs couvents de Carmélites. T. VI, col. 530.
Elgard (Nicolas), Elchard ou Ab Elcheraidt, écrivain ecclésiastique. T. VI, col. 534.
Emmon (Saint) ou Immon, évêque de Tournai et de Noyon. T. VI, col. 574.
Enoch (Gaspar-Jean), professeur. T. VI, col. 610.
Ernest de Saint-Joseph, écrivain ecclésiastique. T. VI, col. 650.
Etienne de Liége, abbé de Saint-Airy à Verdun, écrivain ecclésiastique. T. VI, col. 727.
Etienne Warelle ou de Warelle, écrivain ecclésiastique. T. VI, col. 728.
Eustache de Lens, écrivain ecclésiastique. T. VI, col. 738.
Everard ou Evrard, évêque de Tournai. T. VI, col. 746.
Everhelme, aussi Everlin ou Everhelin, écrivain ecclésiastique. T. VI, col. 766.
Facon (Eloi), plus connu sous le nom de Bassæus ou De la Bassée, écrivain ecclésiastique. T. VI, col. 846.
Farvacques (François), écrivain ecclésiastique. T. VI, col. 886.
Fassin (Christophe), écrivain ecclésiastique. T. VI, col. 890.
Five (Jean-Baptiste de), écrivain ecclésiastique. T. VII, col. 79.
Flanderin (Jean-Baptiste) ou Bona-

venture d'Ostende, écrivain ecclésiastique. T. VII, col. 82.
Franchois (Michel) ou Francisci, nommé aussi de Insulis, écrivain ecclésiastique. T. VII, col. 232.
Franckenius (Godefroid), écrivain ecclésiastique. T. VII, col. 256.
François d'Ivoix ou d'Yvois, écrivain ecclésiastique. T. VII, col. 261.
François-Marie de Huy, écrivain ecclésiastique. T. VII, col. 261.
Franken-Sierstorff (Pierre-Joseph de), évêque d'Anvers et diplomate. T. VII, col. 274.
Gabriel de Saint-Jean-Baptiste, écrivain ecclésiastique. T. VII, col. 403.
Gabrielis (Gilles) ou de Gabriel, écrivain ecclésiastique. T. VII, col. 403.
Gallemart (Jean de), écrivain ecclésiastique. T. VII, col. 461.
Gameren (Henri-Gabriel van), évêque d'Anvers. T. VII, col. 472.
Gautier, écrivain ecclésiastique et abbé du Saint-Sépulcre à Cambrai. T. VII, col. 506.
Gautier ou Walter, évêque de Tournai. T. VII, col. 507.
Gautier ou Walter de Croix, évêque de Tournai. T. VII, col. 508.
Gautier ou Walter de Mortagne, évêque de Laon. T. VII, col. 509.
Gautier de Grave, écrivain ecclésiastique, appelé aussi de son nom de famille Gautier Ruys. T. VII, col. 514.
Gavarelle (Jean-Baptiste-Jacques), en religion Maximilien de Sainte-Marie, écrivain ecclésiastique. T. VII, col. 525.
Geeraerdts (Gilles) on Gerardi, écrivain ecclésiastique. T. VII, col. 548.
Geerts (Corneille), écrivain ecclésiastique. T. VII, col. 552.
Geldorp (Henri van) ou Castritius, professeur d'humanités. T. VII, col. 565.
Gellius (Gaspar), écrivain ecclésiastique. T. VII, col. 571.
Gentis (Dominique), évêque d'Anvers. T. VII, col. 609.
Gérard ou Girald (le Bienheureux ou Vénérable), évêque de Tournai. T. VII, col. 630.
Gérard d'Anvers, écrivain ecclésiastique. T. VII, col. 635.
Gérard de Liége, surnommé le Divin, écrivain ecclésiastique. T. VII, col. 636.
Gérard, moine bénédictin, écrivain ecclésiastique. T. VII, col. 644.
Gérardi ou Gheeraerdts (Arnold), écrivain ecclésiastique. T. VII, col. 658.
Gérébern (Saint), prêtre irlandais. T. VII, col. 670.
Gerlac (Saint), ermite. T. VII, col. 673.
Gérulphe (Saint) ou Gérou de Meerendré. T. VII, col. 686.
Geulincx (Arnold), écrivain et professeur. T. VII, col. 691.
Gheeraerds (André), plus conuu sous le nom de Hypérius, écrivain et professeur. T. VII, col. 701.
Ghiers (Michel de), écrivain ecclésiastique. T. V, col. 109.
Ghiffene (Laurent), professeur et écrivain. T. VII, col. 727.
Ghislain (Saint), abbé. T. VII, col. 730.
Ghuyset (Antoine), écrivain ecclésiastique. T. VII, col. 744.
Gilbert van Eyen, plus connu sous le nom de Gilbertus ou Gilibertus de Ovis, écrivain ecclésiastique. T. VII, col. 755.
Gillemans (Jean), hagiographe. T. VII, col. 758.
Gilles de Damme, nommé aussi Gilles de Sabina, écrivain ecclésiastique. T. VII, col. 772.
Gilles de Roye, écrivain ecclésiastique. T. VII, col. 773.
Gilles de Walcourt (le Vénérable), fondateur du monastère d'Oignies. T. VII, col. 764.
Gillis (Jacques) ou Ægidii, écrivain et littérateur. T. VII, col. 777.
Gillis (Liévin), écrivain ecclésiastique. T. VII, col. 779.

Girken (Nicolas), écrivain ecclésiastique. T. VII, col. 786.
Glapion (Jean), écrivain ecclésiastique. T. VII, col. 805.
Gobart (Laurent), physicien. T. VII, col. 821.
Gochius (Jean), connu sous le nom de Pupper, écrivain ecclésiastique. T. VII, col. 829.
Godefridi (Petrus), Godefroy ou Goeyvaerts, écrivain ecclésiastique. T. VII, col. 839.
Godefroid de Rhodes-Sainte-Ode, connu sous le nom de Godefridus Rodanus, écrivain ecclésiastique. T. VIII, col. 7.
Godschalck (Jean), philologue et professeur. T. VIII, col. 19.
Goethals (Ambroise-Charles-Ghislain), écrivain ecclésiastique. T. VIII, col. 71.
Goethals (Josse), écrivain ecclésiastique. T. VIII, col. 69.
Goswin le Bossut, écrivain ecclésiastique. T. VIII, col. 145.
Gouzon, Gouthon ou Wenzon, hagiographe. T. VIII, col. 168.
Goyens (Erasme) ou Goyaeus, écrivain ecclésiastique. T. VIII, col. 173.
Gozæus (Thomas) ou de Goze, professeur à l'Université de Louvain. T. VIII, col. 175.
Graet (Guillaume de) ou Gratius, écrivain ecclésiastique. T. V, col. 111.
Gras (Corneille), hagiographe. T. VIII, col. 240.
Gratianus (Thomas), écrivain ecclésiastique. T. VIII, col. 244.
Grave (Henri de), van Grave ou Gravius, professeur de théologie. T. V, col. 127.
Guibert de Tournai, écrivain ecclésiastique. T. VIII, col. 416.
Guillaume de Louwignies, général de l'ordre de Prémontré. T. VIII, col. 441.
Gummaire (Saint) ou Gommaire, patron de la ville de Lierre. T. VIII, col. 554.
Gutschoven (Gérard van), philosophe et médecin. T. VIII, col. 556.
Haze (Jacques de) ou De Haeze, écrivain ecclésiastique. T. V, col. 143.
Haze (Jean de), jurisconsulte. T. V, col. 143.
Hecke (Michel van), écrivain ecclésiastique. T. VIII, col. 819.
Heer (de), plus connu sous le nom de Timothée de la Présentation, écrivain ecclésiastique. T. V, col. 148.
Heelaut (Roland), écrivain ecclésiastique. T. VIII, col. 826.
Heeman (Gilles), écrivain ecclésiastique. T. VIII, col. 830.
Heems (Nicolas), jurisconsulte et professeur de droit, plus connu sous le nom de Nicolas de Bruxelles ou Nicolas de Capella. T. VIII, col. 830.
Heldemar (le Bienheureux), fondateur de l'abbaye d'Arrouaise. T. VIII, col. 886.
Helias d'Huddeghem (Robert-Emmanuel-Adrien-Ghislain), jurisconsulte. T. VIII, col. 890.
Helias d'Huddeghem (Emmanuel-Marie-Adrien-Ghislain), écrivain ecclésiastique. T. VIII, col. 891.
Helmont (le chanoine Pierre-Joseph), historien. T. IX, col. 10.
Hemel (Jean-Baptiste van), écrivain ecclésiastique. T. IX, col. 17.
Hemert (Antoine van), écrivain ecclésiastique. T. IX, col. 25.
Hendrickx (Goswin), Hendrici ou Henrici, écrivain ecclésiastique. T. IX, col. 60.
Henin (Antoine de) ou plutôt de Haynin, évêque d'Ypres. T. IX, col. 61.
Hennebel (Jean-Libert), écrivain ecclésiastique. T. IX, col. 68.
Hennepin (Louis), missionnaire. T. IX, col. 77.
Hennin (Quentin), écrivain ecclésiastique. T. IX, col. 84.
Henrart (Henri), écrivain ecclésiastique. T. IX, col. 96.
Henri de Bois-le-Duc, écrivain ecclésiastique. T. IX, col. 183.
Hensbergh (Vincent), écrivain ecclésiastique. T. IX, col. 223.

Hentenius (Jean), écrivain ecclésiastique. T. IX, col. 233.
Héribrand de Foux ou plutôt de Fooz, poète et hagiographe. T. IX, col. 244.
Herincx (Guillaume), évêque d'Ypres. T. IX, col. 251.
Hermans (N.), plus connu sous le nom de Norbert de Sainte-Julienne. T. IX, col. 274.
Herp (Henri de), plus connu sous le nom de Herphius, Harphius et Citharœdus, écrivain et théologien mystique. T. IX, col. 278.
Hertoghe (Corneille-Polycarpe de), écrivain ecclésiastique. T. V, col. 169.
Herthoghe (Jean-Philippe de), écrivain ecclésiastique. T. V, col. 172.
Hezecques (Raymond de) écrivain ecclésiastique. T. IX, col. 363.
Hezius (Thierri), théologien et secrétaire intime du pape Adrien VI. T. IX, col. 366.
Hidulphe (Saint) ou Hydulphe. T. IX, col. 369.
Hirn (François-Joseph), évêque de Tournai. T. IX, col. 385.
Hondt (Liévin de) ou Canisius, écrivain ecclésiastique. T. V, col. 189.
Hooghe (Henri-Bernard d'), en religion Benoît, écrivain ecclésiastique. T. VI, col. 34.
Hooghe (Martin de), écrivain ecclésiastique. T. V, col. 191.
Hucbald de Saint-Amand, appelé aussi Hubald, Hugbald, Hucbold et Uchubaldus, écrivain ecclésiastique et musicien. T. IX, col. 612.
Huleu (Jean-François-Ghislain), écrivain ecclésiastique. T. IX, col. 681.
Hunnæus (Augustin), Huens ou Hoens, écrivain ecclésiastique. T. IX, col. 711.
Huygens (Gommaire), écrivain ecclésiastique. T. IX, col. 729.
Huylenbroucq (Alphonse), écrivain ecclésiastique. T. IX, col. 749.
Huylenbroucq (François), plus connu sous le nom d'Archangelus Teneramundanus ou Archange de Termonde. T. IX, col 752.
Huysmans (Guillaume), littérateur et professeur. T. IX, col. 759.
Jacques de Bruges, appelé aussi Masius, écrivain ecclésiastique. T. X, col. 72.
Jacques de Gruitrode, écrivain ecclésiastique. T. X, col. 73.
Jean, surnommé l'Agneau, en latin Joannes Agnus, évêque de Maestricht. T. X, col. 174.
Jean van Baerle ou Baerlenus, inquisiteur, écrivain ascétique. T. X, col. 358.
Jean de Condé, écrivain ecclésiastique. T. X, col. 388.
Jean Coussemaecker, plus connu sous le nom de Jean Caligator et Caligula, poète. T. X, col. 388.
Joncheere (Jacques de), écrivain ecclésiastique. T. V, col. 206.
Jonghe (Jean de), écrivain ecclésiastique. T. V, col. 210.
Jonghe (Roger de). connu sous le nom de Juvenis, docteur en théologie. T. V, col. 222.
Klugmann (Jean-Népomucène de), écrivain ecclésiastique. T. V, col. 245.
La Coulture (Jules-César de) ou Coturius, écrivain ecclésiastique. T. V, col. 262.
La Court (Jean de), écrivain ecclésiastique. T. V, col. 262.
La Croix (François de), écrivain ecclésiastique. T. V, col. 264.
La Croix (Joseph de) ou a Cruce, écrivain ecclésiastique. T. V, col. 265.
La Croix (Landelin de), écrivain ecclésiastique. T. V, col. 266.
Laet (Jacques de), écrivain ecclésiastique. T. V, col. 270.
Laet (Jean-Baptiste de), écrivain ecclésiastique. T. V, col. 277.
La Fosse (Nicaise de) ou Nicaise de Sainte-Thérèse, carme déchaussé. T. V, col. 281.
La Haye (Gilbert de), écrivain ecclésiastique. T. V, col. 283.
La Haye (Jean de), écrivain ecclésiastique. T. V, col. 284.

Lambert de Berchem, pédagogue et écrivain. T. XI, col. 154.
Landsheere (Guillaume de), écrivain ecclésiastique. T. V, col. 301.
Langhe (Olivier de) ou Longi, chroniqueur et écrivain ecclésiastique. T. V, col. 320.
Launoy (Othon-Henri de), hagiographe. T. V, col. 332.
Leeuw (Gauthier de), jurisconsulte. T. V, col. 378.
Leeuwerik (Eustache), connu sous le nom d'Alauda et d'A Laude, écrivain ecclésiastique. T. XI, col. 647.
Macagge (Louis-Joseph), en religion le Père Herman, poète flamand. T. XIII, col. 1.
Maes (Bernardin) ou Masius, écrivain ecclésiastique. T. XIII, col. 125.
Maes (Jean) ou Masius, abbé de Parc. T. XIII, col. 136.
Maesman (Jacques) ou Mosander, écrivain ecclésiastique. T. XIII, col. 145.
Malapert (Philippe), écrivain ecclésiastique. T. XIII, col. 200.
Mannaerts (Olivier) ou Manaraeus, écrivain ecclésiastique. T. XIII, col. 355.
Marant (Pierre - Jacques), écrivain ecclésiastique. T. XIII, col. 408.
Marcelis (Jean), écrivain ecclésiastique. T. XIII, col. 423.
Marguerite d'Ypres (la Bienheureuse). T. XIII, col. 672.
Michaelis (Laurent) ou De La Roche, abbé d'Orval. T. XIV, col. 795.
Mulder (Jacques de) ou Honorius Ostendanus, écrivain ecclésiastique. T. V, col. 579.
Outreman (Antoine d'), historien. T. VI, col. 152.
Outreman (Henri d'), historien, T. VI, col. 153.
Outreman (Philippe d'), écrivain ecclésiastique. T. VI, col. 156.
Outreman (Pierre d'), écrivain ecclésiastique. T. VI, col. 155.
Pottere (Henri de), écrivain ecclésiastique. T. V, col. 629.
Pretere (Guillaume de), écrivain ecclésiastique. T. V, col. 637.
Rebbe (Nicolas de) ou Rebbius, écrivain ecclésiastique. T. V, col. 671.
Rycke (Jean de) ou Divitis, écrivain ecclésiastique. T. V, col. 688.
Rycke (Josse de), missionnaire et écrivain. T. V, col. 691.
Smedt (Gilles de) ou Fabri, homme d'Etat et écrivain ecclésiastique. T. V, col. 748.
Smet (de), plus connu sous le nom d'Omer de Saint-Bertin, écrivain ecclésiastique. T. V, col. 749.
Smet (Jacques de), maréchal-ferrant et vétérinaire. T. V, col. 762.
Smidt (François de), écrivain ecclésiastique. T. V, 769.
Smidt (Gilles de), écrivain ecclésiastique. T. V, col. 769.
Swert (Pierre de), écrivain ecclésiastique. T. V, col. 822.
Vaddere (Jean-Baptiste de), historien. T. V, col. 831.
Vaulx (Remacle de), écrivain ecclésiastique. T. V, col. 833.
Vloo (Ignace-Albert de), écrivain ecclésiastique. T. V, col. 843.
Vos (Pierre de), écrivain ecclésiastique. T. V, col. 858.

RIDDER (Alfred de).

Laives (Nicolas de), Laive ou Lesves, théologien. T. XI, col. 79.
Layens (Jean de), abbé du monastère de Saint-Ghislain. T. XI, col. 489.
Neeff (Georges-Jean de), bourgmestre de Louvain. T. XV, col. 529.
Odrade (Sainte). T. XVI, col. 78.
Outers (François van), ermite. T. XVI, col. 396.
Overloope (Pierre d'), seigneur d'Overloope, de Hamme et de Sainte-Anne, conseiller et commis ordinaire des domaines et finances. T. XVI, col. 418.
Pattey (Henri-Jacques), homme de guerre. T. XVI, col. 697.

Philippe d'Autriche, dit Le Beau, T. XVII, col. 178.
Philippe III d'Espagne. T. XVII, col. 291.
Philippine de Flandre. T. XVII, col. 346.
Philippine de Hainaut. T. XVII, col. 348.
Piétin (François), chroniqueur. T. XVII, col. 497.
Polet (Gérardine), bienfaitrice. T. XVII, col. 902.
Pot (Philippe), chevalier de la Toison d'Or. T. XVIII, col. 74.
Prévost de Le Val (Henry), généalogiste. T. XVIII, col. 223.
Ramey (Laurent), La Ramée, homme de guerre. T. XVIII. col. 625.
Rapaert de Grass (Frédéric-Thomas), publiciste. T. XVIII, col. 709.
Recourt de Lens de Licques (Maximilien-Philippe-Joseph-Eugène de), homme de guerre. T. XVIII, col. 819.
Reuss (Pierre) ou De Reuss, avocat au Conseil souverain de Brabant. T. XIX, col. 184.
Riebeke (Adrien de), bibliothécaire et héraut d'armes. T. XIX, col. 320.
Robiano (Balthazar de), bourgmestre de la ville d'Anvers. T. XIX, col. 533.
Robiano (Eugène-Jean-Baptiste de), conseiller au Conseil de Brabant. T. XIX, col. 533.
Robiano (comte François-Xavier-Jean-Marie-Joseph de), gouverneur de la province d'Anvers. T. XIX, col. 536.
Robiano (comte Louis-François de), chancelier de Brabant. T. XIX, col. 537.
Robiano (comte Louis-François-Paule-Marie-Joseph de), dit de Robiano-Borsbeeck, écrivain. T. XIX, col. 537.
Robiano (Louis-Marie-Joseph, dit Aloïs de), écrivain polyglotte. T. XIX, col. 539.
Robiano (comte Maurice-Joseph de), érudit, numismate, héraldiste et généalogiste. T. XIX, col. 541.
Robles (Jaspar de), homme de guerre. T. XIX, col. 550.
Roelants (Gérard), écrivain flamand. T. XIX, col. 643.
Routart (Michel), homme politique. T. XX, col. 262.
Rubempré (Antoine ou Charles de), chambellan de Philippe le Bon. T. XX, col. 303.
Rubempré (Jean de), sire de Bièvres, homme de guerre. T. XX, col. 304.
Rubempré (Philippe, comte de), homme de guerre. T. XX, col. 307.
Rubempré (le Bâtard de), homme de guerre. T. XX, col. 307.
Rue (Simon de), colonel. T. XX, col. 388.
Ruzette (Maximilien-François-Emmanuel-Joseph), chevalier, lieutenant. T. XX, col. 609.

RIVIER (Alphonse).

Du Jardin (Philippe), magistrat. T. VI, col. 264.
Du Laury (Remi-Albert), seigneur de Raveschot, jurisconsulte. T. VI, col. 269.
Flines (Robert de), jurisconsulte. T. VII, col. 111.
Flines (Séraphin de), jurisconsulte. T. VII, col. 112.
Gavere (Josse Vroye, Vroede ou de Vroye de), Judocus Gaverus, Judocus Laetus Gaverius, jurisconsulte et humaniste. T. VII, col. 526.
Gheiloven (Arnold), Arnoldus de Rotterodamis, Arnoldus Theodorici, canoniste, religieux de Groenendael. T. VII, col. 709.
Gilkens (Pierre), jurisconsulte. T. VII, col. 757.

ROBAULX DE SOUMOY (A. de).

Brias (Louis-Antoine, comte de), officier. T. III, col. 142.
Bryas ou Brias (Charles de), homme de guerre. T. III, col. 133.

Bryas (Guislain de), gouverneur de Marienbourg. T. III, col. 135.
Bryas (Jacques de), homme de guerre. T. III, col. 130.

ROERSCH (Alphonse).

Macropedius (Georges), connu également sous le nom de Langhveldt ou Lankveldt, humaniste et poète dramatique latin. T. XIII, col. 10.
Malapert (Charles), poète latin et mathématicien. T. XIII, col. 195.
Marbays (Gérard de) ou Marbeys, philosophe et littérateur latin. T. XIII, col. 418.
Marinus (Jacques), philologue. T. XIII, col. 745.
Massæus (Chrétien) ou Masseeuw, historien et philologue. T. XIII, col. 933.
Mattard (Pierre), poète latin. T. XIV, col. 73.
Mayerus (Jean), prêtre et théologien. T. XIV, col. 178.
Mayus (Jacques), poète latin. T. XIV, col. 179.
Meganck (Pierre) ou Megang, humaniste. T. XIV, col. 292.
Milon, moine et écolâtre, poète latin, biographe et philosophe. T. XIV, col. 847.
Modius (François) ou De Maulde, humaniste, poète et philologue latin. T. XIV, col. 921.
Moschus (François), humaniste, poète latin et historien. T. XV, col. 285.
Murmellius (Johannes), humaniste et poète latin. T. XV, col. 355.
Musenus (Josse), humaniste. T. XV, col. 375.
Nanninck (Pierre), plus connu sous le nom de Nannius, philologue. T. XV, col. 415.
Nicolas de Mamer ou Mameranus, polygraphe. T. XV, col. 685.
Ogier (Simon), poète latin. T. XVI, col. 98.
Pallantia (Jeanne), femme de lettres et poète latin. T. XVI, col. 503.
Paludanus (Jean) ou Desmarais (Desmarez), professeur à l'Université de Louvain. T. XVI, col. 517.
Paludanus (Jean) ou Desmarez, maître d'école. T. XVI, col. 518.
Pantin (Guillaume), médecin et philologue. T. XVI, col. 565.
Pantin (Pierre), helléniste et poète latin. T. XVI, col. 567.
Papa (Jacques) ou Le Pape, maître d'école et poète latin. T. XVI, col. 571.
Papeus (Petrus), poète dramatique latin et écolâtre de Menin. T. XVI, col. 592.
Pelgrom (Simon) ou Pelegromius, humaniste. T. XVI, col. 875.
Periander (Gilles), poète latin. T. XVII, col. 17.
Philenus (Henri), poète latin. T. XVII, col. 159.
Philicinus (Pierre) ou Campson, prosateur et poète latin. T. XVII, col. 160.
Pighius (Etienne-Winand), philologue. T. XVII, col. 501.
Pileus (Louis), poète latin. T. XVII, col. 514.
Pirouël (Frédéric), poète et prosateur latin. T. XVII, col. 657.
Piroulle (François), théologien et poète. T. XVII, col. 658.
Plateanus (Pierre), pédagogue. T. XVII, col. 765.
Plateau (Louis) ou Platel, jésuite. T. XVII, col. 788.
Poele (Robert vanden) ou Vanden Poel ou de Lacu, jurisconsulte. T. XVII, col. 867.
Pontanus (Liévin), humaniste, professeur de droit canon. T. XVIII, col. 12.
Pontanus (Petrus) ou De Ponte ou Vander Brugge, humaniste et poète latin. T. XVIII, col. 13.
Potmans (Paul), grammairien. T. XVIII, col. 81.
Puteanus (Erycius) ou Eerryk de Putte, historien, philologue et philographe. T. XVIII, col. 329.
Putschius (Elie) ou von Putschen, philologue. T. XVIII, col. 345.
Quercentius (Robert), calligraphe

et poète latin. T. XVIII, col. 453.
Raedt (Nicolas de), poëte latin. T. XVIII, col. 557.
Ransonnet (Sylvestre-Michel-François), poète latin. T. XVIII, col. 679.
Ravesteyn (Josse van) ou Jodocus Tiletanus, théologien. T. XVIII, col. 802.
Rees (Gaspard-François de), poëte latin. T. XVIII, col. 833.
Rescius (Rutger), vulgo Ressen, helléniste et imprimeur. T. XIX, col. 155.
Reymarius (Augustin), humaniste. T. XIX, col. 199.
Roel (Conrad van), poète latin. T. XIX, col. 634.
Roger (Jacques), poète latin. T. XIX, col. 687.
Rotarius (Jacques), savant religieux. T. XX, col. 178.
Rotarius (Jacques), chanoine de Saint-Denis à Liége. T. XX, col. 178.
Roulers (Adrien de) ou Roulerius, poète latin. T. XX, col. 219.
Roulez (Joseph), professeur à l'Université de Gand, archéologue. T. XX, col. 221.
Royen (Gilles), maître d'école à Liége. T. XX, col. 289.
Rycke (Guillaume de) ou Dives, poète latin. T. XX, col. 626.

ROERSCH (Louis).

Gautier de Lille ou de Châtillon, poète latin. T. VII, col. 514.
Gevaerts (Jean-Gaspard) ou Janus Casperius Gevartius, philologue distingué et poète latin. T. VII, col. 694.
Giselin ou plutôt Ghyselinck (Victor) ou Victor Giselinus, médecin et humaniste. T. VII, col. 787.
Grumsel (Gérard), poète latin. T. VIII, col. 353.
Grumsel (Guillaume), poète latin. T. VIII, col. 351.
Gruytere (Jan) ou van Gruytere, plus connu sous le nom de Janus Gruterus, philologue et polygraphe. T. VIII, col. 365.
Haemus (François), Hem, de Hayme, Heems ou Vander Hem, poëte latin. T. VIII, col. 604.
Halewyn (Georges de), humaniste. T. VIII, col. 628.
Heins (Daniel), plus connu sous le nom de Daniel Heinsius, philologue et poète. T. VIII, col. 851.
Herts (François), poète latin. T. IX, col. 298.
Heylerhoff (Martin-Jean van), archéologue et historien. T. IX, col. 354.
Hologne (Grégoire de), plus connu sous le nom de Holonius, poète latin. T. IX, col. 434.
Hologne (Lambert de), écrivain. T. IX, col. 436.
Horion (Jean de), humaniste et professeur de théologie. T. IX, col. 476.
Houthem (Libert), poète latin. T. IX, col. 546.
Hoye (André van), poète latin et historien. T. IX, col. 570.
Huygs (Guillaume), poète latin. T. IX, col. 749.
Latomus (Barthélemy), humaniste. T. XI, col. 425.
Laurin (Guido), Lauryn ou plutôt Lauweryn, jurisconsulte, philologue. T. XI, col. 457.
Laurin (Marc), Lauryn ou Lauweryn, numismate. T. XI, col. 461.
Leernout (Jacques) ou Jacobus Lernutius, poète. T. XI, col. 630.
Leernout (Jean) ou Janus Lernutius, poète latin. T. XI, col. 631.
Léopard (Paul), philologue. T. XI, col. 829.
Lievens (Jean) ou Livineius, philologue. T. XII, col. 124.
Lipse (Juste ou Josse) ou plutôt Lips, philologue et humaniste. T. XII, col. 239.
Longueil (Christophe de) ou Christophorus Longolius, humaniste. T. XII, col. 349.
Loo (Jean van) ou Loæus, poète latin. T. XII, col. 379.

ROMBAUT (Eugène).

Ronnberg (Auguste-Henri), fonctionnaire. T. XX, col. 10.

RONGÉ (J.-B.).

Grétry (André-Ernest-Modeste), compositeur de musique. T. VIII, col. 256.

ROOSES (Max).

Hasselt (Augustin van), imprimeur. T. VIII, col. 751.
Jegher (Christophe) ou Jeghers, ou Jegherendorff, graveur sur bois. T. X, col. 463.
Jegher (Jean-Christophe) ou Jeghers, graveur sur bois. T. X, col. 470.
Kiel (Corneille) ou Van Kiel, Kilianus ou Kiliaen, philologue. T. X, col. 748.
Lambrecht (Jean) ou Lambrechts, poète flamand. T. XI, col. 198.
Leest (Antoine van), graveur sur bois. T. XI, col. 638.
Lerius (Joseph van), peintre de genre, de portraits et d'histoire. T. XI, col. 893.
Leys (Jean-Auguste-Henri), peintre de genre et d'histoire. T. XII, col. 65.
Liefrinck (Corneille), graveur sur bois. T. XII, col. 109.
Liefrinck (Guillaume), graveur sur bois et imprimeur de gravures. T. XII, col. 110.
Liefrinck (Jean), graveur. T. XII, col. 111.
Lies (Joseph-Henri-Hubert), peintre de genre, d'histoire, de portraits et de paysage. T. XII, col. 116.
Linnig (Egide), peintre de marine. T. XII, col. 225.
Lion (Alexandre-Louis), peintre de genre. T. XII, col. 231.
Lion (Aloïs-Stanislas), peintre de genre. T. XII, col. 232.
Maes (Godefroid), peintre d'histoire. T. XIII, col. 132.
Moretus, famille d'imprimeurs anversois. T. XV, col. 252.
Moretus (Théodore), écrivain, physicien, mathématicien, philosophe et théologien. T. XV, col. 260.
Nauwens (Jean-Louis), poète flamand. T. XV, col. 487.
Neefs (Jacques) ou Neeffs, graveur, T. XV, col. 543.
Neefs (Louis), peintre d'architecture. T. XV, col. 547.
Neefs (Pierre) ou Neeffs, peintre d'architecture. T. XV, col. 549.
Neefs (Pierre), Nefs, P. Nefs, Peeter Nefs, peintre. T. XV, col. 552.
Negker (Josse de) ou de Necker, graveur sur bois. T. XV, col. 562.
Nicolaï (Arnold), graveur sur bois. T. XV, col. 663.
Nieuwelandt (van), van Nieulant ou Van Nieuwlant, famille de peintres. T. XV, col. 717.
Noort (Adam van), peintre d'histoire. T. XV, col. 823.
Noort (Lambert van), peintre d'histoire. T. XV, col. 831.
Nutius (Martin), imprimeur. T. XVI, col. 11.
Nutius (Martin II), imprimeur. T. XVI, col. 13.
Nutius (Martin III), imprimeur. T. XVI, col. 14.
Nutius (Philippe), imprimeur. T. XVI, col. 12.
Ogier (Barbe), poète dramatique. T. XVI, col. 91.
Ogier (Guillaume), poète dramatique. T. XVI, col. 93.
Ommeganck (Balthasar-Paul), peintre de paysages et d'animaux. T. XVI, col. 167.
Opstal (Gaspard-Jacques van), peintre de portraits et d'histoire. T. XVI, col. 235.
Overlaet (Antoine), dessinateur et graveur. T. XVI, col. 409.
Panneels (Guillaume), peintre-graveur. T. XVI, col. 550.
Peeters (Bonaventure), peintre de marine. T. XVI, col. 847.
Peeters (Bonaventure II), peintre de marine. T. XVI, col. 849.
Peeters (Gilles ou Egide), peintre de

paysage et de marine. T. XVI, col. 853.
Peeters (Jean), peintre de marine. T. XVI, col. 857.
Pepin (Martin), peintre d'histoire. T. XVI, col. 922.
Plantin (Christophe), imprimeur. T. XVII, col. 740.
Poelman (Théodore) ou Pulmannus, latiniste. T. XVII, col. 874.
Poirters (Adrien), littérateur néerlandais. T. XVII, col. 889.
Quellin (Erasme), peintre. T. XVIII, col. 437.
Quellin (Jean-Erasme), peintre d'histoire. T. XVIII, col. 447.
Raphelengien (François), de Ravelenghien, van Ravelenghien, van Ravelingen, écrivain, poète et philologue latin. T. XVIII, col. 728.
Regemorter (Ignace-Joseph-Pierre van), peintre de genre et paysagiste. T. XVIII, col. 852.
Regemorter (Pierre-Jean van), peintre de paysage et de genre. T. XVIII, col. 853.
Rockox (Nicolas), magistrat numismate, archéologue anversois. T. XIX, col. 566.
Rombouts (Théodore), peintre d'histoire et de genre. T. XIX, col. 912.
Ronsse (Joseph), romancier flamand. T. XX, col. 17.
Rubbens (Arnaud-François), peintre de batailles. T. XX, col. 302.
Rubens (Albert), littérateur et archéologue. T. XX, col. 309.
Rubens (Philippe), archéologue et philologue anversois. T. XX, col. 313.
Rubens (Pierre-Paul), peintre. T. XX, col. 317.
Ryckaert (David I), peintre anversois. T. XX, col. 612.
Ryckaert (David II), peintre anversois. T. XX, col. 614.
Ryckaert (David III), peintre de genre anversois. T. XX, col. 614.
Ryckaert (Martin), peintre paysagiste anversois. T. XX, col. 618.
Ryswyck (Jean van), littérateur flamand. T. XX, col. 716.
Ryswyck (Jean-Théodore van), poète flamand. T. XX, col. 721.
Ryswyck (Lambert van), littérateur flamand. T. XX, col 724.

ROULEZ (J.-E.-G.).

Ausque (Claude d'), philologue et théologien. T. IV, col. 698.
Backer (Jean de), humaniste et poête latin. T. IV, col. 740.
Bast (Martin-Jean de), érudit, numismate, antiquaire. T. IV, col. 756.
Bekker (Georges-Joseph), professeur aux Universités de Louvain et de Liége. T. II, col. 111.
Bisschop (Philippe de) ou Episcopius, poète latin. T. IV, col. 794.
Bur (Pierre de), en latin Burrus, humaniste, poète latin et théologien. T. IV, col. 851.
Busschere (Pierre de), en latin Silvius, instituteur. T. IV, col. 855.
Carausius, pilote ménapien. T. III, col. 304.
Carrion (Louis), philologue. T. III, col. 352.
Castritius (Henri), poète latin T. III, col. 373.
Chilius (Adrien), poète latin. T. IV, col. 76.
Colve (Pierre), philologue. T. IV, col. 309.
Crucque (Jacques de), en latin Cruquius, philologue. T. V, col. 48.
Damas (Jean) ou Damasius, numismate et poète latin. T. IV, col. 650.
Damman (Adrien), poète latin, T. IV, col. 656.
Dehaut (Louis-Etienne), professeur. T. V, col. 144.
Delanghe (Charles), en latin Langius, philologue. T. V, col. 310.
Des Masures (Louis), en latin Masurius, poète français et latin. T. V. col. 744.
Dominikel (Guillaume), poète latin. T. VI, col. 115.
Dongelberg ou Dongelberghe (Henri-Ch. de), homme politique, écrivain et poète latin. T. VI. col. 124.

Duet (Antoine), professeur, poète latin. T. VI, col. 242.
Du Four (Henri), Furnius ou Farnèse, philologue, moraliste, professeur. T. VI, col. 253.
Du Mortier (Jérôme), poète latin. T. VI, col. 308.
Du Mortier (Nicolas), théologien, philologue. T. VI, col. 310.
Espiennes du Fay (Jean d'), chanoine, poète latin. T. V, col. 778.
Hollander (Englebert d'), jésuite, poète latin. T. VI, col. 31.
Huyvetter (Jean d'), amateur d'objets d'art et d'antiquités. T. VI, col. 38.
Laet (Jean de), géographe, naturaliste et philologue. T. V, col. 273.
Le Wincque (Grégoire de), poète latin. T. V, col. 410.
Meyer (Antoine de), humaniste, poète latin, historien, T. V, col. 532.
Meyer (Liévin de), théologien et poète. T. V, col. 551.
Meyer (Philippe de), humaniste, poète, historien. T. V, col. 558.
Meyere (Léon de), poète. T. V, col. 561.
Rycke (Josse de), en latin Justus Rycquius ou Riquius, érudit et poète latin. T. V, col. 689.
Schryver (Alexandre de) ou Graphæus, poète latin. T. V, col. 719.
Schryver (Corneille de), philologue, poète latin. T. V, col. 721.
Smet (Bonaventure de), plus connu sous le nom de Vulcanius, écrivain latin. T. V, col. 753.
Smet (Martin de), épigraphiste. T. V, col. 764.
Somere (Jacques de), administrateur, diplomate et poète latin. T. V, col. 771.
Stoop (Nicolas de), en latin Stopius, poète latin. T. V, col. 809.
Tollenaere (Jean de), poète latin. T. V, col. 826.
Vriendt (Maximilien de), en latin Maxæmilianus (*sic*) Vrientius, secrétaire de la ville de Gand, poète latin. T. V, col. 869.
Weerdt (Josse de), poète latin. T. V, col. 902.

SABBE (Maurice).

Moerman (Jean), poète. T. XV, col. 20.
Mol (Jacques de), poète néerlandais. T. XV, col. 43.
Quicke (Jean), poète flamand. T. XVIII, col. 501.
Rouvroy (Pierre van), poète flamand. T. XX, col. 282.

SAGHER (L. de).

Hamal (Henri), compositeur de musique. T. VIII, col. 662.
Hamal (Henri-Guillaume), compositeur de musique. T. VIII, col. 659.
Hamal (Jean-Noël), compositeur de musique. T. VIII, col. 660.

SAINTENOY (Paul).

Raeymackers (Henri), architecte. T. XVIII, col. 584.
Rit (Jean-Frédéric vander), architecte. T. XIX, col. 360.
Roget (Nicolas), architecte, ingénieur en chef des ponts et chaussées. T. XIX, col. 689.
Roussel (Armand-Louis-Adolphe), géomètre et architecte. T. XX, col. 258.
Ruysbroeck (Gilles de), dit vanden Berghe, tailleur de pierres. T. XX, col. 497.
Ruysbroeck (Guillaume de), dit vanden Berghe, homme politique. T. XX, col. 506.
Ruysbroeck (Jean de ou van), dit vanden Berghe, tailleur de pierres. T. XX, col. 591.
Ruysbroeck (Jean de ou van), dit vanden Berghe, fils, tailleur de pierres. T. XX, col. 599.
Ryssens Delauw (Joseph-Martin), architecte et peintre de fleurs et natures mortes. T. XX, col. 711.

SAINT-GENOIS (baron Jules de).

Abeets (A.-F.). sculpteur. T. I, col. 1.
Ablyen (Corneille), écrivain flamand. T. I, col. 4.
Absel (Guillaume van) ou Apsel, ou Abselius, écrivain ascétique. T. I, col. 6.
Adelhaire ou Adelharius, chroniqueur du xe siècle. T. I, col. 62.
Adelman ou Adelmanne, évêque de Brescia. T. I, col. 62.
Adornes (Anselme), Adorne ou Adorno, magistrat, diplomate. T. I, col. 73.
Adornes (Tertius Anselme), poète latin. T. I, col. 79.
Adrien le Chartreux, écrivain ascétique. T. I, col. 87.
Aegidius (Gabriel), écrivain moraliste. T. I, col. 89.
Aerendts (Giselbert), sculpteur. T. I, col. 94.
Aert (Jean), fondeur. T. I, col. 121.
Aken (Arnould van), écrivain ascétique. T. I, col. 142.
Albert d'Autriche, archiduc. T. I, col. 184.
Albert, duc de Saxe, dit le Courageux. T. I, col. 189.
Alegambe (Philippe), bibliographe. T. I, col. 206.
Allamont (Eugène-Albert d'), évêque de Gand. T. I, col. 230.
Almaraz (Josse d' ou van), écrivain ecclésiastique. T. I, col. 235.
Andries (Josse), écrivain ecclésiastique. T. I, col. 292.
Anicius, médecin. T. I, col. 299.
Anso, Anson ou Ansus, hagiographe. T. I, col. 343.
Anthonissen (Pierre), prédicateur. T. I, col. 345.
Apollonius (Levinus), historien, voyageur. T. I, col. 350.
Aranda (Bernard de ou d'), négociateur. T. I, col. 356.
Aranda (Emmanuel de ou d'), voyageur. T. I, col. 357.
Ardennes (Gilles d'), sculpteur. T. I, col. 366.
Arnoldi (Olaus-Nic.), musicien. T. I, col. 441.
Arnoldus ou Arnaldus de Bruxella, aussi appelé Fiamingo, imprimeur. T. I, col. 441.
Arnould de Bergheyck, dit Orydrius, helléniste et poète latin. T. I, col. 464.
Arnould de Binche, architecte. T. I, col. 464.
Arnould ou Arnolt de Bruck, compositeur. T. I, col. 465.
Arnould de Flandres ou Arnao de Flandes, peintre verrier. T. I, col. 466.
Arnould d'Isque, en latin Arnoldus ab Ysscha, théologien. T. I. col. 467.
Arnould de Lens ou Arlenius, surnommé Peraxyle, philosophe. T. I, col. 468.
Ascelin ou Azelin de Tronchiennes, évêque de Paris. T. I, col. 491.
As Cloquettes (Michel), négociateur. T. I, col. 492.
Assche (Henri van), peintre. T. I, col. 500.
Assoneville (Jacques d') ou Dassonville, dessinateur. T. I, col. 507.
Audejan (Hubert), Audejans ou Oudejans, poète latin. T. I, col. 535.
Audenaerde (Daniel van), écrivain ecclésiastique. T. I, col. 543.
Audenaerde ou Thomas a Virgine, prédicateur. T. I. col. 543.
Aurata (Jacques), humaniste. T. I, col. 546.
Austricus (Liévin), médecin. T. I, col. 548.
Auvin (Charles-Joseph-Arnold-Victor, baron d') ou Dauvin, homme de lettres. T. I. col. 552.
Auvin (Jean d') ou Dauvin, évêque de Namur. T. I. col. 554.
Averoult (Antoine d') ou Avroultius, écrivain ecclésiastique. T. I. col. 555.
Avesnes (Jacques d'), chevalier croisé. T. I, col. 563.
Axonius (Joachim), polygraphe. T. I. col. 568.
Azevedo-Continho-y-Bernal (Gérard-

Dominique), historien. T. I, col. 595.

Azevedo-Contingo-y-Bernal (Joseph-Félix), généalogiste. T. I, col. 596.

Badius (Josse) ou Bade, imprimeur. T. I, col. 610.

Baersdorp (Corneille van), médecin de Charles-Quint. T. I, col. 625.

Baert (Philippe), généalogiste. T. I, col. 633.

Baillencourt (François), évêque de Bruges. T. I, col. 638.

Baillet (Christophe-Ernest, comte de), magistrat. T. I, col. 643.

Balde (Henri), écrivain ascétique. T. I, col. 657.

Bande (Georges de), fondeur de canons. T. I, col. 682.

Barafin (Pierre-Paul-Joseph), magistrat. T. I, col. 683.

Bassery (Guillaume), évêque de Bruges. T. I, col. 762.

Baudemond, biographe. T. I, col. 790.

Baudier (Dominique), de Bauldier ou Baudius, poète. T. I, col. 792.

Baudouin II, de Courtenay, comte de Namur. T. I, col. 813.

Baudouin de Boucle, fondateur de l'abbaye de Baudeloo. T. I, col. 838.

Baudouin de Ninove, chroniqueur. T. I, col. 841.

Baudri ou Balderic, biographe. T. I, col. 847.

Bauhuysen (Bernard van) ou Bauhusius, poète latin. T. I, col. 849.

Bauwens (Liévin), industriel. T. II, col. 2.

Bavarius (Gilles), poète latin. T. II, col. 15.

Béatrice de Courtrai, princesse. T. II, col. 26.

Beckaert (Jean) ou Becardus, écrivain ecclésiastique. T. II, col. 74.

Bedtsbrugghe (Gilles van), dit Betsbruggius, poète et jurisconsulte. T. II, col. 82.

Bekaert (Philippe-Jacques), professeur de langues. T. II, col. 110.

Beneden (Laurent van), hagiographe. T. II, col. 152.

Berchem (Jean van), voyageur. T. II, col. 166.

Bérenger, premier comte de Namur. T. II, col. 174.

Bergaigne (Joseph de), évêque de Bois-le-Duc, négociateur. T. II, col. 175.

Berlaymont (Louis, comte de), archevêque de Cambrai. T. II, col. 266.

Berlikom (Baudouin), poète. T. II, col. 269.

Bernard de Luxembourg, controversiste. T. II, col. 280.

Bert (Pierre) ou Bertius ou de Berte, érudit. T. II, col. 292.

Bertholf (Hilaire), poète. T. II. col. 314.

Beuckels (Guillaume) ou Buckels, industriel. T. II, col. 384.

Beudin (Corneille) ou Godinez, missionnaire. T. II, col. 385.

Biese ou Biesius (Nicolas), médecin. T. II, col. 418.

Binsfeld (Pierre), théologien. T. II, col. 432.

Birton (Mathias) ou Birthon, imprimeur. T. II, col. 440.

Blancstain ou Blanc-Estrain, chef de faction. T. II, col. 451.

Blondel (Antoine), baron de Cuincy ou de Cunchy, poète. T. II. col. 530.

Boch (Jean) ou Bochius, poète latin. T. II, col. 541.

Boch (Jean-Ascanius) ou Bochius, poète latin. T. II, col. 544.

Bon (François) ou Boon, grammairien. T. II, col. 671.

Bondroit (Jean-Ph.), médecin. T. II. col. 678.

Brecht (Liévin van), Brechtus ou Brechtanus, poète latin. T. II, col. 913.

Brimeu (Guy de), seigneur d'Humbercourt, ministre de Marie de Bourgogne. T. III, col. 67.

Jean de Saint-Amand, abbé de Saint-Bavon, prédicateur, écrivain ascétique. T. X, col. 414.

SCHAAR (Julien).

Destriveaux (Pierre-Joseph), professeur à l'Université de Liége. T. V, col. 814.

SCHOOLMEESTERS (Émile).

Jongelincx (Gaspar), dit Jongelinus, écrivain ecclésiastique. T. X, col. 507.
Manigart (Jean-Henri), écrivain ecclésiastique. T. XIII, col. 326.
Marcelis (Pierre), théologien. T. XIII, col. 424.
Radulphe de Zaehringen, évêque de Liége. T. XVIII, col. 553.
Renilde (Sainte), Renula, Reginela et Relindis. T. XIX, col. 126.
Robert de Thourotte, évêque de Liége. T. XIX, col. 482.

SCHREVEL (A.-C. de).

Jean de Colmieu ou de Collemedio, biographe. T. X, col. 373.
Lucas (François), dit Lucas Brugensis, exégète et critique sacré. T. XII, col. 550.
Massemin (Pierre), professeur d'écriture sainte. T. XIII, col. 939.
Mattelaer (Josse), poète flamand. T. XIV, col. 73
Mazière (Joseph-Benoît de), professeur orientaliste. T. XIV, col. 180.
Mets (Laurent de), augustin. T. XIV, col. 622.
Metsius (Laurent) ou de Mets, évêque de Bois-le-Duc. T. XIV, col. 622.
Mileman (François) ou Myleman, jésuite missionnaire. T. XIV, col. 835.
Mueleman (Adrien), théologien et annaliste. T. XV, col. 340.
Pachtere (Félix-François de), maître d'école et imprimeur. T. XVI, col. 444.
Pamele (Jacques de Joigny de), théologien. T. XVI, col. 528.
Pauw (Pierre-Jacques de), théologien. T. XVI, col. 725.
Peeters (Barthélemi), Petrus ou Petri, théologien et exégète. T. XVI, col. 839.
Pelsers (Jean), médecin-chirurgien. T. XVI, col. 884.
Pierre des Dunes, VIIe ou VIIIe abbé des Dunes. T. XVII, col. 433.
Pintaflour (Pierre), évêque de Tournai. T. XVII, col. 535.
Précipiano (comte Humbert-Guillaume de), homme d'Etat, évêque de Bruges. T. XVIII, col. 204.
Preingué (Louis-Philippe), en religion P. Jourdain, théologien. T. XVIII, col. 216.
Quaille (Jacques van), théologien. T. XVIII, col. 402.
Quynckere (Servais de) ou Quynckerus, VIIe évêque de Bruges. T. XVIII, col. 516.
Ratabon (Martin de), XIIIe évêque d'Ypres. T. XVIII, col. 763.
Richard de Capelle, XXe prévôt de la collégiale de Notre Dame à Bruges. T. XIX, col. 249.
Riedt (Jean van) ou Joannes de Arundine, théologien et évêque. T. XIX, col. 321.
Rinus (Thomas), Rhinus, vanden Rhyne, orateur. T. XIX, col. 359.
Robert de Bruges (bienheureux), premier abbé des Dunes de l'ordre de Citeaux. T. XIX, col. 416.
Rodoan (Charles-Philippe de), IVe évêque de Bruges. T. XIX, col. 603.
Ryckewaert (Augustin-Joseph), théologien. T. XX, col. 640.
Rythovius (Martin), théologien, Ier évêque d'Ypres. T. XX, col. 726.

SIMENON (Guillaume).

Rosenthal (Jean), écrivain ecclésiastique. T. XX, col. 110.
Rosmer (Paul), écrivain ecclésiastique. T. XX, col. 140.
Rosmer (Théodore), écrivain ecclésiastique. T. XX, col. 141.

SIRET (Adolphe).

Abbé (Henri), dessinateur. T. I, col. 1.
Achtschelling (Luc) ou Achtschellinck, peintre. T. I, col. 14.
Adriaenssens (Alexandre), le Vieux, peintre. T. I, col. 82.
Adriaenssens (Alexandre), le Jeune, peintre. T. I, col. 83.
Adriaenssens (Renier), peintre. T. I, col. 83.
Adriaenssens, peintres. T. I, col. 83.
Aelst (Paul van), peintre. T. I, col. 94.
Aken (Joseph van), peintre. T. I, col. 150.
Alsloot ou Van Alsloot, peintres. T. I, col. 238.
Andriessens (Henri), dit Manken Hein, peintre. T. I, col. 292.
Ansiaux (Jean-Joseph-Eléonore-Antoine), peintre d'histoire. T. I, col. 337.
Avont (Pierre van) ou vanden Avont, peintre. T. I, col. 567.
Backer (François de), peintre. T. IV, col. 737.
Backer (Jacques de), dit Palermo, peintre. T. IV, col. 738.
Backereel (Gilles), peintre. T. I, col. 603.
Backereel (Guillaume), peintre. T. I, col. 603.
Badens (François), peintre. T. I, col. 609.
Badens (Jean), peintre. T. I, col. 609.
Badoux (Robert de), peintre. T. I, col. 616.
Baillieur (Corneille de), peintre. T. I, col. 648.
Balen (van), famille de peintres. T. I, col. 665.
Balen (Henri van), le Vieux, peintre. T. I, col. 665.
Balen (Jean van), peintre. T. I, col. 668.
Balen (Pierre), peintre. T. I, col. 668.
Bargas (A.-F.), dessinateur et graveur. T. I, col. 718.
Battele (Jacques van), peintre. T. I, col. 776.
Battele (Jean van), peintre. T. I, col. 776.
Baurscheit (Jean-Pierre van), le Vieux, sculpteur et architecte. T. I, col. 850.
Becquet (Henri-Jean), peintre. T. II, col. 76.
Bedaff (Antoine-A.-E. van), peintre. T. II, col. 76.
Beeck (Jean), peintre. T. II, col. 82.
Beer (Arnold de), peintre. T. IV, col. 781.
Beerblock (Jean), peintre. T. II, col. 99.
Beerings (Grégoire), peintre. T. II, col. 101.
Bernaert (Philippe), peintre. T. II, col. 102.
Bellechose (Henri), peintre. T. II, col. 125.
Benoît (Pierre), peintre. T. II, col. 163.
Berges (Jean-François), peintre. T. II, col. 189.
Bernaerd (Nicaise), peintre. T. II, col. 270.
Berré (Jean-Baptiste), peintre. T. II. col. 290.
Beschey (Balthasar), peintre. T. II, col. 348.
Beschey (Jean-François), peintre. T. II, col. 350.
Bessemers (Marie van) ou Mayke Verhulst, peintre. T. II, col. 350.
Beuckelaer (Alipe van), dessinateur et sculpteur. T. II, col. 382.
Beuckelaer (Joachim), peintre. T. II, col. 382.
Bie (Adrien de), peintre. T. IV, col. 784.
Biset (Charles-Emmanuel), peintre. T. II, col. 440.
Biset (Jean-Baptiste), peintre. T. II, col. 443.
Bles (Henri), de Bles ou Met de Bles, dit aussi Civetta, peintre. T. II, col. 471.
Bloemen (Jean-François van), peintre. T. II, col. 488.
Bloemen (Norbert van), peintre. T. II, col. 491.
Bloemen (Pierre van), peintre. T. II, col. 492.

Blondeel (Lancelot), peintre. T. II, col. 525.
Bloot (Pierre de), peintre. T. IV, col. 805.
Bock (van), Boekel ou Bouck, peintre. T. II, col. 554.
Boel (Corneille), graveur. T. II, col. 578.
Boel (Coryn ou Quiryn), graveur. T. II, col. 579.
Boel (Jean), graveur. T. II, col. 580.
Boel (Jean-Baptiste), peintre. T. II, col. 580.
Boel (Pierre), peintre. T. II, col. 581.
Boeyermans (Théodore ou Thierry), peintre. T. II, col. 605.
Bol (Jean), peintre. T. II, col. 626.
Bologne (Jean de), peintre. T. II, col. 642.
Bologne (Jean), sculpteur. T. II, col. 643.
Boon (Daniel), peintre. T. II, col. 693.
Borrekens (Jean-Pierre-François), peintre. T. II, col. 725.
Bosschaert (Nicolas), peintre. T. II, col. 749.
Bosschaert (Thomas-Willebrord) ou Bossaert, peintre. T. II, col. 750.
Boucquet (Victor), peintre. T. II, col. 785.
Boudewyns (Adrien-François), peintre. T. II, col. 788.
Bouillon (Michel), peintre. T. II, col. 820.
Boulogne (Hue de), peintre et gouverneur du château de Hesdin. T. II, col. 826.
Bout (Pierre), peintre. T. II, col. 873.
Brauwer (Adrien de), de Brauwere, de Brauwer, Brauwere, Brouwer, Brouwers ou Brauwers, peintre. T. IV, col. 826.
Bredael (Jean-François van), peintre. T. II, col. 918.
Bredael (Jean-Pierre van), peintre. T. II, col. 917.
Bredael (Pierre van), le Vieux, peintre. T. II, col. 914.
Brée (Mathieu-Ignace van), peintre. T. II, col. 929.
Breughel (Abraham) ou Brueghel, le Jeune, peintre. T. III, col. 17.
Breughel (Ambroise) ou Brueghel, peintre. T. III, col. 36.
Breughel (Corneille et François-Jérôme), peintres. T. III, col. 18.
Breughel (Jean), dit de Velours, le Vieux, peintre. T. III, col. 26.
Breughel (Jean), le Jeune, peintre. T. III, col. 34.
Breughel (Jean-Baptiste) ou Brueghel, peintre. T. III, col. 18.
Breughel (Pierre) ou Brueghel, le Vieux, dit le Paysan. T. III, col. 19.
Breughel (Pierre), dit l'Enfer, peintre. T. III, col. 24.
Breydel (Charles), dit le Chevalier, peintre. T. III, col. 37.
Breydel (François), peintre. T. III, col. 40.
Bril (Mathieu), le Vieux, peintre. T. III, col. 54.
Bril (Mathieu), le Jeune, peintre. T. III, col. 55.
Bril (Paul), peintre. T. III, col. 56.
Britselius (Antoine), dessinateur flamand. T. III, col. 72.
Broederlam (Melchior) ou Brooderlam, peintre. T. III, col. 78.
Broers (Gaspard), peintre. T. III, col. 81.
Brulle (Albert de), sculpteur. T. III, col. 110.
Brussel (Antoine van), peintre. T. III, col. 116.
Bruyn (Abraham de), peintre. T. IV, col. 842.
Bruyn (Nicolas de), peintre. T. IV, col. 843.
Brussel (Louis van), peintre. T. III, col. 117.
Bruyns (Anne-Françoise de), peintre. T. III, col. 123.
Bry (Jean-Théodore de), graveur. T. III, col. 128.
Bry (Théodore de), graveur. T. III, col. 125.
Buschmann (Gustave), peintre. T. III, col. 191.
Buschmann (Joseph-Ernest), littérateur. T. III, col. 193.
Buscom (Guillaume-E. van), sculpteur. T. III, col. 199.

Buyster (Philippe), sculpteur. T. III. col. 220.
Caisne (Henri de), peintre. T. IV, col. 860.
Calvaert (Denis), peintre. T. III, col. 258.
Campenhout (François van), compositeur. T. III, col. 283.
Campin (Robert) ou Campain, peintre. T. III, col. 284.
Capiaumont (Henri-Joseph), médecin. T. III, col. 295.
Carlier (Jean-Guillaume), peintre. T. III, col. 316.
Carpentero (Jean-Charles), peintre. T. III, col. 351.
Casembroodt (Abraham), peintre. T. III, col. 359.
Casteels (Pierre), peintre. T. III, col. 368.
Castel (Alexandre), peintre. T. III, col. 369.
Castello (François de) ou François Castel, Casteel ou vander Casteelen, peintre. T. III, col. 371.
Cels (Corneille), peintre. T. III, col. 403.
Charles d'Ypres ou Carl van Yper, peintre, sculpteur et architecte. T. IV, col. 20.
Claes, Claessens, Claeis ou Claeissens, peintre. T. IV, col. 124.
Claes, Claessens, Claeis ou Claeissens (Gilles), peintre. T. IV, col. 125.
Claes, Claessens, Claeis, Claeissens ou Claeyssens (Pierre), le Vieux, peintre. T. IV, col. 123.
Claes, Claessens, Claeis ou Claeissens (Pierre), le Jeune, peintre. T. IV, col. 126.
Claessens (Lambert-Antoine), peintre. T. IV, col. 129.
Cleef ou Cleve (van), famille de peintres. T. IV, col. 134.
Cleef ou Cleve (Guillaume van), le Vieux, peintre. T. IV, col. 135.
Cleef ou Cleve (Guillaume van), le Jeune, peintre. T. IV, col. 140.
Cleef ou Cleve (Henri van), peintre. T. IV, col. 138.
Cleef ou Cleve (Henri van), peintre. T. IV, col. 139.
Cleef ou Cleve (Josse van), dit le Fou, peintre. T. IV, col. 135.
Cleef ou Cleve (Martin van), le Vieux, peintre. T. IV, col. 139.
Clerck (Henri de), peintre. T. IV, col. 874.
Clouet (Jean), Clouwet, Cloet ou Clowet, le Jeune, dit Jehannet, peintre. T. IV, col. 183.
Cnudde (Louis), peintre. T. IV, col. 202.
Cobergher ou Coebergher (Wenceslas), peintre. T. IV, col. 213.
Cock (François de), peintre. T. IV, col. 884.
Cockq (Paul-Joseph de), peintre. T. IV, col. 888.
Coecke ou Coucke (Pierre), souvent Koeck ou Koecke, peintre. T. IV, col. 251.
Cogels (Joseph-Charles), peintre. T. IV, col. 267.
Coninck (David de), peintre. T. IV, col. 891.
Coninxlo (Gilles van), le Jeune, peintre. T. IV, col. 359.
Coninxlo (Jean van), le Jeune, peintre. T. IV, col. 357.
Coques (Gonzalve Cocx, dit Gonzales), peintre. T. IV, col. 381.
Cornelis ou Cornelys (Albert), peintre. T. IV, col. 397.
Cort (Henri de), peintre. T. IV, col. 897.
Cortbemde (Balthasar van), peintre. T. IV, col. 408.
Coster (Adam de), peintre. T. V, col. 1.
Coustain, Costain, Cousteyn ou Consteyn (Pierre), peintre. T. IV, col. 440.
Craesbeeck (Josse van), peintre. T. IV, col. 474.
Cransse (Jean), peintre. T. IV, col. 486.
Cristus (Pierre), parfois nommé Christophsen, peintre d'histoire. T. IV, col. 505.
Dael (Jean-François van), peintre. T. IV. col. 628.
Dale ou Dalen (van), peintres. T. IV, col. 644.
Dalen ou Dalem (Corneille van),

paysagiste. T. IV, col. 646.
Damery (Jacques), peintre. T. IV, col. 650.
Damery (Simon), peintre. T. IV, col. 651.
Damery (Walter), peintre. T. IV, col. 652.
Daret (Jacques), peintre. T. IV, col. 677.
Daret (Jean), peintre. T. IV, col. 680.
David (Gérard), peintre. T. IV, col. 711.
Dela Bar, peintre sur verre. T. V, col. 252.
Delcour (Jean-Gilles), peintre. T. V, col. 346.
Delin (Jean-Joseph), peintre. T. V, col. 435.
Delvaux (Édouard), peintre. T. V, col. 504.
Delvaux (Ferdinand-Marie), peintre. T. V, col. 503.
Demanet (C.-A.-J.), officier du génie, savant. T. V, col. 508.
Denis (Simon-Alexandre-Clément) ou Denys, peintre. T. V, col. 595.
Denys (François), peintre. T. V, col. 602.
Denys (Jacques), peintre. T. V, col. 608.
Deurwerders (Martin), peintre. T. V, col. 829.
Dielman (Pierre-Emmanuel), peintre. T. VI. col. 47.
Diepenbeeck (Abraham van), peintre. T. VI, col. 48.
Dierckx (Mathieu-Ignace), peintre. T. VI, col. 54.
Diest (Jean-Baptiste van), peintre. T. VI, col. 63.
Douffet (Gérard), peintre. T. VI, col. 150.
Dubois, famille de peintres. T. VI, col. 188.
Duchatel (François), peintre. T. VI, col. 224.
Ducorron (Jules), peintre. T. VI, col. 236.
Ducq (Joseph-François), peintre. T. VI, col. 238.
Dufour (Pierre) ou Du Four, dit Salzea, peintre. T. VI, col. 255.
Dyck (Antoine van), peintre. T. VI, col. 421.
Dyck (Daniel van ou vanden) ou Dyk, peintre. T. VI, col. 436.
Eck (N. van), peintre. T. VI, col. 450.
Egmont (Juste van), peintre. T. VI, col. 512.
Ehrenberg (Guillaume van), peintre d'architecture. T. VI, col. 515.
Elburg (Jean van), peintre. T. VI, col. 520.
Evrard (Jacques ou Perpète), peintre miniaturiste. T. VI, col. 775.
Eyck (Gaspard van), peintre. T. VI, col. 803.
Eyck (Hubert, Jean et Marguerite van), peintres. T. VI, col. 775.
Eyck (Nicolas van), peintre. T. VI, col. 804.
Eynhoudts (Romain ou Rombaut), graveur. T. VI, col. 811.
Faber (Frédéric-Théodore), peintre et graveur. T. VI, col. 815.
Faber (Martin-Herman), peintre et orfèvre. T. VI. col. 817.
Faes (Pierre), peintre. T. VI, col. 847.
Falens (Charles van), peintre. T. VI, col. 862.
Felaert (Thierry-J.), peintre verrier. T. VII, col. 2.
Finsonius (Louis), peintre. T. VII, col. 70.
Fisen (Englebert), peintre. T. VII, col. 78.
Flamen (Albert), graveur. T. VII, col. 79.
Flemalle (Renier), le Vieux, peintre verrier. T. VII, col. 105.
Foulques ou Folcuin, maître de chapelle à l'abbaye de Saint-Hubert. T. VII, col. 209.
Fouquières (Jacques), peintre. T. VII, col. 210.
France (Léonard de), peintre. T. VII, col. 227.
Franck ou Francken (les), peintres. T. VII, col. 240.
François (Pierre-Joseph-Célestin), peintre et graveur. T. VII, col. 259.
Francquart (Jacques), architecte, peintre, géomètre et écrivain. T. VII. col. 272.

Franquinet (Guillaume-Henri), peintre. T. VII, col. 283.
Fruytiers (Philippe), peintre. T. VII, col. 345.
Gabron (Guillaume), peintre. T. VII, col. 406.
Garibaldo (Marc-Antoine), peintre. T. VII, col. 490.
Gaspers ou Jaspers (Jean-Baptiste), peintre. T. VII, col. 497.
Gassel (Luc), peintre. T. VII, col. 497.
Gast (Michel de), peintre. T. V, col. 87.
Geeraerts (Martin-Joseph), peintre. T. VII, col. 549.
Geerarts (Marc), Gheeraerts ou Gerard le Vieux, peintre, architecte et graveur. T. VII, col. 550.
Geerarts (Marc), le Jeune, peintre. T. VII, col. 552.
Geest (Wybrand de), le Vieux, peintre. T. V, col. 91.
Geest (Wybrand de), le Jeune, peintre. T. V, col. 94.
Geest (Jacques de) ou De Gheest, peintre. T. V, col. 95.
Geirnaert (Joseph-Louis), peintre. T. VII, col. 557.
Gelder (N. van), peintre flamand. T. VII, col. 559.
Gend ou Ghendt (Juste ou Josse van), peintre flamand. T. VII, col. 574.
Genoels (Abraham), le Jeune, peintre. T. VII, col. 590.
Gérard (Henri-Philippe), musicien. T. VII, col. 645.
Gerbo (Louis), peintre. T. VII, col. 669.
Gheringh (Antoine), peintre. T. VII, col. 717.
Ghyselers (Antoine), poète flamand. T. VII, col. 746.
Gietleugen (Josse), peintre et graveur. T. VII, col. 747.
Gillemans (Jean-Paul), peintre de fleurs. T. VII, col. 758.
Gillis (F.), peintre. T. VII, col. 776.
Gillis (Herman), peintre. T. VII, col. 776.
Gilson (Jean-Henri, dit Frère Abraham d'Orval, peintre religieux. T. VII, col. 783.
Giselenius (Amand), humaniste. T. VII, col. 787.
Glen (Jean de), libraire et graveur. T. VII, col. 808.
Godyn (Abraham), peintre. T. VIII, col. 21.
Godyn (Pierre-Mathias), peintre. T. VIII, col. 22.
Goedaart (Jean), peintre. T. VIII, col. 22.
Goeimar (Jean), peintre. T. VIII, col. 23.
Goesin (Pierre - François - Antoine de), peintre. T. VIII, col. 45.
Goethem (Jeanne-Catherine van), poète. T. VIII, col. 79.
Goetkind (Pierre) ou Goetkindt, peintre. T. VIII, col. 80.
Goetval (Antoine), historien. T. VIII, col. 84.
Gogel (Isaac - Jean - Alexandre), homme d'Etat. T. VIII, col. 88.
Goirle (Abraham), Gorlée ou Gorleus, antiquaire. T. VIII, col. 89.
Gombert (Nicolas), ecclésiastique, compositeur de musique. T. VIII, col. 101.
Gonsales (Antoine), missionnaire voyageur. T. VIII, col. 107.
Goor (Pierre-Gautier van), graveur en médailles. T. VIII, col. 112.
Goossens (Joseph), graveur flamand. T. VIII, col. 113.
Goovaerts (Henri), peintre. T. VIII, col. 114.
Goris (Jean), écrivain ecclésiastique. T. VIII, col. 118.
Gorkom (Melchior-Lambert van), historien. T. VIII, col. 120.
Gossaert (Jean), dit de Mabuse ou de Maubeuge, peintre. T. VIII, col. 124.
Gosswyn (Gérard), peintre. T. VIII, col. 144.
Gottignies (Gilles-François de), astronome, mathématicien. T. VIII, col. 154.
Goubau (Antoine) ou Goebouw, peintre. T. VIII, col. 156.

Goubau (François), peintre. T. VIII, col. 158.
Gousselaire (Michel), historien. T. VIII, col. 162.
Gowie (Jacques-Pierre), Gouwi ou Gowi, peintre. T. VIII, col. 172.
Goyvaerts (Abraham), peintre. T. VIII, col. 174.
Graphæus (Abraham), messager de la corporation de Saint-Luc. T. VIII, col. 237.
Gravius (Jean), écrivain ecclésiastique. T. VIII, col. 250.
Gregorius (Albert-Jacques-François), peintre d'histoire. T. VIII, col. 253.
Grisius (Michel), professeur et écrivain. T. VIII, col. 314.
Groenendael (Corneille), peintre. T. VIII, col. 327.
Groenschilt (Martin), écrivain ecclésiastique. T. VIII, col. 329.
Grootaers (Louis), sculpteur. T. VIII, col. 348.
Groux (Charles de) ou plutôt Degroux, peintre. T. VIII, col. 350.
Guyaux (Jean-Joseph), écrivain ecclésiastique. T. VIII, col. 561.
Haeck (Jean), peintre verrier. T. VIII, col. 595.
Hal (Jacques van), peintre d'histoire. T. VIII, col. 616.
Halen (Pierre van) ou Haelen, peintre. T. VIII, col. 617.
Hallet (Gilles), peintre. T. VIII, col. 645.
Hallez (Germain-François), peintre. T. VIII, col. 646.
Hals (François), le Vieux, peintre. T. VIII, col. 653.
Hamilton (Charles-Jean-Phil. van), peintre. T. VIII, col. 670.
Hamilton-Smith (Charles), homme de guerre. T. VIII, col. 671.
Hanselaere (Pierre van), peintre. T. VIII, col. 702.
Hardimé (Pierre), peintre de fleurs et de fruits. T. VIII, col. 712.
Hardy (Gilles, François et Lambert), peintres. T. VIII, col. 722.
Hase (J. de), peintre. T. V, col. 141.
Hase (M. de) ou De Haese, peintre. T. V. col. 142.
Haym (Gilles), compositeur. T. VIII, col. 806.
Heede (Guillaume van), peintre d'histoire. T. VIII, col. 825.
Heede (Vigor ou Victor van), peintre d'histoire et de nature morte. T. VIII, col. 825.
Hegret (Théodore) ou Egret, peintre paysagiste. T. VIII, col. 844.
Heil (Daniel van), peintre de paysage, d'histoire et d'incendies. T. VIII, col. 849.
Heil (Léon van), peintre et architecte. T. VIII, col. 850.
Heil (Jean-Baptiste van), peintre d'histoire. T. VIII, col. 850.
Helderberg (Jean-Baptiste) ou Van Helderberg, sculpteur. T. VIII, col. 887.
Helmont (Mathieu van) ou Hellemont, peintre d'histoire. T. IX, col. 1.
Helmont (Sieger-Jacques van) ou Hellemont, peintre d'histoire. T. IX, col. 2.
Hendricx (Nicolas), surnommé Arrigo, peintre d'histoire. T. IX, col. 60.
Hennequin (Philippe-Auguste), peintre d'histoire. T. IX, col. 81.
Hermans, famille d'artistes. T. IX, col. 273.
Herreyns (Jacques), le Vieux, peintre. T. IX, col. 288.
Heur (Corneille-Joseph d'), peintre. T. IX, col. 329.
Heuvick (Gaspard), peintre. T. IX, col. 339.
Heylbroeck (Michel), peintre, graveur. T. IX, col. 343.
Hoecke (Gaspard vanden), peintre. T. IX, col. 405.
Hoecke (Jean vanden) ou Hoeck, peintre. T. IX, col. 406.
Hoecke (Robert vanden) ou Hoeck, peintre et graveur. T. IX, col. 407.
Hollander (Jean de), peintre. T. V, col. 173.
Holvoet (Benoît-Joseph), homme d'Etat. T. IX, col. 438.

Hondekoeter (Gilles de), peintre. T. V, col. 175.
Hoogstadt ou Hoochstadt (Gérard van), peintre. T. IX, col. 453.
Horebout, Hurebout, Hoorenbout ou Hoorenbault, famille de peintres gantois. T. IX, col. 469.
Horebout (Gérard), peintre d'histoire et enlumineur. T. IX, col. 471.
Horebout (Lucas), peintre. T. IX, col. 473.
Horebout (Suzanne), miniaturiste. T. IX, col. 474.
Horemans, famille d'artistes. T. IX, col. 474.
Horion (Alexandre ou de), peintre. T. IX, col. 478.
Hornes (Jacques de), Horen, Van Horen, de Hoorne ou de Horne, peintre. T. IX, col. 517.
Hort (Aart van), peintre verrier. T. IX, col. 520.
Hout (T. van) ou Houten, paysagiste. T. IX, col. 542.
Hubin (André-Nicolas), horloger-mécanicien. T. IX, col. 608.
Hulle (Anselme van), peintre. T. IX, col. 688.
Huys (Pierre), peintre. T. IX, col. 756.
Imbert des Motelettes (Henri), peintre restaurateur de vieux tableaux. T. X, col. 7.
Jacoby (Philippe-Joseph), graveur en taille douce, en médailles et sur pierres fines. T. X, col. 48.
Janssens (Abraham), peintre. T. X, col. 131.
Janssens (Daniel), peintre. T. X, col. 137.
Janssens (Jean), peintre. T. X, col. 138.
Janssens (Jérôme ou Hiéronyme), surnommé le Danseur, peintre. T. X, col. 134.
Jobard (Jean-Baptiste-Ambroise-Marcelin), technologiste, économiste, etc. T. X, col. 493.
Jonghe (Jean-Baptiste de), peintre. T. V, col. 211.
Jordaens (Jean), le Vieux, peintre. T. X, col. 533.
Jordaens (Jean ou Hans), le Long ou le Jeune, peintre. T. X, col. 534.
Juppin (Jean-Baptiste), peintre. T. X, col. 617.
Kasteels (Nicolas), peintre. T. X, col. 627.
Keirrinckx (Alexandre), Keerinckx ou Kerrinck, peintre. T. X, col. 630.
Kerrickx (Guillaume-Ignace), peintre, sculpteur, poète, architecte et ingénieur. T. X, col. 661.
Kessel (Ferdinand van), peintre. T. X, col. 667.
Kessel (Jean van), peintre d'animaux, de fleurs, etc. T. X, col. 667.
Kessel II (Jean van), peintre de portraits. T. X, col. 669.
Kessel (Jean-Thomas), peintre. T. X, col. 669.
Kessel (Jérôme van), peintre d'animaux, de fleurs et de nature morte. T. X, col. 669.
Keverberg de Kessel (Charles-Louis-Guillaume-Jos., baron de), administrateur. T. X, col. 737.
Key (Adrien-Thomas), peintre. T. X, col. 740.
Key (Guillaume), peintre. T. X, col. 741.
Keyser (Guillaume de), joaillier et peintre. T. V, col. 226.
Loose (Jean-Joseph de), peintre. T. V, col. 467.
Momper (de), famille de peintres. T. V, col. 564.
Muynck (André de), peintre. T. V, col. 582.
Nève (François de), peintre et graveur. T. V, col. 583.
Noter (Herman-Jacques de), peintre. T. V, col. 599.
Noter (Jean-François de), aquarelliste. T. V, col. 597.
Noter (Pierre-François de), architecte. T. V, col. 596.
Noter (Pierre-François de), peintre-graveur. T. V, col. 596.
Pape (Egide-Simon de), le Vieux, peintre. T. V, col. 611.

Pape (Simon de), le Jeune, peintre. T. V, col. 618.
Rycke (Bernard de), peintre. T. V, col. 686.
Rycke (Daniel de), le Vieux, peintre. T. V, col. 686.
Rycke (Guillaume de), de Reyck ou De Ryke, peintre. T. V, col. 687.
Rycke (Jacques-Zachée de), peintre. T. V, col. 688.
Rycke (Nicolas de), Ryckx ou Rycx, peintre. T. V, col. 688.
Rycker (A. de), peintre. T. V, col. 694.
Saive (Jean-Baptiste de), ou Le Saive, dit Jean de Namur, le Vieux, peintre. T. V, col. 696.
Saive (Jean de), dit Jean de Namur, le Jeune, peintre. T. V, col. 697.
San (Gérard de), peintre. T. V, col. 698.
Subleo (Michel de), ou Sobleo, peintre. T. V, col. 819.
Vadder (Louis de), peintre-graveur. T. V, col. 830.
Visch (Mathieu de), peintre. T. V, col. 836.
Vliegher (Séraphin de), peintre. T. V, col. 842.
Vos (Les de), deux familles de peintres. T. V, col. 858.
Witte (Pierre de), dit Candido, peintre. T. VI, col. 15.

SIRET (Paul).

Fassin (Nicolas-Henri-Joseph de), peintre. T. VI, col. 891.

SMEDT (Charles de).

Norbert (Saint). T. XV, col. 885.
Noyelle (Charles de), treizième général de la Compagnie de Jésus. T. XV, col. 942.
Plechelm (Saint), apôtre de la Gueldre. T. XVII, col. 797.
Ragenulfe (Sainte). T. XVIII, col. 588.
Reinelde (Sainte), Renelde, Reinilde, Renelle, Ernelle, Racnildis, Reynildis et Rayneldis. T. XVIII, col. 924.
Rembert (Saint) ou Renibert. T. XIX, col. 16.
Rictrude (Sainte). T. XIX, col. 306.
Rolende (Sainte). T. XIX, col. 822.
Rombaut (Saint) ou Rumold. T. XIX, col. 895.
Rotrude (Sainte). T. XX, col. 183.

SMET (J.-J. de).

Ackerman (François), homme de guerre. T. I, col. 14.
Alost (les seigneurs d'). T. I, col. 235.
Alvise ou Alvisus, évêque d'Arras. T. I, col. 239.
Amand (Saint), évêque, missionnaire. T. I, col. 241.
Amelberge (Sainte), fille de Pépin de Herstal. T. I, col. 259.
Amelberge (Sainte), patronne de Tamise. T. I, col. 259.
Arnoul Ier, comte de Flandre. T. I, col. 442.
Arnoul II, comte de Flandre, surnommé le Jeune. T. I, col. 443.
Arnoul III, comte de Flandre, dit le Simple ou le Malheureux. T. I, col. 444.
Arnoul ou Arnulphe de Gand, comte de Hollande. T. I, col. 444.
Arnulphe ou Arnoul (Saint), évêque de Soissons. T. I, col. 471.
Artevelde (Philippe d'). T. I, col. 484.
Baerdemaker (Gilles de) ou Barbiers, latinisé Barbitonsoris, docteur en théologie. T. IV, col. 747.
Bast (Armand-Fidèle de), littérateur. T. IV, col. 749.
Baudouin ou Baldwin Ier, surnommé Bras-de-Fer, comte de Flandre. T. I, col. 796.
Baudouin II, surnommé le Chauve, comte de Flandre. T. I, col. 797.
Baudouin III, dit le Jeune, comte de Flandre. T. I, col. 798.
Baudouin IV, dit le Barbu ou à la Belle Barbe, comte de Flandre. T. I, col. 799.

Baudouin V, surnommé le Pieux ou le Débonnaire, comte de Flandre. T. I, col. 800.
Baudouin VI, dit de Mons ou de Hasnon, comte de Flandre et de Hainaut. T. I, col. 802.
Baudouin VII, dit à la Hache, comte de Flandre. T. I, col. 803.
Baudouin IX, comte de Flandre et de Hainaut. T. I, col. 804.
Baudouin II, comte de Hainaut. T. I, col. 807.
Baudouin III, comte de Hainaut. T. I, col. 808.
Baudouin IV, surnommé le Bâtisseur, comte de Hainaut. T. I, col. 808.
Baudouin V, le Courageux, comte de Hainaut. T. I, col. 810.
Bavon (Saint) ou Alloïn. T. II, col. 21.
Beughem (Charles-Antoine-François de Paule van), théologien. T. II, col. 388.
Bladelin (le chevalier Pierre), surnommé Leestemaker. T. II, col. 445.
Bommel (Corneille-Richard-Antoine van), évêque de Liége. T. II, col. 667.
Broglie (Maurice-Jean-Madeleine, prince de), évêque de Gand. T. III, col. 83.
Caïmo (Jean-Robert-Guislain), évêque de Bruges. T. III, col. 243.
Caudron (Guillaume), poète flamand. T. III, col. 383.
Chamberlain (Georges), évêque d'Ypres. T. III, col. 409.
Charles Ier, surnommé le Bon ou le Bienheureux, comte de Flandre. T. III, col. 500.
Chifflet (Jean-Jacques), médecin et antiquaire. T. IV, col. 74.
Clercq (Liévin de), helléniste et hagiographe. T. IV, col. 877.
Clichtove (Josse van), théologien. T. IV, col. 172.
Coleners (Rosiane), poète. T. IV, col. 275.
Courtroisin (Siger ou Sohier le), homme d'Etat et guerrier renommé. T. IV, col. 435.
Daelman (Charles-Guislain), théologien. T. IV, col. 636.
Damant (Pierre), évêque de Gand. T. IV, col. 649.
Damianus ou Damien, religieux de l'abbaye des SS. Cyprien et Corneille à Ninove. T. IV, col. 654.
Danes (Pierre-Louis), théologien. T. IV, col. 668.
Daniel de Grammont, abbé de Cambron. T. IV, col. 669.
Delbecq (Jean-Baptiste), instituteur, agronome, bibliophile et calligraphe. T. V, col. 338.
Delwarde (Michel), historien. T. V, col. 506.
Schepper (Corneille-Duplicius de) ou Scepperus, diplomate et homme d'Etat. T. V, col. 709.
Smet (Bernard de), poète, professeur et prédicateur. T. V, col. 751.
Visch (Charles de), historien et écrivain ascétique. T. V, col. 835.
Volder (Joseph-Guislain de), chanoine et professeur d'écriture sainte. T. V, col. 846.

SNELLAERT (F.-A.).

Baert (Laurent), poète flamand. T. I, col. 633.
Ballieu (J.), grammairien. T. I, col. 673.
Boterdael (L. van), grammairien. T. II, col. 764.
Bouvaert (Godefroid), abbé de Saint-Bernard sur l'Escaut. T. II, col. 891.
Brooman (Louis), poète latin et flamand. T. III, col. 88.
Byns (Anna), poète. T. III, col. 227.
Calberg (G.-F. van), poète flamand. T. III, col. 245.
Cammaert (Jean-François), poète flamand. T. III, col. 276.
Carpentier (Pierre), augustin, poète. T. III, col. 352.
Celosse (Jacques-Hermes), poète. T. III, col. 402.
Charité (Simon-Lucas), poète flamand. T. III, col. 435.

Claeysins (Laurent), poète flamand. T. IV, col. 130.
Coens (Jean), licencié en théologie. T. IV, col. 265.
Condé (Jacques de), licencié en droit. T. IV, col. 351.
Cools (J.-A.), poète. T. IV, col. 371.
Courtmans (Jean-Baptiste), écrivain flamand. T. IV, col. 429.
David (Jean), écrivain ecclésiastique flamand. T. IV, col. 721.

SOIL (Eugène).

Ladam (les deux peintres tournaisiens). T. XI, col. 14.
Lecocq (Denis-Joseph), peintre d'histoire et sculpteur. T. XI, col. 592.
Le Voleur (Colart), peintre. T. XII, col. 51.
Le Voleur (Jehan), peintre. T. XII, col. 52.
Malaine (Nicolas-François-Joseph), peintre. T. XIII, col. 192.
Malaine (Regnier-Joseph), peintre. T. XIII, col. 192.
Manisfeld (François-Joseph), peintre. T. XIII, col. 341.
Molinaris (Jean), écrivain. T. XV, col. 60.
Mortelèque (Ferdinand-Henri-Joseph), faïencier. T. XV, col. 282.
Ofhuys (Gaspard) ou Ophuys, écrivain ecclésiastique. T. XVI, col. 89.
Pallavicini (Antoine), cardinal du titre de Sainte-Praxède, évêque de Tournai. T. XVI, col. 504.
Payen (Antoine-Marie-Joseph), dit le Vieux, officier du génie et architecte. T. XVI, col. 773.
Payen (Auguste), de Tournai, architecte. T. XVI, col. 774.
Payen (Auguste), de Bruxelles, architecte. T. XVI, col. 774.
Peeters-Wilbaux (Charles), industriel et archéologue. T. XVI, col. 851.
Pels (Baudouin), orfèvre. T. XVI, col. 878.
Peterinck (François-Joseph), porcelainier. T. XVII, col. 94.
Philippart (Amé), médecin. T. XVII, col. 161.
Pierre de Forest, évêque de Tournai. T. XVII, col. 442.
Plateau (Antoine), peintre de fleurs et d'ornements. T. XVII, col. 767.
Pléon, Piléon ou Pléréon, 18e ou 19e évêque de Tournai. T. XVII, col. 807.
Poissonnier (Arnould), tapissier hautelisseur. T. XVII, col. 895.
Pollinchove (Charles-Joseph de), chevalier, président au parlement de Douai. T. XVII, col. 918.
Pollinchove (Gaspard de), chevalier, président du parlement de Flandre. T. XVII, col. 919.
Pollinchove (Jacques-Martin de), chevalier, président du parlement de Flandre. T. XVII, col. 919.
Ponceau (Jean-Baptiste), prêtre, pédagogue. T. XVIII, col. 1.
Popels (Jean), peintre et graveur. T. XVIII, col. 32.
Pourbaix (Emile-Joseph), évêque auxiliaire de Tournai. T. XVIII, col. 115.
Poutrain (Joseph-Alexis), historien. T. XVIII, col. 133.
Quaille (Jehan) ou Quoille, tailleur d'images, sculpteur et graveur. T. XVIII, col. 402.
Quenon (Jean ou Haniquet) ou Kenon, peintre. T. XVIII, col. 450.
Rasse (Alphonse-Alexandre-Paul, baron de), bourgmestre de Tournai. T. XVIII, col. 743.
Rasse (Charles-Henri-Joseph, chevalier de), maire de Tournai. T. XVIII, col. 744.
Rasse de la Faillerie (Denis-J.-B.-Charles-Joseph, baron de), magistrat. T. XVIII, col. 746.
Rasse (Jean-Baptiste-Joseph de), chanoine. T. XVIII, col. 747.
Renard (Bruno), architecte. T. XIX, col. 42.

SPILBEECK (Waltman van).

Mudzaerts (Denis), écrivain ecclésiastique. T. XV, col. 337.

Neghen (Josse van), théologien. T. XV, col. 561.
Peeters (Jean-François-Charles, en religion Bernard), théologien. T. XVI, col. 858.
Piëra (Grégoire), abbé de Tongerloo. T. XVII, col. 399.

STAPPAERTS (Félix).

Baerle (Gaspard van), poète. T. I, col. 621.
Barthels (Jules-Théodore), avocat et publiciste. T. I, col. 733.
Baten (Henri) ou Henricus de Malinis, docteur en théologie. T. I, col. 773.
Baten (Liévin) ou Batt, médecin. T. I, col. 775.
Beausard (Pierre), docteur en médecine. T. II, col. 63.
Bersacques (Louis de), arpenteur. T. II, col. 291.
Beyts (Joseph-François, baron), homme politique et jurisconsulte. T. II, col. 410.
Binchois (Gilles), compositeur de musique. T. II, col. 430.
Blaes (Michel-Auguste), publiciste et administrateur. T. II, col. 447.
Boets (Martin), compositeur. T. II, col. 595.
Bosschaert (G.-J.-J.), peintre et administrateur. T. II, col. 745.
Brucœus (Henri), médecin et mathématicien. T. III, col. 105.
Deynum (J.-B. van), peintre. T. VI, col. 28.
Deyster (Louis de), peintre. T. VI, col. 29.
Deyster (Anne de), peintre. T. VI, col. 30.
Dievoet (Pierre van), sculpteur. T. VI, col. 73.
Dorne (François van), peintre. T. VI, col. 135.
Dorne (Jean-Baptiste van), peintre et musicien. T. VI, col. 138.
Dorne (Martin van), peintre. T. VI, col. 134.
Dreppe (Louis), graveur. T. VI, col. 165.
Dubois (Félix), homme de science, T. VI, col. 190.
Du Chemin (Isaac), graveur. T. VI, col. 231.
Du Hameel (Alart), architecte, sculpteur et graveur. T. VI, col. 258.
Dukers (François), architecte de la cour épiscopale de Liége. T. VI, col. 267.
Dumortier (Paul), sculpteur. T. VI, col. 311.
Dumoutier (Godefroid), peintre. T. VI, dol. 313.
Duvenede (Marc van), peintre. T. VI, col. 373.
Duvivier (Jean-Bernard), peintre et graveur. T. VI, col. 381.
Duvivier (Jean), graveur en médailles. T. VI, col. 383.
Eisen (François), peintre et graveur. T. VI, col. 518.
Elhoungne (Antoine-François-Marie d'), jurisconsulte et publiciste. T. VI, col. 534.
Elle (Ferdinand), habile portraitiste. T. VI, col. 552.
Elshoecht (Jean), sculpteur. T. VI, col. 563.
Engel (Adolphe), peintre. T. VI, col. 575.
Espen (Félix van), peintre. T. VI, col. 698.
Espen (Zeger-Bernard van), jurisconsulte et canoniste. T. VI, col. 699.
Evrard (Guillaume), sculpteur. T. VI, col. 773.
Fernande (Joseph) ou Fernandi, sculpteur. T. VII, col. 39.
Feyens (Auguste-Joseph), sculpteur. T. VII, col. 44.
Fonson (Charles-Auguste), sculpteur. T. VII, col. 181.
Gachet (Emile), littérateur et érudit. T. VII, col. 406.
Garemyn (Jean), peintre et graveur. T. VII, col. 485.
Geedts (Pierre-Joseph), peintre. T. VII, col. 536.
Geedts (Pierre-Paul), peintre et modeleur. T. VII, col. 537.
Geefs (Alexandre), graveur de médailles. T. VII, col. 540.

Geefs (Aloys), sculpteur. T. VII, col. 537.
Geefs (Jean), sculpteur. T. VII, col. 538.
Geefs (Théodore), sculpteur. T. VII, col. 540.
Geel (Jean-François van), sculpteur. T. VII, col. 541.
Geel (Jean-Louis van), sculpteur. T. VII, col. 541.
Geerts (Charles-Henri), sculpteur. T. VII, col. 553.
Geldorp (Georges), portraitiste. T. VII, col. 560.
Geldorp (Gortzius) ou Gueldorp, portraitiste. T. VII, col. 563.
Geldorp (Melchior), portraitiste. T. VII, col. 567.
Gerbier (Balthazar), peintre miniaturiste, architecte, agent diplomatique, littérateur et économiste. T. VII, col. 661.
Gillis (Laurent), sculpteur. T. VII, col. 777.
Gillis (Jean - Baptiste), sculpteur. T. VII, col. 778.
Gillis (Joseph), sculpteur. T. VII, col. 778.
Goblet (Antoine), peintre sur verre et moine de l'ordre des Récollets. T. VII, col. 828.
Godecharle (Gilles - Lambert), statuaire. T. VII, col. 834.
Goltz ou Goltzius, famille d'artistes. T. VIII, col. 90.
Goltzius (Henri), peintre et graveur. T. VIII, col. 90.
Goltzius (Hubert), antiquaire, graveur et peintre. T. VIII, col. 94.
Gossec (François-Joseph), compositeur. T. VIII, col. 138.
Goyers (Egide), sculpteur. T. VIII, col. 173.
Griff, Gryf ou Grief (Adrien), père et fils homonymes, peintres flamands. T. VIII, col. 303.
Grupello (Gabriel), statuaire. T. VIII, col. 355.
Gysen (Pierre) ou Gysels, peintre. T. VIII, col. 588.
Hooghe (Antoine d'), peintre miniaturiste. T. VI, col. 33.
Huyvetter (Jean-Augustin d'), architecte. T. VI, col. 37.
Wael (Jean de), peintre. T. V, col. 875.
Wael (Jean-Baptiste de), graveur. T. V, col. 880.
Wael (Luc de), peintre. T. V, col. 877.
Weert (Adrien de), Veert ou Weerdt, peintre. T. V, col. 903.
Wilde (Bernard de), architecte. T. VI, col. 1.
Wit (Gaspard de), peintre. T. VI, col. 2.
Wit (Pierre de), peintre. T. VI, col. 3.
Witte (Jean de), peintre. T. VI, col. 11.
Witte (Liévin de), peintre. T. VI. col. 12.

STECHER (Jean).

Berneville (Gilebert de), trouvère. T. II, col. 281.
Béthune (Quenes de), dit le Vieux, poète et diplomate. T. II, col. 355.
Béthune (Guillaume de), chevalier-trouvère. T. II, col. 367.
Borchgrave (Pierre-Josse de), poète. T. IV, col. 816.
Condé (Baudouin de), trouvère. T. IV, col. 345.
Condé (Jean de), trouvère. T. IV, col. 346.
Decker (Abraham de), littérateur. T. V, col. 70.
Desplanques (Josine), poète mystique. T. V, col. 780.
Desroches (Jean), historien et linguiste. T. V, col. 789.
Dickeyman (Jehan), trouvère flamand. T. VI, col. 42.
Dingelsche (Jan), poète flamand. T. VI, col. 76.
Dingelsche (Jan), rhétoricien flamand. T. VI. col. 77.
Diricksens (Eugène-Josse-Joseph), plus connu sous le nom de Zetternam, littérateur flamand. T. VI, col. 79.
Dregnan (Dergan, de Drignan, Ma-

rie, Maroie ou Marote), trouvère. T. VI, col. 164.
Droomers (Jean), poète dramatique. T. VI, col. 177.
Duclercq (Jacques), chroniqueur. T. VI, col. 234.
Durans, trouvère. T. VI, col. 364.
Duyse (Prudent van), poète flamand. T. VI, col. 404.
Elincx (Jean), poète flamand. T. VI, col. 541.
Engelen (Roeland van), poète flamand. T. VI, col. 580.
Enguerrand (de Forest), poète et chevalier. T. VI, col. 605.
Enguerrand d'Oisy, trouvère. T. VI, col. 606.
Everaert (Cornelis), poète dramatique. T. VI, col. 741.
Faber (Salomon), humaniste et poète latin. T. VI, col. 817.
Fastraets (Christian), religieux, auteur dramatique. T. VI, col. 896.
Faukeel (Herman), Fauckel, Foekel ou Faukelius, théologien protestant. T. VI, col. 904.
Foere (Léon de), homme politique et publiciste. T. VII, col. 150.
Fontier (Jean-Joseph), littérateur néerlandais. T. VII, col. 193.
Forret (Frans), poète néerlandais. T. VII, col. 200.
Foslard (Jacques-Joseph), avocat. T. VII, col. 201.
Foucquard de Cambrai, écrivain. T. VII, col. 204.
Fournier (Charles-Louis), peintre et poète flamand. T. VII, col. 218.
Franc (Martin) ou Lefranc, poète. T. VII, col. 223.
Francon, théologien et musicographe. T. VII, col. 267.
Froissart (Jehan), poète et chroniqueur. T. VII, col. 317.
Frumaus (Jean), Frumiau ou Fremau, trouvère et musicien. T. VII, col. 341.
Fruytiers (Jean) ou Fruytier, écrivain flamand. T. VII, col. 341.
Gandor de Douai, nommé aussi Gaindor et Graindor, trouvère. T. VII, col. 483.
Gautier d'Arras, trouvère. T. VII, col. 511.
Gautier le Long, trouvère. T. VII, col. 524.
Gérard van Lienhout, poète flamand. T. VII, col. 637.
Gérars de Valenciennes, chansonnier. T. VII, col. 658.
Ghistele (Josse van), voyageur flamand. T. VII, col. 733.
Ghistele (Kornelis van), rhétoricien. T. VII, col. 738.
Ghys (Philippe), poète mystique flamand. T. VII, col. 746.
Gilbert, Gibers ou Gerbers, trouvère. T. VII, col. 755.
Gillet (Jean), poète et humaniste. T. VII, col. 774.
Gillet (Servais), poète latin. T. VII, col. 774.
Goetman (Lambert), poète flamand. T. VIII, col. 81.
Gonthier de Soignies, trouvère. T. VIII, col. 109.
Gortter (Willem de), facteur ou poète attitré de la chambre de rhétorique de la « Sint Jans Gilde », surnommée « de Peoene ». T. VIII, col. 123.
Gramaye (Jean-Baptiste), historien, voyageur et latiniste. T. VIII, col. 179.
Griettens (Joos), avocat et bailli d'Ypres. T. VIII, col. 303.
Guillaume de Bapaume, trouvère. T. VIII. col. 466.
Guise (Jacques de) ou Guyse, chroniqueur. T. VIII, col. 548.
Guise (Nicolas de), homme de lettres. T. VIII, col. 553.
Guy de Cambrai, trouvère. T. VIII, col. 559.
Halle (Adam de la ou de le), trouvère et musicien. T. VIII, col. 639.
Hoon (Judocus-Frans de), littérateur flamand. T. IX, col. 455.
Jean d'Estruen, trouvère. T. X, col. 397.
Joffroy de Baralle, chevalier, poète. T. X, col. 500.
Jonghe (J.-A. de), philologue et littérateur. T. V, col. 219.
Koninck (Abraham de), de Coninck,

de Koning, Koningh ou Kooning, poète dramatique. T. V, col. 248.
La Fontaine (Jehan de) ou La Fontaine, aussi Jehan de Valenciennes, poète, philosophe et mathématicien. T. V, col. 280.
La Marche (Olivier de), chroniqueur et littérateur français. T. V, col. 289.
Leenheer (Jean de), poète flamand et latin. T. V, col. 360.
Lemaire de Belges (Jean), historiographe et poète. T. XI, col. 769.
Manessier ou Mennessier, orateur et chroniqueur. T. XIII, col. 324.
Marie de France, poétesse. T. XIII, col. 714.
Mathieu de Gand, trouvère. T. XIV, col. 32.
Meyer (Jacques de), De Meyere ou Meyerus, historien, poète, humaniste. T. V, col. 534.
Neyts (Jacques - Toussaint - Dominique Cary, dit), acteur et auteur dramatique. T. XV, col. 657.
Oudegherst (Pierre d') ou de Oudegherste, historien. T. VI, col. 145.
Picard (Abraham-Adolphe), magistrat et littérateur. T. XVII, col. 370.
Rammeleire (Gillis de), poète flamand. T. V, col. 670.
Reiffenberg (baron Frédéric - Auguste - Ferdinand - Thomas de), poète, historien, philosophe, critique, professeur et bibliographe. T. XVIII, col. 887.
Rekenare (Cornelis de), imprimeur, philologue et littérateur. T. V, col. 672.
Renard (Eugène-Laurent), publiciste et professeur. T. XIX, col. 51.
Renard (Jean - Mathieu), fonctionnaire politique. T. XIX, col. 66.
Rucloux (Fidèle-Antoine-Jules), ingénieur. T. XX, col. 386.
Simpel (David de), poète flamand. T. V, col. 730.
Swaen (Michel de), poète flamand. T. V, col. 820.
Vlaminck (Louis de), poète flamand. T. V, col. 837.
Vos (François de), littérateur flamand. T. V, col. 848.
Vos (Lambert de), avocat et poète. T. V, col. 853.
Wael (René de), poète latin. T. V, col. 880.
Weert (Jean de), poète flamand. T. V, col. 905.

STRAETEN (Edmond vander).

Lodovico, dit Fiamengo, facteur d'orgues. T. XII, col. 308.
Mahu (Etienne), compositeur de musique. T. XIII, col. 158
Michel (Roger), aussi Roger Michaël, maître de chapelle. T. XIV, col. 808.
Monte (Philippe de), aussi de Mons et von Bergen, musicien, compositeur de musique. T. XV, col. 150.

TANDEL (Émile).

Ozeray (Michel-Jean-François), homme de lettres. T. XVI, col. 437.
Pierre (Augustin-Joseph), capitaine d'infanterie. T. XVII, col. 472.
Pierret (Jean-François), historien. T. XVII, col. 474.
Quoilin (Jean-Hilaire), fonctionnaire, publiciste. T. XVIII, col. 513.
Reuter (Jean), jésuite, écrivain ecclésiastique. T. XIX, col. 186.
Rothermel (Augustin), général. T. XX, col. 181.
Rousseau (Omer), colonel du génie. T. XX, col. 247.
Ruth (Ignace-Antoine), professeur à l'Université de Liége. T. XX, col. 488.

TASSET (Émile).

Du Vivier (Jean-Martin), ciseleur et orfèvre. T. VI, col. 391.
Errar (Jean), graveur. T. VI, col. 685.
Fayn (Etienne), architecte et graveur. T. VI, col. 924.

Flémalle (Henri), ciseleur et orfèvre. T. VII, col. 102.
Fontanus (E.), graveur sur bois. T. VII, col. 191.
Fosman (Grégoire), graveur flamand. T. VII, col. 202.
Fraisne (Pierre de), orfèvre et ciseleur. T. VII, col. 221.
Furnius (Pierre), dessinateur et graveur. T. VII, col. 355.

TERRY (Léonard).

Dumont (Henri) ou Du Mont, organiste, compositeur et maître de chapelle de Louis XIV. T. VI, col. 295.
Dupont (Henri-Denis), musicien. T. VI, col. 315.
Gherin ou Gherinx, compositeur. T. VII, col. 715.
Lange (Herman-François de), compositeur et violoniste. T. V, col. 304.

THIER (Charles de).

Piercot (Guillaume-Ferdinand-Joseph), bourgmestre de Liége. T. XVII, col. 408.

THOMAS (Paul).

Roersch (Louis-Chrétien), philologue. T. XIX, col. 659.

THONISSEN (Jean-Joseph).

Alen (André) ou Alenus, poète. T. I, col. 207.
Ambiorix, roi des Eburons. T. I, col. 244.
Amour (Saint), patron de la célèbre abbaye de Munsterbilsen. T. I, col. 264.
Arenberg (le P. Charles d'), biographe. T. I, col. 401.
Arnoul Ier, comte de Looz. T. I, col. 444.
Arnoul II, comte de Looz. T. I, col. 447.
Arnoul III, comte de Looz. T. I, col. 450.
Arnoul IV, comte de Looz. T. I, col. 451.
Arnoul V, comte de Looz et de Chiny. T. I, col. 455.
Barthélemi de Maestricht, théologien. T. I, col. 736.
Belderbusch (Charles-Léopold von Heyden, comte de), écrivain et homme d'Etat. T. II, col. 114.
Beyerlinck (Laurent), polygraphe. T. II, col. 404.
Bilevelt (Jean), peintre. T. II, col. 420.
Blinckt (Arnold), maître ès arts. T. II, col. 480.
Boduognat, chef des Nerviens. T. II, col. 569.
Boener (Jean), écrivain flamand. T. II, col. 594.
Bolland (Jean de), hagiographe. T. II, col. 630.
Bolland (Pierre de), poète. T. II, col. 641.
Bolland (Sébastien de), écrivain. T. II, col. 641.
Bomberg (Daniel), imprimeur. T. II, col. 666.
Bonhomme (Henri-Damase), général. T. II, col. 682.
Bormans (en religion Gaspard de Sainte-Marie-Madeleine), théologien. T. II, col 724.
Brocart de Saint-Nicolas, écrivain ecclésiastique. T. III, col. 76.
Buesen (Gérard), médecin. T. III, col. 149.
Byrsæus (François), écrivain latin. T. III, col. 230.
Caelen (Henri van), désigné sous le nom de Calenus, théologien. T. III, col. 238.
Cativulcus, Cativolcus ou Cativolvus, roi des Eburons. T. III, col. 377.
Christyn (Jean-Baptiste), jurisconsulte, historien. T. IV, col. 105.
Christyn (Jean-Baptiste), jurisconsulte. T. IV, col. 109.
Christyn (Libert-François), jurisconsulte. T. IV, col. 110.
Claeren (Jean de Clare, Clarius ou), théologien et poète. T. IV, col. 121.

Claes (Pierre), jurisconsulte. T. IV, col. 129.
Cleef (Jean van). T. IV, col. 141.
Clots (Valentin), peintre. T. IV, col. 183.
Coclers (Jean-Baptiste), peintre. T. IV, col. 240.
Coclers (Louis-Bernard), peintre. T. IV, col. 240.
Coclers (Philippe), peintre. T. IV, col. 239.
Coelen (Pierre) ou Lysius, religieux de l'abbaye de Stavelot. T. IV, col. 263.
Coninckx (Simon-Michel), littérateur et bibliophile. T. IV, col. 351.
Conrad de Sittard, de l'ordre de Saint-Dominique. T. IV, col. 367.
Cools (Réginald), docteur en théologie. T. IV, col. 371.
Coorenhuys (Guillaume van), avocat. T. IV, col. 374.
Coret (Pierre), licencié en théologie. T. IV, col. 394.
Cornelissen (Jean), maître ès arts. T. IV, col. 404.
Corvers (Jean) ou Corverus, poète. T. IV, col. 410.
Crahay (Jean-Guillaume). T. IV, col. 479.
Creyters (Jean) ou Cryterius, augustin. T. IV, col. 504.
Crusen (Nicolas) ou Crusenius, conseiller et historiographe de l'empereur Ferdinand II. T. IV, col. 580.
Cuyck (Henri van), évêque de Ruremonde. T. IV, col. 601.
Daelhem (Melchior van), théologien et auteur dramatique. T. IV, col. 632.
Damhoudere (Josse de), jurisconsulte. T. V, col. 59.
Denis le Chartreux, dit le Docteur extatique, écrivain ecclésiastique. T. V, col. 585.
Dorlicx (Pierre), médecin. T. VI, col. 133.
Dript (Laurent de), théologien. T. VI, col. 174.
Edelheer (Jacques), jurisconsulte et littérateur. T. VI, col. 450.
Engelen (Guillaume van), plus connu sous le nom de Guilielmus ab Angelis, théologien, polémiste. T. VI, col. 577.
Esius (Richard), professeur de langues anciennes. T. VI, col. 696.
Evergisle (Saint) ou Evergesile, évêque de Cologne. T. VI, col. 766.
Fabricius (François), médecin et poète. T. VI, col. 819.
Fermin (Philippe), médecin, voyageur. T. VII, col. 33.
Florus, religieux bénédictin, théologien. T. VII, col. 138.
Furnius (Chrétien), directeur d'une école latine à Maestricht, poète et biographe. T. VII, col. 354.
Gerinx (Philippe), souvent désigné sous les noms de Gaeringus, Goeringus ou Geringus, médecin. T. VII, col. 670.
Geuns (Pierre), physicien et graveur. T. VII, col. 693.
Gillis (André) ou Ægidianus, jésuite, poète. T. VII, col. 775.
Goris (Martin), souvent désigné sous le nom de Martinus Gregorii, protestant, homme politique. T. VIII, col. 118.
Gras (Théodore), plus connu sous le nom de Gramineus, libraire et écrivain. T. VIII, col. 239.
Hakin (Jean-Laurent), médecin. T. VIII, col. 615.
Halmail (Pierre), souvent désigné sous le nom de Mellis, écrivain. T. VIII, col. 651.
Hamontanus (Gérard Kalkbrenner, ordinairement désigné sous le nom de), écrivain. T. VIII, col. 675.
Hanlet (Henri), janséniste. T. VIII, col. 694.
Hectermans (Henri), théologien et prédicateur. T. VIII, col. 818.
Heestert (Jean de), professeur de théologie. T. VIII, col. 840.
Heinsbergh (Thierry de), comte de Looz, arbitre. T. VIII, col. 882.
Heliger (Pierre) ou Heligerius, écrivain. T. VIII, col. 892.
Henschenius (Godefroid Henschen, dit), hagiographe. T. IX, col. 224.
Herben (Mathieu) ou Herbenus,

théologien, musicien et poète. T. IX, col. 236.
Herckenroye (Guillaume) ou Herckenrode, augustin, écrivain. T. IX, col. 240.
Herlinde (Sainte) ou Harlinde, abbesse du monastère d'Alden-Eyck. T. IX, col. 253.
Herman de Zittard ou Sittard (Hermannus Sittardus), écrivain. T. IX, col. 264.
Heuschling (Pierre-Jean), jurisconsulte. T. IX, col. 332.
Hoffman (Jean-Lambert), médecin et géologue. T. IX, col. 423.
Hony (Jean-Baptiste), jurisconsulte et magistrat. T. IX, col. 443.
Horne (Jean de), Jean de Wilde, Villanus, Sauvagius, de Ville ou de Villers, agitateur populaire. T. IX, col. 479.
Huguenin (Ulrich), mathématicien, homme de guerre. T. IX, col. 646.
Huybrechts (Jean), aussi Huberti et Joannes Loemelanus, vicaire général de l'archevêché de Malines. T. IX, col. 726.
Laet (Alphonse de), médecin et astrologue. T. V, col. 267.
Laet (Gaspard de), astrologue. T. V, col. 268.
Laet (Gaspard de), médecin et astrologue. T. V, col. 269.
Laet (Jean de) ou Laet, médecin, chirurgien et astrologue. T. V, col. 271.
Mantels (Jean) ou Mantelius, historien et écrivain ecclésiastique. T. XIII, col. 403.
Ram (Pierre-François-Xavier de), écrivain ecclésiastique. T. V, col. 650.
Vos (Gérard de), plus connu sous le nom de Vossius, helléniste et théologien. T. V, col. 850.

TIERENTEYN (Louis).

Maes (Engelbert), jurisconsulte. T. XIII, col. 131.
Maes (Jacques), jurisconsulte. T. XIII, col. 135.
Malpæus (Pierre) ou Maffeus, prieur des dominicains. T. XIII, col. 264.
Marbaix (Charles-Joseph de), jurisconsulte et publiciste. T. XIII, col. 415.
Martens (Jacques, chevalier), ou Martins, jurisconsulte. T. XIII, col. 873.
Méan (Pierre de), jurisconsulte. T. XIV, col. 210.
Metdepenningen (Hippolyte-Désiré), avocat, homme politique. T. XIV, col. 613.
Meulene (Jean vander) ou Molinæus, professeur, jurisconsulte et écrivain ecclésiastique. T. XIV, col. 695.
Milaenen (Horace-Nicolas van) ou De Milan Visconti, jurisconsulte. T. XIV, col. 828.
Milaenen (Mathias-Horace van), aussi Matheus de Mediolano Vicecomes, jurisconsulte. T. XIV, col. 830.
Mons (Théodore-Joseph van), magistrat, jurisconsulte. T. XV, col. 134.
O'Kelly d'Agrim (Jean-Prosper-Désiré, comte), historien et héraldiste. T. XVI, col. 115.
Orlent (Jean-Adolphe), avocat, jurisconsulte. T. XVI, col. 255.
Orssaghen (Jean van), rhétoricien. T. XVI, col. 289.
Oudart (Charles-Victor), écrivain, philanthrope. T. XVI, col. 383.
Page (Ferdinand-Joseph-Guislain, baron de), magistrat et jurisconsulte. T. XVI, col. 470.
Panne (Pierre), conspirateur. T. XVI, col. 548.
Paquet (Joseph), professeur, historien et homme politique. T. XVI, col. 593.
Paquot (Julien-Nicolas), professeur. T. XVI, col. 609.
Paradan (Pierre), savant prédicateur, abbé de Vlierbeek. T. XVI, col. 610.
Parent (Jean-Jacques-Florimond), écrivain, chef de bureau au ministère des finances, imprimeur. T. XVI, col. 625.

Parez (Félix-Constantin), fonctionnaire, jurisconsulte. T. XVI, col. 630.
Partoes (Guislain-Joseph), consul et homme d'Etat. T. XVI, col. 655.
Pauw (Napoléon - Liévin - Bernard de), avocat, échevin et professeur à l'Université de Gand. T. XVI, col. 722.
Pauwels de Vis (Jean), jurisconsulte, philanthrope. T. XVI, col. 751.
Peeters (Adolphe-Bernard), avocat, industriel, publiciste. T. XVI, col. 838.
Peeters (Hubert), instituteur. T. XVI, col. 855.
Peeters (Pierre-Egide [Gilles]), écrivain, homme politique. T. XVI, col. 865.
Pellens (Jean), écrivain ecclésiastique. T. XVI, col. 878.
Périer (Frédéric), historien. T. XVI, col. 19.
Petipas (Hippolyte), seigneur de Gamant, savant jurisconsulte. T. XVII, col. 101.
Petit (Charles-Jean-Baptiste-Désiré), jurisconsulte. T. XVII, col. 101.
Philippe (Paul), homme de lettres. T. XVII, col. 321.
Piespordius (Théodore), historien, généalogiste. T. XVII, col. 483.
Piet (Baudouin vander) ou vander Piedt, jurisconsulte. T. XVII, col. 484.
Piet (Liévin vander) ou Piedt, orientaliste. T. XVII, col. 485.
Pinaut (Jeanne), héroïne de la révolution brabançonne. T. XVII, col. 518.
Podesta (Georges), publiciste. T. XVII, col. 844.
Poplimont (Charles-Emmanuel-Joseph), publiciste, romancier, historien et généalogiste. T. XVIII, col. 32.
Prat (Georges-François), historien, publiciste et juriste. T. XVIII, col. 194.
Prévost (Gilbert), écrivain ecclésiastique. T. XVIII, col. 222.
Prus (Clément), religieux minime. T. XVIII, col. 308.
Raikem-Romain (Conrard-Joseph-Adolphe). T. XVIII, col. 598.

VANDERKINDERE (Léon).

Picard (François-David), jurisconsulte. T. XVII, col. 375.
Régnier Ier, comte de plusieurs pagi lotharingiens. T. XVIII, col. 870.
Régnier II, comte de Hainaut. T. XVIII, col. 875.
Régnier III, dit au Long Col, comte de Hainaut. T. XVIII, col. 875.
Régnier IV, comte de Hainaut. T. XVIII, col. 879.
Régnier V, comte de Hainaut. T. XVIII, col. 881.
Renaud, comte de Hainaut en 973. T. XIX, col. 87.
Richer ou Richard, comte de Hainaut en 964. T. XIX, col. 288.

VANNÉRUS (Jules).

Philippi (Henri), chronologiste. T. XVII, col. 338.
Poncin (Ferdinand-Joseph), historien, juriste et poète. T. XVIII, col. 3.
Reichling (Jean-Baptiste), prêtre, historien. T. XVIII, col. 886.
Roberti (Jean), polémiste et hagiographe. T. XIX, col. 515.
Rouvroy (Jean-Théodore, baron de), homme de guerre. T. XX, col. 280.
Russim (Jean), théologien et philosophe luxembourgeois. T. XX, col. 459.
Ruter (Nicolas), aussi Rutter et De Ruter, en français Le Ruistre ou De Ruistre, en latin Ruterius, homme d'Etat et d'église. T. XX, col. 465.

VARENBERGH (Émile).

Bye (Corneille de), bollandiste. T. IV, col. 858.

Chênedollé (Joseph-Louis-Charles-Auguste Lioult de), homme de lettres. T. IV, col. 53.
Chevrot (Jean), évêque de Tournai. T. IV, col. 73.
Choiseul (Gilbert de) du Plessis-Praslin, évêque de Tournai. T. IV, col. 77.
Cloet (Jean de), écrivain. T. IV, col. 883.
Colette (Sainte), réformatrice des trois ordres de saint François. T. IV, col. 276.
Colin (André), conseiller domestique de l'hôtel du duc de Bourgogne. T. IV, col. 281.
Colomban (Jean), poète, abbé de Saint-Trond. T. IV, col. 307.
Colson (F.-J.-Henri), professeur. T. IV, col. 309.
Conrad Ier, comte de Luxembourg. T. IV, col. 361.
Cort (Gaspard de). T. IV, col. 897.
Crasmaire, Chrasmaire ou Crausmaire, évêque de Tournai. T. IV, col. 487.
Cuyck (Albert de), évêque de Liége. T. IV, col. 597.
Cuyck (André de), évêque d'Utrecht. T. IV, col. 597.
Cuyck ou plutôt Kuik (Pierre de), évêque de Tournai. T. IV, col. 605.
Cuyper (Jean-Baptiste de), sculpteur. T. V, col. 52.
David (Adrien), licencié en théologie. T. IV, col. 711.
Dechamps (Adrien-Joseph), bourgmestre de Seneffe. T. IV, col. 866.
Dedeling (Guillaume), sculpteur. T. V, col. 78.
Deken (Guillaume de), bourgmestre de Bruges. T. V, col. 78.
Delmotte (Henri-Florent), archiviste et historien. T. V, col. 443.
Delmotte (Philibert-Ignace-Marie-Joseph), bibliothécaire. T. V, col. 448.
Delva (Antoine), écrivain ecclésiastique. T. V, col. 492.
Demophylax (Jean), poète latin. T. V, col. 572.
Den Duyts (François), conservateur des collections de l'Université de Gand. T. V, col. 583.
Dernoye (Bonaventure), théologien et prédicateur. T. V, col. 680.
Désirant (Bernard-Barthélemi), moine augustin et fameux casuiste. T. V, col. 732.
Despars (Nicolas), chroniqueur. T. V, col. 773.
Desprez (Jean) ou Despreis, dit d'Outremeuse, poète et chroniqueur. T. V, col. 784.
Dieregodgaf (Siger ou Segher), poète flamand. T. VI, col. 55.
Dodoens (Rembert) ou Dodonœus, médecin, botaniste. T. VI, col. 85.
Doms (P.-J.), graveur et astronome. T. VI, col. 119.
Dubois (François), jurisconsulte. T. VI, col. 195,
Dubois (Jean-Baptiste), architecte et sculpteur. T. VI, col. 196.
Du Jardin (Thomas), théologien. T. VI, col. 265.
Dumont (Joseph), architecte. T. VI, col. 305.
Dycker (Ignace de) ou Dyckerius, moine augustin. T. V, col. 84.
Eginhard ou plutôt Einhard, Einhardus, historien. T. VI, col. 472.
Eilbode, Eilbodon ou Heylbode, châtelain de Courtrai. T. VI, col. 516.
Elie de Coxide ou Coxyde, abbé des Dunes. T. VI, col. 538.
Elisabeth ou Isabelle d'Autriche, reine de Danemark. T. VI, col. 544.
Elisabeth de Gorlitz, duchesse de Luxembourg et de Brabant. T. VI, col. 548.
Ellebaudt (Nicaise) ou van Ellebode ou Ellebodius, médecin, philosophe et poète. T. VI, col. 553.
Eloi (Saint), évêque, patron des orfèvres. T. VI, col. 555.
Eloy (Gérard), plus connu sous le nom d'Eligius, historien. T. VI, col. 558.
Fardé (Pierre) ou Fardet, voyageur, missionnaire. T. VI, col. 882.
Fernand (Charles) ou Ferdinand,

poète, musicien, orateur et philologue. T. VII, col. 35.
Florbert (Saint), premier abbé des abbayes de Saint-Bavon et de Saint-Pierre au Mont Blandin à Gand. T. VII, col. 113.
Florès (Louis), père missionnaire flamand. T. VII, col. 115.
Folcuin, Folcuinus, Fulcuinus ou Fulquinus, abbé de Lobbes, théologien, écrivain. T. VII, col. 175.
François (dom Jean), savant bénédictin. T. VII, col. 257.
Francon, abbé d'Affligem, écrivain ecclésiastique. T. VII, col. 269.
Frédéric Ier, comte de Luxembourg. T. VII, col. 290.
Galbert ou Walbert, moine de Marchienne, hagiographe et poète. T. VII, col. 432.
Gand (Michel-Joseph de), écrivain. T. VII, col. 482.
Gauthier de Bruges, archidiacre de Térouanne et chanoine de Bruges. T. VII, col. 506.
Gérard II, évêque de Cambrai. T. VII, col. 629.
Gérard de Lisa de Flandria, imprimeur. T. VII, col. 640.
Gérard (Georges-Joseph), fonctionnaire, bibliophile, historien et numismate. T. VII, col. 647.
Germes (Jacques de) ou Jacques de Bruxelles, sculpteur, surnommé aussi Koperslager. T. VII, col. 678.
Géry (Saint), en latin Gaugerius, d'où Gaugerie ou Gaucher, évêque de Cambrai. T. VII, col. 689.
Gilbert, moine d'Elnone, chroniqueur. T. VII, col. 748.
Gilles de Gand ou Ægidius a Gandavo, théologien, philosophe et physicien. T. VII, col. 767.
Gilles de Lessines, Ægidius a Lessinia, de Lessinis, Lasciniis, etc., Ægidius Luscinus, philosophe, théologien, ingénieur, astronome et historien. T. VII. col. 767.
Gilles le Bel, chroniqueur. T. VII, col. 770.
Gilles de Leeuw ou Ægidius Cantor, Cantoris ou de Cantere, mystique. T. VII, col. 771.
Godelieve (Sainte). T. VIII, col. 8.
Godsenhoven (Laurent van) ou Guidtsenhoven ou Hæchtanus, poète et chroniqueur. T. VIII, col. 20.
Goethals (Jacques-Joseph-Ignace-Hyacinthe), homme de lettres, historien, industriel, plus connu sous le nom de Goethals-Vercruysse. T. VIII, col. 74.
Goethuys (Joseph), plus connu sous le nom de Casabona ou Bennicasæ, botaniste. T. VIII, col. 80.
Goubau-d'Hoogvoorst (Melchior-Joseph-François, baron), homme d'Etat. T. VIII, col. 159.
Goux (Pierre de), homme d'Etat. T. VIII, col. 164.
Gudule (Sainte). T. VIII, col. 397.
Hane-Steenhuyse (famille d'). T. VIII, col. 680.
Haneton (Guillaume), jurisconsulte, magistrat. T. VIII, col. 684.
Haneton (Philippe), homme d'Etat, historien. T. VIII, col. 682.
Hauscilt (Lubrecht), homme d'Etat, mathématicien, historien. T. VIII, col. 781.
Havre (Jean van), seigneur de Walle, Venacker, etc., magistrat, poète latin, philanthrope. T. VIII, col. 803.
Helias (Edmond), théologien. T. VIII, col. 889.
Herman, comte de Hainaut. T. IX, col. 257.
Hermès de Winghe ou de Wynghene, homme d'Etat, membre du conseil privé. T. IX, col. 276.
Hieman (François), poète flamand. T. IX, col. 370.
Hollander (Jean-Baptiste d'), compositeur. T. VI, col. 32.
Hollandre (Charles-Félix de), compositeur. T. V, col. 174.
Holvoet (Auguste), magistrat, écrivain. T. IX, col. 440.
Hoop (J.-D. d'), jurisconsulte. T. VI, col. 35.
Hoorebeke (Ch.-J. van), pharmacien-botaniste. T. IX, col. 462.

Hoorebeke (Emile van), professeur, homme politique. T. IX, col. 463.
Hoorebeke (J.-Fr.), pharmacien-naturaliste. T. IX, col. 461.
Hoorenmaker (Louis), gueux de mer. T. IX, col. 463.
Hugonet (Guillaume), président du grand conseil, chancelier de Bourgogne sous Charles le Téméraire. T. IX, col. 639.
Huguenois (Liévin), prélat de l'abbaye de Saint-Bavon à Gand. T. IX, col. 651.
Hulst (Liévin), latinisa son nom en Hultius, mathématicien, géographe et numismate. T. IX, col. 690.
Huygelaere (Augustin d'), poète flamand. T. VI, col. 37.
Hye (Jacques), poète flamand. T. IX, col. 764.
Jaegher (François de), poète, chansonnier. T. V, col. 193.
Jean de Harlebeke, prêtre, astronome. T. X, col. 408.
Joris (Jean), presque exclusivement connu sous le nom de David Joris ou Georgii, réformateur et anabaptiste. T. X, col. 534.
Josse de Menin, conseiller à la cour de Hollande. T. X, col. 557.
Keyser (François de) ou Frans Cæsar, théologien. T. V, col. 226.
La Bare (Ferdinand de) ou Barre, homme d'Etat. T. V, col. 254.
La Barre (Louis-François-Joseph de), polygraphe. T. V, col. 255.
Lalaing (Gilles de), écrivain religieux. T. XI, col. 96.
Laval (Jean-François de), bibliophile. T. V, col. 335.
L'Espinoy (Charles de), magistrat. T. V, col. 404.
L'Espinoy (Philippe de), héraldiste et généalogiste. T. V, col. 406.
Lichtervelde (Albert-Louis, comte de), évêque. T. XII, col. 99.
Lichtervelde (Jacques de), seigneur de Coolscamp, châtelain d'Anvers. T. XII, col. 99.
Lichtervelde (Jean de), seigneur de Beaurewaer, souverain bailli de Flandre. T. XII, col. 101.
Lichtervelde (Jean-Ferdinand de), seigneur de Vellenaer, chambellan de Philippe II. T. XII, col. 101.
Lichtervelde (Joseph-François, comte de), fonctionnaire, agronome. T. XII, col. 102.
Lichtervelde (Louis de), seigneur de Staden, souverain bailli d'Ypres. T. XII, col. 103.
Lindanus (Guillaume-Damase) ou Vander Linden, évêque de Gand. T. XII, col. 212.
Loo (Adrien van), écrivain religieux. T. XII, col. 375.
Lootyns (Louis), avocat. T. XII, col. 397.
Lootyns (Pierre), seigneur de Duvenede, généalogiste. T. XII, col. 398.
Los Rios (Charlotte-Marie de), pédagogue. T. V, col. 468.
Lummene de Marcke (Charles de), connu sous le nom de Carolus a Marca, écrivain dramatique. T. XII, col. 566.
Lummene de Marcke (Jacques-Corneille de), connu sous le nom de Lummenæus a Marca, religieux, poète latin. T. XII, col. 567.
Lummius (Jean-Frédéric) ou Van Lummen, écrivain ecclésiastique. T. XII, col. 572.
Maes (Boniface), écrivain ecclésiastique. T. XIII, col. 127.
Maes (Jean-Baptiste-Louis), dit Maes-Canini, peintre d'histoire et de portraits. T. XIII, col. 139.
Magalhaens (Pierre de) ou plutôt Pedro Magalhanes de Gandavo, historien et voyageur. T. XIII, col. 148.
Marlier (Pierre de), sculpteur. T. V, col. 511.
Marvis (Gautier ou Walter de), évêque de Tournai. T. XIII, col. 925.
Meyer (Corneille), imprimeur et auteur. T. XIV, col. 773.
Neut (Edouard-Amand), journaliste et publiciste. T. XV, col. 640.
Nieulant (Jacques-Pasquier), reli-

gieux dominicain, traducteur. T. XV, col. 710.
Ottevaere (Auguste-Ferdinand), peintre animalier. T. XVI, col. 377.
Ottevaere (Ferdinand), écrivain. T. XVI, col. 378.
Pape (Jean de), poète flamand. T. V, col. 611.
Puydt (Jean-Ambroise de), médecin et fonctionnaire. T. V, col. 638.
Ram (Jean de), imprimeur. T. V, col. 650.
Roose (Vincent de), jurisconsulte. T. V, col. 682.
Roovere de Roosemersch (L.-J.-A. de), magistrat, historien et généalogiste. T. V, col. 684.
Schildere (Louis de), théologien. T. V, col. 719.
Sluutere (Antoine de), poète. T. V, col. 743.
Smedt (Jérôme de), savant dominicain. T. V, col. 749.
Smet (Corneille de), sculpteur. T. V, col. 759.
Smet (François-Joseph de), avocat, avoué et historien. T. V, col. 760.
Smet (Jean-Baptiste de), évêque de Gand. T. V, col. 763.
Smet (Pierre de), dit van Steebroeck, écrivain. T. V, col. 769.
Smytere (Charles de), jurisconsulte. T. V, col. 770.
Vriese (Luc de), poète flamand. T. V, col. 874.
Witte (Jean de), dit Albus, moine dominicain et évêque. T. VI, col. 9.
Wulf (Jacques-Philippe de), jurisconsulte. T. VI, col. 27.

VERCOULLIE (Joseph).

Ramaut (Pierre-Martin), poète flamand. T. XVIII, col. 618.
Redel (Augustin-Casimir) ou Ridel, peintre et écrivain. T. XVIII, col. 821.
Rens (François), littérateur flamand. T. XIX, col. 137.
Rens (Hippolyte), fonctionnaire et poète. T. XIX, col. 139.
Rens (Liévin-Charles), rhétoricien. T. XIX, col. 139.
Renterghem (A.-F.-G. van), poète flamand. T. XIX, col. 142.
Ridder (J. de), maître d'école et poète flamand. T. XIX, col. 318.
Ridderbosch (J.), poète. T. XIX, col. 319.
Robaeys (Charles-Louis), littérateur. T. XIX, col. 396.
Robyn (Pierre-Jean), poète. T. XIX, col. 560.
Roeland (Jean), poète dramatique flamand. T. XIX, col. 635.
Rons (Gérard D.), poète flamand. T. XX, col. 12.
Rore (Jacques de) ou Roore, surnommé de Keersma(ec)ker ou de Keersgieter, mennonite brugeois. T. XX, col. 95.
Rosant (Jacques), poète flamand. T. XX, col. 98.
Rossaert (Pierre-François), poète flamand. T. XX, col. 143.
Rotterdam (Jean-Baptiste-Antoine van), nouvelliste et romancier flamand. T. XX, col. 184.
Rutten (Guillaume-Gustave), pédagogue et dialectologue. T. XX, col. 491.
Rycen (Chrétien), martyr protestant. T. XX, col. 611.
Ryckere (Louis de), pédagogue et historien. T. XX, col. 637.
Rysheuvels (Louis), pédagogue. T. XX, col. 702.
Ryssele (Colin van), poète ou plutôt rhétoricien flamand. T. XX, col. 711.

VEREECKE (J.-J.-J.).

Cabilliau (Baudouin), poète latin. T. III, col. 233.
Cabilliau (Philippe), homme de guerre. T. III, col. 237.
Clerck (Claude de), poète flamand. T. IV, col. 871.
Codt (Henri de), jurisconsulte. T. IV, col. 247.
Crock (de) ou Olivier de Saint-Anastase, écrivain ecclésiastique. T. V, col. 45.

Damant (Juste) ou D'Amant, homme de guerre et magistrat. T. IV, col. 646.
Declerck (Jacques), poète, peintre et musicien. T. IV, col. 875.
Huydevettere (Louis-Joseph de), hagiographe. T. V, col. 193.

VERHAEREN (Émile).

Kessels (Mathieu), sculpteur. T. X, col. 690.

VLIETINCK (Ed.).

Oliviers (Jacques), chirurgien. T. XVI, col. 154.

VREESE (Willem de).

Maerlant (Jacques van), poète flamand. T. XIII, col. 64.
Martin van Torout, poète flamand. T. XIII, col. 896.
Meurier (Gabriel), ou Murier, pédagogue et philologue. T. XIV, col. 700.
Numan (Philippe), poète flamand et écrivain ecclésiastique. T. XVI, col. 1.
Onraet (Jean-Baptiste), écrivain ecclésiastique. T. XVI, col. 191.
Penninc, poète flamand. T. XVI, col. 892.
Rode (Jean van), frère convers au couvent des Chartreux. T. XIX, col. 570.
Rosemondt (Godescalc), théologien, professeur à l'Université de Louvain. T. XX, col. 102.
Ruysbroeck (Jean de) ou Jan van Ruusbroec, mystique flamand. T. XX, col. 507.

WARICHEZ (J.).

Radbod ou Rathbod I, évêque de Tournai-Noyon. T. XVIII, col. 534.
Radbod II, évêque de Tournai-Noyon. T. XVIII, col. 535.
Rainelme, évêque de Tournai-Noyon. T. XVIII, col. 602.
Raoul ou Rodulphe, évêque de Tournai-Noyon. T. XVIII, col. 687.
Raoul, Radulphe, Hadulphe ou Adulf, évêque de Tournai-Noyon de 955 à 977. T. XVIII, col. 688.
Ronegaire, Raneguire ou Rantgaire, évêque de Tournai et de Noyon. T. XX, col. 5.

WAUTERS (Alphonse).

Aerts (Jean-Antoine), écrivain. T. I, col. 123.
Aertsens (Henri), peintre. T. I, col. 124.
Alaers (François) ou Alardts, ministre luthérien. T. I, col. 151.
Alix ou Aleyde de Bourgogne. T. I, col. 228.
Anneessens (François), doyen du métier des Quatre Couronnés de Bruxelles. T. I, col. 300.
Anneessens (Jean-André), architecte. T. I, col. 317.
Bellegambe (Jean), peintre. T. II, col. 126.
Bodeghem (Louis van) ou Boeghem, architecte. T. II, col. 559.
Bouts (Albert), peintre. T. II, col. 876.
Bouts (Thierri) ou Thierri de Harlem, peintre. T. II, col. 877.
Bouts (Thierri), le Jeune, peintre. T. II, col. 883.
Breda (Corneille de), polygraphe. T. II, col. 913.
Bruyn (Guillaume de), architecte. T. IV, col. 845.
Camargo (Marie-Anne de Cupis), danseuse. T. III, col. 265.
Campana (Pierre de Kempeneer dit Pietro), peintre. T. III, col. 278.
Celles (Antoine-Philippe-Fiacre-Guislain de Visscher, comte de), homme d'État. T. III, col. 398.
Champagne (Jean-Baptiste de), peintre. T. III, col. 410.
Champagne (Philippe de), peintre. T. III, col. 413.
Charles II, roi d'Espagne. T. IV, col. 1.
Chasteler (François-Gabriel-Joseph,

marquis du), historien. T. IV, col. 25.
Clodion, roi des Francs. T. IV, col. 175.
Cobenzl (Charles-Philippe-Jean, comte de), homme d'Etat. T. IV, col. 203.
Coghen (le comte Jacques-André), négociant et financier. T. IV, col. 267.
Daret (Jacques), sculpteur. T. IV, col. 679.
Dullaert (Adrien), chroniqueur. T. VI, col. 271.
Dumoulin (Gilles), guerrier. T. VI, col. 312.
Eberard ou Ebrard, religieux chroniqueur. T. VI, col. 447.
Egas (Anequin de), architecte. T. VI, col. 467.
Emebert ou Ablebert, évêque de Cambrai. T. VI, col. 571.
Enghien (Jean d'), dit de Kestergat, chroniqueur. T. VI, col. 600.
Ermens (Joseph), bibliophile. T. VI, col. 623.
Ermesinde de Namur, dite aussi Ermenson ou Ermensette, comtesse de Luxembourg. T. VI, col. 628.
Etienne, évêque de Tournai. T. VI, col. 719.
Everard ou Eberard de Béthune, grammairien et controversiste. T. VI, col. 747.
Everghem (Henri van), architecte. T. VI, col. 764.
Eynatten (Maximilien d'), théologien. T. VI, col. 810.
Fallon (Jean-Baptiste-Isidore-Ghislain), jurisconsulte et administrateur. T. VI, col. 864.
Fastrade, une des femmes de Charlemagne. T. VI, col. 894.
Faulconnier (Pierre), historien. T. VI, col. 907.
Fillastre (Guillaume) ou Filastre, ecclésiastique et homme d'Etat. T. VII, col. 61.
Flordorp (Jean de), homme de guerre. T. VII, col. 114.
Folcard, abbé de Lobbes. T. VII, col. 172.
Folcard, écrivain religieux de l'ordre de saint Benoît. T. VI col. 174.
Folcuin, religieux, bénédictin et chroniqueur. T. VII, col. 177.
France (Renom ou Rainuce de), historien. T. VII, col. 230.
Francon Calaber, abbé de Villers et chroniqueur. T. VII, col. 262.
Francon d'Arquenne ou d'Archennes, croisé. T. VII, col. 271.
Fraula (Thomas-François-Joseph, comte de), savant. T. VII, col. 283.
Fricx (Eugène-Henri), imprimeur et libraire. T. VII, col. 302.
Fulbert, évêque de Cambrai. T. VII, col. 346.
Fulcher ou Fulcaire, évêque de Noyon et de Tournai. T. VII, col. 350.
Galopin (Georges), écrivain ecclésiastique. T. VII, col. 467.
Gamond (Zoé-Charlotte de), plus connue sous le nom Gatti de Gamond, écrivain. T. VII, col. 474.
Gérard, dit de Florennes, évêque de Cambrai. T. VII, col. 623.
Gérard, comte de Looz, homme de guerre. T. VII, col. 631.
Gérard de Saint-Trond, particulier. T. VII, col. 637.
Gerbald, évêque de Tongres ou de Liége. T. VII, col. 658.
Gertrude (Sainte), première abbesse de Nivelles. T. VII, col. 680.
Ghistelles (les seigneurs de). T. VII, col. 739.
Gilbert ou Gislebert, comte de Luxembourg. T. VII, col. 749.
Gislebert, duc de Lotharingie. T. VII, col. 792.
Godefroid Ier, comte de Louvain, duc de Lotharingie. T. VII, col. 842.
Godefroid II, duc de la Basse-Lotharingie et marquis d'Anvers. T. VII, col. 854.
Godefroid III, duc de la Basse-Lotharingie et marquis d'Anvers. T. VII, col. 855.
Godefroid de Brabant, seigneur

d'Aerschot et de Vierson. T. VII, col. 869.
Godefroid Ier, duc de la Basse-Lotharingie. T. VII, col. 875.
Godefroid, dit d'Ardenne, comte de Verdun et d'Eenham, surnommé le Vieux ou le Captif. T. VII, col. 877.
Godefroid II d'Ardenne, duc de Lotharingie, dit quelquefois d'Eenham. T. VII, col. 882.
Godefroid III, dit parfois le Grand, le Hardi ou le Barbu, duc de la Basse-Lotharingie. T. VII, col. 886.
Godefroid le Bossu, duc de la Basse-Lotharingie et marquis d'Anvers. T. VII, col. 894.
Godescalc, évêque d'Arras. T. VIII, col. 12.
Goes (Hugues van der), peintre. T. VIII. col. 27.
Goessen (Jean), écrivain. T. VIII, col. 46.
Gothelon ou Gozelon Ier, surnommé le Grand, duc de Lotharingie. T. VIII, col. 151.
Gothelon II, duc de la Haute-Lotharingie. T. VIII, col. 154.
Granvelle (Antoine Perrenot de), homme d'Etat, archevêque de Malines et cardinal. T. VIII, col. 197.
Granvelle (Nicolas Perrenot, seigneur de), premier ministre de l'empereur Charles-Quint. T. VIII, col. 185.
Grimberghe (les seigneurs de). T. VIII, col. 305.
Grobbendonck (Gaspar Schets, seigneur de), homme d'Etat. T. VIII, col. 314.
Gruythuyse (les seigneurs de la). T. VIII, col. 381.
Gualbert, historien. T. VIII, col. 392.
Guas (Jean), dont le vrai nom est Was, architecte. T. VIII, col. 395.
Guibert, écrivain ecclésiastique, abbé de Florennes et de Gembloux. T. VIII, col. 406.
Guidon (Saint), en flamand Sint Wye. T. VIII, col. 428.
Guillaume, comte de Luxembourg. T. VIII, col. 430.
Guillaume de Messines, patriarche de Jérusalem. T. VIII, col. 436.
Guillaume, fondateur du monastère de l'Olive, en Hainaut. T. VIII, col. 443.
Guillaume de Dampierre, comte de Flandre. T. VIII, col. 444.
Guillaume de Tournai, religieux dominicain, écrivain, nommé parfois Flander ou le Flamand, aussi Picardus. T. VIII, col. 471.
Guillaume de Hildernisse, religieux carme. T. VIII, col. 481.
Guillaume de Catthem, chroniqueur. T. VIII, col. 487.
Guiman, religieux de Saint-Vaast. T. VIII, col. 548.
Guyard ou Guy de Laon, évêque de Cambrai. T. VIII, col. 560.
Hardouin, évêque de Noyon et de Tournai. T. VIII, col. 712.
Henri Ier, comte de Louvain. T. IX, col. 97.
Henri II, comte de Louvain. T. IX, col. 99.
Henri III, comte de Louvain. T. IX, col. 101.
Henri Ier, duc de Lotharingie et de Brabant. T. IX, col. 105.
Henri II, duc de Lotharingie et de Brabant. T. IX, col. 123.
Henri III, duc de Lotharingie et de Brabant. T. IX, col. 137.
Henri IV. duc de Brabant. T. IX, col. 144.
Henri Ier, comte de Limbourg. T. IX, col. 146.
Henri II, duc de Limbourg et comte d'Arlon. T. IX, col. 149.
Henri III, duc de Limbourg. T. IX, col. 151.
Henri IV, duc de Limbourg et comte de Berg. T. IX, col. 154.
Henri III, comte de Luxembourg et de Laroche. T. IX, col. 160.
Henri IV, comte de Luxembourg et de Laroche. T. IX, col. 164.
Henri de Brabant. fils du duc Jean III. T. IX, col. 173.
Henri de Flandre, comte de Lodi. T. IX, col. 174.

Henri de Hainaut ou de Flandre, empereur de Constantinople. T. IX, col. 177.
Herman de Valenciennes, trouvère. T. IX, col. 263.
Hoobroeck dit d'Asper (Constantin-Ghislain-Charles van), général au service d'Autriche. T. IX, col. 444.
Hoobroeck-te Walle (Charles-François-Joseph van), homme de guerre. T. IX, col. 447.
Henri (de Luxembourg), duc de Bavière. T. IX, col. 769.
Henri (de Luxembourg), le Jeune, duc de Bavière. T. IX, col. 774.
Henri, comte de Luxembourg. T. IX, col. 775.
Henri (de Luxembourg), comte. T. IX, col. 775.
Henri II, comte de Luxembourg et de Laroche. T. IX, col. 775.
Jacquemin (Charles-François) ou Jacmin, dit Cousin Charles de Loupoigne, chef de partisans, aventurier. T. X, col. 65.
Janssens (Victor-Honoré), peintre. T. X, col. 139.
Jean Ier, dit le Victorieux, duc de Lotharingie ou de Lothier. T. X, col. 201.
Jean II, duc de Lotharingie, de Brabant et de Limbourg. T. X, col. 217.
Jean III, duc de Lotharingie ou de Lothier, de Brabant et de Limbourg. T. X, col. 237.
Jean d'Avesnes, héritier du comté de Hainaut. T. X, col. 280.
Jean d'Avesnes, comte de Hainaut. T. X, col. 292.
Jean de Diest, évêque d'Utrecht. T. X, col. 390.
Jean de Hainaut, seigneur de Beaumont, guerrier. T. X, col. 402.
Jean de Heusden, prévôt de l'église Notre-Dame de Bruges. T. X, col. 408.
Jeanne, dite de Constantinople, comtesse de Flandre et du Hainaut. T. X, col. 447.
Lalaing, (Antoine de), comte d'Hooghstraeten, chambellan de Philippe le Beau. T. XI, col. 80.
Lalaing (Antoine de), comte d'Hooghstraeten, capitaine. T. XI, col. 85.
Lalaing (Georges de), comte de Rennebourg, un des fondateurs des Provinces-Unies. T. XI, col. 91.
Lambert, comte de Louvain. T. XI, col. 137.
Lambert Ier, comte de Louvain. T. XI, col. 138.
Lambert II, dit aussi Baldéric, comte de Louvain. T. XI, col. 142.
Langren (Michel-Florent van), cosmographe et mathématicien. T. XI, col. 276.
Lannoy (Charles de), homme d'Etat. T. XI, col. 297.
Lannoy (Chrétien-Joseph-Grégoire-Ernest, comte de), homme d'Etat. T. XI, col. 303.
Lannoy (Eugène-Hyacinthe-Marie-Joseph-Ignace de), homme de guerre. T. XI, col. 306.
Lannoy (Ferrand ou Ferdinand de), homme de guerre. T. XI, col. 307.
Lannoy (Hugues de), seigneur de Santes, guerrier et diplomate. T. XI, col. 322.
Lannoy (Jean de), stadhouder de Hollande et la Zélande. T. XI, col. 325.
Lannoy de Clervaux (Napoléon de), prince de Rheina-Wolbeck, poète. T. XI, col. 329.
Lannoy (Rodolphe de), homme de guerre. T. XI, col. 330.
Lathem (Jacques van), peintre. T. XI, col. 419.
Lathem (Liévin van) ou Liévin d'Anvers, peintre. T. XI, col. 421.
Lathem (Liévin van), orfèvre et graveur de sceaux. T. XI, col. 424.
Lauters (Paul), peintre et dessinateur. T. XI, col. 469.
Lavry (Charles-Adolphe-Joseph), homme de lettres. T. XI, col. 488.
Le Conte (Pierre) ou Le Comte, orfèvre. T. XI, col. 595.

Le Gros de Saint-Martin (Albert-Joseph), homme de guerre. T. XI, col. 707.
Lejeune (Pierre-François), sculpteur. T. XI, col. 734.
Lelewel (Joachim), homme politique, historien et littérateur. T. XI, col. 736.
Lelis (Tobie de), sculpteur. T. XI, col. 752.
Le May (Olivier), peintre et graveur. T. XI, col. 790.
Léopold II, empereur d'Allemagne. T. XI, col. 832.
Le Roy (le baron Jacques), historien et géographe. T. XI, col. 910.
Leyniers (les), famille de tapissiers. T. XII, col. 61.
Lideric, forestier de Flandre. T. XII, col. 103.
Liesveld (Thierry van), jurisconsulte. T. XII, col. 119.
Ligne (les de), famille illustre. T. XII, col. 130.
Ligne (le prince Charles-Joseph de), écrivain et homme de guerre. T. XII, col. 143.
Limminghe (les de) ou Uytter Limmingen, famille noble. T. XII, col. 204.
Lindanus (David) ou Vander Linden, historien. T. XII, col. 209.
Locquenghien (Jean de), bourgmestre et amman de Bruxelles. T. XII, col. 303.
Lombeke (Jean de), graveur de sceaux. T. XII, col. 338.
Lonsing (François-Joseph), peintre. T. XII, col. 374.
Loon (Théodore van), peintre. T. XII, col. 385.
Loovens (Jean-Emmanuel), jurisconsulte. T. XII, col. 401.
Louyet (Paulin-Laurent-Charles-Evalery), chimiste. T. XII, col. 516.
Loyet (Gérard), orfèvre. T. XII, col. 535.
Maelen (Philippe-Marie-Guillaume vander), géographe. T. XIII, col. 49.
Maillart (Philippe-Joseph), graveur. T. XIII, col. 171.
Malouel (Jean), artiste peintre. T. XIII, col. 262.
Manassès Ier, archevêque de Reims. T. XIII, col. 270.
Manassès, seigneur de Hierges, chevalier croisé. T. XIII, col. 276.
Maras (Nicolas-Joseph), abbé de Grimberghe. T. XIII, col. 414.
Marchal (le chevalier François-Joseph-Ferdinand), historien, conservateur de la Bibliothèque de Bourgogne. T. XIII, col. 430.
Marguerite d'Alsace, comtesse de Flandre et de Hainaut. T. XIII, col. 579.
Marguerite d'Autriche, gouvernante générale des Pays-Bas. T. XIII, col. 582.
Marguerite de Constantinople, comtesse de Flandre et de Hainaut. T. XIII, col. 612.
Marguerite de Flandre, duchesse de Brabant. T. XIII, col. 631.
Marguerite de Flandre ou de Male, comtesse de Flandre. T. XIII, col. 632.
Marguerite de Hainaut, impératrice d'Allemagne, comtesse de Hainaut. T. XIII, col. 636.
Marguerite de Parme (Marguerite d'Autriche, duchesse de Parme), gouvernante générale des Pays-Bas. T. XIII, col. 649.
Marie de Brabant, femme d'Othon IV, empereur d'Allemagne. T. XIII, col. 694.
Marie la Malheureuse. T. XIII, col. 718.
Marmion (Simon), peintre et miniaturiste. T. XIII, col. 760.
Marne (Jean-Louis Marnet dit de), peintre. T. XIII, col. 767.
Marselaer (Adrien de), poète. T. XIII, col. 852.
Marselaer (Frédéric de), magistrat et littérateur. T. XIII, col. 854.
Martini (Guillaume), pensionnaire de la ville d'Anvers. T. XIII, col. 901.
Mathieu (Adolphe-Charles-Ghislain), littérateur. T. XIV, col. 33.
Mattens (Jean-Norbert), religieux

prémontré de l'abbaye de Tongerloo. T. XIV, col. 75.
Maurissens (Jean-Baptiste), écrivain héraldiste. T. XIV, col. 108.
Médard (Saint), évêque de Tournai et de Noyon. T. XIV, col. 216.
Medina (Jean-Baptiste de), peintre. T. XIV, col. 220.
Meer de Moorsel (Jean-Joseph, baron de), homme de guerre. T. XIV, col. 250.
Meert (Pierre), peintre. T. XIV, col. 271.
Mercx (Pierre-Paul), architecte et ingénieur. T. XIV, col. 451.
Mertens (Jean), peintre et sculpteur. T. XIV, col. 603.
Meulemans (Philippe), architecte. T. XIV, col. 668.
Meulen (Adam-François vander), peintre de batailles. T. XIV, col. 668.
Meulen (Jean-Désiré vander), écrivain. T. XIV, col. 688.
Meulen (Pierre vander), peintre. T. XIV, col. 692.
Millé (Jean-Baptiste), peintre d'histoire. T. XIV, col. 838.
Miræus (Aubert Le Mire, dit), érudit. T. XIV, col. 882.
Miræus (Jean Le Mire, dit), évêque d'Anvers. T. XIV, col. 895.
Moer (Jean-Baptiste van), artiste peintre. T. XV, col. 7.
Mol (Henri de), dit Cooman ou Koymans, architecte. T. XV, col. 40.
Molanus (Jean Vermeulen, dit), écrivain ecclésiastique. T. XV, col. 48.
Molinet (Jean), poète et chroniqueur. T. XV, col. 60.
Mommaert (Jean), imprimeur et poète. T. XV, col. 88.
Monford (Jean de) ou Montfort, sculpteur et graveur de médailles. T. XV, col. 102.
Monstrelet (Enguerrand de), chroniqueur. T. XV, col. 137.
Montoyer (Louis-Joseph), architecte. T. XV, col. 203.
Murrai (Marie-Caroline) ou plutôt Murray, femme de lettres. T. XV, col. 365.
Mytens (Arnoul) ou Meytens, surnommé Renaldo, peintre. T. XV, col. 394.

WAUTERS (A.-J.).

Juste de Gand, peintre. T. X, col. 619.
Memling (Hans), peintre. T. XIV, col. 340.
Orley (Bernard van), peintre. T. XVI, col. 257.
Orley (Jean van), peintre. T. XVI, col. 281.
Orley (Pierre van), paysagiste. T. XVI, col. 285.
Orley (Richard van), peintre et graveur. T. XVI, col. 285.
Orley (Valentin van), peintre. T. XVI, col. 286.
Rave (Jean), peintre brugeois. T. XVIII, col. 792.
Roome (Jean van), dit Jean de Bruxelles, peintre de la gouvernante Marguerite d'Autriche. T. XX, col. 23.
Ryck Aertzoon (Lambert), peintre anversois. T. XX; col. 612.

WAUWERMANS (Emmanuel).

Mercator (Arnold), géographe et ingénieur. T. XIV, col. 369.
Mercator (Barthélemy), géographe. T. XIV, col. 371.
Mercator (Gérard de Cremer, dit), géographe, cosmographe et mathématicien. T. XIV, col. 372.
Mercator (Gérard), le Jeune, géographe et graveur. T. XIV, col. 421.
Mercator (Jean), géographe, graveur et poète. T. XIV, col. 421.
Mercator (Rumold), géographe et cartographe. T. XIV, col. 425.
Ortelius (Abraham Ortels ou Wortels, dit), géographe et antiquaire. T. XVI, col. 291.
Oyen (Sébastien van), architecte et ingénieur militaire. T. XVI, col. 434.
Pauwels (Félix - Charles - Chris-

tophe), architecte et ingénieur. T. XVI, col. 733.
Piron (François-Philippe-Joseph), major du génie et écrivain militaire. T. XVII, col. 647.

WAXWEILER (Émile).

Quetelet (Lambert-Adolphe-Jacques), mathématicien, astronome, statisticien. T. XVIII, col. 477.

WILLEMS (Léonard).

Latewaert (Louis), romancier. T. XI, col. 418.
Ledeganck (Charles-Louis), poète flamand. T. XI, col. 604.
Meetkercke (Adolphe van), homme d'Etat. T. XIV, col. 277.
Meteren (Emmanuel van), historien. T. XIV, col. 615.
Meulen (André vander), poète. T. XIV, col. 682.
Mulié (François-Martin de), en religion Léonard de Saint-Martin, écrivain ecclésiastique. T. XV, col. 347.
Myleman (Charles), écrivain religieux. T. XV, col. 390.
Myricanus (Martin) ou Vander Heyden, écrivain ecclésiastique. T. XV, col. 393.
Myricanus (Servais) ou Vander Heyden, écrivain ecclésiastique. T. XV, col. 394.
Neckere (Philippe-Jacques de), grammairien flamand. T. XV, col. 519.
Nederlant (Joete van), femme poète. T. XV, col. 520.
Neefs (Hubert), poète flamand. T. XV, col. 542.
Nerrincq (François), écrivain religieux. T. XV, col. 604.
Nesse (Guillaume vande), prêtre catholique, docteur en théologie. T. XV, col. 610.
Nivardus, poète des Flandres. T. XV, col. 753.
Nolet de Brauwere van Steeland (Jean-Charles-Hubert), poète flamand. T. XV, col. 809.
Noot (Jean-Baptiste vander), poète flamand. T. XV, col. 866.
Noydekin, poète flamand. T. XV, col. 940.
Oesbroeck (Daniel van), poète flamand. T. XVI, col. 83.
Omazur (Nicolas), poète flamand. T. XVI, col. 167.
Ooms (Corneille), licencié ès lois. T. XVI, col. 204.
Paepe (Henri de), frère mineur. T. XVI, col. 452.
Paludanus (Michel), théologien et poète latin. T. XVI, col. 522.
Pannemaker (Guillaume de), poète dramatique. T. XVI, col. 555.
Pape (Josse de) ou de Paepe, rhétoricien. T. XVI, col. 580.
Parys (Jean-Baptiste), professeur de rhétorique. T. XVI, col. 663.
Pauli (Segerus) ou Zeger Pauwels, écrivain ecclésiastique. T. XVI, col. 713.
Paullus (Gautier), poète latin. T. XVI, col. 716.
Pauly (André), écrivain ecclésiastique. T. XVI, col. 718.
Pauw (Michel de), auteur dramatique. T. XVI, col. 722.
Peene (Hippolyte-Jean van), médecin et auteur dramatique flamand. T. XVI, col. 816.
Peene (Jacques-Hubert van), médecin. T. XVI, col. 825.
Peene (Jean-Bernard van), poète et littérateur flamand. T. XVI, col. 826.
Peene (Mathilde van), femme poète flamande. T. XVI, col. 827.
Peeters (Armand) ou Petri, écrivain ecclésiastique. T. XVI, col. 839.
Penneman (François), prédicateur. T. XVI, col. 888.
Penneman (François), religieux, astrologue. T. XVI, col. 889.
Perdaens (Corneille), écrivain ecclésiastique. T. XVII, col. 1.
Perduyn (Ghislain), écrivain religieux. T. XVII, col. 4.
Peri (François), écrivain ecclésiastique. T. XVII, col. 16.
Perre (Jean van de), écrivain ecclésiastique. T. XVII, col. 40.

Perye (Jean) poète latin. T. XVII, col. 81.
Peys (André), auteur dramatique. T. XVII, col. 145.
Phillips (Thomas), écrivain ecclésiastique. T. XVII, col. 368.
Pickard (Jean), écrivain ecclésiastique. T. XVII, col. 384.
Pien (Ignace), théologien belge. T. XVII, col. 395.
Piens (Félix-Martin), poète flamand. T. XVII, col. 397.
Pierre van Iersele, poète flamand. T. XVII, col. 461.
Pierre le Peintre, Petrus Pictor, poète latin. T. XVII, col. 466.
Pierre de Wervicq ou Pierre van Olmen, martyr protestant. T. XVII, col. 471.
Pierssene (Jérémie), en latin Pierssenaeus, jurisconsulte et homme de lettres. T. XVII, col. 477.
Piquot (Roland), écrivain ecclésiastique. T. XVII, col. 554.
Placker (Chrétien de), chansonnier flamand. T. XVII, col. 697.
Plancke (Joseph vander), trésorier de la ville de Bruges. T. XVII, col. 734.
Pleke (François), curé de Laeken. T. XVII, col. 802.
Poele (Placide vanden), écrivain religieux. T. XVII, col. 866.
Pomeranus (Pierre), pédagogue. T. XVII, col. 924.
Ponetus (Pierre), théologien. T. XVIII, col. 5.
Poot (Albert) écrivain ecclésiastique. T. XVIII, col. 29.
Porquin (Louis), ou Luigi Porchini, littérateur flamand. T. XVIII, col. 62.
Potterkin, rhétoricien flamand. T. XVIII, col. 90.
Preumont (Louis), religieux de l'ordre des Frères Mineurs. T. XVIII, col. 221.
Priem (Pierre-Albert), poète flamand. T. XVIII, col. 248.
Puyskens (Jacques), dominicain flamand. T. XVIII, col. 360.
Quickelberghe (Joseph de), théologien. T. XVIII, col. 502.
Rale (Hubert) ou Raelen, théologien. T. XVIII, col. 612.
Ramirez (Jean), écrivain ecclésiastique. T. XVIII, col. 638.
Randenraedt (Jeanne van), fille dévote. T. XVIII, col. 654.
Rayé (Nicolas), théologien. T. XVIII, col. 807.
Rekendaele (François van), juriste. T. XIX, col. 4.
Rembry (Aimé-Louis-Fidèle), historien. T. XIX, col. 21.
Reuillé (Abraham), théologien. T. XIX, col. 171.
Reulx (Joseph de), théologien. T. XIX, col. 178.
Reyvaert (Jacques), jurisconsulte. T. XIX, col. 238.
Richart (Nicolas), théologien et canoniste. T. XIX, col. 284.
Ricquaert (Guillaume), écrivain ecclésiastique. T. XIX, col. 303.
Ricquaert (Jean-François), prêtre catholique. T. XIX, col. 303.
Rivo (Petrus de), en flamand Vander Beken, théologien. T. XIX, col. 387.
Rodriguez (Emmanuel), moine de l'ordre des Augustins, écrivain dramatique. T. XIX, col. 625.
Roelants (Jean-François), auteur dramatique flamand. T. XIX, col. 647.
Roelofs (Gérard), en latin Rodolphus, écrivain ecclésiastique. T. XIX, col. 653.
Rolliers (Antoine), théologien. T. XIX, col. 843.
Rondellus (Gérard), théologien. T. XX, col. 4.
Roo (Jean de), écrivain ecclésiastique. T. XX, col. 20.
Roobaert (Martin), prédicateur. T. XX, col. 22.
Rooy (Jérôme van), écrivain ecclésiastique. T. XX, col. 85.
Roucourt (Jean), théologien. T. XX, col. 203.
Royaerds (Jean), écrivain ecclésiastique. T. XX, col. 287.
Ruchius (Jean-Guillaume), écrivain. T. XX, col. 378.

WILMOTTE (Maurice).

Moiliens (le Renclus de), poète didactique. T. XV, col. 29.
Moniot (Pierron) d'Arras, poète. T. XV, col. 104.
Montreuil (Jean de), humaniste. T. XV, col. 211.
Partaus (Jehan), ménestrel. T. XVI, col. 654.
Pausace (Colin), trouvère. T. XVI, col. 719.
Pierre de Douai ou Perrot de Douai, poète. T. XVII, col. 431.
Pierre de Gand, trouvère. T. XVII, col. 442.
Pirmez (Fernand), écrivain. T. XVII, col. 611.
Pirmez (Octave), écrivain. T. XVII, col. 622.
Rogeret de Cambrai, trouvère. T. XIX, col. 688.

ZUYLEN VAN NYEVELT (baron A. van).

Rycx (Jean), le Vieux, peintre. T. XX, col. 659.
Rycx (Paul), le Vieux, peintre. T. XX, col. 661.

Lightning Source UK Ltd.
Milton Keynes UK
UKHW010133130119
335431UK00005B/179/P